L'ÉTABLISSEMENT DE LA PREUVE FISCALE :

ESSAI DE DROIT PROCESSUEL

Finances publiques

Collection dirigée par Thierry LAMBERT

Les finances publiques connaissent un développement important et se diversifient. Les finances de l'État, les finances communautaires, les finances internationales et comparées, la science et la technique fiscales ne sont que quelques-uns des domaines couverts par les finances publiques contemporaines.

La présente collection a pour vocation de publier des travaux originaux (thèses, essais, colloques...) ou de facture plus classique (manuels, commentaires de textes, recueils de documents...).

Elle a aussi pour ambition de rééditer des ouvrages aujourd'hui introuvables, mais fort utiles, dès lors qu'ils s'imposent comme référence et qu'ils sont agrémentés d'une préface substantielle.

Déjà parus

Dominique VILLEMOT, *Le débat fiscal : une passion française,* 2019.
Aurélie DORT, *Fiscalité et sécurité sociale, Étude de la fiscalisation des ressources de la Sécurité sociale*, 2019.
Fidèle MENGUE ME ENGOUANG, *Les finances publiques du Gabon*, 2018.
DIOUKHANÉ Abdourahmane, *Les finances locales sénégalaises*, 2018.
ATECK A DJAM Félix, *Droit du contentieux fiscal camerounais, Nouvelle édition,* 2017.
Mahrez ZAHED, *La démarche de performance dans la gestion locale. Les collectivités territoriales face aux défis de la nouvelle gouvernance*, 2017.
PALMA-AMALRIC Valérie, *L'autonomie financière des autorités indépendantes*, 2017.
ALLOUARD Ophélie, *Les frontières fiscales dans l'Union européenne appliquées à la fiscalité des entreprises*, 2016.
DIOUKHANÉ Abdourahmane, *Les juridictions financières dans l'UEMOA. La Cour des comptes du Sénégal*, 2016.
EVINA OBAM Richard, *La politique discale au Cameroun depuis les années 1980*, 2016.
ONANGA OPISSINA Vianney, *Problématique de la TVA dans l'espace OHADA*, 2016.
EISINGER Thomas, *Les métamorphoses de la question tarifaire*, 2015.
CARUANA Nicolas, *La fiscalité environnementale. Entre impératifs fiscaux et objectifs environnementaux, une approche conceptuelle de la fiscalité environnementale*, 2015.
DAL VECCHIO Frédéric, *L'opposabilité des conventions de droit privé en droit fiscal*, préface de Thierry Lambert, 2014.
VAPAILLE Laurence (sous la direction de), *Refonder l'impôt sur le revenu ?*, 2013.
RIU Isabelle, *Sociétés et établissements stables en droit fiscal international et de l'Union européenne*, préface de Daniel Gutmann, 2012.
ALBERT Jean-Luc (sous la direction de), *Mélanges en l'honneur de Jean - Pierre Lassale, Gabriel Montagnier et Luc Saïdj. Figures lyonnaises des finances publiques*, 2012.

Emmanuel Joannard-Lardant

L'ÉTABLISSEMENT DE LA PREUVE FISCALE :

ESSAI DE DROIT PROCESSUEL

Préface de Ludovic Ayraut

L'Harmattan

***

5-7, rue de l'École-Polytechnique – 75005 Paris
www.editions-harmattan.fr
ISBN : 978-2-343-18672-6
EAN : 9782343186726

AVANT-PROPOS

Cet ouvrage est une version actualisée[1] et remaniée de ma thèse de doctorat, préparée sous la direction du professeur Ludovic Ayrault et soutenue à l'université Paris I Panthéon-Sorbonne le 29 novembre 2017, devant un jury composé des professeurs Ludovic Ayrault (professeur à l'université Paris I Panthéon-Sorbonne), Martin Collet (professeur à l'université Paris II Panthéon-Assas), Christophe de La Mardière (professeur du Conservatoire national des arts et métiers), Xavier Lagarde (professeur à l'université Paris I Panthéon-Sorbonne), Olivier Négrin (professeur à l'université Aix-Marseille) et du président Guillaume Goulard (conseiller d'État). Au terme de la soutenance, ce travail a recueilli la mention très honorable assortie des félicitations du jury statuant à l'unanimité.

Je tiens à remercier les membres de ce jury qui m'ont, par leur relecture critique, permis d'enrichir ce travail et d'en corriger certains aspects.

Ensuite, je souhaite adresser mes plus vifs remerciements au professeur Ludovic Ayrault qui, en dirigeant ces recherches, m'a offert un remarquable suivi ainsi qu'un indispensable soutien.

Je tiens également à remercier le président Pierre Collin, pour sa disponibilité, son écoute et ses conseils. La constance de ses encouragements et la richesse de nos échanges ont constitué un précieux guide pour ce travail.

Je tiens aussi à souligner la présence constante de ma famille. Elle m'a apporté, depuis le début de mes études, un soutien sans faille.

Mes remerciements vont, enfin, à mes amis qui ont su partager mon enthousiasme et mes doutes tout au long de ce travail.

---

[1] Le présent ouvrage est à jour du droit applicable au 31 décembre 2018.

PRÉFACE

Si le droit de la preuve connaît un regain d'intérêt en droit fiscal ces dernières années, le sujet demeure le plus souvent traité dans la littérature juridique sous l'angle de la répartition de la charge de la preuve. Même si leur nombre diminue, à l'image de la récente modification de l'article L. 64 du Livre des procédures fiscales à propos des avis rendus par le comité de l'abus de droit fiscal, l'existence de règles spéciales liant la dévolution de cette charge à la procédure d'imposition appliquée l'explique assez largement. Peu nombreuses sont les publications, y compris académiques, débordant ce cadre, ce qui n'est sans doute pas sans lien avec la complexité du droit probatoire renforcée, en matière fiscale, par le dualisme juridictionnel. C'est dire tout l'intérêt de la thèse de M. Joannard-Lardant qui, par son étude de l'établissement de la preuve fiscale, traite tout à la fois de l'administration et de l'appréciation de la preuve en la matière. Limité à la phase juridictionnelle, le champ retenu n'en est pas moins étendu à raison de la volonté de l'auteur, d'une part, de retenir une acception large de l'administration de la preuve lui permettant d'appréhender l'activité probatoire de tous les acteurs de la procédure – ce qui intègre également les règles relatives à la charge de la preuve – et, d'autre part, et là se situe un des intérêts majeurs de la thèse, de couvrir les différentes juridictions appelées à régler un litige afférent à une obligation fiscale, que le cadre soit répressif ou non. Sans oublier évidemment la jurisprudence européenne.

La thèse de M. Joannard-Lardant peut être aisément résumée : si certaines règles spéciales existent en ce domaine, l'établissement de la preuve fiscale n'obéit pas à un régime autonome. Sauf à être tenues par les textes, les juridictions procèdent conformément aux règles et pratiques de leur propre ordre, ce qui, pour l'auteur, renvoie à leur « identité probatoire ». Il en ressort une diversité que M. Joannard-Lardant met bien en évidence, notamment quant au rôle du juge. N'étant pas contraint par un cadre juridique aussi resserré que celui qui s'impose au juge judiciaire, et sans être spécifique au contentieux fiscal, le juge administratif dispose d'une latitude plus importante que le juge civil ou le juge pénal. L'absence d'unité ainsi relevée n'exclut cependant nullement des points de convergence, lesquels peuvent naître de l'existence de textes support de présomptions juridiques ou bien encore de l'influence croissante des droits fondamentaux. On le mesure particulièrement en matière répressive, laquelle transcende le dualisme juridictionnel. L'opposition ainsi établie entre, d'une part, le maintien de l'identité probatoire des juges et, d'autre part, l'existence de principes communs d'établissement de la preuve, que sont la loyauté et l'équité, à même de créer ces points de convergence, structure très logiquement le fruit de cette recherche.

Étayée par un appareil de références solide, la thèse – qui porte en son sein une véritable démonstration – est argumentée et pleinement convaincante. Elle ne répondra certes pas aux attentes des tenants de l'autonomie du droit fiscal. Sauf texte exprès, le lien avec l'obligation fiscale n'exerce en effet aucune influence, ce qui ne peut qu'inciter à porter la réflexion sur l'emploi de l'expression de « juge fiscal » qui, souvent utilisée par commodité, y compris par l'auteur de cette préface, n'a de sens que pour éclairer son destinataire sur l'objet du litige. Plus que des juges fiscaux, il s'agit avant tout de juges qui statuent en matière fiscale.

Rédigée à destination d'un public de juristes, la thèse ne l'a pas été – comme cela doit être – uniquement pour un lectorat fiscaliste. Comme le confirment son sous-titre et son propos introductif, M. Joannard-Lardant a entendu inscrire sa démarche dans une perspective interne comparée – de droit processuel – nécessaire à sa démonstration. Avec une égale maitrise et une finesse dans l'analyse, ses développements portent ainsi sur les procédures administrative, civile et pénale appliquées tant en matière fiscale qu'en dehors de ce champ. Car l'apport de la thèse ne résume pas à la démonstration de l'absence d'autonomie du droit fiscal en matière d'établissement de la preuve. Les développements portant sur l'identité probatoire des différentes juridictions, sans doute plus que des juges, ceux sur l'admissibilité de la preuve et, plus largement sur la différence d'approche entre le juge administratif et les juges civil et pénal quant à l'exigence de loyauté de la preuve ou bien encore ceux sur l'équité probatoire au service d'un équilibre recherché entre les parties font de cette thèse une référence pour tout juriste, spécialisé ou non en droit fiscal, intéressé par le droit processuel.

En procédant de la sorte, sur un sujet qu'il a lui-même proposé, cette thèse témoigne assurément des grandes qualités de chercheur de son auteur. Ces dernières ont d'ailleurs été reconnues depuis sa soutenance par la communauté universitaire, non seulement par le prix Louis Forest / Picard qui lui a été décerné en 2018 par la Chancellerie des Universités de Paris mais aussi par sa nomination en tant que Maître de conférences à l'Université Panthéon-Assas (Paris 2).

Ludovic AYRAULT
Paris, le 30 août 2019

INDEX DES ABRÉVIATIONS

AJDA	Actualité juridique droit administratif
AJ pénal	Actualité juridique droit pénal
AJFP	Actualité juridique fonctions publiques
AJPI	Actualité juridique propriété immobilière
APC	Archives de politique criminelle
APD	Archives de philosophie du droit
Art.	Article
BDCF	Bulletin des conclusions fiscales
BF	Bulletin fiscal Francis Lefebvre
Bull.	Bulletin
CA	Cour d'appel
CAA	Cour administrative d'appel
Cass.	Cour de cassation
CEDH	Cour européenne des Droits de l'Homme
CGI	Code général des impôts
Chron.	Chronique
CJCE / UE	Cour de Justice des Communautés européennes / de l'Union européenne
Comm.	Commentaire
Comm. EDH	Commission européenne des droits de l'Homme
Concl.	Conclusions
D.	Dalloz
Dr. admin.	Droit administratif
Dr. fisc.	Revue droit fiscal
Dr. pén.	Revue droit pénal
Dr. soc.	Revue droit social
DP	Dalloz périodique
Droits	Droits, Revue française de théorie, de philosophie et de cultures juridiques
EDCE	Etudes et documents du Conseil d'Etat
FR	Feuillets rapides Francis Lefebvre
GACEDH	SUDRE Frédéric et alii, *Les grands arrêts de la Cour européenne des Droits de l'Homme*, Puf, coll. Thémis droit, 8e éd., 2017.

GAJA	BRAIBANT Guy, DELVOLVE Pierre, GENEVOIS Bruno, LONG Marceau et WEIL Prosper, *Les grands arrêts de la jurisprudence administrative*, Dalloz, 20e éd., 2015.
GAJF	DAVID Cyrille, FOUQUET Olivier, PLAGNET Bernard et RACINE Pierre-François, *Les grands arrêts de la jurisprudence fiscale*, Dalloz, Grands arrêts, 5e éd., 2009.
Gaz. Pal.	La gazette du palais
JCP	La semaine juridique
JCP E	La semaine juridique édition entreprise et affaires
JCP G	La semaine juridique édition générale
JCP N	La semaine juridique édition notariale et immobilière
J.O.	Journal officiel
Loc. cit.	Loco citato
LPA	Les petites affiches
LPF	Livre des procédures fiscales
NCCC	Nouveaux cahiers du Conseil constitutionnel
Obs.	Observations
Op. cit.	Opus citatum
Préc.	Précité
PUAM	Presses universitaires d'Aix-Marseille
PUF	Presses universitaires de France
PUG	Presses universitaires de Grenoble
RDP	Revue de droit public
Rec.	Recueil
RFDA	Revue française de droit administratif
RFDC	Revue française de droit constitutionnel
RIDC	Revue internationale de droit comparé
RJF	Revue de jurisprudence fiscale
RFFP	Revue française de finances publiques
R.O.	Recueil officiel des contributions directes
RRJ	Revue de la recherche juridique – Droit prospectif
RSC	Revue de science criminelle et de droit pénal comparé
RSF	Revue de Science financière / Revue de Science et Législation financières
RTD Civ.	Revue trimestrielle de droit civil
RTD com.	Revue trimestrielle de droit commercial

RTD Eur.	Revue trimestrielle de droit européen
RTDH	Revue trimestrielle des droits de l'Homme
S.	Sirey
T.A.	Tribunal administratif
TC	Tribunal des Conflits
TGI	Tribunal de Grande Instance
TPICE	Tribunal de première instance des Communautés européennes

INTRODUCTION GÉNÉRALE

> « *Les vérités sont des illusions dont on a oublié qu'elles le sont, des métaphores qui ont été usées et vidées de leur force sensible, des pièces de monnaie dont l'effigie s'est effacée et qui ne comptent plus comme monnaie mais comme métal* »[3]

1. Le 4 brumaire an X[4], les rédacteurs du Code civil débattent des causes du divorce. Est reconnue, en ce jour, comme cause de divorce « L'attentat prouvé de l'un des époux sur la vie de l'autre »[5]. Un débat s'élève sur ce point : qui du juge civil ou du juge pénal doit établir la preuve de cet *attentat* ? Après avoir débattu d'un éventuel conflit de preuve entre juge civil et juge pénal[6], les rédacteurs du Code civil se rangent à l'avis du Ministre de la justice André-Joseph ABRIAL en offrant au seul juge pénal la faculté d'établir cette preuve. Il a su convaincre les éminents juristes qui l'entourent du risque de contradiction entre le juge civil et le juge pénal dans l'établissement de cette preuve. Il démontre que « les tribunaux criminels, ayant à punir un crime qui entraîne la peine de mort, demandent des preuves plus claires que le jour ; au lieu que les tribunaux civils, n'ayant qu'un contrat civil à dissoudre, pourraient se déterminer par des circonstances, qui, si elles n'établissaient pas dans leur esprit la preuve complète d'un attentat, les convaincraient néanmoins de la nécessité du divorce »[7].

2. À la lumière de ce débat, il apparaît que *la preuve* établie devant un juge ne saurait, pour autant, constituer *une preuve* devant un autre juge.

---

[3] NIETZSCHE Friedrich, *Vérité et mensonge au sens extra-moral*, Babel, Actes Sud, 1997, pp. 16-17.

[4] Soit, le 26 octobre 1801 du calendrier grégorien.

[5] *Recueil complet des travaux préparatoires du Code civil*, Ed. Ducessois, Vol. 9, 1827, p. 351.

[6] Jean-Jacques-Régis de CAMBACERES a estimé que seul le juge pénal doit être habilité à établir cette preuve car, selon lui, si cette faculté est offerte au juge civil, « on s'expose, dans cette hypothèse, à voir deux jugements contradictoires : l'un criminel, qui déclare la femme innocente ; l'autre civil, qui la déclare coupable » (*Recueil complet des travaux préparatoires du Code civil*, Ed. Ducessois, Vol. 9, 1827, pp. 354-355). À l'inverse, François Denis TRONCHET juge que la « contradiction [entre les juges civil et pénal] est peu à craindre ; que les preuves qui convaincraient le juge civil opéreraient sans doute aussi la conviction du juge criminel » (*Recueil complet des travaux préparatoires du Code civil*, Ed. Ducessois, Vol. 9, 1827, p. 355).

[7] *Recueil complet des travaux préparatoires du Code civil*, Ed. Ducessois, Vol. 9, 1827, p. 356.

L'établissement de la preuve fait ainsi l'objet de différences entre les juges d'un même ordre juridique.

3. Cette réalité apparaît contraire à la perception courante de la preuve judiciaire. La preuve est définie[8] comme ce « qui persuade l'esprit d'une vérité »[9] ou, plus précisément comme « tout procédé employé pour convaincre le juge de la vérité d'un fait »[10]. Le droit de la preuve peut être perçu « comme le droit qui règle la question de la vérité »[11]. Les liens intrinsèques qui lient la *preuve* et la *vérité* confèrent à cette notion[12] un caractère universel qu'il faut mettre en doute.

4. Pour cela, il faut tenter de définir la preuve sans recourir au terme vérité. Le mot preuve est issu du latin *probatio* qui désigne une « épreuve, [un] essai, [un] examen »[13]. Ce terme dérive lui-même du mot *probus* qui signifie « de bon aloi, de bonne qualité, bon »[14]. La preuve peut ainsi s'entendre comme une proposition qui acquiert une *force* au terme d'une opération particulière[15]. La langue française est inapte à traduire ce mouvement car le terme *preuve* désigne aussi bien l'objet de l'épreuve – c'est-à-dire l'élément destiné à acquérir une force probante – que le résultat de cette épreuve. La langue anglaise permet de mieux saisir cette mutation subie par la preuve : elle distingue le mot *evidence* – qui désigne le mode de preuve – du résultat du raisonnement, qui se nomme *proof*. Prouver consiste donc à soumettre une proposition de fait à une *épreuve* afin de lui conférer une force probante.

5. En matière de preuve judiciaire – c'est-à-dire celle qui est établie au terme d'un procès –, la force probante d'un élément de preuve découle d'« un

---

8 Sur ce point : BENTHAM Jeremy, *Traité des preuves judiciaires*, Tome 1, Bossange Frères, Paris, 1823, p. 16 ; LAGARDE Xavier, *Réflexion critique sur le droit de la preuve*, Thèse de doctorat, Paris 1, LGDJ, Bibliothèque de droit privé, Tome 239, 1994, p. 80 ; LALANDE André, *Vocabulaire technique et critique de la philosophie*, V° Preuve, PUF, 2010.
9 DOMAT Jean, *Les lois civiles dans leur ordre naturel*, Ed. E. Kleffer, Tome 4, 1823, p. 148.
10 PLANIOL Marcel, *Traité élémentaire de droit civil*, Tome 1, 11e éd., 1928, n°350, p. 139.
11 LAGARDE Xavier, *Vérité et légitimité dans le droit de la preuve*, Droits 1996, n°23, pp. 31-39, spéc. p. 33.
12 La notion doit être distinguée du concept. La « notion juridique est l'expression, la formulation d'une institution reconnue par le droit » (BENOIT Francis-Paul, *Notions et concepts, instruments de la connaissance juridique : Les leçons de la* Philosophie du droit *de Hegel*, in, *Mélanges offerts à Gustave PEISER*, PUG, 1995, pp. 23-38, spéc. p. 27) alors que les concepts sont « des phénomènes nouveaux dont on ne sait à quelle notion ils peuvent être rattachés » (*op. cit.*, pp. 28-29).
13 GAFFIOT Félix, *Dictionnaire latin français*, V° Probatio, Hachette, 1934, p. 1241.
14 *Op. cit., loc. cit.*
15 LEVY-BRUHL Henri, *La preuve judiciaire, Etude de sociologie juridique*, Librairie Marcel Rivière et Cie, 1964, p. 15.

rapport de conformité entre une proposition et la réalité qu'elle veut saisir »[16]. Elle résulte donc de la reconnaissance, par une autorité habilitée – c'est-à-dire le juge – de sa conformité avec la réalité[17]. Elle ne peut s'acquérir qu'à la faveur d'« un raisonnement qui construit une argumentation logique, et non sur des sentiments, des opinions ou des passions »[18]. La preuve judiciaire est donc le fruit d'un *processus raisonnable* et *rationnel* fondé sur une *argumentation* à laquelle l'esprit humain – du moins celui du juge – reconnaît une *valeur* qui découle d'un rapport de conformité supposé entre une proposition de fait et la réalité passée.

6. Ainsi définie, la preuve judiciaire présente des caractéristiques propres qui permettent de la distinguer d'autres types de preuve. Si, à l'instar de la preuve historique[19], la preuve judiciaire vise à reconstituer un fait passé[20] – grâce aux « traces du passé »[21] – et qu'elle « ne peut conduire à une certitude absolue »[22], elle ne saurait se confondre avec elle. Le juge ne saurait être assimilé à un historien[23] car la preuve judiciaire n'est pas le fruit d'une libre recherche scientifique dont les résultats seraient toujours provisoires[24]. Il faut donc se garder de penser « que la preuve judiciaire n'est qu'une variété de la preuve historique »[25] tant l'encadrement légal de l'établissement de la preuve judiciaire confère à cette preuve un véritable particularisme.

---

[16] DALBIGNAT-DEHARO Gaëlle, *Vérité scientifique et vérité judiciaire en droit privé*, Thèse de doctorat, Paris 1, LGDJ, Bibliothèque de l'Institut André Tunc, Tome 2, 2004, p. 21.

[17] Les termes de *vérité* et de *réalité* ne doivent pas être confondus (sur ce point : JORION Paul, *Comment la vérité et la réalité furent inventées*, Gallimard, Coll. Bibliothèque des Sciences humaines, 2009, p. 7). Est « vraie l'affirmation qui concorde avec la réalité » (BERGSON Henri, *La pensée et le mouvant*, PUF, 79e éd., 1969, p. 153). La vérité est donc le reflet d'une réalité, c'est-à-dire une retranscription de cette réalité. Ainsi, la *vérité judiciaire* est le fruit d'une reconstruction de la réalité factuelle établie grâce à des preuves.

[18] BERNARD François-Charles et PLANTEY Alain, *La preuve devant le juge administratif*, Economica, 2003, p. 1.

[19] MARTIN Jean-Clément, *La démarche historique face à la vérité judiciaire. Juges et historiens*, Droit et société 1998, n°1, pp. 13-20 ;

[20] BATIFFOL Henri, *Observations sur la preuve des faits*, in, FORIERS Paul et PERELMAN Chaïm (dir.), *La preuve en droit*, Bruylant, 1981, pp. 303-314, spéc. pp. 304-305.

[21] RICOEUR Paul, *Temps et récit*, Seuil, Tome 1, 1983, p. 154.

[22] AUBRY Charles et RAU Charles-Frédéric, *Cours de droit civil français*, Tome XII, La Preuve, Ed. Marchal et Billard, 5e éd., 1922, p. 63.

[23] BATIFFOL Henri, *Observations sur la preuve des faits*, in, FORIERS Paul et PERELMAN Chaïm (dir.), *La preuve en droit*, Bruylant, 1981, pp. 303-314, spéc. pp. 304-305.

[24] DE GASTINES Louis, *Les présomptions en droit administratif*, Thèse de doctorat, Paris 1, LGDJ, Bibliothèque de droit public, Tome 163, 1991, p. 22.

[25] BARTIN Emile, commentant Charles AUBRY et Charles-Frédéric RAU, *Cours de droit civil français*, Tome XII, La Preuve, Ed. Marchal et Billard, 5e éd., 1922, p. 63.

7. De même, la preuve judiciaire ne peut être assimilée à la preuve scientifique[26]. Si elles visent, toutes deux, à vérifier une hypothèse, *a priori* douteuse[27], les modalités d'établissement de cette preuve sont différentes. L'établissement de la preuve scientifique est fondé sur l'expérience qui est, généralement, répétable[28] ce qui n'est pas le cas de la preuve judiciaire. Surtout, le scientifique et le juge n'évoluent pas dans une temporalité analogue : la réfutabilité – critère de la scientificité[29] – offre au scientifique la faculté de critiquer perpétuellement la preuve antérieurement établie[30]. Les conditions particulières d'établissement de la preuve scientifique lui confère un degré de certitude auquel la preuve judiciaire ne saurait prétendre.

8. En somme, ce qui distingue les preuves scientifique et historique de la preuve judiciaire est la procédure qui encadre son établissement : elle impose un temps restreint pour le juge qui est en charge de l'établir. La nécessité de respecter un délai raisonnable de jugement[31], le nombre élevé de litiges à traiter ou encore la sanction du déni de justice[32] accentuent le particularisme de l'établissement de la preuve judiciaire : le juge ne peut *suspendre son jugement* à l'instar d'un scientifique ou d'un historien[33]. Dans ce cadre, la preuve judiciaire se suffit d'une vraisemblance plus ou moins accusée de l'existence d'un fait[34] attestant du « caractère contingent de la vérité judiciaire »[35]. La réalité factuelle n'est donc, devant le juge, qu'« une

---

[26] Sur ce point : ATTEN Michel et PESTRE Dominique, *Heinrich Hertz, L'administration de la preuve*, PUF, Philosophies, 2002.
[27] LECLERC Olivier, *La distinction entre la « preuve en droit » et la « preuve en science » est-elle pertinente ?*, in, TRUILHE-MARENGO Eve (dir.), *Preuve scientifique, preuve juridique*, Larcier, Droit des technologies, 2012, pp. 55-77, spéc. p. 77.
[28] DALBIGNAT-DEHARO Gaëlle, *Vérité scientifique et vérité judiciaire en droit privé*, Thèse de doctorat, Paris 1, LGDJ, Bibliothèque de l'Institut André Tunc, Tome 2, 2004, p. 35.
[29] POPPER Karl, *Conjectures et réfutations : La croissance du savoir scientifique*, Payot, 2006.
[30] BACHELARD Gaston, *La formation de l'esprit scientifique*, Vrin, 1938, p. 13.
[31] L'article 6 de la Convention européenne des droits de l'Homme impose en matière de « contestations sur des droits et obligations de caractère civil » et « d'accusation en matière pénale » que les juges se prononcent dans un délai raisonnable.
[32] L'article 4 du Code civil dispose que « Le juge qui refusera de juger, sous prétexte du silence, de l'obscurité ou de l'insuffisance de la loi, pourra être poursuivi comme coupable de déni de justice ».
[33] TRUILHE-MARENGO Eve, *La preuve entre science et droit*, in, TRUILHE-MARENGO Eve (dir.), *Preuve scientifique, preuve juridique*, Larcier, Droit des technologies, 2012, pp. 7-29, spéc. p. 21.
[34] AMMAR Daniel, *Preuve et vraisemblance, Contribution à l'étude de la preuve technologique*, RTD Civ. 1993, n°3, pp. 499-533 ; DEL VECCHIO Giorgio, *La justice-la vérité : essais de philosophie juridique et morale*, Dalloz, 1955 ; PUIGELIER Catherine, *Vrai, véridique et vraisemblable*, in, PUIGELIER Catherine (dir.), *La preuve*, Economica, 2004, pp. 195-234 ; TERRE François, *Synthèse*, in, TERRE François (dir.), *Le doute et le droit*, Dalloz, 1994, pp. 1-12, spéc. p. 2.
[35] THERY Philippe, *Les finalités du droit de la preuve en droit privé*, Droits 1996, n°23, pp. 41-52.

approximation aussi exacte que possible de la vérité du fait »[36] qui peut donc contenir – sauf en matière pénale[37] – une part déterminante de doute[38]. Elle peut même, selon François TERRE, être fondée sur « un tiers de doute et deux tiers de probabilité »[39] quand elle ne repose pas sur une erreur[40] ou sur un mensonge[41]. Or, la vérité judiciaire est tout à la fois *vraisemblable* et *définitive*[42] car le *verdict* du juge constitue une vérité qui produit des effets juridiques[43].

9. Outre cette vraisemblance qui distingue la preuve judiciaire des autres preuves, les liens troubles qui lient la vérité matérielle à la vérité judiciaire renforcent son particularisme[44]. La preuve judiciaire n'est pas nécessairement conforme à la réalité factuelle, le législateur pouvant contraindre le juge à établir une *vérité fausse* car « la réalité matérielle n'est pas, en elle-même, un obstacle aux créations du droit »[45]. L'existence de fictions juridiques – fondées « sur une méconnaissance volontaire de la réalité »[46] – en témoigne[47]. Le droit « déforme »[48] la réalité matérielle pour forger une *vérité souhaitée*

---

[36] FORIERS Paul, *Considérations sur la preuve judiciaire*, in, FORIERS Paul et PERELMAN Chaïm (dir.), *La preuve en droit*, Bruylant, 1981, pp. 315-329, spéc. p. 318.

[37] En cette matière, le doute profite à l'accusé comme l'indique l'adage *in dubio pro reo*.

[38] Sur ce point : BREDIN Jean-Denis, *Le doute et l'intime conviction*, Droits 1996, n°23, pp. 21-29 ; CESARO Jean-François, *Le doute en droit privé*, Thèse de doctorat, Paris 2, LGDJ, Ed. Panthéon-Assas, 2003 ; TERRE François (dir.), *Le doute et le droit*, Dalloz, 1994.

[39] TERRE François, *Synthèse*, in, TERRE François (dir.), *Le doute et le droit*, Dalloz, 1994, pp. 1-12, spéc. p. 11.

[40] INCHAUSPE Dominique et VENTRE André-Michel, *L'erreur judiciaire*, PUF, 2010 ; PIN Xavier, *L'erreur judiciaire : apprendre à douter pour lutter contre les erreurs judiciaires*, L'Harmattan, 2015 ; ROMANET DE VALICOURT Héliane, *L'erreur judiciaire*, L'Harmattan, 2005.

[41] GODE Pierre, *Le mensonge dans le procès civil*, in, *Mélanges dédiés à Alex WEILL*, Dalloz, Litec, 1983, pp. 259-278 ; MAYAUD Yves, *Le mensonge en droit pénal : essai d'une théorie générale*, Thèse de doctorat dact., Lyon 3, 1976.

[42] Sous réserve des voies de recours qui sont offertes au justiciable.

[43] Verdict signifie étymologiquement « vérité dite » puisque ce terme est formé des mots latins *vere* qui signifie vérité *dictum* qui signifie dire.

[44] LOUIS-LUCAS Pierre, *Vérité matérielle et vérité juridique*, in, *Mélanges offerts à René SAVATIER*, Dalloz, 1965, pp. 583-601.

[45] LEROYER Anne-Marie, *Les fictions juridiques*, Thèse de doctorat dact., Paris 2, 1995, p. 379.

[46] COSTA Delphine, *Les fictions juridiques en droit administratif*, Thèse de doctorat, Paris 1, LGDJ, Bibliothèque de droit public, Tome 210, 2000, p. 1.

[47] CORTES Thomas, *Les fictions juridiques en droit administratif. Linéaments pour une théorie des formes juridiques*, RDP 2014, n°4, pp. 915-944 ; COSTA Delphine, *Les fictions juridiques en droit administratif*, Thèse de doctorat, Paris 1, LGDJ, Bibliothèque de droit public, Tome 210, 2000 ; LEROYER Anne-Marie, *Les fictions juridiques*, thèse de doctorat dact., Paris 2, 1995.

[48] LOUIS-LUCAS Pierre, *Vérité matérielle et vérité juridique*, in, *Mélanges offerts à René SAVATIER*, Dalloz, 1965, pp. 583-601, spéc. p. 584.

qui n'est plus alors « qu'une certitude imaginée »[49] qui a subi de multiples transfigurations[50]. La preuve judiciaire ne se superpose pas nécessairement à la vérité matérielle ce qui confère à la preuve judiciaire un remarquable particularisme.

10. Faut-il pour autant estimer que la preuve judiciaire est une preuve de second rang ? Une réponse négative peut être apportée si la vérité est conçue, dans une optique foucaldienne, comme « un système d'obligations »[51] et non « comme un certain contenu de connaissance que l'on pourrait considérer comme universellement valable »[52]. La vérité doit être considérée comme le fruit d'une logique[53] car la « logique est un jeu où tout l'effet du vrai sera de contraindre toute personne jouant le jeu et suivant la procédure réglée à la reconnaître pour vraie »[54]. La vérité est ainsi considérée comme le fruit d'une logique – d'une « grammaire »[55] – qui s'impose à ceux qui l'emploient. À ce titre, la psychiatrie ou la criminologie peuvent établir des vérités[56]. La vérité n'est alors que le produit d'un discours qui, bien qu'autonome, peut produire des *formes de vérité* sans que leur universalité ne soit une condition de leur reconnaissance. Il n'existe donc pas d'opposition entre la vérité issue de la science des autres formes de vérité[57] puisque « la science n'est que l'un des

---

[49] *Op. cit.*, p. 601.

[50] Pierre LOUIS-LUCAS expose ainsi « Le peintre exprime la nature, mais suivant son destin particulier, il la transpose dans le milieu de la beauté. Le juriste, lui aussi, exprime la nature, mais, suivant son destin particulier, il la transpose dans le milieu de l'ordre » (*Vérité matérielle et vérité juridique*, in, *Mélanges offerts à René SAVATIER*, Dalloz, 1965, pp. 583-601, spéc. p. 584).

[51] FOUCAULT Michel, *Subjectivité et vérité, cours au Collège de France (1980-1981)*, *Leçon du 7 janvier 1981*, EHESS-Gallimard-Seuil, Coll. Hautes Etudes, 2014, p. 15.

[52] *Op. cit., loc. cit.*

[53] Michel FOUCAULT expose, dans une leçon du 6 février 1980, que « pour que la proposition soit vraie, il faut et il suffit qu'il y ait de la logique, qu'il y ait des règles de cette logique, qu'il y ait des règles de construction, des règles de syntaxe, et que cette logique opère » (*Du gouvernement des vivants, Cours au Collège de France*, 1979-1980, EHESS-Gallimard-Seuil, Coll. Hautes Etudes, 2012, p. 95).

[54] FOUCAULT Michel, *Du gouvernement des vivants, Cours au Collège de France (1979-1980)*, *Leçon du 6 février 1980*, EHESS-Gallimard-Seuil, Coll. Hautes Etudes, 2012, p. 96.

[55] *Op. cit., loc. cit.*

[56] Michel FOUCAULT relève qu'« en tant que système d'obligations, même la psychiatrie, même la criminologie sont analysées de ce point de vue-là comme vraies, dans la mesure où effectivement les systèmes d'obligations propres au discours vrai, propres à l'énonciation du vrai, propres à la véridiction, sont effectivement présents à la racine de ces types de discours » (*Subjectivité et vérité, cours au Collège de France (1980-1981)*, *Leçon du 7 janvier 1981*, EHESS-Gallimard-Seuil, Coll. Hautes Etudes, 2014, p. 15).

[57] L'analyse de Michel FOUCAULT rejoint, en cela, celle de Ludwig WITTGENSTEIN qui estime qu'« on ne peut pas opposer la sûreté de la mathématique au relatif manque de sûreté des propositions empiriques » (*De la certitude*, Proposition n°651, Gallimard, 1992, p. 147). L'analyse de WITTGENSTEIN s'explique par le fait que « Les vérités mathématiques ne peuvent, selon lui, être séparées de leur processus d'élaboration : elles sont le résultat de l'action

régimes possibles de vérité »[58]. La vérité peut alors être identifiée dans différents « système[s] de référence »[59] sans qu'une *échelle du vrai* ne puisse être établie. La preuve judiciaire peut, de ce fait, constituer un *système d'obligations* apte à produire une vérité particulière à l'instar de la preuve scientifique ou de la preuve historique.

11. La preuve judiciaire – et plus précisément son établissement – constitue l'objet de cette étude (I) alors que le droit fiscal en constitue le champ (II). Elle conduit à s'interroger sur l'existence d'un droit fiscal probatoire (III). Les résultats de cette analyse tendent à démontrer l'unité du droit de la preuve et l'absence de droit fiscal probatoire autonome (IV).

I. Objet de l'étude

12. La présente étude cherche à établir si la preuve judiciaire présente une unité ou une diversité. Pour ce faire, elle vise à saisir l'existence de particularismes dans l'établissement de la preuve judiciaire. L'établissement de la preuve se compose de l'administration de la preuve et de l'appréciation de la preuve en justice. La première composante de l'établissement de la preuve est l'administration de la preuve. L'expression d'administration de la preuve est aujourd'hui, en droit comme en dehors de ce champ[60], régulièrement employée. Pourtant, la définition de l'administration de la preuve ne fait pas l'objet d'un consensus doctrinal[61].

13. Au sens strict, l'administration de la preuve s'entend des règles procédurales qui encadrent l'action de « rapporter »[62] une preuve en justice. François TERRE souligne ainsi que l'administration de la preuve s'entend de la manière dont « chaque moyen [de preuve] doit (...) être présenté au juge »[63]. Il s'agit donc de « l'activité de production ou d'acheminement des

'faire des mathématiques' » (MARROU Elise, *De la certitude, Wittgenstein*, Ellipses, Coll. Philo-textes, 2006, p. 29).

[58] FOUCAULT Michel, *Du gouvernement des vivants, Cours au Collège de France, 1979-1980, Leçon du 6 février 1980*, EHESS-Gallimard-Seuil, Coll. Hautes Etudes, 2012, p. 97.

[59] WITTGENSTEIN Ludwig, *De la certitude*, Proposition n°83, Gallimard, 1992, p. 45.

[60] HERMITTE Marie-Angèle, *L'administration de la preuve scientifique dans les dispositifs scientifiques*, in, TRUILHE-MARENGO Eve (dir.), *Preuve scientifique, preuve juridique*, Larcier, Droit des technologies, 2012, pp. 97-128.

[61] BALME François-Xavier, *Contribution théorique et pratique au droit de la preuve, Etude comparative entre les droits français et anglais applique aux transport maritimes*, Thèse de doctorat, Paris 1, PUAM, 2017, p. 261 ; GIRARD Fabien, *Essai sur la preuve dans son environnement culturel*, Thèse de doctorat, Grenoble, PUAM, 2013, pp. 382-383 ; VERGES Etienne, *Eléments pour un renouvellement de la théorie de la preuve en droit privé*, in *Mélanges en l'honneur de Jacques-Henri ROBERT*, Lexis Nexis, 2012, pp. 853-895, spéc. pp. 867-868.

[62] CORNU Gérard, *Vocabulaire juridique*, V° Administration, PUF, coll. Quadrige, 11e éd., 2016, p. 36.

[63] TERRE François, *Introduction générale au droit*, Dalloz, Précis, 7e éd., 2006, n°567.

procédés de preuve devant le juge »[64], c'est-à-dire du « moment particulier de la procédure, (…) où la preuve est produite au dossier »[65]. Le Titre VII du Livre Ier du Code de procédure civile – intitulé « L'administration judicaire de la preuve » – atteste du bien-fondé de cette définition puisque ce titre encadre la communication des pièces entre le juge et les parties mais aussi les mesures d'instruction, les contestations de la preuve littérale et du serment judiciaire.

14 En toute logique, certains auteurs assimilent l'administration de la preuve à l'étude des différents modes de preuve[66] et l'étendent aux règles d'admissibilité de la preuve.

15. Toutefois, l'expression d'administration de la preuve peut s'entendre dans un sens plus large. L'administration de la preuve tend à « appréhender l'activité probatoire des différents acteurs de la procédure, aussi bien juge que parties »[67]. L'administration de la preuve offre ainsi une vision synoptique de la recherche de la preuve puisqu'elle « s'envisage comme un travail collectif »[68] réalisé conjointement par le juge et les parties. En ce sens, Caroline FOULQUIER pose que « L'administration de la preuve désigne le fait de rechercher, de produire et de recueillir les preuves »[69]. L'administration de la preuve ne se limite plus aux seules règles de procédure mais s'entend de la recherche de la preuve par les différents acteurs de la procédure et de la production des preuves. Le Code de procédure pénale offre un appui à cette analyse. Ce code contient un paragraphe[70] intitulé « De l'administration de la preuve » qui contient, notamment, l'article 427 qui s'intéresse tant à la réception des preuves par le juge qu'à leur recherche durant le procès[71].

---

[64] LAGARDE Xavier, *Réflexion critique sur le droit de la preuve*, Thèse de doctorat, LGDJ, Bibliothèque de droit privé, Tome 239, 1994, p. 204.

[65] CONTE Philippe, *L'instruction : le rôle du Juge et des parties dans l'administration de la preuve*, in, Association Française de Droit judiciaire privé, *Le rôle du juge et des parties dans l'administration de la preuve*, XVIIème Colloque des Instituts d'Etudes Judiciaires des 19, 20, 21 janvier 1989 à Grenoble, Ed. IEJ de la Faculté de Droit de Grenoble, 1991, pp. 34-50, spéc. p. 35.

[66] AYNES Augustin et VUITTON Xavier, *Droit de la preuve, Principes et mise en œuvre processuelle*, Lexis Nexis, 2013, n°148, p. 83 ; DUCHARME Léo et PANACCIO Charles-Maxime, *L'administration de la preuve*, Ed. Wilson et Lafleur, Montréal, Canada, 4e éd., 2010, p. 1.

[67] BERGEAUD Aurélie, *Le droit à la preuve*, Thèse de doctorat, Bordeaux 4, LGDJ, Bibliothèque de droit privé, Tome 525, 2010, p. 4.

[68] *Op. cit.*, p. 29.

[69] FOULQUIER Caroline, *La preuve et la justice administrative française*, Thèse de doctorat, Toulouse, L'Harmattan, Logiques juridiques, 2013, p. 229.

[70] Il s'agit du paragraphe 3, de la Section 4 relative aux débats, du chapitre Ier relatif au tribunal correctionnel, du Titre II relatif au jugement des délits, du Livre II relatif aux juridictions de jugement.

[71] À ce titre, l'article 445 du Code de procédure pénale dispose que « Les témoins doivent, sur la demande du président, faire connaître leurs nom, prénoms, âge, profession et domicile, s'ils

16. Dans cette optique, nous entendrons donc l'administration de la preuve, non seulement comme la production de la preuve en justice mais également comme la recherche de la preuve par les juges et les parties. Les règles d'admissibilité des moyens de preuve intègrent également cette étude. Seule la question de l'appréciation de la preuve échappe à l'administration de la preuve. Car administrer une preuve ne peut s'entendre de l'appréciation du juge.

17. Il faut donc forger un nouveau concept qui permette d'analyser le processus qui conduit le fait à devenir preuve, de sa recherche à sa consécration. La doctrine anglo-saxonne a créé l'expression de *fact finding process* pour désigner le *processus d'établissement de la preuve*[72]. Cette expression recouvre, tout à la fois la recherche, la présentation et l'appréciation des preuves[73] et vise à étudier le processus d'établissement de la preuve.

18. Dans la voie dessinée par la doctrine anglo-saxonne, le cadre de la présente étude est celui de *l'établissement de la preuve judiciaire* qui intègre tant *l'administration de la preuve* que *l'appréciation*, par le juge, de cette preuve. Elle tend, de la sorte, à appréhender l'ensemble du processus d'établissement de la preuve devant les juges de la matière fiscale.

II. Champ de l'étude : le droit fiscal

19. La présente étude vise à comparer l'établissement de la preuve judiciaire devant les juges fiscaux, c'est-à-dire, les juges administratif, civil et pénal qui

---

sont parents ou alliés du prévenu, de la personne civilement responsable ou de la partie civile et s'ils sont à leur service ».

[72] BERGSMO Morten, *Quality control in fact-finding*, Ed. Torkel Opsahl Academic EPublisher, Italie, 2013 ; COMBS Nancy Amoury, *Fact-finding without facts : the uncertain evidentiary foundations of international criminal convictions*, Ed. Cambridge University Press, 2010 ; GRANDO Michelle T, *Evidence, proof, and fact-finding in WTO dispute settlement*, Ed. Oxford university press, Coll. International economic law series, 2009 ; LILLICH Richard B, *Fact-finding before international tribunals : Eleventh Sokol Colloquium*, Ed. Transnational Publishers, Etats-Unis, 1992 ; TWINING William, *Rethinking Evidence. Exploratory Essays*, Ed. Northwestern University Press, 1990, p. 14 ; VERKERK Rijk Remme, *Fact-Finding in Civil Litigation. A Comparative Perspective*, Ed. Antwerp Portland, Coll. Ius commune europaeum, Belgique, 2010.

[73] Rijk Remme VERKERK expose que « The factual debate that take place in a court of justice roughly consists of three stages: the fact-gathering stage, the evidence stage and the decision-making stage. Together these stages constitute the process of fact-finding » (*Fact-Finding in Civil Litigation. A Comparative Perspective*, Ed. Antwerp Portland, Coll. Ius commune europaeum, Belgique, 2010, p. 1). Cela peut se traduire par « le débat sur les faits qui se tient devant une juridiction se décompose en trois étapes : la collecte des faits, la présentation des faits et l'appréciation des faits. Ces trois étapes constituent le processus d'établissement des faits ».

jugent en matière fiscale. En ce sens, il s'agit d'une étude de droit processuel[74] qui vise à opérer une « comparaison des trois principaux contentieux »[75]. À ce titre, que notre lecteur ne s'étonne pas que ce champ d'étude soit souvent dépassé au profit d'une étude plus générale de la preuve judiciaire. Le droit fiscal a ici été considéré comme un *champ ouvert* et non comme un *objet* d'étude. À ce titre, nombre d'illustrations sont tirées de matières non fiscales et les jurisprudences européennes – de la Cour de justice de l'Union européenne et de la Cour européenne des droits de l'Homme – servent d'appui à cette étude.

20. Ce travail cherche à opérer une comparaison des procédures internes – ainsi que des jurisprudences européennes qui influencent ces procédures – sans pour autant réaliser une étude de droit comparé transnational[76]. Nous nous efforcerons de forger un « droit comparé interne »[77] de la preuve afin – comme le permet le droit processuel – « de prendre conscience que chacune des procédures constitue un système autonome de pensée, de vocabulaire et, en conséquence, de règles »[78].

---

[74] Sur ce point : GUINCHARD Serge et alii, *Droit processuel, Droits fondamentaux du procès*, Dalloz, 9e éd., 2017, pp. 1-58.

[75] GUINCHARD Serge et alii, *Droit processuel, Droits fondamentaux du procès*, Dalloz, 9e éd., 2017, p. 10.

[76] Il faut ici relever que l'étude du droit comparé occupe une place particulièrement importante en droit de la preuve. Outre les références relatives à l'étude de la preuve dans son *environnement culturel*, il faut ici mentionner l'importante publication de l'Association Henri CAPITANT relative à la preuve (Travaux de l'Association Henri Capitant, *La preuve*, Tome LXIII, Bruylant, 2013) qui propose une étude comparative centrée sur quatre questions – Preuve et droits fondamentaux, Preuve et pouvoirs exorbitants de la puissance publique, Preuve et nouvelles technologies et Preuve et vérité – en Allemagne, en Belgique, au Canada, en France, au Luxembourg, aux Pays-Bas et en Roumanie. Cette étude est pratiquement unique en son genre même si un autre ouvrage a réalisé une comparaison des règles de preuve au sein de l'Europe (LEBRE DE FREITAS José Manuel, *The law of evidence in the European Union, Das Beweisrecht in der Europäischen Union, Le droit de la preuve dans l'Union Européenne*, Ed. Kluwer law international, 2004).
Le droit comparé compte, en outre, de nombreux ouvrages consacrés au droit comparé de certains points spécifiques du droit de la preuve comme la preuve pénale (BERGEAUD-WETTERWALD Aurélie et SAINT-PAU Jean-Christophe, *La preuve pénale, Problèmes contemporains en droit comparé*, L'Harmattan, 2013), l'administration de la preuve pénale (GIUDICELLI-DELAGE Geneviève (dir.), *Les transformations de l'administration de la preuve pénale : perspectives comparées Allemagne, Belgique, Canada, Espagne, Etats-Unis, France, Italie, Portugal, Royaume-Uni*, Ed. Société de législation comparée, 2006), ou encore la preuve électronique (OUATTARA Aboudramane, *La preuve électronique : étude de droit comparé Afrique, Europe, Canada*, Thèse de doctorat, Abidjan-Cocody, Côte d'Ivoire, PUAM, Collection Horizons juridiques africains, 2011).

[77] BARANES William, FRISON-ROCHE Marie-Anne et ROBERT Jacques-Henri, *Pour le droit processuel*, D. 1993, pp. 9-11.

[78] *Op. cit., loc. cit.*

21. De la sorte, nous souhaitons nous distinguer des études existantes qui demeurent strictement *sectorielles*. Elles étudient la preuve au sein d'une matière[79]. Le droit comparé enseigne que la preuve est également étudiée matière par matière au sein d'autres juridictions[80]. Si certaines études ont porté sur la comparaison de la preuve civile et de la preuve pénale[81] ou sur la preuve administrative et la preuve civile[82], nous n'avons rencontré que peu d'études[83] – autres que collectives[84] – qui tentent d'appréhender la preuve sous l'angle

---

[79] La preuve a ainsi été étudiée en droit extrapatrimonial de la famille (VIAL Géraldine, *La preuve en droit extrapatrimonial de la famille*, Dalloz, Nouvelle bibliothèque de thèse, 2008), en droit du travail (COUPILLAUD Marie-Paule, *La preuve en droit du travail*, Thèse de doctorat micro-fichée, Bordeaux 4, 2005), en droit de l'environnement (TREUIL Emmanuel, *La preuve en droit de l'environnement*, Thèse de doctorat micro-fichée, Paris 1, 2002) ou encore en droit des transports maritimes (BALME François-Xavier, *Contribution théorique et pratique au droit de la preuve, Etude comparative entre les droits français et anglais applique aux transport maritimes*, Thèse de doctorat, Paris 1, PUAM, 2017).

[80] Les droits étrangers attestent d'une permanence de l'étude sectorielle de la preuve. Sans prétendre à l'exhaustivité, il existe ainsi des études du droit civil en droit canadien (DUCHARME Léo, *Précis de la preuve : en matières civiles et commerciales*, Éditions de l'Université d'Ottawa, Canada, 1980 ; ROYER Jean-Claude, *La preuve civile*, Les éditions Yvon Blais Inc., Canada, 2e éd., 1995), en droit italien (CONTE Mario, *Le prove nel processo civile*, Ed. Giuffrè, Italie, 2002), en droit suisse (KOFMEL Sabine, *Das Recht auf Beweis im Zivilverfahren*, Ed. Stämpfli, Coll. Abhandlungen zum schweizerischen Recht, Bern, Suisse, 1992), en droit espagnol (BONET NAVARRO José, *La prueba en el proceso civil : cuestiones fundamentales*, Ed. Difusión Jurídica y Temas de Actualidad, Madrid, Espagne, 2009) ou en droit belge (DELFORGE Catherine (Coord.), *La preuve en droit privé : quelques questions spéciales*, Larcier, 2017).

En droit pénal probatoire, des ouvrages ont été publiés en Belgique (CUYKENS Sophie, HOLZAPFEL Damien et KENNES Laurent, *La preuve en matière pénale*, Larcier, Grands arrêts, Bruxelles, Belgique, 2015 ; VERHEYDEN-JEANMART Nicole, *Droit de la preuve*, Larcier, Bruxelles, Belgique, 1991), au Canada (BELIVEAU Pierre et VAUCLAIR Martin, *Principes de preuve et de procédures pénales*, Thémis, Montréal, Canada, 2e éd., 1995), en Italie (TONINI Paolo, *La prova penale*, Ed. CEDAM, Padoue, Italie, 2000), ou au Royaume-Uni (ANDREWS John Albert et HIRST Michael, *Criminal evidence*, Ed. Sweet & Maxwell, Londres, Royaume-Uni, 1992 ; ROBERTS Paul et ZUCKERMAN Adrian, *Criminal evidence*, Oxford University Press, Oxford, Royaume-Uni, 2010).

Enfin, en droit fiscal, il existe également des ouvrages spécifiques en Allemagne (BIRKENFELD Wolfram, *Beweis und Beweiswürdigung im Steuerrecht*, Thèse de doctorat, Köln, Allemagne, Ed. W. Kleikamp, 1973) ou en Belgique (AFSCHRIFT Thierry, *Traité de la preuve en droit fiscal*, Larcier, Bruxelles, 2e éd., 2004).

[81] MERLE Roger et VITU André, *Traité de droit criminel, Procédure pénale*, Tome II, Cujas, 5e éd., 2001, pp. 15-28 ; VITU André, *Les rapports de la procédure pénale et de la procédure civile*, in, *Mélanges offerts à Monsieur le Professeur Pierre VOIRIN*, LGDJ, 1967, pp. 812-828.

[82] DEBBASCH Charles, *Procédure administrative contentieuse et procédure civile*, Thèse de doctorat, Aix-en-Provence, LGDJ, Bibliothèque de droit public, Tome n°38, 1962, pp. 360-366.

[83] AMRANI-MEKKI Soraya, *Les traditions probatoires en droit processuel (procès civil, pénal et administratif)*, in, CADIET Loïc, GRIMALDI Cyril et MEKKI Mustapha, *La preuve : regards croisés*, Dalloz, Thèmes et commentaires, 2015, pp. 111-129 ; MEKKI Mustapha, *Preuve et vérité en France*, in, Travaux de l'Association Henri Capitant, *La preuve*, Bruylant, Tome LXIII, 2013, pp. 813-847.

[84] PUIGELIER Catherine (dir.), *La preuve*, Economica, Coll. Etudes juridiques, 2004.

du comparatisme interne. La preuve demeure une preuve administrative, civile, pénale et même fiscale.

22. En outre, ce travail tentera de dépasser les frontières de la théorie et de la pratique – car nous estimons que le droit n'est que « la théorie d'une pratique »[85]. À mi-chemin de ces extrêmes, l'établissement de la preuve sera étudié dans son *épaisseur* théorique pour mieux en révéler les enjeux pratiques.

III. Problématique

23. Les écrits relatifs à la preuve fiscale, bien que peu nombreux[86], ont tenté de dégager une identité de la preuve fiscale. L'ouvrage – auquel il faut ajouter les écrits[87] – de Christophe DE LA MARDIERE offrent une étude générale de *la preuve en droit fiscal*[88] qui vise à cerner les traits spécifiques de cette matière. L'affirmation, par cet auteur, de l'existence d'une « vérité fiscale »[89] atteste que cette matière peut prétendre à un véritable particularisme – voire à une autonomie – qui serait justifié par une « finalité »[90] propre : celle « de combattre la fraude »[91] fiscale. En outre, l'objectivité du contentieux fiscal[92]

---

[85] LAGARDE Xavier, *Modulation dans le temps des effets d'un revirement de jurisprudence : l'assemblée plénière de la Cour de cassation confirme*, JCP G 2007, n°25, pp. 27-30.

[86] Les écrits généraux relatifs à cette question sont des thèses de doctorat consacrées à cette question : COTTINI Marc, *La communauté d'intérêts en droit fiscal français, Contribution à l'étude de l'anormalité en matière de preuve fiscale*, Thèse de doctorat microfichée, Aix-Marseille 3, 1998 ; DUSSART DALBIES Bérangère, *La preuve en matière fiscale*, Thèse de doctorat microfichée, Aix-Marseille 3, 1992 ; DERUEL François Patrice, *La preuve en matière fiscale*, Thèse de doctorat dact., Paris, 1962.

[87] DE LA MARDIERE Christophe, *Acte anormal de gestion : la charge de la preuve de la minoration du prix de cession d'un actif pèse sur l'Administration*, Revue Fiscale du Patrimoine 2011, n°12, pp. 28-31 ; DE LA MARDIERE Christophe, *Dialectique de la preuve : nouvelles précisions*, Dr. fisc. 2008, n°30, pp. 35-39 ; DE LA MARDIERE Christophe, *Droit fiscal et force majeure, à l'impossible, le contribuable, est-il tenu ?*, LPA 1999, n°46, p. 3 ; DE LA MARDIERE Christophe, *La preuve du paiement des charges n'est pas une condition de leur déductibilité*, Dr. fisc. 2009, n°44, pp. 31-36 ; DE LA MARDIERE Christophe, *La preuve en droit fiscal*, in, PUIGELIER Catherine (dir.), *La preuve*, Economica, 2004, pp. 133-139 ; DE LA MARDIERE Christophe, *La preuve objective dans le contentieux fiscal*, Dr. fisc. 2006, n° 14, pp. 744-748 ; DE LA MARDIERE Christophe, *Le forfaitaire pris au piège de la preuve*, LPA 1998, n°151, p. 6 ; DE LA MARDIERE Christophe, *Précisions sur l'obligation de preuve des écritures de charges incombant à l'entreprise*, Dr. fisc. 2007, n°46, pp. 44-50 ; DE LA MARDIERE Christophe, *Sécurité juridique et preuve fiscale*, in, BUISSON Jacques (dir.), *La sécurité fiscale*, L'Harmattan, 2011, pp. 207-219.

[88] DE LA MARDIERE Christophe, *La preuve en droit fiscal*, Litec, 2009.

[89] *Op. cit.*, p. 3.

[90] *Op. cit., loc. cit.*

[91] *Op. cit., loc. cit.*

[92] Nous croyons déceler entre la thèse de doctorat soutenue par Christophe DE LA MARDIERE qui s'attache à « défendre l'idée d'une nature objective attachée au contentieux administratif de l'impôt » (DE LA MARDIERE Christophe, *Recours pour excès de pouvoir et contentieux*

imprimerait, en cette matière, sa marque sur le régime de la preuve au point d'imposer un système de « preuve objective »[93]. Sous cette lumière, ces écrits bâtissent ainsi une preuve fiscale *adaptée* aux spécificités de cette matière et attestent d'un véritable particularisme de la preuve fiscale[94].

24. Les écrits de cet auteur ne sont toutefois pas les seuls à porter sur ce thème. Une thèse – soutenue par Sophie LAMBERT-WIBER[95] – mérite d'être ici mentionnée car elle s'inscrit dans une optique bien différente. Opposé à l'autonomie du droit fiscal[96], cet auteur démontre que c'est « dans la théorie civiliste de la charge de la preuve »[97] qu'il est « possible de trouver les éléments, qui permettraient d'éclairer le maquis des règles fiscales traitant de cette question »[98]. En ce sens, la preuve fiscale puiserait sa source dans la doctrine civiliste sans que cette filiation ne puisse, à notre sens, être justifiée, sauf devant le juge civil de l'impôt, par l'application des dispositions du code civil et du code de procédure civile.

25. Ce travail entend, dans la lignée de la recherche antérieure, déterminer si l'établissement de la preuve présente entre les juges de la matière fiscale, une unité ou si elle atteste, à l'inverse, du maintien d'une irréductible identité propre aux juges administratif, civil et pénal.

26. En dépit du remarquable intérêt des analyses antérieures, une autre voie nous paraît devoir être empruntée. Elle consiste à considérer que *l'établissement de la preuve fiscale reflète l'identité probatoire de ses juges*. Loin de vouloir identifier une preuve fiscale ou d'en rattacher les contours à un corps de doctrine, nous souhaitons démontrer que la preuve est établie *devant* des juges fiscaux et non *par* des juges fiscaux qui disposeraient d'une identité probatoire commune. En somme, sans prétendre forger une théorie générale de la preuve interne[99], nous tenterons de cerner l'existence d'*identités probatoires* propres à chaque juge fiscal.

---

administratif de l'impôt, Thèse de doctorat, Paris 2, LGDJ, Bibliothèque de science financière, Tome 41, 2002, p. 1) et ses écrits relatifs à la preuve un lien particulièrement fort.

[93] DE LA MARDIERE Christophe, *La preuve en droit fiscal*, Litec, 2009, pp. 157-209.

[94] Antérieurement, François Patrice DERUEL a également estimé que la question de la preuve en matière fiscale « est marqué[e] d'une certaine autonomie » (*La preuve en matière fiscale*, Thèse de doctorat dact., Paris, 1962, p. 201) qui se justifie, selon cet auteur, « par le statut constitutionnel de l'impôt » (*op. cit.*, p. 361).

[95] LAMBERT-WIBER Sophie, *Contribution du droit civil à une approche renouvelée de la charge de la preuve en droit fiscal*, Thèse de doctorat microfichée, Rouen, 1996.

[96] *Op. cit.*, p. 4.

[97] *Op. cit.*, p. 3.

[98] *Op. cit.*, *loc. cit.*

[99] Des théories de la preuve ont été proposées en droit privé (VERGES Etienne, *Eléments pour un renouvellement de la théorie de la preuve en droit privé*, in *Mélanges en l'honneur de Jacques-Henri ROBERT*, Lexis Nexis, 2012, pp. 853-895) et en droit administratif (PACTET

27. Pourtant, à première vue, la preuve dispose, en matière fiscale, de règles propres qui constituent un véritable particularisme[100]. En dépit de ce constat, nous estimons que ces règles ne constituent pas un pan autonome du droit de la preuve. Plus encore, en dépit de la présence, au sein du Livre des procédures fiscales, de dispositions relatives à la charge de la preuve contentieuse, la preuve fiscale n'est pas de nature à constituer un *droit fiscal probatoire*. L'établissement de la preuve judiciaire est dominé devant les juges de la matière fiscale par les règles qui s'imposent devant les juridictions administrative, civile et pénale. En somme, de la réclamation préalable obligatoire[101] – ou du dépôt de plainte par l'administration fiscale devant le juge pénal fiscal[102] – au verdict du juge, l'établissement de la preuve ne présente, en matière fiscale, que de rares particularismes qui seront identifiés.

28. **À** défaut d'un tel particularisme, il sera démontré que l'établissement de la preuve atteste, en matière fiscale, du maintien de procédures propres à chaque juge du droit fiscal. *En cette matière la preuve est établie au terme d'une procédure administrative, civile ou pénale sans que les particularismes de la procédure fiscale ne prennent le pas sur l'identité des procédures qui encadrent son établissement.* Loin de former une entité autonome, la preuve judiciaire est, en matière fiscale, le fruit de procédures dont elle emprunte les règles à défaut de disposer d'un corpus de règles légales offrant à son établissement des contours particuliers.

IV. Résultats

29. **À** la faveur de cette démonstration, il apparaît que l'identité probatoire des juges administratif, civil et pénal se manifeste dans l'établissement processuel de la preuve fiscale. Le droit fiscal, en tant que *laboratoire comparatiste*, a permis de cerner des *identités probatoires particulières*. Les procédures administrative, civile et pénale sont porteuses d'une identité qui imprègne la preuve judiciaire de particularismes.

30. En ce sens, l'établissement de la preuve est, en matière civile, le fruit d'une procédure minutieusement réglementée par le législateur. Bien que l'existence

Pierre, *Essai d'une théorie de la preuve devant la juridiction administrative*, Thèse de doctorat, Paris, Pedone, 1952).

[100] LASRY Claude, *Une particularité du contentieux fiscal, la charge de la preuve*, EDCE 1984-1985, n°36, pp. 71-77.

[101] La réclamation préalable obligatoire constitue le premier acte de la procédure contentieuse en matière fiscale comme l'a notamment jugé le Conseil d'Etat dans la décision Société Coq-France (Conseil d'Etat, Ass., 31 octobre 1975, n° 97234 : Dr. fisc. 1975, n°51, comm.1656, concl. LATOURNERIE ; RJF 12/75, n°578).

[102] Art. L. 229 du Livre des procédures fiscales.

d'une « théorie générale des preuves »[103] soit discutée en la matière[104], il apparaît que « le contentieux de droit privé peut faire office de paradigme si bien qu'il paraît scientifiquement acceptable de s'y cantonner »[105]. Ce constat est confirmé, sous l'empire de l'ordonnance n°2016-131 portant réforme du droit des contrats, du régime général et de la preuve des obligations[106] qui dispose – tout comme le code civil d'origine[107] – d'un titre relatif à « la preuve des obligations » qui regroupe les règles de preuve applicables en matière civile[108]. Si, depuis la compilation de Justinien, la preuve est « insérée au milieu des contrats, ce qui n'est pas d'une logique parfaite »[109], ce particularisme est aujourd'hui tempéré par le Code de procédure civile qui livre, au titre des principes directeurs du procès, une section relative aux preuves[110]. L'article 1353 du Code civil[111] – anciennement 1315 du Code civil – est, en substance, repris par l'article 9 du Code de procédure civile qui dispose qu'« Il incombe à chaque partie de prouver conformément à la loi les faits nécessaires au succès de sa prétention ». Le juge civil dispose ainsi d'un corps de règles particulièrement développé en matière de charge de la preuve. Les modes de preuve ne sont pas en reste. La présence d'un système de preuve légale au sein de la procédure civile atteste d'un encadrement poussé de la force probante des preuves en la matière[112]. Or, *devant le juge civil, les règles de preuve sont adaptées aux rapports juridiques qui sont en conflit.* La stricte réglementation relative à la charge de la preuve et à la hiérarchie entre les modes de preuve atteste d'une prise en compte des enjeux factuels qui sont en litige. En principe, le procès civil oppose, en pleine égalité, des particuliers sur l'existence ou l'étendue d'un droit[113] qui a, dans de nombreux cas, pu faire

---

[103] VERGES Etienne, *Eléments pour un renouvellement de la théorie de la preuve en droit privé*, in, *Mélanges en l'honneur de Jacques-Henri ROBERT*, Lexis Nexis, 2012, pp. 853-895, spéc. p. 856.

[104] *Op. cit., loc. cit.*

[105] LAGARDE Xavier, *Vérité et légitimité dans le droit de la preuve*, Droits 1996, n°23, pp. 31-39, spéc. p. 31.

[106] Ordonnance n°2016-131 du 10 février 2016 portant réforme du droit des contrats, du régime général et de la preuve des obligations (J.O. du 11 février 2016) entrée en vigueur le 1er octobre 2016.

[107] Le Code civil, dans sa version du 21 mars 1804, contenait un chapitre relatif à « la preuve des obligations et de celle du paiement ».

[108] VERGES Etienne, *Eléments pour un renouvellement de la théorie de la preuve en droit privé*, in, *Mélanges en l'honneur de Jacques-Henri ROBERT*, Lexis Nexis, 2012, pp. 853-895, spéc. p. 856.

[109] LEVY Jean-Philippe, *L'apport de l'antiquité au droit de la preuve*, Droits 1996, n°23, pp. 3-11, spéc. p. 10.

[110] Il s'agit de la Section IV du Chapitre Ier du Titre Ier du Livre Ier du Code de procédure civile.

[111] L'article 1353 du Code civil dispose que « Celui qui réclame l'exécution d'une obligation doit la prouver./ Réciproquement, celui qui se prétend libéré doit justifier le paiement ou le fait qui a produit l'extinction de son obligation ».

[112] Art. 1363 à 1386-1 du Code civil.

[113] MOTULSKY Henri, *Principes d'une réalisation méthodique du droit privé, La théorie des éléments générateurs des droits subjectifs*, Thèse de doctorat, Lyon, Sirey, 1948, n°87-88.

l'objet d'une preuve préconstituée[114]. La place occupée par le juge dans la recherche de la vérité demeure, en dépit des mutations de la procédure civile vers un modèle inquisitoire, caractérisée par une forme de neutralité[115]. La procédure encadre ce conflit en confiant au juge un office qui lui est propre en matière d'établissement de la preuve.

31. De manière analogue, les règles relatives à l'établissement de la preuve pénale[116] sont liées à la spécificité des faits qu'elle vise à établir. Les caractéristiques de l'établissement de la preuve pénale sont liées aux faits litigieux qui sont dissimulés par les auteurs d'infractions. Les mécanismes exorbitants de recherche de la preuve qu'offre la procédure pénale aux agents de l'autorité publique sont tempérés par des principes qui attestent de la spécificité de l'établissement de la preuve pénale. Issus de la philosophie moderne[117], les principes qui encadrent la preuve pénale sont « redevable[s] d'une interprétation politique »[118] car ils ont été forgés par d'illustres auteurs comme Cesare BECCARIA – qui a posé qu'« Un homme ne peut être considéré comme coupable avant la sentence du juge »[119] – ou encore Hugo GROTIUS – qui a estimé qu'« il vaut mieux courir le risque d'absoudre un coupable que de s'exposer à condamner un innocent »[120]. La présomption d'innocence et le principe *in dubio pro reo* puisent ainsi leurs racines dans des réflexions propres relevant de la science et de la philosophie politiques. À la faveur de ces spécificités, une théorie de la preuve[121] est proposée par la doctrine pénaliste. L'intérêt de l'étude de la *preuve pénale* réside dans son

---

[114] En ce sens, l'article 1353 du Code civil qui pose la règle de la charge de la preuve est fondé sur la preuve de l'obligation et de son paiement.

[115] ANDRE Georges, *Du principe de la neutralité du juge dans l'instruction des affaires civiles*, Thèse de doctorat, Paris, Ed. Jouve et Cie, 1910.

[116] Nombreux sont les écrits qui portent sur la preuve pénale : BOULOC Bernard, *La preuve en matière pénale*, in, PUIGELIER Catherine (dir.), *La preuve*, Economica, 2004, pp. 43-56 ; DELMAS-MARTY Mireille, *La preuve pénale*, Droits 1996, n°23, pp. 53-65 ; LEGROS Robert, *La preuve légale en droit pénal*, in, FORIERS Paul et PERELMAN Chaïm (dir.), *La preuve en droit*, Bruylant, 1981, pp. 149-173 ; LEVASSEUR Georges, *Le droit de la preuve en droit pénal français*, in, FORIERS Paul et PERELMAN Chaïm (dir.), *La preuve en droit*, Bruylant, 1981, pp. 175-195.

[117] Eric DESMONS relève ainsi que « le système probatoire prôné par les Modernes (…) est symptomatique du développement de l'individualisme et de son corollaire, la protection des droits individuels, face à un pouvoir étatique suffisamment fort pour être ressenti comme une menace » (*La preuve des faits dans la philosophie moderne*, Droits 1996, n°23, pp. 13-20, spéc. p. 20).

[118] DESMONS Eric, *La preuve des faits dans la philosophie moderne*, Droits 1996, n°23, pp. 13-20, spéc. p. 20.

[119] BECCARIA Cesare, *Des délits et des peines*, Ed. Brière, 1822, p. 65.

[120] GROTIUS Hugo, *Le droit de la guerre et de la paix*, Ed. Pierre de Coup, 1729, p. 171.

[121] Frédéric DESPORTES et Laurence LAZERGES-COUSQUER se proposent d'élaborer « une théorie de la preuve » (*Traité de procédure pénale*, Economica, 3e éd., 2015, p. 395) tout comme Michèle-Laure RASSAT qui propose « une théorie générale des preuves » (*Procédure pénale*, Ellipses, 2e éd., 2013, p. 241).

extension à l'ensemble de la matière répressive. Les juges administratif et civil appliquent en matière fiscale, pour la cause juridique des pénalités, les principes qui gouvernent la preuve pénale.

32. Enfin, l'établissement de la preuve est gouverné, devant la juridiction administrative, par un « régime de la preuve (...) d'origine prétorienne »[122] – bien que certaines dispositions légales se rapportent à la preuve[123] – adapté au rapport inégalitaire des parties qui s'affrontent. Dans le silence des textes relatifs à la preuve, le juge administratif dispose d'une véritable « souplesse »[124] qui lui permet – alors même qu'il se prend parfois à rêver « d'un corps de règles stables dans leur énoncé et prévisibles dans leur mise en œuvre »[125] – de se livrer à « une véritable politique jurisprudentielle »[126] en matière probatoire. Le particularisme de la preuve administrative se révèle au travers de la « fonction »[127] qu'elle occupe : celle d'offrir un échange équilibré aux parties. Pour cela, sans exclure les emprunts, le juge administratif a su *adapter* les règles de la preuve civile aux spécificités du contentieux administratif. Disposant de la faculté de « tempérer, autant qu'il le désire »[128] les règles civiles de la preuve, il a forgé moins un droit probatoire autonome

---

[122] BERNARD François-Charles et PLANTEY Alain, *La preuve devant le juge administratif*, Economica, 2003, p. 3.

[123] En dehors du champ fiscal, les règles légales de preuve sont très limitées. Il faut tout de même relever l'existence de dispositions légales relatives à l'accès aux documents administratifs (sur ce point : BERNARD François-Charles et PLANTEY Alain, *La preuve devant le juge administratif*, Economica, 2003, pp. 143-147). La loi du 17 juillet 1978 relative à la communication de documents (loi n° 78-753 : J.O. du 18 juillet 1978, p. 2851) et la loi du 3 janvier 1979 relative aux archives (loi n°79-18 : J.O. du 5 janvier 1979 p. 43) encadrent la communication de documents par l'Administration aux administrés. Il faut ajouter, qu'en matière médicale, l'article 11 de la loi du 4 mars 2002 (loi n°2002-303, relative aux droits des malades et à la qualité du système de santé : J.O. du 5 mars 2002, p. 4118) a largement ouvert l'accès toute personne aux informations relatives à sa santé (art. L. 111-1 et suivants du Code de la santé publique). L'accès aux documents administratifs est donc garanti aux administrés – sauf pour ceux qui contiennent des renseignements de nature individuelle et protégés à ce titre (Conseil d'Etat, Sect., 10 juillet 1992, n°120047, Ministre de l'Agriculture : Rec. p. 296) et tout refus doit être motivé (Loi n°79-587 du 11 juillet 1979 relative à la motivation des actes administratifs et à l'amélioration des relations entre l'administration et le public : J.O. du 12 juillet 1979, p. 1711 ; ce principe est repris aux articles L. 211-1 et suivants du Code des relations entre le public et l'administration).

[124] PACTET Pierre, *Essai d'une théorie de la preuve devant la juridiction administrative*, Thèse de doctorat, Paris, Pedone, 1952, p. 6 et p. 55.

[125] COLLIN Pierre, concl. sur Conseil d'Etat, Sect., 20 juin 2003 n°232832 Sté Etablissements Lebreton - Comptoir général de peintures et annexes : RJF 10/03, n°1140, BDCF 10/03, n°125.

[126] DEBBASCH Charles, *La charge de la preuve devant le juge administratif*, D. 1983, pp. 43-50.

[127] BROYELLE Camille, *Preuve et pouvoirs exorbitants de la puissance publique en France*, in, Travaux de l'Association Henri Capitant, *La preuve*, Bruylant, Tome LXIII, 2013, pp. 411-418, spéc. p. 413.

[128] PACTET Pierre, *Essai d'une théorie de la preuve devant la juridiction administrative*, Thèse de doctorat, Paris, Pedone, 1952, p. 86.

qu'un droit adapté – à la faveur de nombreuses « altérations »[129] du droit privé. À ce titre, l'établissement de la preuve est, devant la juridiction administrative, imprégné par le caractère inquisitoire de la procédure administrative : elle ménage une place déterminante au juge administratif, qui lui permet de remédier à l'inégalité fondamentale qui existe entre les parties. Cette place particulière occupée par le juge administratif dans l'établissement de la preuve est renforcée par la liberté de la preuve et l'intime conviction du juge qui dessinent une procédure particulière d'établissement de la preuve[130]. La preuve administrative se caractérise par la souplesse dont fait preuve le juge administratif qui est le corollaire de la liberté dont il dispose. Cette liberté – qui constitue le maître mot de l'action du juge[131] – tend à se transformer en une *libération* attestant d'un renforcement du particularisme de l'établissement de la preuve administrative. Une nouvelle fois, c'est la figure du juge qui confère – au travers d'une identité procédurale – à l'établissement de la preuve un certain particularisme.

33. En somme, à défaut d'une autonomie radicale entre les juges, il y a permanence des particularismes probatoires qui les distinguent. Le droit de la preuve demeure ainsi profondément lié aux procédures juridictionnelles qui l'encadrent. La preuve sera donc étudiée comme le fruit d'un processus, d'une procédure qui encadre l'établissement d'*une* vérité judiciaire. Nous démontrerons qu'au-delà de l'influence culturelle qui pèse sur l'établissement de la preuve, il peut exister un *environnement procédural* qui encadre l'établissement de la preuve.

34. Cette étude entend également démontrer que l'encadrement procédural est de nature à forger un *office* particulier propre à chaque juge. L'office peut

---

[129] *Op. cit.*, p. 85.

[130] DEBBASCH Charles et RICCI Jean-Claude, *Contentieux administratif*, Dalloz, 8e éd., 2001, pp. 547-548 ; DENOIX DE SAINT MARC Renaud et LABETOULLE Daniel, *Les pouvoirs d'instruction du juge administratif*, EDCE 1970, pp. 69-91 ; PACTET Pierre, *Essai d'une théorie de la preuve devant la juridiction administrative*, Thèse de doctorat, Paris, Pedone, 1952, p. 136.

[131] En ce sens, Jean-Philippe COLSON relève que « la liberté de l'office du juge administratif à l'égard de l'administration des preuves n'est qu'un aspect du régime de la liberté de la preuve en droit administratif ; mais elle en constitue certainement l'élément essentiel. Seule cette liberté est de nature à expliquer l'originalité profonde du rôle du juge et le champ d'action dont il dispose pour la mise en œuvre de son pouvoir inquisitorial. La liberté du juge dans la recherche des preuves, qui dépend de l'exercice de ce pouvoir inquisitoire, aurait peu d'intérêt si le juge administratif devait ensuite, pour former sa conviction observer un ensemble de règles légales, fixant impérativement la nature et la valeur des preuves recueillies au cours de l'instruction. L'utilité du pouvoir inquisitoire dans la recherche des preuves et, au-delà, dans le développement du contrôle juridictionnel, apparaît au contraire pleinement lorsque l'appréciation du juge et la formation de sa conviction sont libres » (*L'office du juge et la preuve dans le contentieux administratif*, Thèse de doctorat, Montpellier, LGDJ, Bibliothèque de droit public, Tome 101, 1970, p. 205).

s'entendre comme un *devoir être* inhérent à chaque juge. Le terme « office » vient du latin *officium* qui renvoie « non seulement [à] l'ensemble des devoirs du juge, mais aussi les moyens et la puissance mis à sa disposition pour précisément réaliser ses devoirs »[132]. L'office est donc l'ensemble des pouvoirs et des devoirs qui incombent au juge[133]. Cet axe d'étude – déjà retenu en droit administratif[134] mais aussi en droit civil[135] – atteste que *la preuve judiciaire reflète l'identité propre à chaque juge*. En ce sens, « le juge se prononce, compte tenu de la conception qu'il se fait de sa mission »[136]. La preuve établie par un juge peut également être le fruit d'une perception propre à chaque juge.

35. Dans ce cadre, la sociologie du juge doit être considérée comme un outil particulièrement nécessaire au juriste pour la compréhension du droit. Toutefois, elle sera considérée comme une *science auxiliaire*[137] qui éclaire la compréhension des objets juridiques sans pour autant la substituer purement et simplement à l'analyse juridique. Nous estimons que les principales clés de compréhension de la preuve judiciaire se trouvent au sein même de l'ordre juridique et non au sein d'un environnement culturel qui lui est extérieur. Or, nombreux sont les auteurs qui mettent en lumière les liens qui existent entre culture et preuve[138]. La preuve judiciaire est alors conçue comme le fruit d'un

---

132 BERNABE Boris, *La récusation des juges, Etude médiévale, moderne et contemporaine*, Thèse de doctorat, Toulouse 1, LGDJ, Bibliothèque de droit privé, Tome 514, 2009, p. 98.

133 CHAPUS René, *De l'office du juge : Contentieux administratif et nouvelle procédure civile, l'administration et son juge*, EDCE 1977-1978, pp. 13-65, spéc. p. 13 ; SAUVE Jean-Marc, *Un corridor de Vasari au Palais-Royal ou Autoportraits du juge en son office*, in, *Les figures du juge administratif*, Colloque du 28 juin 2013, disponible sur le site internet du Conseil d'Etat.

134 COLSON Jean-Philippe, *L'office du juge et la preuve dans le contentieux administratif*, Thèse de doctorat, Montpellier, LGDJ, Bibliothèque de droit public, Tome 101, 1970.

135 TARZIA Giuseppe, *Les pouvoirs d'office du juge civil en matière de preuves*, in, *Nouveaux juges, nouveaux pouvoirs ?*, in, *Mélanges en l'honneur de Roger PERROT*, Dalloz, 1996, pp. 469-475.

136 HEILBRONNER André, *Recours pour excès de pouvoir et recours de plein contentieux*, D. 1953, pp. 183-188, spéc. p. 188.

137 L'expression de « sciences auxiliaires » est employée par les historiens (Sur ce point : DELORT Robert, *Introduction aux sciences auxiliaires de l'histoire*, Armand Colin, 1969) pour désigner les disciplines qui permettent de comprendre certaines sources historiques. Il s'agit, par exemple, de la sigillographie (l'étude des sceaux), de l'héraldique (l'étude des armoiries), de la numismatique (l'étude des monnaies) ou encore de la codicologie (étude des manuscrits).

138 Sur ce point : BALME Stéphanie, BIN Li, GARAPON Antoine, LANGLOIS Jean-Louis et SCHIMMEL Daniel, *Le procès civil en version originale, Cultures judiciaires comparées : France, Chine, Etats-Unis*, Lexis Nexis, 2014 ; GARAPON Antoine, *La culture juridique française au choc de la "mondialisation"*, in, JACOB Robert (dir.), *Le juge et le jugement dans les traditions juridiques européennes*, LGDJ, 1996, pp. 379-394 ; GARAPON Antoine et PAPADOPOULOS Ioannis, *Juger en Amérique et en France, Culture juridique française et common law*, Odile Jacob, 2003 ; GIRARD Fabien, *Essai sur la preuve dans son environnement culturel*, Thèse de doctorat, Grenoble, PUAM, 2013, pp. 49-56 ; JEULAND Emmanuel, *Preuve judiciaire et culture française*, Droit et cultures 2005, n°50, pp. 149-170 ; LAGARDE Xavier,

environnement propre à chaque culture et à chaque époque[139]. Il existerait ainsi un environnement culturel propre au système probatoire français[140] qui serait constitué par « l'organisation de l'Etat, la structure du pouvoir judiciaire et les rationalités à l'œuvre »[141]. Cette analyse présente un indéniable intérêt puisqu'elle offre une explication rationnelle à l'existence de différents systèmes de preuve. Elle présente, toutefois, un inconvénient majeur : l'analyse de la preuve n'est plus véritablement juridique car l'étude est placée au niveau de la *culture*. Le droit de la preuve ne s'explique plus par lui-même mais devient le reflet d'un ailleurs, d'un *environnement* qui l'entoure et qui en détermine les causes. La preuve devient alors dépendante d'un milieu qui inocule, par une sorte de capillarité naturelle, ses propres règles. Le droit probatoire en est, ni plus ni moins, dissout, liquidé, dans un ensemble plus vaste qui est étranger au juriste, mais qu'il doit étudier pour comprendre la preuve judiciaire.

36. En dépit du remarquable intérêt que présente cette doctrine, nous prendrons soin de nous en détacher. Nous estimons que l'établissement de la preuve peut être analysé comme le fruit d'*une procédure particulière* dont les caractéristiques fondent une *identité*[142] propre à chaque juge. En nous plaçant au sein d'un même environnement culturel – le droit français de la preuve – nous ne pouvons que refuser la translation conçue par la doctrine du *positivisme sociologique* qui consiste à déplacer le champ de l'étude du droit de la preuve au sein de l'environnement culturel qui la conditionne. La preuve doit s'étudier comme un *système d'obligations*, c'est-à-dire, en elle-même, et non comme le reflet d'un environnement qui l'encadre. De la sorte, nous estimons que chaque procédure peut constituer un *environnement* – moins culturel que juridique – qui est porteur d'une identité.

37. Le caractère absolu de l'identité probatoire doit toutefois être tempéré. Nous tenterons de mesurer combien l'identité probatoire est altérée par l'affirmation de principes communs d'établissement de la preuve. Il existe ainsi une unité partielle entre les juges fiscaux dans l'établissement de la preuve. Les procédures administrative, civile et pénale en attestent tant en droit fiscal qu'en dehors de ce champ. À ce titre, l'établissement de la preuve

---

D'une vérité l'autre, Brèves réflexions sur les différentes cultures de la preuve, Gaz. pal. 2010, n°202-203, pp. 6-12.

[139] Xavier LAGARDE relève ainsi que « Les divergences entre les systèmes de preuve (...) sont assez largement d'ordre culturel » (*D'une vérité l'autre, Brèves réflexions sur les différentes cultures de la preuve*, Gaz. pal. 2010, n°202-203, pp. 6-12).

[140] GIRARD Fabien, *Essai sur la preuve dans son environnement culturel*, Thèse de doctorat, Grenoble, PUAM, 2013, p. 56.

[141] *Op. cit.*, p. 68.

[142] Le terme « identité » doit ici s'entendre au sens de « Conscience qu'une personne a d'elle-même » (LITTRE Emile, *Dictionnaire de la langue française*, Hachette, 1873-1874).

n'échappe pas à l'emprise croissante de l'équité : il émerge « un modèle probatoire bien plus éthique que juridique »[143] dont l'équité est le fondement.

38. L'équilibre devient, comme l'avait souhaité en son temps Jeremy BENTHAM[144], un principe essentiel de l'établissement de la preuve. L'influence déterminante de l'équité sur la preuve judiciaire conduirait même à forger un « système compassionnel »[145] puisque l'équité transforme les règles de preuve en prenant en compte la difficulté de prouver. Au sein d'un tel *système*, l'impossibilité de prouver – nommée par l'expression *probatio diabolica* – est le contrepoint de l'exigence d'équilibre. L'équité exige même que la faculté de prouver ne se heurte pas à d'insurmontables difficultés.

39. En matière de preuve, le juge se doit donc de « réaliser de l'équitable »[146]. À ce titre, *l'exigence fondamentale d'équité constitue un ferment d'unité partielle de l'établissement de la preuve entre les juges de la matière fiscale.*

40. L'équité n'est toutefois pas le seul principe commun qui irrigue un droit procédural commun de l'établissement de la preuve. La loyauté – qui demeure un principe contesté – atteste de la nécessité d'écarter les moyens de preuve qui heurtent certains principes fondamentaux. En cette matière, l'affirmation de règles d'admissibilité de la preuve – qui conduisent à écarter certaines preuves – révèle le poids déterminant de la procédure dans l'établissement de la preuve judiciaire.

41. C'est donc une unité partielle qui se dessine à la faveur de l'affirmation d'une « légitimité procédurale »[147] – qui « désigne un ensemble de principes procéduraux et de règles procédurales »[148] – ou d'une « logique probatoire

---

[143] GIRARD Fabien, *Essai sur la preuve dans son environnement culturel*, Thèse de doctorat, Grenoble, PUAM, 2013, p. 65.

[144] Jeremy BENTHAM a proposé d'établir un système de charge de la preuve qui soit adapté à la capacité réelle des parties de la remplir. En se fondant sur les règles de « procédure naturelle » (BENTHAM Jeremy, *Traité des preuves judiciaires*, Tome 2, Ed. Bossanges Frères, 1823, p. 172), il estime que « l'obligation de la preuve doit être, dans chaque cas individuel, imposée à celle des parties qui peut la remplir avec le moins d'inconvénient, c'est-à-dire le moins de délai, de vexations et de frais » (*op. cit.*, *loc. cit.*).
Pour une analyse de la pensée de Jeremy BENTHAM en matière de preuve : V° FERRER BELTRÂN Jordi, *La preuve est libre, ou presque : une théorie quasi-benthamienne de la preuve*, in, BOZZO-REY Malik et TUSSEAU Guillaume, *Bentham juriste, L'utilitarisme juridique en question*, Economica, 2011, pp. 329-347.

[145] BURGELIN Jean-François, *Introduction*, in, PUIGELIER Catherine (dir.), *La preuve*, Economica, 2004, pp. 1-3, spéc. p. 3.

[146] LOUIS-LUCAS Pierre, *Vérité matérielle et vérité juridique*, in, *Mélanges offerts à René SAVATIER*, Dalloz, 1965, pp. 583-601, spéc. p. 599.

[147] MEKKI Mustapha, *Preuve et vérité en France*, in, Travaux de l'Association Henri Capitant, *La preuve*, Bruylant, Tome LXIII, 2013, pp. 813-847, spéc. p. 817.

[148] *Op. cit., loc. cit.*

procédurale »[149]. Cette légitimité procédurale produit « un nouveau modèle »[150] qui conduit à forger une unité dans la procédure d'établissement de la preuve – qui a déjà été révélée en matière pénale[151]. L'établissement de la preuve est alors conditionné par le respect de principes procéduraux communs. La preuve judiciaire « est tributaire d'un chemin particulier »[152] qui s'impose en une condition de son établissement. Il existe ainsi, des « mécanismes de légitimation fonctionnant dans le droit de la preuve »[153] qui se révèlent dans l'établissement de la preuve.

42. De la sorte, cette démonstration entend s'inscrire dans la lignée de la doctrine sceptique car elle tend à mettre au jour les liens qui unissent la preuve à la nécessaire légitimité que doit manifester sa procédure d'établissement[154]. Xavier LAGARDE a, en France, largement contribué à l'affirmation de ce courant en identifiant « les mécanismes de légitimation fonctionnant dans le droit de la preuve »[155]. Pour cet auteur, « dire que le droit de la preuve a pour objectif la recherche de la vérité, c'est tenir un discours auquel l'institution judiciaire a intérêt »[156]. Or, la recherche de la légitimité de la décision judiciaire conduit à mettre « à l'écart [la preuve judiciaire] d'une recherche purement intellectuelle de la vérité »[157]. La preuve traduirait la nécessité, pour le juge d'établir *la* bonne réponse[158], c'est-à-dire la « solution juste »[159] moins que la solution vraie. La vérité judiciaire est ainsi orientée vers certains buts,

---

[149] GIRARD Fabien, *Essai sur la preuve dans son environnement culturel*, Thèse de doctorat, Grenoble, PUAM, 2013, p. 833.

[150] DELMAS-MARTY Mireille, *La preuve pénale*, Droits 1996, n°23, pp. 53-65, spéc. p. 64.

[151] Il faut ici relever ici que John D. JACKSON et Sarah J. SUMMERS ont retenu, en matière pénale, une telle analyse. Ils ont ainsi démontré que « nous sommes les témoins de l'émergence d'un ensemble commun de principes de preuve » (JACKSON John D. et SUMMERS Sarah J., *The Internationalisation of Criminal Evidence : Beyond the Common Law and Civil Law Traditions*, Cambridge University Press, Law in Context, Cambridge, Royaume-Uni, 2012, p. 27 (« *we are witnessing the emergence of a common set of evidentiary principles* »)) attestant de « l'émergence d'un cadre commun » (*op. cit.*, p. 28) (« *this common evidentiary framework is emerging* ») en cette matière. Cette analyse, développée, entre le droit de Common Law et le droit de Civil Law, est transposable entre les juges de la matière fiscale.

[152] GARAPON Antoine et PAPADOPOULOS Ioannis, *Juger en Amérique et en France, Culture juridique française et common law*, Odile Jacob, 2003, p. 31.

[153] LAGARDE Xavier, *Réflexion critique sur le droit de la preuve*, Thèse de doctorat, Paris 1, LGDJ, Bibliothèque de droit privé, Tome 239, 1994, p. 17.

[154] Sur ce point : LAGARDE Xavier, *Réflexion critique sur le droit de la preuve*, Thèse de doctorat, Paris 1, LGDJ, Bibliothèque de droit privé, Tome 239, 1994 ; LAGARDE Xavier, *Vérité et légitimité dans le droit de la preuve*, Droits 1996, n°23, pp. 31-39.

[155] LAGARDE Xavier, *Réflexion critique sur le droit de la preuve*, Thèse de doctorat, Paris 1, LGDJ, Bibliothèque de droit privé, Tome 239, 1994, p. 17.

[156] *Op. cit.*, p. 16.

[157] *Op. cit.*, p. 17.

[158] DWORKIN Ronald, *Une question de principe*, PUF, 1996, p. 152.

[159] DALBIGNAT-DEHARO Gaëlle, *Vérité scientifique et vérité judiciaire en droit privé*, Thèse de doctorat, Paris 1, LGDJ, Bibliothèque de l'Institut André Tunc, Tome 2, pp. 38-39.

certaines préoccupations qui exigent de dépasser la simple recherche de la vérité.

43. Ainsi, devant les juges fiscaux l'établissement de la preuve est gouverné par des règles procédurales qui sont propres à chaque ordre de juridiction. Les procédures sont ainsi particulières à chaque juge de la matière fiscale sans qu'une unité ne permette à *une* preuve fiscale d'être établie. L'idée même d'autonomie de la preuve fiscale doit être rejetée au profit de l'affirmation d'une diversité d'identités procédurales qui est maintenue en matière fiscale. Les juges administratif, civil et pénal témoignent ainsi du maintien de leur identité dans l'établissement de la preuve. La matière fiscale permet de révéler les différences qui subsistent, entre les juges, dans l'établissement de la preuve judiciaire. Il sera ainsi démontré que l'établissement de la preuve atteste, entre les juges fiscaux, du maintien d'identités propres qui ont un caractère *vernaculaire* (Partie I).

44. Néanmoins, le droit de la preuve révèle aussi une identité qui transcende l'identité probatoire des juges administratif, civil et pénal. L'établissement de la preuve est gouverné par des principes fondamentaux qui s'imposent à tous les juges de la matière fiscale. Ces principes façonnent une *harmonisation négative et positive des règles d'établissement de la preuve*. Plus encore, ils « dessine[nt] une image optimiste de l'homme »[160] : la preuve est le reflet d'une recherche de justice. Une *vérité équitable* émerge au terme d'une procédure qui a pour effet d'épurer la vérité judiciaire d'aspérités contraires aux principes fondamentaux qui fondent une conception partagée – voire universelle – de la Justice. L'établissement de la preuve est ainsi gouverné par des principes communs aux juges de la matière fiscale qui, sous l'effet d'une *fondamentalisation du droit de la preuve*, forgent une unité relative (Partie II).

---

[160] CESARO Jean-François, *Avant-propos*, in, *La preuve*, Rapport annuel de la Cour de cassation, La documentation française, 2012, pp. 85-95, spéc. p. 95.

PARTIE I. – LE MAINTIEN DE L'IDENTITÉ PROBATOIRE DES JUGES FISCAUX

45. La question de l'identité de la procédure fiscale a fait l'objet de peu d'études d'ensemble[161]. Elle vise à saisir s'il existe une autonomie[162], ou à défaut, un particularisme[163] de la procédure fiscale. Un droit est autonome lorsque « les règles juridiques qui s'y intègrent sont applicables par défaut »[164]. À défaut d'une véritable autonomie, le droit peut présenter certains *particularismes* lorsque l'application de règles communes est tempérée par l'application de règles propres à une branche du droit. Cette étude exige d'opérer une analyse comptable des dispositions propres à la matière fiscale pour mesurer le degré de spécificité de cette matière. La présence de dispositions propres à la matière fiscale constitue un indice de l'existence d'un particularisme de la procédure fiscale voire de son autonomie si elle conduit à offrir un corpus de règles propres à cette matière. À l'inverse, l'absence de dispositions propres à cette procédure conduit à l'application subsidiaire du

---

161 Il faut relever l'existence d'écrits sur ce point : AYRAULT Ludovic, *L'autonomie de la procédure fiscale contentieuse*, in, *Justice fiscale : Regards croisés sur le contentieux fiscal*, Colloque des 15, 16 et 17 novembre 2007, Sfax, Tunisie, pp. 287-300 ; RENAHY Marc, *Unité et diversité du contentieux fiscal*, Thèse de doctorat dact., Paris, 1955. En contentieux administratif général, Charles DEBBASCH s'est livré à une comparaison des procédures administrative et civile (*Procédure administrative contentieuse et procédure civile*, Thèse de doctorat, Aix-en-Provence, LGDJ, Bibliothèque de droit public, Tome 38, 1962).

162 COZIAN Maurice, *Propos désobligeants sur une « tarte à la crème » : l'autonomie et le réalisme du droit fiscal*, Dr. fisc. 1980, n°41, p. 1054 ; COZIAN Maurice, *Sur l'autonomie et le réalisme du droit fiscal*, Revue de la Direction générale des impôts, 1981, n°54, pp. 36-40 ; LAMBERT Thierry, *L'autonomie relative de la jurisprudence fiscale*, in, LAMBERT Thierry (dir.), *Contentieux fiscal : principes et pratiques*, STH, 1989, pp. 141-157 ; LUKASZEWICZ Jean-Pierre, *Nouveaux aperçus sur l'autonomie du droit fiscal*, Thèse de doctorat dact., Amiens, 1973 ; MAUBLANC Jean-Pierre, *L'interprétation de la loi fiscale par le juge de l'impôt*, thèse de doctorat dact., Bordeaux 1, 1984 ; PUJOL Jean, *L'application du droit privé en matière fiscale : recherches sur la véritable place du droit privé dans le système fiscal français*, Thèse de doctorat, Paris 1, LGDJ, Bibliothèque de science financière, Tome 25, 1984 ; TROTABAS Louis, *Essai sur le droit fiscal*, RSLF 1928, pp. 201-241 ; TROTABAS Louis, *La nature juridique du contentieux fiscal en droit français*, in, *Mélanges Maurice HAURIOU*, Sirey, 1929, pp. 712-762 ; TROTABAS Louis, *Les rapports du droit fiscal et du droit privé*, D. 1926, pp. 29-32.

163 GENY François, *Le particularisme du droit fiscal*, RTD Civ. 1931, pp. 797-833.

164 AYRAULT Ludovic, *L'autonomie de la procédure fiscale contentieuse*, in, *Justice fiscale : Regards croisés sur le contentieux fiscal*, Colloque des 15, 16 et 17 novembre 2007, Sfax, Tunisie, pp. 287-300, spéc. p. 287.

droit commun[165]. En ce sens, en procédure fiscale, les juges administratif et civil font respectivement application des dispositions issues du Code de justice administrative[166] et du Code de procédure civile[167] dans le silence du Livre des procédures fiscales. En l'absence d'exhaustivité du Livre des procédures fiscales, il apparaît, en matière fiscale, « un particularisme spécial »[168] qui permet de nier l'autonomie de la procédure fiscale.

46. Est-il possible de transposer cette méthode en matière probatoire ? *A priori*, rien n'y fait obstacle. Pourtant, en cette matière, le silence du Code général des impôts et du Livre des procédures fiscales n'est pas toujours comblé par l'application du Code civil ou du Code de procédure civile. Les juges administratif[169] et pénal[170] procèdent à une *acclimatation des règles*

---

[165] Devant le juge administratif de l'impôt, l'article R. 772-1 du Code de justice administrative – relatif aux requêtes en matière d'impôts directs et de taxe sur le chiffre d'affaires ou de taxes assimilées – impose l'application des dispositions de ce Code à défaut de dispositions présents dans le Livre des procédures fiscales. De même, l'article R. 200-1 du Livre des procédures fiscales pose que « Les dispositions du code de justice administrative sont applicables aux affaires portées devant le tribunal administratif ou devant la cour administrative d'appel, sous réserve des dispositions particulières prévues par le présent livre ». Devant le juge civil de l'impôt, seul l'article R. 202-6 du Livre des procédures fiscales dispose qu'en matière d'appel, les règles du Code de procédure civile sont applicables sous réserve de règles spécifiques.

[166] Conseil d'Etat, Sect., 22 octobre 1976, n°90993 : Rec. p. 437 ; RJF 02/90, n°124 (à propos de l'application du délai de recours contentieux issu du contentieux administratif général pour une redevance « en l'absence de dispositions spéciales »).

[167] Cass. com., 14 mars 2006, n°03-10.945, Joly : RJF 07/06, n°962 (« en l'absence de dispositions contraires édictées par le livre des procédures fiscales les règles générales de procédure civile sont applicables en matière fiscale »).

[168] AYRAULT Ludovic, *L'autonomie de la procédure fiscale contentieuse*, in, *Justice fiscale : Regards croisés sur le contentieux fiscal*, Colloque des 15, 16 et 17 novembre 2007, Sfax, Tunisie, pp. 287-300, spéc. p. 300.

[169] Le juge administratif, sans opérer d'exacte transposition des règles de charge de la preuve issues du droit privé, a établi un corpus de règles adaptées aux spécificités du contentieux administratif. En ce sens, Bernard PACTEAU relève que c'est « l'autonomie du droit administratif lui-même, qui justifi[e] et impliqu[e] même la recherche de solutions différentes de celles pratiquées dans le contentieux de particulier à particulier. Cela n'interdit certes pas des inspirations partagées non plus que des rapprochements concrets » (*Preuve*, Répertoire de contentieux administratif, Dalloz, 2016, n°13).

[170] Les inspirations civilistes de la procédure pénale sont nettement établies devant le juge pénal (Sur ce point : MERLE Roger et VITU André, *Traité de droit criminel, Procédure pénale*, Tome 2, Cujas, 5e éd., 2001, n°9, spéc. pp. 22-24). La Cour de cassation a, en ce sens, posé des règles de conciliation qui permettent de saisir les rapports qui existent entre ces procédures. Elle a ainsi jugé que les règles de la procédure civile ne pouvaient être appliquées en procédure pénale « dès lors qu'elles sont incompatibles avec les principes qui régissent la procédure pénale » (Cass. crim., 19 juillet 1945 : RTD Civ. 1946, p. 55, obs. Pierre RAYNAUD ; cf. également, Cass. crim., 27 avril 1934 : S. 1935, I, 199 où la Chambre criminelle juge que « les prescriptions du Code de procédure civile sont applicables devant les tribunaux répressifs quand il y a insuffisance du Code d'instruction criminelle, elles ne sauraient l'être dès lors qu'elles sont incompatibles avec les principes qui régissent la procédure pénale »). La Chambre criminelle passe au crible de l'identité de la procédure pénale, les dispositions du Code de

civiles de preuve. Ils ont ainsi forgé des règles spécifiques de preuve qui n'offrent pas de véritable autonomie de la preuve. Il convient de vérifier si ce corpus de règles spéciales est ou non maintenu en matière fiscale : existerait-il, en cette matière, « un ordre spécial, mi-judiciaire, mi-administratif qui réaliserait, par-delà l'organisation prévue une véritable unité de juridiction fiscale »[171] ? À l'inverse, apparaît-il un maintien du corpus de règles probatoires forgé par les juridictions administrative et pénale en matière fiscale ? Il sera ici démontré que chaque juge de l'impôt préserve, en matière de preuve, les règles qui prévalent devant les juges administratif, civil et pénal. L'*identité probatoire de ces juridictions* est donc préservée en matière fiscale tant en matière de *recherche de la preuve* (Titre I) qu'en matière d'*appréciation de la preuve* (Titre II).

procédure civile pour juger de leur applicabilité en cette matière. Les règles de preuve font également l'objet de ce traitement. Elle a jugé que l'article 205 du Code de procédure civile – qui pose que les enfants d'un couple ne peuvent pas être entendus « sur les griefs invoqués par les époux » dans le cadre d'une demande en divorce ou en séparation de corps – n'est pas applicable « devant la juridiction pénale en raison du principe de la liberté de la preuve » (Cass. crim., 2 juin 2015, n°14-85.130 : Bull. crim., n°136 ; Procédures 2015, n°8, pp. 27-28, note Anne-Sophie CHAVENT-LECLERE ; AJDP 2015, n°9, pp. 439-441, note Gildas ROUSSEL ; Gaz. Pal. 2015, n°277, pp. 54-55, chron. Anne SANNIER ; Gaz. Pal. 2015, n°305, pp. 46-47, chron. François FOURMENT).

[171] RENAHY Marc, *Unité et diversité du contentieux fiscal*, Thèse de doctorat dact., Paris, 1955, p. 135.

Titre I. – Le maintien des identités contentieuses dans la recherche de la preuve fiscale

« Le préjugé contre les demandeurs a généralement prévalu dans le monde »[172]

47. La recherche de la preuve est la phase première de l'administration de la preuve. Elle correspond à la phase du procès où la matière probatoire est apportée par les parties et recherchée par le juge. Pour mesurer l'existence d'une autonomie ou un particularisme de la recherche de la preuve fiscale, il est nécessaire d'adopter une double clé de lecture. Il convient de se placer, tantôt du côté des parties pour identifier la charge qui est la leur dans l'administration de la preuve, tantôt du côté des juges pour saisir l'étendue de leur office dans la recherche de la preuve. Il apparaît que si le rôle des parties dans la recherche de la preuve présente une proximité certaine, il n'en est rien de la place occupée par les juges dans la recherche de la preuve. L'administration de la preuve peut être perçue, du côté des parties, comme un jeu de balles[173] qui est encadré par des règles indéniablement proches. En revanche, il n'en est pas de même la position occupée par l'arbitre – le juge – qui va, par son action plus ou moins poussé, imprimer sur la répartition de la charge de la preuve son identité propre. En somme, l'indéniable proximité qui unit les parties dans l'administration de la preuve (Chapitre I) est irrémédiablement affectée par la place occupée par les juges dans l'administration de la preuve (Chapitre II).

---

[172] BENTHAM Jeremy, *Traité des preuves judiciaires*, Tome 2, Bossange frères, 1823, p. 10.
[173] Cette métaphore est proche de celles employées par François TERRE qui parle d'un « jeu de raquette » (*Introduction générale au droit*, Dalloz, 2015, 10e éd., n°594) ou encore de François CHABAS, Henri MAZEAUD, Jean MAZEAUD et Léon MAZEAUD qui identifient le « jeu d'un pendule » (*Introduction à l'étude du droit*, Tome 1, vol. 1, 11e éd., 1996, n°376) en matière de charge de la preuve.

Chapitre I. – La proximité du rôle des parties dans la recherche de la preuve fiscale

48. La question de l'autonomie ou de la spécificité de la charge de la preuve en matière fiscale[174] devant les juges administratif, civil et pénal a fait l'objet de thèses diverses. Certains auteurs ont estimé que le droit fiscal connaît une forme d'autonomie – tout du moins devant les juges administratif et civil – en matière de charge de la preuve puisque ce droit contiendrait les fondements d'un système probatoire propre[175]. D'autres ont seulement souligné

---

[174] AFSCHRIFT Thierry, *Traité de la preuve en droit fiscal*, Bruxelles, Larcier, 2e éd., 2004 ; AMEDEE-MANESME Gilles, *La charge de la preuve*, in, LAMBERT Thierry (dir.), *Contentieux fiscal : principes et pratiques*, STH, 1989, pp. 117-140 ; AYRAULT Ludovic, LAMARQUE Jean et NEGRIN Olivier, *Droit fiscal général*, Lexis Nexis, 2e éd., 2011, spéc. pp. 1350-1355 ; BONNET André, *La charge de la preuve en contentieux fiscal*, Dr. fisc. 2013, n°49, pp. 8-11 ; COLLET Martin, *Droit fiscal*, PUF, Thémis droit, 6e éd., 2017, n°232, pp. 131-132 ; DE LA MARDIERE Christophe, *La preuve en droit fiscal*, Litec, 2009 ; GOUR Claude, MOLINIER Joël et TOURNIE Gérard, *Procédure fiscale*, PUF, 1982, pp. 310-322 ; DERUEL François-Patrice, *La preuve en matière fiscale*, Thèse de doctorat dact., Paris, 1962 ; DERUEL François-Patrice, *Quelques aspects de la preuve en matière fiscale*, Dr. fisc. 1962, n°37, pp. 44-47 ; DUSSART DALBIES Bérangère, *La preuve en matière fiscale*, Thèse de doctorat micro-fichée, Aix-Marseille, 1992 ; FOUQUET Olivier, *Jusqu'où théoriser la charge de la preuve ?*, RJF 07/07, pp. 631-635 ; FOUQUET Olivier, *Une facture suffit-elle à apporter la preuve de la déductibilité fiscale d'une charge ?*, Revue administrative 2004, n°339, pp. 272-273 ; GROSCLAUDE Jacques et MARCHESSOU Philippe, *Procédures fiscales*, Dalloz, 8e éd., 2016, pp. 298-300 ; HEURTE André, Preuve, in, PHILIP Loïc (dir.), *Dictionnaire encyclopédique des finances publiques*, Economica, 1991, p. 1219-1224 ; LAMARQUE Jean, *À propos de la preuve : trois questions dérangeantes*, Dr. fisc. 2007, n°23, pp. 10-15 ; LASRY Claude, *Une particularité du contentieux fiscal, la charge de la preuve*, EDCE 1984-1985, n°36, pp. 71-77 ; LAMBERT-WIBER Sophie, *Contribution du droit civil a une approche renouvelée de la charge de la preuve en droit fiscal*, Thèse de doctorat micro-fichée, Rouen, 1996 ; MARTIN Philippe, *Charge de la preuve : gros plan sur la jurisprudence du Conseil d'Etat*, LPA 2007, n°226, pp. 3-5 ; MIGNON Emmanuelle, *La charge de la preuve : peut-on parler d'équité ?*, in, HATOUX Bernard (dir.), *Droits du contribuable, Etat des lieux et perspectives*, Economica, 2002, pp. 53-65 ; MOLINIER Joël, *La preuve en droit fiscal français*, Revue juridique et politique, 1985, n°1, pp. 736-749 ; RACINE Pierre-François, *Réflexions sur la preuve en droit fiscal*, BF 06/85, n°6, pp. 313-317 ; URY Didier, *La charge de la preuve en droit fiscal*, Les Nouvelles Fiscales 2017, n°1194, pp. 22-30 ; ZAQUIN M., *La preuve en droit fiscal*, Dr. fisc. 1958, n°27 bis, pp. 1-14.

[175] Maurice-Christian BERGERES affirme qu'il est possible d'affirmer l'existence « d'une théorie autonome et opératoire de la preuve en droit fiscal » (*La valeur juridique de la déclaration contrôlée*, Gaz. pal., 16-17 mai 1984, pp. 2-6, spéc. p. 6).

l'existence d'un particularisme fiscal en la matière[176]. À l'inverse, certains auteurs ont souligné l'absence de spécificité de ce contentieux en affirmant que le juge fiscal agit comme un juge administratif[177] ou comme un juge civil[178].

49. La présence de dispositions propres au contentieux individuel de l'impôt conduit à rapprocher les juges administratif et civil de l'impôt. Ces dispositions communes assignent, en effet, une fonction probatoire aux parties dans l'administration de la preuve. Ainsi, à l'exclusion de la cause juridique des pénalités fiscales, il existe un particularisme en matière de charge de la preuve fiscale (Section I). Toutefois, ce particularisme fiscal est tempéré par l'application de règles de répartition de la charge de la preuve communes aux juges administratif et civil (Section II).

---

176 Certains auteurs ont souligné le particularisme légal du droit fiscal probatoire. Jacques ARRIGHI DE CASANOVA estime ainsi que « S'agissant enfin du droit fiscal, on ne peut certes nier un certain particularisme de cette matière » (concl. sur Conseil d'Etat, Sect., 29 juillet 1994, n°111884, SA Prodès International : Rec. p. 390 ; Dr. fisc. 1994, n°47, comm. 1987 ; RJF 10/94, p. 587, concl. Jacques ARRIGHI DE CASANOVA ; BGFE 1994, n°47, pp. 12-14, note Stéphane CONSTANTIEUX.). Ce point de vue est tempéré dans ces mêmes conclusions par l'affirmation selon laquelle « en dehors de ces exceptions législatives, l'attribution de la preuve en droit fiscal nous paraît obéir, sans texte, à des principes finalement peu différents de ceux qui prévalent dans les autres branches du droit » (*op. cit.*, *loc. cit.*). Jean-Philippe COLSON juge que « le contentieux fiscal est certainement un de ceux dans lesquels la liberté du juge est la plus réduite et où l'attribution de la charge de la preuve est la plus grave » (*L'office du juge et la preuve dans le contentieux administratif*, Thèse de doctorat, Montpellier, LGDJ, Bibliothèque de droit public, Tome 101, 1970, p. 152).

177 C'est la thèse défendue par Philippe BERN – bien qu'il ne se prononce pas, à notre connaissance, sur la question spécifique de la preuve – lorsqu'il expose que « Le contentieux de l'imposition n'est qu'une branche du contentieux administratif même lorsqu'il se déroule devant le juge judiciaire. Et dans le cadre général du contentieux administratif, il se présente comme un simple contentieux de pleine juridiction, la question de savoir s'il aurait un caractère objectif ou subjectif paraissant dépourvue d'intérêt pratique » (*La nature juridique du contentieux de l'imposition*, Thèse de doctorat, Paris, LGDJ, Bibliothèque de droit public, Tome 109, 1972, p. 5).

178 Sophie LAMBERT-WIBER prend position en faveur d'un alignement du juge fiscal sur le juge civil en matière probatoire en exposant qu'« Une fois écartée la comparaison avec le contentieux administratif, il reste la possibilité de faire appel au lien de filiation, qui unit le droit fiscal au droit civil, et de rechercher, si dans la théorie civiliste de la charge de la preuve il n'est pas possible de trouver les éléments, qui permettraient d'éclairer le maquis des règles fiscales traitant de cette question » (*Contribution du droit civil à une approche renouvelée de la charge de la preuve en droit fiscal*, Thèse de doctorat micro-fichée, Rouen, 1996, p. 3).

Section I. – L'existence de règles communes en matière de charge de la preuve fiscale : indice d'un particularisme fiscal

50. Bien qu'il n'existe pas de particularisme relatif à l'encadrement des règles de charge de la preuve (Sous-Section I), les règles de charge de la preuve qui régissent le contentieux individuel de l'impôt établissent un particularisme en la matière (Sous-Section II).

Sous-Section I. – L'absence de particularisme relatif à l'encadrement des règles de charge de la preuve au sein du contentieux individuel de l'impôt

51. Devant les juges administratif et civil de l'impôt, l'encadrement des règles relatives à la charge de la preuve n'offre pas de particularisme. Il existe, en la matière, une exigence constitutionnelle de répartition légale des règles relatives à la charge de la preuve (§.1.). Ce défaut de particularisme est confirmé par les règles d'application, dans le temps, de ces dispositions (§.2.).

§.1. – L'exigence constitutionnelle d'une répartition légale des règles fiscales de charge de la preuve

52. La nature de l'encadrement juridique des règles de charge de la preuve est gouvernée par la nature des ces règles. La procédure fiscale relève, en effet, d'un régime dualiste puisqu'elle ne relève pas uniquement du domaine de la loi[179] mais qu'elle ne relève pas exclusivement du domaine réglementaire[180]. Une distinction a été forgée entre les règles procédurales de fond – qui sont afférentes « à l'assiette, au taux et aux modalités de recouvrement des impositions de toute nature » – qui relèvent du domaine de la loi, des autres dispositions qui relèvent du domaine réglementaire[181]. Le Conseil constitutionnel a pris position sur la nature des règles de charge de la preuve en matière fiscale : les règles relatives à la preuve à rapporter[182] et les règles

---

[179] À la différence de la procédure pénale comme en dispose l'article 34, al. 3 de la Constitution du 4 octobre 1958.

[180] LAMARQUE Jean, *Sources du droit fiscal*, Lexis Nexis, Jurisclasseur Procédures fiscales, 2011, n°82.

[181] Cons. const., déc. n°80-116 L, 24 octobre 1980, Nature juridique de diverses dispositions du Code général des impôts relatives à la procédure contentieuse en matière fiscale, cons. n°1 : Rec. p. 68.

[182] Le Conseil d'Etat a reconnu à ces règles la nature de règle de fond de longue date (Conseil d'Etat, 9e et 8e s.-s., 25 janvier 1989, n°44787 : Dr. fisc. 1989, n°11, comm. 527, note Bernard POUJADE ; RJF 03/89, n°253, LPA 1989, n°48, p. 8, note Gilbert TIXIER et Thierry LAMULLE ; Conseil d'Etat, 8e et 9e s.-s., 12 mars 1980, n°15168 : Dr. fisc. 1980, n°22-23, comm. 1262 ; RJF 05/80, n°440 ; Conseil d'Etat, 23 décembre 1959, n°44518, Secrétaire d'Etat au Budget c/ Sté L… et Cie : Rec. p. 711 ; Conseil d'Etat, 19 mai 1958, Secrétaire d'Etat au Budget c/ Société X : Rec. p. 281). Toutefois, le Conseil constitutionnel a jugé que les règles

relatives à la charge de la preuve[183] – à l'instar des règles relatives à la prescription et à la compensation[184] – touchent au fond du droit et relèvent donc de la compétence du législateur. En ce sens, le Conseil constitutionnel a par une décision – unique à notre connaissance[185] – du 2 décembre 1980[186] jugé « que la détermination de la charge de la preuve affecte les droits et obligations du contribuable et met ainsi en cause les règles relatives à l'assiette, au taux et aux modalités de recouvrement des impositions ; que, dès lors, elles sont du domaine de la loi ». Par cette « interprétation rattachante »[187], les règles fiscales de charge de la preuve relèvent ainsi du domaine de la loi au sens de l'article 34 de la Constitution.

53. Cette compétence, de principe, du législateur exclut la faculté, pour le pouvoir réglementaire autonome, d'adopter des règles en matière de charge de la preuve. Cela n'est toutefois pas de nature à exclure la faculté offerte au pouvoir réglementaire d'édicter des règles relatives à l'application des lois en la matière. Le Conseil constitutionnel a jugé, en cette matière, « qu'il appartient (...) au pouvoir réglementaire d'édicter les mesures d'application qui sont nécessaires à la mise en œuvre des règles fixées par le législateur »[188]. En ce sens, le juge administratif de l'impôt a jugé – sans que le juge civil de l'impôt n'ait, à notre connaissance, eu à juger de cette question – dans la

---

relatives au contenu de la preuve relèvent du domaine réglementaire (Déc. n°80-116 L, 24 octobre 1980, Nature juridique de diverses dispositions du Code général des impôts relatives à la procédure contentieuse en matière fiscale, cons. n°2 : Rec. p. 68).

[183] Conseil d'Etat, 8e et 9e s.-s., 12 mars 1980, n°15168 : Dr. fisc. 1980, n°22-23, comm. 1262 ; RJF 05/80, n°440 ; Conseil d'Etat, 9e et 8e sous-sections, 25 janvier 1989, n°44787 : Dr. fisc. 1989, n°11, comm. 527, note Bernard POUJADE ; RJF 3/89, n°253 ; Cass. com., 7 novembre 1989, n°88-15.282, Mme Verne : Bull. IV, n°281 ; Dr. fisc. 1989, n°52, comm. 2525 ; RJF 02/90, n°214 ; JCP G 1990, IV, p. 2.

[184] Cons. const., déc. n°80-116 L, 24 octobre 1980, Nature juridique de diverses dispositions du Code général des impôts relatives à la procédure contentieuse en matière fiscale, cons. n°6 : Rec. p. 68.

[185] Il y a tout de même lieu de mentionner la décision n°70-66 L du Conseil constitutionnel (Cons. const., déc. n°70-66 L, 17 décembre 1970, Nature juridique de certaines dispositions des articles 1073, 1106-7 et 1124 modifiés du code rural relatives à des exonérations de versement de cotisations au titre des prestations sociales agricoles : Rec. p. 47) par laquelle le Conseil constitutionnel a jugé qu'une présomption simple qui « ne constitue qu'un moyen de preuve ayant trait aux éléments des conditions nécessaires pour bénéficier de l'assurance vieillesse agricole » ne relève pas du domaine de la loi (cons. n°6).

[186] Cons. const., déc. n°80-119L, 2 décembre 1980, Nature juridique de diverses dispositions figurant au Code général des impôts relatives à la procédure contentieuse en matière fiscale, cons. n°1 et 8 : Rec. p. 74 ; RDP 1981, p. 621, note Louis FAVOREU.

[187] FAVOREU Louis, *La jurisprudence du Conseil constitutionnel en 1980*, RDP 1981, pp. 1347-1363.

[188] Cons. const., déc. n°80-119 L, 2 décembre 1980, cons. n°1 : préc.

décision SA Prodès International[189], que l'article 24 de l'annexe I du Code général des impôts – qui posait une règle en matière de charge de la preuve qui impose au contribuable de rapporter la preuve que les services rendues ont été utilisées hors de France – demeurait applicable en dépit de sa nature réglementaire car cette disposition « ne fait (…) qu'expliciter une règle qui découle nécessairement des dispositions législatives relatives à la territorialité de la TVA »[190]. Par ce raisonnement, le juge administratif parvient à « sauver »[191] la disposition réglementaire litigieuse en exposant qu'elle ne fait qu'appliquer une disposition légale. En somme, le rattachement d'une disposition réglementaire à une base légale permet de neutraliser le moyen fondé sur l'incompétence du pouvoir réglementaire en matière de charge de la preuve[192]. L'exigence de légalité de la charge de la preuve offre ainsi la faculté au pouvoir réglementaire d'application des lois d'être compétent en la matière.

54. Cette exigence constitutionnelle de légalité de la charge de la preuve n'affecte cette matière d'aucun particularisme. Ce défaut de particularisme des règles de charge de la preuve est confirmé au regard du régime d'application dans le temps des règles fiscales de charge de la preuve.

---

189 Conseil d'Etat, Sect., 29 juillet 1994, n°111884, SA Prodès International : Rec. p. 390 ; Dr. fisc. 1994, n°47, comm. 1987 ; RJF 10/94, p. 587, concl. Jacques ARRIGHI DE CASANOVA ; BGFE 1994, n°47, pp. 12-14, note Stéphane CONSTANTIEUX.

190 ARRIGHI DE CASANOVA Jacques, concl. sur Conseil d'Etat, Sect., 29 juillet 1994, n°111884, SA Prodès International : préc.

191 ARRIGHI DE CASANOVA Jacques, concl. sur Conseil d'Etat, Sect., 29 juillet 1994, n°111884, SA Prodès International : préc.

192 Le juge administratif de l'impôt a réitéré cette solution à propos de l'article R. 194-1 du Livre des procédures fiscales car cette disposition réglementaire ne fait que tirer les conséquences des articles L. 11, L. 54 B et L. 57 du Livre des procédures fiscales (Conseil d'Etat, 8e s.-s., 15 octobre 2007, n°299398, Gœpp : RJF 01/08, n°65 ; Conseil d'Etat, 3e et 8e s.-s., 18 décembre 2002, n°238602, Garoff : Dr. fisc. 2003, n°12, comm. 246 ; RJF 03/03, n°343 ; CAA de Nancy, 1e ch., 4 février 1993, n°92-281, Muller : RJF 05/93, n°697). Il a également jugé de même à propos de l'article 74 de l'annexe III du Code général des impôts qui limite les modes de preuve pour le bénéfice de l'exonération de taxe sur la valeur ajoutée de biens meubles corporels à la production de certains documents. Il a été jugé que le gouvernement a disposé pour cela d'une « habilitation » du législateur (Conseil d'Etat, 8e et 9e s.-s., 13 septembre 1995, n°126830, Simha : Dr. fisc. 1995, n°47, comm. 2204, concl. Jacques ARRIGHI DE CASANOVA ; RJF 11/95, n°1249 ; AJDA 1996, p. 65, note Victor HAÏM ; Conseil d'Etat, 9e et 8e s.-s., 25 juin 1999, n°153941, Sté de gestion de services et de commercialisation : RJF 8-9/99, n°976 ; CAA Paris, 2e ch., 8 avril 2005, n°01-01644, Sté Lynx Optique : RJF 10/05, n°101).

§.2. – L'absence de particularisme relatif à l'application dans le temps des règles de charge de la preuve

55. Les règles de charge de la preuve[193] font l'objet, en raison de leur classification dans les règles de fond, d'une cristallisation dans le temps devant les juges administratif et civil. Cette solution s'impose tant en matière fiscale qu'en dehors de cette matière[194]. En matière fiscale, les dispositions applicables sont celles qui sont en vigueur lors du fait générateur de l'impôt[195]. Cette solution repose sur le refus d'appliquer immédiatement des règles qui touchent au fond du droit en raison des effets rétroactifs attachés à une telle application. Si la doctrine ne livre que peu de critiques à l'égard de cette solution[196], il y a lieu de relever que certaines voix se sont – comme l'a exposé

---

[193] Les règles relatives à la charge de la preuve sont comme les règles relatives aux preuves préconstituées (Cass., 1ère civ., 28 avril 1986, n°82-16.347 : Bull. civ. I, n°106, p. 108) et les règles relatives à la nature de la preuve à apporter (Conseil d'Etat, 19 mai 1958, Secrétaire d'Etat au Budget c/ Société X : Rec. p. 281 ; Conseil d'Etat, 23 décembre 1959, n°44518, Secrétaire d'Etat au Budget c/ Sté L et Cie : Rec. p. 711 ; Conseil d'Etat, 8e et 9e s.-s., 12 mars 1980, n°15168 : Dr. fisc. 1980, n°22-23, comm. 1262 ; RJF 05/80, n°440 ; Conseil d'Etat, 9e et 8e s.-s., 25 janvier 1989, n°44787 : Dr. fisc. 1989, n°11, comm. 527, note Bernard POUJADE ; RJF 3/89, n°253, LPA 1989, n°48, p. 8, note Gilbert TIXIER et Thierry LAMULLE) cristallisées dans le temps. En revanche, les règles relatives aux modes de preuve (Cass., 1ère civ., 28 avril 1986, n°82-16.347 : Bull. civ. I, n°106, p. 108) ne sont pas cristallisées dans le temps.

[194] Sur cet point : CADIET Loïc et JEULAND Emmanuel, *Droit judiciaire privé*, Lexis Nexis, 7e éd., 2011, n°20, p. 13 ; DEBAT Olivier, *La rétroactivité et le droit fiscal*, Thèse de doctorat micro-fichée, Toulouse, 2002, p. 46 et pp. 97-99 ; DE LA MARDIERE Christophe, *La preuve en droit fiscal*, Litec, 2009, pp. 1-2 ; DERUEL François-Patrice, *La preuve en matière fiscale*, Thèse de doctorat dact., Paris, 1962, pp. 186-200 ; GOUR Claude, MOLINIER Joël et TOURNIE Gérard, *Procédure fiscale*, PUF, Thémis droit, 1982, p. 304 ; LAMARQUE Jean, *Droit fiscal général*, Fasc. n°2, Les cours du droit, 1998, p. 327 ; LECLERC Olivier, VERGES Etienne et VIAL Géraldine, *Droit de la preuve*, PUF, Thémis droit, 2015, pp. 30-32 ; MALINGRE Daniel, *La détermination du texte applicable dans le temps en droit fiscal, L'application dans le temps des lois relatives à l'assiette de l'impôt*, AJDA 1970, pp. 68-74 ; MARTIN Philippe, *L'application dans le temps des règles de procédure fiscale : force reste à la loi, À propos des arrêts du Conseil d'Etat Fourrures Guy et Champagnat du 30 juin 1997*, Dr. fisc. 1997, n°45, ét. 100063 ; MERIC Jean, *La détermination du texte applicable dans le temps en droit fiscal, L'application dans le temps des lois de procédure en matière fiscale*, AJDA 1970, pp. 132-146 ; NEGRIN Olivier, *L'application dans le temps des textes fiscaux*, Thèse de doctorat micro-fichée, Aix-Marseille 3, 2002, pp. 678-682 ; VERCLYTTE Stéphane, *Application de la loi fiscale dans le temps : une décennie riche d'évolutions*, RJF 06/98, pp. 459-470, spéc. p. 466.

[195] Cass. com., 7 novembre 1989, n°88-15.282, Mme Verne : Bull. IV, n°281 ; Dr. fisc. 1989, n°52, comm. 2525 ; RJF 02/90, n°214 ; JCP G 1990, IV, p. 2 ; Conseil d'Etat, 9e et 8e s.-s., 25 janvier 1989, n°44787 : Dr. fisc. 1989, n°11, comm. 527, note Bernard POUJADE ; RJF 03/89, n°253, LPA 1989, n°48, p. 8, note Gilbert TIXIER et Thierry LAMULLE; Conseil d'Etat, 8e et 9e s.-s., 12 mars 1980, n°15168 : Dr. fisc. 1980, n°22-23, comm. 1262 ; RJF 05/80, n°440.

[196] Olivier NEGRIN estime ainsi que « Les principes transitoires (...) en matière de textes relatifs à la preuve apparaissent tout à fait convaincants » (*L'application dans le temps des textes fiscaux*, Thèse de doctorat micro-fichée, Aix-Marseille 3, 2002, p. 675).

Olivier DEBAT[197] – élevées contre une application trop mécanique de cette règle. Une distinction plus fine pourrait être faite entre les règles de preuve qui se rattachent à une règle de fond et les règles de preuve qui se rattachent exclusivement à une règle de procédure[198] – ces dernières pouvant alors s'appliquer immédiatement. Une telle distinction nous paraît convaincante et adaptée à la matière fiscale dès lors que l'application immédiate des règles de charge de la preuve applicables lors de la procédure contentieuse n'est pas de nature à créer de rétroactivité préjudiciable à l'exigence de sécurité juridique.

56. En matière répressive, tant en matière fiscale qu'en dehors, les règles de charge de la preuve suivent un régime particulier[199]. Il est, en effet, nécessaire d'appliquer rétroactivement les règles plus douces en vertu du principe de la rétroactivité *in mitius*[200]. La Chambre criminelle de la Cour de cassation a ainsi jugé que des règles probatoires plus favorables au prévenu doivent s'appliquer immédiatement aux affaires en cours[201] attestant du défaut de particularisme de la matière fiscale en la matière.

57. Conclusion de la Sous-Section I. – Les règles relatives à la charge de la preuve fiscale ne présentent pas de particularisme au regard de leur encadrement. L'affirmation, par le Conseil constitutionnel, d'un encadrement légal permet de nier l'existence d'un particularisme attaché à ces règles. Toutefois, l'absence de particularisme relatif à l'encadrement des règles de la charge de la preuve fiscale n'est pas de nature à écarter toute spécificité fiscale

---

[197] DEBAT Olivier, *La rétroactivité et le droit fiscal*, Thèse de doctorat micro-fichée, Toulouse, 2002, n°98, pp. 97-99.

[198] À notre connaissance, cette solution a, d'abord, été préconisée par le commissaire du Gouvernement Dominique LEGER (concl. sur Conseil d'Etat, Plén., 14 janvier 1983, n°28077 : Dr. fisc. 1983, n°24, comm. 1315 ; RJF 03/83, n°148) puis été reprise par Philippe MARTIN (*L'application dans le temps des règles de procédure fiscale : force reste à la loi, À propos des arrêts du Conseil d'Etat Fourrures Guy et Champagnat du 30 juin 1997*, Dr. fisc. 1997, n°45, pp. 1325-1328) et Stéphane VERCLYTTE (*Application de la loi fiscale dans le temps : une décennie riche d'évolutions*, RJF 06/98, pp. 459-470, spéc. p. 466).

[199] Sur cet point : FOROUTANI Djavad, *Le fardeau de la preuve en matière pénale, Essai d'une théorie générale*, Thèse de doctorat dact., Paris 2, 1977, pp. 5-6 ; LEVASSEUR Georges, *Opinions hétérodoxes sur les conflits de lois répressives dans le temps*, in, *Mélanges en l'honneur de Jean CONSTANT*, Faculté de droit de Liège, 1971, pp. 189-254 ; MATHIEU Gilles, *L'application de la loi pénale dans le temps*, RSC 1995, pp. 258-270 ; MERLE Roger et VITU André, *Traité de droit criminel, Problèmes généraux de la science criminelle, Droit pénal général*, Tome 1, Cujas, 7e éd., 1997, pp. 367-374 ; LECLERC Olivier, VERGES Etienne et VIAL Géraldine, *Droit de la preuve*, PUF, Thémis droit, 2015, p. 31.

[200] FOROUTANI Djavad, *Le fardeau de la preuve en matière pénale, Essai d'une théorie générale*, Thèse de doctorat dact., Paris 2, 1977, pp. 5-6 ; MATHIEU Gilles, *L'application de la loi pénale dans le temps*, RSC 1995, pp. 258-270.

[201] La Chambre criminelle a jugé ainsi en matière douanière (Cass. crim., 13 novembre 1989, n°87-82.593 : Bull. crim., n°409, p. 989 ; RSC 1990, p. 352, note Jean COLSON) et en droit pénal général (Cass. crim., 28 juin 1995, n°94-84.811 : Bull. crim., n°243 ; RSC 1996, p. 364, note Bernard BOULOC).

en la matière. La répartition particulière de la charge de la preuve en contentieux individuel de l'impôt en atteste.

Sous-Section II. – La répartition particulière de la charge de la preuve en contentieux individuel de l'impôt

58. Le contentieux individuel de l'imposition fait l'objet d'une répartition spécifique de la charge de la preuve[202] qui se manifeste par une mise à l'écart apparente de l'adage *actori incumbit probatio* (§.1.). Cet adage est, en réalité, partiellement pris en compte par les règles de charge de la preuve (§.2.).

§.1. – Une répartition de la charge de la preuve dérogeant à l'adage *actori incumbit probatio*

59. Le contentieux individuel de l'impôt présente une répartition dérogatoire de la charge de la preuve (A) qui repose sur la procédure d'imposition suivie (B).

A/ La répartition spécifique de la charge de la preuve en contentieux individuel de l'impôt

60. L'identification du demandeur est discutée en contentieux fiscal. Il apparaît qu'il n'existe pas de demandeur naturel au contentieux fiscal (1) et que l'identité du demandeur à l'action n'offre pas non plus de critère effectif pour cette identification (2).

1/ L'absence de demandeur naturel en contentieux fiscal

61. L'identification des règles relatives à la charge de la preuve applicables en matière fiscale pose problème. Plusieurs thèses ont été soutenues pour déterminer l'identité du demandeur en contentieux fiscal. En premier lieu, certains auteurs ont rejeté l'application de la règle *actori incumbit probatio*. En ce sens, François-Patrice DERUEL a affirmé que « L'Etat (…) est demandeur à l'impôt et, à ce titre, supporte la charge de la preuve en matière fiscale »[203]. Il estime que cette règle de preuve repose sur, ce qu'il nomme, « le statut constitutionnel de l'impôt »[204] qui conduit à attribuer, « de façon générale, le fardeau de la preuve à l'Etat »[205] car « en fin de compte (…) sans

---

[202] Sur ce point : DE LA MARDIERE Christophe, *La preuve en droit fiscal*, Litec, 2009, pp. 102-114.

[203] DERUEL François-Patrice, *La preuve en matière fiscale*, Thèse de doctorat dact., Paris, 1962, p. 17.

[204] *Op. cit.*, p. 19.

[205] *Op. cit.*, p. 20.

la preuve des conditions nécessaires à la taxation, l'Etat succombera, quelle que soit sa position dans l'instance »[206]. De même, Pierre SELIGMAN estime qu'en vertu de l'autonomie probatoire du contentieux fiscal, l'adage *actori incumbit probatio* est écarté au profit d'une application systématique de la charge de la preuve sur l'administration fiscale[207]. Ces auteurs estiment que la charge de preuve repose, en contentieux fiscal, sur le fisc excluant l'application des règles civiles de charge de la preuve et affirmant une véritable autonomie de la charge de la preuve fiscale.

62. En second lieu, d'autres auteurs ont identifié le demandeur au contentieux fiscal par application de l'adage *actori incumbit probatio*. Ces auteurs – Gaston JEZE[208], Marc BALTUS[209] et Etienne JAY[210] – estiment, au contraire, que l'application *normale* de l'adage *actori incumbit probatio* conduit également à faire peser sur le fisc la charge de la preuve. Aucune de ces thèses n'est pourtant satisfaisante. Les premières, qui fondent la charge de la preuve sur une autonomie fiscale de la charge de la preuve, paraissent bien désuètes tant l'autonomie fiscale de la charge de la preuve est introuvable. Les secondes, qui fondent la charge de la preuve sur la règle *actori incumbit*

---

[206] *Op. cit.*, *loc. cit.*

[207] Pierre SELIGMAN estime que « Le contentieux fiscal obéit à des règles propres et la maxime *actori probatio incumbit* ne peut lui être appliquée. La situation du fisc et celle du contribuable ne changent pas, que l'impôt soit établi par voie de déclaration ou par voie de taxation, car en matière d'impôts directs, il n'y a pas, à proprement parler, de demandeur et de défendeur ; quel que soit le procédé employé, la charge de la preuve appartient à la puissance publique qui se prétend créancière de l'impôt ; le juge ne peut rejeter la réclamation du contribuable que s'il estime que la contribution à laquelle il a été imposé a été exactement établie, mais si en droit le fisc est dans une position désavantageuse, il jouit en fait d'un avantage qui tient à ce que le juge se trouve forcément enclin à tenir un compte tout différent des allégations du contribuable et de celles de l'Administration » (*De la déclaration et de la présomption comme base de l'impôt direct*, Thèse de doctorat dact., Paris, Ed. Bruard et Briere, 1913, pp. 8-10).

[208] Gaston JEZE relève que « l'Etat est créancier d'impôt ; il est demandeur ; c'est donc à lui qu'incombe la charge de prouver l'existence de la dette et son quantum. Le contribuable est défendeur ; il ne doit payer que si l'administration prouve et dans la mesure où elle réussit à prouver l'existence de faits impossibles » (*Cours élémentaire de science des finances et de législation financière française*, M. GIARD et E. BRIERE, 5e éd., 1912, pp. 788-789). Il applique ainsi à la créance fiscale l'ancien article 1315 du Code civil en estimant que le créancier doit établir sa créance sans que le débiteur ne puisse être contraint de jouer le moindre rôle probatoire tant que le créancier ne s'acquitte pas de la charge de la preuve.

[209] Marc BALTUS démontre qu'« en vertu de la règle *actori incumbit probatio*, c'est normalement au fisc qu'il appartient de démontrer que l'impôt qu'il réclame est dû : la subsistance du moindre doute doit faire échouer ses prétentions » (*Morale fiscale et renversement du fardeau de la preuve*, in, *Réflexions offertes à Paul SIBILLE*, Bruxelles, Bruylant, 1981, pp. 127-136, spéc. p. 129).

[210] Etienne JAY livre également une analyse similaire : « Ce sera donc la Régie qui sera obligée, dans toute action qu'elle intentera à un redevable, de fournir la preuve du fait allégué » (*Les moyens de preuve et de recherche qui appartiennent à l'Administration de l'Enregistrement pour l'exercice de son droit de contrôle*, Thèse de doctorat dact., Paris, 1927, p. 114).

probatio conduisent à transposer l'article 1353 du Code civil au contentieux individuel de l'impôt. Le fisc est considéré comme le demandeur au contentieux fiscal puisque l'Etat est – par l'intermédiaire du fisc – la partie qui cherche à obtenir le paiement d'une créance. Or, cette assimilation est loin d'être évidente : l'impôt ne saurait se confondre avec une créance de droit commun[211]. Ces analyses apparaissent alors inopérantes. En outre, il faut bien admettre que le contribuable saisit le juge de sa contestation troublant ainsi l'ordre des choses.

2/ L'impossible identification du demandeur fondée sur l'identité de l'auteur du recours

63. En contentieux fiscal, l'identité de la partie qui saisit le juge ne permet pas d'identifier la partie qui supporte la charge de la preuve. Une telle analyse a pourtant pu être retenue. Maurice-Christian BERGERES a ainsi estimé que « le contribuable de par l'effet obligatoire de l'acte administratif est toujours demandeur à l'instance ; le demandeur supporte la charge de la preuve, donc le fardeau de la preuve pèse en toute hypothèse sur le contribuable »[212]. Cette thèse repose sur un indéniable constat : il incombe toujours au contribuable, postérieurement à la réclamation préalable[213], de saisir le juge en vue d'obtenir la décharge ou la réduction de son imposition. La formalité de la réclamation préalable – qui a été créée par la loi du 27 décembre 1927 pour les contributions directes[214], étendue aux litiges relatifs au recouvrement par une loi du 23 décembre 1946[215] et aux contributions indirectes et au droit d'enregistrement par une loi du 27 décembre 1963[216] – s'érige en une « obligation (...) absolue »[217] – codifiée à l'article R. 190-1 du

[211] Pour une critique de l'assimilation de l'impôt à une créance de droit commun : DE LA MARDIERE Christophe, *La preuve en droit fiscal*, Litec, 2009, n°284, p. 103.

[212] BERGERES Maurice-Christian, *La valeur juridique de la déclaration contrôlée*, Gaz. pal., 16-17 mai 1984, pp. 2-6, spéc. p. 5. Ce point avait déjà été relevé, en ces termes, par ce même auteur dans sa thèse de doctorat : « La charge initiale, nominale de la preuve est liée à l'existence de cette réclamation » (*Le principe des droits de la défense en droit fiscal*, Thèse de doctorat dact., Bordeaux, 1975, p. 61).

[213] Sur ce point : LAMARQUE Jean, *Contentieux fiscal, Réclamation préalable*, Répertoire de contentieux administratif, Dalloz, 1987 ; NOEL Gilles, *La réclamation préalable devant le service des impôts*, Thèse de doctorat, Orléans, LGDJ, Coll. Bibliothèque de science financière, Tome 21, 1985.

[214] Loi du 27 décembre 1927 portant budget général pour 1928 : J.O. du 28 décembre 1927, p. 13066.

[215] Loi n°46-2914 du 23 décembre 1946 portant ouverture de crédits provisoires applicables aux dépenses du budget ordinaire (services civils) pour le premier trimestre de l'exercice 1947 : J.O. du 24 décembre 1946, p. 10845.

[216] Loi n°63-1316 du 27 décembre 1963 Portant unification ou harmonisation des procédures, délais et pénalités en matière fiscale : J.O. du 29 décembre 1963, p. 11827.

[217] LAMARQUE Jean, *Contentieux fiscal, Réclamation préalable*, Dalloz, Répertoire de contentieux administratif, 1987, n°39.

Livre des procédures fiscales. La généralisation de la réclamation préalable conduit à faire du contribuable le demandeur – au sens procédural – à l'instance fiscale. Une exception existe cependant puisque l'administration fiscale peut saisir elle-même le juge de l'impôt de la réclamation du contribuable[218]. Or, dans ce cas, le contribuable demeure demandeur. Si l'administration saisit effectivement le juge administratif de l'impôt[219], c'est « La réclamation initiale du contribuable [qui] vaut requête au tribunal »[220] et le mémoire de l'administration « constitue le premier mémoire du défendeur »[221]. Cela signifie que cette saisine du juge par l'administration fiscale n'affecte en rien la position de demandeur, entendue au sens procédural, qui demeure occupée par le contribuable[222].

64. Or, si le contribuable est toujours le demandeur – au sens procédural – au litige fiscal, cela n'affecte nullement la répartition de la charge de la preuve entre les parties. Car, la fonction de demandeur – au sens procédural du terme – ne se voit, à ce stade, attacher aucune charge probatoire. Le demandeur se doit, comme il résulte de dispositions anciennes[223], de présenter un exposé sommaire de ses moyens dans une optique de liaison du contentieux[224]. À défaut d'une telle présentation de ses moyens par le contribuable, la demande

---

[218] Article R.199-1, al. 3 du LPF.

[219] Art. R. 200-3, al. 1er du Livre des procédures fiscales.

[220] Art. R. 200-3, al. 2 du Livre des procédures fiscales.

[221] Conseil d'Etat, 8e s.-s., 27 mars 2015, n°375602, Inédit.

[222] Deux avis du Conseil d'Etat ont confirmé cette analyse (Conseil d'Etat, Avis, 2e et 6e s.-s., 28 septembre 1994, n°158183, Association Foire internationale de Caen et Avis n°159093, M. Pilotaz : Dr. fisc. 1995, n°7, comm. 310 ; RJF 12/94, n°1364). Il a été jugé que même lorsque l'administration fiscale saisit le juge de l'impôt, le droit d'un montant de 100 francs de l'article 1089 B du code général des impôts – qui correspondait à un droit de timbre par requête enregistrée auprès des tribunaux administratifs, des cours administratives d'appel et du Conseil d'Etat – devait toujours être payé par le contribuable et non par l'administration fiscale. Même si ce droit a disparu, il est intéressant de relever que si le contribuable se refusait à payer ce droit, il voyait la demande de l'administration fiscale – considérée comme sa propre requête – déclarée irrecevable. La conséquence de la transmission d'office de la requête du contribuable à l'administration contraignait donc, à peine d'irrecevabilité, le contribuable à s'acquitter d'un droit de timbre alors même qu'il n'avait pas lui-même saisi le juge de l'impôt. Cette solution démontre, à nouveau, que la transmission d'office par l'administration fiscale, de la réclamation du contribuable au juge de l'impôt, n'a aucune conséquence sur le rôle effectif de chacune des parties au litige fiscal.

[223] En ce sens, l'article 17 de la loi du 13 juillet 1903 – s'ajoutant à l'article 28 de la loi du 21 avril 1832 – disposait que « La réclamation mentionnera à peine de non recevabilité la contribution à laquelle elle s'applique… ; elle contiendra indépendamment de l'indication de son objet, l'exposé sommaire des moyens par lesquels son auteur prétend la justifier » (Cité par Emile BARRERE (*De la charge de la Preuve dans l'assiette et le contentieux des impôts sur les revenus*, Thèse de doctorat dact., Toulouse, 1925, pp. 40-41)).

[224] L'article R. 197-3 du Livre des procédures fiscales pose que la réclamation préalable du contribuable doit « Contenir l'exposé sommaire des moyens ».

est déclarée irrecevable[225]. La jurisprudence du Conseil d'Etat[226] livre, à ce titre, de rares illustrations puisque le juge de l'impôt contrôle l'existence d'un véritable « désaccord »[227] entre l'administration fiscale et le contribuable sans exiger de ce dernier une quelconque charge probatoire à ce stade[228].

65. **À** défaut de fonder la charge de la preuve sur l'identité du demandeur à l'instance, le contentieux fiscal offre un critère légal de répartition de la charge de la preuve qui repose sur la procédure d'imposition suivie.

B/ La procédure d'imposition : fondement légal de la répartition de la charge de la preuve

66. L'identification du demandeur est fondée, pour le contentieux individuel de l'impôt, sur la procédure d'imposition suivie[229]. En cette matière, « c'est la procédure et non le fond qui commande l'attribution de la preuve »[230]. Olivier NEGRIN a justement souligné qu'il s'agit d'« un élément de spécificité irréductible du droit fiscal »[231] car aucune autre matière ne fait, à notre connaissance, dépendre la charge de la preuve contentieuse de la procédure antérieurement suivie. Ce critère constitue, comme l'a relevé Claude LASRY, un « particularisme »[232] indéniable du contentieux individuel de l'imposition.

---

[225] Conseil d'Etat, 7e et 9e s.-s., 29 septembre 1989, n°75304, Venutolo : Dr. fisc. 1990, n°5, comm. 142 ; RJF 11/89, n°1227, concl. Olivier FOUQUET, p. 614.

[226] Sans que la Cour de cassation n'offre, à notre connaissance, d'illustration sur ce point.

[227] Conseil d'Etat, 7e s-s., 6 octobre 1941, n°62886 : R.O. 1941, p. 268.

[228] Dans l'affaire du 6 octobre 1941 (Conseil d'Etat, 7e s-s., 6 octobre 1941, n°62886 : préc.), le Conseil d'Etat prend même le soin de distinguer l'exigence d'une présentation des moyens de la charge probatoire. Il constate, tout d'abord, « l'absence de désaccord entre l'Administration et le sieur X ». Puis, il précise « alors qu'au surplus [le contribuable] n'apporte pas devant le Conseil d'Etat des justifications suffisantes pour établir la catégorie exacte dans laquelle aurait dû être rangé son bénéfice commercial ». L'emploi de l'expression « au surplus » tend à démontrer que le juge administratif de l'impôt distingue clairement la charge non probatoire correspondant à la présentation des moyens du contribuable, de la charge probatoire.

[229] DE LA MARDIERE Christophe, *La preuve en droit fiscal*, Litec, 2009, p. 101 ; LAMBERT-WIBER Sophie, *Contribution du droit civil à une approche renouvelée de la charge de la preuve en droit fiscal*, Thèse de doctorat micro-fichée, Rouen, 1996, p. 233.

[230] AICARDI Maurice, *L'amélioration des rapports entre les citoyens et les administrations fiscales et douanières, rapport au ministre d'Etat ministre de l'Economie, des Finances et de la Privatisation*, La documentation française, 1986, p. 15.

[231] NEGRIN Olivier, *L'application dans le temps des textes fiscaux*, Thèse de doctorat micro-fichée, Aix-Marseille 3, 2002, p. 685.

[232] Comme l'indique le titre de cet article (LASRY Claude, *Une particularité du droit fiscal : la charge de la preuve*, EDCE, 1985-1986, pp. 71-77).

67. Au sein de ce contentieux, la charge de la preuve pèse sur le fisc[233] lorsque le contribuable a fait l'objet d'une procédure de rectification contradictoire[234]. Cette solution est appliquée avec constance par le juge de l'impôt[235]. Cette règle peut être entendue comme la contrepartie du respect, par le contribuable, de ses obligations déclaratives. Cette règle de détermination de la charge de la preuve était, avant la loi Aicardi[236], tempérée par l'article L. 192 du livre des procédures fiscales qui faisait varier la charge de la preuve en fonction de l'avis rendu par la commission départementale des impôts directs et des taxes sur le chiffre d'affaires et de la commission départementale de conciliation[237], à la suite d'une décision d'imposition du fisc. Ce système était critiqué car il conduisait, en pratique, à placer le contribuable dans une situation extrêmement défavorable face à l'administration fiscale[238]. Par la loi Aicardi le législateur a – dans une optique d'équité[239] – neutralisé l'incidence de l'avis des commissions départementales en matière de charge de la preuve. Désormais, en vertu de l'alinéa premier de l'article L. 192 du livre des procédures fiscales, la charge de la preuve incombe par principe, à l'administration fiscale, l'avis de ces commissions ne faisant plus varier la charge de la preuve que dans le cas où la comptabilité du contribuable comporte de graves irrégularités[240]. Une autre exception demeurait : l'avis du Comité de l'abus de droit fiscal faisait varier la charge de la preuve en cette

[233] Art. L. 192, al. 1er du Livre des procédures fiscales.
[234] Art. L. 55 du Livre des procédures fiscales.
[235] Conseil d'Etat, 3e et 8e ch., 13 juin 2016, n°391552, M. Huchon : Dr. fisc. 2016, n°39, comm. 523, concl. Vincent DAUMAS ; RJF 10/16, n°861, concl. Vincent DAUMAS, RJF 10/16, n°C 861.
[236] Loi n°87-502 du 8 juillet 1987 portant loi modifiant les procédures fiscales et douanières : J.O. 9 juillet 1987, p.7470.
[237] L'article L. 192 du Livre des procédures fiscales disposait alors que « Si la base d'imposition retenue par l'administration à la suite d'un redressement est conforme à l'avis de la commission départementale des impôts directs et des taxes sur le chiffre d'affaires ou à celui de la commission départementale de conciliation saisies en application de l'article L. 59, la charge de la preuve incombe au contribuable. Dans le cas contraire, elle incombe à l'administration ».
[238] Jean BOULOUIS relevait à cette époque que « Les contribuables ne s'y sont pas trompés et c'est assez légitimement qu'ils voient dans cette disposition 'un véritable piège'. L'administration, disent-ils, a d'autant plus de facilité pour faire triompher son point de vue devant la juridiction contentieuse que la charge de la preuve appartient presque toujours au contribuable. En effet, la commission départementale... se range souvent du côté de l'administration et la taxation établie est évidemment conforme à l'avis qu'elle a donné... Le passage devant la commission est donc, dans la plupart des cas, contraire aux intérêts du contribuable. (...) On comprend, dans ces conditions, l'acharnement des contribuables contre le système des commissions et l'orientation de leurs critiques » (*Procès du juge fiscal*, RSF 1957, pp. 631-655, spéc. p. 645).
[239] VIVIEN Robert-André (dir.), *Rapport fait au nom de la commission des finances, de l'économie générale et du plan sur le projet de loi (n°571) modifiant les procédures fiscales et douanières*, Assemblée nationale, seconde session ordinaire de 1986-1987, p. 137.
[240] Art. L. 192, al. 2 du Livre des procédures fiscales.

matière[241]. Toutefois, la loi de finances pour 2019[242] est revenue sur cette exception en supprimant le troisième alinéa de l'article L. 64 du Livre des procédures fiscales qui faisait peser la charge de la preuve du bien-fondé de la rectification sur l'administration fiscale lorsqu'elle ne s'était pas conformée à l'avis du Comité de l'abus de droit. Désormais, sauf, dans le cas où la comptabilité d'un contribuable comporte de graves irrégularités et que l'acte d'imposition a été adopté conformément à l'avis d'une commission départementales, la charge de la preuve est supportée par l'administration fiscale lorsqu'elle adopte une décision d'imposition contestée par le contribuable.

68. En second lieu, la charge de la preuve pèse sur le contribuable lorsque l'imposition litigieuse a été établie d'office[243] ou encore lorsque le contribuable ne dispose pas de comptabilité ou fait l'objet d'une taxation d'office[244].

69. Dans ces différents cas, la charge de la preuve n'est pas établie selon l'adage *actori incumbit probatio* car la répartition est dictée par le respect, par le contribuable, de ses obligations fiscales qui est reflétée par la procédure suivie, à son encontre, par le fisc. En cas d'irrespect par le contribuable de ses obligations fiscales, il subit une sorte de « dévolution 'sanction' »[245] de la charge de la preuve car il « subit les conséquences de ses propres manquements »[246]. La répartition de la charge de la preuve est alors dictée par le refus du contribuable de se conformer à ses obligations déclaratives[247]. Cette

---

[241] Art. L. 64, al. 3 du Livre des procédures fiscales.

[242] Art. 202 de la loi de finances pour 2019 (loi n°2018-1317 du 28 décembre 2018 de finances pour 2019 : J.O. du 30 décembre 2018, n°0302).

[243] Art. L. 193 du Livre des procédures fiscales.

[244] Art. L. 192, al. 3 du Livre des procédures fiscales.

[245] PRIOL Jean-Marc, *Panorama des redressements fiscaux, Compte rendu de la 5e conférence annuelle organisée le 17 juin 2003*, Dr. fisc. 2003, n°39, comm. 34.

[246] MIGNON Emmanuelle, *La charge de la preuve : peut-on parler d'équité ?*, in, HATOUX Bernard (dir.), *Droits du contribuable, Etat des lieux et perspectives*, Economica, 2002, pp. 53-65, spéc. p. 61. Dans la même optique André BONNET relève qu'« on comprend mieux également, de ce fait, l'importance du régime de la preuve, qu'il s'agisse de l'attribution de sa charge ou de son administration. Et son articulation : car si le contribuable ne respecte pas ses obligations déclaratives, il manque à l'essence même de son état de citoyen, avec des conséquences évidentes ensuite en matière de preuve. Et, inversement, s'il s'en est acquitté justement, c'est nécessairement à l'Administration de prouver un éventuel manquement quant à l'existence et à la consistance de ses facultés » (*La charge de la preuve en contentieux fiscal*, Dr. fisc. 2013, n°49, comm. 535).

[247] Emmanuelle MIGNON a souligné que « le système n'est pas injuste : il crée une sanction particulière pour ceux qui ne jouent pas le jeu du système déclaratif » (MIGNON Emmanuelle, *La charge de la preuve : peut-on parler d'équité ?*, in, *Droits du contribuable, Etat des lieux et perspectives*, HATOUX Bernard (dir.), Préface d'Alain LAMBERT, Economica, 2002, pp. 53-65, spéc. p. 61). De même, Didier URY a exposé que « Les règles de dévolution de la preuve tiennent compte de ce comportement puisque le redevable qui marque une absence d'adhésion

répartition légale particulière a pu conduire certains auteurs à estimer que la répartition de la charge de la preuve n'est pas fondée, en contentieux fiscal, sur la règle *actori incumbit probatio* : seule la loi détermine l'identité du demandeur au sein du contentieux fiscal[248]. Cette analyse est fondée car le critère légal retenu est détaché de la prétention des parties. Pourtant, il apparaît que, si la répartition de la charge de la preuve est bien dérogatoire à l'adage *actori incumbit probatio*, elle prend partiellement en compte la prétention des parties pour répartir la charge de la preuve.

§.2. – Une répartition de la charge de la preuve intégrant partiellement la règle *actori incumbit probatio*

70. La règle *actori incumbit probatio* n'est cependant pas exclue de la répartition légale de la charge de la preuve au sein du contentieux de l'imposition. Il apparaît, en effet, que les règles de charge de la preuve prennent en compte, partiellement, la prétention des parties. En premier lieu, l'article L. 191 du Livre des procédures fiscales dispose que la charge de la preuve incombe au contribuable qui demande la réduction de l'imposition établie forfaitairement[249].

71. De même, l'article R. 194-1 du Livre des procédures fiscales pose une règle de charge de la preuve qui repose sur la prétention du contribuable : la charge de la preuve pèse sur ce dernier lorsqu'il conteste les éléments de sa propre déclaration – ou lorsque le contribuable a accepté la proposition de rectification ou s'est abstenu de répondre à une proposition de rectification dans les délais légaux[250]. Or, l'origine de cette règle de charge de la preuve est jurisprudentielle. Dès une décision du 22 décembre 1922[251], le Conseil d'Etat a jugé que le contribuable supporte la charge de la preuve lorsqu'il entend remettre en cause les éléments présents dans sa propre déclaration. Depuis, cette règle érigée en

---

spontanée au système fiscal par sa défaillance déclarative, ou éventuellement sa franche hostilité à l'égard des prélèvements obligatoires par l'opposition au contrôle fiscal, supportera la charge de la preuve en cas de désaccord avec l'Administration. » (URY Didier, *La charge de la preuve en droit fiscal*, Les Nouvelles Fiscales 2017, n°1194, pp. 22-30).

248 Charles DEBBASCH et Jean-Claude RICCI ont préféré rejeter l'application de la règle *actori incumbit probatio* en affirmant que « La charge de la preuve incombe soit au défendeur soit au demandeur selon les cas, le contentieux fiscal ne comporte pas, en effet, attribution de la charge de la preuve automatiquement au demandeur et cela par dérogation au principe *actori incumbit probatio* » (*Contentieux administratif*, Dalloz, Précis, 2001, n°980).

249 DE LA MARDIERE Christophe, *Le forfaitaire pris au piège de la preuve*, LPA 1998, n°151, p. 6.

250 Art. R. 194-1, al. 2 du Livre des procédures fiscales.

251 Conseil d'Etat, Sect., 22 décembre 1922, n°69-641, Sieur X : Rec. p. 979 ; D.P. 1923, III, p. 15.

un principe général du droit[252] – a été constamment reprise tant par le Conseil d'Etat[253] que par la Cour de cassation[254]. Elle s'applique également dans le cas où le contribuable conteste ses propres écritures comptables[255]. Cette règle de charge de la preuve atteste que le contentieux fiscal prend en compte la règle *actori incumbit probatio* car c'est ici l'identité de l'auteur d'une prétention qui permet de désigner le titulaire de la charge de la preuve[256].

72. En somme, l'adage *actori incumbit probatio* est une *source d'inspiration de certaines règles légales de répartition de la charge de la preuve* en contentieux fiscal. En dépit de ce constat, il apparaît impossible d'affirmer l'application inconditionnelle de cette règle au contentieux fiscal tant le Livre des procédures fiscales organise une répartition dérogatoire à cet adage. Il faut donc en conclure que la répartition légale de la charge de la preuve ne repose pas sur l'adage *actori incumbit probatio* mais qu'elle s'en inspire partiellement. Un tel constat atteste d'un véritable particularisme fiscal en matière de charge de la preuve.

73. Conclusion de la Section I. – Le contentieux individuel de l'impôt présente certaines spécificités en matière de charge de la preuve. L'existence de règles spéciales de charge de la preuve fondées sur la procédure administrative va indéniablement dans le sens d'une spécificité fiscale en la matière. Toutefois, la charge de la preuve constitue moins une construction autonome car ces règles de charge de la preuve sont un aménagement spécifique des règles de charge de la preuve à la procédure fiscale. En ce sens, l'adage *actori incumbit probatio* apparaît en filigrane en matière de charge de la preuve sans pour autant constituer le principe de répartition de la charge de la preuve. Ce défaut

---

[252] Stéphane VERCLYTTE a estimé que « l'article R. 194-1 du LPF (…) codifie (…) un principe général du droit applicable même sans texte, dont il résulte que le contribuable qui conteste une imposition primitive établie conformément à sa déclaration supporte la charge de la preuve » (concl. sur Conseil d'Etat, 9e et 10e s.-s., 15 novembre 2006, n°289805, min. c/ Fievet : RJF 02/07, n°152 ; BDCF 02/07, n°20).

[253] Conseil d'Etat, 7e et 9e s.-s., 28 avril 1982, n°22593 : RJF 06/82, n°620 ; Conseil d'Etat, 8e et 9e s.-s., 30 mai 1980, n°5909 : Dr. fisc. 1980, n°41, comm. 1942 ; Conseil d'Etat, 21 novembre 1960, n°45859 : R.O. p. 200 ; Conseil d'Etat, 24 janvier 1949, n°99424 : R.O. p. 137 ; Conseil d'Etat, 6 octobre 1941, n°62886 : R.O. p. 268 ; Conseil d'Etat, 27 novembre 1931, n°6619 : R.O. p. 5717 ; Conseil d'Etat, Sect., 22 décembre 1922, n°69641, Sieur X : Rec. p. 979 ; D.P. 1923, III, p. 15.

[254] Cass. com., 2 juillet 1996, n°94-18.015, Borganetti : RJF 12/96, n°1485.

[255] Conseil d'Etat, 8e et 7e s.-s., 24 mars 1971, n°76695, Inédit (A propos de la charge de la preuve qui pèse sur le contribuable lorsqu'il entend rapporter la preuve du caractère erroné de ses écritures comptables) ; Conseil d'Etat, 9 novembre 1960, n°45752 : R.O. p. 192.

[256] Claude GOUR, Joël MOLINIER et Gérard TOURNIE ont pu souligner qu'« Il n'est pas impossible que le Conseil d'Etat, dans l'arrêt de décembre 1922, ait appliqué purement et simplement le principe procédural du droit civil *actori incumbit probatio* pour décider que le contribuable, pour contester l'imposition établie suivant sa déclaration, doit apporter la preuve de l'erreur ou de l'omission » (*Les grandes décisions de la jurisprudence, droit fiscal*, PUF, Thémis, 1977, p. 90).

d'autonomie des règles de charge de la preuve se confirme également au regard de la perméabilité du contentieux fiscal aux modalités communes de répartition de la charge de la preuve entre les parties.

Section II. – L'existence de modalités communes de répartition de la charge de la preuve entre les parties

74. Le contentieux fiscal est perméable à l'application de règles de preuve qui influent sur la répartition de la charge probatoire. En ce sens, les juges de la matière fiscale reconnaissent un devoir de collaboration entre les parties à l'administration de la preuve (Sous-section I) et appliquent, de manière analogue, les présomptions qui induisent une répartition particulière de la charge de la preuve (Sous-section II).

Sous-Section I. – L'affirmation d'un devoir commun de collaboration des parties dans l'administration de la preuve

75. La collaboration des parties dans l'administration de la preuve est un trait commun aux procédures administrative, civile et pénale[257]. Les juges de la matière fiscale disposent d'une approche commune fondée sur la prétention des parties qui établit une charge de l'administration de la preuve (§.1.). L'application de cette charge fonde un devoir de collaboration des parties dans l'administration de la preuve (§.2.).

§.1. – L'affirmation commune d'une charge de l'administration de la preuve

76. Forgée, en premier lieu, par le juge civil et appliquée en matière fiscale (A), la charge de l'administration de la preuve est appliquée par le juge administratif en matière fiscale (B) et, dans une certaine mesure, en matière répressive (C).

A/ La charge de l'administration de la preuve : mécanisme de répartition civile de la charge probatoire

77. La répartition de la charge de la preuve lors du procès civil[258] est dictée par les dispositions du Code civil et du Code de procédure civile. L'article 1353 du

[257] Sur ce point : AMRANI MEKKI Soraya, *Les traditions probatoires en droit processuel (procès civil, pénal et administratif)*, in, CADIET Loïc, GRIMALDI Cyril et MEKKI Mustapha, *La preuve : regards croisés*, Dalloz, Thèmes et commentaires, 2015, pp. 111-129, spéc. 115 ; DEBBASCH Charles, *Procédure administrative contentieuse et procédure civile*, Thèse de doctorat, Aix-en-Provence, LGDJ, Bibliothèque de droit public, Tome 38, 1962, p. 378.

[258] Sur ce point : AMRANI-MEKKI Soraya, CADIET Loïc et NORMAND Jacques et *Théorie générale du procès*, PUF, 2e éd., 2013 ; AMRANI-MEKKI Soraya et STRICKLER Yves,

Code civil – qui reprend les termes de l'ancien article 1315 du Code civil – dispose que « Celui qui réclame l'exécution d'une obligation doit la prouver. / Réciproquement, celui qui se prétend libéré doit justifier le paiement ou le fait qui a produit l'extinction de son obligation ». L'article 9 du Code de procédure civile dispose qu'« Il incombe à chaque partie de prouver conformément à la loi les faits nécessaires au succès de sa prétention »[259]. Ces dispositions ont pour effet d'imposer, au stade de l'administration de la preuve, à une partie déterminée, la preuve de ses prétentions. La répartition de la charge probatoire

---

Procédure civile, PUF, 2014 ; AUBRY Charles et RAU Charles-Frédéric, *Cours de droit civil français*, Tome 12, Marchal et Billard, 5e éd., revu et mis au courant de la Législation et de la Jurisprudence par Emile BARTIN, 1922 ; AYNES Augustin et VUITTON Xavier, *Droit de la preuve : principes et mise en œuvre processuelle*, Lexis Nexis, 2013 ; BONNIER Edouard, *Traité théorique et pratique des preuves en droit civil et en droit criminel*, Tome 1, Plon & Maresc Aîné, 4e éd., 1873 ; CADIET Loïc et JEULAND Emmanuel, *Droit judiciaire privé*, Litec, 8e éd., 2013 ; CADIET Loïc, MEKKI Mustapha et GRIMALDI Cyril, *La preuve : regards croisés*, Dalloz, Thèmes et commentaires, 2015 ; CARBONNIER Jean, *Droit civil, Introduction*, Tome 1 et *Les biens, Les obligations*, Tome 2, PUF, Quadrige, 2004 ; CHAINAIS Cécile, FERRAND Frédérique, GUINCHARD Serge, *Procédure civile*, Dalloz, Hypercours, 2015 ; CHEVALIER Jean, *Cours de droit civil approfondi, La charge de la preuve*, Les cours du droit, 1958-1959 ; COUCHEZ Gérard et LAGARDE Xavier, *Procédure civile*, Sirey, 17e éd., 2014 ; DEVEZE Jean, *Contribution à l'étude de la charge de la preuve en matière civile*, Thèse de doctorat dact., Toulouse 1, 1980 ; ESMEIN Paul, *Cours de droit civil approfondi, Les preuves en droit civil*, Les cours de droit, 1955-1956 ; GHESTIN Jacques, GOUBEAUX Gilles et FABRE-MAGNAN Muriel, *Traité de droit civil, Introduction générale*, LGDJ, 4e éd., 1994, pp. 615-621 ; GIRARD Fabien, *Essai sur la preuve dans son environnement culturel*, Thèse de doctorat, Grenoble, PUAM, 2013 ; HERON Jacques et LE BARS Thierry, *Droit judiciaire privé*, LGDJ, Domat droit privé, 2015 ; HOFFSCHIR Nicolas, *La charge de la preuve en droit civil*, Thèse de doctorat, Paris 10, Dalloz, Nouvelle Bibliothèque de Thèses,Tome 153, 2016 ; JEULAND Emmanuel, *Droit processuel général*, 3e éd., 2014 ; LAGARDE Xavier, *Réflexion critique sur le droit de la preuve*, Thèse de doctorat, Paris 1, LGDJ, Bibliothèque de droit privé, Tome 239, 1994 ; LECLERC Olivier, VERGES Etienne et VIAL Géraldine, *Droit de la preuve*, PUF, Thémis droit, 2015, pp. 193-227 ; LEGEAIS Raymond, *Les règles de preuve en droit civil : permanences et transformations*, Thèse de doctorat, Paris, LGDJ, 1955 ; MOTULSKY Henri, *Principes d'une réalisation méthodique du droit privé, La théorie des éléments générateurs des droits subjectifs*, Thèse de doctorat, Lyon, Sirey, 1948 ; MOURALIS Jean-Louis, *Preuve, Règles de preuve*, Répertoire de droit civil, Dalloz, 2016 ; MOURALIS Jean-Louis, *Preuve, Modes de preuve*, Répertoire de droit civil, Dalloz, 2016 ; SICARD Jean, *La preuve en justice après la réforme judiciaire*, Ed. Librairie du journal des notaires et des avocats, 1960, pp. 16-17 ; TERRE François, *Introduction générale au droit*, Dalloz, 10e éd., 2015, pp. 492-499 ; TEYSSIE Bernard, *La preuve en droit du travail*, in, *La preuve*, PUIGELIER Catherine (dir.), Economica, 2004, pp. 73-88 ; THERY Philippe, *Les finalités du droit de la preuve en droit privé*, Droits 1996, n°23, pp. 41-52 ; VERGES Etienne, *Eléments pour un renouvellement de la théorie de la preuve*, in, *Mélanges en l'honneur du professeur Jacques-Henri ROBERT*, Lexis Nexis, 2012, pp. 853-895 ; VERGES Etienne, *La réforme du droit de la preuve civile : enjeux et écueils d'une occasion à ne pas manquer*, D. 2014, n°10, pp. 617-625 ; VERGES Etienne, *Réforme du droit de la preuve civile. Quelle perspective après l'échec de l'ordonnance du 10 février 2016 ?*, JCP G 2017, n°18, pp. 875-882.

[259] Cette disposition fait également écho à l'article 6 du Code de procédure civile qui dispose qu'« À l'appui de leurs prétentions, les parties ont la charge d'alléguer les faits propres à les fonder ».

est gouvernée, durant le litige, par la partie qui émet une prétention : le *demandeur à la preuve* – distinct du demandeur au sens procédural – doit alors rapporter une preuve. Cette solution se manifeste au travers des adages *actori incumbit probatio*[260] et *reus in excipiendo fit actor*[261]. En somme, « C'est à celui qui réclame la mise en œuvre à son profit d'un effet de droit prédéterminé qu'il appartient d'alléguer puis de prouver les circonstances factuelles nécessaires à son prononcé »[262]. La répartition de la charge probatoire durant le litige est donc dictée par la prétention de chaque partie. Devant le juge civil, l'échange probatoire repose donc sur une construction dialectique qui induit une collaboration des parties dans l'administration de la preuve puisque les parties, s'opposant sur des prétentions contraires, sont conduites à alléguer et prouver les faits qui viennent au soutien de leur propre prétention. En somme, c'est à « Celui qui trouble la quiétude juridique d'autrui [d']assumer une responsabilité »[263] en matière de preuve.

78. Nous préférons ainsi le concept de charge d'administration de la preuve[264] à celui de charge de l'allégation[265] qui, bien que théorisé par Henri MOTULSKY, ne dispose pas, à notre sens, d'une assise conceptuelle suffisante et de concrétisations explicites. Elle demeure, comme l'ont souligné des auteurs, « mystérieuse »[266]. L'allégation n'est en effet que la « proposition décrivant des faits que son auteur juge propre à justifier ses prétentions »[267]. De ce fait, la répartition de la charge de la preuve au cours du procès civil est avant tout dictée par la prétention de chaque partie qui aura à prouver les faits nécessaires au succès de cette prétention. L'allégation des parties ne saurait donc être prise en compte dans la répartition de la charge de la preuve puisque c'est la prétention qui va dicter le rôle des parties en la matière. Ainsi, lorsqu'une partie exige le paiement d'une créance, c'est cette prétention qui lui impose une charge probatoire et non les allégations qui viendront étayer cette prétention. L'allégation vient donc au soutien de la prétention et seule la

---

260 Littéralement, la preuve incombe au demandeur.
261 Littéralement, le défendeur devient demandeur en opposant une exception.
262 HOFFSCHIR Nicolas, *La charge de la preuve en droit civil*, Thèse de doctorat, Paris 10, Dalloz, Nouvelle Bibliothèque de Thèses, Tome. 153, 2016, p. 370.
263 SICARD Jean, *La preuve en justice après la réforme judiciaire*, Ed. Librairie du journal des notaires et des avocats, 1960, p. 17.
264 HOFFSCHIR Nicolas, *La charge de la preuve en droit civil*, Thèse de doctorat, Paris 10, Dalloz, Nouvelle Bibliothèque de Thèses, Tome. 153, 2016, p. 112.
265 Henri MOTULSKY distingue clairement dans sa thèse de doctorat « la charge 'de l'allégation' » de la « charge de la preuve » (*Principes d'une réalisation méthodique du droit privé, La théorie des éléments générateurs des droits subjectifs*, Thèse de doctorat, Lyon, Sirey, 1948, pp. 84-88). Ce concept a notamment été repris par Jean DEVEZE (*Contribution à l'étude de la charge de la preuve en matière civile*, Thèse de doctorat dact., Toulouse 1, 1980, pp. 231-258).
266 COUCHEZ Gérard et LARGARDE Xavier, *Procédure civile*, Sirey, 17e éd., 2014, p. 250.
267 *Op. cit., loc. cit.*

prétention permet de dicter le rôle probatoire des parties dans l'administration de la preuve. Il n'existe donc pas de charge fondée sur l'allégation dès lors que la charge de l'administration de la preuve est dictée par la prétention des parties qui s'emploieront à alléguer les faits nécessaires à son succès.

79. En matière fiscale, le juge civil se fonde également sur la prétention des parties pour opérer la répartition de la charge de la preuve lors du procès fiscal, comme en témoigne la présence de nombreux visas contenant l'ancien article 1315 du Code civil[268]. En ce même sens, la Cour de cassation a posé dans plusieurs attendus de principe la règle selon laquelle la charge de la preuve incombe, en matière fiscale, à la partie qui émet une prétention[269] démontrant la perméabilité du contentieux civil de l'impôt à la répartition civiliste de la charge de l'administration de la preuve, y compris devant les juges du fond[270]. L'ensemble du contentieux fiscal jugé par le juge civil présente cette perméabilité : l'impôt de solidarité sur la fortune[271] ou les droits de mutation[272] se voient appliquer, sans qu'un particularisme ne puisse être décelé, la règle de la charge de la charge de l'administration de la preuve. La prétention demeure ainsi, devant le juge fiscal, le facteur de la répartition de la charge de l'administration de la preuve. Or, le juge administratif a, sur le modèle de la jurisprudence civile, transposé cette règle de la charge de l'administration de la preuve.

---

[268] Cass. com., 26 juin 2012, n°11-21.160 : Bull. civ. IV, n°135 ; Dr. fisc. 2012, n°28, act. 302 ; RJF 10/12, n°959 ; Droit de la famille 2012, n°9, comm. 135, comm. Aurélie MANGIAVILLANO ; Cass. com., 12 mars 1996, n°94-16.602, Inédit.

[269] Au visa de l'ancien article 1315 du Code civil : Cass. com., 22 février 2000, n°97-17.828, Dufort : RJF 05/00, n°720 (« il incombe à chaque partie d'apporter la preuve des faits venant au soutien de sa prétention ») ; Cass. com., 17 mai 1989, n°87-19.016, Inédit (« il appartient à chaque partie d'apporter la preuve de ses allégations ») ; Cass. com., 7 février 1989, n°87-15.374, Inédit (« il appartient à chaque partie d'apporter la preuve de ses prétentions »).

[270] Les arrêts des cours d'appel attestent de l'application de la charge de l'administration de la preuve en matière fiscale : CA de Montpellier, 2 juillet 2009, n°08/4053, Inédit (« c'est à la société qui soutient que, par dérogation à ce principe, ce véhicule remplit les conditions de l'exonération de rapporter la preuve de la réalité des éléments de fait qu'elle invoque à l'appui de sa prétention ») ; CA de Dijon, 24 juin 2008, n°07/00107, Inédit (« Mme Z..., qui a charge de preuve de justifier de l'existence, au jour du décès, des dettes à la charge du défunt dont elle demande la déduction de l'actif successoral, ne produit pas de document établissant la réalité des dettes alléguées dans sa déclaration ») ; CA d'Orléans, 24 janvier 2008, n°07/00625, Inédit (« c'est à elle qu'il incombe, pour ne pas être assujettie à la taxe considérée, d'établir le transfert de cette propriété avérée sur le bien »).

[271] Cass. com., 9 juillet 2013, n°12-21.836, Roussel : RJF 11/13, n°1090 (« qu'il appartient aux demandeurs de rapporter la preuve que la valeur déclarée par eux correspond aux possibilités réelles de remboursement de la société »).

[272] Cass. com., 12 mars 1996, n°94-16.602, Inédit ; Cass. com., 22 juillet 1986, n°85-11.605, Inédit ; Cass. com., 22 juillet 1986, n°85-11.604, Sageaux, Inédit.

B/ L'affirmation d'une charge de l'administration de la preuve forgée par la juridiction administrative

80. L'affirmation explicite de l'existence d'une charge de l'administration de la preuve est récente devant le juge administratif[273]. Cette règle de répartition de la charge de la preuve a été reconnue, en matière fiscale, dans la décision Lebreton[274] du Conseil d'Etat bien que cette règle ressortait implicitement de la jurisprudence antérieure[275]. Cette décision affirme l'existence d'une charge de l'administration de la preuve devant le juge administratif – cette solution valant également pour l'ensemble du contentieux administratif[276]. Le Conseil d'Etat juge en effet « qu'en vertu des règles gouvernant l'attribution de la charge de la preuve devant le juge administratif, applicables sauf loi contraire, (...) il incombe, en principe, à chaque partie d'établir les faits nécessaires au succès de sa prétention »[277]. Ce considérant de principe prend, à notre sens, modèle sur l'article 9 du Code de procédure civile – qui dispose que « chaque partie [doit] (...) prouver les faits nécessaires au succès de sa prétention ».

---

[273] Charles DEBBASCH avait relevé que « Le Conseil d'Etat n'a jamais déclaré expressément que la charge de la preuve appartient au demandeur » (*Procédure administrative contentieuse et procédure civile*, Thèse de doctorat, Aix-en-Provence, LGDJ, Bibliothèque de droit public, Tome 38, 1962, p. 381), mais que « Le demandeur doit, en principe, apporter la preuve de ses allégations » (*op. cit.*, p. 382).

[274] Conseil d'Etat, Sect., 20 juin 2003, n°232832, Sté Etablissements Lebreton, Comptoir général de peintures et annexes : RJF 10/03, n°1140, concl. Pierre COLLIN, BDCF 10/03, n°125.

[275] La nécessité pour une partie de rapporter la preuve de ses allégations résulte de jurisprudences anciennes (par une décision du 5 mars 1915 (Conseil d'Etat, 5 mars 1915, Sieur Boulanger : R.O. 1917, p. 200) le Conseil d'Etat juge, dans une affaire relative à la patente « que le sieur Boulanger n'établit pas que la valeur locative de 25,640 francs, ramené à 23, 567 francs par l'arrêté attaqué, d'après laquelle le requérant a été imposé au droit proportionnel pour la patente pour l'année 1913, soit exagérée par comparaison avec les valeurs locatives d'autres établissements de même nature situés dans la même région et dont le foyer a été régulièrement constaté ». La charge de l'administration de la preuve a également été formulée par le commissaire du Gouvernement Jacques DELMAS-MARSALET qui avait exposé qu'« En principe, dans tout litige, la charge de la preuve incombe à celui qui plaide contre la vraisemblance ou plutôt les présomptions découlant soit des circonstances propres à l'espèce, soit de ce que le droit commercial appelle les " usages loyaux et constants " » (concl. sur Conseil d'Etat, 8e et 9e s.-s., 18 juillet 1973, n°79340 : Dupont, p. 367). De même, Jacques ARRIGHI DE CASANOVA a relevé que « si le défendeur invoque à son tour certains faits pour combattre les prétentions du demandeur, il lui incombe également d'étayer ses dires » (concl. sur Conseil d'Etat, Sect., 29 juillet 1994, n°111884, SA Prodès International : RJF 10/94, p. 587).

[276] Le considérant de principe de la décision Lebreton vise, en effet, « le juge administratif » (Conseil d'Etat, Sect., 20 juin 2003, n°232832, Sté Etablissements Lebreton, Comptoir général de peintures et annexes : RJF 10/03, n°1140, concl. Pierre COLLIN, BDCF 10/03, n°125). Ce considérant de principe a depuis été repris en contentieux général (Conseil d'Etat, 5e et 4e s.-s., 20 février 2008, n°286505, Le Hello c/ Fraboulet : Rec. T., p. 907 ; Conseil d'Etat, 5e et 4e s.-s., 25 juillet 2007, n°271247, Etablissement français du sang : Rec. T. p. 1063).

[277] Conseil d'Etat, Sect., 20 juin 2003, n°232832, Sté Etablissements Lebreton, Comptoir général de peintures et annexes : préc.

81. En matière fiscale, ce considérant de principe a, depuis cette décision, été repris par le Conseil d'Etat dans des matières aussi différentes que la responsabilité de l'administration fiscale[278], l'acte anormal de gestion[279] – où le juge va ensuite apprécier la valeur de chacun des éléments fournis par les parties[280] –, la déduction d'une charge litigieuse[281], la date de transformation de locaux[282], ou encore le caractère commercial de marques[283]. En somme, la charge de l'administration de la preuve dispose, devant le juge administratif de l'impôt, d'une fonction primordiale dans la répartition de la charge de la preuve entre les parties. L'application de cette règle permet d'identifier une convergence dans le rôle des parties dans l'administration de la preuve entre juge administratif et juge civil[284]. Or, la matière répressive retient également cette règle.

C/ Le maintien d'une charge de l'administration de la preuve en matière répressive

82. Si le principe de présomption d'innocence[285] impose la charge de la preuve aux autorités de poursuite, elle permet également de ménager – en vertu de l'adage *reus in excipiendo fit actor* – une place à l'accusé dans l'administration de la preuve[286]. Il doit apporter les éléments de preuve qui

---

[278] Conseil d'Etat, 9e et 10e s.-s., 16 juillet 2014, n°361570 : RJF 11/14, n°1044.

[279] Conseil d'Etat, 3e et 8e s.-s., 28 mai 2014, n°362174, Sté JFP Gestion : RJF 8-9/14, n°766, concl. Vincent DAUMAS, BDCF 8-9/14, n°79.

[280] Conseil d'Etat, 3e et 8e s.-s., 28 mai 2014, n°362174, Sté JFP Gestion : préc. (« le juge de l'impôt doit apprécier la valeur des explications qui lui sont respectivement fournies par le contribuable et par l'administration »).

[281] Conseil d'Etat, 10e et 9e s.-s., 27 juillet 2015, n°367151, Sté Francesco Smalto et Cie : Dr. fisc. 2015, n°43-44, comm. 654, concl. Édouard CREPEY, note Christophe DE LA MARDIERE ; RJF 11/15, n°924, concl. Edouard CREPEY, RJF 11/15, n°C. 924 ; Conseil d'Etat, 3e et 8e s.-s., 9 avril 2014, n°358279 : RJF 07/14, n°711.

[282] Conseil d'Etat, 9e et 10e s.-s., 13 février 2013, n°350936 : Dr. fisc. 2013, n°14, comm. 228, comm. Marc PELLETIER ; RJF 04/12, n°402.

[283] Conseil d'Etat, 9e et 10e s.-s., 16 janvier 2006, n°258277, Lefebvre : RJF 04/06, n°377, concl. Laurent VALLEE, BDCF 04/06, n°46.

[284] Des solutions analogues sont ainsi appliquées devant le juge administratif et devant le juge civil de l'impôt. Ainsi, c'est au contribuable de rapporter la preuve de son allégation lorsqu'il affirme avoir déposé dans les délais requis une déclaration (Cass. com., 9 novembre 1993, n°91-18.910, M. Lefebvre : RJF 01/94, n°102 ; Conseil d'Etat, 8e et 9e s.-s., 9 novembre 1994, n°129632, SARL Les Peintres de Paris : RJF 01/95, n°18).

[285] Cf. infra, n°105.

[286] L'applicabilité de l'adage *reus in excipiendo fit actor* a fait débat au sein de la doctrine pénaliste (sur ce point : AMBROISE-CASTEROT Coralie, *Présomption d'innocence*, Répertoire de droit pénal et de procédure pénale, Dalloz, 2013, n°23 à 26). Ce débat s'inscrit dans un débat plus vaste en droit pénal relatif à l'applicabilité des règles de la procédure civile en matière pénale (Sur ce point : MERLE Roger et VITU André, *Traité de droit criminel, Procédure pénale*, Tome 2, Cujas, 5e éd., 2001, spéc. pp. 22-28) qui se pose également en matière d'administration de la preuve. Il a pu être défendu que la présomption d'innocence est de nature à décharger – au nom d'une autonomie de la preuve pénale – le prévenu de la charge

tendent à le disculper ou à l'innocenter. La charge de l'administration de la preuve est donc présente, en matière répressive, bien que l'adage *reus in excipiendo fit actor* n'impose au prévenu que de prouver les faits nécessaires à sa défense – sans que cette charge probatoire ne puisse le contraindre à administrer des preuves de sa propre culpabilité[287]. La Chambre criminelle de la Cour de cassation a ainsi jugé « qu'il incombait au prévenu de rapporter [la preuve] [du] bien-fondé de l'exception soulevée par lui pour faire échec aux poursuites »[288] et elle a reproduit ce considérant de principe en matière fiscale[289]. En cette matière, le prévenu doit apporter des preuves au soutien de sa prétention lorsqu'il prétend que les éléments présents au sein d'un procès-verbal ne sont pas conformes à la réalité[290], qu'il a bénéficié de prêts familiaux[291], que son manquement à ses obligations déclaratives concerne des revenus non imposables[292] ou encore lorsqu'il affirme que ses documents comptables ont été saisis[293]. De même, le contribuable qui affirme que ses déclarations sont conformes à sa situation réelle[294] ou qu'il bénéficie d'une option fiscale[295] doit le prouver. L'application de la charge de l'administration de la preuve en matière répressive conduit donc à offrir au défendeur une place dans l'administration de la preuve en dépit de la place fondamentale occupée par la présomption d'innocence.

---

de la preuve. Jean PATARIN a défendu l'idée selon laquelle la présomption d'innocence « fait peser l'entier fardeau de la preuve sur la partie poursuivante. Les principes du droit civil et notamment la maxime *res in excipiendo fit actor* ne sauraient donc être transposés en droit pénal » (*Le particularisme de la théorie des preuves en droit pénal*, in, STEFANI Gaston (dir), *Quelques aspects de l'autonomie du droit pénal. Études de droit criminel*, Dalloz, 1956, p. 7-76). Toutefois, cette position apparaît aujourd'hui désuète. Il est établi (FOROUTANI Djavad, *Le fardeau de la preuve en matière pénale, Essai d'une théorie générale*, Thèse de doctorat dact., Paris 2, 1977, p. 680 ; BUISSON Jacques et GUINCHARD Serge, *Procédure pénale*, Lexis Nexis, 10e éd., 2014, p. 473 ; MERLE Roger et VITU André, *Traité de droit criminel, Procédure pénale*, Tome 2, Cujas, 5e éd., 2001, n°142, pp. 181-182 ; PRADEL Jean, *Procédure pénale*, Cujas, 18e éd., 2015, pp. 341-343), à la suite de solutions jurisprudentielles déjà anciennes (La Chambre criminelle avait ainsi jugé : « n'intervertit pas la charge de la preuve l'arrêt de condamnation qui, pour motiver sa décision, se fonde à la fois sur les éléments de preuve produits par le Ministère public et sur l'inanité des moyens de défense opposés par le prévenu » (Cass. crim., 22 décembre 1926 : Bull. crim., n°317, cité par Djavad FOROUTANI (*op. cit*, p. 420, note n°695)), que le prévenu dispose d'un rôle probatoire sur le fondement de l'adage *reus in excipiendo fit actor*.

[287] Sur le droit de ne pas s'incrimininer : cf. infra, n°726.

[288] Cass. crim., 12 mars 1979, n°78-91.256 : Bull. crim., n°101.

[289] Cass. crim., 11 avril 1983, n°82-92.468, Inédit.

[290] Cass. crim., 28 mai 1991, n°90-82.359, Laporte : Bull. crim., n°227.

[291] Cass. crim., 8 août 1990, n°89-86.729 : Bull. crim., n°303.

[292] Cass. crim., 12 janvier 2011, n°10-81.151 : Bull. crim., n°6 ; Cass. crim., 16 mai 2001, n°00-82.649 : Bull. crim., n°126 ; Cass. crim., 27 avril 2000, n°99-81.415 : Bull. crim., n°173, p. 504.

[293] Cass. crim., 6 juillet 1988, n°87-90.240, Inédit.

[294] Cass. crim., 11 janvier 2001, n°00-83.022, Inédit.

[295] Cass. crim., 5 octobre 1976, n°75-93.015, Inédit.

83. Si la charge de l'administration de la preuve est un outil de répartition de la charge de la preuve partagé entre les juges de la matière fiscale – qui conduit à une nécessaire collaboration des parties – il existe également un commun devoir de participation des parties à l'administration de la preuve.

§.2. – L'affirmation commune d'un devoir de participation des parties à la manifestation de la vérité

84. Devant les juges de la matière fiscale, il apparaît un devoir de collaboration des parties à l'administration de la preuve (A) qui est sanctionnée par la figure du renversement de la charge de la preuve (B).

A/ L'affirmation d'un devoir de collaboration des parties à l'administration de la preuve

85. La figure de la charge de l'administration de la preuve conduit à une collaboration entre les parties[296]. René DEMOGUE affirmait déjà, au début du XXe siècle, que « les plaideurs collaborent et doivent être appelés à collaborer dans la preuve »[297]. Cette nécessaire collaboration des parties – qui exclut la passivité du défendeur[298] – à la preuve affecte nécessairement la charge de la preuve entre les parties au litige. En matière civile, l'article 10 du Code civil dispose que « chacun est tenu d'apporter son concours à la justice en vue de la manifestation de la vérité »[299]. Cette disposition forge une exigence de collaboration de tous[300] à la vérité mais s'adresse, avant tout, aux parties[301] qui se doivent d'administrer les preuves nécessaires à la résolution du litige.

---

[296] Sur ce point : BERGEAUD Aurélie, *Le droit à la preuve*, Thèse de doctorat, Bordeaux 4, LGDJ, Bibliothèque de droit privé, Tome 525, 2010, p. 19 ; DEMOGUE René, *Les notions fondamentales du droit privé : essai critique pour servir d'introduction à l'étude des obligations*, Ed. Arthur ROUSSEAU, 1911, p. 557 ; LE GALL Erwan, *Le devoir de collaboration des parties à la manifestation de la vérité dans les litiges privés, Remarques sur l'adage nemo tenetur edere contra se*, Thèse de doctorat dact., Paris, 1967 ; LECLERC Olivier, VERGES Etienne et VIAL Géraldine, *Droit de la preuve*, PUF, Thémis droit, 2015, pp. 200-201 ; LE MASSON Jean-Marc, *La recherche de la vérité dans le procès civil*, Droit et Société 1998, n°38, pp. 21-32 ; LAGARDE Xavier, *Réflexion critique sur le droit de la preuve*, Thèse de doctorat, Paris 1, LGDJ, Bibliothèque de droit privé, Tome 239, p. 211.

[297] DEMOGUE René, *Les notions fondamentales du droit privé : essai critique pour servir d'introduction à l'étude des obligations*, Ed. Arthur ROUSSEAU, 1911, p. 557.

[298] LE MASSON Jean-Marc, *La recherche de la vérité dans le procès civil*, Droit et Société 1998, n°38, pp. 21-32, spéc. p. 25.

[299] Loi n°72-626 du 5 juillet 1972 : J.O. du 9 juillet 1972.

[300] La Cour de cassation a jugé que cette exigence s'applique également aux personnes publiques (Cass. 1ère civ., 21 juillet 1987 : Bull. civ. I, n°248 ; RTD Civ. 1988, p. 393, obs. Roger PERROT).

[301] FERRAND Frédérique, *Preuve*, Répertoire de procédure civile, Dalloz, 2016, n°412.

86. En matière administrative, aucune disposition légale n'impose une participation des parties à l'administration de la preuve. Le silence des textes n'offre pas pour autant la faculté aux parties de se terrer dans une quelconque inertie probatoire. Bernard PACTEAU relève, qu'en contentieux administratif, « Chacun se voit (...) imposer (...) des charges et des contributions de preuve »[302]. S'il n'existe pas de disposition légale qui exige la participation des parties à l'administration de la preuve, la jurisprudence a forgé un tel devoir comme l'illustre la décision Barel[303]. Les parties sont ainsi tenues de participer à la manifestation de la vérité.

87. En matière répressive, la participation effective des parties à l'administration de la preuve se heurte au droit au silence et au droit de ne pas contribuer à sa propre incrimination[304]. Toutefois, ce droit fondamental n'est pas de nature à prohiber tout devoir des parties à l'administration de la preuve puisqu'une participation du justiciable peut être attendue sur certains faits[305].

88. En somme, aucune partie n'échappe à la nécessaire collaboration à la manifestation de la vérité qui pourra, en cas de refus, se retourner contre cette partie, comme l'indique la figure du renversement de la charge de la preuve.

B/ Le renversement de la charge de la preuve : sanction commune au manquement de devoir de collaboration des parties à l'administration de la preuve

89. La figure du renversement de la charge de la preuve peut conduire à sanctionner le manquement d'une partie à son devoir de participer à la manifestation de la vérité. Devant le juge civil, la charge de la preuve bascule,

---

302 PACTEAU Bernard, *Preuve*, Répertoire de contentieux administratif, Dalloz, 2016, n°119.

303 La décision Barel pose ainsi ce principe d'un devoir de collaboration de l'Administration à la manifestation de la vérité puisqu'il est ici reproché au secrétaire d'Etat à la Présidence du Conseil de s'être « abstenu de faire connaître le motif de ses décisions » (Conseil d'Etat, Ass., 28 mai 1954, Barel : Rec. p. 308, concl. Maxime LETOURNEUR ; S. 1954, III, 97, note André MATHIOT ; D. 1954, p. 594, note Georges MORANGE ; AJDA 1954, p. 396, note Marceau LONG ; AJDA 2014, p. 88, chron. Jacques-Henri STAHL ; RDP 1954, p. 509, note Marcel WALINE et concl. Maxime LETOURNEUR).

304 Cf. infra, n°726.

305 La Cour européenne des droits de l'Homme a posé les jalons d'un devoir – conforme au droit fondamental au silence – de collaboration du prévenu à l'administration de la preuve en jugeant que certains faits « appellent assurément une explication de sa part » (CEDH, John Murray c/ Royaume-Uni, 8 février 1996, n°18731/91 : Recueil 1996-I, p. 49, GACEDH, n°34, § 47).

au cours de chaque litige, entre les parties[306], chaque partie peut être sanctionnée pour son inertie dans l'administration de la preuve[307].

90. De même, devant le juge administratif, le renversement de la charge de la preuve se manifeste par le fait que le juge administratif peut suspendre son jugement à la production, par l'Administration, d'éléments de nature à justifier une décision[308]. Ce renversement de la charge de la preuve est analysé par l'opposition entre « charge juridique » et « charge effective » de la preuve. Forgée par Pierre PACTET[309], cette analyse est largement reprise depuis lors[310]. Selon Caroline FOULQUIER, cette distinction est celle qui permet « le mieux [d']expliquer la logique de la charge de la preuve en contentieux administratif »[311]. Or, à notre sens, cette distinction n'est rien d'autre que l'application de la charge de l'administration de la preuve qui pousse chaque partie au litige, à collaborer dans l'administration de la preuve au gré de la vraisemblance des preuves apportées par l'autre partie. La charge de la preuve *effective* pèse sur la partie qui aura à administrer, en dernier lieu, une preuve décisive pour la manifestation de la vérité.

91. Enfin, en matière répressive, le renversement de la charge de la preuve est également présent. En ce sens, Serge GUINCHARD et Jacques BUISSON relèvent que « Dans la matière pénale, [la] règle [du renversement de la preuve] oblige le prévenu à rapporter la preuve des moyens de défense qu'il

---

306 Jacques GHESTIN, Gilles GOUBEAUX et Muriel FABRE-MAGNAN relèvent que « la charge de la preuve pèse sur le demandeur, étant entendu que la position de demandeur n'est pas fixée une fois pour toutes par l'initiative de l'introduction de l'instance, mais s'apprécie au regard de chaque allégation d'un fait nouveau » (*Traité de droit civil, Introduction générale*, LGDJ, 4e éd., 1994, n°582).

307 En ce sens, François TERRE relève que « La charge de la preuve est régie par le mécanisme de *l'alternance* : le demandeur à l'instance supporte la charge de la preuve ; s'il le satisfait, il gagne, sauf au demandeur à l'instance, devenant demandeur à la preuve, à satisfaire lui-même la charge de la preuve concernant l'affirmation contraire, ce qui renvoie alors à son adversaire » (*Introduction générale au droit*, Dalloz, Précis, 10e éd., 2015, n°594).

308 Conseil d'Etat, Ass., 28 mai 1954, Barel : préc. ; Conseil d'Etat, Sect., 1er mai 1936, Couespel du Mesnil : Rec. p. 485.

309 PACTET Pierre, *Essai d'une théorie de la preuve devant la juridiction administrative*, Thèse de doctorat, Paris, Pedone, 1952, p. 57.

310 BERGERES Maurice-Christian, *Le principe des droits de la défense en droit fiscal*, Thèse de doctorat dact., Bordeaux, 1975, pp. 66-67 ; COLSON Jean-Philippe, *L'office du juge et la preuve dans le contentieux administratif*, Thèse de doctorat, Montpellier, LGDJ, Bibliothèque de droit public, Tome 101, 1970, p. 145 ; COTTINI Marc, *La communauté d'intérêts en droit fiscal français, Contribution à l'étude de l'anormalité en matière de preuve fiscale*, Thèse de doctorat micro-fichée, Aix-Marseille 3, 1998, p. 466 ; DE LA MARDIERE Christophe, *La preuve en droit fiscal*, in, PUIGELIER Catherine (dir.), *La preuve*, Economica, 2004, pp. 133-139 ; FOULQUIER Caroline, *La preuve et la justice administrative française*, Thèse de doctorat, Toulouse, L'Harmattan, Logiques juridiques, 2013, pp. 337-340.

311 FOULQUIER Caroline, *La preuve et la justice administrative française*, Thèse de doctorat, Toulouse, L'Harmattan, Logiques juridiques, 2013, p. 340.

soulève »[312]. Cela signifie que si une participation du prévenu ou du justiciable peut être attendue pour la preuve des faits qui vont dans le sens de son acquittement – c'est-à-dire de la preuve de faits justificatifs ou de causes de non-responsabilité[313] – il ne saurait être exigé de lui qu'il participe à la preuve de sa propre culpabilité. Tant la présomption d'innocence que le droit au silence dont découle le droit de ne pas contribuer à sa propre incrimination[314] prohibent une participation du justiciable à la preuve de sa propre culpabilité. Le juge ne peut donc exiger – par la figure du renversement de la preuve – qu'il établisse la preuve de sa propre culpabilité. De ce fait, si le renversement de la charge de la preuve est possible en matière répressive, il demeure limité aux éléments de défense du prévenu[315].

92. Conclusion de la Sous-Section I. – La charge de la preuve présente, devant les juges de la matière fiscale, certaines convergences en matière de répartition de la charge de la preuve. La place déterminante des parties dans l'administration de la preuve, contrainte par la charge de l'administration de la preuve, et leur collaboration à l'administration de la preuve apparaissent comme des éléments communs à l'ensemble des juges. En somme, la collaboration des parties dans la recherche de la vérité factuelle apparaît comme un élément commun à l'ensemble des juges de la matière fiscale qui peut être sanctionné par la figure du renversement de la preuve. D'autres mécanismes opèrent une répartition particulière de la charge de la preuve, il s'agit des présomptions qui contraignent à une répartition particulière de la charge de la preuve.

Sous-Section II. – La présomption : mécanisme commun de répartition de la charge de la preuve

93. La présomption constitue un mécanisme particulier de répartition de la charge de la preuve. Les juges de la matière fiscale disposent d'une lecture commune des présomptions (§.1.) et appliquent, de manière analogue, le principe de la présomption d'innocence en matière répressive (§.2.).

---

[312] GUINCHARD Serge et BUISSON Jacques, *Procédure pénale*, Lexis Nexis, 10e éd., 2014, p. 483.

[313] Sur ce point : GUINCHARD Serge et BUISSON Jacques, *Procédure pénale*, Lexis Nexis, 10e éd., 2014, pp. 474-475 ; MERLE Roger et VITU André, *Traité de droit criminel, Procédure pénale*, Tome 2, Cujas, 5e éd., 2001, n°151, pp. 191-192 ; PRADEL Jean, *Procédure pénale*, Cujas, 18e éd., 2015, pp. 341-343.

[314] Sur ce point : infra, n°762.

[315] Il est tout de même à noter qu'« En pratique (…), [le prévenu] ne manquera pas d'invoquer les éléments probatoires qu'il possède (…) sans attendre que l'accusation ait fourni la preuve entière qu'on exige d'elle » (MERLE Roger et VITU André, *Traité de droit criminel, Procédure pénale*, Tome 2, Cujas, 5e éd., 2001, n°151, p. 191).

§.1. – La présomption : modalité commune de répartition dérogatoire de la charge de la preuve

94. Alors que les présomptions légales apparaissent comme un outil commun de répartition de la charge de la preuve entre les parties (A), le juge de l'impôt a établi une présomption antéjudiciaire spécifique relative à l'exactitude des éléments déclarés (B).

A/ La présomption légale : modalité commune de répartition dérogatoire de la charge de la preuve

95. Les présomptions légales sont créées par le législateur afin d'orienter l'établissement de la vérité[316]. Elles sont définies par l'alinéa 1er de l'article 1354 du Code civil qui dispose que « La présomption que la loi attache à certains actes ou à certains faits en les tenant pour certains dispense celui au profit duquel elle existe d'en rapporter la preuve »[317]. La présomption légale permet ainsi d'établir une dispense de preuve. Une partie de la doctrine civiliste[318] a critiqué cette lecture trop mécanique de l'impact probatoire des présomptions légales en affirmant que « Plutôt que dispense de preuve, il y a déplacement de l'objet de la preuve »[319]. À notre sens, il faut considérer que la présomption légale opère, tout à la fois, un déplacement de la preuve et une

[316] Roger LATOURNERIE expose ainsi que « si la vérité démontrée est d'un inestimable prix, il est de nombreux cas où, dans la vie sociale, les chances de l'atteindre sûrement sont si faibles et si aléatoires que la règle de droit doit intervenir pour attribuer, d'autorité, à certains faits ou à certaines situations le coefficient de certitude requis par les nécessités des rapports de droit » (*Essai sur les méthodes juridictionnelles du Conseil d'Etat*, in, *Le Conseil d'État, Livre jubilaire publié pour commémorer son cent-cinquantième anniversaire, 4 nivôse an VIII-24 décembre 1949*, Sirey, 1952, pp. 177-276, spéc. p. 225).

[317] Cette définition est analogue en droit pénal. Henri DONNEDIEU DE VABRES les définit comme « les rapports nécessaires que la loi établit entre certains faits ; les conclusions qu'elle oblige le juge à dégager d'un fait à un autre » (*Traité de droit criminel et de législation pénale comparée*, Recueil Sirey, 3e éd., 1947, n°1267). Cette définition n'est pas non plus différente en droit administratif, puisqu'elle a pu être définie comme « le raisonnement par lequel on tient un fait pour établi sur la preuve de l'existence de faits voisins ou connexes » (DE GASTINES Louis, *Les présomptions en droit administratif*, Thèse de doctorat, Paris 1, LGDJ, Bibliothèque de droit public, Tome 163, 1991, p. 15).

[318] Sur ce point : DECOTTIGNIES Roger, *Les présomptions en droit privé*, Thèse de doctorat dact., Lille, 1949, p. 225 ; DONNEDIEU DE VABRES Henri, *Traité de droit criminel et de législation pénale comparée*, Recueil Sirey, 3e éd., 1947, n°1267 ; DUPICHOT Jacques et GUEVEL Didier, *Contrats et obligations, Présomptions, Notions générales*, JurisClasseur, Lexis Nexis, 2016 ; LECLERC Olivier, VERGES Etienne et VIAL Géraldine, *Droit de la preuve*, PUF, Thémis droit, 2015, pp. 229-261 ; MERLE Philippe, *Les présomptions légales en droit pénal*, Thèse de doctorat, Nancy, LGDJ, 1970 ; QUETAND-FINET Claire, *Les présomptions en droit privé*, Thèse de doctorat, Paris 1, Bibliothèque de l'IRJS, Tome 44, 2013, pp. 23-25 ; TERRE François, *Introduction générale au droit*, Dalloz, Précis, 10e éd., 2015, n°576, p. 480.

[319] CARBONNIER Jean, *Droit civil*, PUF, 2004, n°175, p. 337.

dispense de preuve. Car, il y aura dispense de preuve « à la condition (...) que la personne qui bénéficie de la présomption (...) [établisse] les faits sur lesquels la loi fonde cette présomption »[320]. La dispense de preuve est donc conditionnée à l'administration de la preuve de faits connus qui permet de présumer l'existence de faits inconnus. Il se produit un renversement de la charge de la preuve lorsque le bénéficiaire de la présomption s'acquitte de sa charge probatoire puisqu'il incombe alors à l'autre partie d'administrer la preuve contraire[321]. De la sorte, les présomptions légales conduisent à dicter une dévolution particulière de la charge de la preuve : le bénéficiaire de la présomption est dispensé de charge de la preuve une fois qu'il a prouvé les faits nécessaires à l'enclenchement de la présomption. Or, un tel mécanisme existe devant l'ensemble des juges de l'impôt.

96. Les présomptions légales existent tant devant le juge administratif[322], le juge civil[323] et le juge pénal[324] sans que ces matières ne conduisent à altérer les effets probatoires de ces présomptions. Devant le juge administratif, les présomptions légales sont de nature à offrir une dispense de preuve à la partie qui administre les faits connus nécessaires au déclenchement de la présomption[325]. Il en va de même devant le juge civil

---

[320] CHABAS François, MAZEAUD Henri, MAZEAUD Jean et MAZEAUD Léon, *Leçons de droit civil*, Tome 1, *Introduction à l'étude du droit*, Montchrestien, 12e éd., 2000, n°378, p. 531.
[321] Claire QUETAND-FINET relève qu'en matière de présomption légale, « la charge de la preuve bascule du côté adverse, conformément aux règles relatives à la charge de la preuve » (*Les présomptions en droit privé*, Thèse de doctorat, Paris 1, IRJS Editions, Tome 44, 2013, n°31, p. 25).
[322] Sur ce point : DE GASTINES Louis, *Les présomptions en droit administratif*, Thèse de doctorat, Paris 1, LGDJ, Bibliothèque de droit public, Tome 163, 1991 ; LATOURNERIE Roger, *Essai sur les méthodes juridictionnelles du Conseil d'Etat*, in, *Le Conseil d'État, Livre jubilaire publié pour commémorer son cent-cinquantième anniversaire, 4 nivôse an VIII-24 décembre 1949*, Sirey, 1952, pp. 177-276, spéc. pp. 222-225 ; LLORENS-FRAYSSE, Françoise, *La présomption de faute dans le contentieux administratif de la responsabilité*, Thèse de doctorat, Toulouse, LGDJ, Bibliothèque de droit public, Tome 149, 1985 ; RIVERO Jean, *Fictions et présomptions en droit public français*, in, FORIERS Paul et PERELMAN Chaïm (dir)., *Les présomptions et les fictions en droit*, 1974, pp. 101-113.
[323] Sur ce point : DECOTTIGNIES Roger, *Les présomptions en droit privé*, Thèse de doctorat dact., Lille, 1949 ; DUPICHOT Jacques et GUEVEL Didier, *Contrats et obligations, Présomptions, Notions générales*, JurisClasseur, Lexis Nexis, 2016 ; QUETAND-FINET Claire, *Les présomptions en droit privé*, Thèse de doctorat, Paris 1, Bibliothèque de l'IRJS, Tome 44, 2013 ; TERRE François, *Introduction générale au droit*, Dalloz, Précis, 10e éd., 2015, n°576, p. 480.
[324] Sur ce point : DONNEDIEU DE VABRES Henri, *Traité de droit criminel et de législation pénale comparée*, Recueil Sirey, 3e éd., 1947, n°1267 ; MERLE Philippe, *Les présomptions légales en droit pénal*, Thèse de doctorat, Nancy, LGDJ, 1970.
[325] Conseil d'Etat, 3e et 8e ch., 13 juin 2016, n°391240, M. C : Dr. fisc. 2016, n°37, comm. 478, concl. Vincent DAUMAS ; RJF 10/16 n°83 ; Conseil d'Etat, 10e et 9e s.-s., 24 septembre 2010, n°341573 : RJF 12/10, n°1218, concl. Julien BOUCHER, BDCF 12/10, n°134.

de l'impôt où les présomptions légales affectent de manière analogue la charge de la preuve[326]. Devant le juge pénal, bien que le mécanisme présomptif soit encadré[327], il existe des présomptions qui établissent une répartition particulière de la charge de la preuve[328].

97. En somme, la matière fiscale ne présente aucun particularisme en matière de présomption. À ce titre, l'article 109-1 du Code général des impôts liste les revenus qui « sont considérés comme distribués », et constitue une présomption simple[329], qui vise tous les bénéfices qui n'ont pas été investis dans une entreprise. La mise en œuvre de cette présomption requiert de l'administration fiscale qu'elle justifie de la qualification de maître de l'affaire du contribuable, à charge, pour ce dernier de démontrer l'insuffisance de la preuve[330]. Cette présomption ne présente donc aucun particularisme au regard de la répartition de la charge de la preuve qu'elle induit. Les présomptions disposent donc, tant en matière fiscale qu'en dehors de ce champ, d'une portée dérogatoire sur la répartition de la charge de la preuve qui s'impose aux juges de la matière fiscale. Or, s'il n'existe pas de spécificité relative aux présomptions légales, il apparaît que la présomption d'exactitude qui est attachée aux déclarations du contribuable constitue un particularisme de la répartition de la charge de la preuve propre au contentieux individuel de l'impôt.

B/ La présomption d'exactitude attachée à la déclaration du contribuable : particularisme de la répartition de la charge de la preuve fiscale

98. Le contentieux individuel de l'impôt dispose d'une présomption particulière qui tient pour exacte les éléments déclarés[331] par le contribuable[332]. L'existence de cette présomption fait l'objet d'un vif débat

---

326 Cass. com., 18 mai 1993, n°91-15.463 : Bull. IV n°193 ; RJF 07/93, n°1076 ; Cass. com., 13 janvier 1998, n°96-10.156, Lagasse : RJF 04/98, n°487.

327 Sur ce point : cf. infra, n°871.

328 Cass. crim., 16 mars 1989, n°88-84.345 : Bull. crim., n°131 ; Cass. crim., 16 janvier 1963, n°62-90.259 : Bull. crim., n°28.

329 Conseil d'Etat, 3e et 8e ch., 11 mai 2017, n°405313, cons. n°8 : RJF 08-09/17, n°804.

330 Conseil d'Etat, 8e et 3e ch., 14 septembre 2016, n°400882 : Dr. fisc. 2016, n°42-43, comm. 561, concl. Romain VICTOR ; RJF 12/16, n°1113, concl. Romain VICTOR ; BF 01/17, pp. 5-7, ét. Alexandre MANGIAVILLANO.

331 La déclaration peut être définie comme la « formalité par laquelle certains éléments relatifs à l'établissement et (ou) au contrôle des impositions individuelles sont portés à la connaissance de l'administration fiscale » (GEST Guy, V° *Déclaration fiscale*, in PHILIP Loïc (dir.), *Dictionnaire encyclopédique de finances publiques*, Economica, 1991, p. 562).

332 Sur ce point : AYRAULT Ludovic, LAMARQUE Jean et NEGRIN Olivier, *Droit fiscal général*, Lexis Nexis, 4e éd., 2016, n°947 ; BELTRAME Pierre, *La fiscalité en France*, Hachette supérieur, 20e éd., 2014, p. 19 ; DE LA MARDIERE Christophe, *La déclaration fiscale*, RFFP 2000, n°71, pp. 113-144 ; DE LA MARDIERE Christophe, *La preuve en droit*

doctrinal. Christophe DE LA MARDIERE expose que « pas plus qu'hier qu'aujourd'hui, on ne trouve de fondement à cette présomption d'exactitude »[333]. Seul le contrôle de la déclaration serait de nature à lui conférer une sincérité[334]. Cet auteur se fonde sur un constat empirique : par expérience, le contrôleur ne prête aucune valeur à certaines déclarations émises par le contribuable et serait, dans une grande majorité des cas, conduit à remettre en cause les éléments déclarés par le contribuable[335]. Or, un tel raisonnement ne semble pas probant dans la mesure où il lie, de manière indéfectible, l'exactitude de la déclaration à l'expérience de l'agent du fisc. Le critère ainsi proposé ne permet en rien de nier la présomption d'exactitude de la déclaration ni d'en mesurer l'étendue à moins d'en laisser l'appréciation – subjective – aux contrôleurs et inspecteurs des finances publiques. Le raisonnement proposé nous paraît

fiscal, Litec, 2009, pp. 104-106 ; DERUEL François-Patrice, *La preuve en matière fiscale*, Thèse de doctorat dact., Paris, 1962, p. 209 ; GEST Guy, V° *Déclaration fiscale*, in PHILIP Loïc (dir.), *Dictionnaire encyclopédique de finances publiques*, Economica, 1991, p. 562 ; GROSCLAUDE Jacques et MARCHESSOU Philippe, *Procédures fiscales*, Dalloz, 8e éd., 2016, p. 77 ; GOUR Claude, MOLINIER Joël et TOURNIE Gérard, *Les grandes décisions de la jurisprudence, droit fiscal*, PUF, Thémis, 1977, p. 89 ; GUILLET Pierre-Siffrein, *Les présomptions en droit fiscal*, Thèse de doctorat micro-fichée, Aix-Marseille 3, 2008, p. 240 ; KORNPROBST Emmanuel, *La notion de bonne foi, application au droit fiscal français*, Thèse de doctorat, Paris, LGDJ, Coll. Bibliothèque de droit privé, Tome 165, 1980, p. 63 ; MILLAN Philippe, *Le consentement à l'impôt*, Thèse de doctorat dact., Paris 2, 1996, pp. 346-351 ; RENARD Michel, *De la nature juridique de la déclaration, Son influence sur la vérification fiscale des comptabilités industrielles et commerciales*, Thèse de doctorat dact., Paris, 1952 ; SELIGMAN Pierre, *De la déclaration et de la présomption comme base de l'impôt direct*, Thèse de doctorat, Paris, Ed. Bruard et Briere, 1913, pp. 8-12.
Pour une étude historique de la déclaration fiscale : DE LA MARDIERE Christophe, *La déclaration fiscale*, RFFP 2000, n°71, pp. 113-144, spéc. pp. 115-116 ; SELIGMAN Pierre, *De la déclaration et de la présomption comme base de l'impôt direct*, Thèse de doctorat, Paris, Ed. Bruard et Briere, 1913, spéc. pp. 206-237.

[333] DE LA MARDIERE Christophe, *La déclaration fiscale*, RFFP 2000, n°71, pp. 113-144, spéc. p. 136.

[334] Christophe DE LA MARDIERE affirme ainsi qu'« Il faut bien reconnaître que la déclaration ne peut revêtir sa pleine valeur juridique qu'une fois la certitude de sa sincérité acquise » (*La déclaration fiscale*, RFFP, n°71, 2000, pp. 113-144, spéc. p. 137). Plus loin, ce même auteur rajoute qu'« En réalité il s'agit bien plus d'une condition, car seul le contrôle fiscal est en mesure de conférer à la déclaration un caractère de sincérité » (*Op. cit.*, spéc. pp. 137-138).

[335] Christophe DE LA MARDIERE démontre que « Lorsque rien n'autorise le fisc à penser qu'elle serait inexacte, la déclaration ne semble pas pour autant dotée d'une valeur probante, sauf à ce qu'un contrôle fiscal puisse l'attester. Cette triste réalité se vérifie tout d'abord pour une catégorie de déclarations, celles faisant état d'une valeur vénale. Elles se rapportent le plus souvent à l'évaluation d'un immeuble, soit que celui-ci ait fait l'objet d'une mutation, soumise aux droits d'enregistrement ou source d'une plus-value, soit qu'il s'agisse de l'évaluer pour le faire entrer dans la base de l'ISF. (…) Pour tenter sa chance, il est fréquent que le contribuable déclare une somme qu'il sait inférieure à la valeur réelle de l'immeuble, dans l'espoir que le fisc n'y trouve rien à redire. Mais en réalité le contrôle est quasiment systématique, l'inspecteur de fiscalité immobilière n'accordant qu'un crédit limité aux déclarations » (*La déclaration fiscale*, RFFP 2000, n°71, pp. 113-144, spéc. p. 142).

conditionner l'exactitude de la déclaration à l'acceptation – ou du moins au contrôle – de la déclaration par le fisc. Une approche contractuelle de la déclaration serait ainsi consacrée puisque l'accord des parties serait de nature à conférer son exactitude à la déclaration. Or, les déclarations des contribuables ne sont pas des pollicitations[336] qui feraient l'objet d'un acquiescement irrévocable par l'administration fiscale[337] : la présomption d'exactitude de la déclaration ne saurait être liée – ou niée – à un constat empirique mais doit se mesurer objectivement.

99. Dans cette optique, certains auteurs ont proposé de justifier la présomption de sincérité de la déclaration par le caractère obligatoire de cette déclaration. Gaston JEZE a proposé, dans son Cours élémentaire de science des finances et de législation française[338] une telle analyse[339]. Il

---

[336] Jean-Marie COTTERET et Louis TROTABAS ont ainsi relevé qu'« On commettrait une grave erreur en prenant par exemple la déclaration fiscale pour une pollicitation en considérant l'impôt comme une créance résultant d'un accord intervenu entre le contribuable et le fisc » (*Finances publiques*, Dalloz, 1969, p. 498). Christophe DE LA MARDIERE confirme également cette thèse en affirmant que « Pas plus qu'un aveu, la déclaration fiscale ne peut être une pollicitation, une offre que le contribuable ferait au fisc quant au montant de la base imposable. En mettant en recouvrement l'impôt tel qu'il résulte de la déclaration, l'administration ne peut en rien « accepter » celle-ci puisqu'elle se réserve un droit de contrôle. Surtout, les principes de légalité et d'égalité devant l'impôt interdisent que celui-ci fasse l'objet d'un accord entre le fisc et le contribuable » (*La déclaration fiscale*, RFFP 2000, n°71, pp. 113-144, spéc. p. 127).

[337] Par une décision du 22 décembre 1922 (Conseil d'Etat, Sect., 22 décembre 1922, n°69641, Sieur X. : Rec. p. 979 ; D.P. 1923, III, 15), le Conseil d'Etat a jugé de la requête d'un contribuable qui contestait l'imposition qui avait été liquidée sur les bases qu'il avait lui-même déclarée. L'administration fiscale alléguait qu'il n'était pas possible de contester cette imposition car l'imposition avait « été intégralement acceptée par l'administration » (Conseil d'Etat, Sect., 22 décembre 1922, n°69641, Sieur X. : préc.). Or, l'analyse défendue par le fisc tendait à faire dépendre l'exactitude de la déclaration du contrôle opéré par l'administration et à son éventuelle acceptation, ou à l'inverse, son rejet. En jugeant possible, pour le contribuable, de rapporter la preuve de son erreur, le juge de l'impôt refuse de lier exactitude de la déclaration et acceptation de l'administration fiscale. À l'inverse, la solution prônée par l'administration fiscale aurait conduit à conférer la valeur d'une présomption irréfragable à la déclaration à la faveur de l'acceptation par l'administration fiscale. Une telle solution serait contraire au principe de légalité qui s'impose à l'administration fiscale et qui exige qu'elle recouvre le bon impôt. En outre, une telle solution aboutirait à créer « des relations quasi contractuelles, pour une fois très favorables au fisc puisque la valeur de la déclaration dépendait exclusivement d'une véritable condition résolutoire : le déclenchement ou non des prérogatives de contrôle de l'administration » (GOUR Claude, MOLINIER Joël et TOURNIE Gérard, *Les grandes décisions de la jurisprudence, droit fiscal*, PUF, Thémis, 1977, p. 90).

[338] JEZE Gaston, *Cours élémentaire de science des finances et de législation financière française*, M. Giard et E. Briere, 5e éd, 1912.

[339] Emile BARRERE expose, dans le même sens que « l'article 5 de la loi du 30 décembre 1916 ayant créé l'obligation pour le contribuable de souscrire une déclaration, la teneur de cette déclaration bénéficie en faveur de celui qui l'a souscrite une présomption d'exactitude ; le contribuable joue donc un rôle de défendeur ». (*De la charge de la Preuve dans l'assiette et le contentieux des impôts sur les revenus*, Thèse de doctorat dact., Toulouse, 1925, p. 37).

affirme que « la déclaration du contribuable, lorsqu'elle est exigée par la loi, doit être présumée exacte par l'administration ; celle-ci ne pourra pas se borner à affirmer qu'elle est inexacte ; elle devra faire la preuve de sa fausseté »[340]. Il précise que cette présomption peut être aisément renversée par l'administration fiscale lors de ses contrôles[341]. Le lien opéré par JEZE entre le caractère obligatoire de la déclaration et sa force probante est toutefois vivement critiqué comme reposant « avant tout d'une profession de foi basée sur un véritable postulat juridique »[342]. Le lien qui existe entre le caractère obligatoire de la déclaration et sa valeur juridique demeure inexplicable, sauf à démontrer la volonté du législateur d'accorder à la déclaration une valeur probante. Pour tenter de remédier à ce manque de fondement théorique, Maurice-Christian BERGERES affirme que la présomption d'exactitude accordée à la déclaration du contribuable est une conséquence logique issue du choix politique opéré par le législateur consistant à établir un système fiscal déclaratif[343]. Toutefois, un tel choix politique devrait, pour disposer d'une véritable portée juridique, s'inscrire dans une disposition juridique. À défaut d'un tel fondement, il faut rechercher un fondement plus général à la présomption d'exactitude de la déclaration.

100. Le fondement idoine de la présomption d'exactitude de la déclaration réside, à notre sens, dans la notion de bonne foi. Emmanuel KORNPROBST a proposé de fonder la présomption d'exactitude de la

[340] JEZE Gaston, *Cours élémentaire de science des finances et de législation financière française*, M. Giard et E. Briere, 5e éd., 1912, p. 789.

[341] Gaston JEZE démontre ainsi que « Bien entendu, la déclaration du contribuable ne peut servir seule à la détermination des facultés imposables. S'en remettre entièrement à la loyauté des individus serait de la naïveté. Ce serait une prime à la déloyauté. L'impôt serait peu productif. De plus, le silence du contribuable ne peut pas être un obstacle à l'assiette. Donc quand on parle de la déclaration du contribuable, on sous-entend que cette déclaration est faite sous réserve du contrôle de l'administration, ou même comme base d'une évaluation administrative ultérieure » (*Cours élémentaire de science des finances et de législation financière française*, M. Giard et E. Briere, 5e éd., 1912, p. 792).

[342] BERGERES Maurice-Christian, *La valeur juridique de la déclaration contrôlée*, Gaz. pal., 16-17 mai 1984, pp. 2-6, spéc. p. 2 ; BERGERES Maurice-Christian, *Le principe des droits de la défense en droit fiscal*, Thèse de doctorat dact., Bordeaux, 1975, p. 47 (même citation). Ou encore : « Ces deux éléments, caractère obligatoire et présomption d'exactitude peuvent être juxtaposés mais cette juxtaposition ne débouche en aucune façon, irrémédiablement, sur un lien de causalité » (*La valeur juridique de la déclaration contrôlée*, préc., p. 3).

[343] Maurice-Christian BERGERES relève ainsi qu'« À partir du moment où le législateur entend mettre sur pied un système d'impôt sur le revenu général ou cédulaire, l'alternative envisageable est la suivante : accorder ou ne pas accorder une valeur juridique à la déclaration. En fait, accorder ou ne pas accorder une présomption d'exactitude à ce document. L'élément positif du choix est le seul concevable. En effet, la déclaration repose sur une participation active du contribuable au processus de l'imposition : il est nécessaire, à défaut de preuve contraire, de considérer que l'administré se plie de bonne foi à ses obligations » (*La valeur juridique de la déclaration contrôlée*, Gaz. pal., 16-17 mai 1984, pp. 2-6, spéc. p. 3).

déclaration sur une analyse subjective de la situation juridique du contribuable : par l'envoi de sa déclaration « le contribuable a voulu créer, et crée une situation subjective personnelle dont il faudra éventuellement redresser les effets fiscaux, mais qui est née de son chef, et qu'il faut protéger »[344]. La déclaration serait le support d'une « situation subjective personnelle »[345] qui serait de nature à lui conférer une présomption d'exactitude. Cette analyse semble être confirmée par un auteur qui qualifie la déclaration de « confession fiscale »[346] qui pourrait faire naître une présomption d'exactitude. Toutefois, cette analyse de la bonne foi nous paraît trop empreinte de subjectivité pour être retenue : aucun indice ne permet de justifier l'existence d'une telle subjectivité sujette à protection et aucun lien ne peut justifier l'existence d'un lien entre la situation subjective établie par la déclaration et sa présomption d'exactitude.

101. Or, le principe de bonne foi – qui se caractérise par une sincérité apparente qui s'attache aux situations établies – est universellement reconnu en droit[347]. Bien que cette notion soit « amphibologique »[348], elle traduit une « considération éthico-juridique [qui atteste que] notre droit s'imprègne de justice et d'équité »[349] dont le droit comparé atteste la généralité[350]. Le principe de bonne foi trouve à s'appliquer en matière fiscale[351] – comme tend à l'indiquer l'article L. 195 A du Livre des

[344] KORNPROBST Emmanuel, *La notion de bonne foi, application au droit fiscal français*, Thèse de doctorat, Paris, LGDJ, Bibliothèque de droit privé, Tome 165, 1980, p. 63.

[345] *Op. cit., loc. cit.*

[346] BELTRAME Pierre, *La fiscalité en France*, Hachette supérieur, 20e éd., 2014, p. 19. Cette position a été, antérieurement, combattue par François-Patrice DERUEL qui a affirmé que « La déclaration n'est ni une confession, ni un aveu » (*La preuve en matière fiscale*, Thèse de doctorat, Paris, 1962, spéc. p. 209).

[347] Sur ce point : BOYER Laurent et ROLAND Henri, *Adages du droit français*, V° Bonne foi (La) est toujours présumée, Litec, 4e éd., 1999, pp. 66-73 ; CAPITANT Henri, LEQUETTE Yves et TERRE François, *Les grands arrêts de la jurisprudence civile*, Tome 1, Dalloz, 13e éd., 2015, n°36, pp. 255-259 ; GORPHE François, *Le principe de la bonne foi*, Thèse de doctorat, Paris, Dalloz, 1928 ; JALUZOT Béatrice, *La bonne foi dans les contrats, Etude comparative de droit français, allemand et japonais*, Thèse de doctorat, Lyon 3, Dalloz, Nouvelle bibliothèque de thèses, Tome 5, 2001 ; STEINMETZ Benoit, *De la présomption de bonne foi : essai critique sur la preuve de la bonne et de la mauvaise foi*, Thèse de doctorat micro-fichée, Strasbourg 3, 2002.

[348] BOYER Laurent et ROLAND Henri, *Adages du droit français*, V° Bonne foi (La) est toujours présumée, Litec, 4e éd., 1999, pp. 66-73, spéc. p. 73.

[349] *Op. cit.*, spéc. p. 67.

[350] JALUZOT Béatrice, *La bonne foi dans les contrats, Etude comparative de droit français, allemand et japonais*, Thèse de doctorat, Lyon 3, Dalloz, Nouvelle bibliothèque de thèses, Tome 5, 2001, n°15, p. 5.

[351] En ce sens, Jacques GROSCLAUDE et Philippe MARCHESSOU relèvent que c'est le « principe de bonne foi [qui] permet de fonder l'essentiel du processus fiscal sur l'obligation déclarative du contribuable » (*Procédures fiscales*, Dalloz, 8e éd., 2016, p. 77).

procédures fiscales[352] – et constitue, à notre sens, le fondement adéquat de la présomption de sincérité de la déclaration. En ce sens, Pierre-Siffrein GUILLET a souligné, comme d'autres auteurs[353], que la déclaration « est réputée être exacte car son auteur est présumé être de bonne foi »[354]. Ce fondement est suffisamment général pour conférer un fondement à la présomption d'exactitude de la déclaration. L'étude du droit civil permet de consolider ce point de vue puisque la bonne foi y constitue une présomption *antéjudiciaire*[355] qui permet de désigner le titulaire de la charge de la preuve[356] car le juge doit tenir pour acquis la bonne foi du justiciable si sa mauvaise foi n'est pas prouvée[357].

102. En ce sens, le juge administratif de l'impôt a établi une règle de charge de la preuve fondée sur la présomption d'exactitude des éléments déclarés au sein de la déclaration de revenus – sans que le juge civil de l'impôt n'ait, pour l'heure, transposé cette solution. Dans un avis contentieux Duguay du 21 décembre 2006[358], le commissaire du Gouvernement Pierre COLLIN a mis en lumière, dans ses conclusions prononcées à l'occasion de cette affaire, l'existence de cette présomption en exposant que « Tout système déclaratif repose en effet sur une certaine présomption de régularité de la

---

[352] L'article L. 195A du Livre des procédures fiscales dispose que la charge de la preuve pèse sur le fisc lorsque ce dernier entend prouver la mauvaise foi du contribuable. Cette disposition indique que la présomption générale de bonne foi s'applique en matière fiscale. Cette disposition, propre à la matière fiscale, contient le même principe que « La bonne foi est toujours présumée, et c'est à celui qui allègue la mauvaise foi à la prouver ».

[353] Michel RENARD expose que « la bonne foi étant toujours présumée, les déclarations souscrites par le redevable et sa comptabilité sont considérées comme sincères et véritables jusqu'à preuve contraire » (*De la nature juridique de la déclaration, Son influence sur la vérification fiscale des comptabilités industrielles et commerciales*, Thèse de doctorat dact., Paris, 1952, p. XIII) et Bérangère DUSSART DALBIES a souligné que « Lorsque le contribuable remplit ses déclarations, il est présumé être de bonne foi et sa déclaration est donc présumée exacte » (*La preuve en matière fiscale*, Thèse de doctorat microfichée, Aix-Marseille 3, 1992, p. 14).

[354] GUILLET Pierre-Siffrein, *Les présomptions en droit fiscal*, Thèse de doctorat micro-fichée, Aix-Marseille 3, 2008, p. 240.

[355] STEINMETZ Benoit, *De la présomption de bonne foi : essai critique sur la preuve de la bonne et de la mauvaise foi*, Thèse de doctorat micro-fichée, Strasbourg 3, 2002, p. 18.

[356] Le concept de présomption *antéjudiciaire* a été employé par Jeremy BENTHAM (*Traité des preuves judiciaires*, Tome 2, Bossange frères, 1823, p. 10) et repris par Jean CHEVALIER (*Cours de droit civil approfondi, La charge de la preuve*, Les cours de droit, 1958-1959, p. 219).

[357] Jean CHEVALIER définit la présomption antéjudiciaire comme celle qui « indique a priori [la proposition de fait] qui devra être prouvée de telle manière que l'autre sera retenue comme motif de décision si la preuve n'est pas faite ou est insuffisante » (*Cours de droit civil approfondi, La charge de la preuve*, Les cours de droit, 1958-1959, p. 219).

[358] Conseil d'Etat, 8ᵉ et 3ᵉ s.-s., Avis, 21 décembre 2006, n°293749, Duguay : Rec. T. p. 810 ; Dr. fisc. 2007, n°40, comm. 895, concl. Pierre COLLIN ; RJF 03/07 n°314, concl. Pierre COLLIN, BDCF 3/07, n°32 ; Procédures 2009, n°1, comm. 33, comm. Jean-Luc PIERRE ; BGFE 2007, n°2, pp. 10-13, note Eric GINTER.

déclaration, et celui qui en conteste les conséquences doit combattre cette présomption »[359]. Le fisc doit donc combattre les éléments présents dans la déclaration du contribuable en administrant des éléments de nature à établir leur fausseté, à charge pour le contribuable de contester ensuite les éléments apportés par le fisc. L'orientation retenue par cet avis a été largement reprise par la juridiction administrative[360] qui l'a même confirmée par une décision rendue en formation de plénière[361]. Cette présomption propre à la matière fiscale est de nature à établir une spécificité de la répartition de la charge de la preuve entre les parties au sein du contentieux individuel de l'impôt puisque la répartition de la charge de la preuve est, du côté des parties, favorable au contribuable[362]. En jugeant de la sorte, le juge administratif de l'impôt renforce l'importance

[359] COLLIN Pierre, Concl. sur Conseil d'Etat, 8e et 3e s.-s., Avis, 21 décembre 2006, n°293749, Duguay : préc.

[360] Cette solution a été reprise par le juge administratif de l'impôt qui tend à retenir une présomption généralisée de bonne foi des éléments déclarés par le contribuable au sein de sa déclaration de revenu. Il a jugé ainsi qu'il revenait au fisc de combattre cette présomption à propos de la majoration de quotient familial de l'article 195, 1-a du Code général des impôts en faveur du contribuable vivant seul ayant des enfants majeurs qui font l'objet d'une imposition séparée (Conseil d'Etat, 9e et 10e s.-s., 15 avril 2016, n°375682 : RJF 07/16, n°590 ; TA de Cergy-Pontoise, 2e ch., 30 mars 2010, n°07-11.773, Place : RJF 12/10, n°1211) mais également pour la déclaration d'une personne invalide à la charge du contribuable sur le fondement de l'article 196 A du Code général des impôts (Conseil d'Etat, Plén., 9 mars 2016, n°364586 : Dr. fisc. 2016, n°18-19, comm. 316, comm. Jean-Luc PIERRE, concl. Edouard CREPEY ; RJF 05/16, n°460, concl. Edouard CREPEY, p. 668 et chron. Nicolas LABRUNE, p. 525 ; Procédures 2016, n°5, comm. 189, note Ludovic AYRAULT).

[361] Le Conseil d'Etat a repris cette solution sur le fondement de l'article 196 A bis du Code général des impôts à propos de la déclaration, par le contribuable, d'une personne invalide à sa charge (Conseil d'Etat, Plén., 9 mars 2016, n°364586 : préc.).

[362] Il est toutefois nécessaire de tempérer l'effet réel de cette présomption sur le poids de la preuve. Comme l'a relevé Edouard CREPEY, du côté du juge, la dialectique établie à la faveur de la présomption de bonne foi des éléments déclarés n'altère pas la place déterminante dont dispose le juge dans la formation de sa conviction créant « un régime assez peu différent en pratique » de celui de la preuve neutre (CREPEY Edouard, concl. sur Conseil d'Etat, Plén., 9 mars 2016, n°364586 : Dr. fisc. 2016, n°18-19, comm. 316 ; RJF 05/16, n°460).

de la déclaration au sein du contentieux fiscal[363] puisque seuls les droits de timbre demeurent des impositions non déclaratives[364].

103. La présence de cette présomption antéjudiciaire relative à l'exactitude des éléments déclarés atteste de l'importance des présomptions dans la répartition de la charge de la preuve. La place des présomptions se renforce encore à la lumière de la place déterminante occupée par la présomption d'innocence en matière répressive.

§.2. – La présomption d'innocence : principe commun de répartition de la charge de la preuve en matière répressive

104. La présomption d'innocence constitue un principe fondamental qui établit une répartition particulière de la charge de la preuve. Ce principe est d'application générale tant en droit pénal (A) qu'au sein de la sphère répressive (B).

---

[363] Le juge administratif de l'impôt a pris en compte l'importance décisive de la déclaration en matière fiscale. À ce titre, elle ne peut être écartée qu'en offrant une garantie minimale aux contribuables : celle des droits de la défense. Toute remise en cause d'un élément déclaré par le contribuable – tant en matière de taxe professionnelle (Conseil d'Etat, 9e et 10e s.-s.., 5 juin 2002, n°219840, Simoens : Dr. fisc. 2002, n°41, comm. 810 ; RJF 8-9/02 n°934, concl. Jean COURTIAL, BDCF 8-9/02 n°113 ; RJF 12/02, pp. 951-954, chron. Laurent OLLEON ; BGFE 2002, n°4, pp. 18-19, note Henri de FEYDEAU) que de quotas laitiers (Conseil d'Etat, Sect., 23 novembre 2001, n°206145, SA Ferme de Rumont c/ ONILAIT : Dr. fisc. 2002, n°15, comm. 332 ; RJF 02/02, n°180, chron. Jean MAÏA, p. 287 ; concl. François SENERS, BDCF 02/02, n°24) – doit respecter les droits de la défense du contribuable. Il en va de même pour les impositions dont l'obligation déclarative n'est pas annuelle comme la taxe foncière sur les propriétés bâties (Conseil d'Etat, 8e et 3e s.-s., 29 juin 2005, n°271893, Sté Sud-Ouest Bail : Dr. fisc. 2005, n°44-45, comm. 714, concl. Laurent OLLEON ; RJF 10/05, n°1038, concl. Laurent OLLEON, BDCF 10/05, n°115 ; Procédures 2005, n°11, comm. 263, comm. Jean-Luc PIERRE ; BGFE 2005, n°5, pp. 9-11, note Henri DE FEYDEAU). Maurice-Christian BERGERES a relevé, dans sa thèse de doctorat, que « la déclaration doit être présumée exacte parce qu'elle ne peut être vérifiée que contradictoirement » (*Le principe des droits de la défense en droit fiscal*, Thèse de doctorat dact., Bordeaux, 1975, p. 51). Si ce lien ne nous paraît pas vérifié, le nécessaire respect des droits de la défense lors de la remise en cause des éléments déclarés illustre l'importance de la déclaration en procédure fiscale.

[364] Le contentieux des droits de timbre (Sur ce point : BETCH Martine et FAVRE Claire, *Le juge judiciaire et l'impôt*, Litec, 2010, pp. 160-166 ; GUILHOT L.-H., *Manuel de droit fiscal spécial au notariat*, Paris, Ed. Marchel et Billard, 1923, pp. 147-149) relève du tribunal de grande instance (art. L. 199 al. 2 du Livre des procédures fiscales). La charge de la preuve repose sur le contribuable en cette matière – du moins en dehors des cas où les droits sont « payés sur état ou sur déclaration » car, l'article L. 56 du Livre des procédures fiscales exclut l'application d'une procédure de rectification contradictoire pour ces impositions. En matière d'administration de la preuve, la Chambre commerciale de la Cour de cassation fait application de l'ancien article 1315 du Code civil pour répartir la preuve entre les parties (Cass. com., 23 septembre 2008, n°07-17.787, Inédit ; Cass. com., 25 janvier 2000, n°97-18.843, CRAMA Rhône Alpes : RJF 05/00, n°724). Devant le juge pénal fiscal, les infractions qui relèvent des droits de timbre sont constatées par procès-verbaux comme en dispose l'article L. 219 du Livre des procédures fiscales.

A/ L'affirmation effective de la présomption d'innocence en matière pénale fiscale

105. Devant le juge pénal[365], les règles de charge de la preuve sont dictées par le principe de la présomption d'innocence[366] – posé par les articles 9 de la Déclaration des droits de l'homme et du citoyen[367], 11 de la Déclaration universelle des droits de l'homme[368], 6§2 de la Convention européenne de sauvegarde des droits de l'homme et des libertés fondamentales[369], 48 de la Charte des droits fondamentaux[370], 9-1 du Code civil[371] et par l'article préliminaire du Code de procédure pénale[372]. Il existe un lien consubstantiel, comme l'exposent Roger MERLE et André VITU, entre charge de la preuve

---

[365] Sur ce point : AMBROISE-CASTEROT Coralie, *Présomption d'innocence*, Répertoire de droit pénal et de procédure pénale, Dalloz, 2013 ; AUVRET Patrick, *Le droit au respect de la présomption d'innocence*, JCP 1994, I, 3802, pp. 497-506 ; BOULOC Bernard, *Procédure pénale*, Dalloz, Précis, 25e éd., 2015, pp. 109-118 ; CONTE Philippe et MAISTRE DU CHAMBON Patrick, *Procédure pénale*, Armand Colin, 4e éd., 2002, pp. 25-30 ; CONTE Philippe et LARGUIER Jean, *Procédure pénale*, Dalloz, 24e éd., 2016, pp. 406-409 ; DENIZART Jean, *La charge de la preuve en matière pénale*, Thèse de doctorat dact., Lille, 1956 ; DESPORTES Frédéric et LAZERGES-COUSQUER Laurence, *Traité de procédure pénale*, Economica, 4e éd., 2015, pp. 404-411 ; DETRAZ Stéphane, *La prétendue présomption d'innocence*, Dr. pén. 2004, n°3, chron. 3, pp. 4-7 ; ESSAID Mohammed-Jalal, *La présomption d'innocence*, Thèse de doctorat, Paris, Ed. La Porte, 1971 ; FOROUTANI Djavad, *Le fardeau de la preuve en matière pénale, Essai d'une théorie générale*, Thèse de doctorat dact., Paris 2, 1977 ; GARE Thierry et GINESTET Catherine, *Droit pénal, Procédure pénale*, Dalloz, 9e éd., 2016, pp. 251-254 ; BUISSON Jacques et GUINCHARD Serge, *Procédure pénale*, Lexis Nexis, 10e éd., 2014, pp. 473-475 ; MERLE Roger et VITU André, *Traité de droit criminel, Procédure pénale*, Tome 2, Cujas, 5e éd., 2001, pp. 181-192 ; PRADEL Jean, *La présomption d'innocence : un colosse aux pieds d'argile ? Droits de la France et droits d'ailleurs*, in, *Mélanges en l'honneur de Jacques-Henri ROBERT*, Lexis Nexis, 2012, pp. 605-618 ; PRADEL Jean, *Procédure pénale*, Cujas, 18e éd., 2015, pp. 341-348 ; RASSAT Michèle-Laure, *Procédure pénale*, Ellipses, 2e éd., 2013, pp. 241-260 ; VERNY Edouard, *Procédure pénale*, Dalloz, 5e éd., 2016, pp. 27-28.

[366] CONTE Philippe et LARGUIER Jean, *Procédure pénale*, Dalloz, 24e éd., 2016, p. 406 ; GUINCHARD Serge et BUISSON Jacques, *Procédure pénale*, Lexis Nexis, 10e éd., 2014, p. 473.

[367] L'article 9 de la Déclaration des droits de l'homme et du citoyen dispose que « Tout homme étant présumé innocent jusqu'à ce qu'il ait été déclaré coupable ».

[368] L'article 11 de la Déclaration universelle des droits de l'homme dispose que « Toute personne accusée d'un acte délictueux est présumée innocente jusqu'à ce que sa culpabilité ait été légalement établie au cours d'un procès public où toutes les garanties nécessaires à sa défense lui auront été assurées ».

[369] L'article 6§2 de la Convention européenne de sauvegarde des droits de l'homme et des libertés fondamentales dispose que « Toute personne accusée d'une infraction est présumée innocente jusqu'à ce que sa culpabilité ait été légalement établie ».

[370] L'article 48 de la Charte des droits fondamentaux pose que « Tout accusé est présumé innocent jusqu'à ce que sa culpabilité ait été légalement établie ».

[371] L'article 9-1 du Code civil dispose que « Chacun a droit au respect de la présomption d'innocence ».

[372] Le III de l'article préliminaire du Code de procédure pénale dispose que « Toute personne suspectée ou poursuivie est présumée innocente tant que sa culpabilité n'a pas été établie ».

et présomption d'innocence car ce principe « a pour seul effet de désigner la personne sur qui pèsera la charge de la preuve »[373]. La charge de la preuve incombe nécessairement au ministère public[374] qui doit prouver l'existence des éléments constitutifs de l'infraction – c'est-à-dire l'élément matériel et moral de l'infraction[375].

106. Le droit pénal fiscal ne fait nullement exception à cette répartition particulière de la charge de la preuve[376]. Jacques BRURON relève, à cet égard, qu'« Au pénal, la charge de la preuve incombe au ministère public auquel se trouve jointe l'administration fiscale partie civile »[377]. Le Ministère public et l'administration fiscale sont, en effet, les « parties poursuivantes »[378] du litige pénal fiscal. Tout comme en droit pénal général, il convient de distinguer la preuve de l'élément matériel de l'élément intentionnel de l'infraction. La preuve de l'élément matériel de l'infraction nécessite « de rapporter la preuve de l'action ou de l'omission incriminée par la loi, ou encore des conditions préalables à l'infraction »[379]. La preuve de l'élément moral ou intentionnel de l'infraction a été définie comme étant une « intention coupable »[380] caractérisée par « la violation, en connaissance de cause, d'une prescription légale ou réglementaire »[381]. Il résulte de l'article 121-3 du Code pénal[382] que cette preuve doit être rapportée par le Ministère public.

107. En matière fiscale, l'article L. 227 du Livre des procédures fiscales[383] dispose que la preuve de l'élément intentionnel des délits de fraude fiscale des articles 1741 et 1743 du Code général des impôts repose sur le ministère

---

373 MERLE Roger et VITU André, *Traité de droit criminel, Procédure pénale*, Tome 2, Cujas, 5e éd., 2001, p. 183.

374 GUINCHARD Serge et BUISSON Jacques, *Procédure pénale*, Lexis Nexis, 10e éd., 2014, p. 475.

375 L'élément légal n'a pas être prouvé dès lors qu'il ne s'agit pas d'un élément de fait mais de droit.

376 Sur ce point : BRURON Jacques, *Droit pénal fiscal*, LGDJ, 1993, pp. 41-43 et pp. 97-99 ; DI MALTA Pierre, *Droit fiscal pénal*, PUF, 1997, pp. 131-133 ; LOPEZ Christian, *Droit pénal fiscal*, LGDJ, 2012, p. 58 ; DEROUIN Philippe et TIXIER Gilbert, *Droit pénal de la fiscalité*, Dalloz, 1989, pp. 189-190 ; TIXIER Gilbert et ROBERT Jean-Marie, *Droit pénal fiscal*, Dalloz, 1980, pp. 45-47.

377 BRURON Jacques, *Droit pénal fiscal*, LGDJ, 1993, p. 41.

378 TIXIER Gilbert et DEROUIN Philippe, *Droit pénal de la fiscalité*, 1989, p. 189.

379 GUINCHARD Serge et BUISSON Jacques, *Procédure pénale*, Lexis Nexis, 10e éd., 2014, n°530.

380 Cass. crim., 11 mai 1995, n°94-82.748, Di Beradino, Inédit.

381 Cass. crim., 11 mai 1995, n°94-82.748, Di Beradino, Inédit.

382 L'alinéa 1er de l'article 121-3 du Code pénal dispose qu'« Il n'y a point de crime ou de délit sans intention de le commettre ».

383 L'article L. 227 du Livre des procédures fiscales est issu de l'article 2, I de la Loi n°77-1453 du 29 décembre 1977 accordant des garanties de procédure aux contribuables en matière fiscale et douanière (J.O. du 30 décembre 1977, p. 6279).

public et sur l'administration fiscale[384]. Cette disposition est le fruit d'un amendement visant à imposer à la Chambre criminelle de la Cour de cassation plus de rigueur dans l'identification du caractère intentionnel du délit de fraude fiscale[385]. En dépit de cette disposition légale, la doctrine critique régulièrement le manque de rigueur de la Chambre criminelle en la matière[386]. Toutefois, l'article L. 227 du Livre des procédures fiscales a une portée limitée. La Chambre criminelle de la Cour de cassation a ainsi jugé que cette disposition n'est applicable que dans le champ des articles 1741 et 1743 du Code général des impôts[387]. En dehors de ce champ[388], la Chambre criminelle juge, en matière de contributions indirectes, que la preuve de l'élément intentionnel de l'infraction doit être rapportée par le Ministère public sur le fondement de l'article 121-3 du Code pénal[389].

108. Il en va de même pour les infractions douanières[390] qui sont également soumises au principe de la présomption d'innocence. La preuve des éléments matériels et intentionnels des infractions repose donc sur la partie poursuivante bien que le Code des douanes ne le mentionne pas expressément[391]. Par exception à ce principe, l'article 373 du Code des douanes pose que « Dans toute action sur une saisie, les preuves de non-

---

[384] L'article L. 227 du Livre des procédures fiscales dispose qu'« Au cas de poursuites pénales tendant à l'application des articles 1741 et 1743 du code général des impôts, le ministère public et l'administration doivent apporter la preuve du caractère intentionnel soit de la soustraction, soit de la tentative de se soustraire à l'établissement et au paiement des impôts mentionnés par ces articles ».

[385] LOPEZ Christian, *Droit pénal fiscal*, LGDJ, 2012, p. 58.

[386] En ce sens, Stéphane DETRAZ relève, à propos d'une affaire du 5 décembre 2012 (Cass. crim., 5 décembre 2012, n°11-88.807, Inédit) – dans laquelle la Chambre criminelle se contente d'une précédente condamnation pour des faits similaires – qu'« Il n'est pas certain pourtant qu'une telle pratique satisfasse pleinement aux dispositions de l'article L. 227 du Livre des procédures fiscales » (*Douanes - Un an de droit pénal fiscal et douanier (septembre 2012 - août 2013)*, Dr. pén. 2013, n°10, chron. 9).

[387] Cass. crim., 15 mars 2000, n°99-81.268, Inédit (« Attendu que le demandeur étant poursuivi sur le fondement de l'article 1791 du Code général des impôts, il ne saurait invoquer la violation de l'article L. 227 du Livre des procédures fiscales, lequel n'est applicable qu'en cas de poursuites fondées sur les articles 1741 ou 1743 du Code général des impôts »).

[388] Sur ce point : JEANDIDIER Wilfrid, *L'élément moral des infractions d'affaires ou l'art de la métamorphose*, in, *Une certaine idée du droit, Mélanges André DECOCQ*, Litec, 2004, pp. 369-383.

[389] Cass. crim., 21 octobre 2009, n°08-83.723, Inédit ; Cass. crim., 10 avril 2002, n°01-84.590, Inédit.

[390] Sur ce point : DETRAZ Stéphane, *Douanes, Procédure*, JurisClasseur Lois pénales spéciales, Lexis Nexis, 2016 ; JEANNARD Sébastien, *Les transformations de l'ordonnancement juridique douanier en France*, Thèse de doctorat, Paris 1, LGDJ, Bibliothèque Finances publiques et fiscalité, Tome 52, 2011, p. 201 ; PANNIER Jean, *La preuve en matière douanière*, D. 2009, n°23, pp. 1552-1556.

[391] DETRAZ Stéphane, *Douanes, Procédure*, JurisClasseur Lois pénales spéciales, Lexis Nexis, 2016, n°5.

contravention sont à la charge du saisi »[392], la Cour de cassation veillant au respect de cette répartition de la charge probatoire[393]. La compatibilité de cette disposition avec la présomption d'innocence a été confirmée par la Chambre criminelle de la Cour de cassation[394]. Cette disposition demeure une exception car, lorsque le procès-verbal de saisie est irrégulier, la charge de la preuve incombe à la partie poursuivante[395].

109. En définitive, la question de la charge de la preuve découle, devant la Chambre criminelle de la Cour de cassation du principe de la présomption d'innocence qui conduit à imposer la charge de la preuve aux autorités de poursuite. La matière pénale fiscale ne fait pas exception à ce principe, la Cour de cassation veillant à ce que les juges du fond n'opèrent pas de renversement de la charge de la preuve[396]. Cette protection générale accordée à la présomption d'innocence en matière de charge de la preuve est également appliquée en matière répressive.

B/ L'affirmation générale de la présomption d'innocence en matière répressive

110. En dehors du champ pénal *stricto sensu*, la sphère répressive se voit également appliquer le principe de la présomption d'innocence. La charge de la preuve pèse sur l'administration fiscale pour la cause juridique des pénalités fiscales. Or, à première vue, seul l'article L. 195 A du Livre des procédures fiscales[397], relatif à la preuve de la mauvaise foi du contribuable et des manœuvres frauduleuses, fait peser la charge probatoire sur le fisc. Pourtant, en dehors du champ de cette disposition, l'application du principe de la présomption ne fait guère de doute. En ce sens, le Conseil constitutionnel exige, en matière de sanction ayant le caractère de punition[398], que l'administration fiscale rapporte la preuve des éléments constitutifs de ces

---

[392] Stéphane DETRAZ expose que cette disposition « signifie que lorsque la saisie, relatée par procès-verbal de saisie, établit la réalité des faits correspondant à une incrimination douanière délictuelle ou contraventionnelle, c'est à la personne poursuivie de prouver que sa responsabilité pénale n'est pas engagée, contrairement à ce qu'indiquent toutes les apparences » (*Douanes, Procédure*, JurisClasseur Lois pénales spéciales, Lexis Nexis, 2016, n°9).
[393] Cass. crim., 14 mai 1974, n°73-93.329 : Bull. crim., n°172.
[394] Cass. crim., 7 février 2001, n°00-81.445, Inédit.
[395] Cass. crim., 3 février 1965 : Bull. crim., n°34.
[396] Cass. crim., 21 septembre 2005, n°04-87.701, Inédit.
[397] Cette disposition est issue de l'article 19 de la Loi n°77-1453 du 29 décembre 1977 accordant des garanties de procédure aux contribuables en matière fiscale et douanière (J.O. du 30 décembre 1977).
[398] Cons. const., déc. n°82-155 DC du 30 décembre 1982, Loi de finances rectificative pour 1982 : Rec. p. 88.

sanctions qui sont, notamment, fiscales[399]. De même, la Cour européenne des droits de l'Homme juge applicable à la matière répressive – et donc aux sanctions fiscales – le principe de présomption d'innocence[400] qui s'impose devant les juges de l'impôt[401]. De même, le droit de ne pas contribuer à son incrimination[402] prohibe toute disposition légale qui serait de nature à contraindre le contribuable à administrer des preuves de sa culpabilité[403]. Il incombe aux juges de l'impôt de veiller au strict respect de la présomption d'innocence et au droit de ne pas contribuer à sa propre incrimination en matière répressive. La répartition de la charge de la preuve est donc particulière car elle dépend entièrement du principe de présomption d'innocence.

111. Conclusion de la Sous-Section II. – La présomption est un mécanisme commun du droit de la preuve qui induit une répartition particulière de la charge de la preuve entre les parties au litige. Ce mécanisme présomptif prévaut également en matière répressive puisque la présomption d'innocence est un mécanisme impératif de répartition de la charge de la preuve. Une répartition particulière de cette charge de la preuve est donc imposée puisque c'est sur la partie poursuivante – ministère public ou administration fiscale – qui supporte cette charge.

112. Conclusion de la Section II. – La répartition de la charge de la preuve, devant les juges de la matière fiscale, repose largement sur des mécanismes probatoires communs aux juges de l'impôt. La nécessaire collaboration des parties et la présence de présomptions sont – sous réserve des spécificités propres à la matière répressive – des mécanismes communs de répartition du fardeau probatoire. En somme, les juges de la matière fiscale n'affirment, en cela, aucun particularisme en se bornant à mettre en œuvre les mécanismes classiques de répartition de la charge de la preuve. L'application de ces mécanismes devant les juges de l'impôt tend à démontrer que le contentieux

---

[399] Cons. const., déc. n°99-424 DC, 29 décembre 1999, Loi de finances pour 2000, cons. n°54 : Rec. p. 156 ; RJF 02/00, n°248 (A propos de la pénalité de 80 % pour activité occulte) ; Cons. const., déc. n°2003-489 DC, 29 décembre 2003, Loi de finances pour 2004, cons. n°12 : Rec. p. 487 (A propos d'une sanction fiscale relative à la prime pour l'emploi).

[400] CEDH, 29 août 1997, n°19958/92, A.P., M.P. et T.P. c/ Suisse, § 48 et CEDH, 29 août 1997, n°20919/92, E.L., R.L. ET J.O.-L. c/ Suisse, § 53 : JCP G 1998, I, 107, note Frédéric SUDRE ; RJF 11/97, n°1097.

[401] Le Conseil d'Etat a ainsi appliqué le principe de présomption d'innocence (Conseil d'Etat, 9e et 10e s.-s., 24 mars 2006, n°257330, SA Martell & Co : Dr. fisc. 2006, n°39, comm. 623, concl. Laurent VALLEE) sans que la jurisprudence de la Chambre commerciale de la Cour de cassation ne livre d'illustration en la matière.

[402] CEDH, 25 février 1993, n°82/1991/334/407, Funke c/ France : JCP G 1994, n°8, I 3742, note Frédéric SUDRE.

[403] Conseil d'Etat, 8e et 3e s.-s., 17 mars 2010, n°309197, SARL Café de la paix : Dr. fisc. 2010, n°21, comm. 336, concl. Nathalie ESCAUT, note Ludovic AYRAULT ; RJF 06/10, n°653.

de l'imposition n'est en rien autonome et que sa spécificité doit être tempérée à l'aune de mécanismes communs de répartition de la charge de la preuve entre les parties. À ce titre, la présomption d'innocence livre une illustration de l'unité particulière qui préside à la répartition de la charge de la preuve en matière répressive, l'accusé étant garanti de ne pas devoir administrer la preuve de sa propre culpabilité.

113. Conclusion du chapitre I. – La présence de dispositions spécifiques à la charge de la preuve en matière fiscale atteste d'une irréductible spécificité du contentieux fiscal en matière de la charge de la preuve. La place occupée par les règles légales de répartition de la charge de la preuve atteste d'un particularisme qui résulte d'une acclimatation de l'adage *actori incumbit probatio* au contentieux de l'imposition. Ce particularisme doit être relativisé à l'aune de l'application des règles communes de répartition de la charge de la preuve – comme la charge de l'administration de la preuve et les présomptions – qui tendent à démontrer que la répartition de la charge de la preuve entre les parties ne résulte pas uniquement de mécanismes spécifiques à cette matière. La perméabilité du contentieux fiscal à ces modalités de répartition de la charge de la preuve démontre que la spécificité de ce contentieux n'est que partielle. La répartition de la charge de la preuve entre les parties n'est pas fondamentalement différente du rôle qui incombe à tout justiciable – ou à toute administration – au sein d'autres contentieux. En somme, le « particularisme spécial »[404] que présente le contentieux fiscal en matière de charge de la preuve doit être largement tempéré au regard du rôle qui incombe à toute partie en matière de preuve. L'exigence généralisée de collaboration des parties à l'administration de la preuve atteste d'une spécificité atténuée de la répartition fiscale de la charge de la preuve. Ainsi, du côté des parties, le jeu de balles qui les oppose ne présente que de faibles spécificités. Il en va, en revanche, différemment du rôle occupé par l'arbitre – le juge – qui parvient, par l'affirmation de son identité dans la recherche de la preuve, à préserver les identités administrative, civile et pénale des contentieux fiscaux.

---

[404] Pour emprunter l'expression employée par Ludovic AYRAULT (*L'autonomie de la procédure fiscale contentieuse*, in, *Justice fiscale : Regards croisés sur le contentieux fiscal*, Colloque des 15, 16 et 17 novembre 2007, Sfax, Tunisie, pp. 287-300, spéc. p. 300).

Chapitre II. – Le rôle variable des juges fiscaux dans la recherche de la preuve fiscale

114. La préservation de l'identité probatoire des juges administratif, civil et pénal en matière fiscale se mesure à l'aune de la place occupée par ces juges dans l'établissement de la réalité factuelle. L'identité de la procédure – tantôt d'inspiration inquisitoire, tantôt d'inspiration accusatoire – imprègne d'un activisme plus ou moins poussé l'action des juges dans la recherche de la preuve. La recherche de la preuve demeure ainsi intimement liée à la procédure suivie devant les juridictions. L'attitude plus ou moins active des juges est maintenue en matière fiscale sans que cette matière ne présente un quelconque particularisme (Section I). En pratique, les juges parviennent à *neutraliser* plus ou moins la charge de preuve qui pèse sur les parties (Section II).

Section I. – Le maintien effectif de l'identité des juges de l'impôt dans la recherche de la preuve

115. L'identité des juges dans la recherche de la preuve repose traditionnellement sur la distinction entre procédure accusatoire et procédure inquisitoire[405]. Cette dernière se manifeste « lorsque le procès est placé sous la direction du juge, et [la procédure est] accusatoire lorsqu'elle reste entre les mains des parties »[406]. Traditionnellement, il était commun d'opposer la procédure civile – accusatoire – aux procédures administrative et pénale d'inspiration inquisitoire. Or, cette opposition a toujours été le fruit d'« une

[405] Sur ce point : AMBROISE-CASTEROT Coralie, *De l'accusatoire et de l'inquisitoire dans l'instruction préparatoire*, Thèse de doctorat dact., Bordeaux 4, 2000 ; AMBROISE-CASTEROT Coralie, *Procédure accusatoire/procédure inquisitoire*, in, CADIET Loïc (dir.), *Dictionnaire de la justice*, PUF, Paris, 2004, pp. 1058-1062 ; CHAINAIS Cécile, FERRAND Frédérique et GUINCHARD Serge, *Procédure civile*, Dalloz, Hypercours, 4e éd., 2015, p. 319 ; JEULAND Emmanuel, *Droit processuel général*, LGDJ, Domat, Droit privé, 3e éd., 2014, pp. 70-76 ; LECLERC Olivier, VERGES Etienne et VIAL Géraldine, *Droit de la preuve*, PUF, Thémis droit, 2015, pp. 78-80 ; MOTULSKY Henri, *Droit processuel*, Montchrestien, 1973, pp. 223-239 ; PERROT Roger, *Institutions judiciaires*, Montchrestien, Domat, Droit privé, 15e éd., 2012, pp. 444-449.

[406] BROYELLE Camille, *Contentieux administratif*, LGDJ, 5e éd., 2017, n°236, p. 172.

opération de réduction schématique de l'ensemble des procédures »[407] et s'avère, aujourd'hui, désuète au regard de l'évolution respective des procédures. À ce titre, la réforme de la procédure civile engagée dans les années 1970 – dont la loi du 5 juillet 1972[408] a été le point d'orgue – a conduit à imprimer sur la procédure civile le sceau de l'inquisitoire « frapp[ant] de caducité »[409] l'opposition traditionnelle entre procédure civile et procédure administrative. Un même « esprit »[410] anime désormais l'office des juges administratif et civil. De même, la procédure pénale connaît une « orientation progressive mais irréversible (…) vers le modèle accusatoire »[411] fragilisant, de fait, l'opposition entre procédure pénale et procédure civile[412].

116. Toutefois, si les procédures administrative, civile et pénale connaissent un rapprochement, cela « ne signifie pas qu'il n'y ait pas [de possible] différenciation »[413] entre elles. L'opposition entre procédure accusatoire et procédure inquisitoire demeure un outil d'analyse tant ces différentes procédures présentent encore des « spécificités »[414]. En somme, si les juges partagent un même office – qui consiste à rechercher la preuve – la mise en œuvre de cet office peut connaître des fluctuations[415]. En ce sens, le caractère inquisitoire des procédures administrative et pénale demeure plus affirmé que celui de la procédure civile[416].

---

407 AMBROISE-CASTEROT Coralie, *Procédure accusatoire/procédure inquisitoire*, in, CADIET Loïc (dir.), *Dictionnaire de la justice*, PUF, 2004, pp. 1058-1062, spéc. pp. 1058-1059).

408 Loi n°72-626 du 5 juillet 1972 instituant un juge de l'exécution et relative à la réforme de la procédure civile : J.O. du 9 juillet 1972, p. 7181.

409 CHAPUS René, *De l'office du juge : contentieux administratif et nouvelle procédure civile*, EDCE 1977-1978, pp. 13-65, spéc. p. 13.

410 *Op. cit.* p. 14.

411 LEROY Jacques, *La garde à vue : des pistes pour une réforme*, in, DE LAMY Bertrand, MALABAT Valérie, GIACOPELLI Muriel (dir.), *La réforme du Code pénal et du Code de procédure pénale, Opinio doctorum*, Dalloz, Thèmes et commentaires, 2009, pp. 179-192, spéc. p. 190.

412 RASSAT Michèle-Laure, *Procédure pénale*, Ellipses, 2e éd., 2013, p. 237.

413 CHAPUS René, *De l'office du juge : contentieux administratif et nouvelle procédure civile*, EDCE 1977-1978, pp. 13-65, spéc. p. 13.

414 MORAND-DEVILLER Jacqueline, *Le contrôle de l'administration : la spécificité des méthodes du juge administratif et du juge judiciaire*, in, *Le contrôle juridictionnel de l'administration*, Bilan critique, Colloque du CERAP, Economica, 1991, pp. 183-201, spéc. p. 184.

415 René CHAPUS expose en ce sens que « si les deux régimes procéduraux continuent à se distinguer, c'est par les modalités selon lesquelles ils concrétisent la conception, qui leur est commune, de l'office du juge » (*De l'office du juge : contentieux administratif et nouvelle procédure civile*, EDCE 1977/1978, pp. 13-65, spéc. p. 64).

416 Jacqueline MORAND-DEVILLER relève ainsi que si « la procédure civile originellement accusatoire accueille largement désormais des éléments inquisitoires. (…) la procédure administrative (…) reste solidement inquisitoriale (…) » (*Le contrôle de l'administration : la spécificité des méthodes du juge administratif et du juge judiciaire*, in, *Le contrôle juridictionnel de l'administration, Bilan critique*, Colloque du CERAP, Economica, 1991, p.

117. La matière fiscale offre, à cet égard, un fructueux terrain de comparaison des procédures en raison de la faible harmonisation des dispositions qui encadrent l'instruction des litiges fiscaux[417]. Il apparaît que les juges fiscaux préservent leur identité de juge administratif, civil et pénal ouvrant la voie à une gradation du caractère inquisitoire de ces procédures (Sous-Section I). L'identité de chaque juge est encore renforcée par le maintien de divergences – certes faibles – dans les mesures d'instruction qui leur sont offertes (Sous-Section II).

Sous-Section I. – La préservation de l'identité des juges dans la recherche de la preuve

118. Bien que l'instruction des litiges soit, tant devant les juges administratif, civil et pénal, facultative[418], cette étape permet de saisir la place occupée par chaque juge dans la recherche de la preuve. Si chaque juge occupe une fonction de direction de l'instruction (§.1.), il apparaît que leur autonomie dans cette direction est susceptible de variations (§.2.).

---

184). De même, Arnaud LYON-CAEN expose que devant le juge civil « le juge du fond n'est qu'un arbitre entre les prétentions contradictoires des parties, à partir desquelles il doit forger son intime conviction avant d'appliquer la règle de droit adéquate. (...) devant la Cour de cassation, il est pratiquement exclu qu'un rapporteur (...) aille s'enquérir auprès (...) de l'administration compétente de savoir quelles sont les données générales du problème d'interprétation de la loi dont les parties n'ont pu fournir qu'un aspect partiel. Sur tous ces points, la Cour de Cassation s'en tient le plus souvent à ce qui a été soutenu par les parties. Car la procédure est accusatoire ». (Intervention non titrée, in, *Le contrôle juridictionnel de l'administration. Bilan critique*, Colloque du CERAP, Economica, 1991, pp. 248-257, spéc. p. 253).

[417] Le Livre des procédures fiscales contient une Section II (au sein du chapitre I de son Titre III) qui est relative à la « procédure devant les tribunaux » mais l'instruction des litiges ne fait pas l'objet de règles légales. Il est à noter que l'article L. 199 B du Livre des procédures fiscales prévoit que « Les affaires portées devant les juridictions de l'ordre judiciaire ou de l'ordre administratif, relatives au contentieux des impôts, droits, taxes et redevances prévus au code général des impôts ainsi que des amendes fiscales correspondantes, sont jugées en séances publiques » mais cette disposition n'intéresse pas l'instruction de ces litiges. La partie réglementaire du Livre des procédures fiscales contient l'article R.202-2 du Livre des procédures fiscales qui dispose que devant le tribunal de grande instance et devant la cour d'appel, « L'instruction se fait par simples mémoires respectivement signifiés ».

[418] Devant la juridiction administrative – c'est-à-dire tant devant le tribunal administratif, la cour administrative d'appel et le Conseil d'Etat – l'instruction sera écartée « Lorsqu'il apparaît au vu de la requête que la solution de l'affaire est d'ores et déjà certaine » (art. R. 611-8 du Code de justice administrative). Il en va de même devant le juge civil lorsque l'affaire est prête à être jugée (art. 760 du Code de procédure civile) ou qu'elle le sera rapidement (art. 761 du Code de procédure civile). Devant le juge pénal, l'instruction est facultative en matière délictuelle et contraventionnelle, alors qu'elle est obligatoire en matière criminelle (art. 79 du Code de procédure pénale).

§.1. – L'affirmation commune d'une direction de l'instruction par les juges fiscaux

119. Le juge administratif est le maître incontesté de l'instruction[419]. En cette qualité, il s'érige en un véritable « maître de la preuve »[420] car il est le centre névralgique de la recherche probatoire. Cette posture de direction de l'instruction découle de « la conception même qu'a de son rôle le juge administratif »[421], c'est-à-dire de l'office qu'il s'est lui-même forgé en matière d'établissement de la réalité factuelle. Récemment, le Conseil d'Etat a rappelé[422] les contours de son office en opérant une « théorisation générale des pouvoirs d'instruction du juge administratif »[423]. Il a jugé « qu'il appartient au

---

[419] Sur cet point : AUBY Jean-Marie et DRAGO Roland, *Traité de contentieux administratif*, LGDJ, 3e éd., 1984, pp. 542-545 ; BERTHON Geoffroy, *Le rôle du juge administratif dans l'établissement de la vérité*, RRJ 2009, n°4, pp. 1999-2024 ; BROYELLE Camille, *Contentieux administratif*, LGDJ, 5e éd., 2017, pp. 180-195 ; CADOUX-TRIAL Christine, *La charge de la preuve devant le Conseil d'Etat*, EDCE, 1953, pp. 85-86 ; CARPENTIER-DAUBRESSE Nil, *Pouvoir ou devoir d'instruction du juge administratif ?*, AJDA 2014, n°20, pp. 1143-1146 ; CAU Christian, *Le rôle du juge et des parties dans l'administration de la preuve en procédure administrative*, in, *Le rôle du juge et des parties dans l'administration de la preuve*, XVIIème Colloque des Instituts d'Etudes Judiciaires, Grenoble, 19-21 janvier 1989, Ed. IEJ de la Faculté de Droit de Grenoble, pp. 70-76 ; CHAPUS René, *Droit du contentieux administratif*, Montchrestien, 13e éd., 2008, pp. 864-881 ; COLSON Jean-Philippe, *L'office du juge et la preuve dans le contentieux administratif*, Thèse de doctorat, Montpellier, LGDJ, 1970, Bibliothèque de droit public, Tome 101, p. 150 ; CHEVALIER François, *Rapport : Le rôle du juge et des parties dans l'administration de la preuve en procédure administrative*, in, *Le rôle du juge et des parties dans l'administration de la preuve*, XVIIème Colloque des Instituts d'Etudes Judiciaires, Grenoble, 19-21 janvier 1989, Ed. IEJ de la Faculté de Droit de Grenoble, pp. 66-69 ; DEBBASCH Charles, *Procédure administrative contentieuse et procédure civile*, Thèse de doctorat, Aix-en-Provence, LGDJ, Bibliothèque de droit public, Tome 38, 1962, pp. 360-366 ; DEBBASCH Charles et RICCI Jean-Claude, *Contentieux administratif*, Dalloz, Précis, 8e éd., 2001, p. 531-547 ; DELVOLVE Pierre et VEDEL Georges, *Droit administratif*, Tome 2, PUF, 12e éd., 1992, pp. 205-206 ; DENOIX DE SAINT MARC Renaud et LABETOULLE Daniel, *Les pouvoirs d'instruction du juge administratif*, EDCE, 1970, pp. 69-91 ; ODENT Raymond, *Contentieux administratif*, fasc. 3, Les Cours de droit, 1978, p. 895 ; PACTEAU Bernard, *Manuel de contentieux administratif*, PUF, 3e éd., 2014, p. 179 ; PACTEAU Bernard, *Traité de contentieux administratif*, PUF, 2008, pp. 321-322 ; PACTET Pierre, *Essai d'une théorie de la preuve devant la Juridiction Administrative*, Thèse de doctorat dact., Paris, 1950, p. 92 ; PEISER Gustave, *Contentieux administratif*, Dalloz, Les mémentos Dalloz, 16e éd., 2014, p. 151 ; RICCI Jean-Claude, *Contentieux administratif*, Hachette supérieur, 4e éd., 2014, p. 140.

[420] AUBY Jean-Marie et DRAGO Roland, *Traité de contentieux administratif*, LGDJ, 3e éd., 1984, n°1437, p. 542.

[421] *Op. cit., loc. cit.*

[422] La jurisprudence du Conseil d'Etat présentait déjà des décisions où ce juge avait théorisé les contours de son office. Les décisions Moon (Conseil d'Etat, Ass., 6 novembre 2002, n°194295, Moon : Rec. p. 380 ; concl. MAUGUE ; AJDA 2002, p. 1337, chron. Francis DONNAT et Didier CASAS) et Barel (Conseil d'Etat, Ass., 28 mai 1954, Barel : préc.) présentaient déjà une telle exigence.

[423] EVEILLARD Gweltaz, *Les destinataires du pouvoir d'injonction d'instruction du juge administratif*, Droit Administratif 2015, n°1, comm. 2.

juge administratif, dans l'exercice de ses pouvoirs généraux de direction de la procédure, d'ordonner toutes les mesures d'instruction qu'il estime nécessaires à la solution des litiges qui lui sont soumis »[424]. De la sorte, les pouvoirs d'instruction du juge administratif apparaissent comme la manifestation d'un office – c'est-à-dire d'un devoir – puisqu'il lui incombe « de compléter [l]es échanges en ordonnant toute mesure d'instruction utile »[425].

120. Les litiges fiscaux ne font pas exception à ce principe de direction tutélaire de l'instruction par le juge administratif. En cette matière, il « tend à obtenir et à réunir tous les arguments et toutes les preuves pour composer son propre dossier »[426]. Cela manifeste une forme d'autonomie du juge dans la recherche de la preuve. Le juge administratif de l'impôt n'hésite pas, à ce titre, à contrôler l'exercice effectif de leur pouvoir de direction de l'instruction par les juges du fond[427]. Or, cette direction tutélaire ne paraît pas être différente de celle occupée par le juge d'instruction ou du procureur de la République.

121. Devant le juge pénal[428], l'instruction est confiée au juge d'instruction[429] ou au procureur de la République[430]. Leur rôle de direction de l'instruction ne fait aucun doute. Car « Ce sont les juridictions d'instruction (...) qui sont chargées, à titre principal, de découvrir la vérité par leurs investigations actives »[431]. Cette maîtrise de l'instruction atteste de la présence de la nature particulière du contentieux pénal : « le procès y est chose d'Etat, en raison des

---

424 Conseil d'Etat, Sect., 1er octobre 2014, n°349560, M. Erden : Rec. p. 288 ; Procédures 2014, n°11, comm. 310, comm. Serge DEYGAS ; AJDA 2014 p. 2185, chron. Jean LESSI et Louis DUTHEILLET DE LAMOTHE ; Droit Administratif 2015, n°1, comm. 2, comm. Gweltaz EVEILLARD ; JCP A 2015, n°23, 2172, note Gaëlle MARTI.

425 Conseil d'Etat, Ass., 30 octobre 2009, n°298348, Perreux : Rec. p. 407 ; RFDA 2009, p. 1125, conclusions Mattias GUYOMAR ; AJDA 2009, p. 2391, note Sophie-Justine LIEBER et Damien BOTTEGHI ; RFDA 2010, p. 126, note Marguerite CANEDO-PARIS ; D. 2010.553, note Gwénaële CALVES ; JCP G 2011, n°4, p. 174, note Jean-Gabriel SORBARA ; Dr. fisc. 2010, n°10, comm. 219, note Michel GUICHARD et Romain GRAU.

426 DERUEL François-Patrice, *La preuve en matière fiscale*, Thèse de doctorat dact., Paris, 1962, p. 72.

427 Le Conseil d'Etat a pu rappeler, en matière fiscale, aux juges du fond qu'ils disposent d'un pouvoir de direction de l'instruction : Conseil d'Etat, 9e et 10e s.-s., 27 mai 2002, n°219888, SARL Segeleis : Dr. fisc. 2002, n°36, comm. 668, concl. Guillaume GOULARD ; RJF 8-9/02, n°996 (« il (...) incombait [au juge du fond] d'exercer son pouvoir de direction de l'instruction en invitant l'intéressée à verser au dossier l'original ou une photocopie de l'intégralité de ladite notification »).

428 Sur ce point : CONTE Philippe et MAISTRE DU CHAMBON Patrick, *Procédure pénale*, Armand Colin, 4e éd., 2002, n°69, pp. 42-43 ; MERLE Roger et VITU André, *Traité de droit criminel, Procédure pénale*, Tome 2, Cujas, 5e éd., 2001, n°6, p. 18.

429 Art. 81 du Code de procédure pénale.

430 Art. 41 du Code de procédure pénale.

431 CONTE Philippe et MAISTRE DU CHAMBON Patrick, *Procédure pénale*, Armand Colin, 4e éd., 2002, n°69, pp. 42-43.

intérêts publics qui s'y trouvent en jeu »[432] ce qui conduit à offrir à l'autorité publique « un rôle actif dans la recherche de la vérité »[433]. En somme, le juge pénal est en charge d'un *contentieux d'ordre public* où l'instruction est dirigée par un magistrat spécialisé ou par le procureur de la République. La matière pénale fiscale ne livre, à cet égard, aucun particularisme puisque l'enquête est conduite soit sur réquisition du procureur de la République soit sur commission rogatoire d'un juge d'instruction[434].

122. À la différence des procédures administrative et pénale, ce sont, à première vue, les parties qui, devant le juge civil, dirigent l'instance[435]. L'article 2 du Code de procédure civile dispose que « Les parties conduisent l'instance sous les charges qui leur incombent ». Cela signifie que lorsqu'une mesure d'instruction est ordonnée, elle « n'exonère pas les parties de leur obligation de conduire l'instance »[436]. Ce principe de direction de l'instance par les parties est toutefois complété par l'article 3 de ce même Code qui dispose que « Le juge veille au bon déroulement de l'instance ». Cela signifie que « Le juge [civil] n'est plus, comme jadis, le spectateur passif de la querelle »[437] mais qu'il dispose d'une fonction de contrôle de l'instruction. À ce titre, le juge civil dispose d'un pouvoir de direction de l'instance qui lui permet d'« ordonner d'office toutes les mesures d'instruction légalement admissibles »[438]. Les mutations de la procédure civile ont donc conduit à forger « un arbitrage entre les systèmes accusatoire et inquisitoire [qui a permis de] légitim[er] l'intervention du juge dans la recherche de cette

---

[432] MERLE Roger et VITU André, *Traité de droit criminel, Procédure pénale*, Tome 2, Cujas, 5e éd., 2001, n°6, p. 18.
[433] *Op. cit., loc. cit.*
[434] BETCH Martine, *Contentieux pénal, Procédure*, JurisClasseur Procédures fiscales, Lexis Nexis, 2016, n°114.
[435] Sur ce point : AMRANI-MEKKI Soraya et STRICKLER Yves, *Procédure civile*, PUF, Thémis droit, 2014, pp. 517-531 ; COUCHEZ Gérard, LAGARDE Xavier, *Procédure civile*, Sirey, 17e éd., 2014, pp. 359-386 ; GUINCHARD Serge, FERRAND Frédérique, CHAINAIS Cécile, *Procédure civile*, Dalloz, Hypercours, 4e éd., 2015, pp. 329-330 ; CHAINAIS Cécile, FERRAND Frédérique et GUINCHARD Serge, *Procédure civile, Droit interne et droit de l'Union européenne*, Dalloz, Précis, 32e éd., 2014, pp. 461-497 ; HERON Jacques, *Rapport : Le rôle du juge et des parties dans l'administration de la preuve en procédure civile*, in, *Le rôle du juge et des parties dans l'administration de la preuve*, XVIIème Colloque des Instituts d'Etudes Judiciaires, Grenoble, 19-21 janvier 1989, Ed. IEJ de la Faculté de Droit de Grenoble, pp. 10-19 ; JEULAND Emmanuel, *Droit processuel général*, LGDJ, Domat, Droit privé, 3e éd., 2014, pp. 553-569 ; MARTIN Raymond, *Un autre procès possible ou est-il interdit de rêver ?*, RTD Civ. 1994, n°3, pp. 557-562 ; NORMAND Jacques, *Le juge et le litige*, Thèse de doctorat, Lille, LGDJ, Coll. Bibliothèque de droit privé, Tome 65, 1965, p. 381.
[436] Cass. 2e civ., 6 février 1991, n°89-12.326 : Bull. civ. II, n°45 ; Cass. 2e civ., 4 juin 1993, n°91-20.428 : Bull. civ. II, n°192.
[437] CADIET Loïc et JEULAND Emmanuel, *Droit judiciaire privé*, Litec, 8e éd., 2013, n°589, p. 468.
[438] Art. 10 du Code de procédure civile.

preuve »[439]. L'instance demeure la chose des parties qui acceptent de se placer sous la tutelle du juge[440]. Cette transformation de la procédure civile s'est manifestée par la création[441] du juge de la mise en état[442] qui illustre l'orientation inquisitoire adoptée par la procédure civile[443]. Le litige civil s'est ainsi vu doter d'une phase d'instruction à l'instar des procédures administrative et pénale qui confère au juge une fonction de contrôleur de l'instruction civile.

123. En somme, la direction de l'instruction ne présente, *a priori*, pas de réelles spécificités entre les juges de la matière fiscale. Pourtant, chaque juge en charge de l'instruction atteste d'une implication variable dans la recherche de la vérité en raison du maintien de l'identité particulière de chaque procédure.

§.2. – Le maintien de l'identité des juges de la matière fiscale dans la recherche de la preuve

124. En dépit de la proximité qui réside dans la direction commune de l'instruction par les juges de la matière fiscale, il est possible de déceler des identités propres à chaque juge.

125. En ce sens, devant la juridiction administrative, l'instruction – confiée à un rapporteur[444] – est dominée par trois caractères[445] : elle est écrite[446],

---

[439] LE MASSON Jean-Marc, *La recherche de la vérité dans le procès civil*, Droit et Société 1998, n°38, pp. 21-32, spéc. p. 24.

[440] René CHAPUS analyse ces deux dispositions comme « une façon de dire qu'en dernière analyse la direction de l'instruction appartient au juge » (CHAPUS René, *De l'office du juge : contentieux administratif et nouvelle procédure civile*, EDCE 1977-1978, pp. 13-65, spéc. p. 15).

[441] Le juge de la mise en état a été créé par le décret n°65-872 du 13 octobre 1965 (J.O. du 14 octobre 1965, p. 9076) et généralisé par le décret n°72-688 du 28 août 1972 (J.O. du 30 août 1972, p. 9300). Sur l'évolution de l'encadrement juridique de la mise en état : SALATI Olivier, *Mise en état*, Répertoire de procédure civile, Dalloz, 2016.

[442] Art. 763 à 781 du Code de procédure civile.

[443] En l'absence de juge de la mise en état tout juge peut ordonner une mesure d'instruction (V° GUINCHARD Serge, FERRAND Frédérique, CHAINAIS Cécile, *Procédure civile*, Dalloz, 33e éd., 2016, p. 473, n°627).

[444] Art. R. 611-9 du Code de justice administrative devant le tribunal administratif ; art. R. 611-16 devant la cour administrative d'appel et art. R. 611-20, al. 2 du Code de justice administrative devant le Conseil d'Etat.

[445] René CHAPUS élève au rang de « principe » les caractères écrit, contradictoire et inquisitoire de l'instruction (*Droit du contentieux administratif*, Montchrestien, 13e éd., 2008, p. 833).

[446] Anne COURREGES et Serge DAEL soulignent que le caractère écrit d'une procédure signifie « que le juge ne peut prendre en compte dans son jugement, sauf à rouvrir l'instruction, que ce qui a été écrit par les parties elles-mêmes. Quand on dit d'une procédure qu'elle est orale, on indique par là que ce qui est dit oralement par les parties est pris en compte sans

contradictoire[447] et inquisitoire[448]. Ce caractère inquisitoire se manifeste, à la lecture du Code de justice administrative, par l'autonomie[449] dont dispose le juge : il « conduit l'instruction de bout en bout »[450] sans s'en remettre aux parties. À ce titre, le rapporteur fixe « le délai accordé aux parties pour produire leurs mémoires »[451] et « peut demander aux parties (…) toutes pièces ou tous documents utiles à la solution du litige »[452]. L'instruction administrative ne manifeste aucune collaboration entre le juge et les parties lors de la phase d'instruction : le juge, à la faveur de son rôle de direction de l'instruction, impose aux parties l'administration de preuves dans des délais qu'il détermine seul. De ce fait, le juge administratif exerce « une direction effective de l'instruction, direction à laquelle les parties doivent se soumettre »[453].

126. Surtout, comme l'ont souligné Charles DEBBASCH et Jean-Claude RICCI « Le juge [administratif] peut ordonner des mesures d'instruction en dehors de toute demande des parties (…) [car] tout en restant dans le cadre de la demande des parties, il s'informe »[454]. Il faut donc se figurer l'instruction administrative comme un champ qui, bien que circonscrit par le cadre du litige, offre un espace de liberté au juge dans la recherche des faits susceptibles de le résoudre. Or, en l'absence de toute disposition particulière encadrant l'instruction des litiges fiscaux au sein du Livre des procédures fiscales, l'instruction de ces litiges est analogue à celle menée en contentieux

qu'elles aient besoin de le transcrire elles-mêmes » (*Contentieux administratif*, 4e éd., 2014, p. 195).

[447] Art. L. 5 du Code de justice administrative.

[448] COURTIAL Jean, *Le juge administratif de l'impôt*, Dr. fisc. 2016, n°38, 491, pp. 17-18 ; DEBBASCH Charles et RICCI Jean-Claude, *Contentieux administratif*, Dalloz, Précis, 8e éd., 2001, p. 915.

[449] En ce sens, Charles DEBBASCH relevait déjà que « Le juge administratif dispose de pouvoirs indépendants » (*Procédure administrative contentieuse et procédure civile*, Thèse de doctorat, Aix-en-Provence, LGDJ, Bibliothèque de droit public, Tome 38, 1962, p. 391).

[450] DAEL Serge et COURREGES Anne, *Contentieux administratif*, PUF, Coll. Thémis droit, 4e éd., 2013, p. 196.

[451] Article R. 611-10 du Code de justice administrative devant le tribunal administratif, article R. 611-17 devant la cour administrative d'appel et article R. 611-27 du Code de justice administrative devant le Conseil d'Etat.

[452] Article R. 611-10 du Code de justice administrative, article R. 611-17 devant la cour administrative d'appel et article R. 611-27 du Code de justice administrative devant le Conseil d'Etat.

[453] DEBBASCH Charles, *Procédure administrative contentieuse et procédure civile*, Thèse de doctorat, Aix-en-Provence, LGDJ, Bibliothèque de droit public, Tome 38, 1962, p. 364.

[454] DEBBASCH Charles et RICCI Jean-Claude, *Contentieux administratif*, Dalloz, Précis, 8e éd., 2001, p. 536. Raymond ODENT souligne également que « Le juge ordonne (…) les mesures d'instruction qui lui paraissent nécessaires » (*Contentieux administratif*, fasc. 3, Les Cours de droit, 1978, p. 895).

général[455] : le juge administratif de l'impôt demeure, en matière d'instruction, un juge administratif qui peut donc disposer de la liberté dont fait preuve le juge administratif en contentieux général[456].

127. L'instruction présente devant le juge civil de la mise en état un visage assez différent. Toutefois, le caractère contradictoire de l'instruction est analogue. Ce principe cardinal est rappelé à l'article 16, alinéa 1er du Code de procédure civile qui est assuré, lors de la mise en état, par « l'échange des conclusions et de la communication des pièces »[457].

128. Ensuite, le caractère écrit de l'instruction civile fait défaut dès lors que « Le juge de la mise en état peut, même d'office, entendre les parties »[458], cette audition devant alors être contradictoire[459]. L'instruction des litiges fiscaux fait toutefois exception à ce caractère éventuellement oral de l'instruction, le Livre des procédures fiscales garantissant le caractère écrit de l'instruction des litiges fiscaux[460].

129. C'est, enfin, le caractère accusatoire de l'instruction civile qui la distingue de l'instruction administrative. Le juge de la mise en état dispose, en effet, d'une autonomie moins poussée que le rapporteur de la juridiction administrative. Si l'article 763 du Code de procédure civile dispose que « L'affaire est instruite sous le contrôle d'un magistrat », l'emploi du terme contrôle « exprime l'idée que c'est aux parties d'accomplir les actes et formalités qui permettront à l'affaire d'être en état d'être jugée »[461].

130. Il faut donc estimer qu'il existe, devant le juge civil, une forme de complémentarité des parties et du juge, ce dernier devant « faire en sorte que

---

455 L'instruction est ainsi gouvernée par la règles prévue à l'alinéa 1er de l'article R. 200-1 du Livre des procédures fiscales qui dispose que « Les dispositions du code de justice administrative sont applicables aux affaires portées devant le tribunal administratif ou devant la cour administrative d'appel, sous réserve des dispositions particulières prévues par le présent livre ».

456 COURTIAL Jean, *Le juge administratif de l'impôt*, Dr. fisc. 2016, n°38, 491, pp. 17-18 ; DEBBASCH Charles et RICCI Jean-Claude, *Contentieux administratif*, Dalloz, Précis, 8e éd., 2001, p. 915.

457 Art. 763 du Code de procédure civile. Cette exigence transpose la règle posée à l'article 132, al. 1er du Code de procédure civile qui dispose que « la partie qui fait état d'une pièce s'oblige à la communiquer à toute autre partie à l'instance ».

458 Art. 767 du Code de procédure civile.

459 Art. 767, al. 2 du Code de procédure civile.

460 L'alinéa 2 de l'article R. 202-2 du Livre des procédures fiscales – qui encadre la procédure applicable devant le tribunal de grande instance et la cour d'appel – dispose que « L'instruction se fait par simples mémoires respectivement signifiés ». Ce même alinéa ajoute que « Les modes de preuve doivent être compatibles avec le caractère écrit de l'instruction ».

461 SALATI Olivier, *Mise en état*, Répertoire de procédure civile, Dalloz, 2016, n°96.

le procès se déroule dans des conditions normales »[462]. À ce titre, si le juge de la mise en état doit « veiller au déroulement loyal de la procédure »[463], cette fonction se limite à fixer, « après avoir provoqué l'avis des avocats »[464] – leur « accord » étant même requis pour « fixer un calendrier de la mise en état »[465] – « les délais nécessaires à l'instruction de l'affaire »[466] et à adresser « si besoin (...) des injonctions »[467]. Il dispose également de la faculté d'exiger des parties ou des tiers d'administrer les pièces dont elle se prévaut[468] et d'exiger, si une partie en fait la demande, de l'autre partie – ou de tiers – la production de pièces[469].

131. Le caractère inquisitoire de la mise en état est donc atténué dès lors que l'autonomie du juge civil est moindre : le juge, s'il assure indéniablement une fonction de contrôle de l'instruction, n'en demeure pas moins tenu d'associer les parties à cette procédure. Ces dernières occupent alors une fonction essentielle lors de l'instruction. En outre, l'alinéa 2 de l'article 146 du Code de procédure civile interdit au juge civil de prononcer une mesure d'instruction qui serait de nature à « suppléer la carence de la partie dans l'administration de la preuve ». Cette disposition impose au juge de n'ordonner des mesures d'instruction que comme complément de l'allégation d'une partie. Il ne dispose alors, nullement, d'une quelconque liberté dans la recherche de la preuve. La procédure civile atteste donc de l'importance occupée par les parties lors de l'instruction. Cela démontre le caractère sensiblement accusatoire de la mise en état, au sein même d'une phase d'instruction dont la nature est inquisitoire.

132. Le caractère accusatoire de l'instruction civile apparaît moins en matière fiscale en raison de l'article R.202-2 du Livre des procédures fiscales qui dispose que devant le tribunal de grande instance et devant la cour d'appel, « L'instruction se fait par simples mémoires respectivement signifiés ». L'absence de mise en l'état affecte l'unité qui existe entre le juge civil statuant en matière fiscale et en dehors de cette matière. À défaut de mise en l'état, rien n'interdit d'estimer que la place occupée par les parties demeure plus prégnante devant ce juge.

---

[462] HERON Jacques et LE BARS Thierry, *Droit judiciaire privé*, LGDJ, 6e éd., 2015, n°280, p. 228.
[463] Art. 763, al. 2 du Code de procédure civile.
[464] Art. 764, al. 1er du Code de procédure civile.
[465] Art. 764, al. 3 du Code de procédure civile.
[466] Art. 764, al. 1er du Code de procédure civile.
[467] Art. 763, al. 3 du Code de procédure civile.
[468] Art. 770 du Code de procédure civile.
[469] Art. 138 et 139 du Code de procédure civile.

133. À l'inverse, devant le juge pénal[470], l'instruction présente un tout autre visage. Elle est nommée « phase préparatoire » et se compose de l'enquête, dirigée par le procureur de la République et – lorsque le procureur fait le choix d'ouvrir une information – d'une instruction préparatoire confiée à un juge d'instruction[471]. En cette matière, « La preuve n'y est pas laissée à la discrétion des parties »[472] et l'autorité publique est en charge de rechercher la preuve. L'enquête et l'instruction sont tout à la fois secrètes[473], écrites[474] et inquisitoires[475]. À ce titre, le juge d'instruction dispose d'une très grande autonomie dans la recherche de la preuve puisqu'il est libéré de la tutelle des parties[476] – dont les allégations ne constituent pas le cadre de la recherche de la preuve – et qu'il n'est guidé que par « la manifestation de la vérité »[477] car il se doit d'instruire « à charge et à décharge »[478]. S'il est indéniable qu'une certaine analogie existe entre l'instruction pénale et l'instruction administrative des litiges – car cette phase est communément « menée sous la direction et l'impulsion du juge »[479] – il apparaît que le degré d'autonomie dont dispose le juge pénal est bien plus important que celui offert au juge administratif. Ce qui caractérise la procédure pénale, c'est, en effet, d'être déliée, dans la recherche de la preuve, de l'allégation des parties. Cela constitue une différence fondamentale entre le juge pénal et les juges administratif et civil.

---

470 CONTE Philippe, *L'instruction : le rôle du Juge et des parties dans l'administration de la preuve*, in, *Le rôle du juge et des parties dans l'administration de la preuve*, XVIIème Colloque des Instituts d'Etudes Judiciaires, Grenoble, 19-21 janvier 1989, Ed. IEJ de la Faculté de Droit de Grenoble, pp. 34-51 ; DESPORTES Frédéric et LAZERGES-COUSQUER Laurence, *Traité de procédure pénale*, Economica, 4e éd., 2015, pp. 1002-1029 ; GUINCHARD Serge et BUISSON Jacques, *Procédure pénale*, Lexis Nexis, 10e éd., 2014, n°497 ; MERLE Roger et VITU André, *Traité de droit criminel, Procédure pénale*, Tome 2, Cujas, 5e éd., 2001, pp. 20-21 ; PRADEL Jean, *Procédure pénale*, Cujas, 18e éd., 2015, p. 483.

471 L'article 79 du Code de procédure pénale dispose que si l'instruction est obligatoire en matière criminelle, elle est facultative en matière délictuelle et contraventionnelle.

472 MERLE Roger et VITU André, *Traité de droit criminel, Procédure pénale*, Tome 2, Cujas, 5e éd., 2001, p. 20.

473 L'article 11 du Code de procédure pénale érige le caractère secret de l'enquête et de l'instruction en principe.

474 Il existe toutefois des exceptions notamment lorsqu'il est décidé de placer le prévenu en détention provisoire (art. 145 du Code de procédure pénale) ou devant la chambre de l'instruction (art. 197-1 et 199 al. 3 du Code de procédure pénale).

475 PRADEL Jean, *Procédure pénale*, Cujas, 18e éd., 2015, p. 483.

476 En ce sens, le procès pénal « s'oppose à la procédure civile qui est entre les mains des parties » (GUINCHARD Serge et BUISSON Jacques, *Procédure pénale*, Lexis Nexis, 10e éd., 2014, n°8).

477 Art. 81 du Code de procédure pénale.

478 Art. 81 du Code de procédure pénale.

479 MERLE Roger et VITU André, *Traité de droit criminel, Procédure pénale*, Tome 2, Cujas, 5e éd., 2001, p. 32.

134. En l'absence d'instruction, le procureur de la République ainsi que les parties procèdent à la recherche de la preuve lors de l'enquête. Lorsque le juge d'instruction n'est pas saisi pour rechercher les preuves nécessaires à la qualification d'une infraction, il incombe au procureur de la République de rechercher les preuves[480] grâce à la police judiciaire dont il a la charge[481]. L'enquête menée par le procureur de la République présente également un caractère inquisitoire dès lors qu'il « procède ou fait procéder à tous les actes nécessaires à la recherche et à la poursuite des infractions à la loi pénale »[482].

135. La procédure pénale a toutefois évolué vers un modèle accusatoire offrant des prérogatives plus importantes aux parties[483]. Durant la phase de l'instruction, les parties peuvent jouer un rôle actif dans la recherche des preuves car elles peuvent demander que tout acte nécessaire « à la manifestation de la vérité »[484] soit réalisé. De la sorte, il apparaît un « renforcement considérable du caractère contradictoire de l'instruction »[485].

136. Enfin, devant la juridiction de jugement, les preuves recueillies durant la phase préparatoire sont présentées oralement[486] et contradictoirement[487]. Une phase spécifique du procès pénal – nommée « instruction définitive » ou « instruction à l'audience » – est consacrée à la présentation des preuves réunies lors de la phase préparatoire[488]. Or, si le juge pénal estime que la recherche de la vérité n'est pas arrivée à son terme, il ne peut, pour autant, relaxer le prévenu et il doit ordonner un supplément d'information[489]. Cela atteste de la place centrale occupée par le juge pénal dans la recherche de la

---

[480] L'article 41 du Code de procédure pénale dispose que « Le procureur de la République procède ou fait procéder à tous les actes nécessaires à la recherche et à la poursuite des infractions à la loi pénale. À cette fin, il dirige l'activité des officiers et agents de la police judiciaire dans le ressort de son tribunal ».

[481] Article 82 du Code de procédure pénale.

[482] Art. 41 du Code de procédure pénale.

[483] GUINCHARD Serge et BUISSON Jacques, *Procédure pénale*, Lexis Nexis, 10e éd., 2014, n°497.

[484] Aux termes de l'article 82-1, alinéa 1er du Code de procédure pénale, les parties peuvent « saisir le juge d'instruction d'une demande écrite et motivée tendant à ce qu'il soit procédé à leur audition ou à leur interrogatoire, à l'audition d'un témoin, à une confrontation ou à un transport sur les lieux, à ce qu'il soit ordonné la production par l'une d'entre elles d'une pièce utile à l'information, ou à ce qu'il soit procédé à tous autres actes qui leur paraissent nécessaires à la manifestation de la vérité ».

[485] CONTE Philippe et MAISTRE DU CHAMBON Patrick, *Procédure pénale*, Armand Colin, 4e éd., 2002, p. 44.

[486] PRADEL Jean, *Procédure pénale*, Cujas, 18e éd., 2015, pp. 810-811.

[487] *Op. cit.*, pp. 814-818.

[488] Sur ce point : PRADEL Jean, *Procédure pénale*, Cujas, 18e éd., 2015, pp. 809-810.

[489] Un supplément d'information peut être ordonné (Art. 397-2 et 463 du Code de procédure pénale en matière correctionnelle). En outre, une expertise peut être ordonnée (art. 434 du Code de procédure pénale) tout comme un transport sur les lieux (art. 456 du Code de procédure pénale).

preuve au cours du procès[490], le juge pénal ayant « le devoir de suppléer à l'insuffisance des preuves produites et débattues devant lui »[491] conférant à la procédure son caractère inquisitoire. Toutefois, l'office du juge pénal dans la recherche des éléments de preuve est bien plus poussé que devant le juge administratif dès lors qu'il a pour fonction première de rechercher la « vérité matérielle »[492] au-delà de l'allégation des parties : le juge pénal est véritablement « le bras de la société poursuivant le crime »[493] lui offrant une autonomie nécessaire dans cette quête. Cette autonomie se manifeste au regard de l'allégation des parties : le juge pénal n'est nullement tenu de vérifier les allégations des parties mais il doit rechercher une vérité qui leur est extérieure.

137. La phase d'instruction des affaires pénales fiscales[494] ne présente pas de particularismes déterminants au regard de la procédure pénale[495] même si elle présente tout de même certaines spécificités[496].

---

[490] Sur ce point : GUINCHARD Serge et BUISSON Jacques, *Procédure pénale*, Lexis Nexis, 10e éd., 2014, n°497 ; MERLE Roger et VITU André, *Traité de droit criminel, Procédure pénale*, Tome 2, Cujas, 5e éd., 2001, n°141, p. 178 ; RASSAT Michèle-Laure, *Procédure pénale*, Ellipses, 2e éd., 2013, pp. 254-255.

[491] MERLE Roger et VITU André, *Traité de droit criminel, Procédure pénale*, Tome 2, Cujas, 5e éd., 2001, n°141, p. 178.

[492] *Op. cit.*, n°7, p. 21.

[493] HERON Jacques et LE BARS Thierry, *Droit judiciaire privé*, LGDJ, 6e éd., 2015, n°275, p. 223.

[494] La recherche des éléments de preuve intervient après le dépôt d'une plainte par l'administration fiscale (art. L. 229 du Livre des procédures fiscales) qui doit recevoir un avis positif de la part de la Commission des infractions fiscales (art. L. 228 du Livre des procédures fiscales).

[495] En ce sens, Thierry RICARD a relevé que « Souvent qualifié d'exorbitant, le droit fiscal n'est pas pour autant, sur le plan pénal, un droit d'exception » (*L'originalité de la procédure pénale en matière fiscale*, Dr. fisc. 2007, n°3, ét. 57).

[496] En matière pénale fiscale, le ministère public peut ouvrir une instruction préparatoire qui est confiée à un juge d'instruction par la voie du réquisitoire introductif (art. 79 et 80 du Code de procédure pénale). Toutefois, cela reste rare en pratique et la procédure du renvoi, par citation directe, devant le tribunal correctionnel (art. 388 du Code de procédure pénale) est privilégiée.

138. En premier lieu, le législateur a créé[497] une procédure d'enquête judiciaire propre à la matière fiscale[498] – qui s'est manifestée par la création de la brigade nationale de répression de la délinquance fiscale (BNRDF)[499]. À la faveur de cette procédure, des agents de l'administration fiscale[500] mis à disposition du ministère de l'intérieur peuvent – après dépôt de plainte de l'administration fiscale qui requiert, dans certain cas, l'avis conforme de la Commission des infractions fiscales[501] – sur réquisition du procureur de la République ou sur commission rogatoire du juge d'instruction, effectuer des enquêtes visant à rechercher les preuves d'infractions fiscales[502]. Cette procédure d'enquête ne fait que conférer une coloration fiscale à une procédure pénale dès lors que les

---

[497] L'article 23 de la troisième loi de finances rectificative pour 2009 (n°2009-1674 du 30 décembre 2009, J.O. du 31 décembre 2009, p. 22940) a établi la procédure d'enquête judiciaire fiscale. Cette disposition est codifiée aux articles L. 228, al. 3 et suivants du Livre des procédures fiscales, L. 188 B du Livre des procédures fiscales et 28-2 du Code de procédure pénale. Cette procédure est mise en œuvre face à un risque de dépérissement des éléments de preuve lorsque le contribuable utilise des faux ou des comptes détenus, même indirectement, au sein d'Etats non coopératifs (art. L. 228, 1° à 5° du Livre des procédures fiscales). Cette procédure a été étendue par l'article 9 de la Loi relative à la lutte contre la fraude fiscale et la grande délinquance économique et financière (n°2013-1117 du 6 décembre 2013, J.O. du 7 décembre 2013, p. 19941). La procédure d'enquête judiciaire fiscale peut ainsi être employée dans le cas où un contribuable utilise des comptes ou contrats ouverts ou souscrits à l'étranger (art. L. 228, 1° du Livre des procédures fiscales) ou interpose des personnes ou des entités étrangères (art. L. 228, 2° du Livre des procédures fiscales).

[498] Sur ce point : AYRAULT Ludovic, *La pénalisation de la lutte contre la fraude fiscale*, Revue européenne et internationale de droit fiscal, 2015, n°1, pp. 36-42 ; COCHETEUX Patrick, *La police fiscale*, LPA 2011, n°159, pp. 7-15 ; DUSSART Vincent, *L'organisation structurelle de la DGFiP dans la répression de la fraude fiscale*, Revue européenne et internationale de droit fiscal, 2015, n°1, pp. 43-49 ; HEZARD Guillaume, *Présentation de la brigade nationale de répression de la délinquance fiscale*, Revue européenne et internationale de droit fiscal 2015, n°1, pp. 61-78 ; LOPEZ Christian, *L'instauration d'une 'police fiscale' : contrôle ou investigation ?*, Revue européenne et internationale de droit fiscal, 2015, n°1, pp. 50-60 ; RICARD Thierry, *L'originalité de la procédure pénale en matière fiscale*, Dr. fisc. 2007, n°3, ét. 57.

[499] Créée par le décret du 4 novembre 2010 portant création d'une brigade nationale de répression de la délinquance fiscale (n°2010-1318, J.O. du 5 novembre 2010, p. 19784). Sur ce point : AYRAULT Ludovic, *Procédure judiciaire d'enquête fiscale*, 2011, Procédures n°1, comm. 45, pp. 33-34.

[500] Cette faculté était déjà offerte aux agents des douanes (art. 28-1 du Code de procédure pénale).

[501] Art. L. 228, II du Livre des procédures fiscales. Classiquement, cette exigence n'est pas requise en matière de blanchiment de fraude fiscale : ce délit constitue une infraction autonome qui ne relève pas de la compétence de la Commission des infractions fiscales (Cass. crim., 20 février 2008, n°07-82.977 : Bull. crim., n°43 ; Dr. pén. 2008, n°5, pp.40-41, note Michel VERON ; D. 2008, p. 1585, note Chantal CUTAJAR ; RSC 2008, p. 607, note Haritini MATSOPOULOU). Depuis l'entrée en vigueur de la loi relative à la lutte contre la fraude (Loi n°2018-898 du 23 oct. 2018 : J.O. n°0246), l'administration fiscale est tenue de dénoncer au procureur de la République certains faits listés au I de l'article L. 228 du Livre des procédures fiscales sans intervention préalable de la Commission des infractions fiscales.

[502] L'article 28-2 du Code de procédure pénale dispose qu'il s'agit des « infractions prévues par les articles 1741 et 1743 du code général des impôts et le blanchiment de ces infractions ».

agents du fisc disposent « des mêmes prérogatives et obligations que celles attribuées aux officiers de police judiciaire »[503] et emploient les différents procédés dont ces derniers peuvent user[504]. De ce fait, cette procédure d'enquête ne présente pas de traits distinctifs particuliers : elle demeure tout à la fois secrète, écrite et inquisitoire.

139. En deuxième lieu, le législateur a créé[505] la fonction de procureur de la République financier près le tribunal de grande instance de Paris[506] qui est compétent pour les dossiers qui présentent une grande complexité[507] en matière de délits de fraude fiscale[508], d'escroqueries à la taxe sur la valeur ajoutée[509] et de blanchiment de ces infractions[510]. Or, ce procureur financier « n'est pas affublé d'une juridiction spécifique puisque l'instruction et le jugement continueront à relever du TGI de Paris »[511] et ses pouvoirs d'investigation[512] sont constitués par « les techniques spéciales d'enquête, ordinairement applicables en matière de criminalité organisée »[513]. Ces

---

[503] Article 28-2 du Code de procédure pénale.

[504] En vertu de l'article 28-2 du Code de procédure pénale, les agents disposent de pouvoirs d'enquête très étendus dès lors qu'ils peuvent constater l'infraction (article 54 du Code de procédure pénale), réaliser des relevés signalétiques (art. 55-1 du Code de procédure pénale), procéder à des perquisitions et des saisies (art. 56 du Code de procédure pénale), réquisitionner des personnes qualifiées (art.60 du Code de procédure pénale) ou des personnes qui sont susceptibles de détenir des informations utiles (art. 60-1 et 60-2 du Code de procédure pénale), mais aussi procéder à des auditions (article 62 du Code de procédure pénale) ou encore à des gardes à vue (art. 63 du Code de procédure pénale). En outre, si ces agents agissent sur commission rogatoire du juge d'instruction, ils pourront réaliser des écoutes (art.100 à 100-7 du Code de procédure pénale) et exercer les pouvoirs du juge d'instruction (art. 152 à 155 du Code de procédure pénale).

[505] Art. 65 de la loi n°2013-1117 du 6 décembre 2013 relative à la lutte contre la fraude fiscale et la grande délinquance économique et financière : Dr. fisc. 2013, n°51-52, comm. 585, note Patrick FUMENIER et Jennifer CHOSSIS. Cette disposition est présente à l'article 705 du Code de procédure pénale.

[506] Sur ce point : BUFFLIER Isabelle, *Servitude et grandeur du nouveau procureur de la République financier*, Revue internationale de la compliance et de l'éthique des affaires 2014, n°14, pp. 22-24 ; RONTCHEVSKY Nicolas, *Création du procureur de la République financier*, RTD Com. 2014, n°1, pp. 151-153.

[507] Il est à noter que la circulaire du 31 janvier 2014 de politique pénale relative au procureur de la République financier précise que le procureur financier (B.O. Justice, 14 févr. 2014, n°2014-02) « a par essence vocation à connaître des affaires susceptibles de provoquer un retentissement national ou international de grande ampleur ».

[508] En cette matière, le procureur de la République financier est compétent en matière de fraude fiscale lorsque ce délit répond aux critères posés par l'article L. 228, 1° à 5° du Livre des procédures fiscales ou lorsque ce délit a été commis en bande organisée (art. 705, 5° du Code de procédure pénale).

[509] Art. 705, 3° du Code de procédure pénale.

[510] Art. 705, 6° du Code de procédure pénale.

[511] CATELAN Nicolas, *Lutte contre la délinquance économique*, RSC 2014, pp. 393-399.

[512] Art. 706 du Code de procédure pénale.

[513] LOPEZ Christian, *L'instauration d'une 'police fiscale' : contrôle ou investigation ?*, Revue européenne et internationale de droit fiscal 2015, n°1, pp. 50-60, spéc. p. 57.

techniques[514] sont, par exemple, la surveillance[515], l'infiltration[516] ou les infiltrations de correspondances émises par voie électronique[517]. Or, l'emploi de ces techniques d'investigation révèle l'application de méthodes d'investigation pénales aux délits fiscaux qui présentent des aspects complexes et confère à cette recherche de la preuve une identité pénale.

140. En troisième lieu, l'administration fiscale occupe, dans l'administration de la preuve pénale, une place particulière : elle dispose de la faculté – dont elle use « systématiquement »[518] – de se constituer partie civile[519] devant la juridiction pénale[520]. Le fisc occupe, devant le juge pénal, la qualité de partie jointe au ministère public sans être pour autant partie poursuivante[521]. Cette position particulière du fisc lui permet – outre d'être présent à l'ensemble des étapes de la procédure – d'administrer tous les éléments de preuve dont il dispose pour établir la culpabilité du prévenu[522]. Cela atteste d'un particularisme de la procédure pénale fiscale puisque le fisc occupe une place déterminante dans l'administration de la preuve pénale.

141. Pourtant, en dépit de ces particularismes, l'instruction pénale fiscale n'apparaît pas différente de la procédure pénale générale. Le législateur a bien davantage fiscalisé la procédure pénale qu'il n'a pénalisé la procédure fiscale[523] car il n'a, en matière d'instruction, fait que confier à l'autorité publique des moyens de recherche de la preuve propre à la procédure pénale pour des délits fiscaux. En somme, la fiscalisation de la procédure pénale n'affecte en rien les caractéristiques de la recherche de la preuve pénale et de l'instruction pénale.

---

514 Art. 706-1-1 du Code de procédure pénale.
515 Art. 706-80 du Code de procédure pénale.
516 Art. 706-87 du Code de procédure pénale.
517 Art. 706-95 du Code de procédure pénale.
518 BETCH Martine, *Contentieux pénal, Procédure*, JurisClasseur Procédures fiscales, Lexis Nexis, 2016, n°331.
519 Cette faculté offerte à l'administration fiscale n'est pas unique en matière pénale. C'est le cas – sans prétendre à une quelconque exhaustivité – des communes en matière d'infractions aux règles de l'urbanisme (art. 480-1 du Code de l'urbanisme) ou des caisses de sécurité sociale qui peuvent se constituer partie civile afin de poursuivre un employeur ou un travailleur indépendant qui a méconnu ses obligations relatives au paiement des cotisations sociales (art. L. 244-1 du Code de la sécurité sociale).
520 Art. L. 232 du Livre des procédures fiscales.
521 Cass. crim., 16 avril 1970, n°68-92.344 : Bull. crim., n°132 ; Dr. fisc. 1970, n°28, comm. 834, note Jean COSSON ; Cass. Crim., 17 avril 1989, n°88-81.189 : Dr. fisc. 1989, n°45, comm. 2122.
522 BETCH Martine, *Contentieux pénal, Procédure*, JurisClasseur Procédures fiscales, Lexis Nexis, 2016, n°331 ; LOPEZ Christian, *Droit pénal fiscal*, LGDJ, Lextenso éditions, 2012, p. 177.
523 Sur ce point : AYRAULT Ludovic, *La pénalisation de la lutte contre la fraude fiscale*, Revue européenne et internationale de droit fiscal, 2015, n°1, pp. 36-42 ; GUTMANN Daniel, *La « pénalisation » du droit fiscal : mythe ou réalité ?*, Dr. fisc. 2011, n°4, pp. 10-16.

142. En définitive, la commune recherche de la preuve par les juges connaît des variations. Elles se révèlent au travers de la liberté dont dispose les juges dans la recherche de la vérité. Le juge civil dispose de la liberté la plus restreinte. Son rôle se réduit à un contrôle de l'allégation des parties qui sont chargées d'administrer les preuves nécessaires à la résolution des litiges. La liberté du juge administratif est plus vaste. Il est libre, dans le cadre du litige, de forger sa propre conviction en ordonnant les mesures d'instruction qu'il juge nécessaires. Enfin, la liberté du juge pénal apparaît la plus importante. Il est libéré de la tutelle des parties pour rechercher de manière effective les éléments de preuve qui sont nécessaires à la formation de sa conviction. L'instruction des litiges fiscaux ne saurait, de ce fait, présenter une quelconque unité dans la recherche de la preuve par les juges.

143. Conclusion de la Sous-Section I. – La phase d'instruction des litiges administratif, civil et pénal ne présente pas d'unité. Bien que chacun dirige l'instruction, ces juges ne disposent pas d'une autonomie analogue dans la recherche de la preuve. L'empreinte inquisitoire est plus ou moins marquée entre les juges de la matière fiscale. La radicale autonomie du juge pénal s'oppose à la liberté du juge administratif et à la liberté limitée du juge civil dans la découverte des éléments de preuve. C'est donc le lien existant entre le juge et les parties qui confère une liberté plus ou moins grande au juge dans la recherche de la preuve : les juges sont plus ou moins libérés de l'allégation des parties dans la recherche de la preuve. Sous ce jour, la recherche de la preuve par les juges apparaît comme une quête à l'intensité variable.

144. En outre, au-delà de ces différences textuelles, il nous paraît demeurer une irréductible différence tenant à la conception dont dispose chaque juge de son propre office : le devoir qu'ils s'imposent dans la recherche de la vérité nous paraît, en pratique, connaître des variations[524]. En ce sens, Charles DEBBASCH a souligné que « si la procédure civile peut s'accommoder d'un juge à pouvoirs inquisitoriaux, la procédure administrative contentieuse

[524] À défaut d'éléments irréfutables attestant de cette divergence, certains indices témoignent d'une différence d'esprit des juges dans la recherche de la preuve. En ce sens, si les parties peuvent demander qu'une mesure d'expertise soit ordonnée, le juge n'est pas toujours tenu de répondre à cette demande. Si, tant devant le juge civil (art. 455 du Code de procédure civile) que devant le juge pénal (art. 82-1, al. 2 du Code de procédure pénale), les juges sont tenus de justifier leur refus d'ordonner une telle mesure, il en va différemment devant le juge administratif : le juge est libre de refuser cette demande « sans être tenu ni de motiver son refus ni même de répondre explicitement, son silence signifiant nécessairement que la mesure sollicitée est, selon lui, inutile » (BROYELLE Camille, *Contentieux administratif*, LGDJ, 5e éd., 2017, n°257, p. 185). Ainsi, les parties ne disposent d'aucun indice permettant de saisir les causes de ce refus et seule la voie de l'appel ou de la cassation leur permet de contester ce refus. Cette différence atteste d'une différence d'esprit en la matière, le juge administratif préservant une direction tutélaire de l'instruction.

requiert de façon obligatoire ces pouvoirs d'inquisiteur »[525]. Le juge administratif s'emploie, en effet, « à percer le voile qui entoure l'action administrative »[526] dans la mise en œuvre de ses pouvoirs d'instruction. L'identité inquisitoire ou accusatoire de ces juges demeure profondément ancrée dans l'office des juges[527] sans que les dispositions légales n'en livrent encore un très net écho. Cet écart entre l'instruction des litiges fiscaux est encore attesté par l'existence de spécificités en matière de mesures d'instruction.

Sous-Section II. – Le maintien de divergences dans le corpus des mesures d'instruction

145. La décision d'ordonner une mesure d'instruction est fondée sur un cadre qui tend à s'harmoniser entre les juges de la matière fiscale (§.1.) bien que le corpus des mesures d'instruction contienne certaines spécificités (§.2.).

§.1. – L'émergence d'un cadre commun encadrant les mesures d'instruction

146. Les juges administratif, civil et pénal disposent d'une liberté analogue dans le prononcé des mesures d'instruction (A), bien qu'émerge un encadrement commun à cette liberté (B).

A/ La commune liberté d'ordonner une mesure d'instruction

147. Les mesures d'instruction sont les mesures « ordonnées à la demande des parties ou d'office par le juge et tend[e]nt à établir la réalité et l'exactitude des faits sur lesquels porte une difficulté juridique ou un litige »[528]. Ces mesures d'instruction sont ordonnées d'office par les juges mais peuvent également être demandées par une partie ou même par les deux parties[529]. Toutefois, les

---

[525] DEBBASCH Charles, *Procédure administrative contentieuse et procédure civile*, Thèse de doctorat, Aix-en-Provence, LGDJ, Bibliothèque de droit public, Tome 38, 1962, p. 369 et DEBBASCH Charles et RICCI Jean-Claude, *Contentieux administratif*, Dalloz, Précis, 8e éd., 2001, p. 531 (même citation).

[526] DEBBASCH Charles, *Procédure administrative contentieuse et procédure civile*, Thèse de doctorat, Aix-en-Provence, LGDJ, Bibliothèque de droit public, Tome 38, 1962, p. 385.

[527] En ce sens, Bernard PACTEAU souligne que « Les pouvoirs d'instruction du juge ne sont pas seulement des prérogatives mais des fonctions, donc l'office du juge au service de la bonne administration de la justice » (*Traité de contentieux administratif*, PUF Droit, 2008, p. 322) entre en ligne de compte dans la mise en œuvre de ces pouvoirs.

[528] DEBARD Thierry et GUINCHARD Serge, *Lexique des termes juridiques 2017-2018*, V° Mesures d'instruction, Dalloz, 25e éd, 2017.

[529] Les mesures d'instruction peuvent, en effet, être demandées tant par les parties qu'être ordonnées d'office par le juge tant devant le juge civil (Art. 143 du Code de procédure civile) que devant le juge d'instruction (Art. 82-1 du Code de procédure pénale). Devant le juge

juges restent, en définitive, les seuls à décider du prononcé de telles mesures. En pratique, c'est la vraisemblance d'un fait qui constitue le fondement réel de la décision d'ordonner une mesure d'instruction.

148. Devant la juridiction administrative, c'est le juge qui a établi cette règle. Il se doit ainsi, face à une allégation sérieuse, de faire usage de ses pouvoirs d'instruction[530] tempérant, en pratique, la liberté de principe[531] dont il dispose en la matière. À l'inverse, il refuse une telle mesure lorsque « les allégations des parties ne sont pas assez sérieuses pour être prises en considération »[532] qualifiant alors cette mesure de « frustratoire »[533]. La matière fiscale ne présente aucune spécificité en la matière puisque le Conseil d'Etat exige même un « commencement de preuve »[534] de la part de la partie qui demande une telle mesure. À défaut la mesure sera également qualifiée de « frustratoire »[535] démontrant que le juge administratif de l'impôt se refuse à pallier l'insuffisance des parties dans l'administration de la preuve[536].

149. Devant le juge civil, l'article 146, alinéa 1er du Code de procédure civile dispose qu'« Une mesure d'instruction ne peut être ordonnée sur un fait que si la partie qui l'allègue ne dispose pas d'éléments suffisants pour le prouver ». L'alinéa second de ce même article 146 précise qu'« En aucun cas une mesure d'instruction ne peut être ordonnée en vue de suppléer la carence de la partie dans l'administration de la preuve ». Cette disposition exige que l'allégation de la partie présente un degré suffisant de vraisemblance pour pouvoir faire l'objet d'une mesure d'instruction. La matière fiscale ne présente pas de

---

administratif, seules certaines mesures sont, à la lettre du Code de justice administrative, susceptibles d'être demandées par une ou plusieurs parties et ordonnées d'office par le juge. Il s'agit de l'expertise (art. R. 621-1, al. 1er du Code de justice administrative) et de l'enquête (art. R. 623-1 du Code de justice administrative). Or, pour la visite sur les lieux (art. R. 622-1 du Code de justice administrative), la vérification d'écriture (art. R. 624-1 du Code de justice administrative) ou la désignation d'un consultant (art. R. 625-2 du Code de justice administrative), rien n'est dit quant à la faculté d'une ou plusieurs parties de demander au juge de prononcer une telle mesure. Toutefois, aucune disposition n'interdit à une partie de demander au juge d'ordonner de telles mesures d'instruction.

530 En ce sens, la décision Cordière (Conseil d'Etat, 2e et 7e s.-s., 26 novembre 2012, n°354108, Cordière : préc.) du Conseil d'Etat illustre ce rôle fondamental de la vraisemblance dans le prononcé des mesures d'instruction : « il revient au juge, avant de se prononcer sur une requête assortie d'allégations sérieuses non démenties par les éléments produits par l'administration en défense, de mettre en œuvre ses pouvoirs généraux d'instruction ».

531 Ce principe de liberté dans la direction de l'instruction a été posé de très longue date par le Conseil d'Etat : Conseil d'Etat, 24 décembre 1897, Gaupillat : Rec. p. 830.

532 PASTOREL Jean-Paul, *L'expertise dans le contentieux administratif*, LGDJ, Droit administratif, 1994, p. 22.

533 Conseil d'Etat, 30 janvier 1970, n°73006, Mme veuve Herbe : Rec. p. 73.

534 Conseil d'Etat, 8e et 3e s.-s., 22 mai 2002, n°231105, SARL Berre Station : Rec. T. p. 882 ; Dr. fisc. 2002, n°43, comm. 833 ; RJF 8-9/02 n°967.

535 Conseil d'Etat, 8e et 7e s.-s., 14 octobre 1985, n°39154 : RJF 12/85, p. 845.

536 Conseil d'Etat, 9e et 7e s.-s., 27 septembre 1989, n°62177, Jacob : RJF 11/89, n°1262.

spécificité en la matière. En ce sens, le juge civil de l'impôt demeure un juge civil en matière de mesures d'instruction qui ne peut pallier l'insuffisance d'une partie dans l'administration de la preuve à la faveur d'une mesure d'instruction[537]. Dans ce cadre, le juge civil de l'impôt est libre de prononcer des mesures d'instruction, même s'il est tenu, en matière fiscale d'ordonner certaines expertises qui sont de droit comme en dispose l'article R. 202-3 du Livre des procédures fiscales[538]. Pour ces mesures, la partie qui en fait la demande n'est pas tenue de motiver sa demande par des éléments de preuve présentant une certaine vraisemblance.

150. La vraisemblance d'un fait constitue également, devant le juge pénal, la condition pour prononcer une mesure d'instruction puisque le juge pénal n'accédera à cette demande que s'il l'estime nécessaire « à la manifestation de la vérité »[539], c'est-à-dire si la mesure demandée est susceptible de présenter, au regard de sa vraisemblance, un intérêt probatoire[540].

151. En ce sens, les juges administratif, civil et pénal acceptent d'ordonner une mesure d'instruction dès lors qu'il est vraisemblable qu'elle soit utile pour la manifestation de la vérité, c'est-à-dire qu'elle est susceptible d'établir un fait présentant, a priori, une certaine vraisemblance[541]. Au-delà de l'encadrement de la liberté du juge d'ordonner une mesure d'instruction, il émerge un encadrement principiel qui encadre la liberté des juges d'ordonner une mesure d'instruction.

B/ L'émergence de principes encadrant le prononcé de mesures d'instruction

152. Le procès équitable (1) et, en matière répressive, les droits de la défense reconnus à l'accusé (2), apparaissent comme des sources d'un encadrement de la liberté du juge d'ordonner des mesures d'instruction.

---

[537] Cass. com., 24 mars 1998, n°94-21.076, Inédit.
[538] Le juge civil de l'impôt a pu rappeler aux juges du fond qu'ils ne peuvent alors refuser d'ordonner une expertise qui vise à déterminer – comme en dispose l'article R. 202-1 du Livre des procédures fiscales – la « valeur vénale réelle d'immeubles, de fonds de commerce et des marchandises neuves qui en dépendent, de clientèles, de droit à un bail ou au bénéfice d'une promesse de bail portant sur tout ou partie d'un immeuble, de navires et de bateaux » (Cass. com. 20 septembre 2016, n°14-30.065 : RJF 01/17, n°55 ; Cass. com., 8 juillet 2003, n°00-16.916, Sokolowsky : RJF 12/03, n°1459 ; Cass. com., 28 novembre 1989, M. et Mme André : Dr. fisc. 1990, n°7, comm. 321).
[539] Cass. crim., 25 juin 2003, n°02-83.290, Inédit.
[540] Cass. crim., 25 mars 1997, n°96-83.118 : Bull. crim., n°118.
[541] Sur ce point : GIRARD Fabien, *Essai sur la preuve dans son environnement culturel*, Thèse de doctorat, Grenoble, PUAM, 2013, pp. 465-468.

1/ Le procès équitable : limite à la liberté d'ordonner une mesure d'instruction

153. L'exigence fondamentale du procès équitable peut, en premier lieu, constituer une limite à la liberté des juges de prononcer une mesure d'instruction. L'article 6§1 de la Convention européenne des droits de l'Homme impose au juge de s'assurer que chaque « cause soit entendue équitablement ». À ce titre, la Cour de Strasbourg a pu contrôler le refus d'un juge de prononcer une mesure d'instruction lorsqu'il s'estime « suffisamment éclairé »[542] pour trancher un litige. La Cour européenne des droits de l'Homme contrôle ainsi l'usage effectif des mesures d'instruction par les juges nationaux au regard de l'exigence d'équité du procès et peut condamner le refus d'un juge de prononcer une telle mesure[543].

154. En outre, le respect de l'égalité des armes – qui découle de l'exigence de procès équitable –constitue une limite fondamentale à la liberté des juges d'ordonner une mesure d'instruction[544]. Le Conseil d'Etat a posé un principe analogue en jugeant que s'« il appartient au juge administratif, dans l'exercice de ses pouvoirs généraux de direction de la procédure, d'ordonner toutes les mesures d'instruction qu'il estime nécessaires à la solution des litiges qui lui sont soumis (…) il lui incombe (…) d'assurer l'égalité des armes »[545]. Ce considérant de principe atteste que la liberté du juge d'ordonner une mesure d'instruction ne doit pas affecter l'égalité des armes en désavantageant une partie. Une même exigence découle de l'article 146 alinéa 2 du Code de procédure civile qui offre ainsi une assise indirecte à l'égalité des armes : il interdit au juge de « suppléer la carence de la partie dans l'administration de la preuve » ce qui condamne toute mesure créant un net désavantage entre les parties[546]. En somme, l'égalité des armes constitue une limite commune à la liberté du juge d'ordonner une mesure d'instruction.

---

542 CEDH, 24 octobre 1989, n°10073/82, H. c/ France, § 70 : RFDA 1990, p. 203, chron. Olivier DUGRIP et Frédéric SUDRE ; LPA 28 février 1990, p. 12, note Laurent RICHER.

543 La Cour a ainsi pu juger contraire à l'article 6 de la Convention européenne des droits de l'Homme le refus du juge administratif d'employer ses pouvoirs d'injonction dans une affaire où une « diligence exceptionnelle s'imposait » (CEDH, 26 avril 1994, n°22121/93, Vallée c/ France, § 47).

544 CEDH, 18 mars 1997, n°21497/93, Mantovanelli c/ France : JCP 1998, I, 107, n°24, obs. Frédéric SUDRE ; RTD Civ. 1997, p. 1007, obs. Jean-Pierre MARGUENAUD.

545 Conseil d'Etat, Sect., 1er octobre 2014, n°349560, M. Erden : Rec. p. 288 ; Procédures 2014, n°11, comm. 310, comm. Serge DEYGAS ; AJDA 2014, p. 2185, chron. Jean LESSI et Louis DUTHEILLET DE LAMOTHE ; Droit Administratif 2015, n°1, comm. 2, comm. Gweltaz EVEILLARD ; JCP A 2015, n°23, 2172, note Gaëlle MARTI.

546 Sur ce point : CHAINAIS Cécile, FERRAND Frédérique et GUINCHARD Serge, *Procédure civile*, Dalloz, Précis, 33e éd., 2016, n°607, pp. 462-463.

155. Pour les litiges qui relèvent de la matière pénale, les droits de la défense constituent une limite spécifique à la liberté du juge pénal d'ordonner une mesure d'instruction.

2/ Les droits de l'accusé : limite spécifique à la liberté des juges d'ordonner une mesure d'instruction en matière répressive

156. La liberté des juges d'ordonner des mesures d'instruction est restreinte par les droits de la défense offerts à l'accusé. La Cour européenne des droits de l'Homme a forgé un « devoir [qui s'impose au juge] d'ordonner des mesures d'investigation afin de donner au requérant la possibilité de défendre sa cause »[547] et donc de préserver les droits de la défense[548]. Cette exigence concerne essentiellement l'audition des témoins lors du procès pénal garantie par l'article 6§3, d) de la Convention européenne des droits de l'Homme[549]. La Cour européenne des droits de l'Homme prohibe la condamnation d'un accusé fondé « uniquement ou dans une mesure déterminante, sur les dépositions faites par une personne que l'accusé n'a pu interroger ou faire interroger ni au stade de l'instruction, ni pendant les débats »[550]. Il y a donc lieu d'offrir à l'accusé « une occasion adéquate et suffisante de contester un témoignage à charge et d'en interroger l'auteur »[551]. Cette exigence ne sera pas respectée si l'accusé a été condamné uniquement ou dans une mesure déterminante sur des témoignages qu'il n'a pas pu interroger ou pu faire interroger[552]. Bien qu'en matière pénale fiscale – tout comme en matière fiscale –, « les preuves résultant d'écrits sont primordiales »[553], cette stipulation s'applique tant devant le juge pénal que devant les juges administratif[554] et civil[555] – pour la cause juridique des pénalités fiscales exigeant de ménager un débat contradictoire dans un tel cas.

---

547 CEDH, 16 février 2010, n°7078/02, V.D. c/. Roumanie, § 116.

548 CEDH, 29 avril 2008, n°32030/02, Spînu c/ Roumanie, § 62.

549 Sur ce point : TRECHSEL Stefan, *L'administration de la preuve, Quelques réflexions sur l'article 6, 3°, d) de la Convention européenne des droits de l'Homme*, in, *Mélanges en hommage à Pierre LAMBERT*, Bruylant, 2000, pp. 907-926.

550 CEDH, 24 novembre 1986, n°9120/80, Unterpertinger c/ Autriche, §§ 31-33 ; CEDH, 1er mars 2011, n°27335/04, Nevruz Bozkurt c/ Turquie, § 48.

551 CEDH, 23 avril 1997, n°21363/93 et a., Van Mechelen et autres c/ Pays-Bas, § 51 : D. 1997, p. 359, obs. Jean-François RENUCCI ; D. 1998, p. 174, obs. Jean PRADEL ; CEDH, 15 juin 1992, n°12433/86, Lüdi c/ Suisse, § 47.

552 CEDH, 19 décembre 1990, n°11444/85, Delta c/ France, § 37.

553 BRURON Jacques, *Droit pénal fiscal*, LGDJ, 1993, p. 41.

554 Le Conseil d'Etat a jugé que la garantie présente à l'article 6§3, d) de la Convention européenne des droits de l'Homme n'est applicable « en principe, qu'aux procédures contentieuses suivies devant les juridictions lorsqu'elles statuent sur des accusations en matière pénale » (Conseil d'Etat, 1ère et 6e ch., 7 décembre 2016, n°388141, Inédit) ouvrant la voie à une application de cette stipulation pour la cause juridique des pénalités fiscales.

555 Le juge civil de l'impôt n'a pas, à notre connaissance, appliqué cette stipulation en matière fiscale. Toutefois, la Chambre commerciale a, par exemple, appliqué cette stipulation en

157. En outre, la Cour européenne des droits l'Homme a fondé, sur l'exigence du procès équitable de l'article 6§1 de la Convention européenne des droits de l'Homme, une protection afférente aux témoignages favorables aux accusés. Les juges de Strasbourg jugent contraire à l'équité du procès la condamnation d'un prévenu prononcée par une juridiction d'un degré supérieur fondée sur des témoignages retranscrits par écrit dans le cas où les premiers juges avaient acquitté ce prévenu sur la base des témoignages oraux objets de la retranscription[556]. De la sorte, la Cour de Strasbourg impose au juge de préserver les droits de la défense en offrant une faculté d'entendre effectivement les témoignages favorables à l'accusé. Cette solution atteste de la nécessité pour le juge répressif de respecter scrupuleusement l'équité du procès en évitant d'établir un déséquilibre dans la mise en œuvre des mesures d'instruction.

158. Les mesures d'instruction doivent, en matière d'accusation pénale, être employées dans une optique de protection des droits de la défense : elles ne doivent pas priver le justiciable d'une défense effective, le juge se devant d'adopter un rôle actif dans la recherche de la vérité. En dépit de l'émergence de cet encadrement commun, il apparaît que les différentes mesures d'instruction qui peuvent être prononcées par les juges présentent certaines spécificités.

§.2. – L'existence de spécificités relatives aux mesures d'instruction ordonnées

159. La spécificité des mesures d'instruction réside, en premier lieu, dans la différence d'encadrement dont elles font l'objet (A) et dans la diversité et l'étendue de ces mesures (B).

A/ L'encadrement variable du corpus des mesures d'instruction

160. La liberté des juges administratif, civil et pénal d'ordonner une mesure d'instruction ne fait pas l'objet d'un cadre juridique commun. Chaque juge de la matière fiscale dispose – dans le quasi-silence du Livre des procédures fiscales[557] – d'un corpus de règles différentes présentes dans le Code de justice administrative, le Code de procédure civile et le Code de procédure pénale.

---

matière de sanctions applicables en droit de la concurrence (Cass. com., 22 février 2005, n°03-20.928, Inédit).

[556] CEDH, 15 septembre 2015, n°16903/12, Moinescu c/ Roumanie, § 40 ; CEDH, 26 mars 2013, n°5393/04, Niculescu-Dellakeza c/ Roumanie, § 48 ; CEDH, 18 mai 2004, n°56651/00, Destrehem c/ France, § 45.

[557] Le Livre des procédures fiscales contient très peu de dispositions relatives aux mesures d'instruction. Il faut tout de même relever la présence de l'article R. 202-3 du Livre des procédures fiscales qui pose qu'« en matière de droits d'enregistrement ou de taxe de publicité

161. Or, le juge administratif ne s'estime pas tenu par le corpus de mesures d'instruction présentes au sein du Code de justice administrative[558]. Il « use à son gré »[559] de son pouvoir d'instruction en n'hésitant pas à prononcer des mesures en dehors de tout cadre légal, sur le seul fondement de son pouvoir général d'instruction[560]. Il peut ainsi « prendre toutes mesures propres à lui procurer, par les voies de droit, les éléments de nature à lui permettre de former sa conviction sur les points en litige »[561]. Ce caractère indéfini des mesures d'instruction est même codifié au sein du Code de justice administrative[562].

162. En revanche, le juge judiciaire s'estime tenu par la légalité des mesures d'instruction comme en dispose l'article 10 du Code de procédure civile – tout comme l'article 143 de ce même Code[563]. Il en va de même pour le juge d'instruction[564], le procureur de la République[565] et le juge pénal[566] qui sont tenus par la légalité des mesures d'instruction et donc par le corpus légal existant en la matière. Il apparaît que les juges civil et pénal sont tenus par la légalité alors que le juge administratif peut modeler les mesures d'instruction aptes à forger sa conviction. En somme, le juge judiciaire « reste beaucoup

foncière », « l'expertise est de droit si elle est demandée par le contribuable ou par l'administration ».

558 CHAPUS René, *De l'office du juge : contentieux administratif et nouvelle procédure civile*, EDCE 1977-1978, pp. 13-65, spéc. p. 33.

559 DENOIX DE SAINT MARC Renaud et LABETOULLE Daniel, *Les pouvoirs d'instruction du juge administratif*, EDCE, 1970, pp. 69-91, spéc. p. 75.

560 À titre d'illustration, le juge administratif a jugé qu'il était en droit « d'exiger de l'administration compétente la production de tous documents susceptibles d'établir la conviction du juge et de permettre la vérification des allégations du requérant » (Conseil d'Etat, Sect., 1er mai 1936, Couespel du Mesnil : Rec. p. 485 ; Conseil d'Etat, Sect., 24 octobre 1969, Gougeon : Rec. p. 457) ou, en matière fiscale, d'exiger du ministre qu'il communique les « raisons de fait et de droit pour lesquelles l'opération projetée (…) ne présentait pas un intérêt économique suffisant pour justifier l'octroi d['un] agrément » (Conseil d'Etat, 26 janvier 1968, Société Maison Génestal : Rec. p. 62, concl. BERTRAND).

561 Conseil d'Etat, Ass., 6 novembre 2002, n°194295, Moon : Rec. p. 380, concl. MAUGUE ; AJDA 2002, p. 1337, chron. Francis DONNAT et Didier CASAS.

562 Cette liberté du juge se manifeste à la lecture de l'article R. 626-1 du Code de justice administrative qui dispose qu'« Un membre de la juridiction peut être commis par la formation de jugement ou par son président ou, au Conseil d'Etat, par la chambre chargée de l'instruction pour procéder à toutes mesures d'instruction autres que celles qui sont prévues aux chapitres Ier à IV du présent titre ». Cette disposition « ouvre la possibilité de procéder à toutes mesures d'instruction autres que celles organisées par le code » (GABOLDE Christian, *Les moyens d'investigation*, Dalloz professionnels Pratique du contentieux administratif, Dossier 260, Dalloz, 2016, n°260.380).

563 Ces articles disposent que le juge civil peut ordonner « toutes les mesures d'instruction légalement admissibles ».

564 Art. 81, al. 1er du Code de procédure pénale.

565 Art. 41, al. 1er du Code de procédure pénale.

566 Art. 397-2 et 463 du Code de procédure pénale.

plus près des textes écrits que le juge administratif »[567]. Cette différence importante n'est toutefois pas la seule puisque les mesures d'instruction qui sont offertes au juge n'est pas identique et présente des particularismes.

B/ Le maintien de particularismes relatifs à la diversité et à l'étendue des mesures d'instruction

163. Les juges de la matière fiscale disposent d'une commune faculté d'obtenir des preuves[568]. Cette faculté peut s'exercer par les juges eux-mêmes (1) ou par le biais d'un expert (2).

1/ La commune faculté des juges de rechercher directement la preuve

164. Les juges de la matière fiscale peuvent opérer des constations sur place (i), exiger des parties d'administrer une preuve (ii) et entendre un témoin (iii).

i/ La commune faculté de recueillir des preuves sur place

165. Les juges ont la faculté de réaliser la visite de lieux afin de constater et d'apprécier par eux-mêmes certains faits. Le juge administratif peut réaliser une « visite des lieux »[569] tout comme le juge civil qui peut procéder à un « transport sur les lieux »[570] afin de « prendre en toute matière une connaissance personnelle des faits litigieux »[571]. De même, afin de recueillir des témoignages en dehors de l'enceinte du tribunal, le juge administratif peut se déplacer sur place afin de réaliser une « enquête »[572] à l'instar de son homologue civil[573].

---

567 DEBBASCH Charles, *Procédure administrative contentieuse et procédure civile*, Thèse de doctorat, Aix-en-Provence, LGDJ, Bibliothèque de droit public, Tome 38, 1962, p. 439.

568 Sur ce point : DEBBASCH Charles, *Procédure administrative contentieuse et procédure civile*, Thèse de doctorat, Aix-en-Provence, LGDJ, Bibliothèque de droit public, Tome 38, 1962, pp. 394-405 ; JEULAND Emmanuel, *Droit processuel général*, LGDJ, Montchrestien, Domat droit privé, 3e éd., 2014, pp. 480-493.

569 Art. R.622-1 du Code de justice administrative. Le Conseil d'Etat a récemment fait usage, en contentieux général, de cette visite des lieux (Conseil d'Etat, Ass., 4 avril 2014, n°362785, Min. Écologie c/ Lambois et autres : AJDA 2014, p. 1029, chron. André BRETONNEAU et Jean LESSI ; Dr. adm. 2014, comm. 45, note Gweltaz EVEILLARD). Olivier GOHIN relève à cet égard que la visite des lieux est utile « pour établir des éléments de fait dont l'appréciation joue un rôle décisif dans la solution au fond du procès administratif, particulièrement en matière immobilière » (*Contentieux administratif*, Lexis Nexis, 8e éd., 2014, p. 317).

570 Art. 179 à 183 du Code de procédure civile.

571 Art. 179, al. 1er du Code de procédure civile. L'alinéa 2 de ce même article 179 précise que le juge « procède aux constatations, évaluations, appréciations ou reconstitutions qu'il estime nécessaires, en se transportant si besoin est sur les lieux ».

572 Art. R. 623-1 à R. 623-8 du Code de justice administrative.

573 Art. 204 à 221 du Code de procédure civile.

166. L'enquête – qui n'a été employée que trois fois au cours du XXe siècle par le Conseil d'Etat[574] – et la visite des lieux[575] font actuellement l'objet d'un renouveau encouragé par la juridiction administrative[576] qui s'explique par un intérêt récent porté à l'oralité dans le procès administratif[577]. Toutefois, ces procédures sont « lourdes »[578] et certainement chronophages pour le juge qui ne peut, à notre sens, l'employer que dans des cas spécifiques où la constatation directe du fait peut être décisive pour la résolution du litige[579]. Il est à noter que le Conseil d'Etat a récemment fait usage de l'enquête en matière fiscale[580].

---

[574] SAUVE Jean-Marc, *La place de l'oralité : support délaissé ou renouvelé dans la juridiction administrative ?*, in, *Entretiens d'Aguesseau*, Limoges, 7 mars 2008, disponible sur le site internet du Conseil d'Etat, p. 8.

[575] CHAPUS René, *Droit du contentieux administratif*, Montchrestien, 13e éd., 2008, pp. 875-876.

[576] Bernard CHEMIN souligne ainsi que « Ces procédures orales (…) s'agissant de la procédure d'enquête, et (…) de la visite des lieux, étaient tombées en désuétude ou rarement appliquées. Elles sont actuellement encouragées et pratiquées par le Conseil d'Etat. Elles peuvent en effet s'avérer très utiles pour la manifestation de la vérité lorsque la procédure écrite ne permet pas au juge de se faire une opinion. Elles méritent donc d'être utilisées. Il s'agit cependant de procédures lourdes qui ne peuvent être employées que dans des cas très particuliers » (*Le statut de l'oralité*, AJDA 2011, p. 604).

[577] Sur ce point : CHEMIN Bernard, *Le statut de l'oralité*, AJDA 2011, n°11, pp. 604-607 ; DE MALAFOSSE Aymard, *L'évolution de l'instruction écrite*, AJDA 2011, pp. 608-611 ; LAMARQUE Jean, *Le procès du procès*, in, *Etudes offertes à Jean-Marie AUBY*, Dalloz, 1992, pp. 149-180, spéc. p. 171 ; LASSERRE Bruno, *La redécouverte de l'oralité. Propos décousus d'un membre du Conseil d'Etat*, in, *Juger l'administration, administrer la justice : mélanges en l'honneur de Daniel LABETOULLE*, Dalloz, 2007, pp. 545-558 ; SAUVE Jean-Marc, *La place de l'oralité : support délaissé ou renouvelé dans la juridiction administrative ?*, in, *Entretiens d'Aguesseau*, Limoges, 7 mars 2008, disponible sur le site internet du Conseil d'Etat.

[578] CHEMIN Bernard, *Le statut de l'oralité*, AJDA 2011, n°11, pp. 604-607.

[579] En ce sens, le juge administratif a pu entreprendre une visite des lieux afin d'identifier des parcelles devant être inscrites à l'inventaire des sites pittoresques (Conseil d'Etat, Sect., 13 mars 1970, Dame Benoist d'Anthenay : Rec. p. 182 ; RDP 1971, p. 224, note Marcel WALINE) ou pour évaluer l'atteinte au caractère d'un lieu par l'exécution d'un permis de construire (Conseil d'Etat, Sect., 31 décembre 1976, Association Les amis de l'Île de Groix : Rec. p. 585).

[580] Une décision du Conseil d'Etat mentionne une enquête réalisée à la demande du juge administratif de l'impôt sur le fondement de l'article R. 623-1 du Code de justice administrative (Conseil d'Etat, 8e s.-s., 26 juillet 2011, n°322655 : RJF 02/10, n°118). Dans cette espèce, l'enquête a servi à « arrêter la valeur vénale des terrains acquis par la société ainsi que les travaux réalisés par les collectivités territoriales et leurs groupements avant la cession et les montants pris en charge par ces personnes publiques au titre de ces travaux ». Une autre affaire relative à la taxe annuelle sur les logements vacants a pu donner lieu à cette même mesure (Conseil d'Etat, 8e s.-s., 25 février 2015, n°375677, Inédit).

167. Devant le juge civil, le transport sur les lieux apparaît également fort rare en pratique[581] alors que l'enquête est d'usage courant[582]. Toutefois, devant le juge civil de l'impôt, l'enquête est prohibée[583] – tout comme le transport sur les lieux[584] – en raison de leur incompatibilité avec le caractère écrit de l'instruction[585]. En dépit d'une faculté commune de recueillir des preuves sur place, il apparaît que ces mesures sont très peu employées par le juge administratif de l'impôt et prohibées devant le juge civil de l'impôt.

168. La faculté de recueillir des preuves sur place présente un tout autre visage devant le juge pénal. Si, à l'instar des juges administratif et civil, le juge pénal peut, d'office ou à la demande des parties, se transporter sur les lieux tant au stade de l'instruction[586] qu'au stade du jugement[587], il dispose de moyens particuliers pour recueillir des preuves sur place. En ce sens, il existe, en matière pénale, des moyens spécifiques de constater des preuves sur place – comme le constat et la constatation[588] – dont la perquisition[589] constitue le procédé le plus emblématique. Elle consiste en la « pénétration dans un lieu clos en vue de la recherche d'objets relatifs aux faits poursuivis »[590]. En somme, le recueil de la preuve sur place présente, en matière pénale, une identité particulière qui offre au juge la faculté de rechercher des preuves par des procédés exorbitants qui portent atteinte au respect de la vie privée.

169. À côté de cette faculté de rechercher la preuve sur place, les juges peuvent exiger des parties ou des tiers qu'ils administrent des preuves.

ii/ La faculté variable de forcer les parties à administrer une preuve

170. La faculté d'exiger la production forcée de pièces constitue une mesure d'instruction d'une particulière importance. Elle consiste pour le juge à exiger d'une partie la production d'une preuve nécessaire à l'établissement de la

---

581 REDON Michel, *Vérifications personnelles du juge*, Répertoire de procédure civile, Dalloz, 2010, n°5.
582 REDON Michel, *Enquête, témoins, attestations*, Répertoire de procédure civile, Dalloz, 2016, n°36-401.
583 Cass. com., 20 avril 1970, n°68-10.784 : Bull. civ. V, n°120.
584 Le juge civil de l'impôt n'a toutefois pas eu à juger de cette incompatibilité.
585 Article R 202-2, alinéa 2 du Livre des procédures fiscales.
586 Art. 93 du Code de procédure pénale.
587 Art. 456 du Code de procédure pénale (pour le tribunal correctionnel).
588 Il s'agit du « constat » et des « contestations ». Sur ces procédures : GUINCHARD Serge et BUISSON Jacques, *Procédure pénale*, Lexis Nexis, 10e éd., 2014, n°605-607.
589 Les perquisitions peuvent être réalisées durant l'enquête (art. 76 du Code de procédure pénale), durant l'instruction (art. 92 du Code de procédure pénale) et même être ordonnées lors de la phase de jugement (art. 463 du Code de procédure pénale pour le tribunal correctionnel).
590 JEULAND Emmanuel, *Droit processuel général*, LGDJ, Montchrestien, Domat droit privé, 3e éd., 2014, p. 483.

réalité factuelle. Or, cette faculté fait l'objet d'une différence fondamentale entre le juge administratif et le juge civil.

171. En procédure civile, la communication forcée de preuves et de pièces nécessite la demande d'une partie qui souhaite en obtenir la communication[591]. Cela signifie que le juge civil ne dispose pas, d'office, de la faculté d'ordonner à une partie de communiquer à l'autre partie la communication d'un ou plusieurs éléments de preuve.

172. Devant le juge administratif[592], la production forcée d'une preuve – qui peut être, à la fois, une demande d'explications[593] ou de production de documents[594] – ne requiert nullement la demande d'une partie. Le juge administratif a requis, de longue date sur le seul fondement de ses pouvoirs propres, la production de documents détenus par une partie[595]. Cette faculté a, depuis lors, été codifiée au sein du Code de justice administrative[596]. Cette différence entre le juge civil et le juge administratif présente une particulière importance[597]. Emmanuel JEULAND explique que la nécessité pour les parties de demander au juge de prononcer cette communication forcée s'explique par le fait que « les questions de fait appartiennent en principe aux parties »[598] et atteste que « les réformateurs de la procédure civile sont restés

---

[591] L'article 11, alinéa 2 du Code de procédure civile dispose que « Si une partie détient un élément de preuve, le juge peut, à la requête de l'autre partie, lui enjoindre de le produire, au besoin à peine d'astreinte ». Cette règle est reprise en matière de communication de pièces à l'article 133 du Code de procédure civile.

[592] Sur ce point : CHAPUS René, *Droit du contentieux administratif*, Montchrestien, 13e éd., 2008, pp. 868-874.

[593] Le Conseil d'Etat a ainsi pu exiger de l'Administration qu'elle fournisse « toutes précisions et justifications de nature à l'établir l'exactitude du motif » indiqué (Conseil d'Etat, Ass., 30 janvier 1959, Grange : Rec. p. 85, concl. Jacques CHARDEAU) ou de livrer des « explications » ou « observations » (Conseil d'Etat, 22 mars 1961, Enard : Rec. p. 202) ou encore de préciser « les raisons de fait et de droit » (Conseil d'Etat, Sect., 26 janvier 1968, Société Maison Genestal : préc.) qui ont motivé l'adoption d'une décision.

[594] Le Conseil d'Etat a, en ce sens, pu exiger que l'Administration lui communique les dossiers, les pièces ou les documents qui fondent la décision attaquée (Conseil d'Etat, 21 décembre 1960, Vicat-Blanc : Rec. p. 1022).

[595] Conseil d'Etat, 6e et 1ère s.-s., 29 octobre 2013, n°346569, Vidon : Rec. p. 259 ; Conseil d'Etat, 2e et 7e s.-s., 26 novembre 2012, n°354108, Cordière : préc. ; Conseil d'Etat, Sect., 1er mai 1936, Couespel du Mesnil : préc.

[596] Article R. 611-10 du Code de justice administrative devant le tribunal administratif ; article R. 611-17 du Code de justice administrative devant la cour administrative d'appel et article R. 611-27 du Code de justice administrative devant le Conseil d'Etat.

[597] GUINCHARD Serge, Frédérique FERRAND, CHAINAIS Cécile, *Procédure civile*, Dalloz, Hypercours, 4e éd., 2015, p. 474 ; JEULAND Emmanuel, *Droit processuel général*, LGDJ, Montchrestien, Domat droit privé, 3e éd., 2014, p. 555.

[598] JEULAND Emmanuel, *Droit processuel général*, LGDJ, Montchrestien, Domat droit privé, 3e éd., 2014, p. 555.

en deçà de ce qu'ils auraient pu normalement décider »[599]. En somme, cette différence préserve une différence fondamentale entre les juges administratif et civil dans la production forcée des éléments de preuve détenus par les parties.

173. À la différence de la procédure administrative et civile, la procédure pénale présente, à nouveau, un tout autre visage en matière de production forcée de preuves. Durant l'instruction, la production forcée des preuves peut être ordonnée[600] mais le juge d'instruction dispose de la faculté de procéder à des interrogatoires[601] ou encore de procéder à des écoutes téléphoniques[602]. Durant la phase de jugement, le juge pénal peut interroger le prévenu[603] qui est tenu de comparaître à l'audience[604]. En somme, la recherche de la preuve pénale manifeste son particularisme par le caractère exceptionnel des mesures dont disposent les enquêteurs pour obtenir des éléments de preuve.

174. En revanche, les juges administratif et civil disposent d'une faculté analogue d'entendre – ou de lire par le biais de d'attestation – des témoins.

iii/ La faculté commun d'entendre un témoin

175. La faculté d'entendre un témoin peut présenter une importance particulière lorsque la connaissance par un tiers de faits litigieux s'avère décisive dans l'établissement d'une preuve. Le juge administratif peut entendre les témoins dans le cadre d'une enquête[605] – qui aura lieu en dehors de l'enceinte de la juridiction – mais également prendre connaissance de leur témoignage par le biais d'attestations[606].

---

599 CHAPUS René, *De l'office du juge : contentieux administratif et nouvelle procédure civile*, EDCE 1977-1978, pp. 13-65, spéc. p. 31.
600 Art. 82-1 du Code de procédure pénale.
601 Art. 114 à 121 du Code de procédure pénale (L'interrogatoire vise la personne poursuivie à la différence de l'audition qui vise la partie civile).
602 L'article 100 du Code de procédure pénale dispose que le juge d'instruction peut procéder à « l'enregistrement et la transcription de correspondances émises par la voie des télécommunications » lorsque « la peine encourue est égale ou supérieure à deux ans d'emprisonnement ». Cette procédure est donc possible pour le délit de fraude fiscale dès lors que l'article 1741 du Code général des impôts prévoit qu'en matière de fraude fiscale les prévenus peuvent être punis « d'un emprisonnement de cinq ans ».
603 Tant au stade de l'instruction (art. 114 du Code de procédure pénale) que du jugement (art. 442 du Code de procédure pénale, pour le tribunal correctionnel).
604 Art. 410 du Code de procédure pénale.
605 Art. R 623-5 du Code de justice administrative.
606 Conseil d'Etat, 9e et 8e s.-s., 3 novembre 1986, n°49763, Nahmias : RJF 01/87, n°73, chron. Monique LIEBERT-CHAMPAGNE, p. 3.

176. À l'instar du juge administratif, le juge civil peut, à fin d'entendre un témoin, mener une enquête auprès de lui[607]. En outre, il peut exiger la comparution personnelle des parties[608] et le juge peut même se « transporter auprès d'elle[s] »[609] si elles ne peuvent se déplacer. Il dispose, enfin, de la faculté de prendre connaissance des témoignages par le biais d'attestations[610]. Or, devant le juge civil de l'impôt, seules les attestations pourront être admises par le juge[611] sans que l'audition de témoins ne soit possible[612] en raison de l'incompatibilité de cette mesure avec le caractère écrit de la procédure[613]. Ainsi, si les preuves orales paraissent encouragées par le législateur – qui a créé le statut du témoin fiscal[614] – le témoignage demeure prohibé devant le juge civil de l'impôt[615].

177. En procédure pénale, le témoignage « possède une forte spécificité »[616] en raison de la place éminente qu'il occupe. Le juge pénal peut, tant au stade de l'instruction[617], de l'enquête[618] et du jugement[619], faire citer les témoins – qui sont tenus lors du jugement de comparaître, de prêter serment et de déposer[620]. Ce formalisme particulier imprime sur le témoignage une solennité particulière qui est propre au procès pénal.

178. À côté de cette commune faculté d'entendre – ou de lire – des témoignages, les juges peuvent avoir recours à des mesures d'ordre technique afin de disposer de l'opinion d'un expert sur un fait dont l'appréciation est difficile pour le juge.

---

607 Art. 204 à 221 du Code de procédure civile.

608 Art. 184 à 198 du Code de procédure civile. La faculté d'« entendre les parties » est également reconnue au stade de la mise en état du litige (art. 767 du Code de procédure civile).

609 Art. 196 du Code de procédure civile.

610 Art. 200 à 203 du Code de procédure civile.

611 Cass. com., 5 janvier 1988, n°86-12.749, Evrard : Bull. civ., IV, n°3 ; Dr. fisc. 1988, n°18, comm. 916.

612 Cass. com., 3 décembre 1991, n°89-21.490 : Bull. civ. IV, n°375.

613 Art. R.202-2, al. 2 du Livre des procédures fiscales.

614 L'article L. 10-0 AB du Livre des procédures fiscales a été créé par l'article 19 de la loi de finances rectificative pour 2016 du 29 décembre 2016 (J.O. du 30 décembre 2016, texte n°2).

615 Le témoin fiscal n'aura pas à témoigner de nouveau, l'article L. 10-0 AB, al. 4 du Livre des procédures fiscales prévoyant que son témoignage soit retranscrit sous la forme d'un procès-verbal.

616 JEULAND Emmanuel, *Droit processuel général*, LGDJ, Montchrestien, Domat droit privé, 3e éd., 2014, p. 485.

617 Art. 101 du Code de procédure pénale.

618 Art. 78 du Code de procédure pénale.

619 Art. 435 du Code de procédure pénale.

620 Tant au stade de l'instruction (art. 109 du Code de procédure pénale) que du jugement (art. 437 du Code de procédure pénale en matière correctionnelle). Ce serment consiste, devant le tribunal correctionnel, à « dire toute la vérité, rien que la vérité » comme en dispose l'article 446 du Code de procédure pénale.

2/ La commune faculté d'obtenir une analyse d'ordre technique

179. Les juges administratif et civil disposent de la faculté commune de faire appel à un technicien (i) et peuvent obtenir une vérification d'écriture (ii).

i/ La faculté commune de faire appel à un expert

180. L'expertise est un mode d'instruction très fréquemment employé par les juges[621]. Il s'agirait même « de la preuve par excellence »[622] en raison de sa nature scientifique[623]. Le Code de justice administrative offre la faculté au juge de recourir à un consultant[624] – face à « une question technique ne requiert pas d'investigations complexes » – et naturellement à l'expert[625] sans que l'expertise ne fasse l'objet d'une définition précise.

181. En revanche, le Code de procédure civile offre un panel de mesures plus complet. Le juge civil peut s'en remettre à un technicien[626] pour opérer des constatations[627] – qui consistent à « prendre personnellement connaissance d'éléments de faits allégués dans un litige et de lui en faire une représentation fidèle et objective, une photographie en quelque sorte »[628]. Il peut également ordonner une consultation[629] – qui permet d'interroger une personne sur « une question purement technique ne requiert pas d'investigations complexes »[630]. Enfin, il peut ordonner une expertise[631] qui « n'a lieu d'être ordonnée que dans le cas où des constatations ou une consultation ne pourraient suffire à éclairer le juge »[632]. L'expertise est donc ordonnée dans le cas où une question complexe se pose au juge dans l'établissement d'un fait. Ces mesures peuvent être effectuées dans le cadre d'un litige fiscal à la condition d'en respecter le caractère écrit – l'expert, le consultant et le technicien doivent alors présenter leurs conclusions par écrit.

182. Enfin, le Code de procédure pénale ne présente pas de réelle spécificité en la matière puisqu'une expertise peut être requise tant au stade de

---

621 JEULAND Emmanuel, *Droit processuel général*, LGDJ, Montchrestien, Domat droit privé, 3e éd., 2014, p. 487.
622 *Op. cit.*, p. 488.
623 Sur ce point : infra, n°553.
624 Art. R. 625-2 du Code de justice administrative.
625 Art. R. 621-1 à R. 621-14 du Code de justice administrative.
626 Art. 232 à 248 du Code de procédure civile.
627 Art. 249 à 255 du Code de procédure civile.
628 DESPAQUIS Jean-Marc, *Mesures d'instruction, Constatations*, JurisClasseur Encyclopédie des Huissiers de Justice, Fasc. n°20, 2016, n°5.
629 Art. 256 à 262 du Code de procédure civile.
630 Art. 256 du Code de procédure civile.
631 Art. 263 à 284-1 du Code de procédure civile.
632 Art. 263 du Code de procédure civile.

l'instruction[633] que du jugement[634]. Il est toutefois précisé que l'expertise « ne peut avoir pour objet que l'examen de questions d'ordre technique »[635] ce qui n'est pas, à notre sens, de nature à distinguer l'expertise pénale de l'expertise ordonnée en matière administrative ou civile. Il existe, en revanche, divers procédés qui sont spécifiques à la matière pénale qui permettent d'obtenir une analyse technique sur des éléments de fait particuliers à la matière pénale[636].

183. En somme, bien que l'expertise ne fasse pas l'objet d'une définition commune entre les juges de la matière fiscale – le Code de procédure pénale faisant référence à une question « d'ordre technique »[637], le Code de procédure civile à la complexité du fait en cause[638] et le Code de justice administrative ne définissant nullement l'expertise[639] – il y a tout lieu de constater que l'expertise, si elle ne renvoie pas à une définition précise, peut s'analyser dans une optique organique puisqu'elle sera toujours confiée à un « expert »[640]. En pratique, il apparaît que « l'expertise est – et de loin – la mesure d'instruction à laquelle le juge a le plus souvent recours »[641] sans que la matière fiscale ne fasse exception à ce constat.

184. Enfin, une expertise particulière peut être ordonnée par chacun des juges de la matière fiscale : il s'agit de la vérification d'écriture.

ii/ La commune faculté de faire vérifier une écriture

185. Le juge administratif peut ordonner une vérification d'écriture – qui sera réalisée par un ou plusieurs experts[642]. Cette mesure se distingue de la vérification de documents administratifs qui consiste à demander à un membre de la juridiction administrative de procéder à la vérification d'un document[643].

---

633 Art. 156 du Code de procédure pénale.
634 L'article 434 du Code de procédure pénale dispose que « Si le tribunal estime qu'une expertise est nécessaire, il est procédé conformément aux articles 156 à 166, 168 et 169 ».
635 Art. 158 du Code de procédure pénale.
636 Le Code de procédure pénale permet ainsi de réaliser des « prélèvements externes » (art. 55, al. 1er du Code de procédure pénale), des prélèvements biologiques (art. 706-55 du Code de procédure pénale). Il est également possible de réquisitionner une personne qualifiée afin de procéder à des examens scientifiques ou techniques (art. 60 et 77-1 du Code de procédure pénale).
637 Art. 158 du Code de procédure pénale.
638 Art. 263 du Code de procédure civile.
639 Art. R. 621-1 du Code de justice administrative.
640 L'étymologie du terme expert - qui vient du latin *expertus* – signifie « éprouvé, qui a fait ses preuves ».
641 GOHIN Olivier, *Contentieux administratif*, Lexis Nexis, 8e éd., 2014, n°337, p. 313.
642 Art. R. 624-1 du Code de justice administrative.
643 La vérification de documents administratifs figurait à l'article 150 du Code des tribunaux administratifs dans sa version adoptée le 13 juillet 1973 mais cette disposition n'a pas été maintenue lors de la refonte de ce Code en date du 7 septembre 1989. Elle consiste en une

Parfois, le juge administratif peut également s'en remettre directement à l'Administration afin qu'elle opère une vérification – cette vérification sera alors nommée vérification administrative[644].

186. Le particularisme de la vérification d'écriture se mesure à l'aune des particularités propres à la juridiction administrative – où le juge peut confier à un membre de la juridiction ou à un membre de l'Administration le soin de réaliser une vérification matérielle. Devant le juge administratif, cette mesure est « extrêmement rare »[645] – même si la jurisprudence du Conseil d'Etat en matière fiscale en livre une illustration[646]. Cette mesure dispose d'une utilité relative en matière fiscale dans la mesure où l'identité de l'auteur d'une écriture semble, en pratique, rarement discutée[647].

187. De même, le juge civil dispose de la faculté de réaliser une vérification d'écriture[648] qui sera réalisée par le juge lui-même[649] ou par un technicien[650]. Aucun obstacle n'apparaît à l'emploi d'une telle mesure d'instruction devant le juge civil de l'impôt en raison de son caractère écrit.

188. Enfin, le juge pénal peut également – bien qu'il n'existe pas de disposition spécifique au sein du Code de procédure pénale – ordonner une expertise afin de vérifier une écriture[651].

189. Conclusion de la Sous-Section II. – Les mesures d'instruction qui sont offertes aux juges administratif et civil de l'impôt permettent, tout à la fois, d'exiger des parties ou de tiers la production de preuves, d'obtenir une analyse

---

vérification matérielle réalisée par le seul rapporteur lorsque la vérification consiste en une simple constatation. Il existe, en contentieux administratif général, des exemples d'utilisation de cette vérification de documents administratifs (par ex. : Conseil d'Etat, 1e et 4e s.-s., 29 juin 1990, n°92272, Mme Courtet : Rec. p. 189, pour un cas où un administré contestait la signature de la minute d'un décret dont la réalité de la signature a pu « vérifiée au secrétariat général du gouvernement par le rapporteur commis à cet effet par le président de la 1ère sous-section de la section du Contentieux du Conseil d'Etat ». Cette solution reprend des décisions plus anciennes (Conseil d'Etat, Ass., 16 novembre 1956, Union syndicale aéronautiques : Rec. p. 434) qui avait consisté en la vérification de l'existence de signatures sur la minute d'un décret).

[644] Conseil d'Etat, 24 juin 1953, Beaugé : Rec. p. 31.

[645] GABOLDE Christian, *Les moyens d'investigation*, Dalloz professionnels Pratique du contentieux administratif, Dossier 260, Dalloz, 2016, n°260.375.

[646] Conseil d'Etat, 9e et 7e s.-s., 21 janvier 1976, n°94347 : Leb. T. p. 884 (A propos du refus de la demande de vérification de sa propre écriture par le contribuable).

[647] Il faut toutefois noter que l'administration fiscale a – par la voie de sa doctrine (BOI-BIC-DECLA-30-10-10-20, 21 janvier 2013, § 430) – estimé qu'en cas de « signature apocryphe » d'une déclaration, « le service serait fondé à considérer comme nulle et non avenue la déclaration » offrant à la vérification d'écriture un intérêt tout particulier en la matière.

[648] Art. 287 à 295 du Code de procédure civile.

[649] Art. 288, al. 1er du Code de procédure civile.

[650] Art. 292 du Code de procédure civile.

[651] Cass. crim., 7 novembre 2001, n°00-87.841, Inédit.

technique d'un fait ou encore d'apprécier directement un fait. Ces juges disposent ainsi d'un arsenal complet leur permettant de rechercher et de saisir l'exacte portée des preuves nécessaires à la résolution des litiges. Pourtant, les juges de l'impôt ne disposent pas d'un corpus commun en la matière. Les différences qui demeurent – bien qu'elles soient nettement plus marquées entre le juge pénal et les autres juges qu'entre les juges administratif et civil – attestent, à nouveau, d'une empreinte inquisitoire plus ou moins forte. À ce titre, le fait que le juge civil ne puisse, de lui-même, exiger l'administration d'une preuve par une partie constitue un irréductible élément de spécificité. De même, les mesures d'instruction présentes au sein du Code de procédure pénale présentent de réelles spécificités qui sont liées à la nature spécifique des preuves pénales : en cette matière, c'est « l'intensité des mesures ordonnées par le juge d'instruction à des fins probatoires »[652] qui constitue un véritable particularisme. La coercition qui s'attache aux mesures d'instruction du juge pénal est à la hauteur de l'enjeu qui est au cœur du procès pénal.

190. Conclusion de la Section I. – La recherche de la preuve par les juges administratif, civil et pénal conserve des divergences en dépit d'un rapprochement continu des procédures. Si ces juges ont en commun de rechercher, par eux-mêmes, la réalité factuelle, le degré d'implication dans cette recherche est susceptible de variations. Plusieurs lignes de démarcation distinguent ces juges. L'allégation des parties constitue, en premier lieu, un cadre plus ou moins strict dans la recherche des preuves par le juge. Ensuite, les mesures d'instruction qui sont offertes aux juges préservent une intensité variable qui permet de distinguer les juges. Il apparaît ainsi que la présence d'une instruction – d'inspiration inquisitoire – n'est pas de nature à conférer aux juges une identité commune. À notre sens, il faut en conclure que le caractère inquisitoire d'une procédure n'est pas de nature à offrir un cadre d'analyse suffisant. En ce sens, le caractère inquisitoire de la procédure administrative ne permet pas de la relier inconditionnellement à la procédure pénale. Bien souvent même, la procédure administrative s'avère plus proche de la procédure civile que de la procédure pénale.

191. Enfin, au-delà de l'étude aride des dispositions légales et réglementaires, il semble transparaître un *esprit* propre à chaque juge les rendant plus ou moins attentif dans la recherche de la preuve. L'office de chaque juge les pousse à disposer d'une attitude plus ou moins active dans la recherche de la preuve sans que l'encadrement légal de cette recherche ne constitue le seul fondement de ces divergences. Si l'étude de la recherche de la preuve par les juges permet d'entrevoir une identité propre à chaque juge, il convient de

[652] LECLERC Olivier, VERGES Etienne et VIAL Géraldine, *Droit de la preuve*, PUF, Thémis droit, 2015, p. 308.

confirmer cette analyse au regard du rôle occupé par les juges dans la répartition de la charge de la preuve.

Section II. – Le maintien de l'identité probatoire dans la répartition effective de la charge de la preuve

192. Sous l'action des juges, il apparaît que la charge de la preuve fait l'objet d'une neutralisation variable (Sous-Section I) qui permet de maintenir l'identité probatoire de ces juges (Sous-Section II).

Sous-section I – La neutralisation variable de la charge de la preuve

193. La neutralisation de la charge de la preuve est présente devant le juge administratif (§.1.), inexistante devant le juge civil (§.2.) et interdite devant le juge pénal (§.3.).

§.1. – La neutralisation de la charge de la preuve devant le juge administratif

194. La neutralisation de la charge de la preuve apparaît effective tant au sein des contentieux non fiscaux (A), qu'au sein du contentieux administratif de l'impôt (B).

A/ La neutralisation possible de la charge de la preuve en dehors du champ fiscal

195. La neutralisation de la charge de la preuve apparaît tant en contentieux de l'excès de pouvoir (1) qu'au sein des plein contentieux objectifs (2) mais également au sein du plein contentieux subjectif (3).

1/ La neutralisation possible de la charge de la preuve devant le juge de l'excès de pouvoir

196. En contentieux de l'excès de pouvoir[653], le juge administratif juge de la légalité d'un acte administratif – il s'agit d'un « procès fait à un acte »[654] « qui se passe (...) de parties »[655] – où les principes préétablis de charge de la preuve font l'objet d'une approche particulièrement souple et pragmatique. Si, par principe, l'adage[656] *actori incumbit probatio* s'applique devant le juge

---

[653] Sur ce point : AUBY Jean-Marie et DRAGO Roland, *Traité de contentieux administratif*, LGDJ, 3e éd., 1984, pp. 542-545 ; BERNARD François-Charles et PLANTEY Alain, *La preuve devant le juge administratif*, Economica, 2003 ; BROYELLE Camille, *Contentieux administratif*, LGDJ, 5e éd., 2017, pp. 183-193 ; CADOUX-TRIAL, *La charge de la preuve devant le Conseil d'Etat*, EDCE 1953, pp. 85-86 ; COLSON Jean-Philippe, *L'office du juge et la preuve dans le contentieux administratif*, Thèse de doctorat, Montpellier, LGDJ, Bibliothèque de droit public, Tome 101, 1970, pp. 143-151 ; DE GAUDEMAR Hervé, *La preuve devant le juge administratif*, Droit Administratif 2009, n°6, ét. 12, pp. 12-20 ; DE GAUDEMAR Hervé, *La preuve devant le juge de l'excès de pouvoir*, Revue générale du droit 2012, n°1 ; DEBBASCH Charles, *La charge de la preuve devant le juge administratif*, D. 1983, pp. 43-50 ; DEBBASCH Charles, *Procédure administrative contentieuse et procédure civile*, Thèse de doctorat, Aix-en-Provence, LGDJ, Bibliothèque de droit public, Tome 38, 1962, pp. 378-388 ; DEBBASCH Charles et RICCI Jean-Claude, *Contentieux administratif*, Dalloz, Précis, 8e éd., 2001, pp. 537-541 ; DELVOLVE Pierre, *Le juge et la vérité, aspects de droit public*, Annales de l'université des sciences sociales de Toulouse, tome XXVI, 1978, pp. 339-367 ; DENOIX DE SAINT MARC Renaud et LABETOULLE Daniel, *Les pouvoirs d'instruction du juge administratif*, EDCE 1970, pp. 69-91 ; FOULQUIER Caroline, *La preuve et la justice administrative française*, Thèse de doctorat, Toulouse 1, L'Harmattan, Logiques juridiques, 2013, pp. 327-375 ; ODENT Raymond, *Cours de contentieux administratif*, Les cours du droit, 1977-1978, Fasc. n°3, pp. 896-902 ; PACTEAU Bernard, *Manuel de contentieux administratif*, PUF, 3e éd., 2014, pp. 174-175 ; PACTEAU Bernard, *Preuve*, Répertoire de contentieux administratif, Dalloz, 2016 ; PACTEAU Bernard, *Traité de contentieux administratif*, PUF, 2008, pp. 312-313 ; PACTET Pierre, *Essai d'une théorie de la preuve devant les juridictions administratives*, Thèse de doctorat, Paris, Pedone, 1952, spéc. pp. 51-59 ; PLANTEY Alain, *La preuve devant le juge administratif*, JCP 1986, I, n°3245 ; RICCI Jean-Claude, *Contentieux administratif*, Hachette supérieur, 4e éd., 2014, pp. 138-140 ; ROUAULT Marie-Christine, *Contentieux administratif*, Larcier, Masters droit, 2015, pp. 428-429 ; DELVOLVE Pierre et VEDEL Georges, *Droit administratif*, Tome 2, PUF, 12e éd., 1992, pp. 201-205.

[654] LAFERRIERE Edouard, *Traité de la juridiction administrative et des recours contentieux*, Tome 2, Berger-Levrault, 2e éd., 1897, p. 560.

[655] SEILLER Bertrand, *Droits publics subjectifs des administrés et transformations contemporaines du contentieux*, in, *Les droits publics subjectifs des administrés*, Travaux de l'Association française pour la recherche en droit administratif, Lexis Nexis, Colloques et débats, 2011, pp. 191-209, spéc. p. 191.

[656] Sur la question des adages en droit public : *Les adages en droit public*, Colloque du 11 octobre 2013 à la Cour administrative d'appel de Paris : RFDA 2014, p. 216. Dans ses propos conclusifs, Bertrand SEILLER relève : « Tous ces adages ont une portée universelle et sont donc invocables aussi bien en droit public qu'en droit privé. Ils illustrent l'unité de notre système juridique : par-delà le dualisme juridique et juridictionnel, né de la conception française de la séparation des pouvoirs, existent des principes communs à toutes les branches de notre droit.

administratif[657], il « se trouve largement atténué »[658] devant le juge de l'excès de pouvoir qui « n'exig[e] pas, dans une infinité de cas, le respect de la règle *actori incumbit probatio* »[659]. L'application de la règle selon laquelle la preuve incombe au demandeur est donc enfermée dans une dialectique du principe et de l'exception qui offre la faculté au juge de ménager l'application de cette règle aux spécificités du contentieux de l'excès de pouvoir. Or, à la faveur de la liberté dont il dispose, le juge de l'excès de pouvoir peut neutraliser l'application des règles préétablies de charge de la preuve. Dans le silence des textes, le juge administratif peut opérer une *répartition*, dossier par dossier, de la charge de la preuve. En ce sens, Pierre PACTET relève que « Devant la juridiction administrative, ce n'est pas d'attribution de la charge de la preuve à l'une des parties en présence qu'il faut parler, mais de sa répartition entre elles »[660]. Le juge administratif est donc libre d'écarter l'application de l'adage *actori incumbit probatio* qui fait peser la charge de la preuve sur l'auteur d'une prétention.

197. Cette spécificité du contentieux de l'excès de pouvoir s'explique par l'asymétrie probatoire qui existe entre les parties : les preuves nécessaires à la résolution du litige sont généralement détenues par l'Administration qui occupe le rôle de défendeur tant à l'action qu'à la preuve[661]. Devant ce juge, « l'application, sans nuances, de la règle actori incumbit probatio (...) rendrait, dans bien des cas, la tâche impossible pour les demandeurs privés »[662]. En raison de cette spécificité, le juge administratif a forgé un corpus de règles « empreinte[s] de préoccupations d'empirisme et d'efficacité, de souplesse et d'équité »[663] qui n'induit pas de répartition figée de la charge probatoire. À ce titre, la décision Camino du 14 janvier 1916[664] constitue la première pierre d'un édifice probatoire bâti à la mesure de ces spécificités. Le Conseil d'Etat « admet (...) que la charge de la preuve [puisse] être transférée

---

Certes, le même adage peut recouvrir des réalités assez différentes selon qu'il est utilisé en droit public ou en droit privé (...) ».

657 DELVOLVE Pierre et VEDEL Georges, *Droit administratif*, Tome 2, PUF, 12e éd., 1992, p. 201.

658 DELVOLVE Pierre, *Le juge et la vérité, aspects de droit public*, Annales de l'université des sciences sociales de Toulouse, tome XXVI, 1978, pp. 339-367, spéc. p. 344.

659 AUBY Jean-Marie et DRAGO Roland, *Traité de contentieux administratif*, LGDJ, 3e éd., 1984, p. 542.

660 PACTET Pierre, *Essai d'une théorie de la preuve devant les juridictions administratives*, Thèse de doctorat, Paris, Pedone, 1952, p. 86.

661 Charles DEBBASCH et Jean-Claude RICCI relèvent ainsi que c'est généralement « L'administration [qui] détient les moyens de preuve dont le requérant a besoin » (*Contentieux administratif*, Dalloz, Précis, 8e éd., 2001, p. 531).

662 DEBBASCH Charles, *La charge de la preuve devant le juge administratif*, D. 1983, pp. 43-50, spéc. p. 43.

663 DENOIX DE SAINT MARC Renaud et LABETOULLE Daniel, *Les pouvoirs d'instruction du juge administratif*, EDCE 1970, pp. 69-91, spéc. p. 91.

664 Conseil d'Etat, 14 janvier 1916, Camino : Rec. p. 15 ; S. 1922, 3, 10, concl. CORNEILLE.

du demandeur sur l'administration défenderesse »[665]. Cette décision est fondamentale car elle « contient en germe toute la jurisprudence ultérieure favorisant la tâche du requérant dans l'établissement de la preuve »[666]. Ainsi, le Conseil d'Etat « admet déjà que l'administration doit établir la réalité des faits sur lesquels elle s'est fondée »[667] sans exiger du contribuable qu'il administre de réelles preuves de sa prétention.

198. À cette première pierre posée par le juge de l'excès de pouvoir, de nombreuses autres se sont ensuite succédées. L'édifice ainsi bâtit consiste, pour l'essentiel à tempérer l'exigence probatoire pesant sur l'administré qui ne peut, sans la répartition opérée par le juge de l'excès de pouvoir, établir sa prétention[668]. Le Conseil d'Etat a pu exiger de l'Administration qu'elle apporte un « commencement de preuve »[669] suite aux allégations de l'administré ou encore, dans la décision Barel, d'apporter tous les éléments susceptibles de permettre au juge de forger sa conviction[670]. La jurisprudence du Conseil d'Etat a donc conduit le juge de l'excès de pouvoir à établir un équilibre exigeant de tempérer la charge probatoire pesant sur l'administré en faisant peser l'essentiel de la charge de la preuve sur l'Administration[671] lorsqu'il ne recherche pas lui-même au sein du dossier contentieux les éléments de fait susceptibles de fonder l'acte litigieux[672]. Dans cette lignée jurisprudentielle, un Commissaire du gouvernement s'est particulièrement illustré. Il s'agit de Maxime LETOURNEUR qui a conclu sur les décisions Barel[673] et Génestal[674]. Il relève magistralement, dans ses conclusions sur l'affaire Barel[675], que « le juge administratif, en matière d'excès de pouvoir,

---

665 BRAIBANT Guy, DELVOLVE Pierre, GENEVOIS Bruno, LONG Marceau et WEIL Prosper, *Les grands arrêts de la jurisprudence administrative*, Dalloz, 20e éd., 2015, n°29, p. 168.

666 *Op. cit., loc. cit.*

667 *Op. cit., loc. cit.*

668 Charles DEBBASCH relève ainsi que « Le problème de la preuve pour le demandeur en excès de pouvoir reste donc entier si on l'examine en dehors de l'intervention du juge » (*Procédure administrative contentieuse et procédure civile*, Thèse de doctorat, Aix-en-Provence, LGDJ, Bibliothèque de droit public, Tome 38, 1962, p. 381).

669 Conseil d'Etat, 14 janvier 1948, Canavaggia : Rec. p. 18.

670 Conseil d'Etat, Ass., 28 mai 1954, Barel : préc.

671 Le juge administratif a ainsi imposé la preuve de l'exactitude matérielle de faits à l'Administration (Conseil d'Etat, 3 février 1965, Saboureau : Rec. p. 64) ou a encore exigé de l'administré de ne présenter que des « éléments de fait susceptibles de faire présumer une atteinte » de nature à constituer une discrimination (Conseil d'Etat, Ass., 30 octobre 2009, n°298348, Mme Perreux : préc.).

672 Dans la décision Konaté, le Conseil d'Etat relève seulement que l'allégation du requérant est établie dès lors que le dossier contentieux ne contient pas d'éléments susceptibles d'infirmer cette allégation (Conseil d'Etat, 4 février 1981, Konaté : D. 1981, n°24, pp. 353-355, note Bernard PACTEAU).

673 Conseil d'Etat, Ass., 28 mai 1954, Barel : Préc.

674 Conseil d'Etat, Sect., 26 janvier 1968, Maison Genestal : préc.

675 Conseil d'Etat, Ass., 28 mai 1954, Barel : Préc.

[ne met pas] la preuve exactement à la charge du requérant ou de l'administration »[676]. Cette analyse tend à démontrer que, devant le juge de l'excès de pouvoir, le juge opère, lui-même, une répartition de la preuve. Raymond ODENT confirme que le juge administratif opère une répartition empreinte d'équité en affirmant que les questions « de preuves sont réglées par le juge, en tenant compte de ce qu'il est possible dans chaque espèce de demander raisonnablement à l'une ou à l'autre des parties en cause »[677].

199. Une remarquable synthèse de ces solutions a récemment été livrée par le Conseil d'Etat dans la décision Cordière[678]. Dans cette affaire – où la requérante contestait, en qualité de fonctionnaire, le refus de sa réintégration, après une période de disponibilité, dans le département de résidence de son conjoint – le Conseil d'Etat estime que le juge de l'excès de pouvoir « ne saurait exiger de l'auteur du recours (...) apporte la preuve des faits qu'il avance »[679]. La formule employée s'oppose manifestement à l'adage *actori incumbit probatio*. Les conclusions prononcées, à l'occasion de cette affaire, par le rapporteur public Béatrice BOURGEOIS-MACHUREAU confirment que la présente décision – confirmée depuis lors[680] – exclut une application sans nuance des règles civilistes de charge de la preuve devant le juge de l'excès de pouvoir[681]. Or, le Conseil d'Etat affirme une solution qui n'avait pas clairement été posée par le juge administratif antérieurement. Seul le commissaire du Gouvernement Yves GALMOT, sur la décision M. TOCHOU[682], avait affirmé que devant le juge de l'excès de pouvoir : « la charge de la preuve n'existe pas »[683] précisant aussi que « le juge de l'excès de pouvoir dirige très librement l'instruction, s'adressant indifféremment à celle des parties dont il espère obtenir les éléments d'information qui lui font défaut

---

[676] Conseil d'Etat, Ass., 28 mai 1954, Barel : Préc.

[677] ODENT Raymond, *Cours de contentieux administratif*, Les cours du droit, 1977-1978, Fasc. n°3, p. 898.

[678] Conseil d'Etat, 2e et 7e s.-s., 26 novembre 2012, n°354108, Cordière : préc.

[679] Conseil d'Etat, 2e et 7e s.-s., 26 novembre 2012, n°354108, Cordière : préc.

[680] Conseil d'Etat, 10e et 9e ch., 28 septembre 2016, n°390760 : Contrats et Marchés publics 2016, n°11, pp. 32-34, note Pascal DEVILLERS ; Conseil d'Etat, 1e et 6e s.-s., 10 juin 2015, n°386121, cons. n°5 : Rec. p. 191 ; RFDA 2015, p. 993, concl. Alexandre LALLET ; Revue de droit immobilier 2015. 434, obs. Pierre SOLER-COUTEAUX ; (Pour une transposition de la jurisprudence Cordière à la question de l'intérêt à agir du contribuable) ; Conseil d'Etat, 7e s.-s., 27 août 2014, n°369520, M. X. c/ Ministère des finances et des comptes publics, cons. n°3-4, Inédit.

[681] Béatrice BOURGEOIS-MACHUREAU écrit que « Contrairement à ce qu'a affirmé avec vigueur le tribunal administratif, il ne saurait être énoncé que la charge de la preuve, en excès de pouvoir, incombe exclusivement au demandeur » (concl. sur Conseil d'Etat, 2e et 7e s.-s., 26 novembre 2012, n°354108, Cordière : Rec. p. 394).

[682] Conseil d'Etat, Sect., 22 avril 1966, M. Tochou et M. Mony : Rec. p. 279 ; RDP 1966, p. 584, concl. Yves GALMOT.

[683] GALMOT Yves, concl. sur Conseil d'Etat, Sect., 22 avril 1966, M. Tochou et M. Mony : RDP 1966, p. 584.

»[684]. Le rapporteur public Béatrice BOURGEOIS-MACHUREAU s'inscrit dans cette droite lignée en relevant que « dans le contentieux de l'excès de pouvoir, il n'existe pas, à proprement parler, de charge de la preuve »[685].

200. Le Conseil d'Etat tente, par ce biais, d'établir un équilibre entre les parties au litige. Le défendeur est ainsi mis à contribution pour vérifier la prétention du demandeur[686]. Mais la formulation du Conseil d'Etat ne doit pas être mésinterprétée : loin d'exclure toute charge de la preuve qui pèserait sur le demandeur, le juge de l'excès de pouvoir opère une répartition plus souple de la charge de la preuve en exigeant de chaque partie non la preuve de leurs prétentions mais de la seule preuve qu'elle est en mesure de rapporter. Cette proportion de la preuve requise de chaque partie n'est toutefois pas de nature à exonérer l'administré de toute charge de preuve.

201. Car, en dépit de cette souplesse fondamentale, le Conseil d'Etat a posé un point fixe dans cette répartition probatoire en posant une règle de charge de l'administration de la preuve qui exige de l'administré-demandeur qu'il circonstancie nettement ses prétentions[687]. Cet invariant peut être nommé *charge primaire de l'administration de la preuve*. Si le juge exige classiquement un « commencement de preuve »[688] ou des « commencements de justification »[689] de l'administré[690], il se contente d'allégations circonstanciées dont la force probante peut être minime – illustrant à nouveau son pragmatisme en matière probatoire[691]. Ainsi, le requérant « doit apporter

---

684 GALMOT Yves, concl. sur Conseil d'Etat, Sect., 22 avril 1966, M. Tochou et M. Mony : RDP 1966, p. 584.

685 BOURGEOIS-MACHUREAU Béatrice, concl. sur Conseil d'Etat, 2e et 7e s.-s., 26 novembre 2012, n°354108, Cordière : préc.

686 Béatrice BOURGEOIS-MACHUREAU expose qu'« il incombe également au défendeur de produire les éléments susceptibles de démentir ces allégations, voire tous les éléments de nature à permettre au juge de former sa conviction, y compris les documents susceptibles de permettre de vérifier les allégations du demandeur » (concl. sur Conseil d'Etat, 2e et 7e s.-s., 26 novembre 2012, n°354108, Cordière : préc.).

687 Bernard PACTEAU relève, à ce titre, que le juge de l'excès de pouvoir par « cette exigence se recommande du souci du juge de laisser à la charge du requérant un minimum d'obligations face à ce qui reste la présomption de légalité des actes administratifs » (*Preuve*, Répertoire de contentieux administratif, Dalloz, 2016, n°128).

688 Conseil d'Etat, 3 mai 1952, Sieur Melnick : Rec. T. p. 679. Dans l'affaire Barel, il est exigé des « des présomptions sérieuses » (Barel, Conseil d'Etat, Ass., 28 mai 1954, Barel : Préc.).

689 BOURGEOIS-MACHUREAU Béatrice, concl. sur Conseil d'Etat, 2e et 7e s.-s., 26 novembre 2012, n°354108, Cordière : préc.

690 Maryse DEGUERGUE souligne ainsi que « Contrairement à l'adage *actori incombit probatio*, la preuve est largement à la charge du juge et non du demandeur, qui n'a que des commencements de preuve à apporter » (*Procédure administrative contentieuse*, Montchrestien, Focus droit, Paris, 2003, p. 116).

691 Conseil d'Etat, 21 décembre 1960, Vicat-Blanc : Rec. T. 1093 (En l'espèce, l'administré n'administre aucune présomption relative à un détournement de pouvoir dans une espèce analogue à la décision Barel précitée).

des éléments dont la réunion fait planer dans l'esprit du juge un doute sur le bien-fondé de la décision administrative »[692]. En ce sens, bien que la décision Cordière[693] ait pu être critiquée[694], elle nous paraît systématiser la jurisprudence antérieure qui n'exige pas du demandeur une véritable preuve[695] mais impose au requérant de s'acquitter d'une sorte de *charge du doute* qui pèse sur le demandeur[696]. L'application tempérée de l'adage *actori incumbit probatio*[697] conduit le juge administratif à se fonder sur la capacité réelle des parties à rapporter une preuve.

202. L'applicabilité de la jurisprudence forgée en excès de pouvoir aux recours relevant du contentieux fiscal a pu poser question. La décision du Conseil d'Etat Société Maison Genestal[698] présente un intérêt fondamental pour la preuve en contentieux fiscal de l'excès de pouvoir. La question qui s'est posée fut celle de savoir si les principes applicables en matière d'excès de pouvoir pouvaient ou non s'appliquer lorsque le litige intéresse une question fiscale : en l'espèce, le contribuable avait saisi le juge de l'excès de pouvoir du refus du ministre de la construction et du ministre des finances de lui accorder un agrément ouvrant droit à un taux réduit de droits de mutation. Le pouvoir discrétionnaire reconnu, en cette matière à l'Administration, faisait-il obstacle à l'application de la jurisprudence relative à la charge de la preuve ? En l'espèce, le Conseil d'Etat juge – en faisant application des principes posés dans la décision Barel – « qu'ainsi, la solution du litige est subordonnée à l'indication par le ministre intéressé des raisons de fait et de droit pour lesquelles il a estimé que l'opération projetée par la société Maison Genestal ne présentait pas un intérêt économique suffisant pour justifier

---

692 ROUAULT Marie-Christine, *Contentieux administratif*, Larcier, 2015, n°667, p. 428.

693 Conseil d'Etat, 2e et 7e s.-s., 26 novembre 2012, n°354108, Cordière : Rec. p. 394.

694 Gweltaz EVEILLARD estime qu'« Il est néanmoins frappant de constater que, nulle part dans l'arrêt, le principe [actori incumbit probatio] n'est explicitement rappelé » (*L'administration de la preuve devant le juge de l'excès de pouvoir*, Droit Administratif n°2, Février 2013, comm. 14), car, « il ne fait nul doute dans l'esprit du Conseil d'Etat que la preuve a vocation à incomber à celui qui invoque les faits » (*op. cit.*, *loc. cit.*).

695 Marie-Christine ROUAULT relève que « Le juge administratif ne fait pas peser la charge de la preuve sur le requérant. Il lui demande d'être précis, de lui fournir tous les moyens de preuve dont il dispose ou peut normalement disposer, ou d'apporter des commencements de preuves, voire de simples présomptions, se chargeant de compléter le dossier » (*Le juge administratif ne saurait exiger que le requérant apporte la preuve des faits qu'il avance*, Procédures 2014, n°1, pp. 2-4).

696 Charles DEBBASCH relève que « Les éléments apportés par le requérant doivent faire naître le doute dans l'esprit du juge » (*Procédure administrative contentieuse et procédure civile*, Thèse de doctorat, Aix-en-Provence, LGDJ, Bibliothèque de droit public, Tome 38, 1962, p. 383).

697 Aurélie BRETONNEAU et Xavier DOMINO relèvent en ce sens que « le principe selon lequel le fardeau de la preuve appartient en principe au demandeur, classique en procédure civile, est très atténué devant le juge administratif - et plus singulièrement encore devant le juge de l'excès de pouvoir » (*Miscellanées contentieuses*, AJDA 2012, pp. 2373-2382).

698 Conseil d'Etat, Sect., 26 janvier 1968, n°69765, Société Maison Genestal : préc.

l'octroi de l'agrément prévu à l'article 722 du code général des impôts ». Le Conseil d'Etat impose ainsi à l'Administration un devoir de justification de sa décision. De la sorte, le Conseil d'Etat prolonge sa jurisprudence adoptée en contentieux général en affirmant une neutralisation plus forte de la charge primaire de l'administration de la preuve : le Conseil d'Etat se fonde seulement sur « l'argumentation développée par la société requérante »[699] pour exiger que l'Administration justifie sa décision. Jean-Claude RICCI estime que « Le juge a sans doute été sensible à la difficulté de rapporter une preuve en matière d'agrément fiscal : comment établir la preuve qu'il n'est pas exact que l'on ne remplit pas des conditions que ne précise aucun texte ? »[700]. Cette solution serait propre au contentieux économique[701]. Toutefois, comme il a été démontré, le contentieux de l'excès de pouvoir se traduit, en matière économique comme pour le reste du contentieux administratif de l'excès de pouvoir, par une volonté du Conseil d'Etat de limiter la charge probatoire qui pèse sur le demandeur au litige d'excès de pouvoir. À notre sens, la décision Cordière[702] conduit, nécessairement, à consacrer l'unité de l'excès de pouvoir en matière de charge de la preuve : la charge qui pèse sur l'administré en excès de pouvoir est toujours proportionnée à la faculté dont il dispose de rapporter cette preuve. De la sorte, il n'y a pas de véritable différence sensible entre le contentieux de l'excès de pouvoir en matière fiscale ou en dehors de cette matière.

203. Cette analyse peut être corroborée par une décision rendue par le juge de l'excès de pouvoir en matière fiscale le 31 juillet 2009[703]. En l'espèce, le Conseil d'Etat a jugé en matière de remise gracieuse, que « le juge [de l'excès de pouvoir statuant en matière fiscale] ne peut (...) mettre à la charge du requérant la preuve de ce qu'il n'a pas organisé son insolvabilité, cette preuve ne pouvant résulter que de l'instruction »[704]. Cet *obiter dictum* est particulièrement intéressant dès lors qu'il préfigure la solution adoptée par le Conseil d'Etat dans la décision Cordière[705]. Le Rapporteur public Claire LEGRAS expose, dans ses conclusions qu'il appartient au juge statuant en excès de pouvoir « de se déterminer au vu des pièces versées au dossier par les parties, selon que ces pièces établissaient ou non l'exactitude des faits et

---

[699] Conseil d'Etat, Sect., 26 janvier 1968, n°69765, Société Maison Genestal : préc.

[700] RICCI Jean-Claude, *Droit administratif, Memento de la jurisprudence*, Hachette Supérieur, 8e éd., 2010, V° « Société Maison Genestal ».

[701] RICCI Jean-Claude expose que « cette solution (...) ne peut pas être transposée en dehors du secteur économique » (*Droit administratif, Memento de la jurisprudence*, Hachette Supérieur, 8e éd., 2010, V° « Société Maison Genestal »).

[702] Conseil d'Etat, 2e et 7e s.-s., 26 novembre 2012, n°354108, Cordière : Rec. p. 394.

[703] Conseil d'Etat, 9e et 10e s.-s., 31 juillet 2009, n°298973, Viala : RJF 12/09, n°1165.

[704] Conseil d'Etat, 9e et 10e s.-s., 31 juillet 2009, n°298973, Viala : RJF 12/09, n°1165.

[705] Conseil d'Etat, 2e et 7e s.-s., 26 novembre 2012, n°354108, Cordière : Rec. p. 394.

allégations avancés devant eux »[706]. Le juge de l'excès de pouvoir ne devait donc pas imposer une charge de la preuve à l'administré et devait se borner à vérifier si les allégations de la requérante étaient ou non vérifiées au regard des pièces fournies tant par le demandeur que par le défendeur. De telles décisions consacrent l'unité de la preuve devant le juge de l'excès de pouvoir en imposant une large neutralisation de la charge de la preuve qui incombe aux parties. Le juge proportionne ainsi la charge des parties à leur capacité réelle à rapporter la preuve. Or, ce particularisme de la répartition de la charge de la preuve n'est pas limité au contentieux de l'excès de pouvoir puisqu'il se manifeste également au sein des plein contentieux objectifs.

2/ La neutralisation possible de la charge de la preuve au sein du plein contentieux objectif

204. À l'instar du contentieux de l'excès de pouvoir, les plein contentieux objectifs attestent d'une neutralisation des règles préétablies de charge de la preuve. En ce sens, tant le contentieux des immeubles menaçant ruine (i), le contentieux électoral (ii) que le contentieux des pensions civiles et militaires (iii) attestent d'une permanence de l'identité du juge administratif.

i/ La neutralisation de la charge de la preuve au sein du contentieux des immeubles menaçant ruine

205. Le contentieux des édifices menaçant ruine[707] est un contentieux relatif aux contestations qui s'élèvent à l'encontre des décisions d'un maire qui, dans le cadre de son pouvoir de police[708], a la faculté de prescrire la réparation ou la démolition « des murs, bâtiments ou édifices quelconques [qui] menacent ruine »[709].

206. Le juge administratif n'a pas, au sein de ce contentieux, posé de règles préétablies de répartition de la charge de la preuve. Chaque partie administre

---

[706] LEGRAS Claire, concl. sur Conseil d'Etat, 9e et 10e s.-s., 31 juillet 2009, n°298973, Viala : RJF 12/09 n°1165, BDCF 12/09, n°147.

[707] Sur ce contentieux : BRAIBANT Guy, *Des mesures susceptibles d'être ordonnées par le tribunal administratif en matière d'immeubles menaçant ruine*, AJDA 1958, p. 68 ; CHABANOL Daniel, *Le contentieux des immeubles en péril*, AJPI 1971, p. 117 ; GABOLDE Christian, *Edifices menaçant ruine*, JurisClasseur Administratif, Lexis Nexis, 2014 ; LEPETIT-COLLIN Hélène, *Recherches sur le plein contentieux objectif*, Thèse de doctorat, LGDJ, Bibliothèque de droit public, Tome 269, 2011, spéc. pp. 183-188 ; THERY Jean-François, *Contentieux des édifices menaçant ruine*, Répertoire de contentieux administratif, Dalloz, 2014 ; WALINE Marcel, *La police des immeubles menaçant ruine*, RDP 1937, p. 584.

[708] Ces pouvoirs de police sont encadrés par les articles L. 511-1 à L. 511-4 et les articles R. 511-1 à R. 511-12 du Code de la construction et de l'habitation.

[709] THERY Jean-François, *Contentieux des édifices menaçant ruine*, Répertoire de contentieux administratif, Dalloz, 2014, n°5.

les preuves dont elle dispose et le juge forge sa conviction à la lumière des éléments du dossier – éventuellement éclairées par une expertise – pour juger de la légalité des actes litigieux[710]. L'instruction offre ainsi un support suffisant à la formation de la conviction du juge qui peut y puiser les éléments de fait nécessaires à son contrôle de la légalité de l'acte litigieux. La charge de la preuve n'apparaît pas non plus lorsque l'administré demande la destruction de l'immeuble en lieu et place de la réalisation de travaux[711] alors même que cette demande doit avoir été formulée par au moins une partie[712]. Le juge administratif restaure seulement une charge de la preuve lorsque l'administré demande une réparation ou conteste la valeur des travaux qui ont été réalisés sur son immeuble : il exige de l'administré qu'il produise des éléments à l'appui de sa prétention[713].

207. En somme, le juge administratif n'établit que dans de rares cas une charge de la preuve au sein du contentieux des immeubles menaçant ruine. Il n'existe donc pas de véritable charge de la preuve au sein de ce contentieux dès lors que les éléments administrés par les parties suffisent, dans l'immense majorité des cas, au juge pour la formation de sa conviction. Faut-il y voir la marque d'une objectivité particulière de ce contentieux ? À notre sens, le caractère objectif du contentieux n'est pas de nature à affecter la répartition de la charge de la preuve. Le contentieux des édifices menaçant ruines atteste seulement du maintien de l'identité du juge administratif qui accorde une place privilégiée à l'instruction pour la formation de sa conviction sans exiger d'une partie une preuve décisive. La quasi-absence de règles de charge de la preuve en cette matière peut ainsi s'expliquer par l'absence de difficultés pour le juge d'accéder aux faits : le dossier contentieux livre au juge les faits nécessaires à la résolution du litige. Il peut donc s'abstenir de poser des règles préétablies de charge de la preuve ce qui atteste de la souplesse dont il fait couramment preuve dans la répartition de la charge de la preuve. Nul besoin de répartir une preuve entre les parties au sein d'un contentieux où la preuve n'est pas problématique. Le contentieux électoral, présente aux côtés du contentieux des édifices menaçant ruine, une solution, en apparence seulement, différente.

---

[710] Conseil d'Etat, 5e et 4e s.-s., 10 octobre 2005, n°259205 : Rec. p. 426 ; Conseil d'Etat, 6e et 2e s.-s., 12 juin 1989, n°78512 : Rec. T. p. 819 ; Conseil d'Etat, Sect., 31 décembre 1976, n°99082 : Rec. p. 581.

[711] Conseil d'Etat, Sect., 13 mai 1958, Sieur Barbier : AJDA 1958, p. 291, concl. Guy BRAIBANT ; Conseil d'Etat, Ass., 22 juin 1951, Préfet de Police c/ Consorts Chevallier-Tedeschi : Rec. p. 363.

[712] Conseil d'Etat, 6e et 2e s.-s., 19 octobre 1979, n°12316, Ville de Bordeaux : Rec T. p. 654.

[713] Conseil d'Etat, 10e et 5e s.-s., 22 octobre 1980, n°17062, Mme Laurent : Rec T. p. 631 (en l'espèce, la requérante doit démontrer la faute de la commune mais également que le montant des travaux serait anormalement élevé).

ii/ La neutralisation de la charge de la preuve au sein du contentieux électoral

208. Le contentieux électoral est un plein contentieux objectif[714] où le juge administratif de l'élection se livre à une appréciation spécifique de la légalité : l'opération électorale est jugée de manière *subjective* car le juge mesure l'impact réel des irrégularités de l'opération sur le résultat de l'élection. Cela signifie que le juge de l'élection opère, comme l'a relevé Edouard LAFFERIERE, une « appréciation de la moralité de l'élection »[715]. Mais cette appréciation subjective doit bien être comprise. Elle s'entend de la nécessité, pour le juge de l'élection, de mesurer l'impact réel de l'illégalité au sein de l'opération électorale. En ce sens, le contentieux électoral se distingue – sans pouvoir être considéré comme autonome – du contentieux de l'excès de pouvoir[716].

209. Cette appréciation particulière affecte-t-elle la répartition de la preuve qui prévaut au sein de ce contentieux ? En cette matière, l'article R.773-1 du Code de justice administrative dispose que « Les requêtes en matière d'élections municipales et cantonales sont présentées, instruites et jugées dans les formes prescrites par le présent code, par le code électoral et par les lois particulières en la matière ». Sur ce fondement, Bernard MALIGNER estime

---

714 Sur ce contentieux : CAMBY Jean-Pierre, *Le Conseil constitutionnel, juge électoral*, Dalloz, 6e éd., 2013 ; CREMERY Raymond, *Des pouvoirs du juge dans le contentieux administratif des élections*, Thèse de doctorat, Paris, Domat-Montchrestien, 1936 ; GENEVOIS Bruno, *Le nouveau rôle du juge de l'élection*, Pouvoirs 1994, n°70, pp. 69-81 ; LAFERRIERE Edouard, *Traité de la juridiction administrative et des recours contentieux*, Tome 2, Berger-Levrault, 2e éd., 1897, pp. 341-349 ; LEPETIT-COLLIN Hélène, *Recherches sur le plein contentieux objectif*, Thèse de doctorat, Paris 2, LGDJ, Bibliothèque de droit public, Tome 269, 2011, spéc. pp. 169-177 ; MALIGNER Bernard, *Contentieux des élections parlementaires, Contrôles au fond*, JurisClasseur Administratif, Lexis Nexis, 2011 ; MALIGNER Bernard, *Droit électoral*, Ellipses, 2007, pp. 816-825 ; MALIGNER Bernard, *Etendue de l'office du juge de l'élection*, AJDA 2009, n°17, pp. 937-939.

715 LAFERRIERE Edouard, *Traité de la juridiction administrative et des recours contentieux*, Tome 2, Berger-Levrault, 2e éd., 1897, p. 347.

716 Sur ce point, la thèse de Raymond CREMERY est, encore aujourd'hui, d'une vibrante actualité. Il est démontré qu'« En définitive, le contrôle de la régularité de l'opération électorale, exercé par le juge de l'élection, est différent du contrôle de légalité du juge de l'excès de pouvoir. Le contrôle du juge de l'élection se confond en partie avec celui du juge de l'excès de pouvoir ; l'un et l'autre recherchent les violations des règles légales. Il est logique que le juge de l'élection s'inspire, en cela, des directives dégagées par la jurisprudence de l'excès de pouvoir. Mais, juge d'une opération, le juge de l'élection poursuit plus loin son investigation : ce qui l'intéresse, ce n'est pas l'illégalité prise en elle-même, mais la place qu'elle a dans l'opération que constitue l'élection. Il a donc un pouvoir d'appréciation sinon plus étendu, du moins différent de celui du juge de l'excès de pouvoir. Tel est l'aspect original de ce contentieux que nous révèle la jurisprudence concernant le contrôle de la régularité de l'opération électorale » (*Des pouvoirs du juge dans le contentieux administratif des élections*, Thèse de doctorat, Paris, Domat-Montchrestien, 1936, p. 79).

que le droit électoral présente une « spécificité » en matière d'instruction et même en matière d'« administration et [de] recherche de la preuve »[717]. Pourtant, il relève « qu'il appartient au demandeur, au protestataire en première instance, d'apporter la preuve des griefs qu'il articule dans sa protestation formée des opérations électorales »[718]. Le juge administratif de l'élection exige – comme le juge constitutionnel de l'élection[719] – du demandeur – nommé « protestataire » – qu'il apporte des commencements de preuve qui permettent de justifier ses prétentions[720]. Toutefois, en exigeant du demandeur qu'il apporte un commencement de preuve, le juge de l'élection ne s'écarte nullement de la logique qui prévaut en excès de pouvoir.

210. Il existe, cependant, certaines spécificités propres au contentieux électoral. Il est des cas où l'élu défendeur doit – selon l'interprétation du juge administratif du Code électoral[721] – rapporter la preuve de la fausseté des prétentions – non prouvées – du demandeur : c'est le cas lorsque certaines conditions d'éligibilité de l'élu sont contestées[722]. Faut-il y voir un indice d'un particularisme probatoire du contentieux électoral ? Une réponse positive s'impose mais il faut en mesurer l'impact très limité puisque seules quelques rares questions de fait suivent ce régime.

211. Dans l'immense majorité du contentieux électoral, le juge administratif se fonde, comme dans le reste du contentieux administratif, sur l'instruction pour établir la réalité factuelle[723]. Il manifeste la place centrale occupée par le juge dans l'établissement des faits car « le juge de l'élection (…) recherche (…) lui-même les preuves que ne lui fournit pas le protestataire pour forger sa

---

717 MALIGNER Bernard, *Droit électoral*, Ellipses, 2007, p. 816.

718 *Op. cit.*, p. 821.

719 Cons. const., déc. n°2007-3907 AN, 29 novembre 2007, Bouches-du-Rhône, 14e circ., R. Chaoul : Rec. p. 419 (En l'espèce, un requérant voit sa requête rejetée en l'absence de tout élément de preuve de nature à étayer son allégation).

720 Conseil d'Etat, Sect., 4 décembre 1992, n°136077 et a. : Rec. p. 437 ; Conseil d'Etat, 1er décembre 1967, n°70389, Elections municipales complémentaires de Saint-André-de-Cotone (Corse) : Rec. p. 461 (« le protestataire n'apporte aucune preuve à l'appui de ses allégations »).

721 Conseil d'Etat, 10e et 9e s.-s., 30 mai 2012, Elections cantonales de Conty, n°353896 : Rec. T. p. 774, AJDA 2012, p. 1086, note Séverine BRONDEL (à propos de la preuve de l'inscription au rôle des contributions directes de la commune d'un canton) ; Conseil d'Etat, 3e et 8e s.-s., 16 février 2005, n°266322 : Rec. T. p. 895 (à propos de la preuve de l'éligibilité du candidat) ; Conseil d'Etat, 3e et 5e s.-s., 5 avril 1978, n°07818, Elections municipales de Saint-Malo : Rec. p. 182 (à défaut d'apporter la preuve son éligibilité, le candidat est inéligible).

722 C'est le cas en matière d'inscription réelle au rôle des contributions directes (articles L. 194, L. 228 et L. 339 du Code électoral) et d'inscription effective aux listes électorales (articles L. 194 et 339 du Code électoral).

723 Conseil d'Etat, 4e s.-s., 26 janvier 2015, n°382881, cons. n°2, Inédit ; Conseil d'Etat, 10e et 9e s.-s., 28 décembre 2001, n°235318, Inédit ; Conseil d'Etat, 8e et 9e s.-s., 10 juillet 1996, n°173938, Inédit ; Conseil d'Etat, 3e et 5e s.-s., 21 décembre 1977, n°08116, Commune de Keskastel : Rec. T. p. 837.

conviction »[724]. Si le juge administratif mêle parfois, dans la rédaction de ses décisions, l'état de l'allégation des administrés et de l'instruction[725], cela ne livre aucun indice d'un particularisme probatoire propre au contentieux électoral. En outre, une comparaison de la jurisprudence du juge administratif avec celle du juge civil de l'élection permet de se convaincre de l'absence d'unité probatoire devant les juges de l'élection, le juge civil se fondant exclusivement sur un régime de charge de la preuve[726] – et donc sur la prétention des parties – pour répartir la charge de la preuve.

212. En ce sens, le particularisme probatoire du contentieux électoral nous paraît, devant le juge administratif, plus théorique que réel car, en définitive, le juge administratif conserve, en cette matière, sa place déterminante dans la recherche de la preuve en exigeant des parties un simple commencement de preuve sans pour autant exiger d'elles une preuve pleine et entière. Ce juge demeure, d'un point de vue probatoire, un juge administratif qui juge de l'opération électorale en conservant son pragmatisme et sa souplesse dans la répartition de la charge de la preuve – sous réserve de quelques particularismes liés à la preuve des conditions d'éligibilité du candidat – et son activisme dans la recherche de la preuve. Cette identité probatoire est également maintenue au sein du contentieux des pensions civiles et militaires.

---

[724] MALIGNER Bernard, *Droit électoral*, Ellipses, 2007, p. 822.

[725] Conseil d'Etat, Sect., 16 février 1990, n°109253 : RFDA 1991, p. 793, concl. Monique LIEBERT-CHAMPAGNE ; Conseil d'Etat, Ass., 23 novembre 1984, n°60106 et a. : Rec. p. 383.

[726] Aux termes de l'article L. 25 du Code électoral, le juge civil statue sur les « décisions de la commission administrative ». Cette commission est compétente pour l'inscription et la radiation des électeurs. L'instance se déroule conformément aux dispositions de l'article R. 14 du Code électoral. La jurisprudence de la deuxième Chambre civile de la Cour de cassation démontre que le juge civil de l'élection applique strictement les règles civiles relatives à la charge de la preuve. Ainsi, l'électeur qui estime qu'il doit être inscrit sur une liste électorale doit le prouver (Cass., 2e civ., 4 mai 1966 : Bull. civ. II, n°519) mais il doit encore prouver sa qualité d'électeur lorsqu'il conteste sa radiation d'une liste (Cass., 2e civ., 8 mars 1989, n°89-60.350 : Bull. II, n°65 : « il appartient à l'électeur qui conteste sa radiation sur la liste électorale d'établir le bien-fondé de ses prétentions »). De même, il appartient au tiers de prouver son allégation lorsque ce tiers conteste l'inscription d'un électeur sur une liste électorale (Cass., 2e civ., 21 avril 1988, n°88-60.317 : Bull. II, n°97 : « il appartient à la partie qui conteste une inscription sur les listes électorales de rapporter la preuve de ses prétentions »). Le juge civil de l'élection se refuse même de renverser la charge de la preuve lorsqu'il est contesté l'inscription effective de l'électeur sur le rôle des contributions directes de la commune (Cass., 2e civ., 28 mars 2002, n°02-60.123 : Bull. civ. II, n°60) alors que le juge administratif de l'élection fait reposer une telle preuve sur le défendeur lorsque le litige porte sur l'inscription effective de l'élu sur le rôle des contributions directes (Conseil d'Etat, 10e et 9e s.-s., 30 mai 2012, Elections cantonales de Conty, n°353896 : Rec. T. p. 774, AJDA 2012, p. 1086, note Séverine BRONDEL).

iii/ La neutralisation de la charge de la preuve au sein du contentieux des pensions civiles et militaires

213. Le contentieux des pensions civiles et militaires intègre la catégorie du plein contentieux objectif[727] bien qu'il soit partagé entre l'excès de pouvoir et le plein contentieux[728]. En cette matière, les règles probatoires forgées en contentieux de l'excès de pouvoir s'appliquent sans qu'un particularisme probatoire n'apparaisse[729]. Le juge administratif des pensions civiles et militaires dispose de la faculté d'opérer une neutralisation de la charge de la preuve en refusant d'accorder une place déterminante à la charge de l'administration de la preuve. La jurisprudence livre, au sein de ce contentieux, une illustration déterminante de ce propos. Par une décision rendue en formation de Section du 16 juillet 2014[730], le Conseil d'Etat a modifié le régime de charge de la preuve applicable en matière d'accident du travail et plus précisément en cas de suicide ou de tentative de suicide intervenant sur le lieu de travail. La jurisprudence antérieure imposait – dans une logique de charge de la preuve – la charge de la preuve à l'administré. Le Conseil d'Etat a censuré pour erreur de droit le jugement du tribunal administratif de Bordeaux qui a mis « à la charge de la requérante la preuve de ce que sa tentative de suicide avait eu pour cause certaine, directe et déterminante un état pathologique se rattachant lui-même directement au service »[731]. En lieu et place, le Conseil d'Etat pose une règle générale de répartition et d'appréciation de la preuve dans le cas où un suicide intervient sur les lieux du travail. Il incombe au juge « de se prononcer au vu des circonstances de l'espèce »[732] sans que le juge n'ait recours à une

[727] Sur ce contentieux : AUBIN Emmanuel, *Pensions civiles et militaires de retraite*, JurisClasseur Administratif, Lexis Nexis, 2016 ; BONNARD Roger, *Le droit des fonctionnaires à la pension de retraite*, RDP 1942, p. 376 ; BONNEAU Henri, *La nature juridique du contentieux des traitements et pensions*, RDP 1947, pp. 297-338 ; LAFERRIERE Edouard, *Traité de la juridiction administrative et des recours contentieux*, Tome 2, Berger-Levrault, 2e éd., 1897, p. 181 ; LEPETIT-COLLIN Hélène, *Recherches sur le plein contentieux objectif*, Thèse de doctorat, Paris 2, LGDJ, Bibliothèque de droit public, Tome 269, 2011, spéc. pp. 190-194.

[728] Depuis que le Conseil d'Etat a distingué, en cette matière, entre le recours pour excès de pouvoir et le recours plein contentieux en fonction de la nature de la demande du requérant (Conseil d'Etat, 8 mars 1912, Lafage : Rec. p. 348, concl. PICHAT).

[729] À ce titre, en qualité de juge de l'excès de pouvoir, le juge administratif a récemment appliqué la jurisprudence Cordière dans une affaire relative aux pensions civiles et militaires (Conseil d'Etat, 7e s.-s., 27 août 2014, n°369520, cons. n°3-4, Inédit).

[730] Conseil d'Etat, Sect., 16 juillet 2014, n°361820 : Rec. p. 222 ; RFDA 2014, p. 924, concl. Vincent DAUMAS ; AJDA 2014, p. 1706, chron. Aurélie BRETONNEAU et Jean LESSI.

[731] Conseil d'Etat, Sect., 16 juillet 2014, n°361820 : préc.

[732] Conseil d'Etat, Sect., 16 juillet 2014, n°361820 : préc.

présomption[733] mais en faisant preuve de « souplesse (…) dans l'agencement de l'administration de la preuve »[734]. En somme, le juge administratif parvient à limiter la charge de la preuve imposée à la requérante – en affirmant que la tentative de suicide avait eu lieu sur le lieu du travail – et en imposant au juge d'établir la réalité factuelle sans imposer de preuve déterminante aux parties[735]. Cette décision permet au juge administratif de rappeler que le contentieux des pensions civiles et militaires ne se voit pas appliquer, à l'instar du contentieux de l'excès de pouvoir, de réelle charge de la preuve[736]. Cette solution s'inscrit dans la jurisprudence antérieure du juge administratif au sein du contentieux des pensions civiles et militaires. Le Conseil d'Etat se réfère ainsi à l'instruction pour apprécier le lien de causalité entre un accident et un dommage[737], ou de l'imputabilité d'un accident au service[738].

214. Toutefois, dans certains cas, le juge administratif fait ressurgir une règle de charge de la preuve. À ce titre, il fait reposer la charge de la preuve sur le pensionné lorsqu'il entend bénéficier d'un avantage qui est conditionné à la preuve de sa situation personnelle[739] et sur l'Administration en matière de preuve de l'envoi de documents et la réception par l'agent de convocations[740]. En définitive, le contentieux des pensions civiles et militaires ne présente pas de particularisme probatoire. En outre, il atteste d'une véritable proximité avec le contentieux de l'excès de pouvoir où la charge de la preuve est largement neutralisée au profit d'une libre appréciation de l'instruction par le juge. Au sein de ce contentieux, c'est à nouveau, l'empirisme et la souplesse du juge administratif qui gouverne la répartition de la charge de la preuve.

---

733 Aurélie BRETONNEAU et Jean LESSI relèvent qu'« en évitant de parler de présomption, le Conseil d'Etat souhaite avant tout éviter de donner l'impression de rigidifier le raisonnement » (*L'imputabilité au service du suicide d'un fonctionnaire*, AJDA 2014, p. 1706).

734 BRETONNEAU Aurélie et LESSI Jean, *L'imputabilité au service du suicide d'un fonctionnaire*, AJDA 2014, p. 1706.

735 Le Conseil d'Etat juge « qu'il lui appartenait donc seulement d'apprécier, au vu de l'ensemble des pièces du dossier, si des circonstances particulières permettaient de regarder cet événement comme détachable du service » (Conseil d'Etat, Sect., 16 juillet 2014, n°361820 : préc.).

736 Aurélie BRETONNEAU et Jean LESSI relèvent qu'« On sait qu'il n'existe pas à proprement parler, ni en excès de pouvoir ni, selon nous, dans cette branche du plein contentieux objectif qu'est le contentieux de la reconnaissance de l'imputabilité au service d'un accident pour l'attribution d'une rente, de réelle 'charge de la preuve' » (*L'imputabilité au service du suicide d'un fonctionnaire*, AJDA 2014, p. 1706).

737 Conseil d'Etat, 9e s.-s., 20 octobre 1999, n°133548, M. Mazzoni, Inédit.

738 Conseil d'Etat, 9e s.-s., 9 avril 2014, n°352681, Inédit, cons. n°5.

739 Conseil d'Etat, 9e et 10e s.-s., 9 juillet 2009, n°296532, Mme Fumet : Rec. T. p. 859 (En l'espèce, un fonctionnaire de l'éducation nationale souhaitait bénéficier de la majoration de sa pension de retraite prévue à l'article L. 18 du Code des pensions civiles et militaires de retraite conditionnée à la charge effective et permanente d'enfants durant neuf ans. Le Conseil d'Etat impose à l'administré qu'il démontre avoir effectivement assumé cette charge).

740 Conseil d'Etat, 3e et 5e s.-s., 20 septembre 1991, n°81431, Inédit.

215. L'identité probatoire des contentieux relevant du plein contentieux objectif présente une remarquable unité qui se manifeste par l'affirmation de l'identité probatoire forgée en contentieux de l'excès de pouvoir qui est caractérisée par le pragmatisme du juge en matière de charge de la preuve. Il faut encore vérifier si cette identité probatoire particulière se manifeste également au sein du plein contentieux dit *subjectif*.

3/ La neutralisation possible de la charge de la preuve au sein du plein contentieux subjectif

216. La place occupée par la charge de la preuve au sein du plein contentieux dit subjectif doit permettre de vérifier l'existence d'un lien entre la *nature du contentieux* et le régime de preuve.

217. À ce titre, Jean-Philippe COLSON a estimé que ce contentieux est « beaucoup plus marqu[é] par les données civilistes du problème de la preuve »[741] car « l'inégalité des parties est moins accusée »[742]. La charge de la preuve perdrait ainsi le particularisme qui prévaut en excès de pouvoir en raison de l'équilibre qui existe entre l'administré et l'Administration. À première vue, cette analyse est vérifiée par la jurisprudence. Par exemple, le régime de responsabilité applicable au maître de l'ouvrage public atteste d'un régime de preuve fondé sur l'opposition entre victime et maître de l'ouvrage car la responsabilité du maître de l'ouvrage est engagée sans qu'une faute ne soit à prouver dès lors que l'entretien normal de l'ouvrage n'est pas prouvé par l'Administration[743] ou qu'une faute de l'usager n'atténue sa responsabilité[744].

218. Pourtant, il est possible d'adopter une lecture différente de la jurisprudence du plein contentieux subjectif. Elle consiste à considérer que l'équilibre qui prévaut majoritairement entre les parties dans l'accès à la preuve n'est pas de nature à effacer la faculté du juge de remédier à un éventuel déséquilibre. À ce titre, Charles DEBBASCH et Jean-Claude RICCI ont relevé qu'au sein du plein contentieux subjectif, « Il ne fait (…) nul doute que le juge administratif ait le pouvoir de porter remède à l'iniquité éventuelle de la règle qui impose la charge de la preuve au requérant »[745]. Il faut donc considérer, à la suite de ces auteurs, que l'équilibre qui existe en plein

---

[741] COLSON Jean-Philippe, *L'office du juge et la preuve dans le contentieux administratif*, Thèse de doctorat, Montpellier, LGDJ, Bibliothèque de droit public, Tome 101,1970, p. 11.
[742] *Op. cit.*, *loc. cit.*
[743] Conseil d'Etat, Sect., 24 novembre 1967, Min. Travaux publics c/ Dlle Labat : Rec. p. 444.
[744] Conseil d'Etat, 7e et 2e s.-s., 20 juin 2007 n°256974, B. : AJDA 2007, pp. 1769-1771, obs. Marie-France DELHOSTE.
[745] DEBBASCH Charles et RICCI Jean-Claude, *Contentieux administratif*, Dalloz, 8e éd., 2001, p. 540.

contentieux subjectif n'est pas de nature à altérer le rôle du juge administratif dans la répartition de la charge de la preuve. À ce titre, Marc FORNACCIARI et Didier CHAUVAUX relèvent, dans leur étude consacrée à la responsabilité administrative, que « le juge administratif, dans le cadre de la procédure inquisitoire, est parfois tenté, lorsque les faits sont difficiles à établir et qu'il entend, pour des raisons d'équité, alléger le fardeau de la preuve qui pèse sur la victime, de découvrir dans les agissements du défendeur la cause fautive du dommage »[746]. Ils citent, à cet égard, une décision Epiard de 1946[747] où le juge administratif juge qu'un accident « est imputable à l'insuffisance des précautions prises par l'instituteur ». L'identité du juge administratif n'est donc pas effacée au sein du plein contentieux subjectif.

219. Plus près de nous, la jurisprudence administrative livre des illustrations d'une souplesse propre au plein contentieux subjectif. À ce titre, certains faits ne paraissent pas conduire à une véritable répartition de la charge de la preuve au sein du plein contentieux subjectif. Il en va ainsi de l'identification d'un contrat administratif tacite qui s'opère sur le fondement du résultat de l'instruction[748]. En outre, la présence d'une charge de la preuve n'est pas de nature à effacer le rôle du juge dans la recherche de la preuve. Caroline FOULQUIER relève ainsi que même au sein du plein contentieux « l'administration de la preuve repose principalement sur le requérant, celle-ci se trouve également répartie entre les deux parties, selon une cohérence qui s'articule de leur capacité à prouver et de leur bonne foi »[749].

220. En ce sens, la faute commise par l'Etat découlant de sa carence vis-à-vis des risques liés à l'exposition de travailleurs à l'amiante en livre une illustration. Reconnue par une série de décisions du 3 mars 2004[750], la répartition de la charge de la preuve entre les victimes et l'Etat a été discutée, le ministre estimant que les demandeurs n'apportaient pas, dans ces affaires, d'allégations suffisantes relatives à la carence fautive de l'Etat. Le commissaire du Gouvernement Emmanuelle PRADA-BORDENAVE relève que « la cour s'est prononcée au regard de l'ensemble des pièces de son dossier »[751] et se prononce, comme le Conseil d'Etat, en faveur du rejet du moyen soulevé. Cette analyse atteste que la référence à l'instruction constitue,

---

[746] CHAUVAUX Didier et FORNACCIARI Marc, *Exonérations ou atténuations de responsabilité*, Répertoire de la responsabilité de la puissance publique, Dalloz, 2017, n°51.
[747] Conseil d'Etat, 16 octobre 1946, Sieur Epiard : Rec. p. 234.
[748] Conseil d'Etat, 10e et 9e s.-s., 25 juillet 2008, n°304172, Institut européen d'archéologie sous-marine : Rec. T. p. 802 ; RFDA 2008, n°6, pp. 1123-1127, note Fabrice MELLERAY.
[749] FOULQUIER Caroline, *La preuve et la justice administrative française*, Thèse de doctorat, Toulouse, L'Harmattan, Logiques juridiques, 2013, p. 439.
[750] Conseil d'Etat, Ass., 3 mars 2004, Min. de l'Emploi et de la Solidarité c/ Cts X, n°241151 et 241152 : Rec. p. 125.
[751] PRADA-BORDENAVE Emmanuelle, concl. sur Conseil d'Etat, Ass., 3 mars 2004, Min. de l'Emploi et de la Solidarité c/ Cts X, n°241151 et 241152, RFDA 2004, p. 612.

en somme, une méthode sous-jacente, constamment employée par le juge administratif qui tend à atténuer la rigueur de la répartition de la charge de la preuve.

221. En outre, cette analyse peut être vérifiée par l'étude d'un contentieux particulier. Le contentieux de la responsabilité hospitalière[752] offre, à ce titre, un intéressant domaine d'étude. En cette matière, le juge administratif se fonde tout autant sur l'instruction, la formule « il résulte de l'instruction » étant couramment employée – pas moins de 600 décisions du Conseil d'Etat – en la matière[753]. Or, au sein de ce contentieux, la charge de la preuve occupe une place importante – puisqu'il incombe, par exemple, à la victime de prouver son préjudice[754]. Le juge administratif a même précisé qu'en cette matière, la charge de la preuve incombe « au demandeur (…) selon les règles de droit commun gouvernant la charge de la preuve devant le juge administratif »[755]. Toutefois, si la charge de la preuve est plus visible en cette matière, ces règles établies visent l'administration de la preuve par les parties. Le juge administratif préserve, au sein de ce contentieux, son identité particulière. En ce sens, « la rigueur du droit de la preuve est largement modérée par le caractère inquisitorial de la procédure administrative contentieuse »[756] au sein du contentieux de la responsabilité hospitalière.

222. En somme, même au sein des contentieux subjectifs, la charge de la preuve côtoie le résultat de l'instruction sans que la nature de ce contentieux ne tende à exclure les constatations factuelles du juge fondées sur l'instruction. Cela signifie que la classification de ce contentieux au sein des contentieux subjectifs n'est pas de nature à écarter les réflexes probatoires du juge administratif. À notre sens, il faut voir dans cette permanence l'absence de lien réel entre la nature du contentieux et le régime probatoire retenu. La primauté du résultat de l'instruction est donc moins le reflet de la nature du contentieux que de la place éminente du juge administratif dans la répartition de la charge de la preuve. Cela se manifeste par la souplesse et le pragmatisme dont fait preuve le juge dans la répartition de la charge de la preuve : il

---

[752] Sur ce point : ISSA Ahmad, *La responsabilité médicale en droit public, Etude comparée*, Thèse de doctorat, Grenoble, LGDJ, 2012, p. 72 ; LANTERO Caroline, *Le droit de la responsabilité hospitalière : principes généraux et jurisprudences*, Editions du papyrus, 2012, pp. 260-268 ; MOQUET-ANGER Marie-Laure, *Droit hospitalier*, LGDJ, 4e éd., 2016, pp. 451-452.

[753] Conseil d'Etat, 5e et 4e s.-s., 13 juillet 2007, n°293196, ONIAM : Rec. p. 347 ; Conseil d'Etat, 1ère et 5e s.-s., 14 février 1969, n°72808, Inédit.

[754] Conseil d'Etat, 29 mai 1970, C., n°76342 : Rec. p. 378 (« le requérant, à qui incombe la charge de prouver l'existence du préjudice qu'il invoque »).

[755] Conseil d'Etat, 5e et 4e s.-s., 25 juillet 2007, n°271247, Etablissement français du sang : Rec. T. p. 1063.

[756] ISSA Ahmad, *La responsabilité médicale en droit public, Etude comparée*, Thèse de doctorat, Grenoble, LGDJ, 2012, p. 72.

n'accorde pas à la répartition préétablie de la charge de la preuve une importance décisive.

223. Conclusion du A. – L'étude des différents contentieux administratifs dévoile une unité dans la répartition de la charge de la preuve. La neutralisation de la charge de la preuve – à l'exception de la charge primaire de l'administration de la preuve – atteste de l'unité du contentieux administratif. Cette neutralisation est la conséquence de la place décisive occupée par le juge administratif dans la recherche de la preuve : la prédétermination du rôle probatoire des parties s'efface au profit d'un agencement souple et pragmatique de la preuve par ce juge. La place centrale occupée par les résultats de l'instruction atteste de la place centrale du juge dans la recherche de la preuve : il puise les éléments de preuve au sein des pièces administrées par les parties sans exiger d'elles une preuve déterminante. *La nature du contentieux en cause – objectif ou subjectif – n'apparaît pas comme une clé efficiente de différenciation des régimes probatoires devant le juge administratif dès lors que l'identité du juge est transversale.* Aucun contentieux ne paraît ainsi échapper à cette emprise déterminante du juge dans la détermination de la réalité factuelle et à l'effacement corrélatif des règles préétablies de charge de la preuve. En somme, l'identité probatoire du juge administratif – qui est reflétée par la formule « il résulte de l'instruction » – est moins le reflet de la nature des contentieux qui le composent que de la souplesse globale qui caractérise son approche probatoire en l'absence de toute prescription légale encadrant la charge de la preuve. Cette identité probatoire est, à notre sens, maintenue en matière fiscale.

B/ La neutralisation maintenue de la charge de la preuve devant le juge administratif de l'impôt

224. Le juge administratif parvient à concilier le caractère inquisitoire du contentieux administratif et les règles légales de charge de la preuve. Il fait primer – par le biais d'une interprétation des règles légales – les traits principaux de son identité probatoire. Un « régime de preuve »[757] est forgé par le juge administratif qui lui permet, en dépit du respect des règles légales, de demeurer un juge administratif. En ce sens, dès que la charge primaire de l'administration de la preuve est accomplie (1), le juge aménage librement la répartition de la charge de la preuve (2).

---

[757] L'expression « régime de preuve » est de plus en plus employée par le Conseil d'Etat (Conseil d'Etat, 10e s.-s., 28 décembre 2012, n°334885, Inédit ; Conseil d'Etat, 10e s.-s., 27 octobre 2008, n°280657, Inédit).

1/ L'affirmation d'une charge primaire de l'administration de la preuve en matière fiscale

225. Le juge administratif de l'impôt s'est livré à une interprétation particulière des règles légales de charge de la preuve en les interprétant comme des règles de charge primaire de l'administration de la preuve. À l'instar de ce qui prévaut en excès de pouvoir, il incombe au détenteur de la charge de la preuve de présenter des éléments de fait – sans pour autant les prouver – qui sont de nature à étayer ses prétentions. Emmanuelle MIGNON relève en ce sens qu'« alors que la question de la charge de la preuve devrait plutôt jouer en fin de procédure, son impact se manifeste plutôt au début »[758]. Cette analyse a été reprise à l'unisson par les membres du Conseil d'Etat[759]. Cette interprétation constitue le reflet de l'office du juge administratif puisqu'elle permet de neutraliser l'impact des règles de charge de la preuve durant le litige et n'oblige la partie qui supporte la charge de la preuve qu'à présenter les premiers éléments de preuve susceptibles de lancer le débat contentieux. La charge de la preuve s'assimile ainsi à la charge du doute qui prévaut en excès de pouvoir[760]. Une fois cette charge initiale accomplie, le juge administratif opère une répartition de la charge de la preuve empreinte de souplesse et tendant même vers sa neutralisation.

---

[758] MIGNON Emmanuelle, *La charge de la preuve : peut-on parler d'équité ?*, in, *Droits du contribuable, Etat des lieux et perspectives*, HATOUX Bernard (dir.), Préface d'Alain LAMBERT, Economica, 2002, pp. 53-65, spéc. p. 63.

[759] Jacques ARRIGHI DE CASANOVA relève « qu'en la matière il appartient d'abord au contribuable de fournir les premiers éléments du débat » (concl. sur Conseil d'Etat, Sect., 29 juillet 1994, n°111884, SA Prodès International : RJF 10/94, p. 587). Il lui incombe ainsi « de mettre de son côté la vraisemblance, après quoi il appartient à l'autre partie, selon les mêmes exigences relatives, d'établir le contraire » (*op. cit., loc. cit.*). Cette formulation a été reprise par le commissaire du Gouvernement Pierre COLLIN sans ses conclusions sur la décision Sté Ets Lebreton qui affirme que « La dévolution initiale de la preuve a pour seul objet de désigner la partie qui devra fournir les premiers éléments de fait du débat » (concl. Pierre COLLIN sur Conseil d'Etat, Sect., 20 juin 2003, n°232832, Sté Etablissements Lebreton, Comptoir général de peintures et annexes : RJF, 10/03 n°1140, BDCF 10/03, n°125). Pierre COLLIN a réaffirmé ce point de vue en estimant que « la dévolution de la charge de la preuve n'est que la détermination du joueur qui engage la partie, engagement auquel succèdent les échanges, encadrés par les règles de la dialectique de la preuve » (*Panorama des redressements fiscaux*, Compte rendu de la 6e conférence annuelle organisée le 22 juin 2004 : Dr. fisc. 2004, n°40, comm. 37). Laurent OLLEON a également affirmé que « La charge de la preuve peut être comparée à la pièce de monnaie qui est lancée au début d'un match de football afin de déterminer l'équipe qui donnera le coup d'envoi. Si c'est le hasard qui désigne cette équipe, cela ne préjuge pas d'une issue de match favorable ou défavorable pour celle-ci » (OLLEON Laurent, *Panorama des redressements fiscaux, Compte rendu de la 5e conférence annuelle organisée le 17 juin 2003, Dr. fisc.* 2003, n°39, comm. 34).

[760] Sur ce point, cf. supra, n°196.

2/ L'affirmation d'un aménagement prétorien de la charge de la preuve

226. La question de la répartition de la charge de la preuve revêt une difficulté particulière devant le juge administratif de l'impôt. Certaines contradictions jurisprudentielles[761] attestent de cette grande complexité. En cette matière, le juge administratif a forgé des règles d'administration de la preuve qui complètent les règles de charge de la preuve. À l'image d'un escalier à double hélice, les règles de charge et d'administration de la preuve s'enchevêtrent au service de l'apport effectif de la preuve. À la faveur d'une interprétation des règles légales de charge de la preuve en des règles de charge primaire de l'administration de la preuve, le juge est parvenu à faire émerger des règles d'administration de la preuve qui gouvernent la répartition de la preuve entre les parties. Cette répartition prend la forme d'une dialectique de la preuve (i) bien qu'elle tende à être neutralisée à la faveur de l'affirmation d'un nouveau modèle (ii).

i/ La dialectique de la preuve : fondement d'une répartition de la preuve fondée sur la nature du fait litigieux

227. La dialectique de la preuve est un outil général de répartition de la charge de la preuve (a°) qui a permis de dégager des règles de charge de la preuve qui demeurent invariables (b°).

a°) La dialectique de la preuve : outil d'assouplissement de la répartition de la charge de la preuve

228. À l'instar du contentieux administratif général[762], la charge probatoire est répartie, devant le juge administratif de l'impôt, selon une dialectique qui corrobore – comme l'a souligné le Commissaire du gouvernement DELMAS-MARSALET – la « dialectique du procès »[763]. Cette dialectique intervient dès

[761] Pierre-François RACINE a pu faire état, dans ses conclusions prononcées à l'occasion de la décision Société Renfort Service (Conseil d'Etat, Plén., 27 juillet 1984, n°34588, SA Renfort Service : Rec. p. 292 ; Dr. fisc. 1985, n°2 comm. 596 ; RJF 10/84, n°626 et 562, concl. Pierre-François RACINE) de ces difficultés en matière de preuve de l'insuffisance d'un prix de vente : la jurisprudence a hésité entre un régime de charge de la preuve pesant soit sur le contribuable, soit sur l'administration fiscale et un régime de preuve neutre. Une telle variation dans le choix du régime probatoire – qui n'est pas isolée comme le démontre, par exemple, la preuve du débat oral et contradictoire – pose de grandes difficultés.

[762] Hervé DE GAUDEMAR souligne que devant le juge administratif « la charge de la preuve n'est pas déterminante en elle-même pour l'établissement de la vérité, mais que la vérité dépend bien des parties à travers la dialectique de la preuve qui s'organise entre elles » (*La preuve devant le juge administratif*, Droit Administratif 2009, n°6, ét. n°12, spéc. n°9).

[763] Concl. sur Conseil d'Etat, 8e et 9e s.-s., 7 juillet 1972, n°83586 : Dr. fisc. 1973, n°29, comm. 1075. Un autre commissaire du Gouvernement a parfaitement exposé les règles qu'il existe une proximité forte entre la « dialectique du procès » et l'échange des éléments de preuve : « La

que la partie à qui incombe la charge de la preuve a administré le premier élément de preuve au soutien de son allégation[764]. La dialectique de la preuve, telle qu'elle est conçue par le juge administratif de l'impôt, permet une répartition dynamique de la charge de la preuve. Le juge administratif de l'impôt parvient, par ce biais, à créer une dynamique dans l'échange contradictoire qui induit un partage de la charge de la preuve entre les parties au litige. À nouveau, cette dialectique permet d'opérer « une répartition plus équilibrée »[765] de la charge probatoire dans les règles de charge de la preuve fondée sur une interprétation restrictive des règles relatives à la charge de la preuve. La dialectique de la preuve manifeste la souplesse de la répartition de la charge probatoire qui caractérise la répartition de la preuve devant le juge administratif : Jeanne LEMASURIER a ainsi relevé, qu'en contentieux administratif général, « l'instruction dont le juge est le maître, constitue (...) un moyen de répartition du fardeau de la preuve »[766].

229. **À** la faveur de cette dialectique, le juge administratif matérialise une répartition dynamique de la charge de la preuve entre les parties au litige qui est déterminée par le juge administratif de l'impôt. En ce sens, elle est le signe de la répartition effective de la charge probatoire par le juge administratif de l'impôt. Elle manifeste encore le rôle du juge administratif comme « maître de la preuve »[767] dès lors qu'il opère une répartition de la charge probatoire qui n'est pas abandonnée aux parties en fonction de leurs prétentions.

230. La preuve de la déduction des charges offre, à cet égard, une intéressante illustration de la maîtrise du juge administratif sur l'équilibre de l'échange

---

preuve s'apprécie non dans l'abstrait mais dans le contexte du débat, en tenant compte des arguments et des faits qui sont contradictoirement avancés par les parties. Des faits qui ne sont pas formellement contestés par la partie adverse sont regardés comme établis ; le faisceau de présomptions suffisantes résultant d'une démonstration cohérente constitue une preuve s'il n'est pas combattu de manière pertinente. La vigueur et l'efficacité de la riposte ne sont ainsi pas étrangères à l'appréciation que porte le juge sur le caractère suffisant de la preuve » (concl. BISSARA sur Conseil d'Etat, 9e et 7e s.-s., 29 avril 1985, n°60209 : JCP E 1986, n°3, comm. 14642).

764 En ce sens, Pierre COLLIN souligne dans ses conclusions prononcées à l'occasion de la décision Lebreton que « Celui qui supporte la charge initiale a seulement pour obligation de permettre que la dialectique de la preuve s'engage en avançant des éléments sérieux à l'appui de sa thèse. Il incombe ensuite à l'autre partie de contester ces éléments par des critiques suffisamment étayées » (COLLIN Pierre, concl. sur Conseil d'Etat, Sect., 20 juin 2003, n°232832, Sté Etablissements Lebreton, Comptoir général de peintures et annexes : BDCF 10/03, n°125).

765 COLLIN Pierre, concl. sur Conseil d'Etat, Sect., 20 juin 2003, n°232832, Sté Etablissements Lebreton, Comptoir général de peintures et annexes : préc.

766 LEMASURIER Jeanne, *La preuve dans le détournement de pouvoir*, RDP 1959, pp. 36-66, spéc. p. 57.

767 AUBY Jean-Marie et DRAGO Roland, *Traité de contentieux administratif*, LGDJ, 3e éd., 1984, n°1437, p. 542.

dialectique : après avoir estimé qu'une simple facture ne saurait permettre de présumer de la déductibilité d'une charge[768], le Conseil d'Etat est revenu sur cette interprétation en réaffirmant la portée de cette présomption de déductibilité fondée sur une facture régulière[769]. Il a depuis réaffirmé les règles qui gouvernent la dialectique de la preuve en matière de déduction de charge[770]. Le juge administratif de l'impôt est ainsi le maître de la dialectique de la preuve puisqu'il indique aux parties la charge probatoire qui incombe à chacune d'elle en contrôlant l'échange probatoire des parties.

231. Cette dialectique apparaît également lorsque la charge de la preuve pèse sur l'administration fiscale. Lorsque cette dernière souhaite remettre en cause le montant des traitements et salaires perçus par le contribuable au cours d'une année, elle peut se contenter d'apporter au juge de l'impôt la déclaration annuelle des salaires versés souscrite par l'employeur du contribuable, à charge pour le contribuable de faire « d'éléments sérieux de nature à faire apparaître que cette déclaration annuelle des salaires comporte des inexactitudes ou, d'une manière générale, a pu inclure des sommes dont l'intéressé n'aurait pas disposé au cours de l'année d'imposition »[771].

232. Le champ d'application de la dialectique de la preuve est généralisé devant le juge administratif de l'impôt. Elle tend à se manifester dans l'ensemble des cas où la charge de la preuve prévaut. La dialectique de la preuve est, en effet, consubstantielle à la dialectique du procès et donc à l'administration de la preuve. La jurisprudence offre, à cet égard, pléthore d'illustrations : la preuve d'une personne invalide à la charge d'un contribuable[772] ou plus généralement pour la preuve du revenu d'une personne

---

768 Conseil d'Etat, Sect., 20 juin 2003, n°232832, Sté Etablissements Lebreton, Comptoir général de peintures et annexes : préc.

769 Conseil d'Etat, 3e et 8e s.-s., 21 mai 2007, n°284719, Sté Sylvain Joyeux : Dr. fisc., 2007, n°46, comm. 970, concl. Emmanuel GLASER, note Christophe DE LA MARDIERE.

770 Conseil d'Etat, 10e et 9e s.-s., 27 juillet 2015, n°367151, Sté Francesco Smalto et Cie : Dr. fisc. 2015, n°43-44, comm. 654, concl. Edouard CREPEY, note Christophe DE LA MARDIERE ; RJF 11/15, n°924, concl. Edouard CREPEY, RJF 11/15, n°C. 924 ; Conseil d'Etat, 3e et 8e s.-s., 16 mai 2008, n°288101, Sté SELAFA Géomat : Dr. fisc. 2008, n°30-35, comm. 430, concl. François SENERS, note Christophe DE LA MADIERE ; RJF 8-9/08, n°1002, BDCF 8-9/08, n°112, concl. François SENERS ; BGFE 2008, n°4, pp. 1-3, note Jean-Luc PIERRE.

771 Conseil d'Etat, 3e et 8e ch., 20 mai 2016, n°387479, M. Devoise : Dr. fisc. 2016, n°36, comm. 472, note Emmanuel LAPORTE ; RJF 8-9/16, n°708, concl. Emmanuelle Cortot-Boucher, RJF 8-9/16, n°C 708.

772 Conseil d'Etat, Plén., 9 mars 2016, n°364586 : Dr. fisc. 2016, n°18-19, comm. 316, comm. Jean-Luc PIERRE, concl. Edouard CREPEY ; RJF 05/16, n°460, concl. Edouard CREPEY, p. 668 et chron. Nicolas LABRUNE, p. 525 ; Procédures 2016, n°5, comm. 189, note Ludovic AYRAULT.

physique[773]. À la lumière de ces illustrations, il semble que seules les preuves qui ne sont susceptibles d'être administrées que par une seule partie échappent à la dialectique de la preuve. En ce sens, la dialectique de la preuve gouverne la répartition de la charge probatoire lors de l'instruction du litige. L'importance de cet échange dialectique se manifeste par le contrôle opéré par le Conseil d'Etat du respect, par les juges du fond, de cette dialectique de la preuve[774].

233. La nature de la dialectique de la preuve a pu être discutée car il s'agit d'un entre-deux entre un régime de charge de la preuve et un régime de *preuve objective*[775]. En ce sens, il a pu être affirmé « qu'il n'y a guère de différence concrète entre la dialectique et un régime de preuve objective »[776] ou encore que la dialectique de la preuve est une « preuve objective implicite »[777]. Pourtant, la dialectique, si elle produit en pratique un résultat très proche de la *preuve objective*, a pour effet – psychologique et réel – de ne pas effacer la charge de la preuve. En ce sens, la dialectique se caractérise davantage par un assouplissement que par un effacement de la charge de la preuve en contentieux fiscal. La dialectique peut, en effet, se fondre dans le régime de la charge de la preuve sans pour autant la dissoudre. L'avis SCI Villa Amaya[778] – rendue dans un sens conforme aux conclusions de Pierre COLLIN – du Conseil d'Etat offre une intéressante illustration de la fonction particulière de la dialectique de la preuve en contentieux fiscal. Dans cette affaire, il est, notamment, question de la combinaison entre la procédure de taxation d'office et le second alinéa de l'article L. 17 du Livre des procédures fiscales qui dispose que « l'administration est tenue d'apporter la preuve de l'insuffisance des prix exprimés et des évaluations fournies dans les actes ou déclarations ». Or, la conciliation entre cette disposition et l'inversion de la charge de la preuve exigée dans le cas d'une taxation d'office est particulièrement malaisée surtout dans un cas où l'asymétrie d'information est flagrante, l'administration fiscale disposant seule de comparables nécessaires pour administrer la preuve litigieuse. Le commissaire du Gouvernement estime que la dialectique de la preuve permet de résoudre la difficulté probatoire en exigeant de l'administration fiscale qu'elle apporte les éléments dont elle

[773] Conseil d'Etat, 3e et 8e s.-s., 20 mai 2016, n°387479, M. Devoise : Dr. fisc. 2016, n°36, comm. 472, note Emmanuel LAPORTE.
[774] Le Conseil d'Etat relève une erreur de droit face lorsque les juges du fond ont méconnu la dialectique de la preuve (Conseil d'Etat, 9e et 8e s.-s., 18 septembre 1998, n°149341, SARL Diva : Dr. fisc. 1999, n°5, comm. 85, concl. Guillaume GOULARD).
[775] Sur ce point : cf. infra, n°243.
[776] COLLIN Pierre, concl. sur Conseil d'Etat, Avis, 8e et 3e s.-s., 21 décembre 2006 n°293749, Duguay : préc.
[777] TALY Michel, *Les dispositions françaises tendant au contrôle des prix de transfert (CGI, art. 57 et LPF, art. L. 13 B) sont-elles « euro-compatibles » ?*, Dr. fisc. 2003, n°29, comm. 29.
[778] Conseil d'Etat, Avis, 8e et 3e s.-s., 30 juillet 2003, n°254824, SCI Villa Amaya : Dr. fisc. 2004, n°6, comm. 233, concl. Pierre COLLIN.

dispose, à charge pour le contribuable d'administrer ensuite sa preuve. En dernier lieu, l'administration fiscale peut démontrer qu'une taxation fondée sur la valeur vénale est nécessaire. La dialectique de la preuve permet ainsi de concevoir un système probatoire qui prend tout à la fois en compte les règles légales de charge de la preuve que la nature de la preuve à administrer.

234. En somme, la dialectique de la preuve est un système de répartition du fardeau probatoire qui est particulièrement adapté au juge administratif de l'impôt. Le découpage concret de la charge probatoire entre les parties au litige apporte la souplesse – qui caractérise l'office du juge administratif en matière de preuve – tout en préservant une logique de charge de la preuve – qui assure une prévisibilité de la charge à administrer pour les parties. Elle atteste, une nouvelle fois de l'empreinte inquisitoire de la répartition du fardeau probatoire devant le juge administratif de l'impôt.

b°) L'affirmation d'invariants probatoires fondés sur la nature de la preuve

235. En dictant la répartition de la charge de la preuve sous la forme de règles d'administration de la preuve, le juge administratif de l'impôt a érigé certaines règles de charge de la preuve en des règles invariables dans la répartition de la charge de la preuve[779]. Il s'agit des preuves qui, par nature, ne peuvent être administrées que par une partie[780]. La répartition de la charge de la preuve est ainsi dictée par la nécessité d'éviter qu'une preuve impossible ne soit imposée à une partie[781]. Une telle logique conduit à discriminer entre les preuves qui *par nature* doivent être rapportées par le contribuable et celles qui doivent être *par nature* rapportées par l'administration[782].

---

[779] Cette répartition subsidiaire fondée sur la nature de la preuve a été relevée par Jacques ARRIGHI DE CASANOVA dans l'affaire SA Prodes International (concl. sur Conseil d'Etat, Sect., 29 juillet 1994, n°111884, SA Prodes International : RJF 10/94, p. 590. Il affirme encore, dans ces mêmes conclusions, que « le droit de la preuve permet de dégager dans certains domaines des charges de la preuve 'par nature' ») et dans la décision Lebreton (Conseil d'Etat, Sect., 20 juin 2003, n°232832, Sté Etablissements Lebreton - Comptoir général de peintures et annexes : RJF 10/03 n°1140 ; concl. Pierre COLLIN, BDCF 10/03, n°125) où il est jugé que « les éléments de preuve qu'une partie est seule en mesure de détenir ne sauraient être réclamés qu'à celle-ci ».

[780] Une solution analogue a été adoptée, en contentieux général, à propos de la preuve d'une notification (Conseil d'Etat, 3e et 8e s.-s., 3 octobre 2003, n°249160, Commune de Levainville : Rec. T. p. 834).

[781] En ce sens, Gilles BACHLIER relève que cette solution « prend en compte le fait qu'il incombe à celui qui détient les éléments nécessaires au succès de sa prétention de les produire afin de ne pas mettre à l'autre partie une charge de la preuve négative impossible à apporter » (concl. sur Conseil d'Etat, 8e et 3e s.-s., 15 juillet 2004, n°254486, Huybrechts et a. : BDCF 11/04, n°131).

[782] Cette solution reprend la solution retenue dans la décision Barel (Conseil d'Etat, Ass., 28 mai 1954, Barel : préc.) du Conseil d'Etat : à défaut de la production par le ministre de « tous

236. La preuve de l'acte anormal de gestion[783] atteste de l'affirmation, par le juge administratif de l'impôt, de règles d'administration de la preuve fondées sur la nature des preuves administrées. La décision SA Renfort Service – rendue en formation plénière – du Conseil d'Etat du 27 juillet 1984[784] illustre la faculté du juge administratif à élaborer de telles règles[785]. Le Conseil d'Etat juge que face à une écriture « portant, soit sur des créances de tiers, des amortissements ou des provisions »[786], la charge de la preuve repose sur le contribuable qui doit être « en mesure de justifier dans son principe comme dans son montant, de l'exactitude de l'écriture » litigieuse. La particularité de cette décision consiste à forger des règles d'administration de la preuve fondées sur la nature des opérations comptables qui précisent – et ici altèrent – les règles légales de charge de la preuve. Il incombe désormais au juge de l'impôt de concilier – de combiner[787] – les deux *sources* de règles de charge de la preuve. En somme, cette décision conduit à créer une combinaison entre les règles de charge de la preuve – fondées sur la procédure suivie – avec les règles d'administration de la preuve que le juge rattache à la nature de la preuve à rapporter. En d'autres termes, le juge est conduit à concilier les règles légales de charge de la preuve avec les règles prétoriennes d'administration de la preuve dont il est l'auteur[788]. Pour assurer la cohérence de son système, le Conseil d'Etat procède à la création d'une véritable *fiction probatoire*. En

---

documents susceptibles d'établir la conviction du juge », les allégations du requérant sont jugées établies. La nature de la preuve peut donc induire une construction prétorienne de la répartition de la charge de la preuve.

[783] Sur ce point : FAUCHON Anne, *La preuve de l'acte anormal de gestion*, in, PUIGELIER Catherine (dir.), *La preuve*, Economica, 2004, pp. 141-175.

Pour une définition de cette qualification: Conseil d'Etat, Sect., 10 juillet 1992, Musel SBP, et n°110214, M. Brunner : Dr. fisc. 1993, n°27, comm. 1392, RJF 8-9/92, n°1249, concl. Olivier FOUQUET, p. 673 : l'acte anormal de gestion est l'acte accompli « dans l'intérêt d'un tiers par rapport à l'entreprise ou qui n'apporte à cette entreprise qu'un intérêt minime hors de proportion avec l'avantage que le tiers peut en retirer ».

[784] Conseil d'Etat, Plén., 27 juillet 1984, n°34588, SA Renfort Service : Rec. p. 292 ; Dr. fisc. 1985, n°2 comm. 596 ; RJF 10/84, n°626 et 562, concl. Pierre-François RACINE.

Pour une réaffirmation de cette solution : Conseil d'Etat, 8e et 9e s.-s., 6 juillet 1987, n°42954 : RJF 10/87, n°1035.

[785] Conseil d'Etat, Plén., 27 juillet 1984, n°34588, SA Renfort Service : préc. : « elle n'en découle, pas moins, à titre principal, (...) de la nature des opérations comptables auxquelles ont donné lieu les actes de gestion dont l'Administration conteste le caractère ».

[786] Conseil d'Etat, Plén., 27 juillet 1984, n°34588, SA Renfort Service : préc.

[787] Philippe MARTIN relève que « L'arrêt Renfort Service représente la principale tentative de codifier de manière générale la charge de la preuve, en affirmant l'existence d'une charge de preuve liée à la nature des écritures comptables et en tentant de combiner cette règle avec les textes qui organisent la charge de la preuve en fonction de la procédure d'imposition » (*Charge de la preuve : gros plan sur la jurisprudence du Conseil d'État*, LPA 2007, n°226, p. 3).

[788] Il a ainsi été relevé qu'« En définitive, qu'il y ait ou non acte anormal de gestion, la Haute Juridiction fait prévaloir les règles spécifiques de preuve, résultant de certaines dispositions du Code général des impôts, sur la règle de droit commun qui rattache la charge de la preuve à la procédure d'imposition » (DAVID Cyrille et alii, *Les grands arrêts de la jurisprudence fiscale*, Dalloz, Grands arrêts, 5e éd., 2009, n°49, p. 860).

effet, le Conseil d'Etat juge que « l'Administration doit être réputée apporter la preuve qui lui incombe si le contribuable n'est pas, lui-même, en mesure de justifier dans son principe comme dans son montant, de l'exactitude de l'écriture dont il s'agit »[789]. Le juge de l'impôt fait dépendre l'apport de la preuve par l'administration fiscale – exigée par les règles légales de dévolution de la charge de la preuve – de l'apport de cette même preuve par le contribuable – selon des règles fondées sur la nature de cette preuve. Autrement dit, les règles d'administration de la preuve permettent l'application des règles légales de charge de la preuve mais en appliquant ces règles, elles en forgent de nouvelles qui sont contraires aux règles initiales.

237. La jurisprudence ultérieure[790] a toutefois opéré une conciliation défavorable à la preuve par nature en faisant primer, pour la preuve de l'anormalité de l'acte, les règles spécifiques de charge de la preuve qui découlent – antérieurement à la loi Aicardi – de l'avis favorable à l'administration fiscale de la Commission départementale des impôts directs et des taxes sur le chiffre d'affaires[791] ou d'une procédure d'office[792]. De même, le contribuable doit ainsi établir l'exagération de l'imposition lorsqu'il a accepté le rehaussement[793]. Une certaine « déception »[794] découle de ces solutions qui tempèrent la logique retenue dans la décision Renfort Service en faisant primer les règles légales de répartition du fardeau probatoire sur les règles jurisprudentielles d'administration de la preuve.

238. Au-delà de cette légitime déception, il faut tout de même relever la permanence de la preuve fondée sur la nature de la preuve à rapporter que le juge administratif rattache à un devoir de justification du contribuable en matière d'exactitude des écritures comptables dans leur principe comme dans

---

[789] Conseil d'Etat, Plén., 27 juillet 1984, n°34588, SA Renfort Service : Rec. p. 292 ; Dr. fisc. 1985, n°2 comm. 596 ; RJF 10/84 n°626 et 562, concl. Pierre-François RACINE.

[790] Sur ce point : DE LA MARDIERE Christophe, *La preuve en droit fiscal*, Litec, 2009, pp. 121-155.

[791] - Lorsque l'avis est favorable à l'administration fiscale : Conseil d'Etat, Plén., 27 juillet 1988, n°50020, SARL Boutique 2 M : RJF 10/88, n°1139, concl. Olivier FOUQUET, p. 577.
- Lorsque l'avis est favorable au contribuable : Conseil d'Etat, 9e et 7e s.-s., 8 août 1990, n°92997, SA Intertrans : RJF 10/90, n°1252, concl. Philippe MARTIN, p. 661.
- Lorsque la commission n'est pas consultée, la charge de la preuve pèse sur l'administration : Conseil d'Etat, 9e et 8e s.-s., 13 mai 1992, n°71497, Nouvelles Editions Musicales Caravelle : Dr. fisc. 1994, n°23, comm. 1087 ; RJF 07/92 n°948, concl. Philippe MARTIN.

[792] Conseil d'Etat, 9e et 8e s.-s., 8 janvier 1993, n°87631, Spitaletto : RJF 03/93, n°319, concl. Philippe MARTIN, p. 183 ; CAA de Lyon, 4e ch., 25 février 1993, n°92-32, SARL Speed 06 : Dr. fisc. 1994, n°40, comm. 1717.

[793] Conseil d'Etat, 9e et 8e s.-s., 13 mai 1991, n°74729, Bodnia : Dr. fisc. 1993, n°19, comm. 1017 ; RJF 07/91 n°1006, concl. GAEREMYNCK ; Conseil d'Etat, 9e et 8e s.-s., 16 juin 1993, n°78950, SARL Copag : RJF 8-9/93 n°1195, concl. François LOLOUM, BDCF 02/93, p. 27.

[794] Selon le mot employé par Christophe DE LA MARDIERE (*La preuve en droit fiscal*, Litec, 2009, p. 129).

leur montant[795]. Le Conseil d'Etat a estimé, à la suite d'une cour administrative d'appel[796], que la règle de la preuve par nature n'a pas été remise en cause par la loi Aicardi[797] dès lors que le législateur n'aurait pas entendu revenir sur la jurisprudence fondant la preuve par nature[798]. Comme le souligne le commissaire du Gouvernement Jacques ARRIGHI DE CASANOVA cette solution est fondée sur le fait « qu'il est, en quelque sorte, dans la nature des choses que le contribuable fournisse *a priori* les justifications que lui seul peut apporter »[799]. Cette solution, toujours maintenue[800], conduit à fonder la preuve par nature sur le devoir de justification qui pèse sur le contribuable en matière d'écritures de charge. Le Conseil d'Etat a généralisé cette solution dans la décision Lebreton en jugeant que « les éléments de preuve qu'une partie est seule en mesure de détenir ne sauraient être réclamés qu'à celle-ci »[801].

239. En ce sens, il y a lieu de relever que la jurisprudence du juge administratif de l'impôt est imprégnée de la nécessité d'imposer la charge probatoire à la seule partie qui est en mesure de rapporter la preuve. La justification des

---

[795] Conseil d'Etat, 8e et 9e s.-s., 20 mai 1998, n°159877, Sté Veticlam : Dr. fisc. 1998, n°44, comm. 979 ; RJF 07/98, n°836 ; BDCF 04/98, n°87.

[796] CAA de Lyon, Plén., 5 juillet 1994, n°92-549, SA Volvic : RJF 11/94, n°1232, concl. Pierre BONNAUD, p. 657.

[797] Loi n°87-502 du 8 juillet 1987 portant loi modifiant les procédures fiscales et douanières : J.O. 9 juillet 1987, p. 7470.

[798] Jacques ARRIGHI DE CASANOVA expose, dans cette affaire, que « Tout autre est notre hypothèse, qui se situe en amont, et dans laquelle le juge estime qu'il est, en quelque sorte, dans la nature des choses que le contribuable fournisse *a priori* les justifications que lui seul peut apporter. Avant la loi de 1987, l'intervention de la commission ne pouvait, par définition, renverser à son détriment un fardeau de la preuve qui lui incombait d'emblée. Après cette loi, qui n'a pas entendu traiter une telle hypothèse, la situation demeure inchangée » (concl. sur Conseil d'Etat, 8e et 9e s.-s., 20 mai 1998, n°159877, Société Veticlam : préc.). Ainsi, le Conseil d'Etat opère une interprétation particulière de l'article L. 192 du Livre des procédures fiscales tel qu'il est issu de la loi Aicardi du 8 juillet 1987. Il aboutit à exclure toute incidence sur la charge de la preuve de cette disposition – à l'exception du cas mentionné à l'alinéa 2 de cet article, à savoir, le cas où la comptabilité comporte de graves irrégularités. Le premier alinéa de l'article L. 192 du Livre des procédures fiscales est ainsi interprété comme n'ayant aucune incidence sur la charge de la preuve devant le juge de l'impôt et ne porte que sur la phase antérieure à la saisine de la Commission. De ce fait, ce premier alinéa de l'article L. 192 du Livre des procédures fiscales ne pose aucune règle de charge de la preuve et il aurait eu pour effet, selon les travaux préparatoires, de neutraliser toute incidence de cette saisine de la Commission sur la charge de la preuve. De la sorte, la saisine de la Commission départementale n'a pas pour effet d'éliminer la preuve par nature qui incombe au contribuable, devant le juge de l'impôt, en matière d'écriture de charges.

[799] ARRIGHI DE CASANOVA Jacques, concl. sur Conseil d'Etat, 8e et 9e s.-s., 20 mai 1998, n°159877, Sté Véticlam : préc.

[800] Conseil d'Etat, 8e et 3e s.-s., 28 juillet 2000, n°185401, SARL Distel : RJF 11/00, n°1303.

[801] Conseil d'Etat, Sect., 20 juin 2003, n°232832, Sté Etablissements Lebreton, Comptoir général de peintures et annexes : RJF, 10/03 n°1140, concl. Pierre COLLIN, BDCF 10/03, n°125.

écritures de charge repose sur le contribuable tant en matière de bénéfices industriels et commerciaux[802] que de bénéfices non commerciaux[803] ou même en matière de déductibilité de la taxe sur la valeur ajoutée[804]. Cette solution a même été étendue à la preuve du caractère effectif du travail rémunéré[805] ou du caractère indispensable à une activité de charges somptuaires[806] – de l'article 39, 4 du Code général des impôts – l'Administration étant alors dispensée de « tout souci de preuve »[807]. En outre, l'administration fiscale n'est pas épargnée par une telle logique puisqu'il lui incombe toujours d'administrer la preuve lorsqu'elle remet en cause une qualification[808] ou une évaluation[809].

240. En somme, le Conseil d'Etat a créé des invariants probatoires en imposant au contribuable et à l'administration fiscale de rapporter certaines preuves sans que les règles légales n'interfèrent dans cette répartition. L'affirmation de ces règles subsidiaires de répartition de charge de la preuve permet de saisir la place déterminante occupée par le juge administratif dans la répartition de cette charge. En matière fiscale, le juge administratif demeure maître de l'instruction par l'affirmation de règles d'administration de la preuve. La maîtrise du juge administratif sur la répartition du fardeau probatoire apparaît, au sein d'un contentieux où la répartition de la charge probatoire est légalement établie, la marque du caractère fondamentalement inquisitoire de la procédure suivie devant le juge administratif de l'impôt.

241. Bien qu'il n'existe qu'une différence de degré et non de nature entre la dialectique de la preuve et la preuve objective, le juge administratif a consacré, en matière fiscale, la *preuve objective*. Ce régime de preuve dont l'cxpansion au sein du contentieux fiscal est le fruit d'une jurisprudence récente, conduit le juge à neutraliser la preuve au sein du contentieux fiscal.

---

[802] Conseil d'Etat, 9e et 7e s.-s., 16 avril 1982, n°17218 : Dr. fisc. 1982, n°31, comm. 1638 ; Conseil d'Etat, 8e et 3e s.-s., 23 octobre 2002, n°220725, Claude Picasso : RJF 01/03, n°41.
[803] Conseil d'Etat, 9e et 8e s.-s., 18 novembre 1983, n°32167 : RJF 01/84, n°34 ; Conseil d'Etat, Plén., 23 juin 1986, n°50487, RJF 8-9/86, n°765.
[804] Conseil d'Etat, 9e et 10e s.-s., 4 février 2015, n°370525, SA Nexity : Dr. fisc. 2015, n°22, comm. 335, concl. Aurélie BRETONNEAU, RJF 04/15, n°312.
[805] Conseil d'Etat, 8e et 7e s.-s., 23 juin 1986, n°48465 : RJF 10/86, n°866.
[806] Conseil d'Etat, 9e et 10e s.-s., 20 novembre 2013, n°338170, SA Immotn : RJF 02/14, n°127, concl. Frédéric ALADJIDI, BDCF 02/14, n°13 ; Conseil d'Etat, 8e et 7e s.-s., 3 février 1986, n°46805 : RJF 04/86, n°349.
[807] COZIAN Maurice et DEBOISSY Florence, *Précis de fiscalité des entreprises*, Lexis Nexis, 40e éd., 2016/2017, n°212.
[808] Conseil d'Etat, 7e et 9e s.-s., 1er juillet 1985, n°49711 : RJF 10/85, n°1257 (à propos de la remise en cause de la qualification présente dans les stipulations d'une convention du contribuable).
[809] Conseil d'Etat, 7e et 8e s.-s., 19 novembre 1984, n°31492 : RJF 01/85, n°71, concl. Olivier FOUQUET (à propos de la preuve de la valeur réelle d'actions).

ii/ La neutralisation de la charge de la preuve : manifestation remarquable de l'identité du juge administratif en contentieux fiscal

242. L'affirmation d'un régime de preuve neutre est le fruit d'une politique jurisprudentielle (a°) qui manifeste l'identité du juge administratif en matière fiscale (b°).

a°) La preuve neutre : fruit d'une politique jurisprudentielle

243. Le contentieux administratif de l'impôt connaît une expansion du régime de la preuve dite objective[810]. Il serait préférable, à notre sens, de nommer ce régime de « preuve neutre »[811] car il a pour ambition de neutraliser la charge de la preuve[812] pour certaines questions de fait[813]. Ce régime de preuve – qui prévaut devant le juge de l'excès de pouvoir[814] – n'impose, une fois la charge primaire de l'administration de la preuve accomplie, à aucune partie la preuve déterminante de certains faits pour la formation de la conviction du juge[815].

---

[810] Sur ce point : AYRAULT Ludovic, LAMARQUE Jean et NEGRIN Olivier, *Droit fiscal général*, Lexis Nexis, 2e éd., 2011, n°2218, pp. 1350-1351 ; BONNET André, *La charge de la preuve en contentieux fiscal*, Dr. fisc. 2013, n°49, 535, pp. 8-11 ; COLLET Martin, *Droit fiscal*, PUF, Thémis droit, 6e éd., 2017, n°233, pp. 132-133 ; DE LA MARDIERE Christophe, *La preuve en droit fiscal*, Litec, 2009, pp. 157-209 ; DE LA MARDIERE Christophe, *La preuve en droit fiscal*, in, PUIGELIER Catherine (dir.), *La preuve*, Economica, 2004, pp. 133-139 ; DE LA MARDIERE Christophe, *La preuve objective dans le contentieux fiscal*, Droit fiscal 2006, n°14, ét. 13 ; DE GAUDEMAR Hervé, *La preuve devant le juge de l'excès de pouvoir*, Revue générale du droit 2012, n°1 ; PETON-PHILIPPOT Nolwenn, *Preuve fiscale, Charge et administration de la preuve*, Lexis Nexis, JurisClasseur Notarial, 2015, n°30-43 ; URY Didier, *La déclinaison en droit fiscal de l'adage "nul n'est censé ignorer la loi" amène à la preuve objective, c'est-à-dire celle qui résulte de l'instruction*, BF 04/16, pp. 190-192.

[811] François LOLOUM emploie les deux termes en parlant de « régime de preuve objective ou neutre » dans ses conclusions sur l'affaire INRETS (Conseil d'Etat, 9e et 8e s.-s., 9 juillet 1997, n°156042, Inrets : RJF 8-9/97, n°797, concl. François LOLOUM, BDCF 04/97 n°81). L'expression « charge de la preuve (…) neutre » est encore employée par Patrick MINNE dans ses conclusions sur un arrêt de la cour administrative d'appel de Douai (CAA de Douai, 2e ch., 15 décembre 2009, n°07-1370, SA Eurosurgical : RJF 04/10, n°324).

[812] Cette neutralisation n'a pas pour objet de neutraliser la charge qui incombe aux parties d'administrer les preuves de leurs allégations mais a pour effet de neutraliser toute répartition préétablie de la charge de la preuve.

[813] Laurent OLLEON a relevé qu'au sein du régime de charge de la preuve « il n'y a (…) pas de charge de la preuve » (concl. sur Conseil d'Etat, 8e s.-s., (na), 12 décembre 2007 n°307970, Sté Abbey National Treasury Services : RJF 03/08 n°365, BDCF 03/08 n°43).

[814] Hervé de GAUDEMAR souligne que « Le contentieux de l'excès de pouvoir est (…) un système de 'preuve objective', c'est-à-dire un système où le juge ne peut pas statuer, sauf à entacher son arrêt d'une erreur de droit, au détriment d'une partie au prétexte qu'elle n'aurait pas réussi à apporter la preuve, ni même un début de preuve, de ses allégations » (*La preuve devant le juge de l'excès de pouvoir*, Revue générale du droit 2012, n°1).

[815] À l'inverse, François-Charles BERNARD et Alain PLANTEY estiment qu'en matière d'excès de pouvoir, « La preuve qui incombe à l'auteur du recours est objective : [elle exige de prouver] la non-conformité de décisions administratives, générales ou individuelles, aux prescriptions nombreuses et diverses qui constituent cet ensemble normatif » (*La preuve devant*

Christophe DE LA MARDIERE définit la preuve neutre comme le régime au sein duquel « le juge (...) tranche les litiges qu'on lui soumet à raison des résultats de l'instruction, c'est-à-dire selon son intime conviction, sans que l'un ou l'autre des plaideurs ne soit désigné *a priori* comme devant supporter la charge de la preuve »[816]. Ce régime permet la neutralisation des débats contentieux relatifs à la répartition de la charge de la preuve puisqu'il incombe au juge de puiser dans les pièces du dossier les preuves nécessaires à la résolution du litige[817].

244. La combinaison de ce régime de preuve avec les autres règles – légales et jurisprudentielles – de répartition de la charge de la preuve pose une première difficulté. Il faut se résoudre à considérer que le régime de preuve neutre est bien « complémentaire [au] critère légal »[818] mais également aux règles jurisprudentielles de charge de la preuve imposées par le juge administratif de l'impôt. En premier lieu, la preuve neutre s'écarte devant les règles légales qui gouvernent la charge de la preuve[819]. En second lieu, le juge

le juge administratif, Economica, 2003, p. 169). La preuve est donc, pour ces auteurs, « objective » car, elle exige du requérant qu'il apporte la preuve de règles de droit. Ils l'expliquent en ces termes : « devant le Conseil d'Etat, la preuve ne se limite pas toujours à l'exactitude, à la qualification et à l'appréciation des faits : elle peut porter sur l'existence et la légalité de règles générales ou de décisions individuelles, notamment dans le recours pour excès de pouvoir, le recours en cassation, le recours en appréciation de légalité, l'exception d'illégalité. Le raisonnement se fait alors à partir de la hiérarchie des règles de droit » (*op. cit.*, pp. 169-170). Une telle analyse devrait, à notre sens, conduire à limiter le champ de la « preuve objective » à la seule preuve du droit.

816 DE LA MARDIERE Christophe, *La preuve en droit fiscal*, Litec, 2009, p. 157.

817 Tant le contribuable (Conseil d'Etat, 9e et 10e s.-s., 16 janvier 2006, n°258277, Lefebvre : RJF 04/06 n°377, concl. Laurent VALLEE, BDCF 04/06, n°46 ; Conseil d'Etat, 8e s.-s., (na), 12 décembre 2007 n°307970, Sté Abbey National Treasury Services : RJF 03/08 n°365, concl. Laurent OLLEON, BDCF 03/08, n°43) que le Ministre (Conseil d'Etat, 8e et 3e s.-s., 23 juin 2000, n°215152, Association locale pour le culte des Témoins de Jehovah de Riom : RJF 9-10/00, n°1099, concl. Gilles BACHELIER, BDCF 9-10/00, n°110 ; Conseil d'Etat, 10e et 9e s.-s., 24 mars 2004, n°246955, Mme Lacosta-Puigvert : Dr. fisc. 2004, n°51, comm. 902, concl. Marie-Hélène MITJAVILE) ne peuvent, sous un tel régime, contester la répartition de la charge de la preuve mais ils peuvent, en revanche, contester l'application d'un régime de charge de la preuve en lieu et place d'un régime de preuve neutre (Conseil d'Etat, 9e et 10e s.-s., 12 janvier 2004, n°247753, SA Sogeres : RJF 04/04, n°365, concl. Guillaume GOULARD, BDCF 04/04, n°48). Il faut toutefois relever que le juge administratif de l'impôt fait preuve d'une véritable souplesse en la matière : la confusion entre un régime de charge de la preuve et un régime de preuve objective est contrôlée avec une certaine bienveillance (Conseil d'Etat, 8e et 3e s.-s., 24 octobre 2014, n°366857, SCI du Château de Festieux : Dr. fisc. 2014, n°50, comm. 677, concl. Nathalie ESCAUT ; Conseil d'Etat, 10e et 9e s.-s., 24 mars 2004, n°246955, Mme Lacosta-Puigvert : Dr. fisc. 2004, n°51, comm. 902, concl. Marie-Hélène MITJAVILE), le juge de cassation invoquant parfois une simple « erreur de plume » (DAUMAS Vincent, concl. sur Conseil d'Etat, 3e et 8e s.-s., 28 mai 2014, n°362174, Sté JFP Gestion : RJF 8-9/14 n°766, BDCF 8-9/14, n°79) de nature à justifier la solution retenue par les juges du fond.

818 DE LA MARDIERE Christophe, *La preuve en droit fiscal*, Litec, 2009, p. 208.

819 Le juge administratif de l'impôt rejette le régime de preuve neutre lorsque la règle contenue dans l'article R. 194-1 du Livre des procédures fiscales trouve à s'appliquer (Conseil d'Etat, 9e

administratif de l'impôt fait primer, sur le régime de preuve neutre, la règle jurisprudentielle qui conduit à exiger à la partie qui est la seule à disposer d'une preuve de l'administrer[820].

245. En dépit de ce caractère subsidiaire du régime de preuve neutre, ce régime connaît un indéniable « progrès »[821] en contentieux fiscal[822]. Si ce régime existe de longue date[823], l'expansion de la preuve neutre constitue, à notre sens, le fruit d'une politique jurisprudentielle d'affirmation de l'identité probatoire du juge administratif en contentieux fiscal. Dans cette optique, il est logique que le champ d'application de la preuve neutre tende « à se généraliser »[824]. Si un tel constat paraît séduisant, l'étude de la jurisprudence ne permet pas d'isoler un critère d'identification de ce régime de preuve. S'il a pu être soutenu que ce régime s'impose « lorsque aucune des deux parties n'est réputée avoir tort ou raison »[825] ou lorsque « le contribuable (...) n'a pas de devoir particulier qui soit à sa portée »[826], il faut constater que ces critères demeurent largement inexploitables pour identifier le champ de ce régime.

246. Christophe DE LA MARDIERE justifie cette propension à l'hégémonie de la preuve neutre par une inclinaison naturelle du contentieux fiscal à l'objectivité : il relève qu'il existe, en matière fiscale, « une confusion entre l'objectivité de la preuve, en tant qu'elle se rapporte aux faits, et l'objectivité

---

et 10e s.-s., 25 septembre 2013, n°336711 et 352133, Sté Banque Française : RJF 12/13, n°1148, concl. Claire LEGRAS, BDCF 12/13, n°130).

820 COLLIN Pierre, concl. sur Conseil d'Etat, 9e et 10e s.-s., 1er juillet 2009, n°295689, SARL Alain Palanchon : Dr. fisc. 2009, n°40, comm 490, RJF 10/09, n°822, concl. Pierre COLLIN, BDCF 10/09, n°112.

821 AYRAULT Ludovic, LAMARQUE Jean et NEGRIN Olivier, *Droit fiscal général*, Lexis Nexis, 2e éd., 2011, p. 1350.

822 Christophe DE LA MARDIERE relève que « la preuve objective n'a pas cessé de gagner du terrain dans l'ensemble du contentieux fiscal » (*La preuve en droit fiscal*, Litec, 2009, p. 157).

823 La référence à l'instruction est ancienne devant le juge administratif de l'impôt. Cette référence semblait viser les éléments matériels constatables à la lecture du dossier contentieux. Le Conseil d'Etat s'est ainsi référé à l'instruction pour établir le nombre de places dont dispose effectivement un véhicule en matière de contribution et de la taxe municipale sur les voitures et les chevaux (Conseil d'Etat, 20 juillet 1917, Ministre des Finances c/ Drzewiecki : R.O. p. 219), pour déterminer le lieu de résidence d'un contribuable (Conseil d'Etat, Sect., 12 juillet 1932, Sieur Montesquiou-Fezensac : Rec. p. 705), pour juger de l'absence de déclarations souscrites par le contribuable (Conseil d'Etat, 26 janvier 1923, n°67041 et 25 mars 1927, n°81448 : R.O. p. 5105) ou encore pour établir le nombre d'établissements d'un contribuable (Conseil d'Etat, 1er juillet 1952, n°15918, Affaire Société des Grands Magasins Paris : R.O. p. 80).

824 COLLIN Pierre, concl. sur Conseil d'Etat, 8e et 3e s.-s., 9 février 2005, n°250920, SA Noirot-Manutention : RJF 05/05, n°484, BDCF 05/05, n°65.

825 GOULARD Guillaume, concl. sur Conseil d'Etat, 9e et 10e s.-s., 26 février 2003, n°223092 et 223293, Sté Pierre de Reynal et Cie : RJF 5/03 n°69 ; BDCF 05/03, n°69.

826 BONNET André, *La charge de la preuve en contentieux fiscal*, Dr. fisc. 2013, n°49, comm. 535, pp. 8-11.

du droit »[827]. Toutefois, une telle analyse nous paraît erronée dans la mesure où la neutralisation des règles de charge de la preuve est liée à l'identité du juge administratif et non à la nature – objective ou subjective – des branches du contentieux administratif[828]. L'expansion de la preuve neutre est donc, à notre sens, moins le reflet d'une identité fiscale de la preuve que l'affirmation de l'identité du juge administratif dans la preuve fiscale qui transcende la nature objective ou subjective des contentieux.

247. Une autre justification est susceptible d'être avancée pour expliquer le développement de ce régime de preuve. Il pourrait être tentant de justifier l'expansion de la preuve neutre par un lien intrinsèque entre l'objectivité du fait à prouver et la neutralité du régime de preuve : il existerait des *faits objectifs* qui, par nature, pourraient faire l'objet d'un régime de *preuve neutre*. Christophe DE LA MARDIERE illustre cette analyse – liant l'objectivité du fait à l'objectivité du régime de preuve – grâce à la décision SARL Link[829]. Il affirme qu'« en dehors même des hypothèses où le juge se prononce au vu des résultats de l'instruction, la preuve tend à s'objectiver »[830]. Toutefois, ce lien intrinsèque entre nature de la preuve et nature du régime de preuve ne nous paraît pas démontré en l'espèce. Dans l'affaire Sté Link, il était reproché aux juges du fond d'avoir exigé une « preuve subjective » de la connaissance – elle-même subjective – par l'administration fiscale de la situation d'office du contribuable. Le Conseil d'Etat estime que la question de preuve doit se limiter à une connaissance objective de la situation d'office du contribuable. Le Conseil d'Etat ne fait que rappeler que les preuves doivent être, en matière fiscale, fondées sur des éléments objectifs et non sur « des intentions subjectives, éphémères par leur nature et dont la preuve est toujours

---

[827] DE LA MARDIERE Christophe, *La preuve en droit fiscal*, Litec, 2009, p. 200.

[828] En outre, la nature « objective » du contentieux fiscal ne nous paraît pas, du côté des juges, être perçue au-delà de la juridiction administrative comme un trait caractéristique de cette matière. En ce sens, la Cour de justice de l'Union européenne ne dispose pas d'une analyse semblable en matière fiscale. Le défaut de remboursement d'une taxe perçue en violation du droit communautaire – fondé sur l'enrichissement indu du contribuable – constitue même selon la Cour « une restriction apportée à un droit subjectif tiré de l'ordre juridique communautaire » (CJCE, 2 octobre 2003, n°C-147/01, Weber's Wine World e.a., pt. 95 : Rec. p. I-11365). Le droit fiscal serait, de ce point de vue, perméable à l'existence de droits subjectifs. Face à une telle solution, tant le juge civil de l'impôt (Cass. com., 3 octobre 1995, n°93-21.597, Sté Henri Meunier : RJF 01/96, n°157) que le juge administratif de l'impôt (Conseil d'Etat, 9e et 10e s.-s., 15 juillet 2004 n°264494, SA Gemo : RJF 10/04, n°1061, concl. Guillaume GOULARD, BDCF 10/04, n°127) qui consiste à faire peser sur l'administration fiscale la charge de prouver que le remboursement de la taxe serait de nature à constituer un enrichissement indu du contribuable.

[829] Conseil d'Etat, 9e et 10e s.-s., 5 juin 2002, n°201066, SARL Link : Dr. fisc. 2002, n°43, comm. 854, concl. Jean COURTIAL.

[830] DE LA MARDIERE Christophe, *La preuve en droit fiscal*, Litec, 2009, p. 198.

contestable »[831]. Or, rien ne lie la nécessité de prouver un comportement objectif à un régime de preuve neutre. Pour preuve, dans cette même affaire Sté Link, c'était à l'administration fiscale d'apporter la preuve de sa connaissance effective de la situation de taxation d'office du contribuable. Le Conseil d'Etat estime que les juges du fond devaient, dans un tel cas, « se born[er] à vérifier que celle-ci [l'administration fiscale] était en mesure d'établir devant [eux] (…) que la société FPM était en situation de taxation d'office »[832]. En somme, le juge fait donc primer une vérité, qu'il estime objective, sans pour autant lier la preuve de cette vérité à la neutralité du régime de preuve. En outre, cette piste doit être écartée car le juge administratif de l'impôt se fonde exclusivement – comme d'autres juges[833] – sur des éléments « objectifs »[834] et refuse de se fonder – à de rares exceptions

---

[831] LAVONDES, concl. sur Conseil d'Etat, 8e s.-s., 10 février 1965, n°59836, Sté Paris-Lyon-Confections : Dr. fisc. 1970, n°3 bis, comm. 36, pp. 47-48, spéc. p. 48.

[832] Conseil d'Etat, 9e et 10e s.-s., 5 juin 2002, n°201066, SARL Link : Dr. fisc. 2002, n°43, comm. 854, concl. Jean COURTIAL.

[833] La Cour de justice de l'Union européenne (Sur ce point : BARRUE-BELOU Rémi, *L'influence du juge européen sur le juge administratif en matière probatoire*, Dr. adm. 2015, n°1, ét. n°1, pp. 9-14 ; DELAVENNE Jean-François, *Y a-t-il une "autonomie procédurale" des États membres en matière d'attribution de la charge de la preuve ?*, Gaz. Pal. 2003, n°176, pp. 21-26) exige que certaines qualifications – comme celles de livraison ou d'acquisition intracommunautaires – reposent « sur la base d'éléments objectifs » (CJCE, 27 septembre 2007, C-409/04, Teleos e.a., pt. 40 : Rec. p. I-7797) toutefois, elle n'exige pas qu'un régime de preuve neutre soit mis en œuvre pour la preuve des faits. Pour la preuve des livraisons et des acquisitions intracommunautaires, le Conseil d'Etat fait prévaloir un régime de preuve neutre (Conseil d'Etat, 8e et 3e s.-s., 27 juillet 2005, n°273619, Sté Fauba France : Dr. fisc. 2006, n°12, comm. 268, concl. Laurent OLLEON, RJF 11/05, n°1173) alors que la Cour de cassation fait reposer la preuve sur l'administration fiscale (Cass. com., 10 février 2015, n°12-28.770, DGDDI c/ Sté française de transports Gondrand frères : RJF 05/15, n°394). L'objectivité des preuves vise bien plus la nature des preuves qui doivent convaincre les juges – comme l'administration de justificatifs de l'expédition de biens pour une livraison intracommunautaire – qu'une exigence de neutralité de la charge de la preuve. Cette exigence d'objectivité de la preuve existe dans d'autres matières que la taxe sur la valeur ajoutée (CJCE, 22 mars 1990, n°C-83/89, Openbaar Ministerie et Minister van Financïen contre Vincent Houben, pt. 22 : Rec. p. I-01161, à propos de la preuve d'un transport de marchandises non destinées à des fins commerciales).

[834] Le juge administratif exige, toujours, que les preuves sur lesquels il forge sa conviction présente une forme d'objectivité. En ce sens, le commissaire du Gouvernement LAVONDES (concl. sur Conseil d'Etat, 8e s.-s., 10 février 1965, n°59836, Sté Paris-Lyon-Confections : Dr. fisc. 1970, n°3 bis, comm. 36, pp. 47-48, spéc. p. 48) a pu démontrer que le juge fiscal est conduit « à se référer à des données objectives, susceptibles d'être constatées et mesurées, et non à des intentions subjectives, éphémères par leur nature et dont la preuve est toujours contestable ». Or, la nécessité de se fonder sur des données objectives nous paraît générale en contentieux administratif où le juge se fonde toujours sur des données « objectives » pour statuer. Ainsi, la preuve de la faute de service repose sur un « mode objectif d'établissement de la preuve de la faute mis en œuvre devant le juge administratif (en fonction des pièces du dossier et non de l'interrogatoire des parties) » (PAILLET Michel, *Faute de service, Preuve et qualification*, JurisClasseur Administratif, Fasc. n°820, Lexis Nexis, 2009, n°50). Caroline FOULQUIER relève, en ce sens, qu'il existe, pour l'ensemble du contentieux administratif,

près[835] – sur des intentions pour forger sa conviction. Il apparaît, en somme, que l'objectivité requise du fait par le juge fiscal ne constitue pas l'assurance de l'affirmation d'un régime de preuve neutre[836]. De ce fait, il n'existe pas, par nature, des faits objectifs qui seraient revêtus intrinsèquement de ce caractère et qu'il serait possible d'isoler *a priori*. Tous les faits présentent, et il faut s'en féliciter, une forme d'objectivité. La preuve vise à démontrer l'existence d'éléments matériels qui sont susceptibles de faire l'objet d'une preuve. Il est donc impossible de discriminer entre des *faits objectifs* et des faits qui seraient dépourvus de cette qualité. Il faut donc se résoudre à considérer que ce régime est fondé sur une logique indépendante de la nature du fait.

« une intention d'objectivité » (FOULQUIER Caroline, *La preuve et la justice administrative française*, Thèse de doctorat, Toulouse, L'Harmattan, Logiques juridiques, 2013, p. 149) du juge administratif qui tend ainsi à rejeter les éléments jugés subjectifs.

[835] Il pourrait être tentant de discriminer entre les faits « objectifs » et les faits « subjectifs ». L'étude de la preuve de la mauvaise foi, des manœuvres frauduleuses ou de l'abus de droit peut constituer un intéressant terrain d'étude (Sur ce point : DUSSART DALBIES Bérangère, *La preuve en matière fiscale*, Thèse de doctorat microfichée, Aix-Marseille, 1992, pp. 478-489). La preuve de la mauvaise foi – devenue manquement délibéré depuis l'ordonnance n°2005-1512 du 7 décembre 2005 – exige que le fisc rapporte la preuve d'une insuffisance de déclaration et du caractère délibéré du comportement du contribuable (Conseil d'Etat, 9e et 8e s.-s., 3 mai 1993, n°116269, M. Cohen : RJF 06/93, n°774). La preuve de ce caractère délibéré peut résulter d'éléments subjectifs comme la profession du contribuable (Conseil d'Etat, 9e et 10e s.-s., 27 juillet 2001, n°211314, M. Alain Bancarel : Dr. fisc. 2001, n°50, comm. 1156, concl. Guillaume GOULARD). Toutefois, comme l'a relevé Ludovic AYRAULT, « le manquement délibéré appelle en principe une appréciation subjective de la situation, laquelle résulte cependant de la présence de certains éléments objectifs » (*Manquement à l'obligation déclarative*, JurisClasseur Procédures fiscales, Fasc. 388, Lexis Nexis, 2016, n°114). En revanche, la preuve des manœuvres frauduleuses repose sur des éléments plus objectifs puisque l'administration doit prouver l'existence d'opérations visant à « créer des apparences de nature à égarer l'administration » dans son pouvoir de contrôle (Conseil d'Etat, 9e et 8e s.-s., 8 janvier 1997, n°139711, Fattel : RJF 03/97, n°195). De même, la qualification de l'abus de droit présente un aspect plus objectif en dépit de la nécessité de prouver l'intention du contribuable. En ce sens, Pierre COLLIN, dans ses conclusions prononcées à l'occasion de la décision Sagal, a estimé que la preuve de l'abus de droit n'était apportée que s'il existe « une série d'actes cohérents et convergents, passés en vue de créer une situation juridique ou économique artificielle à seule fin d'entrer dans les prévisions d'une disposition fiscale favorable » (COLLIN Pierre, concl. sur Conseil d'Etat, 8e et 3e s.-s., 18 mai 2005, n°267087, Sté Sagal : Dr. fisc. 2005, n°44-45, comm. 726 ; RJF 8-9/2005, n°910, concl. Pierre COLLIN, BDCF 8-9/05, n°110). Or, ces actes présentent, à notre sens, un caractère objectif dès lors que l'intention est toujours déduite d'actes juridiques matériels.

[836] À notre sens, ce constat doit conduire à exploiter la notion d'« objectivité » avec une infinie précaution. L'objectivité risque, comme l'a souligné Ronald DWORKIN de constituer « une sorte de rideau de fumée » (*Une question de principe*, PUF, 1996, p. 216) qui doit être justifiée par d'autres fondements.

248. En définitive, il apparaît que le juge administratif de l'impôt opère un choix entre le régime de preuve neutre et régime de charge de la preuve[837] – tempéré par la dialectique ci-avant décrite – en fonction des faits litigieux. Aucun critère ne permet d'isoler, *a priori*, les faits appréhendés sous un régime de preuve neutre. Cet empirisme dans la délimitation de la preuve neutre se manifeste en présence d'hésitations relatives à l'application d'un tel régime pour certains faits[838]. Ces hésitations reflètent que la preuve neutre est avant tout le fruit d'une politique jurisprudentielle soumise aux aléas d'un tel fondement et qu'elle n'est pas le fruit d'une consécration découlant naturellement de la nature du fait litigieux.

249. La matière des impôts directs locaux constitue un premier lieu d'élection de la preuve neutre. Ces impositions sont régies, de longue date[839], par un régime de preuve neutre fondé sur l'instruction[840]. Ce principe a été posé pour la première fois de manière explicite dans une décision du 23 juillet 1976[841]. Claude LASRY a expliqué cela en soulignant qu'« En ce qui concerne les

---

[837] Guillaume GOULARD souligne ainsi, dans ses conclusions sur la décision Sté Pierre de Reynal (Conseil d'Etat, 9e et 10e s.-s., 26 février 2003, n°223092 et n°223293, Sté Pierre de Reynal et Cie : préc.) qu'« Il serait imprudent, selon nous, d'abandonner ces règles spécifiques qui sont le résultat d'une longue maturation jurisprudentielle et qui sont adaptées à l'hypothèse particulière dans laquelle l'administration prétend remettre en cause une écriture régulière, mais dont elle prétend qu'elle découle d'un acte dénué d'intérêt pour l'entreprise. (…) Il est naturel que l'administration, qui s'avise de renverser une telle présomption, doive apporter la preuve de ce qu'elle avance ».

[838] La preuve de la nature des actes réalisés par un masseur-kinésithérapeute offre, à cet égard, une intéressante illustration. Ces actes sont exonérés de taxe sur la valeur ajoutée s'ils ont été prescrits par un médecin. Le Conseil d'Etat a pu faire primer, pour cette question, un régime de preuve neutre (Conseil d'Etat, 8e et 3e s.-s., 15 juillet 2004, n°254485, Dugast : RJF 11/04, n°1085). Or, Stéphane VERCLYTTE (concl. sur Conseil d'Etat, 9e et 10e s.-s., 15 novembre 2006 n°289805, min. c/ Fievet : RJF 02/07 n°152, BDCF 2/07, n°20) et Gilles BACHELIER (concl. sur Conseil d'Etat, 8e et 3e s.-s., 15 juillet 2004, n°254486, Huybrechts ; Conseil d'Etat, 8e et 3e s.-s., 15 juillet 2004, n°254487-256116, Limousin ; Conseil d'Etat, 8e et 3e s.-s., 15 juillet 2004, n°254488, Noël ; Conseil d'Etat, 8e et 3e s.-s., 15 juillet 2004, n°254485, Dugast ; Conseil d'Etat, 8e et 3e s.-s., 15 juillet 2004, n°256548, Roumi : BDCF 11/04 n°13) se sont élevés contre l'application d'un tel régime. Gilles BACHELIER a ainsi relevé que ce régime a pour effet « de créer une sorte de présomption de droit à l'exonération de la TVA (…) ce qui aboutit en pratique à transférer en fait sur l'administration la charge d'une preuve qu'elle sera bien en peine d'apporter alors, nous le rappelons, qu'elle ne peut légalement, dans le cadre du contrôle, examiner les documents de nature médicale » (concl. préc.). Le Conseil d'Etat a, par la suite, retenu un régime de charge de la preuve pesant sur le contribuable (Conseil d'Etat, 9e et 10e s.-s., 25 juin 2012, n°345043 : RJF 10/12, n°906).

[839] Pour un contre-exemple ancien : à propos d'une « demande en réduction de la contribution des patentes » le Conseil d'Etat a jugé « que le sieur Boulanger n'établit pas que la valeur locative (…) soit exagérée par comparaison avec les valeurs locatives d'autres établissements de même nature situés dans la même région et dont le foyer a été régulièrement constaté » (Conseil d'Etat, 5 mars 1915, Sieur Boulanger : R.O. 1917, p. 200).

[840] Conseil d'Etat, 8e et 9e s.-s., 18 juillet 1973, n°86354, Dame Pratx : Dr. fisc. 1973, comm. 1063, concl. DESMAS-MARSALET.

[841] Conseil d'Etat, 8e et 9e s.-s., n°1390, 23 juillet 1976 : RJF 11/76, n°493.

impôts directs locaux qui ont succédé aux 'quatre vieilles' contributions, la procédure d'imposition ne comporte aucune intervention juridiquement décisive du contribuable et la loi n'énonce aucune règle quant à la charge de la preuve. On en revient donc au droit commun, c'est-à-dire la conviction du juge fondée sur les résultats de l'instruction »[842]. En cette matière, le principe est constitué par le régime de la preuve neutre et l'exception est constituée par un régime de charge de la preuve. Par principe, la détermination de l'imposition[843] est soumise à un régime de preuve neutre, tout comme la question d'une éventuelle exonération[844]. Par exception, une charge de la preuve est imposée lorsque seule une partie est en mesure d'administrer la preuve litigieuse[845] et lorsque la décision d'imposition vise un élément déclaré par le contribuable en matière de taxe professionnelle[846]. Ces solutions confirment que le régime de preuve neutre est écarté face à une règle légale ou jurisprudentielle de preuve.

250. Le champ d'application des impositions est également un champ propice de la preuve neutre. Ce régime prévaut en matière d'exonération d'impôt[847] et

[842] LASRY Claude, *Une particularité du droit fiscal : la charge de la preuve*, EDCE, 1985-1986, pp. 71-77, spéc. p. 74.

[843] Conseil d'Etat, 8e et 3e s.-s., 23 juillet 2010, n°320188, Mme Montravers : RJF 11/10, n°1032 (A propos de la détermination de la valeur locative) ; Conseil d'Etat, 8e et 7e s.-s., 7 janvier 1985, n°54102, M. Daugy : RJF 03/85, n°434 (A propos du classement d'un immeuble au sein d'une catégorie spécifique au regard d'un local de référence) ; Conseil d'Etat, 8e et 9e s.-s., n°1390, 23 juillet 1976 : RJF 11/76, n°493.

[844] Conseil d'Etat, 9e et 10e s.-s., 19 avril 2000, n°172363, Sté Scame : Dr. fisc. 2000, n°38, comm. 685, concl. Jean COURTIAL ; RJF 05/00, n°629, concl. Jean COURTIAL, BDCF 05/00, n°63 ; Conseil d'Etat, 9e et 8e s.-s., 16 décembre 1998, n°155384, ministre c/ SA Coopere : RJF 02/99, n°166 ; Conseil d'Etat, 9e et 8e s.-s., 9 juillet 1997, n°156042, Inrets : RJF 8-9/97, n°797, concl. François LOLOUM, BDCF 04/97 n°81 ; Conseil d'Etat, 9e et 7e s.-s., 19 avril 1989, n°78399, Lacroix : Dr. fisc. 1989, n°30-31, comm. 1536, concl. Monique LIEBERT-CHAMPAGNE ; Conseil d'Etat, 9e et 8e s.-s., 26 février 1988, n°57639, David : RJF 05/88, n°610.

[845] Conseil d'Etat, 8e et 3e s.-s., 9 avril 2004, n°240857, OPHLM du Tarn : RJF 07/04, n°736 (A propos de la preuve de la vacance d'un logement indépendamment de la volonté du contribuable en matière de taxe foncière).

[846] CAA de Paris, 5e ch., 2 décembre 1999, n°97-1050, SA Mitsukoshi France : Dr. fisc. 2000, n°37, comm. 670 (La charge de la preuve pèse sur le contribuable lorsqu'il conteste les éléments présents dans sa propre déclaration comme en dispose l'article R.194-1 du Livre des procédures fiscales) ; Conseil d'Etat, 9e et 7e s.-s., 22 janvier 1992, n°68486, Sté Géo : Dr. fisc. 1992, n°45, comm. 2108 (L'administration fiscale doit justifier de sa décision de rectification).

[847] Conseil d'Etat, 8e et 3e s.-s., 8 octobre 2010, n°325285, Calvo : RJF 02/11, n°2, concl. Laurent OLLEON, BDCF 02/11, n°2 (A propos de l'exonération fiscale applicable aux salaires perçus par les fonctionnaires de l'ONU et de ses institutions spécialisées) ; CAA de Paris, 8 octobre 2004, n°03-3166, Sté Fauba France : RJF 01/05, n°1, concl. BATAILLE, BDCF 01/05, n°5 confirmé par Conseil d'Etat, 27 juillet 2005, n°273619, Sté Fauba France : Dr. fisc. 2006, n°12, comm. 268, concl. Laurent OLLEON, RJF 11/05, n°1173 (A propos de la preuve en matière de livraison intracommunautaire qui conditionne l'exonération de la taxe sur la valeur ajoutée) ; Conseil d'Etat, 8e et 3e s.-s., 23 juin 2000, n°215152, Association locale pour le culte

pour les affaires relatives au champ d'application d'une imposition[848] ou d'une doctrine administrative[849]. En cette matière, le juge administratif de l'impôt a même inauguré un considérant de principe qui pose que « sous réserve des cas où la loi attribue la charge de la preuve au contribuable, il appartient au juge de l'impôt, au vu de l'instruction et compte tenu, le cas échéant, de l'abstention d'une des parties à produire les éléments qu'elle est seule en mesure d'apporter et qui ne sauraient être réclamés qu'à elle-même, d'apprécier si la situation du contribuable entre dans le champ de l'assujettissement à l'impôt ou, le cas échéant, s'il remplit les conditions légales d'une exonération »[850]. Toutefois, il

des Témoins de Jehovah de Riom : RJF 9-10/00, n°1099, concl. Gilles BACHELIER, BDCF 10/00, n°110 (A propos d'une exonération de taxe foncière) ; Conseil d'Etat, 3e et 8e s.-s., 28 juillet 2000, n°215312, SA A2C : Dr. fisc. 2001, n°6, comm. 92 ; RJF 11/00, n°1237, concl. Stéphane AUSTRY, BDCF 11/00, n°120 (A propos de l'exonération afférente aux entreprises nouvelles) ; Conseil d'Etat, 9e et 8e s.-s., 25 juin 1999, n°146800, de Commines : Dr. fisc. 1999, n°46-47, comm. 845, concl. Guillaume GOULARD, RJF 08-09/99, n°1000 (à propos de l'exonération de l'article 150, D, 2° du CGI des plus-values de cession de terrains agricoles et forestiers lorsque le prix est inférieur à un certain montant) ; Conseil d'Etat, 8e et 9e s.-s., 15 février 1999, n°176932, M. Gateaud : Dr. fisc. 1999, n°21, comm. 436, concl. Gilles BACHLIER (A propos de l'exonération à la taxe sur la valeur ajoutée pour les actes d'ostéopathie) ; Conseil d'Etat, 9e et 8e s.-s., 16 décembre 1998, n°155384, SA Coopere : RJF 02/99, n°166 (A propos de l'exonération de taxe professionnelle).

848 Conseil d'Etat, 10e et 9e s.-s., 30 décembre 2015, n°378814, Mme Meier : Dr. fisc. 2016, n°21, comm. 337 ; RJF 03/16, n°243 (A propos du bénéfice du régime dérogatoire d'imposition applicable aux revenus perçus par les agents généraux d'assurance par une compagnie d'assurance du I ter de l'article 93 du Code général des impôts) ; Conseil d'Etat, 8e et 3e s.-s., 9 février 2005, n°250920, SA Noirot-Manutention : RJF 05/05, n°484, concl. Pierre COLLIN, BDCF 05/05, n°65 (A propos du bénéfice du crédit d'impôt recherche) ; Conseil d'Etat, 9e et 10e s.-s., 12 janvier 2004, n°247753, SA Sogeres : RJF 04/04, n°365 (A propos du bénéfice d'un taux réduit de taxe sur la valeur ajoutée) ; Conseil d'Etat, 9e et 10e s.-s., 26 février 2003, n°223293, Sté Pierre de Reynal et Cie : préc. (A propos de l'exonération de taxe sur la valeur ajoutée d'exportations de biens meubles corporels) ; Conseil d'Etat, 9e et 10e s.-s., 19 avril 2000, n°172363, Sté Scame : Dr. fisc. 2000, n°38, comm. 685, concl. Jean COURTIAL ; RJF 05/00, n°629, concl. Jean COURTIAL, BDCF 05/00, n°63 (A propos de l'exonération de taxe professionnelle) ; Conseil d'Etat, 8e et 9e s.-s., 13 octobre 1999, Sté Diebold Courage : Dr. fisc. 1999, n°52, comm. 948, note Gilles BACHLIER, note Claire ACARD, RJF 12/99, n°1492, chron. Emmanuelle MIGNON (A propos de l'exonération d'un contribuable fondée sur les stipulations d'une convention fiscale internationale) ; Conseil d'Etat, Sect., 1er octobre 1999, n°170289, Association Jeune France : Dr. fisc. 2000, n°7, comm. 106, concl. Jean COURTIAL, RJF 11/99, n°1354, chron. Emmanuelle MIGNON, p. 823 (A propos de l'assujettissement des associations aux impôts commerciaux) ; Conseil d'Etat, 9e et 8e s.-s., 18 mai 1998, n°159846, ministre c/ SA Yves Saint-Laurent : Dr. fisc. 1998, n°48, comm. 1047 ; RJF 07/98, n°771, conclusions François LOLOUM (A propos du champ d'application du régime des plus-values à long terme).

849 Conseil d'Etat, 3e et 8e s.-s., 26 octobre 2001, n°217228, SA Darty : RJF 01/02 n°77, concl. Stéphane AUSTRY, p. 11 ; Conseil d'Etat, 3e et 8e s.-s., 26 octobre 2001, n°219303, Compagnie Parisienne de Réescompte (CPR) : RJF 01/02, p. 11.

850 Conseil d'Etat, 3e et 8e s.-s., 11 juin 2014, n°358301, Delarbre : Dr. fisc. 2014, n°26, act. 355 ; RJF 10/14, n°866 ; Conseil d'Etat, 9e et 10e s.-s., 1er juillet 2009, n°295689, SARL Alain Palanchon : Dr. fisc. 2009, n°40, comm 490, RJF 10/09 n°822, concl. Pierre COLLIN, BDCF

faut, comme l'a exposé une partie de la doctrine[851], estimer que l'application de ce régime de preuve neutre résulte du fait que ces questions spécifiques ne visent pas « l'établissement de faits pris en compte par un texte dont il est indiscutable qu'il est applicable au litige [mais bien] l'applicabilité même du texte en cause »[852]. Si cette analyse permet d'isoler certaines questions de faits – relatives au champ d'application du texte – elle ne permet pas d'expliquer l'ensemble du champ couvert par la preuve neutre qui s'étend largement en dehors de ce champ.

251. La preuve neutre connaît également une certaine prospérité en matière de procédure fiscale. Sans doute, en cette matière, le juge administratif souhaite décrisper les rapports contentieux. Ainsi, les litiges relatifs à la preuve de l'envoi ou de la réception de certains documents[853] ou encore de la preuve d'aspects purement factuels des contrôles[854] et même pour la preuve du détournement de procédure[855]. Dans ces différentes affaires, l'affirmation d'un régime de preuve neutre apparaît bien davantage comme le fruit d'une politique jurisprudentielle visant à établir un équilibre entre les parties au litige[856] en forçant les parties à administrer les preuves dont elles disposent.

10/09, n°112 ; Conseil d'Etat, 8e et 3e s.-s., 27 juillet 2005, n°273619, Sté Fauba France : RJF 11/05, n°1173, concl. Laurent OLLEON, BDCF 11/05, n°129.

[851] AYRAULT Ludovic, LAMARQUE Jean et NEGRIN Olivier, *Droit fiscal général*, Lexis Nexis, 2e éd., 2011, p. 1351.

[852] *Op. cit., loc. cit.*

[853] Conseil d'Etat, 9e et 10e s.-s., 7 avril 2004, n°242965, SARL Leroy Energie : RJF 07/04, n°748 (A propos de la réception de la charte du contribuable vérifié) ; Conseil d'Etat, 8e et 9e s.-s., 10 mai 1999, n°184528, M. Ournier : Dr. fisc. 1999, n°43, comm. 796, concl. Gilles BACHELIER ; RJF 8-9/99, n°1086 (A propos de la réception de la lettre de rappel par le contribuable) ; Conseil d'Etat, Sect., 20 novembre 1992, n°71902, Seigneur : Dr. fisc. 1993, n°11, comm. 567, RJF 01/93 n°143, concl. Jacques ARRIGHI DE CASANOVA, p. 10 (A propos de la preuve de la réception d'un avis d'imposition) ; Conseil d'Etat, 8e et 7e s.-s., 19 juin 1991, n°64834, Baleston : Dr. fisc. 1991, n°42, comm. 1973, concl. Jacques ARRIGHI DE CASANOVA ; RJF 8-9/91, n°1113 (A propos de la preuve du contenu d'un pli).

[854] Conseil d'Etat, 9e et 10e s.-s., 29 octobre 2008, n°292393, Cheurlin : RJF 01/09, n°51 (A propos de la preuve du respect du délai de trois mois du contrôle sur place de l'article L. 52 du Livre des procédures fiscales) ; Conseil d'Etat, 9e et 8e s.-s., 16 mai 1990, n°90437, Touton : Dr. fisc. 1993, n°6, comm. 263, concl. Monique LIEBERT-CHAMPAGNE ; RJF 07/90, n°784 (A propos de la preuve de la restitution de documents à la fin d'un examen contradictoire de la situation fiscale personnelle) ; Conseil d'Etat, 7e et 8e s.-s., 2 juillet 1986, n°55961, Mercier, et n°54642, SARL La Poterne 21 : RJF 10/96, n°909, LPA 1986, n°123, p. 7, concl. Olivier FOUQUET (A propos de la preuve de l'emport de documents à l'occasion d'une vérification de comptabilité) ; Conseil d'Etat, 9e et 7e s.-s., 7 novembre 1986, n°50981, Sté Autier et Soulard : RJF 01/87, n°67.

[855] Conseil d'Etat, Sect., 6 décembre 1995, n°126826, SA Samep : Dr. fisc. 1996, n°7, comm. 203, concl. Gilles BACHELIER ; RJF 01/96, n°61, chron. Guillaume GOULARD.

[856] Gilles BACHELIER, Conclusions prononcées à l'occasion de l'affaire M. Ournier (Conseil d'Etat, 8e et 9e s.-s., 10 mai 1999, n°184528, M. Ournier : Dr. fisc. 1999, n°43, comm. 796, concl. Gilles BACHELIER ; RJF 8-9/99, n°1086) expose ainsi que le choix de la preuve objective permet « de retenir une solution équilibrée ».

L'aspect profondément contingent de l'affirmation d'un régime de preuve neutre se dévoile au travers du régime probatoire retenu en matière de débat oral et contradictoire[857]. La jurisprudence a pu faire preuve de certaines hésitations[858] en se fondant, durant un temps, sur un régime de preuve neutre[859] puis en affirmant un régime de charge de la preuve[860], la charge pesant alternativement sur le contribuable et l'administration fiscale en fonction du lieu de la vérification de comptabilité[861]. La charge de la preuve incombe ainsi au contribuable lorsque la vérification se déroule dans les locaux de l'entreprise ou dans les locaux de son comptable[862] et incombe à l'administration fiscale lorsque la vérification se déroule dans les locaux de l'administration fiscale[863]. Ce dernier régime appelle, selon nous, une critique dès lors que la répartition de la charge probatoire repose sur des éléments purement factuels et n'offre pas de réelle prévisibilité. Le maintien d'un régime de preuve neutre serait, dans ce cas, d'un meilleur secours et permettrait ainsi une décrispation des rapports contentieux.

---

[857] Sur ce point : AYRAULT Ludovic, *Demande de renseignements adressée après la dernière intervention sur place*, Procédures 2010, n°4, comm. 167, pp. 70-72 ; BRONNENKANT Hélène, *Le lieu des vérifications de comptabilité et le débat oral et contradictoire*, Dr. fisc. 2011, n°50, comm. 622 ; DE LA MARDIERE Christophe, *La preuve en droit fiscal*, Litec, 2009, n°545-551 ; LAMARQUE Jean, *À propos de la preuve : trois questions dérangeantes*, Droit fiscal 2007, n°23, 563, pp. 10-15, spéc. n°18-20.

[858] OLLEON Laurent, concl. sur Conseil d'Etat, 8e et 3e s.-s., 11 décembre 2009, n°332058, Cento : Dr. fisc. 2010, n°7, comm. 191.

[859] Conseil d'Etat, 7e et 9e s.-s., 27 juillet 1988, n°60112, Vinciguerra : Dr. fisc. 1989, n°1, comm. 44 ; LPA 1989, p. 6, concl. Olivier FOUQUET ; RJF 1988, n°1238 ; Conseil d'Etat, Plén., 22 décembre 1989, n°50674, Société civile de moyens du cabinet médical d'Origny : Dr. fisc. 1990, n°19, comm. 926, concl. Olivier FOUQUET.

[860] OLLEON Laurent, concl. sur Conseil d'Etat, 8e et 3e s.-s., 11 décembre 2009, n°332058, Cento : Dr. fisc. 2010, n°7, comm. 191.

[861] Ludovic AYRAULT relève ainsi que « Selon le lieu où se déroule la vérification, la charge de la preuve incombe alors soit au contribuable, soit à l'Administration » (*Demande de renseignements adressée après la dernière intervention sur place*, Procédures 2010, n°4, comm. 167, pp. 70-72).

[862] Conseil d'Etat, 8e et 3e s.-s., 11 décembre 2009, n°332058, M. et Mme Cento : Dr. fisc. 2010, n°7, comm. 191, concl. Laurent OLLEON ; Conseil d'Etat, 9e et 10e s.-s., 23 avril 2008, n°271853, SA Kraft Foods France : Dr. fisc. 2008, n°26, comm. 399, concl. Pierre COLLIN ; RJF 07/08, n°863 ; Conseil d'Etat, 8e et 3e s.-s., 30 décembre 2002, n°231167, SARL Le grand Bazar : Dr. fisc. 2003, n°14, comm. 278 ; Conseil d'Etat, 8e et 9e s.-s., 20 mai 1998, n°159877, Sté Veticlam : Dr. fisc. 1998, n°44, comm. 979 ; RJF 07/98, n°836 ; BDCF 04/98, n°87 ; Conseil d'Etat, 9e et 8e s.-s., 17 février 1997, n°165573, SARL Paul Brunetti : Dr. fisc. 1997, n°26, comm. 748, concl. François LOLOUM ; Procédures 1997, comm. 283, note Jean-Luc PIERRE ; RJF 03/97, n°238 ; BDCF 02/97, n°44, concl. François LOLOUM ; RJF 03/97, p. 142, chron. Stéphane AUSTRY ; Revue générale des procédures 1998, n°1, p. 118, note Jean LAMARQUE.

[863] Conseil d'Etat, 10e et 9e s.-s., 30 décembre 2009, n°312901, SARL DBI + : Dr. fisc. 2010, n°7, comm. 192, concl. Julie BURGUBURU ; RJF 03/10, n°254 ; Procédures 2010, n°167, chron. Ludovic AYRAULT. Le juge avait pu faire primer, dans une décision plus ancienne, un régime de preuve neutre (Conseil d'Etat, 7e s.-s., 2 mai 1990, n°58212 à 58215, Donati : Dr. fisc. 1991, n°12, comm. 644 ; RJF 06/90, n°721).

252. Enfin, le juge administratif de l'impôt fait prévaloir un régime de preuve neutre pour la preuve de l'intention spéculative du contribuable[864] – pour laquelle la charge était auparavant tantôt imposée au contribuable[865], tantôt à l'administration[866]. Or, cette solution nous paraît justifiée par la seule difficulté de la preuve qui apparaît en cette matière.

253. En somme, le champ d'application de la preuve neutre n'apparaît pas fondé sur des bases théoriques solides : l'affirmation d'un tel régime laisse apparaître des hésitations et des revirements du juge administratif de l'impôt. Surtout, les justifications avancées pour le choix d'un tel régime ne livrent pas une grille de lecture à la netteté irréprochable. Il n'existe pas, à notre sens, de lien entre le régime de preuve adopté et la nature du contentieux fiscal ou de lien entre le régime de preuve et la nature du fait. Seule une certitude demeure : celle qui consiste à identifier le régime de preuve neutre comme une manifestation de l'identité du juge administratif.

b°) La preuve neutre : manifestation de l'identité probatoire du juge administratif

254. En matière fiscale, l'instauration d'un régime de preuve neutre nous paraît être fondée sur une volonté de décrisper les rapports contentieux[867]. Elle relève donc d'une politique jurisprudentielle qui révèle une identité probatoire particulière. Car, en faisant primer un tel régime de preuve, le juge administratif de l'impôt parvient à placer les parties sur un *pied d'égalité*[868], le juge prenant *à sa charge* le soin d'établir, au terme de l'échange probatoire contradictoire, la réalité factuelle. Or, cette égalisation des conditions probatoires – par la possible neutralisation des règles préétablies de charge de la preuve – constitue la clé de voûte de l'identité probatoire du juge administratif qui s'affirme, en matière de preuve, comme le véritable maître de la preuve. L'affirmation d'une telle égalité est, à ce titre, bienvenue en raison de la présence d'asymétries probatoires en matière fiscale – qui ne sont

---

864 Conseil d'Etat, 3e et 8e s.-s., 2 juin 2006, n°266507, Beuvelet : RJF 8-9/06, n°983, concl. Emmanuel GLASER : BDCF 8-9/06, n°95.

865 Conseil d'Etat, 9e et 8e s.-s., 27 mai 1987, n°55719 : RJF 07/87, n°725.

866 Conseil d'Etat, 8e et 9e s.-s., 22 mai 1989, n°57832, SCI du Fangeas : RJF 07/89, n°801.

867 Guillaume GOULARD a justifié l'instauration d'un tel régime par le constat suivant : « Les questions de charge de la preuve revêtent en effet dans le contentieux fiscal une importance extrême, et selon nous excessive. Car leur complexité est telle qu'un contribuable doit le plus souvent renoncer, lorsqu'il engage un contentieux, à savoir qui, de l'administration ou de lui-même, va devoir convaincre le juge » (concl. sur Conseil d'Etat, 9e et 10e s.-s., 26 février 2003, n°223092 et n°223293, Sté Pierre de Reynal et Cie : préc.).

868 En ce sens, Monique LIEBERT-CHAMPAGNE relève qu'au sein d'un tel régime de preuve « L'administration et le contribuable sont mis sur un pied d'égalité » (*Fiscalité locale. Détermination de la valeur locative des locaux commerciaux et biens divers (CGI art. 1498)*, RJF 02/87, p. 75).

pas univoques[869] car certains éléments de preuve sont parfois en la seule possession de l'administration fiscale[870] et d'autres fois en seule possession du contribuable[871]. En définitive, la neutralisation de la preuve paraît consubstantielle à l'identité du juge administratif et cette identité n'est pas altérée en matière fiscale : elle n'est que freinée par la présence de règles spécifiques de charge de la preuve.

255. Ce régime est-il, néanmoins, parfaitement adapté à la matière fiscale ? Il a pu être relevé que la neutralisation de la preuve a pour effet « de simplifier l'état du droit »[872]. S'il est indéniable que ce régime conduit à écarter – en faisant surgir une sorte de *point aveugle* de répartition de la charge de la preuve – cette question des débats contentieux, il nous semble que ce régime constitue, par certains aspects, un *trompe l'œil*. La preuve neutre risque, du point de vue des parties, d'altérer la visibilité requise en matière de charge de la preuve. Car, si la preuve neutre conduit à exclure des débats contentieux la question de la répartition de la charge de la preuve entre les parties, ces parties n'en sont pas moins tenues d'administrer l'essentiel de la preuve. La répartition aveugle de la charge de la preuve qui s'opère risque ainsi de voiler la charge de la preuve requise des parties[873]. En outre, la neutralisation de la preuve paraît fondée sur une lassitude du juge administratif de l'impôt envers

---

[869] Cette opinion ne nous paraît pas partagée par Christophe DE LA MARDIERE qui expose que « l'immense défaut du procédé déclaratif est d'accabler le contribuable (…) qui détient la base de l'information fiscale (…) » (*La déclaration fiscale*, RFFP 2000, n°71, pp. 113-144, spéc. p. 144).

[870] Le contentieux individuel de l'impôt atteste que l'administration fiscale dispose, dans certains cas, d'avantages en matière d'accès aux éléments de preuve. En ce sens, le droit de communication offre à l'administration fiscale la faculté de disposer d'éléments que le contribuable ne peut obtenir. C'est surtout en matière de comparables que l'administration fiscale dispose d'un avantage certain sur le contribuable. Les prix de transfert livrent, à cet égard, une intéressante illustration. L'administration est la seule à disposer des comparables nécessaires à la démonstration de l'anormalité des prix de transfert. Elle doit ainsi démontrer que le prix de transfert retenu par l'entreprise est anormal au regard de ceux pratiqués « par des entreprises similaires exploitées normalement avec des clients dépourvus de liens de dépendance » (Conseil d'Etat, 8e et 3e ch., 29 mai 2017, n°401491, Inédit ; Conseil d'Etat, 9e et 10e ch., 23 décembre 2016, n°375746, Sté Cap Gemini : Dr. fisc. 2017, n°15, comm. 243, concl. Marie-Astrid NICOLAZO DE BARMON, note Patrick FUMENIER ; RJF 03/17, n°214, concl. Marie-Astrid NICOLAZO DE BARMON, RJF 03/17, n°C 214 ; Conseil d'Etat, 9e et 10e s.-s., 16 mars 2016, n°372372, Sté Amycel France : RJF 06/16, n°514, avec concl. Frédéric ALADJIDI, RJF 06/16, n°C 514, chron. Nicolas LABRUNE, pp. 689-692).

[871] Les éléments qui sont propres aux contribuables sont nombreux. Il est possible de citer les éléments qui sont propres à la personne ou à l'activité du contribuable mais également les éléments qui sont propres à la gestion de son patrimoine ou de son activité économique.

[872] DE LA MARDIERE Christophe, *La preuve en droit fiscal*, Litec, 2009, p. 206.

[873] En ce sens, Laurent OLLEON a relevé ce travers dans l'attitude d'un contribuable dans un régime de preuve neutre en soulignant que « le régime de preuve objective ne signifie pas que le contribuable est dégagé de toute contrainte » probatoire (concl. sur Conseil d'Etat, 8e et 3e s.-s., 24 juin 2009, n°296502, SAS ITW Groupe France : RJF 10/09, n°829 ; BDCF 10/09, n°113).

les questions de preuve – Guillaume GOULARD n'a-t-il pas loué la preuve neutre en affirmant que « Les questions de charge de la preuve revêtent (...) dans le contentieux fiscal une importance extrême, et selon [lui] excessive »[874] ? – alors même que la jurisprudence antérieure avait souhaité – afin d'offrir une réelle prévisibilité aux parties[875] – forger des règles précises de répartition de la charge de la preuve[876]. Dans cette optique, nous prônons un retour à la jurisprudence antérieure consistant en une systématisation prétorienne des charges de preuve sous la forme d'une dialectique de la preuve qui permet à chaque partie de saisir, pour chaque question de fait, l'étendue de la charge de la preuve qui lui incombe.

256. En somme, le juge administratif de l'impôt maintient son identité de juge administratif dans la répartition effective de la charge de la preuve. La souplesse dont il a toujours fait preuve – par le biais de la dialectique de la preuve ou, plus récemment, par le régime de preuve neutre – manifeste la permanence de son identité en contentieux fiscal. Le juge atteste ainsi de son emprise sur la répartition de la charge de la preuve en prenant, dans une très large mesure, à sa charge, la répartition de la charge de la preuve, voire en privant les parties d'une répartition apparente de la charge de la preuve. Cette répartition présente les traits caractéristiques de l'office du juge administratif qui parvient à faire primer, en matière fiscale, la souplesse et le pragmatisme qui sont destinés à établir un équilibre entre les parties qui passe, devant ce juge, par un assouplissement ou par une neutralisation des règles préétablies de charge de la preuve.

257. Conclusion du §.1. – La neutralisation de la charge de la preuve par le juge administratif est un trait commun à l'ensemble des contentieux administratifs. La matière fiscale ne fait pas obstacle à l'affirmation de cette identité. En ce sens, selon les termes employés par le Conseil d'Etat, le juge administratif de l'impôt oscille entre un juge de l'impôt et un juge administratif[877]. Or, à notre sens, le juge administratif de l'impôt demeure un

---

[874] GOULARD Guillaume, concl. sur Conseil d'Etat, 9e et 10e s.-s., 26 février 2003, n°223092 et n°223293, Sté Pierre de Reynal et Cie : préc.

[875] Pierre COLLIN a souligné qu'en matière de preuve, le contribuable doit pouvoir disposer « d'un corps de règles stables dans leur énoncé et prévisibles dans leur mise en œuvre » (concl. sur Conseil d'Etat, Sect., 20 juin 2003, n°232832, Sté Etablissements Lebreton, Comptoir général de peintures et annexes : préc.).

[876] La décision Sté Renfort-Service (Conseil d'Etat, Plén., 27 juillet 1984, n°34588, SA Renfort Service : Rec. p. 292 ; Dr. fisc. 1985, n°2 comm. 596 ; RJF 10/84 n°626 et 562, concl. Pierre-François RACINE) constitue, à notre sens, un essai de systématisation de la répartition de la charge de la preuve apte à offrir au contribuable une véritable prévisibilité.

[877] Le Conseil d'Etat a, en effet, adopté deux considérants de principe : le premier renvoie au « juge de l'impôt » (Conseil d'Etat, 8e et 3e s.-s., 27 juillet 2005, n°273619, Sté Fauba France : RJF 11/05, n°1173 ; concl. Laurent OLLEON, BDCF 11/05, n°129), le second renvoie au

juge administratif même quand il se qualifie, lui-même, de juge de l'impôt. En ce sens, nous concluons, avec Emmanuelle MIGNON, qu'en matière de preuve, « Le juge administratif de l'impôt est d'abord un juge administratif, pétri par les principes qui gouvernent le contentieux de la légalité des actes de l'administration »[878]. Un même constat peut même, à notre sens, être transposé à l'ensemble des contentieux administratifs où une neutralisation de la charge de la preuve est visible à la faveur de la place tutélaire occupée par le juge dans la direction de l'instruction. L'identité probatoire du juge administratif irradie, en somme, l'ensemble des procédures administratives. Il faut, ici, constater que le juge civil de l'impôt n'opère pas de neutralisation de la charge de la preuve privilégiant une répartition fondée sur la charge de l'administration de la preuve.

§.2. – L'absence de neutralisation de la charge de la preuve devant le juge civil de l'impôt

258. Le juge civil de l'impôt n'opère pas, en règle générale, de neutralisation de la charge de la preuve puisque chaque partie est tenue d'apporter la preuve qui lui incombe aux termes de la loi (A). Ce constat est corroboré par le maintien de la charge de l'administration de la preuve, au sein des matières gouvernées, devant le juge administratif de l'impôt, par un régime de preuve neutre (B). Or, il apparaît que cette neutralisation est possible lorsque le législateur impose au juge un régime de preuve neutre (C).

A/ L'absence de partage du fardeau probatoire fondé sur la nature des preuves

259. Le juge civil peut-il, à l'instar du juge administratif, opérer librement une répartition de la charge probatoire entre les parties au litige ? Une réponse négative s'impose dès lors que la charge de l'administration de la preuve constitue, devant le juge civil, la règle de répartition de la charge de la preuve lors du litige. Cette répartition est fondée, comme en dispose l'article 9 du Code de procédure civile et l'article 1353 du Code civil, sur la prétention des parties[879]. Une telle règle n'est pas de nature à imposer un statisme probatoire

« juge administratif » (Conseil d'Etat, Sect., 20 juin 2003, n°232832, Sté Etablissements Lebreton, Comptoir général de peintures et annexes : préc.).

[878] MIGNON Emmanuelle, *La charge de la preuve : peut-on parler d'équité ?*, in, HATOUX Bernard (dir.), *Droits du contribuable, Etat des lieux et perspectives*, Economica, 2002, pp. 53-65, spéc. p. 59.

[879] En ce sens, il a pu être récemment affirmé que « le demandeur, à qui incombe en principe la charge de la preuve, est celle des parties qui a élevé en justice une prétention, celle qui a entendu déclencher à son profit l'impératif contenu dans une règle de droit » (HOFFSCHIR Nicolas, *La charge de la preuve en droit civil*, Thèse de doctorat, Paris 10, Dalloz, Nouvelle Bibliothèque de Thèses, Tome 153, 2016, p. 371).

– qui figerait le rôle du demandeur dans l'administration de la preuve – puisque chaque partie qui émet une prétention se voit imposer une charge probatoire qui la contraint à prouver les faits venant au soutien de cette prétention[880].

260. Toutefois, la charge de l'administration de la preuve impose un rôle précis aux parties que le juge ne peut altérer sans commettre une *inversion de la charge de la preuve*[881]. En pratique, *le juge civil ne peut contraindre une partie à administrer une preuve qui ne saurait lui incomber en vertu de la charge de l'administration de la preuve*[882]. Le juge civil ne peut donc, à son gré, répartir la charge de la preuve en imposant à une partie une charge probatoire qui ne serait pas liée à sa prétention. Le juge civil n'est pas libre d'adopter une posture empreinte de souplesse et de pragmatisme comme le juge administratif qui répartit, comme bon lui semble, la charge de la preuve entre les parties. La neutralisation de la charge de l'administration de la preuve est donc prohibée par les dispositions qui encadrent la charge de la preuve.

---

880 L'ancien article 1315 – devenu 1353 – du Code civil offre ainsi une illustration de cette charge de l'administration de la preuve puisque le créancier qui exige le paiement d'une créance doit prouver l'existence de sa créance. Si le défendeur se borne à nier l'existence de la créance, il revient au demandeur de l'établir. À l'inverse, si le défendeur prétend s'être déjà libéré, il doit prouver le paiement ce qui constitue une prétention qu'il doit établir par l'administration de la preuve de faits.

881 Sur ce point : HOFFSCHIR Nicolas, *La charge de la preuve en droit civil*, Thèse de doctorat, Paris 10, Dalloz, Nouvelle Bibliothèque de Thèses, Tome 153, 2016, pp. 69-71 ; LECLERC Olivier, VERGES Etienne et VIAL Géraldine, *Droit de la preuve*, PUF, Thémis droit, 2015, pp. 212-218.

882 Un arrêt de la Chambre sociale de la Cour de cassation livre une illustration de ce point (Cass. soc., 9 mars 2011, n°09-43.136, Inédit). Cette affaire est relative à l'obligation de payer la contrepartie financière d'une clause de non-concurrence. La Cour de cassation juge « qu'il incombe à l'employeur qui se prétend délivré de l'obligation de payer la contrepartie financière de la clause de non-concurrence de rapporter la preuve de la violation de cette clause par le salarié ». Or, en l'espèce, la cour d'appel a « inversé la charge de la preuve » en retenant que la salarié « ne versait aucun élément de preuve du prétendu respect de cette clause ». Cette affaire présente avec clarté le relatif cloisonnement de la charge de la preuve qui prévaut devant le juge civil : il ne saurait être exigé d'une partie qu'elle administre une preuve qui ne vient pas au soutien de sa prétention. La jurisprudence a forgé, en chaque matière, un balancement spécifique de la charge de la preuve qui est contrôlé par la Cour de cassation. En matière de contrat d'entreprise, il incombe au débiteur qui est en charge de son exécution de prouver l'exécution du contrat, à charge pour le créancier de prouver d'éventuelles malfaçons (Cass. 3e civ., 14 février 1996, n°94-12.268, Deladrière c/ société Nord Maçonnerie : Bull. civ. III, n°46 ; Defrénois, 1996.1077, obs. Alain BENABENT ; Cass., 1ère civ., 18 décembre 1990, n°89-14.975 : Bull. civ. I, n°296). Cette solution prévaut également en matière de mandat dès lors qu'il incombe au mandant de prouver la faute du mandataire (Cass., 1ère civ., 22 mai 1985, n°84-10.572 : Bull. civ. I, n°159) ou encore en matière de contrat de vente où l'acheteur a la charge de prouver les défectuosités qu'il invoque (Cass. com., 24 mars 1992, n°89-11.447 : Bull. civ. IV, n°136). Dans ces affaires, le juge renversera la charge de la preuve s'il fonde sa décision sur l'absence de preuve administrée par le défendeur.

261. Pourtant, le juge civil peut trouver de la souplesse dans la répartition de la charge de la preuve à la faveur des règles légales qui l'encadrent. À ce titre, il peut forger sa conviction à la lumière des preuves administrées par les deux parties dans le cas où les deux parties soutiennent une prétention opposée au sujet d'un fait identique. En dehors de ce cas, le juge civil forge sa conviction à la lumière des faits qui sont administrés par la partie qui émet une prétention.

262. En matière fiscale, le juge civil dispose d'une approche analogue à celle dont il fait preuve dans le reste du contentieux civil. Il exige ainsi que l'auteur d'une prétention prouve les faits qui s'y rattachent[883]. L'étude approfondie de la jurisprudence relative à l'article 750 ter du Code général des impôts[884] – qui permet de réintégrer dans l'assiette des droits de mutation par décès les sommes et valeurs qui ont été retirées des comptes du *de cujus* peu avant son décès – offre à cet égard une intéressante illustration de l'application effective de la charge de l'administration de la preuve en matière fiscale. En cette matière, le juge civil de l'impôt exige que l'administration fiscale apporte la preuve de la conservation des sommes par le défunt jusqu'à son décès. La Cour de cassation contrôle de manière constante – parfois même au visa de l'ancien article 1315 du Code civil[885] – que la preuve de la possession effective, par le défunt, des espèces retirées sur son compte bancaire est effectivement rapportée par le fisc[886]. Cependant, la Cour de cassation ne censure pas certains arrêts où les juges du fond se fondent sur les éléments de preuve administrés par les deux parties. Par un arrêt du 1er juin 1999[887], il est ainsi jugé que la preuve est rapportée par l'administration alors que les sommes retirées étaient sans rapport avec le train de vie de la défunte. Surtout, la Cour de cassation estime que l'absence de justification de l'emploi de ces sommes par le contribuable peut être prise en compte pour juger que ces sommes ont été, en réalité, conservées dans le patrimoine du défunt jusqu'à

---

[883] L'application, par le juge civil de l'impôt, de l'article L. 17 du Livre des procédures fiscales permet d'illustrer ce point. Si, par principe, il incombe au fisc de prouver le bien-fondé de ses évaluations (Cass. com., 19 juin 1990, n°89-10.394, M. Fayard : Bull. civ. IV, n°184 ; Dr. fisc. 1990, n°32, comm. 1677 ; RJF 08-09/90, n°1130), le contribuable doit parfois administrer une preuve. C'est le cas lorsque le contribuable conteste l'évaluation d'un bien qui est fondée sur la valeur apparente de ce bien. Dans ce cas, il incombe au fisc d'établir cette valeur, à charge pour le contribuable de prouver que la valeur réelle est inférieure au montant retenu (Cass. com. 14 décembre 1999, n 97-17.308, Abella : RJF 04/00, n°569 ; Cass. com., 11 mars 2003, n°00-19.154, Sté Jurispharma : Bull. IV, n°40 ; RJF 06/03, n°779).

[884] Ce fondement légal doit être distingué de l'article 752 du Code général des impôts qui pose une présomption favorable à l'administration fiscale pour le rehaussement de l'assiette des droits de mutation à titre gratuit.

[885] Cass. com., 8 juillet 1997, n°95-17.353, Inédit.

[886] Cass. com., 5 octobre 2004, n°02-10.960, Buisson : RJF 02/05, n°193 ; Cass. com., 10 février 1998, n°96-12.582, Genin : RJF 05/98, n°625 ; Cass. com., 8 juillet 1997, n°95-17.353, Inédit ; Cass. com., 7 mars 1995, n°92-21.466, Inédit ; Cass. com., 13 décembre 1994, n°93-12.797, Inédit.

[887] Cass. com., 1er juin 1999, n°97-14.021, Decaux : RJF 8-9/99, n°1100.

son décès[888]. Le juge se fonde ainsi – en partie – sur l'absence de justifications administrées par le contribuable. Dans une affaire, la Chambre commerciale de la Cour de cassation invite même les juges du fond à rechercher si les faits allégués sont établis au terme d'« un examen concret, [visant] la pertinence des éléments produits par les parties »[889]. Cette solution – confirmée[890] – démontre que le juge peut se fonder sur les preuves administrées par chacune des parties pour établir la réalité factuelle. Cette solution ne présente toutefois aucune spécificité dès lors que le juge civil est libre de se fonder sur les preuves administrées par chaque partie pour forger sa conviction. Dans ces affaires, les contribuables ont, en effet, allégué certains faits au soutien de leur prétention et ils sont pris en compte par le juge civil pour forger sa conviction.

263. La Cour de cassation veille néanmoins à ce que les juges du fond n'imposent pas une preuve au contribuable au mépris de la règle de la charge de l'administration de la preuve. En ce sens, par un arrêt, publié au Bulletin, du 26 juin 2012[891], la Cour de cassation a censuré une cour d'appel pour inversion de la charge de la preuve alors qu'elle avait imposé une charge probatoire au contribuable – en l'espèce il avait été exigé de l'héritier qu'il prouve la destination des sommes prélevées sur le compte du défunt – pour s'assurer du bien-fondé du rehaussement[892]. Cette solution constitue un rappel de la charge de l'administration de la preuve des articles 9 du Code de procédure civile et 1353 du Code civil visé par la Cour. Elle rappelle ainsi qu'il n'est pas interdit aux juges du fond de prendre en compte les éléments fournis par le défendeur mais qu'ils ne peuvent lui imposer une charge de la preuve qui ne saurait lui incomber en vertu des règles de la charge de l'administration de la preuve[893]. En somme, si en pratique la Cour de cassation peut mesurer l'existence d'un fait à l'aune des éléments de preuve administrés

---

888 Cass. com., 1er juin 1999, n°97-14.021, Decaux : RJF 8-9/99, n°1100 : « que son analyse est encore corroborée par le fait que M. X... a acheté un appartement, peu après avoir hérité de sa tante, en payant comptant des sommes dont il n'a pu établir la provenance ; qu'ayant ainsi justifié sa décision sans inverser la charge de la preuve, le Tribunal a pu statuer comme il a fait ».

889 Cass. com., 23 septembre 2008, n°07-17.065, Lebourgeois : RJF 01/09, n°82.

890 Cass. com., 12 octobre 2010 n°09-68.401, Wierzbinski : RJF 02/11, n°244 ; Répertoire du Notariat Defrénois 2011, n°3, pp. 274-280, note André CHAPPERT (« qu'il écarte, comme non probants, les éléments présentés par Mme X... au soutien de l'affectation alléguée de ce retrait »).

891 Cass. com., 26 juin 2012, n°11-21.160 : Bull. civ. IV, n°135, Dr. fisc. 2012, n°28, act. 302 ; RJF 10/12, n°959 ; Droit de la famille 2012, n°9, comm. 135, comm. Aurélie MANGIAVILLANO.

892 Cass. com., 26 juin 2012, n°11-21.160, préc. (« il appartient à l'administration fiscale de démontrer que les sommes retirées des comptes du défunt ont été conservées dans son patrimoine jusqu'au jour de son décès, la cour d'appel, qui a imposé au redevable d'établir la destination de ces sommes, a inversé la charge de la preuve et violé les textes susvisés »).

893 La Cour interdit aux juges du fond d'« impos[er] au redevable d'établir la destination de ces sommes » (Cass. com., 26 juin 2012, n°11-21.160, préc.).

par les deux parties[894], elle interdit aux juges du fond d'exiger du défendeur d'administrer des preuves qui ne sauraient lui incomber.

264. Le juge civil ne peut donc dépasser les frontières de la charge de l'administration de la preuve en exigeant d'une partie d'administrer une preuve qui ne saurait lui incomber en vertu de cette règle. Le juge civil ne saurait faire preuve de liberté dans la répartition de la charge de la preuve. Cette solution s'explique par l'application des règles de charge de la preuve présentes au sein du Code civil et du Code de procédure civile devant le juge civil de l'impôt. Le juge étant tenu par l'application de ces normes, il fait une application rigoureuse de la charge de l'administration de la preuve en matière fiscale. Cette affirmation se vérifie encore pour les questions de fait où le juge administratif de l'impôt fait primer un régime de preuve neutre : la Cour de cassation n'opère aucune neutralisation de la charge de la preuve.

B/ Le maintien de la charge de l'administration de la preuve pour les faits gouvernés par un régime de preuve neutre devant le juge administratif

265. Le juge civil de l'impôt n'opère aucune neutralisation de la preuve en matière fiscale. L'étude de la jurisprudence relative à la charge de la preuve des faits qui relèvent, devant le juge administratif de l'impôt, d'un régime de preuve neutre en atteste. En cela, la Cour de cassation exige, conformément à la charge de l'administration de la preuve, que le contribuable apporte la preuve qu'il entre effectivement dans le champ d'application d'une doctrine administrative[895]. De même, le bénéfice d'une exonération est conditionné à l'administration de la preuve, par le contribuable, du bon respect des conditions requises pour en bénéficier[896]. Or, devant le juge administratif de l'impôt, c'est un régime de preuve neutre qui prévaut lorsque le débat contentieux porte sur l'exonération[897] d'une imposition ou sur la faculté, pour un contribuable, de bénéficier d'une doctrine administrative[898]. Le juge civil n'opère ainsi aucune neutralisation de la charge de la preuve pour des questions de fait que le juge administratif de l'impôt appréhende sous un régime de preuve neutre.

---

[894] Cass. com., 8 mars 1988, n°85-18.594, Inédit (« c'est sans renverser la charge de la preuve que la cour d'appel a estimé, au vu des éléments de preuve qui lui étaient soumis, qu'il n'était pas établi que les créances litigieuses étaient nées postérieurement à la date de notification de l'avis à tiers détenteur »).

[895] Cass. com., 24 septembre 2002, n°00-16.242, Sté GPK Finance et a. : RJF 01/03, n°45.

[896] Cass. com. 8 octobre 2013 n°12-20.432, Epton : RJF 01/14, n°98 ; Cass. com., 21 juin 2011, n°10-19.770, M. et Mme Bernard : Dr. fisc. 2012, n°5, comm. 124, note Didier BARSUS et Julie BEGUIER ; RJF 11/11, n°1241.

[897] Cf. supra, n°250.

[898] Cf. supra, n°250.

266. En somme, l'affirmation d'une preuve neutre devant le juge administratif de l'impôt n'a pas pour effet – bien que cela ait pu être souhaité[899] – d'altérer l'application de la charge de l'administration de la preuve devant le juge civil de l'impôt. À notre sens, ce maintien effectif des règles de la charge de l'administration de la preuve démontre que le régime de preuve qualifié d'objectif n'a de portée que devant le juge administratif et confirme qu'*une telle logique est bien plus propre à la juridiction administrative qu'à la matière fiscale*. Toutefois, devant le juge civil, la neutralisation de la preuve est possible lorsque la loi l'impose.

C/ La présence de neutralisations légales de la charge de la preuve devant le juge civil

267. L'application de la charge de l'administration de la preuve est dictée, devant le juge civil de l'impôt, par des dispositions légales. Le législateur peut donc établir de nouvelles règles en adoptant des lois spéciales. En ce sens, le législateur a pu, devant les juridictions civiles, introduire une forme de preuve neutre. Le contentieux individuel du travail en livre une intéressante illustration. En cette matière, il existe des dispositions spéciales qui régissent la preuve et notamment la question du doute qui doit profiter au salarié[900]. Il existe, également, en droit du travail une asymétrie probatoire dès lors que les preuves sont, principalement, détenues par l'employeur[901]. À la lumière de ces particularismes, une comparaison avec le contentieux fiscal peut permettre d'identifier l'identité probatoire du juge civil.

268. En droit du travail, le législateur a tenté d'instaurer un régime de preuve neutre pour juger du caractère réel et sérieux du licenciement du salarié. L'article L. 1235-1 du Code du travail disposait, dans sa rédaction issue de la loi du 13 juillet 1973[902], qu'« A défaut d'accord, le juge, à qui il appartient d'apprécier la régularité de la procédure suivie et le caractère réel et sérieux

---

[899] Christophe DE LA MARDIERE expose ainsi que « Dès lors que les règles du droit commun s'appliquent à l'ensemble du contentieux fiscal, y compris celui porté devant l'ordre judiciaire, tout juge de l'impôt doit se prononcer par principe selon le système de la preuve objective » (*La preuve en droit fiscal*, Litec, 2009, n°458, p. 157).

[900] Art. L. 1333-1 du Code du travail ; Art. L. 1235-1 du Code du travail ; Art. L. 1237-2 du Code du travail.

[901] La doctrine a pu relever qu'il existe, au sein du contentieux individuel du travail une asymétrie dans la détention de la preuve. François BALLOUHEY a relevé qu'« En matière prud'homale le fait que l'employeur soit le plus fréquemment le détenteur des informations économiques ou sociales, qu'il détienne les dossiers personnels et exerce un pouvoir hiérarchique sur les autres salariés, rend l'accès aux éléments de preuve du salarié demandeur aux prud'hommes encore plus difficile » (*L'office du juge en matière de preuve*, in, KELLER Marianne (dir.), *Procès du travail, travail du procès*, LGDJ, Bibliothèque de l'Institut André Tunc, 2008, pp. 271-277, spéc. p. 274).

[902] Loi n°73-680 du 13 juillet 1973, JORF du 18 juillet 1973, p. 7763.

des motifs invoqués par l'employeur, forme sa conviction au vu des éléments fournis par les parties après avoir ordonné, au besoin, toutes les mesures d'instruction qu'il estime utiles ». Par cette disposition, le législateur a opéré, en droit du travail, une forme de neutralisation de la charge de la preuve car à la faveur de cette disposition la « charge de la preuve (...) n'incombe plus spécialement à l'une des parties »[903]. De même, il existe une forme de preuve neutre en droit du travail, en matière d'heures supplémentaires effectuées par le salarié : l'article L. 3171-4 du Code du travail[904], établit un système probatoire où « la preuve des heures de travail effectuées n'incombe spécialement à aucune des parties »[905]. Il s'agit pour le juge de forger un système où la charge de la preuve est neutralisée car la charge pesant sur chacune des parties ne repose, de manière déterminante, sur aucune d'elle[906]. Cette disposition légale contraint l'employeur à fournir des éléments de preuve qui lui permettront de déterminer les horaires du salarié. Le résultat de ce débat repose sur la conviction du juge qui va pouvoir, grâce à l'ensemble de ces éléments de preuve, pouvoir déterminer, effectivement, combien d'heures supplémentaires ont été réalisées par le salarié. À la faveur de ces dispositions, le juge va pouvoir se fonder sur les éléments du dossier contentieux bien le salarié soit seul à devoir remplir la charge primaire de l'administration de la preuve qui pèse sur lui en sa qualité de demandeur[907]. Ces dispositions légales ont pour effet d'établir un système de preuve dont la proximité avec la pratique jurisprudentielle du juge administratif est étonnante.

269. Par ces dispositions, le législateur opère une neutralisation de la charge de la preuve en créant une sorte de point aveugle : la charge de la preuve ne repose plus spécifiquement sur une partie déterminée. Le législateur a ainsi

---

903 GAMET Laurent, *La preuve en droit du travail. Contestation du licenciement, conviction et doute du juge prud'homal*, in, CADIET Loïc, GRIMALDI Cyril et MEKKI Mustapha, *La preuve : regards croisés*, Dalloz, 2015, pp. 29-50, spéc. p. 30.

904 Cet article dispose : « En cas de litige relatif à l'existence ou au nombre d'heures de travail accomplies, l'employeur fournit au juge les éléments de nature à justifier les horaires effectivement réalisés par le salarié. / Au vu de ces éléments et de ceux fournis par le salarié à l'appui de sa demande, le juge forme sa conviction après avoir ordonné, en cas de besoin, toutes les mesures d'instruction qu'il estime utiles. / Si le décompte des heures de travail accomplies par chaque salarié est assuré par un système d'enregistrement automatique, celui-ci doit être fiable et infalsifiable. »

905 BALLOUHEY François, *L'office du juge en matière de preuve*, in KELLER Marianne (dir.), *Procès du travail, travail du procès*, LGDJ, Bibliothèque de l'Institut André Tunc, 2008, pp. 271-277, spéc. p. 272.

906 Frédérique MARRON relève que « la preuve des heures de travail effectuées n'incombe spécialement à aucune des parties » (*Le mode de preuve des heures supplémentaires*, Gaz. Pal. 2011, n°253, p. 37).

907 Cass. soc., 25 février 2004, n°01-45.441 : Bull. civ. IV, n°62 (En l'espèce, la Cour de cassation juge qu'il appartient au salarié « de fournir préalablement au juge des éléments de nature à étayer sa demande »).

recherché d'instaurer une sorte d'équilibre entre les parties au litige. En cela, il a, à notre sens, poursuivi un but analogue à celui recherché par le juge administratif : établir un équilibre entre les parties au litige. Le législateur tente ainsi de remédier au déséquilibre qui existe entre l'employeur et le salarié. Le droit du travail atteste que seule une loi peut contraindre le juge civil à passer outre les règles de la charge de l'administration de la preuve. En l'absence de disposition spécifique au contentieux de l'imposition, le juge civil de l'impôt se borne à faire application des règles du code civil et du code de procédure civile en matière de preuve.

270. Conclusion du §.2. – La neutralisation de la charge de la preuve ne saurait se manifester en contentieux civil en raison de la présence d'une répartition légale de la charge de la preuve. La portée décisive des règles de charge de l'administration de la preuve – prévues par le Code civil et le Code de procédure civile – offre un cadre précis à l'échange probatoire lors du litige. Le juge s'érige en un gardien de la charge de l'administration de la preuve et ne peut, sans méconnaître cette modalité de répartition de la charge de la preuve, opérer une quelconque répartition dérogatoire. Le contentieux civil de l'impôt n'offre, à cet égard, aucune illustration de neutralisation de la charge de la preuve. Le juge civil se borne, en cette matière, à appliquer les règles de la charge de l'administration de la preuve qui découlent de l'article 1353 du Code civil. Toutefois, cette neutralisation n'est pas *impossible* dès lors que le législateur peut – comme en contentieux individuel du travail – forger des règles dérogatoires de charge de la preuve où cette charge ne pèse spécifiquement sur aucune des parties. Il faut donc en conclure, qu'en matière civile, la neutralisation de la charge de la preuve est possible, à la différence de la matière répressive où la neutralisation de la charge de la preuve est prohibée.

§.3. – L'impossible neutralisation de la charge de la preuve en matière répressive

271. La protection de la présomption d'innocence rend impossible toute neutralisation de la charge de la preuve en matière répressive (A) même si ce principe offre aux juges une marge de liberté dans sa mise en œuvre (B).

A/ La nécessaire protection de la présomption d'innocence en matière répressive

272. La valeur supra-légale – constitutionnelle et conventionnelle – du principe de présomption d'innocence prohibe toute neutralisation de la charge de la preuve en matière pénale dès lors que la présomption s'applique « à tous les délinquants »[908]. Aucune neutralisation de la charge de la preuve n'est envisageable en matière pénale car la présomption d'innocence ne sera levée que par une « déclaration de culpabilité, prononcée par la juridiction de jugement et devenue irrévocable »[909]. La Chambre criminelle s'érige ainsi en gardienne de la présomption d'innocence condamnant tout renversement de la charge de la preuve sur le prévenu[910].

273. En matière répressive, les juges de l'impôt font également primer le principe de la présomption d'innocence sur les dispositions légales contraires. Le juge administratif a très tôt affirmé, en contentieux administratif général[911], l'exigence d'une charge de la preuve pesant sur l'Administration en matière disciplinaire. En matière fiscale, le juge administratif préserve cette approche en faisant peser, pour la cause juridique des pénalités fiscales, sur le fisc la charge de la preuve[912]. S'il veille à l'application de l'article L. 195 A du Livre des procédures fiscales[913] – bien que la jurisprudence ait comporté des exceptions[914] – une répartition de la charge de la preuve fondée sur le principe de la présomption d'innocence est requise pour l'ensemble des pénalités fiscales. Le juge civil de l'impôt fait également application du principe de la présomption d'innocence en faisant peser, pour la cause juridique des pénalités fiscales, la charge de la preuve sur le fisc[915].

---

[908] PRADEL Jean, *Procédure pénale*, Cujas, 18e éd., 2015, p. 336.
[909] Cass. crim., 13 novembre 1996, n°96-82.087 et 96-83.708 : Bull. crim., n°401 ; Dr. pén. 1997.69, obs. Albert MARON.
[910] Cass. crim., 11 avril 2012, n°11-83.816 : Bull. crim., n°95 (En l'espèce, la Chambre criminelle juge au visa de l'article 6§2 de la Convention européenne des droits de l'Homme que « tout prévenu étant présumé innocent, la charge de la preuve de sa culpabilité incombe à la partie poursuivante »).
[911] Conseil d'Etat, 25 janvier 1950, Oulié : Rec. p. 54.
[912] Conseil d'Etat, 8e et 9e s.-s., 13 octobre 1999, n°191191, ministre c/ SA Diebold Courtage : Dr. fisc. 1999, n°52, comm. 948, concl. Gilles BACHELIER, note Claire ACARD ; RJF 12/99, n°1492, concl. Gilles BACHELIER, BDCF 12/99, n°125 (A propos de l'amende de l'article 1768 du Code général des impôts) ; Conseil d'Etat, Ass., 16 février 2009, n°274000, Société Atom : Rec. p. 25 ; Dr. fisc. 2009, n°15, comm. 275, concl. Claire LEGRAS ; RJF 05/09, n°470, concl. Claire LEGRAS, BDCF 05/09, n°59 ; AJDA 2009, p. 583, chron. Sophie-Justine LIEBER et Damien BOTTEGHI (A propos de l'amende de l'article 1840 N sexies du code général des impôts).
[913] Conseil d'Etat, 9e et 10 s.-s., 21 mars 2001, n°202490, Egot : Dr. fisc. 2001, n°24, comm. 549, concl. Guillaume GOULARD ; RJF 06/01, n°813 : « qu'en jugeant que M. X... n'apportait pas la preuve, dont la charge lui incombait, de l'absence de mauvaise foi de sa part, la Cour a méconnu les termes de l'article L. 195 A du livre des procédures fiscales ».
[914] Le juge a pu, dans le passé, se fonder sur l'instruction pour établir l'absence de mauvaise foi d'un contribuable (Conseil d'Etat, 7e et 8e s.-s., 8 juin 1983, n°27749 : RJF 8-9/83, n°995 : « Considérant qu'il résulte de l'instruction (…) que, dans ces conditions, la bonne foi de la société requérante peut être admise »).
[915] Cass. com., 6 novembre 2007, n°06-16.510, Sté Sathel : RJF 02/08, n°232 ; Cour d'appel d'Agen, 2 mai 2007, n°06/820, Inédit.

274. Les juges administratif et civil de l'impôt sont toutefois confrontés à une inversion de la charge de la preuve imposée par le législateur au sein de la cause juridique des pénalités fiscales. En matière d'abus de droit[916], l'alinéa 3 de l'article L. 64 du Livre des procédures fiscales impose – bien que cette exception ait depuis été supprimée[917] – un renversement de la charge de la preuve lorsque le comité de l'abus de droit se prononce en faveur de la qualification d'abus de droit retenue par le fisc[918]. Il arriva, tant devant le juge civil que devant le juge administratif de l'impôt, que le contribuable se voit attribuer la charge de la preuve dans le cas où l'avis du comité consultatif était favorable à l'administration fiscale[919]. Le Conseil d'Etat a été confronté à la question de savoir si l'article L. 64 du Livre des procédures fiscales – dans sa rédaction antérieure à la révision de la loi du 30 décembre 2008[920] – était ou non conforme à la Constitution dès lors qu'elle imposerait, dans certains cas, au contribuable de rapporter la preuve des éléments constitutifs de la sanction fiscale. Le Conseil d'Etat a jugé « que la charge de la preuve en ce qui concerne les pénalités pouvant être infligées en cas d'abus de droit est régie, non par les dispositions du dernier alinéa de l'article L. 64 du Livre des procédures fiscales, mais par celles de l'article L. 195 A du même livre, en vertu desquelles la preuve incombe à l'Administration »[921]. Le Conseil d'Etat a opéré une interprétation neutralisante de l'article L. 64 du Livre des procédures fiscales en conjuguant sa lecture avec celle de l'article L. 195A qui impose le principe de la présomption d'innocence pour « la preuve de la mauvaise foi et des manœuvres frauduleuses ». Le juge administratif de l'impôt parvient ainsi à concilier le renversement de la charge de la preuve avec le respect du principe de présomption d'innocence. Toutefois, cette relecture astucieuse de l'article L. 64 du Livre des procédures fiscales masque une certaine artificialité du raisonnement qui réside dans l'extrême difficulté

---

916 Sur ce point : DE LA MARDIERE Christophe, *La preuve en droit fiscal*, Litec, 2009, pp. 289-296.

917 La loi de finances pour 2019 du 28 décembre 2018 (Loi n°2018-1317 : J.O. n°0302) a supprimé, à compter du 1er janvier 2019, le troisième alinéa de l'article L. 64 du Livre des procédures fiscales qui prévoyait un renversement de charge de la preuve fondé sur l'avis du comité de l'abus de droit.

918 Dès la loi du 13 janvier 1941, le législateur a prévu une procédure qui offre, *in fine*, à l'administration fiscale la faculté de se décharger de la charge de la preuve en obtenant l'avis conforme d'un comité consultatif. Les lois du 27 octobre 1963 et la loi Aicardi du 8 juillet 1987 n'ont pas modifié cet état du droit et la saisine d'un comité consultatif a toujours eu pour effet, de faire peser la charge de la preuve sur le contribuable dans le cas où l'avis était favorable à l'administration fiscale (Pour une mise en perspective historique : CHAHID-NOURAÏ Noël et FOUQUET Olivier, *Optimisation fiscale et abus de droit*, EFE, 1990, p. 51).

919 Conseil d'Etat, 3e et 8e s.-s., 12 mai 2003, n°234811, Arnaudo : Dr. fisc. 2003, n°39, comm. 686, concl. Stéphane AUSTRY ; RJF 8-9/03, n°969 ; Cass. com., 10 février 1998, n°96-12.941, SARL Brand Immobilier : Dr. fisc. 1998, n°41, 888 ; RJF 8-9/98, n°633.

920 Loi n°2008-1443 du 30 décembre 2008 : J.O. du 31 décembre 2008, n°304.

921 Conseil d'Etat, 9e et 10e s-s., 29 septembre 2010, n°341065, Sté Snerr Théâtre de Paris : Dr. fisc. 2010, n°45, comm. 551, concl. Pierre COLLIN.

qu'il y a, en pratique, à distinguer le bien-fondé de la décision d'imposition du bien-fondé de la sanction d'abus de droit[922]. Il est douteux que le bien-fondé de la sanction conduise à faire peser une réelle charge de preuve sur l'administration fiscale lorsque le redressement, fondé sur l'abus de droit, est établi[923]. Toutefois, le Conseil d'Etat parvient ainsi à préserver le principe fondamental de présomption d'innocence en matière d'abus de droit. À la lumière de cette décision, il n'est pas douteux que la Chambre commerciale soit également contrainte de préserver la présomption d'innocence en faisant peser, sur le fisc, la charge de la preuve alors même que l'avis du Comité de l'abus de droit est favorable à la qualification d'abus de droit. Toutefois, même si la prise en compte de la présomption d'innocence ne fait guère de doute devant les juges administratif et civil de l'impôt, il apparaît qu'ils parviennent à concilier ce principe avec les principes qui gouvernent la charge de la preuve devant leur ordre de juridiction.

B/ La protection relative de la présomption d'innocence dans la sphère répressive

275. L'identité des administratif et civil de l'impôt se révèle dans la preuve des sanctions fiscales (1) les juges préservant, en définitive, leur office en cette matière (2).

1/ La résurgence de l'identité des juges administratif et civil en matière répressive

276. Le principe de présomption d'innocence ne prohibe pas la participation du défendeur à l'administration de la preuve[924]. En ce sens, la qualification d'abus de droit offre une intéressante illustration. Si le juge administratif de l'impôt a reconnu la nécessité de faire peser sur l'administration fiscale la charge de rapporter la preuve de l'abus de droit – tant sur le fondement de l'article L. 64 du Livre des procédures fiscales[925] que sur le fondement du

---

[922] Ce point de vue a été proposé par Christophe DE LA MARDIERE : « Cette opposition ne manque pas de surprendre, car soit l'abus de droit est qualifié et le contribuable doit être puni, soit il ne l'est pas et la sanction n'a pas lieu d'être » (*La charge de la preuve en matière d'abus de droit*, note sur Conseil d'Etat, 3e et 8e s.-s., 17 novembre 2010, n°314291, min. c/ SCI Ram : Dr. fisc. 2011, n°10, comm. 250).

[923] Il ne reste alors au fisc qu'à démontrer l'applicabilité de la sanction attachée à la décision d'imposition. Sans doute lui incombe-t-il – depuis la loi n°2008-1443 du 30 décembre 2008 – de justifier, devant le juge, de l'application d'une majoration de 40% ou de 80% comme en dispose le b) de l'article 1729 du Code général des impôts. Il lui incombera alors de démontrer que « le contribuable a eu l'initiative principale du ou des actes constitutifs de l'abus de droit ou en a été le principal bénéficiaire » pour appliquer la majoration de 80%.

[924] Cf. supra, n°82.

[925] Le Conseil d'Etat a clarifié les règles de charge de la preuve en matière d'abus de droit : « que l'administration fiscale apporte cette preuve par la production de tous éléments

principe général de fraude à la loi[926] – la preuve de l'abus de droit n'échappe pas à l'existence d'une dialectique probatoire fondée sur « un rythme ternaire »[927] qui conduit à « pousser le contribuable à rentrer dans le débat sur la qualification d'abus de droit en découvrant ses cartes »[928]. De la sorte, le juge administratif préserve une approche dialectique, caractéristique de la preuve administrative, pour la preuve de l'abus de droit. Cette solution est justement critiquée par Christophe DE LA MARDIERE qui expose qu'« en matière répressive, nul n'a à faire la démonstration de son innocence »[929]. Une telle solution est fort critiquable car le juge administratif parvient à concilier les modalités d'administration de la preuve propre à la juridiction administrative avec le principe de la présomption d'innocence.

277. De même, devant le juge civil de l'impôt, l'application de la charge de l'administration de la preuve n'est pas exclue en matière de pénalité fiscale comme l'illustre la jurisprudence relative à l'abus de droit. À ce titre, la Chambre commerciale de la Cour de cassation s'est prononcée – au visa des articles L. 64 du Livre des procédures fiscales et 1315 du Code civil[930] – en

suffisamment précis attestant du caractère fictif des actes en cause ou de l'intention du contribuable d'éluder ou d'atténuer ses charges fiscales normales ; que dans l'hypothèse où l'Administration s'acquitte de cette obligation, il incombe ensuite au contribuable, s'il s'y croit fondé, d'apporter la preuve de la réalité des actes contestés ou de ce que l'opération litigieuse est justifiée par un motif autre que celui d'éluder ou d'atténuer ses charges fiscales normales » (Conseil d'Etat, 3e et 8e s.-s., 17 novembre 2010, n°314291, SCI Ram : Dr. fisc. 2011, n°10, comm. 250, concl. Edouard GEFFRAY, note Christophe DE LA MARDIERE ; RJF 02/11, n°206). Dans ses conclusions Edouard GEFFRAY relève qu'« il appartient à l'Administration d'apporter la preuve de l'abus de droit par la production de tous éléments suffisamment précis pour attester du caractère fictif des actes en cause. Lorsqu'elle y parvient, c'est ensuite au contribuable, s'il s'y croit fondé, d'apporter la preuve de la réalité des actes contestés ».

926 Sur le fondement du principe général de fraude à la loi rappelé dans la décision Janfin (Conseil d'Etat, Sect., 27 septembre 2006, n°260050, Janfin : Dr. fisc. 2006, n°47, comm. 744, concl. Laurent OLLEON ; RJF 21/06, n°1583 ; BDCF 12/06, n°156, concl. Laurent OLLEON ; Procédures 2006, comm. 284, note Jean-Luc PIERRE ; BGFE 2006, p. 30, obs. Noël CHAHID-NOURAI ; Dr. fisc. 2006, n°47, 65, note Olivier FOUQUET ; RJF 2006, p. 1083, note Yves BENARD ; JCP E 2006, 2820, note Patrick DIBOUT ; Dr. fisc. 2007, suppl. au n°25, 631, note Pierre COLLIN), le Conseil d'Etat a posé que « le service, qui peut toujours écarter comme ne lui étant pas opposables certains actes passés par le contribuable, dès lors qu'il établit que ces actes ont un caractère fictif (…) » pose une règle de charge de la preuve qui repose sur l'administration fiscale. Cette solution ne fait que reprendre la solution retenue dans la décision de principe qui fonde l'abus de droit par fraude à la loi en matière fiscale (Conseil d'Etat, Plén., 10 juin 1981, n°19079 : Dr. fisc. 1981, n°48-49, comm. 2187, concl. LOBRY ; RJF 09/81, n°787).

927 BONNET André, *La charge de la preuve en contentieux fiscal*, Dr. fisc. 2013, n°49, comm. 535, pp. 8-11.

928 DAUMAS Vincent, *Abus de droit : derniers développements jurisprudentiels*, RJF 01/11, pp. 5-15, spéc. p. 13.

929 DE LA MARDIERE Christophe, *La charge de la preuve en matière d'abus de droit*, Dr. fisc. 2011, n°10, comm. 250.

930 Cass. com., 6 avril 1993, n°91-17.242, Inédit.

jugeant que les juges du fond ne peuvent se fonder sur l'abstention du contribuable dans l'administration de la preuve pour qualifier l'abus de droit[931]. Cela signifie que l'abus de droit doit ressortir des preuves administrées par l'Administration et non des preuves administrées par le contribuable[932]. Toutefois, le mécanisme de la charge de l'administration de la preuve est maintenu en matière d'abus de droit : si l'administration fiscale allègue un fait alors que le contribuable supporte, en vertu des dispositions légales, la charge de la preuve, elle doit faire la preuve de cette prétention[933]. Or, rien n'interdirait, selon cette jurisprudence, de faire peser sur le contribuable une charge de l'administration de la preuve lorsqu'il émet une prétention. Or, la charge de l'administration de la preuve ne devrait être retenue, en matière de pénalité fiscale, que pour la preuve des faits venant au soutien de la défense du contribuable.

278. Ces solutions tendent à démontrer que les juges administratif et civil de l'impôt appliquent avec souplesse le principe de la présomption d'innocence. Il semble qu'une approche plus rigoureuse pourrait être adoptée en n'exigeant du contribuable que la preuve des faits venant au soutien de sa défense. Une telle solution conduirait à interdire toute dialectique de la preuve qui induit une participation trop poussée du contribuable dans l'administration de la preuve. Toutefois, il y a lieu de remarquer que le principe de la présomption d'innocence conduit le juge administratif à adopter une posture neutre dans la recherche de la preuve en matière répressive.

2/ L'affirmation d'une nécessaire neutralité du juge dans la recherche de la preuve en matière répressive

279. Le juge administratif de l'impôt a veillé à conserver, en matière répressive, sa neutralité en ne recherchant pas lui-même des éléments de preuve qui tendraient à établir une sanction à l'encontre du contribuable. Il a, pour cela, refusé de se fonder sur un régime de preuve neutre – fondé sur l'instruction – pour juger des éléments de fait nécessaires au prononcé d'une sanction. La décision SARL New-Sports[934] a ainsi sanctionné l'emploi d'un régime de preuve neutre pour établir la mauvaise foi d'un contribuable[935]. Le

---

[931] Cass. com., 6 avril 1993, n°91-17.242, Inédit.

[932] Cass. com., 7 octobre 1997, n°95-13.650, Tiberghien : RJF 03/98, n°340.

[933] Cass. com., 4 décembre 1990, n°88-18.566 : Bull. IV, n°307 : « qu'il appartenait à l'administration des Impôts d'établir par tous moyens compatibles avec le caractère écrit de la procédure fiscale la fictivité, alléguée par elle, d'une quittance de paiement du prix contenue dans un acte de cession qui, engendrant une situation de droit nouvelle, était, à ce titre, opposable à tout tiers ».

[934] Conseil d'Etat, 9e et 10e s-s., 20 novembre 2002, n°221440, SARL New-Sports : Dr. fisc. 2003, n°9, comm. 174 ; RJF 02/03, n°222.

[935] Conseil d'Etat, 9e et 10e s-s., 20 novembre 2002, n°221440, SARL New-Sports : préc.

Conseil d'Etat veille, en qualité de juge de cassation, à ce que le fisc établisse les éléments constitutifs de la mauvaise foi du contribuable[936].

280. Il est assez remarquable de constater que cette solution n'est pas universellement reconnue devant le juge administratif. Les contraventions de grande voirie[937], offrent, à ce titre un contre-exemple saisissant. Elles sont définies à l'article L. 2132-2 du Code général de la propriété des personnes publiques par le but qui leur est assigné. Elles visent « la répression des manquements aux textes qui ont pour objet, pour les dépendances du domaine public n'appartenant pas à la voirie routière, la protection soit de l'intégrité ou de l'utilisation de ce domaine public, soit d'une servitude administrative ». Le contentieux des contraventions de grande voirie est un « démembrement de la justice pénale »[938] en raison de la « répression pénale »[939] qu'elles assurent – bien que le juge administratif ne puisse, bien sûr, être qualifié de juge pénal.

281. En cette matière, « Ce ne sont pas des actes ou des faits individuels qui sont sanctionnés, mais des faits objectifs »[940]. En effet, « la contravention de grande voirie se veut une contravention objective et non subjective »[941] car « elle retient une responsabilité objective de l'auteur du manquement indépendamment de toute considération tenant à l'existence ou non d'un élément intentionnel »[942]. Cette *objectivité* des contraventions de grande voirie conduit à neutraliser l'exigence d'un élément moral de l'infraction : « L'imputabilité du fait suffit à entrer en voie de condamnation contre le contrevenant »[943]. Seule la force majeure ou un fait assimilable à la force

---

936 Conseil d'Etat, 9e et 8e s.-s., 21 juin 1995, n°132531, SA Sofige : Dr. fisc. 1995, n°41, comm. 1902 ; RJF 8-9/95 n°963, concl. Philippe MARTIN, p. 559.

937 Sur ce point : BACHELIER Gilles, *Voirie, Contraventions de grande voirie*, Répertoire de contentieux administratif, Dalloz, 2014 ; BERNARD François-Charles et PLANTEY Alain, *La preuve devant le juge administratif*, Economica, 2003, pp. 40-43 ; BONNARD Roger, *Des contraventions de grande voirie*, Thèse de doctorat dact., Bordeaux, 1904 ; CHAPUS René, *Droit administratif général*, tome 1, Montchrestien, 15e éd., 2001, p. 792 ; LANNES Jacques, *Les contraventions de grande voirie*, Editions de l'actualité juridique, 1971 ; LE ROUX Mylène, *Contraventions de voirie*, Jurisclasseur administratif, Fasc. 1170, Lexis Nexis, 2010 ; PERRET Jean-Marie, *Les contraventions de grande voirie*, PUF, Ed. Que sais-je ?, 1994 ; ROUQUETTE Rémi, *Petit traité du procès administratif 2015/2016*, Dalloz, 6e éd., 2014, spéc. pp. 975-981 ; YOLKA Philippe, *Contraventions de grande voirie*, JurisClasseur Propriétés publiques, fasc. 64, Lexis Nexis, 2011.

938 BONNARD Roger, *Des contraventions de grande voirie*, Thèse de doctorat dact., Bordeaux, 1904, p. 151.

939 *Op. cit.*, p. 147.

940 BACHELIER Gilles, *Voirie, Contraventions de grande voirie*, Répertoire de contentieux administratif, Dalloz, juin 2014, n°55.

941 PERRET Jean-Marie, *Les contraventions de grande voirie*, PUF, Que sais-je ?, 1994, p. 31.

942 BACHELIER Gilles, *Voirie, Contraventions de grande voirie*, Répertoire de contentieux administratif, Dalloz, juin 2014, n°10.

943 *Op. cit.*, n°55.

majeure[944] pourra conduire – dans des cas très limités – à écarter la condamnation.

282. Le juge administratif fait prévaloir, un régime de preuve neutre, en constatant la matérialité des faits en se fondant sur l'instruction sans imposer une charge de la preuve relative à la preuve des faits constitutifs de l'infraction[945]. Ce constat est facilité par le fait que les comportements répréhensibles sont constatés par voie de procès-verbal – ces procès-verbaux faisant foi jusqu'à preuve contraire[946]. La charge de la preuve sera seulement restaurée pour la preuve de la force majeure[947], le juge administratif exigeant, de manière constante[948], que cette preuve soit rapportée par la partie qui s'en prévaut[949]. De même, lorsque le contrevenant entend remettre en cause les éléments présents dans le procès-verbal qui constate les faits constitutifs de la contravention, il incombe, de jurisprudence constante[950], au contrevenant de rapporter la preuve de ses allégations[951]. Enfin, lorsque l'administration tente d'imputer les faits constitutifs de la contravention de grande voirie à un tiers, elle doit rapporter la preuve de l'imputabilité de ces faits au tiers[952].

283. Le maintien d'une preuve neutre, dans une matière où d'importantes pénalités sont en jeu, nous paraît rigoureusement contraire au principe de la présomption d'innocence tel qu'il est interprété par le Conseil d'Etat, en matière fiscale, pour la cause juridique des pénalités fiscales[953]. Dans une affaire en date du 20 mai 2011, où le juge devait juger de la preuve de « l'incorporation partielle [d'un] terrain au domaine du public maritime »[954], le juge s'est fondé sur le résultat de l'instruction contraire aux allégations de

---

944 Dans ce cas, « le fait de l'administration doit revêtir le caractère d'une faute lourde » (*Op. cit.*, n°65).

945 Conseil d'Etat, 8e et 3e s.-s., 6 mars 2002, n°217646, Mme Triboulet et Mme Brosset-Pospisil : Rec. p. 76 ; RFDA 2003, p. 60, note René HOSTIOU.

946 Conseil d'Etat, 8e et 3e s.-s., 25 septembre 2013, n°354677, Tomaselli, cons. n°6 : Rec. T. p. 591 ; Conseil d'Etat, Sect., 10 janvier 1930, Préfet Haute-Loire : Rec. p. 46.

947 Conseil d'Etat, 6e et 10e s.-s., 28 juin 1989, n°72586, Inédit ; Conseil d'Etat, 6e et 2e s.-s., 7 décembre 1984, n°41017 : LPA, 8 novembre 1985, p. 4, concl. Pierre-Alain JEANNENEY ; Conseil d'Etat, 6e et 2e s.-s., 18 mai 1979, n°04846, Inédit.

948 Conseil d'Etat, 29 avril 1936, Bauchereau : Rec. p. 476 ; Conseil d'Etat, 5 février 1936, Pané : Rec. p. 165.

949 LANNES Jacques, *Les contraventions de grande voirie*, Editions de l'actualité juridique, 1971, n°141, p. 88.

950 Conseil d'Etat, 20 février 1935, Baradat et Vulliez : Rec. p. 230 ; Conseil d'Etat, 4 avril 1925, Cie générale des voitures à Paris : Rec. p. 408.

951 Conseil d'Etat, 8e s.-s., 10 octobre 2012, n°338746, Inédit ; Conseil d'Etat, 8e et 3e s.-s., 2 avril 2003, n°237968, Saurin : Rec. T. p. 775.

952 Conseil d'Etat, 3e et 5e s.-s., 5 novembre 1986, n°47649, Inédit.

953 Conseil d'Etat, 9e et 10e s-s., 20 novembre 2002, n°221440, SARL New-Sports : Dr. fisc. 2003, n°9, comm. 174 ; RJF 02/03, n°222.

954 Conseil d'Etat, 6e et 1e s.-s., 20 mai 2011, n°328338 : Rec. T. p. 850 ; AJDA 2011, p. 1730, note Gweltaz EVEILLARD.

l'Administration et du contrevenant. Si Gweltaz EVEILLARD relève parfaitement que « dirigeant seul l'instruction, en vertu du caractère inquisitoire de celle-ci, le juge est libre de déduire des pièces fournies par les parties ce qu'il croit devoir en être déduit, y compris si cela ne concorde pas avec les conclusions et moyens à l'appui desquels avait été déposée ladite pièce »[955], une telle affaire illustre le maintien anormal d'un régime de preuve neutre dans une matière où les principes fondamentaux du droit pénal trouvent pourtant à s'appliquer[956]. Il est nécessaire, en vertu du principe de présomption d'innocence, d'imposer une neutralité au juge par l'établissement d'une charge de la preuve.

284. Le maintien d'une preuve neutre au sein du contentieux des contraventions de grande voirie résulte, à notre sens, d'une analyse erronée fondée sur le lien entre la nature objective de la contravention de grande voirie – qu'il serait plus juste de qualifier de matériel en raison de l'absence d'intention coupable[957] – et le régime probatoire appliqué. Le caractère « objectif » de la contravention de grande voirie conduit le juge administratif à priver les contrevenants d'une garantie aussi fondamentale que la présomption d'innocence et de son corollaire : une charge de la preuve pesant sur l'autorité publique.

285. En ce sens, les contraventions de grande voirie demeurent très proches des pénalités en matière de contributions indirectes telles qu'elles étaient jadis interprétées par la Chambre criminelle de la Cour de cassation et qui se trouvent aujourd'hui codifiées, notamment, aux articles 1791 à 1804 C du Code général des impôts. La Cour de cassation tirait des conséquences du caractère « objectif » de ces sanctions fiscales car elles réprimaient une infraction matérielle qui était alors dénuée de tout élément intentionnel[958]. La

---

[955] EVEILLARD Gweltaz, *La délimitation du domaine public maritime*, AJDA 2011, n°30, pp. 1730-1734.

[956] Le juge administratif applique, en matière de contraventions de grande voirie, la rétroactivité *in mitius* (Conseil d'Etat, 8e et 3e s.-s., 7 décembre 2015, n°362766, Sté CMA CGM : AJDA 2015, p. 2411, obs. Jean-Marc PASTOR ; Conseil d'Etat, Sect., Avis, 23 avril 1997, n°183689, Préfet de la Manche c/ Sté Nouvelle Entreprise Henry : Rec. p. 153 ; RDI 1997 p. 420, note Jean-Bernard AUBY et Christine MAUGÜE).

[957] BACHELIER Gilles, *Voirie, Contraventions de grande voirie*, Répertoire de contentieux administratif, Dalloz, juin 2014, n°55.

[958] La Cour de cassation se fondait sur le « principe de la matérialité des infractions aux lois sur les Contributions indirectes » (Cass. crim., 11 juillet 1990, n°89-83.695, Inédit ; Cass. crim., 14 octobre 1965, n°65-90.790 : Bull. crim., n°198 ; Cass. crim., 20 novembre 1952, Affaire Casal-Bartis : R.O. p. 33) pour forger un régime particulier pour les sanctions en cette matière. Le juge pénal se devait de sanctionner de manière automatique l'ensemble des infractions qu'il constatait en matière de droits indirects. Il a ainsi pu juger que seule la force majeure pouvait excuser une telle infraction (Cass. crim., 24 novembre 1952, Affaire Cohanier, Groupement d'achats des Hôteliers du Puy-de-Dôme : R.O. p. 34). En dehors de la force majeure, la Chambre criminelle se refusait à reconnaître toute cause exonératoire telle que l'absence de

Chambre criminelle est depuis[959] revenue sur cette interprétation liée à « l'objectivité » de ces infractions[960] en jugeant que les infractions ne sont plus seulement matérielles – ou objectives[961] mais qu'elles requièrent la présence de « l'intention coupable [du prévenu] exigée par l'article 121-3 du Code pénal »[962]. En somme, l'objectivité de l'infraction n'est plus considérée, par la Chambre criminelle comme neutralisant le caractère intentionnel de l'infraction[963]. En matière de charge de la preuve[964], la Chambre criminelle a jugé que la preuve des infractions aux contributions indirectes est gouvernée par le principe de présomption d'innocence[965]. Cela signifie que le caractère « matériel » de ces infractions n'est nullement un rempart à l'application effective de la présomption d'innocence. La Chambre criminelle a donc, en dépit du caractère matériel de ces infractions, ramené dans le giron du droit commun des infractions dont la nature avait pu justifier un régime spécial.

286. À notre sens, il est nécessaire que le juge des contraventions de grandes voiries s'inspire de l'évolution jurisprudentielle de la Chambre criminelle et de la solution retenue par le juge administratif de l'impôt pour la cause juridique des pénalités fiscales. Il doit s'engager, dans un strict respect du principe de la présomption d'innocence garanti, notamment[966] par l'article 6§2 de la Convention européenne des droits de l'Homme, à faire prévaloir un régime de la charge de la preuve. Ce régime est le seul à pouvoir assurer le respect effectif de la présomption d'innocence. En somme, il convient, en cette matière, de *neutraliser* le lien opéré entre « l'objectivité » – qui n'est rien d'autre que la matérialité de l'infraction – et la neutralisation de la charge de la preuve.

---

préjudice causé par l'infraction (Cass. crim., 3 mars 1953, Affaire dame Ferre, R.O. p. 26), la régularisation ultérieure (Cass. crim., 18 avril 1956, Affaire Fore : R.O. p. 325) ou encore, la faute ou l'erreur du service (Cass. crim., 8 octobre 1964, Affaire sieur Isnard et autres : Bull. crim., n°261, p. 558, arrêt n°2, R.O. p. 62).

[959] Postérieurement à l'article 339 de la loi n°92-1336 du 16 décembre 1992 relative à l'entrée en vigueur du nouveau code pénal et à la modification de certaines dispositions de droit pénal et de procédure pénale rendue nécessaire par cette entrée en vigueur (J.O. du 23 décembre 1992, p. 17568).

[960] Sur ce point : DETRAZ Stéphane, *Impôts, Contributions indirectes, Contentieux*, JurisClasseur Lois pénales spéciales, Lexis Nexis, 2016, n°36 ; TRALONGO Nathalie, *Essai sur la bonne foi en droit pénal. Contribution à l'étude de la responsabilité pénale*, Thèse de doctorat micro-fichée, Montpellier, 2009, spéc. n°83-84.

[961] Cass. crim., 25 juin 2003, n°02-83.342, Inédit (« l'arrêt attaqué énonce à tort qu'en matière de contributions indirectes, la matérialité des infractions doit seule être prise en compte »).

[962] Cass. crim., 25 juin 2003, n°02-83.342, Inédit.

[963] DETRAZ Stéphane, *Impôts, Contributions indirectes, Contentieux*, JurisClasseur Lois pénales spéciales, Lexis Nexis, 2016, n°38.

[964] *Op. cit.*, n°231.

[965] Cass. crim., 10 octobre 1994, n°93-85.089, Inédit ; Cass. crim., 11 octobre 1994, n°94-80.312, Inédit ; Cass. crim., 29 septembre 1999, n°98-80.618, Inédit.

[966] Cf. supra, n°105.

287. Conclusion de la Sous-Section I. – L'activisme des juges de l'impôt les conduit à nuancer l'effet réel des règles de charge de la preuve. La neutralisation qui peut ainsi s'opérer doit ici s'entendre non comme la suppression de la charge probatoire qui incombe aux parties mais comme l'effacement des règles répartissant *a priori* la charge de la preuve. Le juge est donc un acteur essentiel dans la répartition de la charge de la preuve. Or, chaque juge dispose d'une attitude particulière en la matière. Le juge administratif apparaît comme la cheville ouvrière de la répartition de la charge de la preuve choisissant tantôt de répartir la preuve entre les parties, tantôt de neutraliser toute charge de la preuve pesant sur une partie déterminée. À l'inverse, le juge civil conserve une attitude plus neutre puisque la répartition probatoire est organisée, par la loi, sur la charge de l'administration de la preuve ce qui confère un rythme contraint à la répartition du fardeau probatoire entre les parties : il est alors interdit au juge d'imposer à une partie une charge de la preuve qui ne lui incombe pas en vertu de cette règle. Enfin, le juge pénal est tenu par le principe de la présomption d'innocence et ne peut, de ce fait, moduler la répartition de la charge de la preuve qui est imposée par ce principe. La neutralisation de la charge de la preuve est alors rigoureusement défendue en cette matière. En somme, chaque procédure laisse prospérer une identité propre à chaque juge. Il faut encore constater que les juges administratif, civil et pénal disposent d'une véritable identité probatoire dont il faut saisir la raison d'être.

Sous-Section II. – L'affirmation de l'identité probatoire des juges de l'impôt

288. La doctrine a révélé l'existence de « traditions probatoires »[967] tant au sein de l'ordre juridique interne qu'entre ordres juridiques[968]. La permanence de ces traditions[969] permet d'identifier l'identité[970] probatoire de chaque juge en matière de charge de la preuve, alors qu'aucune théorie générale commune

[967] Sur ce point : AMRANI MEKKI Soraya, *Les traditions probatoires en droit processuel (procès civil, pénal et administratif)*, in, CADIET Loïc, GRIMALDI Cyril et MEKKI Mustapha, *La preuve : regards croisés*, Dalloz, Thèmes et commentaires, 2015, pp. 111-129.

[968] Sur ce point : GIRARD Fabien, *Essai sur la preuve dans son environnement culturel*, Thèse de doctorat, Grenoble, PUAM, 2013 ; JEULAND Emmanuel, *Preuve judiciaire et culture française*, Droit et cultures 2005, n°50, pp. 149-170 ; JEULAND Emmanuel, *Droit processuel général*, Montchrestien, Domat droit privé, 3e éd., 2014, pp. 472-473 ; LAGARDE Xavier, *D'une vérité l'autre, Brèves réflexions sur les différentes cultures de la preuve*, Gaz. Pal. 2010, n°203, pp. 6-12.

[969] La tradition peut être définie comme une « pratique héritée du passé qui peut être un élément d'un usage ou d'une coutume » (CORNU Gérard, *Vocabulaire juridique*, V° Tradition, PUF, 1987).

[970] Nous entendons ici, « identité » au sens commun du terme comme le « Caractère de ce qui, sous des dénominations ou des aspects divers, ne fait qu'un ou ne représente qu'une seule et même réalité » (*Dictionnaire de l'académie française*, V° Identité).

ne se dégage entre les juges administratif, civil et pénal[971]. Il convient ici de révéler les traits saillants de l'identité probatoire propre à chacun d'eux. Il apparaît nécessaire d'identifier le ou les fondements de ces différences : pourquoi existe-t-il de telles différences entre les juges administratif, civil et pénal ? Il apparaît que le juge administratif a, à la faveur de la liberté dont il dispose, forgé une identité adaptée aux faits dont dépend l'issue des contentieux administratifs (§.1.). L'identité du juge civil repose sur l'égalité des parties (§.2.) alors que celle du juge pénal – étendue à l'ensemble de la matière répressive – est dictée par le principe de la présomption d'innocence (§.3.).

§.1. – La liberté du juge administratif : fondement d'une approche empirique de la répartition de la charge de la preuve

289. L'identité probatoire du juge administratif est fondée sur la liberté du juge dans la répartition de la charge de la preuve (A) qui le conduit à se fonder sur une approche empirique – reposant sur les faits litigieux – pour opérer la répartition de cette charge (B).

---

[971] Il n'existe pas de théorie générale de la preuve qui soit commune entre les juges administratif, civil et pénal. Devant le juge civil, il existe un corpus de règles qui répartit la charge de la preuve et encadre l'office du juge en matière de recherche de la preuve. Bien qu'un auteur ait pu contester l'existence d'une théorie générale devant le juge civil (VERGES Etienne, *Eléments pour un renouvellement de la théorie de la preuve en droit privé*, in, *Mélanges en l'honneur de Jacques-Henri ROBERT*, Lexis Nexis, 2012, pp. 853-895, spéc. p. 861), il faut constater que cette matière offre une véritable théorie générale de la preuve qui se dessine à la lecture du Code civil et du Code de procédure civile. À l'inverse, devant le juge administratif, il n'existe pas de théorie générale de la preuve – la doctrine s'est toutefois essayée à construire une telle théorie (PACTET Pierre, *Essai d'une théorie de la preuve devant la juridiction administrative*, Thèse de doctorat, Paris, Pedone, 1952). Car, « Le droit administratif écrit ne régit lui-même toujours la question de la preuve que partiellement et sous un angle surtout technique quant aux moyens d'investigation utilisables » (PACTEAU Bernard, *Preuve*, Répertoire de contentieux administratif, Dalloz, 2016, n°10). Il est donc revenu au juge administratif d'établir des règles prétoriennes. De même, en matière pénale, c'est « la jurisprudence criminelle [qui] a dû forger elle-même toute une série de règles » (MERLE Roger et VITU André, *Traité de droit criminel, Procédure pénale*, Tome 2, Cujas, 5e éd., 2001, n°141, p. 179) car « ni le Code d'instruction criminelle, ni le Code de procédure pénale ne contiennent de théorie générale des preuves » (MERLE Roger et VITU André, *Traité de droit criminel, Procédure pénale*, Tome 2, Cujas, 5e éd., 2001, n°141, p. 179 ; RASSAT Michèle-Laure, *Propositions de réformes de la procédure pénale*, La documentation Française, 1997, p. 48). Il existe, également, en cette matière des tentatives doctrinales de formation d'une telle théorie générale (CADENE Jean, *La preuve en matière pénale, essai d'une théorie générale*, Thèse de doctorat dact., Montpellier, 1963 ; DESPORTES Frédéric et LAZERGES-COUSQUER Laurence, *Traité de procédure pénale*, Economica, 4e éd., 2015, n°545, p. 403).

A/ La liberté : marqueur de l'identité probatoire du juge administratif

290. L'identité probatoire du juge administratif se dessine dans le silence de la loi. Ce silence a offert au juge administratif la faculté de forger un modèle adapté aux particularités de la justice administrative[972]. À ce titre, le juge administratif a toujours pris soin de forger des règles adaptées au contentieux administratif rejetant une application directe des règles du Code civil et du Code de procédure civile. Il parvient ainsi à acclimater les concepts issus de cette procédure[973]. Ce modèle a été élaboré par touches successives à la faveur de décisions où le juge a pris soin de détourer un modèle plutôt que de poser des règles à la portée trop contraignante offrant ainsi une nouvelle illustration de sa traditionnelle méfiance à l'égard « des formules générales »[974]. En cette matière, la répartition de la charge de la preuve est guidée par une série de règles empreintes « de préoccupations d'empirisme et d'efficacité, de souplesse et d'équité »[975]. Sans doute le Conseil d'Etat estime-t-il qu'une telle approche « vaut mieux qu'une théorie subtile et abstraite de la charge de la preuve qui ne va pas sans son lot de raffinements et de complications »[976].

291. Cette liberté du juge lui offre la faculté de disposer d'une véritable emprise sur la preuve. À ce titre, le juge administratif occupe une place déterminante dans la répartition de la charge de la preuve : il dicte, à la faveur de sa direction de l'instruction, aux parties les charges qu'elles doivent assurer. Le juge opère ainsi un véritable assouplissement des règles qui répartissent *a priori* cette charge. C'est lui qui – avec pragmatisme et souplesse – répartit la charge de la preuve. Il a tout de même posé les jalons d'une répartition générale des rôles entre le juge et les parties dans l'administration de la preuve. En ce sens, une charge primaire de l'administration de la preuve pèse sur le demandeur qui doit rapporter les

---

972 Comment ne pas citer ici l'arrêt Blanco (TC, 8 février 1873, Blanco : Rec. p. 61) qui pose, pour la responsabilité extracontractuelle, qu'elle dispose de « règles spéciales qui varient suivant les besoins du service et la nécessité de concilier les droits de l'Etat avec les droits privés » ?

973 Les décisions Lebreton (Conseil d'Etat, Sect., 20 juin 2003, n°232832, Sté Etablissements Lebreton, Comptoir général de peintures et annexes : préc.) et Cordière (Conseil d'Etat, 2e et 7e s.-s., 26 novembre 2012, n°354108, Cordière : préc.) manifestent ce recul adopté par le juge administratif vis-à-vis des règles de droit privé. La décision Lebreton fait référence – bien qu'elle affirme l'existence de la charge primaire de l'administration de la preuve devant le juge administratif – aux « règles gouvernant l'attribution de la charge de la preuve devant le juge administratif » et la décision Cordière juge qu'en excès de pouvoir « il ne saurait exiger de l'auteur du recours que ce dernier apporte la preuve des faits qu'il avance ».

974 DEBBASCH Charles, *Procédure administrative contentieuse et procédure civile*, Thèse de doctorat, Aix-en-Provence, LGDJ, Bibliothèque de droit public, Tome 38, 1962, p. 383.

975 DENOIX DE SAINT MARC Renaud et LABETOULLE Daniel, *Les pouvoirs d'instruction du juge administratif*, EDCE, 1970, pp. 69-91, spéc. p. 91.

976 STAHL Jacques-Henri, *Les trois messages de l'arrêt Barel*, AJDA 2014, n°2, pp. 88-89.

premiers éléments de fait susceptibles de lancer le débat contentieux[977]. De même, chaque partie se doit, au cours du litige, « d'établir les faits qu'elle invoque au soutien de ses prétentions »[978] et il pèse sur le juge un devoir de rechercher les éléments de preuve[979]. Toutefois, le juge cherche toujours à alléger le poids de la preuve qui pèse sur les parties : elles doivent administrer des « éléments », le juge se chargeant seul d'y déceler des « preuves »[980]. Pour le juge administratif, l'équité commande de ne pas submerger les parties d'une charge probatoire et il entend ainsi les décharger symboliquement de cette charge.

292. En dehors de ces règles générales qui imposent une répartition générale des rôles probatoires entre les parties et le juge, le juge administratif n'a érigé aucune règle stricte qui permet de guider l'échange probatoire entre les parties[981]. Le contentieux administratif offre un espace de liberté qui est seulement encadré par une règle – découverte à la lumière « du bon sens »[982] – qui interdit au juge d'exiger d'une partie une preuve négative, impossible à administrer[983]. Le juge administratif a tout de même pris soin de poser,

---

977 La charge primaire de l'administration de la preuve consiste, pour le demandeur, à mettre de son côté la vraisemblance de ses prétentions (sur ce point : ARRIGHI DE CASANOVA Jacques, concl. sur Conseil d'Etat, Sect., 29 juillet 1994, n°111884, SA Prodès International : RJF 10/94, p. 587).

978 Conseil d'Etat, Sect., 20 juin 2003, n°232832, Sté Etablissements Lebreton, Comptoir général de peintures et annexes : préc.

979 Dès la décision Couespel du Mesnil, le Conseil d'Etat juge qu' « il appartient (…) au Conseil d'Etat (…) d'exiger de l'administration compétente la production de tous documents susceptibles d'établir sa conviction » (Conseil d'Etat, Sect., 1er mai 1936, Couespel du Mesnil : préc.). Cette solution qui révèle l'office du juge n'a pas varié avec le temps (Pour une illustration récente : Conseil d'Etat, Sect., 1er octobre 2014, n°349560, M. Erden : préc.).

980 Le juge administratif emploie couramment les expressions « éléments de fait » « éléments d'appréciation », « éléments versés au dossier par les parties » ou encore « éléments produits par l'administration en défense » (Conseil d'Etat, Ass., 30 octobre 2009, n°298348, Perreux : préc. ; Conseil d'Etat, 2e et 7e s.-s., 26 novembre 2012, n°354108, Cordière : préc.). La jurisprudence ancienne atteste de l'emploi de ces mêmes expressions (le Conseil d'Etat faisait état, dans la décision Barel (Conseil d'Etat, Ass., 28 mai 1954, Barel, préc.) de « circonstances et de faits précis »). L'emploi du terme « élément » atteste d'une prise de position terminologique : les parties n'administrent pas des *preuves* mais des *éléments* susceptibles de devenir des preuves à la faveur de l'appréciation du juge.

981 En ce sens, la décision Cordière pose une règle essentiellement négative puisque le juge de l'excès de pouvoir « ne saurait exiger de l'auteur du recours que ce dernier apporte la preuve des faits qu'il avance » (Conseil d'Etat, 2e et 7e s.-s., 26 novembre 2012, n°354108, Cordière : préc.) et la décision Perreux pose une règle d'une extrême généralité puisqu'en cette matière le juge peut « demander aux parties de lui fournir tous les éléments d'appréciation de nature à établir sa conviction » (Conseil d'Etat, Ass., 30 octobre 2009, n°298348, Perreux : préc.).

982 MARTIN Philippe, *Charge de la preuve : gros plan sur la jurisprudence du Conseil d'Etat*, LPA 12 novembre 2007, n°226, pp. 3-5.

983 Cette règle a été posée dans la décision Lebreton : « les éléments de preuve qu'une partie est seule en mesure de détenir ne sauraient être réclamés qu'à celle-ci » (Conseil d'Etat, Sect., 20 juin 2003, n°232832, Sté Etablissements Lebreton, Comptoir général de peintures et annexes :

notamment au sein du contentieux de la responsabilité, des présomptions qui vont guider la répartition du fardeau probatoire : les victimes qui sont des usagers d'ouvrages publics[984] ou de services publics hospitaliers[985] bénéficient de régimes de preuve favorables reposant sur des présomptions qui font peser une part essentielle de la charge probatoire sur l'Administration. Ces présomptions constituent un bastion essentiel d'une répartition prétorienne de la charge de la preuve.

293. Or, le contentieux de l'excès de pouvoir connaît, en matière de présomption, une « évolution (...) silencieuse »[986] qui affecte la répartition de la charge de la preuve durant les litiges. En ce sens, la décision Cordière[987] semble traduire un vent nouveau sur la matière probatoire devant le juge administratif. Il tend, par cette décision, à affirmer davantage sa liberté en ce domaine en mettant à distance les concepts civils de la charge de la preuve. Le juge administratif entend désormais faire basculer la charge de la preuve du côté de la conviction du juge, libérant corrélativement les parties d'une charge déterminée. Il s'est, devant le juge de l'excès de pouvoir, engouffré dans une politique jurisprudentielle qui tend à effacer toute répartition

---

préc.) mais elle était déjà appliquée dans la jurisprudence administrative comme le démontre la décision Barel (Conseil d'Etat, Ass., 28 mai 1954, Barel : préc).

984 Les usagers de l'ouvrage public bénéficient d'un régime de preuve particulièrement favorable en cas de dommage (Sur ce point : AUBY Jean-Marie, AUBY Jean-Bernard, BON Pierre et TERNEYRE Philippe, *Droit administratif des biens*, Dalloz, 2016, pp. 424-427 ; DUBOIS Jean-Pierre, *Travaux publics : dommages*, Répertoire de la responsabilité de la puissance publique, Dalloz, 2016, n°254-256). Ils doivent seulement présenter des faits de nature à établir l'existence d'un préjudice qui a été causé par un tel ouvrage. Dans ce cas, le défaut d'entretien normal de l'ouvrage est présumé, à charge pour l'Administration d'administrer la preuve contraire (Conseil d'Etat, 3e s.-s., 21 mai 2010, n°316088, M. Weygand et autres, Inédit ; Conseil d'Etat, Sect., 13 octobre 1972, n°82202 et 82203, Caisse régionale de réassurances mutuelles agricoles de l'Est et Société mutuelle d'assurance L'Auxiliaire : Rec. p. 635).

985 En matière de contamination par le virus de l'hépatite C, l'article 102 de la loi n°2002-303 du 4 mars 2002 relative aux droits des malades et à la qualité du système de santé (J.O. du 5 mars 2002, p. 4118) pose un régime de présomption qui a été interprété par le Conseil d'Etat comme signifiant « qu'il appartient au demandeur, non pas seulement de faire état d'une éventualité selon laquelle sa contamination par le virus de l'hépatite C provient d'une transfusion, mais d'apporter un faisceau d'éléments conférant à cette hypothèse, compte tenu de toutes les données disponibles, un degré suffisamment élevé de vraisemblance ; que si tel est le cas, la charge de la preuve contraire repose sur le défendeur ; que ce n'est qu'au stade où le juge, au vu des éléments produits successivement par ces parties, forme sa conviction que le doute profite au demandeur » (Conseil d'Etat, 5e et 7e s.-s., 10 octobre 2003, n°249416, Mme Tato : Rec. p. 393 ; AJDA 2004, p. 228, concl. Didier CHAUVAUX ; JCP A 2003.2007, note Géraldine CHAVRIER).

986 DE LESQUEN Xavier, concl. sur Conseil d'Etat, 6e et 1ère s.-s., 22 septembre 2014, n°366628 : Rec. p. 275.

987 Conseil d'Etat, 2e et 7e s.-s., 26 novembre 2012, n°354108, Cordière : préc.

prétorienne de la charge de la preuve entre les parties[988]. La conviction du juge couvre désormais d'un voile pudique l'étendue de la charge de la preuve qui incombe aux parties, le juge manifestant une « allergi[e] aux présomptions »[989] au sein du contentieux de l'excès de pouvoir. Il réaffirme ainsi sa fonction de « maître de la preuve »[990], rejetant en dehors de son prétoire, toute répartition de la charge de la preuve au cours de l'instruction.

294. Or, un tel courant jurisprudentiel peut être éclairé à la lumière des solutions retenues en matière fiscale. L'affirmation, en matière fiscale, d'un régime de preuve neutre atteste d'une commune volonté du juge administratif d'atténuer – tant en contentieux général qu'en contentieux fiscal – la portée des règles préétablies dans la répartition de la charge de la preuve. Le contentieux général et le contentieux fiscal semblent ainsi être au diapason[991]

---

988 Le Conseil d'Etat s'est, dans plusieurs décisions, inscrit dans la lignée de la décision Cordière (Conseil d'Etat, 2e et 7e s.-s., 26 novembre 2012, n°354108, Cordière : préc.). Il refuse de se fonder sur des présomptions pour répartir la charge de la preuve entre les parties, se réservant l'établissement de la preuve. En ce sens, la preuve du lien entre le suicide – ou sa tentative – d'un fonctionnaire et le service ne repose sur aucune règle de charge de la preuve prédéterminée (Conseil d'Etat, Sect., 16 juillet 2014, n°361820 : Rec. p. 222 ; RFDA 2014, p. 924, concl. Vincent DAUMAS ; AJDA 2014, p. 1706, chron. Aurélie BRETONNEAU et Jean LESSI). Il en va de même de la preuve du lien existant entre le service quitté en avance par l'agent et un accident de trajet (Conseil d'Etat, Sect., 17 janvier 2014, n°352710, M. Lançon : Rec. p. 7 ; Bulletin Juridique des Collectivités Locales 2014. 202, concl. Claire LEGRAS, obs. Laetitia JANICOT ; AJDA 2014, p. 448, note Aurélie BRETONNEAU et Jean LESSI) ou de la preuve de l'imputabilité au service d'un syndrome de stress post-traumatique subi par un militaire (Conseil d'Etat, 6e et 1ère s.-s., 22 septembre 2014, n°366628 : Rec. p. 275, concl. Xavier DE LESQUEN ; AJDA 2014, p. 1853, obs. Marie-Christine DE MONTECLER), ou de la demande relative à l'annulation d'un permis de construire, de démolir ou d'aménager (Conseil d'Etat, 1ère et 6e s.-s., 10 juin 2015, n°386121, Brodelle et Gino : Rec. p. 1183 ; RFDA 2015, p. 993, concl. Alexandre LALLET ; Revue de droit immobilier 2015.434, obs. Pierre SOLER-COUTEAUX) ou encore de la responsabilité des comptables (Conseil d'Etat, Sect., 27 juillet 2015, n°370430 : AJDA 2015, p. 2142, chron. Louis DUTHEILLET DE LAMOTHE et Guillaume ODINET).

989 DUTHEILLET DE LAMOTHE Louis et ODINET Guillaume, *La crèche entre dans les Tables*, AJDA 2016, n°42, pp. 2376-2380.

990 AUBY Jean-Marie et DRAGO Roland, *Traité de contentieux administratif*, LGDJ, 3e éd., 1984, n°1437, p. 542.

991 Il faut, ici, souligner la place remarquable occupée par les chambres fiscales dans l'élaboration de l'identité probatoire du juge administratif. Le juge administratif de l'impôt a, tout en forgeant des règles propres à cette matière, enrichi constamment le droit administratif de la preuve : la décision Lebreton (Conseil d'Etat, Sect., 20 juin 2003, n°232832, Sté Etablissements Lebreton, Comptoir général de peintures et annexes : préc.) est, en ce sens, paroxystique : la preuve fiscale a enrichi le droit administratif de la preuve. En outre, il ne serait pas étonnant que la jurisprudence fiscale ait inspiré la jurisprudence établie en contentieux général. La matière fiscale apparaît ainsi comme un vecteur de l'affirmation de l'identité administrative : les affaires fiscales ont pu constituer un aiguillon dans la réflexion du juge administratif en matière de charge de la preuve. À ce titre, une étude statistique relative aux affaires rendues en matière de preuve par les formations supérieures du Conseil d'Etat atteste de la richesse de la jurisprudence fiscale relative à la preuve. Seules deux décisions, relevant

car le juge opère une commune « décodification de la charge de la preuve »[992] en reconstruisant des règles adaptées au contentieux administratif.

295. En somme, les solutions retenues en contentieux fiscal et en contentieux général relèvent d'un même esprit, visant à garantir au juge sa pleine liberté dans l'établissement de la preuve, confirmant, à nouveau, l'unité fondamentale qui unit le juge administratif statuant en matière fiscale et en

---

du contentieux administratif général, ont été rendues en formation d'Assemblée du contentieux sur la question de la preuve : il s'agit des décisions Barel (Conseil d'Etat, Ass., 28 mai 1954, Barel : préc.) et Perreux (Conseil d'Etat, Ass., 30 octobre 2009, n°298348, Perreux, préc.). La formation de Section du contentieux a également adopté des décisions relatives à la preuve en contentieux général. La décision Couespel du Mesnil (Conseil d'Etat, Sect., 1er mai 1936, Couespel du Mesnil, Rec. p. 485) permet de l'illustrer. En matière fiscale, au moins deux décisions ont été rendues en formation de Section du contentieux : les décisions SA Prodes International (Conseil d'Etat, Sect., 29 juillet 1994, n°111884, SA Prodes International : RJF 10/94, p. 587) et Lebreton (Conseil d'Etat, Sect., 20 juin 2003, n°232832, Sté Etablissements Lebreton - Comptoir général de peintures et annexes : préc.). En outre, il faut relever que la cheville ouvrière de la formation de la jurisprudence fiscale en matière de preuve a été constituée par la formation de « plénière fiscale » (Cette formation particulière avait été formée pour résoudre les questions de principe qui intéressaient spécifiquement la matière fiscale. Son existence était fondée sur le décret du 30 juillet 1963 relatif à l'organisation du Conseil d'Etat (COLLET Martin et COLLIN Pierre, *Procédures fiscales, Contrôle, contentieux et recouvrement de l'impôt*, PUF, Thémis droit, 3e éd., 2017, n°395, pp. 274-275). Après sa disparition en 1993, le décret n°2010-164 du 22 février 2010 a réactivé cette formation. Désormais, les quatre chambres (les 3e, 8e, 9e et 10e) qui ont à connaître de la matière fiscale peuvent être réunies lorsque des questions de principe doivent être résolues en matière fiscale. Didier CHAUVAUX et Jean COURTIAL exposent que « L'objet de cette disposition est de permettre de juger dans une formation élargie des affaires fiscales présentant une certaine importance mais ne justifiant pas un examen par la section ou l'assemblée du contentieux » (*Le décret du 22 février 2010 relatif aux compétences et au fonctionnement des juridictions administratives*, AJDA 2010, p. 605)). Son rôle a été déterminant dans la résolution des questions probatoires. Ainsi, la formation de règles spécifiques à l'acte anormal de gestion (Conseil d'Etat, Plén., 27 juillet 1984, n°34588, SA Renfort Service : Rec. p. 292 ; Dr. fisc. 1985, n°2 comm. 596 ; RJF 10/84 n°626 et 562, concl. Pierre-François RACINE ; Conseil d'Etat, Plén., 27 juillet 1988, n°50020, Société Boutique 2M : RJF 10/88 n°1139 ; Conseil d'Etat, Plén., 23 décembre 2013 n°350075, Uguen : RJF 02/14 n°145 ; Conseil d'Etat, Plén., 23 décembre 2013, n°350511, Vidalenc, Inédit) mais plus généralement l'ensemble des affaires relatives à l'administration de la preuve (Conseil d'Etat, Plén., 27 mars 1963, n°54752 : Dupont p. 417 (sur la possibilité de prendre en compte, par la méthode de l'appréciation directe, des « éléments concrets de l'exploitation propre » avant que cela ne soit prévu par les textes réglementaires) ; Conseil d'Etat, Plén., 13 juillet 1979, n°13374 : RJF 09/79, n°500 (le Conseil d'Etat reconnaît dans cette décision qu'un contribuable rapportait la preuve qui lui incombait de l'exagération des bases d'imposition en démontrant que l'administration a employé une méthode radicalement viciée dans son principe) ; Conseil d'Etat, Plén., 8 mai 1981, n°14930 : RJF 7-8/81 n°685, p. 376 (sur la possibilité d'apporter des corrections aux loyers constatés en matière de valeurs locatives) ; Conseil d'Etat, Plén., 18 juin 1984, n°42503 : RJF 8-9/84 n°993 p. 525 (sur la possibilité d'employer la méthode de l'appréciation directe lorsque la méthode par comparaison n'est pas susceptible d'être suivie)) attestent de l'importance considérable occupée par les chambres fiscales en matière de preuve.

992 MARTIN Philippe, *Charge de la preuve : gros plan sur la jurisprudence du Conseil d'Etat*, LPA 12 novembre 2007, n°226, pp. 3-5.

dehors de ce champ. Le choix de mettre sous le boisseau les règles de répartition de la charge de la preuve manifeste le particularisme de la preuve administrative. Une telle solution est motivée par le ferme refus du juge d'entraver l'établissement de la réalité factuelle par des règles de répartition de la preuve. Il est fort intéressant de relever que le contentieux administratif général a initialement guidé la jurisprudence fiscale – puisque la preuve neutre a été inspirée des mécanismes de l'excès de pouvoir[993] – et la jurisprudence fiscale semble, en retour, inspirer la jurisprudence du contentieux général qui s'est engagée dans une nouvelle politique de libération des règles de preuve.

296. Sous ce nouveau jour, il est possible de saisir certaines règles de répartition de la charge de la preuve fondées *sur la nature du fait.*

B/ L'empirisme : fondement réel de la répartition de la charge de la preuve devant le juge administratif

297. Le silence du législateur en matière de charge de la preuve est porteur d'un modèle probatoire. La liberté dont dispose le juge ne l'empêche pas d'être « sensible aux considérations de bon sens »[994] ce qui se manifeste par une approche empirique dans la répartition de la charge de la preuve[995]. La répartition de la preuve est ainsi dictée, devant le juge administratif, par la nature des faits litigieux, bien davantage que par une règle prédéterminée[996]. En ce sens, la preuve doit toujours être administrée par la partie qui est la seule à pouvoir l'administrer[997]. Cette règle atteste d'une attitude empirique du juge administratif qui opère une répartition pragmatique de la charge de la preuve fondée sur la nature du fait litigieux[998]. Cette méthode explique que la matière

---

[993] GOULARD Guillaume, concl. sur Conseil d'Etat, 26 février 2003, n°223092 et 223293, Sté Pierre de Reynal et Cie : préc.

[994] HEURTE André, *Dictionnaire encyclopédique de finances publiques*, in, PHILIP Loïc (dir.), *Dictionnaire encyclopédique des finances publiques*, V° Preuve, Economica, 1991, pp. 1219-1224, spéc. p. 1223.

[995] Yves GALMOT a montré (concl. sur Conseil d'Etat, Sect., 22 avril 1966, M. TOCHOU et M. MONY : Rec. p. 279 ; RDP 1966, p. 584) que le juge administratif « s'adress[e] indifféremment à celle des parties dont il espère obtenir les éléments d'information qui lui font défaut » démontrant que le juge administratif désigne lui-même la partie qui doit lui fournir certaines preuves.

[996] Pierre PACTET a ainsi relevé que « Devant la juridiction administrative, ce n'est pas d'attribution de la charge de la preuve à l'une des parties en présence qu'il faut parler, mais de sa répartition entre elles. Chacune en supporte une part dont l'importance est déterminée par le juge » (*Essai d'une théorie de la preuve devant la juridiction administrative*, Thèse de doctorat, Paris, Pedone, 1952, p. 86).

[997] Conseil d'Etat, Sect., 20 juin 2003, n°232832, Sté Etablissements Lebreton, Comptoir général de peintures et annexes : RJF 10/03, n°1140.

[998] Le juge administratif a récemment manifesté cette attitude empirique dans la répartition de la charge de la preuve : dans la décision Perreux, relative à la preuve des discriminations, le juge administratif a affirmé tenir « compte des difficultés propres à l'administration de la preuve

probatoire est rétive à toute tentative de systématisation et qu'elle demeure empreinte d'un empirisme du juge détaché de tout *a priori* probatoire : le fait dicte lui-même la répartition de la charge de la preuve.

298. Cette méthode de répartition de la charge de la preuve nous paraît fonder un modèle propre de répartition de la charge de la preuve. Cette attitude résolument empirique du juge administratif est partagée par la Cour européenne des droits de l'Homme. À l'instar du juge administratif, il n'existe pas, devant la Cour européenne des droits de l'Homme, de règles régissant la charge de la preuve et ce contentieux met face à face deux parties inégales[999]. Or, la Cour de Strasbourg fait preuve d'un « empirisme de bon aloi »[1000] dans la répartition de la charge de la preuve[1001]. La Cour européenne des droits de

---

en ce domaine » (Conseil d'Etat, Ass., 30 octobre 2009, n°298348, Perreux, préc.). Une telle affirmation manifeste l'attitude empirique du juge administratif dans la répartition de la charge de la preuve : la nature du fait litigieux dicte l'identité de la partie qui doit administrer les éléments de fait.

[999] Il existe une étonnante proximité entre le juge administratif et les juges de Strasbourg en matière de répartition du fardeau probatoire. La proximité jurisprudentielle qui existe en matière de répartition du fardeau probatoire entre la juridiction administrative et la Cour européenne des droits de l'Homme repose sur deux facteurs. En premier lieu, il n'existe pas, devant ces juges de règles légales en matière de charge de la preuve (EISSEN Marc-André, *La présentation de la preuve dans la jurisprudence et la pratique de la Cour européenne des Droits de l'Homme*, in, *La présentation de la preuve et la sauvegarde des libertés individuelles*, Troisième colloque du département des droits de l'Homme, Université Catholique de Louvain, Bruxelles, Bruylant, 1977, pp. 143-213, spéc. p. 147). En second lieu, il existe une inégalité forte entre les parties au litige. Devant la Cour de Strasbourg, l'Etat partie à la Convention est opposé au justiciable qui l'accuse de violer certaines stipulations de la Convention européenne des droits de l'Homme (EUDES Marina, *La pratique judiciaire interne de la Cour européenne des droits de l'Homme*, Thèse de doctorat, Paris 10, Pedone, 2005, p. 188). De ce fait, devant la Cour européenne des droits de l'Homme l'application de la règle *actori incumbit probatio* « s'accord[e] assez mal, il faut bien l'avouer, avec les caractères spécifiques de la procédure qui se déroule devant la haute juridiction de Strasbourg » (EISSEN Marc-André, *op. cit.*, p. 148 ; cf. égal. VAN NUFFEL Emmanuel, *L'appréciation des faits et leur preuve par la Cour européenne des droits de l'homme dans les affaires mettant en cause les forces de sécurité accusées d'homicides et d'actes de torture : le doute raisonnable et l'inhumain*, RTDH 2001, pp. 856-885, spéc. p. 875 ; *Le droit de la preuve à la Cour européenne des droits de l'Homme*, in, *À la recherche d'un nouveau droit fondamental à travers le droit civil, le droit pénal et le droit comparé*, in, *Mélanges offerts à Raymond LEGEAIS*, Cujas, 2003, pp. 311-331). La jurisprudence de la Cour européenne des droits de l'Homme manifeste, à l'instar du juge administratif, de « l'autonomie et [de] la souplesse » (TULKENS Françoise, *Commentaire*, in, RUIZ FABRI Hélène et SOREL Jean-Marc (dir.), *La preuve devant les juridictions internationales*, Pedone, 2007, p. 141) dans la répartition de la charge de la preuve.

[1000] EISSEN Marc-André, *La présentation de la preuve dans la jurisprudence et la pratique de la Cour européenne des Droits de l'Homme*, in, *La présentation de la preuve et la sauvegarde des libertés individuelles*, Troisième colloque du département des droits de l'Homme, Université Catholique de Louvain, Bruxelles, Bruylant, 1977, pp. 143-213, spéc. p. 191.

[1001] Sur ce point : SUDRE Frédéric, *Droit européen et international des droits de l'homme*, PUF, Collection droit fondamental, 12e éd., 2015, pp. 466-467 ; RENUCCI Jean-François, *Droit européen des droits de l'homme, Droits et libertés fondamentaux garantis par la CEDH*,

l'Homme a fondé, dans l'arrêt Natchova et autres c/ Bulgarie[1002], une méthode empirique de répartition de la charge de la preuve – appliquée depuis aux litiges relatifs aux articles 2[1003], 3[1004], 5[1005] et 14[1006] de la Convention européenne des droits de l'Homme. Elle expose que les règles relatives à « la répartition de la charge de la preuve sont intrinsèquement lié[e]s à la spécificité des faits, à la nature de l'allégation formulée et au droit conventionnel en jeu »[1007]. La Cour européenne des droits de l'Homme se réserve ainsi la faculté de répartir la charge de la preuve en fonction de chaque type d'affaires[1008]. Cette méthode présente une étonnante similitude avec la

---

LGDJ, 7e éd., 2017, pp. 125-132 ; TRECHSEL Stefan, *L'établissement des preuves devant la Commission européenne des Droits de l'Homme*, in, *La présentation de la preuve et la sauvegarde des libertés individuelles*, Troisième colloque du département des droits de l'Homme, Université Catholique de Louvain, Bruxelles, Bruylant, 1977, pp. 121-142 ; RABILLER Stéphanie, *Droit administratif et convention européenne des droits de l'homme*, JurisClasseur Administratif, Fasc. 26, Lexis Nexis, 2016 ; *Le droit de la preuve à la Cour européenne des droits de l'Homme*, in, *À la recherche d'un nouveau droit fondamental à travers le droit civil, le droit pénal et le droit comparé, Mélanges offerts à Raymond LEGEAIS*, Cujas, 2003, pp. 311-331.

1002 CEDH, Gde Ch., 6 juillet 2005, n°43577/98 et 43579/98, Natchova et autres c/ Bulgarie : RTDH 2005, pp. 171-201, note Dominique ROSENBERG.

1003 CEDH, 8 juillet 2014, n°22965/10, Yurtsever et Autres c/ Turquie, § 75 ; CEDH, 12 mars 2013, n°16281/10, Aydan c/ Turquie, § 71 ; CEDH, 24 mars 2011, n°23458/02,Giuliani et Gaggio c/ Italie, § 182 ; CEDH, 22 février 2011, n°24329/02, Soare et autres c/ Roumanie, § 219 ; CEDH, 21 octobre 2008, n°51210/99, Nehyet Günay et autres c/ Turquie, § 78 ; CEDH, 24 janvier 2008, n°48804/99, Osmanoğlu c/ Turquie, § 54.

1004 CEDH, Gde Ch., 23 mars 2016, n°47152/06, Blokhin c/ Russie, § 139 ; CEDH, 30 avril 2015, n°13810/04, Shamardakov c/ Russie, § 112 ; CEDH, 25 avril 2013, n°71386/10, Savriddin Dzhurayev c/ Russie, § 130 ; CEDH, 17 mars 2015, n°4100/10, Sükrü Yildiz c/ Turquie, § 57 ; CEDH, 12 décembre 2013, n°77658/11, Latipov c/ Russie, § 67 ; CEDH, 13 décembre 2012, n°39630/09, El-Masri c/ « L'ex-République Yougoslave de Macédoine », § 152 ; CEDH, 5 avril 2011, n°8687/08, Rahimi c/ Grèce, § 65 ; CEDH, 16 décembre 2008, n°58478/00, Rupa c/ Roumanie (N°1), § 97 ; CEDH, 24 juin 2008, n°64536/01, Iambor c/ Roumanie, § 96 ; CEDH, 29 septembre 2005, n°24919/03, Mathew c/ Pays-Bas, § 157.

1005 CEDH, 16 septembre 2014, n°29750/09, Hassan c/ Royaume-Uni, § 49 ; CEDH, 12 juin 2012, n°60593/10, Ortesis c/ Grèce, § 52 ; CEDH, 23 février 2012, n°29226/03, Creangă c/ Roumanie, § 89.

1006 CEDH, 13 novembre 2007, n°57325/00, D.H. et autres c/ République Tchèque, § 179 ; CEDH, 13 décembre 2005, n°55762/00 et 55974/00, Timichev c/ Russie, §§ 40-44.

1007 CEDH, Gde Ch., 6 juillet 2005, n°43577/98 et 43579/98, Natchova et autres c/ Bulgarie, § 147.

1008 La solution retenue en l'espèce (CEDH, Gde Ch., 6 juillet 2005, n°43577/98 et 43579/98, Natchova et autres c/ Bulgarie, § 147) présente un intérêt tout particulier. Cette affaire est relative à la preuve de violences racistes. Elle se fonde, ici, sur l'existence d'une législation européenne (§ 80) et sur l'existence de législations nationales particulières (§ 82) qui prévoient des modalités de preuve particulières en la matière. La Cour estime qu'elle doit, en cette matière, se fonder sur des indices présentés par les requérants (§ 148) pour exiger ensuite du « gouvernement défendeur [qu'il] réfut[e] un grief défendable de discrimination » (§ 157). Toutefois, la Grande Chambre estime, dans le cas précis, estime qu'elle ne doit « pas faire peser la charge de la preuve sur le Gouvernement » (§ 157). La charge de la preuve et les modalités d'administration de la preuve retenues par la Cour européenne des droits de l'Homme sont le

solution retenue par le juge administratif qui prend en compte la nature du fait litigieux pour répartir la charge de la preuve. La différence tient seulement dans la volonté récente du juge administratif de masquer sous sa conviction la répartition réelle de la charge de la preuve entre les parties. Or, la solution retenue par la Cour européenne des droits de l'Homme présente – l'immense – intérêt d'offrir aux parties une prévisibilité dans l'administration de la preuve. Chacune peut saisir l'étendue de la charge probatoire qui est requise d'elle en fonction des faits en cause.

299. En somme, la mainmise du juge administratif sur la répartition de la charge probatoire nous paraît fondée sur une croyance : celle de la nécessité de remédier à un déséquilibre qui affecte les parties dans la faculté d'administrer une preuve. À l'instar de la Cour européenne des droits de l'Homme, c'est la croyance en la nécessité d'établir un équilibre entre les parties qui justifie l'office du juge administratif. Les règles prétoriennes ainsi établies sont donc le reflet d'un rapport spécifique entre le juge et les parties.

300. Il faut ici à mesurer combien l'identité du juge civil en matière de charge de la preuve diffère de celle du juge administratif.

§.2. – L'égalité des parties : fondement de l'identité probatoire du juge civil

301. La charge de la preuve fondée sur la prétention des parties reflète, devant le juge civil, le rapport égalitaire qui existe entre elles (A). Cette règle de répartition dispose d'une portée générale devant les litiges relevant du juge civil (B).

A/ L'égalité des parties : fondement possible de la répartition de la charge de la preuve entre les parties au litige

302. L'identité probatoire est, devant le juge civil, marquée par une répartition légale de la charge de la preuve. La répartition de la preuve n'est pas laissée à la discrétion du juge qui ne peut en altérer la répartition légale. Le particularisme de cette répartition légale – fondée sur les articles 9 du Code de procédure civile et 1353 du Code civil – est d'être fondé sur l'identité de l'auteur d'une prétention : ce sont « les plaideurs [qui] doivent administrer les

reflet de la nature du fait allégué et du droit conventionnel dont une violation est alléguée. En l'espèce, la Cour opère ainsi une différence entre la discrimination et l'acte violent motivé par une discrimination. Elle se refuse, pour ce type d'acte, à forger un mécanisme d'administration de la preuve qui conduirait à faire peser le risque de la preuve sur l'Etat. Cette analyse a, par la suite, été confirmée par la Cour de Strasbourg (CEDH, 13 novembre 2007, n°57325/00, D.H. et autres c/ République Tchèque, § 189).

preuves nécessaires à l'établissement des faits constituant le fondement de leurs prétentions »[1009].

303. Or, cette règle fondamentale a été modelée à la mesure de la preuve des obligations[1010], la preuve de ces dernières faisant même l'objet d'une répartition spécifique[1011]. La répartition civile de la preuve apparaît donc fondée sur « une base rationnelle »[1012] : elle impose à « la partie qui se prévaut, en justice, d'un droit subjectif (...) d'alléguer (...) les circonstances correspondant aux éléments générateurs de ce droit »[1013]. Or, une telle répartition de la charge de la preuve est adaptée au procès civil, car il « oppose deux parties privées à propos de règles de droit dont elles sont les destinataires »[1014] et que ces parties sont placées à égalité dans l'administration de la preuve de la preuve[1015]. *La répartition de la charge de la preuve qui prévaut devant le juge civil apparaît plus adaptée au rapport de droit en cause qu'inhérente à la nature des choses. L'égalité supposée des parties justifie un balancement égalitaire de la charge de la preuve.* L'inscription de la charge de l'administration de la preuve dans le Code civil et le Code de procédure civile commande une application généralisée de cette charge de l'administration de la preuve. Elle est devenue un modèle universel

---

1009 HOFFSCHIR Nicolas, *La charge de la preuve en droit civil*, Thèse de doctorat, Paris 10, Dalloz, Nouvelle Bibliothèque de Thèses, Tome 153, 2016, p. 128.

1010 VERGES Etienne, *Eléments pour un renouvellement de la théorie de la preuve en droit privé*, in, *Mélanges en l'honneur de Jacques-Henri ROBERT*, Lexis Nexis, 2012, pp. 853-895, spéc. p. 856 ; RIPERT Georges et BOULANGER Jean, *Traité de droit civil, D'après le Traité de Planiol*, LGDJ, 1956, n°710.

1011 Etienne VERGES relève que « l'article 9 du Code de procédure civile et l'article 1315 du Code civil ne contiennent pas la même répartition de la charge de la preuve. Le premier de ces textes fait reposer la charge de la preuve sur celui qui allègue un moyen ; le second reporte la charge de la preuve alternativement sur celui qui invoque l'existence de l'obligation ou sur celui qui prétend s'en être libéré » (*Eléments pour un renouvellement de la théorie de la preuve en droit privé*, in Mélanges en l'honneur de Jacques-Henri ROBERT, Lexis Nexis, 2012, pp. 853-895, spéc. p. 862). Toutefois, ce même auteur reconnaît que la distinction établie entre ces deux dispositions ne se vérifie pas en pratique puisque « Même lorsqu'elle vise l'article 1315 C. civ., la Cour de cassation applique parfois implicitement la règle de l'article 9 CPC » (LECLERC Olivier, VERGES Etienne et VIAL Géraldine, *Droit de la preuve*, PUF, Thémis droit, 2015, p. 211). Cela démontre, qu'en réalité, la charge repose, en définitive, sur l'auteur d'une prétention sans que ces dispositions n'offrent de véritable différence.

1012 MOTULSKY Henri, *Principes d'une réalisation méthodique du droit privé, La théorie des éléments générateurs des droits subjectifs*, Thèse de doctorat, Lyon, Sirey, 1948, n°87.

1013 *Op. cit.*, n°88.

1014 HERON Jacques et LE BARS Thierry, *Droit judiciaire privé*, LGDJ, 6e éd., 2015, n°262, pp. 215-216.

1015 Roger MERLE et André VITU relèvent que « les mêmes armes leur sont données et l'obligation à la preuve pèse semblablement sur chacun d'eux, dès qu'il invoque un fait ou un moyen à son profit » (*Traité de droit criminel, Procédure pénale*, Tome 2, Cujas, 5e éd., 2001, n°142, p. 181).

de répartition de la matière probatoire qui s'impose à l'ensemble des faits qu'il revient de prouver devant le juge civil.

B/ L'affirmation de l'identité probatoire du juge civil à l'ensemble des matières relevant de ce juge

304. L'article 1353 du Code civil dispose d'une portée générale devant le juge civil. En ce sens, aucune matière n'échappe à la répartition de la preuve dictée par cette disposition. Les règles qui encadrent la charge de la preuve relèvent, aux yeux du juge civil, du « droit commun »[1016] applicable à l'ensemble des affaires qui relèvent des juridictions civiles. À ce titre, tant les affaires qui relèvent du Tribunal des affaires de sécurité sociale[1017] – en charge des litiges[1018] relatifs à la Contribution sociale généralisée (CSG) et à la Contribution au remboursement de la dette sociale (CRDS)[1019] – que le

---

[1016] Les règles de droit commun se définissent comme les « règles juridiques dont le domaine d'application est indéfini ; par conséquent, il bénéficie d'une obligatoire vocation subsidiaire – il est applicable à défaut de toute autre règle applicable » (BALAT Nicolas, *Essai sur le droit commun*, Thèse de doctorat, Paris 2, LGDJ, Bibliothèque de droit privé, Tome 571, 2016, p. 16) ou encore comme les « règles applicables à une situation juridique, ou à un rapport juridique entre des personnes physiques ou morales, quand il n'est pas prévu que des règles particulières sont applicables à cette situation ou à ce rapport ». Au sens strict comme les « règles normalement applicables en droit privé ; le droit civil constitue le droit commun » (DEBARD Thierry et GUINCHARD Serge, *Lexique des termes juridiques 2017-2018*, V° Droit commun, Dalloz, 25e éd, 2017). En matière probatoire, la Cour de cassation a pu juger que l'article 730 du Code civil constitue une règle de droit commun (Cass. 1ère civ., 10 mai 2007, n°05-12.140 : Bull. civ. I, n°181 : « aucune disposition du code civil local applicable dans les départements du Haut-Rhin, du Bas-Rhin et de la Moselle, ne fait obstacle à ce qu'un héritier puisse prouver sa qualité selon les modes de preuve du droit commun de l'article 730 du code civil », arrêt cité par Nicolas BALAT (*op. cit.*, p. 31).

[1017] Sur ce point : BRISSY Stéphane, *Application du Code de procédure civile au contentieux de la sécurité sociale*, JCP S 2011, n°25, 1306, p. 32 ; BORGETTO Michel, DUPEYROUX Jean-Jacques et LAFORE Robert, *Droit de la sécurité sociale*, Dalloz, Précis, 18e éd., 2015, spéc. pp. 640-641 ; TAQUET François, *Le Contentieux de la sécurité sociale*, Litec, 1993.

[1018] Art. L. 136-5 *in fine* du Code de la sécurité sociale.

[1019] En ce sens, la Cour de cassation a été saisie pour avis – comme le permet l'article L. 441-1 du Code de l'organisation judiciaire – par le tribunal des affaires de sécurité sociale de l'Ariège (Cass., Avis, 8 avril 2013, n°13-70.002 : Bull. Avis, n°7). Bien que la Cour de cassation a « dit n'y avoir lieu à avis » dans cette affaire, les conclusions de l'avocat général Béatrice DE BEAUPUIS offrent une analyse parfaitement éclairante relative aux règles applicables devant le Tribunal des affaires de sécurité sociale. Elle estime que « Devant le tribunal des affaires de sécurité sociale ce sont les règles de droit commun issues du code civil et du code de la procédure civile qui trouvent application » (DE BEAUPUIS Béatrice, concl. sur Cass., Avis, 8 avril 2013, n°13-70.002, Bull. Avis 2013, n°7) et mentionne les articles 1315 du Code civil et les articles 9 et 10 du Code de procédure civile comme fondement des règles de charge de la preuve devant cette juridiction. La Cour de cassation applique ces principes en matière de prélèvements sociaux (Cass. soc., 28 juin 2001, n°99-17.594, Inédit ; Cass. soc., 17 mai 2001, n°99-19.522, Inédit ; Cass. soc., 1er avril 1999, n°97-11.141, Inédit ; Cass. Soc., 5 juin 1997, n°95-17.763 : Bull. civ. V, n°208 ; Cass. com., 3 mars 1992, n°89-11.635, Inédit).

contentieux du recouvrement[1020] ou encore le contentieux de la concurrence[1021], se voient appliquer la règle de la charge de l'administration de la preuve.

305. L'application de la charge de l'administration de la preuve à l'ensemble des affaires qui relèvent du juge civil constitue le trait caractéristique de cette procédure. Le juge civil ne s'intéresse guère à la nature du fait qu'il lui revient de juger pour opérer une répartition particulière de la charge probatoire. L'attachement du juge à l'application des règles légales de répartition de la charge de la preuve constitue le trait marquant de son identité probatoire. Cette identité probatoire doit être distinguée de celle qui prévaut en matière répressive qui est fondée sur la nécessaire préservation de la présomption d'innocence.

§.3. – La présomption d'innocence : fondement de l'identité probatoire en matière répressive

306. Le principe de présomption d'innocence est la manifestation d'un principe garantissant la liberté individuelle (A) à l'universalité incontestable (B).

A/ La présomption d'innocence : l'affirmation d'un principe protecteur de la liberté individuelle

307. À première vue, le juge pénal est – à l'instar du juge administratif – libre en matière de preuve tant le Code de procédure pénale n'impose au juge aucune règle décisive. Or, cette liberté est anéantie par le principe de la présomption d'innocence. Ce principe confère, à lui seul, une identité à la charge de la preuve devant ce juge. À ce titre, le procès pénal peut être réduit

[1020] Le contentieux du recouvrement (Sur ce point : BORRAS Philippe et GARAY Alain, *Le contentieux du recouvrement fiscal*, LGDJ, 1993 ; MASCLET DE BARBARIN Marie, *Le contentieux de recouvrement de l'impôt*, Thèse de doctorat, Aix-en-Provence, LGDJ, Bibliothèque de droit public, Tome 243, 2004, spéc. pp. 478-479) pour lequel le juge civil est partiellement compétent (Art. L. 281 du Livre des procédures fiscales) fait également application des règles civiles de charge de la preuve (Cass. civ., 15 février 1995, n°93-18.382 : Bull. civ. II, n°54).

[1021] Cass., A.P., 7 janvier 2011, n°09-14.316 et 09-14.667 : Bull. A.P., n°1 ; D. 2011, p. 562, note François FOURMENT ; D. 2011, p. 618, chron. Vincent VIGNEAU ; RTD Civ. 2011 p. 127, obs. Bertrand FAGES ; RTD Civ. 2011, p. 383, note Philippe THERY.

à sa « finalité probatoire »[1022] qui consiste « à renverser la présomption d'innocence »[1023] afin de démontrer la culpabilité d'une personne.

308. La matière pénale établit donc une identité probatoire propre. Il faut en identifier le fondement. Il a pu être affirmé que la présomption d'innocence est « censée correspondre à la vérité car, dans leur majorité, les hommes sont honnêtes »[1024]. Cette affirmation paraît fondée sur « un choix philosophique, voire d'un pari sur la nature humaine »[1025] qui consiste à croire en l'inclinaison naturelle de l'Homme au bien. Ce postulat – dont l'article 9 de la Déclaration des droits de l'Homme et du citoyen est la consécration juridique – est aujourd'hui contesté car « le plus grande nombre [de] personnes poursuivies sera effectivement condamné, ce qui montre qu'elles n'étaient pas innocentes »[1026]. Cette critique permet de mesurer l'existence d'un écart entre le postulat philosophique et la présomption d'innocence : la personne qui bénéficie de la présomption d'innocence n'est pas assimilable à l'innocent – c'est-à-dire l'individu qui ne fait l'objet d'aucune poursuite – car le présumé innocent « doit répondre d'accusations qui reposent sur des indices ou sur des charges »[1027].

309. C'est donc moins la bonté naturelle de l'homme qui justifie la présomption d'innocence que la nécessité d'organiser la protection de l'individu dont la culpabilité n'a pas encore été établie par l'autorité publique. La présomption d'innocence est moins le reflet de l'innocence naturelle de l'individu que la traduction juridique de la nécessité d'accorder une protection à l'individu dont la culpabilité doit être établie selon des règles protectrices de ses libertés individuelles. Sous ce jour, se dévoile la véritable justification juridique de la présomption d'innocence qui réside dans le déséquilibre inhérent à la matière répressive[1028]. La présomption d'innocence repose sur « la volonté d'avantager, par principe, l'individu, chaque fois qu'il est opposé à l'Etat »[1029]. Ce principe est donc « destiné à protéger l'individu contre la

---

[1022] Jacques BUISSON et Serge GUINCHARD relèvent ainsi qu'en matière pénale, « toutes les règles de procédure n'ont, en définitive, d'autre finalité que la recherche et l'administration de la preuve » (*Procédure pénale*, Lexis Nexis, 10e éd., 2014, n°492, p. 471).
[1023] THOMAS Didier et alii, *Les transformations de l'administration de la preuve pénale*, Archives de politique criminelle, 2004, n°26, pp. 113-124.
[1024] PRADEL Jean, *Procédure pénale*, Cujas, 18e éd., 2015, pp. 335-336.
[1025] DUPICHOT Jacques et GUEVEL Didier, *Contrats et obligations, Présomptions, Notions générales*, JurisClasseur, Lexis Nexis, 2016, n°13.
[1026] RASSAT Michèle-Laure, *Procédure pénale*, Ellipses, 2e éd., 2013, p. 243.
[1027] CONTE Philippe et MAISTRE DU CHAMBON Patrick, *Procédure pénale*, Armand Colin, 4e éd., 2002, n°41, p. 26.
[1028] MERLE Roger et VITU André, *Traité de droit criminel, Procédure pénale*, Tome 2, Cujas, 5e éd., 2001, n°142, p. 182 ; RASSAT Michèle-Laure, *Procédure pénale*, Ellipses, 2e éd., 2013, p. 244.
[1029] RASSAT Michèle-Laure, *Procédure pénale*, Ellipses, 2e éd., 2013, p. 244.

puissance publique »[1030] et à protéger les libertés individuelles[1031]. *La présomption d'innocence a donc pour fonction d'offrir une protection – qui traduit la recherche d'un équilibre entre les parties – à l'accusé.* En somme, le juge s'érige en gardien de la liberté individuelle en faisant peser la charge de la preuve sur la partie poursuivante en matière répressive. Or, la portée universelle de ce principe fait, aujourd'hui, peu de doute.

B/ La portée universelle de la présomption d'innocence

310. La présomption d'innocence est un principe d'une extrême généralité. L'étude de ce principe en droit international pénal livre un indice de son universalité[1032]. Bien, qu'à notre connaissance, le principe de la présomption d'innocence n'ait pas été rattaché à la coutume internationale[1033] ou reconnu sous la forme d'un principe général du droit international[1034], il constitue l'un des « droits indérogeables reconnus par les instruments internationaux de protection des droits de l'Homme »[1035] – sans pour autant être intégré dans la catégorie des normes de *jus cogens*[1036]. À la faveur de cette classification, la doctrine autorisée a rangé la présomption d'innocence au sein des « principes régissant le droit international pénal »[1037] s'appliquant « naturellement (...)

[1030] GUINCHARD Serge et BUISSON Jacques, *Procédure pénale*, Lexis Nexis, 10e éd., 2014, n°499, p. 474.

[1031] CONTE Philippe et MAISTRE DU CHAMBON Patrick, *Procédure pénale*, Armand Colin, 4e éd., 2002, n°43, p. 28.

[1032] Sur ce point : CASSESE Antonio, SCALIA Damien et Vanessa THALMANN, *Les grands arrêts de droit international pénal*, Dalloz, 2010 ; DELMAS-MARTY Mireille (dir.), *Procès pénal et droits de l'homme vers une conscience européenne*, PUF, Paris, 1992 ; HUET André et KOERING-JOULIN Renée, *Droit pénal international*, PUF, Thémis droit, 3e ed., 2005, pp. 294-295, n°178 ; LA ROSA Anne-Marie, *Juridictions pénales internationales, La procédure et la preuve*, Thèse de doctorat, Genève, Suisse, PUF, 2003, pp. 350-378 ; LA ROSA Anne-Marie, La preuve, in, ASCENSIO Hervé, DECAUX Emmanuel et PELLET Alain (dir.), *Droit international pénal*, Pedone, 2e éd., 2012, pp. 945-967 ; LACHS Manfred, La preuve et la Cour internationale de Justice, in PERELMAN Chaïm et FORIERS Paul (dir.), *La preuve en droit*, Bruylant, 1981, pp. 109-123.

[1033] La coutume internationale est définie par l'article 38 du Statut de la Cour internationale de justice comme « une pratique générale acceptée comme étant le droit ».

[1034] L'article 38 du Statut de la Cour internationale de justice mentionne ces principes et ils peuvent être définis comme « des principes communs aux différents ordres juridiques nationaux et qui sont 'recevables' ou 'transposables' dans l'ordre juridique international » (LACHAUME Jean-François, *Droit international et juridiction judiciaire*, Répertoire de droit international, Dalloz, 2013, n°196).

[1035] Comité des droits de l'homme des Nations Unies, Observation générale n°29 sur l'article 4 du pacte international relatif aux droits civils et politiques, adoptée le 24 juillet 2001, 1950e session, cité par Emmanuel DECAUX et Olivier DE FROUVILLE, *Droit international public*, Dalloz, 10e éd., 2015, p. 82.

[1036] DECAUX Emmanuel et DE FROUVILLE Olivier, *Droit international public*, Dalloz, 10e éd., 2015, p. 82.

[1037] CASSESE Antonio, SCALIA Damien et Vanessa THALMANN, *Les grands arrêts de droit international pénal*, Dalloz, 2010, p. 97.

dans la procédure internationale »[1038]. Cette analyse est confortée par la portée générale de la présomption d'innocence devant les Cours internationales[1039] qui conduit à faire peser la charge de la preuve sur les autorités de poursuite mais également par la place éminente occupée par ce principe au sein des ordres juridiques étrangers[1040].

311. Or, dans l'ordre juridique interne, la présomption d'innocence est garantie à l'ensemble de la sphère répressive. Une place aussi fondamentale de ce principe atteste que le procès pénal – et au-delà la matière répressive – dispose d'une identité propre[1041]. La charge de la preuve occupe, au sein de ce procès, une fonction précise qui consiste à remédier au déséquilibre fondamental qui existe entre les parties. L'opposition frontale entre l'autorité publique et l'individu qui ne disposent pas de facultés probatoires analogues induit une répartition particulière de la charge probatoire. En ce sens, la charge de la preuve traduit, en matière répressive, une véritable spécificité qui empêche d'assimiler la charge de la preuve pénale à la charge de la preuve civile[1042] et administrative[1043]. Or, l'application de la présomption d'innocence à l'ensemble de la matière répressive conduit à exporter cette identité probatoire bien au-delà de la juridiction pénale. En ce sens, l'identité probatoire du procès pénal s'étend devant l'ensemble des juges qui sont

---

1038 KOT Jean-Philippe, *Les droits de la défense*, in, ASCENSIO Hervé, DECAUX Emmanuel et PELLET Alain (dir.), *Droit international pénal*, Pedone, 2e éd., 2012, pp. 909-925, spéc. p. 909.

1039 À cet égard, les statuts des juridictions internationales font directement référence à ce principe. C'est le cas de la Cour pénale internationale (art. 66), du Tribunal pénal international pour le Rwanda (art. 20 § 3), ou du Tribunal pénal international pour l'ex-Yougoslavie (art. 21 § 3).

1040 LAZERGES Christine, *La présomption d'innocence en Europe*, Archives de politique criminelle 2004, n°26, pp. 125-138.

1041 Sur ce point : THOMAS Didier, *Le concept de procès pénal*, in, *La sanction du droit, Mélanges offerts à Pierre COUVRAT*, PUF, 2001, pp. 401-416 ; DELMAS-MARTY Mireille, *Vers un modèle européen de procès pénal*, in, DELMAS-MARTY Mireille (dir.), *Procès pénal et droits de l'homme vers une conscience européenne*, PUF, Paris, 1992, pp. 291-301.

1042 MERLE Roger et VITU André, *Traité de droit criminel, Procédure pénale*, Tome 2, Cujas, 5e éd., 2001, pp. 181-182.

1043 Une proximité entre la preuve pénale et la preuve administrative peut être identifiée au travers de l'identité inquisitoire partagée par les juges (sur ce point : MERLE Roger et VITU André, *Traité de droit criminel, Procédure pénale*, Tome 2, Cujas, 5e éd., 2001, n°17, pp. 32-33). Toutefois, cette proximité demeure embryonnaire et ne saurait conduire à l'identification d'une identité commune entre les juges administratif et pénal. En premier lieu, si les juges adoptent une posture active dans la recherche de la vérité, cette recherche n'a pas un objet analogue. Le juge pénal recherche « la vérité matérielle » (*op. cit.*, n°17, p. 21) c'est-à-dire « l'exacte vérité » (*op. cit.*, *loc. cit.*) qui ne saurait correspondre à la vérité recherchée par le juge administratif qui est encadré, dans cette recherche, par l'étendue du litige présenté par les parties. Surtout, la présomption d'innocence induit une répartition particulière de la charge de la preuve qui n'est nullement présente – en dehors de la matière répressive – devant le juge administratif dès lors que chaque partie est tenue, devant ce juge, d'administrer des preuves au soutien de leur prétention.

amenés à juger d'actes relevant de la sphère répressive[1044]. L'universalité de la présomption d'innocence est ainsi renforcée à la faveur d'une application généralisée de ce principe. Une telle université atteste de l'existence d'une tradition propatoire propre à la matière répressive. Or, l'affirmation de cette tradition probatoire met en lumière l'absence de *matière fiscale* comme il existe une *matière pénale* : l'application de règles probatoires spécifiques n'est pas requise en matière fiscale.

312. Conclusion de la Sous-Section II. – Les règles de charge de la preuve attestent d'une identité propre à chaque procédure. L'inégalité des parties conduit – comme devant les juges administratif et pénal – à forger des règles particulières propres à atténuer ce déséquilibre. La présomption d'innocence et la neutralisation de la charge de la preuve par le juge administratif permettent de pallier le déséquilibre qui existe entre les parties. En revanche, devant le juge civil, l'équilibre des parties permet de forger une répartition égalitaire de la charge de la preuve fondée sur l'identité d'une prétention.

313. La charge de la preuve ne saurait alors être considérée comme une règle universelle et figée – fondée sur l'adage *actori incumbit probatio* – mais comme le reflet de l'identité de chaque procédure qui conduit les parties à intervenir, à des degrés variables dans l'administration de la preuve. La charge de la preuve reflète ainsi une tradition probatoire qui est elle-même le reflet d'un rapport plus ou moins égalitaire entre les parties. L'action du juge sur la répartition de la charge de la preuve lors du litige atteste de cette nécessité de remédier à ce déséquilibre. Or, ces particularismes sont maintenus devant les juges de la matière fiscale.

314. Conclusion de la Section II. – En matière fiscale, les juges administratif, civil et pénal disposent d'une identité qui affecte la répartition de la charge de la preuve. La figure de la neutralisation des règles préétablies de charge de la preuve permet de saisir les particularismes qui demeurent entre les différentes procédures : il subsiste une étanchéité entre ces procédures dans la répartition de la charge de la preuve dont la matière fiscale reflète la permanence. Ces procédures disposent d'une identité propre à chacune. La neutralisation de la charge de la preuve apparaît comme un marqueur de l'identité du juge administratif qui tente de décharger symboliquement les parties d'une charge préétablie de la preuve au profit d'une approche égalitaire de l'administration de la preuve. Cette égalité dans l'administration de la preuve est gouvernée, devant le juge civil, par un encadrement légal, fondé sur la prétention des parties qui tend à leur offrir une chance égale d'administrer leur preuve. Enfin, l'égalité ne peut intervenir, devant le juge pénal, que par le maintien rigoureux

[1044] THOMAS Didier, *Le concept de procès pénal*, in, *La sanction du droit*, Mélanges offerts à Pierre COUVRAT, PUF, 2001, pp. 401-416, spéc. n°44, p. 416.

de la charge de la preuve qui protège l'accusé contre tout arbitraire. Ce dégradé de la neutralisation des règles préétablies de charge de la preuve confère à chaque procédure une identité probatoire qui lui est propre.

315. Or, le maintien de cette identité n'est rendu possible que par l'existence d'un environnement légal propre à chaque ordre de juridiction. Le juge administratif s'estime libre de toute emprise légale puisqu'il n'est contraint par aucune disposition légale. Il faut voir, en cela, la préservation de son identité inquisitoire qui lui offre la faculté de préserver une distance raisonnable – mais certaine – à l'égard de tout système probatoire à la rigueur trop affirmée. À l'inverse, les juges civil et pénal ne disposent pas d'une marge de manœuvre analogue. Les normes qui s'imposent à ces juges ne leur offrent qu'une liberté restreinte. Tenu par la loi, le juge civil applique avec systématisme et rigueur les règles du Code civil et du Code de procédure civile sans tenir la *matière fiscale* pour exorbitante des règles probatoires qui s'imposent à eux. De même, devant le juge pénal – et pour l'ensemble de la matière répressive – la même rigueur est de mise tant l'emprise de la présomption d'innocence impose un rythme sur la répartition de la charge de la preuve. Or, cet encadrement juridique variable de la charge de la preuve permet d'identifier des offices qui sont propres à chaque juge de la matière fiscale.

316. Conclusion du Chapitre II. – L'office des juges fiscaux est préservé en matière de recherche de la preuve. Alors même qu'il n'existe plus d'opposition entre les procédures administrative, civile et pénale, comme en atteste la présence commune d'une phase d'instruction de l'ensemble de ces litiges, la recherche de la preuve est susceptible, du point de vue des juges, d'une différence de degré. Une identité propre à chaque juge peut ainsi être identifiée. L'investissement de chacun de ces juges dans la recherche de la preuve atteste de variations sensibles entre les juges. Si cet investissement est perceptible au travers de la recherche de la preuve autonome des juges – par la voie du pouvoir d'instruction qui leur est offert par les mesures d'instruction qu'ils peuvent ordonner d'office – cet investissement est encore perceptible dans la répartition qu'ils opèrent de la charge de la preuve entre les parties. En somme, en matière de preuve, c'est la position des juges, par rapport aux parties, qui confère aux procédures leur identité propre.

317. L'impact du juge sur la répartition effective de la charge de la preuve est, sans doute, l'apport déterminant de la preuve administrative à l'étude de la preuve. L'affirmation – tant devant le Conseil d'Etat que devant la Cour européenne des droits de l'Homme – d'un *modèle empirique de répartition de la charge de la preuve*, fondé sur la nature du fait litigieux, atteste que le juge ne saurait se limiter à une recherche complémentaire des éléments de preuve mais qu'il peut forger une répartition équitable de la charge de la preuve propre à chaque litige fondée sur la capacité réelle des parties à administrer cette preuve. Ces juges offrent ainsi une identité probatoire dont le pragmatisme et la souplesse rompent avec la rigueur particulière des répartitions civiles et pénales de la charge de la preuve fondées sur la lettre de règles et principes dont la rigidité n'a d'égale que la permanence. À notre sens, ce modèle empirique de répartition de la charge de la preuve atteste d'un rapport au fait – et donc à la réalité factuelle – qui est propre à ces juges. Ce modèle empirique de la répartition de la charge de la preuve – qui repose sur la souplesse et l'équité – atteste d'un office particulier entre du juge en la matière.

318. Conclusion du Titre I. – La recherche de la preuve présente, devant les juges de la matière fiscale, une diversité qui n'est pas sans exclure des points de convergence. À ce titre, la proximité du rôle occupé par les parties dans l'administration de la preuve atteste d'une certaine unité entre les procédures administrative, civile et pénale : chaque partie – qu'elle soit justiciable, contribuable, administration ou prévenu – se doit d'administrer certaines preuves qui sont de nature à prouver leur prétention. Le procès est ainsi conçu comme un espace de la contradiction des preuves administrées conjointement par les parties qui se doivent de collaborer à l'établissement de la réalité factuelle. À ce point fixe, apparaît une diversité de règles visant la recherche de la preuve et la répartition de la charge de la preuve. La matière fiscale atteste – par la préservation des modalités de recherche de la preuve – de l'éclatement des modalités de cette recherche. En dépit de règles communes – afférentes à la charge de la preuve – qui offrent, à première vue, un terreau favorable à l'unité en matière de charge de la preuve, ces dispositions communes au contentieux des actes d'imposition ne sauraient constituer un gage suffisant d'unité.

319. Cette étude atteste, en ce sens, que les juges de l'impôt parviennent, en effet, à préserver leur identité en matière de charge de la preuve. L'affirmation d'une preuve *neutre* devant le juge administratif de l'impôt est la manifestation de la rémanence de l'identité probatoire du juge administratif en matière fiscale. Le juge administratif qui est parvenu, en contentieux général, à « édifier progressivement un corps de règles de procédure empreintes de préoccupations d'empirisme et d'efficacité, de souplesse et d'équité (...) »[1045] est préservé en contentieux fiscal[1046]. Ce contentieux a même permis de consolider l'identité probatoire du juge administratif.

[1045] DENOIX DE SAINT MARC Renaud et LABETOULLE Daniel, *Les pouvoirs d'instruction du juge administratif*, EDCE, 1970, pp. 69-91, spéc. p. 91.

[1046] André BONNET, expose, en sa qualité d'ancien président de chambre fiscale, une vision qui est conforme à celle développée par Renaud DENOIX DE SAINT MARC et Daniel LABETOULLE en cette matière lorsqu'il est nécessaire de fixer les règles de charge de la preuve en contentieux fiscal : « il a bien fallu se décider finalement à la seule lumière de la

320. Devant le juge civil de l'impôt, la charge de l'administration de la preuve – qui découle de l'article 1353 du Code civil – apparaît comme l'épine dorsale de l'analyse probatoire du juge. De ce fait, les juges parviennent à imprimer sur la répartition de la charge probatoire les contours de leur propre office. En ce sens, le juge administratif parvient, à partir d'une exégèse du fait, à établir une répartition égalitaire de la charge de la preuve. Le juge civil demeure en retrait dans la répartition de la charge de la preuve, la prétention des parties permettant d'opérer la répartition de celle-ci. Or, cette permanence des identités probatoires permet de constater le maintien de l'identité des juges de la matière fiscale. Ils demeurent, de manière irréductible, des juges administratif et civil qui jugent en matière fiscale.

321. Seule la matière répressive permet de tempérer ce constat d'éclatement de la preuve fiscale. La place fondamentale occupée par le principe de présomption d'innocence est un gage d'unité des règles de charge de la preuve applicables en cette matière. Tant le juge pénal que les juges administratif et civil de l'impôt – pour la cause juridique des pénalités fiscales – appliquent une répartition particulière de la charge de la preuve. Or, cette unité de la preuve n'est en rien une spécificité de la preuve fiscale mais bien une spécificité de la matière répressive. De surcroît, la présence d'une *matière pénale* met en lumière l'absence, du point de vue de la charge de la preuve, d'une *matière fiscale* : il n'existe pas, en cette matière, d'unité entre les juges qui exigeraient l'application d'un corpus commun de règles de charge de la preuve.

322. En somme, il apparaît véritablement que si le « jeu de balles » qui est organisé entre les parties au litige – qui illustre l'échange dialectique de la preuve entre les parties qui est inhérente à la preuve juridictionnelle – offre une unité entre les juges de la matière fiscale, il n'en est pas de même de la position adoptée par l'arbitre – le juge – qui confère à la matière probatoire sa véritable identité. Au terme de cette analyse, il apparaît qu'il existe des identités particulières qui ne peuvent prétendre à l'autonomie. Le terme même d'identité traduit bien cette ambivalence de la recherche de la preuve entre les juges : l'identité n'est jamais que la manifestation de caractères propres qui ne sauraient exclure la présence de racines communes – à l'instar de l'espèce animale qui n'exclut jamais l'existence d'un ancêtre commun[1047]. Or, les

---

raison et dans la recherche d'un équilibre sans lequel le bien commun et l'intérêt général peineraient à être préservés » (*La charge de la preuve en contentieux fiscal*, Dr. fisc. 2013, n°49, comm. 535).

[1047] Charles DARWIN relève ainsi que « Lorsque deux ou plusieurs groupes d'animaux, quelque différentes que puissent être d'ailleurs leur conformation et leurs habitudes à l'état d'adulte, traversent des phases embryonnaires très semblables, nous pouvons être certains qu'ils descendent d'un ancêtre commun et qu'ils sont, par conséquent, unis étroitement les uns aux

règles de charge de la preuve se sont construites en perpétuelle réaction à l'égard d'un droit commun de la preuve qui a conduit les juges administratif et pénal à tempérer l'application de ces règles. En définitive, l'absence de théorie générale de la preuve administrative ou pénale n'est pas de nature à exclure l'existence d'une identité propre de ces juges en matière de charge de la preuve.

323. Il faut, ici, déterminer si l'identité propre de ces juges est maintenue en matière d'appréciation de la preuve.

---

autres par un lien de parenté » (*De l'origine des espèces*, Chapitre XIV, Londres, Ed. John Murray, 1859).

Titre II. – L'irréductible diversité de l'appréciation juridictionnelle

« *Qui peut, sans frémir,*
Juger sur la terre ? »[1048]

324. L'appréciation juridictionnelle n'a fait l'objet que de rares études d'ensemble[1049]. Elle renvoie pourtant à une mission centrale du

---

[1048] VERLAINE Paul, *Via dolorosa*, in, *Cellulairement*, 1874.

[1049] L'appréciation des faits en droit n'a pas fait l'objet d'études approfondies. La rareté de ces études s'explique, selon nous, par la difficulté qui existe à appréhender juridiquement ce sujet. Au XIXe siècle, Jérémy BENTHAM ne s'intéresse qu'indirectement, dans son célèbre *Traité des preuves judiciaires*, à l'appréciation des preuves et va même jusqu'à affirmer que « La force probante (…) étant purement relative à celui qui envisage [les faits], tout ce qu'on exprime par ce mot ne signifie rien de plus qu'une persuasion de sa part » (*Traité des preuves judiciaires*, Tome 1,1823, Ed. Bossange Frères, p. 394). Il faut attendre la fin du XIXe siècle pour que la doctrine pénaliste s'intéresse à cette question. L'appréciation a alors été abordée, de manière approfondie, sous l'angle de la *psychologie judiciaire*, par l'allemand Hans GROSS dans un ouvrage intitulé *Handbuch für Untersuchungsrichter als System der Kriminalistik* de 1893 – traduit en français sous le titre de *Manuel pratique d'instruction judiciaire à l'usage des procureurs, des juges d'instruction* (Ed. Marchal et Billard, 1899). L'auteur s'intéresse essentiellement à l'appréciation de la preuve criminelle dont il met en lumière les ressorts essentiellement psychologiques. Aux Etats-Unis, John Henry WIGMORE tente également d'approcher, dans son ouvrage intitulé *The principles of judicial proof as given by logic, psychology, and general experience, and illustrated in judicial trials* (Ed. Little, Brown, and company, 1913), l'appréciation juridictionnelle sous l'angle de la logique, de la psychologie et de l'expérience des magistrats. Ces différents travaux ont pour caractéristique d'approcher l'appréciation de la preuve sous un angle extra-juridique, essentiellement psychologique pour livrer une méthode générale d'appréciation des faits. En France, François GORPHE s'est inscrit dans cette lignée particulière dans sa *Critique du témoignage* (1924) où il tente, selon ses propres mots, « d'édifier une méthode psychotechnique générale pour déterminer la valeur des témoignages en justice » (GORPHE François, *L'appréciation des preuves en justice, Essai d'une méthode technique*, Sirey, 1947, p. 20). Or, ce même auteur tente, de livrer une méthode, dans son ouvrage intitulé *L'appréciation des preuves en justice, Essai d'une méthode technique* qui soit de nature à donner au juge « des directives rationnelles et appropriées pour déterminer la valeur des preuves ou éléments de preuves produits, [afin de] guider la prudence des juges et développer leur sagacité professionnelle dans la recherche et la découverte de la vérité judicaire » (*op. cit.*, pp. 22-23). Ces travaux disposent d'une remarquable ambition puisqu'ils tentent, par la voie de la logique et de la psychologie, d'améliorer l'appréciation des juges : la méthode proposée a pour but d'offrir aux juges une meilleure faculté de « discerner la vérité de l'erreur » (*op. cit.*, p. 470). En dépit de la qualité de ces ouvrages, il apparaît qu'ils mettent en avant une dimension essentiellement psychologique de l'appréciation juridictionnelle. Peu d'ouvrages cherchent à appréhender d'un point de vue exclusivement juridique la question de l'appréciation juridictionnelle. Un auteur s'est distingué dans ce cadre. Théodore IVAINER a rédigé un ouvrage sur l'interprétation des faits en droit (*L'interprétation des faits en droit, Essai*

juge[1050] qui déborde la sphère juridique pour intéresser tant la psychologie[1051] que la sociologie des juges[1052]. L'existence même de cette appréciation juridictionnelle a pu être niée par la réduction de l'appréciation juridictionnelle à un enregistrement automatique des éléments de preuve. En ce sens, le juge a pu être réduit à une « sorte d'automate à qui on fournit les matériaux du procès pour retirer ensuite un jugement »[1053], à un « *Paragraphen Automat* »[1054], décrit par Max WEBER, « dans lequel on jetterait les faits et les frais de justice et qui cracherait le jugement et les motifs »[1055].

325. Pourtant, l'appréciation juridictionnelle constitue une étape centrale de l'établissement de la preuve car elle correspond au moment où les éléments de preuve sont reçus par le juge qui a pour mission d'établir la réalité factuelle. À ce stade, il apparaît que l'étude de l'appréciation comporte deux étapes. En

---

de mise en perspective cybernétique des "lumières du magistrat", LGDJ, Bibliothèque de philosophie du droit, Tome 30, 1988). Il confie au juge le rôle « de nantir des faits en vrac de la propriété de se voir subsumer ou non sous un concept » qui va le conduire à « évacuer les faits irrelevants ; (...) pondérer les faits retenus parce que pertinents ; (...) discourir à leur propos en se référant à un système de valeurs » (*op. cit.*, p. 320). Toutefois, cet ouvrage n'aborde pas la question de l'appréciation sous l'angle de la preuve mais bien davantage sous l'angle de l'interprétation puisque cet auteur estime que l'appréciation doit s'entendre comme une interprétation, brouillant de manière volontaire les frontières du droit et du fait qui seules permettent de saisir les contours de l'appréciation juridictionnelle. En dernier lieu, il faut relever, en la matière, l'ouvrage d'Etienne VERGES, Géraldine VIAL et Olivier LECLERC (*Droit de la preuve*, PUF, Thémis droit, 2015) qui consacre un titre (pp. 411-462) à l'appréciation de la preuve et apporte une analyse particulièrement riche à cette matière.

1050 L'appréciation est étudiée sous l'angle de l'appréciation souveraine des juges du fond (BOUIFFROR Sofiene, *Le pouvoir d'appréciation des juges : le cas de la cour internationale de justice*, Thèse de doctorat micro-fichée, Paris 10, 2008 ; BOURREL Antoine, *Le Conseil d'Etat juge de cassation face au pouvoir d'appréciation des juges du fond*, Thèse de doctorat micro-fichée, Pau, 1999) qui conduit à offrir – sous réserve de la dénaturation des faits (BOURREL Antoine, *Le Conseil d'Etat juge de cassation face au pouvoir d'appréciation des juges du fond*, Thèse de doctorat micro-fichée, Pau, 1999, spéc. pp. 68-80) – une liberté aux juges du fond dans l'appréciation. Enfin, une thèse est consacrée à la distinction entre appréciation *in concreto* et appréciation *in abstracto* (DEJEAN DE LA BATIE Noël, Appréciation *in abstracto* et appréciation *in concreto* en droit civil français, Thèse de doctorat, Paris, LGDJ, Bibliothèque de droit privé, Tome 57, 1965).

1051 Pour reprendre le mot de Roger LATOURNERIE (*Essai sur les méthodes juridictionnelles du Conseil d'Etat*, in, *Le Conseil d'État, Livre jubilaire publié pour commémorer son cent-cinquantième anniversaire, 4 nivôse an VIII-24 décembre 1949*, Sirey, 1952, pp. 177-276, spéc. p. 240).

1052 Sur ce point : BODIGUEL Jean-Luc, *Les magistrats, un corps sans âme ?*, PUF, 1991 ; BODIGUEL Jean-Luc, *Qui sont les magistrats français ? Esquisse d'une sociologie*, Pouvoirs 1981, n°16, pp. 31-42 ; LATOUR Bruno, *La fabrique du droit, Une ethnographie du Conseil d'Etat*, La Découverte, 2002 ; SOULEZ-LARIVIERE Daniel, *Psychologie du magistrat, institution judiciaire et fantasmes collectifs*, Pouvoirs 1995, n°74, pp. 42-55.

1053 TISSIER Albert-Anatole, *Le centenaire du Code de procédure civile et les projets de réforme*, RTD Civ. 1906, pp. 625-660, spéc. p. 648.

1054 Cette formule peut se traduire littéralement par *machine à paragraphes*.

1055 WEBER Max, *Sociologie du droit*, PUF, 1986, p. 226.

premier lieu, l'appréciation des preuves est encadrée par le système de preuve retenu qui va lier ou non le juge dans l'établissement de la réalité factuelle. Le système de la preuve légale – opposé au système de la preuve morale[1056] – permet de cerner différentes modalités d'appréciation des juges. Toutefois, il sera ici démontré qu'il n'existe pas d'étanchéité entre les systèmes de preuve morale et de preuve légale dès lors que la preuve légale peut préserver une liberté d'appréciation au juge et qu'un système de preuve morale peut, par certaines dispositions, lier l'appréciation du juge. Or, les juges de la matière fiscale disposent, dans des proportions variables, d'une liberté d'appréciation des preuves.

326. **À** notre sens, l'étude de l'appréciation des preuves ne saurait épuiser la question de l'appréciation juridictionnelle. Au sein d'un système de preuve libre autrement appelé de preuve morale, la liberté d'appréciation des juges les conduit à forger une *intime conviction* à la lumière des preuves administrées. Cette forme de conviction est susceptible de connaître des variations : *intime* à chaque juge, elle dispose de caractéristiques qui sont propres à chacun d'eux. En somme, il est possible d'identifier l'existence de *solutions de continuité* entre la preuve appréciée et l'intime conviction des juges. Clara TOURNIER expose ainsi que la « distinction entre la libre appréciation des preuves et l'intime conviction est symbolisée par le serment du juge. Celui-ci révèle au monde la connaissance judiciaire où le juge donne une sentence appuyée sur son autorité et dégagée de la pression objective des preuves »[1057]. À notre sens, l'intime conviction de chaque juge révèle une *identité qui lui est propre* et renvoie à *une croyance en un devoir être* qui les distingue. L'appréciation juridictionnelle doit donc être étudiée sous ces deux aspects. Si l'appréciation des preuves par les juges est encadrée par des règles particulières (Chapitre I), elle permet d'entrevoir les spécificités de la conviction propre à chacun d'eux (Chapitre II).

[1056] L'opposition entre la preuve libre ou morale et la preuve légale ne fait l'objet que de peu de critiques. Il est seulement possible de relever que ces deux systèmes disposent d'« un fond commun » (LEVY Jean-Philippe, *La preuve des origines à nos jours*, in, *Recueils de la Société Jean Bodin pour l'Histoire comparative des institutions*, Tome XVII, *La preuve*, Deuxième partie, Moyen-âge et Temps Modernes, p. 30) car elles s'opposent à la *preuve religieuse* en croyant « à la possibilité pour l'homme d'atteindre la vérité par ses propres moyens, sans le recours d'une intervention divine » (*op. cit., loc. cit.*). Toutefois, ce point commun n'est pas de nature à en altérer l'identité propre.

[1057] TOURNIER Clara, *L'intime conviction du juge*, Thèse de doctorat, Toulon, PUAM, 2003, p. 162.

Chapitre I. – La préservation des modalités d'appréciation de chaque juge

327. Que signifie *apprécier* ? Au sens commun du terme – comme du reste, au sens philosophique[1058] – apprécier signifie « percevoir, saisir par les sens »[1059] mais aussi « évaluer, (…) mesurer quantitativement, (…) chiffrer d'une manière approximative »[1060] une chose.

328. Juridiquement, la définition de l'appréciation ne varie pas des sens commun et philosophique. Cette opération intellectuelle s'entend de l'« ensemble des opérations intellectuelles consistant pour les juges du fond à appréhender les faits litigieux afin d'en constater l'existence et en peser la portée, la gravité, la valeur, les caractères »[1061]. Apprécier un fait consiste donc à le juger avéré[1062] ce qui exige également d'en saisir la véritable portée[1063].

329. Cette appréciation des faits est le résultat d'une perception par les sens[1064] et fait donc appel, au-delà de la raison, à la *sensation* de celui qui perçoit le fait. Cet aspect *sensoriel* de l'appréciation justifie la distinction qui l'oppose à l'interprétation[1065] : le droit s'interprète sans recours à la sensation en faisant

---

1058 André LALANDE définitif ainsi l'appréciation comme l'« Opération de l'esprit concernant (…) la valeur [d'une idée ou d'une chose], c'est-à-dire leur degré de perfection relativement à une fin donnée (notamment la vérité, la beauté, la morale, l'utilité) » (*Vocabulaire technique et critique de la philosophie*, V° Appréciation, PUF, 1991, p. 71).

1059 Dictionnaire de l'académie française, 8e éd., V° Apprécier.

1060 *Op. cit.*, *loc. cit.*

1061 CORNU Gérard, *Vocabulaire juridique*, V° Appréciation, PUF, 11e éd., 2016.

1062 Cette définition de l'appréciation est également retenue par les juges. En ce sens, Olivier VAN RUYMBEKE a jugé qu'« Apprécier les faits, c'est les regarder comme établis ou non, les retenir dans le raisonnement juridique au fond. Les qualifier, c'est raisonner juridiquement sur ceux-ci, vérifier leur conformité avec une condition légale posée par la loi » (concl. sur Conseil d'Etat, Sect., 27 mai 1988, n°66022, Mugica Garmendia : Rec. p. 219, cité par le commissaire du Gouvernement Patrick HUBERT dans ses conclusions sur Conseil d'Etat, Sect., 3 juillet 1998, n°158592, Mme Salva-Couderc : Rec. p. 298 ; RFDA 1999, p. 112).

1063 Le contrôle de la dénaturation des faits exercé par le Conseil d'Etat permet de révéler cet aspect de l'appréciation. Ce contrôle permet de sanctionner les analyses des juges du fond portant sur « des faits matériellement exacts une interprétation fausse ou tendancieuse » (ODENT Raymond, *Contentieux administratif*, fasc. 3, Les Cours de droit, 1978, p. 1646).

1064 Apprécier, c'est, en effet, « saisir par les sens » (Dictionnaire de l'académie française, 8e éd., V° Apprécier).

1065 À notre sens, nombre d'écrits étendent l'appréciation dans le champ de l'interprétation. En ce sens, Théodore IVAINER estime que l'appréciation – qu'il nomme interprétation – consiste

uniquement appel à sa raison. Dans cette mesure, l'appréciation des faits évoque « une opinion provisoire et révisable »[1066] qui est induite par la place conférée aux sens dans cette opération intellectuelle.

330. Or, l'appréciation des faits constitue une étape déterminante de l'établissement de la preuve car, le fait deviendra preuve que si le juge estime qu'il est conforme à la réalité factuelle. Sous ce jour, l'appréciation des faits révèle une véritable propension à l'instabilité de l'établissement des faits. Elle peut prospérer dès lors qu'il n'existe pas de cadre commun à l'appréciation juridictionnelle (Section I). Elle est même renforcée par la protection des modalités d'appréciation propres à chaque juge (Section II).

Section I. – L'absence de cadre commun à l'appréciation juridictionnelle

331. L'appréciation des juges de la matière fiscale est encadrée par des systèmes de preuve différents (Sous-Section I), ce qui peut produire des conflits d'appréciation entre les juges fiscaux (Sous-Section II).

Sous-Section I. – La liberté d'appréciation des juges fiscaux : une liberté asymétrique

332. Le maintien des systèmes de preuve légale et de preuve morale en matière fiscale affecte faiblement la liberté d'appréciation des juges (§.1.) car il existe, pour ces juges, des règles spécifiques encadrant leur liberté d'appréciation (§.2.).

à « nantir des faits en vrac de la propriété de se voir subsumer ou non sous un concept » qui va le conduire à « évacuer les faits irrelevants ; (…) pondérer les faits retenus parce que pertinents ; (…) discourir à leur propos en se référant à un système de valeurs » (*L'interprétation des faits en droit, Essai de mise en perspective cybernétique des "lumières du magistrat"*, LGDJ, Bibliothèque de philosophie du droit, Tome 30, 1988, p. 320). De même, René CHAPUS estime que l'appréciation des faits « est à mi-chemin entre l'opération de constatation des faits et celle de leur qualification juridique » (*Droit du contentieux administratif*, LGDJ, Précis Domat, 2008, n°1049). Pourtant, la qualification succède, à notre sens, à l'appréciation juridique des faits : « Qualifier c'est abstraire d'une chose ou d'un comportement ce qui est en eux juridique » (GUERY Anne et GUERY Christian, *De la difficulté pour le juge pénal d'appeler un chat, un chat (requalification « stricte » ou « élargie » : devoirs et pouvoirs du tribunal correctionnel)*, Droit pénal 2005, n°4, ét. 6, pp. 6-12) ce qui suppose, nécessairement, d'avoir préalablement constaté le fait en cause. Qualifier, précise encore Olivier CAYLA, c'est « donner le nom non pas qui « revient » à la chose, mais que 'mérite' la chose » (*La qualification, ou la vérité du droit*, in, *Droits, Revue française de théorie juridique*, 1993, n°18, pp. 3-18, spéc. pp. 9-10).

[1066] IVAINER Théodore, *L'interprétation des faits en droit*, JCP G 1986, n°12, I, 3235.

§.1. – L'impact relatif des systèmes de preuve sur la liberté d'appréciation des juges fiscaux

333. Les systèmes de preuve propres à chaque juge sont maintenus en matière fiscale (A) sans que le caractère essentiellement écrit des preuves fiscales ne soit de nature à forger une unité entre ces juges (B).

A/ Le maintien des systèmes de preuve propres à chaque juge de la matière fiscale

334. *A priori*, l'appréciation des preuves dépend entièrement du *système de preuve* retenu : la liberté d'appréciation de la preuve est garantie au sein d'un système de preuve morale alors qu'elle est anéantie au sein d'un système de preuve légale[1067]. Si la définition du système de preuve morale ne pose pas de difficulté – dès lors qu'il offre une absolue liberté tant aux parties, quant aux modes de preuve admissibles, qu'au juge dans l'appréciation de ces preuves – le système de preuve légale[1068] pose plus de difficultés[1069]. Un tel système requiert, dans la pureté des principes, « une énumération par la loi des modes de preuve »[1070], l'instauration de règles d'admissibilité de ces modes de preuve et la détermination, par la loi, de leur force probante[1071]. Toutefois, la seule condition indispensable à l'identification d'un tel système de preuve légale réside dans l'existence d'une énumération légale des modes de preuve qui

---

1067 Sur l'évolution historique des systèmes de preuve légale et de preuve morale : GORPHE François, *L'appréciation des preuves en justice, Essai d'une méthode technique*, Sirey, 1947, pp. 26-41 ; HALPERIN Jean-Louis, *La preuve judiciaire et la liberté du juge*, Communications 2009, Vol. 84, n°1, pp. 21-32, spéc. pp. 27-28 ; JEULAND Emmanuel, *Droit processuel général*, LGDJ, Domat droit privé, 8e éd., 2014, pp. 547-553 ; TOURNIER Clara, *De l'impartialité objective et subjective*, RRJ 2005, n°1, pp. 233-247.

1068 Sur ce point : ANDRE Georges, *Du principe de la neutralité du juge dans l'instruction des affaires civiles*, Thèse de doctorat, Paris, Jouve et Cie, 1910, p. 17 ; GHESTIN Jacques, GOUBEAUX Gilles et FABRE-MAGNAN Muriel, *Traité de droit civil, Introduction générale*, LGDJ, 4e éd., 1994, p. 634 ; LARDEUX Gwendoline, *Preuve civile et vérité*, in, *Le Droit entre autonomie et ouverture, Mélanges en l'honneur de Jean-Louis BERGEL*, Bruylant, 2013, pp. 869-910, spéc. pp. 873-881 ; LECLERC Olivier, VERGES Etienne et VIAL Géraldine, *Droit de la preuve*, PUF, Thémis droit, 2015, p. 98 ; TERRE François, *Introduction générale au droit*, Dalloz, 10e éd., 2015, n°607, p. 498.

1069 Pour Jean-Louis MOURALIS, le système de preuve légale est un système qui requiert « une énumération par la loi des modes de preuve » (*Preuve, Modes de preuve*, Répertoire de droit civil, Dalloz, 2016, n°11) et dont la limitation des preuves admissibles et la détermination légale de la force probante des modes de preuve sont des « conséquence[s] logique[s] » (*op. cit.*, n°15 et n°18) et non des conditions à l'identification du système de preuve légale.

1070 MOURALIS Jean-Louis, *Preuve, Modes de preuve*, Répertoire de droit civil, Dalloz, 2016, n°11.

1071 GHESTIN Jacques, GOUBEAUX Gilles et FABRE-MAGNAN Muriel, *Traité de droit civil, Introduction générale*, LGDJ, 4e éd., 1994, n°658, p. 634.

s'avère être une « classification dans laquelle doivent s'insérer les procédés utilisés par les parties pour emporter la conviction du juge »[1072].

335. Le premier impact du système de preuve sur l'appréciation du juge réside dans l'admissibilité plus ou moins stricte des modes de preuve. Le système de preuve morale ne pose, par principe, aucune règle d'admissibilité de la preuve alors que le système de preuve légale exige que les preuves administrées relèvent d'un mode de preuve légalement mentionné. Ce cadre est transposable devant les juges de la matière fiscale. Pourtant, certains auteurs ont identifié un principe de liberté de la preuve spécifique au contentieux fiscal[1073]. Or, la liberté de la preuve qui prévaut devant les juges de la matière fiscale n'est en rien liée à la nature spécifique de ce contentieux mais est dictée par le système de preuve qui prévaut devant chaque juge de la matière fiscale. De la sorte, les règles d'admissibilité des preuves propres aux juges administratif, civil et pénal s'imposent en matière fiscale sans qu'un particularisme puisse être décelé en cette matière.

336. Devant le juge administratif[1074], la liberté de la preuve – qui « ne connaît quasiment aucune limite »[1075] – s'explique par l'application du « système de la preuve morale »[1076]. De ce fait, « les modes de preuve ne sont pas limitativement définis, prédéterminés »[1077] et le juge veille à protéger la faculté offerte aux parties de rapporter la preuve de leurs allégations par tout

---

1072 MOURALIS Jean-Louis, *Preuve, Modes de preuve*, Répertoire de droit civil, Dalloz, 2016, n°11.

1073 En ce sens, Sophie LAMBERT-WIBER affirme qu'il existe « des raisons propres » (*Contribution du droit civil à une approche renouvelée de la charge de la preuve en droit fiscal*, Thèse de doctorat micro-fichée, Rouen, 1996, p. 204) au contentieux fiscal, à savoir, « l'aspect technique et la complexité des faits » (*op. cit., loc. cit.*). De même François-Patrice DERUEL relève que « Le vrai fondement de la liberté de la preuve [est] la nature propre du droit fiscal » (*La preuve en matière fiscale*, Thèse de doctorat dact., Paris, 1962, p. 90) et que « La liberté de la preuve répond à un impératif spécifiquement fiscal contenu dans le statut constitutionnel de l'impôt » (*op. cit.*, p. 143).

1074 Sur ce point : BROYELLE Camille, *Contentieux administratif*, LGDJ, 5e éd., 2017, n°249, pp. 180-181 ; COLSON Jean-Philippe, *L'office du juge et la preuve dans le contentieux administratif*, Thèse de doctorat, Montpellier, LGDJ, Bibliothèque de droit public, Tome 101, 1970, p. 165 ; FOULQUIER Caroline, *La preuve et la justice administrative française*, Thèse de doctorat, Toulouse 1, L'Harmattan, 2013, p. 373 ; DELVOLVE Pierre et VEDEL Georges, *Droit administratif*, T. 2, PUF, 12e éd., 1992, p. 205 ; DEBBASCH Charles et RICCI Jean-Claude, *Contentieux administratif*, Dalloz, Précis, 8e éd., 2001, pp. 547-548 ; PACTET Pierre, *Essai d'une théorie de la preuve devant la Juridiction Administrative*, Thèse de doctorat, Paris, Pedone, 1950, p. 136.

1075 BROYELLE Camille, *Contentieux administratif*, LGDJ, 5e éd., 2017, n°249, p. 180.

1076 PACTET Pierre, *Essai d'une théorie de la preuve devant la Juridiction Administrative*, Thèse de doctorat, Paris, Pedone, 1950, p. 136.

1077 DAUMAS Vincent, concl. sur Conseil d'Etat, Sect., 16 juillet 2014, M. Ganem, n°355201, RFDA 2014, p. 924.

moyen[1078]. Le juge administratif a ainsi récemment admis la preuve par des données statistiques[1079]. Cette liberté découlant de l'application du système de preuve morale s'applique, sans particularisme, devant le juge administratif de l'impôt[1080] puisque le juge ne rejette aucun mode de preuve[1081] et condamne toute restriction aux modes de preuve admissibles[1082].

337. La liberté absolue qui caractérise le système de preuve morale se manifeste également devant le juge pénal[1083]. Elle se révèle par « l'admissibilité de tous les modes de preuve »[1084] comme en dispose l'article 427 du Code de procédure pénale, dont la portée dépasse les affaires correctionnelles[1085]. L'importance de la liberté de la preuve – que la doctrine

---

1078 Conseil d'Etat, 7e et 2e s.-s., 3 octobre 2008, n°291414 : Rec. T. p. 923.

1079 Conseil d'Etat, 4e et 5e ch., 16 octobre 2017, n°383459 : AJDA 2017, p. 2193.

1080 Sur ce point : AUBY Jean-Marie et DRAGO Roland, *Traité de contentieux administratif*, LGDJ, 3e éd., 1984, vol. 2, p. 452 ; DE LA MARDIERE Christophe, *La preuve en droit fiscal*, Litec, 2009, p. 14 ; DERUEL François-Patrice, *La preuve en matière fiscale*, Thèse de doctorat dact., Paris, 1962, pp. 82-100 ; GOUR Claude, MOLINIER Joël et TOURNIE Gérard, *Procédure fiscale*, PUF, Thémis droit, 1982, pp. 313-314 ; LAMBERT-WIBER Sophie, *Contribution du droit civil à une approche renouvelée de la charge de la preuve en droit fiscal*, Thèse de doctorat micro-fichée, Rouen, 1996, pp. 203-207 ; PETON-PHILIPPOT Nolwenn, *Preuve fiscale, Charge et administration de la preuve*, Jurisclasseur, Fasc. n°380, 2013.

1081 Le juge administratif de l'impôt a ainsi pu accueillir un grand nombre de modes de preuve comme l'agenda du contribuable qui retrace les opérations de vente (Conseil d'Etat, 7e et 9e s.-s., 9 octobre 1981, n°19117, SARL Maicen et Cie : Dr. fisc. 1981, n°51, comm. 2311), un carnet de recettes saisi par l'autorité judiciaire (Conseil d'Etat, 10e et 9e s.-s., 14 janvier 2004, n°249302, Mme Bratti : Dr. fisc. 2004, n°25, comm. 569), des attestations anonymes délivrées par un établissement financier (Conseil d'Etat, 8e et 9e s.s., 10 juillet 1991, n°78306, de Ribains : Dr. fisc. 1991, n°48, comm. 2302) ou encore, en contentieux général, des « notes blanches » rédigées par les renseignements généraux qui pourraient être admises devant le juge administratif de l'impôt (Conseil d'Etat, Ass., 11 octobre 1991, n°128128, Diouri : Rec. T. p. 939 ; RFDA 1991, p. 978, concl. Maryvonne DE SAINT-PULGENT).

1082 Conseil d'Etat, 3e et 8e s.-s., 10 octobre 2003, n°244445, M. Lascaze : Dr. fisc. 2004, comm. 257, concl. Emmanuel GLASER ; RJF 01/04, n°48 ; BDCF 01/04, n°12, concl. Emmanuel GLASER ; Conseil d'Etat, 15 décembre 1941, n°60876 et 64301 : R.O. p. 351.

1083 Sur cet point : BUISSON Jacques, *Preuve*, Répertoire de droit pénal et de procédure pénale, Dalloz, 2016, n°45 ; CONTE Philippe et MAISTRE DU CHAMBON Patrick, *Procédure pénale*, Armand Colin, 4e éd., 2002, pp. 32-37 ; GUINCHARD Serge et BUISSON Jacques, *Procédure pénale*, LexisNexis, 10e éd., 2014, n°529 ; JEULAND Emmanuel, *Droit processuel général*, LGDJ, Domat, Droit privé, 3e éd., 2014, pp. 550-553 ; LECLERC Henri, *Les limites de la liberté de la preuve, Aspects actuels en France*, RSC 1992, pp. 15-29 ; MERLE Roger et VITU André, *Traité de droit criminel, Procédure pénale*, Tome 2, 5e éd., 2001, Cujas, pp. 193-207 ; MOLINA Emmanuel, *La liberté de la preuve des infractions en droit français contemporain*, Thèse de doctorat microfichée, Aix-Marseille, PUAM, 2001 ; PRADEL Jean, *Procédure pénale*, Cujas, 18e éd., 2015, pp. 364-366 ; RASSAT Michèle-Laure, *Procédure pénale*, Ellipses, 2e éd., 2013, pp. 260-262 ; TOURNIER Clara, *L'intime conviction du juge*, Thèse de doctorat, Toulon, PUAM, 2003, spéc. p. 108.

1084 BUISSON Jacques, *Preuve*, Répertoire de droit pénal et de procédure pénale, Dalloz, 2016, n°48.

1085 PRADEL Jean, *Procédure pénale*, Cujas, 18e éd., 2015, n°406, p. 365.

pénaliste a cherché à justifier par des raisons spécifiques à cette matière[1086] – conduit seulement le juge pénal à quelques audaces d'interprétation en rejetant certaines règles d'admissibilité de la preuve présentes en procédure civile[1087] ou en interprétant avec souplesse les limitations légales qui restreignent les modes de preuve admissibles[1088]. En matière fiscale[1089], le juge pénal juge, comme en droit pénal général, que la preuve peut être rapportée « par tous moyens »[1090] même si la doctrine relève « que les preuves résultant d'écrits sont primordiales »[1091]. En ce sens, la liberté de la preuve qui prévaut en matière pénale fiscale ne diffère pas de celle retenue en droit pénal général.

338. L'existence d'un tel système de preuve morale, devant le juge administratif et pénal, est donc caractérisée par la libre admissibilité de l'ensemble des moyens de preuve. Or, la conséquence fondamentale qu'emporte un tel système de preuve réside dans l'absolue liberté des juges dans l'appréciation des preuves. Le système de preuve légale n'offre toutefois pas une liberté analogue.

339. Devant le juge civil[1092], un principe de liberté des moyens de preuve a été posé, par l'ordonnance n°2016-131 portant réforme du droit des contrats, du

---

[1086] Une triple justification spécifique à la matière pénale explique l'importance du principe de liberté de la preuve en cette matière (PRADEL Jean, *Procédure pénale*, Cujas, 18e éd., 2015, p. 365, n°406). En premier lieu, ce principe revêt le caractère d'une nécessité pratique au regard de l'impossibilité de pré-constituer la preuve comme en droit civil (BUISSON Jacques, *Preuve*, Répertoire de droit pénal et de procédure pénale, Dalloz, 2016, n°48). La nature de la preuve pénale constitue ainsi la première justification. Pierre BOUZAT relève ainsi que « La liberté de la preuve résulte de ce que la preuve, en droit pénal, porte le plus souvent sur des faits matériels et psychologiques, alors qu'en droit civil elle porte généralement sur des faits ou des actes juridiques » (*La loyauté dans la recherche des preuves*, in Mélanges Hugueney, Sirey, 1964, pp. 155-177, spéc. p. 156). Ensuite, il sert les intérêts de la société – représentée par le Ministère public – puisque la liberté de la preuve permet de rapporter plus aisément la preuve des infractions (BUISSON Jacques, *Preuve*, Répertoire de droit pénal et de procédure pénale, Dalloz, 2016, n°50). Enfin, la liberté de la preuve permet la mise en œuvre du principe des droits de la défense en offrant au prévenu une faculté plus aisée de rapporter la preuve de son innocence.

[1087] Cass. crim., 2 juin 2015, n°14-85.130 : Bull. crim. n°136 ; Procédures 2015, n°8, pp. 27-28, note Anne-Sophie CHAVENT-LECLERE ; AJDP 2015, n°9, pp. 439-441, note Gildas ROUSSEL ; Gaz. Pal. 2015, n°277, pp. 54-55, chron. Anne SANNIER ; Gaz. Pal. 2015, n°305, pp. 46-47, chron. François FOURMENT (A propos de l'article 205 du code de procédure civile).

[1088] Cass. crim., 18 février 2003, n°02-81.883, Inédit ; Cass. crim., 2 octobre 1985, n°82-92.125 : Bull. crim., n°290.

[1089] Sur ce point : BRURON Jacques, *Droit pénal fiscal*, LGDJ, 1993, p. 41 ; TIXIER Gilbert et DEROUIN Philippe, *Droit pénal de la fiscalité*, 1989, p. 189.

[1090] Cass. crim., 27 avril 2000, n°99-81.415 : Bull. crim., n°173.

[1091] BRURON Jacques, *Droit pénal fiscal*, LGDJ, 1993, p. 41.

[1092] Sur ce point : Cour de cassation, Rapport Annuel 2012, *La preuve*, La Documentation française, 2013, p. 187 ; FERRAND Frédérique, *Preuve*, Répertoire de procédure civile, Dalloz, 2016, n°29 ; JEULAND Emmanuel, *Droit processuel général*, LGDJ, Domat, Droit

régime général et de la preuve des obligations[1093], à l'article 1358 du Code civil. Il dispose que « Hors les cas où la loi en dispose autrement, la preuve peut être apportée par tout moyen ». Toutefois, cette disposition ne met pas un terme à l'exigence de légalité des modes de preuve car il demeure, au sein du Code civil, une énumération des preuves admissibles[1094]. En somme, il demeure, devant ce juge, tant pour la preuve des faits[1095] que des actes juridiques[1096], une exigence de légalité des preuves admissibles[1097] – puisque les preuves administrées par les justiciables doivent s'insérer dans la classification retenue par le Code civil[1098] – bien que l'étendue des modes de preuve administrable soit variable en fonction de l'objet de la preuve[1099]. Il y a donc lieu de distinguer l'exigence de légalité des modes de preuve admissibles[1100] de la liberté relative des modes de preuve administrables[1101].

---

privé, 3e éd., 2014, pp. 550-553 ; LECLERC Olivier, VERGES Etienne et VIAL Géraldine, *Droit de la preuve*, PUF, Thémis droit, 2015, pp. 272-281 ; MOURALIS Jean-Louis, *Preuve, Règles de preuve*, Répertoire de droit civil, Dalloz, 2016, n°16 ; TERRE François, *Introduction générale au droit*, Dalloz, 10e éd., 2015, n°614, p. 501.

1093 Ordonnance n°2016-131 du 10 février 2016 portant réforme du droit des contrats, du régime général et de la preuve des obligations (J.O. du 11 février 2016) entrée en vigueur le 1er octobre 2016.

1094 Si l'article 1315-1 du Ccode civil – qui listait les modes de preuve admissibles – a été abrogé par l'article 3 par l'ordonnance n°2016-131 du 10 février 2016 portant réforme du droit des contrats, du régime général et de la preuve des obligations, son contenu demeure puisque le chapitre III du titre IV bis du Code civil est construit comme une liste des modes de preuve légalement admissibles.

1095 Il faut, en effet, relever qu'en matière de fait juridique, la liberté de l'emploi des moyens de preuve est limitée à l'emploi de l'ensemble des moyens admis par le Code civil. En ce sens, Roger PERROT a relevé que « S'agissant de la preuve d'un fait (…), la preuve est toujours libre si l'on veut dire par là qu'elle n'est pas soumise aux dispositions restrictives de la preuve en matière contractuelle » (*Liberté de la preuve en matière prud'homale*, Procédures 2014, n°1, comm. 4).

1096 En la matière, l'article 1359 du Code civil – ancien article 1341 du Code civil – dispose que « L'acte juridique portant sur une somme ou une valeur excédant un montant fixé par décret dit être prouvé par écrit sous signature privée ou authentique ». Cette règle n'est tempérée qu'en cas « d'impossibilité matérielle ou morale de se procurer un écrit » (article 1360 du Code civil). Seule la matière commerciale fait exception en vertu de l'article L. 110-3 du Code de commerce (Sur ce point : MOURALIS Jean-Louis, *Preuve, règles de preuve*, Répertoire de droit civil, Dalloz, 2016, n°475 ; GODON Laurent, *La liberté de la preuve en droit commercial : une illusion ?*, D. 2015, p. 2580).

1097 TERRE François, *Introduction générale au droit*, Dalloz, 10e éd., 2015, n°615, p. 502.

1098 MOURALIS Jean-Louis, *Preuve, Règles de preuve*, Répertoire de droit civil, Dalloz, 2016, n°12.

1099 En ce sens, l'acte juridique ne peut être prouvé que « par écrit sous signature privée ou authentique » (art. 1359, al. 1er du Code civil).

1100 Les parties doivent, en effet, administrer la preuve par des modes de preuve qui sont mentionnés dans le Code civil.

1101 Les parties peuvent, lorsque le Code civil ne restreint pas les modes de preuve admissibles, administrer leurs preuves grâce aux modes de preuve légalement prévus par le Code civil. Il en va ainsi pour la preuve des faits juridiques puisque les parties peuvent alors se fonder sur l'ensemble des modes de preuve prévus dans le Code civil.

340. En matière fiscale, les caractéristiques de ce système de preuve sont maintenues puisque, si les preuves administrées doivent respecter la légalité des modes de preuve admissibles[1102], les contribuables sont libres d'administrer les modes de preuve qui ne sont pas interdits[1103]. Cela conduit à ne retenir que les modes de preuve compatibles avec le caractère écrit de l'instruction fiscale[1104]. Le défaut de particularisme de la preuve fiscale est si poussé que la Chambre commerciale interprète l'exigence de compatibilité des modes de preuve avec la procédure écrite de l'article 768 du Code général des impôts – relatif à la preuve des dettes en matière de liquidation des droits de mutation par décès – aux règles de preuve qui prévalent en matière de preuve des actes juridiques prévues à l'article 1359 du Code civil[1105]. Le contribuable est, à la faveur de cette interprétation, assimilé à tout justiciable qui entend prouver l'existence d'un acte juridique dont le montant excède 1.500€[1106].

341. En somme, les systèmes de preuve morale et de preuve légale sont maintenus en matière fiscale sans qu'une liberté de la preuve spécifique ne s'impose en cette matière. Il apparaît, toutefois, que le lien entre le système de preuve retenu et la liberté d'appréciation du juge est relatif : en pratique, le système de preuve légale qui prévaut devant le juge civil n'est pas de nature à prédéterminer l'appréciation du juge civil. Il existe, néanmoins, un lien déterminant entre l'admissibilité des modes de preuve et l'appréciation des juges. À défaut d'une détermination légale de la force probante des preuves, le système de preuve légale tient lieu de cadre à l'appréciation du juge puisque les modes de preuve admissibles doivent correspondre à une catégorie de preuve. Si une preuve ne respecte pas les conditions d'admissibilité de cette

---

1102 Les preuves administrées devant le juge civil de l'impôt doivent ainsi correspondre à un mode de preuve présent au sein du Code civil.

1103 Pour le contribuable, il s'agit essentiellement de pouvoir administrer, en dépit de l'interdiction des modes de preuve incompatibles avec la preuve écrite, des témoignages sous la forme d'attestations (Cass. com. 14 mars 2006, n°04-11.647 : Bull. n°68, p. 67 ; RJF 07/06, n°964 ; Cass. com., 5 janvier 1988, n°86-12.749, Evrard : Bull. civ. 1988, IV, n°3 p. 2 ; Dr. fisc. 1988, n°18, comm. 916) mais également des commencements de preuve par écrit (Cass. com., 5 janvier 1988, n°86-12.749, Evrard : Bull. civ. 1988, IV, n°3 p. 2 ; Dr. fisc. 1988, n°18, comm. 916 ; Cass. com., 4 juillet 2006, n°03-15.627, Morgaine : Bull. civ. V, n°162 ; RJF 11/06, n°1476).

1104 Ce principe est posé à l'article R. 202-2 du Livre des procédures fiscales. Il est repris par l'article R. 195-1 du Livre des procédures fiscales « En matière de droits d'enregistrement, de taxe de publicité foncière, de droits de timbre et autres droits et taxes assimilés » mais également à l'article 768 du Code général des impôts en matière de liquidation des droits de mutation par décès.

1105 Cass. com., 23 janvier 2007, n°05-13.088, Inédit.

1106 Cette somme correspond au montant prévu par le décret n°2004-836 du 20 août 2004 (Article 56 du décret n°2004-836 du 20 août 2004, JORF du 22 août 2004 entré en vigueur le 1er janvier 2005) qui prévoit le seuil à partir duquel l'article 1341 – devenu article 1359 du Code civil – trouve à s'appliquer.

preuve, elle pourra être écartée[1107]. Or, s'il n'existe pas de système de preuve commun aux juges de la matière fiscale, il convient de constater que la nature essentiellement écrite de la preuve fiscale ne saurait caractériser un particularisme de cette preuve puisqu'elle apparaît même en sursis.

B/ La nature écrite de la preuve fiscale : une caractéristique en sursis

342. Si le caractère écrit de la procédure fiscale conduit à restreindre les modes de preuve admissibles devant les juges administratif et civil de l'impôt (1), ce caractère est menacé (2).

1/ L'exclusion de principe des preuves orales

343. Devant le juge administratif, en dépit d'un intérêt récent pour l'oralité[1108], le caractère écrit de la procédure contentieuse est manifeste durant l'instruction, seule l'audience[1109] ayant pour effet d'instiller de l'oralité durant la procédure contentieuse. Or, l'audience n'offre pas la faculté aux parties d'administrer des preuves nouvelles[1110], les parties pouvant seulement présenter « des observations orales à l'appui de leurs conclusions écrites »[1111]. L'audition d'un tiers n'ayant pas la qualité d'avocat est même rigoureusement exclue : elle a même pour effet de rendre la procédure irrégulière[1112].

[1107] En ce sens, le cas de l'attestation est une intéressante illustration. Les conditions d'admissibilité de l'attestation sont posées par l'article 202 du Code de procédure civile. Bien que les conditions présentent dans cette disposition ne soient pas prescrites à peine de nullité (Cass., 2e civ., 14 mars 1979, n°77-14.466 : Bull. civ. II, n°82 ; RTD Civ. 1979, p. 665, obs. Roger PERROT), les juges du fond peuvent relever que la preuve n'est pas apportée lorsque l'attestation ne respecte pas les conditions de cette disposition (Cass., 2e civ., 14 septembre 2006, n°05-11.061, Inédit ; Cass. soc., 12 juin 1981, n°79-16.076 : Bull. civ. V, n°548). Cette disposition s'applique devant le juge civil en matière fiscale (Cass. com., 27 janvier 1998, n°96-30.011, 96-30.013, 96-30.010, 96-30.009 et 96-30.008, Sté Le Queen : RJF 05/98, n°572). Or cette disposition est inapplicable devant le juge pénal (Cass. crim., 14 décembre 2016, n°16-81.105, D. 2017, p. 8) et devant le juge administratif (Conseil d'Etat, 4e s.-s., 27 février 1987, n°62341, Inédit). Toutefois, le formalisme probatoire qui découle du système de preuve légale est largement atténué devant le juge civil car les juges du fond apprécient souverainement si les attestations qui ne respectent pas les conditions de l'article 202 du Code de procédure civile permettent ou non d'établir leur conviction (Cass., 3e civ., 23 avril 2013, n°11-26.889, Inédit ; Cass., 1ère civ., 6 mai 1981, n°79-15.608 : Bull. civ. I, n°153).

[1108] Cf. supra, n°166.

[1109] Sur ce point : HAÏM Victor, *Jugement*, Répertoire de contentieux administratif, Dalloz, 2016.

[1110] L'audience est encadrée, devant la juridiction administrative, par les articles L. 731-1 et L. 732-1 du Code de justice administrative et les articles R. 731-1 à R. 732-1-1 de ce même Code.

[1111] Art. R. 732-1, al. 1er du Code de justice administrative.

[1112] Conseil d'Etat, 8e et 3e s.-s., 30 septembre 2005, n°262953, Jaubert : RJF 12/05, n°1405 ; Conseil d'Etat, Sect., 6 octobre 1972, Ville de Bourges c/ Mme Plagne, n°80837 : Rec. p. 617.

344. En matière fiscale, l'audience ne présente aucun particularisme – seul l'article L. 199 B pose que les affaires fiscales « sont jugées en séances publiques » – et elle n'offre au contribuable aucun droit à la confrontation avec l'agent du fisc[1113], la présence des parties n'étant nullement requise pour que la procédure soit régulière[1114]. Les modes de preuve sont ainsi nécessairement restreints aux preuves écrites[1115].

345. Devant le juge civil de l'impôt, la procédure présente le même caractère écrit que devant la juridiction administrative. À ce titre, l'article R. 202-2 du Livre des procédures fiscales dispose que devant le tribunal de grande instance et la cour d'appel « Les modes de preuve doivent être compatibles avec le caractère écrit de l'instruction ». De même, l'article R. 195-1 du Livre des procédures fiscales dispose qu'« En matière de droits d'enregistrement, de taxe de publicité foncière, de droits de timbre et autres droits et taxes assimilés, les modes de preuve doivent être compatibles avec la procédure écrite ». Ce principe est complété par l'article 768 du Code général des impôts qui pose une limitation analogue en matière de liquidation des droits de mutation par décès[1116]. Ainsi, devant le juge civil de l'impôt, si la Chambre commerciale affirme que la preuve peut se faire « par tous moyens »[1117], elle exige que les modes de preuve soient compatibles avec le caractère écrit de la procédure[1118].

346. En somme, devant le juge administratif et le juge civil de l'impôt, les moyens de preuve doivent être présentés sous forme écrite. L'audition de témoins est donc impossible – seule l'enquête[1119] permettant d'y procéder devant le juge administratif. Cette restriction relative aux modes de preuve n'est toutefois pas de nature à limiter les moyens de preuve des parties puisque toute preuve – à l'exclusion du serment[1120] – peut être administrée sous la

---

[1113] Conseil d'Etat, 7e et 9e s.-s., 29 avril 1985, n°41588 : RJF 06/85, n°902.

[1114] Tant l'absence du contribuable (Conseil d'Etat, 8e et 9e s.-s., 27 mars 1981, n°21458 : RJF 06/81, n°634) que l'absence de l'agent du fisc (Conseil d'Etat, 8e et 9e s.-s., 21 décembre 1979, n°16329 : RJF 02/80, n°151) ne sont pas de nature à affecter la régularité de la procédure.

[1115] Pour les mesures d'instruction : cf. supra, n°163 et suivants.

[1116] En cette matière, « L'existence de la dette doit être prouvée par les modes de preuve compatibles avec la procédure écrite, c'est-à-dire par des actes ou écrits ou encore par des présomptions suffisamment graves, précises et concordantes. Mais la preuve par témoignage est exclue » (BOI-PAT-ISF-30-60-10-20150812).
Pour une application de ce principe : Cass. com., 15 janvier 2002, n°98-15.144, Inédit.

[1117] Cass. com., 23 septembre 2008, n°07-17.065, Lebourgeois : RJF 01/09, n°82 ; Cass. com., 19 septembre 2006, n°03-16.962, Inédit.

[1118] Cass. com., 16 novembre 1999, n°97-17.289, DGI c/ Sté Trouvay Cauvin : RJF 02/00, n°312 : Pour la preuve du paiement d'un impôt : « cette preuve pouvait être rapportée par tous moyens, telles que des lettres d'accompagnement mentionnant le versement de ces droits ».

[1119] Cf. supra, n°166.

[1120] Cf. infra, n°469.

forme d'un écrit[1121]. Or, cette interdiction pose problème au regard du droit à l'audition des témoins qui s'impose en matière répressive.

2/ L'affirmation d'un droit à la preuve orale en matière répressive

347. En matière pénale, tant les modes de preuve écrits qu'oraux sont admis sans que la procédure pénale fiscale ne présente de particularisme. Or, la Cour européenne des droits de l'Homme identifie, de longue date[1122], « La tenue d'une audience publique [comme] un principe fondamental consacré par l'article 6 § 1 »[1123]. L'audience publique doit permettre à l'accusé de présenter des preuves orales et leur garantie, en matière d'accusation en matière pénale, le droit d'« interroger ou faire interroger les témoins à charge » comme en dispose l'article 6§3, d) de la Convention européenne des droits de l'Homme.

348. L'étendue du droit à l'audience publique est variable. Si ce droit est fondamental en matière pénale[1124], il n'est pas absolu en dehors de ce champ[1125]. En ce sens, pour les affaires qui relèvent du volet civil de l'article 6, le droit à l'audience publique est loin d'être absolu. En la matière, la Cour se fonde sur « la nature des questions dont les tribunaux internes se trouvent saisis »[1126] pour juger combien l'audience est utile à l'établissement des faits et en déduire l'existence d'une atteinte à l'équité de la procédure[1127]. La Cour

---

1121 Le témoignage peut prendre la forme d'une attestation et l'aveu peut être rédigé par écrit.
1122 CEDH, 25 février 1997, n°22107/93, Findlay c/ Royaume-Uni.
1123 CEDH, 23 novembre 2006, n°73053/01, Jussila c/ Finlande, § 40.
1124 La Cour relève que « Ce principe revêt une importance particulière en matière pénale » (CEDH, 23 novembre 2006, n°73053/01, Jussila c/ Finlande, § 40) mais « la Cour n'exclut pas que, dans le cadre de certaines procédures pénales, les tribunaux saisis puissent, en raison de la nature des questions qui se posent, se dispenser de tenir une audience » (CEDH, 23 novembre 2006, n°73053/01, Jussila c/ Finlande, § 43).
1125 La Cour estime que « L'article 6 n'exige pas nécessairement la tenue d'une audience dans toutes les procédures. Tel est notamment le cas pour les affaires ne soulevant pas de question de crédibilité ou ne suscitant pas de controverse sur les faits qui auraient requis une audience, et pour lesquelles les tribunaux peuvent se prononcer de manière équitable et raisonnable sur la base des conclusions présentées par les parties et d'autres pièces » (CEDH, 23 novembre 2006, n°73053/01, Jussila c/ Finlande, § 41). Cette solution avait déjà été posée antérieurement dans l'affaire Håkansson et Sturesson c/ Suède (CEDH, 21 février 1990, n°11855/85, Håkansson et Sturesson c/ Suède, § 66).
1126 CEDH, 23 novembre 2006, n°73053/01, Jussila c/ Finlande, § 42.
1127 La Cour européenne des droits de l'Homme a pu juger que l'absence d'audience ne méconnaît pas l'équité du procès lorsque les éléments écrits sont de nature à établir la réalité factuelle (CEDH, 12 novembre 2002, n°28394/95, Döry c/ Suède, § 43 : en l'espèce, « *could adequately resolve this issue on the basis of the medical certificates in question and the applicant's written submissions* »). Dans d'autres cas, elle juge que l'audience aurait permis un meilleur établissement des faits (CEDH, 12 novembre 2002, n°38629/97, Lundevall c/ Suède, § 39 et CEDH, 12 novembre 2002, n°38978/97, Salomonsson c/ Suède, § 39 : « *it appears that an oral hearing could have provided information of relevance to the determination of the case* » ; CEDH, Gde ch., 11 juillet 2002, n°36590/97, Göç c/ Turquie, § 51 : « le requérant

européenne des droits de l'Homme a, à ce titre, jugé qu'une « procédure juridictionnelle purement écrite »[1128] n'est pas de nature à méconnaître l'équité du procès lorsque les preuves écrites permettent d'établir la réalité factuelle – comme pour les litiges relevant du droit des assurances[1129].

349. Pour les litiges qui relèvent de l'établissement de l'imposition – à l'exclusion de ceux qui relèvent du volet civil et pénal de l'article 6 –, la Cour de Strasbourg a même jugé « qu'une procédure écrite [peut] souvent se révéler plus efficace qu'une procédure orale pour le contrôle de l'exactitude des déclarations de situation patrimoniale faites par les contribuables ainsi que de l'existence et de la régularité des justificatifs produits »[1130]. Le caractère écrit de la procédure fiscale n'affecte pas l'équité de la procédure en raison du caractère essentiellement écrit de la procédure suivie en matière fiscale[1131]. Cela présente une véritable cohérence au regard de la nature du système fiscal qui repose sur l'écrit.

---

aurait dû bénéficier de la possibilité d'expliquer oralement à la cour d'assises de Karşıyaka le dommage moral que lui avait occasionné son emprisonnement en termes de désespoir et d'angoisse ») ce qui la conduit à reconnaître une méconnaissance de l'article 6 de la Convention européenne des droits de l'Homme.

[1128] CEDH, 24 juin 1993, n°14518/89, Schuler-Zgraggen c/ Suisse, §§ 57.

[1129] CEDH, 24 juin 1993, n°14518/89, Schuler-Zgraggen c/ Suisse, §§ 56-58 (Dans un litige relatif aux assurances, la requérante estime que le Tribunal « aurait dû ordonner des débats afin de se forger sa propre opinion sur elle et de lui garantir un procès équitable » (§ 56). La question qui se pose est donc celle de savoir si l'absence de débat oral durant lequel le justiciable peut faire valoir son point de vue est ou non contraire à l'article 6 de la Convention européenne des droits de l'Homme qui garantit le procès équitable. En l'espèce, la Cour juge qu'« il n'apparaît pas que le différend soulevât des questions d'intérêt public rendant nécessaires des débats. Hautement technique, il se prêtait mieux à des écritures qu'à des plaidoiries » (§ 58)).

[1130] CEDH, 23 novembre 2006, Jussila c/ Finlande, n°73053/01, § 47.

[1131] Cette solution présente une grande importance au regard du caractère essentiellement écrit de la procédure fiscale. Ainsi, devant le juge civil de l'impôt, « Les modes de preuve doivent être compatibles avec le caractère écrit de l'instruction » (R. 202-2 du Livre des procédures fiscales). Le caractère écrit des modes de preuve a été posé, en matière d'enregistrement, dès de la loi du 27 ventôse an IV (art. 17) puis confirmé par la loi du 22 frimaire an VII (L'article 65 dispose que « L'instruction se fera par simples mémoires respectivement signifiés »). L'irrespect du caractère écrit de la procédure suivie devant le juge de l'enregistrement constitue une cause d'irrégularité de la procédure (Cass., 26 décembre 1853, cité par CLERC Édouard, *Manuel théorique et pratique, et formulaire général et complet du notariat suivi du Code des notaires expliqué et d'un Traité de la responsabilité des notaires*, Cosse, Marchal et Billard, 1872, p. 459). Cette solution a été constamment reprise depuis (Cass. com., 3 décembre 1991, n°89-21.490, Sté François Quillien : Dr. fisc. 1992 n°30, comm. 1545 ; RJF 02/92, n°272). Les fondements du choix d'une procédure essentiellement écrite ne sont pas clairement établis (FLAMENS Camille, *Le serment fiscal en matière d'enregistrement*, Thèse de doctorat dact., Toulouse, 1913, pp. 47-48). Toutefois, il y a tout lieu de croire que le législateur « ait recherché à simplifier la procédure » (FLAMENS Camille, *op. cit.*, p. 48) en estimant que « La procédure orale excite les parties, tandis que la procédure écrite a une vertu apaisante » (*op. cit., loc. cit.*). Il s'agit donc, essentiellement, d'une volonté du législateur de simplifier la résolution des litiges relatifs à l'enregistrement.

350. Toutefois, les juges administratif et civil de l'impôt ont à juger, au titre des pénalités fiscales, de qualifications qui entrent dans le volet pénal de l'article 6 de la Convention européenne des droits de l'Homme. À ce titre, si dans l'affaire Jussila c/ Finlande, elle a jugé que les circonstances de l'espèce n'exigeaient pas une audition contradictoire des témoins[1132], elle a jugé différemment dans une affaire Chap LTD c/ Arménie[1133]. Dans cette affaire, des témoignages ont fondé des sanctions fiscales de manière déterminante[1134] et le refus du juge de convoquer ces témoins – alors que cette convocation aurait permis d'évaluer leur crédibilité[1135] – a conduit à constater la méconnaissance des articles 6§1 et 6§3 de la Convention européenne des droits de l'Homme. Cette solution peut conduire à exiger l'admissibilité de preuves orales en matière de pénalité fiscale.

351. En somme, le caractère essentiellement écrit de la preuve fiscale ne saurait, à la lumière de cette solution jurisprudentielle, constituer un caractère propre à la matière fiscale. L'affirmation d'un droit à l'audience en matière répressive illustre que les modes de preuve ne sont pas le reflet d'une nature propre aux procédures fiscales. En dépit de cela, il apparaît que la liberté d'appréciation des juges fiscaux dépend moins, en matière fiscale, du système de preuve retenu que des règles et principes qui encadrent spécifiquement l'appréciation de ces juges.

§.2. – Les limites à la libre appréciation des juges fiscaux

352. Certains modes de preuve disposent d'une force probante qui est déterminée par la loi (A) alors même que les juges ont posé le principe selon lequel nul ne peut se constituer de preuve à soi-même comme limite à la liberté d'appréciation (B).

A/ La présence d'un encadrement légal disparate de l'appréciation des juges fiscaux

353. Le droit civil renferme le plus grand nombre de dispositions encadrant la force probante des modes de preuve. Cela s'explique par le fait que l'encadrement de la force probante des modes de preuve découle du système de preuve légale[1136]. Dans un tel cas, le « juge n'apprécie pas les preuves présentées : il se borne à tirer les conséquences que la loi prévoit »[1137]. Ce

---

1132 CEDH, 23 novembre 2006, n°73053/01, Jussila c/ Finlande, § 47.
1133 CEDH, 4 mai 2017, n°15485/09, Chap LTD c/ Arménie.
1134 CEDH, 4 mai 2017, n°15485/09, Chap LTD c/ Arménie, § 50.
1135 CEDH, 4 mai 2017, n°15485/09, Chap LTD c/ Arménie, § 51.
1136 Cf. supra, n°334.
1137 LECLERC Olivier, VERGES Etienne et VIAL Géraldine, *Droit de la preuve*, PUF, Thémis droit, 2015, p. 98.

système a été établi « pour des raisons de simplicité et de sécurité »[1138] juridique : il est alors « confi[é] au législateur le soin d'apprécier la valeur respective des procédés de preuve »[1139]. Le juge se voit alors privé de sa liberté d'appréciation puisque, face à un tel mode de preuve, le juge ne peut « quelle que soit sa conviction profonde, (...) dénier l'existence d'un fait que la loi répute établie »[1140].

354. *De lege lata*, le Code civil encadre la force probante de l'aveu judiciaire[1141], du serment décisoire[1142], de l'acte authentique[1143], de l'acte sous seing privé[1144] et de leur copie[1145] mais également des « registres et documents que les professionnels doivent tenir ou établir »[1146]. Il y a toutefois lieu de relever que la force probante accordée à ces modes de preuve se révèle largement inopérante en droit fiscal. En premier lieu, l'acte sous seing privé et les registres et documents professionnels n'ont une force probante légalement déterminée qu'entre les parties qu'elles concernent. Ensuite, l'acte authentique, sous l'empire de l'ordonnance n°2016-131 du 10 février 2016[1147], fait foi jusqu'à inscription de faux, sans que cette force probante ne soit limitée, comme sous l'empire de l'article 1319 du Code civil[1148], aux parties à l'acte[1149]. Toutefois, il y a peu de chance que cette extension de la force probante profite au contribuable dès lors que cette force probante ne s'attache

---

[1138] GHESTIN Jacques, GOUBEAUX Gilles et FABRE-MAGNAN Muriel, *Traité de droit civil, Introduction générale*, LGDJ, 4e éd., 1994, p. 636.

[1139] TERRE François, *Introduction générale au droit*, Dalloz, 10e éd., 2015, n°6014, p. 501.

[1140] GHESTIN Jacques, GOUBEAUX Gilles et FABRE-MAGNAN Muriel, *Traité de droit civil, Introduction générale*, LGDJ, 4e éd., 1994, n°675, p. 655.

[1141] Aux termes de l'article 1383-2, al. 2 du Code civil, l'aveu judiciaire « fait foi contre celui qui l'a fait ».

[1142] Aux termes du second alinéa de l'article 1385-3 du Code civil, « Lorsque le serment déféré ou référé a été fait, l'autre partie n'est pas admise à en prouver la fausseté ».

[1143] Aux termes de l'article 1371 du Code civil, « L'acte authentique fait foi jusqu'à inscription de faux ».

[1144] Aux termes de l'article 1372 du Code civil, l'acte sous seing privé « fait foi entre ceux qui l'ont souscrit et à l'égard de leurs héritiers et ayants cause ».

[1145] Aux termes de l'article 1379 du Code civil, « La copie fiable a la même force probante que l'original ».

[1146] Aux termes de l'article 1378 du Code civil, « Les registres et documents que les professionnels doivent tenir ou établir ont, contre leur auteur, la même force probante que les écrits sous signature privée ; mais celui qui s'en prévaut ne peut en diviser les mentions pour n'en retenir que celles qui lui sont favorables ».

[1147] Ordonnance n°2016-131 du 10 février 2016 portant réforme du droit des contrats, du régime général et de la preuve des obligations.

[1148] L'article 1319 du Code civil a été en vigueur du 17 février 1804 au 1er octobre 2016. Sous l'empire de cet article 1319 du Code civil, les mentions de l'acte ne s'imposaient pas au juge (Cass. com., 15 octobre 2002, n°99-20.262, Inédit).

[1149] DOUVILLE Thibault (dir.), *La réforme du Droit des contrats, Commentaire article par article*, Gualino, 2016, pp. 418-419.

qu'à « ce que l'officier public dit avoir personnellement accompli ou constaté »[1150].

355. En somme, l'encadrement de la force probante des modes de preuve par le Code civil n'affecte que de manière très anecdotique les litiges fiscaux.

356. En outre, il faut ici relever que l'inscription de faux permet de contester la force probante attachée à un acte authentique. Cette procédure est prévue tant devant le juge administratif[1151] que devant le juge civil[1152]. Devant le juge administratif, l'inscription de faux ne vise que les actes administratifs[1153] alors que devant le juge civil, cette procédure vise à contester un acte authentique[1154].

357. Paradoxalement, l'encadrement légal de la force probante de certains modes de preuve en droit pénal affecte bien davantage les contribuables. Il est intéressant de souligner, à nouveau, que la présence d'un système de preuve morale n'est pas de nature à exclure la présence d'un encadrement de la force probante de certains modes de preuve[1155]. Devant le juge pénal, la force probante particulière accordée à certains procès-verbaux constitue une limite d'une portée considérable à la liberté d'appréciation du juge[1156]. Ces dispositions sont présentes tant en matière de contributions indirectes qu'en droit douanier[1157].

1150 Art. 1371 du Code civil.

1151 Art. R. 633-1 du Code de justice administrative.

1152 Art. 299 du Code de procédure civile.

1153 HAIM Victor, *Instruction*, Répertoire de contentieux administratif, Dalloz, 2015, n°359.

1154 AMRANI MEKKI Soraya et STRICKLER Yves, *Procédure civile*, PUF, Thémis droit, 2014, n°265, p. 480.

1155 Le régime de preuve morale ne saurait donc interdire la présence d'un encadrement légal de la force probante de certains modes de preuve. De même, la présence de dispositions qui encadrent la force probante de certains modes de preuve ne saurait faire basculer la procédure pénale dans le champ de la preuve légale. Cela atteste, à nouveau, que le système de preuve légale n'est pas identifiable par la présence d'une détermination de la force probante des preuves mais par la délimitation légale des modes de preuve admissibles.

1156 Sur ce point : AUBIJOUX-IMARD Patricia, *Le dialogue dans le procès*, Thèse de doctorat dact., Paris 2, 1999, pp. 86-89 ; CONTE Philippe et MAISTRE DU CHAMBON Patrick, *Procédure pénale*, Armand Colin, 4e éd., 2002, pp. 38-39 ; CREN Rozen, *Poursuites et sanctions en droit pénal douanier*, Thèse de doctorat numérique, 2011, pp. 142 et svtes ; DESPORTES Frédéric et LAZERGES-COUSQUER Laurence, *Traité de procédure pénale*, Economica, 4e éd., 2015, pp. 468-471 ; MERLE Roger et VITU André, *Traité de droit criminel, Procédure pénale*, Tome 2, Cujas, 5e éd., 2001, pp. 337-338 ; NAGOUAS-GUERIN Marie-Cécile, *Le doute en matière pénale*, Thèse de doctorat, Bordeaux 4, Dalloz, Nouvelle Bibliothèque de Thèses, Tome 18, 2002, pp. 250-252 ; TOURNIER Clara, *L'intime conviction du juge*, Thèse de doctorat, Toulon, PUAM, 2003, p. 129.

1157 En matière douanière, Claude J. BERR relève que les procès-verbaux « constituent (…) le mode de constatation normal et le moyen de preuve privilégié des infractions douanières » (*Douanes*, Répertoire de droit pénal et de procédure pénale, Dalloz, 2014, n°174).

358. Par principe, les procès-verbaux « ne valent qu'à titre de simples renseignements »[1158] comme en dispose l'article 430 du Code de procédure pénale. Dans ce cas, le juge en apprécie librement la force probante[1159].

359. D'autres procès-verbaux disposent d'une présomption simple de véracité. Il s'agit, comme en dispose l'article 431 du Code de procédure pénale, des procès-verbaux qui sont établis par des autorités qui disposent du « pouvoir de constater des délits »[1160]. Ces procès-verbaux – qui existent dans plusieurs matières[1161] – sont présents en matière de contributions indirectes en vertu de l'article L. 238 du Livre des procédures fiscales qui dispose que « Les procès-verbaux des agents de l'administration font foi jusqu'à preuve contraire ». Ils ne peuvent être combattus que par une preuve écrite ou par témoins[1162], le prévenu devant alors administrer une preuve contraire. Il ne peut se contenter d'une simple dénégation des faits contenus dans le procès-verbal[1163]. La liberté d'appréciation du juge pénal est lourdement affectée par ces procès-verbaux : à défaut de preuve contraire, le juge pénal ne peut relaxer le prévenu sur le fondement du doute[1164], prétexter de l'imprécision des constatations du procès-verbal[1165], ou encore nier l'existence de l'élément intentionnel de l'infraction[1166].

360. En outre, certains procès-verbaux font « foi jusqu'à inscription de faux » comme en dispose l'article 433 du Code de procédure pénale. En matière

---

[1158] Art. 430 du Code de procédure pénale.

[1159] Marie-Cécile NAGOUAS-GUERIN relève ainsi que face à de tels procès-verbaux « Les juges restent (…) libres d'en apprécier la force probante, ce qui leur permet incontestablement d'en relativiser la portée probatoire malgré leur régularité, si cette dernière ne leur paraît pas en mesure d'en assurer la véracité » (*Le doute en matière pénale*, Thèse de doctorat, Bordeaux 4, Dalloz, Nouvelle Bibliothèque de Thèses, Tome 18, 2002, p. 251).

[1160] L'article 431 du Code de procédure pénale dispose que « Dans les cas où les officiers de police judiciaire, les agents de police judiciaire ou les fonctionnaires et agents chargés de certaines fonctions de police judiciaire ont reçu d'une disposition spéciale de la loi le pouvoir de constater des délits par des procès-verbaux ou des rapports, la preuve contraire ne peut être rapportée que par écrit ou par témoins ».

[1161] Il en est ainsi en droit du travail (article L. 611-10 du Code du travail), en matière d'environnement (article L. 428-20 du Code de l'environnement) ou encore en matière d'urbanisme (article L. 160-4 du Code de l'urbanisme).

[1162] En pratique, cette faculté demeure théorique (Sur ce point : PESCHAUD Henri, *Procès-verbal de contravention et « égalité des armes »*, LPA 7 juillet 2012, n°114, pp. 4-13). La Cour de cassation a ainsi jugé qu'une attestation écrite ne peut constituer une preuve contraire à celle contenue dans un procès-verbal (Cass. crim., 7 février 2001, n°00-84.520 : Bull. crim., n°39).

[1163] Cass. crim., 24 février 2010, n°09-82.810 : Bull. crim., n°39 ; Cass. crim., 20 mars 1974, n°72-92.716 : Bull. crim., n°119.

[1164] Cass. crim., 25 avril 1977, n°77-90.125 : Bull. crim., n°134.

[1165] Cass. crim., 14 octobre 1991, n°90-84.932 : Bull. crim., n°339.

[1166] Cass. crim., 8 octobre 2008, n°08-81.099 : Bull. crim., n°205.

fiscale[1167], c'est le cas des procès-verbaux rédigés par deux agents des douanes comme en dispose l'article 336, 1 du Code des douanes. Cette force probante est seulement réduite dans le cas où le procès-verbal est rédigé par un seul agent[1168]. De la sorte, ces « procès-verbaux ont une force probante absolue qui s'impose aux juridictions »[1169]. Cette force probante exceptionnelle est justifiée tant par l'importante probabilité de véracité des faits recueillis[1170] que par la difficulté de prouver les faits litigieux[1171]. Face à un tel procès-verbal, le juge est contraint de retenir pour établis les faits relatés dans ces procès-verbaux[1172]. Bien que le prévenu ne soit pas privé de tout moyen de défense[1173] et que l'égalité des armes ne soit pas affectée[1174], ces procès-verbaux constituent une exception flagrante à la liberté d'appréciation du juge pénal[1175]

1167 En dehors de la sphère fiscale, une telle force probante est conférée à certains procès-verbaux dressés en vertu du Code des postes et communications électroniques (art. 79).

1168 L'article 337 du Code des douanes dispose que « Les procès-verbaux de douane rédigés par un seul agent font foi jusqu'à preuve contraire ». Toutefois, « chacun sait qu'il s'agit là d'une hypothèse tout à fait théorique, l'Administration prenant bien garde à ne pas laisser le soin à un seul agent de rédiger les procès-verbaux » (BERR J. Claude, *Douanes*, Répertoire de droit pénal et de procédure pénale, Dalloz, 2014, n°186).

1169 TOURNIER Clara, *L'intime conviction du juge*, Thèse de doctorat, Toulon, PUAM, 2003, p. 199.

1170 Marie-Cécile NAGOUAS-GUERIN relève ainsi que « C'est donc indéniablement par égard à l'existence d'une valeur rationnelle des probabilités issues de telles constatations que les magistrats voient leur liberté d'appréciation réduite par ces prescriptions légales » (*Le doute en matière pénale*, Thèse de doctorat, Dalloz, Nouvelle Bibliothèque de Thèses, Tome 18, 2002, p. 252).

1171 Roger MERLE et André VITU relèvent ainsi que « La raison d'être de ces deux dernières catégories (...) doit être recherchée dans la nature des matières pour lesquelles des catégories spéciales de procès-verbaux ont été instituées ; il s'agit d'infractions qui n'ont souvent aucun témoin et ne laissent aucune trace ; pour cette raison, le procès-verbal doit suffire pour asseoir un jugement » (*Traité de droit criminel, Procédure pénale*, Tome 2, Cujas, 5e éd., 2001, p. 338).

1172 Cass. crim., 21 juin 1973, n°72-90.994 : Bull. crim., n°292.

1173 Le prévenu n'est pas dépourvu de tout moyen de défense puisqu'il peut engager la procédure spéciale d'inscription de faux prévue aux articles 339 à 341 du Code des douanes. Toutefois, en pratique, les chances de succès d'une telle procédure sont infimes : Claude J. BERR relève ainsi que « Très exceptionnelle en pratique, l'inscription de faux revient, pour celui qui s'aventure dans cette procédure périlleuse, à critiquer sur la base d'arguments solidement étayés les opérations effectuées par les agents verbalisateurs et à prouver qu'elles ont été entachées d'erreurs grossières sinon volontaires » (*Douanes*, Répertoire de droit pénal et de procédure pénale, Dalloz, 2014, n°187). Le prévenu doit alors prouver « que l'agent [qui a rédigé le procès-verbal] est un faussaire » (CONTE Philippe et MAISTRE DU CHAMBON Patrick, *Procédure pénale*, Armand Colin, 4e éd., 2002, p. 39).

1174 Cass. crim., 10 juillet 1996, n°95-85.785 : Bull. crim., n°289, p. 892.

1175 La Cour européenne (CEDH, 7 octobre 1988, n°10519/83, Salabiaku c/ France, §128 ; CEDH, 23 juillet 2002, n°34619/97, Janosevic c/ Suède : JCP G, 2003, I, 109, n°13, chron. Frédéric SUDRE) « interdit au juge pénal de « procéder à un recours automatique aux (...) présomptions et [leur impose de] conserver un pouvoir d'appréciation » (SUDRE Frédéric, *Droit européen et international des droits de l'homme*, PUF, Collection droit fondamental, 12e éd., 2015, p. 626). Or, lorsque les procès-verbaux disposent d'une valeur probante jusqu'à inscription de faux, les juges sont privés – sous réserve de cette procédure – de leur liberté d'appréciation.

mais aussi au principe du contradictoire puisque « ces constatations, réalisées par des agents assermentés, ne prêtent pas à discussion »[1176] lors du procès pénal. Pourtant, la Cour européenne des droits de l'Homme a jugé ces procès-verbaux compatibles avec la présomption d'innocence[1177] dès lors qu'ils n'abolissent pas toute la liberté d'appréciation du juge. Cette solution est toutefois paradoxale car la condition de leur conformité avec les stipulations de la Convention européenne des droits de l'Homme réside dans le maintien d'une marge d'appréciation du juge. Or, le maintien de cette marge d'appréciation est par définition dérisoire eu égard à la force probante absolue de ces éléments de preuve. Ces procès-verbaux tendent donc à priver le prévenu du bénéfice d'un débat contradictoire effectif relatif au contenu de ces procès-verbaux[1178].

361. Enfin, l'expertise douanière constituait une importante limite à la liberté d'appréciation du juge pénal : la Commission de conciliation et d'expertise douanière[1179] – qui a été supprimée à compter du 1er janvier 2017[1180]. Elle intervenait en cas de désaccord entre le contribuable et l'administration des douanes relatif à l'espèce, l'origine ou la valeur des marchandises. Dans un tel cas, le litige était « soumis à l'appréciation d'une autorité indépendante de l'administration »[1181]. Or, la force probante du rapport d'expertise lui conférait un fort particularisme : l'article 447, 1 du Code des douanes disposait que « Les constatations matérielles et techniques faites par la commission, relatives à l'espèce ou l'origine des marchandises litigieuses ou servant à déterminer la valeur d'une marchandise, sont les seules qui peuvent être retenues par le tribunal »[1182]. Les éléments de fait retenus par la Commission de conciliation et d'expertise douanière privaient donc le juge pénal de sa

---

1176 AUBIJOUX-IMARD Patricia, *Le dialogue dans le procès*, Thèse de doctorat dact., Paris 2, 1999, p. 87.

1177 La Cour européenne des droits de l'Homme a jugé, à propos des procès-verbaux qui font foi jusqu'à inscription de faux, qu'il ne lui incombe pas de mesurer si ces dispositions sont conformes à la Convention mais si ces dispositions ont été « appliqué[es] au requérant d'une manière compatible avec la présomption d'innocence » (CEDH, 7 octobre 1988, n°10519/83, Salabiaku c/ France, § 30).

1178 CREN Rozenn, *Poursuites et sanctions en droit pénal douanier*, Thèse de doctorat numérique, Paris 2, 2011, p. 143.

1179 Sur ce point : BERR Claude J., *À propos d'un quarantième anniversaire, Réflexions sur la Commission de conciliation et d'expertise douanière*, D. 2009, n°9, pp. 828-831 ; BERR Claude J., *Douanes*, Répertoire de droit pénal et de procédure pénale, Dalloz, 2014 ; BERR Claude J. et TREMEAU Henri, *Le droit douanier*, Economica, 7e éd., 2006, n°394, p. 215.

1180 Art. 88 de la loi n°2016-1918 du 29 décembre 2016 de finances rectificative pour 2016 (J.O. du 30 décembre 2016, n°0303).

1181 BERR Claude J. et TREMEAU Henri, *Le droit douanier*, Économica, 7e éd., 2006, p. 213, n°390.

1182 Cette disposition est issue de la loi n°68-1247 du 31 décembre 1968, portant réforme de l'expertise douanière et modifiant diverses dispositions du code des douanes : J.O. du 3 janvier 1969, p. 71.

liberté d'appréciation en la matière[1183]. Pourtant, la constitutionnalité de cette disposition avait été affirmée[1184] et le principe d'égalité des armes n'est apparu, face à cette disposition, d'aucun recours[1185]. De même, le principe du contradictoire[1186] était affecté par cette disposition. En outre, la compatibilité de cette disposition avec l'impératif d'indépendance attaché aux tribunaux posé par l'article 6 de la Convention européenne des droits de l'Homme pouvait constituer un intéressant fondement de critique face à cette disposition. Bien que la Chambre criminelle ait écarté ce moyen[1187], la compatibilité de cette disposition avec le droit à disposer d'un Tribunal indépendant et impartial pouvait poser problème[1188]. La Cour européenne des droits de l'Homme a bâti, sur le fondement de l'article 6 de la Convention européenne des droits de l'Homme, une jurisprudence protectrice des

---

1183 Une exception existait néanmoins. Le juge pénal recouvrait sa faculté d'apprécier ces faits que dans le cas où la Commission de conciliation et d'expertise douanière n'a pas disposé d'éléments suffisants pour déterminer le prix des marchandises (RIDEAU VALENTINI Sébastien, *Les droits de la défense en matière pénale douanière*, AJ pénal 2009, p. 206). Le juge pénal a ainsi pu fixer seul, sans renvoyer à la Commission de conciliation et d'expertise douanière la valeur en douane de marchandises lorsque cette valeur a pu être fixée « sur la base des factures régulières émises par le fournisseur et mentionnant le prix à payer » (Cass. crim., 11 février 2009, n°07-87.489, Inédit, cité par Sébastien RIDEAU VALENTINI, in, *Les droits de la défense en matière pénale douanière*, AJ pénal 2009.206). Toutefois, une telle exception ne venait pas remettre en cause la force probante particulière qui s'attachait aux avis de la Commission de conciliation et d'expertise douanière.

1184 L'article 447 du Code des douanes a fait l'objet d'une question prioritaire de constitutionnalité qui n'a pas été transmise au Conseil constitutionnel par la Chambre criminelle de la Cour de cassation (Cass. crim., QPC, 9 février 2011, n°10-80.895 : RTD Com 2011, n°4, p. 809, note Bernard BOULOC ; AJDP 2011, n°9, pp. 416-418, note Jérôme LASSERRE-CAPDEVILLE). Après avoir jugé que cette question n'est pas nouvelle la Cour de cassation expose que les dispositions de l'article 447 du Code des douanes « à l'évidence, ne méconnaissent aucun des principes invoqués, n'ont pas pour objet d'interdire aux parties de faire la preuve des éléments de fait essentiels pour leur défense devant un tribunal impartial et indépendant qui conserve le contrôle de la procédure ». Par cette solution, la Chambre criminelle affirme que le droit à la preuve du prévenu n'est pas anéanti – mais qu'il est limité aux « éléments de fait essentiels pour leur défense » – et que la juridiction de jugement « conserve le contrôle de la procédure ».

1185 La Chambre commerciale a jugé contraire à l'égalité des armes le fait d'interdire à une partie de prouver un fait essentiel à ses prétentions (Cass. com., 15 mai 2007, n°06-10.606 : Bull. IV, n°130). Or, comme l'a relevé Sébastien RIDEAU VALENTINI, « Les constatations matérielles et techniques de [la Commission de conciliation et d'expertise douanière] lient les juridictions du fond et constituent donc des moyens de preuve pratiquement impossibles à combattre pour la défense » (*Les droits de la défense en matière pénale douanière*, AJ pénal 2009, p. 206). Toutefois, il apparaît qu'il n'y a pas d'inégalité entre les parties puisque tant l'administration que le prévenu sont privées de leur droit à administrer une preuve contraire.

1186 Cf. infra, n°1018.

1187 Cass. crim., 22 septembre 2004, n°03-83.943, Inédit.

1188 Sur cette question : MILANO Laure, *Le droit à un tribunal au sens de la Convention européenne des droits de l'Homme*, Thèse de doctorat, Montpellier 1, Dalloz, Nouvelle Bibliothèque de thèses, Tome 57, 2006, pp. 368-389 ; SUDRE Frédéric, *Droit européen et international des droits de l'homme*, PUF, Collection droit fondamental, 12e éd., 2015, p. 556.

justiciables qui est de nature à leur garantir le droit à un Tribunal[1189], ce qui « implique d'une manière générale le droit d'avoir un accès concret et effectif à un tribunal »[1190]. Or, un tel Tribunal doit présenter certaines caractéristiques pour offrir aux justiciables un recours effectif. Il est ainsi nécessaire que le Tribunal soit compétent sur les questions de fait et de droit nécessaires à la résolution du litige[1191] afin d'être reconnu comme « un organe judiciaire de pleine juridiction »[1192]. Cette exigence fait l'objet d'une attention constante devant la Cour de Strasbourg pour les litiges qui entrent dans le champ de l'article 6 de la Convention européenne des droits de l'homme[1193]. Toutefois, la Cour européenne des droits de l'Homme n'exige pas une compétence générale et absolue de l'ensemble des juridictions amenées à juger du volet civil et du volet pénal au sens de l'article 6 de la Convention. Elle a ainsi forgé une jurisprudence empreinte de souplesse afin de mesurer la compatibilité d'une incompétence juridictionnelle avec sa jurisprudence relative aux garanties qui entourent le concept de tribunal. Par son arrêt Sigma Radio Television Ltd c/ Chypre[1194], elle a bâti une méthode d'appréciation fondée sur trois indices pour apprécier la compatibilité de l'incompétence d'une juridiction avec le concept de tribunal au sens de l'article 6 de la Convention européenne des droits de l'Homme. En premier lieu, elle vérifie que l'objet du litige porte sur une question qui exige une connaissance spécifique ou un pouvoir discrétionnaire[1195]. Ensuite, elle s'intéresse aux garanties dont le

---

1189 CEDH, 21 février 1975, Golder c/ Royaume-Uni.

1190 SUDRE Frédéric, *Droit européen et international des droits de l'homme*, PUF, Collection droit fondamental, 12e éd., 2015, n°378, p. 556.

1191 Cette exigence a été posée dans l'affaire Zumbotel c/ Autriche (CEDH, 21 septembre 1993, n°12235/86, Zumbotel c/ Autriche) qui exige que le juge soit effectivement compétent « pour les points de fait comme pour les questions de droit ». En matière fiscale, l'affaire Ravon c/ France (CEDH, 21 février 2008, n°18497/03, Ravon et a. c/ France : RJF 05/08, n°571, ét. Bernard HATOUX, p. 454) a rappelé cette exigence. Le §28 de cet arrêt rappelle que « les personnes concernées puissent obtenir un contrôle juridictionnel effectif, en fait comme en droit, de la régularité de la décision prescrivant la visite ». De même, elle a jugé dans le § 29 de ce même arrêt que « la possibilité de se pourvoir en cassation – dont les requérants ont d'ailleurs usé – ne répond pas aux exigences de l'article 6 § 1 dès lors qu'un tel recours devant la Cour de cassation, juge du droit, ne permet pas un examen des éléments de fait fondant les autorisations litigieuses ». Comme le relève Bernard HATOUX, une juridiction ne sera reconnue comme étant un tribunal au sens de l'article 6 de la Convention européenne des droits de l'homme que si elle dispose « de la compétence pour se pencher sur toutes les questions de fait ou de droit pertinentes pour le litige dont il se trouve saisi » (HATOUX Bernard, *Visites domiciliaires et droits de l'Homme : l'arrêt Ravon*, RJF 05/08, pp. 454-463).

1192 CEDH, 10 février 1983, n°7299/75, Albert et Le Compte c/ Belgique, § 29 : AFDI 1984.447, obs. Robert PELLOUX.

1193 CEDH, 2 octobre 2014, n°97/11, Delta Pekárny A.S. c/ République Tchèque, §87 ; CEDH, 13 février 2003, n°49636/99, Chevrol c/ France, § 77.

1194 CEDH, 21 juillet 2011, n°32181/04 et 35122/05, Sigma Radio Television Ltd c/ Chypre.

1195 CEDH, 21 juillet 2011, 32181/04 et 35122/05, Sigma Radio Television Ltd c/ Chypre, § 154.

justiciable a bénéficié durant la phase pré-contentieuse[1196]. Enfin, elle étudie les moyens développés par le justiciable[1197]. Ces indices font l'objet d'une application au cas par cas pour déterminer si le justiciable a disposé d'un tribunal[1198]. À la lumière de ces indices, il est possible de mesurer la fragilité conventionnelle de l'ancien article 447 du Code des douanes. Si, en effet, la nature spécifique du contentieux douanier justifiait l'existence d'une commission composée, notamment, de spécialistes et que le prévenu disposait, lors de la procédure, de certaines garanties[1199], l'impossibilité de contester les éléments de fait était un élément suffisant pour conclure à la privation d'un tribunal au sens de l'article 6 de la Convention européenne des droits de l'Homme. Il suffirait, pour cela, que les questions de fait litigieuses présentent un caractère central dans la condamnation du prévenu pour que la fragilité de la disposition puisse être condamnée par la Cour de Strasbourg[1200]. Ainsi, l'incapacité d'une juridiction de pouvoir répondre à un moyen prépondérant du justiciable tend à conduire à une incompatibilité de la procédure interne avec l'article 6§1 de la Convention européenne des droits de l'Homme. Un litige où les questions de fait « relatives à l'espèce ou l'origine des marchandises litigieuses ou servant à déterminer la valeur d'une marchandise » auraient été déterminantes aurait pu conduire à reconnaître l'incompatibilité de l'article 447, 1 du Code des douanes avec le principe d'indépendance du juge pénal.

362. En définitive, seul le juge administratif apparaît libéré de toute contrainte en matière d'appréciation des preuves car sa liberté d'appréciation n'est limitée par aucune disposition légale. À ce titre, les modes de preuve légalement encadrés devant le juge civil et le juge pénal « sont reçus par les

---

1196 CEDH, 21 juillet 2011, n°32181/04 et 35122/05, Sigma Radio Television Ltd c/ Chypre, § 154.

1197 CEDH, 21 juillet 2011, n°32181/04 et 35122/05, Sigma Radio Television Ltd c/ Chypre, § 154.

1198 CEDH, 21 juillet 2011, n°32181/04 et 35122/05, Sigma Radio Television Ltd c. Chypre, § 155.

1199 Le principe du contradictoire était garanti devant la commission de conciliation et d'expertise douanière par l'article 445-2 du code des douanes. Le respect du contradictoire était contrôlé postérieurement par la Chambre criminelle (Cass. crim., 6 septembre 2011, n°10-10.217, Inédit).

1200 La Cour européenne des droits de l'Homme a ainsi pu juger que le justiciable n'a pas disposé d'un tribunal lorsque la juridiction « s'est privé[e] de la compétence lui permettant d'examiner des faits cruciaux pour le règlement du litige » (CEDH, 17 décembre 1996, n°20641/92, Terra Woningen B.V. c/ Pays-Bas, § 54) ou l'impossibilité d'une juridiction de réentendre certaines preuves fondamentales pour l'issue du litige (CEDH, 14 novembre 2006, n°60860/00, Tsfayo c/ Royaume-Uni : « it did not have jurisdiction to rehear the evidence or substitute its own views as to the applicant's credibility », § 48) ou encore le fait qu'une juridiction ne puisse « pas (...) examiner l'ensemble des faits de la cause » (CEDH, 21 septembre 1993, n°12235/86, Zumtobel c/ Autriche, § 30).

tribunaux administratifs comme de simples indices »[1201]. En somme, le juge administratif n'est jamais tenu légalement par la force probante dont disposent certains modes de preuve devant le juge civil ou pénal[1202]. Toutefois, le juge administratif a pu tenir pour exact, jusqu'à preuve contraire, les éléments de fait dont la force probante s'impose à un autre juge aux termes d'une disposition légale[1203]. Enfin, le juge administratif s'impose, à l'instar des autres juges, une limite substantielle : elle consiste en l'interdiction, pour une partie, de se constituer une preuve à soi-même.

B/ Nul ne peut se constituer preuve à soi-même : principe substantiel limitant la liberté d'appréciation des juges fiscaux

363. L'adage selon lequel « nul ne peut se constituer preuve à soi-même »[1204] est un principe[1205] reconnu par la Cour de cassation[1206] depuis un arrêt du 23 novembre 1972[1207] et constamment repris par la suite[1208] qui dispose d'une

---

[1201] PACTET Pierre, *Essai d'une théorie de la preuve devant la juridiction administrative*, Thèse de doctorat, Paris, Pedone, 1952, p. 152.

[1202] Conseil d'Etat, 9e et 8e s.-s., 12 mai 1997, n°135294, Franzkowiak : RJF 07/97, n°703, concl. François LOLOUM, BDCF 04/97, n°85.

[1203] Le juge administratif a pu juger, à propos d'un procès-verbal dressé par le service des contributions indirectes que « les faits constatés par ces procès-verbaux doivent être tenus pour exacts jusqu'à preuve contraire » (Conseil d'Etat, Ass., 8 décembre 1967, n°67557 et 67558, Sté Ateliers Gœtzmann : Rec. p. 473).

[1204] Sur ce point : BALME François-Xavier, *Contribution théorique et pratique au droit de la preuve, Etude comparative entre les droits français et anglais applique aux transport maritimes*, Thèse de doctorat, Paris 1, PUAM, 2017, pp. 193-199 ; BARBIER Hugo, *Quelques évolutions contemporaines du droit de la preuve : chasse ou culture de la preuve diabolique*, Revue Lamy Droit Civil, 2010, pp. 5-11 ; BONFILS Philippe, *Nul ne peut se constituer une preuve à lui-même*, Droit et Patrimoine 2003, n°111, pp. 106-107 ; BOYER Laurent et ROLAND Henri, *Adages du droit français*, V° « *Nul n'est témoin idoine dans sa propre cause* », Lexis Nexis, 4e éd., 1999, pp. 568-569 ; CARBONNIER Jean, *Droit civil, Introduction*, PUF, Thémis, 26e éd., 1999, n°180, p. 346 ; GUTMANN Daniel, *À propos du principe "Nul ne peut se constituer une preuve à lui-même" (Cass. Civ. 2°, 2 avril 1996)*, LPA 24 janvier 1997, n°11, p. 19-23 ; HOFFSCHIR Nicolas, *La charge de la preuve en droit civil*, Thèse de doctorat, Paris 10, Dalloz, Nouvelle Bibliothèque de Thèses, Tome 153, 2016, pp. 232-238 ; LAGARDE Xavier, *Finalités et principes du droit de la preuve. Ce qui change*, JCP G 2005, n°17, doctr. 133 ; MOURALIS Jean-Louis, *Preuve, Règles de preuve*, Répertoire de droit civil, Dalloz, 2016, n°36-37 ; MOULY-GUILLEMAUD Clémence, *La sentence « nul ne peut se constituer de preuve à soi-même » ou le droit de la preuve à l'épreuve de l'unilatéralisme*, RTD Civ. 2007, n°2, pp. 253-280 ; PUIGELIER Catherine, *De l'impossibilité de se constituer une preuve à soi-même*, JCP G 2000, n°10, II, 10269, pp. 431-432.

[1205] MORVAN Patrick, *Les principes généraux du droit et la technique des visas de principe dans les arrêts de la Cour de cassation*, Droit In-Situ 2006, pp. 1-59, spéc. p. 14.

[1206] HOFFSCHIR Nicolas, *La charge de la preuve en droit civil*, Thèse de doctorat, Paris 10, Dalloz, Nouvelle Bibliothèque de Thèses, Tome 153, 2016, p. 231.

[1207] Cass. soc., 23 novembre 1972, n°71-12.032 : Bull. civ. V, n°651.

[1208] Cass. 1ère civ., 2 avril 1996, n°93-17.181 : Bull. I, n°170 ; RTD Civ. 1997, p. 136, obs. Jacques MESTRE ; D. 1996, p. 329, obs. Philippe DELEBECQUE ; LPA 24 janvier 1997, n°11, pp. 19-23, note Daniel GUTMANN.

portée autonome au regard de l'ancien article 1315 du Code civil[1209]. Ce principe conduit à « réduire la force probante des éléments de preuve que les parties se sont 'autoconstituées' »[1210]. Il garantit « l'idéal (…) [d']impartialité congénitale du moyen de preuve »[1211] qui est un fondement du système de preuve légale car, comme l'a démontré Xavier LAGARDE, le « système de preuve légale (…) fait varier la force probante en considération du désintérêt de l'auteur de la preuve »[1212]. Les juges doivent se garder de forger leur appréciation uniquement sur des preuves qui auraient été *fabriquées* par une partie qui dispose d'*un intérêt personnel à les produire*. Ce principe constitue donc moins une règle d'admissibilité de la preuve qu'une injonction faite au juge dans l'appréciation des preuves : ce principe n'a aucunement pour effet de restreindre les modes de preuve qu'une partie peut administrer.

364. Un arrêt de la Cour de cassation du 2 avril 1996[1213], illustre ce propos. En l'espèce, les juges du fond se sont exclusivement fondés sur les preuves produites par la SNCF pour établir la faute de la victime, au titre d'un dommage survenu lors de la montée dans un train. Il a été reconnu une violation de ce principe car les juges du fond se sont « exclusivement [fondés] sur des éléments de preuve émanant » d'une partie qui avait intérêt à les produire. Daniel GUTMANN relève, dans une note relative à cet arrêt, que les juges du fond se sont « laissés convaincre trop aisément »[1214] par la preuve autoconstituée du défendeur. Les juges du fond devaient forger leur appréciation sur des éléments de preuve qui n'émanent pas exclusivement de la partie qui tentait de prouver la faute de la victime.

365. La matière fiscale n'échappe pas à l'emprise de ce principe. La règle selon laquelle nul ne peut se constituer de preuve à soi-même s'applique effectivement devant le juge civil de l'impôt[1215]. La Cour de cassation a pu l'appliquer à l'encontre d'un contribuable qui cherchait à opposer à

1209 La Cour de cassation a fait application de l'adage sans le rattacher à l'ancien article 1315 du Code civil : Cass. 1ère civ. 16 juin 2011, n°10-30.689 : Bull. civ. I, n°112 ; RTD Civ. 2011, pp. 536-537, obs. Bertrand FAGES ; RTD Civ. 2011, p. 518, obs. Jean HAUSER.

1210 HOFFSCHIR Nicolas, *La charge de la preuve en droit civil*, Thèse de doctorat, Paris 10, Dalloz, Nouvelle Bibliothèque de Thèses, Tome 153, 2016, p. 234.

1211 CARBONNIER Jean, *Droit civil, Introduction*, PUF, Thémis, 26e éd., 1999, n°180, p. 346.

1212 LAGARDE Xavier, *Finalités et principes du droit de la preuve. Ce qui change*, JCP G 2005, n°17, doctr. 133, n°4.

1213 Cass. 1ère civ., 2 avril 1996, n°93-17.181 : Bull. I, n°170 ; RTD Civ. 1997, p. 136, obs. Jacques MESTRE ; D. 1996, p. 329, obs. Philippe DELEBECQUE ; LPA 24 janvier 1997, n°11, pp. 19-23, note Daniel GUTMANN.

1214 GUTMANN Daniel, *À propos du principe « nul ne peut se constituer une preuve à lui-même »*, LPA 24 janvier 1997, n°11, pp. 19-23.

1215 Elle a été fréquemment invoquée par l'administration fiscale (Cass. com., 25 janvier 2000, n°97-18.843, CRAMA Rhône Alpes : RJF 05/00, n°724) et par le contribuable (Cass. com., 19 septembre 2006, n°04-18.423, Thenaut : RJF 01/07, n°105).

l'administration une attestation, rédigée par ses soins, faisant état d'une dette qu'il souhaitait déduire de l'actif successoral[1216]. Ce principe ne peut toutefois être opposé au fisc lorsqu'il se fonde sur des preuves obtenues dans le cadre d'un droit de visite et de saisie[1217] ou établies par procès-verbal[1218]. Dans ces cas, la preuve n'est pas *auto-constituée* mais elle a été recherchée aux termes de procédures légalement encadrées. Le juge civil de l'impôt interdit donc qu'une preuve soit constituée par une partie sans qu'un particularisme n'affecte l'application de ce principe en matière fiscale.

366. Ce principe s'est vu reconnaître, sur le fondement de l'article 1363 du Code civil – issu de l'ordonnance du 10 février 2016[1219] – une base juridique. Cet article dispose que « Nul ne peut se constituer de titre à soi-même » et constitue une véritable « innovation »[1220] de cette ordonnance. L'étendue de cette règle est restreinte à la seule preuve des titres dans la droite ligne de la jurisprudence récente de la Cour de cassation qui exclut l'application de ce principe pour la preuve des faits juridiques[1221]. Toutefois, une telle restriction de ce principe à la preuve des titres juridiques nous paraît contraire à l'esprit de ce principe qui constitue moins une protection de l'authenticité des titres qu'une garantie générale de l'impartialité des moyens de preuve administrés. Pourquoi le fait juridique pourrait, à la différence des titres, être prouvé par une preuve autoconstituée[1222] ? L'adage selon lequel nul ne peut se constituer de preuve à soi-même devrait, à notre sens, concerner l'ensemble des preuves.

[1216] Cass. com., 15 janvier 2002, n°98-15.144, Vatat : BGFE 2002, n°3, pp. 18-19, note Nicole COURRECH DU PONT.

[1217] Cass. com., 23 février 1999, n°97-30.032, SCAITP Diamant Beach Club : RJF 05/99, n°586. En l'espèce, la Cour de cassation rejette l'application du principe selon lequel l'administration ne peut se constituer de preuve à elle-même dès lors qu'elle fournit aux juges des éléments de preuve qu'elle a elle-même constatés dans le cadre d'une procédure de visite et de saisie. Cette solution a été reprise avec constance par la suite (Cass. com., 22 février 2000, n°98-30.234, Cozma e. a. : RJF 05/00, n°640).

[1218] - Pour la Chambre commerciale : Cass. com., 16 juin 1998, n°96-30.135, Sté Médiatime France e.a. : RJF 07-08/98, n°962 ; Cass. com., 15 décembre 1998, n°97-30.122, Garcia : RJF 07/99, n°879.

- Pour la Chambre criminelle : Cass. crim., 7 novembre 2001, n°00-30.142 et n°00-30.129, Inédit.

[1219] Ordonnance n°2016-131 du 10 février 2016 portant réforme du droit des contrats, du régime général et de la preuve des obligations.

[1220] DOUVILLE Thibault, (dir.), *La réforme du Droit des contrats, Commentaire article par article*, Gualino, 2016, p. 414.

[1221] Cass., 1ère civ., 28 octobre 2015, n°14-24.351, Inédit ; Cass., 1ère civ, 13 février 2007, n°05-12.016 : Bull. civ. I, n°60 ; D. 2008, p. 2823, obs. Jean-Daniel BRETZNER.

[1222] En ce sens, l'arrêt du 2 avril 1996 précité (Cass. 1ère civ., 2 avril 1996, n°93-17.181 : Bull. I, n°170 ; RTD Civ. 1997, p. 136, obs. Jacques MESTRE ; D. 1996, p. 329, obs. Philippe DELEBECQUE ; LPA 24 janvier 1997, n°11, pp. 19-23, note Daniel GUTMANN) atteste de l'intérêt fondamental de l'application d'un tel principe en matière de faits juridiques. En l'espèce, la faute de la victime a été formée sur le seul fondement de preuves autoconstituées par la SNCF.

Il semble que le législateur ait souhaité privilégier la *liberté de la preuve* en matière de faits juridiques[1223]. Toutefois, en adoptant une telle disposition, la Cour de cassation est privée d'un précieux contrôle de l'impartialité des moyens de preuve retenus par les juges du fond[1224].

367. Il n'est cependant pas impossible que l'interdiction de se constituer une preuve à soi-même réapparaisse pour la preuve des faits. Cette règle est implicitement consacrée par l'article 1378-1 du Code civil – issu de l'ordonnance du 10 février 2016[1225] – qui dispose que « Les registres et papiers domestiques ne font pas preuve au profit de celui qui les a écrits » alors même que l'ancien article 1331 du Code civil limitait l'effet de cette règle, en matière de registres et papiers domestiques, à la seule preuve des titres[1226]. Or, tout indique qu'un tel document peut renfermer la preuve d'un fait juridique[1227]. Il est quelque peu déconcertant que l'ordonnance du 10 février 2016 ait étendu cette règle à l'ensemble des preuves et non plus aux simples titres. À la lecture de cette disposition, l'adage nul ne peut se constituer preuve à soi-même, paraît retrouver son effectivité pour la preuve de certains faits.

368. Faut-il pourtant considérer que ce principe est uniquement appliqué devant le juge civil ? À notre sens, un tel principe est consubstantiel à l'appréciation juridictionnelle[1228] puisqu'il requiert une impartialité de la preuve administrée en privant de force probante la preuve fabriquée par une partie. Devant le juge administratif, ce principe n'a pas été officiellement reconnu mais il est possible de relever des applications implicites de ce principe. En ce sens, le juge administratif de l'impôt a pu écarter comme dépourvus de force probante des témoignages fabriqués à la demande du

---

1223 DOUVILLE Thibault, (dir.), *La réforme du Droit des contrats, Commentaire article par article*, Gualino, 2016, pp. 414-415.

1224 Il revient, en effet, exclusivement aux juges du fond d'apprécier les qualités de ces preuves sans que la Cour de cassation ne veille à ce que les preuves administrées contiennent un degré suffisant d'impartialité.

1225 Ordonnance n°2016-131 du 10 février 2016 portant réforme du droit des contrats, du régime général et de la preuve des obligations.

1226 Cette disposition se substitue à l'article 1331 du Code civil qui disposait, avant l'Ordonnance n°2016-131 du 10 février 2016 portant réforme du droit des contrats, du régime général et de la preuve des obligations, que « Les registres et papiers domestiques ne font point un titre pour celui qui les a écrits ».

1227 Le journal intime constitue ainsi une telle preuve (TERRE François, *Introduction générale au droit*, Dalloz, 10e éd., 2015, n°668, pp. 534-535 ; ZAKI Magdi Sami, *La preuve par le journal intime*, RTD Civ. 1980, n°1, pp. 2-38). L'application de l'article 1378-1 du Code civil devrait conduire à priver de toute force probante la preuve résultant d'un tel journal intime lorsque celui qui l'invoque en est l'auteur.

1228 Patrick MORVAN classe ledit principe dans la catégorie des « Principes visés relevant de la théorie générale du droit » (*Les principes généraux du droit et la technique des visas de principe dans les arrêts de la Cour de cassation*, Droit In-Situ 2006, pp. 1-59, spéc. p. 13).

contribuable[1229] ou, en contentieux général, les preuves fabriquées par l'administré pour l'obtention d'un droit[1230]. Le droit fiscal livre, en cette matière, une remarquable manifestation de ce principe : si la preuve du caractère déductible d'une charge peut, en principe, être apportée par une simple facture émanant d'un tiers, tel n'est pas le cas lorsque le tiers est une société liée[1231] car « la présomption qui s'attache aux factures repose pour une part déterminante sur le fait qu'elles émanent de tiers qui ne peuvent pas être suspectés de complaisance a priori »[1232]. Dans un tel cas, le contribuable doit corroborer la preuve qu'il apporte par d'autres éléments, ce qui atteste d'une réduction de la force probante d'une preuve qui a pu être fabriquée et qui ne présente donc pas une garantie suffisante d'impartialité.

369. Le droit fiscal ne fait donc pas exception à ce principe même si la preuve comptable peut y faire obstacle : il s'agit d'une preuve établie par le contribuable et qu'il oppose au fisc[1233]. Toutefois, même en la matière, le droit fiscal prend en compte le fait que la preuve comptable a pu être *fabriquée* puisque le fisc peut toujours estimer qu'elle est irrégulière et donc dépourvue de force probante. En ce sens, la comptabilité n'a pas de force probante en soi : elle doit être accompagnée de justificatifs qui présentent des gages d'impartialité et dont la force probante est atténuée s'ils émanent de tiers liés au contribuable[1234].

370. Enfin, bien qu'il n'existe pas, à notre connaissance, d'application de ce principe par le juge pénal, ce principe peut être perçu dans l'interdiction de condamner une personne sur le fondement unique ou déterminant du

---

[1229] Le Conseil d'Etat a rejeté comme dépourvu de force probante un témoignage qui n'avait été « produit que pour les besoins de l'instance » (Conseil d'Etat, 8e s.-s., 14 avril 2010, n°306400, Inédit). Il en va aussi de certaines attestations réalisées postérieurement au contrôle fiscal (Conseil d'Etat, 13 février 1991, n°69992, Inédit).

[1230] La jurisprudence relative à la preuve des faits de résistance atteste de la présence implicite de la règle selon laquelle nul ne peut se constituer de preuve à soi-même. Par une décision du 31 mai 1968, le Conseil d'Etat juge que la preuve fournie par l'administré ne saurait être suffisante dans le cas où il a administré « un rapport dont il est l'auteur » (Conseil d'Etat, 2e et 4e s.-s., 31 mai 1968, n°72548 : Rec. T. p. 1149) dans un cas où l'administré sollicite « l'attribution du titre de combattant volontaire de la résistance ».

[1231] Conseil d'Etat, 3e et 8e s.-s., 16 mai 2008, n°288101, Sté SELAFA Géomat : Dr. fisc. 2008, n°30-35, comm. 430, concl. François SENERS, note Christophe DE LA MADIERE ; RJF 8-9/08, n°1002, BDCF 8-9/08, n°112, concl. François SENERS ; BGFE 2008, n°4, pp. 1-3, note Jean-Luc PIERRE.

[1232] SENERS François, concl. sur Conseil d'Etat, 3e et 8e s.-s., 16 mai 2008, n°288101, Sté SELAFA Géomat, préc.

[1233] DE LA MARDIERE Christophe, *La preuve en droit fiscal*, Litec, 2009, n°51, p. 22.

[1234] Conseil d'Etat, 3e et 8e s.-s., 16 mai 2008, n°288101, Sté SELAFA Géomat : Dr. fisc. 2008, n°30-35, comm. 430, concl. François SENERS, note Christophe DE LA MADIERE ; RJF 8-9/08, n°1002, BDCF 8-9/08, n°112, concl. François SENERS ; BGFE 2008, n°4, pp. 1-3, note Jean-Luc PIERRE.

témoignage des repentis[1235] qui est reconnu par le Code pénal[1236]. La Cour européenne des droits de l'Homme a développé une jurisprudence exigeante en la matière fondée sur l'équité du procès : attentive à cette question – en raison, notamment, du caractère intéressé de ces déclarations[1237], elle estime que l'utilisation de telles preuves ne heurte pas automatiquement l'équité du procès[1238]. Elle juge toutefois « que l'utilisation de déclarations faites par des témoins en échange d'une immunité ou d'autres avantages peut compromettre l'équité de la procédure menée contre l'accusé et soulever des questions délicates dans la mesure où, par leur nature même, de telles déclarations se prêtent à la manipulation et peuvent être faites uniquement en vue d'obtenir les avantages offerts en échange ou à titre de vengeance personnelle »[1239]. Elle ajoute que « le risque qu'une personne puisse être accusée et jugée sur la base d'allégations non vérifiées qui ne sont pas nécessairement désintéressées ne doit pas être sous-estimé »[1240]. Pour sauvegarder l'équité du procès, la Cour exige que des « garanties adéquates et suffisantes contre les abus »[1241] soient offertes à l'accusé. Dans l'affaire Habran et Dalem c/ Belgique, la Cour s'est notamment fondée sur le caractère concordant de deux témoignages émanant de repentis : ils étaient de nature à convaincre le jury[1242] sans heurter l'équité du procès.

371. Les solutions forgées par la Cour européenne des droits de l'Homme attestent que l'exigence d'impartialité de la preuve est également une exigence fondamentale pour la formation de la conviction du juge pénal. La partialité des preuves des repentis – qui ont intérêt, en cette qualité, à témoigner contre l'accusé afin d'obtenir une réduction de leur peine[1243] – doit conduire à corroborer les preuves ainsi administrées.

372. Ce principe qui encadre l'appréciation des juges semble être l'unique principe substantiel encadrant l'appréciation des juges. Il est possible d'y voir une forme d'objectivité de la preuve : la preuve serait ainsi *objective* car elle

---

[1235] Sur ce point : DESPORTES Frédéric et LAZERGES-COUSQUER Laurence, *Traité de procédure pénale*, Economica, 3e éd., 2015, n°634, p. 470.

[1236] Art. 132-78, al. 4 du Code pénal (issu de la loi n°2004-204 du 9 mars 2004 portant adaptation de la justice aux évolutions de la criminalité, J.O. du 10 mars 2004, p. 4567 : D. 2004, p. 1910, note Bertrand DE LAMY).

[1237] CEDH, 2 juin 2015, n°12512/07, Shiman c/ Roumanie, § 33 ; CEDH, 6 novembre 2014, n°67522/09, Ereren c/ Allemagne, § 59 ; CEDH, 25 mai 2004, n°994/03, Cornelis c/ Pays-Bas ; CEDH, Gde ch., 6 avril 2000, n°26772/95, Labita c/ Italie, § 157.

[1238] CEDH, 27 janvier 2004, n°44484/98, Lorsé c/ Pays-Bas ; CEDH, 27 janvier 2004, n°54445/00, Verhoek c/ Pays-Bas.

[1239] CEDH, 17 janvier 2017, n°43000/11 et 49380/11, Habran et Dalem c/ Belgique, § 100.

[1240] CEDH, 17 janvier 2017, n°43000/11 et 49380/11, Habran et Dalem c/ Belgique, § 100.

[1241] CEDH, 17 janvier 2017, n°43000/11 et 49380/11, Habran et Dalem c/ Belgique, § 101.

[1242] CEDH, 17 janvier 2017, n°43000/11 et 49380/11, Habran et Dalem c/ Belgique, § 110.

[1243] Art. 132-78, al. 2 du Code pénal.

serait détachée de tout intérêt particulier d'une partie. En ce sens, le terme *objectivité* peut s'entendre comme un « concept idéologique synonyme d'honnêteté, d'impartialité de l'informateur »[1244]. La force probante d'une preuve peut ainsi dépendre de l'intérêt de la partie qui l'administre : une preuve dont le juge soupçonne qu'elle a été fabriquée pour les besoins de la cause se voit accorder une force probante réduite voire nulle.

373. Conclusion de la Sous-Section I. – L'appréciation des juges de la matière fiscale ne présente donc aucun systématisme. S'il n'existe pas de modalités communes d'appréciation de la preuve aux juges de la matière fiscale, il n'existe pas, non plus, de modalités d'appréciation propres à chacun de ces juges. En effet, le système de preuve légale ou de preuve morale n'est pas un indice suffisant permettant d'identifier la liberté d'appréciation des juges. L'appréciation des juges est gouvernée par des règles spécifiques qui peuvent, tout à la fois, prospérer au sein d'un système de preuve légale mais également au sein d'un système de preuve morale. Il n'existe donc pas de liberté commune d'appréciation des preuves – tout comme il n'existe pas de liberté de la preuve propre à la matière fiscale. En outre, l'application commune de la règle selon laquelle nul ne peut se constituer de preuve à soi-même indique que l'appréciation juridictionnelle peut contenir des principes substantiels communs à chacun de ces juges. En dépit de cette règle commune, il apparaît que l'appréciation des juges de la matière fiscale est éclatée entre les juges de la matière fiscale : elle peut même laisser prospérer des conflits d'appréciation.

Sous-Section II. – L'existence possible de conflits d'appréciation juridictionnelle des juges fiscaux

374. L'appréciation juridictionnelle peut conduire à des conflits entre les juges fiscaux. Ils peuvent résulter tant de la force probante variable reconnue aux modes de preuve (§.1.) que de l'importance décisive de la preuve indiciaire (§.2.).

§.1. – La force probante variable des modes de preuve entre les juges fiscaux

375. En l'absence de corpus encadrant l'appréciation des preuves, des différences d'appréciation peuvent prospérer entre les juges de la matière fiscale. S'il apparaît impossible d'affirmer avec rigueur que certains modes de preuve ont une force probante plus importante que d'autres devant tel ou tel juge, il est en revanche possible d'identifier, *in abstracto*, des divergences

---

[1244] ACOT Pascal et BARTHOLY Marie-Claude, *Philosophie, épistémologie, précis de vocabulaire*, V° Objectivité, Editions Magnard, 1975, p. 29.

probables qui peuvent conduire les juges à des conflits dans l'appréciation des preuves. En ce sens, en matière fiscale, la nature écrite des procédures administrative et civile s'oppose à la place centrale de l'oralité dans la procédure pénale. Il existe ainsi une indépendance des modes de preuve[1245] entre ces juges. Cette expression traduit l'idée que chaque mode de preuve peut disposer d'une force probante différente dans l'appréciation des juges.

376. En premier lieu, la preuve écrite ou littérale[1246] est susceptible de conduire à des appréciations divergentes entre les juges de la matière fiscale bien qu'elle constitue l'« une des preuves les plus sûres »[1247]. Devant le juge civil, l'écrit occupe une place prépondérante et le Code civil prive parfois même le juge de sa liberté d'appréciation face à un acte authentique ou un acte sous seing privé. À l'inverse, devant les juges administratif[1248] et pénal[1249], la force probante de l'écrit est laissée à leur libre appréciation. De telles différences peuvent créer des conflits dans l'appréciation de ce mode de preuve.

377. Pourtant, une preuve écrite pourrait, en matière fiscale, faire l'objet d'une appréciation identique entre les juges. Il a pu être relevé que la comptabilité[1250] est « le mode de preuve par excellence »[1251] ou même le « mode de preuve normal »[1252], « dans tous les cas où la loi impose la tenue de documents comptables »[1253]. Il faut pourtant constater que ce mode de preuve n'offre pas, sur le plan de l'appréciation, de caractère particulier qui tendrait à unifier l'appréciation des juges. Car, en définitive, « C'est au juge qu'il appartient

---

1245 L'expression d'« indépendance des modes de preuve » est empruntée à Martine BETCH (*Contentieux pénal, Procédure*, Jurisclasseur procédures fiscales, Fasc. 720, 2015, n°405).

1246 Sur ce point : GORPHE François, *L'appréciation des preuves en justice, Essai d'une méthode technique*, Sirey, 1947, pp. 176-206.

1247 GORPHE François, *L'appréciation des preuves en justice, Essai d'une méthode technique*, Sirey, 1947, p. 176.

1248 PACTET Pierre, *Essai d'une théorie de la preuve devant la juridiction administrative*, Thèse de doctorat, Paris, Pedone, 1952, pp. 150-152.

1249 Par principe, la preuve est libre devant le juge pénal ce qui tend à exclure les règles de preuve qui encadrent la preuve civile. Toutefois, le juge pénal applique les règles de preuve civile lorsqu'une question de droit civil se pose à lui (Cass. crim., 17 novembre 1955 : D. 1956, p. 24) mais il recouvre sa libre conviction face à un contrat commercial (Cass. crim., 11 juin 1936 : Bull. crim., n°67). Sur ce point : LOURD Jean, *Les modes de preuve du droit civil devant les juridictions répressives*, Thèse de doctorat dact., Montpellier, 1935.

1250 Sur ce point : BAFFI Albert, *La valeur probante de la comptabilité face à l'administration fiscale*, Thèse de doctorat dact., Paris 2, 2007 ; GOUR Claude, MOLINIER Joël et TOURNIE Gérard, *Procédure fiscale*, PUF, Thémis droit, 1982, p. 314 ; DE LA MARDIERE Christophe, *La preuve en droit fiscal*, Litec, 2009, n°51, pp. 22-29.

1251 DE LA MARDIERE Christophe, *La preuve en droit fiscal*, Litec, 2009, n°51, p. 22.

1252 LAVONDES, concl. sur Conseil d'Etat, 8 février 1965, n°44356 : Dr. fisc. 1970, n°3 bis, comm. 29, pp. 37-39, spéc. p. 38.

1253 GOUR Claude, MOLINIER Joël et TOURNIE Gérard, *Procédure fiscale*, PUF, Thémis droit, 1982, p. 314.

d'apprécier (...) si la comptabilité est de nature à apporter [la] preuve »[1254] litigieuse. Dès lors que les juges sont libres d'apprécier la preuve comptable, il n'existe pas d'unité possible dans l'appréciation de ce mode de preuve. Il n'existe donc pas de particularisme fiscal dans l'appréciation des preuves comptables – ce qui est de nature à distinguer le contentieux fiscal du contentieux civil où la valeur probante des documents professionnels est reconnue par le Code civil et peut être opposée au commerçant[1255] – puisque le juge demeure libre d'apprécier la réalité des éléments comptables. Or, il est possible que l'appréciation des juges administratif et civil de l'impôt soit davantage affectée par les éléments comptables – écrits – alors qu'un juge pénal – statuant au terme d'une procédure orale –pourra ne s'en inspirer qu'indirectement.

378. En deuxième lieu, l'aveu[1256] – qui est « la déclaration par laquelle une personne reconnaît pour vrai un fait de nature à produire contre elle des conséquences juridiques »[1257] – offre un intéressant point de comparaison de l'appréciation des juges de la matière fiscale. La force probante accordée à l'aveu résulte du fait qu'« il est rationnel de présumer (...) que l'intérêt étant un puissant motif pour mentir, celui qui parle contre son intérêt est sincère »[1258].

379. La matière fiscale n'exclut nullement l'aveu[1259] – ce mode de preuve est même partiellement encadré par le Livre des procédures fiscales[1260] – comme

---

[1254] BAFFI Albert, *La valeur probante de la comptabilité face à l'administration fiscale*, Thèse de doctorat dact., Paris 2, 2007, p. 187.

[1255] Art. 1378 du Code civil.

[1256] Sur ce point : AYNES Augustin et VUITTON Xavier, *Droit de la preuve, Principes et mise en œuvre processuelle*, Lexis Nexis, 2013, p. 274 ; LEVY-BRUHL Henri, *La preuve judiciaire, étude de sociologie juridique*, Rivière et Cie, Paris, 1964, p. 131 ; JEULAND Emmanuel, *Droit processuel général*, LGDJ, Montchrestien, Domat droit privé, 3e éd., 2014, pp. 492-493.
Sur l'aveu en matière fiscale : DE LA MARDIERE Christophe, *La preuve en droit fiscal*, Litec, 2009, pp. 14-18 ; DE LA MARDIERE Christophe, *Sécurité juridique et preuve fiscale*, in, BUISSON Jacques (dir.), *La sécurité fiscale*, L'Harmattan, 2011, pp. 207-219, spéc. pp. 208-213 ; GORPHE François, *L'appréciation des preuves en justice, Essai d'une méthode technique*, Sirey, 1947, pp. 207-245 ; GOUR Claude, MOLINIER Joël et TOURNIE Gérard, *Procédure fiscale*, PUF, Thémis droit, 1982, p. 314.

[1257] Art. 1383 du Code civil.

[1258] CARBONNIER Jean, *Droit civil, Introduction*, PUF, Coll. Thémis, 26e éd., 1999, p. 340.

[1259] La prise en compte de l'aveu en matière fiscale confirme l'idée selon laquelle le contentieux fiscal ne présente pas de réelle spécificité car le contentieux fiscal admet une preuve – qui peut être qualifiée de « subjective » (En ce sens, François LOLOUM qualifie l'aveu « présente le caractère subjectif d'un acquiescement du contribuable » (LOLOUM François, concl. sur Conseil d'Etat, 9e et 8e s.-s., 2 mars 1994, n°107821, M. André Chombart : Dr. fisc. 1994, n°27, comm. 1333). De même, Jean CARBONNIER classe l'aveu dans le champ des « moyens subjectifs » (*Droit civil, Introduction*, PUF, Coll. Thémis, 26e éd., 1999, pp. 340-341)).

[1260] En ce sens, l'article L. 189 du Livre des procédures fiscales dispose que « tout acte comportant reconnaissance de la part des contribuables » d'une dette fiscale interrompt le délai

mode de preuve : tant les juges administratif[1261], civil[1262] que pénal[1263] l'admettent.

380. La force probante de l'aveu est librement appréciée par chaque juge[1264] – sous réserve de l'aveu judiciaire qui s'impose au juge civil[1265]. Même en procédure pénale, l'aveu ne présente plus de particularisme : il n'est plus considéré comme la « reine des preuves »[1266] et est laissé « à la libre appréciation des juges » comme en dispose l'article 428 du Code de procédure

---

de reprise (Conseil d'Etat, 8e et 9e s.-s., 9 février 2000, n°192179, SA Secap : Dr. fisc. 2000, n°25. comm. 518 ; RJF 3/00, n°392, concl. Jacques ARRIGHI DE CASANOVA, BDCF 03/00, n°39) et l'article L. 170 du Livre des procédures fiscales dispose que « les omissions ou insuffisances d'imposition révélées par une instance devant les tribunaux ou par une réclamation contentieuse peuvent être réparées par l'administration des impôts jusqu'à la fin de l'année suivant celle de la décision qui a clos l'instance ».

1261 Le juge administratif de l'impôt admet, par principe, l'aveu comme preuve en matière fiscale (CAA de Lyon, 5e ch., 30 août 2016, n°14LY01821, Inédit). Cet aveu peut résulter d'un procès-verbal résultant de l'audition du contribuable lors d'une procédure de visite et de saisie (CAA de Nantes, 1ère Ch., 23 mars 2009, n°08NT00336, Inédit), d'une lettre (Conseil d'Etat, 9e et 7e s.-s., 10 décembre 1980, n°14878 : Dr. fisc. 1981, n°10, comm. 476 ; RJF 02/81, n°137), mais également dans la réponse du contribuable aux notifications de redressement (Conseil d'Etat, 7e et 8e s.-s., 12 décembre 1990, n°61643 et 112316, Dumas : Dr. fisc. 1991, n°27, comm. 1388, concl. Olivier FOUQUET ; RJF 02/91, n°217) ou encore d'un écrit lors de la procédure contentieuse (Conseil d'Etat, 7e et 9e s.-s., 10 octobre 1984, n°33355, Blaize : Dr. fisc. 1985, n°6, comm. 253 ; RJF 12/84, n°1503).

1262 Le juge civil de l'impôt admet également l'aveu comme un moyen de preuve (Cass. com., 17 janvier 2006, n°03-18.951 : RJF 05/06, n°612). En l'espèce, l'aveu du contribuable – réalisé devant des agents des douanes et consigné au sein d'un procès-verbal – permet de prouver la nécessité de réintégrer une somme dans l'actif successoral).

1263 Le juge pénal de l'impôt admet également les aveux du prévenu en tant que preuve. Les aveux peuvent avoir été consignés par procès-verbal (Cass. crim., 6 mars 1989, n°88-80.177 : Bull. crim., n°104) ou avoir été prononcés devant le juge pénal (Cass. crim., 6 juillet 1988, n°87-90.240, Inédit).

1264 Devant le juge civil de l'impôt, la force probante de l'aveu extrajudiciaire « est laissée à l'appréciation du juge » (art. 1383-1 du Code civil). Devant le juge pénal, l'article 428 du Code de procédure pénale dispose que « L'aveu, comme tout élément de preuve, est laissé à la libre appréciation des juges ». Enfin, devant le juge administratif, la valeur probante de l'aveu est également laissée à la libre appréciation du juge (en ce sens, François LOLOUM souligne que la détermination de la valeur probante de l'aveu est confiée « aux juges du fond, dans l'exercice de leur pouvoir souverain, d'appréci[ation] » (concl. sur Conseil d'Etat, 9e et 8e s.-s., 2 mars 1994, n°107821, M. André Chombart : Dr. fisc. 1994, n°27, comm. 1333)).

1265 L'aveu judiciaire « fait foi contre celui qui l'a fait » (art. 1383-2 du Code civil).

1266 Sur ce point : ALLAIN Emmanuelle, *La reine des preuves*, AJ pénal 2015, p. 57 ; CONTE Philippe et MAISTRE DU CHAMBON Patrick, *Procédure pénale*, Armand Colin, 4e éd., 2002, n°58, p. 37 ; JEULAND Emmanuel, *Droit processuel général*, LGDJ, Montchrestien, Domat droit privé, 3e éd., 2014, pp. 492-493 ; MERLE Roger et VITU André, *Traité de droit criminel, Procédure pénale*, Tome 2, Cujas, 5e éd., 2001, n°7, p. 21 et n°184-190, pp. 234-239 ; RASSAT Michèle-Laure, *Procédure pénale*, Ellipses, 2e éd., 2013, n°253, pp. 261-262

pénale qui s'applique en matière fiscale[1267]. L'aveu pénal est donc devenu – en dépit du maintien d'une « fascination »[1268] à son égard – « une preuve comme les autres »[1269]. À ce titre, le juge pénal se garde de conférer une force absolue à l'aveu et en procédure pénale, l'autorité publique « ne se contente jamais des aveux faits par un suspect, mais elle s'efforce d'en vérifier l'exactitude par la comparaison avec tous les autres éléments de l'affaire »[1270]. En somme, l'aveu ne saurait constituer une exception à la liberté d'appréciation du juge pénal.

381. Pourtant, l'aveu peut présenter certaines spécificités en matière d'appréciation. Devant le juge civil, l'aveu judiciaire – qui peut résulter de conclusions écrites[1271] – « fait foi »[1272] privant le juge de son pouvoir d'appréciation[1273]. Or, tant devant le juge administratif[1274] que devant le juge pénal[1275], l'aveu judiciaire ne prive pas les juges de leur liberté d'appréciation. Il existe donc une différence de force probante de l'aveu judiciaire. Cette différence de force probante de l'aveu résulte d'une différence d'office entre les juges. Devant le juge civil – s'il a pu être défendu que la force probante de l'aveu judiciaire résulte des circonstances qui entourent cet aveu[1276] – cette force probante résulte bien davantage de l'identité des prétentions qui naît de l'aveu d'une partie[1277]. Face à une telle identité des prétentions, le jûge est, en

---

[1267] Le juge pénal a affirmé, en matière fiscale, la liberté d'appréciation dont il dispose en matière d'aveu (Cass. crim., 4 août 1992, n°91-82.475, Inédit ; Cass. crim., 7 mai 1968, n°67-92.529 : Bull. crim., n°140).

[1268] ALLAIN Emmanuelle, *La reine des preuves*, AJ pénal 2015, p. 57.

[1269] CONTE Philippe et MAISTRE DU CHAMBON Patrick, *Procédure pénale*, Armand Colin, 4ᵉ éd., 2002, n°58, p. 37.

[1270] MERLE Roger et VITU André, *Traité de droit criminel*, *Procédure pénale*, Tome 2, Cujas, 5ᵉ éd., 2001, n°7, p. 21.

[1271] Cass. 3ᵉ civ., 13 novembre 1973, n°72-13.028 : Bull. civ. III, n°576.

[1272] Article 1383-2, al. 2 du Code civil. Il est à relever que l'article 1356, alinéa 2 du Code civil disposait, jusqu'à l'entrée en vigueur de l'Ordonnance n°2016-131 du 10 février 2016 portant réforme du droit des contrats, du régime général et de la preuve des obligations, que l'aveu judiciaire faisait « pleine foi contre celui qui l'a fait ». Or, il n'y a pas de différence entre les expressions la « pleine foi » et la « foi » accordée à un mode de preuve (DOUVILLE Thibault, (dir.), *La réforme du Droit des contrats, Commentaire article par article*, Gualino, 2016, p. 432).

[1273] GHESTIN Jacques, GOUBEAUX Gilles et FABRE-MAGNAN Muriel, *Traité de droit civil, Introduction générale*, LGDJ, 4ᵉ éd., 1994, n°675, p. 655.

[1274] Conseil d'Etat, 9ᵉ et 8ᵉ s.-s., 2 mars 1994, n°107821, André Chombart : Dr. fisc. 1994, n°27, comm. 1333, concl. François LOLOUM.

[1275] Art. 428 du Code de procédure pénale.

[1276] LEGEAIS Raymond, *Les règles de preuve en droit civil : permanences et transformations*, thèse de doctorat, Poitiers, LGDJ, 1954, p. 110.

[1277] GHESTIN Jacques, GOUBEAUX Gilles et FABRE-MAGNAN Muriel, *Traité de droit civil, Introduction générale*, LGDJ, 4ᵉ éd., 1994, n°724, p. 705 ; TERRE François, *Introduction générale au droit*, Dalloz, 10ᵉ éd., 2015, n°690, p. 548.

effet, déchargé du litige[1278]. Ce sont donc les « règles relatives à l'office du juge en matière civile »[1279] qui fondent la force probante de l'aveu judiciaire. Cette force probante résulte du lien particulier qui unit le juge aux parties : le procès, chose des parties[1280], échappe au juge lorsque l'aveu judiciaire éteint l'opposition entre ces mêmes parties.

382. À l'inverse, devant le juge pénal, la relativité de la force probante de l'aveu – affirmée à l'article 428 du Code de procédure pénale – résulte d'une nécessaire protection de l'individu contre l'aveu qui – s'il est spontané – peut avoir été fait par une « personne psychologiquement fragile ou faible ayant été intimidée par les autorités chargées de l'interroger »[1281]. L'aveu peut également avoir été fait par « vantardise »[1282] ou par un « innocent avouant pour protéger un proche »[1283]. La liberté d'appréciation du juge en matière d'aveu constitue donc une garantie de la liberté individuelle qui doit conduire le juge à mesurer sa réelle force probante. Le refus d'accorder une force probante décisive à l'aveu pénal traduit l'office protecteur de la liberté individuelle du juge pénal. À la différence du juge pénal, la liberté d'appréciation dont dispose le juge administratif à l'égard de l'aveu ne traduit pas, à notre sens, une volonté de protéger l'administré mais découle du système de preuve morale qui confère une liberté au juge dans l'appréciation des preuves. Le juge préserve ainsi sa position de maîtrise des preuves administrées en n'accordant aucune force particulière à l'aveu.

383. De même, le caractère divisible ou indivisible de l'aveu judiciaire[1284] repose sur une conception différente de l'office des juges qui se traduit par une liberté d'appréciation plus ou moins forte de la part des juges. S'il est, par

---

1278 GHESTIN Jacques, GOUBEAUX Gilles et FABRE-MAGNAN Muriel, *Traité de droit civil, Introduction générale*, LGDJ, 4e éd., 1994, n°724, p. 705.
1279 *Op. cit., loc. cit.*
1280 Art. 2 du Code de procédure civile.
1281 PEREIRA Brigitte, *Justice négociée : efficacité répressive et droits de la défense ?*, D. 2005, p. 2041.
1282 *Op cit., loc. cit.*
1283 *Op cit., loc. cit.*
1284 Sur ce point : AMBROISE-CASTEROT Coralie, *Aveu*, Répertoire de droit pénal et de procédure pénale, Dalloz, 2016, n°85-87 ; CONTE Philippe et LARGUIER Jean, *Procédure pénale*, Dalloz, Mémentos, 2016, p. 413 ; GHESTIN Jacques, GOUBEAUX Gilles et FABRE-MAGNAN Muriel, *Traité de droit civil, Introduction générale*, LGDJ, 4e éd., 1994, n°725, pp. 706-707 ; MERLE Roger et VITU André, *Traité de droit criminel, Procédure pénale*, Tome 2, Cujas, 5e éd., 2001, pp. 238-239 ; MOURALIS Jean-Louis, *Preuve, Modes de preuve*, Répertoire de droit civil, Dalloz, 2016, n°730-766 ; PEREIRA Brigitte, *Justice négociée : efficacité répressive et droits de la défense ?*, D. 2005, p. 2041 ; TERRE François, *Introduction générale au droit*, Dalloz, 15e éd., 2015, n°691, pp. 548-549.

principe divisible devant le juge pénal[1285] et le juge administratif[1286], il est, par principe, indivisible devant le juge civil[1287]. Cette différence résulte, à nouveau, des différences qui opposent les juges administratif, civil et pénal en termes d'office : le juge civil est, à la différence de ses homologues administratif et pénal, privé de sa liberté d'appréciation en matière d'aveu judiciaire.

384. En troisième lieu, la preuve testimoniale[1288] est également susceptible de disposer d'une force variable devant les juges de l'impôt. Elle est « celle qui résulte des déclarations faites par des personnes qui relatent ce qu'elles ont vu ou entendu »[1289]. Ce mode de preuve présente le défaut essentiel d'être *subjectif* puisque la force probante d'un témoignage est liée aux qualités – réelles ou supposées – de son auteur[1290]. Il faut, en effet, se résoudre à considérer que « Le premier facteur de la valeur d'un témoignage réside en la personne même du témoin »[1291]. François GORPHE expose ainsi que ce mode de preuve n'est « qu'une superstition : la confiance spontanée en la personne humaine est une naïve illusion ; les témoins les plus sérieux commettent de multiples erreurs, ainsi que le démontrent toutes les expériences, et l'on a pu proclamer que c'est l'erreur, et non plus la vérité, qui est la règle dans les dépositions, sans que le serment augmente beaucoup le coefficient de fidélité »[1292].

1285 Par principe, l'aveu est divisible devant le juge pénal (Cass. crim., 17 juillet 1958 : Bull. crim., n°554).

1286 Le régime de la preuve morale prévalant en matière d'aveu judiciaire devant le juge administratif, le caractère divisible de l'aveu ne fait pas de doute, bien qu'aucune décision ne justifie, à notre connaissance, ce point.

1287 Art. 1383-2, al. 3 du Code civil.

1288 Sur ce point : GORPHE François, *L'appréciation des preuves en justice, Essai d'une méthode technique*, Sirey, 1947, pp. 348-441 ; GORPHE François, *La critique du témoignage*, Thèse de doctorat, Paris, Dalloz, 1924.

1289 GHESTIN Jacques, GOUBEAUX Gilles et FABRE-MAGNAN Muriel, *Traité de droit civil, Introduction générale*, LGDJ, 4e éd., 1994, n°713, p. 694.

1290 GORPHE François, *L'appréciation des preuves en justice, Essai d'une méthode technique*, Sirey, 1947, pp. 67-68 et p. 399 ; GORPHE François, *La critique du témoignage*, Thèse de doctorat, Paris, Dalloz, 1924 ; LEVY-BRUHL Henri, *La preuve judiciaire, Etude de sociologie juridique*, Librairie Marcel Rivière et Cie, 1964, p. 145.

1291 GORPHE François, *L'appréciation des preuves en justice, Essai d'une méthode technique*, Sirey, 1947, p. 399.

1292 *Op. cit.*, p. 68.

385. Ce mode de preuve est librement apprécié par les juges[1293] et il est admis – sous sa forme écrite[1294] – devant les juges administratif[1295] et civil[1296] de l'impôt. En outre, le témoignage est naturellement admis, devant le juge pénal[1297] en matière fiscale[1298] – tant sous sa forme orale qu'écrite.

386. La matière fiscale n'offre ainsi aucune spécificité en matière de témoignage[1299]. Si le témoignage fait ainsi l'objet d'une libre appréciation par les juges de l'impôt, il est possible de relever que devant le juge pénal, une telle preuve est susceptible d'occuper une place plus importante que devant les juges administratif et civil de l'impôt où seules les attestations sont admises. Devant le juge pénal, il est parfois affirmé que ce mode de preuve « occupe le premier rang parmi les preuves pénales »[1300]. Or, rien n'interdit au

---

[1293] L'article 1381 du Code civil pose que le juge civil apprécie librement les témoignages. Devant ce juge, le témoignage peut prendre la forme d'attestations (art. 200 à 203 du Code de procédure civile). En outre, le juge civil peut – dans le cadre d'une enquête – convoquer les témoins, cette convocation étant encadrée par les articles 228 à 230 du Code de procédure civile. Seule l'attestation sera donc admissible en matière fiscale en raison du caractère écrit de l'instruction (art. R. 202-2, al. 2 du Livre des procédures fiscales).

[1294] L'audition de témoins est prohibée devant le juge civil de l'impôt en vertu de l'article R. 202-2, al. 2 du Livre des procédures fiscales (Cass. com., 3 décembre 1991, n°89-21.490, Sté François Quillien : Dr. fisc. 1992 n°30, comm. 1545 ; RJF 02/92, n°272).

[1295] La force probante des témoignages est liée à la conviction du juge administratif. Si le juge administratif accorde parfois une force probante à l'attestation du comptable du contribuable (Conseil d'Etat, 9e et 8e s.-s., 3 novembre 1986, n°49763, Nahmias : RJF 01/87, n°73, Chronique Monique LIEBERT-CHAMPAGNE, p. 3) ou encore à des « témoignages concordants » (CAA de Nancy, 2e ch., 28 novembre 2002 n°98-2150, SARL Rieffel-Muller-Hindermeyer : RJF 04/03, n°469), il y a tout lieu de relever que ces témoignages servent souvent à renforcer la force probante d'autres preuves (Conseil d'Etat, 3e s.-s., 8 juillet 2011, n°329883, Inédit). Dans d'autres espèces, les témoignages sont purement et simplement écartés par le juge qui estime qu'ils sont dépourvus de toute force probante (Conseil d'Etat, Plén., 9 mars 2016, n°364586, Marteau : Dr. fisc. 2016, n°18-19, comm. 316, concl. Edouard CREPEY, note Jean-Luc PIERRE ; RJF 05/16, n°460 ; Procédures 2016, comm. 189, note Ludovic AYRAULT ; Conseil d'Etat, 10e s.-s., 28 novembre 2012, n°334438, Inédit).

[1296] Le juge civil admet, en matière fiscal, les témoignages écrits sous la forme d'attestations (Cass. com., 17 janvier 2012, n°10-27.185, Inédit ; Cass. com., 5 janvier 1988, n°86-12.749, Evrard : préc.). Les juges du fond sont libres d'apprécier la force probante de ces témoignages (Cass. com., 17 janvier 2012, n°10-27.185, Inédit).

[1297] Le témoignage est encadré, devant le juge pénal, par les articles 435 à 457 du Code de procédure pénale.
Sur ce point : GIACOPELLI Muriel, *Témoin*, Répertoire de droit pénal et de procédure pénale, Dalloz, 2014 ; CONTE Philippe et Jean LARGUIER, *Procédure pénale*, Dalloz, 22e éd., 2010, p. 345.

[1298] Cass. crim., 20 mai 2009, n°08-83.936, Inédit ; Cass. crim., 15 novembre 1966, n°65-93.993 : Bull. crim., n°257.

[1299] Le juge administratif mesure également, à l'aune de son intime conviction, la force probante des témoignages en dehors de la matière fiscale (Conseil d'Etat, 3e et 5e s.-s., 21 décembre 1977, n°08116, mentionné aux tables du recueil Lebon).

[1300] MERLE Roger et VITU André, *Traité de droit criminel, Procédure pénale*, Tome 2, Cujas, 5e éd., 2001, p. 214.

juge pénal fiscal de se fonder essentiellement sur un témoignage pour établir la culpabilité ou l'innocence du prévenu. De ce fait, au terme d'un procès, la force probante du témoignage peut être différente entre les juges de la matière fiscale.

387. Ces nombreuses différences qui sont susceptibles de grever l'appréciation des juges sont encore renforcées par la place prépondérante de la preuve indiciaire devant les juges de l'impôt qui fait planer un certain degré d'incertitude sur l'appréciation juridictionnelle.

§.2. – L'importance commune de la preuve indiciaire

388. L'appréciation juridictionnelle est affectée de manière décisive par l'indice[1301]. Par la preuve indiciaire, le juge « utilise le procédé logique dit de l'inférence, qui induit de faits connus le ou les faits à prouver »[1302]. Cette nature particulière de la preuve juridictionnelle découle de la liberté d'appréciation du juge : il est libre d'estimer un fait établi à la lumière d'un simple indice – indice vient d'ailleurs du latin *index* qui signifie *indiquer*. Tout mode de preuve peut devenir, dans l'esprit du juge, un indice lui permettant de déduire l'existence d'un autre fait[1303]. En somme, l'indice, s'il constitue un mode de preuve autonome, « absorbe tous les autres »[1304] car tout élément de preuve peut constituer une présomption offrant au juge la faculté d'induire, de cette preuve, l'existence d'une autre preuve. L'appréciation juridictionnelle offre ainsi une place déterminante au raisonnement inductif qui permet au juge de supposer un fait établi à la lumière d'un simple indice.

389. Le droit civil identifie l'indice sous les traits de la présomption du fait de l'homme, expression imagée qui atteste du lien déterminant qui unit ce mode

---

1301 Sur ce point : BATIFFOL Henri, *Observations sur la preuve des faits*, in, PERELMAN Chaïm et FORIERS Paul (dir.), *La preuve en droit*, Bruylant, 1981, pp. 303-314, spéc. pp. 308-309 ; COLIN Frédéric, *L'utilisation d'indices concordants en droit administratif*, AJDA 2007, pp. 18-23 ; CONTE Philippe et MAISTRE DU CHAMBON Patrick, *Procédure pénale*, Armand Colin, 4e éd., 2002, n°49, pp. 32-33 ; DUPICHOT Jacques et GUEVEL Didier, *Contrats et obligations, Présomptions, Notions générales*, JurisClasseur, Lexis Nexis, 2016, n°26 ; GORPHE François, *L'appréciation des preuves en justice, Essai d'une méthode technique*, Sirey, 1947, pp. 70-76 ; GHESTIN Jacques, GOUBEAUX Gilles et FABRE-MAGNAN Muriel, *Traité de droit civil, Introduction générale*, LGDJ, 4e éd., 1994, pp. 701-702 ; MERLE Roger et VITU André, *Traité de droit criminel, Procédure pénale*, Tome 2, Cujas, 5e éd., 2001, pp. 239-273 ; PACTEAU Bernard, *Preuve*, Répertoire de contentieux administratif, Dalloz, 2014, n°172.

1302 MERLE Roger et VITU André, *Traité de droit criminel, Procédure pénale*, Tome 2, Cujas, 5e éd., 2001, p. 240.

1303 Une réserve doit cependant être faite au regard des preuves parfaites qui font foi devant le juge civil.

1304 CONTE Philippe et MAISTRE DU CHAMBON Patrick, *Procédure pénale*, Armand Colin, 4e éd., 2002, pp. 32-33.

de preuve au juge[1305]. Les présomptions du fait de l'homme sont admises dans les cas où les modes de preuve ne sont pas limités à la preuve écrite[1306]. Cela signifie que la preuve des faits juridiques peut – à la différence de la preuve des actes juridiques[1307] – être fondée sur des présomptions du fait de l'homme. Devant ce juge, la force probante des présomptions du fait de l'homme est laissée à l'appréciation des juges du fond[1308]. La liberté du juge civil est renforcée car, bien que le Code civil exige du juge qu'il se fonde sur une pluralité de présomptions qui soient tout à la fois « graves, précises et concordantes »[1309] pour juger un fait établi, il est avéré que le juge civil peut se fonder sur un seul et même indice[1310]. À ce titre, des auteurs autorisés ont même pu souligner que « les conditions de gravité, de précision et de concordance posées par le code sont devenues de simples préceptes moraux »[1311]. Une telle analyse permet de constater l'importance de la liberté d'appréciation offerte au juge civil en la matière puisqu'un seul indice peut permettre d'établir un fait. En ce sens, le juge civil a pu établir qu'un éboueur a été contaminé par le virus du sida après s'être piqué avec une seringue lors du ramassage d'ordures en se fondant sur une seule expertise relative à l'évolution de sa maladie alors même que la seringue en cause n'avait pas été retrouvée : les circonstances litigieuses étaient de nature à fonder « des présomptions suffisamment graves, précises et concordantes »[1312].

[1305] L'ancien article 1349 du Code civil définissait les présomptions du fait de l'homme comme les « conséquences que (…) le magistrat tire d'un fait connu à un fait inconnu ». *De lege lata*, l'article 1382 du Code civil dispose que « Les présomptions qui ne sont pas établies par la loi, sont laissées à l'appréciation du juge, qui ne doit les admettre que si elles sont graves, précises et concordantes, et dans les cas seulement où la loi admet la preuve par tout moyen ».
[1306] Art. 1382 du Code civil.
[1307] Art. 1359 du Code civil.
[1308] Art. 1382 du Code civil.
[1309] Art. 1382 du Code civil.
[1310] À première vue, l'article 1382 du Code civil – qui reprend les termes de l'ancien article 1353 du Code civil – pose que seules les présomptions « graves, précises et concordantes » peuvent être admises par le juge. Le pluriel pourrait laisser à penser que le juge ne peut se contenter d'un seul indice pour inférer l'existence d'un fait. Pourtant, la doctrine (GHESTIN Jacques, GOUBEAUX Gilles et FABRE-MAGNAN Muriel, *Traité de droit civil, Introduction générale*, LGDJ, 4e éd., 1994, p. 702 ; DUPICHOT Jacques et GUEVEL Didier, *Contrats et obligations, Présomptions, Notions générales*, JurisClasseur, Lexis Nexis, 2016, n°58 et doctrines citées) et la jurisprudence (Cass., 1ère civ., 18 mars 1997, n°94-21.396, Inédit) admettent qu'une preuve soit fondée sur un seul indice.
[1311] DUPICHOT Jacques et GUEVEL Didier, *Contrats et obligations, Présomptions, Notions générales*, Lexis Nexis, JurisClasseur Civil Code, Fasc. n°10, 2016, n°60.
[1312] Cass., 2e civ., 2 juin 2005, n°03-20.011, Société La Médicale de France : Bull. civ. II ; Environnement 2005, n°12, pp. 16-17.

390. En matière fiscale, les présomptions du fait de l'homme ont été admises, par principe[1313], par le juge civil pour la preuve des faits[1314]. La place de ces présomptions du fait de l'homme est même déterminante devant le juge civil de l'impôt puisque la preuve de la mauvaise foi du contribuable[1315] ou de l'abus de droit[1316] peut résulter de telles présomptions. Parfois, les présomptions du fait de l'homme sont écartées. En premier lieu, le juge civil exige, en matière d'autorisation de visite et de saisie que le fisc administre « de simples présomptions » et non des « indices précis, graves et suffisamment concordants pour faire présumer l'existence d'une fraude fiscale »[1317]. En cette matière, seuls des indices – qui peuvent s'entendre comme « un minimum de présomptions »[1318] – sont requis du fisc afin d'éveiller un soupçon de fraude mais il n'est pas requis que ces indices soient susceptibles de prouver la fraude que la procédure de droit de visite et de saisie a pour fonction d'établir[1319]. En second lieu, le juge civil de l'impôt écarte les présomptions du fait de l'homme lorsque le Livre des procédures fiscales pose une exigence particulière de preuve. Il en va ainsi – comme en dispose l'article R.197-3, d du Livre des procédures fiscales – de la preuve du paiement d'un impôt qui ne saurait exiger du contribuable une preuve parfaite[1320] ou une simple présomption du fait de l'homme[1321] mais qui requiert que le contribuable produise « une pièce justifiant le montant de la retenue ou du

---

[1313] *A priori*, une telle admission des présomptions du fait de l'homme n'était pas évidente en matière fiscale. Avant l'ordonnance n°2016-131 du 10 février 2016 portant réforme du droit des contrats, du régime général et de la preuve des obligations, l'article 1353 du Code civil écartait l'admission des présomptions du fait de l'homme dans les matières où la preuve testimoniale était exclue. Or, la preuve testimoniale étant inadmissible devant le juge civil de l'impôt (art. R. 202-2, alinéa 2, du Livre des procédures fiscales), les présomptions du fait de l'homme auraient pu être exclues (Sur ce point : DERUEL François-Patrice, *La preuve en matière fiscale*, Thèse de doctorat dact., Paris, 1962, p. 132 ; PILON Eustache, *Principes et technique des droits d'enregistrement*, Dalloz, 1929, p. 673).

[1314] Cass. com., 5 janvier 1988, n°86-12.749, Evrard : préc. ; Cass. com., 27 janvier 1998, n°96-11.941, Lacaille : Dr. fisc. 1998, n°23, comm. 511 ; RJF 05/98, n°622.

[1315] Cass. com., 6 avril 1999, n°96-21.702, Duchez : Dr. fisc. 1999, n°52, comm. 947 ; RJF 07/99, n°939.

[1316] Cass. com., 30 juin 1987, n°85-15.735, Ollier : Bull. IV, n°168 ; Dr. fisc. 1987, n°46, comm. 2124.

[1317] Cass. com., 9 mars 2010, n°09-13.829 : RJF 06/10, n°604.

[1318] Michel JEOL, Conclusions sur Cass. com., 27 novembre 1991, Michaut et Entreprise Jean Lefebvre : D. 1992, p. 122.

[1319] Stéphane DETRAZ relève ainsi que « Les présomptions légalement requises [dans le cadre de l'autorisation des procédures de visite et de saisie] sont donc simplement des indices, et non pas nécessairement des éléments susceptibles de faire preuve devant une juridiction de jugement » (*Un an de droit pénal fiscal et douanier (Septembre 2014 – Août 2015)*, Dr. pén. 2015, n°8, chron. 8).

[1320] Cass. com., 25 janvier 2000, n°97-18.843, CRAMA Rhône Alpes : RJF 05/00, n°724.

[1321] Cass. com., 16 novembre 1999, n°97-17.289, DGI c/ Sté Trouvay Cauvin : RJF 02/00, n°312.

versement »[1322]. En dehors de ces exceptions, les présomptions du fait de l'homme occupent, devant le juge civil de l'impôt une place déterminante.

391. De même, devant le juge administratif, les présomptions du fait de l'homme occupent une place décisive. Louis DE GASTINES a ainsi affirmé qu'« Il est incontestable que le juge administratif utilise les présomptions de fait »[1323]. Le juge administratif emploie quotidiennement des présomptions et des indices pour forger sa conviction. Le juge administratif se fonde ainsi sur des « indices concordants »[1324] ou – « sur des indices convaincants autant que convergents »[1325] – qui sont une combinaison d'éléments factuels qui corroborent l'existence d'un fait. Dans un tel cas, la preuve résulte d'une « simple convergence de probabilités »[1326] puisque le juge se fonde sur des indices dont la véracité n'est jamais absolue. Aucune restriction ne s'impose au juge administratif dans l'emploi des présomptions du fait de l'homme dès lors que sa conviction repose sur un système de preuve morale. Toute preuve peut ainsi reposer sur un indice[1327].

392. En matière fiscale, le juge administratif use également des présomptions du fait de l'homme pour juger les faits établis[1328]. Les litiges fiscaux ne présentent ainsi aucun particularisme en la matière.

[1322] Le contribuable peut ainsi produire, de jurisprudence constante, un document comptable ou bien une attestation de son commissaire aux comptes (Cass. com., 18 octobre 1994, n°92-15.667, Sté Limagne Sanders : RJF 01/95, n°124).

[1323] DE GASTINES Louis, *Les présomptions en droit administratif*, Thèse de doctorat, Paris 1, LGDJ, Bibliothèque de droit public, Tome 163, 1991, p. 8.

[1324] COLIN Frédéric, *L'utilisation d'indices concordants en droit administratif*, AJDA 2007, pp. 18-23.

[1325] PACTEAU Bernard, *Preuve*, Répertoire de contentieux administratif, Dalloz, 2014, n°171.

[1326] LEMASURIER Jeanne, *La preuve dans le détournement de pouvoir*, RDP 1959, pp. 36-66, spéc. p. 44.

[1327] En ce sens, le juge administratif a pu se fonder, dans un litige relatif aux pensions militaires, sur « des présomptions suffisamment précises et concordantes » pour juger de l'appartenance d'un justiciable à l'armée française (Conseil d'Etat, 27 mai 1970, Ministre des Finances c/ Sieur Nguyen-Quang : Rec. p. 377).

[1328] Conseil d'Etat, 7e et 9e s.-s., 16 décembre 1992, n°123268, Liviane Anslat : RJF 02/93, n°195.

393. Enfin, à l'instar du juge administratif, devant le juge pénal[1329] « Tout (...) peut être un indice »[1330]. Par l'emploi de ces indices « le juge part des faits connus pour arriver à l'affirmation de faits *a priori* non évidents, par exemple la culpabilité ou l'innocence du prévenu »[1331]. En somme, il n'existe pas de différence sensible devant le juge pénal puisque ce juge emploie, comme le juge administratif et le juge civil, les présomptions du fait de l'homme qui découlent d'indices.

394. La jurisprudence livre une intéressante illustration de l'utilisation commune de la preuve indiciaire par le juge pénal : l'élément intentionnel d'une infraction – en l'espèce un homicide – a pu être déduit du fait que « l'intéressé ayant épaulé son arme, l'ayant dirigée vers le pare-brise du véhicule où se trouvait Michel Y..., et tiré de façon groupée cinq coups de feu dont quatre ont atteint la victime notamment dans le dos »[1332].

395. En matière pénale fiscale, l'utilisation de la preuve indiciaire est également courante, notamment pour identifier l'élément intentionnel des délits fiscaux[1333]. Le juge pénal fiscal a ainsi pu déduire l'existence de l'élément moral de l'infraction de fraude fiscale de la qualité de gérant de droit du prévenu[1334], du défaut de dépôt des déclarations fiscales[1335], du caractère réitéré des manquements constatés[1336] ou de l'existence d'un précédent redressement[1337]. Dans l'ensemble de ces affaires, les juges ont établi l'élément intentionnel du délit de fraude fiscale à partir d'un indice constitué par un fait établi. De la sorte, le juge pénal fiscal use, à l'instar du juge pénal,

---

[1329] Sur ce point : BUISSON Jacques, *Preuve*, Répertoire de droit pénal et de procédure pénale, Dalloz, 2016, n°38 ; CONTE Philippe et MAISTRE DU CHAMBON Patrick, *Procédure pénale*, Armand Colin, 4e éd., 2002, n°49, pp. 32-33 ; GARRAUD Pierre, *La preuve par indices dans le procès pénal*, Thèse de doctorat dact., Lyon, 1913 ; GORPHE François, *La valeur probante des indices*, RSC 1937, p. 418 ; GORPHE François, *Variétés et difficultés dans l'appréciation des indices*, RSC 1938, p. 215 ; GORPHE François, *L'appréciation des preuves en justice, Essai d'une méthode technique*, Sirey, 1947 ; MERLE Roger et VITU André, *Traité de droit criminel, Procédure pénale*, Tome 2, Cujas, 5e éd., 2001, pp. 239-273.

[1330] CONTE Philippe et MAISTRE DU CHAMBON Patrick, *Procédure pénale*, Armand Colin, 4e éd., 2002, n°49, p. 33.

[1331] MERLE Roger et VITU André, *Traité de droit criminel*, *Procédure pénale*, Tome 2, Cujas, 5e éd., 2001, p. 240.

[1332] Cass. crim., 22 mai 1989, n°89-81.397, Inédit.

[1333] Sur ce point : LASSERRE CAPDEVILLE Jérôme, *Le délit de fraude fiscale*, in, LASSERRE CAPDEVILLE Jérôme, MARCHESSOU Philippe, TRESCHER Bruno, CUTAJAR Chantal (dir.), *Fraude et évasion fiscales : état des lieux et moyens de lutte*, Lextenso, 2015, pp. 171-192, spéc. pp. 181-182.

[1334] Cass. crim., 16 décembre 2009, n°09-80.125, Inédit.

[1335] Cass. crim., 10 septembre 2008, n°07-88.433, Inédit.

[1336] Cass. crim., 25 octobre 2006, n°05-86.557 : Bull. crim., n°256.

[1337] Cass. crim., 19 mars 2003, n°02-82.553, Inédit.

d'indices, pour forger sa conviction et la place occupée par l'indice paraît même déterminante pour établir l'élément intentionnel de l'infraction.

396. En somme, l'ensemble des juges de la matière fiscale usent – tant en cette matière qu'en dehors de celle-ci – de présomptions du fait de l'homme pour apprécier les faits. Or, à la faveur de tels indices, les juges peuvent disposer d'appréciations divergentes puisque la pesée qui est opérée par les juges est fondée sur de simples présomptions qui ne garantissent nullement une quelconque certitude. L'établissement de la réalité factuelle est donc marqué du sceau du vraisemblable et donc d'une irrémédiable part d'incertitude : l'indice ne fait que supposer l'existence d'un autre fait sans offrir au juge de quelconque certitude quant à son existence.

397. Conclusion de la Sous-Section II. – La place occupée par l'indice dans l'appréciation juridictionnelle est un puissant vecteur d'instabilité de l'appréciation juridictionnelle. La liberté d'appréciation dont disposent majoritairement les juges de la matière fiscale conduit à n'offrir aucune unité dans l'appréciation des faits. Il existe même un risque particulier de divergences d'appréciations juridictionnelles dès lors que les preuves sont appréhendées par les juges au terme de procédures différentes. En somme, la liberté d'appréciation qui est presque généralisée en matière fiscale crée un risque de divergences d'appréciation.

398. Conclusion de la Section I. – L'appréciation juridictionnelle connaît, en matière fiscale, une véritable diversité. L'opposition entre système de preuve légale et système de preuve morale n'apparaît pas d'une grande utilité en matière fiscale puisqu'en dépit du maintien de ces systèmes de preuve devant chacun de ces juges, la liberté d'appréciation peut être ponctuellement restreinte par le législateur. En ce sens, en matière fiscale, il semble que le juge pénal doit faire face au plus grand nombre de restrictions de sa liberté d'appréciation alors même qu'il relève d'un système de preuve morale. De même, le système de preuve légale n'exclut pas la liberté d'appréciation du juge comme en atteste la liberté dont dispose le juge civil dans l'appréciation des faits.

399. L'appréciation juridictionnelle est ainsi rétive à tout système et n'offre aucun cadre uniforme aux juges. En l'absence de cadre commun, l'appréciation peut conduire les juges à établir – ou à écarter – des faits qu'un autre juge pourrait écarter – ou établir. Ce risque est encore accru par la place variable que peuvent occuper les différents modes de preuve dans l'appréciation des juges. Cette appréciation est, en effet, le résultat de procédures différentes où la place de l'oralité et de l'écrit varie tout comme l'office de chaque juge. En ce sens, l'appréciation juridictionnelle est susceptible de créer une véritable instabilité. Dans cette optique, il existe un risque important de conflits d'appréciation que l'ordre juridique devrait tendre à prévenir. Pourtant, les modalités d'appréciation propres à chaque juge sont protégées par l'ordre juridique lui-même.

Section II. – La protection des modalités d'appréciation de chaque juge : facteur d'instabilité de l'appréciation juridictionnelle

400. Si l'indépendance des appréciations constitue un principe qui découle de l'indépendance des contentieux (Sous-Section I), il apparaît qu'un dialogue des juges dans l'appréciation des faits (Sous-Section II) est nécessaire.

Sous-Section I. – La protection de l'indépendance des appréciations

401. L'appréciation des juges de l'impôt est gouvernée par un principe d'indépendance des appréciations (§.1.) qui n'est tempéré que par l'autorité absolue de chose jugée qui s'attache aux décisions du juge pénal (§.2.).

§.1. – Le principe d'indépendance des appréciations des juges de l'impôt

402. Le principe d'indépendance des appréciations est garanti pour chaque juge de l'impôt (A) mais il est tempéré, pour chacun d'eux, par l'exigence de sécurité juridique (B).

A/ L'existence d'un commun principe d'indépendance des appréciations

403. L'indépendance des contentieux[1338] – fondée sur la différence d'objet et de nature des contentieux – conduit à établir une indépendance des procédures qui fait l'objet d'une importante littérature[1339]. Du point de vue de l'appréciation des juges, l'indépendance des contentieux conduit à un principe

---

[1338] Sur ce point : AYRAULT Ludovic, *L'indépendance des contentieux pénal et fiscal*, Dr. fisc. 2016, n°38, ét. 503, pp. 59-62 ; BONFILS Philippe et GALLARDO Eudoxie, *Droit pénal des affaires*, LGDJ, 2016, n°78.

[1339] AYRAULT Ludovic, *Le contrôle juridictionnel de la régularité de la procédure d'imposition*, Thèse de doctorat, Paris 2, L'Harmattan, Coll. Finances publiques, 2004, pp. 233-265 ; AYRAULT Ludovic, *L'indépendance des contentieux pénal et fiscal*, Dr. fisc. 2016, n°38, 503, pp. 59-62 ; DEBOISSY Florence, *Retour sur un principe controversé : l'indépendance des procédures pénale et fiscale*, Dr. fisc. 2014, n°51-52, ét. 692, pp. 9-16 ; FOUQUET Olivier, *Indépendance des procédures et déontologie du juge*, Revue administrative 1995, n°288, pp. 590-592 ; KORNPROBST Emmanuel et NATAF Philippe, *L'évolution récente du principe d'indépendance de la procédure fiscale à l'égard de la procédure pénale en matière de fraude fiscale*, Revue trimestrielle de Droit Financier 2016, n°3, pp. 134-141 ; LAQUIEZE Alain, *Remarques sur une notion multiforme et fonctionnelle : l'indépendance des législations et des procédures dans la jurisprudence administrative*, Revue administrative 1999, n°309, pp. 262-272 ; RAIMBAULT DE FONTAINE Sophie, *Du principe d'indépendance des contentieux pénal et fiscal à l'unité des procédures fiscales et répressives*, RFFP 1995, n°51, pp. 113-132.

d'*indépendance des appréciations*. Cela signifie que les juges ne sont pas, par principe, tenus de retenir l'appréciation juridictionnelle d'un même fait ou d'une pluralité de faits identiques qui a été précédemment retenue par un autre juge. Cette indépendance des appréciations découle de la différence de nature et d'objet des procédures et est implicitement reconnue tant par les juridictions nationales[1340] qu'européennes[1341] – sans que la Cour de justice de l'Union européenne ne se soit prononcée en ce sens, à tout le moins en matière fiscale[1342]. Cette indépendance des appréciations permet, en pratique, à des divergences d'appréciation de prospérer[1343].

404. Cette liberté d'appréciation n'est tempérée que par l'autorité de chose jugée qui s'attache aux décisions juridictionnelles. En la matière, il est commun de distinguer entre l'autorité positive – qui conduit à « imposer à un juge certaines énonciations d'un précédent jugement »[1344] – et l'autorité négative – qui « rend irrecevable une demande identique en ses objets, cause et parties »[1345] des décisions de justice[1346]. L'autorité négative renvoie à l'adage *non bis in idem*[1347] qui « exprime le principe selon lequel une personne déjà jugée pour un fait délictueux, ne peut être poursuivie à nouveau pour le

---

1340 À ce titre, le juge pénal fiscal se fonde sur la nature et l'objet de la procédure pénale fiscale pour juger ne pas être lié par les appréciations des juges de l'impôt (Cass. crim., 19 mai 2016, n°15-84.526, M. Sauvaire : Dr. fisc. 2016, n°23, act. 368).

1341 La Cour européenne des droits de l'Homme a reconnu l'indépendance des appréciations entre l'ordre administratif et les juridictions pénales (CEDH, 26 mars 2002, n°27521/04, Moullet c/ France).

1342 La Cour de Justice s'est, en dehors de la matière fiscale, fondée sur l'indépendance de certaines procédures (CJCE, 2 juin 1994, n°C-326/91 P, Henri de Compte contre Parlement européen, pt. 18 : Rec. p. I-02091).

1343 Toute matière – qui peut faire l'objet d'une procédure devant deux juridictions – est susceptible de mener à une divergence d'appréciation. Il arrive que la divergence d'appréciation concerne la même juridiction (Cass. 1ère civ., 17 décembre 2014, n°13-21.365 et n°13-24.295 : Bull. civ. I, n°211 ; AJ fam. 2015. 163, note Delphine ESKENAZI et Marion OHANA) ou deux juridictions différentes (Cass. crim., 10 janvier 1989, n°87-80.048 : Bull. crim., n°10).

1344 BOTTON Antoine, *Contribution à l'étude de l'autorité de la chose jugée au pénal sur le civil*, Thèse de doctorat, Toulouse 1, LGDJ, Bibliothèque des sciences criminelles, Tome 49, 2010, n°78, p. 56.

1345 *Op. cit., loc. cit.*

1346 Sur ce point : BOTTON Antoine, *Contribution à l'étude de l'autorité de la chose jugée au pénal sur le civil*, Thèse de doctorat, Toulouse 1, LGDJ, Bibliothèque des sciences criminelles, Tome 49, 2010, pp. 56-57 ; JEULAND Emmanuel, *Rapport introductif*, in, CADIET Loïc et LORIFERNE Dominique (dir.), *L'autorité de la chose jugée*, IRJS Editions, 2012, pp. 15-21, spéc. p. 19 ; MAYER Pierre, *Réflexions sur l'autorité négative de chose jugée*, in, *Mélanges dédiés à la mémoire de Jacques HERON*, LGDJ, 2009, pp. 331-346 ; TOMASIN Daniel, *Essai sur l'autorité de la chose jugée en matière civile*, Thèse de doctorat, Toulouse, LGDJ, Bibliothèque de droit privé, Tome 143, 1973, spéc. pp. 251-252.

1347 Ce principe est garanti par l'article 6, al. 1er et 368 du Code de procédure pénale, l'article 4 du protocole n°7 de la Convention européenne des droits de l'Homme, de l'article 14§7 du Pacte international relatif aux droits civils et politiques et par l'article 50 de la Charte des droits fondamentaux.

même fait »[1348]. L'autorité positive des décisions de justice conduit à une véritable « limitation du pouvoir d'appréciation »[1349] des juges.

405. L'autorité de la chose jugée est encadrée par l'article 1355 du Code civil[1350] qui prévoit que le juge civil ne peut être saisi d'une nouvelle demande fondée par des parties identiques – disposant de la même qualité – ayant la même cause et le même objet[1351]. De même, le juge administratif[1352] a repris les critères posés par le Code civil pour identifier l'autorité relative de la chose jugée[1353]. Cette autorité a donc pour effet de prohiber le renouvellement infini des litiges et n'affecte pas la liberté d'appréciation des juges. Ainsi, devant les juges administratif et civil, l'autorité positive de la décision juridictionnelle se superpose quasiment à son autorité négative puisque l'autorité de chose jugée ne s'impose que pour les demandes identiques. En pratique, seule la présence d'une question préjudicielle fait exception – tant devant le juge administratif[1354] que devant le juge civil[1355] – car elle permet de réunir les conditions drastiques de l'autorité de chose jugée. Cette relativité de l'autorité de la chose jugée est transposable, devant ces juges, à la matière fiscale, puisque cette matière ne présente pas de particularisme dès lors que l'autorité de chose jugée s'attache n'y présente aucun particularisme[1356].

[1348] DEBARD Thierry et GUINCHARD Serge, *Lexique des termes juridiques 2017-2018*, V° Non bis in idem, Dalloz, 25e éd, 2017.

[1349] BOTTON Antoine, *Contribution à l'étude de l'autorité de la chose jugée au pénal sur le civil*, Thèse de doctorat, Toulouse 1, LGDJ, Bibliothèque des sciences criminelles, Tome 49, 2010, n°78, p. 56.

[1350] L'article 1355 du Code civil se substitue aux anciens articles 1350 et 1351 du Code civil aux termes de l'ordonnance n°2016-131 du 10 février 2016 (portant réforme du droit des contrats, du régime général et de la preuve des obligations).

[1351] Les articles 95 et 480 du Code de procédure civile complètent cette disposition et concernent, respectivement, les questions de compétence et les incidents de procédure.

[1352] Sur ce point : BROYELLE Camille, *Contentieux administratif*, LGDJ, 5e éd., 2017, pp. 307-310 ; DELVOLVE Guillaume, *Dualité de juridictions et autorité de la chose jugée*, RFDA 1990, p. 792 ; ODENT Raymond, *Contentieux administratif*, Les cours du droit, 1977-1978, Fasc. n°5, pp. 1390-1395.

[1353] Conseil d'Etat, 26 février 1937, Société des ciments Portland de Lorraine : Rec. p. 254.

[1354] Les constatations du juge civil ne lient pas le juge administratif sauf en présence d'une question préjudicielle (Commission spéciale de cassation des pensions, 13 décembre 1950, Ministre des Anciens combattants c/ Olivier : Rec. T. p. 827).

[1355] Cass. soc., 30 janvier 1969 : Bull. civ. V, n°70.

[1356] Jean-Pierre CHEVALIER a, pour sa part, identifié l'existence d'une autonomie du contentieux fiscal en matière d'autorité de chose jugée (*La relativité de l'autorité de la chose jugée dans le contentieux fiscal*, PUF, 1975). Il existerait, selon cet auteur, des « facteurs propres au contentieux fiscal » (*op. cit.*, p. 71) comme « le principe de l'annualité de l'impôt » (*op. cit., loc. cit.*) qui irait à l'encontre de la reconnaissance de l'autorité de la chose jugée en matière fiscale. À notre sens, « la contingence et le perpétuel renouvellement des situations appréciées par le juge de l'impôt » (*op. cit.*, p. 143) n'est pas inhérente à la matière fiscale. En ce sens, Guillaume DELVOLVE a relevé que « La variété des contentieux administratifs (excès de pouvoir, plein contentieux...) et des instances civiles suffit à démontrer également que les litiges n'ont pas en principe le même objet » (*Dualité de juridictions et autorité de la chose*

406. Les conditions drastiques qui sont imposées pour identifier l'autorité de chose jugée permettent à un principe d'indépendance des appréciations de prospérer. À la faveur de ce principe, chaque juge est libre d'apprécier les éléments de preuve recueillis à l'occasion d'une autre procédure[1357].

407. À ce titre, tant le juge civil[1358] que le juge administratif[1359] sont libres d'apprécier les pièces issues de la procédure pénale[1360]. Cette liberté s'étend, pour le juge administratif, aux éléments de la procédure civile[1361] et pour le juge civil, aux éléments de la procédure administrative[1362]. De la sorte, les juges bénéficient d'une véritable liberté d'appréciation des éléments de preuve qui ont pu fonder une appréciation juridictionnelle antérieure.

408. Devant le juge pénal, la liberté d'appréciation dispose d'un fondement complémentaire qui réside dans la plénitude de juridiction qui lui est reconnue[1363]. S'il est – à l'instar de ses homologues administratif et civil –

---

jugée, RFDA 1990, p. 792). En outre, il est indéniable – comme le remarque ce même auteur (*op. cit.*, pp. 85-87) – que la conception civiliste de l'autorité de la chose jugée s'applique en matière fiscale excluant, de ce fait, l'affirmation d'une autonomie fiscale en la matière.

1357 Sur ce point : DEVISMES Robert, *De la production et de la force probante des pièces d'une procédure pénale devant les juridictions civiles et commerciales*, Thèse de doctorat, Paris, Sirey, 1944, pp. 67-70 ; DUPICHOT Jacques et GUEVEL Didier, *Contrats et obligations, Présomptions, Notions générales*, JurisClasseur, Lexis Nexis, 2016, n°106 ; HUCHER Gabriel, *De l'utilisation devant la juridiction civile d'un dossier pénal*, Thèse de doctorat dact., Caen, 1941, pp. 102-107 ; GARRAUD Pierre, *L'utilisation, à titre de preuve, dans un procès civil, de pièces et documents tirés d'une information pénale*, JCP G 1943, I, 317 ; GIRAUD Marcel, *La preuve civile par pièces de procédure pénale*, Thèse de doctorat dact., Alger, 1941, pp. 205-214.

1358 La Cour de cassation a jugé, dès un arrêt du 26 mai 1913 (Cass., 26 mai 1913 : S. 1913, I, 565) que les juges civils peuvent admettre les « pièces tirées d'une information pénale, aucune loi ne leur interdisant d'y puiser, à l'occasion d'une instance civile, les éléments de leur conviction ». La force probante de ces pièces est alors celle d'une présomption du fait de l'homme que le juge civil libre d'apprécier. Cette solution a été constamment reprise depuis lors (Cass. com., 21 mai 1973, n°71-13.727 : Bull. com., n°178).

1359 Conseil d'Etat, 3e et 8e ch., 22 juin 2016, n°383246 : Rec. p. 38. De même, le juge administratif conserve sa liberté d'appréciation à l'égard de l'expertise ordonnée par le juge pénal (Conseil d'Etat, 8e et 7e s.-s, 13 avril 1988, n°66060 : RJF 06/88, n°691).

1360 Sous réserve de l'autorité absolue de chose jugée : Cf. infra, n°416.

1361 Conseil d'Etat, 9e et 7e s.-s., 17 février 1988, n°58493 : RJF 04/88, n°450.

1362 Cass., 20 novembre 1899 : S. 1903, I, 462.

1363 La plénitude de juridiction n'est pas reconnue en tant que principe général dans le Code pénal ou dans le Code de procédure pénale. Plusieurs fondements ont été évoqués comme fondement d'un tel principe comme l'article 66 de la Constitution, l'article 8 de la Déclaration des droits de l'Homme et du citoyen ou encore la bonne administration de la justice. Cependant, elle se manifeste dans plusieurs dispositions. Il est reconnu à la Cour d'assises la « plénitude de juridiction » (art. 231 du Code de procédure pénale) et il est offert au juge pénal la faculté d'« interpréter les actes administratifs, réglementaires ou individuels et pour en apprécier la légalité » (art. 111-5 du Code pénal ; sur ce point, V° VAUTROT-SCHWARZ Charles, *La plénitude de juridiction du juge pénal sur l'interprétation et l'appréciation de la légalité des*

libre d'apprécier toute pièce issue des procédures administrative ou civile[1364], sa liberté ne peut être limitée par la décision d'un autre juge[1365]. En pratique, le juge pénal n'est donc pas lié par l'appréciation antérieure d'une juridiction civile ou administrative.

409. En matière fiscale[1366] le juge pénal dispose, par principe, d'une liberté d'appréciation à l'égard des constatations des juges de l'impôt[1367]. Elle a même été reconnue par la Cour européenne des droits de l'Homme[1368].

410. Toutefois, il émerge une exigence de sécurité juridique qui limite l'indépendance des appréciations.

B/ La sécurité juridique : limite commune au principe d'indépendance des appréciations

411. Le principe d'indépendance des appréciations des juges – administratif, civil et pénal – est désormais tempéré par l'affirmation d'une protection de l'autorité de la chose jugée sur le fondement du principe de sécurité des rapports juridiques – qui découle de l'article 6§1 de la Convention européenne des droits de l'Homme interprété à la lumière du principe de prééminence du droit[1369]. À la faveur de ce principe, une décision ayant acquis l'autorité de la chose jugée ne peut plus être remise en cause car « La sécurité juridique présuppose le respect du principe de l'autorité de la chose jugée, c'est-à-dire du caractère définitif des décisions de justice »[1370]. Dans la lignée de cette jurisprudence, la Cour de Strasbourg a enrichi le lien existant entre sécurité

---

actes administratifs, in, STASIAK Frédéric (dir.), *Histoire et méthodes d'interprétation en droit criminel*, pp. 61-78, spéc. pp. 68-69).

[1364] Cass. crim., 9 mai 1977, n°76-92.119 : Bull. crim., n°160.

[1365] Les décisions du juge civil ne lient pas le juge pénal (Cass. crim., 10 janvier 1989, n°87-80.048 : Bull. crim., n°10).

[1366] Sur ce point : AYRAULT Ludovic, *L'indépendance des contentieux pénal et fiscal*, Dr. fisc. 2016, n°38, ét. 503, pp. 59-62 ; CHEVALIER Jean-Pierre, *La relativité de l'autorité de la chose jugée dans le contentieux fiscal*, PUF, 1975, pp. 137-142.

[1367] Le juge pénal fiscal juge, de jurisprudence constante, qu'il n'est pas lié par les appréciations du juge administratif de l'impôt (Cass. crim., 13 juin 2012, n°11-84.092 : Dr. fisc. 2012, n°42, comm. 488, note Eric MEIER et Régis TORLET ; Cass. crim., 9 avril 1970, n°68-93.615 et 68-92.282, Sieur Petit et Sieurs Fournié et autres : Bull. crim., n°113 et n°114 ; Dr. fisc. 1970, n°28, comm. 833, note Jean COSSON) ou des décisions du juge civil (Cass. crim., 5 mai 2004, n°03-85.103, Inédit).

[1368] CEDH, 11 mai 2010, n°11898/05, Versini c/ France, § 72 : Dr. fisc. 2010, n°26, comm. 391, note Ludovic AYRAULT ; CEDH, 11 janvier 2000, n°41544/98, Le Meignen c/ France : RJF 03/01, n°426 ; CEDH, 14 septembre 1999, n°36855/97, Ponsetti c/ France et n°41731/98, Chesnel c/ France : RJF 03/00, n°443.

[1369] CEDH, Gde ch., 28 octobre 1999, n°28342/95, Brumărescu c/ Roumanie, §§ 61-62 ; CEDH, 24 juillet 2003, n°52854/99, Riabykh c/ Russie, §§ 52-57.

[1370] CEDH, 24 juillet 2003, Riabykh c/ Russie, n°52854/99, § 52.

juridique et autorité de chose jugée en jugeant contraire au principe de sécurité des rapports juridiques les appréciations « radicalement opposées »[1371] qui peuvent prospérer entre différentes procédures à propos d'un même fait, concernant les mêmes parties mais disposant d'objets différents[1372]. L'autorité positive de la chose jugée se voit ainsi protégée sur le fondement de l'exigence de sécurité juridique et sur la nécessaire protection des attentes légitimes des justiciables[1373].

412. Cette exigence de sécurité des rapports juridiques a été appliquée aux appréciations croisées du juge de l'impôt et du juge pénal fiscal, sans qu'un quelconque particularisme n'affecte la solution retenue. Dans une affaire Lungu c/ Roumanie[1374] la Cour européenne des droits de l'Homme a sanctionné les appréciations « radicalement opposées »[1375] entre le juge de l'impôt et le juge pénal fiscal au sujet d'un même fait – sans que la Cour ne se prononce, dans cette affaire, sur l'indépendance des procédures fiscales et pénales[1376]. En l'espèce, des « opérations de transformation et de revente d[e] pneus »[1377] ont conduit à une décharge du juge de l'impôt suivie d'une condamnation par le juge pénal, à raison des mêmes faits.

413. Or, le Conseil constitutionnel a, dans la droite ligne de la Cour européenne des droits de l'Homme, posé une limite, propre à l'articulation des répressions administrative et pénale en matière fiscale, à la liberté d'appréciation du juge pénal fiscal. En reconnaissant que les procédures administrative et pénale sont des « procédures complémentaires »[1378], le

---

1371 CEDH, 16 septembre 2014, n°19037/07, Rozalia Avram c/ Roumanie, § 42 ; CEDH, 16 avril 2013, n°23456/04, Siegle c/ Roumanie, § 38 ; CEDH, 31 mai 2012, n°50208/06, Esertas c/ Lituanie, § 25 ; CEDH, 27 juillet 2006, n°71867/01, 71869/01, 73319/01 et 74858/01, Gök et autres c/ Turquie, § 59 ; CEDH, 12 janvier 2006, n°47797/99 et 68698/01, Kehaya et autres c/ Bulgarie, § 70.

1372 La Cour a reconnu cette méconnaissance du principe de sécurité juridique dans les cas où une nouvelle affaire concernant des faits identiques entre des mêmes parties mais qui fait l'objet de procédures distinctes (CEDH, 16 avril 2013, n°23456/04, Siegle c/ Roumanie, § 34 ; CEDH, 27 juillet 2006, n°71867/01, 71869/01, 73319/01 et 74858/01, Gök et autres c/ Turquie, § 59).

1373 CEDH, 16 septembre 2014, n°19037/07, Rozalia Avram c/ Roumanie, § 42 ; CEDH, 16 avril 2013, n°23456/04, Siegle c/ Roumanie, § 38 ; CEDH, 27 juillet 2006, n°71867/01, 71869/01, 73319/01 et 74858/01, Gök et autres c/ Turquie, § 59.

1374 CEDH, 21 octobre 2014, n°25129/06, Lungu et a. c/ Roumanie : RJF 01/15, n°90.

1375 CEDH, 21 octobre 2014, n°25129/06, Lungu et a. c/ Roumanie, § 46 : préc.

1376 La solution retenue par la Cour européenne des droits de l'Homme n'est pas, à notre sens, fondée sur une logique fondée sur le principe *non bis in idem* puisque la proximité qui existe entre les deux procédures n'est retenue que dans la mesure où un même fait est apprécié par deux juridictions différentes.

1377 CEDH, 21 octobre 2014, n°25129/06, Lungu et a. c/ Roumanie, § 40 : préc.

1378 Cons. const., déc. n°2016-546 QPC, 24 juin 2016, M. Jérôme C., cons. n°20 et 22 : J.O. du 30 juin 2016, texte n°111 ; Cons. const., déc. n°2016-545 QPC, 24 juin 2016, cons. n°20 et 22 : J.O. n°0151, 30 juin 2016, texte n°110 et 111 ; Dr. fisc. 2016, n°38, act. 531, note Pascal SCHIELE ; Dr. fisc. 2016, n°30-35, act. 466, note Marc PELLETIER ; Dr. fisc. 2016, n°27,

Conseil constitutionnel a jugé que les dispositions de « l'article 1741 du code général des impôts ne sauraient, sans méconnaître le principe de nécessité des délits, permettre qu'un contribuable qui a été déchargé de l'impôt par une décision juridictionnelle devenue définitive pour un motif de fond puisse être condamné pour fraude fiscale »[1379]. Par cette décision[1380], le Conseil constitutionnel, prive le juge pénal d'une partie de sa liberté d'appréciation, limitant sa plénitude de juridiction au nom du principe de nécessité des délits reconnu par l'article 8 de la Déclaration des droits de l'Homme et du citoyen. Il transpose ainsi, pour le délit de fraude fiscale de l'article 1741 du Code général des impôts l'exigence de sécurité juridique attachée à l'autorité de la chose jugée par la Cour européenne des droits de l'Homme. L'effet de la décision du Conseil constitutionnel est, en effet, analogue aux solutions retenues par la Cour européenne des droits de l'Homme car elle ne prohibe que les oppositions radicales qui peuvent surgir entre juge de l'impôt et juge fiscal en restreignant la plénitude de juridiction du juge pénal fiscal dans le seul cas où le juge de l'impôt a définitivement prononcé une décharge, pour un motif de fond, de l'imposition[1381]. Or, en jugeant ainsi, le Conseil constitutionnel n'a opéré qu'une transposition réduite de la jurisprudence de la Cour européenne des droits de l'Homme qui prohibe les contradictions flagrantes d'appréciation sur le fondement général de la sécurité des rapports juridiques – inhérent à l'autorité de la chose jugée des décisions juridictionnelles – et non sur le seul principe de nécessité des délits et des peines[1382].

---

comm. 405, comm. Stéphane DETRAZ ; JCP G 2016, n°29, 847, note Martin COLLET et Pierre COLLIN ; Dr. pén. 2016, n°9, comm. 135, note Virginie PELTIER.

1379 Cons. const., déc. n°2016-546 QPC, 24 juin 2016, M. Jérôme C : préc. et déc. n°2016-545 QPC, M. Alec W. et autre : préc.

1380 Sur ce point : AYRAULT Ludovic, *Droit fiscal européen des droits de l'homme : chronique de l'année 2014*, Dr. fisc. 2015, n°9, 180, spéc. n°4 ; AYRAULT Ludovic, *Droit fiscal européen des droits de l'homme : chronique de l'année 2015*, Dr. fisc. 2016, n°9, 206 ; AYRAULT Ludovic, *L'indépendance des contentieux pénal et fiscal*, Dr. fisc. 2016, n°38, 503, pp. 59-62 ; AYRAULT Ludovic, *Non bis in idem : les enjeux en matière fiscale*, AJ pénal 2015, p. 185 ; AYRAULT Ludovic et COLLET Martin, *Chronique de droit public financier*, RFDA, n°5, pp. 1044-1054 ; DETRAZ Stéphane, *Une brèche dans l'indépendance des procédures fiscales et pénale*, RSC 2016, n°3, pp. 524-528.

1381 Le caractère restreint de cette réserve se révèle par le fait qu'une décharge pour un simple motif procédural pourra conduire à la reconnaissance de la culpabilité du contribuable. Pour une critique de ce point : COLLET Martin et COLLIN Pierre, *Le cumul de sanctions pénale et fiscale face aux exigences constitutionnelles et européennes*, JCP G 2016, n°29, 847, pp. 1453-1456.

1382 En ce sens, la logique adoptée par le Conseil constitutionnel brouille les pistes de son raisonnement. En se fondant sur la complémentarité des procédures fiscales et pénales – pour le délit de fraude fiscale – le Conseil constitutionnel lie la restriction de la liberté d'appréciation à la complémentarité des procédures pénale et fiscale. Or, la jurisprudence de la Cour européenne des droits de l'Homme dispose d'un fondement bien plus général car elle se fonde sur la sécurité juridique qui doit nécessairement s'attacher aux décisions juridictionnelles passées en force de chose jugée. En jugeant de la sorte, le Conseil constitutionnel alourdit son

414. Conclusion du §.1. – La liberté d'appréciation qui est offerte aux juges de l'impôt permet à de nombreuses divergences d'appréciation de prospérer à la faveur de l'autorité relative de la chose jugée. En dépit de cette liberté, l'exigence de sécurité des rapports juridiques institue, désormais, une limite décisive à la liberté d'appréciation des juges qui tend à brouiller la distinction qui peut exister entre autorité relative de la chose jugée et autorité absolue de la chose jugée – cette dernière conférant à certaines constatations du juge pénal une autorité absolue.

§.2. – L'autorité absolue de chose jugée par le juge pénal : limite à la libre appréciation des juges

415. L'autorité absolue de la chose jugée qui s'attache aux décisions du juge pénal rend irrévocable les constatations du juge pénal (A) et prohibe toute *mise en doute* de l'innocence établie par un juge répressif (B).

A/ L'intangibilité de certaines constatations du juge pénal

416. L'autorité de la chose jugée des décisions du juge pénal – et celles du juge administratif en matière de contraventions de grande voirie[1383] – est particulière : elles disposent d'une autorité absolue de chose jugée[1384] qui est

raisonnement en n'établissant qu'une autorité particulière de la chose jugée du fiscal sur le pénal. Si Ludovic AYRAULT relève justement qu'il faudrait « étendre cette solution à l'ensemble des administrés » (*Chronique de droit public financier*, RFDA, n°5, pp. 1044-1054) qui risquent de subir une divergence d'appréciation entre une sanction administrative et une sanction pénale, la jurisprudence européenne – que le Conseil constitutionnel imite en l'espèce – devrait conduire à l'étendre en dehors de la sphère répressive, à l'ensemble des appréciations juridictionnelles. En effet, il suffit qu'un même fait soit apprécié de manière différente au profit d'une même partie, dans une affaire différente, sans qu'une coloration pénale des procédures ne soit requise. La Cour de Strasbourg ayant appliqué cette solution à propos de l'appréciation du droit de propriété (CEDH, 12 janvier 2006, n°47797/99 et 68698/01, Kehaya et autres c/ Bulgarie, § 68).

1383 Conseil d'Etat, 6e et 2e s.-s., 27 juillet 1988, n°68672, Bellay : Rec. p. 301 ; AJDA 1988, p. 763, obs. Jean-Bernard AUBY. Sur ce point : BROYELLE Camille, *Contentieux administratif*, LGDJ, 5e éd., 2017, n°458, pp. 317-318.

1384 Les décisions d'annulation rendues par le juge administratif dans le cadre des recours pour excès de pouvoir doivent être mises à part. Si elles disposent d'une autorité absolue – qui découle de l'anéantissement de l'acte en cause (Conseil d'Etat, 26 décembre 1925, Rodière : Rec. p. 1065 ; RDP 1926, p. 32, concl. CAHEN-SALVADOR ; Conseil d'Etat, Ass., 11 mai 2004, Assoc. AC ! et autres : Rec. p. 197, concl. Christophe DEVYS) – cette autorité n'affecte nullement l'appréciation des faits puisque cette annulation n'a que des effets de droit. L'autorité de ces décisions n'est donc pas étudiée dans le cadre de cette étude.

reconnue tant par le juge civil[1385] que par le juge administratif[1386]. Le fondement de cette autorité absolue de la chose jugée au pénal est jurisprudentiel[1387] bien que l'alinéa 2 de l'article 4 du Code de procédure pénale constitue un fondement implicite[1388] à cette autorité particulière car il ne peut être statué sur l'action civile[1389] avant que le juge pénal n'ait définitivement statué sur l'action publique[1390]. À la faveur de ce principe, la

---

[1385] Sur ce point : ANDRIOT-LEBOEUF Nadia, *Du principe de l'autorité de chose jugée au pénal sur le civil*, RRJ 2000, n°3, pp. 1205-1235 ; BOTTON Antoine, *Contribution à l'étude de l'autorité de la chose jugée au pénal sur le civil*, Thèse de doctorat, Toulouse 1, 2008 ; BUISSON Jacques et GUINCHARD Serge, *Procédure pénale*, Lexis Nexis, 10e éd., 2014, pp. 1437-1446 ; CADIET Loïc et LORIFERNE Dominique (dir.), *L'autorité de la chose jugée*, IRJS Editions, 2012 ; CONTE Philippe et MAISTRE DU CHAMBON Patrick, *Procédure pénale*, Broché, 4e éd., 2002, pp. 435-443 ; DINTILHAC Jean-Pierre, *La vérité de la chose jugée*, Rapport annuel de la Cour de cassation 2004, La vérité, La documentation française, 2005, pp. 57-66, spéc. p. 61 ; FOYER Jean, *De l'autorité de la chose jugée en matière civile : Essai d'une définition*, Thèse de doctorat dact., Paris, 1954 ; GIUDICELLI André, *Principe de l'autorité de la chose jugée au pénal sur le civil*, RSC 2003, p. 125 ; HEBRAUD Pierre, *L'autorité de la chose jugée au criminel sur le civil*, Thèse de doctorat dact., Toulouse, 1929 ; MERLE Roger et VITU André, *Traité de droit criminel, Procédure pénale*, Tome 2, Cujas, 5e éd., 2001, pp. 1049-1052 ; PRADEL Jean, *Procédure pénale*, Cujas, 18e éd., 2015, pp. 964-982 ; RASSAT Michèle-Laure, *Procédure pénale*, Ellipses, 2e éd., 2013, pp. 756-764 ; TOMASIN Daniel, *Essai sur l'autorité de la chose jugée en matière civile*, Thèse de doctorat, Toulouse, LGDJ, Bibliothèque de droit privé, Tome 143, 1973.

[1386] Sur ce point : AUBY Jean-Marie et DRAGO Roland, *Traité de contentieux administratif*, LGDJ, 3e éd., 1984, pp. 198-201 ; BREEN Emmanuel, *L'autorité de la chose jugée au pénal sur l'administratif*, RDP 2004, n°6, pp. 1593-1630 ; BROYELLE Camille, *Contentieux administratif*, LGDJ, 5e éd., 2017, n°458, pp. 317-318 ; CHEVALIER Jean-Pierre, *La relativité de l'autorité de la chose jugée dans le contentieux fiscal*, PUF, 1975, pp. 124-137 ; DELVOLVE Guillaume, *Chose jugée*, Répertoire de contentieux administratif, Dalloz, 2014, n°206-215 ; DELVOLVE Guillaume, *Dualité de juridictions et autorité de la chose jugée*, RFDA 1990, p. 792 ; DELVOLVE Pierre, *Le juge et la vérité, aspects de droit public*, in, *Annales de l'université des sciences sociales de Toulouse*, tome XXVI, 1978, pp. 339-367 ; LIET-VEAUX Georges, *La guerre des juges aura-t-elle lieu ?*, Revue administrative 1975, n°163, pp. 27-31 ; ODENT Raymond, *Cours de contentieux administratif*, Les cours du droit, 1977-1978, Fasc. n°5, pp. 1392-1395.

[1387] - Pour le juge administratif : Conseil d'Etat, Sect., 12 juill. 1929, Vesin : Rec. p. 716, concl. LATOURNERIE (autorité de la chose jugée d'un Conseil de guerre sur le juge administratif pour la condamnation au titre de fraude dans l'exécution d'un marché).
- Pour le juge civil : Cass. civ., 7 mars 1855, Quertier : S. 1855, I, 439.

[1388] BUISSON Jacques et GUINCHARD Serge, *Procédure pénale*, Lexis Nexis, 10e éd., 2014, pp. 1438 ; CONTE Philippe et MAISTRE DU CHAMBON Patrick, *Procédure pénale*, Broché, 4e éd., 2002, p. 439.

[1389] Cette règle ne s'impose pas au juge administratif, seule l'action civile étant concernée.

[1390] De même, certaines dispositions textuelles excluent l'application de ce principe, laissant à penser qu'un tel principe existe implicitement. Il en est ainsi de l'article 372 et du Code de procédure pénale qui permet d'allouer une réparation à la victime même à la suite d'un acquittement ou d'une exemption de peine et de l'article 470-1 qui permet également d'allouer une réparation à la victime en cas de relaxe. Enfin, l'article 528-1 du Code de procédure pénale refuse d'accorder une autorité absolue de chose jugée à une ordonnance pénale laissant à penser qu'une lecture *a contrario* est possible pour toutes les autres décisions des juridictions répressives.

liberté d'appréciation des juges administratif et civil est affectée car il conduit à doter, en dehors des conditions posées par l'article 1355 du Code civil, d'une autorité particulière les constatations matérielles du juge pénal : les juges civil[1391] et administratif[1392] ne peuvent plus contredire les faits – et leur qualification au regard de la loi pénale – qui sont le support nécessaire du dispositif des décisions définitives du juge pénal qui statue sur le fond de l'action publique[1393]. Ces faits sont alors tenus pour certains par le juge administratif[1394] et le juge civil[1395] qui sont liés par les constatations du juge pénal.

417. Ce principe d'autorité absolue des décisions du juge pénal bien que, largement critiqué par une partie de la doctrine pénaliste[1396], s'est vu reconnaître une multitude de fondements comme celui de « l'harmonisation décisionnelle et l'accélération du cours du procès civil »[1397], ou la « recherche la vérité au-delà du cadre fixé par les parties »[1398] mais aussi « la primauté des juridictions répressives »[1399]. À notre sens, l'autorité absolue de chose jugée des décisions pénales repose sur *le caractère d'ordre public qui s'attache au*

1391 Cass. soc., 23 janvier 2002, n°99-44.356, Inédit ; Cass., 2e civ., 18 octobre 1989, n°87-19.781 : Bull. II, n°183.

1392 Conseil d'Etat, 6e et 1ère s.-s., 27 juillet 2005, n°261819, Balkany : Rec. T. p. 1054 ; Conseil d'Etat, Ass., 8 janvier 1971, Dame Desamis : Rec. p. 19 ; AJDA 1971, p. 297, concl. J. THERY.

1393 Cela concerne les décisions des cours d'assises, des tribunaux correctionnels et des tribunaux de police, à l'exception des décisions rendues par les juridictions d'instruction (Cass., Ch. mixte, 10 octobre 2008, n°04-16.174 : Bull. ch. mixte n°2).

1394 La nécessité de disposer d'un fait certain apparaît dans l'application du principe de l'autorité absolue des faits constatés par le juge pénal. Ainsi, le juge administratif estime être lié par les constatations de fait qui ont été retenues par le juge répressif (Conseil d'Etat, Sect., 12 juill. 1929, Vesin : préc.) mais aussi lorsque le juge pénal nie l'existence d'un fait (Conseil d'Etat, 25 mars 1925, Dlle Meslin : Rec. p. 399). En revanche, le juge administratif ne s'estime pas tenu par les constatations attachées aux décisions de relaxe rendues au bénéfice du doute (Conseil d'Etat, 11 mai 1956, Chomet : Rec. p. 200 ; D. 1956, p. 469, concl. LAURENT) ou des décisions de non-lieu (Conseil d'Etat, 20 juillet 1951, Sté X : Rec. p. 419).

1395 Le juge civil a jugé que « l'autorité de la chose jugée au pénal sur le civil ne s'attache qu'à ce qui a été définitivement, nécessairement et certainement décidé par le juge pénal » (Cass., 1ère civ., 24 octobre 2012, n°11-20.442 : Bull. civ. I, n°209).

1396 BUISSON Jacques et GUINCHARD Serge, *Procédure pénale*, Lexis Nexis, 10e éd., 2014, pp. 1437-1438 ; RASSAT Michèle-Laure, *Procédure pénale*, Ellipses, 2e éd., 2013, pp. 757-758.

1397 BOTTON Antoine, *Contribution à l'étude de l'autorité de la chose jugée au pénal sur le civil*, Thèse de doctorat, Toulouse 1, LGDJ, Bibliothèque des sciences criminelles, Tome 49, 2010 , n°103, p. 66.

1398 BUISSON Jacques et GUINCHARD Serge, *Procédure pénale*, Lexis Nexis, 10e éd., 2014, p. 1438.

1399 CONTE Philippe et MAISTRE DU CHAMBON Patrick, *Procédure pénale*, Broché, 4e éd., 2002, p. 439.

procès pénal[1400] : la gravité de l'enjeu du litige pénal et les moyens mis en œuvre pour le résoudre contribuent à conférer aux constatations de son juge une autorité particulière.

418. Ce caractère d'ordre public qui s'attache aux constatations de fait contenues dans les décisions du juge pénal s'impose sans particularisme en matière fiscale[1401]. Il a pu être relevé que le juge de l'impôt parvient à limiter « au strict nécessaire »[1402] la portée des constatations qui s'imposent à lui[1403]. Il a également été affirmé qu'« il n'y a pas coïncidence »[1404] ou « concordance »[1405] entre les affaires pénales fiscales et fiscales attestant, pour certains, d'une « volonté (...) de se libérer le plus possible de toute subordination vis-à-vis du juge pénal »[1406]. Toutefois, une telle intention du juge de l'impôt fait, selon nous, défaut. Il faut distinguer, à l'instar du juge administratif de l'impôt[1407], la constatation factuelle du juge pénal qui s'impose au juge de l'impôt, de la qualification juridique du fait au regard de la loi fiscale, qui ne s'impose pas à lui[1408]. C'est de cet écart entre la constatation et l'appréciation du fait que peut surgir un sentiment erroné d'affranchissement du juge de l'impôt au regard de la constatation du juge pénal[1409].

[1400] RASSAT Michèle-Laure, *Procédure pénale*, Ellipses, 2e éd., 2013, n°714, p. 757 ; THERY J., concl. sur Conseil d'Etat, Ass., 8 janvier 1971, Dame Desamis : Rec. p. 19 ; AJDA 1971, p. 297.

[1401] Conseil d'Etat, 9e et 10e s.-s., 14 octobre 2015, n°360426, Mme Amos et succession Amos : Dr. fisc. 2015, n°51-52, comm. 744, concl. Emilie BOKDAM-TOGNETTI ; RJF 01/16, n°80 ; Conseil d'Etat, Ass., 21 juillet 1972, n°72508 : Dupont, p. 376 ; Dr. fisc. 1973, n°18-19, comm. 721, concl. SCHMELTZ.

[1402] DAVID Cyrille et alii, *Les grands arrêts de la jurisprudence fiscale*, 5e éd., 2009, p. 981.

[1403] Sur ce point : CHEVALIER Jean-Pierre, *La relativité de l'autorité de la chose jugée dans le contentieux fiscal*, PUF, 1975, pp. 124-137.

[1404] LAVONDES, concl. sur Conseil d'Etat, 8 février 1965, n°44356 : Dr. fisc. 1970, n°3 bis, comm. 29, pp. 37-39.

[1405] MEHL, concl. sur Conseil d'Etat, 3 mai 1968, n°46296, Société des Affineries Havraises : Dr. fisc. 1969, n°40, comm. 1193.

[1406] CHEVALIER Jean-Pierre, *La relativité de l'autorité de la chose jugée dans le contentieux fiscal*, PUF, 1975, p. 129.

[1407] Conseil d'Etat, 9e et 10e s.-s., 1er juillet 2009, n°295689, SARL Alain Palanchon : RJF 10/09, n°822, concl. Pierre COLLIN, BDCF 10/09 n°112 ; Conseil d'Etat, 8e et 9e s.-s., 11 mars 1970, n°69588 : Dupont p. 252.

[1408] À ce titre, l'évaluation des bases imposables constitue une intéressante illustration de cette distinction. Si le juge de l'impôt est tenu par les constatations du juge pénal, il n'en est pas pour autant tenu, pour l'évaluation des bases d'imposition, des évaluations du juge pénal en la matière (Conseil d'Etat, 7e et 8e s.-s., 25 avril 1990, n°71053, Mme Perroux : Dr. fisc. 1993, n°31, comm. 1562 ; RJF 06/90, n°683 ; Conseil d'Etat, 8e et 9e s.-s., 14 juin 1982, n°34085 : Dr. fisc. 1982, n°42, comm. 1942 ; RJF 8-9/1982, n°868). En jugeant ainsi, le juge de l'impôt préserve sa liberté de qualifier les faits d'un point de vue fiscal sans pour autant remettre en cause les constatations du juge pénal.

[1409] Certaines affaires semblent, à première vue, attester d'une importante liberté du juge administratif de l'impôt, à l'égard des constatations de fait du juge pénal, à la faveur de la

419. En somme, l'autorité absolue de la chose jugée au pénal impose aux juges administratif et civil, tant en matière fiscale, qu'en dehors de cette matière, certaines constatations matérielles. S'il ne s'agit pas, en soi, d'une véritable limitation de l'appréciation de ces juges, il faut ici relever que lorsqu'un juge répressif a établi l'innocence du prévenu, cette appréciation ne peut plus être mise en doute.

B/ La prohibition de la mise en doute de l'innocence du justiciable

420. L'autorité absolue de chose jugée qui s'attache aux décisions rendues en matière répressive est renforcée, au nom du principe de présomption d'innocence par la Cour européenne des droits de l'Homme[1410]. Cette dernière – suivie en cela par la Chambre criminelle de la Cour de cassation[1411] – renforce l'autorité absolue de la chose jugée des décisions qui prononcent une relaxe ou abandonnent les poursuites à l'encontre du prévenu. Elle juge que le défaut de condamnation d'un accusé ne doit pas être remis en cause par une décision juridictionnelle ultérieure, qui viendrait à se prononcer, directement ou indirectement, sur cette culpabilité[1412], et qui nourrirait un « sentiment »[1413], ou des « soupçons »[1414] de culpabilité ou qui mettrait même en « doute »[1415] son innocence.

---

distinction entre appréciation et qualification du fait. Dans la décision SARL Alain Palanchon (Conseil d'Etat, 9e et 10e s.-s., 1er juillet 2009, n°295689, SARL Alain Palanchon : RJF 10/09 n°822, concl. Pierre COLLIN, BDCF 10/09 n°112), il est question de la réalité d'exportations de bovins vers l'Espagne. Le franchissement de la frontière est attesté par les constatations du juge pénal. Or, si la réalité de ce fait n'est pas contestée par le juge administratif de l'impôt, ce fait ne peut, à lui seul, offrir au contribuable le droit à l'exonération de taxe sur la valeur ajoutée qu'il exige car, si la réalité de ce fait n'est pas contestable, l'exonération ne peut être accordée que si la société espagnole a effectivement été assujettie à la taxe sur la valeur ajoutée. Ce qui n'est nullement prouvé en l'espèce.

1410 Sur ce point : AYRAULT Ludovic, *L'indépendance des contentieux pénal et fiscal*, Dr. fisc. 2016, n°38, 503, pp. 59-62.

1411 Cass. crim., 13 octobre 2015, n°14-82.272 : Bull. crim., n°220 ; Gaz. pal. 2016, n°4, pp. 61-62, chron. François FOURMENT ; Cass. crim. 5 février 2014, n°12-80.154 : Bull. crim., n°35 ; RJDA 2014, n°8, pp. 633-644, Rapport du Conseiller référendaire Christine MOREAU ; JCP G 2014, act. 195, p. 314, obs. Jean-Yves MARECHAL ; Dr. pén. 2014, n°3, pp. 37-39, note Albert MARON et Marion HAAS ; Dr. pén. 2014, n°5, pp. 20-24, Et. Audrey BONNET ; Gaz. Pal. 2014, n°106-107, pp. 11-12, chron. Anne GUEGAN-LECUYER.

1412 CEDH, 27 septembre 2011, n°23272/07, Hrdalo c/ Croatie, § 52 ; CEDH, 27 septembre 2007, n°35522/04, Vassilios Stavropoulos c/ Grèce, § 40 ; CEDH, 14 janvier 2000, n°29889/04, Vanjak c/ Croatie, § 41.

1413 CEDH, 10 février 1995, n°15175/89, Allenet de Ribemont c/ France, § 35 ; CEDH, 25 mars 1983, n°8660/79, Minelli c/ Suisse, § 37.

1414 CEDH, 23 octobre 2014, n°27785/10, Melo Tadeu c/ Portugal, § 58 ; CEDH, 21 mars 2000, n°28389/95, Rushiti c/ Autriche, § 31.

1415 CEDH, 25 août 1993, n°13126/87, Sekanina c/ Autriche, § 30.

421. Pour identifier une telle violation de la présomption d'innocence, la Cour de Strasbourg exige qu'un « lien »[1416] existe entre la procédure pénale et l'action subséquente. Or, ce lien apparaît lorsque le juge opère une « étude ou (...) une évaluation des éléments de preuve versés au dossier pénal (...) [ou] port[e] une appréciation sur la participation du requérant »[1417] aux faits constitutifs d'une infraction pénale. La méconnaissance de la présomption d'innocence sera donc constituée par une mise en doute de l'innocence du prévenu précédemment acquitté. Cela explique pourquoi ce principe n'est pas méconnu lorsque le juge se borne à établir la culpabilité du justiciable au terme d'une procédure qui dispose d'« une certaine autonomie par rapport à la procédure pénale »[1418] ou ne fait que juger de la responsabilité civile sans remettre en cause l'innocence du prévenu[1419].

422. Cette protection particulière accordée à la présomption d'innocence n'est affectée d'aucun particularisme, en matière fiscale. La Cour européenne des droits de l'Homme a jugé que des procédures portant sur un même fait[1420] ou sur une même infraction[1421] ne peuvent donner lieu à une appréciation discordante, relative à l'innocence du prévenu, sans méconnaître la présomption d'innocence.

423. Une telle solution, fondée sur le nécessaire respect de la présomption d'innocence présente la particularité d'être restreinte – car seule la décision juridictionnelle constatant l'innocence est protégée – mais plus protectrice que l'exigence de sécurité juridique qui s'attache aux décisions

---

[1416] CEDH, Gde ch., 12 juillet 2013, n°25424/09, Allen c/ Royaume-Uni, § 104.

[1417] CEDH, Gde ch., 12 juillet 2013, n°25424/09, Allen c/ Royaume-Uni, § 104.

[1418] C'est le cas des procédures disciplinaires qui présentent une autonomie par rapport à la procédure pénale (CEDH, 27 septembre 2011, n°23272/07, Hrdalo c/ Croatie, § 55 ; CEDH, 23 août 2011, n°53372/07, Vagenas c/ Grèce ; CEDH, 14 janvier 2010, n°29889/04, Vanjak c/ Croatie, § 71 ; CEDH, 26 mars 2002, n°27521/04, Moullet c/ France).

[1419] CEDH, 11 février 2003, n°56568/00, Y. c/ Norvège, § 41 ; Comm. EDH, 7 octobre 1987, n°11882/85, C. c/ Royaume-Uni ; Comm. EDH., 6 octobre 1982, n°9295/81, X c/ Autriche.

[1420] CEDH, 23 octobre 2014, n°27785/10, Melo Tadeu c/ Portugal, § 61 (En l'espèce, les deux procédures ont trait à des « manquements dans la gestion de la fiscalité de la société » car la procédure administrative litigieuse, subséquente à la procédure pénale, est une procédure « d'exécution fiscale » (§ 52). Les juges ont retenu une appréciation différente relative à la « gérance de fait » du contribuable).

[1421] CEDH, 30 avril 2015, n°3453/12, n°42941/12 et n°9028/13, Kapetanios et a. c/ Grèce : Dr. fisc. 2016, n°9, 206, n°12, chron. Ludovic AYRAULT ; JCP G 2015, n°21, 596, zoom Frédéric SUDRE ; AJP 2015, 367, note Cristina MAURO ; RFDA 2016, p. 761, note Henri LABAYLE et Frédéric SUDRE ; AJP 2015, 367, note Cristina MAURO ; Revue pénitentiaire et de droit pénal 2016, n°2, pp. 329-339, note Pierre-Jean CIAUDO (En l'espèce, il s'agit d'une discordance, relative à la culpabilité des contribuables, entre la procédure pénale de contrebande et la procédure administrative de contrebande (§ 17)).

juridictionnelles[1422]. La Cour lie à ces décisions d'acquittement une forme d'autorité psychologique qui renforce l'autorité absolue de la chose jugée par le juge pénal : une décision ultérieure ne peut remettre en cause, même implicitement, l'innocence du justiciable en instillant un doute quant à l'innocence établie[1423]. Le caractère psychologique de cette protection s'explique par la finalité poursuivie par la présomption d'innocence qui protège « l'honneur et (…) la dignité de la personne poursuivie »[1424]. Or, l'honneur peut souffrir d'un doute, à la différence d'un droit, qui n'est pas susceptible d'être remis en cause par un simple doute.

424. Conclusion de la Sous-Section I. – Il apparaît que les juges disposent d'une véritable autonomie dans l'appréciation juridictionnelle dès lors que l'indépendance des procédures n'est pas affectée par l'autorité de chose jugée des décisions juridictionnelles. Chaque juge demeure libre d'apprécier les faits qui sont administrés sans qu'ils ne soient liés par l'appréciation des autres juges. Pourtant, à la faveur de la sécurité juridique et de la présomption d'innocence, il apparaît que la Cour européenne des droits de l'Homme prohibe les contradictions flagrantes dans l'appréciation juridictionnelle d'un fait et la mise en doute des décisions juridictionnelles établissant l'innocence d'un accusé. L'interdiction de contredire les appréciations juridictionnelles exigée par la Cour européenne des droits de l'Homme s'inscrit dans la prise en compte de la réception de l'autorité de la chose jugée par les justiciables. La justice n'est pas seulement rendue, elle est perçue et cette perception mérite une protection. Les juges ne peuvent donc, sans méconnaître l'attente légitime du justiciable, méconnaître la vérité qu'ils ont précédemment établie. Cette perception de la *vérité* par les justiciables n'est pas uniforme puisqu'en matière pénale, le nécessaire respect de la présomption d'innocence prohibe toute mise en doute de cette innocence. À la lumière de cette exigence renouvelée qui encadre l'autorité de la chose jugée, il apparaît nécessaire de faire naître un dialogue des juges dans l'appréciation des faits.

[1422] En matière de présomption d'innocence, la Cour européenne des droits de l'Homme se contente d'un doute et non d'appréciations « radicalement opposées » pour estimer qu'il y a violation de ce principe.

[1423] En ce sens, l'arrêt Minelli c/ Suisse (CEDH, 25 mars 1983, n°8660/79, Minelli c/ Suisse) atteste du caractère essentiellement psychologique de la protection accordée à la présomption d'innocence puisqu'il est jugé qu'une décision juridictionnelle ne peut « reflète[r] le sentiment qu'il [le prévenu] est coupable » (§ 37) et qu' « Il peut en aller ainsi même en l'absence de constat formel ; il suffit d'une motivation donnant à penser que le juge considère l'intéressé comme coupable » (§ 37).

[1424] CEDH, 24 mai 2011, n°53466/07, Konstas c/ Grèce, § 32.

Sous-Section II. – L'éveil nécessaire des juges au dialogue dans l'appréciation des faits

425. Si les conflits d'appréciation juridictionnelles peuvent être résolus par le Tribunal des conflits qui est compétent en matière de déni de justice (§.1.), il apparaît qu'une autre voie est plus pertinente : celle du dialogue des juges dans l'appréciation des faits (§.2.).

§.1. Le déni de justice : fondement de la résolution de certains conflits d'appréciation

426. L'ordre juridique interne appréhende les conflits d'appréciation de manière originale. Une procédure particulière existe afin de régler les dénis de justice qui résultent d'appréciations divergentes entre les juridictions. Le Tribunal des conflits est compétent en la matière[1425]. L'article 15 de la loi du 24 mai 1872[1426] dispose que « le Tribunal des conflits peut être saisi des décisions définitives rendues par les juridictions administratives et judiciaires dans les instances introduites devant les deux ordres de juridiction, pour des litiges portant sur le même objet, lorsqu'elles présentent une contrariété conduisant à un déni de justice ». Ce conflit de décisions peut résulter d'une divergence d'appréciation des éléments de fait ou de l'application de règles juridiques différentes[1427]. Bien que des conditions extrêmement strictes de saisine du Tribunal des conflits aient été posées[1428], l'intérêt de cette procédure

[1425] Sur ce point : WALINE Jean, *Droit administratif*, Dalloz, Précis, 26e éd., 2016, n°578-580, pp. 604-607.

[1426] Tel qu'il résulte de l'article 13 de la loi n°2015-177 du 16 février 2015, relative à la modernisation et à la simplification du droit et des procédures dans les domaines de la justice et des affaires intérieures (J.O. du 17 février 2015, p. 2961). Cette procédure a été initialement créée par la loi du 20 avril 1932 ouvrant un recours devant le tribunal des conflits contre les décisions définitives rendues par les tribunaux judiciaires et les tribunaux administratifs lorsqu'elles présentent contrariété aboutissant à un déni de justice (J.O. du 22 avril 1932, p. 4330).

[1427] Le Tribunal des conflits a ainsi jugé qu'« un tel déni de justice existe lorsqu'un demandeur est mis dans l'impossibilité d'obtenir une satisfaction à laquelle il a droit par suite d'appréciations inconciliables entre elles portées par les juridictions de chaque ordre, soit sur des éléments de fait, soit en fonction d'affirmations juridiques contradictoires » (TC, 16 juin 2014, n°3941 : AJDA 2014, p. 1296, Note Marie-Christine DE MONTECLER ; TC, 9 juillet 2012, n°3847 : Rec. T. p. 777 ; TC, 5 mai 2008, n°3613 : AJDA 2008, p. 1622 ; TC, 26 juin 2006, n°3499 : Rec. p. 635 ; TC, 17 novembre 2001, n°3273 : Rec. p. 757 ; TC, 14 février 2000, n°2929 : RFDA 2000, p. 1232, Note Dominique POUYAUD).

[1428] L'identité d'objet qui doit exister entre les recours devant chaque ordre de juridiction alliée à la nécessité de faire état d'un déni de justice rend les conditions de saisine du Tribunal des conflits si drastiques que les justiciables n'ont eu que fort peu accès au Tribunal sur ce fondement. Il est à noter que le Tribunal des conflits a accepté un tel recours alors même que la juridiction judiciaire ne s'est pas prononcée sur le fond de l'affaire (TC, 6 juillet 2009, Mario Bonato c/ APEILOR : RFDA 2009, p. 1229, note D. Pouyaud) et le Tribunal des conflits s'est prononcé alors même que la Cour de cassation n'a pas été saisie et que toutes les voies de

est de démontrer que le législateur a organisé une procédure visant à régler certaines divergences d'appréciation entre juridictions[1429]. Le législateur a pu s'émouvoir de l'existence de différences d'appréciation entre juridictions et estimer que ces divergences pouvaient conduire à un déni de justice devant être réparé. L'ordre juridique prend donc en compte partiellement les divergences d'appréciation qui peut surgir entre les juges. Toutefois, il conviendrait, à notre sens, de s'en remettre directement aux juges pour éviter les divergences d'appréciation. L'émergence d'un dialogue des juges dans l'appréciation juridictionnelle des faits constitue une solution de nature à prévenir ces divergences.

§.2. L'émergence d'un dialogue des juges dans l'appréciation juridictionnelle

427. La liberté d'appréciation des juges apparaît limitée, de manière croissante, à la faveur du renforcement de l'autorité de la chose jugée. L'affirmation de la sécurité juridique et de la présomption d'innocence se révèle être le fondement d'un dialogue entre les juges. Les cloisons étroites – posées par l'article 1355 du Code civil et l'autorité absolue de la chose jugée attachée aux décisions du juge pénal – apparaissent de plus en plus mouvantes. Ces solutions conduisent à relire, sous un angle nouveau, la présomption de vérité qui s'attache aux décisions de justice[1430] comme l'indique l'adage *res judicata pro veritate habetur*.

428. L'autorité positive de la chose jugée doit, à ce titre, être prise en compte par les juges afin d'éviter les appréciations « radicalement opposées »[1431] d'un

recours de l'ordre juridique interne n'ont pas été épuisées (Tribunal des conflits, 16 juin 2014, SCI Lou).

1429 En ce sens, l'affaire Rosay a conduit le législateur à confier au Tribunal des conflits une compétence en matière de conflits de décisions. Dans cette affaire, le passager d'un véhicule privé entend obtenir réparation de son préjudice résultant d'un accident subi entre ce véhicule et un véhicule militaire. Tant devant le juge judiciaire que devant le juge administratif, la victime est déboutée de sa demande : le juge judiciaire estime que la faute est imputable au conducteur du véhicule militaire et le juge administratif estime que la faute est imputable au conducteur du véhicule civil. En l'espèce, le déni de justice résulte d'une divergence d'appréciation des faits de l'espèce par chaque juge : la faute est imputée à un conducteur différent par chacun des juges. Face à cette flagrante injustice, le législateur adopte – avec effet rétroactif – la loi du 20 avril 1932 qui permet d'obtenir réparation au titre d'un tel conflit de décisions. À la faveur d'une telle procédure, la victime parvint à obtenir réparation de son préjudice (TC, 8 mai 1933, Rosay : Rec. p. 1236).

1430 Sur ce point : DINTILHAC Jean-Pierre, *La vérité de la chose jugée*, Rapport annuel de la Cour de cassation 2004, La vérité, La documentation française, 2005, pp.57-66, spéc. p. 61.

1431 CEDH, 16 septembre 2014, n°19037/07, Rozalia Avram c/ Roumanie, § 42 ; CEDH, 16 avril 2013, n°23456/04, Siegle c/ Roumanie, § 38 ; CEDH, 31 mai 2012, n°50208/06, Esertas c/ Lituanie, § 25 ; CEDH, 27 juillet 2006, n°71867/01, 71869/01, 73319/01 et 74858/01, Gök

même fait de prospérer entre procédures distinctes. Il faut donc se résoudre à reconsidérer l'autorité de chose jugée afin de prendre davantage en compte la présomption de vérité qui s'attache à ces décisions. En ce sens, la jurisprudence de la Cour européenne des droits de l'Homme nous livre, à nouveau, un enseignement. Dans l'affaire Melo Tadeu[1432], la Cour de Strasbourg a jugé que la présomption simple de véracité – qui résulte d'une disposition du Code de procédure civile portugais[1433] – attachée aux arrêts de relaxe du juge pénal est insuffisamment protectrice de la présomption d'innocence. Aux termes de cet arrêt, elle exige qu'aucune remise en cause de l'innocence du prévenu ne soit possible. Or, cette autorité absolue des faits établis par un juge pénal, fondée sur le principe de la présomption d'innocence, peut également être fondée sur l'exigence de sécurité juridique, en dehors de la sphère répressive. Il est donc possible de relire l'adage *res judicata pro veritate habetur* comme emportant la nécessité pour l'appréciation juridictionnelle d'un fait de fonder une présomption irréfragable de véracité si ce fait venait à opposer les mêmes parties dans un litige à l'objet différent.

429. À la lumière de ces exigences renouvelées de l'autorité de la chose jugée, il est nécessaire que les juges nuancent leur liberté d'appréciation en forgeant des mécanismes de nature à prendre en compte l'appréciation antérieure des faits par d'autres juges.

430. Une telle intention s'est, à notre sens, exprimée, devant le juge administratif, par la prise en compte de « l'intérêt d'une bonne justice »[1434] se manifestant par la nécessité de rouvrir l'instruction afin de soumettre à un débat contradictoire des éléments nouveaux qui peuvent découler d'« une circonstance de fait ou d'un élément de droit » nouveau. Par une décision, rendue en formation de Section du contentieux du 5 décembre 2014[1435], le Conseil d'Etat a estimé utile de procéder de la sorte alors que, postérieurement à la clôture de l'instruction du juge administratif de l'impôt, le juge pénal s'est prononcé sur la matérialité d'un fait qu'il revenait au juge administratif de l'impôt d'établir. Le rapporteur public Edouard CREPEY a souligné dans ses conclusions que « lorsque deux juges sont saisis des mêmes faits et sont successivement appelés à se prononcer sur leur matérialité et sur

---

et autres c/ Turquie, § 59 ; CEDH, 12 janvier 2006, n°47797/99 et 68698/01, Kehaya et a. c/ Bulgarie, § 70.

[1432] CEDH, 23 octobre 2014, n°27785/10, Melo Tadeu c/ Portugal.

[1433] L'article 674-B du Code de procédure civile du Portugal.

[1434] Conseil d'Etat, Sect., 5 décembre 2014, n°340943, M. Lassus : Dr. fisc. 2014, act. 617 ; RJF 02/15, n°152 ; RFDA 2015, p. 78, concl. Edouard CREPEY ; AJDA 2015, p. 211, chron. Jean LESSI et Louis DUTHEILLET DE LAMOTHE ; JCP G 2015, n°9, doctr. 274, chron. Gweltaz EVEILLARD ; Procédures 2015, n°2, comm.61, note Serge DEYGAS.

[1435] Conseil d'Etat, Sect., 5 décembre 2014, n°340943, M. Lassus : préc.

l'intentionnalité imputable à leur auteur, le second dans l'ordre chronologique ne doit pas pouvoir ignorer de sa superbe ce qu'a dit le premier »[1436]. En précisant ainsi les contours de la jurisprudence antérieure[1437], le juge administratif atteste d'une volonté particulièrement novatrice d'enrichir son appréciation de celle des autres juges[1438]. Or, la prise en compte, par le juge administratif de *l'intérêt d'une bonne justice* pourrait permettre de relire avec plus de souplesse la jurisprudence administrative : le sursis à statuer facultatif – qui ne dispose pas de fondement légal[1439] – pourrait alors être imposé, dans l'intérêt d'une bonne justice[1440].

431. De même, s'il est établi que le juge pénal fiscal se refuse à surseoir à statuer sur la poursuite pénale afin de prendre en compte la décision du juge de l'impôt[1441], la Chambre criminelle a jugé par un arrêt du 4 novembre 2010[1442], que les juges du fond disposaient de la faculté de fonder leur appréciation sur les décisions du juge administratif de l'impôt « sans méconnaître les principes de la plénitude de juridiction du juge répressif »[1443]. Cet arrêt va dans le sens d'un dialogue dans l'appréciation des faits puisque, comme le relève Daniel GUTMANN, « le ministère public et l'administration fiscale [défendaient la thèse] selon laquelle il était interdit au juge pénal de s'appuyer, du moins à titre principal, sur les décisions rendues par le juge fiscal pour forger son appréciation »[1444]. Cette solution établit, un premier pas vers un échange constructif dans l'appréciation des faits et atteste de la nécessaire prise en compte par les juges de l'appréciation des éléments de faits qui

---

[1436] CREPEY Edouard, concl. sur Conseil d'Etat, Sect., 5 décembre 2014, n°340943, M. Lassus : RFDA 2015 ; p. 78.

[1437] Conseil d'Etat, Sect., 27 février 2004, n°252988, Préfet des Pyrénées-Orientales c/ Abounkhila : Rec. p. 93 ; AJDA 2004, p. 651, chron. Francis DONNAT et Didier CASAS ; Dr. adm. 2004, comm. 79, note Vincent TCHEN ; LPA 18 oct. 2004, p. 14, obs. Fabrice MELLERAY ; RDP 2005, p. 510, obs. Christophe GUETTIER.

[1438] En l'espèce, cette volonté est attestée par le fait que « L'arrêt pénal [est] dépourvu de l'autorité de la chose jugée pour avoir été rendu au bénéfice du doute » (CREPEY Edouard, concl. sur Conseil d'Etat, Sect., 5 décembre 2014, n°340943, M. Lassus : RFDA 2015, p. 78).

[1439] Sur ce point : ROUQUETTE Rémi, *Petit traité du procès administratif 2017/18*, 7e éd., 2016, n°425-20, p. 786.

[1440] Pour l'heure, le sursis à statuer demeure facultatif, le juge appréciant de manière discrétionnaire la nécessité de statuer en attendant la solution d'une autre instance : Conseil d'Etat, 9e et 10e s.-s., 30 juillet 2010, n°316757, Sté Turbo's Hoet Truck Center et M. Hoet : RJF 11/10, n°1010, concl. Pierre COLLIN, BDCF 11/10, n°114 ; Conseil d'Etat, 31 juillet 1953, n°20793 et n°21457 : R.O. p. 320.

[1441] Cass. crim., 21 juillet 1981, n°80-93.335, Inédit ; Cass. crim., 5 juillet 1976, n°75-93.347 : Bull. crim., n°246.

[1442] Cass. crim., 4 novembre 2010, n°10-81.233 : Dr. fisc. 2011, n°3, 111, note Renaud SALOMON ; RJF 04/11, n°513 ; FR 06/11, p. 29, note Daniel GUTMANN.

[1443] Cass. crim., 4 novembre 2010, n°10-81.233 : RJF 04/11, n°513.

[1444] GUTMANN Daniel, *La véritable signification de l'indépendance des procédures fiscale et pénale*, FR 06/11, p. 29.

concourent à l'établissement de l'imposition et à la condamnation pénale du prévenu.

432. Une telle évolution de la jurisprudence de la Chambre criminelle de la Cour de cassation n'est pas incongrue car, sous un certain angle[1445], la plénitude de juridiction dont dispose le juge pénal est fondée sur la bonne administration de la justice. Or, si la bonne justice exige la prise en compte de décisions à venir, le sursis à statuer doit se concilier avec la plénitude de juridiction dont dispose ce juge. Ce dernier concept se transformerait alors en une injonction positive faite au juge pénal : celle de prendre connaissance de toute décision à venir des juges de l'impôt et non plus comme une autonomie absolue dans l'appréciation des faits. Enfin, l'édifice offrirait pleinement satisfaction si la commission de révision des condamnations pénales venait à accepter de considérer comme un fait nouveau une décision de décharge du juge de l'impôt[1446].

433. Conclusion de la Sous-Section II. – L'appréciation des faits doit conduire les juges à adapter l'instruction des litiges. La contrariété aux droits fondamentaux des appréciations contradictoires doit conduire les juges à intégrer à leur propre appréciation les appréciations antérieures d'autres juges. Il apparaît que *l'intérêt d'une bonne justice* constitue un fondement adéquat qui doit permettre d'assouplir le recours à la réouverture de l'instruction ou qui pourrait permettre au juge de prononcer plus régulièrement un sursis à statuer. C'est, surtout, une nouvelle ère de l'appréciation juridictionnelle qui pourrait naître à la faveur de cette jurisprudence qui permettrait de prendre en compte, plus largement, l'appréciation des autres juges. La qualité de la justice en serait rehaussée dès lors que les conflits d'appréciation seraient réduits.

434. Conclusion de la Section II. – L'appréciation juridictionnelle connaît de récents bouleversements d'envergure. Si le principe d'indépendance des appréciations apparaît comme un principe fondamental qui gouverne l'appréciation croisée entre les juges, ce principe connaît des exceptions de plus en plus abondantes. À la faveur de la jurisprudence de la Cour européenne des droits de l'Homme, l'indépendance des appréciations est menacée par la nécessité de conférer à l'appréciation juridictionnelle une autorité de chose jugée qui dépasse le seul cadre litigieux. L'affirmation de la sécurité juridique – pour l'ensemble des litiges – et de la présomption d'innocence – en matière répressive – apparaissent comme de puissants vecteurs d'harmonisation des

---

[1445] VAUTROT-SCHWARZ Charles, *La plénitude de juridiction du juge pénal sur l'interprétation et l'appréciation de la légalité des actes administratifs*, in, STASIAK Frédéric (dir.), *Histoire et méthodes d'interprétation en droit criminel*, pp. 61-78, spéc. pp. 68-69.

[1446] Pour l'heure, cette solution est refusée (Comm. révision des condamnations pénales, 14 mai 2012, n°11REV103, M. R : Dr. fisc. 2012, n°25, comm. 344, note Christian LOUIT).

appréciations juridictionnelles. L'inertie des juges dans l'appréciation des faits, qui pourrait naître d'une appréhension radicale du principe d'indépendance des appréciations, ne peut plus désormais prospérer.

435. Conclusion du Chapitre I. – La matière fiscale, au carrefour des procédures administrative, civile et pénale, témoigne des inerties et des transformations de l'appréciation juridictionnelle. Surtout, elle atteste du maintien de l'identité de chaque juge dans l'appréciation de la preuve. Encadré ou non par la loi, l'appréciation des preuves fiscales permet, tout à la fois, au système de preuve légale et de preuve morale de coexister. À ce titre, il n'existe aucune unité, entre les juges de la matière fiscale, en matière d'appréciation des faits. Surtout, il se dessine, à nouveau, des identités particulières qui sont liées à chaque procédure juridictionnelle. Le juge pénal fiscal dispose, à cet égard, des traits les plus saillants car la liberté d'appréciation de la preuve y trouve une place particulière au regard de la gravité de l'enjeu – d'ordre public – dont le procès pénal est le décor. Devant le juge civil, le maintien d'un système de preuve légale atteste d'un encadrement du juge dans l'appréciation de la preuve puisqu'il est lié par la loi dans son appréciation. Enfin, le juge administratif dispose d'une liberté absolue dans l'appréciation de la preuve, aucune limite ne bornant son appréciation. Cette liberté des juges dans l'appréciation des preuves se manifeste, surtout, lorsqu'un même élément de preuve est apprécié par différents juges puisqu'alors, l'indépendance des appréciations leur offre une liberté d'apprécier des faits déjà appréciés. Toutefois, cette liberté tend à s'estomper sous l'effet conjugué de la sécurité juridique et de la présomption d'innocence. L'appréciation juridictionnelle tend ainsi à se transformer à la faveur d'un dialogue, en devenir, dans la formation de cette appréciation. L'étude de l'appréciation des preuves ne permet cependant pas d'épuiser la question de l'appréciation juridictionnelle. Les faits appréciés doivent convaincre le juge et reflètent ainsi la conviction *intime* de chacun d'eux.

Chapitre II. – La préservation d'une conviction intime à chaque juge

436. Qu'est-ce que la *conviction* ? Cette notion peut être définie comme une « certitude de l'esprit fondée sur des preuves jugées suffisantes »[1447]. En philosophie, la conviction est, tout à la fois, considérée comme une « certitude logique »[1448] et une « opinion probable »[1449]. L'apparente opposition entre ces définitions se résout par le fait qu'une certitude obtenue au terme d'un raisonnement ne peut être qu'une probabilité issue d'un savoir.

437. En matière juridique, la conviction du juge est également une « conviction de raison »[1450] qui entremêle la certitude morale à la constatation matérielle. La conviction – qualifiée d'*intime* – est employée par les juges administratif, civil et pénal[1451]. Elle doit s'entendre comme un état psychique du juge fondé sur une vraisemblance qui lui permet raisonnablement de croire en l'existence d'un fait. La conviction relève de la psychologie des juges autant qu'elle la révèle. En cette matière, « le juge a constamment besoin d'un sens psychologique, que les plus beaux syllogismes sont incapables de remplacer »[1452]. Au-delà de la raison, la conviction fait, en effet, appel à d'autres aptitudes comme « le sens moral »[1453], « l'intuition »[1454] voire le

---

[1447] Dictionnaire de l'académie française, 8e éd., V° Conviction.

[1448] LALANDE André, *Vocabulaire technique et critique de la philosophie*, V° Conviction, PUF, 1991, p. 190.

[1449] *Op cit., loc. cit.*

[1450] FOROUTANI Djavad, *Le fardeau de la preuve en matière pénale, Essai d'une théorie générale*, Thèse de doctorat dact., Paris 2, 1977, p. 25.

[1451] BREDIN Jean-Denis, *Le doute et l'intime conviction*, Droits 1996, n°23, pp. 21-29, spéc. pp. 22-24.

[1452] GORPHE François, *L'appréciation des preuves en justice, Essai d'une méthode technique*, Sirey, 1947, p. 65.

[1453] LATOURNERIE Roger, *Essai sur les méthodes juridictionnelles du Conseil d'Etat*, in, *Le Conseil d'État, Livre jubilaire publié pour commémorer son cent-cinquantième anniversaire, 4 nivôse an VIII-24 décembre 1949*, Sirey, 1952, pp. 177-276, spéc. p. 240.

[1454] GORPHE François, *L'appréciation des preuves en justice : essai d'une méthode technique*, Sirey, 1947, p. 17.

« sens esthétique »[1455] ou « l'intuition affective »[1456]. Car, c'est en somme « dans la sincérité de leur conscience »[1457] que les juges forgent leur conviction.

438. L'étude de la conviction doit permettre de saisir l'au-delà de la raison matériellement identifiable, c'est-à-dire qu'elle doit conduire à dépasser le seuil du *raisonnable*, pour tenter de saisir les ressorts psychologiques et sociologiques qui habitent chaque juge de la matière fiscale et les conduit à établir la réalité factuelle à la lumière de conceptions qui leur sont propres. S'il a pu être débattu du caractère « objectif »[1458] ou « subjectif »[1459] de la conviction du juge, il faut dépasser cette opposition aporétique dès lors que la conviction est rendue objective par l'autorité de la chose jugée qui s'y attache mais qu'elle demeure éminemment subjective tant elle révèle un état intérieur de celui qui l'adopte.

439. Le point du vue du sociologue permet de mieux saisir l'intérêt d'une étude de la conviction. Pour Henri LEVY-BRUHL, la conviction est « un procédé, ou un ensemble de procédés destinés à vérifier si tel fait ou telle assertion est ou non conforme aux données qu'à un certain moment on tient pour certaines »[1460]. Pour cet auteur, la conviction n'est que la matérialisation de l'assentiment d'une proposition de preuve, par la société, par la voie d'un juge qui s'érige en vigie d'une conscience sociale temporellement située[1461].

1455 LATOURNERIE Roger, *Essai sur les méthodes juridictionnelles du Conseil d'Etat*, in, *Le Conseil d'État, Livre jubilaire publié pour commémorer son cent-cinquantième anniversaire, 4 nivôse an VIII-24 décembre 1949*, Sirey, 1952, pp. 177-276, spéc. p. 240.

1456 GORPHE François, *L'appréciation des preuves en justice : essai d'une méthode technique*, Sirey, 1947, p. 17.

1457 Comme en dispose l'article 353 du Code de procédure pénale qui fixe les règles de la délibération des jurés de Cour d'assises.

1458 Caroline FOULQUIER relève que « De subjective pour les parties, la preuve tend à devenir objective par l'intermédiaire du juge. Elle est objectivée par la fonction judiciaire » (*La preuve et la justice administrative française*, Thèse de doctorat, Toulouse 1, L'Harmattan, Logiques juridiques, 2013, p. 124).

1459 Jean-Philippe COLSON relève que « Notion essentiellement objective pour les parties en litige, la preuve devient subjective dès lors qu'elle aboutit à une conviction chez le juge » (*L'office du juge et la preuve dans le contentieux administratif*, Thèse de doctorat, Montpellier, LGDJ, Bibliothèque de droit public, Tome 101, 1970, p. 9).

1460 LEVY-BRUHL Henri, *La preuve judiciaire, Etude de sociologie juridique*, Librairie Marcel Rivière et Cie, 1964, p. 21.

1461 Henri LEVY-BRUHL expose ainsi que « La preuve est donc toujours fournie par référence aux opinions reçues. Si audacieuse, si révolutionnaire que soit une allégation ou une découverte, elle sera 'prouvée' si elle rencontre l'adhésion du corps social, restreint ou étendu, où elle désire pénétrer » (*La preuve judiciaire, Etude de sociologie juridique*, Librairie Marcel Rivière et Cie, 1964, p. 22).

440. À notre sens, la conviction peut[1462] révéler l'existence d'une distance – d'une solution de continuité[1463] – entre la preuve administrée et la preuve juridictionnellement établie par chacun des juges. La conviction permet donc d'entrevoir l'identité de chaque juge. Si, comme l'a relevé Ludwig WITTGENSTEIN[1464], savoir et croyance sont intimement liés, il doit en être de même entre la conviction et la croyance en l'existence d'un fait. Car, si la conviction est le mécanisme commun d'établissement juridictionnel des faits (Section I), elle est également le reflet d'une conception *intime* de la réalité factuelle (Section II).

Section I. – La conviction : mécanisme commun d'établissement de la preuve

441. La conviction des juges repose communément sur un certain degré de vraisemblance que renferme chaque preuve (Sous-Section I). Or, la vraisemblance recèle, en elle-même, une part de doute qui va conduire le juge à faire peser, sur les parties, ce qu'il est commun d'appeler le risque de la preuve (Sous-Section II).

Sous-Section I. – La vraisemblance : critère commun de la conviction juridictionnelle

442. La vraisemblance occupe une place déterminante dans la formation de la conviction des juges (§.1.) bien qu'elle n'interdise pas l'existence implicite de *standards de vraisemblance* (§.2.).

§.1. – La vraisemblance : fondement commun de la conviction des juges

443. La conviction des juges repose sur la vraisemblance[1465] des faits allégués. Il est établi que « la preuve judiciaire se rapporte à une vraisemblance, à une

---

[1462] Bien qu'en cette matière « Il est impossible de déterminer d'une manière absolue les critères de variation de l'attitude du juge » (COLSON Jean-Philippe, *L'office du juge et la preuve dans le contentieux administratif*, Thèse de doctorat, Montpellier, LGDJ, Bibliothèque de droit public, Tome 101, 1970, p. 185).

[1463] Jean-Philippe COLSON relève ainsi que « L'intime conviction est marquée par le fait qu'il existe une dissociation entre les résultats des preuves administrées par les parties et la conviction que le juge retire de l'examen de l'ensemble des données du litige » (*L'office du juge et la preuve dans le contentieux administratif*, Thèse de doctorat, Montpellier, LGDJ, Bibliothèque de droit public, Tome 101, 1970, p. 204).

[1464] WITTGENSTEIN Ludwig, *De la certitude*, Gallimard, 1965, § 42, p. 39.

[1465] Sur ce point : AMMAR Daniel, *Preuve et vraisemblance, Contribution à l'étude de la preuve technologique*, RTD Civ. 1993, n°3, pp. 499-533 ; BATIFFOL Henri, *Observations sur la preuve des faits*, in, PERELMAN Chaïm et FORIERS Paul (dir.), *La preuve en droit*, Bruylant, 1981, pp. 303-314, spéc. p. 314 ; FOSSIER Thierry et LEVEQUE François, *Le « presque vrai » et le « pas tout à fait faux » : probabilités et décision juridictionnelle*, JCP G

probabilité, plus ou moins importante »[1466], à « une approximation aussi exacte que possible de la vérité du fait »[1467] ou encore à « une approximation suffisamment précise pour que raisonnablement on puisse y porter crédit »[1468]. À ce titre, la présomption illustre la place déterminante occupée par la vraisemblance dans la preuve juridictionnelle : elle permet d'établir une preuve indirecte à partir de la preuve directe d'autres faits et instille un degré de probabilité dans la vérité[1469] puisque « la présomption est un acte volontaire de l'esprit qui tient pour assuré ce qui est tout au plus probable »[1470]. Elle implique du juge une « pesée circonstanciée de la valeur d'un fait connu comme indice d'un fait inconnu »[1471]. La présomption « colore la vérité judiciaire d'un vernis d'approximation »[1472] en imprimant sur la preuve juridictionnelle le sceau de l'incertitude. La comparaison des solutions retenues par les juges du fond attestent que des solutions opposées peuvent être adoptées dans des situations identiques[1473]. La preuve juridictionnelle ne parvient, en effet, jamais à établir une vérité absolue et l'erreur judiciaire[1474] n'est pas ignorée par le droit comme en témoigne l'existence des recours en

---

2012, n°14, doctr. 427, pp. 686-691 ; GARAPON Antoine et PAPADOPOULOS Ioannis, *Juger en Amérique et en France*, Odile Jacob, 2003, pp. 123-145 ; MEKKI Mustapha, *Preuve et vérité, Rapport français*, in, La preuve, Journées internationales 2013 d'Amsterdam, Pays-Bas et Liège, Belgique, coll. Travaux Henri CAPITANT, vol. LXIII, Paris et Bruxelles, LB2V et Bruylant, 2015, pp. 813-847 ; PUIGELIER Catherine, *Vrai, véridique et vraisemblable*, in, PUIGELIER Catherine, *La preuve*, Economica, 2004, pp. 195-234 ; LAGARDE Xavier, *Vérité et légitimité dans le droit de la preuve*, Droits 1996, n°23, pp. 31-39 ; LASSERRE-KIESOW Valérie, *La vérité en droit civil*, D. 2010, n°15, pp. 907-920 ; THERY Philippe, *Les finalités du droit de la preuve en droit privé*, Droits 1996, n°23, pp. 41-52.

1466 GAMET Laurent, *La preuve en droit du travail. Contestation du licenciement, conviction et doute du juge prud'homal*, in, CADIET Loïc, MEKKI Mustapha, GRIMALDI Cyril (dir.), *La preuve : regards croisés*, Dalloz, Thèmes et commentaires, 2015, pp. 29-50, spéc. p. 44.

1467 FORIERS Paul, *Considérations sur la preuve judiciaire*, in, PERELMAN Chaïm et FORIERS Paul (dir.), *La preuve en droit*, Bruylant, 1981, pp. 315-329, spéc. p. 318.

1468 *Op. cit., loc. cit.*

1469 Manuel GROS relève ainsi qu'« À mi-chemin entre la démonstration (opaque et éblouissante) et la preuve (transparente), la présomption est... translucide. On y découvre des choses mais pas précisément, pas avec certitude. On y trouvera une analogie avec le mythe platonicien de la caverne ; les hommes voient dans les présomptions une apparence de certitude, une silhouette figurative certes, mais déformée, de la vérité juridique. Cette présomption n'est ni preuve ni vérité, mais elle y ressemble » (*La démonstration, la preuve et la présomption en matière juridictionnelle*, LPA 2003, n°221, p. 3).

1470 GENY François, *Science et technique en droit privé positif*, Tome 3, Sirey, 1919, p. 265.

1471 CORNU Gérard, *Droit civil : Introduction au droit*, Montchrestien, Domat Droit privé, 13e éd., 2007, n°205.

1472 LASSERRE-KIESOW Valérie, La vérité en droit civil, D. 2010, n°15, pp. 907-920.

1473 Olivier LECLERC, Etienne VERGES et Géraldine VIAL démontrent que des solutions opposées ont pu être retenues par les juges du fond pour déterminer le lien entre une vaccination contre l'hépatite B et une sclérose en plaques. L'absence de prédisposition au développement de cette maladie a pu être jugée comme un facteur suffisant par certains juges et insuffisant par d'autres juges (*Droit de la preuve*, PUF, Thémis droit, 2015, pp. 451-452).

1474 Sur ce point : ROMANET DE VALICOURT Héliane, *L'erreur judiciaire*, L'Harmattan, 2005.

révision qui visent à corriger des erreurs dans l'établissement de faits résultant de décisions définitives[1475].

444. La vraisemblance demeure ainsi le seul degré de conviction que peut atteindre la preuve juridictionnelle dans l'esprit du juge. En ce sens, la vraisemblance constitue la mesure de la conviction du juge administratif[1476] – comme il l'indique régulièrement[1477] tout comme en matière fiscale[1478], où le juge administratif se fonde également sur la vraisemblance des preuves administrées pour forger sa conviction[1479].

445. Cette exigence de vraisemblance est également au cœur de la conviction du juge civil[1480] – le Code civil faisant même mention de la vraisemblance comme fondement de la conviction du juge civil[1481]. Très tôt, la doctrine civiliste a relevé que la conviction du juge civil est gouvernée par la notion de vraisemblance : Emile BARTIN a démontré que « la preuve judiciaire se ramène invariablement à une probabilité plus ou moins grande, à une vraisemblance plus ou moins accusée »[1482]. Or, l'existence d'un régime de preuve légale pourrait, à première vue, limiter strictement l'étendue de la

---

1475 Le recours en révision est ouvert tant devant le juge administratif (art. R. 834-1 à R. 834-4 du Code de justice administrative), le juge civil (art. 593 à 603 du Code de procédure civile) et le juge pénal (art. 622 à 626-1 du Code de procédure pénale).

1476 COLSON Jean-Philippe, *L'office du juge et la preuve dans le contentieux administratif*, Thèse de doctorat, Montpellier, LGDJ, Bibliothèque de droit public, Tome 101, 1970, p. 185 ; FOULQUIER Caroline, *La preuve et la justice administrative française*, Thèse de doctorat, Toulouse 1, L'Harmattan, Logiques juridiques, 2013, p. 491.

1477 Conseil d'Etat, Ass., 21 décembre 2012, n°332607 : RFDA 2013, p. 565, concl. Edouard CREPEY ; AJDA 2013, p. 465, chron. Xavier DOMINO et Aurélie BRETONNEAU ; Conseil d'Etat, Sect., 12 octobre 2009, n°297075, Mme Chevillard : Rec. p. 387 ; AJDA 2009, p. 2170, chron. Sophie-Justine LIEBER et Damien BOTTEGHI ; Dr. adm. 2009. comm. 170, note Fabrice MELLERAY ; Conseil d'Etat, 2e s.-s., 10 décembre 1986, n°67781, Inédit.

1478 Sur ce point : COLLIN Pierre, concl. sur Conseil d'Etat, 8e et 3e s.-s., 18 février 2004, n°248589, Zilber : RJF 05/04, n°505, BDCF 05/04, n°64 ; FOUQUET Olivier, *Jusqu'où théoriser la charge de la preuve ?*, RJF 07/07, pp. 631-635 ; GUTMANN Daniel, *Droit fiscal des affaires*, Montchrestien, 7e éd., 2016, pp. 390-391.

1479 Conseil d'Etat, 9e et 10e s.-s., 30 juin 2000, n°186372 : Dr. fisc. 2001, n°5, comm. 53 ; RJF 9-10/00, n°1086 ; Conseil d'Etat, 7e et 8e s.-s., 10 février 1989, n°68731 : Dr. fisc. 1989, n°43, comm. 1961 ; RJF 04/89, n°416 ; Conseil d'Etat, 7e et 8e s.-s., 28 mai 1980, n°07533 : RJF 7-8/80, n°596.

1480 Sur ce point : AMMAR Daniel, *Preuve et vraisemblance, Contribution à l'étude de la preuve technologique*, RTD Civ. 1993, n°3, pp. 499-533 ; FERRAND Frédérique, *Preuve*, Répertoire de procédure civile, Dalloz, 2016, n°9 ; KINSCH Patrick, *Entre certitude et vraisemblance, le critère de la preuve en matière civile*, in, *Mélanges en l'honneur de Georges WIEDERKEHR*, Dalloz, 2009, pp. 455-470 ; THUILLIER Guy, *Probabilisme et art de juger*, Droits 2001, n°34, pp. 39-40.

1481 Il est fait référence à la vraisemblance à l'article 1362, al. 1er, à propos du commencement de preuve par écrit et à l'article 1368 du Code civil, à cas de conflit de preuve par écrit.

1482 BARTIN Emile, *Cours de droit civil français*, Tome XII, La Preuve, 5e éd., 1922, p. 84, note 19 bis.

vraisemblance en matière civile. Toutefois, comme l'a relevé Daniel AMMAR, « Faire (...) foi n'est pas synonyme de certitude »[1483] et il existe un lien déterminant entre la « foi » et la « vraisemblance ». De manière plus générale, il est possible de retenir que toute preuve écrite – acte authentique ou acte sous seing privé – est analysée sous l'angle de la vraisemblance. En cette matière, l'« adéquation de la preuve produite à la volonté manifestée n'est (...) qu'une (...) application du principe de vraisemblance qui (...) domine l'ensemble du droit de la preuve »[1484]. La foi qui est accordée à ces modes de preuve n'est que l'application de la vraisemblance de la véracité de leur contenu.

446. En outre, certaines dispositions attestent du lien intrinsèque qui unit preuve légale et vraisemblance. En premier lieu, la copie d'un acte juridique peut se substituer à l'original puisque l'article 1379 du Code civil dispose que « La copie fiable a la même force probante que l'original. La fiabilité est laissée à l'appréciation du juge »[1485]. L'affirmation de l'appréciation du juge dans l'évaluation de la fiabilité de l'acte en cause tend à démontrer que la preuve de l'acte requiert, en-soi, une appréciation de sa vraisemblance : l'acte produit n'est que la transposition écrite de deux volontés concordantes dont il faut toujours mesurer le caractère vraisemblable. De la sorte, l'acte écrit n'est pas le gage d'une extinction de la vraisemblance. En second lieu, le Code civil organise le « commencement de preuve par écrit »[1486] qui peut se substituer à l'absence d'écrit dans le cas où ce commencement de preuve est corroboré par une autre preuve. Or, le commencement de preuve par écrit repose, par nature, sur le standard de la vraisemblance : il est constitué par « tout écrit qui, émanant de celui qui conteste un acte ou de celui qu'il représente, rend vraisemblable ce qui est allégué »[1487]. Une nouvelle fois, la vraisemblance constitue un élément fondamental d'établissement de la réalité factuelle. En somme, la vraisemblance demeure bien le standard de la conviction du juge même si, certaines preuves se voient, par détermination de la loi, attribuer une vraisemblance plus ou moins forte.

[1483] AMMAR Daniel, *Preuve et vraisemblance, Contribution à l'étude de la preuve technologique*, RTD Civ. 1993, n°3, pp. 499-533.

[1484] *Op cit., loc. cit.*

[1485] L'ancien art. 1348, al. 2 du Code civil prévoyait qu'en l'absence de preuve littérale, la partie peut apporter la preuve qui lui incombe par « une copie qui en est la reproduction non seulement fidèle mais aussi durable ».

[1486] L'article 1361 du Code civil dispose qu' « Il peut être suppléé à l'écrit par l'aveu judiciaire, le serment décisoire ou un commencement de preuve par écrit corroboré par un autre moyen de preuve ».

[1487] L'alinéa 2 de l'article 1362 complète cette définition en posant que « Peuvent être considérés par le juge comme équivalant à un commencement de preuve par écrit les déclarations faites par une partie lors de sa comparution personnelle, son refus de répondre ou son absence à la comparution ».

447. Devant ce juge, la vraisemblance occupe encore une place centrale en matière fiscale : le juge civil fonde sa conviction sur la vraisemblance des preuves administrées[1488]. Aucun particularisme ne peut donc être décelé en cette matière.

448. Enfin, la généralité de la notion de vraisemblance doit être confirmée au regard de la conviction du juge pénal. Il apparaît que la vraisemblance est également le fondement de la conviction de ce juge[1489]. La doctrine pénaliste analyse même la procédure pénale comme une succession de « paliers de (...) vraisemblance »[1490] que des éléments de fait identiques vont ou non franchir. Cela signifie que les mêmes faits vont permettre de fonder l'enquête puis d'établir, devant le juge pénal, la culpabilité du prévenu : à l'origine, seuls des indices[1491] ou des soupçons[1492] vont permettre de diligenter une enquête, ces indices se transformant en charges[1493] destinées à fonder une accusation. Puis ces charges deviendront, devant la juridiction de jugement, des preuves de nature à établir la culpabilité du prévenu. Ces différents paliers de vraisemblance reposent intégralement sur les magistrats et les enquêteurs qui font appel à leur « éthique professionnelle »[1494].

449. La place centrale de la vraisemblance pourrait être critiquée en matière pénale. Fonder la conviction d'un juge – ou de jurés – sur une simple vraisemblance pourrait être perçue comme arbitraire. À notre sens, le juge constitutionnel a implicitement répondu à cette objection en jugeant, en matière de présomption, que la vraisemblance des faits imputés peut valablement établir la culpabilité du prévenu lorsque « les faits induisent

---

1488 Cass. com., 6 mai 2003, n°00-17.887 : RJF 7-8/03, n°1057 ; Cass. com., 6 avril 1999, n°96-21.702, Duchez : Dr. fisc. 1999, n°52, comm. 947 ; RJF 07/99, n°939.

1489 Sur ce point : CONTE Philippe, *L'apparence en matière pénale*, Thèse de doctorat dact., Grenoble 2, 1984 ; GORPHE François, *Les décisions de justice, étude psychologique et judiciaire*, Sirey, Paris, 1952, p. 82 ; GUERY Christian, *Peut-on motiver l'intime conviction ?*, JCP G 2011, n°1-2, doctr. 28, pp. 53-59 ; NAGOUAS-GUERIN Marie-Cécile, *Le doute en matière pénale*, Thèse de doctorat, Dalloz, Nouvelle Bibliothèque de Thèses, Tome 18, 2002 ; TOURNIER Clara, *L'intime conviction du juge*, Thèse de doctorat, Toulon, PUAM, 2003.

1490 GUERY Christian, *Les paliers de la vraisemblance pendant l'instruction préparatoire*, JCP 1998, I, 140.

1491 Ces indices peuvent alors être des « indices graves ou concordants » (art. 230-7 du Code de procédure pénale), des « indices matériels » (art. 706-91 du Code de procédure pénale) ou des « indices » (art. 117 du Code de procédure pénale).

1492 C'est le cas en matière pénale fiscale – l'article L. 228 A du Livre des procédures fiscales use de l'expression « soupçons de fraude fiscale » – et en droit pénal général – le Code de procédure pénale fait référence à la « personne soupçonnée » (art. 77 et 154 du Code de procédure pénale).

1493 Art. 176, 177, 182, 184, 211, 212, 395, 706-120, 706-122, 706-123, 706-124 et 706-125 du Code de procédure pénale.

1494 GUERY Christian, *Les paliers de la vraisemblance pendant l'instruction préparatoire*, JCP 1998, I, 140.

raisonnablement la vraisemblance de l'imputabilité »[1495]. Cette décision – confirmée à de multiples reprises[1496] – démontre que la seule vraisemblance des faits peut valablement constituer le fondement de la conviction du juge pénal[1497]. Le critère de la *vraisemblance raisonnable* permet donc de fonder une sanction pénale.

450. En somme, tant devant les juges administratif, civil et pénal, la conviction repose sur la vraisemblance des faits allégués. Elle s'érige ainsi en une sorte d'invariant de la conviction des juges. Toutefois, l'exigence de vraisemblance est susceptible de degrés car les juges peuvent exiger un degré plus ou moins important de vraisemblance pour former leur conviction.

§.2. – L'existence implicite de standards de vraisemblance

451. Si la vraisemblance constitue le standard universel de la formation de la conviction des juges, ce standard est-il susceptible de variations ? Est-il possible d'identifier des *standards de vraisemblance* ? Cette question est, sans aucun doute, l'une « des plus obscures »[1498] du droit de la preuve. Pour la résoudre, le droit de *common law*[1499] – suivi en cela par la Cour européenne

---

[1495] Cons. const. déc. n°99-411 DC, 16 juin 1999, Loi portant diverses mesures relatives à la sécurité routière et aux infractions sur les agents des exploitants de réseau de transport public de voyageurs, Rec. p. 75 : D. 1999, p. 1, note Bertrand MATHIEU ; RDP 1999, p. 1283, note François LUCHAIRE ; AJDA 1999, p. 694, note Jean-Eric SCHOETTL.
[1496] Cons. const., déc. n°2009-580 DC, 10 juin 2009, Loi favorisant la diffusion et la protection de la création sur internet, cons. n°17 : Rec. p. 107 ; Cons. const., déc. n°2011-164 QPC, 16 septembre 2011, M. Antoine J. [Responsabilité du « producteur » d'un site en ligne], cons. n°3 : Rec. p. 448 ; Cons. const., déc. n°2011-625 DC, 10 mars 2011, Loi d'orientation et de programmation pour la performance de la sécurité intérieure, cons. n°38 : Rec. p. 122.
[1497] Cass. crim., 21 septembre 2011, n°11-81.535, Inédit ; Cass. crim., 11 juin 2010, n°09-85.874, Inédit.
[1498] DELMAS-MARTY Mireille, *La preuve pénale*, Droits 1996, n°23, pp. 53-65, spéc. p. 59.
[1499] Sur ce point : BRINKMANN Moritz, *The Synthesis of Common and Civil Law Standard of Proof Formulae in the ALI/UNIDROIT Principles of Transnational Civil Procedure*, Uniform law review 2004, n°4, pp. 875-891 ; CLERMONT Kevin M. & SHERWIN Emily, *A Comparative View of Standards of Proof*, American Journal of Comparative Law 2002, pp. 243-275 ; FERRAND Frédérique, *Preuve*, Répertoire de procédure civile, Dalloz, 2016, n°565-572 ; LECLERC Olivier, VERGES Etienne et VIAL Géraldine, *Droit de la preuve*, PUF, Thémis droit, 2015, pp. 102-105 ; MÄSCH Gérald, *Le droit de la preuve en Allemagne*, in, CADIET Loïc, GRIMALDI Cyril et MEKKI Mustapha (dir.), *La preuve : regards croisés*, Dalloz, Thèmes et commentaires, 2015, pp. 247-253 ; MASTOR Wanda et MINIATO Lionel, *Les figures du procès au-delà des frontières*, Dalloz, Thèmes et commentaires, 2014, pp. 79-80 ; MEKKI Mustapha, *Preuve et vérité en France*, in, *La preuve*, Journées internationales 2013 d'Amsterdam, Pays-Bas et Liège, Belgique, coll. Travaux Henri Capitant, vol. LXIII, Paris/Bruxelles, LB2V et Bruylant, 2015, pp. 813-847, spéc. n°24, pp. 828-829 ; PERROUD Thomas, *La fonction contentieuse des autorités de régulation en France*, Thèse de doctorat, Paris 1, Dalloz, Nouvelle Bibliothèque de Thèses, Tome 127, 2013, n°952, p. 672 ; PRADEL Jean, *Droit pénal comparé*, Dalloz, Précis, 4e éd., 2016, n°504, pp. 601-602 ; TARUFFO

des droits de l'Homme – distingue – à la différence des pays de tradition civiliste[1500] – des standards de preuve – nommés *standard of proof* en anglais et *Beweismaß* en allemand[1501]. Ils peuvent être compris, du côté du juge, comme des standards de vraisemblance car ils décrivent « le degré de certitude concernant un certain fait disputé auquel un juge doit parvenir afin de pouvoir baser sa décision sur ce fait »[1502]. Le droit de *common law* distingue essentiellement deux standards de preuve : il s'agit de la preuve établie au-delà du doute raisonnable[1503] qui est appliquée en matière pénale et la preuve fondée sur un équilibre des probabilités[1504] qui est requise en matière civile.

452. Pourtant, le droit français – à l'instar du droit européen[1505] ce dernier attestant d'« un certain rejet de la notion même de standard de preuve »[1506] – n'applique pas de tels standards de preuve[1507]. L'intime conviction qui y

---

Michele, *Rethinking the Standards of Proof*, American Journal of Comparative Law 2003, pp. 659–677.

[1500] En ce sens, le droit probatoire allemand peut être lu comme rejetant les standards de preuve. Le paragraphe 286 du Code de procédure civile allemand dispose ainsi que « Le tribunal doit, en tenant compte de l'ensemble du contenu des débats et du résultat d'une éventuelle administration de la preuve, décider selon sa libre conviction si une affirmation doit être considérée comme vraie ou fausse. Le jugement doit contenir les motifs qui ont été décisifs pour la conviction du juge » (« *Das Gericht hat unter Berücksichtigung des gesamten Inhalts der Verhandlungen und des Ergebnisses einer etwaigen Beweisaufnahme nach freier Überzeugung zu entscheiden, ob eine tatsächliche Behauptung für wahr oder für nicht wahr zu erachten sei. In dem Urteil sind die Gründe anzugeben, die für die richterliche Überzeugung leitend gewesen sind* »). Sur ce point : FERRAND Frédérique, *Preuve*, Répertoire de procédure civile, Dalloz, 2016, n°566.

[1501] Le terme *Beweismaß* nous paraît plus compréhensible que l'expression anglaise de *standard of proof*. Beweis signifie preuve et *maß* signifie l'étendue. Il pourrait donc être traduit comme l'étendue de la preuve, c'est-à-dire le poids effectif de preuve requis pour l'établissement de la véracité d'un fait.

[1502] MÄSCH Gérald, *Le droit de la preuve en Allemagne*, in, CADIET Loïc, GRIMALDI Cyril et MEKKI Mustapha (dir.), *La preuve : regards croisés*, Dalloz, Thèmes et commentaires, 2015, pp. 247-253, spéc. p. 247.

[1503] En anglais, « *proof beyond reasonable doubt* » (Sur ce point: WHITMAN James, *The origins of reasonable doubt : theological roots of the criminal trial*, Yale University Press, Etats-Unis, 2008).

[1504] En anglais, « *proof on a balance of probabilities* » ou « *proof on a preponderance of evidence* » ou encore « *proof on a preponderance of probabilities* ».

[1505] Sur le rejet de la technique du standard par la Cour de justice de l'Union européenne : BARBIER DE LA SERRE Eric et SIBONY Anne-Lise, *Charge de la preuve et théorie du contrôle en droit communautaire de la concurrence : pour un changement de perspective*, RTD Eur. 2007, n°43, pp. 205-252, spéc. pp. 212-214 ; FARTUNOVA Maria, *La preuve dans le droit de l'Union européenne*, Thèse de doctorat, Paris 2, Bruylant, 2013, pp. 596-604.

[1506] BARBIER DE LA SERRE Eric et SIBONY Anne-Lise, *Charge de la preuve et théorie du contrôle en droit communautaire de la concurrence : pour un changement de perspective*, RTD Eur. 2007, n°43, pp. 205-252, spéc. p. 234.

[1507] GAMET Laurent, *La preuve en droit du travail, contestation du licenciement, conviction et doute du juge prud'homal*, in, CADIET Loïc, GRIMALDI Cyril et MEKKI Mustapha (dir.), *La preuve : regards croisés*, Dalloz, Thèmes et commentaires, 2015, pp. 29-50, spéc. p. 41.

domine offre une absolue liberté aux juges sans qu'ils soient tenus par de tels standards. En effet, « l'intime conviction signifie (...) que la loi n'impose pas au juge de franchir un certain degré de conviction pour pouvoir valablement décider qu'un fait est prouvé »[1508].

453. L'intérêt de disposer de tels standards est de cerner le degré de vraisemblance requis, par le juge, dans la formation de sa propre conviction. Si ces standards sont absents, il apparaît que différents degrés de vraisemblance peuvent tout de même être identifiés devant les juridictions internes[1509] – certaines dispositions pouvant être interprétées comme contenant, implicitement, un standard de preuve[1510]. En ce sens, Mustapha MEKKI relève que l'ancien « article 1315 du Code civil[1511] peut être conçu comme un 'standard de preuve' à la française, reposant sur l'idée de vraisemblance ou de probabilité »[1512]. Cette analyse peut être corroborée par la présence, au sein du code civil, de deux articles qui mentionnent la vraisemblance comme standard de la conviction du juge[1513]. Les présomptions du fait de l'homme fondent ainsi une sorte de standard de preuve fondée sur la vraisemblance. À notre sens, ce standard repose sur un équilibre des probabilités. Cette analyse mérite d'être affinée et systématisée pour déceler l'existence éventuelle d'autres standards de preuve.

454. En premier lieu, il est possible de déceler – chez le juge administratif uniquement – des variations du degré de vraisemblance requis pour certaines

---

[1508] LECLERC Olivier, VERGES Etienne et VIAL Géraldine, *Droit de la preuve*, PUF, Thémis droit, 2015, p. 443.

[1509] Une analyse a déjà été livrée en ce sens en droit italien qui n'applique pas, en raison de sa tradition civiliste, les standards de preuve mais dont il est possible d'identifier certaines manifestations : TARUFFO Michele, *Rethinking the Standards of Proof*, American Journal of Comparative Law 2003, pp. 659–677, spéc. p. 673.

[1510] MEKKI Mustapha, *Preuve et vérité en France*, in, *La preuve*, Journées internationales 2013 d'Amsterdam, Pays-Bas et Liège, Belgique, coll. Travaux Henri Capitant, vol. LXIII, Paris/Bruxelles, LB2V et Bruylant, 2015, pp. 813-847, spéc. n°24, pp. 828-829.

[1511] Art. 1353 du Code civil.

[1512] MEKKI Mustapha, *Preuve et vérité en France*, in, *La preuve*, Journées internationales 2013 d'Amsterdam, Pays-Bas et Liège, Belgique, coll. Travaux Henri Capitant, vol. LXIII, Paris/Bruxelles, LB2V et Bruylant, 2015, pp. 813-847, spéc. n°24, p. 828.

[1513] Art. 1362 (à propos du commencement de preuve par écrit) et 1368 (à propos du conflit de preuves écrites) du code civil.

preuves[1514]. Le Conseil d'Etat refuse, dans certaines matières[1515], de forger sa conviction à la lumière de simples vraisemblances[1516]. De même, la preuve du détournement de pouvoir[1517] constitue un intéressant champ d'étude attestant de cette modulation des exigences probatoires du juge administratif. Le détournement de pouvoir se définit comme « le fait d'un agent de l'Administration qui, tout en faisant un acte de sa compétence et en suivant les formes prescrites par la législation, use de son pouvoir discrétionnaire pour des cas et pour des motifs autres que ceux en vue desquels ce pouvoir lui a été attribué »[1518]. Le détournement de pouvoir pose un lancinant problème de preuve – il s'agirait même de « la question capitale du détournement de pouvoir »[1519] – car cette preuve « se situe non pas dans le domaine concret de faits, mais dans celui très abstrait des mobiles, des intentions, des buts »[1520].

[1514] COLSON Jean-Philippe, *L'office du juge et la preuve dans le contentieux administratif*, Thèse de doctorat, Montpellier, LGDJ, Bibliothèque de droit public, Tome 101, 1970, p. 185 ; LEGER Dominique, *La preuve devant le juge administratif français*, in, *La preuve dans la procédure des juridictions administratives*, 3e colloque de l'Association des Conseils d'Etat et des juridictions administratives suprêmes de l'Union européenne des 19 au 21 octobre 1972, Bruxelles, disponible sur http://www.juradmin.eu/colloquia/1972/france-1.pdf, pp. 27-45, spéc. p. 40.

[1515] Le Conseil d'Etat juge, de manière constante, au sein du contentieux des pensions civiles et militaires qu'en cas de maladie ou d'accident qui ne bénéficie pas d'une présomption d'imputabilité au service (ancien art. L. 3 du Code des pensions civiles et militaires), il incombe à l'administré de rapporter la preuve de l'imputabilité de la maladie ou de l'accident au service. Or, la preuve de ce lien de causalité « ne saurait résulter d'une probabilité même forte, d'une vraisemblance ou d'une simple hypothèse médicale » (Conseil d'Etat, 2e et 7e s.-s., 8 avril 2013, n°361044 : AJDA 2013, p. 1606 ; Conseil d'Etat, 1ère et 6e s.-s., 16 novembre 2009, n°312450, Min. de la défense c/ Mme Gondek : Rec. T. p. 2009). Cette solution est retenue de longue date par le Conseil d'Etat (Sur ce point : JEAN-PIERRE Didier, *Le cancer et la « présomption de causalité » au service : le cas des victimes des essais nucléaires*, JCP A 2010, n°5, 2051, pp. 36-38).

[1516] En matière de pensions civiles et militaires, le Conseil d'Etat a jugé dans une décision du 8 avril 2013 (Conseil d'Etat, 2e et 7e s.-s., 8 avril 2013, n°361044 : AJDA 2013, p. 1606) que les juges du fond peuvent se contenter de « renseignements contenus dans le dossier une force probante suffisante pour former leur conviction ». À la lumière de ce considérant – qui explicite l'office du juge en la matière – il apparaît que la vraisemblance n'est pas exclue mais qu'il est requis un haut degré de vraisemblance qui doit résulter des pièces du dossier.

[1517] Sur ce point : CAMUS Geneviève, *Réflexions sur le détournement de procédure*, RDP 1966, p. 65 ; FERNANDEZ-MAUBLANC Lucienne-Victoire, *Le prétendu déclin du détournement de pouvoir*, in, Mélanges Jean-Marie AUBY, Dalloz, 1992, pp. 239-248 ; GOY Raymond, *La notion de détournement de pouvoir*, Mélanges Charles EISENMAN, Cujas, 1975, pp. 321-338 ; RAYNAUD Jean, *Le détournement de procédure*, thèse de doctorat dact., Paris, 1950.

[1518] AUCOC Léon, *Conférences*, 1869, t. 1, p. 283, cité par GONOD Pascale et GUYOMAR Mattias, *Détournement de pouvoir et de procédure*, Répertoire de contentieux administratif, Dalloz, 2010, n°8.

[1519] GONOD Pascale, GUYOMAR Mattias, *Détournement de pouvoir et de procédure*, Répertoire de contentieux administratif, Dalloz, 2010, n°53.

[1520] LEMASURIER Jeanne, *La preuve dans le détournement de pouvoir*, RDP 1959, pp. 36-66, spéc. p. 39.

Le « juge doit procéder à des appréciations subjectives »[1521] pour déceler l'existence d'un tel détournement de pouvoir[1522]. Cette difficulté est renforcée par la charge de la preuve – qui incombe à l'administré[1523] – et surtout par la rigueur du juge qui estime que « le détournement de pouvoir doit être démontré avec certitude et non pas être seulement vraisemblable »[1524]. La conviction du juge administratif, en matière de détournement de pouvoir, exige donc un haut degré de preuve. Pourtant, une étude attentive de la jurisprudence administrative offre à l'analyste moins de certitudes quant aux exigences réelles du juge administratif : à l'instar du reste du contentieux administratif, le juge administratif atteste, en matière de détournement de pouvoir, d'une grande souplesse dans la formation de sa conviction. À notre sens, cette apparente contradiction s'explique par le fait que la *certitude* du juge administratif peut être fondée sur des éléments seulement *vraisemblables* : la preuve doit, en effet, se distinguer de la conviction et il n'est pas inconcevable que certaines preuves vraisemblables parviennent à nourrir une conviction certaine. Le système de la preuve morale offre la liberté au juge d'être convaincu à la faveur d'une simple preuve vraisemblable. La jurisprudence atteste, en ce sens, que la preuve du détournement de pouvoir peut résulter d'indices dont la véracité n'est, par définition, pas absolue[1525], mais aussi par des « présomptions sérieuses, précises et concordantes »[1526] qui ne sont pas sérieusement contredites par l'Administration, par des

---

1521 GONOD Pascale et GUYOMAR Mattias, *Détournement de pouvoir et de procédure*, Répertoire de contentieux administratif, Dalloz, 2010, n°4.

1522 Jeanne LEMASURIER a parfaitement décrit cette difficulté de la preuve en affirmant qu'il existe une « contradiction entre la nature subjective de l'objet du recours et le caractère objectif des moyens retenus par le juge, [qui est de nature à rendre] particulièrement difficile la preuve du détournement de pouvoir » (*La preuve dans le détournement de pouvoir*, RDP 1959, pp. 36-66, spéc. p. 58).

1523 La charge de la preuve incombe à l'administré, car, en matière de détournement de pouvoir, il existe une présomption « de poursuite d'un but conforme à celui en vue duquel des pouvoirs ont été attribués à l'autorité administrative » (GONOD Pascale et GUYOMAR Mattias, *Détournement de pouvoir et de procédure*, Répertoire de contentieux administratif, Dalloz, 2010, n°66).

1524 GONOD Pascale et GUYOMAR Mattias, *Détournement de pouvoir et de procédure*, Répertoire de contentieux administratif, Dalloz, 2010, n°4.

1525 En ce sens, les conclusions du commissaire du Gouvernement Christophe DEVYS attestent que le détournement de pouvoir peut être fondé sur de simples présomptions : « Ce n'est que lorsque des présomptions suffisamment sérieuses permettent de penser, au prix d'une appréciation très subjective de l'intention des parties, que des considérations étrangères à l'intérêt général (ou des motifs d'intérêt général n'étant pas du nombre de ceux qui pouvaient justifier légalement la décision) ont constitué le motif déterminant de la décision, que vous concluez au détournement de pouvoir » (concl. sur Conseil d'Etat, 1ère et 6e s.-s., 6 novembre 2006, n°277829, Association les Amis du château d'Hénonville : Bulletin de jurisprudence de droit de l'urbanisme 2007, n°2, pp. 146-151).

1526 Conseil d'Etat, 7e et 5e s.-s., 7 février 2001, n°201993, Adam : Rec. p. 50 ; Conseil d'Etat, 26 octobre 1960, n°42718, Rioux, n°42719, Marthon, n°42720, Berchat, n°42721, Mercier : Rec. p. 558, concl. J. CHARDEAU.

« présomptions sérieuses »[1527] ou par un « faisceau de présomptions »[1528] et même par le rapprochement d'indices[1529]. En outre, il arrive que le juge se fonde sur des « circonstances extérieures au litige »[1530] pour établir le détournement de pouvoir. Il faut donc mesurer la distance qui existe entre la conviction du juge – qui peut atteindre une certitude raisonnable – des éléments de preuve qui ne peuvent, par nature, reposer que sur une vraisemblance plus ou moins grande. De la sorte, la preuve du détournement de pouvoir n'apparaît pas comme fondamentalement différente du reste du contentieux administratif. La faculté du juge de forger sa conviction au travers d'indices est la preuve de cette possible assimilation entre preuve administrative et preuve du détournement de pouvoir.

455. L'analyse de la jurisprudence administrative atteste qu'il existe des variations de la conviction des juges qui rend impossible de saisir les exigences probatoires du juge. Sans doute faudrait-il militer en faveur d'une grille de lecture plus fine – fondée sur le droit de common law – pour identifier le degré de preuve requis par la conviction du juge.

456. En deuxième lieu, il est probable qu'une différence de degré existe, entre les juges, dans le degré de vraisemblance requis pour la formation de leur conviction. À ce titre, le droit de *common law* offre une intéressante indication puisque le standard de preuve requis par le juge pénal est plus strict que celui requis par le juge civil[1531]. Chaïm PERELMAN a relevé qu'« Il est normal que, dans un litige civil, on se fie à la preuve prépondérante, à la thèse la plus probable, alors qu'en droit pénal on ne peut condamner que quand les faits sont établis d'une façon pratiquement certaine, 'beyond reasonable

[1527] Conseil d'Etat, 3e s.-s., 3 avril 1991, Commune de Basse-Pointe, n°82600, Inédit.
[1528] Cette expression est employée par Jeanne LEMASURIER (*La preuve dans le détournement de pouvoir*, RDP 1959, pp. 36-66, spéc. p. 61). Ce faisceau de présomptions tend à démontrer que l'exigence probatoire requise par le juge est encore plus ténue qu'en matière de « présomptions sérieuses, précises et concordantes ». En ce sens, dans la décision Rodière (Conseil d'Etat, 18 juin 1926, Rec. p. 624, concl. CAHEN-SALVADOR) le Commissaire du gouvernement CAHEN-SALVADOR a exposé qu'« Il est des cas, cependant, où à défaut de déclarations, d'exposés de motifs ou d'aveux, [la jurisprudence] considère qu'un rapprochement des faits et des dates révèle l'intention suspecte qu'elle peut légitimement retenir ». Cette solution a, par la suite, été reprise par le Conseil d'Etat (Conseil d'Etat, Ass., 28 mars 1945, Devouge, Rec. 64 ; S. 1945.3.45, concl. DETTON).
[1529] Conseil d'Etat, 8e et 9e s.-s., 10 juillet 1996, n°139435 et 141702, Sté Le Saint Alexis et Cne de Saint-Paul de la Réunion : Rec. T. p. 703 ; Conseil d'Etat, 5 mars 1954, Dlle Soulier : Rec. p. 139.
[1530] LEMASURIER Jeanne, *La preuve dans le détournement de pouvoir*, RDP 1959, pp. 36-66, spéc. p. 64.
[1531] Sur ce point : BATIFFOL Henri, *Observations sur la preuve des faits*, in, PERELMAN Chaïm et FORIERS Paul (dir.), *La preuve en droit*, Bruylant, 1981, pp. 303-314, spéc. pp. 312-314 ; PERELMAN Chaïm, *Essai de synthèse*, in, PERELMAN Chaïm et FORIERS Paul (dir.), *La preuve en droit*, Bruylant, Bruxelles, 1981, pp. 357-364, spéc. p. 363.

doubt' »[1532]. Cette distinction est-elle perceptible ? L'existence implicite de ce standard est, à notre sens, requise en matière répressive, en raison du principe de présomption d'innocence : la présomption d'innocence exige que le doute profite à l'accusé, ce qui impose un standard de preuve particulier. En ce sens, Roger MERLE et André VITU ont relevé que « la personne poursuivie n'est pas tenue d'établir son innocence par des preuves complètes : il suffit que, par ses propres arguments ou par les réponses qu'elle oppose aux arguments adverses, elle parvienne à maintenir dans l'esprit du juge un doute assez fort pour l'empêcher de parvenir à une certitude. L'accusation, au contraire, ne peut aboutir qu'avec des preuves décisives »[1533]. De la sorte, il existe, en matière répressive, un standard implicite de preuve qui est lié au principe de la présomption d'innocence : la place occupée par le doute induit l'existence d'un standard de preuve spécifique à cette matière. En ce sens, la Cour européenne des droits de l'Homme a jugé – de longue date[1534] – que « l'acquittement prononcé au pénal ne doit pas être remis en cause dans le cadre de la procédure en réparation, cela ne doit pas faire obstacle à l'établissement, sur la base d'exigences de preuve moins strictes, d'une responsabilité civile emportant obligation de verser une indemnité à raison des mêmes faits »[1535]. De la sorte, la jurisprudence de la Cour européenne des droits de l'Homme est de nature à garantir une différence du degré de preuve requis par le juge pénal et le juge civil : elle confirme les liens spécifiques qui unissent le degré de vraisemblance à la présomption d'innocence. Le degré de preuve requis par le juge répressif peut donc être plus élevé que celui exigé par le juge civil.

457. Ce constat est également transposable entre le juge administratif et le juge pénal : il n'existe pas un même degré de vraisemblance entre les affaires pénales et les affaires administratives[1536]. Ces éléments attestent que la vraisemblance est susceptible de degrés, en raison des spécificités propres à la matière répressive, alors même que le standard de preuve n'a pas

[1532] PERELMAN Chaïm, *Essai de synthèse*, in, PERELMAN Chaïm et FORIERS Paul (dir.), *La preuve en droit*, Bruylant, Bruxelles, 1981, pp. 357-364, spéc. p. 363.
[1533] MERLE Roger et VITU André, *Traité de droit criminel, Procédure pénale*, Tome 2, Cujas, 5e éd., 2001, n°143, pp. 182-183.
[1534] Comm. EDH, 7 octobre 1987, n°11882/85, C. c/ Royaume-Uni ; Comm. EDH. 6 octobre 1982, n°9295/81, X c/ Autriche.
[1535] CEDH, 13 novembre 2003, n°48518/99, Lundkvist c/ Suède ; CEDH, 11 février 2003, n°34964/97, Ringvold c/ Norvège, § 38 ; CEDH, 11 février 2003, n°56568/00, Y. c/ Norvège, § 41.
[1536] En matière fiscale, le commissaire du Gouvernement LAVONDES a ainsi relevé que « Les règles de preuve sont en effet variables selon les matières, et les exigences du juge répressif sont normalement plus grandes que celles du juge fiscal, ou du juge administratif » (concl. LAVONDES sur Conseil d'Etat, 8 février 1965, n°44356, Dr. fisc. 1970, n°3 bis, comm. 29, pp. 37-39).

d'existence officielle en droit français. L'intime conviction peut donc masquer des standards de preuve dont l'existence est seulement implicite.

458. En troisième et dernier lieu, une différence de degré peut exister dans le standard requis par le juge pénal en fonction de la gravité de la sanction encourue. En ce sens, Georges LEVASSEUR a estimé qu'« Il n'est donc pas étonnant que le juge, qui recherche la preuve d'une infraction susceptible d'entraîner contre son auteur une peine extrêmement lourde, se laisse plus difficilement convaincre par des témoignages, indices ou expertises qui l'eussent déterminé dans une affaire de moindre importance »[1537]. Il peut donc exister, au sein de l'intime conviction du juge pénal, des paliers de la vraisemblance qui sont liés à la gravité de la sanction encourue.

459. Conclusion de la Sous-Section I. – Si la vraisemblance apparaît comme le standard commun de formation de la conviction des juges, la vraisemblance est susceptible de connaître des degrés : la vraisemblance d'un juge n'est pas la vraisemblance de l'autre juge et l'intime conviction est susceptible de revêtir des différences. Toutefois, l'analyse jurisprudentielle n'offre, en la matière, que peu de certitudes tant la conviction est, avant toute chose, le fruit d'une analyse empirique qui est susceptible de varier d'un dossier à l'autre[1538]. Le droit de la preuve tant pourtant à indiquer que le degré de vraisemblance qui est exigé par les juges est susceptible de connaître de sensibles variations. Si les standards de preuve sont inconnus en droit interne, il n'est pas impossible que des degrés variables de vraisemblance existent. Il apparaît, néanmoins, que la formation de la conviction des juges soit, parfois, limitée par l'insuffisance des preuves. Dans ce cas, les juges peuvent actionner, le risque de la preuve qui leur permet de pallier le doute qui s'empare de leur conviction.

Sous-Section II. – Le risque de la preuve : palliatif commun au doute juridictionnel

460. Si le risque de la preuve est une figure commune à l'ensemble des juges de la matière fiscale (§.1.), la place occupée par le doute dans la formation de la conviction des juges est susceptible de connaître des variations entre ces juges (§.2.).

[1537] LEVASSEUR Georges, *Le droit de la preuve en droit pénal français*, in, FORIERS Paul et PERELMAN Chaïm (dir.), *La preuve en droit*, Bruylant, 1981, pp. 175-195, spéc. p. 194.
[1538] DELMAS-MARTY Mireille, *La preuve pénale*, Droits 1996, n°23, pp. 53-65, spéc. p. 60.

§.1. – La figure commune du risque de la preuve

461. Le risque de la preuve[1539] – qu'il serait préférable de nommer « risque du doute »[1540] – est une interprétation finaliste des règles de charge de la preuve. Elle consiste à les entendre comme des règles d'imputation d'un risque probatoire lorsque le juge n'est pas convaincu de la véracité d'un fait allégué.

[1539] Sur ce point : AMRANI MEKKI Soraya, *Les traditions probatoires en droit processuel (procès civil, pénal et administratif)*, in, CADIET Loïc, GRIMALDI Cyril et MEKKI Mustapha, *La preuve : regards croisés*, Dalloz, Thèmes et commentaires, 2015, pp. 111-129 ; BALME François-Xavier, *Contribution théorique et pratique au droit de la preuve, Etude comparative entre les droits français et anglais applique aux transport maritimes*, Thèse de doctorat, Paris 1, PUAM, 2017, pp. 63-124 ; BOULANGER François, *Réflexions sur le problème de la charge de la preuve*, RTD Civ. 1966, pp. 737-755 ; BROYELLE Camille, *Contentieux administratif*, LGDJ, 5e éd., 2017, n°250, pp. 181-182 ; CESARO Jean-François, *Le doute en droit privé*, Thèse de doctorat dact., Paris 2, 2001, pp. 180-186 ; CHEVALIER Jean, *Cours de droit civil approfondi, La charge de la preuve*, Les cours de droit, 1958-1959, pp. 185-199 ; DEMOGUE René, *Les notions fondamentales du droit privé : essai critique pour servir d'introduction à l'étude des obligations*, Ed. Arthur Rousseau, 1911, pp. 542-561 ; DEVEZE Jean, *Contribution à l'étude de la charge de la preuve en matière civile*, Thèse de doctorat dact., Toulouse, 1980. pp. 20-25 ; FENOUILLET Dominique, *Le risque de la preuve en droit extrapatrimonial de la famille. Vers un droit commun ?*, in, CADIET Loïc, GRIMALDI Cyril et MEKKI Mustapha (dir.), *La preuve : regards croisés*, Dalloz, Thèmes et commentaires, 2015, pp. 51-77 ; FRISON-ROCHE Marie-Anne, *Les offices du juge*, in, *Ecrits en Hommage à Jean Foyer, Jean Foyer auteur et législateur, Leges tulit, jura docuit*, PUF, 1997, pp. 463-476, spéc., p. 466 ; GHESTIN Jacques, GOUBEAUX Gilles, FABRE-MAGNAN Muriel, *Traité de droit civil, Introduction générale*, LGDJ, 4e éd., 1994, n°645, p. 616 ; GIRARD Fabien, *Essai sur la preuve dans son environnement culturel*, Thèse de doctorat, Grenoble, PUAM, 2013, p. 459 ; GRIMALDI Cyril, *La preuve en droit des contrats*, in, CADIET Loïc, GRIMALDI Cyril et MEKKI Mustapha (dir.), *La preuve : regards croisés*, Dalloz, Thèmes et commentaires, 2015, pp. 79-84 ; HOFFSCHIR Nicolas, *La charge de la preuve en droit civil*, Thèse de doctorat, Paris 10, Dalloz, Nouvelle Bibliothèque de Thèses, Tome 153, 2016, pp. 104-112 ; LAGARDE Xavier, *Réflexion critique sur le droit de la preuve*, Thèse de doctorat, Paris 1, LGDJ, Bibliothèque de droit privé, Tome 239, 1994, pp. 203-211 ; LAMBERT-WIBER Sophie, *Contribution du droit civil à une approche renouvelée de la charge de la preuve en droit fiscal*, Thèse de doctorat dact., Rouen, 1996, pp. 274-280 ; LE BARS Thierry, *De la théorie des charges de la preuve et de l'allégation à la théorie globale des risques processuels*, in, *Mélanges en l'honneur du Professeur Gilles GOUBEAUX*, LGDJ, 2009, pp. 319-330 ; LECLERC Olivier, VERGES Etienne et VIAL Géraldine, *Droit de la preuve*, PUF, Thémis droit, 2015, p. 195 ; LEGEAIS Raymond, *Les règles de preuve en droit civil : permanences et transformations*, thèse de doctorat, Poitiers, LGDJ, 1954, pp. 171-203 ; MEKKI Mustapha, *L'administration de la preuve : les parties et la charge de la preuve*, Revue Henri Capitant 2013, n°6 ; MEKKI Mustapha, *Regard substantiel sur le « risque de la preuve ». Essai sur la notion de charge probatoire*, in, CADIET Loïc, GRIMALDI Cyril et MEKKI Mustapha (dir.), *La preuve : regards croisés*, Dalloz, Thèmes et commentaires, 2015, pp. 7-26 ; MOTULSKY Henri, *Principes d'une réalisation méthodique du droit privé, La théorie des éléments générateurs des droits subjectifs*, Thèse de doctorat, Lyon, Sirey, 1948, pp. 130-131.

[1540] MEKKI Mustapha, *Regard substantiel sur le « risque de la preuve ». Essai sur la notion de charge probatoire*, in, CADIET Loïc, GRIMALDI Cyril et MEKKI Mustapha (dir.), *La preuve : regards croisés*, Dalloz, Thèmes et commentaires, 2015, pp. 7-26, spéc. p. 7.

Le *doute du juge*[1541] fait naître un *risque qui pèse sur les parties*. Raymond LEGEAIS souligne, en ce sens, que les règles de charge de la preuve répondent à la question suivante : « à qui le juge devra-t-il donner satisfaction, lorsque la lumière ne sera pas faite ? »[1542]. Le risque de la preuve est ainsi actionné, comme l'expose magistralement Henri MOTULSKY, lorsque « la balance reste en suspens, quand la vérité, même cette vérité restreinte que permet la procédure, ne peut pas être découverte »[1543]. Cette interprétation de la charge de la preuve conduit à faire de la charge de la preuve un mécanisme sanctionnant l'échec des parties et du juge dans l'établissement de la vérité[1544] : la charge de la preuve ne serait plus un mécanisme de répartition de la preuve mais une sanction de l'échec de la preuve au profit du doute[1545].

462. Or, cette interprétation – encore récemment qualifiée de « nouvelle »[1546], bien qu'elle date du début du siècle dernier[1547] – si elle « convient à l'ensemble des procédures »[1548] constitue une interprétation doctrinale finaliste des règles de charge de la preuve qui ne peut être détachée de la conviction des juges. Le risque du doute ne se manifeste que lorsque le juge est confronté à un doute insurmontable qui entre en conflit avec la prohibition du déni de justice[1549]. Le risque du doute constitue donc « un expédient qui remédie à l'infirmité de la justice obligée dans le doute de prononcer »[1550]. Le risque du doute constitue donc une « sagesse des incertitudes »[1551] dont le juge « est le destinataire »[1552]

[1541] Sur ce point : SEVE René, *Douter c'est décider : nature et caractère constructif du coute*, in, TERRE François (dir.), *Le doute et le droit*, Dalloz, 1994, pp. 119-124 ; TERRE François, *Synthèse*, in, TERRE François (dir.), *Le doute et le droit*, Dalloz, Philosophie et théorie générale du droit, 1994, pp. 1-13.

[1542] LEGEAIS Raymond, *Les règles de preuve en droit civil : permanences et transformations*, Thèse de doctorat, Poitiers, LGDJ, 1954, p. 101.

[1543] MOTULSKY Henri, *Principes d'une réalisation méthodique du droit privé, La théorie des éléments générateurs des droits subjectifs*, Thèse de doctorat, Lyon, Sirey, 1948, p. 130.

[1544] LECLERC Olivier, VERGES Etienne et VIAL Géraldine, *Droit de la preuve*, PUF, Thémis droit, 2015, p. 195.

[1545] HOFFSCHIR Nicolas, *La charge de la preuve en droit civil*, Thèse de doctorat, Paris 10, Dalloz, Nouvelle Bibliothèque de Thèses, Tome 153, 2016, p. 106.

[1546] *Op. cit.*, p. 104.

[1547] DEMOGUE René, *Les notions fondamentales du droit privé : essai critique pour servir d'introduction à l'étude des obligations*, Ed. Arthur Rousseau, 1911, p. 561.

[1548] MEKKI Mustapha, *Regard substantiel sur le « risque de la preuve ». Essai sur la notion de charge probatoire*, in, CADIET Loïc, GRIMALDI Cyril et MEKKI Mustapha (dir.), *La preuve : regards croisés*, Dalloz, Thèmes et commentaires, 2015, pp. 7-26, spéc. p. 9.

[1549] LAGARDE Xavier, *Réflexion critique sur le droit de la preuve*, Thèse de doctorat, Paris 1, LGDJ, Bibliothèque de droit privé, Tome 239, 1994, p. 207.

[1550] CHEVALIER Jean, *Cours de droit civil approfondi, La charge de la preuve*, Les cours de droit, 1958-1959, p. 194.

[1551] CESARO Jean-François, *Avant-propos*, in, *La preuve*, Rapport Annuel de la Cour de cassation 2012, La Documentation française, 2013, pp. 85-95, spéc. p. 93.

[1552] LAGARDE Xavier, *Réflexion critique sur le droit de la preuve*, Thèse de doctorat, Paris 1, LGDJ, Bibliothèque de droit privé, Tome 239, 1994, p. 208.

et qui constitue une échappatoire à sa libre disposition lorsque la formation de sa conviction se heurte à un fait incertain.

463. Toutefois, le risque du doute est lié aux règles de charge de la preuve car ces règles vont guider le juge dans la désignation du perdant, victime de ce risque. Les règles de charge de la preuve sont ainsi le support du mécanisme du risque de la preuve dont le bénéficiaire est le juge. C'est pour ce motif que des variations peuvent exister entre les juges : le risque de la preuve ne saurait correspondre à une solution universellement partagée[1553].

464. Devant le juge civil, la présence de règles légales établissant la charge de la preuve[1554], conduit à faire peser le risque du doute sur le titulaire légal de la charge de la preuve[1555]. La Chambre sociale de la Cour de cassation a ainsi jugé que « le doute [doit] nécessairement préjudicier à celui qui a la charge de la preuve »[1556]. Il faut ici relever l'existence de débats doctrinaux, propres au droit civil, relatifs aux modalités de mise en œuvre de ce risque de la preuve. Si le risque de la preuve ne saurait peser sur le demandeur entendu au sens de

---

[1553] À ce titre, le droit comparé indique qu'il est possible d'envisager la conviction du juge sans pour autant qu'il soit nécessaire *d'armer* le juge du risque de la preuve : le risque du doute est absent de la procédure civile en Common Law (MÄSCH Gérald, *Le droit de la preuve en Allemagne*, in, CADIET Loïc, GRIMALDI Cyril et MEKKI Mustapha (dir.), *La preuve : regards croisés*, Dalloz, Thèmes et commentaires, 2015, pp. 247-253, spéc. pp. 250-251).

[1554] Il est intéressant de relever que le droit social a pu faire exception. Il est fort intéressant de noter qu'entre le 14 juillet 1973 et le 2 août 1989, aucune charge de la preuve n'était expressément prévue par le Code du travail et que le juge du contrat de travail devait forger sa conviction à la lumière des éléments fournis par chacune des parties au débat conformément aux dispositions de l'article L. 1235-1 du Code du travail. Le juge du travail devait alors forger sa conviction comme un juge administratif statuant sous un régime de preuve neutre, c'est-à-dire qu'il devait puiser dans le dossier contentieux les éléments aptes à éclairer sa conviction. Les solutions rendues par le juge du contrat de travail ont été critiquées par la doctrine qui a estimé que ces décisions étaient rendues en équité (GAMET Laurent, *La preuve en droit du travail. Contestation du licenciement, conviction et doute du juge prud'homal*, in, CADIET Loïc, MEKKI Mustapha, GRIMALDI Cyril, *La preuve : regards croisés*, Dalloz, 2015, p. 29 et suivantes). En outre, certains auteurs ont critiqué la place déterminante occupée par le juge dans la détermination de la réalité factuelle qui outrepasse l'office du juge civil en la matière. Françoise FAVENNEC-HERY a ainsi pu critiquer l'attitude du juge du travail au regard des allégations des parties puisque certains faits qui n'étaient qu'allégués ont été retenus à titre de preuves (*Licenciement : le dénouement de l'imbroglio probatoire*, Dr. soc. 1990, p. 178). La fonction du juge dans la détermination de la réalité factuelle s'est ainsi trouvée largement rehaussée. Le législateur a ensuite modifié cette disposition : depuis la loi du 2 août 1989 (Loi n°89-549 du 2 août 1989 modifiant le code du travail et relative à la prévention du licenciement économique et au droit à la conversion, JORF du 8 août 1989), l'article L. 1235-1 du Code du travail dispose depuis, *in fine*, que « Si un doute subsiste, il profite au salarié ».

[1555] Cass., soc., 31 janvier 1962 : Bull. civ. IV, n°105 ; Cass. soc., 15 octobre 1964 : Bull. civ. IV, n°678.

[1556] Cass. soc., 15 octobre 1964 : préc.

demandeur à l'action[1557], il faut déterminer comment désigner la partie qui succombe en raison de ce risque. La doctrine civiliste a ainsi déterminé les modalités de désignation du perdant[1558]. En matière fiscale, il apparaît que le juge civil de l'impôt applique également le risque de la preuve en faisant peser la charge de la preuve conformément aux règles de preuve du Livre des procédures fiscales[1559]. Or, à notre sens, l'application d'un risque de la preuve renvoie à une conception du rôle du juge dans l'établissement de la réalité factuelle. À ce titre, Henri MOTULSKY relève qu'« En présence [d']affirmations contradictoires des parties, le juge ne peut pas se jeter, à corps perdu, dans la discussion pour essayer de découvrir ce qui lui paraîtrait être la vérité »[1560] justifiant le risque de la preuve.

465. De même, devant le juge administratif de l'impôt, la présence de dispositions légales permet au juge de faire peser le risque du doute sur une partie désignée par la loi[1561]. Toutefois, en dehors du contentieux individuel

---

1557 Cette interprétation a pu être défendue par Charles DEMOLOMBE (*Cours de Code Napoléon, Traité des contrats ou des obligations conventionnelles*, Tome 6, Paris, 1879, n°201).

1558 À ce titre, Henri MOTULSKY estime que l'allégation des parties permet au juge de déterminer quelle partie doit supporter le risque de la preuve : « À chaque 'palier' de ses investigations, le juge, en examinant les allégations des parties, a pu retenir certains faits contestés, qui nécessitent une preuve. Il détermine la partie à laquelle incombe la charge de prouver les circonstances dont il s'agit » (*Principes d'une réalisation méthodique du droit privé, La théorie des éléments générateurs des droits subjectifs*, Thèse de doctorat, Lyon, Sirey, 1948, p. 148). Cette solution a été ensuite affinée par Xavier LAGARDE qui estime que le juge doit, pour déterminer le risque de la preuve déterminer qui supporte le risque de la preuve, se fonder sur l'« intérêt [d'une partie] à la consécration d'[une] proposition de preuve » (LAGARDE Xavier, *Réflexion critique sur le droit de la preuve*, Thèse de doctorat, Paris 1, LGDJ, Bibliothèque de droit privé, Tome 239, 1994, p. 266). Cette solution est critiquée par Jean-François CESARO qui estime que la détermination du risque de la preuve doit résulter d'une analyse des textes eux-mêmes : le juge doit recourir aux « travaux préparatoires » (CESARO Jean-François, *Le doute en droit privé*, Thèse de doctorat, Paris 2, Ed. Panthéon-Assas, 2003, n°189) pour le déterminer. C'est donc de l'étude de la loi que doit découler l'attribution du risque de la preuve car elle établit des présomptions antéjudiciaires qui permettent d'identifier la partie qui doit subir ce risque. Cette dernière solution nous paraît la plus convaincante car elle renvoie directement à l'article 9 du Code de procédure civile qui dispose qu'« il incombe à chaque partie de prouver conformément à la loi les faits nécessaires au succès de sa prétention ».

1559 CA de Reims, 4 février 2008, n°06/03243 et 06/03242 et 06/03244 et 06/3240, Inédit (« Attendu que le Directeur des Services Fiscaux de la Marne, qui succombe dans ses prétentions devant la Cour »).

1560 MOTULSKY Henri, *Principes d'une réalisation méthodique du droit privé, La théorie des éléments générateurs des droits subjectifs*, Thèse de doctorat, Lyon, Sirey, 1948, p. 85.

1561 Les règles de charge de la preuve du Livre des procédures fiscales sont parfois interprétées comme désignant la partie qui doit subir le risque du doute tant par la doctrine (AICARDI Maurice (dir.), *L'amélioration des rapports entre les citoyens et les administrations fiscales et douanières, rapport au ministre d'Etat ministre de l'Economie, des Finances et de la Privatisation*, La documentation française, Paris, 1986, p. 15 ; LAMBERT-WIBER Sophie, *Contribution du droit civil à une approche renouvelée de la charge de la preuve en droit fiscal,*

de l'impôt, il n'existe pas de risque de la preuve dans le contentieux administratif[1562]. Le silence des dispositions légales en matière de charge de la preuve interdit au juge administratif, de se réfugier derrière son propre doute[1563]. Le juge administratif se refuse ainsi à faire peser sur les parties – sauf dans des cas exceptionnels – un risque de la preuve puisqu'il tente, par sa propre conviction, de déterminer la preuve litigieuse. L'attitude résolument active du juge administratif dans l'établissement de la preuve conduit à rejeter l'usage commun du risque de la preuve[1564]. Seule la sphère répressive fait exception à ce principe[1565], car à l'instar de la preuve pénale, le risque du doute est encadré.

466. À cet égard, la matière répressive fait l'objet d'un encadrement spécifique du risque du doute : en application de l'adage *in dubio pro reo*[1566],

---

Thèse de doctorat microfichée, Rouen, 1996, p. 470) que par les membres du Conseil d'Etat (ARRIGHI DE CASANOVA Jacques, concl. sur Conseil d'Etat, Sect., 29 juillet 1994, n°111884, Section, SA Prodès International : RJF 10/94, p. 597 ; GUILLENSMITH, concl. sur Conseil d'Etat, 8e et 7e s.-s., 18 février 1985, n°39466 à 39468 : Dr. fisc. 1985, comm. 1230 ; LASRY Claude, *Une particularité du droit fiscal : la charge de la preuve*, EDCE, 1985-1986, pp. 71-77, spéc. p. 77 ; MIGNON Emmanuelle, *La charge de la preuve : peut-on parler d'équité ?*, in, HATOUX Bernard (dir.), *Droits du contribuable, Etat des lieux et perspectives*, Economica, Paris, 2002, pp. 53-65, spéc. p. 60). La réalité de cette affirmation se mesure en présence de décisions contradictoires rendues par le juge administratif de l'impôt à propos de faits identiques présents dans des rôles différents (Conseil d'Etat, 8e s.-s., 28 avril 1965, n°62821 et 62822, Dr. fisc. 1970, n°3 bis, comm. 88, concl. POUSSIERE ; Conseil d'Etat, 7e et 9e s.-s., 10 octobre 1984, n°35676 et 35678 : Rec. T., p. 589 ; Dr. fisc. 1985, n°1, comm. 33 ; RJF 12/84, n°1403 ; Conseil d'Etat, 7e et 9e s.-s., 4 mars 1987, n°66841 et n°67874 : RJF 05/87, n°515 et n°573 ; CAA de Paris, 3e ch., 31 décembre 1991, n°89-2241, M. Hersant : Dr. fisc. 1992, n°46, comm. 2174, concl. Michèle DE SEGONZAC ; CAA de Lyon, 17 avril 1996, n°94-979, Mme Dinca et n°94-977, Société Boulangerie auvergnate : Dr. fisc. 1997, n°40, comm. 1034).

[1562] DE GAUDEMAR Hervé, *La preuve devant le juge de l'excès de pouvoir*, Revue générale du droit, 2012, n°1. Contra : FOULQUIER Caroline, *La preuve et la justice administrative française*, Thèse de doctorat, Toulouse 1, L'Harmattan, Logiques juridiques, 2013, p. 615.

[1563] Il faut toutefois largement tempérer cette assertion. Si le risque du doute n'est pas légalement organisé par la loi devant la juridiction administrative, cela ne signifie pas, pour autant, que le juge administratif est contraint de juger établie une preuve douteuse comme en témoigne les expressions « le contribuable ne démontre pas » (Conseil d'Etat, 9e et 8e s.-s., 11 janvier 1993, n°78040, Inédit) ou « l'administration ne démontre pas » (Conseil d'Etat, 8e et 9e s.-s., 23 novembre 1992, n°82623, Inédit). En cas de doute, le juge administratif se bornera à juger que le fait allégué n'est pas établi ce qui tend à démontrer que le « risque de la preuve » est le plus souvent remplacé par l'échec d'une partie dans l'administration de la preuve – cette partie n'étant pas obligatoirement le demandeur – au sens procédural – au litige mais la partie qui s'épuise en premier dans la dialectique de la preuve (COLLIN Pierre, concl. sur Conseil d'Etat, Avis, 8e et 3e s.-s., 21 décembre 2006 n°293749, Duguay : préc.).

[1564] Cf. infra, n°474.

[1565] Conseil d'Etat, Sect., 16 juin 1965, n°62105, Morin : Rec. p. 355.

[1566] Sur ce point : BREDIN Jean-Denis, *Le doute et l'intime conviction*, Droits 1996, n°26, pp. 21-29 ; CONTE Philippe et MAISTRE DU CHAMBON Patrick, *Procédure pénale*, Armand Colin, 4e éd., 2002, p. 25 ; BUISSON Jacques et GUINCHARD Serge, *Procédure pénale*, Lexis

le doute est « favorable à la personne poursuivie ou condamnée »[1567]. En cette matière, l'adage *in dubio pro reo* signifie qu'une « condamnation doit être fondée sur une conviction impliquant une certitude morale que la présence d'un doute exclut nécessairement »[1568]. Cette règle – présente aux articles 304 et 622 du Code de procédure pénale – découle du principe de présomption d'innocence[1569] comme l'a jugé le Conseil constitutionnel[1570]. Le risque de la preuve découle donc d'un principe fondamental et il est déterminé par une règle simple : le doute du juge doit toujours profiter à l'accusé. Le risque de la preuve repose sur une règle de portée générale qui fait nécessairement peser le doute de la preuve sur l'autorité publique qui est en charge de l'accusation.

467. En somme, le doute qui est consubstantiel à la preuve juridictionnelle, n'est pas réglé d'une manière analogue par les juges de la matière fiscale. Ils disposent même de moyens propres pour conjurer ce doute.

§.2. – Les conjurations du risque de la preuve propres à chaque juge

468. Il faut ici démontrer que la place du doute peut être variable d'un juge à l'autre. Si toute « conviction emporte une part de doute »[1571], il y a lieu de remarquer que les relations existantes entre les juges, la vérité et le doute sont complexes. La conviction de chaque juge peut composer avec une part de doute et parfois même le conjurer. Chaque juge dispose, à cet égard, d'outils propres.

Nexis, 10e éd., 2014, p. 475 ; MERLE Roger et VITU André, *Traité de droit criminel, Procédure pénale*, Tome 2, Cujas, 5e éd., 2001, pp. 182-183 ; NAGOUAS-GUERIN Marie-Cécile, *Le doute en matière pénale*, Thèse de doctorat, Dalloz, Nouvelle bibliothèque de thèses, Tome 18, 2002 ; NAGOUAS-GUERIN Marie-Cécile, *Mythe et réalité du doute favorable en matière pénale*, RSC 2002, n°2, pp. 283-292 ; RASSAT Michèle-Laure, *Procédure pénale*, Ellipses, 2e éd., 2013, pp. 244-245.

[1567] NAGOUAS-GUERIN Marie-Cécile, *Le doute en matière pénale*, Thèse de doctorat, Dalloz, Nouvelle bibliothèque de thèses, Tome 18, 2002, p. 16.

[1568] *Op. cit.*, p. 389.

[1569] Sur ce point : CONTE Philippe et MAISTRE DU CHAMBON Patrick, *Procédure pénale*, Armand Colin, 4e éd., 2002, p. 25 ; BUISSON Jacques et GUINCHARD Serge, *Procédure pénale*, Lexis Nexis, 10e éd., 2014, p. 475 ; MERLE Roger et VITU André, *Traité de droit criminel, Procédure pénale*, Tome 2, Cujas, 5e éd., 2001, pp. 182-183 ; NAGOUAS-GUERIN Marie-Cécile, *Le doute en matière pénale*, Thèse de doctorat, Dalloz, Nouvelle bibliothèque de thèses, Tome 18, 2002, p. 408.

[1570] Conseil constitutionnel, déc. n°80-127 DC, 20 janvier 1981, Loi renforçant la sécurité et protégeant la liberté des personnes, § 33 : Rec. p. 15 ; AJDA 1981, p. 278, note Christian de GOURNAY ; AJDA 1981, p. 275, note Jean RIVERO ; D. 1981, p.101, note Jean PRADEL.

[1571] GAMET Laurent, *La preuve en droit du travail, contestation du licenciement, conviction et doute du juge prud'homal*, in, CADIET Loïc, GRIMALDI Cyril et MEKKI Mustapha (dir.), *La preuve : regards croisés*, Dalloz, Thèmes et commentaires, 2015, pp. 29-50, spéc. p. 40.

469. En premier lieu, le procès civil présente un mode de preuve particulier qui permet de conjurer le doute[1572]. À première vue, le juge civil ne présente pas de spécificité en la matière puisque le risque de la preuve permet au juge de pallier le doute qui s'empare de sa conviction. Pourtant, il existe un mode de preuve spécifique à la juridiction civile[1573] : le serment décisoire dont l'existence a été maintenue par l'ordonnance n°2016-131 du 10 février 2016[1574]. Il faut ici relever que le serment peut également être employé par le juge[1575] par le serment supplétoire[1576] nommé « serment déféré d'office » par l'ordonnance n°2016-131 du 10 février 2016[1577]. Le serment se définit comme « une déclaration émanant d'un plaideur, qui est faite solennellement devant le juge, afin d'affirmer un fait qui [lui] est favorable »[1578]. Le serment est déféré par une partie qui souhaite établir l'existence d'un fait dont l'autre partie a une connaissance personnelle et qu'elle ne peut, de ce fait, établir[1579].

[1572] L'aveu judiciaire constitue également un mode de preuve qui s'impose au juge. Pour l'étude de l'aveu judiciaire devant le juge civil : cf. supra, n°354.

[1573] La Chambre criminelle n'admet pas le serment (Cass. crim., 17 décembre 1921 : DP 1923, I, 178, note A.H.) tout comme le juge administratif (Conseil d'Etat, 29 novembre 1851, Pélissier : Rec. p. 720 : « que les articles 1358 et suivants du Code civil, relatif au serment décisoire, ne s'appliquent qu'aux contestations portées devant les tribunaux ; qu'aucune disposition légale n'en a étendu les effets à la juridiction administrative et que des motifs d'ordre public s'opposent à ce qu'un tel serment fût déféré devant cette juridiction »).

[1574] Le serment décisoire est encadré par les articles 1385 à 1385-4 du Code civil (Sur ce point : DOUVILLE Thibault (dir.), *La réforme du Droit des contrats, Commentaire article par article*, Gualino, 2016, pp. 432-435 ; MIGNOT Marc, *Commentaire article par article de l'ordonnance du 10 février 2016 portant réforme du droit des contrats, du régime général et de la preuve des obligations (XIII)*, LPA 2016, n°108, pp. 4-13).

[1575] Il s'agit alors du serment déféré d'office (art. 1386 et 1386-1 du Code civil).

[1576] Sur ce point : AYNES Augustin et VUITTON Xavier, *Droit de la preuve, Principes et mise en œuvre processuelle*, Lexis Nexis, 2013, p. 274 ; BEIGNIER Bernard, *De l'évolution du serment probatoire en droit civil français*, in, *Le serment*, Tome 2, *Théories et devenirs*, éd. CNRS, 1991, pp. 419-427 ; CADIET Loïc et JEULAND Emmanuel, *Droit judiciaire privé*, Litec, 8e éd., 2013, p. 479 ; COUCHEZ Gérard, LAGARDE Xavier, *Procédure civile*, Sirey, 17e éd., 2014, p. 386 ; GOUBEAUX Gilles, *Le droit à la preuve*, in PERELMAN Chaïm et FORIERS Paul (dir.), *La preuve en droit*, Bruylant, Bruxelles, 1981, pp. 277-301, spéc. pp. 300-301 ; GUINCHARD Serge, FERRAND Frédérique, CHAINAIS Cécile, *Procédure civile*, Dalloz, Hypercours, 4e éd., 2015, spéc. p. 489 ; GUINCHARD Serge, CHAINAIS Cécile et FERRAND Frédérique, *Procédure civile, Droit interne et droit de l'Union européenne*, Dalloz, Précis, 32e éd., 2014, p. 517-520 ; LEVY Jean-Philippe, *Réflexions sur l'importance et l'intérêt des questions de preuves*, Travaux juridiques et économiques de l'Université de Rennes 1954, pp. 95-137, spéc. pp. 100-101 ; MOTULSKY Henri, *Droit processuel*, Montchrestien, 1973, p. 224 ; MOURALIS Jean-Louis, *Preuve, modes de preuve*, Répertoire de droit civil, Dalloz, 2016, n°798 ; MOURRE Alexis, Réflexions sur le serment décisoire, Gaz. Pal. 1994, n°163, pp. 3-6 ; FERRAND Frédérique, *Preuve*, Répertoire de procédure civile, Dalloz, 2016, n°791.

[1577] Ordonnance n°2016-131 du 10 février 2016 portant réforme du droit des contrats, du régime général et de la preuve des obligations.

[1578] FERRAND Frédérique, *Preuve*, Répertoire de procédure civile, Dalloz, 2016, n°791.

[1579] L'article 1385-1 du Code civil dispose à cet égard qu'« Il ne peut être déféré que sur un fait personnel à la partie à laquelle on le défère. / Il peut être référé par celle-ci, à moins que le fait qui en est l'objet ne lui soit purement personnel ».

Déférer le serment signifie donc qu'une partie demande à son adversaire « d'affirmer de façon solennelle la réalité ou au contraire l'inexistence d'un fait concluant pour la solution du litige »[1580]. Or, l'objet même du serment est de pallier l'impossibilité de prouver qui fera peser, de ce fait, le risque de la preuve sur la partie qui ne peut prouver.

470. Le serment dispose d'un caractère définitif : il s'impose à la partie adverse qui ne peut le renverser[1581] et au juge qui ne peut, même en cas de doute sur sa véracité, le remettre en cause[1582]. Ce caractère conduit à s'interroger sur la nature probatoire du serment décisoire. Frédérique FERRAND estime qu'il s'agit d'« un mode de preuve parfait »[1583] qui repose sur « la présomption selon laquelle la parole reflète la vérité »[1584]. L'article 1385-2 du Code civil peut offrir un fondement à cette analyse dès lors que la partie qui refuse le serment décisoire « succombe dans sa prétention ». À ce titre, il s'agirait même d'une exception au principe selon lequel nul ne peut se constituer de preuve à soi-même[1585] puisque « la déclaration d'un plaideur sous serment va pouvoir développer des effets juridiques considérables en sa faveur »[1586]. Toutefois, la nature probatoire du serment a pu être contestée. Il s'agirait avant tout d'un moyen de mettre fin au litige fondé sur une présomption irréfragable de véracité du serment. Marc MIGNOT l'expose ainsi : « Le serment n'est pas une preuve. C'est un mécanisme mettant fin au litige »[1587]. Plus radical encore, Jean-Philippe LEVY expose que « C'est un pacte, une sorte de transaction, un véritable contrat entre les plaideurs »[1588]. Le serment ne saurait, à notre sens, s'apparenter à une transaction entre les parties en l'absence d'échange de consentements relatifs à un objet commun :

1580 FERRAND Frédérique, *Preuve*, Répertoire de procédure civile, Dalloz, 2016, n°809.

1581 L'alinéa 2 de l'article 1385-3 du Code civil dispose que « Lorsque le serment déféré ou référé a été fait, l'autre partie n'est pas admise à en prouver la fausseté ». Cet article ne fait que reprendre la lettre de l'ancien article 1363 du Code civil auquel l'article 1385-3 se substitue (DOUVILLE Thibault (dir.), *La réforme du Droit des contrats, Commentaire article par article*, Gualino, 2016, pp. 433-434).

1582 L'art. 1385-2 du Code civil dispose en effet que « Celui à qui le serment est déféré et qui le refuse ou ne veut pas le référer, ou celui à qui il a été référé et qui le refuse, succombe dans sa prétention ».

1583 FERRAND Frédérique, *Preuve*, Répertoire de procédure civile, Dalloz, 2016, n°799. Loïc CADIET et Emmanuel JEULAND affirmant qu'il s'agit d'un « mode d'administration judiciaire de la preuve » (*Droit judiciaire privé*, 8e éd., 2013, Litec, p. 479, n°605).

1584 FERRAND Frédérique, *Preuve*, Répertoire de procédure civile, Dalloz, 2016, n°799.

1585 GHESTIN Jacques, Gilles GOUBEAUX, FABRE-MAGNAN Muriel, *Traité de droit civil, Introduction générale*, LGDJ, 4e éd., 1994, n°728 ; FERRAND Frédérique, *Preuve*, Répertoire de procédure civile, Dalloz, 2016, n°793.

1586 FERRAND Frédérique, *Preuve*, Répertoire de procédure civile, Dalloz, 2016, n°793.

1587 MIGNOT Marc, *Commentaire article par article de l'ordonnance du 10 février 2016 portant réforme du droit des contrats, du régime général et de la preuve des obligations (XIII)*, LPA 2016, n°108, p. 4.

1588 LEVY Jean-Philippe, *Réflexions sur l'importance et l'intérêt des questions de preuves*, Travaux juridiques et économiques de l'Université de Rennes 1954, pp. 95-137, spéc. p. 100.

le serment est imposé par une partie à l'autre. Au contraire, le serment est bien un mode de preuve car il permet de résoudre une difficulté probatoire : le serment permet d'établir l'existence d'un fait lorsque le plaideur rencontre une impossibilité d'établir le fait qu'il allègue[1589]. Dès lors, il faut se résoudre à considérer que « le serment est non seulement un mode de preuve »[1590] mais également « un mode conventionnel de terminaison d'un procès »[1591]. En somme, le serment décisoire est *une modalité probatoire de résolution des litiges civils*. En outre, le juge civil dispose également de la faculté d'employer le serment par le serment déféré d'office – auparavant nommé *serment supplétoire* – ce type de serment étant « destiné à éclairer le juge sur les circonstances de la cause »[1592] et « sa valeur probante est laissée à l'appréciation du juge »[1593]. La relativité de la force probante du serment déféré d'office s'explique par le fait que le juge ne peut, d'office, abandonner la solution du litige à une partie : cela « équivaudrait de sa part à une inadmissible démission »[1594]. Le serment déféré d'office demeure donc un outil de recherche de la preuve mais ne saurait constituer un rempart définitif contre le doute.

471. En revanche, le caractère définitif du serment décisoire fait l'objet de nombreuses critiques. Il présente, à bien des égards, un caractère archaïque[1595], car il s'apparente à une « survivance inassimilable de rites processuels primitifs »[1596], qu'il n'est pas incohérent de comparer ce mode de preuve à l'ordalie car, comme pour cette dernière, « le juge, en fait, abdique devant le recours à une force supérieure »[1597] qui réside dans la « conscience de l'homme »[1598] et qu'il présente une « totale autonomie par rapport à la vérité

1589 Marc MIGNOT relève ainsi que « Le serment ne peut porter que sur des faits dont celui à qui il est déféré a une connaissance personnelle » (*Commentaire article par article de l'ordonnance du 10 février 2016 portant réforme du droit des contrats, du régime général et de la preuve des obligations (XIII)*, LPA 2016, n°108, p. 4).

1590 TERRE François, *Introduction générale au droit*, Dalloz, Précis, 10e éd., 2015, n°697, p. 552.

1591 *Op. cit.*, n°698, p. 552.

1592 MOURALIS Jean-Louis, *Preuve, Modes de preuve*, Répertoire de droit civil, Dalloz, 2016, n°883.

1593 Art. 1386, al. 2 du Code civil.

1594 MOURALIS Jean-Louis, *Preuve, Modes de preuve*, Répertoire de droit civil, Dalloz, 2016, n°883.

1595 Le « caractère solennel et religieux » (FERRAND Frédérique, *Preuve*, Répertoire de procédure civile, Dalloz, 2016, n°793) paraît bien étranger aux mœurs actuelles – bien qu'une sanction pénale punisse le faux serment (art. 434-17 du Code pénal) constitue une sorte de relai « laïc » à la sanction divine.

1596 MOURRE Alexis, *Réflexions sur le serment décisoire*, Gaz. Pal. 1994, n°163, pp. 3-6.

1597 DORSINFANG-SMETS Annie, *Réflexions sur les modes de preuve dans l'action judiciaire des sociétés dites primitives*, in, Recueils de la Société Jean Bodin Pour l'Histoire Comparative des Institutions, *La Preuve*, Tome XVIII, Troisième partie, Civilisations archaïques, asiatiques et islamiques, Editions de la librairie encyclopédique, Bruxelles, 1963, pp. 15-36, spéc. p. 29.

1598 Cass. civ., 3 mars 1846 : S. 1846, 1, 193.

effective »[1599]. Bien que « Dans la pratique judiciaire, le serment [soit] tombé en désuétude »[1600] et qu'il soit inapplicable en matière fiscale[1601], cette procédure reflète, à notre sens, certains traits spécifiques de la preuve devant le juge civil. Le serment décisoire apparaît comme un relais définitif à l'établissement de la réalité factuelle spécifique à la juridiction civile : l'impossibilité pour une partie de prouver son allégation peut se résoudre à la faveur d'un serment qui établira la vérité. En ce sens, le serment décisoire manifeste la mainmise des parties sur l'établissement des faits[1602] puisque ce mode de preuve va s'imposer, à la demande d'une partie, au juge[1603] sans que la vérité ne puisse éclater une fois que le serment aura produit ses effets. Il s'agit donc bien d'« un correctif aux règles de la charge de la preuve »[1604] dans un cas où la partie qui doit la rapporter n'y parvient pas. En somme, *les parties ont la faculté de conjurer le doute qui découle de leurs propres preuves* : elles peuvent parvenir « à une suppression de la preuve »[1605] en écartant la vérité matérielle comme fondement de la résolution du litige. Dans le procès civil, les parties disposent donc d'une arme imparable pour pallier le doute qui découle de leurs propres preuves.

472. En deuxième lieu, devant le juge pénal, le doute du juge[1606] entre, sans cesse, en conflit avec la nature inquisitoire de la procédure pénale. En ce sens, le doute qui profite à l'accusé doit être « un doute insurmontable »[1607]. Le juge pénal ne peut donc prononcer la relaxe ou l'acquittement sur le fondement du bénéfice du doute sans avoir préalablement exigé un complément

---

1599 MOURRE Alexis, *Réflexions sur le serment décisoire*, Gaz. Pal. 1994, n°163, pp. 3-6.

1600 GUINCHARD Serge, FERRAND Frédérique, CHAINAIS Cécile, *Procédure civile*, Dalloz, Hypercours, 4e éd., 2015, n°1113, p. 489.

1601 Si l'article R. 195-1, alinéa 2 du Livre des procédures fiscales exclut le serment en matière d'« infractions relatives aux ventes publiques de meubles », l'article R.202-2, alinéa 2 du Livre des procédures fiscales interdit les preuves incompatibles avec le caractère écrit de l'instruction. Or, cette interdiction est de nature à prohiber le serment en cette matière (Sur ce point : FLAMENS Camille, *Le serment fiscal en matière d'enregistrement*, Thèse de doctorat dact., Toulouse, 1913, p. 49).

1602 Ce constat doit cependant être tempéré dès lors qu'il existe un « serment déféré d'office » qui offre la faculté au juge de déférer le serment à l'une des parties (Art. 1386 et 1386-1 du Code civil).

1603 En ce sens, Clara TOURNIER souligne justement que le serment décisoire constitue « une limite à l'intime conviction du juge qui met fin au procès » (*L'intime conviction du juge*, Thèse de doctorat, PUAM, 2003, p. 201).

1604 LECLERC Olivier, VERGES Etienne et VIAL Géraldine, *Droit de la preuve*, PUF, Thémis droit, 2015, p. 544.

1605 MOTULSKY Henri, *Droit processuel*, Montchrestien, 1973, p. 224.

1606 Sur ce point : TRUCHE Pierre, *Le doute sur le fait ou le problème de la preuve*, in, *Le doute et le droit*, Dalloz, Philosophie et théorie générale du droit, 1994, pp. 43-48.

1607 NAGOUAS-GUERIN Marie-Cécile, *Le doute en matière pénale*, Thèse de doctorat, Dalloz, Nouvelle bibliothèque de thèses, Tome 18, 2002, p. 391.

d'information de nature à faire éclater la vérité[1608]. Le doute pénal repose donc sur une logique rationnelle[1609] qui est contrôlée par la Chambre criminelle de la Cour de cassation[1610]. Dans cette optique, le doute pénal ne peut apparaître qu'une fois que la recherche de la preuve s'est montrée vaine et ne peut constituer un refuge pour le juge qui se doit de faire éclater la vérité.

473. En outre, le doute qui profite à l'accusé dispose d'une portée singulière puisque « le doute que l'accusation n'a pu éliminer équivaut à une preuve positive de non-culpabilité »[1611]. Cela signifie que le doute pénal, identifié en tant que tel par ce juge, dispose d'une portée singulière puisqu'il établit une vérité inébranlable : le doute pénal équivaut à une certitude de l'innocence de l'accusé. Cela se traduit par l'autorité qui s'attache à la valeur de ce doute – au regard de l'autorité absolue de la chose jugée : « Un acquittement au bénéfice du doute est un acquittement plein et entier qui s'impose comme tel à la juridiction civile »[1612]. Cela signifie que la décision pénale rendue au bénéfice du doute s'impose aux autres juges car elle « établit au regard de tous l'inexistence de l'infraction poursuivie »[1613] et dispose donc de l'autorité absolue de chose jugée devant le juge civil[1614] – à la différence du juge administratif qui refuse de reconnaître une quelconque autorité absolue de chose jugée aux décisions rendues au bénéfice du doute[1615]. Or, la Cour européenne des droits de l'Homme juge qu'« aucune différence qualitative ne doit exister entre une relaxe faute de preuves et une relaxe résultant d'une constatation de l'innocence de la personne ne faisant aucun doute »[1616]. Cette jurisprudence atteste que la décision pénale, même fondée sur le doute, est à même d'offrir des *certitudes* : la vérité qui est établie par le doute est la manifestation d'une vérité relative qui doit s'imposer car il s'agit de la seule vérité accessible en matière juridictionnelle. En somme, le doute pénal se situe aux confins de la recherche de la preuve et constitue, de ce fait, un état de fait indépassable. Il y a donc tout lieu de nuancer la place du doute en procédure

---

[1608] Cass. crim., 21 février 1952 : Bull. crim., n°50 ; Cass. crim., 19 juin 1979 : Bull. crim., n°215.
[1609] NAGOUAS-GUERIN Marie-Cécile, *Le doute en matière pénale*, Thèse de doctorat, Dalloz, Nouvelle bibliothèque de thèses, Tome 18, 2002, p. 392.
[1610] Cass. crim., 22 juin 1987 : Bull. crim., n°257. En l'espèce, la Chambre criminelle de la Cour de cassation reconnaît l'existence du doute en reconnaissant, à demi-mot, l'innocence du prévenu.
[1611] MERLE Roger et VITU André, *Traité de droit criminel, Procédure pénale*, Tome 2, Cujas, 5e éd., 2001, n°143, p. 182.
[1612] RASSAT Michèle-Laure, *Procédure pénale*, Ellipses, 2e éd., 2013, n°717, p. 762.
[1613] Cass., 1ère civ., 3 février 1976, n°74-13.931 : Bull. civ. I, n°48.
[1614] Cass. 1ère civ., 9 juin 1993, n°91-17.387 : Bull. civ. I, n°209 ; Cass., 1ère civ., 24 mars 1981, n°79-16.118 : Bull. civ. I, n°98.
[1615] Conseil d'Etat, Sect., 24 novembre 1967, Dlle Labat : Rec. p. 444 ; RDP 1968, p. 648, note WALINE, concl. Baudouin, p. 659.
[1616] CEDH, 23 octobre 2014, n°27785/10, Melo Tadeu c/ Portugal, § 60 ; CEDH, 27 septembre 2007, n°35522/04, Vassilios Stavropoulos c/ Grèce, § 39.

pénale : le doute trahit, en réalité, une vérité qui est l'innocence du prévenu. Sous cet angle, il apparaît que le doute pénal ne saurait se confondre avec le doute civil ou le doute administratif car la présomption d'innocence transforme le doute pénal en vérité irrévocable.

474. En troisième lieu, devant la juridiction administrative, c'est le juge qui va pouvoir conjurer le doute. La nature inquisitoire de la procédure administrative conduit le juge administratif à prendre, à sa charge, le risque de juger au péril du doute. Devant ce juge, « le doute n'est pas un facteur qui empêche le juge (...) de statuer »[1617], car au sein d'une procédure inquisitoire, le juge dispose d'un « intérêt à ce que l'une des deux parties triomphe »[1618]. Le juge administratif use de sa propre conviction pour pallier l'existence du doute. En ce sens, Pierre DELVOLE a souligné qu'« Entre le moment de l'adoption des mesures contestées et celui du litige, des faits invoqués ont pu s'estomper ou la preuve disparaître, sans même qu'aucune mauvaise volonté y ait été mise. C'est l'intime conviction du juge qui y remédie »[1619]. Cela signifie que la conviction du juge administratif se met au service de l'établissement de la réalité factuelle afin d'établir cette réalité, alors même que certaines preuves disposent d'une force probante relative ou d'une vraisemblance estompée.

475. Cette place déterminante de la conviction du juge dans l'établissement de la réalité factuelle a été mise en lumière par la décision Hébert[1620] du Conseil d'Etat du 14 juin 1963. Le commissaire du Gouvernement MERIC expose dans cette affaire que « Partant d'un élément fourni par le demandeur, il vous arrive de reconstituer la chaîne à partir de ce fait, comme notre collègue, Cuvier, avec quelques os brisés, recréait le squelette entier ». C'est le caractère inquisitoire de la procédure administrative qui imprime sur le juge administratif un office fondé sur un activisme probatoire qui le conduit à établir, lui-même, la réalité factuelle alors même qu'une part de doute rend ce travail malaisé. En d'autres termes, le juge administratif peut, à la faveur de sa conviction, pallier l'insuffisance de la force probante des preuves administrées par les parties.

476. Il est possible d'identifier deux spécificités du juge administratif en matière de conviction. En premier lieu, la conviction du juge administratif peut forger sa conviction à partir d'éléments évanescents. Il n'est pas rare que

[1617] FOULQUIER Caroline, *La preuve et la justice administrative française*, Thèse de doctorat, Toulouse 1, L'Harmattan, Logiques juridiques, 2013, p. 614.
[1618] LAGARDE Xavier, *Vérité et légitimité dans le droit de la preuve*, Droits 1996, n°23, pp. 31-30, spéc. p. 34.
[1619] DELVOLVE Pierre, *Le juge et la vérité, aspects de droit public*, in, Annales de l'université des sciences sociales de Toulouse, tome XXVI, 1978, pp. 339-367, spéc. p. 353.
[1620] Conseil d'Etat, Sect., 14 juin 1963, Epoux Hébert : Rec. p. 364, concl. MERIC.

le juge administratif se suffise d'éléments infimes pour forger sa conviction comme d'un « insistant parfum »[1621], d'une « atmosphère générale propre à chaque affaire »[1622] ou d'une simple « impression »[1623] pour établir sa conviction. Le caractère douteux des faits allégués est ainsi dépassé grâce à la conviction du juge. Une sorte de charge de l'appréciation semble ainsi peser sur le juge administratif qui peut juger un fait comme établi en dépit de la persistance du doute.

477. En ce sens, la jurisprudence, déjà ancienne, du Conseil d'Etat relative aux concours médicaux – les décisions Sieur Lévy[1624] et Sudaka et Lamas[1625] – offre une intéressante illustration. En l'espèce, les administrés allèguent l'existence d'irrégularités dans l'organisation d'un concours médical. Dans l'affaire Sieur Lévy, le demandeur a, pour prouver ses dires, apporté différents indices[1626]. Toutefois, la lecture des conclusions du Commissaire du gouvernement Claude LASRY tend à indiquer que sa conviction est emportée par la simple connaissance personnelle que détient ce membre du Conseil d'Etat des concours de cette nature et des allégations du requérant[1627]. À ce titre, Jean-Paul GILLI, « soulign[e] le caractère limité des exigences de preuve manifestées dans cette affaire par la Haute assemblée »[1628] qui résulte de « l'intention du Conseil d'Etat d'adapter ses exigences en matière de preuve

---

[1621] DEVYS Christophe, concl. sur Conseil d'Etat, 1ère et 6e s.-s., 6 novembre 2006, n°277829, Association les Amis du château d'Hénonville : Bulletin de jurisprudence de droit de l'urbanisme 2007, n°2, pp. 146-151.

[1622] ODENT Raymond, *Contentieux administratif*, Les cours du droit, Fasc. n°3, 1977-1978, p. 901.

[1623] RIVET, concl. sur Conseil d'Etat, 20 janvier 1922, Trépont : RDP 1922, p. 81 ; CORNEILLE, concl. sur Conseil d'Etat, 14 janvier 1916, Camino : Rec. p. 15, S. 1922, 3, 10.

[1624] Conseil d'Etat, 23 décembre 1955, Sieur Lévy : Rec. p. 608 ; D. 1956, p. 27, concl. Claude LASRY.

[1625] Conseil d'Etat, 27 octobre 1965, Min. de l'Education nationale c/ Sudaka et Lamas : Rec. p. 557, D. 1966, p. 145, note Jean-Paul GILLI.

[1626] Claude LASRY expose dans ses conclusions que le requérant « fait valoir (…), après avoir rappelé que le début des épreuves était fixé au 21 mars 1949, qu'il s'est rendu le 18 mars précédent, accompagné de deux camarades (…). Il a remis à cet huissier un pli cacheté ; le procès-verbal de cette remise a été dûment enregistré. Le pli (…) contenait la liste par ordre alphabétique, des neufs candidats finalement déclarés admissibles » (concl. sur Conseil d'Etat, 23 décembre 1955, Sieur Lévy).

[1627] Claude LASRY expose ainsi que « Pour qui connait, par relations personnelles ou de toute autre manière, la pratique habituelle, parfois déplorée, mais le plus souvent suivie, de ces concours médicaux ne comportant pas d'anonymat, les allégations du requérant sont d'une aveuglante vraisemblance ; et, de bonne foi, nous devons reconnaître qu'elles correspondent entièrement à notre intime conviction » (concl. sur Conseil d'Etat, 23 décembre 1955, Sieur Lévy).

[1628] GILLI Jean-Paul, note sur Conseil d'Etat, 27 octobre 1965, Min. de l'Education nationale c/ Sieurs Sudaka et Lamas : préc.

au cadre particulier dans lequel est apparu le litige »[1629]. Il expose même que les « exigences [probatoires du juge administratif] sont apparues ici tellement réduites que l'on peut se demander, en vérité, si au nombre des présomptions d'irrégularité retenues par le Conseil d'Etat ne figurait pas en bon rang... le fait qu'il s'agissait d'un concours médical ! »[1630]. Cette propension du juge administratif à se fonder sur des preuves dont la force probante est infime tend à le distinguer des autres juges. Claude LASRY justifie, dans l'affaire Lévy, cette audace probatoire en affirmant que le juge n'est pas conduit à méconnaître « une règle de preuve, mais au contraire [à juger] dans l'exercice normal de [la] fonction juridictionnelle »[1631]. En somme, l'établissement de la réalité factuelle, fondée sur de très faibles indices et sur la connaissance personnelle du Commissaire du gouvernement de la situation factuelle dénoncée, repose, en définitive, sur une conception particulière de l'office du juge. C'est la croyance en un devoir être du juge qui constitue le cadre de sa propre conviction et lui offre la faculté d'établir, en l'absence d'éléments déterminants, une réalité qu'il conçoit bien plus qu'il ne perçoit. Dans ces espèces, l'audace probatoire est poussée par le « souci de maintenir strictement certains principes [en l'espèce, le principe d'égalité et] explique (...) les solutions assez hardies que cette décision a apportées en matière de preuve »[1632]. Le juge administratif tempère donc ses exigences probatoires afin de préserver certains principes en déplaçant, de manière téléologique, les frontières du doute. Dans les décisions précitées, la préservation de l'égalité des candidats à un concours – garantie par l'article 6 de la Déclaration des droits de l'Homme et du citoyen – conduit le juge à établir une réalité factuelle infiniment douteuse.

478. Cette analyse de la place particulière occupée par le doute est corroborée par le fait que le juge administratif a toujours su user conjointement du fond du droit et de la preuve pour contraindre l'Administration au respect de la légalité[1633]. Le juge administratif sait parfois faire fi de ses doutes – ou plutôt

[1629] GILLI Jean-Paul, note sur Conseil d'Etat, 27 octobre 1965, Min. de l'Education nationale c/ Sieurs Sudaka et Lamas : préc.

[1630] GILLI Jean-Paul, note sur Conseil d'Etat, 27 octobre 1965, Min. de l'Education nationale c/ Sieurs Sudaka et Lamas : préc.

[1631] LASRY Claude, concl. sur Conseil d'Etat, 23 décembre 1955, Sieur Lévy.

[1632] GILLI Jean-Paul, note sur Conseil d'Etat, 27 octobre 1965, Min. de l'Education nationale c/ Sieurs Sudaka et Lamas : préc.

[1633] Pierre DELVOLVE et Georges VEDEL ont déjà relevé, en ce sens, que « la jurisprudence a avancé sur le double front du fond et de la procédure, c'est-à-dire d'une part de la réduction du pouvoir discrétionnaire et d'autre part de l'adoption de règles de preuve propres à permettre le contrôle du juge » (*Droit administratif*, Tome 2, PUF, 12e éd., 1992, p. 203) dans le but de briser l'inertie de l'Administration dans l'administration de la preuve. C'est également ce que démontre Jean-Philippe COLSON qui identifie dans l'évolution des règles de preuve une réduction du pouvoir discrétionnaire de l'Administration. Il affirme ainsi que « la preuve est (...) un moyen de doser le contrôle qu'il désire exercer sur l'activité administrative » (COLSON

se fonder sur les doutes que l'Administration a semés en chemin – afin de la contraindre au respect de la légalité. En ce sens, le doute va peser sur l'Administration lorsqu'une preuve ne peut établir la réalité matérielle qui est dénoncée par l'administré.

479. En second lieu, la conviction du juge administratif confère une place prépondérante aux silences de l'administration et des éléments manquants du dossier contentieux. En ce sens, le silence du défendeur dans l'administration de la preuve est élevé au rang de preuve en permettant au juge d'établir sa conviction[1634]. De même, face à un fait matériellement invérifiable, le juge administratif pourra substituer sa conviction à la preuve : la décision Département de la Savoie[1635] démontre l'audace du juge administratif qui parvient à établir la preuve sur le fondement d'un indice résultant du silence du dossier contentieux. Dans cette affaire, le Conseil d'Etat – confirmant la solution adoptée par le Conseil de préfecture – estime qu'un camion appartenant au service départemental de Savoie est la cause d'un accident puisque le conducteur du camion a reconnu avoir croisé la victime et « qu'aucun véhicule n'est passé sur la route à ce moment-là »[1636]. L'intérêt de cette solution est de déduire l'existence d'un fait inconnu d'un fait négatif au caractère incertain. Le juge administratif parvient à pallier l'absence d'éléments de preuve par sa propre conviction en estimant qu'aucune autre cause n'a pu produire le fait litigieux. De même, le juge administratif établit la réalité factuelle en déduisant cette réalité du comportement de l'Administration qui est parfois tentée d'invoquer la perte d'un dossier[1637]. Cette audace du juge administratif dans l'établissement de la réalité factuelle est caractéristique de la nature inquisitoire de la procédure qui offre la faculté

Jean-Philippe, *L'office du juge et la preuve dans le contentieux administratif*, Thèse de doctorat, Montpellier, LGDJ, Bibliothèque de droit public, Tome 101, 1970) mais aussi que « Le juge peut ainsi faire varier le contrôle qu'il exerce sur l'ensemble de l'action de l'administration en étant plus ou moins exigeant lors de la formation de sa conviction » (*op. cit.*, p. 200). Cela s'explique, en définitive, par le fait que c'est « l'insuffisance du régime des preuves » qui offre à l'Administration un pouvoir discrétionnaire (LAVAU Georges, *Le prétendu pouvoir d'exclure un candidat d'un concours administratif*, JCP 1953, I, 1128).

1634 Conseil d'Etat, 3e s.-s., 3 avril 1991, Cne de Basse-Pointe, n°82600, Inédit ; Conseil d'Etat, 6e et 2e s.-s., 23 octobre 1979, n°03437, Colonna : Rec. T. p. 842 ; Conseil d'Etat, Ass., 28 mai 1954, Barel : préc.

1635 Conseil d'Etat, 8 février 1950, Département de la Savoie : Rec. p. 89.

1636 Conseil d'Etat, 8 février 1950, Département de la Savoie : Rec. p. 89.

1637 Conseil d'Etat, Ass., 11 mai 1973, Sanglier : Rec. p. 344 ; RDP 1973, p. 428, note Marcel WALINE.

au juge d'établir la réalité plus que de la découvrir[1638] et qui se manifeste également en matière fiscale[1639].

480. En somme, la conviction du juge administratif dévoile un véritable particularisme fondé sur la place déterminante du juge administratif dans l'établissement de la réalité factuelle. Les preuves administrées lors du procès administratif sont analysées sous le prisme de la conviction du juge qui prend à sa charge l'établissement de la réalité factuelle. La part active du juge le conduit à combler les vides du dossier contentieux et les silences du défendeur en permettant au doute de disposer d'une place particulière au sein de la conviction du juge. La conviction englobe et dépasse les preuves administrées au profit d'une reconstruction de la réalité factuelle : la conviction du juge administratif ne saurait se réduire à l'addition des preuves administrées par les parties mais est le fruit d'une reconstruction de la réalité factuelle formalisée par le juge.

481. La force de la conviction du juge administratif est donc de forger la réalité factuelle passée en dépassant les carences du dossier et les doutes qui résultent des preuves dans le but de préserver la légalité et les principes fondamentaux du droit administratif. En définitive, l'effectivité de la justice administrative passe, nécessairement, par une mainmise du juge administratif sur le réel, qui parvient à l'infléchir en l'établissant. La jurisprudence relative aux concours médicaux illustre ce point de vue puisque le juge administratif a pu, en établissant une réalité factuelle douteuse, prohiber le défaut d'anonymat de certains concours médicaux. L'établissement de la réalité comporte, devant le juge administratif, un aspect *performatif*[1640] car si devant la juridiction

---

1638 Une solution analogue a été adoptée par le Conseil d'Etat dans la décision Ministre des Finances c/ Sieur Nguyen-Quang (Conseil d'Etat, 27 mai 1970, Ministre des Finances c/ Sieur Nguyen-Quang : Rec. p. 377) où le Conseil d'Etat relève que « la circonstance qu'une grande partie des archives militaires françaises en Indochine aient été détruites au cours d'événements de guerre ne saurait avoir pour conséquence de priver le sieur Nguyen-Quang de la possibilité de faire la preuve des services qu'il a accomplis et d'obtenir une pension militaire rémunérant les dits services ». Face à cette difficulté de la preuve, le Conseil d'Etat relève que « le sieur Nguyen-Quang a produit diverses pièces et attestations qui font ressortir des présomptions suffisamment précises et concordantes pour qu'il puisse être regardé comme ayant effectivement appartenu à l'armée française... et comme ayant pu y acquérir des droits à pension ». En somme, le Conseil d'Etat tire des conséquences probatoires de l'incapacité de l'administré d'administrer la preuve qui lui incombe en proportionnant le degré de preuve requis à sa capacité effective de prouver.

1639 Conseil d'Etat, 10e et 9e s.-s., 2 octobre 2002, n°224716, M. Vial : Dr. fisc. 2002, n°49, comm. 974 (Le Conseil d'Etat souligne que l'absence de contre preuves administrées par l'administration fiscale relative à l'emport de pièces comptables permet d'établir la réalité d'un emport irrégulier).

1640 Si le caractère performatif de la règle de droit a déjà été souligné (GRZEGORCZYK Christophe, *Le rôle du performatif dans le langage du droit*, APD 1974, n°19, pp. 229-241, spéc. p. 233), il faut ici souligner que la preuve peut également contenir un aspect performatif.

administrative, juger, c'est encore administrer, juger exige parfois – du juge – qu'il établisse une preuve alors même que la réalité est douteuse. La sauvegarde de la légalité, mise en péril par l'action administrative, est à ce prix.

482. Les traits de cet office sont remarquablement maintenus en matière fiscale alors même que le juge administratif pourrait se fonder sur les dispositions légales afférentes à la charge de la preuve pour actionner le risque du doute. Marie-Aimée LATOURNERIE a souligné que « d'une manière générale, les dispositions du code général des impôts (...) doivent, dans toute la mesure du possible, être conciliées avec le principe général du droit selon lequel la procédure devant le juge administratif est inquisitoire »[1641] ce qui exige « de laisser sa place à l'intime conviction du juge »[1642] administratif de l'impôt[1643]. Cet impératif conduit le juge administratif de l'impôt à être

L'établissement de la preuve intègre ainsi un aspect performatif car établir un fait douteux peut permettre au juge administratif de mettre à l'index certains comportements de l'Administration. De la sorte, le juge peut exiger de l'Administration qu'elle modifie son comportement. Une telle analyse a pu être développée par Anne-Blandine CAIRE dans sa thèse de doctorat (*Relecture des présomptions à la lumière du droit européen des droits de l'Homme*, Thèse de doctorat, Limoges, Pedone, 2012, pp. 322-324). Cet auteur démontre que les présomptions forgées par la Cour européenne des droits de l'Homme peuvent disposer, à l'égard des Etats, d'« effets perlocutoires, [qui] permettent à la Cour de donner une leçon aux Etats défendeurs » (*op. cit.*, p. 324). À notre sens, il faut voir dans cet aspect un particularisme de la preuve judiciaire : car le « droit qui dit ce qui doit être et sanctionne ce qui ne doit pas être, [à la différence de] la science, empirique et universelle, [qui] a vocation à dire ce qui est » (DALBIGNAT-DEHARO Gaëlle, *Vérité scientifique et vérité judiciaire en droit privé*, Thèse doctorat dact., Paris 1, LGDJ, Bibliothèque de l'Institut André Tunc, Tome 2, p. 36). Etablir un fait douteux permet donc au juge une mise à l'index d'un comportement *qui ne doit pas être*.

1641 LATOURNERIE Marie-Aimée, concl. sur Conseil d'Etat, Plén., 19 décembre 1973, n°87649 : Dupont 1974, p. 90 ; Dr. fisc. 1974, n°11, comm. 314.

1642 *Op. cit., loc. cit.*

1643 Il est possible de trouver une illustration de cette affirmation à propos de la qualification de méthode excessivement sommaire retenue par le fisc en matière de reconstitution de bénéfices. Après avoir identifié la qualification de méthode radicalement viciée (Conseil d'Etat, Plén., 13 juillet 1979, n°13374, SARL Société Hôtelière Castel-Cap : Dr. fisc. 1980, n°4, comm. 19, concl. Bruno MARTIN-LAPRADE ; RJF 09/79 n°500, chron. Jean-François VERNY, p. 270), comme condition d'obtention de la décharge des impositions, le juge administratif de l'impôt a jugé qu'un résultat analogue pouvait être obtenu, par le contribuable, en démontrant que la méthode retenue par le fisc est excessivement sommaire (Conseil d'Etat, 7e et 8e s.-s., 21 octobre 1981, n°22022, Pantanella : Dr. fisc. 1982, n°14, comm. 784 et 785, concl. Olivier SCHRAMECK, Dr. fisc. 1982, n°14, comm. 797 ; RJF 12/81, n°1137). Cette dernière qualification a été jugée contraire à l'office inquisitoire du juge administratif : Pierre-François RACINE a fustigé le développement de cette jurisprudence en jugeant qu'il incombe au juge administratif de l'impôt de mieux « proportionner la satisfaction à accorder au contribuable en fonction des éléments apportés par ce dernier » (RACINE Pierre-François, *Règles communes à divers impôts. Modes de preuve*, RJF 02/83, p. 69). Il estime que « Compte tenu de ce que sont les pouvoirs du juge fiscal et les règles gouvernant la preuve, il apparaît plus logique que de lui-même le juge, à condition bien entendu qu'il trouve au dossier des éléments suffisants, proportionne exactement ou, à défaut, justement la décharge ou la réduction aux mérites de

réticent à user communément du risque de la preuve. En ce sens, certains membres du Conseil d'Etat ont souligné la contradiction qui oppose le risque de la preuve à l'office du juge administratif. Guillaume GOULARD a ainsi relevé que « le rôle du juge est de s'approcher autant qu'il peut de la vérité, plutôt que de piéger celle des parties qui n'a pas su apporter la preuve décisive »[1644] ou encore Emmanuelle MIGNON qui a souligné que « le juge administratif de l'impôt s'accommode assez peu des litiges dont l'issue est commandée par les règles qui régissent la charge de la preuve »[1645]. En cette matière, l'usage du risque du doute par le juge serait, à la faveur de la nature inquisitoire de la procédure, peu fréquent[1646] et limité à certaines affaires[1647]. À ce titre, le Conseil d'Etat n'a « jamais abusé de cette facilité »[1648] qui consisterait à se fonder sur le risque du doute pour régler un litige.

483. La place déterminante de l'intime conviction du juge administratif, statuant en matière fiscale, est encore soulignée par la souplesse dont il fait preuve. Il n'est pas rare que le Conseil d'Etat affirme, parfois, faire preuve de

---

l'argumentation du contribuable » (*op. cit.*). Cette critique a conduit le juge administratif de l'impôt à se fonder sur la détermination *ex aequo et bono* des bases imposables afin de parvenir à une détermination, au plus près du réel, des bases imposables (CROUZET Philippe, *Administration de la preuve, Critique des méthodes de reconstitution des bases d'imposition par l'administration*, RJF 06/86, pp. 347-350).

[1644] GOULARD Guillaume, concl. sur Conseil d'Etat, 9e et 10e s.-s., 26 février 2003, n°223293, Sté Pierre de Reynal et Cie : préc.

[1645] MIGNON Emmanuelle, *La charge de la preuve : peut-on parler d'équité ?*, in, HATOUX Berbard (dir.), *Droits du contribuable, Etat des lieux et perspectives*, Economica, 2002, pp. 53-65, spéc. p. 60.

[1646] *Op. cit., loc. cit.*

[1647] En ce sens, il est possible de citer le cas du caractère excessif ou non d'une rémunération. Le commissaire du Gouvernement BISSARA a souligné, qu'en cette matière, « le sens de[s] décisions [est] très généralement défavorable à la partie qui a la charge de la preuve » (BISSARA, concl. sur Conseil d'Etat, 9e et 8e s.-s., 1er février 1984, n°36.508 et 36.509 : Dr. disc., 1984, n°44, comm. 1906).

[1648] GOULARD Guillaume, concl. sur Conseil d'Etat, 9e et 10e s.-s., 26 février 2003, n°223092 et n°223293, Sté Pierre de Reynal et Cie : préc.

« souplesse »[1649], de « libéralisme »[1650] voire « d'un très grand libéralisme »[1651] dans la formation de sa conviction. Le juge administratif, en se fondant sur la liberté des preuves, parvient à reconstituer la réalité factuelle[1652]. Cette reconstruction de la réalité factuelle peut s'opérer sur des éléments dont la force probante est faible. Le juge administratif de l'impôt accepte[1653] ainsi de se fonder sur « des modes de preuve (...)

[1649] L'affirmation d'une « souplesse » retenue en matière d'appréciation se révèle dans certaines affaires dans les conclusions des commissaires du Gouvernement et rapporteurs publics. La souplesse du juge administratif de l'impôt s'est manifestée en matière de déductibilité de frais de restaurants (Conseil d'Etat, 8e et 9e s.-s., 12 février 1975, n°90158 : Dr. fisc. 1975, n°11, comm. 413, concl. FABRE) où le commissaire du Gouvernement affirme que le juge administratif de l'impôt accueille « des modes de preuve (...) approximatifs à l'appui de la démonstration du caractère exagéré d'un bénéfice arrêté d'office ». De même, la souplesse du juge administratif de l'impôt en matière d'acte anormal de gestion en matière de bénéfices industriels et commerciaux est défendue par Olivier FOUQUET qui affirme que cette « conception souple est la contrepartie d[u] refus de [s']immiscer dans les choix de gestion de l'entreprise » (FOUQUET Olivier, concl. sur Conseil d'Etat, Sect., 10 juillet 1992, n°110213, Musel SPB et n°110214, Brunner : RJF 8-9/92, p. 673). Cette souplesse apparaît également en matière de mécanisme anti-abus. Emilie BOKDAM-TOGNETTI propose de retenir une « relative souplesse en matière de preuve » pour l'application de la clause de sauvegarde de l'article 209B du Code général des impôts (concl. sur Conseil d'Etat, 9e et 10e s.-s., 13 décembre 2015, n°372522, min. c/ Sté BNP Paribas International : Dr. fisc. 2016, n°21, comm. 342). Mais encore en matière d'opérations internationales (par une décision du 16 décembre 1987, le commissaire du Gouvernement Philippe MARTIN relève qu'« il nous semble difficile, en matière de commerce international, d'exiger une preuve matérielle et complète de la réalité d'une opération d'entremise » (Conseil d'Etat, 9e et 7e s.-s., 16 décembre 1987, n°55790 : RJF 02/88, p. 87, concl. Philippe MARTIN)) ou en matière de sursis de paiement (Olivier FOUQUET relève ainsi que le sursis de paiement présente « une certaine spécificité (...) particulièrement quant à l'appréciation de l'existence de conséquences difficilement réparables de l'exécution de la décision d'imposition » (FOUQUET Olivier, *Le sursis à exécution en matière fiscale*, Gaz. Pal. 20-22 décembre 1987, pp. 2-4, spéc. p. 2). Il poursuit en affirmant que « Le Conseil d'Etat apprécie incontestablement le caractère irréparable des conséquences que peut entraîner pour le contribuable le recouvrement des impositions contestées, avec plus de souplesse que la jurisprudence de son contentieux général » (*op. cit.*, pp. 3-4)).

[1650] PLAGNET Bernard, *Paiements à des résidents étrangers soumis à un régime fiscal privilégié*, BF 11/88, pp. 543-547, spéc. p. 547.

[1651] AUBY Jean-Marie et DRAGO Roland, *Traité de contentieux administratif*, 3e éd., 1984, LGDJ, p. 452.

[1652] Christophe DE LA MARDIERE souligne ainsi qu'en matière de preuve de l'existence de vérifications de comptabilité successives, le juge administratif parvient à « reconstituer les faits, en s'appuyant sur les écrits et témoignages dont il dispose, dont il mesure soigneusement la force probante » (*La preuve en droit fiscal*, Litec, 2009, p. 195).

[1653] Dans la jurisprudence plus ancienne, le Conseil d'Etat ne faisait pas preuve d'une attention particulière à la faculté de prouver du contribuable. Dans une décision du 30 juin 1947 (Conseil d'Etat, 30 juin 1947, n°77965 : R.O. p. 259) le Conseil d'Etat a jugé que n'étaient pas déductibles des frais professionnels qui devaient être justifiés par des pièces justificatives. Il affirme que dès lors que la preuve incombe au contribuable, il doit rapporter la preuve de ces frais professionnels et que cette preuve ne peut résulter du fait qu'ils avaient été acceptés par le Service lors des exercices précédents.

approximatifs »[1654] et admettre en tant que preuve « une estimation raisonnable »[1655], refusant ainsi d'exiger du contribuable une preuve qu'il n'est pas en mesure de rapporter[1656].

484. Une première illustration de cette implication déterminante du juge administratif dans la détermination de certains faits se trouve dans la jurisprudence relative à la preuve du contenu d'un pli. La difficulté probatoire est la suivante : comment parvenir à établir la preuve de l'envoi effectif de certains documents ? Si cette question ne se pose pas lorsque le pli contient un seul document[1657], les difficultés probatoires surgissent lorsque le contribuable ou l'administration fiscale contestent la présence d'un ou plusieurs documents au sein d'un même pli. À première vue, le mécanisme du risque de la preuve pourrait être employé pour remédier à cette difficulté probatoire. Le tribunal administratif de Rennes a, en ce sens, prononcé la décharge de l'imposition dans le cas où l'administration fiscale n'a pas apporté la preuve de l'envoi effectif de la charte du contribuable vérifié et son additif[1658]. Cette solution a été critiquée par Jean MAÏA[1659] qui a estimé que cette solution contrevenait à l'office du juge administratif qui doit « former sa conviction (...) par la dialectique du débat contentieux »[1660]. En ce sens, le Conseil d'Etat juge que la preuve de la remise effective de la charte du contribuable vérifié et de son additif est effective dès lors que le contribuable

---

[1654] FABRE, concl. sur Conseil d'Etat, 8e et 9e s.-s., 12 février 1975, n°90158 : Dr. fisc. 1975, n°11, comm. 413.

[1655] *Op. cit., loc. cit.*

[1656] La prise en compte de la preuve effectivement rapportable par le contribuable – et donc détachée de l'exigence probatoire qui résulte de la « charge de la preuve » – découle parfaitement des conclusions du commissaire du Gouvernement Noël CHAHID-NOURAI dans une décision M. Chêne du 29 novembre 1991 : « Il n'est pas vraiment sérieux d'exiger d'un restaurateur qu'il comptabilise chaque verre de vin bu et chaque plat mangé. Dans ce domaine, il est évident qu'aucune preuve extrêmement précise ne peut être apportée et l'on doit donc éviter le ridicule d'en exiger : il convient de se cantonner à l'acceptation des appréciations raisonnables étayées par un argumentaire solide. (...) Là encore, le service se limite à une défense de principe : il ne conteste pas vraiment le pourcentage avancé par le contribuable et il se borne à opposer l'absence de preuve écrite précise, ce qui n'est guère raisonnable. Dans l'Administration de la preuve, M. Chêne nous semble ainsi triompher » (CHAHID-NOURAI Noël, concl. sur Conseil d'Etat, 8e et 9e s.-s., 29 novembre 1991, n°67075, M. Chêne : Dr. fisc. 1992, n°15, comm. 793).

[1657] Emmanuel GLASER relève que « Lorsque le pli ne contient qu'un seul document, la preuve de l'envoi du pli vaut présomption d'envoi du contenu » (concl. sur Conseil d'Etat, 3e et 8e s.-s., 30 juin 2008, n°274512, Thomas : RJF 10/08, n°1042, BDCF 10/08, n°116).

[1658] Cette solution a été retenue par le tribunal administratif de Rennes (TA de Rennes, 2e ch., 4 février 1999, n°94-2682, Houdard : RJF 06/99, n°737) et la cour administrative d'appel de Paris (CAA de Paris, 5e ch., 27 novembre 2008, n°08PA03668, SARL Structura : Procédures 2009, n°3, comm. 100, comm. Jean-Luc PIERRE).

[1659] MAIA Jean, *La charte des droits et obligations du contribuable vérifié, son utilité et son opposabilité*, RJF 04/01, pp. 295-303.

[1660] *Op. cit., loc. cit.*

n'a pas réalisé les démarches nécessaires à l'obtention de ces documents[1661]. Cette solution retenue par le juge administratif de l'impôt trouve son origine dans une décision Bourgoin du 19 décembre 1952[1662], rendue en contentieux administratif général qui impose à l'administré d'entreprendre des démarches afin d'identifier le contenu d'un pli qui aurait été vide de tout document. Cette jurisprudence a été transposée en matière fiscale lorsqu'un débat s'élève quant au contenu d'un pli, que ce pli ait été envoyé par l'administration fiscale[1663] ou par le contribuable[1664]. Cette lignée jurisprudentielle atteste de l'emprise de l'intime conviction du juge administratif de l'impôt sur l'établissement des faits. À cet égard, par la décision Baleston du 19 juin 1991[1665], le Conseil d'Etat s'est refusé, à nouveau, à faire peser la charge et le risque du doute sur l'administration fiscale ou sur le contribuable – ce dernier ne pouvant se rendre compte à la lecture des éléments du pli qu'un élément était manquant. Le Conseil d'Etat est ici conduit à se fonder sur des bribes d'informations dont son commissaire du gouvernement ARRIGHI DE CASANOVA relève le faible caractère probant en affirmant qu'« on peut relever quelques indices en faveur de la thèse du service » et en ajoutant qu'il n'est pas exclu que l'allégation du contribuable soit réelle. En l'espèce, le Conseil d'Etat suit son commissaire du gouvernement en jugeant qu'« il résulte de l'instruction que l'administration doit être regardée, dans les circonstances de l'espèce, comme ayant justifié de l'envoi au contribuable des trois documents désignés ci-dessus »[1666]. La logique globale de cette solution repose ici sur une ferme volonté de n'imposer aucun risque de la preuve et en obligeant le juge administratif – à la différence du juge civil[1667] – à prendre position sur la réalité

[1661] Conseil d'Etat, 9e et 10e s.-s., 7 avril 2004, n°242965, SARL Leroy Energie : RJF 07/04, n°748.

[1662] Conseil d'Etat, 19 décembre 1952, Bourgoin : Rec. p. 596 (« que s'il allègue que l'enveloppe était vide, le sieur Bougoin n'établit pas qu'il ait fait les diligences nécessaires pour connaître l'objet de cet envoi »).

[1663] Conseil d'Etat, 9e et 10e s.-s., 20 octobre 2004, n°255533, Gabet : RJF 01/05, n°62, concl. Laurent VALLEE, BDCF 01/05, n°11 ; Conseil d'Etat, 8e et 7e s.-s., 9 décembre 1991 n°67055, André : RJF 02/92, n°226.

[1664] Conseil d'Etat, 10e et 9e s.-s., 27 juin 2005, n°253284, Afériat : RJF 10/05, n°1048, concl. Marie-Hélène MITJAVILE, BDCF 10/05, n°118.

[1665] Conseil d'Etat, 8e et 7e s.-s., 19 juin 1991, n°64834, Baleston : Dr. fisc. 1991, n°42, comm. 1973, concl. Jacques ARRIGHI DE CASANOVA ; RJF 8-9/91, n°1113.

[1666] Conseil d'Etat, 8e et 7e s.-s., 19 juin 1991, n°64834, Baleston : préc.

[1667] La jurisprudence rendue par le juge civil de l'impôt n'offre que peu de points d'accroche tendant à démontrer une emprise particulière de la conviction du juge sur l'établissement de la réalité. En l'absence de solutions rendues en matière fiscale sur cette question, l'étude de la jurisprudence civile offre un intéressant point de comparaison en matière de preuve du contenu des plis. Le droit de la copropriété offre une jurisprudence stable en cette matière. Par un arrêt du 18 février 2015 (Cass., 3e civ., 18 février 2015, n°12-21.927 : Bull. civ. III, n°25 ; Loyers et Copropriété 2015, n°7-8, ét. 10, Et. Alioune DJIGO ; Gazette du Palais, 2015, n°153, p. 14, Chr. Marine PARMENTIER ; Revue trimestrielle de Droit Immobilier 2015, n°2, p. 56, comm. Alfred DERRIDA), la 3e Chambre civile de la Cour de cassation a jugé, dans une affaire relative à l'envoi effectif du procès-verbal d'assemblée générale de copropriétaires, sur le fondement

factuelle même si les éléments qui permettent de le saisir se résument à un infime – mais entêtant – parfum faisant pencher la balance d'un côté ou de l'autre du prétoire. En somme, le juge administratif de l'impôt établit – comme en contentieux général – la réalité factuelle alors même que le dossier contentieux laisse au juge, de son aveu même, une irréductible sensation de doute.

485. Une seconde illustration de l'emprise de l'identité inquisitoire du juge administratif de l'impôt se manifeste par la détermination *ex aequo et bono* des bases imposables. Cette méthode illustre les liens particuliers qui unissent le doute et la conviction du juge administratif[1668]. Le juge administratif, étreint par le doute, ne parvient pas alors à établir la réalité factuelle sur des éléments d'une force probante suffisante[1669]. Or, il juge l'allégation suffisamment étayée pour en tirer des conséquences factuelles. Le juge administratif de l'impôt parvient alors à *composer avec son doute* pour établir une réalité dont le caractère incertain est tempéré par la nature équitable de la solution. La technique du « doigt mouillé »[1670] selon l'expression vernaculaire du Conseil d'Etat entre alors en action. Il fait primer son office – fondé sur la croyance en la nécessité d'établir l'imposition – sur les éléments de preuve dont il dispose. L'existence de cette détermination équitable des bases imposables

---

de l'article 1315 du Code civil, qu'il incombe au syndicat des copropriétaires – et non au copropriétaire – de rapporter la preuve du contenu du pli litigieux. Comme l'a relevé un commentateur, « l'arrêt de la Cour de cassation du 18 février 2015 révèle une certaine évidence [selon laquelle] (…) il (…) appartient [au syndic] d'apporter lui-même la preuve qu'une information complète a été notifiée aux copropriétaires » (DJIGO Alioune, *Le procès-verbal de l'assemblée générale des copropriétaires : erreur matérielle et irrégularité de notification*, Loyers et Copropriété 2015, n°7-8, ét. 10, pp. 7-10). La Cour de cassation confirme ainsi qu'il incombe à l'expéditeur d'un tel pli de prouver le contenu effectif du pli (Cass., 3e civ., 6 mars 2002, n°00-18.811 : Bull. civ. III, n°57). De ce fait, la Cour de cassation se fonde, sur la règle de la charge de la preuve pour établir le contenu effectif d'un pli : à défaut d'une preuve rapportée par l'expéditeur du pli, le juge fera peser le risque de la preuve sur la partie à qui incombe cette preuve. Cette solution tend à indiquer que l'établissement de la réalité factuelle repose, devant le juge civil, sur les parties sans que le juge ne prenne à sa charge d'établir – par sa propre conviction – une réalité factuelle douteuse. Le retrait du juge vis-à-vis des faits fonde un équilibre particulier dans l'établissement de la réalité factuelle où le juge se refuse à établir la réalité dans le cas où le doute pourrait être dissipé par les parties.

1668 La première apparition de la détermination *ex aequo et bono* des bases imposables revient, à notre connaissance, à Olivier FOUQUET dans ses conclusions sur une décision du 7 mai 1986 (Conseil d'Etat, 7e et 8e s.-s., 7 mai 1986, n°46841, Société d'exploitation commerciale et de distribution : Dr. fisc. 1986, n°42, comm. 1772). Il est intéressant de relever que l'équité permet au juge d'évaluer le préjudice moral d'un administré (Conseil d'Etat, 22 janvier 1986, Dlle Grellier : Rec. T. p. 700) ou d'un contribuable (Conseil d'Etat, Sect., 27 juillet 1990, n°44676, Bourgeois : RJF 8-9/90, n°1102).

1669 Conseil d'Etat, 7e et 9e s.-s., 6 janvier 1984, n°36980 : Dr. fisc., 1984, n°17, comm. 880 ; RJF 03/84, n°350.

1670 Cette expression a déjà été employée par certains auteurs : FOULQUIER Norbert, *Le contentieux indemnitaire, instrument de régulation ?*, AJDI 2011, n°12, pp. 851-854.

constitue, à notre sens, une preuve décisive de l'identité du juge administratif de l'impôt : le doute ne constitue pas un obstacle à la formation de sa conviction.

486. Enfin, l'expansion du régime de preuve neutre atteste également d'une affirmation de l'intime conviction du juge administratif en matière fiscale qui conduit à faire peser le poids du doute sur le juge administratif[1671]. En ce sens, dans la célèbre affaire dite SARL La Poterne 21[1672] où le juge administratif de l'impôt a livré deux solutions différentes pour une même affaire fondée sur le risque de la preuve, le Commissaire du gouvernement Bruno MARTIN-LAPRADE relevait à propos de la preuve litigieuse qui consistait à déterminer combien de coupes de champagne pouvait contenir une bouteille de ce breuvage : « Des nombreux essais auxquels nous nous sommes personnellement livrés, il résulte qu'une bouteille peut en effet être vidée en 5 grandes coupes, bien remplies, sans même tenir compte des pertes éventuellement impliquées par une ouverture maladroite, mais qu'il n'est pas indécent de vider la même bouteille à 8 convives : la société n'établit pas que ses coupes étaient grandes et pleines à ras-bord »[1673]. Or, dans une décision du 6 décembre 2011[1674], le Conseil d'Etat indique se fonder sur l'instruction pour déterminer la contenance de pichets de vin de l'entreprise. Du point de vue du risque de la preuve, la preuve neutre indique que le juge administratif de l'impôt préfère se prononcer sur les faits de la cause avec moins de certitude mais refusant de se fonder sur le risque de la preuve pour résoudre le litige. Sous un tel régime, une charge d'appréciation plus grande pèse sur le juge administratif de l'impôt qui réduit corrélativement le risque de la preuve pesant sur les parties.

487. Conclusion de la Sous-Section II. – Le risque de la preuve apparaît comme un mécanisme commun, offert au juge, qui lui permet de suspendre son jugement face à un doute prééminent. Confronté à l'interdiction du déni de justice, le juge dispose alors du moyen de suspendre son jugement en actionnant le risque de la preuve et résoudre ainsi le litige. Or, un tel mécanisme peut être dépassé. Chaque juge dispose ainsi de mécanismes, qui reflètent leur propre conviction, afin de mettre un terme au litige sans user du risque de la preuve. En somme, l'emploi du risque de la preuve ne présente aucune unité devant les juges de la matière fiscale, reflétant ainsi la conviction de chacun de ses juges.

[1671] Christophe DE LA MARDIERE souligne ainsi que « Le plus grand avantage qu'on puisse ainsi reconnaître à la preuve objective est de permettre au juge de soulager les parties face à une obligation probatoire insurmontable » (*La preuve en droit fiscal*, Litec, 2009, p. 205).
[1672] Conseil d'Etat, 7e et 9e s.-s., 4 mars 1987, n°66841 et n°67874 : RJF 05/87, n°515 et n°573.
[1673] Conseil d'Etat, 7e et 9e s.-s., 4 mars 1987, n°67874 : RJF 05/87, n°573.
[1674] Conseil d'État, 8e s.-s., 6 décembre 2011, n°322461, Inédit.

488. Conclusion de la Section I. – La conviction apparaît comme un mécanisme commun d'établissement de la preuve. Elle permet d'établir un fait passé sur le fondement de preuves qui sont dépourvues de tout caractère certain. La preuve judiciaire ne peut, de ce fait, être fondée sur une vraisemblance dont l'étendue peut être variable et dont il est impossible de réaliser une étude approfondie. L'absence de standards de preuve ou de standards de la vraisemblance ne permet pas de saisir les contours de la vraisemblance requise pour la preuve d'un fait. Or, cette conviction renvoie à une réalité psychologique, intérieure au juge, qui est en charge d'établir la preuve. Le rapport de chaque juge au doute atteste que la conviction de chaque juge ne saurait renvoyer à une réalité unique. La conviction de chacun des juges de la matière fiscale peut, en effet, contenir une part plus ou moins importante de doute. La conviction connaît donc des variations : la conviction est *intime* à chaque juge et permet de révéler l'identité de chacun d'eux.

Section II. – La conviction : reflet d'une conception particulière de la vérité juridictionnelle

489. La conviction de chaque juge dispose d'une identité propre : chaque *intime* conviction dispose de traits qui sont propres à chaque juge (Sous-Section I) et qui mettent en lumière une conception propre de la vérité (Sous-Section II).

Sous-Section I. – L'intime conviction : reflet de l'identité des juges

490. Si l'intime conviction affecte l'établissement de la réalité factuelle (§.1.), chaque preuve tend à intégrer une conviction à l'identité propre (§.2.).

§.1. – L'identification d'une identité de la conviction propre à chaque juge

491. L'identité de la conviction résulte tant de l'identité du juge (A) que de l'identité de la procédure qui encadre cette conviction (B).

A/ L'identité du juge : fondement de la conviction des juges

492. L'intime conviction des juges apparaît, à première vue, comme une réalité univoque : rien ne pourrait distinguer la conviction du juge administratif, du juge civil et du juge pénal. Pourtant, cette *intime* conviction nous paraît refléter un état de conscience – concept relevant sans doute davantage d'une réalité psychologique et sociologique que juridique – propre à chacun de ces juges. Ainsi conçue, l'intime conviction est la manifestation d'une identité propre à chaque juge qui se manifeste, *par un rapport spécifique à la réalité factuelle*.

493. En premier lieu, le juge administratif se prononce au regard de sa « conviction »[1675] ou plutôt de son « intime conviction »[1676]. Si, *a priori*, la conviction du juge administratif ne présente pas de spécificité visible dès lors qu'elle est une conviction *intime*, elle apparaît susceptible de présenter certaines spécificités. À ce titre, la formule traditionnelle employée par le juge administratif « il résulte de l'instruction » ou encore « il ressort des pièces du dossier »[1677] masque une identité spécifique de la conviction du juge administratif. En premier lieu, cette formule traduit la place déterminante de l'instruction dans la formation de la conviction du juge administratif[1678], car « l'instruction (...) constitue (...) un moyen de preuve proprement dit »[1679], elle révèle « une certaine certitude [du juge administratif] après étude des débats et examen des pièces du dossier »[1680] et indique qu'il incombe au juge « de conclure la preuve par sa conviction »[1681]. En cela, la conviction du juge ne reflète aucune spécificité puisque le juge établit librement sa conviction à la faveur des pièces présentes au dossier contentieux.

494. Toutefois, cette liberté de formation de sa conviction permet au juge administratif d'apprécier les éléments de preuve à la lumière de son expérience au sein de l'administration active. En ce sens, Jean-Marie AUBY et Roland DRAGO relèvent qu'« Il serait invraisemblable que les juges administratifs, du fait de l'expérience qu'ils ont acquise par leur passage dans l'administration active ou dans le jugement d'affaires comparables, n'utilisent pas les informations qu'ils ont obtenues à cette occasion. Ainsi s'explique, au moins en partie, l'emploi de la formule sibylline 'Considérant qu'il résulte de l'instruction' »[1682]. Cela tend à indiquer que l'intime conviction du juge administratif se pare d'un *vernis corporatiste* que seule la sociologie peut

---

[1675] Bernard PACTEAU relève qu'« il revient au juge de conclure la preuve par sa conviction ; c'est ce qu'exprime la rituelle référence des arrêts à ce qui 'résulte de l'instruction' » (*Traité de contentieux administratif*, 2008, PUF droit, p. 322).
[1676] BROYELLE Camille *Contentieux administratif*, LGDJ, 5e éd., 2017, n°274, p. 194 ; DEBBASCH Charles et RICCI Jean-Claude, *Contentieux administratif*, 8e éd., 2001, Dalloz, Précis, p. 548.
[1677] La première formule est propre au plein contentieux alors que la seconde est réservée au recours pour excès de pouvoir.
[1678] Pierre PACTET relève ainsi que cette formule « met l'accent sur le rôle prépondérant de l'instruction dirigée par le juge » (*Essai d'une théorie de la preuve devant la juridiction administrative*, Thèse de doctorat, Paris, Pedone, 1952, p. 88).
[1679] LEMASURIER Jeanne, *La preuve dans le détournement de pouvoir*, RDP 1959, pp. 36-66, spéc. p. 57.
[1680] LASRY Claude, concl. sur Conseil d'Etat, 23 décembre 1955, Sieur Lévy, préc.
[1681] PACTEAU Bernard, *Traité de contentieux administratif*, PUF, 2008, p. 322.
[1682] AUBY Jean-Marie et DRAGO Roland, *Traité de contentieux administratif*, LGDJ, 3e éd., 1984, n°1442, pp. 546-547.

expliquer. La connaissance effective des rouages de l'administration active permet au juge de renforcer les contours de sa conviction[1683].

495. Or, la conviction du juge administratif paraît, à bien des égards, influencée par cette connaissance effective de l'action administrative. Edouard LAFFERIERE relevait déjà que l'Etat doit être « réputé honnête homme »[1684] ce qui se traduit par « un *a priori* favorable »[1685] à l'égard des preuves administrées par l'Administration. Un auteur a même pu exposer que les allégations de l'Administration disposent d'une *présomption*[1686] de vérité. Toutefois, à notre sens, il faut se garder d'une telle conclusion car cette inclination à croire l'Administration n'affecte pas la charge de la preuve des parties mais bien davantage la conviction du juge. Devant le juge administratif, plus que devant tout autre juge, « le dire d'Etat est censé véridique »[1687] et l'expérience du juge administratif peut le conduire à conférer une force probante supérieure aux allégations de l'Administration. Peut-être faut-il voir, en cela, une confiance particulière en l'Administration qui n'a que peu d'intérêts à mentir. Antoine GARAPON et Ioannis PAPADOPOULOS exposent même, en ce sens, que « L'imaginaire inquisitorial se méfie spontanément des preuves présentées par les parties privées »[1688] car « un fonctionnaire est nécessairement meilleur serviteur de la vérité que les parties, qui ont toujours un point de vue intéressé »[1689]. Une telle analyse nous paraît parfaitement correspondre à la spécificité de la conviction du juge administratif.

496. Cette particularité de la conviction du juge administratif est éclairée par les rares études sociologiques réalisées au sujet du juge administratif. Bruno LATOUR, dans son ouvrage intitulé *La fabrique du droit, Une ethnographie du Conseil d'Etat*[1690], relève ainsi, qu'en pratique, les « appréciations [du juge administratif] seraient incompréhensibles si les séances d'instruction

---

[1683] LYON-CAEN Arnaud, Intervention non titrée, in, *Le contrôle juridictionnel de l'administration, Bilan critique*, Colloque du CERAP, Economica, 1991, pp. 248-257, spéc. p. 253.

[1684] LAFERRIERE Edouard, *Traité de la juridiction administrative et des recours contentieux*, Tome 1, Berger-Levrault, 2e éd., 1896, pp. 347-348.

[1685] FOULQUIER Caroline, *La preuve et la justice administrative française*, Thèse de doctorat, Toulouse 1, L'Harmattan, Logiques juridiques, 2013, p. 159.

[1686] Contra : FOULQUIER Caroline, *La preuve et la justice administrative française*, Thèse de doctorat, Toulouse 1, L'Harmattan, Logiques juridiques, 2013, p. 160.

[1687] PLANTEY Alain, *Préface*, in, PUIGELIER Catherine (dir.), *La preuve*, Economica, 2004, pp. 1-4, spéc. p. 2.

[1688] GARAPON Antoine et PAPADOPOULOS Ioannis, *Juger en Amérique et en France, Culture juridique française et common law*, Ed. Odile Jacob, 2003, p. 144.

[1689] *Op. cit., loc. cit.*

[1690] LATOUR Bruno, *La fabrique du droit, Une ethnographie du Conseil d'Etat*, La Découverte, 2002.

n'ajoutaient pas constamment au raisonnement formel une suite de contacts informels reposant sur la connaissance intime que les membres du Conseil ont de l'administration »[1691]. Il existe donc, selon la belle expression de Martine LOMBARD, une face immergée de la procédure d'instruction devant le Conseil d'Etat[1692] qui consiste en des « contacts informels entre les membres de la sous-section chargée de l'instruction d'une affaire et leurs interlocuteurs naturels au sein des diverses administrations de l'Etat »[1693]. Si ces « ces innombrables canaux informels qui font le charme du Conseil »[1694], ils dévoilent une face résolument spécifique de la conviction du juge administratif.

497. Rien de semblable n'est perceptible devant le juge civil. Le Code de procédure civile livre ainsi un cadre particulièrement strict à la formation de la conviction du juge. L'article 6 du Code de procédure civile dispose que les parties ont « la charge d'alléguer les faits propres à les fonder », l'article 7 de ce même Code précise que « le juge ne peut fonder sa décision sur des faits qui ne sont pas dans le débat », bien que « parmi les éléments du débat, il peut prendre en considération mêmes les faits que les parties n'auraient pas spécialement invoqués au soutien de leurs prétentions »[1695]. Ces dispositions encadrent plus strictement la procédure civile contentieuse en cernant les faits qui peuvent être pris en compte par le juge pour forger sa conviction : la neutralité du juge civil[1696] l'oblige à « forger sa conviction que d'après les moyens de preuve admis par la loi (...) et qu'elle ne peut résulter (...) des investigations personnelles poursuivies » de lui-même[1697]. Cette obligation découlant du principe du contradictoire s'impose également aux juges administratif et pénal. Toutefois, la portée du principe de neutralité semble disposer d'une portée plus étendue car, en pratique, « devant la Cour de

---

[1691] *Op. cit.*, p. 39.

[1692] LOMBARD Martine, *La face immergée de la procédure d'instruction devant le Conseil d'Etat statuant au contentieux*, in, *Mélanges Paul AMSELEK*, Bruylant, 2005, pp. 501-515.

[1693] *Op. cit.*, p. 506.

[1694] LATOUR Bruno, *La fabrique du droit, Une ethnographie du Conseil d'Etat*, La Découverte, 2002, p. 169.

[1695] Art. 7, al. 2 du Code de procédure civile.

[1696] Sur ce point : ANDRE Georges, *Du principe de la neutralité du juge dans l'instruction des affaires civiles*, Thèse de doctorat, Paris, Ed. Jouve et Cie, 1910, spéc. p. 19 ; LE GALL Erwan, *Le devoir de collaboration des parties à la manifestation de la vérité dans les litiges privés, Remarques sur l'adage nemo tenetur edere contra se*, Thèse de doctorat dact., Paris, 1967, pp. 22-23 ; MOURALIS Jean-Louis, *Preuve, Règles de preuve*, Répertoire de droit civil, Dalloz, 2016, n°28-35 ; MOTULSKY Henri, *Le rôle respectif du juge et des parties dans l'allégation des faits*, in, MOTULSKY Henri, *Ecrits. Etudes et notes de procédure civile*, pp. 38-59, spéc. p. 41 et p. 56 ; NORMAND Jacques, *Le juge et le litige*, Thèse de doctorat, Lille, LGDJ, Bibliothèque de droit privé, Tome 65, 1965, n°311-312.

[1697] Cass. com., 29 mai 1990, n°88-19.260 : Bull. civ. IV, n°157 (à propos d'une communication téléphonique, adressée au juge-commissaire par une personne inconnue à laquelle le juge civil a dénié toute valeur probante).

cassation, il est pratiquement exclu qu'un rapporteur (...) aille s'enquérir auprès (...) de l'administration compétente de savoir quelles sont les données générales du problème d'interprétation de la loi dont les parties n'ont pu fournir qu'un aspect partiel. Sur tous ces points, la Cour de Cassation s'en tient le plus souvent à ce qui a été soutenu par les parties. Car la procédure est accusatoire »[1698].

498. Cette remarque atteste du fait que, devant le juge civil, une attention particulière est portée à sa propre neutralité qui s'analyse, dans la formation de la conviction du juge, comme une « vertu du juge qui suspend son jugement, *le garde de toute prévention* et le rend également accueillant aux argumentations et aux preuves régulièrement fournies par toutes les parties »[1699]. Le juge civil dispose ainsi d'une ardente volonté de forger sa conviction « en *toute indépendance d'esprit* »[1700] et il sanctionne toute influence extérieure exercée sur sa propre conviction[1701]. À ce titre, il est hautement improbable que le juge civil dispose, comme le juge administratif, d'une inclinaison particulière à croire davantage les allégations d'une quelconque administration, la neutralité absolue du juge s'opposant à toute appréhension positive de l'allégation d'une partie.

499. À l'instar du juge civil, le juge pénal s'interdit de puiser dans sa connaissance personnelle les éléments de formation de sa conviction[1702]. Du point de vue du juge pénal, l'intime conviction[1703] est le standard commun qui

---

1698 LYON-CAEN Arnaud, Intervention non titrée, in, *Le contrôle juridictionnel de l'administration, Bilan critique*, Colloque du CERAP, Economica, 1991, pp. 248-257, spéc. p. 253.

1699 CHEVALIER Jean, *Remarques sur l'utilisation par le juge de ses informations personnelles*, RTD Civ. 1962, pp. 5-19, spéc. p. 16.

1700 MOURALIS Jean-Louis, *Preuve, Règles de preuve*, Répertoire de droit civil, Dalloz, 2016, n°30.

1701 La Cour de cassation a ainsi jugé qu'il est « interdit aux juges de former leur conviction par délégation » (Cass., 1ère civ., 16 mai 1973, n°72-10.350 : Bull. civ. I, n°170).

1702 Cass. crim., 15 novembre 1994, n°93-83.547, Inédit ; Cass. crim., 22 juin 1977, n°76-93.533 : Bull. crim., n°234.

1703 Sur ce point : CONTE Philippe et MAISTRE DU CHAMBON Patrick, *Procédure pénale*, Armand Colin, 4e éd., 2002, p. 39 ; DESNOS Fabien, *Des preuves légales à l'intime conviction : expériences et défenses de la preuve libre à l'époque moderne*, in, HERVOUËT Blandine (dir.), *L'évolution des modes de preuve, Du duel de Carrouges à nos jours*, Presses universitaires de Limoges, 2014, pp. 77-100 ; GORPHE François, *L'appréciation des preuves en justice : essai d'une méthode technique*, Recueil Sirey, 1947 ; GORPHE François, *La méthode générale d'examen critique des preuves*, RSC 1947, p. 69 ; GUERY Christian, *Peut-on motiver l'intime conviction ?*, JCP G 2011, n°1-2, doctr. 28, pp. 53-59 ; LECLERC Henri, *Le doute, devoir du juge*, in, *Le doute et le droit*, Dalloz 1994, pp. 49-56 ; MERLE Roger et VITU André, *Traité de droit criminel, Procédure pénale*, Tome 2, Cujas, 5e éd., 2001, p. 183 et pp. 209-210 ; NAGOUAS-GUERIN Marie-Cécile, *Le doute en matière pénale*, Thèse de doctorat, Dalloz, Nouvelle Bibliothèque de Thèses, Tome 18, 2002, p. 223 ; RANOUIL Pierre-Charles, *L'intime conviction*, in, MARTINAGE Renée et ROYER Jean-Pierre (dir.), *Les*

est requis devant la juridiction pénale. À ce titre, l'article 353 du Code de procédure pénale – qui contient le texte lu aux jugés d'assises par le président de cette Cour – interroge les jurés en ces termes : « Avez-vous une intime conviction ? ». L'intime conviction est encore exigée, en matière correctionnelle, comme en dispose l'article 427 du Code de procédure pénale ainsi que devant le tribunal de police et la juridiction de proximité, comme en dispose l'article 536 du Code de procédure pénale. Cette intime conviction du juge pénal présente un particularisme qui réside dans l'adhésion morale du juge pénal à la vérité juridictionnellement établie. Souvent mal comprise, l'intime conviction du juge pénal peut, à première vue, apparaître comme l'expression d'une forme d'« arbitraire »[1704]. Or, il n'en est rien[1705] puisque le juge pénal doit fonder sa conviction sur les éléments de preuve administrés lors du procès pénal[1706]. À cet égard, « l'intime conviction ne le dispense pas d'une méthode logique dans l'évaluation des éléments probatoires qu'on lui soumet »[1707]. Il lui est, en effet, « interdit de se déclarer convaincu d'une culpabilité en l'absence de tout élément de preuve ou l'inverse »[1708]. De la sorte, « l'intime conviction (...) est la conclusion d'un examen de la raison [fondée sur des] renseignements puisés dans l'instruction ou recueillis au

---

destinées du jury criminel, Lille, L'Espace juridique, 1990, pp. 85-101 ; RASSAT Michèle-Laure, *Procédure pénale*, Ellipses, 2e éd., 2013, p. 237 et p. 279 ; SZEKERS C., *La psychologie judiciaire et l'intime conviction du juge*, Revue internationale de droit pénal 1975, n°1-2, pp. 155-161 ; TOURNIER Clara, *De l'impartialité objective et subjective*, Revue de recherche juridique. Droit prospectif, 2005, n°1, pp. 233-247 ; TOURNIER Clara, *L'intime conviction du juge*, Thèse de doctorat, Toulon, PUAM, 2003 ; ZOLLINGER Louis, *L'intime conviction du juge*, in, *L'innocence*, Travaux de l'Institut de criminologie de Paris, Paris, 1977, pp. 33-44.

1704 SZEKERS C., *La psychologie judiciaire et l'intime conviction du juge*, Revue internationale de droit pénal (RIDP), 1975, n°1-2, pp. 155-161, spéc. p. 156.

1705 MERLE Roger et VITU André, *Traité de droit criminel, Procédure pénale*, Tome 2, Cujas, 5e éd., 2001, p. 209 ; SZEKERS C., *La psychologie judiciaire et l'intime conviction du juge*, Revue internationale de droit pénal 1975, n°1-2, pp. 155-161, spéc. p. 156 ; ZOLLINGER Louis, *L'intime conviction du juge*, in, *L'innocence*, Travaux de l'Institut de criminologie de Paris, Paris, 1977, pp. 33-44 , spéc. p. 43.

1706 En ce sens, Michèle-Laure RASSAT démontre que « L'intime conviction n'est pas la consécration légale de la paresse et de la fantaisie des magistrats puisque le texte lui-même évoque l'impression faite sur leur raison par les éléments de preuve rapportés » (*Procédure pénale*, Ellipses, 2e éd., 2013, p. 279). Roger MERLE et André VITU exposent que « Le principe d'intime conviction ne signifie nullement, comme on tend à le faire croire, que les juges ou les jurés peuvent condamner sans preuve ; il signifie qu'ils doivent condamner qu'après avoir apprécié, en conscience, la valeur probatoire des éléments présentés par l'accusation et de ceux que leur oppose la défense, et acquis la certitude de la supériorité des premiers sur les seconds ; la décision de condamnation, née de l'intime conviction, démontre que la présomption d'innocence n'a pu 'tenir' devant les preuves de culpabilité rapportées » (*Traité de droit criminel, Procédure pénale*, Tome 2, Cujas, 5e éd., 2001, p. 183).

1707 MERLE Roger et VITU André, *Traité de droit criminel, Procédure pénale*, Tome 2, Cujas, 5e éd., 2001, p. 209.

1708 RASSAT Michèle-Laure, *Procédure pénale*, Ellipses, 2e éd., 2013, p. 279

cours des débats »[1709]. Pour preuve, en cette matière, la Chambre criminelle de la Cour de cassation opère un contrôle de la motivation des juges du fond afin de vérifier qu'il n'y a pas de contradiction entre les preuves identifiées et la solution retenue[1710]. L'intime conviction des juges du fond doit donc reposer sur des éléments de preuve rationnels que la motivation des juges du fond doit permettre d'identifier.

500. Cette intime conviction doit permettre d'« aboutir à un degré raisonnable de conviction eu égard aux faits et à la personne qu'on juge »[1711]. Toutefois, il y a lieu de distinguer, devant le juge pénal, la conviction de l'intime conviction. Car, si « La conviction a pour objet la preuve, [et] découle d'une logique probatoire, (...) l'intime conviction a pour objet la recherche, au plus profond de soi, de la vérité »[1712]. L'appel à la conscience du magistrat nous paraît disposer d'une dimension particulière en matière pénale. L'intime conviction constitue donc un temps spécifique de l'appréciation des preuves pénales qui s'attache à faire appel à une « adhésion morale »[1713] de la part du juge pénal relative à la culpabilité du prévenu[1714]. L'intime conviction permet de parvenir à une forme de « certitude morale »[1715] que la seule analyse des preuves ne peut offrir. Il s'agit donc d'une « croyance positive, fondée sur des preuves, c'est-à-dire des raisons contrôlables »[1716]. L'intime conviction est donc le fruit d'une mise en relation concrète de la raison et de la conscience

---

1709 CONTE Philippe et MAISTRE DU CHAMBON Patrick, *Procédure pénale*, Armand Colin, 4e éd., 2002, p. 39.

1710 La Chambre criminelle opère ainsi un contrôle de la motivation des arrêts rendus par les juges du fond. Elle affirme « que l'insuffisance ou la contradiction des motifs équivaut à leur absence ». La Cour de cassation a pu censurer la relaxe prononcée par un juge du fond dans un cas où « après avoir énuméré les charges de culpabilité retenues par les premiers juges et constaté qu'elles sont corroborées par divers éléments recueillis au cours de la procédure, énonce que, " s'il existe à l'encontre du prévenu les charges très lourdes de culpabilité relevées par le Tribunal, il subsiste néanmoins en sa faveur un très léger doute " qui doit profiter à l'intéressé ». Dans cette affaire, la Chambre criminelle a jugé que les juges du fond « ne sauraient, sans se contredire ou mieux s'en expliquer, après avoir reconnu la réunion de charges lourdes de culpabilité, se borner, pour prononcer la relaxe, à affirmer l'existence d'un doute » (Cass. crim., 3 février 1992, n°91-81.426 : Bull. crim., n°47).

1711 RASSAT Michèle-Laure, *Procédure pénale*, Ellipses, 2e éd., 2013, p. 237.

1712 GUERY Christian, *Peut-on motiver l'intime conviction ?*, JCP G 2011, n°1-2, doctr. 28, pp. 53-59.

1713 NAGOUAS-GUERIN Marie-Cécile, *Le doute en matière pénale*, Thèse de doctorat, Bordeaux 4, Dalloz, Nouvelle Bibliothèque de.Thèses, Tome 18, 2002, p. 245.

1714 Jean-Raphaël DEMARCHI relève dans sa thèse de doctorat que « Par nature, la preuve d'un comportement infractionnel est le fruit d'une construction mentale résultant de déductions successives » (*Les preuves scientifiques et le procès pénal*, Thèse de doctorat, Nice, LGDJ, Bibliothèque des sciences criminelles, Tome 55, 2012, p. 26, n°39).

1715 NAGOUAS-GUERIN Marie-Cécile, *Le doute en matière pénale*, Thèse de doctorat, Bordeaux 4, Dalloz, Nouvelle Bibliothèque de Thèses, Tome 18, 2002, p. 245.

1716 GORPHE François, *Les décisions de justice, étude psychologique et judiciaire*, Sirey, 1952, p. 111.

du magistrat dans le but d'éclairer la conviction à la lumière de la raison et d'asseoir la raison sur sa propre conscience. Ainsi, moins qu'un détachement à l'égard des preuves tangibles, l'intime conviction est fondée sur une mise à distance des preuves qui reflète l'adhésion morale du magistrat à la logique probatoire retenue. Dans le silence de sa raison, le magistrat se doit, en matière pénale, de clore la recherche de la vérité par l'affirmation de sa propre certitude.

501. Les décisions du juge pénal matérialisent cette nécessaire mise à distance du matériel probatoire exigée par l'intime conviction du juge pénal. En ce sens, le juge pénal ne peut établir la réalité factuelle en s'en remettant à une présomption légale – dictant le raisonnement à suivre par le juge – car, même dictée par le législateur, le juge doit « dépasser le stade de la preuve par présomption légale »[1717]. Le juge pénal opère ainsi un « travail d'érosion (…) [qui] tend à (…) effacer »[1718] l'application stricte des présomptions légales. Dans la droite lignée de cette jurisprudence, la Cour européenne des droits de l'Homme[1719] interdit au juge pénal de « procéder à un recours automatique aux dites présomptions »[1720] qui priverait le juge de son intime conviction à l'égard des faits litigieux[1721]. Cette *érosion* est requise par les juges de la Cour européenne des droits de l'Homme[1722] et le Conseil constitutionnel[1723], au nom de la nécessité, pour le juge pénal, de se détacher des règles de preuve afin de faire primer son intime conviction[1724] et concerne l'ensemble des dispositifs

---

1717 MERLE Philippe, *Les présomptions légales en droit pénal*, Thèse de doctorat, Nancy, LGDJ, 1970, p. 13.

1718 *Op. cit.*, p. 14.

1719 CEDH, 7 octobre 1988, n°10519/83, Salabiaku c/ France, § 128 (en matière de présomptions douanières) ; CEDH, 23 juillet 2002, n°34619/97, Janosevic c/ Suède : JCP G, 2003, I, 109, n°13, chron. Frédéric SUDRE (en matière de sanctions fiscales).

1720 SUDRE Frédéric, *Droit européen et international des droits de l'homme*, PUF, Collection droit fondamental, 12e éd., 2015, p. 626.

1721 Anne-Blandine CAIRE expose également que « pour résister au contrôle européen, les présomptions de culpabilité ne doivent pas être appliquées automatiquement ; il est indispensable que le juge soit en mesure d'apprécier l'opportunité de leur mise en œuvre et, éventuellement, d'atténuer leur rigueur » (*Relecture des présomptions à la lumière du droit européen des droits de l'Homme*, Thèse de doctorat, Limoges, Pedone, 2012, p. 349).

1722 CEDH, 5 décembre 2006, n°10039/03, Vos c/ France ; CEDH, 25 septembre 1992, n°13191/87, Pham Hoang c/ France, § 35.

1723 Cons. const., déc. n°2011-164 QPC du 16 septembre 2011, M. Antoine J. [Responsabilité du « producteur » d'un site en ligne], Rec. p. 448. Le Conseil constitutionnel juge « qu'en outre, s'agissant des crimes et délits, la culpabilité ne saurait résulter de la seule imputabilité matérielle d'actes pénalement sanctionnés » (Cons. n°3).

1724 NORMAND Jacques, *Le juge et le litige*, Thèse de doctorat, Lille, LGDJ, Bibliothèque de droit privé, Tome 65, 1965, n°332, p. 353 ; SUDRE Frédéric, *Droit européen et international des droits de l'homme*, PUF, Collection droit fondamental, 12e éd., 2015, p. 626.

qui encadrent la conviction du juge[1725]. En matière fiscale[1726] également « le juge doit prendre son intime conviction comme base de sa décision »[1727]. Une même mise à distance des éléments de preuve est opérée par le juge pénal fiscal qui établit sa conviction. Elle se traduit par l'interdiction faite au juge pénal fiscal de se borner à se fonder sur les éléments de preuve administrés par le fisc pour forger sa conviction. Le juge pénal doit *s'approprier* ces éléments de preuve afin d'y *puiser* les éléments de sa conviction[1728]. L'emploi, par le juge pénal fiscal, du terme *puiser* manifeste la nécessaire distance que doit établir le juge pénal entre la preuve et sa conviction : c'est, en définitive, son intime conviction qui confère aux faits allégués, à la faveur d'une mise à distance, la qualité de preuve.

502. En somme, l'intime conviction dispose, devant le juge pénal, de propriétés qui lui sont propres : elle est « le passage d'une éthique de conviction, elle-même fondée sur la raison et la conscience, à une éthique de responsabilité propre au jugement »[1729]. Or, ce « mode de connaissance intuitif »[1730] est, à notre sens, une caractéristique de l'intime conviction du juge pénal. L'appel à la conscience du magistrat relève d'un particularisme de ce juge. L'histoire de l'avènement de l'intime conviction en matière pénale démontre que ce système probatoire, fondé sur la « seule conscience »[1731] du magistrat, repose sur une vision historiquement située de la confrontation entre la liberté individuelle et la recherche de la preuve : l'« intime conviction a été jugée plus sûre pour aboutir à la découverte de la vérité »[1732]. L'intime conviction est, en effet, le fruit de « la foi du [XVIIIe] siècle dans 'l'homme

---

1725 En ce sens, les dispositions relatives à la présomption de véracité des procès-verbaux ne doivent pas conduire le juge pénal à juger établies les infractions dont elles relatent l'existence. Stéphane DETRAZ relève très justement que « présumer que les constatations du procès-verbal sont exactes ne revient à présumer ni qu'elles suffisent à prouver complètement l'infraction, ni qu'elles sont dénuées de toute ambiguïté (...). Ainsi la présomption légale n'est-elle nullement un obstacle rationnel à une relaxe fondée sur l'absence de preuve pleine et entière » (*Présomption de véracité d'un procès-verbal*, D. 2014, pp. 464-467). Le juge pénal se doit donc de dépasser la présomption d'exactitude attachée aux faits relatés dans un procès-verbal pour s'approprier la réalité factuelle et juger si ces faits sont ou non susceptibles d'entraîner une sanction pénale.

1726 Sur ce point : BRURON Jacques, *Droit pénal fiscal*, LGDJ, 1993, p. 41 ; TIXIER Gilbert et DEROUIN Philippe, *Droit pénal de la fiscalité*, Dalloz, 1989, p. 127 et p. 190.

1727 BRURON Jacques, *Droit pénal fiscal*, LGDJ, 1993, p. 97.

1728 Cass. crim., 13 janvier 2016, n°14-86.720, Inédit ; Cass. crim., 12 mars 1979, n°78-91.823 : Bull. crim., n°102.

1729 TOURNIER Clara, *L'intime conviction du juge*, Thèse de doctorat, Toulon, PUAM, 2003, p. 141.

1730 *Op. cit.*, *loc. cit.*

1731 RANOUIL Pierre-Charles, *L'intime conviction*, in, *Les destinées du Jury criminel*, textes réunis et présentés par Renée MARTINAGE et Jean-Pierre ROYER, L'espace juridique, 1990, pp. 85-101, spéc. p. 88.

1732 NAGOUAS-GUERIN Marie-Cécile, *Le doute en matière pénale*, Thèse de doctorat, Dalloz, Nouvelle Bibliothèque de Thèses, Tome 18, 2002, p. 241.

libre', et plus précisément en la conscience parfaite supposée à tout juge »[1733]. Elle a été conçue comme un moyen de « sauvegarder à jamais la liberté individuelle »[1734] puisque les preuves pénales sont analysées par un magistrat dont la conscience, habitée par la Raison, est une garantie fondamentale de la liberté individuelle. La conviction du juge pénal atteste qu'elle est le reflet de l'identité de ce juge. Or, à côté de l'identité des juges, l'identité de la procédure confère à la conviction de chaque juge des traits qui lui sont propres.

B/ L'identité procédurale : fondement de la conviction des juges

503. Les règles de procédure peuvent-elles encadrer la formation de la conviction des juges ? À notre sens, l'identité procédurale est de nature à conférer à la conviction des caractères particuliers. L'acquiescement sera le support de cette démonstration.

504. L'*acquiescement aux faits* atteste que la conviction des juges peut être le fruit de procédures à l'identité propre. Le terme acquiescer signifie « Donner une adhésion tacite ou expresse à un acte »[1735]. En procédure civile, l'acquiescement est encadré par les articles 408 à 410 du Code de procédure civile et provoque l'extinction de l'instance. Il s'entend du fait pour « un plaideur, de se soumettre aux prétentions de l'autre »[1736]. L'acquiescement a donc pour effet d'éteindre le litige car il peut manifester un désistement du défendeur[1737]. Or, l'acquiescement peut ainsi viser les silences du défendeur qui, au cours d'un procès, se mure dans le silence. Il sera ici nommé *acquiescement aux faits*, selon l'expression employée par la doctrine administrativiste. Il conduit le juge à établir un fait lorsque le défendeur se refuse à apporter une preuve ou à combattre son existence. L'acquiescement vise ainsi à lutter contre le silence qui « est souvent le refuge d'une partie qui n'a rien à dire ou préfère ne rien dire »[1738] car « Généralement, ce que l'on cherche à percer à travers le silence, c'est le consentement dont il pourrait être le porteur implicite »[1739]. Pour le juge, « le véritable problème est celui de savoir comment le silence peut être pris en compte, sans gauchir et caricaturer

---

[1733] RANOUIL Pierre-Charles, *L'intime conviction*, in, *Les destinées du Jury criminel*, textes réunis et présentés par Renée MARTINAGE et Jean-Pierre ROYER, L'espace juridique, 1990, pp. 85-101, spéc. p. 88.

[1734] *Op. cit., loc. cit.*

[1735] Dictionnaire de l'académie française, V° Acquiescer.

[1736] DEBARD Thierry et GUINCHARD Serge, *Lexique des termes juridiques 2017-2018*, V° Acquiescement, Dalloz, 25e éd, 2017.

[1737] Le désistement d'action est prévu à l'article 384 du Code de procédure civile et intervient « par l'effet de la transaction, de l'acquiescement, du désistement d'action ou, dans les actions non transmissibles, par le décès d'une partie ».

[1738] PERROT Roger, *Le silence en droit judiciaire privé*, in, Mélanges offerts à Pierre RAYNAUD, Sirey, 1985, pp. 627-649, spéc. p. 628.

[1739] *Op. cit., loc. cit.*

la vérité judiciaire que le juge a mission de révéler avec une autorité juridiquement infaillible »[1740]. Car, si « se taire [est] un péché contre la vérité »[1741], le silence n'est pas toujours porteur d'une vérité. Il revient alors au juge d'être l'interprète des silences.

505. Les juges de la matière fiscale connaissent tous l'acquiescement aux faits. Le silence d'une partie dans l'administration de la preuve peut conduire à identifier l'acquiescement de cette dernière et donc à établir une preuve. *L'acquiescement constitue donc la sanction probatoire[1742] du défaut de collaboration d'une partie dans l'administration de la preuve.* Dès lors que, comme en dispose l'article 10 du Code civil[1743], « Chacun est tenu d'apporter son concours à la justice en vue de la manifestation de la vérité », l'acquiescement peut être considéré comme une sanction du refus d'une partie d'établir la vérité. Or, l'acquiescement ne présente pas un caractère parfaitement uniforme entre les juges : il est à la mesure de l'exigence de collaboration des parties dans l'administration de la preuve et de la place du juge dans l'établissement de la preuve. À ce titre, l'acquiescement aux faits dispose, devant chaque juge, d'une identité propre.

506. En contentieux administratif général[1744], l'administration est parfois contrainte par le juge d'apporter les éléments de preuve qu'elle est seule à détenir[1745]. Le domaine des formalités internes à l'Administration offre, en

---

[1740] *Op. cit.*, *loc. cit*, spéc. p. 629.

[1741] *Op. cit.*, spéc. p. 646.

[1742] Sur ce point : HOFFSCHIR Nicolas, *La charge de la preuve en droit civil*, Thèse de doctorat, Dalloz, Nouvelle Bibliothèque de Thèses, Tome 153, 2016, pp. 89-93.

[1743] L'article 10 du Code civil est issu de l'article 12 de la loi n°72-626 du 5 juillet 1972 instituant un juge de l'exécution et relative à la réforme de la procédure civile (J.O. du 9 juillet 1972, p. 7192).

[1744] Sur ce point : AUBY Jean-Marie et DRAGO Roland, *Traité de contentieux administratif*, LGDJ, 3e éd., 1984, n°1438-1439, pp. 542-545 ; BROYELLE Camille, *Contentieux administratif*, LGDJ, 5e éd., 2017, n°258, p. 186 ; DEBBASCH Charles et RICCI Jean-Claude, *Contentieux administratif*, Dalloz, Précis, 8e éd., 2001, n°585, pp. 543-545 ; CHAPUS René, *Droit du contentieux administratif*, 13e éd., 2008, pp. 863-864 ; DEBBASCH Charles, *Procédure administrative contentieuse et procédure civile*, Thèse de doctorat, Aix-en-Provence, LGDJ, Bibliothèque de droit public, Tome 38, 1962, pp. 224-232 ; DELVOLVE Pierre et VEDEL Georges, *Droit administratif*, Tome II, PUF, 12e éd., 1992, spéc. pp. 203-205 ; HAÏM Victor, *Instruction*, Répertoire de contentieux administratif, Dalloz, 2015, n°218-230 ; ODENT Raymond, *Contentieux administratif*, Les cours du droit, 1977-1978, Fascicule n°3, spéc. pp. 900-901 ; PACTEAU Bernard, *Manuel de contentieux administratif*, PUF Droit, 3e éd., 2014, pp. 175-177, n°178 ; PACTEAU Bernard, *Preuve*, Dalloz, Répertoire de contentieux administratif, 2016, n°56 ; PACTEAU Bernard, *Traité de contentieux administratif*, PUF, Droit, 2008, pp. 313-317 ; RICCI Jean-Claude, *Contentieux administratif*, Hachette supérieur, 5e éd., 2016, n°217 ; ROUAULT Marie-Christine, *Contentieux administratif*, Larcier, Coll. Masters droit, 2015, p. 428.

[1745] Conseil d'Etat, 10e et 9e s.-s., 25 octobre 2000, n°212315, Mme Cucicea-Lamblot : Rec. p. 357 ; AJDA 2001, p. 284, concl. Christine MAUGÜE ; Conseil d'Etat, Sect., 26 janvier 1968,

cette matière, une illustration topique[1746]. L'acquiescement aux faits sera opposé à l'Administration lorsqu'elle n'est pas en mesure d'apporter les éléments de preuve susceptibles de justifier la décision qu'elle a retenue. Son silence – tout comme des allégations non démontrées[1747] – conduira le juge à reconnaître l'allégation du requérant comme étant établie[1748]. Le commissaire du Gouvernement Maxime LETOURNEUR a même affirmé que le silence de l'Administration s'assimile à un « aveu »[1749]. Il faut toutefois relever qu'il ne s'agit pas véritablement d'un aveu – dès lors qu'il n'y a pas de *déclaration* de la partie mais un silence lancinant.

507. La perte des preuves est également visée par ce mécanisme[1750] car « L'Administration ne saurait s'exonérer de ses charges de preuve en invoquant (...) qu'elle a égaré le dossier en cause »[1751]. Selon la formule de Marcel WALINE, « quand l'Administration perd ses dossiers, elle perd aussi ses procès »[1752]. L'acquiescement est désormais codifié à l'article R. 612-6 du code de justice administrative[1753] et demeure limité dans le cadre de cette disposition[1754].

508. Toutefois, l'acquiescement est imprégné, devant la juridiction administrative, par le caractère inquisitoire de la procédure. En ce sens, il serait incongru d'imposer un système automatique d'acquiescement aux faits. Guy BRAIBANT, dans ses conclusions prononcées à l'occasion d'une

---

Société Maison Genestal : Rec. p. 62, concl. BERTRAND ; Conseil d'Etat, Sect., 1er mai 1936, Couespel du Mesnil : Rec. p. 485 et 6 novembre 1936 : Rec. p. 965.

1746 Conseil d'Etat, 3e et 8e s.-s., 3 juillet 2013, n°354423, Commune d'Ozoir-la-Ferrière : Bulletin Juridique des Collectivités Locales 2013, n°9, pp. 561-564, concl. Vincent DAUMAS.

1747 Conseil d'Etat, Sect., 4 février 1981, n°23491, Konaté : D. 1981, p. 353, note Bernard PACTEAU.

1748 Cette solution a été érigée en principe par la jurisprudence administrative (Conseil d'Etat, 27 juillet 1933, Elections au Conseil général du canton de Calenzana : Rec. p. 906 ; Conseil d'Etat, 14 janvier 1948, Canavaggia : Rec. p. 18) et s'impose lorsque l'administration est dans l'impossibilité matérielle de produire un document (Conseil d'Etat, 12 juillet 1949, Koenig de Beillard de Vaubicourt : Rec. p. 348) mais également lorsqu'elle refuse de produire un document (Conseil d'Etat, 24 mai 1954, Barel : préc.).

1749 LETOURNEUR Maxime, concl. sur Conseil d'Etat, 28 mai 1954, Barel : Rec. p. 412.

1750 Conseil d'Etat, Ass., 11 mai 1973, n°79230, Sieur Sanglier : Rec. p. 344 ; RDP 1973, p. 1747, note Marcel WALINE.

1751 PACTEAU Bernard, *Preuve*, Répertoire de contentieux administratif, Dalloz, 2016, n°110.

1752 WALINE Marcel, Note sous Conseil d'Etat, Ass., 11 mai 1973, n°79230, Sanglier : RDP 1973, p. 1747.

1753 L'article R.612-6 du Code de justice administrative dispose que « Si, malgré une mise en demeure, la partie défenderesse n'a produit aucun mémoire, elle est réputée avoir acquiescé aux faits exposés dans les mémoires du requérant ». L'acquiescement était antérieurement prévu par l'article 56 de l'ordonnance du 31 juillet 1945 et à l'article R. 113 du Code des tribunaux administratifs.

1754 Conseil d'Etat, 10e et 4e s.-s., 3 juin 1987, n°75883, Garcia Palacios : Rec. p. 191 ; RFDA 1987, p. 629, concl. Olivier VAN RUYNBEKE.

décision de Section du 11 octobre 1963[1755], a ainsi affirmé que l'acquiescement « paraît favoriser exagérément la thèse du requérant »[1756]. Une telle affirmation est particulièrement révélatrice d'une conciliation entre la prise en compte du silence du défendeur et la mainmise du juge sur l'établissement de la réalité factuelle. Elle conduit à obvier toute application automatique de l'acquiescement aux faits face au silence du défendeur. Il ne sera mis en œuvre par le juge que dans le cas où l'administré fait état d'indices de nature à établir son allégation[1757] car « le silence administratif ne saurait avoir valeur d'aveu que s'il ne répond pas aux silences et inconsistances du requérant lui-même »[1758]. Il sera également exigé que les pièces du dossier ne contredisent pas l'allégation du demandeur[1759]. Cela démontre que le juge administratif n'est pas contraint d'appliquer le mécanisme de l'acquiescement aux faits mais qu'il recherche si certains indices ne sont pas de nature à conférer au silence la valeur d'un aveu. À cet égard Bernard PACTEAU souligne que l'acquiescement n'est décidé « que pour autant que l'état du dossier le justifie »[1760] et Raymond ODENT souligne que « Pour se livrer à ce genre d'appréciation, tout est question de dossier et même d'atmosphère générale propre à chaque affaire et qui contribue à former la conviction du juge »[1761]. En somme, le mécanisme de l'acquiescement aux faits est interprété, par le juge administratif, dans un sens qui permet de sauvegarder la logique inquisitoire de l'établissement des faits.

509. En matière fiscale, l'acquiescement est appliqué par le juge administratif. L'article R.200-5 du Livre des procédures fiscales pose, en cette matière, une règle générale d'acquiescement des « faits exposés dans les recours »[1762]. En dehors de cette disposition, le silence de l'administration fiscale est également conçu comme un acquiescement et le défaut de présentation d'une pièce en raison de sa perte conduit le juge à considérer l'allégation du requérant comme

---

[1755] Conseil d'Etat, Sect., 11 octobre 1963, Association des amis du site de Clagny : Rec. p. 480 ; AJDA 1964, p. 55, concl. Guy BRAIBANT.

[1756] BRAIBANT Guy, concl. sur Conseil d'Etat, Sect., 11 octobre 1963, Association des amis du site de Clagny, AJDA 1964, p. 55.

[1757] Bernard PACTEAU relève ainsi que le juge administratif « ne recourt visiblement à cette procédure que si l'information en cause lui paraît réellement utile et donc si des indices poussent à son déclenchement » (*Manuel de contentieux administratif*, PUF, Droit, 3e éd., 2014, p. 177).

[1758] PACTEAU Bernard, *La preuve*, Répertoire de contentieux administratif, 2016, n°128.

[1759] Conseil d'Etat, 1ère et 6e s-.s., 30 décembre 2009, n°314972, Konté : Rec. Tab. p. 897 (dans ses conclusions prononcée à l'occasion de cette affaire, Anne COURREGE a souligné que « le silence de l'administration ne signifie évidemment pas que les pièces que le requérant produit ne sont pas incontestables et que les faits qu'il allègue sont établis »).

[1760] PACTEAU Bernard, *Preuve*, Dalloz, Répertoire de contentieux administratif, 2016, n°128.

[1761] ODENT Raymond, *Contentieux administratif*, 1977-1978, Les cours du droit, Fascicule n°3, spéc. p. 901.

[1762] Pour une application de cette disposition : Conseil d'Etat, 9e et 7e s.-s., 1er février 1989, n°66144, Sté des Grands Hôtels d'Aix-en-Provence : Dr. fisc. 1989, n°20-21, comm. 1028, concl. LIEBERT-CHAMPAGNE ; RJF 04/89, n°460.

établie[1763]. Toutefois, devant le juge administratif de l'impôt, le juge ne s'estime jamais tenu par l'acquiescement – lorsque cet acquiescement vise un point de droit – de l'administration fiscale car le juge est tenu d'appliquer la loi fiscale lorsqu'elle est d'ordre public[1764]. De ce fait, l'acquiescement ne vaut pas, devant le juge administratif de l'impôt, pour les éléments de droit qui méconnaissent une disposition d'ordre public comme le champ d'application de la loi fiscale : le juge de l'impôt refuse de donner une quelconque portée à l'acquiescement sur un élément de droit qui pourrait conduire à la perte d'une imposition légalement due. L'acquiescement ne vaut, devant le juge administratif de l'impôt, comme en contentieux général, que pour les faits allégués par une partie que le silence troublant du défendeur permet au juge de considérer comme établis[1765].

510. Le caractère inquisitoire de la procédure administrative présente une analogie avec la solution retenue par la Cour européenne des droits de l'Homme en matière d'acquiescement aux faits[1766]. Elle a jugé que « le comportement des parties peut entrer en ligne de compte lors de la recherche des preuves »[1767]. Cette prise en compte du comportement des parties concerne, essentiellement, la passivité des Etats parties à la Convention en matière d'établissement de la réalité de traitements contraires aux articles 2 et

---

1763 Conseil d'Etat, 3e et 8e s.-s., 12 juin 2006, n°272374, Le Dore : RJF 10/06, n°1163, concl. François SENERS, BDCF 10/06, n°115 ; Conseil d'Etat, 9e et 10e s.-s., 19 juin 2002, n°194476 et 207414, SA Média Shopping : RJF 10/02, n°1071, concl. Guillaume GOULARD, BDCF 10/02, n°118 ; CAA Nantes, 1ère ch., 13 mars 1991, n°801, Stem Turone : RJF 06/91, n°809.

1764 Conseil d'Etat, Sect., 5 octobre 1973, n°82836 : Rec., p. 546 ; Dr. fisc. 1974, n°3, comm. 36, concl. Dominique MANDELKERN.

1765 Conseil d'Etat, Plén. 19 décembre 1973, n°87649 : Dr. fisc. 1974, comm. 314, concl. LATOURNERIE : Le commissaire du Gouvernement fait, ici, application du principe de l'acquiescement aux faits en démontrant que le contribuable peut s'acquitter, en matière de taxation d'office, de sa charge probatoire en s'appuyant tant sur « les données reconnues exactes par l'Administration » que sur « le silence de celle-ci à l'égard de certains points de son argumentation ». De la sorte, le principe de l'acquiescement aux faits est très clairement retenu par le juge administratif de l'impôt.

1766 Sur ce point : Gérard NIYUNGEKO, *La preuve devant les juridictions internationales*, Thèse de doctorat, Bruxelles, Belgique, Bruylant, 2005, pp. 183-186 ; VAN NUFFEL Emmanuel, *L'appréciation des faits et leur preuve par la Cour européenne des droits de l'homme dans les affaires mettant en cause les forces de sécurité accusées d'homicides et d'actes de torture : le doute raisonnable et l'inhumain, note sous 27 juin 2000, Salman c/ Turquie*, RTDH, 2001, pp. 856-885 ; TIGROUDJA Hélène, *La preuve devant la Cour européenne des droits de l'homme*, in, RUIZ FABRI Hélène et SOREL Jean-Marc (dir.), *La preuve devant les juridictions internationales*, Editions A. Pedone, Collection Contentieux international, Université Paris 1 Panthéon-Sorbonne, UMR de Droit comparé de Paris et Cerdin, 2007, pp. 115-140.

1767 CEDH, 13 juin 2000, n°23531/94, Timurtas c/ Turquie, § 66. Antérieurement, la Cour européenne des droits de l'Homme avait jugé que « Pour l'appréciation [des preuves] (…) Le comportement des Parties lors de la recherche des preuves entre en ligne de compte dans ce contexte [ici, celui de l'article 3 de la Convention] » (CEDH, 18 janvier 1978, n°5310/71, Irlande c/ Royaume-Uni, § 161, *in fine*).

3 de la Convention[1768]. La Cour se refuse toutefois à conférer au silence de l'Etat la valeur d'un acquiescement automatique. À cet égard, Hélène TIGROUDJA relève que « le caractère inquisitoire du contentieux international des droits de l'homme a pour conséquence que le juge se réserve toujours la possibilité de procéder à l'établissement des faits »[1769]. La jurisprudence de la Cour de Strasbourg traduit bien, en matière d'acquiescement aux faits, la nature inquisitoire de sa procédure. De ce fait, le silence des Etats dans l'administration de la preuve ne conduit pas systématiquement à considérer comme étant établis les faits allégués par les justiciables[1770].

511. Le caractère inquisitoire de la procédure conduit donc à forger des règles spécifiques d'acquiescement aux faits. Tant devant le juge administratif que devant la Cour européenne des droits de l'Homme, le juge dispose d'une vaste marge d'appréciation pour conférer ou non une force probante au silence du défendeur.

512. En droit civil, l'acquiescement aux faits se manifeste différemment. Pour la doctrine civiliste la plus autorisée[1771], le juge se doit de tenir pour constants les faits allégués par le demandeur qui ne sont pas contestés par le défendeur. La *théorie du fait constant*[1772] pourrait ainsi conduire à dispenser le demandeur de toute charge probatoire face au silence du défendeur. Henri MOTULSKY fonde cette analyse sur la charge de la contestation qu'il attribue au défendeur[1773]. L'automatisme attaché à cette théorie a fait l'objet de critiques. À ce titre, Jacques HERON et Thierry LE BARS ont souligné que « L'absence de contestation n'établit pas formellement la réalité du fait allégué, et l'on ne voit pas pourquoi le juge devrait être lié de façon automatique par une

---

[1768] CEDH, 8 juillet 1999, n°23763/94, Tanrikulu c/ Turquie, § 98 (« La Cour n'exclut pas que l'on puisse, en certaines circonstances tirer des conclusions du fait qu'un Gouvernement, sans raison valable, ne produit pas des éléments sollicités »).

[1769] TIGROUDJA Hélène, *La preuve devant la Cour européenne des droits de l'homme*, in, RUIZ FABRI Hélène et SOREL Jean-Marc (dir.), *La preuve devant les juridictions internationales*, Editions A. Pedone, Collection Contentieux international, Université Paris 1 Panthéon-Sorbonne, UMR de Droit comparé de Paris et Cerdin, 2007, pp. 115-140, spéc. p. 121.

[1770] CEDH, 24 février 2005, n°57942/00 et 57945/00, Khachiev et Akaieva c/ Russie, §§ 172-174.

[1771] MOTULSKY Henri, *Principes d'une réalisation méthodique du droit privé, La théorie des éléments générateurs des droits subjectifs*, Paris, 1948, rééd. Dalloz, 2002, n°109.

[1772] Sur ce point : HERON Jacques et LE BARS Thierry, *Droit judiciaire privé*, LGDJ, Domat Droit privé, 6e éd., 2015, pp. 226-227, n°279 ; LE BARS Thierry, *La théorie du fait constant*, JCP G 1999, n°44, pp. 1969-1972 ; CHAINAIS Cécile, FERRAND Frédérique et GUINCHARD Serge, *Procédure civile, Droit interne et droit de l'Union européenne*, Dalloz, 33e éd., 2016, n°489.

[1773] MOTULSKY Henri, *Principes d'une réalisation méthodique du droit privé, La théorie des éléments générateurs des droits subjectifs*, Paris, 1948, rééd. Dalloz, 2002, n°109.

allégation non contredite »[1774]. Dans cette optique, la Cour de cassation retient une interprétation plus souple de la théorie du fait constant en jugeant que le juge n'est pas tenu de tenir un fait pour constant du seul fait de l'absence de contestation du défendeur[1775]. Il existe ainsi « une simple faculté pour le juge de tenir pour constant le fait allégué et non contesté »[1776]. Or, cette faculté conduit à permettre au juge civil d'établir, selon sa conviction l'existence d'un fait constant. Il est ainsi parfaitement juste de considérer alors que le fait constant est le fruit d'une présomption du fait de l'homme[1777].

513. L'acquiescement est aujourd'hui largement limité par le Code de procédure civile[1778]. À première vue, il serait même exclu en cette matière. L'adage « Nemo contra se edere tenetur » signifie que « Personne n'est tenu de produire une pièce contre soi » tendrait à exclure l'application de l'acquiescement aux faits devant le juge civil. Plusieurs éléments militent dans le sens de cet adage. En premier lieu, *la neutralité du juge* peut conduire à limiter l'essor de l'acquiescement devant le juge civil. Traditionnellement, devant le juge civil, il appartient aux parties de présenter les preuves au soutien de leurs allégations[1779]. Cette mainmise – aujourd'hui plus théorique que réelle – des parties sur l'administration des preuves n'est pas sans éveiller quelques soupçons quant à la prise en main de l'instance par le juge. Roger PERROT relève ainsi qu'« En matière civile, on ne peut tout de même pas exiger des parties en cause qu'elles poussent l'héroïsme jusqu'à s'offrir en holocauste à la vérité judiciaire en livrant spontanément à leur juge les informations susceptibles de nuire à leur cause »[1780]. Toutefois, le paradigme civil de la maîtrise des parties sur les preuves a été bouleversé au nom d'une

---

1774 HERON Jacques et LE BARS Thierry, *Droit judiciaire privé*, LGDJ, Domat Droit privé, 6e éd., 2015, n°279, p. 227.

1775 Cass. com., 10 octobre 2000, n°97-22.399, Inédit (« le juge n'est pas tenu de considérer un fait allégué pour constant au seul motif qu'il n'est pas expressément contesté »).

1776 CHAINAIS Cécile, FERRAND Frédérique et GUINCHARD Serge, *Procédure civile, Droit interne et droit de l'Union européenne*, Dalloz, 33e éd., 2016, n°489.

1777 Cette position est défendue par Thierry LE BARS qui expose qu'« il n'est pas exact, contrairement à ce que l'on écrit habituellement, que le fait constant fasse l'objet d'une dispense de preuve. En réalité, le fait constant est un fait prouvé par présomption du fait de l'homme » (*La théorie du fait constant*, JCP G 1999, n°44, pp. 1969-1972).

1778 Sur ce point : DAIGRE Jean-Jacques, *La production forcée des pièces dans le procès civil*, Thèse de doctorat, Poitiers, Publications de la Faculté de droit et des sciences sociales de Poitiers, 1976, pp. 232-264 ; DEVEZE Jean, *Contribution à l'étude de la charge de la preuve en matière civile*, n°243 ; HOFFSCHIR Nicolas, *La charge de la preuve en droit civil*, Thèse de doctorat, Dalloz, Nouvelle Bibliothèque de Thèses, Tome 153, 2016, pp. 85-96 ; PERROT Roger, *Le silence en droit judiciaire privé*, in, *Mélanges offerts à Pierre Raynaud*, Sirey, 1985, pp. 627-649.

1779 Art. 9 du Code de procédure civile.

1780 PERROT Roger, *Le silence en droit judiciaire privé*, in, Mélanges offerts à Pierre RAYNAUD, Sirey, 1985, pp. 627-649, spéc. p. 648.

collaboration des parties à la manifestation de la vérité[1781]. Cette exigence légitime la nécessité de forcer – au nom de la « vérité judiciaire »[1782] et de la « Loyauté du débat judiciaire »[1783] – à apporter les preuves dont elles disposent et a ouvert la voie à la reconnaissance de l'acquiescement aux faits qui vient sanctionner le silence d'une partie.

514. En second lieu, la place déterminante de la charge de la preuve pourrait conduire à limiter la place de l'acquiescement devant le juge civil. En vertu des règles de charge de la preuve qui s'appliquent en droit privé, il incombe au demandeur de rapporter la preuve de son allégation. Or, l'acquiescement aux faits s'oppose à la nécessité, pour le demandeur, de rapporter la preuve de son allégation. En ce sens, la troisième Chambre civile a posé que « lorsqu'une partie a la charge de la preuve, celle-ci ne peut se déduire du silence opposé à sa demande par la partie adverse »[1784]. L'intérêt de cet attendu de principe est de démontrer que le silence du défendeur ne peut conduire à décharger le demandeur de toute charge probatoire.

515. Il est revenu, devant le juge civil, au législateur de poser les sanctions probatoires qui s'attachent à l'inertie d'une partie. Il faut alors distinguer les conséquences tirées du refus d'une partie de participer à une mesure d'instruction et le refus d'une partie d'obtempérer à une demande de production forcée de pièces.

516. En matière de mesure d'instruction, l'article 11, alinéa 1er du Code de procédure civile prévoit une sanction probatoire en posant « Les parties sont tenues d'apporter leur concours aux mesures d'instruction sauf au juge à tirer toute conséquence d'une abstention ou d'un refus ». Le silence doit être considéré comme une forme d'abstention des parties. La genèse de l'article 11 du Code de procédure civile atteste qu'il fait suite aux dispositions du Code de procédure de 1806 qui « prévoyait que des faits pourraient être tenus pour avérés en cas d'inertie d'un plaideur »[1785]. Pourtant, l'article 11 confie « Par une formulation évasive (...) au magistrat le pouvoir de prendre la sanction qui lui paraît la plus adaptée »[1786] à l'inertie d'une partie. « La particularité de cette sanction est d'être une sanction de nature procédurale qui ne se conçoit

---

1781 L'article 10 du Code civil dispose à cet égard que « chacun est tenu d'apporter son concours à la justice en vue de la manifestation de la vérité ».

1782 PERROT Roger, *Le silence en droit judiciaire privé*, in, Mélanges offerts à Pierre RAYNAUD, Sirey, 1985, pp. 627-649, spéc. p. 646.

1783 *Op. cit., loc. cit.*

1784 Cass., 3e civ., 6 septembre 2011, n°10-21.244, Inédit.

1785 DAIGRE Jean-Jacques, *La production forcée des pièces dans le procès civil*, Thèse de doctorat, Poitiers, Publications de la Faculté de droit et des sciences sociales de Poitiers, 1976, p. 243.

1786 *Op. cit., loc. cit.*

qu'à l'encontre des plaideurs »[1787]. Jean-Jacques DAIGRE relève que « Cette sanction n'est pas précisée par le texte, mais elle est d'ordre probatoire. Le juge déduira de l'attitude réticente du plaideur ce que son intime conviction lui dictera »[1788]. La matière de l'expertise génétique offre, à cet égard, une illustration de la sanction probatoire découlant du refus d'une partie au procès civil de participer à une expertise[1789]. Ainsi, devant le juge civil « le juge apprécie souverainement le refus d'une partie de se prêter à une expertise sanguine ou génétique. Ce refus [pouvant] être analysé en un aveu implicite »[1790].

517. Le juge dispose d'une certaine liberté en la matière puisqu'il est libre de déterminer les différentes conséquences probatoires qui découlent du silence d'une partie à l'occasion d'une mesure d'instruction. Il peut ainsi « considérer que le refus ou l'abstention d'une partie est constitutif d'un indice de la réalité du fait dont la preuve est requise (…), d'un commencement de preuve par écrit ou encore d'un véritable aveu judiciaire (…) »[1791]. Le juge dispose donc, en matière de mesure d'instruction, d'une grande liberté pour mesurer l'acquiescement d'une partie.

518. En revanche, en matière de production forcée de pièces, l'article 10, alinéa 2 du Code civil dispose que « Celui qui, sans motif légitime, se soustrait à cette obligation lorsqu'il en a été légalement requis, peut être contraint d'y satisfaire, au besoin à peine d'astreinte ou d'amende civile, sans préjudice de dommages et intérêts »[1792]. Ces dispositions punissent le comportement d'une partie qui, aux termes de l'alinéa 1er du Code civil, n'« apport[e pas] son concours à la justice en vue de la manifestation de la vérité ». De ce fait, le défaut de production de preuves nécessaires à l'établissement de la réalité factuelle se résout uniquement par des sanctions pécuniaires. Le juge ne peut

---

1787 *Op. cit.*, p. 244.

1788 *Op. cit.*, *loc. cit.*

1789 Il y a lieu de distinguer, en matière d'expertise génétique, différentes situations. En matière de test de paternité, le refus du père supposé de se soumettre à la mesure d'expertise va pouvoir entraîner l'établissement du lien de filiation (Cass. 1ère civ., 9 février 2011, n°10-14.144 : Dr. famille 2011, comm. 56, Claire NEINRICK ; RJFP 2011, n°5, p. 12, note Isabelle CORPART). Frédérique FERRAND relève, à cet égard, que « le refus d'une partie de prêter son concours à une expertise biologique afin de recherche de paternité naturelle constitue une présomption grave de paternité » (*Preuve*, Dalloz, Répertoire de procédure civile, 2016, n°413). La même solution n'est en revanche pas retenue lorsque l'enfant refuse de se soumettre à une expertise génétique en cas de contestation du lien de filiation par son « père juridique » (Cass. 1ère civ., 8 juillet 2010, n°09-65.172 : RTD Civ. 2010, p. 771, note Jean HAUSER).

1790 JEULAND Emmanuel, *Droit processuel général*, LGDJ, Montchrestien, Domat droit privé, 3e éd., 2014, p. 493.

1791 HOFFSCHIR Nicolas, *La charge de la preuve en droit civil*, Thèse de doctorat, Dalloz, Nouvelle Bibliothèque de Thèses, Tome 153, 2016, pp. 89-90.

1792 Cette sanction s'applique également aux articles 138 à 142 du Code de procédure civile qui régissent la production forcée de pièces lors du procès civil.

donc tirer de conséquences probatoires du refus d'une partie de produire une pièce[1793]. Cette solution est critiquée par la doctrine car la sanction pécuniaire n'a pas d'incidence sur le fond de la solution et qu'elle instaure une différence de traitement injustifiée entre la production forcée de pièces et les mesures d'instruction[1794]. Le caractère critiquable de cette solution est renforcé par le fait que l'article 446-3, alinéa 1er du Code de procédure civile dispose, en matière de procédure orale, que le défaut de production d'une pièce peut conduire le juge à tirer « toute conséquence de l'abstention de la partie ou de son refus ».

519. Pourtant, alors que le défaut de production de preuves n'est pas, aux termes du Code civil, sanctionné par des conséquences probatoires, le juge civil parvient à tirer des conséquences probatoires de l'abstention ou du refus d'une partie d'administrer une preuve. Si certains auteurs ont estimé que le juge civil ne pouvait opérer un renversement de la charge de la preuve dans le cas du refus du demandeur de produire une pièce[1795], la jurisprudence civile s'oriente dans cette direction. En matière de responsabilité médicale[1796], le refus ou l'impossibilité du praticien hospitalier ou de l'établissement de santé de fournir le dossier médical du patient qui allègue avoir subi un dommage va conduire le juge à renverser la charge de la preuve sur le praticien[1797] en dépit de l'existence d'une charge de la preuve pesant sur la victime. Cette solution

---

1793 CADIET Loïc et JEULAND Emmanuel *Droit judiciaire privé*, Lexis Nexis, 8e éd., 2013, n°573, p. 457 ; DAIGRE Jean-Jacques, *La production forcée des pièces dans le procès civil*, Thèse de doctorat, Poitiers, Publications de la Faculté de droit et des sciences sociales de Poitiers, 1976, p. 245 ; PERROT Roger, *Le silence en droit judiciaire privé*, in, Mélanges offerts à Pierre RAYNAUD, Sirey, 1985, pp. 627-649, spéc. p. 648.

1794 HOFFSCHIR Nicolas, *La charge de la preuve en droit civil*, Thèse de doctorat, Dalloz, Nouvelle Bibliothèque de Thèses, Tome 153, 2016, p. 91 ; FERRAND Frédérique, *Preuve*, Dalloz, Répertoire de procédure civile, 2016, n°364, *in fine* ; MARRAUD Catherine, *Le droit à la preuve, La production forcée des preuves en justice*, JCP G 1973, 2572 (pour cet auteur, le renversement de la preuve serait nécessaire lorsque « le défendeur détient l'unique élément à même d'établir le fait litigieux »).

1795 Nicolas HOFFSCHIR relève qu'« Il est difficilement concevable que le juge dispose du pouvoir de sanctionner un plaideur en inversant la charge de la preuve alors que son attribution est légalement fixée » (*La charge de la preuve en droit civil*, Thèse de doctorat, Dalloz, Nouvelle Bibliothèque de Thèses, Tome 153, p. 90) car « en droit judiciaire privé, (...) la répartition des charges processuelles est prédéterminée par la loi » (DAIGRE Jean-Jacques, *La production forcée des pièces dans le procès civil*, Thèse de doctorat, Poitiers, Publications de la Faculté de droit et des sciences sociales de Poitiers, 1976, p. 256).

1796 La responsabilité médicale d'un praticien hospitalier ou de l'établissement repose sur un régime de responsabilité pour faute : l'article L. 1142-1 du Code de la santé publique dispose que « les professionnels de santé (...) ne sont responsables des conséquences dommageables d'actes de prévention, de diagnostic ou de soins qu'en cas de faute ».

1797 Cass. 1ère civ., 9 avril 2014, n°13-14.964, Inédit ; Cass., 1ère civ., 13 décembre 2012, n°11-27.347 : Bull. civ. I, n°261 ; Responsabilité civile et assurances 2013, n°2, pp. 33-35, comm. Laurent BLOCH ; JCP G 2013, n°8, pp. 359-361, note Pierre SARGOS ; RJFP 2013, n°3, p. 35, note Sophie HOCQUET-BERG ; RTD Civ. 2013, p. 386, chron. Patrice JOURDAIN.

va dans le sens d'un « Essor progressif du domaine d'application des sanctions probatoires »[1798] et tend à démontrer que le juge civil parvient, en se fondant sur des présomptions de fait[1799], à étendre l'application de la sanction probatoire dans un cas où il serait inéquitable de faire peser la charge de la preuve sur la victime.

520. L'usage de présomptions du fait de l'homme permet ainsi au juge civil de parvenir à une solution qui a des effets proches de l'acquiescement. Toutefois, il faut relever que l'acquiescement est nettement encadré par le Code civil qui limite la faculté du juge d'établir une vérité face au refus d'une partie d'administrer une preuve.

521. Le contentieux fiscal ne livre, à notre connaissance, aucun élément permettant de juger de la place occupée par cet acquiescement aux faits. La portée limitée de l'acquiescement est encore renforcée, en matière répressive, en raison de la nécessité de sauvegarder la présomption d'innocence.

522. En matière répressive, l'acquiescement aux faits est problématique[1800]. Le principe de la présomption d'innocence fonde le droit de ne pas s'auto-incriminer et donc le droit de garder le silence. En cette matière, Roger PERROT souligne que « le droit de se taire est (...) le suprême refuge de la liberté individuelle et l'on ne saurait y porter atteinte sans d'infinies précautions, sous peine d'attenter gravement à la personnalité du taisant »[1801]. Toute solution contraire irait à l'encontre de la présomption d'innocence en faisant peser sur le prévenu la preuve de son innocence[1802]. En cette matière, le Conseil constitutionnel n'a, pour l'heure, nullement encadré l'acquiescement aux faits en matière pénale[1803] et le législateur n'avait pas –

1798 HOFFSCHIR Nicolas, *La charge de la preuve en droit civil*, Thèse de doctorat, Dalloz, Nouvelle Bibliothèque de Thèses, Tome 153, 2016, p. 90.

1799 En ce sens, Patrice JOURDAIN souligne que le juge civil se fonde sur « des présomptions de fait à partir des circonstances de la cause » (*Responsabilité d'une clinique à l'occasion d'un accouchement : le recours aux présomptions imposé par la Cour de cassation*, RTD civ. 2013, n°2, pp. 386-389).

1800 Sur ce point : DELMAS-MARTY Mireille, *Le droit au silence en procédure pénale*, in, *Mélanges dédiés à la mémoire de Jacques TENEUR*, Collection des travaux de la Faculté des sciences juridiques, politiques et sociales de Lille, 1977, tome 1, pp. 273-284 ; SICILIANOS Linos-Alexandre, *Conv. EDH, art. 6 : La protection du droit à un procès équitable dans la jurisprudence de la Cour européenne des droits de l'homme*, Répertoire de droit européen, Dalloz, 2016, n°92 ; ROETS Damien, *Le droit de ne pas contribuer à sa propre incrimination dans la jurisprudence de la Cour européenne des droits de l'homme*, AJDP 2008, n°3, pp. 119-122.

1801 PERROT Roger, *Le silence en droit judiciaire privé*, in, Mélanges offerts à Pierre RAYNAUD, Sirey, 1985, pp. 627-649, spéc. p. 646.

1802 CEDH, 20 mars 2001, n°33501/96, Telfner c/ Autriche, § 18.

1803 Aurélie CAPPELLO relève ainsi que « le Conseil constitutionnel n'a formulé aucune précision (...) sur le point de savoir si le juge peut tirer les conséquences du silence du prévenu

jusque récemment[1804] – consacré le droit au silence autrement qu'en excluant le prévenu de la formalité du serment[1805].

523. La Cour européenne des droits de l'Homme a posé d'importantes limites relatives à la place du silence du prévenu dans la preuve de sa culpabilité. Elle a jugé que le silence du prévenu peut valablement intégrer, sous certaines conditions, la conviction du juge pénal. Les juges de Strasbourg ont jugé dans l'affaire John Murray c/ Royaume-Uni que le droit de garder le silence n'était pas un principe absolu et qu'il est possible, pour un juge pénal, d'accorder, à certaines conditions, une force probante au silence du prévenu. Dans cette affaire, le requérant a été condamné à une peine de prison du chef de complicité de séquestration[1806]. Or, le requérant a choisi de garder le silence durant l'ensemble de l'enquête et l'ensemble du procès. Devant la Cour européenne des droits de l'Homme, il a tenté de faire juger que droit de ne pas contribuer à sa propre incrimination constitue un droit absolu à conserver le silence et que toute condamnation consécutive à ce silence entraînerait violation de ce principe. La Cour, après avoir rappelé que le droit de ne pas s'auto-incriminer est un droit fondamental de la Convention[1807], pose que ce

---

» (*Question prioritaire de constitutionnalité*, Répertoire de droit pénal et de procédure pénale, Dalloz, 2015, n°271).

1804 Le droit silence a, dans l'ordre juridique interne, été créé par la loi du 15 juin 2000 (art. 23 de la loi n°2000-516 renforçant la protection de la présomption d'innocence et les droits des victimes : J.O. du 16 juin 2000, p. 9038) mais a ensuite été supprimé par la loi du 18 mars 2003 (Loi n°2003-239 pour la sécurité intérieure : J.O. du 19 mars 2003, p. 4761). Ensuite, l'article 3 de la loi du 14 avril 2011 (Loi n°2011-392 relative à la garde à vue : J.O. du 15 avril 2011, p. 6610) a posé, de nouveau, le droit de se taire. Enfin, la loi n°2014-535 du 27 mai 2014 portant transposition de la directive 2012/13/UE du Parlement européen et du Conseil, du 22 mai 2012, relative au droit à l'information dans le cadre des procédures pénales (J.O. du 28 mai 2014, p. 8864) a inscrit le droit de se taire dans différentes dispositions du Code de procédure pénale. Ce droit est ainsi reconnu lors de l'audition libre (art. 61-1, 4° du Code de procédure pénale), lors des procédures d'exécution (art. 803-6, 2° du Code de procédure pénale), lors de l'audition du témoin assisté (art. 113-4, al. 1er du Code de procédure pénale), lors de la mise en examen puis de l'interrogatoire du suspect par le juge d'instruction (art. 116 du Code de procédure pénale), ou encore lors de l'interrogatoire de l'accusé devant une Cour d'assises (art. 328, al. 1er du Code de procédure pénale).

1805 Mireille DELMAS-MARTY démontre, dans un article consacré au droit au silence en procédure pénale (*Le droit au silence en procédure pénale*, in, *Mélanges dédiés à la mémoire de Jacques TENEUR*, Collection des travaux de la Faculté des sciences juridiques, politiques et sociales de Lille, 1977, Tome 1, pp. 273-284) que « le suspect, [à la différence du témoin], ne prête jamais serment, car il risquerait d'être ainsi contraint à se parjurer ou s'accuser et toute la procédure dont l'interrogatoire fait partie serait alors frappée d'une nullité d'ordre public » (*op. cit.*, p. 276).

1806 CEDH, 8 février 1996, n°18731/91, John Murray c/ Royaume-Uni, § 22 : Recueil 1996-I, p. 49, GACEDH, n°34.

1807 La CEDH affirme ainsi qu'« Il ne fait aucun doute que, même si l'article 6 (art. 6) de la Convention ne les mentionne pas expressément, le droit de se taire lors d'un interrogatoire de police et le droit de ne pas contribuer à sa propre incrimination sont des normes internationales

principe n'interdit pas au juge de se fonder sur le silence de l'accusé pour fonder la conviction de sa culpabilité dès lors que ce silence renforce la force probante des éléments de preuve fournis par l'accusation[1808]. De ce fait, si le silence ne peut, à lui seul, servir de fondement à une condamnation pénale, ce silence peut renforcer la conviction de la culpabilité du prévenu[1809]. La Cour de Strasbourg estime qu'il n'est pas possible « de fonder une condamnation uniquement ou principalement sur le silence de l'accusé ou sur son refus de répondre à des questions ou de témoigner en personne »[1810]. Dans l'affaire Murray c/ Royaume-Uni, dès lors que les éléments « à charge » disposent d'une force probante « écrasante »[1811], l'intime conviction du juge pouvait être *renforcée* par le silence du prévenu. De la sorte, la Cour conclut à l'absence de violation des articles 6-1 et 6-2 de la Convention européenne[1812]. La jurisprudence ultérieure de la Cour de Strasbourg a maintenu cette solution[1813] en sanctionnant le cas où le prévenu a été condamné sur l'unique fondement de son silence[1814] et en opérant une délicate pesée de la place – déterminante ou non – des conséquences tirées du silence du prévenu[1815].

524. En droit pénal fiscal, la Chambre criminelle de la Cour de cassation s'est appropriée la jurisprudence de la Cour européenne des droits de l'Homme en ne se fondant, qu'avec une extrême précaution, sur le silence du prévenu. Elle a pu confirmer la condamnation du chef de fraude fiscale d'un prévenu alors même « que celui-ci n'a conclu ni en première instance ni en cause d'appel »[1816] et qu'il invoquait « le droit au silence et le droit à un procès équitable »[1817] dès lors que le silence peut – sans que cet élément ne ressorte

---

généralement reconnues qui sont au cœur de la notion de procès équitable consacrée par l'article 6 » (CEDH, 8 février 1996, n°18731/91, John Murray c/ Royaume-Uni, §45).

1808 La CEDH pose ainsi qu'« il est (…) évident pour la Cour que ces interdictions ne peuvent et ne sauraient empêcher de prendre en compte le silence de l'intéressé, dans des situations qui appellent assurément une explication de sa part, pour apprécier la force de persuasion des éléments à charge » (CEDH, 8 février 1996, n°18731/91, John Murray c/ Royaume-Uni, § 47).

1809 La CEDH l'expose en ces termes : « Le tribunal national ne peut conclure à la culpabilité du prévenu simplement parce que celui-ci choisit de garder le silence » (CEDH, 8 février 1996, n°18731/91, John Murray c/ Royaume-Uni, § 51).

1810 CEDH, 15 décembre 2011, n°26766/05 et 22228/06, Al-Khawaja et Tahery c/ Royaume-Uni, § 138.

1811 La CEDH affirme ici que « les charges établies par l'accusation [ont été considérées] comme "écrasantes" » (CEDH, 8 février 1996, n°18731/91, John Murray c/ Royaume-Uni, § 52).

1812 CEDH, 8 février 1996, n°18731/91, John Murray c/ Royaume-Uni, § 58.

1813 Les principes retenus par l'arrêt Murray ont été repris par un arrêt rendu en formation de Grande chambre de la Cour européenne des droits de l'Homme O'Halloran et Francis c/ Royaume-Uni (CEDH, Gde ch., 29 juin 2007, O'Halloran et Francis c/ Royaume-Uni, n°15809/02 et 25624/02, § 46).

1814 CEDH, 20 mars 2001, n°33501/96, Telfner c/ Autriche, § 18.

1815 CEDH, 6 juin 2000, n°36408/97, Averill c/ Royaume-Uni, § 51.

1816 Cass. crim., 21 novembre 2001, n°01-80.116, Inédit.

1817 Cass. crim., 21 novembre 2001, n°01-80.116, Inédit.

manifestement de cet arrêt – corroborer les autres éléments de preuve dont dispose le juge pénal. En l'espèce, le silence a pu constituer, aux yeux des magistrats judiciaires, un élément de nature à consolider les preuves relatives à la qualification de fraude fiscale. De la sorte, le droit au silence n'est en rien absolu et peut corroborer, devant la Chambre criminelle de la Cour de cassation, d'autres éléments de preuve déterminants pour la condamnation du prévenu.

525. Or, en matière fiscale, en dehors de la sphère pénale *stricto sensu*, le droit de ne pas s'auto-incriminer s'applique aux sanctions qui relèvent de la matière répressive. Par l'arrêt J.B. c/ Suisse du 3 mai 2001[1818], la Cour de Strasbourg a jugé que le droit de ne pas s'incriminer trouve à s'appliquer lors de la phase administrative d'établissement d'une sanction. Cette solution a été confirmée[1819] par la Cour européenne des droits de l'Homme dans une affaire Chambaz c/ Suisse[1820] où il a été jugé que le droit de conserver le silence s'applique en matière de pénalités fiscales dans un cas où le requérant a subi des « pression[s] pour qu'il leur soumette des documents qui auraient fourni des informations sur son revenu et sa fortune en vue de son imposition »[1821]. Dès lors que le droit au silence s'impose lors de la phase administrative d'établissement des sanctions, elle s'applique nécessairement lors de la contestation juridictionnelle de ces sanctions. Les juges de l'impôt doivent donc se garder de se fonder, de manière déterminante, sur le silence du contribuable pour établir une accusation en matière pénale.

526. L'acquiescement aux faits présente donc un véritable particularisme en matière répressive qui est lié à la force déterminante du droit de ne pas s'incriminer tel qu'il est reconnu par la Cour européenne des droits de l'Homme et le Conseil constitutionnel[1822]. Le silence du justiciable ne peut, à lui seul, fonder une sanction. Le silence de l'accusé ne peut que *confirmer* des preuves suffisantes pour établir sa culpabilité. De la sorte, l'acquiescement est extrêmement limité en raison des spécificités qui s'attachent à la nécessité de préserver la présomption d'innocence en matière pénale.

527. En somme, l'acquiescement est le fruit d'un encadrement propre à chaque juge de la matière fiscale. Si le juge administratif dispose d'une liberté particulière, il n'en use que dans le cas où les silences de l'administration font

---

1818 CEDH, 3 mai 2001, n°31827/96, J.B. c/ Suisse : JCP G 2001, I, 342, n°13, obs. Frédéric SUDRE.

1819 SUDRE Frédéric, *Droit de la Convention européenne des droits de l'homme*, JCP G 2012, n°35, doctr. 924.

1820 CEDH, 5 avril 2012, n°11663/04 Chambaz c/ Suisse,: JCP G 2012, n°35, doctr. 924, obs. Frédéric SUDRE, n°12 ; Dr. fisc. 2013, n°9, 177, ét. Ludovic AYRAULT.

1821 CEDH, 5 avril 2012, n°11663/04, Chambaz c/ Suisse, § 53.

1822 Sur ce point, cf. infra, n°726.

naître, aux yeux du juge, un aveu implicite. Devant le juge civil, l'acquiescement est très encadré, tout comme devant le juge pénal où il n'occupe qu'une place infime. Tout indique que ces caractères sont maintenus en matière fiscale.

528. La conviction des juges doit donc être considérée comme le reflet d'une identité qui puise sa source tant dans l'identité des juges que dans l'identité des procédures. Cette identité particulière de la conviction des juges de la matière fiscale affecte directement l'établissement de la réalité factuelle puisque les preuves vont être appréhendées sous l'angle de cette conviction.

§.2. – La rétroaction de la conviction des juges sur les preuves

529. À notre sens, la conviction propre à chaque juge affecte la réalité factuelle. Or, il semble possible de déceler une rétroaction de la conviction du juge sur les modes de preuve. Cela signifie que les modes de preuve ne disposent pas d'une force probante qui leur est inhérente mais qu'ils intègrent la conviction d'un juge. Cela signifie que la preuve ne devient preuve qu'à la faveur d'une réception par le juge qui l'analyse sous le prisme de sa propre conviction. L'expertise offrira le support de cette démonstration.

530. Il est commun d'affirmer que l'expertise serait devenue déterminante[1823] – et même qu'elle aurait pour effet de modifier le droit lui-même[1824] – dans la conviction des juges car l'expert « ne se borne pas à constater : il apprécie,

---

[1823] Sur ce point : CORNU Gérard (dir.), *Les rôles respectifs du Juge et du Technicien dans l'Administration de la preuve*, Xe Colloque des Instituts d'Etudes Judiciaires des 26 au 28 mai 1975, PUF, 1976 ; ENCINAS DE MUNAGORRI Rafael, *Le rôle de l'expert dans la formation de la décision de justice*, AJDA 2014, n°24, pp. 1377-1383 ; GOHIN Olivier, *Intervention lors du colloque du 13 février 2004, Experts et expertises, exigences communes et spécificités, Perspectives d'évolution conjointe*, Experts 2004, n°62, pp. 20-23 ; GORPHE François, *L'appréciation des preuves en justice, Essai d'une méthode technique*, Sirey, 1947, p. 14 ; LECLERC Olivier, *Le juge et l'expert, Contribution à l'étude des rapports entre le droit et la science*, Thèse de doctorat, Paris 10, LGDJ, Bibliothèque de droit privé, Tome 443, 2005 ; MOTULSKY Henri, *Notions générales*, in, *L'expertise dans les principaux systèmes juridiques d'Europe*, Travaux de recherches de l'Institut de droit comparé de Paris, Éditions de l'Epargne, Tome XXXII, 1969, pp. 13-33 ; NORMAND Jacques, *Remarques sur l'expertise judiciaire au lendemain du Nouveau Code de procédure civile*, in, *Mélanges dédiés à Jean VINCENT*, Dalloz, 1981, pp. 255-272 ; PASTOREL Jean-Paul, *L'expertise dans le contentieux administratif*, LGDJ, Droit administratif, 1994.

[1824] En matière pénale, il a même pu être défendu que l'expertise est de nature à modifier la sanction pénale prononcée devant le juge pénal. L'expertise serait la manifestation d'une « science dogmatisée » (TARDE Gabriel, *La philosophie pénale*, Ed. A. Maloine, 1903, p. 488) qui permettrait d'établir « une pénalité, avant tout, *sanitaire*, soit qu'il s'agisse de guérir le désordre mental et moral des malades qualifiés de malfaiteurs » (*op. cit.*, *loc. cit.*).

intime conviction »[1843]. Le juge administratif de l'impôt fait donc, dans certains cas, primer sa propre conviction sur l'expertise dont les résultats peuvent paraître, des années après les faits, hasardeux, coûteux voire même inutile. L'appréciation du juge atteste d'une véritable spécificité devant le juge administratif de l'impôt : lorsque la recherche « scientifique » des éléments de preuve ne permet plus de fonder les bases d'imposition, le juge se fonde sur sa « conviction » pour établir les bases d'imposition. L'équité se substitue alors à l'expertise, la conviction se substituant, dans le même temps, à la preuve matérielle.

534. Or, devant le juge civil de l'impôt, il apparaît qu'une telle conception de l'appréciation est impossible. Le juge civil ne substitue pas sa propre conviction à la preuve qui doit être administrée par les parties. Ainsi, si l'expertise ne peut pallier l'insuffisance d'une partie dans l'administration de la preuve[1844], la conviction du juge civil ne peut, en elle-même, pallier l'insuffisance de preuves présentes au dossier[1845]. De la sorte, l'expertise intègre une logique profondément accusatoire : le juge civil de l'impôt ne peut, postérieurement à une expertise, se substituer – par le biais de sa propre conviction – à la preuve apportée par une partie[1846]. Le juge se refuse d'établir la réalité factuelle, en faisant primer sa propre conviction, sur les preuves apportées par les parties. De la sorte, le juge civil fera primer le risque du doute si les parties n'apportent pas une preuve suffisante pour établir les bases d'imposition sans qu'il lui soit possible d'établir lui-même, de manière équitable, ces bases.

535. Devant ce juge, ce constat doit toutefois être tempéré. La conviction du juge civil peut pallier le refus d'une partie de se soumettre à une mesure d'instruction[1847]. Ainsi, en matière de lien de filiation[1848], le refus d'un partie de se soumettre à une expertise génétique à l'occasion d'une action réclamation d'état va permettre au juge, qui est alors souverain, d'établir ou

[1843] CROUZET Philippe, *Administration de la preuve, Critique des méthodes de reconstitution des bases d'imposition par l'administration*, RJF 06/86, pp. 347-350.

[1844] L'alinéa 2 de l'article 146 du Code de procédure civile dispose qu'« En aucun cas une mesure d'instruction ne peut être ordonnée en vue de suppléer la carence de la partie dans l'administration de la preuve ».

[1845] Nous distinguons clairement, ici, l'impossibilité, pour le juge civil, de pallier l'insuffisance d'une partie dans l'administration de la preuve, de l'incapacité du juge civil de pallier l'insuffisance du dossier par sa propre conviction.

[1846] Cette affirmation n'est pas contradictoire avec la liberté dont dispose le juge civil dans l'appréciation des expertises : il est ici nécessaire de distinguer la liberté d'appréciation du juge et la faculté du juge de passer outre l'expertise pour établir directement les bases d'imposition.

[1847] Art. 11, al. 1er du Code de procédure civile.

[1848] MIRABAIL Solange, *Le refus de se soumettre à l'expertise biologique en matière de filiation et d'action à fins de subsides*, Dr. fam. 2013, n°9, ét. 12.

non un tel lien de filiation[1849]. Or, l'expertise – ou plutôt le refus de s'y soumettre – peut fonder la solution retenue par le juge[1850] mais offre au juge la faculté de justifier une conviction qui n'est pas sans rappeler le jugement de Salomon[1851]. La solution se voit conférer une « dimension quelque peu divinatoire »[1852] car le refus de se soumettre à l'expertise permet de justifier une solution qui n'est fondée que sur « une simple possibilité ou impossibilité de filiation et non pas [sur] une certitude »[1853]. En somme, l'expertise intègre également, en la matière, la conviction d'un juge qui repose, une nouvelle fois, sur une probabilité.

536. Enfin, l'appréciation de l'expertise pénale reflète la spécificité de la conviction de ce juge. Bien qu'en pratique, l'expertise soit jugée peu utile en matière pénale fiscale[1854], elle semble disposer, dans les affaires où elle est employée, d'une place déterminante qui va pouvoir emporter, à elle seule, l'intime conviction du juge pénal. En matière de fraude fiscale, le juge pénal peut se fonder sur le rapport d'expertise pour s'assurer de l'existence d'omissions de la part d'un contribuable poursuivi du chef de fraude fiscale[1855]. De la sorte, la place de l'expertise peut être absolument déterminante dans la formation de la conviction du juge pénal qui peut s'appuyer essentiellement sur des rapports d'expertise pour forger sa conviction de la culpabilité du prévenu[1856]. Le juge dispose d'une grande liberté – qui tient au standard de l'intime conviction du juge – qui lui permet de forger sa conviction sur les résultats d'une expertise. En ce sens, l'expertise peut avoir pour effet d'offrir au juge un moyen utile l'assistant dans l'appréciation des éléments de fait nécessaires à la qualification des infractions pénales fiscales. La souplesse offerte par le standard de l'intime conviction peut donc conférer une place déterminante au rapport d'expertise : c'est le cas

---

[1849] Cass., 1ère civ., 1er juillet 2003, n°01-11.419, Inédit.

[1850] Le seul refus de se soumettre, pour un père prétendu, à une expertise génétique a pu être considéré comme suffisant pour exiger de lui des subsides (Cass., 1ère civ., 5 février 1991, n°89-13.584 : Bull. civ. I, n°48) alors qu'il a été refusé dans une autre affaire (Cass., 1ère civ., 17 septembre 2003, n°01-13.856, Inédit).

[1851] DION Nathalie, *Le juge et le désir du juste*, D. 1999, n°18, pp. 195-199.

[1852] *Op. cit.*, *loc. cit.*

[1853] MIRABAIL Solange, *Le refus de se soumettre à l'expertise biologique en matière de filiation et d'action à fins de subsides*, Dr. fam. 2013, n°9, ét. 12.

[1854] Martine BETCH relève ainsi que devant le juge pénal fiscal « l'expertise judiciaire en matière de fraude fiscale se révèle souvent d'une utilité toute relative » (*Contentieux pénal, Procédure*, Jurisclasseur procédures fiscales, Fasc. 720, 2015, n°300).

[1855] Cass. crim., 7 novembre 1983, n°83-90.538 : Bull. crim., n°287.

[1856] Cass. crim., 22 avril 1970, n°69-91.705, Inédit. Dans cette affaire, la preuve repose essentiellement sur les constatations des experts. La Cour de cassation défend ce procédé d'administration de la preuve en ces termes : « loin d'avoir méconnu les règles de l'administration des preuves en matière pénale, n'a fait qu'user de son droit souverain d'appréciation de la valeur des données, fournies par les rapports d'expertise et qui ont été soumises à la libre discussion des parties ».

lorsque le juge pénal constate les éléments constitutifs de l'infraction en se fondant directement sur les conclusions de l'expertise.

537. En somme, l'appréciation de l'expertise atteste des divergences qui affectent la conviction des juges de la matière fiscale. Les modes de preuve passent au crible de la conviction des juges qui disposent d'une liberté plus ou moins importante dans l'établissement de la réalité factuelle. À ce titre, le juge administratif atteste d'un réel particularisme puisqu'il parvient, par sa conviction, à établir, dans certains cas, la réalité factuelle en équité plus qu'en vérité. Il apparaît, à nouveau, que l'intime conviction peut révéler une identité propre à chaque juge.

538. Conclusion de la Sous-Section I. – L'*intime* conviction des juges constitue moins une méthode unitaire d'établissement de la preuve qu'un cheminement mental propre à chaque juge. En ce sens, Henri LEVY-BRUHL a démontré que « Le but de la preuve étant la persuasion, il est normal qu'elle soit étroitement liée au mécanisme mental, aux croyances qui prédominent dans les milieux où elle est administrée »[1857]. Or, chaque juge de la matière fiscale constitue, à notre sens, un *milieu* où les *croyances*, les « *valeurs* »[1858] sont susceptibles d'aboutir à une conviction différente. La conviction est, de nouveau, le fruit d'une construction particulière qui n'est que le reflet d'une *croyance en un devoir être du juge*. Une telle analyse – au carrefour de la sociologie et du droit – atteste que la vérité est toujours « subjective »[1859] car elle est empreinte de conceptions propres au sujet qui l'établit. Il reste donc à établir que la vérité établie par les juges est susceptible de variations.

Sous-Section II. – L'intime conviction : reflet d'une conception particulière de la vérité

539. L'intime conviction – dont l'identité est susceptible de variations – atteste que la vérité qui est établie par les juges administratif, civil et pénal ne présente qu'une unité relative. La vérité de l'un peut ne pas être la vérité de l'autre. Il faut, à notre sens, se résoudre à considérer que la *nature de la vérité* établie par chaque juge n'est pas la même. À ce titre, la vérité établie par le juge pénal est une « vérité matérielle »[1860] qui tend à « découvrir l'exacte

---

[1857] LEVY-BRUHL Henri, *La preuve judiciaire, Etude de sociologie juridique*, Librairie Marcel Rivière et Cie, 1964, pp. 22-23.

[1858] FOULQUIER Caroline, *La preuve et la justice administrative française*, Thèse de doctorat, Toulouse 1, L'Harmattan, Logiques juridiques, 2013, p. 605.

[1859] MEKKI Mustapha, *Preuve et vérité en France*, in, Travaux de l'Association Henri Capitant, *La preuve*, Bruylant, Tome LXIII, 2013, pp. 813-847, spéc. p. 847.

[1860] MERLE Roger et VITU André, *Traité de droit criminel, Procédure pénale*, Tome 2, Cujas, 5e éd., 2001, n°7, p. 21.

vérité »[1861] des faits. Devant ce juge pénal, « la liaison de la vérité matérielle du fait incriminé avec la décision est beaucoup plus contraignante »[1862]. En ce sens, le constant dépassement des mécanismes probatoires au profit de la recherche du fait matériel s'inscrit dans cette recherche. À l'opposé du caractère central de la recherche de la vérité matérielle par le juge pénal, la vérité du juge civil est une « vérité contingente [car] le rôle du juge n'est pas de rechercher la vérité objective »[1863] mais bien de juger ou non établie une vérité avancée par les parties dont l'intérêt essentiellement privé n'exige pas une recherche aussi privée que celle requise par le juge pénal. Enfin, devant le juge administratif, il « s'agit moins de trouver la vérité objective (...) que de faire participer les parties à l'œuvre de justice selon leurs moyens »[1864]. La conviction du juge administratif peut suppléer le doute dans l'établissement de la réalité factuelle s'éloignant, tout à la fois, de la *vérité matérielle* du juge pénal et de la *vérité contingente* du juge civil. La vérité juridictionnelle apparaît, de la sorte, comme une vérité éminemment *relative* et *subjective*.

540. Rechercher la cause de cette relativité de la vérité juridictionnelle n'est pas sans poser certaines difficultés. Si la sociologie pourrait, sans aucun doute, apporter d'intéressantes réponses à cette question, il faut tenter de cerner juridiquement les causes de cette relativité. À notre sens, la vérité juridictionnelle doit se concevoir dans un rapport entre un juge et des parties. Le droit de Common Law peut aider à mieux saisir la place occupée par les rapports entre les parties dans l'établissement de la vérité juridictionnelle. Les standards de preuve apparaissent comme les reflets des différences de vérité qui peuvent être établies au terme d'un procès. La différence entre le standard de preuve applicable entre le droit pénal – fondé sur la « preuve au-delà du doute raisonnable »[1865] – peut s'expliquer par le fait que « dans les affaires pénales, un standard élevé de preuve reflète l'idée selon laquelle la condamnation d'un prévenu innocent est un coût élevé, qui dépasse le coût d'un coupable remis en liberté »[1866]. À l'inverse, l'affirmation d'un standard de preuve reposant sur un équilibre des probabilités[1867], « permet aux juges (...) [d']égalise[r] les positions des parties »[1868]. Cela signifie donc que la

---

[1861] *Op. cit., loc cit.*

[1862] FORIERS Paul, *Considérations sur la preuve judiciaire*, in, FORIERS Paul et PERELMAN Chaïm (dir.), *La preuve en droit*, Bruylant, 1981, pp. 315-329, spéc. p. 326.

[1863] MOTULSKY Henri, *Droit processuel*, Montchrestien, 1973, p. 224.

[1864] *Op. cit.*, p. 236.

[1865] En anglais, *proof beyond reasonable doubt.*

[1866] CLERMONT Kevin M. & SHERWIN Emily, *A Comparative View of Standards of Proof*, American Journal of Comparative Law 2002, pp. 243-275, spec. p. 268 ("*In criminal cases, a high standard of proof reflect the view that punishment of innocent defendants is a heavy cost, one that outweighs the cost of letting some guilty go free*").

[1867] En anglais, « *proof on a balance of probabilities* ».

[1868] CLERMONT Kevin M. & SHERWIN Emily, *A Comparative View of Standards of Proof*, American Journal of Comparative Law 2002, pp. 243-275, spec. p. 273 ("*the common-law*

vérité juridictionnellement établie par un juge peut découler d'un rapport entre les parties et du juge entre les parties.

541. Or, devant le juge administratif, la spécificité des rapports entre le juge, l'administration et l'administré conduit – en raison de l'inégalité fondamentale qui existe entre l'administration et l'administré – le juge à la vérité « en tenant compte de ce qu'il est possible dans chaque espèce de demander raisonnablement à l'une ou à l'autre des parties en cause »[1869] car « en droit public le rôle du juge vis-à-vis de la vérité fait apparaître des rapports triangulaires : ceux du juge, de la vérité et de l'administration »[1870]. La vérité juridictionnelle peut être le reflet d'une relation spécifique entre les parties et entre le juge et les parties. De même, le déséquilibre spécifique qui caractérise le procès pénal tout comme l'égalité qui caractérise le procès civil peuvent affecter l'établissement de la vérité et donc la vérité établie au terme de ces procédures. À notre sens, la place occupée par le doute reflète le mieux le caractère déterminant des relations entre le juge et les parties dans l'établissement de la vérité. Si le doute peut prospérer devant le juge civil[1871], il dispose d'une place bien plus relative devant les juges administratif et pénal. Or, la place du doute peut s'expliquer par l'identité des juges et les rapports spécifiques qui unissent ces juges aux parties.

542. Il apparaît, en définitive, que la vérité qui est établie par les juges administratif, civil et pénal n'est qu'une vérité relative. Cette affirmation prend toute son sens lorsqu'il est relevé qu'« Appréhendée à travers la personne du juge et de son jugement, la vérité judiciaire est subjective »[1872]. De ce fait, la chose jugée n'est pas la « vraie vérité [mais] elle est reçue (accipitur) par le bon peuple pour tenir lieu de vérité »[1873] qui repose, en outre, sur une présomption légale de vérité[1874]. Cette relativité particulière de la vérité apparaît d'autant plus lorsqu'il est fait état de l'existence d'une « vérité

standard of proof permits courts to maintain a more impartial stance toward litigants, because it equalizes litigant's positions").

1869 ODENT Raymond, *Contentieux administratif*, Les cours du droit, 1977-1978, Fasc. n°3, p. 898.

1870 DELVOLVE Pierre, *Le juge et la vérité, aspects de droit public*, in, Annales de l'université des sciences sociales de Toulouse, tome XXVI, 1978, pp. 339-367, spéc. p. 366.

1871 L'emploi du risque du doute par le juge civil peut ainsi s'entendre comme le terme d'un litige égalitaire. L'absence de déséquilibre entre les parties confère à cette solution un caractère équitable. Le procès civil peut ainsi s'accommoder d'une solution fondée sur le risque du doute.

1872 MEKKI Mustapha, *Preuve et vérité en France*, in, Travaux de l'Association Henri Capitant, *La preuve*, Bruylant, Tome LXIII, 2013, pp. 813-847, spéc. p. 827.

1873 CARBONNIER Jean, *Droit civil, Introduction*, PUF, 27e éd., 2002, n°192.

1874 DINTILHAC Jean-Pierre, *La vérité de la chose jugée*, in, Rapport annuel de la Cour de cassation 2004, La vérité, La documentation française, 2005, pp. 57-66.

fiscale »[1875], d'une « vérité administrative »[1876] ou d'une « vérité pénale »[1877] ou encore d'une vérité civile[1878]. À notre sens, il faut se garder d'employer le terme de vérité lorsqu'une épithète est attachée à ce terme car alors, l'épithète tend à devenir oxymore : s'il existe une vérité spécifique à chaque branche du droit, c'est bien que le droit cherche moins à établir la Vérité qu'une vérité relative qu'il convient de nommer réalité factuelle. Or, chaque juge, dans l'exercice de son activité juridictionnelle établit – selon la belle expression d'Henri MOTULSKY – « ce qu'il croit être vérité objective »[1879]. Cela tend à démontrer, qu'en dépit de la relativité de la vérité établie, les juges administratif, civil et pénal *croient* en la vérité qu'ils établissent et ils sont prêts à leur accorder un caractère *objectif* qui ne saurait, par définition, caractériser la preuve juridictionnelle[1880].

543. Conclusion de la Sous-Section II. – La vérité qui est établie par les juges administratif, civil et pénal présente des particularismes qui reflètent l'identité de chaque contentieux. En ce sens, la formule employée par Pierre DELVOLVE selon laquelle « Chacun [des juges] peut avoir sa vérité »[1881] reflète parfaitement cette idée selon laquelle la vérité n'est pas une donnée commune offerte aux juges mais une donnée construite – reconstruite ? – par chacun d'eux et qui peut être différente. En définitive, la vérité n'apparaît que comme l'expression d'une croyance en un devoir être du juge qui reflète une identité propre. Une distance peut exister dans la conviction des juges[1882]. L'objectivité comme la vérité ne se conçoivent que comme un rapport particulier à la réalité. La perception de la réalité n'est donc qu'une vision subjective.

544. Conclusion de la Section II. – L'intime conviction des juges apparaît comme le principe commun d'établissement de la réalité factuelle des juges de la matière fiscale. À la faveur de ce principe, les juges disposent d'une liberté dans l'établissement des faits. Toutefois, cette commune liberté des

---

1875 DE LA MARDIERE Christophe, *La preuve en droit fiscal*, Litec, 2009, n°8, p. 3.

1876 HAURIOU Maurice, note sous Conseil d'Etat, 30 mai 1913, Préfet de l'Eure, S.1915.III.9.

1877 NAGOUAS-GUERIN Marie-Cécile, *Le doute en matière pénale*, Thèse de doctorat, Bordeaux 4, Dalloz, Nouvelle Bibliothèque de Thèses, Tome 18, 2002, p. 242.

1878 LASSERRE-KIESOW Valérie, La vérité en droit civil, D. 2010, n°15, pp. 907-920.

1879 MOTULSKY Henri, *Droit processuel*, Montchrestien, 1973, p. 231.

1880 MEKKI Mustapha, *Preuve et vérité en France*, in, Travaux de l'Association Henri Capitant, *La preuve*, Bruylant, Tome LXIII, 2013, pp. 813-847, spéc. p. 847.

1881 DELVOLVE Pierre, *Le juge et la vérité, aspects de droit public*, in, *Annales de l'université des sciences sociales de Toulouse*, tome XXVI, 1978, pp. 339-367, spéc. p. 341.

1882 Le commissaire du Gouvernement Valérie PECRESSE a ainsi exposé, dans ses conclusions prononcées à l'occasion de l'affaire Epoux Quarez que le juge administratif n'hésite pas à s'« écarter d'une solution retenue par la juridiction judiciaire lorsqu'elle n'emporte pas votre conviction » (concl. sur Conseil d'Etat, Sect., 14 février 1997, Centre hospitalier régional de Nice c/ Epoux Quarez, RFDA 1997, p. 374).

juges dans l'établissement de la réalité factuelle est le siège d'une identité particulière propre à chacun d'eux. L'étude de l'intime conviction permet ainsi de dévoiler l'identité *intime* de chacun des juges de la matière fiscale. La vérité qui est établie par chacun de ces juges reflète une identité qui leur est propre.

545. Conclusion du chapitre II. – L'établissement de la réalité factuelle apparaît comme une opération intellectuelle qui reflète l'identité de chacun des juges de la matière fiscale. La conviction des juges ne saurait se réduire à une appréciation mécanique des faits mais reflète, bien davantage, un rapport propre entre le juge et les parties. La réalité établie par une juridiction ne saurait se concevoir comme une vérité universelle, mais est le fruit d'un rapport particulier entre le juge qui perçoit cette réalité et le fait réel. Cette relation particulière qui existe entre le *fait juridique* et le juge est à même de laisser prospérer des divergences entre les juges : le rapport de chaque juge au fait qu'il doit établir renvoie à une conception de la réalité factuelle qui est liée au rapport entretenu par chaque juge avec les parties. En ce sens, la *part variable de doute* que peut contenir l'établissement d'un fait atteste que la réalité factuelle qui est établie ne renvoie pas à une conception unique de la réalité factuelle. Cette réalité factuelle est bien davantage *établie* que simplement *constatée* par le juge. L'établissement de cette réalité peut alors être le fruit d'une *conscience particulière* qui est l'expression d'un *devoir être du juge* : la réalité factuelle est – comme l'a relevé Henri LEVY-BRUHL[1883] – une réalité située au carrefour de l'espace, du temps, et à notre sens, de l'identité du juge. La figure du juge imprime sur la réalité factuelle une empreinte particulière qui révèle les liens intrinsèques qui unissent la réalité judiciaire et l'identité de chaque juge. La réalité factuelle dispose donc d'un aspect vernaculaire qui est propre à chaque juge.

546. Conclusion du Titre II. – L'appréciation et la conviction composent les deux temps de l'établissement de la réalité factuelle. Ces deux temps confèrent au juge la place fondamentale qu'il occupe en matière de preuve : en tant que récepteur des éléments de fait, il doit établir les faits nécessaires à l'application de la règle de droit. Or, chacun de ces deux temps sont le reflet d'une identité propre qui est préservée en matière fiscale. L'encadrement juridique de l'appréciation est révélateur du maintien de cette identité. Il n'existe pas de modalités spécifiquement fiscales à l'appréciation juridictionnelle des faits mais cette matière atteste du maintien des règles qui prévalent devant les juges administratif, civil et pénal.

1883 LEVY-BRUHL Henri, *La preuve judiciaire, Etude de sociologie juridique*, Librairie Marcel Rivière et Cie, 1964.

547. Loin de constituer une unité, l'appréciation repose sur un cadre juridique propre à chaque juridiction : les systèmes de preuve légale et de preuve morale sont ainsi maintenus en matière fiscale sans qu'un particularisme ne guide l'appréciation en cette matière. Cette divergence de l'encadrement juridique en matière d'appréciation juridictionnelle est confirmée par l'existence implicite d'un principe d'indépendance des appréciations de chacun des juges de la matière fiscale qui révèle que l'appréciation des juges est le fruit de procédures différentes. Seule la prise de conscience de la nécessité d'éviter les divergences d'appréciation atteste d'un possible rapprochement des juges – par une prise en compte élargie de l'autorité de chose jugée – dans l'appréciation des faits.

548. Ces divergences sont encore appuyées par la présence de convictions intimes à chaque juge. Ces convictions révèlent un rapport de chaque juge à la réalité factuelle qui reflète les liens particuliers qui unissent les juges et les parties. Cette conviction est ainsi le reflet d'une identité propre à chaque juge dans l'établissement de la réalité factuelle. En somme, les juges de la matière fiscale ne sont que des juges administratif, civil et pénal qui statuent en matière fiscale.

549. Conclusion de la Première Partie. – Au terme de cette première partie, l'hypothèse formulée au départ est vérifiée : l'établissement de la preuve fiscale ne saurait constituer un pan autonome de la procédure fiscale mais révèle l'identité probatoire des juges administratif, civil et pénal statuant en matière fiscale. Déjà, Maurice-Christian BERGERES avait relevé à propos de la procédure fiscale qu'« En l'état du droit positif, il semble bien qu'il existe deux procédures juridictionnelles fiscales : une procédure suivie devant les juges judiciaires de l'impôt et une procédure suivie devant les juges administratifs de l'impôt qui n'ont pu se dégager de la 'gangue' que constituent respectivement la procédure civile et la procédure contentieuse administrative »[1884]. Il existe bien une *gangue* procédurale relevant des juridictions administrative, civile et pénale qui gouverne l'établissement de la preuve fiscale. Si les partisans de l'*autonomie* et du *particularisme* de la preuve fiscale se fondent, à juste titre, sur l'incontestable présence de dispositions spécifiques à la matière fiscale – relatives à la charge de la preuve – cette présence ne saurait, à notre sens, constituer un indice suffisant d'une spécificité réelle de cette matière. Il n'existe pas non plus, à notre sens, de *nature* – objective ou autre – spécifique au droit fiscal qui tendrait à généraliser certaines pratiques en matière de preuve. Deux facteurs expliquent ce choix. En premier lieu, l'*insuffisance des dispositions légales* conduit à n'offrir qu'un cadre insuffisant à la formation d'une spécificité fiscale en

---

[1884] BERGERES Maurice-Christian, *Le principe des droits de la défense en droit fiscal*, Thèse de doctorat dact., Bordeaux, 1975, p. 155.

matière probatoire : ces règles de charge de la preuve ont pour effet d'établir quelques règles élémentaires à la répartition de la charge de la preuve mais n'épuisent pas la répartition réelle du fardeau probatoire. En second lieu, *l'interprétation de ces dispositions* offre aux juges une véritable liberté dans la répartition de la charge probatoire. Pour preuve, les règles de charge de la preuve sont entendues, devant le juge administratif de l'impôt comme des règles de nature à désigner la partie qui doit administrer les premiers éléments de preuve alors que, devant le juge civil, ces règles désignent bien davantage la partie qui doit succomber si la preuve n'est pas faite. C'est donc une *identité probatoire* qui se révèle par la comparaison de ces procédures. L'appréciation des preuves offre, en ce sens, l'illustration d'une véritable construction propre à chaque juge. La réalité probatoire n'est ainsi qu'une donnée (re-)construite à la lumière de conceptions particulières à chacun des juges.

550. Une place à part doit, toutefois, être réservée à la matière répressive qui atteste, par l'universalité du principe de présomption d'innocence, qu'une construction *autonome* de l'établissement de la preuve ne relève pas de l'utopie. En cette matière – qui concerne tant le juge pénal que la cause juridique des pénalités fiscales – la présomption d'innocence imprime tant sur la répartition de la charge de la preuve que sur l'appréciation juridictionnelle une identité propre et partagée par les juges de la matière fiscale. Or, l'existence d'une matière pénale fait écho à l'absence de matière fiscale relative à l'administration de la preuve.

551. En définitive, l'établissement de la preuve repose sur une double croyance : croyance en un devoir être du juge qui le pousse vers une attitude plus ou moins active dans la recherche de la preuve et croyance en un devoir être du juge qui affecte l'appréciation des faits. À ce titre, tant la recherche de la preuve que l'appréciation sont le reflet d'un office, entendu comme une croyance en un devoir être, qui est intériorisé par chaque juge. En la matière, l'opposition entre procédure accusatoire et inquisitoire ne permet pas de saisir avec justesse et précision l'identité de chaque juge. Il faut, à notre sens, reconnaître une identité de chaque juge qui dépasse et transcende cette opposition dont les limites ont été démontrées. Les juges de la matière fiscale apparaissent comme prisonniers de l'identité qui résulte de leur propre ordre de juridiction dans l'établissement de la réalité factuelle. Or, il tend à émerger un noyau commun de principes qui gouvernent l'établissement de la preuve. Il reste à déterminer s'il n'apparaît pas – ou s'il n'existe pas déjà – des règles révélant une *fondamentalité probatoire* apte à offrir, aux juges de la matière fiscale, un cadre commun dans l'établissement de la réalité factuelle. La réalité factuelle serait ainsi partiellement établie selon des principes communs.

* * *

PARTIE II. – L'AFFIRMATION DE PRINCIPES COMMUNS D'ÉTABLISSEMENT DE LA PREUVE

552. Le droit probatoire, à l'instar du droit processuel[1885], connaît de profonds changements en raison de l'« attraction de la procédure par les droits fondamentaux »[1886]. Si la doctrine processualiste a relevé « l'existence d'une structure inhérente à toute procédure »[1887], il faut rechercher l'existence de principes fondamentaux[1888] inhérents au droit de la preuve. Peu à peu, apparaissent « de manière transversale [des] principes qui guident le droit de la preuve »[1889]. Ces principes émergent à l'aune d'une « fondamentalisation »[1890] du droit de la preuve qui transcende les règles procédurales applicables devant chaque juge[1891]. L'affirmation d'une *fondamentalité probatoire* favorise le

---

[1885] Sur ce point : GUINCHARD Serge et alii, *Droit processuel, Droits fondamentaux du procès*, Dalloz, Précis, 9e éd., 2017, pp. 1242-1260 ; GUINCHARD Serge, *Le procès équitable : garantie formelle ou droit substantiel ?*, D. 1999, n°1, pp. 65-70 ; GUINCHARD Serge, *Vers une démocratie procédurale*, Justices, 1999, n°1, pp. 91-130.

[1886] GUINCHARD Serge, *Vers une démocratie procédurale*, Justices, 1999, n°1, pp. 91-130, spéc. p. 93.

[1887] BARANES William, FRISON-ROCHE Marie-Anne et ROBERT Jacques-Henri, *Pour le droit processuel*, D. 1993, n°2, pp. 9-11.

[1888] Sur ce point : LECLERC Olivier, VERGES Etienne et VIAL Géraldine, *Droit de la preuve*, PUF, Thémis droit, 2015, pp. 149-150 ; MEKKI Mustapha, *La fondamentalisation du droit de la preuve : réflexion sur les dangers d'un 'droit à la vérité'*, Revue de droit d'Assas 2015, n°11, pp. 58-71.

Sur les droits fondamentaux : ANDRIANTSIMBAZOVINA Joël, *L'enrichissement mutuel de la protection des droits fondamentaux au niveau européen et au niveau national*, RFDA 2002, pp. 124-138 ; BURGORGUE-LARSEN Laurence, *Les concepts de liberté publique et de droit fondamental*, in, AUBY Jean-Marie (dir.), *L'influence du droit européen sur les catégories du droit public*, Dalloz, 2010, pp. 389-407 ; CHAMPEIL-DESPLATS Véronique, *La notion de droit fondamental et le droit constitutionnel français*, D. 1995, pp. 323-329 ; FAVOREU Louis et alii, *Droit des libertés fondamentales*, Dalloz, Précis, 7e éd., 2015 ; PICARD Etienne, *Droits fondamentaux*, in, ALLAND Denis et RIALS Stéphane (dir.), *Dictionnaire de la culture juridique*, PUF, 2003, pp. 544-549 ; PICARD Etienne, *L'émergence des droits fondamentaux en France*, AJDA 1998, pp. 6-42 ; WACHSMANN Patrick, *L'importation en France de la notion de droits fondamentaux*, RUDH 2004, pp. 40-49.

[1889] LECLERC Olivier, VERGES Etienne et VIAL Géraldine, *Droit de la preuve*, PUF, Thémis droit, 2015, p. 149.

[1890] JEULAND Emmanuel, *Droit processuel général*, LGDJ, Domat, Droit privé, 3e éd., 2014, p. 548.

[1891] Pour une définition des principes directeurs du procès : VERGES Etienne, *Les principes directeurs du procès judiciaire, Etude d'une catégorie juridique*, Thèse de doctorat dact., Aix-Marseille 3, 2000, n°275, p. 277.

rapprochement de l'établissement de la preuve devant les juges administratif, civil et pénal. Dans cette optique, la preuve n'est pas uniquement le fruit de procédures à l'identité propre : elles peuvent contenir des traits communs dont certains principes fondent l'unité.

553. Le développement de principes fondamentaux forge, *de lege lata*, un noyau dur qui encadre l'établissement de la preuve. La réalité factuelle se trouve ainsi étroitement liée – et même conditionnée – au respect de principes qui éloignent le juge de l'établissement d'une vérité absolue. La fondamentalité probatoire atteste que la vérité juridictionnelle dispose de contours qui lui sont propres. Une seule illustration permet de s'en convaincre : la prohibition de toute atteinte à l'intégrité physique d'un individu – à l'opposé de la *question*[1892] de naguère – atteste que la preuve juridictionnelle est le fruit d'une conception temporellement située de cette réalité où le respect de principes tant formels que substantiels encadre son établissement.

554. Le développement de ces principes doit conduire à *subsumer*[1893] sous certains d'entre eux les règles d'établissement de la preuve. Pour cela, il faut rechercher si la jurisprudence – qui dispose d'un « rôle déclaratif »[1894] des principes processuels – présente ou non une unité. Ici encore, la matière fiscale constitue un champ d'étude particulièrement idoine à l'identification de ces principes communs. Il faut donc mesurer l'existence d'une *gouvernance principielle* de l'établissement de la preuve. En pratique, il apparaît que les droits fondamentaux sont une *condition de l'établissement de la réalité factuelle* : ils exercent un effet inhibiteur sur la réalité factuelle en érigeant des conditions à son établissement. Deux principes retiendront tout particulièrement ces développements. La *loyauté de la preuve* constitue, en premier lieu, une notion qui tend, non sans difficulté et résistance, à devenir un principe commun à l'établissement de la preuve juridictionnelle (Titre I). L'*équité probatoire* constitue, en second lieu, sur le modèle de l'équité processuelle, un principe commun du droit de la preuve dont l'importance se renforce continuellement (Titre II).

[1892] Sur ce point : ASTAING Antoine, *Les douleurs de la question préparatoire et le remède des drogues*, in, DURAND Bernard, POIRIER Jean et ROYER Jean-Pierre, *La douleur et le droit*, PUF, 1997, pp. 277-302 ; GARNOT Benoît et WENZEL Eric, *La torture judiciaire dans la France de l'Ancien Régime : lumières sur la question*, Ed. Universitaires de Dijon, 2011 ; GILARDEAU Eric, *Les grands procès criminels de l'Antiquité grecque*, L'Harmattan, 2016, pp. 106-119.

[1893] Subsumer est l'« Action de penser le particulier sous le général » (Dictionnaire de l'Académie française, V° Subsumer).

[1894] BARANES William, FRISON-ROCHE Marie-Anne et ROBERT Jacques-Henri, *Pour le droit processuel*, D. 1993, n°2, pp. 9-11.

Titre I. – La loyauté probatoire

> « *En temps de guerre,*
> *la force et la tromperie sont les deux vertus cardinales* »[1895]

555. La loyauté de la preuve est, d'un point de vue juridique, une notion évanescente[1896]. En dehors de la sphère juridique, la loyauté se définit comme la « fidélité manifestée par la conduite aux engagements pris, au respect des règles de l'honneur et de la probité »[1897]. L'étude historique du terme loyauté démontre qu'il a d'abord été assimilé – sous la forme du mot « leial » dérivant du latin « legalis »[1898] – au respect des lois. Puis, ce terme s'est transformé pour devenir le terme « loyal » et s'entendre du respect des règles de l'honneur[1899]. Dans ce dernier cas, la loyauté renvoie aux règles en vigueur dans la chevalerie[1900]. Juridiquement, le terme « loyal » présente donc un double sens et renvoie tant au respect de la loi qu'au respect des règles morales[1901].

556. En droit de la preuve, il est commun d'affirmer la loyauté comme relevant du respect de règles morales. Elle s'entend ainsi comme « une manière d'être de la recherche des preuves, conforme au respect des droits de

---

1895 HOBBES Thomas, *Léviathan ou Matière, forme et puissance de l'Etat chrétien et civil*, Gallimard, 2000, p. 228.

1896 Bertrand SEILLER expose que la loyauté dispose d'une « juridicité ambigüe » (*La loyauté [hors] des relations contractuelles*, in, *Mélanges en l'honneur de Laurent RICHER*, LGDJ, 2013, pp. 435-450).

1897 Dictionnaire de l'Académie française, V° « Loyauté », 8e éd. (disponible à l'adresse : http://atilf.atilf.fr/academie.htm).

1898 BLOCH Oscar et VON WARTBURG Walther, *Dictionnaire étymologique de la langue française*, V° Loyal, PUF, Coll. Quadrige dicos poche, 2008.

1899 REY Alain (dir.), *Dictionnaire historique de la langue française*, V° Loyal, Le Robert, 2012.

1900 AYNES Laurent, *L'obligation de loyauté*, APD 2000, n°44, pp. 195-204 ; DE LAMY Bertrand, *De la loyauté en procédure pénale, brèves remarques sur l'application de la chevalerie à la procédure pénale*, in, *Le droit pénal à l'aube du troisième millénaire : Mélanges offerts à Jean PRADEL*, Cujas, 2006, pp. 97-108.

1901 En ce sens, le dictionnaire *Robert* définit la loyauté tant comme le respect des lois que comme le respect des « règles de l'honneur et de la probité ».

l'individu et à la dignité de la Justice »[1902]. Ainsi entendue, la loyauté vise à sanctionner un comportement *déloyal* qui se caractérise par la contradiction, la duplicité[1903] : la déloyauté sanctionne certains comportements comme le stratagème, la ruse, la tromperie, le mensonge ou encore l'artifice dans le recueil ou la confection d'une preuve.

557. La loyauté de la preuve conduit ainsi à opérer une discrimination entre les preuves admissibles et les preuves inadmissibles. Une preuve est dite *admissible* lorsqu'elle « peut être proposé[e] par un plaideur au soutien de ce qu'il allègue (…), de telle sorte que le juge est tenu de [la] prendre en considération, sans pouvoir l'écarter *a priori* »[1904]. À l'inverse, il faut entendre par preuve *inadmissible*, la preuve qui doit être écartée *a priori* par le juge. L'affirmation de règles d'admissibilité de la preuve – bien qu'issues du droit de Common law[1905] – traduit l'opposition entre recherche de la vérité et

---

1902 BOUZAT Pierre, *La loyauté dans la recherche des preuves*, in, *Problèmes contemporains de procédure pénale : recueil d'études en hommage à M. Louis HUGUENEY*, Sirey, 1964, pp. 155-177, spéc. p. 172.

1903 Laurent AYNES relève ainsi que « le contraire de la loyauté est la duplicité, l'attitude double, qui égare autrui et ruine ses prévisions » (*L'obligation de loyauté*, APD 2000, n°44, pp. 195-204, spéc. p. 197).

1904 CORNU Gérard, *Vocabulaire juridique*, V° Admissible, PUF, 10e éd., 2014, p. 36.

1905 La règle de l'admissibilité de la preuve est issue du système du jury du droit anglo-américain. En ce sens, W. J. WAGNER relève que « Le droit de la preuve dans le système juridique américain – tout comme dans le droit anglais dont il est issu – a été très influencé par le système du jury ; ses règles sont beaucoup plus compliquées que celles du droit continental. L'idée principale est de ne pas admettre les preuves qui, étant de qualité probatoire douteuse, peuvent néanmoins indûment influencer les jurés » (*La preuve dans le droit des Etats-Unis*, in, Recueils de la Société Jean Bodin pour l'histoire comparative des institutions, *La preuve*, Tome XIX, *Période contemporaine*, Editions de la Librairie Encyclopédique, Bruxelles, 1963, pp. 417-447, spéc. p. 417). François GORPHE relève également que « Cette fonction des règles d'admissibilité est due à deux considérations, dont la deuxième surtout est spéciale au droit anglais. D'abord, ce n'est pas le juge, mais les parties qui recueillent les données de preuves, et la pertinence ne s'en précisera que lors des débats. Puis, c'est le jury qui fixe les faits et apprécie les preuves, après que le juge a appliqué les règles d'admissibilité et rejeté les données inférieures. Quoique trop formaliste, ce triage présente d'appréciables avantages pour le jury : il évite les pertes de temps, il simplifie la tâche, il empêche les fraudes de la part des parties, enfin rassérène les débats » (*L'appréciation des preuves en justice, Essai d'une méthode technique*, Sirey, 1947, p. 41). En ce sens, le droit pénal américain a élaboré une règle d'admissibilité des preuves recueillies en violation des droits protégés par les 4e (qui interdit les perquisitions déraisonnables) et 5e amendements (qui protège le droit à une procédure régulière et interdit l'auto-incrimination) de la Constitution américaine. Toutefois, il existe des exceptions à ce principe. Ainsi, le principe dit de l'« inevitable discovery » neutralise cette règle lorsque la preuve aurait pu être découverte par des moyens légaux ou lorsqu'elle est apportée par une source indépendante (« indepentand source ») ou encore lorsque l'agent chargé de rechercher cette preuve croyait agir légalement (Sur cette question : FONTENOT H. W. et LEVASSEUR Alain, *Le droit de la preuve aux Etats-Unis*, in, CADIET Loïc, MEKKI Mustapha, GRIMALDI Cyril, *La preuve : regards croisés*, Dalloz, 2015, pp. 183-204, spéc. pp. 198-199). Dans un même sens, le droit canadien écarte la preuve obtenue en violation d'un droit fondamental par un agent détenteur de l'autorité publique (Sur ce point : ROYER Jean-

nécessaire légitimité de la décision de justice qui tend à garantir l'importance croissante des droits fondamentaux[1906]. La loyauté atteste de l'émergence d'une *fondamentalité probatoire* qui encadre – et limite – l'établissement de la réalité factuelle. Il convient alors de rechercher si cette fondamentalité probatoire est commune aux juges de la matière fiscale. Il faut tenter d'identifier si, en pratique, il existe ou non un principe commun de *loyauté probatoire*.

558. Cette exigence de légitimité de la décision de justice repose sur l'établissement d'une preuve conforme aux droits fondamentaux. Pour cela, il est classique de distinguer le respect de la légalité de celui de la licéité. Si la légalité s'entend du respect « des choses prescrites par la loi positive, sous peine, (...) de nullité »[1907], la licéité s'entend des actes qui n'enfreignent pas le droit. En somme, un acte est légal s'il est « conforme à la loi »[1908] et il sera licite s'il est « conforme au droit »[1909]. Si cette distinction a pu être transposée

---

Claude, *La preuve civile*, Les éditions Yvon Blais Inc., Canada, 2e éd., 1995, pp. 617-642, spéc. pp. 620-621). Cette question de l'admissibilité de la preuve se rencontre également dans d'autres juridictions. À ce titre, en Allemagne, la Cour constitutionnelle a rendu un arrêt fondamental en matière fiscale le 9 novembre 2010 (BVerfG, 2 BvR 2101/09). En l'espèce, la Cour estime que le soupçon fondé sur une preuve volée est conforme à la Loi fondamentale allemande. Pour parvenir à cette conclusion, la Cour met en balance la protection de la vie privée avec l'efficacité de la mise en œuvre de la loi (Sur ce point : ARRETO Marie-Caroline, *L'utilisation de données d'origine illicite dans la lutte contre la fraude fiscale, Une tolérance 'proportionnelle' du juge constitutionnel allemand*, Jurisdoctoria 2011, n°7, pp. 131-150). Dans un sens différent, en Suisse, le Tribunal administratif fédéral de Saint-Gall, par un jugement du 15 septembre 2015 (n°A-6843/2014, Administration fédérale des contributions c/ A, pt. 8.5) a jugé que des preuves qui ont été obtenues par sur « des actes punissables au regard du droit suisse (...) [ne peuvent] servir de moyens de preuve en procédure » rejetant ainsi une demande d'assistance administrative internationale. Cette solution a été confirmée par le Tribunal fédéral dans un arrêt du 17 mars 2017 rendu dans une affaire où le fisc français avait fondé une demande de renseignements sur des éléments issus des fichiers volés par Hervé FALCIANI (n°2C_1000/2015, Administration fédérale des contributions c/ A et B). Toutefois, une solution différente a été rendue par ce même Tribunal fénéral dans un arrêt du 16 février 2017 (n°2C_893/2015, Administration fédérale des contributions c/ A).

1906 L'exigence de loyauté traduit « une nouvelle conception de la justice moins fondée sur la recherche de la vérité que sur celle de l'assise et de la légitimité de la décision judiciaire » (BOURSIER Marie-Emma, *Le principe de loyauté en droit processuel*, Thèse de doctorat, Paris 2, Dalloz, Nouvelle Bibliothèque de thèses, Tome 23, 2003, n°325, p. 192). La recherche de la légitimité de la preuve exige donc une loyauté de la preuve mais elle s'oppose à la recherche effective de la vérité (GRIMALDI Cyril, *Preuve et droits fondamentaux en France*, in, Travaux de l'Association Henri Capitant, *La preuve*, Bruylant, Tome LXIII, 2013, pp. 161-195). En somme, « La question de la loyauté pose la question récurrente de la fin et des moyens » (PRADEL Jean, *Procédure pénale*, Cujas, 18e éd., 2015, p. 373) et constitue, de ce fait, un arbitrage entre la recherche de la vérité et le nécessaire respect des droits fondamentaux.

1907 GUIZOT François, *Nouveau dictionnaire universel des synonymes de la langue française*, V° Légal, légitime, licite, Maradan, 1809, p. 560.

1908 CORNU Gérard, *Vocabulaire juridique*, V° Légal, 11e éd, 2016.

1909 *Op. cit., loc. cit.*

en matière probatoire[1910], il apparaît que les limites entre légalité et licéité de la preuve sont relatives puisque le respect de la légalité se confond avec le respect de la licéité[1911]. Si l'emploi du terme de licéité est adapté à la preuve recueillie par les particuliers – qui ne sont soumis à aucune règle procédurale dans le recueil d'une preuve – il y a lieu de distinguer entre la légalité formelle – entendue comme le respect des règles légales encadrant le processus de recueil d'une preuve – et la légalité matérielle qui s'entend du respect de l'ensemble des droits fondamentaux lors de ce recueil.

559. La confrontation entre loyauté et légalité permet de mieux saisir l'étendue de la loyauté probatoire : il faut, à notre sens, contester l'autonomie de la loyauté probatoire au regard des exigences de légalité formelle[1912] ou de légalité matérielle[1913] de la preuve[1914]. En effet, les comportements de mauvaise foi qui sont sanctionnés par la loyauté probatoire ne présentent pas d'autonomie au regard de la légalité de la preuve. Il sera ici démontré que s'il existe un commun principe de loyauté de la preuve (Chapitre I), cette loyauté n'est qu'un aspect du principe de légalité de la preuve (Chapitre II).

[1910] LECLERC Olivier, VERGES Etienne et VIAL Géraldine, *Droit de la preuve*, PUF, Thémis droit, 2015, pp. 355-358.

[1911] Cette confusion entre légalité et licéité s'explique par la place occupée, dans la hiérarchie des normes, par certains principes fondamentaux. Lorsqu'ils disposent d'une valeur supra-légale – comme le droit de ne pas s'auto-incriminer – ils conduisent à enrichir l'exigence de légalité puisqu'ils s'imposent à la loi. En somme, il n'est plus possible de distinguer les frontières de la légalité et de la licéité tant la légalité est renforcée par l'exigence de licéité. En ce sens, le droit de ne pas s'auto-incriminer, s'il n'est pas imposé par la loi, s'impose même dans le cas où la loi ne le prévoit pas.

[1912] FOURMENT François, *Du principe de loyauté de la preuve et de son application aux matières civile et pénale*, D. 2011, p. 562 ; SAINT-PAU Jean-Christophe, *L'enregistrement clandestin d'une conversation*, Dr. pén. 2008, n°9, ét. 17, pp. 21-26.

[1913] GARREAU Denis, *La loyauté dans la preuve, un principe résiduel, voire inutile ?*, Justice et cassation 2014, pp. 41-54, spéc. p. 53 ; VERGES Etienne, *Eléments pour un renouvellement de la théorie de la preuve en droit privé*, in, *Mélanges en l'honneur de Jacques-Henri ROBERT*, Lexisnexis, 2012, pp. 853-895, spéc. p. 889.

[1914] SAINT-PAU Jean-Christophe, *L'enregistrement clandestin d'une conversation*, Dr. pén. 2008, n°9, ét. 17, pp. 21-26.

Chapitre I. – L'inadmissibilité de la preuve déloyale

560. Rares sont les domaines du droit qui échappent à l'emprise de la loyauté[1915]. La place déterminante occupée par ce principe au sein du droit processuel illustre sa particulière importance[1916]. En matière de preuve,

---

[1915] Sur ce point : DE BERARD François, *Le devoir de loyauté dans le contentieux privé international*, Thèse de doctorat micro-fichée, Paris 10, 2009 ; DESGORGES Richard, *La bonne foi dans le droit des contrats : rôle actuel et perspectives*, Thèse de doctorat dact., Paris 2, 1992 ; FLANDROIS Cécile, *La loyauté dans la concurrence*, Thèse de doctorat micro-fichée, Lyon 3, 2002 ; GREVAIN-LEMERCIER Karine, *Le devoir de loyauté en droit des sociétés*, Thèse de doctorat, Rennes 1, PUAM, 2011 ; HOUBRON Héléna Maria, *Loyauté et vérité : étude de droit processuel*, Thèse de doctorat micro-fichée, Reims, 2004 ; LAROCHE Josepha (dir.), *La loyauté dans les relations internationales*, L'Harmattan, 2001 ; MAZEAUD Denis, *Loyauté, solidarité, fraternité : la nouvelle devise contractuelle ?*, in, *L'avenir du droit : Mélanges en hommage à François TERRE*, Dalloz, 1999, pp. 603-634 ; PETIT Franck (dir.), *Droit et loyauté*, Dalloz, Thèmes et commentaires, 2015 ; TEISSIER Arnaud, *La loyauté dans les relations individuelles de travail*, Thèse de doctorat dact., Paris 2, 1997 ; VERHOEVEN Joe (dir.), *La loyauté, Mélanges offerts à Etienne CEREXHE*, Larcier, 1997.

[1916] La loyauté est décrite par la doctrine comme un principe essentiel du droit processuel. À ce titre, le procès civil érige la loyauté comme un principe central. En ce sens, le rapport de la commission Magendie intitulé « célérité et qualité de la justice » place la loyauté au cœur de procès. Yves STRICKLER relève qu'aux termes de ce rapport « Le temps des parties au procès et celui du juge se trouvent alors réunis en ce nouveau principe directeur du procès que constitue la loyauté processuelle qui, tel un fil d'or, irrigue le schéma processuel en son entier » (*La loyauté processuelle*, in, *Mélanges en l'honneur de Jean-François BURGELIN*, Dalloz, 2008, pp. 355-370, spéc. p. 362). Elle constituerait même un « principe directeur du procès » civil (BERGEAUD-WETTERWALD Aurélie, *Du bon usage du principe de loyauté des preuves ? À propos de l'arrêt rendu par la chambre criminelle de la Cour de cassation le 7 janvier 2014*, Dr. pén. 2014, n°4, ét. n°7, pp. 12-18. *Contra* : CADIET Loïc, *Le principe de loyauté devant le juge civil et le juge commercial*, Procédures 2015, n°12, dossier 10, pp. 14-19 ; JEULAND Emmanuel, *Droit processuel général*, LGDJ, Domat, 3e éd., 2014, p. 294), un « principe essentiel du procès équitable » (DANET Jean, *Principe de loyauté des preuves et sonorisation de cellules de garde à vue*, RSC 2014, pp. 130-136). La doctrine fait même parfois preuve de lyrisme en la matière. La loyauté processuelle serait une « source de progrès, (…) l'avenir de l'univers en expansion du procès équitable » (BOURSIER Marie-Emma, *Le principe de loyauté en droit processuel*, Thèse de doctorat, Paris 2, Dalloz, Nouvelle Bibliothèque de thèses, Tome 23, 2003, n°803, p. 492) car il « insuffle la vertu de justice au droit processuel de demain » (*op. cit.*, n°804, p. 493). Il faudrait même l'« inscrire en lettres d'or aux frontons des palais de justice » (MAGENDIE Jean-Claude, *Loyauté, dialogue, célérité, Trois principes à inscrire en lettres d'or aux frontons des palais de justice…*, in, *Justices et droit du procès : du légalisme procédural à l'humanisme processuel, Mélanges en l'honneur de Serge GUINCHARD*, Dalloz, 2010, pp. 329-339, spéc. p. 329). Toutefois, au sein du procès, la loyauté doit s'entendre uniquement du caractère contradictoire des débats (JEULAND Emmanuel, *Droit processuel général*, LGDJ, Domat, Droit privé, 3e éd., 2014, p. 294 ; DE LAMY Bertrand, *De la loyauté*

l'identification de la loyauté est difficile. La loyauté est définie comme une « manière d'être »[1917]. Elle vise à imposer un comportement[1918] empreint de bonne foi[1919] excluant toute fraude[1920] – la bonne foi et la fraude présentant une certaine parenté liée à la loyauté[1921]. Les liens qui unissent la loyauté à la bonne foi s'illustrent également à la lumière du principe d'estoppel[1922]. À

---

en procédure pénale, brèves remarques sur l'application de la chevalerie à la procédure pénale, in, *Le droit pénal à l'aube du troisième millénaire : mélanges offerts à Jean PRADEL*, Cujas, 2006, p. 97-108, spéc. p. 99 ; STRICKLER Yves, *La loyauté processuelle*, in, *Principes de justice : Mélanges en l'honneur de Jean-François BURGELIN*, Dalloz, 2008, pp. 355-370, spéc. p. 358). En outre, le procès administratif consacre également la loyauté comme un principe central (SAUVE Jean-Marc, *Le « nouveau procès administratif »*, in, *Le juge administratif et les questions de société*, Troisièmes États généraux du droit administratif, 27 septembre 2013, disponible sur le site internet du Conseil d'Etat).

1917 BOUZAT Pierre, *La loyauté dans la recherche des preuves*, in, *Problèmes contemporains de procédure pénale : recueil d'études en hommage à M. Louis HUGUENEY*, Sirey, 1964, pp. 155-177, spéc. p. 172.

1918 En ce sens, Catherine PUIGELIER définit la loyauté comme l'« Obligation impartie à une partie à un procès de se comporter avec correction ou bonne foi à l'égard de l'autre partie » (*Dictionnaire juridique*, V° Loyauté, Larcier, Paradigme, 2e éd., 2017, p. 595) et Jacques NORMAND affirme que la loyauté est un principe « issu du principe de bonne foi » (CADIET Loïc (dir.), *Dictionnaire de la justice*, V° Principes directeurs du procès, PUF, 2004, pp. 1038-1046, spéc. p. 1045).

1919 La parenté qui existe entre la bonne foi et la loyauté est manifeste. La bonne foi peut s'entendre, en matière contractuelle, comme « la loyauté dans la conclusion et l'exécution des actes juridiques » (DEBARD Thierry et GUINCHARD Serge, *Lexique des termes juridiques 2017-2018*, V° Bonne foi, Dalloz, 25e éd, 2017). En dehors de la matière contractuelle, la bonne foi s'entend également comme une exigence de loyauté. En effet, « La mauvaise foi est globalement une attitude déloyale » (ROLAND Henri et BOYER Laurent, *Adages du droit français*, V° Fraus omnia corrumpit, Litec, 1992, pp. 288-297, spéc. p. 290) ou un « Comportement incorrect qui participe, à des degrés divers, de l'insincérité, de l'infidélité, voire de la déloyauté » (DEBARD Thierry et GUINCHARD Serge, *Lexique des termes juridiques 2017-2018*, V° Mauvaise foi, Dalloz, 25e éd, 2017). En dehors de la loyauté, la bonne foi est également « un critère d'interprétation [qui exige d'interpréter une disposition] (...) selon son esprit et non en droit strict » mais encore « une croyance erronée à l'existence d'une certaine situation juridique » (ZOLLER Elisabeth, *Bonne foi*, in, ALLAND Denis et RIALS Stéphane, *Dictionnaire de la culture juridique*, PUF, 2003, pp. 143-145, spéc. p. 143).

1920 La fraude permet également de sanctionner la déloyauté. L'adage *fraus omnia corrumpit* – qui serait une formulation moderne de la formule du Digeste *Aeque in omnibus fraus punitur* qui avait été formulée pour la matière fiscale (ROLAND Henri et Laurent BOYER, *Adages du droit français*, V° Fraus omnia corrumpit, Litec, 1992, pp. 288-297, spéc. p. 288) – permet de garantir la loyauté. En ce sens, Henri ROLAND et Laurent BOYER exposent que l'adage *fraus omnia corrumpit* est une « vigile suprême [qui permet] de garantir la loyauté des rapports juridiques » (*op. cit.*, *loc. cit.*).

1921 La fraude se distingue de la mauvaise foi par le fait que la première vise à nuire à autrui alors que la seconde vise à satisfaire l'intérêt de la personne (DEBARD Thierry et GUINCHARD Serge, *Lexique des termes juridiques 2017-2018*, V° Fraude, Dalloz, 25e éd, 2017 ; ROLAND Henri et Laurent BOYER, *Adages du droit français*, V° Fraus omnia corrumpit, Litec, 1992, pp. 288-297, spéc. p. 290).

1922 L'estoppel est une manifestation de loyauté qui vise les moyens – juridiques – développés par une partie (DEBARD Thierry et GUINCHARD Serge, *Lexique des termes juridiques 2017-2018*, V° Estoppel, Dalloz, 25e éd, 2017). Elle vise à neutraliser la contradiction des moyens

l'aune de cette définition, certains auteurs estiment que la bonne foi suffit à garantir la loyauté du procès[1923]. Il est, en effet, reproché à la loyauté, son caractère intrinsèquement moral[1924] qui peut être illustré par sa forte présence au sein de la sphère déontologique[1925]. Il est vrai que la notion de loyauté peut se concevoir comme une opposition entre l'impératif catégorique kantien et la recherche du plus grand bien pour le plus grand nombre chère aux utilitaristes[1926]. Juridiquement, la loyauté ne serait qu'une sorte de « bélier destructeur de textes »[1927] voire « un bourbier parfaitement incontrôlable »[1928] radicalement inadapté au droit. À notre sens, c'est toutefois oublier que le droit

---

développés par une partie au sein d'un même litige (Sur ce point : BOURSIER Marie-Emma, *Le principe de loyauté en droit processuel*, Thèse de doctorat, Paris 2, Dalloz, Nouvelle Bibliothèque de thèses, Tome 23, 2003, p. 234 ; NIYUNGEKO Gérard, *La preuve devant les juridictions internationales*, Thèse de doctorat, Belgique, Bruylant, 2005, pp. 290-318 ; STRICKLER Yves, *La loyauté processuelle*, in, *Principes de justice : Mélanges en l'honneur de Jean-François BURGELIN*, Dalloz, 2008, pp. 355-370, spéc. pp. 361-362) mais n'affecte qu'indirectement les moyens de preuve. En ce sens, Gérard NIYUNGEKO relève que « Le principe de l'estoppel interdit à une partie d'affirmer ou de nier quelque chose en contradiction avec une affirmation, une négation ou un comportement antérieurs. (…) Ce n'est que par voie de conséquence et ensuite que l'*estoppel* constitue une limite à l'admission des preuves. Ne pouvant avancer telle allégation positive ou négative, une partie ne peut pas *a fortiori* la prouver » (*op. cit.*, pp. 316 317). En ce sens, l'estoppel vise ainsi à neutraliser le stratagème d'une partie fondée sur la duplicité de son argumentation juridique mais non un principe interdisant à une partie d'apporter une preuve.

1923 GAUTIER Pierre-Yves, *Loyauté : nouveau standard du Droit, ou bien leurre ?*, Justice et cassation 2014, pp. 55-58, spéc. p. 58.

1924 BERGEAUD-WETTERWALD Aurélie, *Du bon usage du principe de loyauté des preuves ? À propos de l'arrêt rendu par la chambre criminelle de la Cour de cassation le 7 janvier 2014*, Dr. pén. 2014, n°4, ét. n°7 ; GARREAU Denis, *La loyauté dans la preuve, un principe résiduel, voire inutile ?*, Justice et cassation 2014, pp. 41-54, spéc. p. 54.

1925 La loyauté est présente dans le serment prononcé par les magistrats (L'article 6 de l'ordonnance n°58-1270 du 22 décembre 1958 portant loi organique relative au statut de la magistrature exige que le futur magistrat « jure de bien et fidèlement remplir [s]es fonctions, de garder religieusement le secret des délibérations et de [s]e conduire en tout comme un digne et loyal magistrat ») et intègre la déontologie de l'avocat (Le Réglement Intérieur National de la profession d'avocat mentionne le principe de « loyauté » auquel est tenu l'avocat au 1.3. Cette obligation vaut également pour l'avocat dans ses relations avec la partie adverse (point 5.4.), le collaborateur de son cabinet (point 14.3.) et le juge (point 21.4.3.)).

1926 DE VALKENEER Christian, *La tromperie dans l'administration de la preuve pénale*, Thèse de doctorat, Louvain, Belgique, Larcier, 2000, p. 17.

1927 Roger PERROT expose ainsi qu'« on risque de faire de la loyauté procédurale un bélier destructeur de textes dont on mesure mal les conséquences » (*La loyauté procédurale*, RTD Civ. 2006, n°2, pp. 151-152).

1928 PERROT Roger, *La loyauté procédurale*, RTD Civ. 2006, n°2, pp. 151-152.

intègre, depuis le droit romain[1929], des exigences issues de la morale[1930]. À ce titre, nul ne conteste que la bonne foi comporte une part de morale[1931]. En outre, le *procès équitable*, si actuel, offre également une prise à l'exigence de loyauté[1932] dans l'équilibre du procès[1933] : le terme d'équité est ainsi traduit par l'anglais *fair* qui peut s'entendre comme une exigence de loyauté[1934]. Il y a donc tout lieu d'estimer que la morale est nécessaire au droit[1935] et que le droit et la morale ne s'opposent pas mais s'enrichissent l'un l'autre car il y a, selon la belle formule de Mattias GUYOMAR, « inclusion et non exclusion

---

1929 ROLAND Henri et Laurent BOYER démontrent que « Les jurisconsultes romains ont laissé de nombreuses définitions morales du droit ; elles ne sont pas périmées et les juristes du XXe siècle ont toujours en mémoire le fameux précepte d'Ulpien pour qui la conduite juridique est la conduite honnête qui rend à chacun ce qui lui revient, qui s'interdit de léser quiconque (D. 1, 1, 1). Le droit par-delà tous les changements de l'histoire, demeure la via recta (Right, Recht, Diritto) ; pour ne pas être professeur de morale invitant à venir en aide au prochain (sauf exceptions telles que l'obligation alimentaire ou l'obligation pénale de secours), le droit est redresseur de torts et n'admet pas que l'on puisse frustrer son semblable ; depuis longtemps, il s'est muni d'un arsenal de moyens pour ramener dans le droit chemin l'individu égaré et pour le forcer à être honnête. Le droit, en effet, ne dénonce-t-il pas l'abus, le dol, la mauvaise foi, la turpitude… la fraude ? » (*Adages du droit français*, V° Fraus omnia corrumpit, Litec, 1992, pp. 288-297, spéc. p. 288).

1930 La loyauté « s'inscrit sur le terrain des valeurs, lesquelles, en raison de leur subjectivité, s'adressent à l'intuition et sont insaisissables par une définition pleinement satisfaisante pour l'esprit ; ce qui ne signifie pas qu'elles n'ont pas leur place au sein du Droit » (DE LAMY Bertrand, *De la loyauté en procédure pénale, brèves remarques sur l'application de la chevalerie à la procédure pénale*, in, *Le droit pénal à l'aube du troisième millénaire : mélanges offerts à Jean PRADEL*, Cujas, 2006, pp. 97-108, spéc. p. 101).

1931 Elisabeth ZOLLER expose ainsi qu'« être de bonne foi, c'est faire preuve d'un esprit loyal, sincère honnête » (*Bonne foi*, in, ALLAND Denis et RIALS Stéphane (dir.), *Dictionnaire de la culture juridique*, pp. 143-145, spéc. p. 143).

1932 Marie-Emma BOURSIER expose ainsi que « Le principe de loyauté se situe au cœur du procès équitable par ses qualités notionnelles et fonctionnelles car sa finalité rejoint celle du procès équitable : tendre vers la réalisation d'un idéal de justice, vers la réalisation du juste » (*Le principe de loyauté en droit processuel*, Thèse de doctorat, Paris 2, Dalloz, Nouvelle Bibliothèque de thèses, Tome 23, 2003, n°18, p. 13).

1933 À ce titre, l'article préliminaire du Code de procédure pénale dispose en son I que « La procédure pénale doit être équitable et contradictoire et préserver l'équilibre des droits des parties ». Or, l'équité « est la réalisation suprême de la justice, allant parfois au-delà de ce que prescrit la loi » (DEBARD Thierry et GUINCHARD Serge, *Lexique des termes juridiques 2017-2018*, V° Equité, Dalloz, 25e éd, 2017).

1934 GUINCHARD Serge, *Le procès équitable : garantie formelle ou droit substantiel ?*, in, *Mélanges en l'honneur de Gérard FARJAT*, Ed. Frison-Roche, 1999, pp. 139-173, spéc. p. 140.

1935 AYNES Laurent, *L'obligation de loyauté*, APD 2000, n°44, pp. 195-204 ; BOURSIER Marie-Emma, *Le principe de loyauté en droit processuel*, Thèse de doctorat, Paris 2, Dalloz, Nouvelle Bibliothèque de thèses, 2003, n°9, p. 5, et n°142, p. 90 et encore n°729, p. 440.

du droit et de la morale »[1936]. En somme la loyauté est consubstantielle au droit même si le droit ne saurait se réduire à la loyauté.

561. Cette consubstantialité de la loyauté au droit explique sans doute, en dépit du silence des textes juridiques en la matière[1937], que cette notion connaisse une remarquable prospérité[1938]. La loyauté est même considérée comme « une condition, non dite, mais fondamentale, de la règle de droit »[1939] ou encore un principe « latent sous des textes fragmentaires »[1940]. Henri MOTULSKY indique même qu'il « faut chercher la norme [de loyauté] ailleurs que dans les

---

[1936] GUYOMAR Mattias, *La loyauté en droit administratif*, Justice et cassation 2014, pp. 59-68, spéc. pp. 60-61.

[1937] La Convention européenne des droits de l'homme, le Pacte international relatif aux droits civils et politiques, la Déclaration universelle des droits de l'Homme ou encore la Charte des droits fondamentaux ne posent pas de principe de loyauté de la preuve ou de loyauté du procès. Seul le point de 2 l'article 8 de la Charte des droits fondamentaux de l'Union européenne prévoit, à propos des « données à caractère personnel » que « Ces données doivent être traitées loyalement, à des fins déterminées et sur la base du consentement de la personne concernée ou en vertu d'un autre fondement légitime prévu par la loi ». Le droit de l'arbitrage fait figure d'exception puisque des règles précises encadrent l'administration de la preuve et notamment sa nécessaire loyauté. L'« International Bar Association » (IBA) a créé des règles relatives à l'administration de la preuve en matière d'arbitrage. Il s'agit des « Règles de l'IBA sur l'administration de la preuve dans l'arbitrage international ». L'article 9 pose les règles applicables à la « Recevabilité et [la] valeur probante des preuves ». Le point 2 permet « à la demande d'une Partie ou d'office, [d']exclure de la preuve tout témoignage, toute déclaration, tout Document ou toute constatation faite dans le cadre d'une inspection ou encore interdire leur production ». Surtout, le point 7 instaure une règle de bonne foi dans l'administration de la preuve : « Si le Tribunal Arbitral estime qu'une Partie n'a pas agi de bonne foi dans l'administration de la preuve, il peut, sans préjudice de toute autre mesure permise par les présentes Règles, tenir compte de ce manquement dans l'allocation des coûts de l'arbitrage, y compris pour ce qui concerne les coûts engagés relativement à l'administration de la preuve ». Tous ces éléments démontrent que des règles précises d'administration de la preuve, fondées sur la loyauté et l'équité sont présentes en matière d'arbitrage. Il faut relever que les modes alternatifs de règlement des conflits ont davantage consacré la loyauté probatoire en raison de la nécessité de parvenir à une solution équitable pour les parties (CADIET Loïc, *Procès équitable et modes alternatifs de règlement des conflits*, in, DELMAS-MARTY Mireille et RUIZ FABRI Hélène (dir.), *Variations autour d'un droit commun*, Premières rencontres de l'UMR de droit comparé de Paris, Société de législation comparée, pp. 89-109, spéc. p. 102 ; ASCENSI Lionel, *Du principe de la contradiction*, Thèse de doctorat, Paris 1, LGDJ, Bibliothèque de droit privé, Tome 454, 2006, n°635, p. 372).

[1938] La fondamentalité de l'exigence de loyauté est attestée de longue date. Dès les jeux olympiques antiques, les participants étaient tenus de respecter les règles pour se voir reconnaître vainqueur de ces jeux : le juge comme l'arbitre doit veiller au déroulement loyal de la procédure et notamment de l'administration des preuves (AYRAULT Pierre, *De l'ordre et instruction judiciaire dont les anciens Grecs et Romains ont usé en accusations publiques, conféré à l'usage de notre France*, Jacques du Puys, 1576, pp. 6-7 ; DUPIN André, *Observation sur plusieurs points importants de notre législation criminelle*, Baudouin frères, 1821, p. 134).

[1939] AYNES Laurent, *L'obligation de loyauté*, APD 2000, n°44, pp. 195-204, spéc. p. 198.

[1940] CARBONNIER Jean, *Droit civil, Introduction*, PUF, 27e éd., 2002, n°188.

textes »[1941] car le processus de reconnaissance de ce principe fondamental est inversé : c'est la fondamentalité de ce principe qui conduit à lui reconnaître une portée et non son inscription au sein d'une norme qui lui conférerait son caractère fondamental[1942]. Il convient donc de mesurer si la loyauté correspond à *un devoir être commun des juges de la matière fiscale*. Dans un tel cas, cela signifierait qu'entre les parties à un procès « si les coups bas sont interdits, les simples ruses de guerre ne le sont pas »[1943].

562. À ce titre, l'exigence de loyauté dans l'administration de la preuve se manifeste devant l'ensemble des juges de la matière fiscale. Toutefois, seuls les juges civil et pénal ont retenu un principe de loyauté dans l'administration de la preuve. À l'inverse, le juge administratif, se fondant sur l'objectivité intrinsèque de ce contentieux[1944], rejette, en apparence seulement, cette notion jugée excessivement subjective. Toutefois, la loyauté se manifeste également devant le juge administratif sans que cette notion ne soit généralement nommée[1945]. La matière fiscale ne présente pas, en la matière, de particularisme. Il faut donc considérer la loyauté comme un « devoir commun »[1946] à l'ensemble des juges. Or, cette matière atteste de l'importance croissante de la loyauté en matière d'établissement de la preuve[1947].

[1941] MOTULSKY Henri, *Le droit naturel dans la pratique jurisprudentielle : le respect des droits de la défense en procédure civile*, in, *Mélanges Paul ROUBIER*, Dalloz et Sirey, 1961, tome 2, pp. 175-200.

[1942] BOURSIER Marie-Emma, *Le principe de loyauté en droit processuel*, Thèse de doctorat, Paris 2, Dalloz, Nouvelle Bibliothèque de thèses, Tome 23, 2003, n°22, p. 21 et n°23, p. 21 ; CADIET Loïc, *La légalité procédurale en matière civile*, Bulletin d'information de la Cour de Cassation 2006, n°636, pp. 1-39.

[1943] CARBONNIER Jean, *Droit civil, Introduction*, PUF, Thémis, 27e éd., 2002, n°188.

[1944] Bertrand SEILLER relève que « L'argument fondamental étant que ce principe [celui de confiance légitime] présente une dimension subjective incompatible avec la tournure objective historiquement adoptée par notre droit administratif. Ce dernier serait ainsi ontologiquement rétif à l'exigence de loyauté » (*La loyauté [hors] des relations contractuelles*, in, *Mélanges en l'honneur de Laurent RICHER*, LGDJ, 2013, pp. 435-450, spéc. p. 438).

[1945] GUYOMAR Mattias, *La loyauté en droit administratif*, Justice et cassation 2014, pp. 59-68.

[1946] AYNES Laurent, *L'obligation de loyauté*, APD 2000, n°44, pp. 195-204. Contra : Bertrand SEILLER conteste l'existence même d'un principe de loyauté en affirmant que « Son champ d'application semble trop morcelé et ses modalités trop disparates pour révéler l'existence d'un principe unique et universel de loyauté » (*La loyauté [hors] des relations contractuelles*, in, *Mélanges en l'honneur de Laurent RICHER*, LGDJ, 2013, pp. 435-450, spéc. p. 446).

[1947] Sur ce point : COLLET Martin, *La loyauté : un principe qui nous manque ?*, Dr. fisc., 2016, n°42, ét. 554, pp. 22-28 ; COLLET Martin et COLLIN Pierre, *Procédures fiscales, Contrôle, contentieux et recouvrement de l'impôt*, PUF, 3e éd., 2017, n°26, pp. 22-23 ; DE CROUY-CHANEL Emmanuel, *Procédures fiscales : chronique de l'année 2015*, Dr. fisc. 2016, n°9, 205 ; ILJIC Anne, *L'administration fiscale peut-elle encore utiliser des preuves illicites ?*, RJF 01/17, pp. 7-11 ; LAMBERT Thierry, *L'informaticien, la banque et la recevabilité de la preuve illicite dans les procédures fiscales*, in, LASSERRE CAPDEVILLE Jérôme, MARCHESSOU Philippe, TRESCHER Bruno, CUTAJAR Chantal (dir.), *Fraude et évasions fiscales : état des lieux et moyens de lutte*, Lextenso, 2015, pp. 85-97 ; PHILIP Patrick, *Communication des*

563. *De lege lata*, si le principe de loyauté de la preuve fait l'objet d'une reconnaissance asymétrique par les juges de la matière fiscale (Section I), il apparaît, en pratique, que la preuve déloyale est unanimement condamnée par ces juges (Section II).

Section I. – La reconnaissance asymétrique d'un principe de loyauté de la preuve

564. Le principe de loyauté de la preuve est reconnu par le juge judiciaire (Sous-Section I) alors qu'il est écarté par le juge administratif (Sous-Section II).

Sous-Section I. – Le principe de loyauté de la preuve : un principe reconnu par le juge judiciaire

565. Le principe de loyauté de la preuve est reconnu et appliqué par le juge civil (§.2.). En revanche, s'il est également reconnu par le juge pénal, son champ d'application n'est pas général (§.1.).

§.1. – Le principe de loyauté pénale : un principe à l'étendue limitée

566. Le principe de loyauté s'impose uniquement, devant le juge pénal, à l'autorité publique (A), les particuliers étant déliés de toute obligation de loyauté (B).

A/ L'exigence de loyauté imposée à l'autorité publique

567. Le principe de loyauté de la preuve pénale[1948] n'a pas été reconnu par le législateur. Le silence du Code de procédure pénale est volontaire car les

---

éléments obtenus auprès de tiers, inopposabilité des documents d'origine illicite ou illégale et devoir de loyauté, LPA 2012, n°91, pp. 7-10 ; URY Didier, *Un double mouvement affecte l'obligation de loyauté du fisc dans l'administration de la preuve de la dissimulation de la matière imposable*, BF 03/17, pp. 145-147.

[1948] Sur ce point : ADER Basile et SUR Pierre-Olivier, *La loyauté de la preuve en matière civile et pénale, Le point de vue de l'avocat*, Procédures 2015, n°12, dossier 16, pp. 38-40 ; AMBROISE-CASTEROT Coralie, *La preuve : une question de loyauté ?*, AJ Pénal 2005, pp. 261-279 ; BOURSIER Marie-Emma, *Le principe de loyauté en droit processuel*, Thèse de doctorat, Paris 2, Dalloz, Nouvelle Bibliothèque de thèses, Tome 23, 2003 ; BOCCON-GIBOT Didier, *Sur la loyauté de la preuve pénale*, in, *Humanisme et Justice, Mélanges en l'honneur de Geneviève GIUDICELLI-DELAGE*, Dalloz, 2016, pp. 275-287 ; BOUZAT Pierre, *La loyauté dans la recherche des preuves*, in, *Problèmes contemporains de procédure pénale : recueil d'études en hommage à M. Louis HUGUENEY*, Sirey, 1964, pp. 155-177 ; CONTE Philippe, *La loyauté de la preuve en procédure pénale : fragile essai de synthèse*, Procédures 2015, n°12, dossier 12, pp. 22-25 ; CONTE Philippe, *La loyauté de la preuve dans la jurisprudence de la chambre criminelle de la Cour de cassation : vers la solution de la quadrature du cercle ?*, Droit pénal n°4, Avril 2009, ét. 8, pp. 13-15 ; DE LAMY Bertrand, *De*

débats parlementaires qui ont précédé l'adoption de l'article préliminaire du Code de procédure pénale ont écarté un amendement visant à l'intégrer[1949]. Le refus du législateur de consacrer un tel principe est tempéré par sa permanence jurisprudentielle[1950]. Il est établi que la loyauté de la preuve prohibe « la tromperie, les artifices, les promesses, les menaces, tous agissements réduisant ou supprimant le libre-arbitre »[1951]. Ce principe constitue une protection des justiciables contre les abus des enquêteurs[1952] et manifeste le « pouvoir modérateur du juge »[1953] pénal.

568. Dès l'affaire Wilson du 31 janvier 1888[1954], la Chambre criminelle de la Cour de cassation a jugé que le magistrat qui s'est « écarté des règles de loyauté que doit observer toute information judiciaire » a commis « un acte contraire aux devoirs et à la dignité du magistrat ». Le magistrat avait, dans cette affaire, usurpé l'identité d'un tiers pour obtenir les aveux d'un complice.

---

la loyauté en procédure pénale, brèves remarques sur l'application de la chevalerie à la procédure pénale, in, *Le droit pénal à l'aube du troisième millénaire : mélanges offerts à Jean PRADEL*, Cujas, 2006, pp. 97-108 ; DESPORTES Frédéric et LAZERGES-COUSQUER Laurence, *Traité de procédure pénale*, Economica, 4e éd, 2015, pp. 418-429 ; GUERIN Didier, *La loyauté de la preuve devant le juge pénal*, Procédures 2015, n°12, dossier 11, pp. 19-21 ; LAKHOUA Mohamed Hédi, *La loyauté dans la recherche des preuves en matière pénale*, Thèse de doctorat dact., Paris 2, 1973 ; LEMOINE Pascal, *La loyauté de la preuve (à travers quelques arrêts récents de la chambre criminelle)*, in, *Rapport annuel 2004 de la Cour de cassation*, pp. 165-180 ; MALABAT Valérie, *Loyauté de la preuve : l'exemple pénal ?*, in, NIQUEGE Sylvain (dir.), *Les figures de la loyauté en droit public*, Mare & Martin, 2017, pp. 313-324 ; MOLINS François, *L'appréciation du principe de loyauté de la preuve : applications pratiques devant le juge pénal*, Procédures 2015, n°12, dossier 20, pp. 49-50 ; PRADEL Jean, *Procédure pénale*, Cujas, 18e éd., 2015, n°412-417 ; RACT-MADOUX Martine, *La loyauté de la preuve en matière pénale : la liberté des preuves*, Procédures 2015, n°12, dossier 15, pp. 35-38 ; VERGES Etienne, *Loyauté et licéité, deux apports majeurs à la théorie de la preuve pénale*, D. 2014, n°6, pp. 407-411.

1949 L'article préliminaire du Code de procédure pénale dispose notamment que « La procédure pénale doit être équitable et contradictoire et préserver l'équilibre des droits des parties ». L'équité de la procédure est prévue mais non la loyauté de l'administration de la preuve. François FOURMENT indique que lors des débats parlementaires relatifs à l'article préliminaire du Code de procédure pénale, « un amendement tendant à ajouter la loyauté de la preuve aux principes posés par l'article préliminaire a été écarté » (*Du principe de loyauté de la preuve et de son application aux matières civile et pénale*, D. 2011, p. 562).

1950 BOUZAT Pierre, *La loyauté dans la recherche des preuves*, in, *Problèmes contemporains de procédure pénale : recueil d'études en hommage à Louis HUGUENEY*, Sirey, 1964, pp. 155-177, spéc. p. 157.

1951 PRADEL Jean, *Procédure pénale*, Cujas, 18e éd., 2015, n°412, pp. 373-374.

1952 Pierre BOUZAT relève ainsi que la loyauté occupe une place déterminante qui « protège l'individu contre les abus toujours possibles et impose à l'enquête un style » (*La loyauté dans la recherche des preuves*, in *Problèmes contemporains de procédure pénale : recueil d'études en hommage à Louis HUGUENEY*, Sirey, 1964, pp. 155-177, spéc. p. 157).

1953 DE LAMY Bertrand, *De la loyauté en procédure pénale, brèves remarques sur l'application de la chevalerie à la procédure pénale*, in, *Le droit pénal à l'aube du troisième millénaire : mélanges offerts à Jean PRADEL*, Cujas, 2006, pp. 97-108, spéc. p. 102.

1954 Cass., ch. réunies, 31 janvier 1888, Wilson : S. 1889, I, 241.

Le magistrat qui élude par un stratagème les garanties légales du recueil de la preuve pénale commet ainsi un acte déloyal. La déloyauté de l'autorité publique a également été identifiée dans un arrêt du 12 juin 1952[1955] par lequel la Cour de cassation a refusé de tenir compte d'un procès-verbal retraçant la conversation téléphonique d'un suspect et d'un complice dont les questions avaient été dictées et enregistrées par les enquêteurs afin d'obtenir les aveux involontaires du suspect. La Cour de cassation sanctionne un stratagème ayant « pour but et pour résultat d'éluder les dispositions légales et les règles générales de procédure »[1956]. La loyauté de la preuve établit un équilibre propre au droit pénal entre le nécessaire maintien d'une « légitimité morale »[1957] du droit et la nécessaire « protection de la société contre la criminalité »[1958]. La fin – qui est ici la recherche des auteurs d'infractions – ne saurait justifier les moyens déloyaux mis en œuvre par l'autorité publique pour y parvenir.

569. Ces solutions anciennes ont conduit – à la suite de la Chambre criminelle[1959] – l'Assemblée plénière de la Cour de cassation à juger, au visa de l'article 6 de la Convention européenne des droits de l'Homme, de l'article préliminaire du Code de procédure pénale et du principe de loyauté des preuves « que porte atteinte au droit à un procès équitable et au principe de loyauté des preuves le stratagème qui en vicie la recherche par un agent de l'autorité publique »[1960]. Par cet arrêt de principe, l'Assemblée plénière a posé l'existence d'un principe de loyauté des preuves dont l'existence est avérée, en matière pénale, depuis un arrêt du 27 février 1996[1961]. Ce principe dispose d'une portée particulière puisqu'il est doté d'une valeur infra-législative et supra-décrétale[1962] – dès lors qu'il constitue un principe général du droit

---

1955 Cass. crim., 12 juin 1952, Imbert : JCP G 1952, 11, 7241, note BROUCHOT.
1956 Cass. crim., 12 juin 1952, Imbert : préc.
1957 BERNEMAN Sidney, *L'admissibilité de la preuve dans un système continental : le modèle belge*, Revue de droit pénal et de criminologie, Bruxelles, 2007, n°4, pp. 298-343, spéc. p. 299.
1958 *Op. cit., loc. cit.*
1959 Cass., crim., 7 janvier 2014, n°13-85.246 : Bull. crim., n°1.
1960 Cass., A.P., 6 mars 2015, n°14-84.339 : Bull. A.P., n°2 ; JCP G 2015, n°19-20, 558, note Evelyne BONIS-GARÇON ; D. 2015, p. 711, obs. Sébastien FUCINI ; D. 2015, p. 711, note Jean PRADEL ; RSC 2015, p. 971, note Jean-François RENUCCI ; Procédures 2015, n°4, p. 39, note Jean PRADEL ; Gaz. Pal. 2015, n°79-80, pp. 10-13, note Sacha RAOULT ; RSC 2015, p. 117, chron. Pierre-Jérôme DELAGE.
1961 Cass. crim., 27 février 1996, n°95-81.366 : Bull. crim., n°93 ; D. 1996, p. 346, note Christian GUERY ; RSC 1996, p. 689, obs. Jean-Pierre DINTILHAC.
1962 Lorsque le juge judiciaire se réfère au « principe de loyauté dans l'administration de la preuve » qui est alors un principe général du droit. C'est la thèse défendue par Marie-Emma BOURSIER qui estime que le « principe général du droit » est le meilleur support juridique pour le principe de loyauté de la preuve.

reconnu par le juge – mais également d'une valeur supra-législative[1963] par son rattachement à l'article 6§1 de la Convention européenne des droits de l'Homme.

570. Cette prohibition pénale de la déloyauté des preuves – qui ne connaît pas de particularisme fiscal[1964] – est soumise à des conditions strictes. Le stratagème n'est pas en lui-même interdit[1965] au nom de la déloyauté devant le juge pénal. À ce titre, le législateur a intégré, au sein du Code de procédure pénale, de véritables stratagèmes[1966] et la Chambre criminelle a jugé admissibles des preuves issues de stratagèmes mis en œuvre par l'autorité publique[1967]. La seule présence d'un stratagème n'est pas suffisante pour rendre la preuve inadmissible : il faut que le stratagème prive l'accusé d'un droit.

571. La position de la Chambre criminelle n'est pas analogue à celle retenue par la Cour européenne des droits de l'Homme. Cette dernière n'a pas consacré de principe de loyauté des preuves[1968]. À ce titre, elle a jugé que l'enregistrement clandestin d'une conversation téléphonique par une personne privée – opérée avec le concours d'un fonctionnaire de police – est contraire à l'article 8 de la Convention européenne des droits de l'Homme mais n'affecte pas l'équité du procès de l'article 6 de cette même Convention[1969]. En revanche, elle ne sanctionne la déloyauté dans la recherche de la preuve que dans le cas où cette déloyauté conduit à méconnaître le droit de ne pas s'incriminer[1970].

572. Cette exigence de loyauté dans le recueil de la preuve n'est, en outre, pas imposée aux particuliers.

[1963] François FOURMENT relève aussi que « Le principe de loyauté dans l'administration de la preuve a (…) une valeur supra-législative » (*Du principe de loyauté de la preuve et de son application aux matières civile et pénale*, D. 2011, p. 562).
[1964] Cass. crim., 9 avril 2015, n°14-87.660 : Bull. crim., n°76.
[1965] La Chambre criminelle de la Cour de cassation ne prohibe pas, comme contraire au principe de loyauté, les filatures (Cass. crim., 4 février 1991, n°90-81.370, Inédit) ou même l'achat par un fonctionnaire de police de drogue pour constater une infraction (Cass. crim., 2 mars 1971, n°70-91.810 : Bull. crim., n°71).
[1966] L'interception de correspondances (art. 100 du Code de procédure pénale), la sonorisation et la fixation d'images de lieux ou de véhicules art. 706-96 du Code de procédure pénale).
[1967] Cass. crim., 1er mars 2006, n°05-87.251 : Bull. crim., n°59.
[1968] DESPORTES Frédéric et LAZERGES-COUSQUER Laurence, *Traité de procédure pénale*, Economica, 4e éd., 2015, pp. 423-424.
[1969] CEDH, 23 novembre 1993, n°14838/89, A c/ France, § 39 (en l'espèce, la police a réalisé l'enregistrement d'une conversation téléphonique entre une personne, chargée d'exécuter un assassinat et son commanditaire).
[1970] CEDH, 5 novembre 2002, n°48539/99, Allan c/ Royaume-Uni : Rec. CEDH 2002-IX.

B/ L'exclusion des particuliers du champ de la loyauté probatoire

573. Le principe de loyauté de la preuve reconnu, en matière pénale, par la Chambre criminelle de la Cour de cassation n'est pas imposé – à l'instar de l'exigence de licéité de la preuve – aux particuliers. Elle a ainsi jugé « qu'aucune disposition légale ne permet aux juges répressifs d'écarter les moyens de preuve produits par les parties au seul motif qu'ils auraient été obtenus de façon (...) déloyale »[1971]. À ce titre, le procédé déloyal qui consiste à enregistrer clandestinement un tiers pour recueillir une preuve ne constitue pas une preuve qui doit être écartée[1972]. Les particuliers sont donc déliés, devant le juge pénal, de toute obligation de loyauté. Toutefois, un agent de l'autorité publique qui agit à titre personnel peut recourir à un enregistrement clandestin pour se ménager une preuve[1973]. En revanche, devant le juge civil, l'ensemble des parties sont tenues à un principe de loyauté dont l'étendue est générale.

§.2. – Le principe de loyauté civile : un principe à l'étendue générale

574. Le principe de loyauté de la preuve n'est pas inscrit dans le Code civil ou le Code de procédure civile[1974]. Il est revenu au juge civil de reconnaître, de manière prétorienne, un principe de loyauté de la preuve – qui est nommé principe de loyauté dans l'administration de la preuve[1975]. À notre sens, la

---

[1971] Cass. crim., 15 juin 1993, n°92-82.509 : Bull. crim., n°210.

[1972] Cass. crim., 7 mars 2012, n°11-88.118 : Bull. crim., n°64 ; Gaz. Pal. 2012, n°210, p. 30, note François FOURMENT ; AJDP 2012, n°6, pp. 346-347, note Lionel ASCENSI ; Revue Procédures 2012, n°5, comm. 157, note Anne-Sophie CHAVENT-LECLERE.

[1973] Cass. crim., 13 octobre 2004, n°03-81.763, 00-86.727, 00-86.726, 01-83.943, 01-83.945 et 01-83.944 : Bull. crim., n°243 ; AJ Pénal 2004, p. 451, obs. Christine-Samantha ENDERLIN ; RFDA 2005, p. 105, note Christian LAVIALLE ; RSC 2005, p. 66, obs. Elisabeth FORTIS.

[1974] L'ordonnance n°2016-131 du 10 février 2016 portant réforme du droit des contrats, du régime général et de la preuve des obligations (J.O. du 11 février 2016, texte n°26) n'a pas intégré au sein du Code civil un principe de loyauté de la preuve. Etienne VERGES avait estimé, avant la publication de l'Ordonnance précitée, que le « code civil devrait énoncer trois principes essentiels, dans un article qui prescrirait qu'une preuve peut être écartée, si elle porte atteinte à la vie privée, à un secret juridiquement protégé ou si elle a été obtenue de façon déloyale » (*La réforme du droit de la preuve civile : enjeux et écueils d'une occasion à ne pas manquer*, D. 2014, p. 617). L'Ordonnance n°2016-131 n'a pas intégré ce principe ce qui constitue un manque regrettable. La loyauté n'est pas, en outre, absente des dispositions du Code civil puisque les articles 1630, 1673, 1699 et 2483 du Code civil emploient l'expression de « loyaux coûts » attestant de la présence de la loyauté au sein de ce code.

[1975] Sur ce point : AMRANI-MEKKI Soraya et STRICKLER Yves, *Procédure civile*, PUF, Thémis droit, 2014, pp. 531-536 ; AYNES Augustin et VUITTON Xavier, *Droit de la preuve*, Lexis Nexis, 2013, p. 87 ; BOURSIER Marie-Emma, *Le principe de loyauté en droit processuel*, Thèse de doctorat, Paris 2, Dalloz, Nouvelle Bibliothèque de thèses, Tome 23, 2003 ; CADIET Loïc, *Le principe de loyauté devant le juge civil et le juge commercial*, Procédures 2015, n°12, dossier 10, pp. 14-19 ; AMRANI-MEKKI Soraya, CADIET Loïc et NORMAND Jacques, *Théorie générale du procès*, PUF, 2e éd., 2013, n°257-259 ;

différence qui existe dans la désignation de la loyauté – loyauté des preuves devant la Chambre criminelle et loyauté dans l'administration de la preuve devant le juge civil – peut s'expliquer par le fait que seul le Code de procédure civile dispose de règles d'administration de la preuve entendues au sens strict. Toutefois, cette différence de vocabulaire n'emporte de véritables conséquences. Devant le juge civil, l'existence du principe de la loyauté – qui prend la forme d'un « principe général de la procédure civile »[1976] – a été confirmée à l'occasion de l'arrêt de l'Assemblée plénière de la Cour de cassation du 7 janvier 2011[1977] – réaffirmé depuis[1978] – où est jugé contraire au « principe de loyauté dans l'administration de la preuve » le stratagème consistant en l'enregistrement « d'une communication téléphonique (...) à l'insu de l'auteur des propos tenus »[1979]. Comme l'indique cet arrêt, le fondement du principe de loyauté – dont l'autonomie à l'égard de toute disposition textuelle a été affirmée[1980] – est à rechercher tant dans l'article 9 du Code de procédure civile – qui exige que chaque partie prouve « conformément à la loi les faits nécessaires au succès de sa prétention » – que dans l'article 6§1 de la Convention européenne des droits de l'Homme – qui stipule que « Toute personne a droit à ce que sa cause soit entendue équitablement ». Le juge civil estime que l'équité du procès est irrémédiablement rompue lorsqu'une partie administre une preuve recueillie

---

CARBONNIER Jean, *Droit civil, Introduction*, PUF, Thémis, 27e éd., 2002, n°188 ; CHAINAIS Cécile, FERRAND Frédérique et GUINCHARD Serge, *Procédure civile, Droit interne et droit de l'Union européenne*, Dalloz, Précis, Droit privé, 33e éd., 2016, n°372-373 ; FRICERO Natalie, *La recevabilité des preuves 'déloyales' en matière civile*, Procédures 2015, n°12, dossier 14 ; FRICERO Natalie, *La loyauté dans le procès civil*, Gaz. Pal. 2012, n° 144-145, pp. 27-31 ; FROUIN Jean-Yves, *La loyauté de la preuve en droit du travail*, Procédures 2015, n°12, dossier 23 ; HAAS Thomas, *La loyauté en droit du travail*, Justice et cassation 2014, pp. 69-90 ; LEVENEUR Laurent, *La loyauté de la preuve en matière familiale*, Procédures 2015, n°12, dossier 25 ; MINIATO Lionel, *L'introuvable principe de loyauté en procédure civile*, D. 2007, n°15, pp. 1035-1037 ; MOTULSKY Henri, *Le droit naturel dans la pratique jurisprudentielle : le respect des droits de la défense en procédure civile*, in, Mélanges Paul ROUBIER, Dalloz et Sirey, 1961, pp. 175-200 ; PERROCHEAU Vanessa, *Les fluctuations du principe de loyauté dans la recherche des preuves*, LPA 2002, n°99, pp. 6-17 ; RAISON-REBUFAT Laurence, *Le principe de loyauté en droit de la preuve*, Gaz. Pal. 2002, n°207, pp. 3-9 ; VAN COMPERNOLLE Jacques, *Quelques réflexions sur un principe émergent : la loyauté procédurale*, in, *Justice et droit du procès, Mélanges Serge GUINCHARD*, Dalloz, 2010, pp. 413-424.

1976 CHAINAIS Cécile, FERRAND Frédérique et GUINCHARD Serge, *Procédure civile, Droit interne et droit de l'Union européenne*, Dalloz, Précis, Droit privé, 33e éd., 2016, p. 447.

1977 Cass, A.P., 7 janvier 2011, n°09-14.316 et n°09-14.667 : préc.

1978 La Chambre sociale de la Cour de cassation a repris ce principe (Cass. soc., 18 octobre 2017, n°16-16.462, Inédit ; Cass. soc., 23 mai 2012, n°10-23.521 : Bull. civ. V, n°156 ; D. 2012, p. 2826, chron. Jean-Daniel BRETZNER ; D. 2013, p. 1026, chron. Jérôme PORTA).

1979 Cass, A.P., 7 janvier 2011, n°09-14.316 et n°09-14.667 : préc.

1980 Le juge civil se fonde sur « le principe de loyauté dans l'administration de la preuve » sans rattacher ledit principe à une disposition textuelle (Cass. com., 6 décembre 2016, n°15-18.088, Inédit).

en violation du principe de loyauté. À ce titre, l'exigence de loyauté de la preuve dispose – tout comme le principe pénal de loyauté de la preuve[1981] – tant d'une valeur infra-législative et supra-décrétale[1982] que supra-législative[1983]. En dépit d'une valeur identique, le principe civil de loyauté est plus général car ce principe s'applique, sans discrimination, à toutes les parties au procès civil.

575. Le critère d'identification de la déloyauté n'est pas analogue à celui retenu par le juge pénal. Le principe civil de loyauté prohibe toute preuve recueillie de manière clandestine. En ce sens, les différentes Chambres de la Cour de cassation[1984] ont jugé que la captation d'une conversation privée à

[1981] François FOURMENT relève ainsi que « Le principe de loyauté dans l'administration de la preuve a donc une valeur supra-législative et s'impose en matière pénale comme en matière civile » (*Du principe de loyauté de la preuve et de son application aux matières civile et pénale*, D. 2011, p. 562).

[1982] Lorsque le juge judiciaire se réfère au « principe de loyauté dans l'administration de la preuve », il vise alors un principe général du droit. Marie-Emma BOURSIER a estimé, dans sa thèse de doctorat relative à la loyauté processuelle (BOURSIER Marie-Emma, *Le principe de loyauté en droit processuel*, Thèse de doctorat, Paris 2, Dalloz, Nouvelle Bibliothèque de thèses, Tome 23, 2003) que le « principe général du droit » est le meilleur support juridique pour le principe de loyauté dans l'administration de la preuve (*op. cit.*, n°55, p. 41 et n°100 ter, p. 65).

[1983] Lorsque le juge judiciaire se réfère à l'article 6§1 de la Convention européenne de sauvegarde des droits de l'Homme et des libertés fondamentales ou si le principe général du droit de loyauté dans l'administration de la preuve dispose d'une valeur supra législative.

[1984] - L'Assemblée plénière de la Cour de cassation : Cass, A.P., 7 janvier 2011, n°09-14.316 et 09-14.667 : préc. (« l'enregistrement d'une communication téléphonique réalisé à l'insu de l'auteur des propos tenus constitue un procédé déloyal rendant irrecevable sa production à titre de preuve »).

- La Chambre sociale de la Cour de cassation : Cass. soc., 23 mai 2007, n°06-43.209 : Bull. civ. V, n°85 ; Gaz. pal. 2007, n°187, pp. 11-12, Libres propos de Malvina MAIRESSE ; Gaz. pal. 2007, n°199, p. 32, note Eric BARBRY et Olivier PROUST ; JCP G 2007, n°30, pp. 41-44, note Laura WEILLER ; JCP S 2007, n°31, pp. 15-17, note Bernard BOSSU ; JCP E, 2007, n°37, pp. 24-26, note Catherine COLHEN ; Procédures 2007, n°8, pp. 63-64, note Roger PERROT ; Revue droit du travail Dalloz 2007, n°9, p. 530, note René de QUENAUDON ; Semaine sociale Lamy 2007, n°1319, pp. 85-86, note Jean-Emmanuel RAY ; Revue Lamy Droit des affaires 2007, n°21, pp. 47-49, note Isabelle CORNESSE (« l'enregistrement d'une conversation téléphonique privée, effectué à l'insu de l'auteur des propos invoqués, est un procédé déloyal rendant irrecevable en justice la preuve ainsi obtenue »).

- La 2e Chambre civile de la Cour de cassation : Cass. 2e civ., 7 octobre 2004, n°03-12.65 : Bull. civ. II, n°447, p. 380 ; D. 2005, p. 122, note Philippe BONFILS ; JCP G 2005, II, n°10025, note Nicolas LEGER , RTD Civ. 2005, p. 135, obs. Betrand FAGES et Jacques MESTRE ; Communication Commerce électronique 2005, comm. 11, obs. Philippe STOFFEL-MUNCK (« l'enregistrement d'une conversation téléphonique privée, effectué et conservé à l'insu de l'auteur des propos invoqués, est un procédé déloyal rendant irrecevable en justice la preuve ainsi obtenue »).

- La Chambre commerciale de la Cour de cassation : Cass. com., 13 octobre 2009, n°08-19.525, Inédit ; Cass. com., 3 juin 2008, n°07-17.147 : Bull. civ. IV, n°112 ; D. 2008, p. 2476, note Marie-Emma BOURSIER-MAUDERLY ; D. 2008, p. 2749, chron. Marie-Laure BELAVAL et Renaud SALOMON ; D. 2008, p. 2820, obs. Philippe DELEBECQUE, Jean-Daniel

l'insu de son auteur constitue « un procédé déloyal rendant irrecevable en justice la preuve ainsi obtenue »[1985]. Le critère d'identification de la preuve déloyale repose donc, devant le juge civil, sur le caractère clandestin des modalités du recueil de la preuve[1986]. Une telle modalité de recueil de la preuve conduit à surprendre la partie qui livre, sans le savoir, une preuve. Le droit du travail[1987] illustre remarquablement la permanence de ce critère. La Chambre sociale de la Cour de cassation écarte, avec constance[1988], la preuve recueillie par l'employeur à la faveur d'un dispositif clandestin – c'est-à-dire d'un dispositif dont l'existence est ignorée par le salarié.

576. À l'inverse, la preuve recueillie est loyale lorsque son auteur ne peut valablement ignorer qu'elle est recueillie par un tiers. C'est le cas des « messages écrits téléphoniquement adressés »[1989] – communément appelés SMS – ou encore des « messages téléphoniques vocaux »[1990] – c'est-à-dire des messages enregistrés sur un répondeur – qui ne sauraient, à ce titre, constituer des preuves déloyales. Leurs auteurs ne peuvent, en effet, ignorer que les dispositifs dont ils usent sont destinés à enregistrer leurs propos. Ils ne sauraient donc être reconnus comme des preuves déloyales.

577. De ce fait, le critère d'identification de la preuve déloyale est, devant le juge civil, plus large que celui retenu par le juge pénal. La déloyauté présente, devant le juge civil, un automatisme qui diffère de la jurisprudence pénale puisqu'en cette matière la clandestinité n'est pas automatiquement condamnée[1991].

578. Le principe civil de loyauté n'est cependant pas limité au seul recueil clandestin d'une preuve. Le juge civil écarte comme inadmissible les preuves qui résultent de « ruses, machinations ou stratagèmes de nature à tromper une

---

BRETZNER et Thomas Vasseur ; RTD com. 2009, p. 431, obs. Bernard BOULOC (« Attendu que l'enregistrement d'une communication téléphonique réalisé par une partie à l'insu de l'auteur des propos tenus constitue un procédé déloyal rendant irrecevable sa production à titre de preuve »).

[1985] Cass. 2e civ., 7 octobre 2004, n°03-12.653 : préc.

[1986] PELLETIER Caroline, *Loyauté et preuve*, Revue des contrats 2008, n°3, p. 869.

[1987] Sur ce point : BOURSIER Marie-Emma, *Le principe de loyauté en droit processuel*, Thèse de doctorat, Paris 2, Dalloz, Nouvelle Bibliothèque de thèses, Tome 23, 2003, p. 210 ; HAAS Thomas, *La loyauté en droit du travail*, Justice et cassation 2014, pp. 69-90 ; FROUIN Jean-Yves, *La loyauté de la preuve en droit du travail*, Procédures 2015, n°12, dossier 23.

[1988] Cass., soc., 4 juillet 2012, n°11-30.266 : Bull. civ. V, n°208 ; Cass. soc., 20 novembre 1991, n°88-43.120 : Bull. civ. V, n°519.

[1989] Cass. 1ère civ., 17 juin 2009, n°07-21.796 : Bull. civ. I, n°132 ; Dr. et proc. 2009.344, note Natalie FRICERO ; Cass. soc., 23 mai 2007, n°06-43.209 : préc.

[1990] Cass. soc., 6 février 2013, n°11-23.738 : Bull. civ. V, n°31.

[1991] BERGEAUD-WETTERWALD Aurélie, *Du bon usage du principe de loyauté des preuves ? À propos de l'arrêt rendu par la chambre criminelle de la Cour de cassation le 7 janvier 2014*, Dr. pén. 2014, n°4, ét. n°7, pp. 12-18.

personne »[1992]. Dès un arrêt du 3 octobre 1973, l'administration d'une preuve obtenue « par un artifice coupable, une fraude ou un abus »[1993] a été jugée inadmissible dans un litige relatif à un divorce. En cette matière, le législateur est intervenu – créant l'article 259-1 du Code civil[1994] – prohibant l'administration des seules preuves obtenues « par violence ou fraude »[1995]. Le droit du travail constitue un domaine d'élection de la prohibition des stratagèmes : il a été jugé, dans un arrêt du 16 janvier 1991 « que la loyauté, qui doit présider aux relations de travail, interdit à l'employeur de recourir à des artifices et stratagèmes »[1996]. Le juge du contrat de travail écarte, dans la droite lignée de cet arrêt, toute preuve obtenue à la faveur d'un stratagème, c'est-à-dire par un procédé clandestin ou trompeur[1997].

579. En la matière, la jurisprudence fiscale ne présente pas de particularisme, en dépit de l'inapplicabilité de principe de l'article 6§1 de la Convention européenne des droits de l'Homme[1998], puisque la Chambre commerciale de la Cour de cassation a jugé – à deux reprises[1999] – que n'était pas contraire au principe de loyauté de la preuve le relevé, par un agent du fisc, de « mentions figurant sur des boîtes aux lettres » dès lors que cet élément « n'a pas été obtenu par l'Administration dans le cadre d'un stratagème destiné à surprendre une partie »[2000]. Le défaut de stratagème employé par l'agent du fisc atteste que la preuve a été loyalement recueillie.

580. Conclusion de la Sous-Section I. – Le principe de loyauté de la preuve est reconnu par les juges civil et pénal sans que ce principe ne soit écarté en matière fiscale. En se fondant sur une lecture autonome de l'article 6§1 de la Convention européenne des droits de l'Homme, ces juges ont établi un principe de loyauté de la preuve dont l'étendue n'est pas identique. La prohibition des stratagèmes, c'est-à-dire des ruses employées dans le recueil d'une preuve, constitue le fondement commun de l'admissibilité de la preuve.

[1992] BOSSU Bernard, *Loyauté et contrat de travail*, in, PETIT Franck (dir.), *Droit et loyauté*, Dalloz, 2015, pp. 115-134, spéc. p. 122.

[1993] Cass., 2e civ., 3 octobre 1973, n°72-13.920 : Bull. civ. II, n°237.

[1994] Loi n°75-617 du 11 juillet 1975 portant réforme du divorce : J.O. du 12 juillet 1975, p. 7171.

[1995] Pour une application de cette disposition : Cass., 1ère civ., 11 mai 2016, n°15-16.410, Inédit.

[1996] Cass. soc., 16 janvier 1991, n°89-41.052 : Bull. civ. V, n°15.

[1997] Cass. soc., 19 novembre 2014, n°13-18.749, Inédit ; Cass. soc., 5 juillet 1995, n°92-40.050 : Bull. civ. V, n°237.

[1998] Cass. com., 12 juillet 2004, n°01-11.403, Consorts Pelat : Bull. IV, n°153 p. 167 ; RJF 11/04, n°1218 ; RJF 11/04, pp. 804-807, note Bernard HATOUX ; LPA 27 janvier 2005, n°19, pp. 9-13, note Thierry LAMBERT.

[1999] Cass. com., 7 juillet 2015, n°14-15.965 : Dr. fisc. 2015, n°46, 671, ét. Renaud SALOMON ; RJF 11/15, n°925 ; JCP E 2016, n°7, 1100, chron. Renaud SALOMON ; Cass. com., 12 octobre 2010, n°09-70.590 et 09-70.592 : RJF 02/11, n°180.

[2000] SALOMON Renaud, *Société - Droit pénal de l'entreprise (2e partie)*, JCP E 2016, n°7, 1100 et SALOMON Renaud, *Droit pénal fiscal*, Dr. fisc. 2015, n°46, 671.

La mise en œuvre de cette prohibition des stratagèmes ne présente toutefois pas des critères analogues. Si la prohibition des stratagèmes apparaît comme un point commun entre ces juges, il n'en va pas de même des preuves recueillies de manière clandestine. Seul le juge civil prohibe, par principe, la clandestinité du recueil d'une preuve. En outre, le juge pénal délie du respect du principe de loyauté les parties privées ce qui affecte la généralité de ce principe. Toutefois, en dépit ces différences, les juges civil et pénal s'opposent au juge administratif qui refuse, par principe, de consacrer un principe de loyauté de la preuve.

Sous-Section II. – Le principe de loyauté de la preuve : un principe rejeté par le juge administratif

581. Le principe de loyauté dans la recherche de la preuve est rejeté par le juge administratif (§.1.). Toutefois, ce rejet pourrait être pallié par l'affirmation d'un fondement spécifique à la loyauté de la preuve résidant dans la prohibition de l'arbitraire (§.2.).

§.1. – Le rejet du principe de loyauté de la preuve par le juge administratif

582. Le juge administratif refuse d'ériger la loyauté de la preuve en un principe tant en contentieux général (A) qu'en contentieux fiscal (B).

A/ Le rejet du principe de loyauté en contentieux administratif général

583. À première vue, en dépit du silence du Code de justice administrative[2001], la notion de loyauté occupe une place importante devant la juridiction administrative. En dehors de la sphère probatoire, la juridiction administrative utilise régulièrement le terme de « loyauté » dans sa jurisprudence[2002].

[2001] Ce silence est toutefois tempéré par l'article R.781-3 du Code de justice administrative. Il prévoit, en application de l'article L. 781-1 du Code de justice administrative, que les moyens de communication mis en œuvre pour la tenue d'une audience audiovisuelle doivent « assurer une retransmission fidèle, loyale et confidentielle à l'égard des tiers ».

[2002] Le Conseil d'Etat s'est appuyé sur la loyauté à de nombreuses reprises en découvrant dans les relations spécifiques entre l'administré ou le fonctionnaire et l'administration un terrain favorable à l'émergence d'un devoir de loyauté. Sont tenus à un tel devoir de loyauté les salariés envers leur employeur (Conseil d'Etat, 10 juin 1991, n°103107, Tiesse, Inédit), les fonctionnaires de police envers les autorités de la République (Conseil d'Etat, 5e et 3e s.-s., 23 avril 1997, n°144038 : Rec. T. p. 901), les magistrats envers l'institution judiciaire (Conseil d'Etat, 6e et 1ère s.-s., 13 juillet 2012, n°342633, Jacob : Rec. T. p. 664). Dans d'autres champs, le Conseil d'Etat s'est fondé ponctuellement sur l'exigence de loyauté. Il en va ainsi en matière électorale où le juge administratif a pu mentionner l'exigence « de loyauté du scrutin » (Conseil d'Etat, 5e et 7e s.-s., 28 juin 2000, n°222181, Mouvement departementaliste mahorais : Rec. p. 248) ou de « loyauté (…) de la consultation » (Conseil d'Etat, 10e et 9e s.-s., 4 décembre 2003,

Certains contentieux – comme celui des « relations contractuelles »[2003] – ou la procédure administrative – au travers de l'exigence de « loyauté des débats »[2004] qui constituerait même « un parfum inavoué de principe général de procédure »[2005] – attestent d'une mobilisation croissante de la loyauté. Elle constitue même « une exigence irriguant les principes du contentieux administratif »[2006] qui occupe une place centrale devant la juridiction administrative[2007]. Elle n'est donc « pas une idée neuve dans le procès administratif »[2008] mais bien davantage un principe directeur du procès administratif[2009].

---

n°262009, Feler : Rec. p. 491). Enfin, en matière sportive, le juge administrative a pu reconnaître l'exigence de « loyauté (...) des compétitions » (Conseil d'Etat, 5e et 4e s.-s., 30 mars 2011, n°342142, Société Betclic Entreprises Limited : Rec. T. p. 828).

2003 Le Conseil d'Etat a ainsi reconnu « l'exigence de loyauté des relations contractuelles » dans une décision Commune de Béziers (Conseil d'Etat, Ass., 28 décembre 2009, n°304802, Commune de Béziers : Rec. p. 509 ; AJDA 2010, p. 142, note Sophie-Justine LIEBER, Damien BOTTEGHI ; RFDA 2010, p. 519, note Dominique POUYAUD ; JCP G 2010, n°365, note Benoit PLESSIX ; RDI 2010.265, note NOGUELLOU ; RFDA 2010, p. 506, note POUYAUD ; RDP 2010, p. 553, note PAULIAT).

2004 Aurélie BRETONNEAU et Xavier DOMINO relèvent que la jurisprudence du Conseil d'Etat manifeste un principe de loyauté des débats qui se caractérise par « la volonté (...) d'éviter tout coup de théâtre, qu'il s'agisse pour les parties de coups de poignard ou de plaisantes surprises (...) et dont l'extension au-delà du domaine d'application des principes du caractère contradictoire de la procédure et du respect des droits de la défense souligne que, bien qu'intimement mêlé à eux, il n'est pas réductible à leur somme » (*De la loyauté dans le procès administratif*, AJDA 2013, p. 1276).

2005 BRETONNEAU Aurélie et DOMINO Xavier, *De la loyauté dans le procès administratif*, AJDA 2013, pp. 1276-1280.

2006 EVEILLARD Gweltaz, *Liberté et loyauté de la preuve devant le juge administratif*, Droit administratif 2014, n°12, comm. 73.

2007 En ce sens, Mattias GUYOMAR et Bertrand SEILLER listent, dans leur ouvrage consacré au Contentieux administratif (GUYOMAR Mattias et SEILLER Bertrand, *Contentieux administratif*, Dalloz, Hypercours, 4e éd., 2017, pp. 366-372), les manifestations de la loyauté. Dans cette optique, la motivation des décisions (*op. cit.*, pp. 367-370), le délai raisonnable des jugements (*op. cit.*, pp. 370-372) constituent, pour ces auteurs, des manifestations de cette loyauté.

2008 DOMINO Xavier, *Droit au recours et équité du procès devant la justice administrative aujourd'hui*, NCCC 2014, n°44, pp. 35-47.

2009 Vincent DAUMAS estime ainsi que « le principe de loyauté constitue un principe directeur du procès administratif » dans ses conclusions sur Conseil d'Etat, Sect., 16 juillet 2014, n°355201, M. Ganem : Rec. p. 224 et RFDA 2014, p. 924.

584. En dépit de la place occupée par la loyauté, le juge administratif[2010] refuse de consacrer un principe de loyauté de la preuve[2011]. Le Conseil d'Etat a, par la décision M. Ganem[2012] rendue en formation de Section du contentieux, refusé de consacrer un tel principe préférant faire primer un principe de liberté[2013] de la preuve[2014]. Dans cette décision, la mairie de Jouy-en-Josas a adopté une sanction disciplinaire – la révocation – à l'encontre d'un agent public accusé d'avoir exercé, sans autorisation, durant un congé maladie, une activité lucrative au travers de sociétés[2015]. Pour prouver cette activité extra-administrative illégale, la commune a engagé un détective privé afin qu'il établisse la preuve de cette activité. En première instance, le tribunal administratif de Versailles a, par un jugement du 11 mai 2010, annulé cette sanction disciplinaire. La cour administrative d'appel de Versailles a, par un arrêt du 20 octobre 2011[2016], rétabli la sanction disciplinaire en jugeant la déloyauté des modalités d'administration de la preuve étaient proportionnés aux « intérêts de la commune et le souci de protection de l'image de l'administration territoriale »[2017]. Elle a donc fondé son arrêt sur le caractère proportionné de l'atteinte à la vie privée en reconnaissant implicitement un principe de loyauté de l'administration de la preuve. Devant le Conseil d'Etat, le rapporteur public Vincent DAUMAS s'est montré favorable à l'affirmation

---

[2010] Sur ce point : BRETONNEAU Aurélie et DOMINO Xavier, *De la loyauté dans le procès administratif*, AJDA 2013, pp. 1276-1280 ; EVEILLARD Gweltaz, *Liberté et loyauté de la preuve devant le juge administratif*, Droit administratif 2014, n°12, comm. 73 ; FRYDMAN Patrick et SORIN Julien, *Le principe de loyauté de la preuve devant le juge administratif*, Procédures 2015, n°12, dossier 13, pp. 26-31 ; GUYOMAR Mattias, *La loyauté en droit administratif*, Justice et cassation 2014, pp. 59-68.

[2011] Une décision du Conseil d'Etat du 14 octobre 2015 (Conseil d'État, 8e et 3e s.-s., 14 octobre 2015, n°391872 : Dr. fisc. 2015, n°45, comm. 667) fait mention de la « loyauté dans l'administration de la preuve » mais il ne s'agit que d'un moyen invoqué par le contribuable.

[2012] Conseil d'Etat, Sect., 16 juillet 2014, n°355201, M. Ganem : Rec. p. 224 ; RFDA 2014, p. 924, concl. Vincent DAUMAS ; AJDA 2014, pp. 1701-1705, chron. Aurélie BRETONNEAU, Jean LESSI ; AJFP 2015, p. 110, note Jacques FIALAIRE ; Dalloz actualité du 22 juillet 2014, note Marie-Christine de MONTECLER ; AJCT 2014.625, obs. Catherine LOGEAT et Géraldine ALLAIRE ; Droit administratif 2014, n°12, comm. 73, chron. Gweltaz EVEILLARD.

[2013] Conseil d'Etat, Sect., 16 juillet 2014, n°355201, M. Ganem, cons. n°3 : préc.

[2014] BRETONNEAU Aurélie et LESSI Jean, *L'employeur public et les détectives privés*, AJDA 2014, pp. 1701-1705.

[2015] En contradiction avec les dispositions de l'article 25 de la loi du 13 juillet 1983 (Loi n°83-634 du 13 juillet 1983 portant droits et obligations des fonctionnaires, J.O. du 14 juillet 1983, p. 2174).

[2016] CAA de Versailles, 20 octobre 2011, n°10VE01892 : AJDA 2012, p. 1412, note Stéphane GUERARD. La Cour a jugé qu'« en confiant à une agence de détectives privés une mission étroitement encadrée de vérification de soupçons de l'activité professionnelle occulte de M. G., alors en position d'activité, la commune de Jouy-en-Josas n'a pas porté atteinte au droit à la vie privée de son agent une atteinte insusceptible d'être justifiée par les intérêts légitimes de la commune et le souci de protection de l'image de l'administration territoriale ».

[2017] CAA de Versailles, 20 octobre 2011, n°10VE01892 : préc.

d'un principe de loyauté de la preuve devant la juridiction administrative[2018]. Il a souhaité ériger cette notion en un principe général du droit[2019]. Il estime que la loyauté dans l'administration de la preuve est déjà présente au sein de la jurisprudence administrative car le juge sanctionne la déloyauté des parties dans l'administration de la preuve[2020] et que le juge administratif a toujours ménagé un équilibre dans l'administration de la preuve entre les parties[2021]. Toutefois, les décisions Barel[2022], Cordière[2023] et Perreux[2024] avancées pour justifier l'existence d'un principe implicite de loyauté de la preuve n'ont nullement posé de règles d'admissibilité de la preuve. Ces décisions établissent un équilibre entre les parties au litige et relèvent, bien davantage, de l'équité probatoire que de la loyauté probatoire. À côté de ces décisions, trois arguments sont mobilisés pour justifier l'affirmation d'un principe de loyauté de la preuve. En premier lieu, il souhaite mettre un terme au « splendide isolement »[2025] du juge administratif en matière de loyauté probatoire face aux solutions retenues par la Cour de cassation et le Conseil constitutionnel. En deuxième lieu, il estime que « la loyauté constitue déjà une source d'inspiration de [la] jurisprudence en matière, notamment, de droit processuel »[2026]. En dernier lieu, la reconnaissance d'un devoir de loyauté qui s'impose, en matière fiscale, à l'Administration constitue un indice de l'importance de la notion de loyauté pour le juge administratif.

2018 Vincent DAUMAS invite les membres de la Section du Conseil d'Etat « à admettre (...) que, devant le juge administratif, l'administration ne peut en principe se prévaloir que de preuves légales et loyales » et « à reconnaître sans ambages l'existence d'un principe de loyauté dans l'administration de la preuve » (concl. sur Conseil d'Etat, Sect., 16 juillet 2014, n°355201, M. Ganem : RFDA 2014, p. 924).

2019 Vincent DAUMAS expose ainsi que « Compte tenu du fondement constitutionnel de l'exigence de légalité de la preuve affirmé par la décision du Conseil constitutionnel du 4 décembre 2013, nous n'avons guère de doute qu'il s'agit d'un principe général du droit » (concl. sur Conseil d'Etat, Sect., 16 juillet 2014, n°355201, M. Ganem : RFDA 2014, p. 924).

2020 Vincent DAUMAS a souligné que la jurisprudence Barel est une manifestation de l'exigence de loyauté (concl. sur Conseil d'Etat, Sect., 16 juillet 2014, n°355201, Ganem : RFDA 2014, p. 924 : « il n'y a pas beaucoup à forcer le trait pour considérer que, dans votre fameuse décision Barel de 1954, en annulant les décisions attaquées sur les motifs desquelles l'administration refusait de vous éclairer, vous avez sanctionné une déloyauté dans l'administration de la preuve »).

2021 Pour leur part, Patrick FRYDMAN et Julien SORIN (*Le principe de loyauté de la preuve devant le juge administratif*, Procédures 2015, n°12, dossier 13) analysent les décisions Cordière (Conseil d'Etat, 26 novembre 2012, n°354108, Cordière : Rec. p. 394) et Perreux (Conseil d'Etat, Ass., 30 octobre 2009, n°298348, Perreux : Rec. p. 407) comme des manifestations de la loyauté dans l'administration de la preuve.

2022 Conseil d'Etat, Ass., 28 mai 1954, Barel : préc.

2023 Conseil d'Etat, 2e et 7e s.-s., 26 novembre 2012, n°354108, Cordière : préc.

2024 Conseil d'Etat, Ass., 30 octobre 2009, n°298348, Perreux : préc.

2025 DAUMAS Vincent, concl. sur Conseil d'Etat, Sect., 16 juillet 2014, n°355201, M. Ganem : RFDA 2014, p. 924.

2026 DAUMAS Vincent, concl. sur Conseil d'Etat, Sect., 16 juillet 2014, n°355201, M. Ganem : RFDA 2014, p. 924.

585. S'écartant des conclusions prononcées par son rapporteur public, le Conseil d'Etat a refusé de consacrer un principe de loyauté dans l'administration de la preuve – qui n'est pas sans rappeler le refus de consacrer un principe d'estoppel en contentieux administratif[2027]. Il a, tout au contraire, préféré rappeler le principe de liberté de la preuve qui prévaut devant le juge administratif et qui serait de nature à faire obstacle à la reconnaissance d'un principe de loyauté[2028]. La juridiction administrative s'est ainsi fondée sur son « attachement à la liberté de la preuve »[2029] pour refuser de consacrer un principe de loyauté. L'argumentation retenue par le Conseil d'Etat peut apparaître quelque peu spécieuse car la loyauté ne s'oppose pas exactement à la liberté de la preuve. La loyauté vise, en effet, à restreindre non l'administration de certains *modes de preuve* mais d'écarter certains *moyens de preuve* en raison de leurs conditions de recueil. Autrement dit, il n'y a pas – comme en atteste la procédure pénale – d'opposition irréductible entre la liberté de la preuve et la loyauté de la preuve.

586. L'autre justification avancée par le Conseil d'Etat réside dans la *nature* du contentieux administratif : il est avancé que le principe de loyauté « se concilie mal avec le caractère fondamentalement objectif de la relation administrative »[2030]. Cette justification atteste d'un conflit entre l'office du juge administratif et le principe de loyauté de la preuve. Le juge administratif se refuse, en premier lieu, à imposer à l'Administration des sujétions extra légales qui tendraient à limiter l'administration de preuves nécessaires à l'établissement de la réalité factuelle. En second lieu, le juge administratif estime que la loyauté du litige administratif est assurée par ses propres soins sans qu'il soit nécessaire de poser des règles jurisprudentielles complémentaires. Aurélie BRETONNEAU et Jean LESSI relèvent, en ce sens, que cette solution est « justifiée moins par la force de l'habitude que par la conviction que c'est entre les mains du juge et de son large pouvoir

---

2027 - Pour le refus du juge administratif de reconnaître un principe d'estoppel en matière fiscale : Conseil d'Etat, 9e et 10e s.-s., Avis, 1er avril 2010, n°334465, SAS Marsadis : RJF 06/10, n°632, concl. Pierre COLLIN, BDCF 06/10, n°72.
- Pour le refus du juge administratif de reconnaître le principe d'estoppel dans le contentieux de l'excès de pouvoir : Conseil d'Etat, 4e et 5e s.-s., 2 juillet 2014, n°368590, Sté Pace Europe : AJDA 2014, p. 1897, concl. Gaëlle DUMORTIER ; chron. Bertrand SEILLER, Gaz. Pal. 2014, n°249, p. 13 ; AJDA 2014, p. 1935, note Jean LESSI et Louis DUTHEILLET DE LAMOTHE.

2028 Le Conseil d'Etat juge « qu'en l'absence de disposition législative contraire, l'autorité investie du pouvoir disciplinaire (…) peut apporter la preuve de ces faits devant le juge administratif par tout moyen » (Conseil d'Etat, Sect., 16 juillet 2014, n°355201, M. Ganem, cons. n°3 : préc.).

2029 DAUMAS Vincent, *La loyauté des parties dans le procès. Charge et administration de la preuve*, in, NIQUEGE Sylvain (dir.), Les figures de la loyauté en droit public, Mare & Martin, 2017, pp. 425-438, spéc. p. 429.

2030 EVEILLARD Gweltaz, *Liberté et loyauté de la preuve devant le juge administratif*, Droit administratif 2014, n°12, comm. 73.

d'organisation des débats qu'est la garantie de la loyauté du procès administratif. En ce sens, tout carcan procédural, avec le systématisme qu'il implique, peut sembler parasitaire »[2031].

587. À première vue, ce refus du juge administratif de s'enfermer dans une logique systématique fondée sur un principe de loyauté dans l'administration de la preuve est de nature à forger un modèle spécifique d'administration de la preuve dont la pierre angulaire est constituée par la liberté dans l'administration de la preuve. Toutefois, il est, en réalité, largement remis en cause par la réalité jurisprudentielle qui exige bien le respect d'une certaine forme de loyauté.

588. En ce sens, il apparaît que le juge administratif n'est pas resté insensible à l'appel de son rapporteur public car, tout en refusant de consacrer un principe de loyauté de la preuve, le Conseil d'Etat s'est fondé sur l'« obligation de loyauté [auquel] tout employeur public est tenu, vis-à-vis de ses agents »[2032] pour juger qu'en matière contractuelle, la loyauté s'impose en matière de preuve – du moins en matière de sanction[2033]. Il juge ainsi, en vertu de cette obligation de loyauté contractuelle, que l'administration ne peut fonder une sanction disciplinaire sur une preuve dépourvue de loyauté. Ce principe a depuis été repris par les juges du fond[2034]. Le refus de consacrer un principe général de loyauté de la preuve est tempéré par la consécration de cette exigence pour les relations spécifiques qui unissent l'employeur public à son agent[2035]. De la sorte, le juge administratif confine la loyauté de la preuve « à l'univers contractuel où la nommer n'est pas tabou »[2036].

[2031] Aurélie BRETONNEAU et Jean LESSI relèvent qu'« À l'absence de facteur exogène déterminant s'ajoute sans doute une certaine répugnance du Conseil d'Etat à brider sa tradition jurisprudentielle, justifiée moins par la force de l'habitude que par la conviction que c'est entre les mains du juge et de son large pouvoir d'organisation des débats qu'est la garantie de la loyauté du procès administratif. En ce sens, tout carcan procédural, avec le systématisme qu'il implique, peut sembler parasitaire » (*L'employeur public et les détectives privés*, AJDA 2014, pp. 1701-1705).

[2032] Conseil d'Etat, Sect., 16 juillet 2014, n°355201, M. Ganem, cons. n°3 : préc.

[2033] Le Conseil d'Etat juge qu'un « employeur public (…) ne saurait (…) fonder une sanction disciplinaire à l'encontre de l'un de ses agents sur des pièces ou documents qu'il a obtenus en méconnaissance de (…) [l']obligation [de loyauté] » (Conseil d'Etat, Sect., 16 juillet 2014, n°355201, M. Ganem : préc.).

[2034] Cette solution a été depuis reprise par la cour administrative d'appel de Nancy (CAA Nancy, 3e ch., 6 février 2018, n°16NC00727, cons. n°7 : AJFP 2018, p. 248).

[2035] Aurélie BRETONNEAU et Jean LESSI exposent dans leur commentaire que « Si un principe de loyauté trouve en la matière à jouer, c'est parce que la relation entre un agent public, même fonctionnaire, et l'administration a quelque chose d'intrinsèquement contractuel » (*L'employeur public et les détectives privés*, AJDA 2014, pp. 1701-1705).

[2036] BRETONNEAU Aurélie et LESSI Jean, *L'employeur public et les détectives privés*, AJDA 2014, pp. 1701-1705.

589. Le Conseil d'Etat a donc consacré une *exception de loyauté*[2037] et non un *principe de loyauté* de la preuve car, aux termes de cette décision, « la liberté [de la preuve] demeure la règle, la loyauté l'exception »[2038]. Il n'en reste pas moins que le Conseil d'Etat a ouvert une « brèche »[2039] en consacrant une exigence de loyauté dans l'administration de la preuve fondée sur les conditions de recueil d'une preuve réduite à la seule sphère disciplinaire concernant les agents publics. Le refus de consacrer un principe de loyauté de la preuve est ainsi tempéré par la « discrète ascension de l'exigence de loyauté dans l'administration de la preuve »[2040]. Cette ascension est pourtant bien réelle car le juge se doit d'exclure des débats les preuves déloyales lorsqu'il incombe à l'Administration de prouver les faits de nature à fonder une sanction à l'encontre d'un agent public[2041]. La légalité de la sanction ne pourra donc être appréciée qu'au regard des éléments qui ont été obtenus loyalement par l'Administration[2042].

590. La décision M. Ganem[2043] n'est toutefois pas la première qui consacre – à demi-mot – une exigence de loyauté de la preuve. Le juge administratif a antérieurement reconnu un principe de loyauté de nature à prohiber les stratagèmes dans le contentieux des salariés protégés[2044]. En cette matière, le juge administratif est compétent pour juger de l'autorisation des licenciements des salariés protégés – qui s'acquiert auprès de l'inspecteur du travail et dont la décision est susceptible d'un recours devant les juridictions administratives. Or, l'exigence de loyauté de la preuve a été consacrée en cette matière. Dans un premier temps, le Conseil d'Etat a adopté une jurisprudence peu protectrice du principe de loyauté de la preuve[2045] acceptant même une preuve obtenue par stratagème[2046]. Puis, dans un second temps, le Conseil d'Etat a choisi

---

[2037] Nous empruntons ainsi l'expression de Loïc CADIET qui propose de reconnaître « une exception de déloyauté processuelle » (*Le principe de loyauté devant le juge civil et le juge commercial*, Procédures 2015, n°12, dossier 10).

[2038] FRYDMAN Patrick et SORIN Julien, *Le principe de loyauté de la preuve devant le juge administratif*, Procédures 2015, n°12, dossier 13, pp. 26-31.

[2039] *Op. cit., loc. cit.*

[2040] *Op. cit., loc. cit.*

[2041] Conseil d'Etat, Sect., 16 juillet 2014, n°355201, M. Ganem, cons. n°3 : préc.

[2042] CAA Nancy, 3e ch., 6 février 2018, n°16NC00727, cons. n°7 : AJFP 2018, p. 248.

[2043] Conseil d'Etat, Sect., 16 juillet 2014, n°355201, M. Ganem : préc.

[2044] Sur ce point : WEIDENFELD Katia, *Le licenciement des « salariés protégés » dans l'œil du juge administratif*, Droit et société 2003, n°55, pp. 717-741.

[2045] Le Conseil d'Etat n'étudiait pas la loyauté de la preuve obtenue par un huissier de justice : Conseil d'Etat, 8e s.-s., 12 décembre 1994, n°134149, SA Halfen, Inédit ; Conseil d'Etat, 6e s.-s., 7 mars 1994, n°116932, Dargnat, Inédit.

[2046] Conseil d'Etat, 8e et 9e s.-s., 31 janvier 1997, n°165553, Sté Comptoirs modernes Major-Unidis : Rec. T., p. 1108 (En l'espèce, il s'agissait d'une caissière que son employeur avait piégé – par un stratagème – en plaçant une somme d'argent supplémentaire dans sa caisse. Le Conseil d'Etat juge que « le fait que l'employeur ait usé du procédé ci-dessus décrit pour tester son comportement n'est pas susceptible, dans les circonstances de l'espèce, à faire obstacle à

d'opérer un net rapprochement avec la jurisprudence de la Cour de cassation en jugeant – dans un considérant presque identique à celui retenu par la Chambre sociale de la Cour de cassation[2047] – que si « l'employeur a le droit de contrôler et de surveiller l'activité de ses salariés pendant le temps du travail (…) l'emploi de procédé clandestin de surveillance est illicite »[2048]. Cette exigence de loyauté de la preuve en matière de licenciement de salariés protégés a été constamment maintenue par le Conseil d'Etat[2049] et les juges du fond se sont appropriés cette jurisprudence en rejetant les preuves déloyales recueillies par l'employeur[2050]. En la matière, il apparaît que le juge administratif adopte ainsi une attitude pointilliste en prenant en compte la nature du contentieux plutôt qu'en forgeant des règles générales et abstraites qui tendraient à s'imposer à l'ensemble des litiges.

591. La décision Ganem[2051] s'inscrit dans cette logique jurisprudentielle puisque le Conseil d'Etat ménage une exception de loyauté dans un champ spécifique : celui de la relation de l'agent public à l'Administration. Le Conseil d'Etat développe ainsi le champ de la loyauté de la preuve et prend même soin d'aménager des particularités propres au droit public en la matière. En se fondant sur les nécessités du service public – prolongeant ainsi la lettre et l'esprit de la jurisprudence Blanco[2052] – le Conseil d'Etat juge que la nécessaire loyauté de la preuve dans les relations entre l'Administration et son

---

son licenciement, eu égard à la nature des fonctions qu'elle exerçait et au fait qu'elle n'ignorait pas que sa caisse pouvait faire l'objet, à son insu, de contrôles de la part de la direction de la société »).

[2047] Cf. supra, n°575.

[2048] Conseil d'Etat, 8e et 3e s.-s., 7 juin 2000, n°191828, SA Roulle : Rec. T. p. 1271.

[2049] Conseil d'Etat, 4e et 5e s.-s., 28 septembre 2005, n°269784, SA Carto-Rhin et Me Mulhauptaux : Rec. T. p. 1124 : Le Conseil d'Etat juge, en l'espèce qu'il n'est pas prouvé que la preuve qui a justifié l'autorisation de licenciement « ait été porté à la connaissance de l'employeur par des moyens de preuve illicites ».

[2050] CAA de Lyon, 6e ch., 5 février 2015, n°13LY02310, Inédit (L'utilisation de la géolocalisation d'un salarié à son insu constitue un mode de preuve illicite) ; CAA de Versailles, 4e ch., 18 décembre 2012, n°11VE02712 : Cahiers sociaux du Barreau de Paris 2013, n°251, pp. 124-125, note Sophie NADAL (La cour administrative d'appel de Versailles a pu écarter des preuves – très – personnelles découvertes par l'employeur qui prouvaient les agissements blâmables d'un salarié. Ici, les preuves sont écartées dès lors que leur caractère personnel est manifeste. Ici, le juge estime qu'il n'était pas possible pour l'employeur d'ouvrir les dossiers informatiques d'un salarié protégé dont le contenu personnel était manifeste. Cette preuve est ici écartée en raison de son caractère illicite).

[2051] Conseil d'Etat, Sect., 16 juillet 2014, n°355201, M. Ganem : préc.

[2052] Comment ne pas voir dans la référence à « un intérêt public majeur » (Conseil d'Etat, Sect., 16 juillet 2014, n°355201, M. Ganem : préc.) la marque d'une spécificité administrative dont les racines se trouvent dans l'arrêt Blanco (Tribunal des conflits, 8 février 1873, Blanco : GAJA n°1) où il est jugé que la responsabilité administrative « n'est ni générale, ni absolue ; qu'elle a ses règles spéciales qui varient suivant les besoins du service et la nécessité de concilier les droits de l'État avec les droits privés ».

agent peut être tempérée par les exigences de l'intérêt public[2053]. Une doctrine autorisée a pu interpréter cette précision en estimant qu'une preuve illégale pourrait être considérée loyale et être admise, à ce titre, au nom de l'intérêt général[2054]. L'exigence de loyauté imposée à l'Administration vis-à-vis de son agent pourrait ainsi permettre de rendre admissible, devant le juge administratif, une preuve illégale. Toutefois, une telle solution serait, à notre sens, de nature à conférer une place déterminante à la loyauté devant le juge administratif en contradiction avec l'équilibre global de la jurisprudence qui tend à en limiter l'importance. Il serait, à notre sens, fort critiquable d'exploiter la loyauté pour justifier l'administration d'une preuve illégale alors lors même que le juge se refuse à consacrer un tel principe. Il s'agirait, en quelque sorte, d'un usage déloyal de la loyauté. Le Conseil d'Etat pourrait toutefois forger, à sa manière, un droit à la preuve – consacré par le juge civil[2055] – pour tempérer les effets de l'exigence – déjà très restreinte – de loyauté dans l'administration de la preuve.

592. Toutefois, en dépit de la consécration d'exceptions de loyauté, le principe demeure, y compris en matière fiscale, celui de la liberté de la preuve.

B/ Le refus de consacrer un principe général de loyauté dans l'administration de la preuve en contentieux fiscal

593. À l'instar du contentieux administratif général, le juge administratif de l'impôt refuse d'établir un principe de loyauté dans l'administration de la preuve[2056]. Le Conseil d'Etat a rejeté, en cette matière, ce principe par une décision Société Car Diffusion 78[2057]. La loyauté aurait même été « remisée

---

[2053] En guise d'avertissement aux plaideurs tentés de soulever la déloyauté de la preuve, Aurélie BRETONNEAU et Jean LESSI lancent que « l'intérêt public qui est celui de l'administration pèse plus lourd dans la balance que l'intérêt propre d'un employeur privé » (*L'employeur public et les détectives privés*, AJDA 2014, pp. 1701-1705).

[2054] Aurélie BRETONNEAU et Jean LESSI esquissent une telle consécration de la loyauté sauvant une illégalité commise par l'Administration dans la recherche de preuve : « En revanche, la mise en œuvre d'un procédé illégal pourra-t-elle dans certains cas être regardée comme loyale ? Serait-elle mise en balance avec la nécessaire défense d'intérêts publics majeurs ou disqualifierait-elle, du seul fait de son illégalité, la sanction exclusivement fondée sur des éléments qu'elle a permis d'obtenir ? La décision rendue, contrairement aux conclusions qui faisaient de la déloyauté une extension de l'illégalité, déconnecte totalement les deux notions l'une de l'autre, et ne donne donc aucun indice sur la réponse à apporter à ces interrogations » (*L'employeur public et les détectives privés*, AJDA 2014, pp. 1701-1705).

[2055] Cf. infra, n°773.

[2056] Sur le principe de loyauté en matière fiscale : COLLET Martin, *La loyauté en matière fiscale*, in, NIQUEGE Sylvain (dir.), *Les figures de la loyauté en droit public*, Mare & Martin, 2017, pp. 325-341.

[2057] Conseil d'Etat, 9e et 10e s.-s., 15 avril 2015, n°373269, Société Car Diffusion 78 : Dr. fisc. 2015, n°25, comm. 419 ; RJF 07/15, n°613, concl. Frédéric ALADJIDI, BDCF 07/15, n°93 ; Procédures 2015, n°7, comm. 248, comm. Olivier NEGRIN ; JCP E, 2015, n°26, pp. 56-58,

aux rayons des mots-valises inutiles »[2058]. Cette solution se justifie, selon le Conseil d'Etat, par une lecture stricte des dispositions du Code général des impôts et du Livre des procédures fiscales : leur silence en matière d'admissibilité de la preuve est entendu comme un facteur d'exclusion de toute règle d'admissibilité de la preuve.

594. Cette interprétation n'est pas exempte de toute critique. Le juge administratif ayant imposé à l'administration fiscale un « devoir de loyauté »[2059] – comme il existe une exigence de loyauté qui pèse sur le contribuable[2060] – il pourrait lier ce devoir à un principe de loyauté de la preuve propre à la matière fiscale. Ainsi, l'« esprit de loyauté d[e] la procédure d'imposition »[2061] n'est pas corroboré par un principe de loyauté de la preuve. Cette solution peut apparaître contradictoire à la logique globale – profondément essentialiste – du contentieux administratif qui lie la loyauté

---

comm. Régis TORLET et Arnaud TAILFER ; Les nouvelles fiscales 2015, n°1157, pp. 4-6, comm. Bertrand LACOMBE ; Lexbase Hebdo, Edition fiscale, 2015, n°614, Chr. Thierry LAMBERT ; Dr. fisc. 2015, n°19, act. 286, note Catherine CASSAN.

[2058] COLLET Martin, *La loyauté en matière fiscale*, in, NIQUEGE Sylvain (dir.), *Les figures de la loyauté en droit public*, Mare & Martin, 2017, pp. 325-341, spéc. p. 330.

[2059] Conseil d'Etat, 10e et 9e s.-s., 26 mai 2010, n°296808, Beckman : Dr. fisc. 2010, n°37, comm. 483 ; RJF 8-9/10, n°767, concl. Julien BOUCHER, BDCF 8-9/10, n°83.

[2060] La Charte du contribuable de 2007 (Ministère du Budget, des comptes publics et de la fonction publique, *La Charte du contribuable*, juin 2007, p. 25) pose que « Nous [Agents de l'administration fiscale] avons une obligation de loyauté ». Elle exige, en échange « Un contribuable loyal » (*op. cit.*, p. 29). Cette exigence n'est toutefois pas présente au sein de la charte des droits et obligations du contribuable vérifié. Un auteur a proposé d'ériger la notion voisine de bonne foi en un principe fondamental du droit fiscal. Emmanuel KORNPROBST a ainsi affirmé que la bonne foi serait une solution aux maux de ce contentieux. Il distingue plusieurs types de bonne foi : « une bonne foi de connaissance (...) une bonne foi de comportement dans les rapports entre le contribuable et les services fiscaux (...) une bonne foi de cohérence de l'action professionnelle dans les prises de décision ». Il ajoute que « Cette triple notion de bonne foi s'accommode fort bien de la nature du droit fiscal, droit réaliste et pragmatique qui appréhende les faits dans toutes leur complexité » (KORNPROBST Emmanuel, *La notion de bonne foi, application au droit fiscal français*, Thèse de doctorat, Paris 1, LGDJ, Bibliothèque de droit privé, Tome 165, 1980, pp. 45-46). Ce même auteur ajoute, pour estimer que l'application de la bonne foi est capable de « résoudre les deux maux principaux du droit fiscal, que nous avons constamment côtoyés : la complexité des textes et l'évasion fiscale » car « les deux fondements que l'on assigne à la bonne foi : la sécurité juridique et la morale, recouvrent très précisément les dommages causés par ces maux ; aux prises avec le dilemme bien connu qui consiste, en multipliant les textes pour lutter contre l'évasion fiscale, à solliciter l'imagination des fraudeurs, et à multiplier par là même, les cas de fraude, le juge et le législateur peuvent trouver dans le principe de bonne foi une solution à ces problèmes » (*Op. cit.*, p. 375). À notre sens, il serait ainsi possible, à la suite de Jean LARMARQUE, de constater qu'il existe une « moralité fiscale [qui] ne devrait pas comporter moins d'obligations pour l'Administration que pour les administrés » (note sous Conseil d'Etat, 24 juin 1968, AJDA 1969, p. 573). Ainsi, un minimum de loyauté pourrait être officiellement imposé tant au contribuable qu'à l'administration fiscale.

[2061] DE CROUY-CHANEL Emmanuel, *Procédures fiscales : chronique de l'année 2015*, Dr. fisc. 2016, n°9, 205.

probatoire à la loyauté qui prévaut entre l'Administration et l'administré. C'est, en effet, la présence d'un principe de loyauté qui unit l'Administration à l'agent public qui a conduit le Conseil d'Etat à reconnaître une exigence de loyauté dans la décision M. Ganem[2062]. Il est ainsi possible de soutenir, à l'instar d'Emmanuel DE CROUY-CHANEL, qu'« une plus grande sensibilité du juge à la loyauté des rapports entre administration fiscale et contribuable »[2063] pourrait être renforcée par l'affirmation d'un principe de loyauté de la preuve en matière fiscale.

595. Toutefois, aux yeux du juge administratif, plusieurs arguments justifient le refus de consacrer un principe de loyauté de la preuve en matière fiscale. En premier lieu, l'amoralisme du droit fiscal pourrait – même s'il n'a pas, à notre connaissance, été avancé pour justifier une telle solution – expliquer ce refus d'adopter une telle exigence de loyauté probatoire. Ce fondement pourrait même être extrêmement solide[2064] car il est de nature à exclure toute dimension morale du contentieux fiscal. Toutefois, cet amoralisme ne nous semble pas disposer d'une portée suffisante pour écarter la loyauté puisque le juge administratif a pu reconnaître un devoir de loyauté qui s'impose au fisc[2065]. Ensuite, le caractère moral et allogène[2066] de la loyauté pourrait constituer un aspect déterminant. Surtout, le juge administratif de l'impôt se

---

[2062] Conseil d'Etat, Sect., 16 juillet 2014, n°355201, M. Ganem : préc.

[2063] DE CROUY-CHANEL Emmanuel, *Procédures fiscales : chronique de l'année 2015*, Dr. fisc. 2016, n°9, 205.

[2064] L'amoralisme pourrait même se muer en loi du talion comme l'expose Gweltaz EVEILLARD en affirmant qu'« il n'est pas illogique que l'Administration réponde, en pratiquant une surveillance dissimulée, à la déloyauté de l'agent par une autre déloyauté » (*Liberté et loyauté de la preuve devant le juge administratif*, Dr. adm. 2014, comm. 73).

[2065] Conseil d'Etat, 10e et 9e s.-s., 26 mai 2010, n°296808, Beckman : Dr. fisc. 2010, n°37, comm. 483 ; RJF 8-9/10, n°767, concl. Julien BOUCHER, BDCF 8-9/10, n°83.

[2066] De manière analogue, le rejet du principe d'estoppel en contentieux fiscal et en recours pour excès de pouvoir repose, en partie, sur le caractère étranger de ce principe qualifié de « notion jurisprudentielle issue du droit anglo-américain » (COLLIN Pierre, concl. sur Conseil d'Etat, 9e et 10e s.-s., Avis, 1er avril 2010, n°334465, SAS Marsadis : RJF 06/10, n°632, BDCF 6/10, n°72). Une analyse analogue a été developpée devant le juge de l'excès de pouvoir (Conseil d'Etat, 4e et 5e s.-s., 2 juillet 2014, n°368590, Sté Pace Europe : préc. Le rapporteur public Gaëlle DUMORTIER relève, à cet égard, que l'estoppel trouve sa place « dans les contentieux subjectifs »). Une analyse similaire peut être tenue à l'égard du principe de loyauté qui ne correspond pas à la nature du contentieux administratif où le juge « incite (…) [les parties] à recourir à toutes sortes de mode de preuve, y compris, si nécessaire, des modes déloyaux » (FRYDMAN Patrick et SORIN Julien, *Le principe de loyauté de la preuve devant le juge administratif*, 2015, Procédures n°12, dossier 13, pp. 26-31). Il pourrait toutefois être rétorqué à ce raisonnement que le principe d'impartialité appliqué en droit interne est également imprégné par les concepts anglo-américains du procès (Sur les liens qui existent entre l'impartialité objective et la conception anglo-américaine de l'impartialité : MAGNIER Véronique, *La notion de justice impartiale, À la suite de l'arrêt Oury Cass. ass. plén., 5 févr. 1999*, JCP G 2000, n°36, I, 252 ; Sur l'application du principe d'impartialité en contentieux fiscal : FOUQUET Olivier, *L'impartialité des vérificateurs fiscaux*, Revue administrative 2009, n°369, pp. 256-258, spéc. p. 257).

refuse – comme en contentieux général – à poser un principe de loyauté dans l'administration de la preuve qui conduirait à imposer des sujétions complémentaires à l'administration fiscale qui compléteraient l'encadrement procédural du Code général et le Livre des procédures fiscales[2067]. Toutefois, cet argument n'apparaît pas pleinement satisfaisant. D'une part, le juge administratif de l'impôt a déjà pu imposer à l'administration fiscale des sujétions procédurales complémentaires sur un fondement purement prétorien, comme en témoigne la décision Mlle Pigeon[2068]. D'autre part, cette justification – très protectrice de l'Administration – nous paraît reposer sur une logique comptable difficilement tenable. La densité de la réglementation existante peut-elle justifier l'exclusion de nouveaux droits fondamentaux ? En somme, ce refus du juge administratif de l'impôt peut être critiqué car il est justifié par des considérations propres à l'office du juge qui ne disposent pas de fondements déterminants. Il nous semble même possible de proposer un fondement spécifique de la loyauté qui s'imposerait aux agents de l'autorité publique. Il s'agit de la prohibition de l'arbitraire.

§.2. – La prohibition de l'arbitraire : fondement possible à l'obligation de loyauté en droit public

596. La question de la loyauté en droit public connaît un réel engouement doctrinal comme en témoigne le nombre de colloques consacrés à la loyauté de l'Etat[2069]. À notre sens, les liens existants entre l'Etat et la loyauté sont décisifs. L'exigence de loyauté probatoire pourrait refléter l'exigence fondamentale de loyauté. Nous estimons donc qu'il faudrait reconnaître, de manière générale, l'exigence de loyauté en droit public[2070].

[2067] Cette idée est développée par Vincent DAUMAS dans ses conclusions prononcées à l'occasion de l'affaire Ganem : « En matière fiscale, l'organisation par des textes des modalités selon lesquelles l'administration peut recueillir les informations nécessaires à l'exercice de ses missions explique sans doute que vous ne vous soyez guère interrogé sur la question de l'admissibilité de la preuve : lorsque les garanties prévues par ces textes ont été méconnues, vous prononcez la décharge des impositions établies grâce à l'utilisation des éléments de preuve irrégulièrement recueillis » (concl. sur Conseil d'Etat, Sect., 16 juillet 2014, n°355201, M. Ganem : préc.).

[2068] Conseil d'Etat, Plén., 8 avril 1991, n°67938, Mlle Pigeon : Dr. fisc. 1993, n°3, comm. 62, concl. Philippe MARTIN ; RJF 05/91, n°652.

[2069] FERRARI Sébastien et HOURSON Sébastien (Coord.), *La loyauté en droit public*, Colloque du 19 décembre 2015, Université Paris Descartes ; NIQUEGE Sylvain (dir.), *Les figures de la loyauté en droit public*, Mare & Martin, 2017.

[2070] Sur ce point : BALIGAND Florent, *La loyauté de l'administration*, Editions universitaires européennes, 2012 ; BEDUSCHI-ORTIZ Ana, *La notion de loyauté en droit administratif*, AJDA 2011, n°17, pp. 943-951 ; DELEAGE Elsa, *La loyauté de l'administration*, Revue générale du droit 2015, n°1 ; SAUVE Jean-Marc, *Le « nouveau procès administratif »*, in, *Le juge administratif et les questions de société*, Troisièmes Etats généraux du droit administratif, 27 septembre 2013, disponible sur le site internet du Conseil d'Etat.

597. Plus encore, le droit public pourrait affirmer une exigence autonome de la loyauté sans reprendre, point pour point, la loyauté reconnue en droit civil. En cette matière, le Code civil contient des normes qui manifestent l'exigence de loyauté. Laurent AYNES relève ainsi que c'est « le respect de la parole donnée qui enfante le principe de l'article 1134 du Code civil, la force obligatoire du contrat ; ou bien encore la prohibition du mensonge qui s'exprime à travers l'article 1116 du Code civil, l'interdiction du dol »[2071]. La loyauté constitue ainsi un principe cardinal qui gouverne les relations entre les justiciables. Or, en droit public, il n'existe pas de règle générale qui impose un principe de loyauté à l'Administration[2072]. Face à ce silence, des auteurs ont estimé que l'exigence de loyauté présente en droit public trouve sa source dans la transposition de la loyauté présente en droit privé[2073]. Cette analyse nous paraît incomplète bien que certains éléments militent en sa faveur.

598. À ce titre, l'« exigence de loyauté [au sein] des relations contractuelles »[2074] consacrée par le Conseil d'Etat et l'exigence de loyauté qui s'impose en général au sein de la sphère contractuelle – aussi bien pour les salariés, que pour les agents publics et même pour les fonctionnaires européens[2075] – attestent d'un commun bastion de loyauté – et de

---

[2071] AYNES Laurent, *L'obligation de loyauté*, APD 2000, n°44, pp. 195-204, spéc. p. 195. Cette nécessité de respecter ses propres engagements se retrouve également en droit du travail où la loi impose une telle obligation tant dans les relations individuelles (art. L. 1222-5 du Code du travail) que dans les relations collectives du travail (art. L. 2222-3-1 et L. 2222-3-2).

[2072] La loyauté ne constitue pas un principe général qui s'impose à l'Administration. Toutefois, la loyauté n'est pas absente du droit public. Au sein du Code des relations entre le public et l'administration, l'article 6 de la loi n°78-17 du 6 janvier 1978 relative à l'informatique, aux fichiers et aux libertés mentionne que les données à caractère personnel doivent être « collectées et traitées de manière loyale et licite ». De même, l'article R. 781-3 du Code de justice administrative dispose que « Les caractéristiques techniques des moyens de communication audiovisuelle utilisés doivent assurer une retransmission fidèle, loyale et confidentielle à l'égard des tiers ».

[2073] BEDUSCHI-ORTIZ Ana, *La notion de loyauté en droit administratif*, AJDA 2011, n°17, pp. 943-951.

[2074] Conseil d'Etat, Ass., 28 décembre 2009, n°304802, Commune de Béziers : chron. Sophie-Justine LIEBER et Damien BOTTEGHI, AJDA 2010, p. 142 ; RFDA 2010, p. 519, note Dominique POUYAUD ; RDI 2010.265, obs. Rozen NOGUELLOU. V° également : VIER Charles-Louis, *La bonne foi dans le contrat administratif*, in, *Mélanges en l'honneur de Laurent RICHER*, LGDJ, Lextenso, pp. 477-492 ; SESTIER Jean-François, *La loyauté dans l'exécution des relations contractuelles : un standard juridique commode ?*, in, *Mélanges en l'honneur de Laurent RICHER*, LGDJ, Lextenso, pp. 451-462 et LAFAIX Jean-François, *La loyauté des relations contractuelles au regard de la théorie du contrat*, in, *Mélanges en l'honneur de Laurent RICHER*, LGDJ, Lextenso, pp. 365-396.

[2075] La Cour de justice a jugé que les fonctionnaires européens sont tenus à un devoir de « confiance » envers les institutions européennes auxquels ils appartiennent (CJCE, 6 mars 2001, n°C-273/99 et C-274/99 : Rec. p. I-1611 ; AJDA 2001, p. 941, chron. Jean-Marc BELORGEY, Stéphane GERVASONI et Christian LAMBERT ; RTDH 2002, pp. 385-405, note Jean-Manuel LARRALDE).

« loyalisme »[2076] – qui s'imposent au sein des relations contractuelles. Toutefois, même en la matière, il apparaît que l'étendue de la loyauté diverge. À ce titre, le devoir de réserve de l'agent public[2077] – qui découle d'une exigence fondamentale de loyauté[2078] – est différent de celui qui s'impose au salarié[2079]. Cette différence s'explique, en définitive, par l'existence d'un cadre juridique différent[2080]. Ainsi, si la sphère contractuelle peut offrir un point de comparaison entre la loyauté du droit privé et celle du droit public, cette proximité s'estompe lorsqu'il s'agit d'étudier la relation particulière qui unit l'administré à l'autorité publique. L'assimilation de la loyauté du droit public à celle du droit privé est donc insuffisante.

599. Il apparaît même qu'en droit public, la loyauté peut disposer d'un fondement différent à la loyauté reconnue en droit privé. En tant que norme comportementale, c'est-à-dire comme une attitude attendue des agents détenteurs de l'autorité publique, elle nous paraît intimement liée à l'Etat de droit[2081]. En ce sens, Jean-Pierre DUPRAT a souligné les liens étroits qui existent entre l'Etat de droit et la loyauté : cette dernière constitue une garantie

---

[2076] Sur ce point : VINCENT Jean-Yves, *L'obligation de réserve des agents publics*, Revue administrative 1973, n°152, pp. 142-150 ; WALINE Marcel, *La liberté politique des fonctionnaires*, Revue administrative 1958, n°61, pp. 5-8.

[2077] Conseil d'Etat, 6e et 1ère s.-s., 23 avril 2009, n°316862, M. Guigue : AJDA 2009, p. 1373, concl. Isabelle DE SILVA ; Conseil d'Etat, 3e et 5e s.-s., 10 novembre 1999, n°179962, Sako, Rec. T. p. 852.

[2078] Le Conseil d'Etat utilise d'ailleurs, en la matière, le terme de loyauté pour exiger des agents publics le respect de leur devoir de réserve (Conseil d'Etat, 1ère et 6e s.-s., 24 septembre 2010, n°333708, Girot de Langlade, Inédit).

[2079] En ce sens, le salarié n'est pas tenu à un devoir de réserve analogue à celui de l'agent public. Une seule illustration permet de s'en convaincre. Les agents publics sont ainsi soumis à un strict devoir de neutralité tout comme les salariés d'un organisme privé qui gère un service public (Cass. soc., 19 mars 2013, n°12-11.690 : Bull. civ. V, n°76 ; AJDA 2013, p. 1069, note Jean-David DREYFUS ; Dr. soc. 2013, p. 388, ét. Emmanuel DOCKES ; JCP S 2013, n°29, pp. 16-18, note Frédéric DIEU). En revanche, ce devoir de neutralité ne s'impose pas aux salariés (Cass., A.P., 25 juin 2014, n°13-28.369 : Bull. A.P. n°1 ; RFDA 2014, p. 954, note Pierre DELVOLVE ; AJDA 2014, p. 1842, note Thierry LAMARCHE et Stéphane MOUTON ; AJCT 2014.511, obs. Frédérique DE LA MORENA ; RTD Civ. 2014, p. 620, obs. Jean HAUSER ; Cass. soc., 19 mars 2013, n°11-28.845 : Bull. civ. V, n°75 ; D. 2013, p. 963, note Jean MOULY ; AJDA 2013, p. 1069, note Jean-David DREYFUS ; Dr. soc. 2013, p. 388, note Emmanuel DOCKES).

[2080] La Chambre sociale a ainsi relevé que « le principe de laïcité instauré par l'article 1er de la Constitution n'est pas applicable aux salariés des employeurs de droit privé qui ne gèrent pas un service public » (Cass. soc., 19 mars 2013, n°11-28.845 : préc.).

[2081] CABANNES Xavier, *L'administration fiscale et l'obtention de données sur le contribuable à l'ère du numérique*, in, GILLES William et BOUHADANA Irène (dir.), *Le droit et la gouvernance des données publiques et privées à l'ère du numérique*, IMODEV, 2015, pp. 83-101 ; DELEAGE Elsa, *La loyauté de l'administration*, Revue générale du droit 2015, n°1.

de « la moralité de l'action publique »[2082] permettant ainsi « de garantir l'intégrité de la démarche »[2083] administrative. C'est, en définitive, « une meilleure protection des droits fondamentaux »[2084] qui est consacrée par cette notion. À ce titre, l'exigence de la loyauté en matière électorale atteste du lien consubstantiel qui peut exister entre la loyauté du droit public et l'Etat de droit[2085]. Existerait-il alors un fondement spécifique – voire autonome – de la loyauté en droit public ? À notre sens, la loyauté qui s'impose aux agents dépositaires de l'autorité publique peut trouver sa source dans la nécessaire prohibition de l'arbitraire étatique.

600. La jurisprudence de la Cour européenne des droits de l'Homme atteste que cette hypothèse peut être retenue. Sur le fondement de l'article 5§1 – qui pose le droit à la liberté et à la sûreté[2086] – la Cour de Strasbourg a développé une jurisprudence qui prohibe tout acte déloyal commis par l'autorité publique en matière de détention. En la matière, elle a jugé qu'« une détention est 'arbitraire' lorsque, même si elle est parfaitement conforme à la législation nationale, il y a eu un élément de mauvaise foi ou de tromperie de la part des autorités »[2087]. Plus précisément, la Cour a jugé, dans l'arrêt Conka c/ Belgique, une détention arbitraire lorsque « l'administration décide consciemment de tromper des personnes »[2088]. Cette dernière espèce offre une

---

[2082] DUPRAT Jean-Pierre, *L'Etat loyal figure de l'Etat de droit : conclusions provisoires*, in, NIQUEGE Sylvain (dir.), *Les figures de la loyauté en droit public*, Mare & Martin, 2017, pp. 367-371, spéc. p. 370.

[2083] *Op. cit.*, *loc. cit.*

[2084] *Op. cit.*, pp. 370-371.

[2085] En matière électorale, a été reconnue l'exigence de « loyauté du scrutin » (Cons. const., déc. n°2015-717 DC, 6 août 2015, Loi portant nouvelle organisation territoriale de la République, cons. n°2 : J.O. du 8 août 2015, p. 13777 ; JCP G 2015, n°38-39, pp. 17-20, note Michel VERPEAUX ; Cons. const., déc. n°2010-618 DC, 9 décembre 2010, Loi de réforme des collectivités territoriales, cons. n°26 : Rec. p. 367) et le principe de « loyauté du suffrage » (Cons. const., déc. n°2003-475 DC, 24 juillet 2003, Loi portant réforme de l'élection des sénateurs, cons. n°26 : Rec. p. 397). De même, la Cour européenne des droits de l'Homme s'est penchée sur la question de la loyauté électorale (CEDH, Gde ch., 8 juillet 2008, n°10226/03, Yumak et Sadak c/ Turquie, § 147). Elle a pu retenir que des « stratagèmes » ne sont pas contraires à l'article 3 du premier protocole additionnel à la Convention européenne des droits de l'Homme. Cette solution a fait l'objet d'une virulente critique au nom de la nécessaire prohibition des stratagèmes au sein d'un système démocratique (Opinion dissidente commune aux juges TULKENS, VAJIC, JAEGER et SIKUTA sous la décision Yumak et Sadak c/ Turquie précitée).

[2086] Sur ce point : MARTET Laurent, *Essai d'une théorie générale des droits d'une personne privée de liberté*, Thèse de doctorat numérique, Nancy, 2014, pp. 56-57.

[2087] CEDH, Gde ch., 29 janvier 2008, n°13229/03, Saadi c/ Royaume-Uni, § 69 : Journal du droit international (Clunet) 2007, n°2, 5, spéc. n°9, note Geoffrey JUCHS.

[2088] CEDH, 5 février 2002, n°51564/99, Conka c/ Belgique, § 42 : AJDA 2002, p. 500, chron. Jean-François FLAUSS ; JCP 2002, I, 157, chron. Frédéric SUDRE.

intéressante illustration du raisonnement tenu par la Cour : en l'espèce[2089], la Cour relève que le stratagème qui a consisté pour « l'administration (...) à donner confiance à des demandeurs d'asile en vue de les arrêter, puis de les expulser »[2090] est de nature à révéler un acte arbitraire prohibé sur le fondement de l'article 5 de la Convention. La prohibition de l'arbitraire étatique fonde ainsi l'interdiction des stratagèmes employés par l'autorité publique en matière de détention[2091]. Ce raisonnement a même été, par la suite, retenu par le Conseil d'Etat qui a veillé à ce que l'utilisation d'un formulaire destiné à un étranger en situation régulière ne constitue pas « un procédé déloyal »[2092]. Ces solutions attestent qu'un fondement général à l'obligation de loyauté peut exister et s'imposer à l'autorité publique. Cette loyauté consiste moins à offrir une « confiance [aux] particuliers »[2093] – qui n'est qu'une conséquence de l'exigence de loyauté – que de « protéger l'individu contre l'arbitraire »[2094] comme le souligne la Cour européenne des droits de l'Homme. Si la solution retenue par la Cour européenne des droits de l'Homme paraît limitée à la seule sphère des détentions, elle contient un principe qui peut s'étendre au-delà pour s'imposer à l'ensemble de l'action étatique.

601. Il apparaît ainsi que la prohibition de l'arbitraire – qui est également posée par l'article 7 de la Déclaration des droits de l'Homme et du citoyen – constitue, en définitive, un fondement adéquat à l'obligation de loyauté en droit public – alors même que le Conseil constitutionnel n'a jamais lié cette

---

[2089] Dans cette affaire, des demandeurs d'asile ont été déboutés de leur demande. Ils ont alors reçu des autorités belges une convocation indiquant qu'ils devaient se rendre au sein d'un commissariat de police afin « de compléter leur dossier relatif à leur demande d'asile » (§ 18). Or, dès leur arrivée au commissariat, ils ont reçu l'ordre de quitter la Belgique et ont été conduits au sein d'un centre fermé (§ 40). La Belgique reconnut qu'elle avait commis « une petite ruse » (§ 37) qu'elle n'estimait pas contraire aux principes garantis par la Convention européenne des droits de l'Homme. La Cour ne l'entend pas de la même manière et juge « qu'il n'est pas compatible avec l'article 5 que, dans le cadre d'une opération planifiée d'expulsion et dans un souci de facilité ou d'efficacité, l'administration décide consciemment de tromper des personnes, même en situation illégale, sur le but d'une convocation, pour mieux pouvoir les priver de leur liberté » (§ 42).

[2090] CEDH, 5 février 2002, n°51564/99, Conka c/ Belgique, § 41 : préc.

[2091] CEDH, 18 septembre 2012, n°25119/09, 57715/09 et 57877/09, James, Wells et Lee c/ Royaume-Uni, § 192 ; CEDH, Gde ch., 29 janvier 2008, n°13229/03, Saadi c/ Royaume-Uni, § 69 : Journal du droit international (Clunet) 2007, n°2, 5, spéc. n°9, note Geoffrey JUCHS ; CEDH, 5 février 2002, n°51564/99, Conka c/ Belgique, § 42 : AJDA 2002, p. 500, chron. Jean-François FLAUSS ; JCP 2002, I, 157, chron. Frédéric SUDRE ; CEDH, 29 février 1988, n°9106/80, Bouamar c/ Belgique, § 47 ; CEDH, 18 décembre 1986, n°9990/82, Bozano c/ France, § 60.

[2092] Conseil d'Etat, 6e et 1ère s.-s., 7 février 2007, n°292607 : Rec. p. 46 ; AJDA 2007, p. 814, note Olivier LECUCQ.

[2093] BALIGAND Florent, *La loyauté de l'administration*, Editions universitaires européennes, 2012, p. 81.

[2094] CEDH, 5 février 2002, n°51564/99, Conka c/ Belgique, § 41 : préc.

disposition à la prohibition des tromperies ou des stratagèmes. Il n'est toutefois pas impossible que le « principe de loyauté dans l'administration de la preuve » auquel l'autorité judiciaire doit veiller, consacré par le Conseil constitutionnel dans la décision Garde à vue II, soit la manifestation d'une telle prohibition des stratagèmes[2095]. Car, en définitive, « L'obligation de loyauté (…) sert à préserver les administrés contre l'arbitraire étatique »[2096]. La Déclaration des droits de l'Homme et du citoyen contient donc les fondements d'une prohibition des stratagèmes et pourrait permettre d'imposer un devoir de loyauté en droit public.

602. Sur un tel fondement, la loyauté pourrait s'imposer à l'action de l'ensemble des agents de l'autorité publique. Tout acte de l'autorité publique – au-delà de la matière pénale – serait ainsi soumis à l'obligation de loyauté. En somme, la loyauté en droit public – étendue à l'ensemble des agents détenteurs de l'autorité publique – peut disposer d'un fondement différent de la loyauté du droit privé. L'intérêt public prohiberait ainsi tout arbitraire dans l'emploi de procédures. Ainsi, l'autorité publique préserverait la loyauté de son action au nom de la prohibition de l'arbitraire qui est une condition fondamentale de l'Etat de droit. Car, lorsque l'autorité publique est déloyale, elle n'agit plus au nom d'un pouvoir mais elle fait preuve d'arbitraire pour parvenir à ses fins – ou à d'autres fins inavouables. La prohibition de l'arbitraire est ainsi de nature à interdire toute manœuvre déloyale mise en œuvre par l'autorité publique dans le recueil d'une preuve.

603. Conclusion de la Sous-Section II. – Le refus du juge administratif de consacrer un principe de loyauté de la preuve ne présente, en matière fiscale, aucun particularisme au regard du contentieux administratif général. Toutefois, ce refus est tempéré par l'affirmation d'*exceptions de loyauté*. Le processus de consécration de la loyauté probatoire est ainsi inversé mais ne doit pas tromper l'analyste : la loyauté probatoire existe devant le juge administratif bien que ce dernier ne lui ménage qu'une place secondaire. Fidèle à son attitude essentialiste et refusant la consécration d'un principe général de loyauté de la preuve, le juge administratif atteste d'une résistance – plus symbolique qu'effective – à l'encontre du principe de loyauté de la preuve. En ce sens, Mattias GUYOMAR atteste de la position quelque peu ambigüe du juge administratif en exposant qu'« il n'est nul besoin de consacrer explicitement le principe de loyauté pour lui offrir une puissance de feu

[2095] Cons. const., déc. n°2011-191/194/195/196/197 QPC, 18 novembre 2011, Mme Élise A. et autres [Garde à vue II], cons. n°30 : Rec. p. 544 ; D. 2011, p. 3034, note Haritini MATSOPOULOU ; D. 2011, p. 3005, note Etienne VERGES ; D. 2012, p. 1638, obs. Valérie BERNAUD et Nathalie JACQUINOT ; RSC 2012, p. 185, obs. Jean DANET ; RSC 2012, p. 217, obs. Bertrand de LAMY.

[2096] BEDUSCHI-ORTIZ Ana, *La notion de loyauté en droit administratif*, AJDA 2011, n°17, pp. 943-951.

suffisante pour garantir la confiance que les administrés et les justiciables doivent pouvoir placer respectivement dans les appareils administratif et juridictionnel »[2097]. Ce refus du juge administratif de consacrer un principe de loyauté, notamment en matière fiscale, réside, *in fine*, dans l'office particulier du juge administratif. Garant de la loyauté processuelle, le juge administratif se refuse à ériger un principe général de loyauté qui pourrait paralyser son office. En cette matière, il n'y a guère de doute sur l'attitude futur du juge administratif qui préférera ériger des exceptions de loyauté plutôt qu'affirmer un principe général de loyauté.

604. Pourtant, la prohibition de l'acte déloyal renvoie à la nécessité de prévenir tout arbitraire dans la mise en œuvre d'une prérogative étatique. L'Etat ne peut, par son action, altérer la confiance qu'il doit inspirer aux justiciables sans pénétrer dans le champ de l'arbitraire. Or, cette prohibition de l'arbitraire conditionne l'existence d'un Etat de droit. Cette exigence commune de loyauté atteste d'une unité entre les procédures administrative, civile et pénale : l'exigence de loyauté prohibe tout arbitraire dans l'usage de prérogatives étatiques. De ce fait, il est possible d'identifier un fondement spécifique de la loyauté qui puise sa source dans l'Etat de droit : la prohibition de tout arbitraire étatique permet d'interdire aux agents de l'autorité publique d'employer tout stratagème ou de contourner les règles légales pour parvenir à leur fin.

605. Conclusion de la Section I. – En somme, le principe de loyauté de la preuve ne fait pas l'objet d'une approche univoque entre les juges de la matière fiscale. Ce principe, consacré par les juridictions judiciaires, est de nature à prohiber tout stratagème dans le recueil d'une preuve. En revanche, le juge administratif refuse de consacrer un principe de loyauté de la preuve. Toutefois, au-delà de son refus, il existe une consécration indirecte du principe de loyauté de la preuve au sein de certains contentieux administratif à la faveur d'exceptions de loyauté. Le constat de cette différence fondamentale entre les juges de la matière fiscale tend à indiquer que la loyauté n'est pas, *a priori*, un principe commun apte à encadrer l'administration de la preuve. La loyauté apparaît comme une exigence largement contestée et dont il est, à ce stade, difficile d'affirmer l'existence d'un principe général de loyauté apte à fonder une unité dans l'administration de la preuve. Outre la dissymétrie dans la reconnaissance d'un principe de loyauté, l'étendue du principe n'est pas identique entre les juges. Dans cette optique, la loyauté est privée de la généralité requise pour constituer un principe général commun aux juges de la matière fiscale. Pourtant, au-delà de ces différences, il convient de

---

[2097] GUYOMAR Mattias, *La loyauté en droit administratif*, Justice et cassation 2014, pp. 59-68, spéc. p. 68.

rechercher si les juges ne parviennent pas, en pratique, à prohiber, des *stratagèmes* mis en œuvre dans le recueil d'une preuve.

Section II. – La prohibition commune des manœuvres déloyales dans le recueil d'une preuve

606. La preuve déloyale est révélée par « un acte impliquant un procédé trompeur, l'emploi d'une ruse ou d'une machination »[2098] lors de son recueil. Elle est celle qui est recueillie à la faveur d'un stratagème[2099]. Or, le stratagème se définit par la ruse[2100] qui se définit juridiquement – comme au sens commun[2101] – comme l'ensemble « des moyens, des procédés qui sont employés pour tromper autrui »[2102]. En ce sens, le stratagème peut se définir comme l'action par laquelle une personne se « décide consciemment [à] tromper des personnes »[2103].

607. Plusieurs stratagèmes peuvent être identifiés au sein de la jurisprudence. La première forme de stratagème prohibé est constituée par la provocation – qui est le « fait consistant à inciter autrui à commettre une infraction »[2104] – dont la prohibition constitue un principe général (Sous-Section I). La seconde forme de stratagème se manifeste par un contournement qui prive le justiciable d'un droit (Sous-Section II).

Sous-Section I. – Le principe général de prohibition des provocations

608. Le principe général de la prohibition des provocations a été forgé en matière pénale (§.1.) et a été étendu par la jurisprudence à d'autres matières (§.2.).

[2098] FRICERO Natalie, *La recevabilité des preuves 'déloyales' en matière civile*, Procédures 2015, n°12, dossier 14.

[2099] Il a pu être affirmé qu'il existe deux types de preuves déloyales : « D'une part, sont déloyales les preuves recueillies à l'insu de la personne contre laquelle elles sont produites. D'autre part, sont déloyales les preuves qui sont obtenues au moyen d'un stratagème » (LECLERC Olivier, VERGES Etienne et VIAL Géraldine, *Droit de la preuve*, PUF, Thémis droit, 2015, p. 376). Toutefois, il faut, à notre sens, constater que recueillir une preuve à l'insu de son auteur constitue, en-soi, un stratagème.

[2100] Dictionnaire de l'Académie française, V° Stratagème.

[2101] La ruse se définit comme un « procédé habile dont on use pour tromper » (Dictionnaire de l'Académie française, V° Ruse).

[2102] GASSIN Raymond, *Essai de théorie générale de la ruse en criminologie*, PUAM, 2009, p. 10.

[2103] CEDH, 5 février 2002, n°51564/99, Conka c/ Belgique, § 42 : AJDA 2001, p. 1060, chron. Jean-François FLAUSS ; JCP 2002.I.157, chron. Frédéric SUDRE.

[2104] DEBARD Thierry et GUINCHARD Serge, *Lexique des termes juridiques 2017-2018*, V° Provocation, Dalloz, 25e éd, 2017.

§.1. – Le principe pénal de prohibition des provocations à l'infraction

609. La prohibition de la provocation à l'infraction[2105] constitue un « principe général »[2106] qui est reconnu tant par la Chambre criminelle de la Cour de cassation que par la Cour européenne des droits de l'Homme[2107]. Elle se définit par « le fait pour un policier – ou un agent provocateur à sa solde – d'inciter directement quelqu'un à commettre une infraction par l'emploi de moyens fallacieux comme l'offre d'un avantage, le provocateur agissant le plus souvent par tromperie et en secret »[2108] sans que la définition retenue par la Chambre criminelle[2109] et la Cour européenne des droits de l'Homme[2110] ne diverge.

610. La Chambre criminelle a été la première à prohiber la provocation à l'infraction[2111]. Ce principe de loyauté dans l'administration de la preuve est violé lorsque les enquêteurs sont conduits, par leur provocation, à altérer le

2105 Sur ce point : AMBROISE-CASTEROT Coralie, *Recherche et administration des preuves en procédure pénale : la quête du Graal de la Vérité*, AJ pénal 2005, pp. 261-267 ; DE COMBLES DE NAYVES Pierre, *À la recherche de la loyauté*, AJ pénal 2016, n°3, pp. 115-118 ; DE VALKENEER Christian, *La tromperie dans l'administration de la preuve pénale*, Thèse de doctorat, Louvain, Belgique, Larcier, 2000, pp. 266-297 ; DELAGE Pierre-Jérôme, *Retour sur le principe de la loyauté des preuves*, RSC 2015, pp. 117-121 ; DESPORTES Frédéric et LAZERGES-COUSQUER Laurence, *Traité de procédure pénale*, Economica, 4e éd., 2015, pp. 425-426 ; FINIELZ Robert, *Loyauté de la preuve - Incitation ou provocation à la commission de l'infraction* RSC 2008, n°2, pp. 368-369 ; MAISTRE DU CHAMBON Patrick, *La régularité des provocations policières : l'évolution de la jurisprudence*, JCP 1989, I, 3422 ; RENUCCI Jean-François, *Le principe de loyauté des preuves*, RSC 2006, n°4, pp. 876-880 ; VERGES Etienne, *Loyauté et licéité, deux apports majeurs à la théorie de la preuve pénale*, D. 2014, n°6, pp. 407-411 ; VERGES Etienne, *Provocation policière, loyauté de la preuve et étendue de la nullité procédurale*, AJ pénal 2006, n°9, pp. 354-357.

2106 DESPORTES Frédéric et LAZERGES-COUSQUER Laurence, *Traité de procédure pénale*, Economica, 4e éd., 2015, n°574, pp. 423-424.

2107 Sur ce point : RENUCCI Jean-François, *Loyauté des preuves et distinction entre « provocation à l'infraction » et « provocation à la preuve »*, RSC 2014, n°4, pp. 843-847 ; RENUCCI Jean-François, *Droit européen des droits de l'homme, Droits et libertés fondamentaux garantis par la CEDH*, LGDJ, 7e éd., 2017, pp. 472-474.

2108 PRADEL Jean, *Procédure pénale*, Cujas, 18e éd., 2015, p. 377.

2109 La Chambre criminelle de la Cour de cassation a identifié la provocation à l'infraction dans le fait d'« inciter un délinquant en puissance, inactif depuis 2 mois, (…) à commettre des faits pénalement répréhensibles » (Cass. crim., 27 février 1996, n°95-81.366 : préc.).

2110 Selon la Cour européenne des droits de l'Homme, il y a provocation à l'infraction « lorsque les agents impliqués – membres des forces de l'ordre ou personnes intervenant à leur demande – ne se limitent pas à examiner d'une manière purement passive l'activité délictueuse, mais exercent sur la personne qui en fait l'objet une influence de nature à l'inciter à commettre une infraction qu'autrement elle n'aurait pas commise, pour en rendre possible la constatation, c'est-à-dire en apporter la preuve et la poursuivre » (CEDH, 5 février 2008, n°74420/01, Ramanauskas c/ Lituanie, § 55 : RSC 2008, p. 692, chron. Jean-Pierre MARGUENAUD et Damien ROETS).

2111 Cass. crim., 2 mars 1971, n°70-91.810 : Bull. crim., n°71 ; Cass. crim. 27 janvier 1944 : Bull. crim, n°31.

libre arbitre de la personne suspectée au point qu'elle est conduite à commettre une infraction : l'intention du prévenu doit avoir été déterminée par la provocation[2112]. En d'autres termes, il faut que l'autorité publique ait par un « provocateur fait naître la résolution criminelle ou, plus simplement renforce une telle intention chez celui qui réalisera l'infraction, l'amenant ainsi à commettre une infraction qu'autrement il n'aurait pas commise »[2113]. Le critère retenu par la Cour européenne des droits de l'Homme est analogue[2114] dès lors que cette dernière recherche si les provocateurs ont « exerc[é] sur la personne qui en fait l'objet une influence de nature à l'inciter à commettre une infraction qu'autrement elle n'aurait pas commise »[2115]. L'intention criminelle constitue donc le critère qui permet de déterminer la présence d'une provocation à l'infraction.

611. À l'inverse, il y aura provocation à la preuve si les enquêteurs sont à l'origine d'un stratagème qui n'altère pas la volonté du suspect mais qu'il a pour seul effet d'obtenir la preuve d'agissements frauduleux comme le jugent la Chambre criminelle[2116] et la Cour européenne des droits de l'Homme[2117]. Il faut alors distinguer la provocation à la preuve de la provocation à l'infraction – seule la seconde étant prohibée. Bien que cette distinction ne soit pas toujours clairement établie[2118], elle signifie que les enquêteurs peuvent user de

---

2112 Cass. crim., 4 juin 2008, n°08-81.045 : Bull. crim., n°141 ; Cass. crim., 7 février 2007, n°06-87.753 : Bull. crim., n°37 ; D. 2007, p. 3012, note Jean-Raphaël DEMARCHI ; RSC 2007, p. 331, obs. Robert FINIELTZ ; RSC 2007, p. 560, obs. Jacques FRANCILLON ; Procédures 2007, comm. 147, obs. Jacques BUISSON ; RSC 2008, p. 663, obs. Jacques BUISSON ; Cass. crim., 9 août 2006, n°06-83.219 : Bull. crim., n°202 ; Cass. crim., 27 février 1996, n°95-81.366 : préc.

2113 PRADEL Jean, *Procédure pénale*, Cujas, 18e éd., 2015, p. 377.

2114 CEDH, 23 octobre 2014, n°54648/09, Furcht c/ Allemagne, § 49 ; CEDH, Gde ch., 10 mars 2009, n°4378/02, Bykov c/ Russie, § 84 : JCP G 2009, n°29, comm. 143, note Frédéric SUDRE ; CEDH, 5 février 2008, n°74420/01, Ramanauskas c/ Lituanie, §§ 55 et 73 : RSC 2008, p. 692, chron. Jean-Pierre MARGUENAUD et Damien ROETS ; CEDH, 15 décembre 2005, n°53203/99, Vanian c/ Russie, § 55 : RSC 2006, p. 431, obs. Florence MASSIAS ; CEDH, Gde ch., 27 octobre 2004, n°33647/98 et 40461/98, Edward et Lewis c/ Royaume-Uni, § 48 ; CEDH, 22 juillet 2003, n°39647/98, Edwards et Lewis c/ Royaume-Uni, § 51 ; CEDH, 9 juin 1998, n°25829/94, Teixeira de Castro c/ Portugal, § 39 : JCP 1999, I, 105, n°38 obs. Frédéric SUDRE.

2115 CEDH, 5 février 2008, n°74420/01, Ramanauskas c/ Lituanie, § 55 : préc.

2116 Cass. crim., 30 avril 2014, n°13-88.162 : Bull. crim., n°119 ; RSC 2014, p. 843, note Jean-François RENUCCI ; Dalloz actualité du 12 mai 2014, note Sébastien FUCINI (A propos d'un site internet créé par les enquêteurs qui a visé à « rassembler les preuves de la commission de fraudes à la carte bancaire et d'en identifier les auteurs »).

2117 CEDH, 4 novembre 2010, n°18757/06, Bannikova c/ Russie, §§ 43-47 : RTDH 2011.977 note Amandine PHILIPPART DE FOY ; CEDH, 21 mars 2002, n°59895/00, Calabro c/ Italie.

2118 En ce sens : RENUCCI Jean-François, *Loyauté des preuves et distinction entre « provocation à l'infraction » et « provocation à la preuve »*, RSC 2014, n°4, pp. 843-847. Cet auteur critique l'arrêt 30 avril 2014 en affirmant, à propos d'un stratagème mis en œuvre par les autorités américaines, en relevant qu'a été « mis en place un stratagème sans lequel la fraude n'aurait pu se commettre » alors même que la Cour a relevé que le stratagème « a seulement

manœuvres pour révéler une infraction mais qu'ils ne peuvent user de tels stratagèmes qui conduisent, en altérant le libre arbitre de la personne suspectée, à l'inciter à commettre une infraction. L'admission de la preuve obtenue par *testing* illustre la distinction entre la provocation prohibée et la provocation autorisée. Ce procédé – qui dispose d'un fondement légal à l'article 225-3-1 du Code pénal mais que la jurisprudence avait préalablement admis[2119] – consiste pour plusieurs personnes, d'origines différentes, à postuler à un emploi, à demander un logement ou à se présenter devant une discothèque afin de constater l'éventuel comportement discriminatoire adopté par un tiers. Ce procédé n'affecte en rien le libre arbitre de la personne suspectée car elle demeure entièrement libre – sauf si les provocateurs venaient à disposer d'un comportement anormal – d'adopter un comportement discriminatoire prohibé par le Code pénal. Il s'agit donc simplement d'un moyen de révéler une infraction commise mais non une provocation à commettre une infraction[2120].

612. Seul le fondement de la prohibition des provocations varie entre le juge interne et le juge européen. La prohibition des provocations à l'infraction repose, devant la Chambre criminelle de la Cour de cassation, sur « le principe de loyauté des preuves »[2121] reconnu en matière de provocation. À l'inverse, la Cour européenne des droits de l'Homme n'a jamais posé de prohibition générale de la preuve déloyale. Sa jurisprudence « ne visa jamais la preuve déloyale »[2122]. Ce silence est partagé par la Cour de justice de l'Union européenne qui ne s'est pas prononcé en la matière[2123]. Pourtant, la Cour européenne des droits de l'Homme fonde la prohibition de la provocation à

---

permis de rassembler les preuves de la commission de fraudes à la carte bancaire et d'en identifier les auteurs, aucun élément ne démontrant qu'il ait eu pour objet d'inciter les personnes qui ont consulté à passer à l'acte ». De même, Sébastien FUCINI relève que « La chambre criminelle valide ainsi ce stratagème, qui, s'il se situe à la limite de la provocation à l'infraction, demeure néanmoins une provocation à la preuve » (*Principe de loyauté : régularité du stratagème de constatation de la preuve*, Dalloz actualité du 12 mai 2014).

2119 Cass. crim., 11 juin 2002, n°01-85.559 : Bull. crim., n°131 ; RTD Civ. 2002, p. 498, note Jacques MESTRE et Bertrand FAGES ; LPA 2003, n°4, pp. 15-17, note Françoise RINGEL ; JCP E 2004, n°38, pp. 1449-1452, note Carole GIRAULT ; Droit et patrimoine 2004, n°132, pp. 81-82, note Philippe BONFILS ; RSC 2002, p. 879, note Jean-François RENUCCI ; D. 2003, p. 1309, note Laurence COLLET-ASKRI.

2120 LASSERRE CAPDEVILLE Jérôme, *L'article 225-3-1 du code pénal, régissant le testing, est conforme aux droits de la défense et au droit à un procès équitable*, AJ pénal 2015, n°3, pp. 139-141.

2121 Cass. crim., 27 février 1996, n°95-81.366 : préc.

2122 THELLIER DE PONCHEVILLE Blandine, *La preuve illicite au regard de la Convention européenne des droits de l'homme*, Revue pénitentiaire et de droit pénal 2010, n°3, pp. 537-562.

2123 La Cour de justice de l'Union européenne n'a pas, pour l'heure, consacré de principe de loyauté dans l'administration de la preuve (Sur ce point : FARTUNOVA Maria, *La preuve dans le droit de l'Union européenne*, Thèse de doctorat, Paris 2, Bruylant, 2013, pp. 288-289).

l'infraction sur l'article 6 de la Convention européenne des droits de l'Homme. Elle juge qu'« un tel procédé est susceptible de priver *ab initio* et définitivement l'accusé d'un procès équitable »[2124]. En ce sens, elle condamne la « "ruse active", [le] "piège", [ou encore la] "provocation" »[2125] qui incitent l'accusé à commettre l'infraction.

613. Cette prohibition de la provocation à l'infraction est également reconnue en matière pénale fiscale. Ainsi, par un arrêt du 19 juin 1989[2126], la Chambre criminelle de la Cour de cassation a identifié une déloyauté fondée dans « une affaire d'écoutes téléphoniques qui avait tous les aspects de la provocation »[2127]. La Cour souligne ici l'irrégularité de l'enregistrement du suspect dont les conditions laissent à penser qu'il a eu pour origine une infraction provoquée. En matière douanière, la Chambre criminelle a également identifié des provocations à l'infraction[2128] en matière de stupéfiants et elle a également identifié de simples provocations à la preuve[2129]. En outre, le législateur a récemment étendu l'emploi des provocations légales en matière fiscale[2130] et douanière[2131] afin que l'administration de la preuve de certaines infractions soit plus aisée pour les enquêteurs. Il s'agit de la surveillance[2132], de l'infiltration[2133] – qui consiste « à surveiller des personnes suspectées de commettre un crime ou un délit en se faisant passer, auprès de ces personnes, comme un de leurs coauteurs, complices ou receleurs »[2134] – ou encore de l'utilisation d'un pseudonyme afin d'opérer une infiltration sur le réseau informatique[2135]. Les dispositions légales qui encadrent les stratagèmes mis en œuvre par l'autorité publique prohibent la provocation à l'infraction. À ce titre, l'article 67 bis, II, 3°, al. 2

2124 CEDH, 5 février 2008, n°74420/01, Ramanauskas c/ Lituanie, § 54.

2125 CEDH, 24 avril 1990, Huvig c/ France, n°11105/84, § 33 et CEDH, 24 avril 1990, Kruslin c/ France, n°11801/85, § 34.

2126 Cass. crim., 19 juin 1989, n°89-81.777 : Bull. crim., n°261 ; D. 1991, p. 175, note Jean PANNIER.

2127 PANNIER Jean, *La preuve en matière douanière*, D. 2009, n° 23, pp. 1552-1556.

2128 Cass. crim., 5 mai 1999, n°97-83.117 : Bull. crim., n°87 ; D. 1999, p. 325 note Jean PRADEL ; RSC 2000, p. 210, obs. Jean-Pierre DELMAS SAINT-HILAIRE (« la provocation à l'infraction par un agent de l'autorité publique exonère le prévenu de sa responsabilité pénale, lorsqu'elle procède de manœuvres de nature à déterminer les agissements délictueux portant ainsi atteinte au principe de la loyauté des preuves »).

2129 Cass. crim., 16 mai 1994, n°92-85.626, Inédit (« les agissements délictueux de Y... résultaient, non de l'intervention du fonctionnaire des douanes qui s'était borné à se faire passer pour un éventuel acheteur, mais d'une recherche de profit »).

2130 Art. 706-1-1 du Code de procédure pénale créé par la loi n°2013-1117 du 6 décembre 2013 relative à la lutte contre la fraude fiscale et la grande délinquance économique et financière.

2131 Art. 67 bis, II du Code des douanes créé par la loi n°2014-315 du 11 mars 2014 visant à renforcer la lutte contre la contrefaçon.

2132 Art. 706-80 du Code de procédure pénale.

2133 Art. 706-81 à 706-87 du Code de procédure pénale et article 67 bis du Code des douanes.

2134 Art. 706-81 du Code de procédure pénale.

2135 Article 706-87-1 du Code de procédure pénale et article 67 bis-1 A du Code des douanes.

du Code des douanes dispose, en matière d'infiltration, qu'« À peine de nullité, ces actes ne peuvent constituer une incitation à commettre des infractions ». Cette disposition – qui est reprise par de nombreuses dispositions du Code de procédure pénale[2136] – atteste que les provocations à l'infraction sont également prohibées par la loi qui exige d'en sanctionner toute manifestation. La prohibition légale des stratagèmes n'a toutefois pas conduit la Chambre criminelle à écarter le principe de loyauté de la preuve. Elle a ainsi jugé, à propos d'une infiltration consistant en une livraison contrôlée de cocaïne réalisée sur le fondement de l'article 67 bis du Code des douanes, que « la provocation à l'infraction par un agent de l'autorité publique exonère le prévenu de sa responsabilité pénale, lorsqu'elle procède de manœuvres de nature à déterminer les agissements délictueux portant ainsi atteinte au principe de la loyauté des preuves »[2137]. Cet arrêt rappelle le principe général de provocation à l'infraction doit gouverner l'action des enquêteurs dans la recherche de la preuve.

614. Ce principe de prohibition des provocations à l'infraction établit un équilibre spécifique à la recherche de la preuve pénale[2138]. En matière de provocation à l'infraction, cet arbitrage est fondé sur un critère : « l'atteinte au libre arbitre »[2139]. Il existe donc, en la matière, un « seuil de déloyauté »[2140] qui ne doit pas être franchi par les enquêteurs. Or, ce critère est bien spécifique au droit pénal puisqu'il repose sur l'élément moral de l'infraction qui ne doit pas être provoqué par les autorités en charge de l'enquête. L'intérêt de cette frontière réside donc dans l'admission prudente de la déloyauté lorsqu'elle permet seulement de révéler l'infraction.

615. En dépit de la généralité de la prohibition des provocations à l'infraction n'a pourtant pas conduit le Conseil constitutionnel à établir de principe en la matière. Il n'a mentionné qu'à une seule reprise l'existence d'un « principe de loyauté dans l'administration de la preuve »[2141] dans sa décision « Garde à vue II »[2142]. En l'espèce, le Conseil constitutionnel a précisé que la protection de

---

[2136] De multiples dispositions du Code de procédure pénale contiennent une disposition identique. Il s'agit des articles 706-2-2, 706-2-3, 706-35-1, 706-47-3, 706-87-1, 706-32, 706-81 et 706-106 du Code de procédure pénale.

[2137] Cass. crim. 5 mai 1999, n°97-83.117 : préc.

[2138] Sur ce point : BERNEMAN Sidney, *L'admissibilité de la preuve dans un système continental : le modèle belge*, Revue de droit pénal et de criminologie, Bruxelles, 2007, n°4, pp. 298-343.

[2139] PRADEL Jean, *Procédure pénale*, Cujas, 18e éd., 2015, n°412, p. 373.

[2140] MAISTRE DU CHAMBON Patrick, *La régularité des « provocations policières » : l'évolution de la jurisprudence*, JCP G 1989, I, 3422.

[2141] Cons. const., déc. n°2011-191/194/195/196/197 QPC, 18 novembre 2011, Mme Élise A. et autres [Garde à vue II], cons. n°30 : préc.

[2142] Cons. const., déc. n°2011-191/194/195/196/197 QPC, 18 novembre 2011, Mme Élise A. et autres [Garde à vue II] : préc.

ce principe est confiée « à l'autorité judiciaire »[2143] démontrant que ce principe de loyauté doit s'entendre dans le champ strict de la procédure pénale. En l'espèce, le Conseil constitutionnel juge qu'« en n'imposant pas un délai avant chacune des éventuelles auditions suivantes de la personne gardée à vue et en permettant que, sur autorisation écrite et motivée du procureur de la République, l'audition puisse commencer avant l'expiration du délai de deux heures lorsque les nécessités de l'enquête exigent une audition immédiate de la personne, le législateur a assuré, entre le droit de la personne gardée à vue à bénéficier de l'assistance d'un avocat et l'objectif de valeur constitutionnelle de recherche des auteurs d'infractions, une conciliation qui n'est pas déséquilibrée »[2144]. En somme, le Conseil constitutionnel impose aux enquêteurs, dans le silence de la loi, le respect d'une exigence constitutionnelle de loyauté. Le Conseil constitutionnel entend ainsi pallier le caractère nécessairement incomplet de la loi pénale par une exigence constitutionnelle de loyauté[2145]. À notre sens, ce principe peut contenir une exigence de prohibition des provocations à l'infraction. Toutefois, le Conseil constitutionnel n'a pas posé de limites qui permettent d'identifier les provocations qui seraient compatibles avec le principe de loyauté. Or, la généralité du principe de provocation à l'infraction a conduit à reconnaître ce principe en dehors de la matière pénale.

§.2. – L'extension de la prohibition de la provocation

616. La provocation constitue, *a priori*, un stratagème propre à la matière pénale. Pourtant, il n'en est rien. Le juge civil a été conduit à identifier des preuves déloyales recueillies à la faveur d'une provocation. En ce sens, le juge social a jugé déloyale la preuve résultant de la provocation ayant consisté, à la demande de l'employeur, en la remise à un salarié de documents de l'entreprise sous le contrôle d'un huissier alors même que l'employeur avait interdit la sortie de ces documents des bureaux[2146]. Le juge civil condamne ici le piège qui est mis en place qui va provoquer la faute du salarié et justifier son licenciement pour faute lourde. La condamnation de la provocation est érigée en principe par la Chambre sociale qui juge « que la loyauté, qui doit présider aux relations de travail, interdit à l'employeur de recourir à des artifices et stratagèmes pour placer le salarié dans une situation qui puisse

[2143] Cons. const., déc. n°2011-191/194/195/196/197 QPC, 18 novembre 2011, Mme Élise A. et autres [Garde à vue II] : préc.
[2144] Cons. const., déc. n°2011-191/194/195/196/197 QPC, 18 novembre 2011, Mme Élise A. et autres [Garde à vue II] : préc.
[2145] Si « le législateur s'efforce de mieux définir les limites des pouvoirs confiés aux juges ou aux agents de certaines administrations » (BOULOC Bernard, *Les abus en matière de procédure pénale*, RSC 1991, n°2, pp. 221-243, spéc. p. 224), il ne peut, en effet, jamais encadrer exhaustivement l'action des enquêteurs.
[2146] Cass. soc., 16 janvier 1991, n°89-41.052 : Bull. civ. V, n°15.

ultérieurement lui être imputée à faute »[2147]. Cette solution atteste que la provocation peut constituer, en dehors de la sphère pénale, une déloyauté qui est sanctionnée par le juge civil.

617. Bien qu'il n'existe pas, à notre connaissance, de telles provocations devant le juge administratif, une telle déloyauté devrait également être identifiée par le juge administratif car elle conduit à créer artificiellement les conditions nécessaires au prononcé d'une sanction. Une telle attitude ne saurait donc être admise de la part de l'Administration.

618. Enfin, une telle solution devrait également s'appliquer en matière fiscale – bien qu'aucune illustration ne puisse, pour l'heure, en attester – sans qu'un quelconque particularisme ne puisse écarter la prohibition des provocations.

619. Conclusion de la Sous-Section I. – La matière fiscale ne présente, en matière de provocation, aucun particularisme. À l'origine, propre au droit pénal, cette prohibition des provocations ne doit pas être limitée à cette seule matière tant la provocation peut apparaître dans d'autres rapports comme ceux de l'employeur et du salarié. La prohibition des provocations constitue – tant devant la Chambre criminelle que devant la Cour européenne des droits de l'Homme – un interdit commun qui est de nature à rompre irrémédiablement l'équité du procès. En ce sens, l'interdiction des provocations dispose d'une portée générale qui lui est conférée par la Cour européenne des droits de l'Homme. La provocation réside dans une machination qui consiste à créer, par un piège, la faute – pour l'heure civile ou pénale – qui sera ultérieurement reprochée à la victime du stratagème. Cette prohibition apparaît bien essentielle car il ne saurait y avoir de faute sans intention de la commettre. En dehors du champ de la provocation, les stratagèmes prohibés visent ceux qui ont pour objet de contourner une disposition légale et de priver le justiciable d'un droit.

Sous-Section II – La prohibition des stratagèmes éludant les droits des justiciables

620. Le stratagème constitue un terme générique qui prohibe certaines attitudes mises à l'index par les juges. Or, le stratagème n'est condamné que lorsqu'il conduit à méconnaître un droit ou une loi. Cette distinction permet de distinguer les stratagèmes qui affectent un droit garanti par une procédure et qui se manifestent par le contournement (§.1.) des stratagèmes qui méconnaissent le champ d'application d'une loi et qui font naître un détournement (§.2.).

[2147] Cass. soc., 16 janvier 1991, n°89-41.052 : préc.

§.1. La commune prohibition des contournements de procédures

621. La prohibition du contournement de procédures est communément reconnue (A) et permet de révéler la violation d'un droit offert au justiciable (B).

A/ La prohibition générale du contournement de la loi

622. Si la prohibition du contournement de la loi s'affirme de plus en plus en droit positif (1) elle s'étend, en matière fiscale, des contournements qui induisent en erreur les contribuables (2).

1/ L'affirmation de la prohibition du contournement de la loi

623. Initialement, la prohibition du contournement de la loi a assuré au prévenu une protection de se droits (i). Cette prohibition tend, plus généralement, à s'étendre en dehors de la sphère pénale (ii).

i/ La prohibition initiale du contournement de la loi pénale affectant le droit du prévenu

624. En matière pénale, le contournement consiste pour un enquêteur ou un magistrat « à se placer hors du cadre procédural prévu pour l'accomplissement d'un acte afin de recueillir des éléments d'information qu'il n'aurait pu obtenir en respectant les exigences légales »[2148]. La particularité du « contournement » réside dans le fait qu'il ne s'agit pas d'une violation directe des règles de procédure mais qu'elle se manifeste par la violation d'un droit du prévenu. Ce type de stratagème a été reconnu, de longue date, par le juge pénal puisque dès un arrêt du 12 juin 1952[2149], la Chambre criminelle a reconnu l'existence d'un contournement de procédures ayant consisté, pour un magistrat, à dicter les propos d'un complice afin de recueillir l'aveu involontaire d'un suspect. Ce type de contournement est constamment reconnu en matière pénale. Il en va ainsi de l'enregistrement clandestin d'un suspect par un policier[2150], de la retranscription de déclarations d'un suspect lorsque ce dernier refuse que ses propos soient consignés[2151] ou encore le recueil de propos d'un suspect mis en examen lors de son transport vers une

[2148] DESPORTES Frédéric et LAZERGES-COUSQUER Laurence, *Traité de procédure pénale*, Economica, 4e éd., 2015, n°576, pp. 426-427.
[2149] Cass. crim., 12 juin 1952, Imbert : préc.
[2150] Cass. crim., 16 décembre 1997, n°96-85.589 : Bull. crim., n°427 ; Dr. pénal 1998, comm. 61, obs. Albert MARON ; D. 1998, p. 354, note Jean PRADEL.
[2151] Cass. crim., 3 avril 2007, n°07-80.807 : Bull. crim., n°102 ; AJ Pénal 2007, p. 285, obs. Guillaume ROYER.

maison d'arrêt[2152]. À la faveur de ce contournement il apparaît un « procédé déloyal »[2153] mis en œuvre par l'autorité publique dans la recherche de la preuve.

625. La Cour européenne des droits de l'Homme a également pu – sans que les autres juridictions n'aient pris position – se prononcer sur ce point. Elle a jugé dans l'arrêt Allan c/ Royaume-Uni[2154] que le droit de ne pas s'auto-incriminer est affecté « lorsque les autorités usent d'un subterfuge pour (...) soutirer des aveux »[2155]. Dans cette affaire, un informateur avait été placé dans la cellule du prévenu afin d'obtenir ses aveux. La Cour européenne des droits de l'Homme avait relevé l'existence d'une « pression psychologique qui a affaibli le caractère volontaire »[2156] de l'aveu litigieux. La Cour de Strasbourg condamne donc le stratagème mis en œuvre par l'autorité publique qui, par un contournement des règles de procédure, heurte le droit de ne pas s'incriminer du prévenu.

626. Les jurisprudences de la Chambre criminelle de la Cour de cassation et de la Cour européenne des droits de l'Homme s'accordent sur la prohibition des contournements de procédure qui heurtent le droit du prévenu de ne pas s'incriminer. En ce sens, la Chambre criminelle a adopté, par un arrêt du 7 janvier 2014[2157] – objet de nombreux commentaires[2158] et confirmé par un arrêt de l'Assemblée plénière de la Cour de cassation du 6 mars 2015[2159], une position analogue à la Cour de Strasbourg. Dans cette affaire, à la suite d'un vol à main armée, deux suspects ont été placés en garde à vue dans des cellules

---

[2152] Cass. crim., 5 mars 2013, n°12-87.087 : Bull. crim., n°56 ; Procédures 2013, n°5, comm. 162, note Anne-Sophie CHAVENT-LECLERE ; Dr. pén. 2013, n°4, comm. 63, comm. Marion HAAS et Albert MARON.

[2153] Cass. crim., 3 avril 2007, n°07-80.807 : préc.

[2154] CEDH, 5 novembre 2002, n°48539/99, Allan c/ Royaume-Uni : Rec. CEDH 2002-IX.

[2155] CEDH, 5 novembre 2002, n°48539/99, Allan c/ Royaume-Uni, § 52 : préc.

[2156] CEDH, 5 novembre 2002, n°48539/99, Allan c/ Royaume-Uni, § 52 : préc.

[2157] Cass. crim., 7 janv. 2014, n°13-85.246 : préc.

[2158] BERGEAUD-WETTERWALD Aurélie, *Du bon usage du principe de loyauté des preuves ?*, Dr. pén. 2014, ét. 7 ; DANET Jean, *Principe de loyauté des preuves et sonorisation de cellules de garde à vue*, RSC 2014, pp. 130-136 ; DETRAZ Stéphane, *Sonorisation d'une cellule de garde à vue : un stratagème qui vicie la recherche de la preuve*, D. 2014, p. 264 ; GALLOIS Alexandre, *Loyauté des preuves pénales : la Cour de cassation est-elle allée trop loin ?*, JCP G 2014, n°9, pp. 434-437 ; HAAS Marion et MARON Albert, *Un stratagème couvert d'une feuille de vigne*, Dr. pén. 2014, n°2, comm. 32, pp. 45-50 ; VERGES Étienne, *Loyauté et licéité, deux apports majeurs à la théorie de la preuve pénale*, D. 2014, n°6, pp. 407-411.

[2159] Cass., A.P., 6 mars 2015, n°14-84.339 : Bull. A.P., n°2 ; JCP G 2015, n°19-20, 558, note Evelyne BONIS-GARÇON ; D. 2015, p. 711, obs. Sébastien FUCINI ; D. 2015, p. 711, note Jean PRADEL ; RSC 2015, p. 971, note Jean-François RENUCCI ; Procédures 2015, n°4, p. 39, note Jean PRADEL ; Gaz. Pal. 2015, n°79-80, pp. 10-13, note Sacha RAOULT ; RSC 2015, p. 117, chron. Pierre-Jérôme DELAGE.

contiguës où des dispositifs d'enregistrement avaient préalablement été installés en vue de recueillir leurs aveux involontaires. La Chambre criminelle relève, dans un attendu de principe, « que porte atteinte au droit à un procès équitable et au principe de loyauté des preuves le stratagème qui en vicie la recherche par un agent de l'autorité publique »[2160]. En l'espèce, la Chambre criminelle juge que « la conjugaison des mesures de garde à vue, du placement de MM. A. et H. dans des cellules contiguës et de la sonorisation des locaux participait d'un stratagème constituant un procédé déloyal de recherche des preuves, lequel a amené M. H. à s'incriminer lui-même au cours de sa garde à vue »[2161]. En l'espèce, la Cour condamne le fait pour les enquêteurs de « provoquer une preuve »[2162]. À la lumière de ces arrêts, deux conditions se dégagent pour l'identification d'un stratagème contournant les règles du Code de procédure pénale. En premier lieu, il est nécessaire que l'autorité publique soit à l'origine d'un stratagème, c'est-à-dire qu'elle ait réalisé un acte positif[2163]. En second lieu, il est nécessaire que le prévenu soit effectivement privé d'un droit par ce stratagème[2164].

627. Une partie de la doctrine a relevé que, dans cette affaire, la Cour de cassation distingue nettement la légalité de la loyauté[2165] en raison de la parfaite légalité des opérations de sonorisation des cellules[2166]. Toutefois, si cette procédure est légale – dès lors qu'elle est conforme aux dispositions du Code de procédure pénale – elle n'en est pas moins illégale dès lors que les mesures litigieuses violent le droit de ne pas s'auto-incriminer. En ce sens, Coralie AMBROISE-CASTEROT relève, qu'en l'espèce, les enquêteurs ont recueilli « illicitement des aveux »[2167]. Il est donc condamné un stratagème qui constitue une provocation déloyale – car illégale – à l'aveu. En ce sens, la déloyauté qui est ici sanctionnée n'est en rien l'expression d'une conception

---

2160 Cass. crim., 7 janvier 2014, n°13-85.246 : préc.

2161 Cass. crim., 7 janvier 2014, n°13-85.246 : préc.

2162 VERGES Etienne, *Loyauté et licéité, deux apports majeurs à la théorie de la preuve pénale*, D. 2014, n°6, pp. 407-411.

2163 La Cour de cassation a ultérieurement jugé (Cass. crim., 17 mars 2015, n°14-88.351 : Bull. crim., n°54 ; RSC 2015, p. 406, note Didier BOCCON-GIBOD ; Cass. crim., 14 avril 2015, n°14-87.914 : Bull. crim., n°87 ; Dalloz actualité du 12 mai 2015, note Sébastien FUCINI) qu'aucun stratagème ne pouvait être constaté « sans actes positifs de l'autorité publique ».

2164 Dans l'arrêt du 7 janvier 2014 (Cass. crim., 7 janvier 2014, n°13-85.246 : préc. et Cass., A.P., 6 mars 2015, n°14-84.339 : préc.), c'est le droit de ne pas s'incriminer qui a été affecté par la sonorisation de cellules contiguës.

2165 BERGEAUD-WETTERWALD Aurélie, *Du bon usage du principe de loyauté des preuves ? À propos de l'arrêt rendu par la chambre criminelle de la Cour de cassation le 7 janvier 2014*, Dr. pén. 2014, n°4, ét. n°7 ; GALLOIS Alexandre, *Loyauté des preuves pénales : la Cour de cassation est-elle allée trop loin ?*, JCP G 2014, n°9, pp. 434-437.

2166 L'arrêt révèle que cette sonorisation a été réalisée « sur le fondement des articles 706-92 à 706-102 du code de procédure pénale ».

2167 AMBROISE-CASTEROT Coralie, *Aveu*, Répertoire de droit pénal et de procédure pénale, Dalloz, 2016, n°17.

moralisatrice de la procédure pénale puisqu'il est ici sanctionné l'irrespect, par les enquêteurs, du droit de ne pas s'incriminer[2168]. Ainsi, si cette affaire renforce la loyauté[2169], cette loyauté ne saurait prospérer sans l'exigence de légalité de la recherche des preuves pénales[2170].

628. En ce sens, la jurisprudence postérieure de la Chambre criminelle de la Cour de cassation démontre que tout stratagème n'est pas condamné au nom de la déloyauté : elle a jugé, par un arrêt du 17 mars 2015[2171], que la sonorisation d'une cellule réalisée sans stratagème n'était pas de nature à rendre la preuve déloyale ou à compromettre le respect de la vie privée. Le juge pénal veille donc à ce que l'emploi des procédures légales ne soit pas instrumentalisé par les autorités en charge de l'enquête heurtant ainsi le droit fondamental du suspect de ne pas s'incriminer[2172]. De même, par un arrêt du 31 mars 2015[2173], la Chambre criminelle a jugé qu'il est nécessaire que le stratagème ait porté atteinte aux droits du prévenu. Dans cette affaire, une personne placée en garde à vue reconnaît avoir commis une infraction. Or, cet aveu a été précédé d'un entretien, lors d'une pause, avec un agent chargé le surveiller. La Chambre criminelle rejette ici le contournement de procédures car « aucun procédé déloyal, tendant à éluder les règles de procédure ou à compromettre les droits de la défense, n'a été mis en œuvre dans le but d'obtenir de la personne gardée à vue qu'elle s'incrimine »[2174]. Cet arrêt illustre la nécessité de disposer d'un acte positif de l'autorité publique employé pour obtenir des preuves en violation d'un droit fondamental du prévenu.

629. La prohibition des contournements de procédure révèle la véritable nature de la loyauté pénale. Elle ne vise pas les comportements considérés subjectivement comme immoraux mais vise une préservation effective des garanties de la procédure pénale. L'identification d'une déloyauté constitue un vecteur finaliste d'identification de l'illégalité bien qu'elle ajoute une mise à l'index du comportement des agents de l'autorité publique. À ce titre, Jean

---

[2168] Cf. infra, n°635.

[2169] Cet arrêt « marque une volonté d'intensifier la portée du principe de loyauté en procédure pénale » (BERGEAUD-WETTERWALD Aurélie, *Du bon usage du principe de loyauté des preuves ? À propos de l'arrêt rendu par la chambre criminelle de la Cour de cassation le 7 janvier 2014*, Dr. pén. 2014, n°4, étude n°7).

[2170] Etienne VERGES relève ainsi que « le strict respect des règles légales de preuve ne suffit pas à garantir la licéité de la procédure » (*Loyauté et licéité, deux apports majeurs à la théorie de la preuve pénale*, D. 2014, n°6, pp. 407-411).

[2171] Cass. crim., 17 mars 2015, n°14-88.351 : Bull. crim., n°54.

[2172] Gildas Barbier démontre que « Ce qui est essentiel, c'est que le codétenu soit ou non instrumentalisé par le juge d'instruction, ou paraisse l'être » (BARBIER Gildas, GUEHO Géraldine et LAURENT Benoît, *Chronique de jurisprudence de la Cour de cassation*, D. 2015, p. 1395).

[2173] Cass. crim., 31 mars 2015, n°14-86.913, Inédit.

[2174] Cass. crim., 31 mars 2015, n°14-86.913, Inédit.

PRADEL souligne bien que « la jurisprudence considère comme déloyales des constructions très élaborées pour s'affranchir du droit au silence, du droit de ne pas s'incriminer et, donc, des droits de la défense »[2175]. Le juge pénal sanctionne donc moins la déloyauté qui résulte, en-soi, du stratagème que l'atteinte à un droit fondamental du suspect[2176]. Or cette prohibition du stratagème est également reconnue en dehors de la matière pénale.

ii/ L'extension de la prohibition du contournement de la loi affectant les droits du justiciable

630. En dehors de la matière pénale, les stratagèmes qui affectent les droits fondamentaux des justiciables semblent peu à peu reconnus. En ce sens, devant le juge administratif, la procédure d'établissement d'une sanction livre d'intéressantes illustrations. Par un arrêt du 6 février 2018, la cour administrative d'appel de Nancy a jugé de la légalité de la sanction infligée à un agent public. En l'espèce, l'agent public s'est vu infliger une sanction au terme d'un entretien avec son supérieur hiérarchique dont les termes ont été consignés dans un procès-verbal. Contestant la légalité de cette procédure, l'agent a estimé que la sanction a été établie sur le fondement de preuves obtenues au mépris de l'obligation de loyauté qui s'impose à tout employeur public. En l'espèce, la cour a jugé que « Mme B. a répondu à 23 questions précises qui lui étaient loyalement posées, ses réponses étant consignées par écrit et paraphées par l'intéressée ; qu'elle ne démontre pas qu'une quelconque contrainte aurait pesé sur elle à cette occasion, lui permettant utilement de nier avoir tenu les propos consignés dans le procès-verbal retranscrivant la conversation qu'elle a eue avec sa chef de service ; qu'elle a reconnu, à plusieurs reprises, avoir prononcé des propos grossiers et injurieux notamment envers certains de ses collègues de travail »[2177]. Cette affaire démontre que la loyauté administrative entend également protéger les agents publics de procédés qui tendraient à les priver des droits de la défense ou encore du droit de ne pas s'incriminer. Il apparaît donc une unité dans la prohibition du stratagème qui conduirait à affecter les droits de l'agent public qui n'est pas sans rappeler la jurisprudence retenue par les juridictions pénales. Or, en matière fiscale, le contournement s'entend du comportement de l'administration qui va tromper le contribuable sur l'étendue de ses obligations réelles.

[2175] PRADEL Jean, *Procédure pénale*, Cujas, 18e éd., 2015, n°412, pp. 373-374.

[2176] Cass. crim., 3 avril 2007, n°07-80.807 : Bull. crim., n°102 ; AJ Pénal 2007, p. 285, obs. Guillaume ROYER ; Cass. crim., 16 décembre 1997, n°96-85.589 : Bull. crim., n°427 ; Dr. pénal 1998, comm. 61, obs. Albert MARON ; D. 1998, p. 354, note Jean PRADEL (pour des atteintes aux droits de la défense de prévenus).

[2177] CAA Nancy, 3e ch., 6 février 2018, n°16NC00727, cons. n°8 : AJFP 2018, p. 248.

2/ La prohibition du contournement induisant en erreur le contribuable sur l'étendue de ses obligations

631. Le contournement des règles légales est également présent devant les juges de l'impôt. Il vise le stratagème – qui est prohibé tant par le juge civil (i) que par le juge administratif de l'impôt (ii) – qui consiste à induire en erreur le contribuable sur l'étendue de ses obligations.

i/ La prohibition retenue par le juge civil de l'impôt

632. Devant le juge civil de l'impôt[2178], il est imposé à l'administration fiscale un devoir de loyauté dans la recherche de la preuve. Cela signifie qu'il est interdit au fisc de tromper le contribuable sur l'étendue de ses obligations. L'administration fiscale se doit donc d'informer le contribuable de l'étendue de l'obligation qui pèse sur lui. Elle a ainsi posé dans l'arrêt Peysselier du 18 juin 1996[2179] que « l'administration est tenue, dans ses investigations, au devoir de loyauté »[2180]. La Cour de cassation exige, pour que soit reconnue une atteinte au devoir de loyauté pesant sur l'administration, que le contribuable ait été « induit en erreur sur la portée de la demande d'information qui lui avait été envoyée »[2181]. La jurisprudence de la Cour de cassation a, par un arrêt Mme Schebat, paru étendre le devoir de loyauté en exigeant que le contribuable – ayant reçu une demande de renseignements sur le fondement de l'article L. 10, alinéa 2 du Livre des procédures fiscales – « était dûment avisée du caractère facultatif de sa réponse »[2182]. Toutefois, la Cour de cassation est revenue sur l'arrêt Mme Schebat[2183] en reprenant les termes de la décision M. et Mme Peysselier[2184] dans un arrêt Mme Alves[2185] où elle a jugé, sur le fondement de l'article L. 10 du Livre des procédures fiscales, que si « les services fiscaux n'[ont] pas explicitement précisé, dans leur demande de renseignements adressée à Mme Y..., que celle-ci n'avait pas de caractère contraignant, ils n'ont pas fait état d'une obligation de répondre aux questions posées dans un délai précis et sous peine de sanction en cas de

---

2178 Sur ce point : HATOUX Bernard, *Le devoir de loyauté de l'administration fiscale ou Légalité et déontologie*, RJF 01/16, pp. 10-14 ; NOEL Gilles, *La loyauté dans le couple « administration fiscale-contribuable »*, in, *Ecrits de fiscalité des entreprises : études à la mémoire du professeur Maurice COZIAN*, Litec, 2009, pp. 77-125.

2179 Cass. com. 18 juin 1996, n°94-17.312, M. et Mme Peysselier : Bull. civ. IV, n°182, p. 157 ; RJF 11/96, n°1363.

2180 Cass. com. 18 juin 1996, n°94-17.312, M. et Mme Peysselier : préc.

2181 Cass. com. 18 juin 1996, n°94-17.312, M. et Mme Peysselier : préc.

2182 Cass. com., 23 février 1999, n°96-16.212, Mme Schebat : RJF 05/99, n°651.

2183 Cass. com., 23 février 1999, n°96-16.212, Mme Schebat : préc.

2184 Cass. com. 18 juin 1996, n°94-17.312, M. et Mme Peysselier : préc.

2185 Cass. com., 26 octobre 2010, n°09-70.927, Mme Alves : Dr. fisc. 2011, n°3, comm. 116 ; RJF 02/11, n°245 ; Defrénois 2011, n°13, p. 1165, note Frédéric DOUET ; BGFE 2011, n°1, p. 14, comm. Daniel GUTMANN.

défaut de réponse, ni manqué à leur devoir de loyauté »[2186]. Le simple silence de l'administration fiscale sur l'étendue des obligations du contribuable n'est pas jugé suffisant pour constater une déloyauté de l'administration fiscale.

633. À la lumière de cette jurisprudence, il apparaît que la Cour de cassation prohibe, en matière fiscale, le stratagème du fisc qui conduit à tromper le contribuable sur l'étendue de ses obligations. Une double condition est ainsi requise : la nécessité d'un acte positif des agents du fisc et l'erreur du contribuable sur l'étendue de ses devoirs. Le juge administratif dispose d'une analyse analogue en la matière.

ii/ La prohibition retenue par la juge administratif de l'impôt

634. L'interdiction qui est faite au fisc d'induire en erreur le contribuable sur l'étendue de ses obligations, par la voie du stratagème, est également retenue par le juge administratif de l'impôt[2187]. Par une décision Marcantetti du 1er juillet 1987[2188] – qui concerne un tiers au contribuable – le Conseil d'Etat a jugé que l'administration fiscale ne peut user, à l'encontre de certains contribuables de procédures « qui ne leur sont pas applicables e[n] risqu[a]nt ainsi de les induire en erreur sur l'étendue de leurs obligations à son égard »[2189]. En l'espèce, l'administration fiscale a, dans le cadre du contrôle fiscal d'un conseiller juridique et fiscal, recueilli, auprès de ses 300 clients, des renseignements alors que la moitié de ces clients n'était pas tenue au droit de communication des articles 1987 et suivants du Code général des impôts alors en vigueur. Ce considérant, érigé dans cette décision en considérant de principe[2190], présente la particularité de se placer du côté du contribuable – en

---

2186 Cass. com., 26 octobre 2010, n°09-70.927, Mme Alves : préc.

2187 Sur ce point : AYRAULT Ludovic, *Le contrôle juridictionnel de la régularité de la procédure d'imposition*, Thèse de doctorat, Paris 2, L'Harmattan, 2004, n°432, pp. 196-197 ; COLLET Martin, *La loyauté : un principe qui nous manque ?*, Dr. fisc. 2016, n°42-43, 554, pp. 22-28 ; NOEL Gilles, *La loyauté dans le couple « administration fiscale-contribuable »*, in, *Ecrits de fiscalité des entreprises : études à la mémoire du professeur Maurice COZIAN*, Litec, 2009, pp. 77-125 ; PIMONT Yves, *Le fisc, les contribuables et les tiers*, in, *Etudes de finances publiques, Mélanges en l'honneur de Paul-Marie GAUDEMET*, Economica, 1984, pp. 637-656.

2188 Conseil d'Etat, 7e et 8e s.-s., 1er juillet 1987, n°54222, M. Marcantetti : Dr fisc. 1987, n°45, comm. 2025 ; RJF 10/87, n°1020, concl. Olivier FOUQUET p. 505 ; GAJF, 5e éd., 2009, n°51.

2189 Conseil d'Etat, 7e et 8e s.-s., 1er juillet 1987, n°54222, M. Marcantetti : préc.

2190 Le juge administratif de l'impôt avait déjà raisonné de manière analogue dans une décision Cuzzicoli du 1er avril 1987 (Conseil d'Etat, 7e et 9e s.-s., 1er avril 1987, n°50291 et 60420, Cuzzicoli : RJF 05/87, n°541). Bien que cela n'apparaisse pas dans le corps de la décision, l'extrait des conclusions du Commissaire du gouvernement Olivier FOUQUET cité sous la décision dans la Revue de jurisprudence fiscale est particulièrement clair : « même si l'on estimait que le vérificateur a commis de bonne foi une erreur en envoyant un avis de vérification de comptabilité alors qu'il entendait intervenir dans le cadre d'une Vasfe, le contribuable a été,

mesurant si le contribuable a pu être induit en erreur – pour mesurer l'irrégularité commise. Dans cette lignée jurisprudentielle, le Conseil d'Etat interdit au fisc, de « dupe[r] l'administré »[2191] sur l'étendue réelle de ses obligations[2192] – une solution identique étant retenue lorsque le fisc induit le contribuable en erreur sur l'étendue de ses droits[2193]. Cette tromperie doit avoir été organisée par le fisc, c'est-à-dire qu'elle doit résulter d'un acte positif, le Conseil d'Etat refusant, par principe[2194], d'identifier une déloyauté dans le silence gardé par l'administration fiscale sur le caractère non contraignant de certaines de ses demandes[2195].

635. Le Conseil d'Etat a étendu – sans que le juge civil ne se soit pronnoncé en ce sens[2196] – la prohibition du stratagème qui induit en erreur le contribuable au cas où des pressions sont exercées par les membres de l'administration fiscale à l'encontre d'un contribuable. Une telle solution a été retenue dans un cas où le contribuable est menacé par l'agent d'une sanction administrative ou d'un important rehaussement d'imposition[2197]. Il a été jugé

---

en tout état de cause, induit en erreur sur le droit qu'il avait alors de s'opposer aux investigations sur place de l'agent des impôts ».

2191 GUYOMAR Mattias, *La loyauté en droit administratif*, Justice et cassation 2014, pp. 59-68, spéc. p. 62.

2192 Conseil d'Etat, Sect., 16 avril 2012, n°320912, Meyer : Dr. fisc. 2012, n°27, comm. 366, concl. Delphine HEDARY, note Olivier FOUQUET ; RJF 07/12, n°679, chron. Cécile RAQUIN, p. 491, BDCF 07/12, n°81 concl. Delphine HEDARY ; Procédures 2012, n°6, comm. 206, note Ludovic AYRAULT ; JCP G 2012, 687, note Martin COLLET ; Conseil d'Etat, 10e et 9e s.-s., 26 mai 2010, n°296808, Beckman : Dr. fisc. 2010, n°37, comm. 483 ; RJF 8-9/10, n°767, concl. Julien BOUCHER, BDCF 8-9/10, n°83.

2193 Conseil d'Etat, 9e et 10e ch., 21 septembre 2016, n°383857, M. Guerry : Dr. fisc. 2017, n°2, comm. 56 ; RJF 12/16, n°1102, concl. Emilie BOKDAM-TOGNETTI, RJF 12/16, n°C 1102 (à propos du droit offert au contribuable de saisir le supérieur hiérarchique du vérificateur) ; Conseil d'Etat, 9e et 8e s.-s., 24 janvier 1986, n°46949, Cholley : Dr. fisc. 1986, n°18, comm. 911 ; RJF 03/86, n°310.

2194 Dans certaines hypothèses spécifiques, le silence de l'administration fiscale – conjugué à un acte positif – va induire le contribuable en erreur. C'est le cas lorsque l'administration ne mentionne dans la réponse aux observations du contribuable que certaines voies de recours et omet de rappeler l'existence d'autres (Conseil d'Etat, 9e et 10e s.-s., 21 septembre 2016, n°383857, M. Guerry : Dr. fisc. 2017, n°2, comm. 56 ; RJF 12/16, n°1102, concl. Emilie BOKDAM-TOGNETTI, RJF 12/16, n°C 1102).

2195 Conseil d'Etat, 8e et 3e s.-s., 22 janvier 2010, n°314010, Quero : RJF 04/10, n°315 ; Conseil d'Etat, 7e et 8e s.-s., 9 octobre 1992, n°86531, Chollet : RJF 12/92, n°1612.

2196 Bien que le juge civil ne présente pas de solution analogue, il ne fait peu de doute, comme l'a exposé Bernard HATOUX qui a souligné que « l'acceptation du redressement par le contribuable (…) doit être exemple de vices du consentement » (*Le devoir de loyauté de l'administration fiscale ou Légalité et déontologie*, RJF 01/16, pp. 10-14). Seul un arrêt de la Chambre commerciale écarte le vice du consentement allégué par le contribuable (Cass. com., 5 octobre 1999, n°97-16.341, Mme Prins : RJF 12/99, n°1620).

2197 CAA de Lyon, 57e ch., 17 novembre 2011, n°11LY00868, Menoni : Dr. fisc. 2012, n°7-8, comm. 150 ; RJF 04/12, n°396 (Arrêt confirmé par une décision de non admission du Conseil d'Etat : Conseil d'Etat, 3e s.-s., (na), 29 octobre 2012, n°355928 : RJF 02/13, n°194).

que « la demande de documents (...) effectuée auprès de M. B s'est accompagnée d'une menace de sanctions financières au titre d'une procédure d'abus de droit (...) [et] doit être regardée comme ayant exercé une pression sur le destinataire de la demande de renseignement, susceptible de l'induire en erreur sur l'étendue de son obligation »[2198]. Dans cette hypothèse particulière, la pression est donc analysée sous l'angle du contournement de procédures car elle est de nature à altérer la perception du contribuable sur ses propres obligations fiscales. Cette hypothèse rejoint celle dans laquelle le contribuable a été forcé de consentir à la proposition de rectification du contribuable[2199] – qui conduit à la décharge des impositions lorsque ce vice du consentement a privé le contribuable d'une garantie légale[2200] – ou encore à la neutralisation de la reconnaissance de dette du contribuable fondée sur l'article L. 189 du Livre des procédures fiscales lorsque cette reconnaissance « a été faite sous la menace de sanctions, et donc sous la contrainte »[2201]. Dans ces différentes hypothèses, la pression qui est exercée par l'agent du fisc sur le contribuable présente une similitude avec le contournement puisqu'il va éluder les garanties normalement offertes au contribuable à la faveur d'une pression psychologique et juridique. La pression opère donc un véritable contournement des règles légales qui conduit à priver le contribuable d'un droit procédural.

636. La prohibition des stratagèmes qui conduisent à éluder le respect de garanties procédurales en induisant en erreur le contribuable sur l'étendue de leurs obligations tempère le refus du juge administratif d'affirmer formellement un principe de loyauté de la preuve. Si le Conseil d'Etat a pu

---

[2198] CAA Lyon, 57e ch., 17 novembre 2011, n°11LY00868, Menoni : préc.

[2199] La prohibition des pressions exercées par le fisc viciant le consentement du contribuable a été reconnue par une décision du 3 décembre 1986 (Conseil d'Etat, 9e et 8e s.-s., 3 novembre 1986, n°49763, Nahmias : RJF 01/87, n°73, Chronique Monique LIEBERT-CHAMPAGNE, p. 3) et la jurisprudence administrative livre quelques illustrations de ces pressions qui vicient le consentement du contribuable (Conseil d'Etat, 9e et 8e s.-s., 15 février 1989, n°46409, Mareson : RJF 04/89, n°488 ; CAA de Nancy, 2e ch., 28 novembre 2002, n°98-2150, SARL Rieffel-Muller-Hindermeyer : RJF 04/03, n°469). Toutefois, il apparaît que la preuve de ce vice du consentement est difficile à rapporter car la preuve est à la charge du contribuable (Conseil d'Etat, 7e et 9e s.-s, 26 juin 1985, n°39049 et 39805 : RJF 8-9/85, n°1212) et nombreux sont les contribuables qui ont échoué dans l'administration de cette preuve (CAA de Versailles, 3e Ch., 6 novembre 2012, n°11VE00555 et 11VE00480, Inédit ; CAA de Paris, 2e ch., 3 avril 2012, n°10PA05655, Inédit).

[2200] Le Conseil d'Etat constate alors que le vice du consentement a affecté les garanties du contribuable qui peut être le caractère contradictoire de la procédure (Conseil d'Etat, 9e et 8e s.-s., 15 février 1989, n°46409, Mareson : RJF 04/89, n°488 ; Conseil d'Etat, 9e et 8e s.-s., 3 novembre 1986, n°49763, Nahmias : RJF 01/87, n°73, Chronique Monique LIEBERT-CHAMPAGNE, RJF 01/87, p. 3), la faculté de rétracter son acceptation dans un délai de trente jours (CAA de Nancy, 2e ch., 28 novembre 2002, n°98-2150, SARL Rieffel-Muller-Hindermeyer : RJF 04/03, n°469).

[2201] ARRIGHI DE CASANOVA Jacques, concl. sur Conseil d'Etat, 8e et 9e s.-s., 9 février 2000, n°192179, Sté Secap : Dr. fisc. 2000, n°25, comm. 518 ; RJF 03/00, n°392 ; BDCF 03/00, n°39.

poser que l'administration fiscale est « tenue à un devoir de loyauté »[2202] dans une décision Beckman du 26 mai 2010[2203], le Conseil d'Etat a refusé de se fonder à nouveau sur ce devoir de loyauté dans la décision Meyer[2204]. Il a été relevé, dans l'absence de la mention du « devoir de loyauté » une volonté de limiter l'ardeur des contribuables à invoquer une méconnaissance de ce devoir[2205] – l'expression ayant été ainsi « remisée aux rayons des mots-valises inutiles »[2206]. Ce constat doit toutefois être relativisé car les juges du fond se sont appropriés ce devoir de loyauté en faisant une application régulière de ce devoir[2207].

637. Or, la déloyauté qui est effectivement sanctionnée par le juge administratif et le juge civil repose moins sur l'identification d'une déloyauté que sur une méconnaissance des droits de la défense du contribuable : tromper le contribuable sur l'étendue de ses obligations méconnaît le nécessaire respect de leurs droits de la défense[2208]. À la faveur de ce constat, il apparaît une unité entre les juges administratif, civil et pénal. Une double condition doit être réunie pour identifier un contournement de procédures : un acte positif de l'autorité publique[2209] qui conduit à la privation d'un droit. Ces critères stricts d'identification de la déloyauté expliquent que d'autres comportements de l'administration fiscale – comme son refus systématique de prendre en considération les justificatifs du contribuable[2210], son refus de prendre en compte l'état allégué de faiblesse du contribuable[2211] ou la réalisation simultanée de deux opérations de contrôle à l'égard d'un contribuable et d'une société où il est associé[2212] – ne caractérisent aucune déloyauté.

2202 Conseil d'Etat, 10e et 9e s.-s., 26 mai 2010, n°296808, Beckman : préc.

2203 Conseil d'Etat, 10e et 9e s.-s., 26 mai 2010, n°296808, Beckman : préc.

2204 Conseil d'Etat, Sect., 16 avril 2012, n°320912, Meyer : préc.

2205 Martin COLLET relève ainsi qu'« En prenant ses distances avec la notion de loyauté, le Conseil entend sans doute calmer les ardeurs de certains plaideurs et leur tendance à brandir cette notion au moindre comportement administratif jugé inapproprié » (*Quelles conséquences attacher aux erreurs procédurales de l'administration fiscale ?*, note sous Conseil d'Etat, Sect., 16 avril 2012, n°320912, Meyer : JCP G 2012, n°23, 687).

2206 COLLET Martin, *La loyauté : un principe qui nous manque ?*, Dr. fisc. 2016, n°42-43, 554, n°11, pp. 22-28.

2207 CAA de Lyon, 2e ch., 3 novembre 2015, n°14LY00766, Inédit ; CAA de Nancy, 2e ch., 15 mai 2014, n°12NC02107, Inédit ; CAA de Paris, 10e ch., 29 avril 2014, n°12PA04495, Inédit.

2208 Cass. com., 30 juin 1998, n°96-20.536, Chevalier : RJF 11/98, n°1367.

2209 Seul un arrêt de la Chambre commerciale a assoupli cette condition (Cass. com., 23 février 1999, n°96-16.212, Mme Schebat : préc.) mais, comme il a été dit, cette solution demeure isolée (Cass. com., 26 octobre 2010, n°09-70.927, Mme Alves : préc.).

2210 CAA de Versailles, 1ère ch., 1er juillet 2014, n°12VE02836, Inédit.

2211 CAA de Paris, 7e ch., 20 décembre 2013, n°13PA00184, Inédit.

2212 CAA de Nancy, 2e ch., 27 mars 2014, n°12NC01273, Inédit.

638. À l'instar de la solution retenue par le juge pénal, le caractère moral de la loyauté fait ainsi défaut puisque la loyauté ne fait que sanctionner, du côté du justiciable – ou du prévenu[2213] – le stratagème qui porte atteinte aux droits de la défense ou au droit de ne pas s'incriminer[2214]. L'utilité de se fonder sur un principe de loyauté peut, en ce sens, être condamnée car « Le mot n'apporte rien à la chose »[2215] : la condamnation du stratagème n'exige pas d'invoquer la loyauté car la légalité du stratagème fait défaut. Toutefois, l'intérêt de se fonder sur la notion de loyauté réside dans la stigmatisation d'un comportement jugé anormal. La loyauté demeure, comme la bonne foi, une norme prohibant les mauvais comportements. Elle n'est ainsi qu'un moyen d'identifier – et de blâmer – l'illégalité commise par l'autorité publique. Or, les juges condamnent, de longue date, sans pour autant se fonder sur la loyauté, les détournements de procédure.

B/ La violation d'un droit : fondement de la prohibition des contournements

639. La prohibition commune des stratagèmes laisse à penser que le stratagème est, en lui-même, prohibé par le juge. Or, le stratagème par contournement apparaît conditionné par la présence d'une violation d'un droit. En ce sens, les procédures légalement encadrées, les droits de la défense mais aussi – en matière pénale – le droit de ne pas s'incriminer apparaissent comme les droits effectivement affectés par le détournement commis par l'autorité publique. Le stratagème n'est prohibé que dans la mesure où il affecte effectivement un droit. Un tel constat indique que la déloyauté ne saurait constituer le fondement premier de la prohibition des stratagèmes mais qu'il s'agit, avant tout, de veiller à la protection effective des droits des justiciables.

640. Seule la jurisprudence civile – qui prohibe le recueil de toute preuve clandestine[2216] – tendrait à échapper à ce cadre puisque la procédure de recueil d'une preuve n'est pas encadrée par une quelconque procédure. Cette jurisprudence serait fondée « uniquement sur la loyauté (...) en dehors de toutes considérations relatives à la vie privée ou au secret des

---

[2213] En ce sens, Evelyne BONIS-GARÇON relève, dans son commentaire relatif à l'arrêt du 6 mars 2015 (Cass., A.P., 6 mars 2015, n°14-84.339 : préc.) que « c'est davantage du point de vue de la personne soupçonnée qu'il faut apprécier l'acte en recherchant si le procédé a conduit à rendre ou pas ineffectif le droit de ne pas contribuer à sa propre accusation » (*L'apport de l'Assemblée plénière à la définition de la notion de procédé déloyal de recherche des preuves*, JCP G 2015, n°19-20, 558).

[2214] Cass. crim., 7 janvier 2014, n°13-85.246 : préc. et Cass., A.P., 6 mars 2015, n°14-84.339 : préc.

[2215] COLLET Martin, *La loyauté : un principe qui nous manque ?*, Dr. fisc. 2016, n°42-43, 554, n°11, pp. 22-28.

[2216] Cf. infra, n°726.

correspondances »[2217]. Le recueil clandestin d'une preuve par une partie privée ne saurait, en outre, être contraire à l'article 8 de la Convention européenne des droits de l'Homme car cette stipulation ne s'impose pas au recueil de la preuve par un particulier[2218]. Toutefois, il convient, à notre sens, de rejeter l'autonomie apparente de la loyauté ainsi perçue par le juge civil puisque les Chambres civiles de la Cour de cassation prohibent le recueil clandestin de preuves sur le fondement combiné des articles 9 du Code de procédure civile et de l'article 6 de la Convention européenne des droits de l'Homme. À ce titre, certains arrêts se fondent sur le caractère illicite[2219] – et non déloyal – de la preuve ainsi obtenue. Le juge civil sanctionne ainsi la violation du droit à la vie privée – garanti par l'article 9 du Code civil – en jugeant contraire à l'équité du procès la preuve obtenue en violation du droit au respect de la vie privée. En cette matière, Jean-Christophe SAINT-PAU relève que « L'idée à la mode de loyauté n'apporte rien de plus ; il s'agit moins d'un principe autonome que d'un aspect du respect de la légalité procédurale »[2220]. La prohibition de la preuve clandestine peut ainsi se rapprocher de la prohibition des contournements dès lors qu'elle conduit à affecter, lors du recueil de la preuve, un droit fondamental. À côté du contournement qui affecte un droit, la déloyauté peut aussi résider dans un détournement qui méconnaît le champ d'application d'une loi.

§.2. – La déloyauté des détournements commis par l'autorité publique

641. La condamnation générale des détournements commis par l'autorité publique (A) est fondée sur l'exigence de légalité qui apparaît comme le fondement réel de la loyauté (B).

A/ La condamnation générale de la déloyauté commise par un agent de l'autorité publique

642. Tant le détournement de procédure (1), que le détournement de pouvoir (2) mais aussi l'impartialité subjective (3) attestent d'un contrôle de la déloyauté de l'agent.

[2217] LECLERC Olivier, VERGES Etienne et VIAL Géraldine, *Droit de la preuve*, PUF, Thémis droit, 2015, n°374, p. 377.

[2218] THELLIER DE PONCHEVILLE Blandine, *La preuve illicite au regard de la Convention européenne des droits de l'homme*, Revue pénitentiaire et de droit pénal, 2010, n°3, pp. 537-562, spéc. p. 547

[2219] Cass. soc., 20 novembre 1991, n°88-43.120 : Bull. civ. V, n°519.

[2220] SAINT-PAU Jean-Christophe, *L'enregistrement clandestin d'une conversation*, Dr. pén. 2008, n°9, ét. 17, pp. 21-26.

1/ Le détournement de procédure : manifestation de la déloyauté de l'agent public dans l'emploi d'une procédure

643. Détourner une procédure revient à méconnaître le champ d'application d'une procédure. S'il n'existe pas de principe – constitutionnel ou européen – prohibant le détournement de procédure, le Conseil constitutionnel a jugé qu'une loi ne pouvait offrir la faculté à l'autorité publique de commettre un détournement de procédure au mépris des droits fondamentaux[2221]. Les juges constitutionnels n'ont néanmoins pas posé de règles d'identification du détournement de procédure.

644. En revanche, le juge administratif dispose d'une jurisprudence particulièrement riche en matière de détournement. Ce contrôle a même pu être analysé sous l'angle de la *moralité administrative*[2222]. En ce sens, le détournement de procédure – mais l'analyse est transposable au détournement de pouvoir – constitue un « élément indispensable de moralité administrative »[2223] car ce contrôle « s'exerce essentiellement sur le But que s'est proposé l'administrateur : il ne vise pas l'utilité ou l'inutilité de la mesure attaquée, mais la conception juridique que l'administrateur s'est faite de son devoir fonctionnel en suivant une direction donnée »[2224]. Bien que l'expression de moralité administrative soit critiquable – dès lors que la moralité administrative est, en réalité, dépourvue de caractère moral[2225] – elle peut s'assimiler à un contrôle de la loyauté de l'action publique[2226].

[2221] Cons. const., déc. n°2004-492 DC, 2 mars 2004, Loi portant adaptation de la justice aux évolutions de la criminalité, cons. n°70 : Rec. p. 66 ; Cons. const., n°93-325 DC, 13 août 1993, Loi relative à la maîtrise de l'immigration et aux conditions d'entrée, d'accueil et de séjour des étrangers en France, cons. n°114 : Rec. p. 224.

[2222] La « moralité administrative » a été développée par Maurice Hauriou (*Principes de droit public*, Dalloz, Bibliothèque Dalloz, 2010, fac-similé de l'édition de 1910, p. 485). Henri WELTER a repris cette expression en affirmant que « La moralité administrative (...) ne se confond pas avec la moralité commune ; elle est constituée par les règles de la bonne administration, c'est-à-dire par l'ensemble des règles de but et de discipline déterminée non seulement par la distinction du bien et du mal, mais, d'une façon plus spéciale, par la mission générale de l'administration et l'idée de la fonction administrative » (*Le contrôle juridictionnel de la moralité administrative, Etude de doctrine et de jurisprudence*, Thèse de doctorat, Nancy, Sirey, 1929, p. 77).

[2223] HEUMANN, concl. sur Conseil d'Etat, Ass., 24 juin 1960, Sté Frampar et Sté France éditions et publications : Rec. p. 412 ; RDP 1960, pp. 815-834.

[2224] RENARD Georges, *Préface*, in, WELTER Henri, *Le contrôle juridictionnel de la moralité administrative, Etude de doctrine et de jurisprudence*, Thèse de doctorat, Nancy, Sirey, 1929, p. XIV.

[2225] Bertrand SEILLER expose que la « moralité administrative » relève d'une « conception relativement étrangère à ce que l'on qualifie ordinairement d'exigence morale » (SEILLER Bertrand, *La loyauté [hors] des relations contractuelles*, in, *Mélanges en l'honneur de Laurent RICHER*, LGDJ, 2013, pp. 435-450, spéc. p. 450).

[2226] Henri WELTER avait ainsi démontré que la moralité administrative permet d'« assurer le respect des règles de prudence et de loyauté indispensables à la bonne solution des problèmes

645. À ce titre, le détournement d'une procédure[2227] – qui, à la différence du détournement de pouvoir, est reconnu en matière fiscale[2228] – peut être défini comme l'« emploi détourné d'une procédure administrative »[2229]. Or, du point de vue de l'agent de l'Administration, le détournement de procédure peut se percevoir comme une déloyauté. Le détournement de procédure constitue une sorte de fraude à la loi[2230] qui manifeste une intention de dévoyer une procédure en l'employant à des fins qui n'ont pas été envisagées par le législateur. Le détournement de procédure – dont l'application en contentieux administratif général[2231] ne diffère pas de son application en contentieux fiscal[2232] – est identifié par l'emploi d'une procédure non fiscale à des fins exclusivement fiscales[2233].

---

soumis à la vigilance des administrateurs » (*Le contrôle juridictionnel de la moralité administrative, Etude de doctrine et de jurisprudence*, Thèse de doctorat, Nancy, Sirey, 1929, p. 335).

2227 Sur ce point : AYRAULT Ludovic, *Le contrôle juridictionnel de la régularité de la procédure d'imposition*, Thèse de doctorat, Paris 2, L'Harmattan, 2004, pp. 234-265 ; CAMUS Geneviève, *Réflexions sur le détournement de procédure*, RDP 1966, pp. 65-84 ; DE DAVID BEAUREGARD-BERTHIER Odile, *La notion de détournement de procédure en droit administratif*, Droit administratif 2006, n°1, ét. 2, pp. 13-17 ; RAYNAUD Jean, *Le détournement de procédure*, Thèse de doctorat dact., Paris, 1950.

2228 L'administration fiscale poursuit toujours un but fiscal dans son contrôle dont l'article L. 10 du Livre des procédures fiscales offre un fondement très large. Dès lors, le détournement de pouvoir est toujours inopérant dès lors que l'administration peut, sur le fondement de la décision Ville de Sochaux (Conseil d'Etat, 20 juillet 1971, Ville de Sochaux : AJDA 1972, p. 227) poursuivre un but autre que celui prévu par la loi tant que l'administration poursuit, dans le même temps, le but légal qui lui est assigné. Sur ce point : AYRAULT Ludovic, Le contrôle juridictionnel de la régularité de la procédure d'imposition, Thèse de doctorat, Paris 2, L'Harmattan, 2004, pp. 76-77.

2229 HAURIOU Maurice, note sous Conseil d'Etat, 14 février 1902, Lalaque et autres : S. 1903, III, 98.

2230 DESPORTES Frédéric et LAZERGES-COUSQUER Laurence, *Traité de procédure pénale*, Economica, 4e éd., 2015, n°577, p. 427.

2231 Conseil d'Etat, Ass., 24 juin 1960, Sté Frampar et Sté France éditions et publications : Rec. p. 412, concl. HEUMANN ; RDP 1960, pp. 815-834. En l'espèce, le Conseil d'Etat se fonde sur le détournement de procédure – l'expression n'apparait pas en tant que tel dans la décision – par l'usage dévoyé par le Préfet d'Alger d'une procédure pénale en lieu et place d'une procédure administrative pour la saisie de journaux. Le juge administratif estime ici que les saisies en cause étaient des mesures administratives et non des actes de procédure pénale. Le détournement de la procédure pénale à une fin purement administrative rend l'acte en cause illégal.

2232 Ludovic AYRAULT expose qu'il y a détournement de procédure en procédure fiscale « lorsque des administrations non fiscales utilisent une procédure relevant de leur compétence à des fins exclusivement fiscales » (*Le contrôle juridictionnel de la régularité de la procédure d'imposition*, Thèse de doctorat, Paris 2, L'Harmattan, 2004, n°525, p. 237).

2233 Jacques ARRIGHI DE CASANOVA définit comme suit le détournement de procédure dans le cas des détournements de procédure commis en matière de perquisition en matière de législation économique à des fins fiscales : « il n'y a donc détournement de procédure que lorsque le recours à la procédure réservée à certaines infractions économiques n'apparaît manifestement que comme un prétexte fallacieux » (concl. sur Conseil d'Etat, 8e et 9e s.-s., 3 décembre 1990, n°103101, Sté Antipolia : Dr. fisc. 1991, n°7, comm. 259).

646. Or, le détournement de procédure peut viser l'emploi déloyal des procédures de recherche de la preuve[2234]. Le critère d'identification du détournement de procédure reste le même : la procédure de recherche de la preuve non fiscale a-t-elle été mise en œuvre à des fins exclusivement fiscales[2235] ? Dans l'affirmative, le détournement de procédure peut s'assimiler à une sanction de la déloyauté commise par l'Administration dans la recherche des preuves. Le caractère subjectif du détournement de procédure va dans le sens d'une telle identification[2236] : c'est « l'existence d'un élément intentionnel »[2237] qui conditionne le détournement de procédure et atteste qu'il s'agit d'un contrôle du but de l'action administrative.

647. L'interdiction du détournement de procédure est également reconnue par le juge pénal[2238] – alors que le juge civil de l'impôt n'a pas nettement précisé les contours du détournement de procédure[2239]. En cette matière, le

---

[2234] Par une décision, rendue en formation de plénière fiscale, du 11 février 1987 (Conseil d'Etat, Plén., 11 février 1987, n°40565, Sté de fait Goujon et Vessal : Rec. p. 40 ; Dr. fisc. 1987, n°44, comm. 1985, concl. Michel DE GUILLENSCHMIDT ; RJF 04/87, n°414) le Conseil d'Etat a posé que l'exclusivité de la recherche d'éléments de nature fiscale permet de fonder un détournement de procédure face à une perquisition non fiscale. Il relève que l'administration fiscale « a en réalité utilisé la procédure susmentionnée de l'ordonnance du 30 juin 1945 à seule fin de rechercher les preuves d'infractions en matière d'impôts sur le revenu ». Le Conseil d'Etat a jugé que peuvent constituer des indices sérieux une vérification de comptabilité d'une entreprise liée qui précède la perquisition et les poursuites pénales engagées à l'encontre du dirigeant qui ont suivi cette perquisition (Conseil d'Etat, 7e et 8e s.-s., 18 décembre 1987, n°58149 : RJF 02/88, n°227) même si l'absence de poursuite pénale ne peut suffire à prouver le détournement de procédure si l'administration fiscale rapporte la preuve de l'existence de soupçons (Conseil d'Etat, 8e et 9e s.-s., 3 décembre 1990, n°103101, SA Antipolia : Dr. fisc. 1991, n°7, comm. 259, concl. Jacques ARRIGHI DE CASANOVA). Il exige ainsi que l'administration fiscale fasse référence à la nature et au sérieux des soupçons dont elle dispose (Conseil d'Etat, 9e et 8e s.-s., 22 mars 1999, n°144530, 144585 et 144619, SA Jean Lemosse : RJF 05/99, n°585, concl. Jean COURTIAL, BDCF 05/99, n°55).

[2235] Le Conseil d'Etat exige que la preuve soit apportée de l'exclusivité du but fiscal. Le Conseil d'Etat a employé l'expression à « des fins strictement fiscales » (Conseil d'Etat, 9e et 8e s.-s., 8 janvier 1993, n°79600 et 79601, Mlle Erbibo : RJF 03/93, n°390) ou encore de procédures « détourné[es] à des fins exclusivement fiscales » (Conseil d'Etat, 3e s.-s., 6 juin 2012, n°345180 : Lexbase Hebdo 2012, n°491, note Thierry LAMBERT).

[2236] Ludovic AYRAULT relève en ce sens qu'« Un contrôle purement objectif ne serait pas de nature à révéler une irrégularité à partir du moment où la lettre des textes est respectée » (*Le contrôle juridictionnel de la régularité de la procédure d'imposition*, Thèse de doctorat, Paris 2, L'Harmattan, 2004, n°525, p. 237).

[2237] CAMUS Geneviève, *Réflexions sur le détournement de procédure*, RDP 1966, pp. 65-84, spéc. p. 68.

[2238] Sur ce point : BOULOC Bernard, *Les abus en matière de procédure pénale*, RSC 1991, n°2, pp. 221-243 ; PRADEL Jean, *Procédure pénale*, Cujas, 18e éd., 2015, pp. 375-376.

[2239] Ludovic AYRAULT a ainsi relevé que « Le juge civil de l'impôt ne semble pas s'être prononcé de manière claire sur la question de la prise en considération de la régularité d'un acte de procédure non fiscale pour les besoins du contrôle de la régularité de la procédure d'imposition suivie » (*Le contrôle juridictionnel de la régularité de la procédure d'imposition*,

détournement de procédure est caractérisé par l'« utilisation de voies procédurales à des finalités autres que celles spécialement déterminées par le texte spécial »[2240]. La Chambre criminelle de la Cour de cassation a même reconnu le détournement de procédure, avant le Conseil d'Etat, tant dans le champ extra fiscal[2241] que dans le champ fiscal[2242]. En cette matière[2243], le contrôle du détournement de procédure ne présente pas de particularisme[2244] tout comme la matière douanière où le juge veille à ce que les procédures exorbitantes de cette matière ne soient pas employées pour la recherche d'infractions pénales[2245] ou fiscales[2246]. La finalité du détournement de procédure est analogue à celle retenue par le juge administratif : elle consiste à interdire l'usage déloyal de procédures dans des domaines où elles ne peuvent s'employer.

648. Toutefois, en cette matière, les liens qui existent entre le détournement de procédure et la loyauté sont largement tempérés par le contrôle du respect effectif du champ d'application d'une procédure spéciale. Le détournement de procédure permet, avant tout, au juge pénal « de faire respecter [l]es règles »[2247] légales qui encadrent la procédure pénale. En ce sens, la Chambre criminelle juge que « les pouvoirs d'investigation conférés aux officiers et agents de police judiciaire ou à certains fonctionnaires par des lois spéciales ne peuvent être exercés que dans les conditions et dans les limites fixées par

---

Thèse de doctorat, Paris 2, L'Harmattan, 2004, n°563, p. 252). Ce constat demeure aujourd'hui inchangé.

2240 BOULOC Bernard, *Les abus en matière de procédure pénale*, RSC 1991, n°2, pp. 221-243, spéc. p. 221.

2241 Cass. crim., 22 janvier 1953, Isnard : D. 1953, p. 533 ; JCP 1953, II,7456.

2242 Cass. crim., 2 juin 1986, n°86-90.975 : Bull. crim., n°187; RJF 12/86, n°1143.

2243 Sur ce point : BRANDEAU Joseph, *Poursuites pour fraude fiscale et détournement de procédure*, LPA 2000, n°135, pp. 4-8.

2244 Cass. crim., 31 janvier 2006, n°05-80.640 : Bull. crim., n°30 ; Dr. pén., 2006, comm. 23, obs. Albert MARON (à propos de l'emploi d'une enquête de l'ordonnance du 1er décembre 1986 relative au droit de la concurrence pour mettre au jour des délits de droit commun) ; Cass. crim., 3 octobre 1996, n°95-83.879 : Bull. crim., n°345 (à propos d'une visite domiciliaire réalisée en lieu et place d'une visite de l'article L. 38 du Livre des procédures fiscales) ; Cass. crim., 17 janvier 1994, n°93-84 216 : Dr. fisc. 1994, n°27, comm. 1331 (à propos d'une perquisition fondée sur l'ordonnance du 30 juin 1945 ayant « essentiellement une finalité fiscale ») ; Cass. crim., 25 mai 1988, n°87-90.429 : Bull. crim., n°221 (à propos d'une perquisition réalisée sur le fondement d'une enquête douanière ouverte du chef d'infraction à la législation et à la réglementation des relations financières avec l'étranger dans un but exclusivement fiscal) ; Cass. crim., 2 juin 1986, n°86-90.975 : Bull. crim., n°187 ; RJF 12/86, n°1143 (à propos d'une perquisition relative aux infractions douanières, cambiaires, ou économiques réalisées dans le but de préparer une vérification de comptabilité).

2245 Cass. crim., 18 décembre 1989, n°89-81.659 : Bull. crim., n°485 ; JCP 1990, II, 21530, note Pierre CHAMBON.

2246 Cass. crim., 2 juin 1986, n°86-90.975 : Bull. crim., n°187 ; RJF 12/86, n°1143.

2247 BOULOC Bernard, *Les abus en matière de procédure pénale*, RSC 1991, n°2, pp. 221-243, spéc. p. 243.

les textes qui les prévoient »[2248]. La déloyauté qui se manifeste par le détournement de procédure n'est identifiée que sous l'angle du champ d'application d'une procédure spéciale. Il s'agit donc de *sanctionner l'usage illégal d'une procédure spéciale même si cette illégalité révèle une déloyauté.* Le terme « loyauté » permet de mettre en relief la dimension morale de l'illégalité en visant le contournement des textes légaux par les enquêteurs[2249].

649. Cette analyse est parfaitement transposable en matière administrative. Le juge administratif opère-t-il un véritable contrôle de la moralité administrative en contrôlant l'existence d'un détournement de procédure ? Jean RAYNAUD, dans sa thèse de doctorat consacrée à ce thème[2250], apporte à cette question une réponse négative. Il expose, qu'en réalité, « La décision entachée d'un détournement de procédure procède en définitive d'une double violation de la loi »[2251]. En effet, le détournement de procédure conduit l'administration à employer illégalement une procédure inappropriée – ce qui constitue une première illégalité – en lieu et place de la procédure adéquate – ce qui en constitue la seconde. En somme, le juge administratif ne fait que sanctionner une illégalité « flagrante »[2252] en constatant le détournement de procédure. Ainsi, la moralité attachée au détournement de procédure ne fait que dériver de l'exigence fondamentale de légalité des procédures administratives ou pénales. Il en va également de même en matière de détournement de pouvoir.

2/ Le détournement de pouvoir : manifestation d'un dévoiement de l'action de l'autorité publique

650. Le détournement de procédure doit être distingué du détournement de pouvoir[2253]. Ce dernier se manifeste par « Le fait pour une autorité

[2248] Cass. crim., 17 octobre 1994, n°94-82.780 : Bull. crim., n°333.

[2249] Ils pourront même être poursuivis du chef d'abus d'autorité (sur ce point : CASILE-HUGUES Geneviève, *Abus d'autorité*, Répertoire de droit pénal et de procédure pénale, Dalloz, 2014).

[2250] RAYNAUD Jean, *Le détournement de procédure*, Thèse de doctorat dact., Paris, 1950.

[2251] *Op. cit.*, p. 145.

[2252] *Op. cit., loc. cit.*

[2253] Sur ce point : BAHUET André, *Le détournement de pouvoir*, Thèse de doctorat dact., Paris, 1912 ; CHAPUS René, *Droit administratif général*, Tome 1, LGDJ, 15e éd., 2001, n°1242 ; DELVOLVE Pierre et VEDEL Georges, *Droit administratif*, PUF, 12e éd., 1992, p. 804 ; EBREN Henri, *Théorie du détournement de pouvoir*, Thèse de doctorat dact., Lyon, 1901 ; GONOD Pascale et GUYOMAR Mattias, *Détournement de pouvoir et de procédure*, Répertoire de contentieux administratif, Dalloz, 2010 ; GOY Raymond, *La notion de détournement de pouvoir*, in, *Mélanges Charles EISENMANN*, Cujas, 1975, pp. 321-338 ; JEZE Gaston, *La jurisprudence du Conseil d'État et le détournement de pouvoir*, RDP 1944, pp. 58-63 ; LEMASURIER Jeanne, *La preuve dans le détournement de pouvoir*, RDP 1959, pp. 36-66 ; ODENT Raymond, *Contentieux administratif*, Les cours du droit, 1981, fasc. VI, p. 2013 ; VIDAL Roger, *L'évolution du détournement de pouvoir dans la jurisprudence administrative*, RDP 1952, pp. 275-316 ; WELTER Henri, *Le contrôle juridictionnel de la*

administrative d'user de ses pouvoirs en vue d'un but autre que celui pour lequel ces pouvoirs lui ont été conférés »[2254]. En opérant de la sorte, « l'autorité administrative excède ses pouvoirs mais encore elle dupe l'administré en utilisant ses prérogatives non pour servir l'intérêt général mais comme un piège au service de fins étrangères à sa mission. La censure du détournement de pouvoir opère ainsi sous le timbre de la 'morale administrative' »[2255]. Le contrôle du détournement de pouvoir vise bien le maintien d'une certaine moralité administrative[2256] car il s'agit de l' « arme ultime [...] [qui permet de] moralis[er] la mission du juge »[2257]. La déloyauté passe ici par l'usage dévoyé d'un pouvoir confié aux agents de l'Administration, toutefois, le détournement de pouvoir est sans lien avec la preuve tout comme l'impartialité subjective qui peut s'analyser sous l'angle de la déloyauté.

3/ L'impartialité subjective : manifestation du parti pris de l'agent dépositaire de l'autorité publique

651. Le détournement peut, enfin, apparaître en présence d'une décision empreinte d'impartialité subjective. La situation visée est la suivante : un agent du fisc ou un enquêteur disposent d'un intérêt personnel à réaliser une opération de contrôle fiscal ou à procéder à une enquête pénale. Dans ce cas, la déloyauté vise la mise en œuvre d'une procédure dont la finalité – même non exclusive – consiste à nuire à autrui. Le principe d'impartialité[2258] – dont l'origine est ancestrale[2259] – a été érigé par le juge administratif en un principe

---

moralité administrative, Etude de doctrine et de jurisprudence, Thèse de doctorat, Nancy, Sirey, Paris, 1929.

2254 GONOD Pascale et GUYOMAR Mattias, *Détournement de pouvoir et de procédure*, Répertoire de contentieux administratif, Dalloz, 2010, n°1.

2255 GUYOMAR Mattias, *La loyauté en droit administratif*, Justice et cassation 2014, pp. 59-68, spéc. p. 62.

2256 ODENT Raymond, *Contentieux administratif*, Les cours du droit, 1977-1978, fasc. VI, p. 2013.

2257 BAUDOUIN, concl. sur Conseil d'Etat, Sect., 6 novembre 1970, SA Touristique et Hôtelière de la vallée du Lautaret : Rec. p. 654.

2258 Sur ce point : FAVIER-VERGNE Isabelle, *L'impartialité à la lumière de la Convention européenne des droits de l'Homme*, Thèse de doctorat microfichée, Saint Etienne, 2003 ; JOSSERAND Sylvie, *L'impartialité du magistrat en procédure pénale*, Thèse de doctorat, Grenoble 2, LGDJ, Bibliothèque des sciences criminelles, Tome 33, 1998 ; LAVEISSIERE Caroline, *L'impartialité du juge administratif*, Thèse de doctorat microfichée, Bordeaux 4, 2007 ; LE GOFF Peggy, *Recherches sur l'impartialité en droit administratif*, Thèse de doctorat microfichée, Toulon, 2004 ; PERUCCA Bruno, *L'impartialité du juge pénal*, Thèse de doctorat microfichée, Nice, 1997 ; ROETS Damien, *Impartialité et justice pénale*, Thèse de doctorat, Poitiers, Cujas, 1997 ; ROSANVALLON Pierre, *La légitimité démocratique : impartialité, réflexivité, proximité*, Ed. du Seuil, 2008 ; VERGES Etienne, *Les principes directeurs du procès judiciaire, Etude d'une catégorie juridique*, Thèse de doctorat dact., Aix-Marseille 3, 2000, n°120, p. 125.

2259 Pour une analyse historique de l'impartialité : MITARD Eric, *L'impartialité administrative*, AJDA 1999, p. 478. Eric MITARD expose ainsi que « Déjà, en 1302 dans l'ordonnance de

général du droit[2260] qui s'applique à tous les organes administratifs[2261]. L'impartialité est désormais un droit subjectif qui est invocable par l'administré en toute matière. La Cour européenne des droits de l'homme – tout comme le juge judiciaire[2262] – s'est également emparée de cette notion[2263] conduisant à affirmer, dans l'ordre juridique interne, une conception de l'impartialité « d'origine anglo-américaine »[2264]. L'impartialité, qui peut se définir comme le fait que « le tribunal n'ait ni préjugé ni conviction antérieure sur les faits qui lui sont soumis »[2265], se compose de deux branches : l'impartialité objective et l'impartialité subjective. L'impartialité objective est celle « qui est liée à l'organe et tient aux fonctions exercées »[2266] alors que l'impartialité subjective se traduit par le parti pris du juge.

652. Or, l'impartialité subjective – qui s'impose aux agents du fisc[2267] tout comme aux enquêteurs en matière pénale[2268] – est également révélateur d'une déloyauté. Elle peut manifester une utilisation détournée d'une procédure fiscale puisque la procédure sera menée, par exemple, à des fins personnelles.

Philippe le Bel du « lundi après la mi-carême » sur la réformation du royaume, [l'impartialité] figure implicitement parmi les obligations des agents royaux ».

2260 Conseil d'Etat, Sect., 29 avril 1949, n°82790, Bourdeaux : Rec. p. 188.

2261 Conseil d'Etat, 7 juillet 1965, n°61958, Fédération nationale des transporteurs routiers : Rec. p. 413.

2262 Cass. 2e civ., 23 septembre 2009, n°09-66.812 : Procédures 2010, n°369, obs. Roger PERROT ; Crim. 24 novembre 1999, n°98-85.327: Bull. crim., n°275 ; Dr. pénal 2000.52, obs. Albert MARON ; RTD Civ. 2000, p. 619, obs. Jacques NORMAND.

2263 Il revient à la Cour européenne des droits de l'Homme d'avoir distingué les principes d'impartialité objective et d'impartialité subjective en ces termes : « Si l'impartialité se définit d'ordinaire par l'absence de préjugé ou de parti pris, elle peut, notamment sous l'angle de l'article 6 § 1 (art. 6-1) de la Convention, s'apprécier de diverses manières. On peut distinguer sous ce rapport entre une démarche subjective, essayant de déterminer ce que tel juge pensait dans son for intérieur en telle circonstance, et une démarche objective amenant à rechercher s'il offrait des garanties suffisantes pour exclure à cet égard tout doute légitime » (CEDH, 1er octobre 1982, n°8692/79 Piersack c/ Belgique, §30).

2264 Sur les liens qui existent entre l'impartialité objective et la conception anglo-américaine de l'impartialité : MAGNIER Véronique, *La notion de justice impartiale, À la suite de l'arrêt Oury Cass. ass. plén., 5 févr. 1999*, JCP G 2000, n°36, I 252 ; TOURNIER Clara, *De l'impartialité objective et subjective*, RRJ, 2005, n°1, pp. 233-247, spéc.p. 241 : « la Cour européenne des droits de l'homme exerce une influence croissante sur le droit interne des Etats membres à travers son acception de la notion d'impartialité par la théorie de « l'apparence » issue des principes anglo-américains ».

2265 VIENNOT Camille, *Actualités et perspectives ouvertes par la jurisprudence récente de la Cour européenne des droits de l'homme en matière d'impartialité*, RTDH 2008, n°73, pp. 179-194, spéc. p. 180.

2266 LEGRAS Claire, concl. sur Conseil d'Etat, 9e et 10e s.-s., 1er décembre 2008, n°292166, SCI Strasbourg : Dr. fisc. 2009, n°4, comm. 90.

2267 Conseil d'Etat, 9e et 10e s.-s., 1er décembre 2008, n°292166, SCI Strasbourg : Dr. fisc. 2009, n°4, comm. 90, note Benoît JOLY ; RJF 02/09, n°142, concl. Claire LEGRAS, BDCF 02/09, n°22 ; BGFE 01/09, obs. Yann de GIVRE.

2268 Cass. crim., 14 mai 2008, n°08-80.483 : Bull. crim., n°115 ; AJDP 2008.328, note Gildas ROUSSEL ; RSC 2008, p. 631, chron. André GIUDICELLI.

En ce sens, le juge administratif de l'impôt a reconnu contraire à l'impartialité subjective le rehaussement d'imposition réalisé à l'encontre d'un contribuable avec qui l'agent du fisc entretient – du moins son ex-époux – des relations de voisinage houleuses[2269]. Surtout, il a pu être reconnu que le vérificateur est tenu « dans le cadre du déroulement des opérations de contrôle, à un devoir de loyauté, qui inclut une exigence de probité à l'égard de ce contribuable »[2270]. Dans cette affaire, la déloyauté identifiée présente une étroite parenté avec l'impartialité car le redressement a été fondé sur des éléments recueillis par un vérificateur corrompu[2271] – dont le contribuable a dénoncé la manœuvre. Dans ces affaires, l'impartialité subjective soit « établie par des circonstances objectives »[2272], elle révèle une déloyauté de l'agent qui a fait usage, de mauvaise foi, de la procédure fiscale. Elle renvoie donc à une dimension morale de la procédure où prévaut une analyse du but visé par l'agent : ce qui est contrôlé par ce biais, c'est bien la motivation cachée – mais réelle – qui anime l'action de l'agent du fisc. La nature subjective du contrôle est alors analogue à celle du détournement de procédure et du détournement de pouvoir. À la différence de ces contrôles, il est difficile de trouver directement dans la loi le fondement de cette solution. Si Olivier FOUQUET expose que « Le principe d'impartialité de l'action administrative transcende (…) les textes »[2273] cette analyse rend difficile tout rattachement de l'impartialité à une disposition légale. Il n'est pas impossible de rattacher l'impartialité subjective à une forme de détournement où la lettre de la loi est dévoyée au profit d'une utilisation personnelle de cette loi. Cette analyse ouvre la voie à l'identification d'un fondement spécifique de la déloyauté fondée sur un détournement commis par l'autorité publique.

B/ La légalité : fondement réel de la loyauté

653. Le fondement de la prohibition du détournement commis par l'autorité publique apparaît dans la loi elle-même. Cela signifie que le principe de loyauté constitue moins une exigence extra-normative qu'une condition *sine*

[2269] Conseil d'Etat, 9e et 10e s.-s., 1er décembre 2008, n°292166, SCI Strasbourg : Dr. fisc. 2009, n°4, comm. 90, note Benoît JOLY ; RJF 02/09, n°142, concl. Claire LEGRAS, BDCF 02/09, n°22 ; BGFE 01/09, obs. Yann de GIVRE ; Revue administrative 2009, n°369, pp. 256-258, note Olivier FOUQUET.
[2270] CAA de Paris, 5e ch., 20 octobre 2016, n°15PA02520, M. Pamuk : Dr. fisc. 2017, n°7, comm. 158, note Olivier LEMAIRE.
[2271] En l'espèce, la proposition de rectification n'a pas été rédigée par le vérificateur qui s'est rendu coupable de corruption passive mais par le responsable de briguade. En l'espèce, la cour administrative d'appel de Paris relève que ce supérieur « s'est borné à s'approprier et à exploiter les informations qui avaient été obtenues par son subordonné dans des conditions irrégulières » (CAA de Paris, 5e ch., 20 octobre 2016, n°15PA02520, M. Pamuk : préc.).
[2272] FOUQUET Olivier, *L'impartialité des vérificateurs fiscaux*, Revue administrative 2009, n°369, pp. 256-258, spéc. p. 257.
[2273] *Op. cit.*, spéc. p. 258.

qua non de la bonne application de la norme juridique. Là où surgit la déloyauté de l'autorité publique par contournement, le juge se fonde sur la légalité de l'action de l'autorité publique pour condamner cette déloyauté. En ce sens, la loyauté est considérée comme une condition intrinsèque – et non extérieure – à l'exigence de légalité. Ce constat rejoint la définition même de loyauté : il s'agit d'une norme de comportement qui est intégrée à la norme de droit ou, pour reprendre la formule de Laurent AYNES, d'« une condition, non dite, mais fondamentale, de la règle de droit »[2274].

654. La légalité apparaît – à côté de la prohibition de l'arbitraire – comme un fondement adéquat à l'exigence de loyauté. Fonder la loyauté sur l'exigence de légalité présente une certaine cohérence. La prohibition de l'arbitraire est, en ce sens, difficilement applicable dans la relation du fonctionnaire à son supérieur hiérarchique : cette prohibition de l'arbitraire apparaît comme un fondement adéquat de l'obligation de loyauté qui pèse sur les agents de l'autorité publique dans leurs rapports avec les administrés. En revanche, l'arbitraire apparaît manifestement inadapté à la relation entre agent détenteur de l'autorité publique. Une telle analyse atteste que la déloyauté peut disposer d'un fondement plus large que la prohibition de l'arbitraire. Il faut, à notre sens, considérer *la loyauté comme un aspect de l'exigence de légalité*. Cela signifie qu'il ne faut pas entendre la loyauté comme un standard extérieur à toute exigence textuelle[2275], car la loyauté n'est qu'un aspect du principe de légalité.

655. À ce titre, l'analyse du *devoir de désobéissance des fonctionnaires*[2276] permet de s'en convaincre. Elle nous conduit à nous intéresser, de nouveau, à la loyauté de l'agent envers son supérieur hiérarchique et non envers les tiers. Cette désobéissance peut être perçue comme une manifestation de la loyauté d'un agent public aux finalités de l'action publique : « Opposant la légitimité à la légalité, [le fonctionnaire] prend le risque de se placer hors la loi »[2277]. La

---

2274 AYNES Laurent, *L'obligation de loyauté*, APD 2000, n°44, pp. 195-204, spéc. p. 198.

2275 Contra : BALIGAND Florent, *La loyauté de l'administration*, Editions universitaires européennes, 2012, pp. 19-20.

2276 Sur ce point : DELMAS-MARTY Mireille, *La marge et l'indérogeable : Rétrospective et prospective*, in, *Faire des choix ? Les fonctionnaires dans l'Europe des dictatures, 1933-1948*, Colloque des 21, 22 et 23 février 2013 organisé par l'EHESS et le Conseil d'Etat, disponible sur le site internet du Conseil d'Etat ; KOUBI Geneviève, *Le for intérieur du fonctionnaire, Entre conscience du devoir et connaissance du droit*, in, *Le for intérieur*, PUF, 1995, pp. 233-248 ; LAUGIER Sandra et OGIEN Albert, *Pourquoi désobéir en démocratie ?*, La Découverte, 2011 ; LOCHAK Danièle, *Loyal à qui, loyal à quoi ? Les marges de manœuvre du fonctionnaire entre devoir d'obéissance et fidélité à des valeurs*, in, NIQUEGE Sylvain (dir.), *Les figures de la loyauté en droit public*, Mare & Martin, 2017, pp. 487-502.

2277 DELMAS-MARTY Mireille, *La marge et l'indérogeable : Rétrospective et prospective*, in, *Faire des choix ? Les fonctionnaires dans l'Europe des dictatures, 1933-1948*, Colloque des

loyauté du fonctionnaire le conduirait à dépasser l'injonction légale au profit d'une légitimité supérieure. Le fonctionnaire agit-il alors en vertu d'une exigence de loyauté envers l'Etat de droit qui supplante toute exigence de légalité ? À notre sens, il faut se garder d'un tel constat car tant le juge administratif que le juge pénal reconnaissent la désobéissance légitime lorsque l'ordre donné par une autorité légitime est « manifestement illégal »[2278]. L'article 28 de la loi du 13 juillet 1983 portant droits et obligations des fonctionnaires[2279] pose même que le fonctionnaire doit se conformer aux instructions de son supérieur « sauf dans le cas où l'ordre donné est manifestement illégal et de nature à compromettre gravement un intérêt public ». Il apparaît ainsi que la désobéissance n'est *légale* que si l'ordre est lui-même *manifestement illégal*. Le devoir d'écarter des ordres *illégitimes* se confond ainsi avec l'exigence de *légalité* qui pèse sur le fonctionnaire.

656. À la faveur d'une telle analyse, le détournement de pouvoir, le détournement de procédures et l'impartialité subjective constituent, par principe, des condamnations d'illégalités commises par l'autorité publique. Si le juge condamne alors la déloyauté commise par un agent de l'autorité publique, il condamne, avant tout, l'illégalité commise par l'autorité publique.

657. Conclusion de la Sous-Section II. – La prohibition commune des stratagèmes par contournement ou détournement est imposée de manière analogue par les juges de la matière fiscale. Lorsque l'autorité publique contourne une règle de droit ou détourne une procédure, elle commet un acte déloyal qui est sanctionné par les juges. Il apparaît toutefois que la déloyauté ne constitue jamais un fondement autonome de la décision juridictionnelle : la déloyauté est un *vecteur*, c'est-à-dire un outil qui permet de révéler un acte illégal commis par les agents de l'autorité publique. Le contrôle de la loyauté doit seulement être conçu comme un *contrôle finaliste de la légalité*, qui vise à contrôler tant le respect du champ d'une procédure au regard du but réellement poursuivi par l'agent, que l'impact d'une procédure sur les droits d'un contribuable. Les juges se placent du côté du justiciable pour mesurer combien l'agent détenteur de l'autorité publique l'a, en le trompant, privé d'un droit dont il devait bénéficier. Toutefois, dans l'ensemble de ces cas, la

21, 22 et 23 février 2013 organisé par l'EHESS et le Conseil d'Etat, disponible sur le site internet du Conseil d'Etat.

[2278] Conseil d'Etat, 4e et 5e s.-s., 11 février 2015, n°369378, Inédit ; Cass. crim., 13 octobre 2004, n°03-81.763, 00-86.727, 00-86.726, 01-83.943, 01-83.945 et 01-83.944 : Bull. crim., n°243 ; AJDP 2004. 451, note Christine-Samantha ENDERLIN ; RFDA 2005, p. 105, note Christian LAVIALLE ; RSC 2005, p. 66, obs. Elisabeth FORTIS ; Conseil d'Etat, 5e et 3e s.-s., 4 janvier 1964, n°56786, Charlet et Limonier : Rec. p. 1 ; RDP 1964, p. 453, note Marcel WALINE.

[2279] Loi n°83-634 du 13 juillet 1983 portant droits et obligations des fonctionnaires : J.O. du 14 juillet 1983, p. 2174.

déloyauté ne fait donc que révéler une illégalité sans que la loyauté ne s'érige en un fondement autonome du contrôle du juge.

658. Conclusion de la Section II. – Le contrôle juridictionnel de la loyauté du recueil de la preuve livre à l'observateur un véritable paradoxe. Alors que l'identification d'un *principe de loyauté* atteste de divergences notables entre les juges administratif, civil et pénal, la prohibition des manœuvres déloyales atteste d'une unité entre ces juges – tant en matière fiscale qu'en dehors de ce champ. Différents stratagèmes sont ainsi prohibés dans la recherche de la preuve. La provocation et les ruses qui affectent les droits des justiciables sont condamnées par les juges. En ce sens, il émerge une perception commune de la prohibition des déloyautés dans la recherche de la preuve. Tromper autrui dans la recherche d'une preuve est un péché véniel qui conduit les juges à écarter les preuves obtenues à la faveur d'une telle manœuvre lorsque cette tromperie prive le justiciable d'un droit ou heurte le champ d'application d'une procédure. S'il existe des écarts entre les juges dans l'identification de la déloyauté, ces écarts nous paraissent être une adaptation du principe de loyauté qui n'est pas de nature à en dissoudre l'essence. À notre sens, l'exigence de loyauté atteste d'un lien particulier – déjà révélé par l'étymologie de ces mots – qui unit le légal au loyal. Le droit ne peut se défaire du juste comme le légal ne peut se détacher du loyal.

659. Conclusion du Chapitre I. – La loyauté de la preuve présente, entre les juridictions administrative, civile et pénale, une unité comme la matière fiscale en atteste. L'ensemble de ces juridictions prohibe les stratagèmes mis en œuvre par l'autorité publique pour obtenir une preuve. La loyauté de la preuve est ainsi le fruit d'un commun « office régulateur du juge »[2280]. Faut-il y voir un accroissement de la moralité dans la recherche de la preuve sanctionnée par l'inadmissibilité des preuves recueillies en violation de l'exigence de loyauté[2281] ? Cette lecture est, à notre sens, erronée car la loyauté, si elle permet d'identifier certains comportements prohibés, ne fait que dériver de l'exigence fondamentale de légalité. Que reste-t-il alors du caractère moral de la loyauté ? Une simple mise à l'index de la mauvaise foi supposée de la partie qui a irrégulièrement recueilli la preuve. Or, cette mise à l'index correspond à la définition même de la loyauté qui est une norme de comportement : elle impose d'agir de bonne foi.

[2280] FRICERO Natalie, *Synthèse*, in, *La loyauté de la preuve en matière civile, commerciale, pénale et administrative*, Procédures 2015, n°12, dossier 27.

[2281] Etienne VERGES souligne ainsi que « le principe de loyauté de la preuve (…) constitue (…) un intéressant instrument de moralisation de la procédure, mis à la disposition du juge pour contrôler le travail des autorités d'enquête en matière pénale, et sanctionner l'attitude frauduleuse des parties, en matière civile » (*Provocation policière, loyauté de la preuve et étendue de la nullité procédurale*, AJ pénal 2006, p. 354).

660. Est-ce, pour autant, introduire de la morale dans le droit ? Une réponse positive s'impose. Toutefois, cette dose réduite de morale est parfaitement acceptable dès lors qu'elle repose, *in fine*, sur l'exigence de légalité. Ce « minimum de loyauté »[2282] – pour reprendre l'expression d'Henri MOTULSKY – n'affecte en rien la solidité de l'édifice juridique dès lors que la moralité n'est, en la matière, que l'autre face de l'exigence de la légalité des procédés de recherche de preuve. Il ne s'agit donc pas d'un facteur de désordre tant la loyauté demeure restreinte à la prohibition des « ruses de guerre »[2283] qu'une partie pourrait être tentée de mettre en œuvre *illégalement* pour établir la réalité factuelle. Les juges ont ainsi pris soin de couler l'acier brulant de la morale dans le moule glacé du droit. La morale s'en trouve pétrifiée, inerte. Elle n'apparaît que dans la mesure où elle permet une application intègre du droit et donc dans la limite de ce dernier. La loyauté offre ainsi l'étonnant paradoxe d'être tout à la fois omniprésente et pourtant peu visible. Il faut donc voir la loyauté comme une limite nécessaire à l'application de la règle de droit dont l'autonomie fait défaut. La consubstantialité de la morale au droit est ainsi confirmée mais il apparaît aussi que le caractère moral de la loyauté est soluble dans le droit.

661. Il faut donc se résoudre à nier l'autonomie de la loyauté au sein des procédures administrative, civile et pénale pour rattacher cette loyauté à l'exigence de légalité. Elle constitue un noyau central du contrôle de la légalité qui peut reposer sur une conception morale du droit mais qui n'en demeure pas moins juridique. En ce sens, nous adhérons à l'analyse développée par Loïc CADIET qui estime qu'il n'existe pas de « principe *général* de loyauté »[2284]. La loyauté est le révélateur d'une illégalité mais ne constitue pas une exigence première[2285] puisqu'elle découle – autant qu'elle dépend – de l'exigence fondamentale de légalité. En définitive, c'est la légalité qui apparaît comme un principe commun d'établissement de la preuve. C'est elle qu'il convient d'ériger en condition d'établissement de la preuve.

2282 MOTULSKY Henri, *Le droit naturel dans la pratique jurisprudentielle : le respect des droits de la défense en procédure civile*, in, *Mélanges Paul ROUBIER*, Dalloz et Sirey, 1961, pp. 175-200, spéc. p. 189.

2283 CARBONNIER Jean, *Droit civil, Introduction*, PUF, Thémis, 27e éd., 2002, n°188.

2284 CADIET Loïc, *Le principe de loyauté devant le juge civil et le juge commercial*, Procédures 2015, n°12, dossier 10, pp. 14-19.

2285 L'étymologie du mot « principe » renvoie au caractère premier de l'exigence qu'il renferme.

Chapitre II. – L'inadmissibilité de la preuve illégale

662. Le recueil de la preuve doit s'opérer dans le respect du principe de légalité qui s'érige en une règle d'admissibilité de la preuve. Le principe de légalité ne s'impose qu'aux agents de l'autorité publique puisque, si le juge pénal et le juge administratif érigent la légalité en une condition de l'action publique, les particuliers doivent aussi respecter les règles de droit lors du recueil de la preuve – ce qui explique que le juge civil exige la *licéité* du recueil de la preuve. L'exigence de licéité n'est pourtant rien d'autre que l'exigence du respect de la légalité matérielle. En effet, à côté de l'exigence de légalité formelle – qui s'entend du respect des procédures qui encadrent le recueil d'une preuve – l'autorité publique doit respecter la légalité matérielle qui est composée des règles constitutionnelles et internationales qui s'imposent aux agents de l'autorité publique dans la recherche de la preuve. L'irrespect de cette légalité matérielle est, peu ou prou, érigée, en principe d'admissibilité de la preuve : une preuve obtenue, par l'autorité publique, au terme d'une procédure illégale doit être écartée des débats.

663. La règle d'admissibilité des preuves recueillies dans des conditions illégales atteste d'une transformation de l'emploi de la preuve dans l'établissement de la réalité factuelle : l'exploitation d'une preuve recueillie dans des conditions illégales devient, peu à peu, prohibée. En cette matière, la jurisprudence pénale apparaît comme un paradigme qui tend à faire primer les conditions de recueil de la preuve sur la force probante des preuves recueillies. L'arbitrage ainsi opéré entre la fin et les moyens tend désormais à privilégier le respect de la légalité du recueil de la preuve. Toutefois, l'exigence de légalité est à géométrie variable car le juge pénal prend soin de distinguer entre les preuves illégales recueillies par l'autorité publique et celles recueillies par les particuliers. Lorsqu'un particulier recueille une preuve dans des conditions illégales, cette preuve est admissible. En somme, lorsque l'Etat n'est pas à l'origine de la recherche de la preuve, il peut bénéficier de l'illicéité[2286]

[2286] L'opposition entre légalité et licéité présente un aspect artificiel puisque l'exigence de légalité recouvre l'exigence de licéité. Toutefois, le terme de licéité s'applique à la preuve recueillie par les particuliers puisqu'en la matière aucune règle n'encadre, *stricto sensu*, le recueil des preuves. Toutefois, l'opposition entre la légalité et la licéité présente un aspect artificiel puisque la licéité n'est que la manifestation d'une exigence de légalité qui s'impose aux particuliers. À ce titre, la Cour de cassation emploie parfois le terme « licite » pour désigner

commise par un particulier dans le recueil d'une preuve. À l'inverse, il ne peut en bénéficier lorsqu'il a été à l'origine du recueil d'une preuve illégale.

664. Le paradigme posé par la jurisprudence pénale tend à devenir une règle générale – applicable devant les juges de la matière fiscale – permettant de délimiter la preuve admissible de la preuve inadmissible. Les preuves recueillies par l'autorité publique doivent respecter strictement l'exigence de légalité. Or, les particuliers se voient, peu à peu, offrir la faculté de recueillir des preuves dans des conditions illégales. De ce fait, la légalité de la preuve ne présente pas d'unité. Lorsque l'illégalité est commise par l'autorité publique, la preuve est inadmissible (Section I) alors qu'elle peut être admissible lorsque la preuve recueillie dans des conditions illégales est offerte à l'autorité publique (Section II).

Section I. – L'inadmissibilité de la preuve recueillie illégalement par l'autorité publique

665. Le recueil d'une preuve par l'autorité publique au terme d'une procédure irrégulière conduit, par principe, à rendre la preuve inadmissible. En cette matière, il convient toutefois de distinguer la violation de la légalité matérielle de la violation de la légalité formelle. Il existe donc un principe commun de légalité formelle qui établit une règle d'inadmissibilité (Sous-Section I). Toutefois, le champ de l'illégalité s'entend aussi de la violation par l'autorité publique d'un droit fondamental qui va conduire, dans certains cas, à rendre la preuve inadmissible. Il émerge également un principe de légalité matérielle dont l'affirmation est moins forte que celle de la légalité formelle (Sous-Section II).

Sous-Section I. – L'inadmissibilité de la preuve recueillie par l'autorité publique en violation de la légalité formelle

666. Le recueil d'une preuve par l'autorité publique au terme d'une procédure irrégulière conduit à rendre la preuve inadmissible. Ce principe d'inadmissibilité de la preuve est retenu en droit interne (§.1.) bien qu'il ne soit pas reconnu de manière univoque par les juridictions européennes (§.2.).

§.1. – La consécration d'un principe interne d'inadmissibilité de la preuve recueillie en violation de la légalité formelle

667. Le principe de légalité de la recherche de la preuve pénale constitue le fondement d'une règle d'admissibilité des preuves illégalement recueillies par

---

une preuve obtenue dans des conditions légales (Cass. com., 4 décembre 2012, n°11-27.691 : RJF 03/13, n°317).

l'autorité publique (A) qui s'est vu reconnaître une valeur constitutionnelle (B).

A/ Le principe de légalité de la recherche de la preuve pénale : fondement de l'inadmissibilité de la preuve recueillie par l'autorité publique

668. Cette solution est retenue par le juge pénal (1) et reprise par le juge civil (2).

1/ La solution retenue par le juge pénal

669. Devant le juge pénal, il existe un principe de légalité de la preuve qui s'impose aux agents de l'autorité publique[2287]. Ce principe – qui s'imposait avant l'entrée en vigueur de la Constitution du 4 octobre 1958[2288] – signifie que « tout ce qui n'est pas autorisé est interdit »[2289]. À ce titre, l'article 28 du Code de procédure pénale dispose que les agents de l'autorité publique titulaires de pouvoirs de police judiciaire « exercent ces pouvoirs dans les conditions et dans les limites fixées par ces lois ». Cette disposition fonde une stricte exigence de légalité dont la Chambre criminelle s'érige en gardienne[2290].

670. L'exigence de légalité du recueil de la preuve fonde un principe d'admissibilité des preuves recueillies par l'autorité publique[2291] car la « preuve n'est recevable dans le procès criminel qu'à la condition d'avoir été obtenue légalement »[2292]. Ainsi, la liberté de la preuve qui est prévue par l'article 427 du Code de procédure pénale est tempérée par le nécessaire respect de la légalité de la procédure de recherche de la preuve[2293]. À ce titre, le juge pénal sanctionne toute méconnaissance par l'autorité publique des

---

[2287] Sur ce point : BUISSON Jacques et GUINCHARD Serge, *Procédure pénale*, Lexis Nexis, 10e éd., 2014, pp. 501-504 ; CONTE Philippe et MAISTRE DU CHAMBON Patrick, *Procédure pénale*, Armand Colin, 4e éd., 2002, pp. 40-44 ; DESPORTES Frédéric et LAZERGES-COUSQUER Laurence, *Traité de procédure pénale*, Economica, 4e éd., 2015, pp. 417-418 ; MERLE Roger et VITU André, *Traité de droit criminel, Procédure pénale*, Tome II, Cujas, 5e éd., 2001, pp. 211-273 ; PRADEL Jean, *Procédure pénale*, Cujas, 18e éd., 2015, pp. 368-472 ; RASSAT Michèle-Laure, *Procédure pénale*, Ellipses, 2e éd., 2013, pp. 264-277.
[2288] Cass. crim., 22 janvier 1953, Isnard : Bull. crim., n°24; JCP 1953, II, 7456.
[2289] CONTE Philippe et MAISTRE DU CHAMBON Patrick, *Procédure pénale*, Armand Colin, 4e éd., 2002, n°67, p. 42.
[2290] Cass. crim., 22 février 2017, n°16-82.412 : D. 2017, p. 453 ; Cass. crim., 18 décembre 1989, n°89-81.659 : Bull. crim., n°485 ; D. 1991, p. 174 , obs. Jean PANNIER.
[2291] PELLETIER Hervé et THIERRY Jean-Baptiste, *Tribunal correctionnel, Administration de la preuve*, JurisClasseur Procédure pénale, Lexis Nexis, 2015, n°33.
[2292] VOUIN Robert, *La preuve obtenue par des moyens illégaux*, Dr. pén. 1955, p. 338.
[2293] FOURMENT François, *Du principe de loyauté de la preuve et de son application aux matières civile et pénale*, D. 2011, p. 562.

règles légales dans la recherche de la preuve. Il en va ainsi lorsqu'un policier réalise un enregistrement clandestin au détriment des « règles de procédure et [des] droits de la défense »[2294] ou du policier qui recueille, en dehors de tout cadre légal, les confidences d'une personne mise en examen lors de son transport vers une maison d'arrêt[2295].

671. Cette solution est également retenue en matière fiscale puisque la Chambre criminelle a jugé par un arrêt du 3 avril 1991[2296], que la légalité du recueil de la preuve s'impose aux agents du service douanier. La Cour de cassation confirme ici l'arrêt d'appel en jugeant que « si, selon les dispositions combinées des articles 342 et 451 du Code des douanes, tous délits en matière douanière ou cambiaire peuvent être prouvés par toutes les voies de droit, c'est à la condition que les moyens de preuve produits devant le juge pénal ne procèdent pas d'une méconnaissance des règles de procédure et n'aient pas eu pour effet de porter atteinte aux droits de la défense »[2297]. Cette solution est rigoureusement conforme à la jurisprudence de la Chambre criminelle en dehors du champ fiscal.

672. Cette exigence de légalité est sanctionnée par un régime de nullités qui est encadré[2298] par le Code de procédure pénale[2299]. En la matière, il convient de distinguer les actes de procédure pénale – dont le régime des nullités est gouverné par l'article 174 du Code de procédure pénale – des autres actes. La nullité des actes de procédure pénale est limitée à l'instance en cause ce qui conduit à préserver la valeur probante des pièces annulées pour d'autres contentieux[2300]. En matière fiscale, la nullité d'un acte de procédure pénale affectera la procédure pénale de fraude fiscale[2301] mais il a été jugé que les preuves recueillies au cours d'une procédure pénale pouvaient servir « à titre de renseignement »[2302] pour l'établissement de l'imposition ce qui signifiait

---

[2294] Cass. crim., 16 décembre 1997, n°96-85.589 : Bull. crim., n°427 ; RSC 1999, p. 588, obs. Philippe DELMAS SAINT HILAIRE ; D. 1998, p. 354, note Jean PRADEL.

[2295] Cass. crim., 5 mars 2013, n°12-87.087 : Bull. crim., n°56 ; Procédures 2013, n°5, comm. 162, note Anne-Sophie CHAVENT-LECLERE ; Droit pénal 2013, n°4, comm. 63, comm. Marion HAAS et Albert MARON.

[2296] Cass. crim., 3 avril 1991, n°90-84.090 : D. 1992, p. 41, note Jean PANNIER ; Gaz. pal. 1992, n°1, p. 336, note Jean PANNIER.

[2297] Cass. crim., 3 avril 1991, n°90-84.090 : préc.

[2298] Sur ce point : AYRAULT Ludovic, *Le contrôle juridictionnel de la régularité de la procédure d'imposition*, Thèse de doctorat, Paris 2, L'Harmattan, 2004, pp. 254-257.

[2299] Art. 170 à 174-1 du Code de procédure pénale.

[2300] Cass. crim., 19 janvier 2000, n°98-86.728, Chevallier : RJF 06/00, n°855.

[2301] Cass. crim., 2 mars 1992, n°90-87.848, Perrini : RJF 11/92, n°1579. Il en va de même en matière d'infraction à la législation des jeux et d'infraction à la législation sur les contributions indirectes (Cass. crim., 16 mai 2012, n°11-83.602 : Bull. crim., n°126, RJF 04/13, n°432).

[2302] DE MORDANT DE MASSIAC Brieuc, rapport sur Cass. crim., 27 mars 1995, n°94-85.074, De Dietrich et autres : Bull. crim., n°127 ; RJF 07/95, p. 478.

que « Les documents ne sauraient fonder seuls un redressement »[2303]. Toutefois, par une réserve posée par le Conseil constitutionnel[2304] il est interdit d'exploiter des éléments de preuve recueillis au cours d'une procédure irrégulière et sanctionnée, en tant que telle, par un juge. Il est donc nécessaire d'écarter les preuves obtenues illégalement par l'autorité publique pour l'établissement de l'imposition. Cette réserve est donc de nature à écarter, *de lege lata*, la faculté d'exploiter, à des fins fiscales, les preuves issues d'une procédure pénale annulée.

673. À l'inverse, les actes qui ne sont pas des actes de l'instruction ne sont pas soumis à l'article 174 du Code de procédure pénale. En matière fiscale, le régime de ces actes présente une particulière importance dès lors que les procédures de visite et de saisie de l'article L. 16 B du Livre des procédures fiscales[2305] mais également les visites douanières de l'article L. 38 du Livre des procédures fiscales ne sont pas des actes de l'instruction. En la matière, le juge criminel s'est prononcé en faveur de la nullité de l'ensemble des actes subséquents[2306]. Cette jurisprudence est donc confortée par la solution retenue par le Conseil constitutionnel[2307].

2/ Une solution reprise par le juge civil

674. Devant le juge civil, le principe de l'inadmissibilité d'une preuve recueillie au terme d'une décision irrégulière est fondé sur le principe de loyauté de la preuve. La Chambre commerciale de la Cour de cassation a jugé dans un arrêt du 6 décembre 2016[2308] que les pièces issues d'une mesure d'instruction autorisée par le juge des référés sur le fondement de l'article 145 du Code de procédure civile sont inadmissibles lorsque l'autorisation de procéder à cette mesure d'instruction a été rétractée – sur le fondement de l'article 497 du Code de procédure civile. Le juge civil considère que ces preuves doivent être écartées « faute d'avoir été loyalement obtenues »[2309]. Cette solution repose sur l'exigence de légalité de la preuve puisqu'en

---

2303 AYRAULT Ludovic, *Le contrôle juridictionnel de la régularité de la procédure d'imposition*, Thèse de doctorat, Paris 2, L'Harmattan, 2004, p. 256.

2304 Cons. const., déc. n°2013-679 DC, 4 décembre 2013, Loi relative à la lutte contre la fraude fiscale et la grande délinquance économique et financière : Rec., p. 1060 ; Nouveaux Cahiers du Conseil constitutionnel, 2014 n°43, p. 197, chron. Stéphane AUSTRY ; Dr. pén. 2014, comm. 33, par Evelyne BONIS-GARÇON ; JCP E 2014, 1018, note Christophe DE LA MARDIERE ; Dr. fisc. 2013, comm. 574, note Stéphane DETRAZ ; BF 01/14, n°1, pp. 5-14, note Bernard HATOUX ; Dr. pén. 2014, n°2, comm. 29, comm. Jacques-Henri ROBERT.

2305 Cass. crim., 30 septembre 1991, n°90-83.579, Gicquel : Bull. crim., n°321, p. 801 ; RJF 01/92, n°88.

2306 Cass. crim., 27 septembre 1993, n°93-80.687 : RJF 07/95, n°907.

2307 Cons. const., déc. n°2013-679 DC, 4 décembre 2013, préc., Cons. n°33.

2308 Cass. com., 6 décembre 2016, n°15-18.088, Inédit.

2309 Cass. com., 6 décembre 2016, n°15-18.088, Inédit.

l'espèce, la preuve a été recueillie sur le fondement d'une décision juridictionnelle annulée.

675. En matière fiscale, la Chambre commerciale de la Cour de cassation n'a pas eu l'occasion de se fonder sur le principe de loyauté de la preuve en la matière. Elle a pourtant jugé dans une affaire où une saisie domiciliaire a été jugée irrégulière que la nullité s'est étendue « à l'ensemble de la procédure douanière diligentée sur les seuls résultats de la procédure irrégulière, dès lors que l'administration des douanes ne peut faire état des pièces qu'elle est réputée n'avoir pas eues en sa possession en conséquence de l'annulation de la visite au vu de laquelle les pièces ont été saisies »[2310]. Cette solution est une solution de principe en matière fiscale puisque le fisc ne peut se fonder sur des preuves obtenues au cours d'une procédure illégale pour établir l'imposition. Cette solution ne manquera pas d'être renouvelée dès lors qu'elle est exigée par la jurisprudence du Conseil constitutionnel.

B/ L'inadmissibilité de la preuve obtenue par l'autorité publique à l'occasion d'une procédure irrégulière reconnue par le Conseil constitutionnel

676. Le Conseil constitutionnel a reconnu l'exigence constitutionnelle d'inadmissibilité de la preuve irrégulièrement recueillie (1), cette solution s'imposant au juge administratif de l'impôt (2).

1/ La reconnaissance constitutionnelle de l'inadmissibilité de la preuve irrégulièrement recueillie

677. Dans la droite lignée de la jurisprudence judiciaire, le Conseil constitutionnel a, par la décision n°2013-679 DC du 4 décembre 2013[2311], érigé un principe d'admissibilité de la preuve. Ce principe – qui est rattaché, dans le commentaire aux cahiers[2312], au principe de loyauté – interdit aux « services fiscaux et douaniers de se prévaloir de pièces ou documents obtenus par une autorité administrative ou judiciaire dans des conditions déclarées ultérieurement illégales par le juge »[2313]. Par cette réserve, le Conseil constitutionnel érige une règle d'inadmissibilité des preuves recueillies par l'autorité publique dans des conditions jugées irrégulières par un juge. Cette

---

[2310] Cass. com., 4 juin 1996, n°93-19.909, Prodhomme : Bull. civ. IV, n°157, p. 137 ; RJF 10/96, n°1173.

[2311] Cons. const., déc. n°2013-679 DC, 4 décembre 2013, Loi relative à la lutte contre la fraude fiscale et la grande délinquance économique et financière, préc.

[2312] Le principe de loyauté dans l'administration de la preuve n'est pas nommé dans la décision n°2013-679 DC. Il faut se référer au commentaire aux cahiers publié par le Conseil constitutionnel pour trouver mention de ce principe.

[2313] Cons. const., déc. n°2013-679 DC, 4 décembre 2013, cons. n°33 : préc.

solution s'applique, tout à la fois, aux procédures de recueil de la preuve par l'autorité publique – dans l'ordre juridique interne mais également dans les Etats tiers – mais aussi des preuves obtenues, auprès d'un Etat tiers, à la faveur d'une demande de renseignement.

678. L'affirmation d'une exigence de légalité de la procédure de recueil des preuves par l'autorité publique est confirmée à la lecture du commentaire aux cahiers de cette décision. Le Conseil constitutionnel marque son attachement à l'analyse du commissaire du Gouvernement Gilles BACHELIER qui avait souhaité, dans ses conclusions contraires prononcées à l'occasion des décisions du Conseil d'Etat Samep et Navon, créer un principe d'inopposabilité des preuves annulées par le juge judiciaire[2314] en se fondant tant sur la « déontologie du juge administratif »[2315] que sur le nécessaire « respect des droits de la défense »[2316]. Cette solution était déjà sous entendue dans la décision n°84-184 DC du 29 décembre 1984 où le Conseil constitutionnel avait jugé qu'« aucun principe constitutionnel ne s'oppose à l'utilisation, dans un intérêt fiscal, de documents ou de constatations résultant d'une perquisition régulière dans le cas où aucune poursuite pénale ne serait engagée »[2317]. La mention du caractère régulier de la perquisition pouvait s'entendre, *a contrario*, comme interdisant au fisc – et au juge de l'impôt – de se fonder sur les preuves issues de perquisitions irrégulières pour établir une décision d'imposition.

679. En outre, le Conseil constitutionnel juge, dans la décision n°2013-679 DC du 4 décembre 2013[2318] qu'« en permettant que le juge autorise l'administration à procéder à des visites domiciliaires sur le fondement de documents, pièces ou informations de quelque origine que ce soit, y compris illégale, le législateur a privé de garanties légales les exigences du droit au respect de la vie privée et, en particulier, de l'inviolabilité du domicile »[2319]. Cette réserve réitère l'interdiction de l'emploi de preuves obtenues par l'autorité publique dans des conditions illégales en matière d'autorisation de visites domiciliaires. L'intérêt de cette réserve réside dans le lien qui est tissé

[2314] Gilles BACHELIER affirmait alors « qu'un principe simple devrait être retenu : une pièce issue d'une procédure annulée par le juge pénal ne constitue pas un mode de preuve valable et est inopposable pour fonder à elle seule une imposition ou plus généralement une décision administrative » (concl. sur Conseil d'Etat, Sect., 6 décembre 1995, n°90914, M. Navon et n°126826, SA Samep : Dr. fisc. 1996, n°7, comm. 203 ; BDCF 01/96, n°1.

[2315] BACHELIER Gilles, concl. sur Conseil d'Etat, Sect., 6 décembre 1995, n°90914, M. Navon et n°126826, SA Samep : Dr. fisc. 1996, n°7, comm. 203 ; BDCF 01/96, n°1.

[2316] *Op. cit.*, *loc. cit.*

[2317] Cons. const., déc. n°84-184 DC, 29 décembre 1984, Loi de finances pour 1985, cons. n°35 : Rec. p. 94.

[2318] Cons. const., déc. n°2013-679 DC, 4 décembre 2013, Loi relative à la lutte contre la fraude fiscale et la grande délinquance économique et financière : préc.

[2319] Cons. const., déc. n°2013-679 DC, 4 décembre 2013, cons. n°39 : préc.

entre les garanties constitutionnelles et l'admissibilité de la preuve : une preuve illégalement obtenue par l'autorité publique ne peut être à l'origine d'une procédure qui porte atteinte au respect de la vie privée et à l'inviolabilité du domicile.

680. Par cette décision, le respect, par l'autorité publique, de la légalité du procédé de recueil de la preuve se voit offrir une garantie constitutionnelle sur le fondement de l'article 16 de la Déclaration des droits de l'homme et du citoyen du 26 août 1789 et plus particulièrement sur la « garantie des droits » qu'il renferme[2320]. Cette garantie réside dans l'inadmissibilité des preuves recueillies par l'autorité publique au cours d'une procédure irrégulière. La portée de cette décision est fondamentale car il est de l'essence de la « garantie des droits » d'exiger l'inadmissibilité des preuves obtenues en violation d'une procédure légalement encadrée. Dès lors que les procédures légales qui encadrent le recueil d'une preuve sont conçues comme des garanties de droits fondamentaux – comme le respect de la vie privée ou la protection du domicile découlant de l'article 2 de la Déclaration de 1789[2321] – la violation de ces règles légales conduit à méconnaître la garantie effective de ces droits. L'admissibilité de ces preuves conduirait à admettre la violation, par ricochet, d'un droit fondamental protégé par la procédure en cause. Le respect de la légalité des preuves administrées repose ainsi sur la nécessité d'éviter une violation indirecte des droits fondamentaux garantis par ces procédures. Cette solution est ainsi limitée aux seules procédures encadrant le recueil des preuves par l'autorité publique qui sont destinées à protéger un droit fondamental. Il faut, en outre, qu'une juridiction soit compétente pour contrôler le respect de la régularité de la procédure de recueil de la preuve. Toutefois, une telle solution, retenue en matière fiscale, ne saurait, à notre sens être limitée à cette matière : corrélativement, l'ensemble des procédures qui visent à assurer la protection du respect de la vie privée et de l'inviolabilité du domicile devraient conduire à l'inadmissibilité des preuves recueillies en violation de ces procédures. Pour l'heure, cette garantie constitutionnelle d'inadmissibilité des preuves irrégulièrement recueillies par l'autorité publique a été reprise par le juge administratif de l'impôt.

[2320] Cons. const., déc. n°2013-679 DC, 4 décembre 2013, cons. n°33 : préc.

[2321] Dans la décision n°2013-679 DC (Cons. const., déc. n°2013-679 DC, 4 décembre 2013, Loi relative à la lutte contre la fraude fiscale et la grande délinquance économique et financière, cons. 32 et 38 : Rec. p. 1060), le Conseil constitutionnel se fonde à deux reprises sur l'article 2 de la Déclaration de 1789 pour affirmer la légalité du processus de recueil de la preuve. À défaut du respect d'une telle procédure, la preuve deviendrait inadmissible.

2/ L'exigence de régularité de la procédure de recherche de la preuve retenue par le juge administratif de l'impôt

681. Dans la droite ligne de la jurisprudence du Conseil constitutionnel, le Conseil d'Etat applique en matière fiscale – sans pour autant le consacrer – un principe d'inadmissibilité de la preuve recueillie au terme d'une procédure illégale. Par une décision du 15 avril 2015, Société Car Diffusion 78[2322], le Conseil d'Etat a refusé de consacrer un principe de loyauté de la preuve mais il a appliqué, sur le fondement de la jurisprudence du Conseil constitutionnel[2323], un principe d'inadmissibilité de la preuve recueillie au cours d'une procédure illégale. Le Conseil d'Etat juge qu'« eu égard aux exigences découlant de l'article 16 de la Déclaration des droits de l'homme et du citoyen de 1789, ces dispositions ne permettent pas à l'administration de se prévaloir, pour établir l'imposition, de pièces ou documents obtenus par une autorité administrative ou judiciaire dans des conditions déclarées ultérieurement illégales par le juge ». En l'espèce, le Conseil d'Etat a jugé de la régularité d'une procédure d'imposition qui aurait été fondée – sans que la preuve n'en soit rapportée – sur une perquisition irrégulière réalisée en Italie. Le Conseil d'Etat juge que la régularité de la procédure d'imposition peut être affectée dans le cas où le contribuable démontre que « ces documents auraient été obtenus dans des conditions ultérieurement déclarées illégales par le juge compétent »[2324]. Par cette décision, le Conseil d'Etat revient sur la solution retenue dans l'affaire Perrini[2325] par laquelle il avait jugé que l'annulation postérieure à leur communication au fisc, par le juge judiciaire, de pièces saisies par l'autorité judiciaire n'était pas de nature à « priver l'administration du droit de s'en prévaloir pour établir les impositions »[2326]. De ce fait, le fisc ne peut se fonder sur une preuve recueillie au cours d'un acte de procédure non fiscal même si l'annulation est postérieure à leur transmission.

682. Cette décision Société Car Diffusion 78[2327] constitue un véritable revirement de jurisprudence[2328] qui atténue la portée du principe implicite

---

2322 Conseil d'Etat, 9e et 10e s.-s., 15 avril 2015, n°373269, Société Car Diffusion 78 : préc.
2323 Cons. const., déc. n°2013-679 DC, 4 décembre 2013 : préc.
2324 Conseil d'Etat, 9e et 10e s.-s., 15 avril 2015, n°373269, Société Car Diffusion 78 : préc.
2325 Conseil d'Etat, 9e et 8e s.-s., 6 octobre 1999, n°126827, Perrini : Dr. fisc. 2000, n°13, comm. 271 ; RJF 11/99, n°1319.
2326 Conseil d'Etat, 9e et 8e s.-s., 6 octobre 1999, n°126827, Perrini : préc.
2327 Conseil d'Etat, 9e et 10e s.-s., 15 avril 2015, n°373269, Société Car Diffusion 78 : préc.
2328 Le rapporteur public Frédéric ALADJIDI refuse d'affirmer qu'il opère ici un revirement préférant parler d'un infléchissement de la jurisprudence antérieure. La doctrine expose, avec juste raison qu'il s'agit d'un revirement de jurisprudence (CASSAN Catherine, *Des documents illégalement saisis ne peuvent pas servir à établir une imposition*, Dr. fisc. 2015, n°19, act. 286, pp. 6-7 ; LACOMBE Bertrand, *Possibilité pour l'Administration d'utiliser des preuves ultérieurement jugées illégales : clap de fin*, Les nouvelles fiscales 2015, n°1157, pp. 4-6 ; NEGRIN Olivier, *Incidence de l'intervention d'une décision juridictionnelle déclarant illégales*

d'indépendance des procédures[2329] en exigeant la prise en compte, par le juge administratif de l'impôt, de l'annulation d'une procédure de recherche de la preuve par un juge – qu'il soit français ou étranger. Le Conseil d'Etat se refuse toutefois de poser, en la matière, un principe autonome d'admissibilité de la preuve puisque le visa de la décision est seulement composé de la décision n°2013-679 DC[2330] du 4 décembre 2013 du Conseil constitutionnel. La décision du Conseil constitutionnel pallie donc l'absence de principe reconnu par le Conseil d'Etat[2331]. Ce refus n'entraîne que peu d'effet car – après avoir refusé de s'engager en ce sens[2332] – il a jugé que la décision du Conseil constitutionnel ne pouvait s'interpréter *a contrario* en jugeant, le 23 novembre 2016[2333], que la règle d'inadmissibilité des preuves recueillies au terme d'une procédure illégale s'applique également aux tiers qui ne sont pas directement visés par la procédure[2334]. Cette solution vient donc compléter la jurisprudence antérieure du Conseil d'Etat qui avait jugé que le fisc ne peut valablement fonder une décision d'imposition, à l'encontre d'un contribuable, sur des preuves obtenues à l'occasion d'une visite irrégulière[2335] qui visait ce même

---

les conditions d'obtention de documents antérieurement communiqués par une autorité administrative ou judiciaire à l'administration fiscale, Procédures 2015, n°7, comm. 248, pp. 35-36 ; TAILFER Arnaud et TORLET Régis, *Documents obtenus irrégulièrement par l'autorité judiciaire : un droit de communication de l'Administration ne remet plus les compteurs à zéro !*, Dr. fisc. 2015, n°25, comm. 419 et JCP E, 2015, n°26, pp. 56-58).

2329 Sur ce point : AYRAULT Ludovic, *Le contrôle juridictionnel de la régularité de la procédure d'imposition*, Thèse de doctorat, Paris 2, L'Harmattan, 2004, pp. 271-274.

2330 Cons. const., déc. n°2013-679 DC, 4 décembre 2013, Loi relative à la lutte contre la fraude fiscale et la grande délinquance économique et financière : Rec., p. 1060.

2331 Sur ce point : AYRAULT Ludovic, *Utilisation des pièces saisies au cours d'une procédure annulée*, Procédures 2017, n°1, comm. 25, pp. 36-37 ; ILJIC Anne, *L'administration fiscale peut-elle encore utiliser des preuves illicites ?*, RJF 01/17, pp. 7-11.

2332 Le Conseil d'Etat a, par une décision du 12 mars 2014 (Conseil d'Etat, 8e et 3e s.-s., 12 mars 2014, n°360299, Société Binsarco International Establishment : Dr. fisc. 2014, n°22, comm. 359 ; RJF 06/14, n°599, concl. Benoît BOHNERT, BDCF 06/14, n°58) jugé qu'il était possible, pour le fisc de se fonder, pour les tiers à la procédure de visite et de saisie, sur les preuves recueillies au cours d'une procédure de visite et de saisie annulée.

2333 Conseil d'Etat, 8e et 3e ch., 23 novembre 2016, n°387485, M. B. : Dr. fisc. 2017, n°5-6, comm. 153, comm. Catherine CASSAN ; RJF 02/17, n°141, concl. Benoît BOHNERT, RJF 02/17, n°C 141 ; Procédures 2017, n°1, comm. 25, comm. Ludovic AYRAULT.

2334 Il faut tout de même relever que le tiers pouvait, antérieurement, bénéficier de cette nullité lorsque le tiers parvenait à démontrer que la procédure de visite et de saisie le visait, en réalité, directement (Conseil d'Etat, Sect., 1er mars 1996, n°174244, Egot : Dr. fisc. 1996, n°39, comm. 1153, concl. François LOLOUM ; RJF 04/96, n°463, chron. Stéphane AUSTRY, p. 231 ; Conseil d'Etat, 8e et 3e s.-s., 24 septembre 2003, n°237990, Sté Paolo Nancéienne : Dr. fisc. 2003, n°51, comm. 926 ; RJF 12/03, n°1393).

2335 A contrario, le fisc peut fonder une décision d'imposition sur des preuves qui n'ont pas été obtenues à l'occasion de la visite domiciliaire irrégulière (Conseil d'Etat, 9e et 10e s.-s., 16 novembre 2005, n°264077, SARL Sarim : Dr. fisc. 2006, n°27, comm. 490 ; RJF 02/06, n°169, concl. Laurent VALLEE, BDCF 02/06, n°169).

contribuable[2336]. La procédure de visite et de saisie de l'article L. 16B du Livre des procédures fiscale intégrant la procédure d'imposition, sa nullité entraînait déjà, par principe, l'irrégularité de l'imposition établie sur son fondement[2337].

683. L'ensemble de ces décisions revêt une grande importance car, comme le relève Ludovic AYRAULT, « Il en ressort une règle générale selon laquelle l'administration fiscale ne peut fonder une décision d'imposition sur des éléments obtenus à la suite d'une procédure déclarée illégale par un juge »[2338]. L'ensemble des preuves ainsi recueillies sont, de ce fait, inadmissibles ce qui conduira, sans doute également, « le Conseil d'Etat à abandonner sa jurisprudence permettant de faire jouer le principe d'indépendance entre procédures d'impositions distinctes visant un même contribuable »[2339]. Le Conseil d'Etat devrait donc juger que l'irrégularité d'une procédure fiscale entraîne l'inadmissibilité des preuves recueillies à l'occasion de cette procédure pour un même contribuable ou même pour un tiers. La réserve du Conseil constitutionnel vise, en effet, le recueil irrégulier de toute preuve par l'autorité publique, ce qui ne saurait avoir pour effet de limiter cette solution aux seules procédures de droit de visite et de saisie de l'article L. 16 B du Livre des procédures fiscales. Il existe donc, devant le juge administratif de l'impôt, une règle générale d'inadmissibilité de la preuve recueillie, par l'autorité publique, au terme d'une procédure illégale. L'unité des jurisprudences nationales en la matière tranche toutefois avec l'absence de règle européenne d'admissibilité de la preuve visant l'irrespect de la légalité formelle.

§.2. – La présence asymétrique d'un principe européen d'inadmissibilité de la preuve recueillie par l'autorité publique au terme d'une procédure irrégulière

684. Si la Cour européenne des droits de l'Homme refuse de consacrer un principe de légalité des preuves recueillies au terme d'une procédure interne (A), la Cour de justice de l'Union européenne a posé une exigence de légalité des preuves recueillies au terme d'une procédure (B).

2336 CAA de Versailles, 1ère Ch., 19 juillet 2016, n°12VE01679, Inédit ; Conseil d'Etat, 8e et 9e s.-s., Avis, 10 juin 1998, n°194330, de Thoury : Dr. fisc. 1998, n°37, comm. 777, concl. Gilles BACHELIER ; RJF 8-9/98, n°966 ; Conseil d'Etat, Sect., 1er mars 1996, n°17245 et n°17246, SARL France Finibéton : Dr. fisc. 1996, n°39, comm. 1153, concl. François LOLOUM ; RJF 04/96, n°462, chron. Stéphane AUSTRY, p. 231.

2337 Conseil d'Etat, Sect., 1er mars 1996, n°17245 et n°17246, SARL France Finibéton : préc.

2338 AYRAULT Ludovic, *Utilisation des pièces saisies au cours d'une procédure annulée*, Procédures 2017, n°1, comm. 25, pp. 36-37.

2339 ILJIC Anne, *L'administration fiscale peut-elle encore utiliser des preuves illicites ?*, RJF 01/17, pp. 7-11.

A/ Le refus de la Cour européenne des droits de l'Homme d'ériger une règle d'inadmissibilité de la preuve recueillie au terme d'une procédure irrégulière

685. La place occupée par le principe de légalité dans la Convention européenne des droits de l'Homme est déterminante. La loi constitue la norme qui permet aux Etats parties à la Convention de restreindre l'étendue des droits reconnus par la Convention. À première vue, la place décisive occupée par la loi pourrait conduire la Cour à ériger le respect des normes internes qui restreignent l'étendue des droits de la Convention comme une condition de l'équité du procès. Dans cette optique, le respect d'une procédure légale, encadrant le recueil d'une preuve, pourrait être érigé en une condition de l'équité du procès. Pourtant, il n'en est rien. La Cour européenne des droits de l'Homme juge que lorsque des preuves ont été obtenues dans des conditions contraires aux règles légales des Etats parties, l'administration de ces preuves n'affecte pas, par principe, l'équité de la procédure garantie par l'article 6 de la Convention européenne des droits de l'Homme[2340].

686. Cette solution de principe s'explique par le fait que la Cour européenne refuse de s'ériger en gardienne des procédures internes : elle juge qu'elle « n'a (…) pas pour tâche de se prononcer par principe sur la recevabilité de certaines sortes d'éléments de preuve – par exemple des preuves obtenues de manière illégale »[2341]. À ce titre, la Cour de Strasbourg n'impose aucune condition d'admissibilité d'une preuve liée à l'irrégularité de la procédure suivie au sein de l'Etat partie. La Cour européenne des droits de l'Homme admet une preuve alors même que le processus de recueil de cette preuve est irrégulier dès lors que cette preuve n'affecte pas l'équité globale de la procédure. Les juges de Strasbourg n'ont donc, par principe, posé aucune exigence du respect des règles légales du recueil de la preuve fixées par les droits internes des Etats parties, à la différence des juges de Luxembourg.

B/ L'affirmation d'un principe d'inadmissibilité de la preuve recueillie en violation d'une procédure de recherche de la preuve par la Cour de justice de l'Union européenne

687. L'exigence de légalité des preuves est retenue tant pour les procédures européennes qui encadrent la recherche de la preuve (1) que pour les procédures nationales qui encadrent la recherche de la preuve (2).

[2340] CEDH, 28 juillet 2009, n°18704/05, Lee Davies c/ Belgique, §§ 3, 52 et 53 ; CEDH, Gde Ch., 25 mars 1999, n°25444/94, Pélissier et Sassi c/ France, § 45.

[2341] CEDH, 25 septembre 2012, n°649/08, El Haski c/ Belgique, § 82 : RFDA 2013, p. 576, chron. Henri LABAYLE, Frédéric SUDRE, Xavier DUPRE DE BOULOIS et Laure MILANO.

1/ L'exigence de régularité de la procédure de recherche de la preuve recueillie au terme d'une procédure européenne

688. À l'inverse de la Cour européenne des droits de l'Homme, la Cour de justice de l'Union européenne a érigé des règles d'admissibilité des preuves recueillies au cours d'une procédure irrégulière. Lorsque cette procédure de recherche de la preuve est prévue par le droit européen, l'irrégularité de la procédure entraîne l'inadmissibilité des preuves recueillies en violation de cette procédure. La matière concurrentielle offre, à cet égard, une intéressante illustration : l'article 14 du règlement du Conseil n°17 du 6 février 1962 confère des « Pouvoirs (...) de vérification » à la Commission[2342] – qui s'assimilent à un droit de visite au sein des entreprises suspectées de pratiques anticoncurrentielles. La décision de procéder à une vérification peut faire l'objet d'un recours devant la Cour de justice. La Cour juge que dans le « cas où ladite décision [de vérification] serait annulée, la Commission se verrait empêchée, de ce fait, d'utiliser, à l'effet de la procédure d'infraction aux règles de concurrence communautaires, tous documents ou pièces probantes qu'elle aurait réunis dans le cadre de cette vérification, sous peine de s'exposer au risque de voir le juge communautaire annuler la décision relative à l'infraction dans la mesure où elle serait fondée sur de tels moyens de preuve »[2343]. Ce principe a été constamment réaffirmé en matière concurrentielle par la Cour de justice[2344]. Par cette solution, la Cour de justice pose un principe d'exclusion de la preuve qui sanctionne l'irrégularité des procédures européennes de recherche de la preuve[2345]. Elle sanctionne donc l'irrégularité commise par l'autorité publique dans la recherche de la preuve. Toutefois, les effets de la nullité de la procédure sont limités aux infractions concurrentielles et la Cour ne s'est, à notre connaissance, jamais prononcé sur la faculté d'employer de telles preuves au sein d'autres procédures. En dehors du champ

---

[2342] Ces pouvoirs consistent, aux termes de l'article 14 du règlement du Conseil du 6 février 1962, en des « vérifications (...) auprès des entreprises » et permet aux agents de la Commission de « b) prendre copie ou extrait des livres et documents professionnels ; c) demander sur place des explications orales ; d) accéder à tous locaux, terrains et moyens de transport des entreprises ».

[2343] CJCE, 22 octobre 2002, n°C-94/00, Roquette Frères, pt. 49 : Rec. p. I-9011 ; Gaz. Pal. 2003, n°275, p. 8, note Jérémie VIALENS ; Revue Lamy Droit des affaires 2003, n°56, p. 28, note Ronan DAVID.

[2344] Conclusions de l'avocat général Nils WAHL sur CJUE, 18 juin 2015, n°C-583/13 P, Deutsche Bahn e.a. c/ Commission, pt. 23 : ECLI:EU:C:2015:404 ; TPICE, 11 décembre 2003, n°T-59/99, Ventouris c/ Commission, pt. 126.

[2345] La Cour a ainsi souligné que lorsque « la Commission entend mettre en œuvre, avec le concours des autorités nationales, des mesures de vérification non fondées sur la collaboration des entreprises concernées, elle est tenue de respecter les garanties procédurales prévues à cet effet par le droit national » (CJCE, 26 mars 1987, n°46/87 R, Hoechst c/ Commission, pt. 34 : Rec. p. 1549).

des procédures européennes, la Cour de Luxembourg prend également en compte la légalité des preuves recueillies selon des procédures internes.

2/ L'exigence de régularité de la procédure de recherche de la preuve recueillie au terme d'une procédure nationale

689. La Cour de justice de l'Union européenne tend à exiger le respect des procédures nationales de recueil de la preuve puisqu'elle juge que « dès lors qu'un élément de preuve a été obtenu régulièrement, sa recevabilité ne peut être contestée devant le Tribunal »[2346]. Une lecture *a contrario* conduirait à écarter les preuves recueillies en violation du droit national[2347]. En la matière, le Tribunal de l'Union européenne a jugé que « Le droit de l'Union ne saurait (…) admettre des preuves recueillies en méconnaissance totale de la procédure prévue pour leur établissement »[2348]. Si cette affirmation mériterait d'être précisée – l'expression « méconnaissance totale » étant d'une obscure clarté – elle tend à démontrer que les juges européens érigent une règle générale d'inadmissibilité des preuves recueillies dans des conditions irrégulières par l'autorité publique.

690. Conclusion de la Sous-Section I. – L'exigence de régularité des procédures de recueil de la preuve par l'autorité publique constitue un principe commun qui fait l'objet d'une protection constitutionnelle et européenne – seule la Cour européenne des droits de l'Homme n'érigeant pas le respect de la légalité des procédures de recherche de preuve en un principe d'admissibilité de la preuve. La portée de cette règle d'inadmissibilité – dont la procédure pénale constitue le fondement – exige de l'autorité publique le respect des règles légales dont la méconnaissance constitue une violation des garanties procédurales qu'elles mettent en œuvre. Il est ainsi possible de concevoir l'inadmissibilité de la preuve recueillie irrégulièrement par l'autorité publique comme une sanction de la méconnaissance des droits fondamentaux qui sont protégés par les procédures de recueil de la preuve. La violation, par ricochet, de ces droits fondamentaux qui serait constituée par l'emploi de ces preuves conduit à sanctionner l'autorité publique par l'interdiction d'exploiter de telles preuves. Toutefois, si le non-respect de la

---

[2346] CJUE, 19 décembre 2013, n°C-239/11 P, Siemens c/ Commission, pt. 128 : ECLI:EU:C:2013:866.

[2347] En ce sens, si une juridiction nationale venait à déclarer la procédure de réception de la preuve illégale, la preuve ne serait plus admissible devant les juridictions européennes. La Cour a pu juger, en matière de procès-verbaux que dès lors que « la transmission [de ces preuves n'a] pas été déclarée illégale par une juridiction italienne, il n'y a pas lieu de considérer que ces documents étaient des éléments de preuve irrecevables qui devaient être écartés du dossier » (CJCE, 25 janvier 2007, n°C-407/04 P, Dalmine SpA, pt. 63 : RSC 2007, p. 641, chron. Laurence IDOT ; RTD eur. 2008.313, chron. Jean-Bernard BLAISE et Laurence IDOT).

[2348] Trib., 8 septembre 2016, n° T-54/14, Goldfish e.a. c/ Commission, pt. 47.

légalité de la procédure de recueil de la preuve conduit à rendre les preuves inadmissibles, il faut ici mesurer qu'il existe, au-delà de la légalité *stricto sensu*, une exigence de légalité fondée sur le nécessaire respect des droits fondamentaux : une preuve sera inadmissible si l'autorité publique viole, lors du recueil d'une preuve, les droits fondamentaux offerts au justiciable. Le nécessaire respect de la légalité matérielle doit alors être conçu comme l'étroit corollaire de l'exigence de légalité formelle.

Sous-Section II. – L'affirmation de l'inadmissibilité de la preuve recueillie en violation de la légalité matérielle

691. Le principe de légalité matérielle, s'entend du nécessaire respect des droits fondamentaux lors du recueil de la preuve. Or, les conséquences liées au respect de la légalité matérielle ne font pas l'objet d'une approche unanime entre les juges. Ces conséquences probatoires résultent d'un choix prétorien qui n'est pas nécessairement partagé. En ce sens, l'irrespect de la légalité matérielle n'est pas universellement érigé en principe d'inadmissibilité de la preuve (§.1.). Toutefois, en pratique, l'irrespect de certains droits fondamentaux dans le recueil d'une preuve conduit les juges à reconnaître l'inadmissibilité de preuves recueillies en violation de ces droits (§.2.).

§.1. – La présence asymétrique d'un principe d'inadmissibilité de la preuve recueillie en violation de la légalité matérielle

692. Face à la violation, par l'autorité publique, de la légalité matérielle, les juges de la matière fiscale ne disposent pas d'un cadre juridique unique. Si le juge civil dispose seul d'une règle d'admissibilité de la preuve (A), les autres juges interprètent différemment le silence des textes relatifs à l'admissibilité des preuves (B).

A/ L'inadmissibilité fondée sur l'exigence de légalité du recueil de la preuve

693. Le juge civil est le gardien de la légalité matérielle de la preuve. Il se fonde sur l'article 9 du Code de procédure civile et l'article 6§1 de la Convention européenne des droits de l'Homme. Toute preuve recueillie en méconnaissance de la légalité matérielle est, par principe, inadmissible[2349] car l'équité du procès civil ne serait pas respectée si une preuve était administrée après avoir été

[2349] L'exigence de licéité de la preuve renvoie, selon Henri MOTULSKY (Sur ce point : MOTULSKY Henri, *Droit processuel*, Montchrestien, 1973, p. 225), à l'adage « secundum allegata et probata judex judicare debet » (LOISEL Antoine, *Institutes coutumières*, Livre 2, titre 3, Règle n°11, Ed. Durand, 1758) qui exige que la preuve soit fondée « sur des éléments de preuve admis par la loi et produits selon les formes légales ».

recueillie en violation d'un droit. Cette exigence de légalité de la preuve signifie que « tous les modes de preuve doivent être conformes au droit »[2350] et le juge civil condamne les preuves recueillies dans des conditions illicites[2351] en jugeant « que l'illicéité d'un moyen de preuve doit entraîner son rejet des débats »[2352]. Ce principe d'inadmissibilité de la preuve s'entend également du respect des normes constitutionnelles et européennes[2353]. À la différence du juge pénal, l'exigence de licéité s'impose tant aux dépositaires de l'autorité publique qu'aux particuliers : toute partie doit, devant le juge civil, respecter l'exigence de licéité de la preuve dès lors, qu'en principe, aucune des parties n'est habilitée à recevoir et administrer des preuves illicites.

694. L'exigence de légalité matérielle peut toutefois être écartée dans le silence des textes relatifs à l'administration de la preuve.

B/ L'interprétation variable du silence des normes relatives à l'admissibilité de la preuve recueillie en violation de la légalité matérielle

695. Le silence des normes peut conduire à l'admissibilité de la preuve recueillie en violation de la légalité matérielle (1) mais n'interdit pas d'ériger un principe d'inadmissibilité de cette preuve (2).

1/ Le silence fondant l'admissibilité de la preuve recueillie en violation de la légalité matérielle

696. Le silence des textes relatifs à l'admissibilité de la preuve recueillie en violation de la légalité matérielle est interprété tant par la Cour européenne des

---

[2350] VERGES Etienne, *Loyauté et licéité, deux apports majeurs à la théorie de la preuve pénale*, D. 2014, n°6, pp. 407-411.

[2351] Cass. soc., 20 novembre 1991, n°88-43.120 : Bull. civ. V, n°519, p. 323.

[2352] Cass. soc., 4 février 1998, n°95-43.421 : Bull. civ. V, n°64, p. 47.

[2353] Cass. soc., 26 novembre 2002, n°00-42.401 : Bull. civ. V, n°352 ; RTD Civ. 2003, p. 58, note Jean HAUSER ; D. 2003, p. 1305, note Jacques RAVANAS.

droits de l'Homme (i) que par le juge administratif (ii) comme offrant la faculté d'administrer des preuves heurtant les droits fondamentaux.

i/ Le silence de la Convention européenne des droits de l'Homme : fondement de l'admissibilité de la preuve recueillie en violation de la légalité matérielle

697. La Cour européenne juge que les preuves recueillies en violation de la légalité matérielle sont, par principe, admissibles (a°) sauf dans le cas où elles heurtent l'équité du procès (b°).

a°) Le principe de l'admissibilité de la preuve recueillie en violation de la légalité matérielle

698. La Cour européenne des droits de l'Homme[2354] se refuse, dans le silence de la Convention, à ériger en principe d'admissibilité la méconnaissance, lors du recueil d'une preuve, des stipulations de la Convention européenne des droits

---

[2354] Sur ce point : BEERNAERT Marie-Aude, *La recevabilité des preuves en matière pénale dans la jurisprudence de la Cour européenne des droits de l'Homme*, RTDH 2007, n°69, pp. 81-105 ; BOURSIER Marie-Emma, *Le principe de loyauté en droit processuel*, Thèse de doctorat, Paris 2, Dalloz, Nouvelle Bibliothèque de thèses, Tome 23, 2003 ; DESHAYES Fred, *Contribution à une theorie de la preuve devant la cour européenne des droits de l'homme*, Thèse de doctorat dact., Montpellier, 2002 ; GÖLCÜKLÜ Feyyaz, *Le procès équitable et l'administration des preuves dans la jurisprudence de la Cour européenne des droits de l'homme*, in, *Mélanges offerts à Jacques VELU*, Bruylant, 1992, pp. 1361-1377 ; HENNION-JACQUET Patricia, *L'encadrement relatif de la liberté de la preuve par la Convention européenne des droits de l'homme*, D. 2005, n°37, pp. 2575-2579 ; KRENK Frédéric, *De Schenk à Gäfgen : la preuve inconventionnelle à l'épreuve de l'article 6 de la CEDH*, in, AKANDJI-KOMBE Jean-François, *Mélanges en hommage au Professeur Paul TAVERNIER*, Bruylant, 2013, pp. 781-798 ; LEGEAIS Raymond, *Le droit de la preuve à la Cour européenne des droits de l'homme*, in, *La sanction du droit, Mélanges Couvrat*, PUF, 2001, pp. 255-278 ; STRICKLER Yves, *La loyauté processuelle*, in, *Principes de justice : Mélanges en l'honneur de Jean-François BURGELIN*, Dalloz, 2008, pp. 355-370, spéc. pp. 368-369 ; SUDRE Frédéric, *Droit européen et international des droits de l'homme*, PUF, Collection droit fondamental, 12e éd., 2015, pp. 627-628 ; VAN COMPERNOLLE Jacques, *Les exigences du procès équitable et l'administration des preuves dans le procès civil*, RTDH 2012, n°92, pp. 729-748 ; VAN DE KERCHOVE Michel, *La preuve en matière pénale dans la jurisprudence de la Cour et de la Commission européenne des droits de l'homme*, RSC 1992, n°1, pp. 1-14 ; RENUCCI Jean-François, *Droit européen des droits de l'homme, Droits et libertés fondamentaux garantis par la CEDH*, LGDJ, 7e éd., 2017, pp. 472-474 ; THELLIER DE PONCHEVILLE Blandine, *La preuve illicite au regard de la Convention européenne des droits de l'homme*, Revue pénitentiaire et de droit pénal, 2010, n°3, pp. 537-562 ; TRECHSEL Stefan, *L'établissement des preuves devant la Commission européenne des Droits de l'Homme*, in, *La présentation de la preuve et la sauvegarde des libertés individuelles*, Troisième colloque du département des droits de l'Homme, Université Catholique de Louvain, Bruxelles, Bruylant, 1977, pp. 121-142.

de l'Homme[2355]. Elle fonde cette solution sur le silence de l'article 6 de la Convention européenne relatif à l'admissibilité de la preuve[2356]. En d'autres termes, et en dépit de nombreuses opinions dissidentes de ses juges[2357], la Cour

---

[2355] Cette solution avait pourtant été proposée par, le Président de la Commission européenne des Droits de l'Homme, Stefan TRECHSEL (*L'établissement des preuves devant la Commission européenne des Droits de l'Homme*, in, *La présentation de la preuve et la sauvegarde des libertés individuelles*, Troisième colloque du département des droits de l'Homme, Université Catholique de Louvain, Bruxelles, Bruylant, 1977, pp. 121-142) qui déclara qu'« À mon avis, la solution doit être trouvée dans la Convention même. C'est-à-dire que la Commission [européenne des droits de l'Homme] doit seulement refuser d'accepter des moyens qui ont été obtenus en violation d'un droit garanti par la Convention » (*op. cit.*, spéc. p. 138).

[2356] VAN COMPERNOLLE Jacques, *Les exigences du procès équitable et l'administration des preuves dans le procès civil*, RTDH 2012-92, p. 729-748, spéc. p. 738.

[2357] La question de l'admissibilité de la preuve a fait l'objet d'un nombre important d'opinions séparées de la part des juges de la Cour européenne des droits de l'Homme. Ils critiquent le refus de la Cour européenne d'ériger un principe d'inadmissibilité visant les preuves obtenues dans des conditions contraires à la Convention. Dès l'arrêt Schenk c/ Suisse (CEDH, Plén., 12 juillet 1988, n°10862/84, Schenk c/ Suisse : Rec. série A n°140, p. 29), les juges PETTITI, SPIELMANN, DE MEYER et CARRILLO SALCEDO ont fustigé la solution retenue par la Cour de Strasbourg. Ils relèvent ainsi que « le respect de la légalité dans l'administration des preuves n'est pas une exigence abstraite ou formaliste. Au contraire, nous estimons qu'il est d'une importance capitale pour le caractère équitable d'un procès pénal. Aucune juridiction ne peut, sans desservir une bonne administration de la justice, tenir compte d'une preuve qui a été obtenue, non pas simplement par des moyens déloyaux, mais surtout d'une manière illégale. Si elle le fait, le procès ne peut être équitable au sens de la Convention ». Cette opinion a ensuite été reprise par le juge LOUCAIDES dans l'affaire Khan c/ Royaume-Uni (CEDH, 12 mai 2000, n°35394/97, Khan c/ Royaume-Uni : Rec. 2000-V) qui expose qu'il « ne saurai[t] admettre qu'un procès puisse être 'équitable' au sens de l'article 6 si la culpabilité d'un individu relativement à une infraction est établie au moyen d'éléments de preuve obtenus en violation des droits de l'homme garantis par la Convention ». De même, la juge TULKENS dans l'affaire P.G. ET J.H. c/ Royaume-Uni (CEDH, 25 septembre 2001, n°44787/98, P.G. et J.H. c/ Royaume-Uni, § 80 : Rec. CEDH 2001-IX) rejoint l'opinion du juge LOUCAIDES en exposant que « L'équité suppose le respect de la légalité et donc aussi, a fortiori, le respect des droits garantis par la Convention dont précisément la Cour assure le contrôle. (…) En concluant à la non-violation de l'article 6, la Cour prive l'article 8 de toute effectivité ». Cette critique fondée sur la méconnaissance de l'équité par le refus d'ériger la méconnaissance de l'article 8 de la Convention européenne des droits de l'Homme en une condition d'admissibilité de la preuve a été reprise dans l'opinion dissidente du juge SPIELMANN, à laquelle se rallient les juges ROZAKIS, TULKENS, CASADEVALL ET MIJOVIĆ dans l'affaire Bykov c/ Russie (CEDH, Gde ch., 10 mars 2009, n°4378/02, Bykov c/ Russie : JCP G 2009, n°29, comm. 143, note Frédéric SUDRE). Elle a encore été reprise dans l'opinion concordante des juges KARAKAS et TURKOVIC dans l'affaire Kalnéniené c/ Belgique (CEDH, 31 janvier 2017, n°40233/07, Kalnéniené c/ Belgique : Dr. fisc. 2017, n°9, 191, chron. Ludovic AYRAULT). Cette critique a été encore plus vive dans l'affaire Gäfgen c/ Allemagne (CEDH, Gde Ch., 1er juin 2010, n°22978/05, Gäfgen c/ Allemagne) où la Cour refuse de juger inéquitable le procès où une preuve a été obtenue en violation de l'article 3 de la Convention européenne des droits de l'Homme. Les juges ROZAKIS, TULKENS, JEBENS, ZIEMELE, BIANKU et POWER ont ici affirmé qu'« Autoriser le versement au procès pénal d'éléments obtenus grâce à une violation de l'article 3 affaiblit inévitablement la protection que confère cette disposition et marque une certaine ambivalence dans la portée reconnue à cette protection ».

de Strasbourg ne condamne pas, par principe, l'administration de preuves recueillies dans des conditions contraires aux stipulations de la Convention. En ce sens, la Cour européenne des droits de l'homme juge, avec constance, que la Convention européenne des droits de l'Homme « ne réglemente pas (...) l'admissibilité des preuves en tant que telle, matière qui dès lors relève au premier chef du droit interne »[2358]. Cette affirmation est contestable – et contestée[2359] – puisque l'effectivité des droits de la Convention est affectée par la faculté d'employer une preuve recueillie dans des conditions contraires aux stipulations de la Convention. Dans un domaine voisin, la Cour adopte une position sensiblement analogue. Elle juge que les erreurs de fait et de droit commises par les juridictions internes ne sont pas sanctionnées sauf dans le cas où ces erreurs conduisent à méconnaître un droit garanti par la Convention[2360]. Cela démontre que si les juges européens ne sont pas juges du droit interne – ce qui justifie le refus d'adopter des règles d'admissibilité – le droit interne peut affecter, par l'erreur du juge, les droits conventionnels dont la Cour européenne a la garde. Dans cette optique, le refus, de principe, d'ériger des règles d'admissibilité d'une preuve recueillie en violation des stipulations de la Convention apparaît critiquable. Toutefois, il faut relever, dès ce stade, que la Cour érige une règle d'admissibilité de la preuve lorsque la preuve qui fonde la décision de justice méconnaît l'équité du procès. La position retenue par la Cour européenne des droits de l'Homme repose donc sur une dialectique du principe et de l'exception dès lors que certaines preuves sont jugées, au nom de l'exigence de l'équité du procès, inadmissibles.

699. Plusieurs arguments ont été avancés pour critiquer le refus d'ériger des règles d'admissibilité de la preuve. L'exigence de légalité du recueil des preuves serait présente dans les stipulations de la Convention. L'article 6§2 de la Convention européenne stipule ainsi que « Toute personne accusée d'une infraction est présumée innocente jusqu'à ce que sa culpabilité ait été

2358 CEDH, 16 novembre 2017, n°919/15, Ilgar Mammadov c/ Azerbaïdjan (N° 2), § 208 ; CEDH, Gde Ch., 1er juin 2010, n°22978/05, Gäfgen c/ Allemagne, § 162 ; CEDH, 9 juin 1998, n°25829/94, Teixeira de Castro c/ Portugal, § 34 : Rec. 1998-IV, p. 1462 ; CEDH, 26 mars 1996, n°20524/92, Doorson c/ Pays-Bas, § 67 ; CEDH, 19 décembre 1990, n°11444/85, Delta c/ France, § 35 : Série A, n°191 ; CEDH, Plén., 20 novembre 1989, n°11454/85, Kostovski c/ Pays-Bas, § 39 ; CEDH, Plén., 12 juillet 1988, n°10862/84, Schenk c/ Suisse : Rec. série A n°140, p. 29.

2359 BEERNAERT Marie-Aude, *La recevabilité des preuves en matière pénale dans la jurisprudence de la Cour européenne des droits de l'homme*, RTDH, 2007, n°69, p. 81 ; CONTE Philippe, *La loyauté de la preuve dans la jurisprudence de la chambre criminelle de la Cour de cassation : vers la solution de la quadrature du cercle ?*, Droit pénal 2009, n°4, ét. 8, pp. 13-15.

2360 CEDH, 16 février 2010, n°7078/02, V.D. c/ Roumanie, § 108 ; CEDH, 3 mars 2009, n°4411/04, Bacanu et SC "R" SA c/ Roumanie, § 71 ; CEDH, 21 janvier 1999, n°30544/96, Garcia Ruiz c/ Espagne, § 28 ; CEDH, 17 décembre 1990, Delta c/ France, § 35.

légalement établie ». Comme l'a relevé Michel VAN DE KERCHOVE[2361], le volet pénal de l'article 6 pourrait contenir une exigence de légalité de l'administration de la preuve qui pourrait s'étendre au respect des stipulations conventionnelles dans le recueil de la preuve. De même, l'article 8§2 de la Convention stipule que les ingérences au sein de la vie privée ne sont compatibles avec cette stipulation « que pour autant que cette ingérence est prévue par la loi » ouvrant également la voie à l'affirmation d'une règle d'inadmissibilité des preuves recueillies en violation des lois qui encadrent les droits garantis par cet article. Enfin, l'admissibilité de la preuve pourrait être fondée sur l'« équité »[2362] de l'article 6 de la Convention et la prééminence du droit[2363] qui en découle[2364]. En dépit de ces fondements possibles, la Cour refuse, par principe, d'ériger la violation d'une stipulation de la Convention par une autorité publique en une règle d'admissibilité de la preuve. La Cour ne pose à ce principe qu'une limite qui exige d'écarter les preuves qui heurtent l'équité de la procédure.

b°) La nécessité d'écarter les preuves illégales qui heurtent l'équité de la procédure

700. Si l'article 6 de la Convention européenne des droits de l'Homme ne pose pas de règle d'admissibilité de la preuve, la Cour européenne juge qu'« Il lui faut examiner si la procédure, y compris le mode d'obtention des preuves, fut équitable dans son ensemble, ce qui implique l'examen de l'illégalité en question et, dans le cas où se trouve en cause la violation d'un autre droit protégé par la Convention, la nature de cette violation »[2365]. Par cette

---

2361 Michel VAN DE KERCHOVE (*La preuve en matière pénale dans la jurisprudence de la Cour et de la Commission européenne des droits de l'homme*, RSC 1992, pp. 1-14, spéc. p. 10) estime que la Cour européenne des droits de l'Homme s'est déjà fondée sur l'article 6§2 de la Convention européenne des droits de l'Homme pour établir des règles de preuve. Dans l'arrêt Salabiaku c/ France (CEDH, 7 octobre 1988, n°10519/83, Salabiaku c/ France), la Cour se fonde sur l'article 6§2 et la nécessité que la culpabilité soit « légalement établie » pour imposer des règles particulières d'appréciation des présomptions. La Cour juge dans cet arrêt que « le législateur national pourrait à sa guise priver le juge du fond d'un véritable pouvoir d'appréciation, et vider la présomption d'innocence de sa substance, si les mots "légalement établie" impliquaient un renvoi inconditionnel au droit interne » (CEDH, 7 octobre 1988, n°10519/83, Salabiaku c/ France, § 28).

2362 Opinion du juge LOUCAIDES sous l'affaire Khan c/ Royaume-Uni (CEDH, 12 mai 2000, n°35394/97, Khan c/ Royaume-Uni : Rec. 2000-V).

2363 *Op. cit.*, *loc. cit.*

2364 Cette solution est critiquée. Patricia HENNION-JACQUET expose ainsi qu'« en admettant qu'une preuve puisse être obtenue en violation d'un droit conventionnel, elle infléchit la prééminence du droit » (*L'encadrement relatif de la liberté de la preuve par la Convention européenne des droits de l'homme*, D. 2005, p. 2575).

2365 CEDH, Gde Ch., 1er juin 2010, n°22978/05, Gäfgen c/ Allemagne, § 163 ; CEDH, 5 novembre 2002, n°48539/99, Allan c/ Royaume-Uni, § 42 : Rec. CEDH 2002-IX ; CEDH, 25

affirmation, la Cour européenne des droits de l'Homme atteste que certaines preuves devront être écartées lorsqu'elles heurtent l'équité du procès. En somme, l'équité du procès devient la mesure de l'inadmissibilité de la preuve. Cela signifie que la violation d'une stipulation conventionnelle lors du recueil d'une preuve ne doit conduire à son inadmissibilité que lorsque cette violation heurte l'équité du procès. La Cour européenne des droits de l'Homme parvient ainsi, sur le fondement de l'exigence du procès équitable, à dépasser le silence de la Convention relatif à l'admissibilité de la preuve. Un tel raisonnement trahit, à notre sens, l'artificialité du raisonnement tenu par les juges de Strasbourg à propos des règles d'admissibilité de la preuve : si l'exigence du procès équitable exige de rendre certaines preuves inadmissibles, c'est que la Convention contient bien, implicitement, des règles d'admissibilité de la preuve. Le silence peut donc s'interpréter différemment que ne l'interprète, pour l'heure les juges strasbourgeois. Cela illustre que le silence peut toujours, par l'interprétation, se voir donner une pluralité de sens. Cette interprétation particulière du silence des normes est toutefois partagée par le juge administratif qui se refuse, par principe, à imposer des règles d'admissibilité de la preuve.

ii/ Le silence de la loi : fondement de l'admissibilité de la preuve recueillie en violation de la légalité matérielle devant le juge administratif

701. À l'instar des juges strasbourgeois, le juge administratif estime que, dans le silence de la loi, il ne doit pas ériger de règle d'admissibilité de la preuve lorsqu'une partie allègue qu'une preuve a été recueillie en présence d'une illégalité matérielle. En contentieux général, le juge administratif estime qu'il n'est tenu par aucun principe d'admissibilité de la preuve. Il est donc possible d'administrer, devant le juge administratif, une preuve recueillie, dans des conditions contraires aux droits fondamentaux. Peu importe, à ce titre, qu'une preuve ait été obtenue grâce à un vol[2366]. De même, il juge inopérant[2367] le moyen contestant la présence au dossier d'une pièce violant le secret de l'instruction[2368] car comme l'a jugé le Conseil d'Etat « en l'absence de disposition le prévoyant expressément, l'article 11 du code de procédure pénale ne peut faire obstacle au pouvoir et au devoir qu'a le Conseil d'Etat de

septembre 2001, n°44787/98, P.G. et J.H. c/ Royaume-Uni, § 76 : Rec. CEDH 2001-IX ; CEDH, 12 mai 2000, n°35394/97, Khan c/ Royaume-Uni, § 34 : Rec. 2000-V.

2366 Conseil d'Etat, 5e et 3e s.-s., 8 novembre 1999, n°201966, Elections cantonales de Bruz : Rec. p. 345.

2367 Conseil d'Etat, 6e et 2e s.-s., 14 juin 1999, n°196215, 196216, 196217 et 196218, Baumet : Rec. T. pp. 719, 866 et 952.

2368 Conseil d'Etat, 1ère et 4e s.-s., 3 mars 1995, n°126013, R. S. : Rec. p. 118 ; Conseil d'Etat, 3e et 5e s.-s., 1er juillet 1981, n°20102, Tournet : Rec. T. p. 740 ; Conseil d'Etat, Sect., 26 octobre 1973, n°83550, Elections municipales de Villeneuve-sur-Lot : Rec. p. 596.

joindre ces éléments d'information aux autres pièces versées au dossier et de statuer au vu de l'ensemble de ces pièces après en avoir ordonné la communication pour en permettre la discussion contradictoire »[2369]. Le silence de la loi relatif au secret de l'instruction devant la juridiction administrative offre au juge la liberté de se fonder sur des preuves qui méconnaissent ce secret.

702. Le fondement de cette solution repose essentiellement sur le silence des textes qui est interprété comme offrant au juge administratif la faculté de se fonder sur toute preuve sans que son origine ne conduise à l'écarter. En la matière, relève Vincent DAUMAS « prévaut la liberté de la preuve »[2370]. La décision M. Ganem atteste du maintien de cette liberté par l'affirmation de la faculté du juge d'« apporter la preuve (…) devant le juge administratif par tout moyen »[2371]. Toutefois, une telle analyse nous paraît discutable. S'il est indéniable que la liberté prévaut devant le juge administratif[2372], cette liberté vise les *modes de preuve* administrés et non les *moyens de preuve*. En ce sens, la procédure pénale atteste de l'absence d'opposition entre liberté des modes de preuve et prohibition des moyens de preuve illégaux : l'exigence de légalité de la preuve vise les conditions de recueil de la preuve et n'instaure pas une restriction des modes de preuve admissibles. Il n'existe donc pas d'opposition tranchée entre la liberté de la preuve et l'admissibilité de la preuve puisque la restriction des moyens de preuve n'altère pas la liberté des modes de preuve.

703. À la faveur de cette interprétation, le juge administratif s'est forgé un véritable office en la matière : il « 'fait son affaire' des pièces et documents produits par les parties, [et] incite (…) ces dernières (…) à recourir à toutes sortes de modes de preuve »[2373]. Cela signifie que le juge administratif s'érige comme le seul gardien de la légalité des preuves. Dans cette optique, il est inutile de recourir à des règles d'admissibilité puisque le juge s'assure – en qualité de *maître de la preuve* – que les preuves présentes au dossier sont aptes à établir la vérité. Pourtant, si le juge administratif venait à trouver au sein d'un dossier une pièce tâchée du sang d'un justiciable livrant des aveux sous la torture, conserverait-il cette position ? Il écarterait, sans qu'un doute ne nous paraisse possible, la pièce litigieuse sans pour autant interdire de manière générale et absolue un mode de preuve : il se limiterait à prohiber certains

---

[2369] Conseil d'Etat, Sect., 26 octobre 1973, n°83550, Elections municipales de Villeneuve-sur-Lot : préc.

[2370] Concl. sur Conseil d'Etat, Sect., 16 juillet 2014, n°355201, M. Ganem : RFDA 2014, p. 924.

[2371] Conseil d'Etat, Sect., 16 juillet 2014, n°355201, M. Ganem : préc.

[2372] Cf. supra, n°336.

[2373] FRYDMAN Patrick et SORIN Julien, *Le principe de loyauté de la preuve devant le juge administratif*, 2015, Procédures n°12, dossier 13, pp. 26-31.

moyens de preuve dont les conditions de recueil sont contraires aux droits les plus élémentaires de la personne humaine.

704. L'admissibilité de la preuve est également rejetée, en matière fiscale car le juge administratif estime qu'en présence d'un cadre légal strict, « lorsque les garanties prévues par ces textes ont été méconnues, [le juge] prononc[e] la décharge des impositions établies grâce à l'utilisation des éléments de preuve irrégulièrement recueillis. Ce naufrage de la procédure d'imposition (...) dispense [le juge] de [s']interroger sur l'admissibilité »[2374] d'éléments de preuve recueillis en violation de la légalité matérielle. Seules les règles du Code général des impôts et du Livre des procédures fiscales sont alors de nature à encadrer le recueil de la preuve en matière fiscale. Cette solution est critiquable. La légalité d'une preuve ne saurait – lorsqu'elle est le fait de l'autorité publique – s'entendre d'une légalité amputée des exigences conventionnelles et constitutionnelles. À titre de comparaison, où trouver la logique retenue lorsque le Conseil d'Etat censure une procédure d'imposition pour méconnaissance des droits de la défense[2375] alors même qu'il se refuse, dans le même temps, à contrôler le respect des stipulations conventionnelles qui garantissent les droits fondamentaux dans le recueil de la preuve ? Cette solution paraît trop protectrice de l'Administration pour être maintenue.

705. Une évolution pourrait toutefois advenir. Le Conseil d'Etat est, dans certains cas, favorable à l'affirmation de règles d'admissibilité de la preuve. La décision Election municipale de Vénissieux, rendue en formation de Section du contentieux, le 4 février 2015[2376], tend à démontrer que les règles d'admissibilité des preuves ne sont pas radicalement exclues de la jurisprudence administrative. En l'espèce, il est relevé que « des déclarations dont l'auteur reste anonyme constituent un mode de preuve qui, sans être exclu, est difficilement admissible au regard de l'égalité des armes »[2377]. En l'espèce, une sanction d'inéligibilité a été fondée sur des témoignages anonymes que les accusés connaissaient personnellement. L'anonymat était donc, en l'espèce, neutralisé par la connaissance effective des auteurs des témoignages. Or, si l'anonymat n'avait pas pu être levé, les pièces litigieuses auraient pu conduire à l'annulation de la sanction en raison de la

2374 DAUMAS Vincent, concl. sur Conseil d'Etat, Sect., 16 juillet 2014, n°355201, M. Ganem : RFDA 2014, p. 924.
2375 Conseil d'Etat, Sect., 23 novembre 2001, n°206145, SA Ferme de Rumont c/ ONILAIT : préc.
2376 Conseil d'Etat, Sect., 4 février 2015, n°385555, Election municipale de Vénissieux : Rec. p. 43, concl. Vincent DAUMAS ; JCP A 2015, n°35, 2246, chron. Olivier LE BOT ; JCP A 2015, n°8, 2059, comm. Christophe TESTARD ; LPA 2015, n°70, p. 7, chron. Marie-Christine ROUAULT.
2377 DAUMAS Vincent, concl. sur Conseil d'Etat, Sect., n°385555, 4 février 2015, Election municipale de Vénissieux, rec. p. 43.

méconnaissance de l'égalité des armes. L'admissibilité des preuves – bien qu'elle ne concerne pas les conditions du recueil de la preuve – est donc nécessairement présente au sein du contentieux administratif. Cette décision atteste de la nécessité d'exclure les preuves du débat contentieux qui heurtent certains principes fondamentaux. Cette solution – liée à celle retenue dans la décision M. Ganem[2378] – atteste d'une attention croissante de l'admissibilité de la preuve et affecte, peu à peu, la rigueur du raisonnement opposant liberté de la preuve et admissibilité, sans borne ni limite, des moyens de preuve.

706. En outre, il apparaît que le silence des normes relatif à l'admissibilité de la preuve peut conduire à ériger des règles d'admissibilité de la preuve.

2/ Le silence fondant l'inadmissibilité de la preuve recueillie en violation de la légalité matérielle

707. Cette solution est adoptée par la Chambre criminelle de la Cour de cassation (i), la Cour de justice de l'Union européenne (ii) et pourrait inspirer la jurisprudence du Conseil constitutionnel (iii).

i/ L'exigence de légalité matérielle dans le recueil d'une preuve retenue par la Chambre criminelle de la Cour de cassation

708. Devant le juge pénal, il n'existe pas de règle d'admissibilité de la preuve. L'article 427 du Code de procédure pénale ne limite pas, en ce sens, l'admissibilité de la preuve. Pourtant, le juge pénal s'est érigé en garant de la légalité matérielle de la preuve recueillie par l'autorité publique. Devant ce juge, « le fait pour un agent de l'autorité publique de violer l'un de ces droits et libertés au cours de la recherche des preuves emporte nécessairement la nullité des investigations »[2379] car « le respect des droits et libertés est en quelque sorte partie intégrante de l'équité du procès »[2380]. À ce titre, la Chambre criminelle a jugé que « les moyens de preuve produits devant le juge pénal [par les agents de l'autorité publique] ne procèdent pas d'une méconnaissance des règles de procédure et n'aient pas eu pour effet de porter atteinte aux droits de la défense, ni au principe énoncé à l'article 8 de la Convention européenne de sauvegarde des droits de l'homme et des libertés fondamentales »[2381]. Le respect de la légalité, par les agents de l'autorité publique dans le recueil de la preuve, s'étend – au-delà des règles légales – à l'ensemble des dispositions internationales et constitutionnelles. Cette règle

---

[2378] Conseil d'Etat, Sect., 16 juillet 2014, n°355201, M. Ganem : préc.

[2379] DESPORTES Frédéric et LAZERGES-COUSQUER Laurence, *Traité de procédure pénale*, Economica, 4e éd., 2015, n°566, p. 416.

[2380] *Op. cit., loc. cit.*

[2381] Cass. crim., 19 juin 1989, n°89-81.777 : Bull. crim., n°261, p. 648 ; D. 1991, p. 175, note Jean PANNIER.

d'admissibilité de la preuve est fondée sur le nécessaire respect de légalité matérielle du recueil de la preuve qui s'impose aux agents de l'autorité publique.

ii/ L'exigence de légalité matérielle dans le recueil d'une preuve retenue dans le silence des textes par la Cour de justice de l'Union européenne

709. En droit européen, il n'existe pas de règles relatives à l'admissibilité des preuves. De ce silence, la Cour de justice tire un principe de liberté qui conduit à admettre l'ensemble des moyens de preuve[2382]. Toutefois, ce principe de libre administration des preuves ne signifie pas que toute preuve est admise devant la Cour de Luxembourg[2383]. Ce principe d'admissibilité de la preuve est tempéré par l'exigence de légalité des preuves recueillies par l'autorité publique[2384]. Devant cette Cour, « La méconnaissance de[s] garanties [dans la phase de recherche des preuves] est sanctionnée au titre de l'irrecevabilité manifeste des preuves, en ce sens que les éléments de preuve ne peuvent ni figurer dans le dossier ni fonder une décision faisant grief »[2385]. À ce titre, la jurisprudence de la Cour de justice se distingue de la jurisprudence de la Cour européenne des droits de l'Homme puisqu'une violation, par l'autorité publique nationale ou européenne, des garanties de recueil de la preuve entraîne l'inadmissibilité des preuves.

710. La Cour de justice de l'Union européenne a posé, en premier lieu, cette exigence de légalité du recueil des preuves qui fondent des actes de l'Union

---

[2382] La Cour affirme en ce sens un principe de « libre administration des preuves » (CJCE, 25 janvier 2007, n°C-407/04 P, Dalmine SpA, pt. 49 ; CJUE, 19 décembre 2013, n°C-239/11 P, Siemens c/ Commission, pt. 128 : ECLI:EU:C:2013:866). Ce principe s'explique par « l'absence d'une réglementation communautaire de la notion de preuve, [qui conduit à accepter] tous les moyens de preuve que les droits procéduraux des États membres admettent dans des procédures similaires » (CJCE, 23 mars 2000, n°C-310/98 et C-406/98, Met-Trans et Sagpol, pt. 29 : Rec. p. I-1797).

[2383] L'avocat général Mengozzi PAOLO expose ainsi « Le principe de la libre administration des preuves en droit communautaire ne saurait être compris dans le sens que tout élément de preuve est toujours et en tout état de cause utilisable et que seule compte sa crédibilité » (concl. sur CJUE, 9 juillet 2009, n°C-511/06 P, Archer Daniels Midland [ADM] c/ Commission des Communautés européennes, pt. 112 : Rec. p. I-5843).

[2384] Sur ce point : BERGE Jean-Sylvestre et ROBIN-OLIVIER Sophie, *Droit européen, Union européenne, Conseil de l'Europe*, PUF, Thémis droit, 2e éd., 2011, n°64 à 69 ; DOUCHY-OUDOT Mélina, *L'obtention des preuves en matière civile et commerciale au sein de l'espace judiciaire européen*, in, DOUCHY-OUDOT Mélina (dir.), *Le visage inconnu de l'espace judiciaire européen*, Editions juridiques et techniques, 2004, pp. 63-77 ; FARTUNOVA Maria, *La preuve dans le droit de l'Union européenne*, Thèse de doctorat, Paris 2, Bruylant, 2013, pp. 273-324 ; PAOLO Mengozzi, Conclusions sur CJCE, 9 juillet 2009, n°C-511/06 P, Archer Daniels Midland c/ Commission : Rec. p. I-5843.

[2385] FARTUNOVA Maria, *La preuve dans le droit de l'Union européenne*, Thèse de doctorat, Paris 2, Bruylant, 2013, p. 320.

européenne. À ce titre, les juges européens exigent que les preuves employées pour établir des actes de l'Union européenne respectent les droits fondamentaux garantis par la Charte des droits fondamentaux[2386]. Cette exigence repose sur un raisonnement particulièrement audacieux développé par le Tribunal de l'Union européenne. Bien que la jurisprudence européenne ait dégagé un principe de libre administration de la preuve[2387], le Tribunal estime que « l'examen de la légalité des éléments de preuve contestés ne saurait faire abstraction de l'obligation pour les *institutions* de respecter les droits fondamentaux des parties requérantes »[2388] dès lors que « le respect des droits fondamentaux constitue une condition de la légalité des actes de l'Union et ne sauraient être admises dans l'Union des mesures incompatibles avec le respect de ceux-ci »[2389]. En somme, les droits fondamentaux s'imposent dans la phase de recueil de la preuve. Le silence du droit européen relatif à la légalité de l'administration de la preuve est ainsi comblé par l'exigence fondamentale du respect des droits fondamentaux qui s'impose pour l'ensemble des actes de l'Union européenne[2390]. Bien que cette solution n'ait pas été confirmée par la Cour de justice de l'Union européenne, elle prolonge la logique adoptée par la Cour de justice de l'Union européenne qui a déjà jugé que la légalité dans l'administration de la preuve est requise dans le champ du droit de l'Union européenne[2391]. Cette solution est fondamentale et elle est complétée par la nécessité, pour les autorités nationales qui mettent en œuvre le droit européen, de respecter les droits fondamentaux de la Charte de l'Union européenne dans le recueil des preuves.

711. Au-delà du champ des actes de l'Union, la Cour de justice de l'Union européenne a affirmé, en second lieu, que les autorités nationales doivent respecter les droits fondamentaux lorsqu'ils agissent dans le champ de l'Union européenne. La Cour de justice juge que « les droits fondamentaux garantis dans l'ordre juridique de l'Union ont vocation à être appliqués dans toutes les situations régies par le droit de l'Union, mais pas en dehors de telles situations »[2392]. Cette interprétation particulière du champ d'application des

---

[2386] La Charte des droits fondamentaux a été adoptée le 7 décembre 2000 et s'est vue conférer une valeur juridique par le Traité de Lisbonne entré en vigueur le 1er décembre 2009, comme le prévoit son article 6.
[2387] Trib., 8 septembre 2016, n° T-54/14, Goldfish e.a. c/ Commission, pt. 42.
[2388] Trib., 8 septembre 2016, n° T-54/14, Goldfish e.a. c/ Commission, pt. 45, souligné par nous.
[2389] Trib., 8 septembre 2016, n° T-54/14, Goldfish e.a. c/ Commission, pt. 46.
[2390] Cette solution a été retenue à deux reprises par le Tribunal de l'Union : Trib., 12 décembre 2012, T-410/09, Almamet c/ Commission, pt. 39 : ECLI:EU:T:2012:676 ; Trib, 16 juin 2015, n°T-655/11, FSL e.a. c/ Commission, pt. 44 : ECLI:EU:T:2015:383.
[2391] CJCE, 10 avril 2003, C-276/01, Steffensen, pt. 71 : Rec. p. I-3735 ; Europe 2003, n°6, comm. 199, comm. François MARIATTE.
[2392] CJUE, Gde ch., 26 février 2013, n°C-617/10, Åkerberg Fransson, pt. 19 : ECLI:EU:C:2013:280.

droits fondamentaux garantis par le droit européen, d'origine prétorienne[2393], est désormais fondée sur l'article 51, 1 de la Charte des droits fondamentaux qui expose que la Charte de l'Union européenne est applicable aux « Etats membres uniquement lorsqu'ils mettent en œuvre le droit de l'Union ». Or, l'administration de la preuve, n'échappe pas à l'emprise des droits fondamentaux européens lorsque sont en cause des situations juridiques qui entrent dans le champ du droit de l'Union européenne. Cette solution ressort d'un arrêt Steffensen rendu par la Cour de justice des Communautés européennes le 10 avril 2003[2394]. Dans cette affaire, il est question de l'article 7§1, de la directive n°89/397/CEE du Conseil en date du 14 juin 1989 – relatif au contrôle officiel des denrées alimentaires. Cet article offre « aux assujettis le bénéfice d'une éventuelle contre-expertise » dans le cadre d'un contrôle opéré en cette matière. En l'espèce, la Cour de justice juge que « dès lors que sont en cause le respect du droit à une contre-expertise garanti par le droit communautaire (...) les règles nationales applicables en matière d'administration de la preuve entrent dans le champ d'application du droit communautaire »[2395]. Elle en déduit que les « règles [nationales d'administration de la preuve] doivent respecter les exigences découlant des droits fondamentaux »[2396]. En l'espèce, cela conduit – alors que la Charte de l'Union européenne n'était pas encore entrée en vigueur – à imposer le respect de l'équité du procès de l'article 6 de la Convention européenne des droits de l'Homme[2397]. La portée de cet arrêt est remarquable[2398] puisque la Cour de justice tend à exiger, en matière d'administration de la preuve, l'application de la Charte des droits fondamentaux pour les matières qui entrent dans le champ du droit de l'Union européenne.

712. Cette solution a été confirmée, en matière fiscale, par la Cour de justice de l'Union européenne. Dans l'arrêt WebMindLicenses[2399], la Cour de justice de l'Union européenne a jugé dans le champ du droit européen – il s'agit en l'espèce de la preuve des sanctions administratives et des poursuites pénales en matière de fraude à la TVA[2400] – que le recueil des preuves par l'autorité

2393 CJUE, Gde ch., 26 février 2013, n°C-617/10, Åkerberg Fransson, pt. 19 : préc. ; CJCE, 18 juin 1991, n°C-260/89, ERT : Rec. p. I-2925, pt. 42 ; CJCE, 11 juillet 1985, n°60/84 et 61/84, Cinéthèque, pt. 26 : Rec. p. 2605.

2394 CJCE, 10 avril 2003, n°C-276/01, Steffensen : préc.

2395 CJCE, 10 avril 2003, n°C-276/01, Steffensen, pt. 71 : préc.

2396 CJCE, 10 avril 2003, n°C-276/01, Steffensen, pt. 71 : préc.

2397 CJCE, 10 avril 2003, n°C-276/01, Steffensen, pt. 74 : préc.

2398 Pour reprendre le mot employé par François MARIATTE dans son commentaire de cet arrêt (MARIATTE François, *Droit à un procès équitable*, Europe 2003, n°6, comm. 199, pp. 14-15).

2399 CJUE, 17 décembre 2015, n°C-419/14, WebMindLicenses : ECLI:EU:C:2015:832 ; JCP G 2016, n°1-2, 31, note Dominique BERLIN ; Europe 2016, n°2, comm. 37, note Denys SIMON.

2400 L'avocat général, Wathelet MELCHIOR estime que « les sanctions fiscales et des poursuites pénales pour fraude à la TVA constituent une mise en œuvre de la directive TVA »

publique – en l'espèce nationale – devait respecter l'article 7 de la Charte des droits fondamentaux[2401] garantissant le droit au respect de la vie privée. À défaut du respect de ce droit, la preuve doit être écartée[2402]. La Cour érige donc une règle d'inadmissibilité des preuves recueillies, par l'autorité publique, en violation d'un droit garanti par la Charte des droits fondamentaux.

713. Cette solution repose sur une approche particulièrement protectrice de la légalité : l'exigence de légalité est étendue aux modalités de recueil de la preuve par l'autorité publique – qu'elle soit nationale ou européenne. La Cour de justice dispose donc d'une approche rigoureuse puisqu'elle érige en règle d'inadmissibilité la méconnaissance, par l'autorité publique, des droits fondamentaux dans le recueil d'une preuve. Le silence des normes européennes ne constitue pas un obstacle à la reconnaissance d'un principe d'inadmissibilité de la preuve recueillie en violation d'un droit garanti par la Charte des droits fondamentaux. Cette analyse pourrait offrir au Conseil constitutionnel une orientation pour l'affirmation de règles d'inadmissibilité de la preuve.

iii/ L'affirmation possible d'un principe d'inadmissibilité de la preuve recueillie dans des conditions contraires à la légalité matérielle par le Conseil constitutionnel

714. Aucune norme du bloc de constitutionnalité n'établit une règle d'admissibilité de la preuve. En dépit de ce silence, il n'est pas impossible que le Conseil constitutionnel attache à l'irrespect de la légalité matérielle un principe d'inadmissibilité de la preuve. Pour l'heure, le Conseil constitutionnel n'a pas, à notre connaissance, posé de règle générale d'inadmissibilité de la preuve obtenue en violation des droits fondamentaux. Il a préféré – comme il a déjà été dit[2403] – ériger la violation de l'article 2 de la Déclaration des droits de l'Homme et de citoyens par l'autorité publique au cours d'une procédure irrégulière – et reconnue comme telle par une juridiction – comme un facteur d'exclusion de la preuve. La garantie des droits de l'article 16 de la Déclaration des droits de l'Homme et du citoyen constitue le fondement de cette inopposabilité des preuves obtenues, par des agents de l'autorité publique, en violation du droit au respect de la vie privée, au cours d'une procédure jugée irrégulière. En dehors de cette solution, le Conseil constitutionnel n'a pas, à notre connaissance, lié la violation d'autres droits fondamentaux à une règle d'inadmissibilité de la preuve.

---

qui entrent dont dans le champ d'application du droit européen. Ce constat rend alors « la Charte est applicable en l'occurrence » (Wathelet MELCHIOR, concl. sur CJUE, 17 décembre 2015, WebMindLicenses, aff. C-419/14, À publier au recueil, pt. 107).

[2401] CJUE, 17 décembre 2015, n°C-419/14, WebMindLicenses, pt. 91 : préc.

[2402] CJUE, 17 décembre 2015, n°C-419/14, WebMindLicenses, pt. 91 : préc.

[2403] Cf. supra, n°677.

715. Pourtant, rien ne fait obstacle à ce que la violation d'autres règles ou principes constitutionnels conduisent le Conseil constitutionnel à ériger d'autres règles d'admissibilité de la preuve. L'article 16 de la Déclaration de 1789 constitue, à ce titre, un fondement idoine à l'affirmation de règles d'inadmissibilité des preuves recueillies, par l'autorité publique, dans des conditions contraires à la légalité matérielle. Un obstacle demeure, pour l'heure, à l'affirmation de telles règles : le Conseil constitutionnel a lié l'inadmissibilité de la preuve à la reconnaissance, par un juge, de l'irrégularité d'une procédure de recherche de la preuve. Il ne reconnaît donc l'inadmissibilité de la preuve que dans un cas d'illégalité formelle[2404]. Cependant, la garantie des droits nous paraît constituer un fondement suffisant à l'affirmation de règles constitutionnelles d'inadmissibilité de la preuve matérielle. Elle pourrait constituer une assise solide à l'affirmation d'un principe général d'inadmissibilité de la preuve recueillie en violation des droits et principes fondamentaux constitutionnels.

716. À ce titre, la reconnaissance d'un principe à valeur constitutionnelle – par la décision dite Bioéthique du 27 juillet 1994[2405] – de « sauvegarde de la dignité de la personne humaine contre toute forme d'asservissement et de dégradation »[2406] offre la faculté au Conseil constitutionnel d'ériger toute atteinte à la dignité en règle d'inadmissibilité de la preuve. En cette matière, le Conseil constitutionnel a jugé, à propos de prélèvements exercés par les enquêteurs sur le suspect, que ces prélèvements ne comportaient « aucun procédé douloureux, intrusif ou attentatoire à la dignité des intéressés »[2407]. À l'inverse, une preuve obtenue par de tels procédés pourraient – et devraient même, à notre sens – être jugées inadmissibles par le Conseil constitutionnel sur le fondement combiné de l'article 16 de la Déclaration de 1789 et du principe à valeur constitutionnelle de sauvegarde de la dignité de la personne humaine.

717. Conclusion du §.1. – L'inadmissibilité de la preuve recueillie en violation de la légalité matérielle ne constitue pas un principe unanimement reconnu par les juridictions nationales et européennes. Le fondement de cette solution repose sur l'exigence de légalité de la phase de recueil de la preuve.

2404 Cf. supra, n°680.

2405 Cons. const., déc. n°94-343/344 DC, 27 juillet 1994, Loi relative au respect du corps humain et loi relative au don et à l'utilisation des éléments et produits du corps humain, à l'assistance médicale à la procréation et au diagnostic prénatal : Rec. p. 100 ; GDCC n°35 ; RDP 1994, n°6, pp. 1647-1662, note François LUCHAIRE ; RFDC 1994, n°20, pp. 799-811, note Louis FAVOREU ; RFDA 1994, n°5, pp. 1019-1032, note Bertrand MATHIEU.

2406 Cons. const., déc. n°94-343/344 DC, 27 juillet 1994, Loi relative au respect du corps humain et loi relative au don et à l'utilisation des éléments et produits du corps humain, à l'assistance médicale à la procréation et au diagnostic prénatal, cons. n°2 : préc.

2407 Cons. const., déc. n°2003-467 DC, 13 mars 2003, Loi pour la sécurité intérieure, cons. n°55 : Rec. p. 211.

Le silence des normes relatives à l'existence d'un principe d'inadmissibilité de la preuve n'est pas de nature à écarter ce principe. Il peut naître à la faveur d'une interprétation des normes qui ne l'imposent pas. En ce sens, la Cour de justice de l'Union européenne érige en règle d'inadmissibilité le recueil d'une preuve, par l'autorité publique, ne respectant pas les droits fondamentaux du droit européen désormais présents dans la Charte des droits fondamentaux. Dans le même sens, le Conseil constitutionnel pourrait reconnaître, sur le fondement de la garantie des droits, une règle d'inadmissibilité des preuves recueillies en violation d'un droit fondamental. À l'inverse, le juge administratif et la Cour européenne des droits de l'Homme excluent, par principe, de sanctionner par l'inadmissibilité de la preuve, l'irrespect de la légalité matérielle. L'étude des droits fondamentaux qui peuvent être heurtés dans le recueil d'une preuve conduit, cependant, à tempérer ces différentes positions de principe.

§.2. – L'affirmation commune de l'inadmissibilité de la preuve recueillie par l'autorité publique en violation de la légalité matérielle

718. Le recueil de la preuve doit respecter effectivement les droits fondamentaux (A) mais également les secrets professionnels (B).

A/ L'inadmissibilité de la preuve recueillie en violation de droits fondamentaux

719. Le recueil de la preuve ne peut heurter des droits qui présentent un caractère absolu. Il s'agit des preuves recueillies au mépris de la dignité humaine (1), celles recueillies en violation des droits de la défense (2) et celles recueillies dans des conditions contraires au droit au respect de la vie privée (3).

1/ L'inadmissibilité de la preuve recueillie au mépris de la dignité humaine

720. La prohibition de toute violence de l'autorité publique apparaît comme un principe fondamental de l'ordre juridique européen au nom de la protection de la dignité humaine. À ce titre, l'article 3 de la Convention européenne des droits de l'Homme[2408] – qui prohibe « la torture [et les] peines ou traitements inhumains ou dégradants » – est « considéré comme l'une des clauses primordiales de la convention et comme consacrant l'une des valeurs

[2408] CHASSIN Catherine-Amélie (dir.), *La portée de l'article 3 de la Convention européenne des droits de l'homme*, Bruylant, 2007 ; WACHSMANN Patrick, *Convention européenne des droits de l'homme, Droits garantis, Libertés de la personne physique*, JurisClasseur Europe Traité, Fasc. n°6520, Lexis Nexis, 2009.

fondamentales des sociétés démocratiques qui forment le Conseil de l'Europe »[2409]. En ce sens, la Cour européenne des droits de l'Homme n'a eu de cesse de condamner les Etats parties – y compris la France – à la méconnaissance de l'article 3 de la Convention au titre de traitements inhumains et dégradants[2410] et même d'actes de torture[2411] commis par des agents de l'autorité publique. Cette prohibition absolue de tout acte contraire à la dignité humaine trouve désormais une assise dans les articles 3[2412] et 4[2413] de la Charte des droits fondamentaux alors qu'elle était déjà présente à l'article 7 du Pacte international relatif aux droits civils et politiques. Au regard du caractère particulièrement fondamental du droit en cause, la preuve recueillie en violation de ces droits devrait, par principe, être exclue de tout procès afin d'en préserver le caractère équitable.

721. En cette matière, la Cour européenne des droits de l'Homme juge que, par principe[2414], la preuve obtenue sous la torture est inadmissible – qu'il s'agisse d'aveux ou d'éléments matériels recueillis à la suite de tels actes[2415] – et qu'aucune qualification pénale ne peut être fondée sur une telle preuve qui affecte « automatiquement »[2416] l'équité de la procédure[2417]. Cette

2409 CEDH, 29 avril 2002, Pretty c/ Royaume-Uni, § 49 : AJDA 2003, p. 1383, note Bernadette LE BAUT-FERRARESE ; RSC 2002, p. 645, obs. Florence MASSIAS ; RTD Civ. 2002, p. 482, obs. Jean HAUSER.

2410 CEDH, 4 novembre 2010, n°34588/07, Darraj c/ France, § 44 : Procédures 2010, n°12, comm. 420, obs. Jacques BUISSON ; CEDH, 1er avril 2004, n°59584/00, Rivas c/ France, § 42 : AJ Pénal 2004, p. 26, obs. Juliette COSTE ; CEDH, 27 août 1992, n°12850/87, Tomasi c/ France, § 115 : RSC 1993, p. 142, obs. Louis-Edmond PETTITI ; RSC 1993, p. 33, obs. Frédéric SUDRE ; D. 1993, p. 383, obs. Jean-François RENUCCI.

2411 CEDH, 28 juillet 1999, n°25803/94, Selmouni c/ France, § 105 : JCP 1999, II, 10193, note Frédéric SUDRE ; D. 2000, p. 31, obs. Yves MAYAUD ; D. 2000, p. 179, obs. Jean-François RENUCCI ; RSC 1999, p. 891, obs. Florence MASSIAS ; RTD Civ. 1999, p. 911, obs. Jean-Pierre MARGUENAUD.

2412 L'article 3, 1 de la Charte des droits fondamentaux pose que « Toute personne a droit à son intégrité physique et mentale ».

2413 L'article 4 de la Charte des droits fondamentaux prévoit que « Nul ne peut être soumis à la torture, ni à des peines ou traitements inhumains ou dégradants ».

2414 Sur ce point : LECLERC Olivier, VERGES Etienne et VIAL Géraldine, *Droit de la preuve*, PUF, Thémis droit, 2015, pp. 386-388 ; SUDRE Frédéric, *Droit européen et international des droits de l'homme*, PUF, Collection droit fondamental, 12e éd., 2015, p. 627.

2415 CEDH, 17 octobre 2006, n°72000/01, Göçmen c/ Turquie, §§ 74-75.

2416 CEDH, Gde Ch., 1er juin 2010, n°22978/05, Gäfgen c/ Allemagne, § 173.

2417 CEDH, 29 octobre 2015, n°37537/07, Hajrulahu c/ L'ancienne République yougoslave de Macédoine, § 108 ; CEDH, Gde Ch., 1er juin 2010, n°22978/05, Gäfgen c/ Allemagne, § 173 ; CEDH, Gde ch., 11 juillet 2006, n°54810/00, Jalloh c/ Allemagne, § 105 : JCP G 2007, I, 106, n°1, obs. Frédéric SUDRE ; CEDH, 17 octobre 2006, n°72000/01, Göçmen c/ Turquie, §§ 74-75 ; Comm. EDH, 4-5 octobre 1974, Herbert Huber c/ Autriche : Ann. Conv. EDH 1974, p. 331 (La Commission européenne des droits de l'Homme juge qu'il y a méconnaissance à l'article 6§2 de la Convention européenne des droits de l'Homme dans le cas où « le tribunal, par la suite, aurait accordé une force probante quelconque à des aveux extorqués » sous la torture).

prohibition s'applique également aux preuves obtenues à la faveur d'actes de torture dans un Etat tiers[2418]. En revanche, la solution retenue par la Cour européenne des droits de l'Homme est différente en matière de preuves recueillies à la faveur de traitements inhumains ou dégradants. La Cour européenne des droits de l'Homme juge que ces preuves ne heurtent pas toujours l'équité de la procédure ouvrant la voie à l'admissibilité des preuves recueillies indirectement grâce à des traitements inhumains et dégradants. Cela signifie que l'équité du procès n'est pas affectée si l'acte litigieux a permis de découvrir des preuves qui ne découlent pas directement de cet acte contraire à l'article 3 de la Convention. Le critère retenu consiste à rechercher si les preuves qui résultent directement de l'acte inhumain ou dégradant n'ont pas directement influencé l'établissement de la culpabilité ou de la peine[2419].

2418 CEDH, 24 juillet 2014, n°28761/11, Al Nashiri c/ Pologne, § 519 ; CEDH, 25 septembre 2012, n°649/08, El Haski c/ Belgique, § 99 : RFDA 2013, p. 576, chron. Henri LABAYLE, Frédéric SUDRE, Xavier DUPRE DE BOULOIS et Laure MILANO.

2419 Dans l'affaire Jalloh c/ Allemagne, (Cour EDH, Gde ch., 11 juillet 2006, n°54810/00, Jalloh c/ Allemagne : JCP G 2007, I, 106, n°1, obs. Frédéric SUDRE) bien que « la Cour estime que l'utilisation comme preuve des stupéfiants recueillis grâce à l'administration de force de l'émétique au requérant a frappé d'iniquité l'ensemble du procès de celui-ci » (§.108), elle estime qu'« En l'espèce, il n'est pas besoin de trancher la question générale de savoir si l'utilisation d'éléments recueillis au moyen d'un acte qualifié de traitement inhumain et dégradant compromet automatiquement le caractère équitable d'un procès », (§107). Puis, dans l'affaire Lee Davis c/ Belgique (CEDH, 28 juillet 2009, Lee Davies c/ Belgique, n°18704/05) la Cour a interprété l'arrêt Jalloh c/ Allemagne comme posant une prohibition de « l'utilisation de preuves recueillies au moyen d'actes qualifiés de torture ou de traitement inhumain et dégradant » (§45), sans qu'il y ait lieu de distinguer entre les actes de torture et les traitements inhumains et dégradants. La Cour revient ensuite sur cette solution dans l'affaire Gäfgen c/ Allemagne (CEDH, Gde Ch., 1er juin 2010, n°22978/05, Gäfgen c/ Allemagne : JCP G 2010, 859, chron. Frédéric SUDRE), où la Cour statue dans le sens de l'admissibilité des preuves matérielles qui ont été découvertes à la suite d'un traitement inhumain et dégradant. Elle juge que « Dans son arrêt Jalloh, la Cour n'a pas tranché la question de savoir si le versement de preuves matérielles rassemblées au moyen d'un acte qualifié de traitement inhumain et dégradant mais n'équivalant pas à la torture entachait toujours le procès d'iniquité, indépendamment, en particulier, de l'importance attachée aux preuves, de leur valeur probante et des possibilités dont avait disposé la victime pour contester leur versement au dossier et leur utilisation au procès » (§ 167). En l'espèce, la Cour doit se prononcer sur « les conséquences qu'a sur l'équité d'un procès l'utilisation de preuves matérielles obtenues par suite d'un traitement qualifié d'inhumain contraire à l'article 3, mais qui se situe en deçà de la torture » (§ 173). Elle pose en principe que l'utilisation de preuves obtenues « grâce à une violation de l'article 3 – que cette violation soit qualifiée de torture ou de traitement inhumain ou dégradant – comme l'utilisation de preuves matérielles rassemblées à la suite directe d'actes de torture privent automatiquement d'équité la procédure dans son ensemble et violent l'article 6 » (§ 173). Toutefois, elle pose une limite à ce principe – après avoir affirmé qu'aucun consensus ne se dégage à ce sujet entre les Etats parties à la Convention (§ 174) et des conflits entre la « poursuite effective des infractions » et la sauvegarde des droits de la Convention (§ 175) – en jugeant que l'équité de la procédure ne sera affectée que si la violation de l'article 3 de la Convention européenne « que s'il est démontré que la violation de l'article 3 a influé sur l'issue de la procédure dirigée contre l'accusé, autrement dit a eu un impact sur le verdict de culpabilité ou la peine » (§ 178).

Cette solution affaiblit indéniablement la garantie offerte par l'article 3 puisque des traitements inhumains et dégradants ne heurtent pas automatiquement l'équité de la procédure. Il faut néanmoins relever que la prohibition absolue des traitements inhumains et dégradants infligés à une personne physique maintient une forme – réduite – de sanction probatoire puisque les preuves obtenues à la faveur d'un tel traitement doivent être écartées. Toutefois, elle ne conduit pas à affecter, en elle-même, le recueil d'autres preuves dont la découverte n'a été possible qu'à la faveur de tels traitements. Cette solution, vivement critiquée[2420], réduit considérablement le principe d'admissibilité de la preuve puisque ce principe est constamment tempéré par l'usage effectif de la preuve obtenue dans des conditions contraires à l'article 3 de la Convention européenne des droits de l'Homme. Il en irait différemment si l'utilisation des preuves ainsi obtenues avait un impact sur le verdict retenu ou la peine[2421]. Cette solution doit être critiquée car elle est en partie dictée par des données qui relèvent de la politique jurisprudentielle : la pression publique et politique qui souhaite voir condamner un prévenu influence – malencontreusement – les termes de cet équilibre[2422]. Il est fort critiquable que l'effectivité de la protection des droits fondamentaux garantis par la Convention européenne des droits de l'Homme dépende de considérations politiques. Il ressort que le champ conventionnel de l'inadmissibilité de la preuve est réduit mais qu'il est voué à s'étendre si, à l'avenir, un consensus se manifeste entre les Etats parties à la Convention[2423].

722. La jurisprudence de la Cour européenne est la seule à livrer des cas en la matière. Toutefois, bien que la Cour de justice ne se soit pas prononcée en ce sens, il est tout à fait probable – et souhaitable – que la Cour de justice juge inadmissible la preuve recueillie au terme d'une quelconque violence[2424]. En

2420 L'opinion partiellement dissidente – à l'occasion de l'affaire Gäfgen – commune aux juges ROZAKIS, TULKENS, JEBENS, ZIEMELE, BIANKU et POWER va dans ce sens.

2421 CEDH, Gde Ch., 1er juin 2010, n°22978/05, Gäfgen c/ Allemagne, § 178 ; CEDH, 25 septembre 2012, n°649/08, El Haski c/ Belgique, § 85.

2422 La Cour prend en compte, comme elle le relève dans l'affaire Jalloh c/ Allemagne (Cour EDH, Grande chambre, 11 juillet 2006, n°54810/00, Jalloh c/ Allemagne : JCP G 2007, I, 106, n°1, obs. Frédéric SUDRE) « le poids de l'intérêt public à la poursuite de l'infraction en question » (§ 117).

2423 Dans l'affaire Gäfgen c/ Allemagne, la Cour relève qu'« aucun consensus ne se dégage clairement parmi les Etats contractants de la Convention, les juridictions d'autres Etats et d'autres organes de contrôle du respect des droits de l'homme quant au champ d'application précis de la règle d'exclusion » (CEDH, Gde ch., 1er juin 2010, n°22978/05, Gäfgen c/ Allemagne, § 174 : JCP G 2010, act. 701, Gérard GONZALEZ).

2424 L'avocat général Mengozzi PAOLO (concl. du 6 novembre 2008 sur CJUE, 9 juillet 2009, Archer Daniels Midland [ADM] c/ Commission des Communautés européennes, n°C-511/06 P, pt. 112, Rec. p.I-5843) expose ainsi qu'« on ne saurait en revanche, selon nous, affirmer que tout élément de preuve produit soit utilisable et doive faire l'objet d'une appréciation au fond par la Commission ou par le juge communautaire. On ne saurait penser cela, par exemple, d'une déclaration qui aurait été obtenue avec violence par les autorités concernées ».

ce sens, la charte des droits fondamentaux offre, à cet égard, de solides fondements à l'inadmissibilité des preuves recueillies en violation de ces droits élémentaires : les articles 1[2425], 3[2426] et 4[2427] de la Charte des droits fondamentaux constitue un relai à l'article 3 de la Convention européenne des droits de l'Homme dont la Cour de justice ne manquera pas d'interpréter le sens et la portée à la lumière de la jurisprudence de la Cour européenne des droits de l'Homme comme en dispose l'article 52, 3 de la Charte des droits fondamentaux.

723. De même, dans l'ordre juridique interne, s'il n'existe pas, à notre connaissance, d'affaires relatives à des violences commises par l'autorité publique dans la recherche de la preuve, l'inadmissibilité de la preuve ainsi recueillie serait, à notre sens, la seule issue possible. En ce sens, le juge judiciaire n'a pas été conduit à juger de la recevabilité d'une preuve recueillie à la suite d'actes de torture ou de traitements inhumains ou dégradants[2428] bien que la jurisprudence atteste de l'existence de violences policières[2429]. En outre, la jurisprudence de la Chambre criminelle a été confrontée au recours à l'hypnose[2430], au sérum de vérité[2431], ou encore au détecteur de mensonge[2432] qui sont des procédés qui heurtent l'intégrité mentale du prévenu. Ces procédés visent, en effet, « à briser les résistances de l'individu à l'aide de la science, afin de l'obliger à avouer »[2433] et doivent, à ce titre, être considérés comme contraires à l'article 3 de la Convention européenne des droits de l'Homme, même lorsqu'ils sont réalisés avec le consentement de l'intéressé[2434], rendant inadmissible la preuve ainsi obtenue[2435]. De même, le

---

[2425] L'article 1 de la Charte des droits fondamentaux pose que « La dignité humaine est inviolable. Elle doit être respectée et protégée ».

[2426] L'article 3, 1 de la Charte des droits fondamentaux prévoit que « Toute personne a droit à son intégrité physique et mentale ».

[2427] L'article 4 de la Charte des droits fondamentaux garantit que « Nul ne peut être soumis à la torture, ni à des peines ou traitements inhumains ou dégradants ».

[2428] THELLIER DE PONCHEVILLE Blandine, *La preuve illicite au regard de la Convention européenne des droits de l'homme*, Revue pénitentiaire et de droit pénal, 2010, n°3, pp. 537-562, spéc. p. 543.

[2429] Cass. crim., 18 février 1954 : D. 1954, p. 165.

[2430] Cass. crim., 12 décembre 2000, n°00-83.852 : Bull. crim., n°369 ; D. 2001, p. 1340, note Jean-François CHASSAING et Danièle MAYER ; JCP G 2001, II, 10495, note Catherine PUIGELIER ; Procédures 2001, n°3, comm. 70, comm. Jacques BUISSON.

[2431] AMBROISE-CASTEROT Coralie, *Aveu*, Répertoire de droit pénal et de procédure pénale, Dalloz, 2016, n°39-45.

[2432] RASSAT Michèle-Laure, *Procédure pénale*, Ellipses, 2e éd., 2013, n°254, p. 263.

[2433] AMBROISE-CASTEROT Coralie, *Aveu*, Répertoire de droit pénal et de procédure pénale, Dalloz, 2016, n°39.

[2434] BUISSON Jacques, *L'audition sous hypnose est interdite*, Procédures 2001, n°3, comm. 70, pp. 16-18.

[2435] En ce sens, la cour d'appel d'Aix-en-Provence a jugé l'hypnose comme un procédé « qui répugne à la conscience car il traite l'être humain en animal de laboratoire et ressuscite

recueil de la preuve doit respecter l'intégrité physique des personnes concernées. En ce sens, le législateur a tranché le lointain débat relatif au conflit entre intégrité physique et droit à la preuve[2436] en exigeant le consentement de la personne visée par une mesure d'instruction attentatoire à son intégrité physique[2437]. Dans cette optique, face à un moyen de preuve qui aurait été obtenue par violence, « il est vraisemblable [que la Cour de cassation] conclurait à son irrecevabilité »[2438]. Le respect de la personne humaine constitue une donnée fondamentale qui devrait conduire à l'inadmissibilité de la preuve obtenue par le biais de tels procédés[2439]. L'article 3 de la Convention européenne des droits de l'Homme peut constituer un fondement à l'inadmissibilité de la preuve obtenue au terme de traitements contraires à cette stipulation. En la matière, le droit fiscal ne saurait, à notre sens, faire l'objet d'aucun particularisme.

724. Enfin, si le juge administratif n'a pas eu à se prononcer face à des faits de violence commis par les membres de l'administration[2440], il fait peu de doute que le juge administratif serait alors conduit à juger inadmissible une preuve obtenue dans des conditions contraires aux droits élémentaires de la personne humaine – garantis par l'article 3 de la Convention européenne des droits de l'Homme. Cette solution serait la seule compatible avec l'article 3 de la Convention européenne des droits de l'Homme dans les limites précédemment évoquées. Gweltaz EVEILLARD a d'ailleurs justement relevé que « les preuves obtenues par (...) violence »[2441] devraient nécessairement être écartées par le juge administratif en raison de la nécessité d'écarter toute

---

l'ancienne torture » (CA d'Aix-en-Provence, 8 mars 1961 : Revue de la sûreté nationale, 1961, p. 48).

2436 Sur l'histoire des débats ayant agité la doctrine civiliste durant les années cinquante relatifs au conflit entre droit à la preuve et préservation de l'intégrité physique : MOURALIS Jean-Louis, *Preuve, Règles de preuve*, Répertoire de procédure civile, Dalloz, 2016, n°571.

2437 L'article 16-11 du Code civil dispose qu'en matière d'examen génétique « Le consentement de l'intéressé doit être préalablement et expressément recueilli ».

2438 THELLIER DE PONCHEVILLE Blandine, *La preuve illicite au regard de la Convention européenne des droits de l'homme*, Revue pénitentiaire et de droit pénal, 2010, n°3, pp. 537-562, spéc. p. 543.

2439 En ce sens, Roger MERLE et André VITU développent l'idée selon laquelle « la loi doit organiser un système de preuves qui conserve à la personne poursuivie sa dignité d'être humain et lui assure les moyens d'établir sa défense personnelle : l'exclusion de la torture ou de preuves contraires à la morale » (MERLE Roger et VITU André, *Traité de droit criminel*, Tome I, *Problèmes généraux de la science criminelle, Droit pénal général*, Cujas, 7e éd., 1997, p. 232). Cette exigence de respect de la dignité de la personne humaine en procédure pénale est désormais assurée par l'article préliminaire du Code de procédure pénale qui dispose que « Les mesures de contraintes dont la personne suspectée ou poursuivie peut faire l'objet (...) ne [doivent] pas porter atteinte à la dignité de la personne ».

2440 Seuls des cas de pressions ont pu être identifiés sous l'angle de la déloyauté (cf. supra, n°635).

2441 EVEILLARD Gweltaz, *Liberté et loyauté de la preuve devant le juge administratif*, Droit administratif 2014, n°12, comm. 73.

atteinte à l'intégrité de l'individu. Cette prohibition constitue le noyau central de la légalité probatoire. Ce principe d'inadmissibilité de la preuve est également applicable aux preuves recueillies en violation des droits de la défense.

2/ L'inadmissibilité de la preuve recueillie en violation des droits de la défense

725. La violation des droits de la défense est érigée en règle d'inadmissibilité de la preuve. En ce sens, la Cour européenne des droits de l'Homme juge que la méconnaissance des droits de la défense affecte l'équité de la procédure[2442]. En matière de recueil de la preuve, les droits de la défense garantissent, tout à la fois, le droit de ne pas s'incriminer et le droit au secret des correspondances entre un avocat et son client[2443] – sur lequel nous reviendrons[2444].

726. Le droit de ne pas contribuer à sa propre incrimination trouve sa source dans l'article 14§3-g du Pacte international relatif aux droits civils et politiques[2445] qui trouve à s'appliquer en droit pénal *strico sensu*[2446]. Dans l'ordre juridique européen, la Cour de justice a été la première[2447] à ériger le droit de ne pas s'auto-incriminer[2448] – qui découle des droits de la défense[2449] – en une règle d'inadmissibilité des preuves obtenues en violation de ce droit. Elle juge que la décision fondée sur ces preuves doit être annulée[2450] et juge inadmissibles les preuves obtenues à la faveur d'une auto-incrimination[2451]. En droit de la concurrence, la Cour de justice a jugé que la preuve recueillie

---

2442 CEDH, 2 février 2017, n°44921/13, Ait Abbou c/ France, § 50 ; CEDH, 10 mars 2009, n°4378/02, Bykov c/ Russie, § 90 ; CEDH, 11 juillet 2006, n°54810/00, Jalloh c/ Allemagne, § 96 ; CEDH, 5 novembre 2002, n°48539/99, Allan c/ Royaume-Uni, § 43 : Rec. CEDH 2002-IX.

2443 DESPORTES Frédéric et LAZERGES-COUSQUER Laurence, *Traité de procédure pénale*, Economica, 4e éd., 2015, n°588, p. 437.

2444 Cf. infra, n°747.

2445 Cet article prévoit que « Toute personne accusée d'une infraction pénale a droit en pleine égalité (…) à ne pas être forcée à témoigner contre soi-même ou à s'avouer coupable ».

2446 Conseil d'Etat, 8e et 3e s.-s., 17 mars 2010, n°309197, SARL Café de la Paix : Dr. fisc. 2010, n°21, comm. 336, concl. Nathalie ESCAUT, note Ludovic AYRAULT ; RJF 06/10, n°653.

2447 CJCE, 18 octobre 1989, n°374/87, Orkem c/ Commission, pt. 35 : Rec. p. 3283.

2448 Le droit de ne pas s'auto-incriminer signifie que « les autorités nationales et l'Union compétentes ne peuvent pas exiger la communication des éléments de preuve qui peuvent directement incriminer la personne à l'encontre de qui une enquête est diligentée » (FARTUNOVA Maria, *La preuve dans le droit de l'Union européenne*, Thèse de doctorat, Paris 2, Bruylant, 2013, p. 273)

2449 CJCE, 18 octobre 1989, n°374/87, Orkem c/ Commission, pt. 35 : Rec. p. 3283.

2450 CJCE, 18 octobre 1989, n°374/87, Orkem c/ Commission, pt. 42 : Rec. p. 3283 ; TPICE, 20 février 2001, n°T-112/98, Mannesmannröhren-Werke / Commission, pt. 79 : Rec. p. II-729.

2451 CJCE, 10 novembre 1993, n°C-60/92, Otto c/ Commission, pt. 20 : Rec. p. I-5683.

en violation de ce droit ne peut, ni fonder la « preuve d'une infraction, [ni constituer] un indice justifiant l'ouverture d'une enquête préalable »[2452]. Cette règle résulte de la nécessité de protéger, de manière effective, le droit de ne pas s'incriminer. Tout indique, en l'absence d'arrêt en ce sens, qu'une solution analogue serait suivie en matière fiscale, la violation du droit de ne pas s'incriminer ne pouvant valablement constituer une preuve.

727. De même, le droit de ne pas contribuer à sa propre incrimination[2453] constitue devant la Cour européenne des droits de l'Homme, un principe fondamental qui est érigé en une condition d'admissibilité de la preuve sur le fondement de l'article 6 de la Convention européenne des droits de l'Homme[2454]. Le caractère fondamental de ce droit est attesté par les liens étroits qu'il entretient avec les droits de la défense : la violation de ce droit « est le comble de la violation des droits de la défense »[2455] qui conduit l'individu à s'accuser lui-même au mépris de sa propre défense. Le droit de ne pas contribuer à sa propre incrimination est, devant la Cour de Strasbourg, une composante du droit de se taire[2456] qui est « étroitement liée au principe de la présomption d'innocence »[2457] puisque la recherche de la preuve pénale ne doit pas reposer sur des preuves produites par le prévenu à la suite de diverses pressions[2458]. Ce droit exige de bannir toute pression – « physique, psychologique ou bien encore juridique »[2459] – exercée à l'encontre d'une

---

2452 CJCE, 10 novembre 1993, n°C-60/92, Otto c/ Commission, pt. 20 : préc.

2453 Sur ce point : BOURSIER Marie-Emma, *Le principe de loyauté en droit processuel*, Thèse de doctorat, Paris 2, Dalloz, Nouvelle Bibliothèque de thèses, Tome 23, 2003, p. 154 ; CARRASCO-DAERON Marie, *La dissimulation en droit pénal*, Thèse de doctorat dact., Toulouse, 2016, pp. 188-190 ; LEGEAIS Raymond, *Le droit de la preuve à la Cour européenne des droits de l'homme*, in, *La sanction du droit, Mélanges offerts à Pierre COUVRAT*, PUF, 2001, pp. 255-278, spéc. pp. 273-275 ; AYRAULT Ludovic, *Sanction fiscale, Définition et régime juridique*, JurisClasseur Procédures fiscales, Fasc. 385, Lexis Nexis, 2014.

2454 Le droit de ne pas s'auto-incriminer a été forgé par la Cour dans l'arrêt Funke c/ France (CEDH, 25 février 1993, n°82/1991/334/407, Funke c/ France : D. 1993, p. 457, obs. Jean PANNIER ; D. 1993, p. 387, obs. Jean-François RENUCCI ; JCP G 1994, n°8, I, 3742, note Frédéric SUDRE).

2455 DESPORTES Frédéric et LAZERGES-COUSQUER Laurence, *Traité de procédure pénale*, Economica, 4e éd., 2015, n°588, p. 437.

2456 La Cour européenne des droits de l'Homme a jugé que le droit de ne pas contribuer à sa propre incrimination est « l'une de[s] (…) composantes » du droit de se taire (CEDH, Gde ch., 17 décembre 1996, n°19187/91, Saunders c/ Royaume-Uni, § 68).

2457 CEDH, Gde ch., 17 décembre 1996, n°19187/91, Saunders c/ Royaume-Uni, § 68.

2458 En ce sens, Ludovic AYRAULT relève que « L'objectif poursuivi est donc bien la protection de la présomption d'innocence en évitant que l'accusation repose sur les renseignements que l'accusé fournit » (*Droit fiscal européen des droits de l'homme : chronique de l'année 2012*, Dr. fisc. 2013, n°9, 177).

2459 AYRAULT Ludovic, *Droit fiscal européen des droits de l'homme : chronique de l'année 2012*, Dr. fisc. 2013, n°9, 177. Il est intéressant de relever que le Comité des droits de l'homme a jugé que le droit de ne pas s'auto-incriminer qui résulte du paragraphe 3 g) de l'article 14 du Pacte international relatif aux droits civils et politiques consiste à interdire que « l'accusé ne

personne physique ou morale qui la conduirait à témoigner contre elle ou à prononcer des aveux contre son gré[2460]. Elle juge que les Etats parties doivent mettre « le prévenu à l'abri d'une coercition abusive de la part des autorités, [afin d']éviter des erreurs judiciaires et [de] garantir le résultat voulu par l'article 6 »[2461]. Par ce biais, la Cour entend préserver l'accusé de toute contrainte employée dans la recherche des éléments de preuve[2462]. Ce droit s'est manifesté, en procédure pénale, par l'affirmation d'un droit à l'assistance d'un avocat lorsque le suspect risque de s'incriminer[2463] attestant de son importance fondamentale pour l'équité de la procédure.

728. Face à la violation du droit de ne pas s'incriminer, la matière pénale fiscale ne livre aucun particularisme, la Cour de Strasbourg ayant condamné

---

doit être soumis à aucune pression physique ou psychologique par les autorités qui enquêtent, afin d'en obtenir des aveux » (Comité des droits de l'homme, Glenford Campbell c/ Jamaïque, n°248/1987, pt. 6.7).

[2460] La Cour européenne a reconnu une violation du droit de ne pas s'auto-incriminer dans différents cas : en présence d'une sanction pécuniaire de 1.200 francs et une astreinte journalière par l'administration des douanes (CEDH, 25 février 1993, n°82/1991/334/407, Funke c/ France, § 12 : D. 1993, p. 457, obs. Jean PANNIER ; D. 1993, p. 387, obs. Jean-François RENUCCI ; JCP G 1994, n°8, I, 3742, note Frédéric SUDRE), d'une série d'amendes de 1.000, 2.000 puis 2.000 francs (CEDH, 3 mai 2001, n°31827/96, J.B. c/ Suisse, § 73), d'une peine de six mois d'emprisonnement (CEDH, 21 décembre 2000, n°34720/97, Heaney et Mcguinness c/ Irlande, § 51), ou encore d'une peine de deux années de prison (CEDH, Gde ch., 17 décembre 1996, n°19187/91, Saunders c/ Royaume-Uni, § 70).

[2461] CEDH, 8 février 1996, n°18731/91, John Murray c/ Royaume-Uni, § 45. Cette justification ayant été réaffirmée par la suite (CEDH, Gde ch., 17 décembre 1996, n°19187/91, Saunders c/ Royaume-Uni, § 68 ; CEDH, 3 mai 2001, n°31827/96, J.B. c/ Suisse, § 64 ; CEDH, Gde ch., 11 juillet 2006, n°54810/00, Jalloh c/ Allemagne, § 100 ; CEDH, 10 mars 2009, n°4378/02, Bykov c/ Russie, § 92).

[2462] La Cour européenne des droits de l'Homme juge avec constance que « l'accusation [doit] cherche[r] à fonder son argumentation sans recourir à des éléments de preuve obtenus par la contrainte ou les pressions, au mépris de la volonté de l'accusé » (CEDH, 21 décembre 2000, n°34720/97, Heaney et Mcguinness c/ Irlande, § 40 ; CEDH, 17 octobre 2006, n°72000/01, Göçmen c/ Turquie, § 71 ; CEDH, Gde Ch., 27 novembre 2008, n°36391/02, Salduz c/ Turquie, § 54 ; CEDH, Gde ch., 1er juin 2010, n°22978/05, Gäfgen c/ Allemagne, § 168 ; CEDH, 5 avril 2012, n°11663/04, Chambaz c/ Suisse, § 52 ; CEDH, 19 mars 2015, n°7494/11, n°7493/11 et 7989/11, Corbet et autres c/ France, § 32).

[2463] En ce sens, la Cour européenne des droits de l'Homme a jugé dans l'affaire Salduz c/ Turquie (CEDH, 27 novembre 2008, n°36391/02, Salduz c/ Turquie, § 55 : AJDA 2009, p. 872, chron. Jean-François FLAUSS) qu'« il faut, en règle générale, que l'accès à un avocat soit consenti dès le premier interrogatoire d'un suspect par la police (…) [car] [i]l est en principe porté une atteinte irrémédiable aux droits de la défense lorsque des déclarations incriminantes faites lors d'un interrogatoire de police subi sans assistance possible d'un avocat sont utilisées pour fonder une condamnation ». Cette exigence a été transposée dans l'ordre juridique interne par la loi du 14 avril 2011 (Loi n°2011-392 du 14 avril 2011 relative à la garde à vue : J.O. du 15 avril 2011, p. 6610) qui a intégré un dernier alinéa à l'article préliminaire du Code de procédure pénale qui dispose qu'« En matière criminelle et correctionnelle, aucune condamnation ne peut être prononcée contre une personne sur le seul fondement de déclarations qu'elle a faites sans avoir pu s'entretenir avec un avocat et être assistée par lui ». La Chambre

les pressions exercées sur des contribuables menacées de sanctions administratives[2464].

729. Toutefois, le droit de ne pas s'incriminer n'est pas – à l'instar du droit au silence[2465] – un droit absolu. Certains éléments de preuve obtenus par des pressions incriminantes vont être admis par la Cour de Strasbourg. En premier lieu, l'atteinte au droit de ne pas contribuer à sa propre incrimination ne sera condamnée que dans les cas où les pressions exercées sur l'accusé revêtent une certaine gravité. Une simple « participation passive »[2466] du prévenu peut être requise – comme par le biais de prélèvements sanguin, salivaire, ou vocal[2467].

---

criminelle de la Cour de cassation a jugé inadmissible en qualité de preuve des aveux prononcés lors d'une garde à vue sans l'assistance d'un avocat (Cass. crim., 11 mai 2011, n°10-84.251 : Bull. crim., n°97 ; JCP G 2011, n°28, 819, note Xavier PIN ; Procédures 2011, n°7, comm. 241, comm. Anne-Sophie CHAVENT-LECLERE ; AJDA 2011, p. 371, note Lionel ASCENSI ; RSC 2011, p. 414, chron. Jean DANET). Cette solution a ensuite été tempérée dès lors que la Chambre criminelle a jugé compatible avec le droit de ne pas s'incriminer les arrêts par lesquels les juges du fond « ne se sont fondés ni exclusivement ni même essentiellement sur les déclarations recueillies en garde à vue » hors de la présence d'un avocat (Cass. crim., 12 avril 2012, n°11-85.703, Inédit ; Cass. crim., 20 mars 2012, n°11-83.638, Inédit ; Cass. crim., 6 décembre 2011, n°11-80.326 : Bull. crim., n°247).

2464 CEDH, 25 février 1993, n°82/1991/334/407, Funke c/ France, § 12 : préc. ; CEDH, 3 mai 2001, n°31827/96, J.B. c/ Suisse, § 73.

2465 CEDH, 8 février 1996, n°18731/91, John Murray c/ Royaume-Uni : Rec. 1996-I, p. 49. Dans cette affaire, Johan Murray a été arrêté et placé en garde à vue sous un régime d'exception prévu en matière de prévention du terrorisme (*Prevention of Terrorism Act*). Lors d'interrogatoires, le requérant a choisi de garder le silence. Il a également fait le choix de garder le silence durant l'ensemble du procès au terme duquel il a été condamné à une peine de huit années de prison du chef de complicité de séquestration (§ 22). L'allégation du requérant est fondée sur une violation des articles 6-1 et 6-2 de la Convention européenne des droits de l'homme (§ 40). Plus précisément, il tend à assimiler le droit de ne pas contribuer à sa propre incrimination à un droit absolu à conserver le silence. Dans cette optique, toute condamnation consécutive au silence du prévenu entraînerait d'office la violation de ce principe. Le silence deviendrait ainsi une arme absolue pour parvenir à l'acquittement. La Cour de Strasbourg offre une analyse différente de ce principe. Elle rappelle, en premier lieu, que le droit de se taire et de ne pas contribuer à sa propre incrimination sont des principes inhérents à l'article 6 de la Convention européenne des droits de l'homme (§ 45). Ce droit est en effet un moyen d'éviter que l'accusé soit contraint à des aveux (§ 45). Elle affirme, en second lieu, que ce droit à garder le silence et ne pas contribuer à sa propre incrimination n'est pas de nature à empêcher le juge de se fonder sur le silence de l'accusé pour fonder sa conviction (§ 47). En dernier lieu, la Cour de Strasbourg trace une ligne de partage pragmatique et casuistique afin d'évaluer si l'accusé n'a pas été condamné sur le seul fondement de son silence (§ 50). Ainsi, si le seul silence ne peut conduire à la condamnation (§ 51), le silence peut, lorsqu'il est corroboré par des éléments présents au dossier, permettre au juge de conclure sur la culpabilité de l'accusé (§ 51). En l'espèce, les charges retenues à l'encontre de l'accusé ont été jugées « écrasantes » (§ 52). De la sorte, il n'y a pas eu violation des articles 6-1 et 6-2 de la Convention européenne des droits de l'homme (§ 58).

2466 AYRAULT Ludovic, *Droit fiscal européen des droits de l'homme : chronique de l'année 2012*, Dr. fisc. 2013, n°9, 177.

2467 Le droit à ne pas s'auto-incriminer ne s'applique pas aux prélèvements « qui existent indépendamment de la volonté du suspect », c'est-à-dire les prélèvements externes qui

En outre, la Cour européenne des droits de l'Homme recherche – outre « l'existence de garanties appropriées dans la procédure »[2468] – quelle est la place occupée par la preuve obtenue en violation du droit de ne pas s'auto-incriminer dans la sanction prononcée[2469]. La Cour européenne accorde une place importante à la question de l'emploi d'éléments de preuve obtenus en violation du droit de ne pas s'auto-incriminer[2470]. Dans une affaire Corbet et autres c/ France[2471], la Cour a systématisé son approche en la matière en posant – dans la lignée de l'affaire Gäfgen – que « ce qui compte, c'est l'utilisation faite au cours du procès pénal des dépositions recueillies sous la contrainte ; si elles ont été utilisées d'une manière tendant à incriminer l'intéressé, il y a violation de l'article 6§1 »[2472]. Il résulte de cette solution un véritable affaiblissement du droit de ne pas contribuer à sa propre incrimination dès lors qu'il n'existe pas de sanction automatique, en matière probatoire, de la violation de ce droit fondamental. En somme, l'atteinte au droit de ne pas s'incriminer ne sera pas condamnée si la preuve recueillie en violation de ce droit ne constitue qu'un élément de preuve parmi d'autres preuves[2473].

730. La portée déterminante du droit de ne pas s'incriminer est attestée par l'application, dans le champ pénal, de ce principe : tant le juge administratif[2474] que le juge judiciaire[2475] contrôlent le respect de ce principe sans que la matière fiscale ne présente de particularisme en la matière. Elle est encore renforcée par la reconnaissance constitutionnelle du « droit de se taire »[2476] sur le fondement

---

n'exigent pas d'action du suspect. Il en va ainsi « prélèvements d'haleine, de sang et d'urine ainsi que de tissus corporels en vue d'une analyse de l'ADN » (CEDH, Saunders c/ Royaume-Uni, 17 décembre 1996, n°19187/91: Rec. CEDH 1996, VI ; JCP G 1997, I, 4000, chron. Frédéric SUDRE, §69) ou encore d'échantillons de voix (CEDH, 25 septembre 2001, n°44787/98, P.G. et J.H. c/ Royaume-Uni, § 80 : Rec. CEDH 2001-IX).

2468 CEDH, 10 mars 2009, n°4378/02, Bykov c/ Russie, § 92.

2469 Dans l'affaire Jalloh c/ Allemagne (CEDH, Gde ch., 11 juillet 2006, n°54810/00, Jalloh c/ Allemagne, § 117), la Cour recherche quelle a été « l'utilisation faite des éléments ainsi obtenus ».

2470 CEDH, Gde ch., 17 décembre 1996, n°19187/91, Saunders c/ Royaume-Uni, §§ 71-76 ; CEDH, 10 mars 2009, n°4378/02, Bykov c/ Russie, §§ 103-104.

2471 CEDH, 19 mars 2015, n°7494/11, 7493/11 et 7989/11, Corbet et autres c/ France.

2472 CEDH, 19 mars 2015, n°7494/11, 7493/11 et 7989/11, Corbet et autres c/ France, § 34.

2473 Cass. crim., 20 mars 2012, n°11-83.638, Inédit.

2474 Le Conseil d'Etat a, à ce titre, jugé invocable le droit de ne pas s'auto-incriminer sur le fondement de l'article 6§1 de la Convention européenne des droits de l'Homme – et non sur le fondement de l'article 14, § 3, g du Pacte international relatif aux droits civils et politiques applicable uniquement en matière de sanction pénale – en matière de sanction fiscale (Conseil d'Etat, 8e et 3e s.-s., 17 mars 2010, n°309197, SARL Café de la Paix : Dr. fisc. 2010, n°21, comm. 336, concl. Nathalie ESCAUT, note Ludovic AYRAULT ; RJF 06/10, n°653).

2475 Cass. crim., 3 avril 2013, n°12-88.428 : Bull. crim., n°74.

2476 Cons. const., déc. n° 2016-594 QPC, 4 novembre 2016, Mme Sylvie T. [Absence de nullité en cas d'audition réalisée sous serment au cours d'une garde à vue] : J.O. du 6 novembre 2016, texte n° 30 ; AJ pénal 2017, n°1, pp. 27-30, comm. Pierre DE COMBLES DE NAYVES et

de l'article 9 de la Déclaration des droits de l'Homme et du citoyen. Or, l'application de ce principe par les juridictions internes doit conduire ces juges à écarter les preuves obtenues en violation de ce droit.

731. Les droits de la défense ne s'entendent pas uniquement du droit de ne pas s'incriminer. La Cour européenne des droits de l'Homme juge également que les droits de la défense seraient affectés si le principe du contradictoire n'est pas effectivement respecté. Elle juge qu'il faut « offrir la possibilité de remettre en question l'authenticité de l'élément de preuve et de s'opposer à son utilisation »[2477] mais également de « prendre en compte la qualité de l'élément de preuve, y compris le point de savoir si les circonstances dans lesquelles il a été recueilli font douter de sa fiabilité ou de son exactitude »[2478]. Cela signifie que les modalités de recueil de la preuve méconnaissent les droits de la défense lorsqu'elles ne permettent pas de s'assurer de la véracité des preuves recueillies. En ce sens, la preuve recueillie par des enquêteurs sous hypnose[2479] ne saurait respecter les droits de la défense dès lors qu'elle ne permet pas de s'assurer de la véracité des preuves recueillies par cette méthode[2480]. En effet, l'hypnose – comme d'ailleurs le sérum de vérité – « met un individu dans une situation dont il n'a plus aucune maîtrise et, d'autre part, en ce qu'elle est un moyen encore expérimental et incertain de remémoration »[2481].

732. Les droits de la défense exigent, enfin, de respecter le principe du contradictoire – sur lequel il faudra revenir plus longuement[2482] – qui nécessite la communication des preuves à l'ensemble des parties ainsi que d'offrir, à ces dernières, la faculté effective de discuter les preuves[2483]. Toutefois, cette règle d'admissibilité ne concerne pas directement les conditions de recueil de la preuve puisqu'il s'agit d'une exigence propre à l'échange des parties lors du procès. De même, seront jugées inadmissibles les preuves recueillies en violation du droit au respect de la vie privée.

Emmanuel MERCINIER ; D. 2017, n°7, pp. 395-399, note Alexandre GALLOIS ; Gaz. pal. 14 mars 2017, n°11, p. 32, chron. Fanny MALHIERE.

2477 CEDH, 10 mars 2009, n°4378/02, Bykov c/ Russie, § 90.

2478 CEDH, 10 mars 2009, n°4378/02, Bykov c/ Russie, § 90.

2479 Cass. crim., 28 novembre 2001, n°01-86.467 : Bull. crim., n°248 ; Cass. crim., 12 décembre 2000, n°00-83.852 : Bull. crim., n°369 ; D. 2001, p. 1340, note Jean-François CHASSAING et Danièle MAYER ; JCP G 2001, II, 10495, note Catherine PUIGELIER ; Procédures 2001, n°3, comm. 70, comm. Jacques BUISSON.

2480 LECLERC Olivier, VERGES Etienne et VIAL Géraldine, *Droit de la preuve*, PUF, Thémis droit, 2015, n°381, p. 389.

2481 CHASSAING Jean-François et MAYER Danièle, *Y a-t-il une place pour l'hypnose en procédure pénale ?*, D. 2001, pp. 1340-1343.

2482 Cf. infra, n°1017.

2483 CEDH, 20 février 1996, n°19075/91, Vermeulen c/ Belgique, § 33 ; CEDH, 23 juin 1993, n° 12952/87, Ruiz-Mateos c/ Espagne, § 63 : Rec. série A n°262, p. 25.

3/ L'inadmissibilité de la preuve heurtant le droit au respect de la vie privée

733. Le droit au respect de la vie privée[2484] est un droit fondamental garanti par l'article 12 de la Déclaration universelle des droits de l'Homme[2485], l'article 17 du Pacte international relatif aux droits civils et politiques, l'article 8 de la Convention européenne des droits de l'Homme, l'article 7 de la Charte des droits fondamentaux et l'article 9 du Code civil. À ce titre, une preuve recueillie en violation de ce droit devrait, par principe, être jugée inadmissible.

734. La Cour européenne des droits de l'Homme a posé des conditions strictes pour juger le recueil d'une preuve conformément à l'article 8 de la Convention européenne des droits de l'Homme. L'ingérence doit être prévue par la loi[2486], elle doit poursuivre un but légitime – dont l'alinéa 2 de l'article 8 – fait état et elle doit être nécessaire dans une société démocratique. En dépit de cette rigueur, la Cour de Strasbourg n'a pas lié la violation de ces conditions à une règle d'admissibilité de la preuve recueillie en violation de ce droit fondamental. Dès l'arrêt Schenk c/ Suisse du 12 juillet 1988[2487], la Cour juge qu'une

---

[2484] Sur ce point : FERRAND Frédérique, *Preuve*, Répertoire de procédure civile, Dalloz, 2016, n°492-502 ; LECLERC Olivier, VERGES Etienne et VIAL Géraldine, *Droit de la preuve*, PUF, Thémis droit, 2015, pp. 363-374 ; MARGUENAUD Jean-Pierre, *Conv. EDH, art. 8 : Vie privée*, Répertoire de droit européen, Dalloz, 2016 ; SUDRE Frédéric, *Convention européenne des droits de l'Homme, Droits garantis, Droit au respect de la vie privée et familiale, Principes directeurs, Protection de la vie privée*, JurisClasseur Europe Traité, Fasc. 6524, Lexis Nexis, 2016 ; SUDRE Frédéric (dir.), *Le droit au respect de la vie privée au sens de la Convention européenne des droits de l'homme*, Bruylant et Némésis, 2005.

[2485] La Déclaration universelle des droits de l'Homme n'a, toutefois, pas de véritable portée juridique (Sur ce point : GAMBARAZA Marc, *Le statut juridique de la Déclaration universelle des droits de l'Homme*, Thèse de doctorat numérique, Paris 2, 2013).

[2486] C'est le cas lorsque la législation interne ne prévoit pas la procédure qui porte atteinte à l'article 8 de la Convention européenne des droits de l'Homme (CEDH, 5 novembre 2002, n°48539/99, Allan c/ Royaume-Uni, § 36 : Rec. CEDH 2002-IX), mais c'est aussi le cas lorsque les garanties légales offertes par la législation interne sont insuffisantes (CEDH, Gde Ch., 10 mars 2009, n°4378/02, Bykov c/ Russie, §§ 80-83 : JCP G 2009, n°29, comm. 143, note Frédéric SUDRE).

[2487] Dans l'affaire Schenk c/ Suisse (CEDH, Plén., 12 juillet 1988, n°10862/84, Schenk c/ Suisse : Rec. CEDH, p. 29) la Cour européenne des droits de l'Homme a jugé que l'équité du procès n'est pas affectée par l'emploi d'un moyen de preuve obtenu dans des conditions contraires à l'article 8 de la Convention. En l'espèce, il est question de la conformité à l'article 6 de la Convention d'un enregistrement clandestin comme moyen de preuve. Le requérant a été condamné à dix ans de prison pour avoir tenté de faire assassiner son épouse alors même qu'ils étaient en procédure de divorce. Le requérant avait missionné pour cela un tiers qui avait enregistré un entretien téléphonique où il demandait à ce tiers d'éliminer son épouse. Ce tiers avait ensuite livré cet élément de preuve à la police. La Cour relève que les droits de la défense ont été respectés (le requérant ayant eu la faculté de «contester l'authenticité [de la preuve] et d'en combattre l'emploi, après en avoir au début approuvé l'audition », § 47) et que l'enregistrement n'a pas été la seule preuve qui a permis la condamnation du requérant (« La Cour attache aussi du poids à la circonstance que l'enregistrement téléphonique n'a pas

juridiction pénale peut se fonder sur une preuve recueillie dans des conditions contraires à l'article 8 de la Convention européenne des droits de l'Homme dès lors qu'il ne s'agit pas de l'unique preuve fondant la conviction des juges. Cette solution, constamment reprise[2488], a encore été confirmée par un arrêt Kalnéniené c/ Belgique du 31 janvier 2017[2489].

735. Cette solution a même été renforcée dans l'affaire Khan c/ Royaume-Uni[2490] où il a été jugé qu'une preuve unique obtenue, par l'autorité publique[2491], dans des conditions contraires à l'article 8 de la Convention européenne des droits de l'Homme ne heurte pas l'équité du procès dès lors que le requérant a pu exercer ses droits de la défense en critiquant la preuve litigieuse. Les juges de Strasbourg n'exigent pas que soit exclue une preuve obtenue par l'autorité publique dans des conditions contraires à l'article 8 alors même qu'elle est l'unique preuve qui fonde une sanction pénale.

736. Bien que ces solutions soient vivement critiquées et que certains juges estiment « que le moment est venu pour la Cour de changer sa rhétorique et de reconnaître ouvertement qu'elle a pour tâche de déterminer des règles minimales de recevabilité des preuves obtenues en violation des droits garantis

---

constitué le seul moyen de preuve retenu pour motiver la condamnation », § 48). De ce fait, la Cour juge qu'il n'y a pas eu violation de l'article 6 de la Convention européenne des droits de l'Homme (§ 49).

2488 Dans une affaire P.G. et J.H. c/ Royaume-Uni (CEDH, 25 septembre 2001, n°44787/98, P.G. et J.H. c/ Royaume-Uni : Rec. 2001-IX), la Cour juge que des enregistrements réalisés en dehors de tout cadre légal sont contraires à l'article 8 de la Convention mais se refuse à juger que la procédure est inéquitable sur le fondement de l'article 6. En l'espèce, elle se fonde sur plusieurs facteurs pour juger la procédure équitable : d'une part « les éléments enregistrés ne constituaient pas les seules preuves à charge contre les requérants » (§ 79), d'autre part, le requérant a eu « l'occasion de contester tant l'authenticité que l'emploi de ces enregistrements » (§ 79).

2489 CEDH, 31 janvier 2017, n°40233/07, Kalnéniené c/ Belgique : Dr. fisc. 2017, n°9, 191, chron. Ludovic AYRAULT. Dans cette affaire, la Cour européenne des droits de l'Homme se fonde sur une pluralité d'indices pour juger de la compatibilité de la preuve retenue avec le procès équitable. Elle juge que « les circonstances dans lesquelles les éléments de preuve litigieux ont été recueillis ne font aucunement douter de leur fiabilité ou de leur exactitude » (§ 51), que la requérante a pu contester la preuve litigieuse (§ 51), que la condamnation a été fondée sur d'autres éléments de preuve (§ 51) et que « rien ne permet de conclure que l'appréciation par les tribunaux internes ait été arbitraire ou manifestement déraisonnable, ou que les droits de la défense de la requérante n'aient pas été suffisamment respectés » (§ 51). Enfin, la requérante n'a pas été privée de garder le silence (§ 52).

2490 Dans l'affaire Khan c/ Royaume-Uni (CEDH, 12 mai 2000, n°35394/97, Khan c/ Royaume-Uni : Rec. 2000-V) la Cour radicalise la solution adoptée dans l'arrêt Schenk car, en l'espèce, la preuve obtenue dans des conditions contraires à l'article 8 de la Convention est l'unique fondement de la sanction pénale. La Cour estime tout de même que la procédure a été équitable dans son ensemble dès lors que « le requérant eut largement l'occasion de contester l'authenticité et l'emploi de l'enregistrement » (§ 38).

2491 En l'espèce, il s'agit des services de police du Royaume-Uni (CEDH, 12 mai 2000, n°35394/97, Khan c/ Royaume-Uni, § 9).

par la Convention »[2492], il faut constater qu'il n'existe, pour l'heure, qu'un seul cas où le recueil d'une preuve en violation de l'article 8 de la Convention européenne des droits de l'Homme est jugé contraire à l'équité du procès : lorsque la preuve a été recueillie en portant atteinte au droit de ne pas s'incriminer[2493]. Ces solutions tendent à réaffirmer la place éminente occupée par le droit de ne pas s'auto-incriminer comme fondement de l'admissibilité de la preuve.

737. En dépit de cette jurisprudence extrêmement libérale, les juridictions internes retiennent une lecture différente de celle de la Cour européenne des droits de l'Homme puisque la violation du droit au respect de la vie privée entraîne l'inadmissibilité de la preuve.

738. En ce sens, le juge pénal veille au strict respect du droit au respect de la vie privée lors du recueil de la preuve par l'autorité publique[2494]. La Chambre criminelle a jugé que l'autorité publique ne pouvait recueillir une preuve en violation du droit au respect de la vie privée[2495] – protégé par l'article 226-1 du Code pénal[2496] et elle contrôle le respect du droit à la vie privée de l'article 8 de

---

[2492] Opinion concordante des juges KARAKAS et TURKOVIC dans l'affaire Kalnéniené c/ Belgique (CEDH, 31 janvier 2017, n°40233/07, Kalnéniené c/ Belgique : préc.).

[2493] Une telle violation a été reconnue dans l'affaire Allan c/ Royaume-Uni (CEDH, 5 novembre 2002, n°48539/99, Allan c/ Royaume-Uni : Rec. CEDH 2002-IX) : un dispositif « d'enregistrement vidéo et audio placés à son insu dans sa cellule et dans la zone de visite de la prison ainsi que sur la personne d'un codétenu » (§ 34). En l'absence de toute disposition légale encadrant ce dispositif, l'article 8 de la Convention est méconnu (§ 36). En l'espèce, les éléments recueillis à la faveur du dispositif qui a affecté le droit de se taire du prévenu (§ 50) et que le prévenu a subi « une pression psychologique » (§ 52) qui « a porté atteinte au droit de l'intéressé de garder le silence et de ne pas contribuer à sa propre incrimination » (§ 52)). C'est également le cas dans l'affaire Jalloh c/ Allemagne (Cour EDH, Gde ch., 11 juillet 2006, n°54810/00, Jalloh c/ Allemagne : JCP G 2007, I, 106, n°1, obs. Frédéric SUDRE) puisque la Cour estime que la violation de l'article 3 entraîne une violation de l'article 8 de la Convention européenne des droits de l'Homme (§ 86). L'emploi de cette preuve a elle-même affecté l'équité du procès dès lors que le droit de ne pas s'auto-incriminer a été affecté (§ 122). Mais cette violation de l'article 6 n'est pas reconnue dans l'affaire Bykov c/ Russie (CEDH, Gde ch., 10 mars 2009, n°4378/02, Bykov c/ Russie : JCP G 2009, n°29, comm. 143, note Frédéric SUDRE) : un dispositif d'écoute a été installé au domicile de l'accusé (§ 69) dans des conditions contraires à l'article 8§2 de la Convention (§§ 82-83). La Cour estime néanmoins qu'au regard de l'utilisation qui a été faite des éléments de preuve ainsi recueillis, il n'y a pas eu d'atteinte à l'article 6 car le droit de ne pas s'auto-incriminer n'a pas été affecté (§ 105).

[2494] DESPORTES Frédéric et LAZERGES-COUSQUER Laurence, *Traité de procédure pénale*, Economica, 4e éd., 2015, pp. 431-437.

[2495] Constitue une atteinte à la vie privée le fait de photographier des individus au sein d'une propriété privée (Cass. crim., 21 mars 2007, n°06-89.444 : Bull. crim., n°89).

[2496] Un justiciable viole le droit au respect de la vie privée « 1° En captant, enregistrant ou transmettant, sans le consentement de leur auteur, des paroles prononcées à titre privé ou confidentiel ; 2° En fixant, enregistrant ou transmettant, sans le consentement de celle-ci, l'image d'une personne se trouvant dans un lieu privé ».

la Convention européenne des droits de l'Homme lors du processus de recueil de la preuve[2497].

739. La matière pénale fiscale ne présente, en la matière, aucun particularisme[2498] tout comme la matière douanière où la Chambre criminelle de la Cour de cassation a jugé que si « tous délits en matière douanière ou cambiaire peuvent être prouvés par toutes les voies de droit, c'est à la condition que les moyens de preuve produits devant le juge pénal ne procèdent pas d'une méconnaissance des règles de procédure et n'aient pas eu pour effet de porter atteinte aux droits de la défense, ni au principe énoncé à l'article 8 de la Convention européenne de sauvegarde des droits de l'homme et des libertés fondamentales »[2499]. En l'espèce, elle juge « que les conditions exactes de la réalisation et de la remise de l'enregistrement litigieux demeurent imprécises »[2500] exigeant ainsi que l'administration des douanes établisse la conformité du recueil de la preuve[2501] à cette stipulation de la Convention européenne des droits de l'Homme. À défaut de prouver l'origine de cette preuve, la Chambre criminelle écarte les preuves ainsi recueillies.

740. De même, devant le juge civil[2502], la preuve doit respecter le droit à la vie privée – garanti par l'article 9 du Code civil qui dispose que « Chacun a droit au respect de sa vie privée »[2503] et l'article 8 de la Convention européenne des droits de l'Homme. Une preuve recueillie en violation de cette stipulation – et de l'article 9 du Code civil – est inadmissible dès lors qu'elle contrevient à l'exigence de légalité de l'administration de la preuve posée par l'article 9 du Code de procédure civile. Le juge civil n'opère aucune distinction entre la

---

[2497] Cass. crim., 31 mai 2011, n°11-80.034 : Bull. crim., n°113.

[2498] En matière fiscale, la Chambre criminelle a jugé compatible de la procédure de visite et de saisie de l'article L. 16 B du Livre des procédures fiscales avec le droit au respect de la vie privée (Cass. crim., 10 avril 2002, n°00-30.297 : RJF 11/02, n°1127 ; Cass. crim., 5 juin 1997, n°96-83.341 : Bull. crim., n°226).

[2499] Cass. crim., 19 juin 1989, n°89-81.777 : Bull. crim., n°261, p. 648 ; D. 1991, p. 175, note Jean PANNIER.

[2500] Cass. crim., 19 juin 1989, n°89-81.777 : Bull. crim., n°261, p. 648 ; préc.

[2501] Dans un arrêt du 16 mars 1972 (Cass. crim., 16 mars 1972, n°71-92.513 : Bull. crim., n°108) la Cour de cassation avait jugé qu'il n'était pas prouvé qu'une déclaration anonyme qui avait permis la découverte d'éléments de preuve ayant conduit à une procédure pénale douanière ait été obtenue « par des procédés délictueux ou déloyaux ».

[2502] Sur ce point : HAUSER Jean, *Droit au respect de la vie privée et droit de la preuve*, RTD Civ. 2013, n°1, pp. 86-87 ; LECLERC Olivier, VERGES Etienne et VIAL Géraldine, *Droit de la preuve*, PUF, Thémis droit, 2015, pp. 363-371.

[2503] Marie-Laure BELAVAL et Renaud SALOMON relèvent ainsi qu'« En se fondant sur l'article 9 du code de procédure civile et sur les articles 6 ou 8 de la Convention européenne des droits de l'homme, les chambres civiles, commerciale et sociale de la Cour de cassation rejettent traditionnellement les enregistrements de conversations téléphoniques ou les enregistrements vidéo faits à l'insu de l'un des interlocuteurs en raison de leur caractère déloyal » (*Chronique de jurisprudence de la Cour de cassation*, D. 2008, p. 2749).

preuve recueillie par l'autorité publique et celle recueillie par un particulier : la preuve obtenue en violation de l'intimité de la vie privée est jugée inadmissible. En matière fiscale, la Chambre commerciale de la Cour de cassation a indirectement pris position sur cette question en ne jugeant pas contraire au principe de loyauté de la preuve les « simples constatations [d'agents de l'administration fiscale] ayant consisté à relever, sur le domaine public, les mentions figurant sur des boîtes aux lettres »[2504]. Or, devant le juge civil, « un procédé intrusif est licite s'il est mis en œuvre dans un lieu public, sur une période suffisamment courte et qu'il se borne à des constations liées au l'objet du litige »[2505]. À l'inverse, si un agent de l'autorité publique venait à recueillir une preuve dans des conditions manifestement contraires à l'intimité de la vie privée, la preuve devrait être écartée comme il est jugé pour les particuliers.

741. Enfin, devant le juge administratif, le Conseil d'Etat a jugé, pour la première fois, dans la décision M. Ganem[2506] de l'atteinte à la vie privée subie par un agent public lors du recueil d'une preuve par un détective privé engagé par un employeur public. Il a jugé qu'« un rapport [rédigé par un détective privé] reposant sur des constatations matérielles du comportement de M. A... à l'occasion de son activité et dans des lieux ouverts au public »[2507] peut fonder une sanction disciplinaire. Si le Conseil d'Etat ne se fonde pas sur l'article 8 de la Convention européenne des droits de l'Homme pour juger de cette affaire, il apparaît qu'il établit les limites dans lesquelles une preuve recueillie, à la demande de l'autorité publique, peut porter atteinte au droit au respect de la vie privée. La référence faite aux *lieux ouverts au public* manifeste une exigence de proportionnalité dans l'atteinte au respect au droit de la vie privée. À l'inverse, une preuve qui aurait affecté, de manière disproportionnée, la vie privée de l'agent pourrait être jugée inadmissible pour fonder une sanction disciplinaire[2508], notamment si elle portait atteinte au droit au respect du domicile. Il y a tout lieu de croire que « les preuves obtenues (…) par des intrusions dans la vie privée »[2509] seront jugées inadmissibles par le juge administratif. Cette solution atteste donc d'une prise en compte de la violation de la vie privée par le juge administratif dans le recueil d'une preuve visant à fonder une sanction d'un agent public.

[2504] Cass. com., 7 juillet 2015, n°14-15.965 : Dr. fisc. 2015, n°46, 671, éd. Renaud SALOMON ; RJF 11/15, n°925 ; JCP E 2016, n°7, 1100, chron. Renaud SALOMON ; Cass. com., 12 octobre 2010, n°09-70.590 et 09-70.592 : RJF 02/11, n°180.
[2505] LECLERC Olivier, VERGES Etienne et VIAL Géraldine, *Droit de la preuve*, PUF, Thémis droit, 2015, p. 365.
[2506] Conseil d'Etat, Sect., 16 juillet 2014, n°355201, M. Ganem : préc.
[2507] Conseil d'Etat, Sect., 16 juillet 2014, n°355201, M. Ganem, cons. n°4 : préc.
[2508] Conseil d'Etat, Sect., 16 juillet 2014, n°355201, M. Ganem, cons. n°3 : préc.
[2509] EVEILLARD Gweltaz, *Liberté et loyauté de la preuve devant le juge administratif*, Droit administratif 2014, n°12, comm. 73.

742. Il y a tout de fois lieu de relever que le Conseil d'Etat forge, en la matière, une conciliation particulière en matière de proportionnalité de l'atteinte à la vie privée. Si la première Chambre civile de la Cour de cassation a pu juger, dans une affaire assez proche, que la surveillance d'un assuré dans des lieux ouverts au public par un huissier de justice n'était pas contraire au principe de loyauté de la preuve[2510], la Chambre sociale se montre plus radicale dans son appréhension de la loyauté en prohibant tout « dispositif de contrôle clandestin »[2511]. La Cour européenne des droits de l'Homme livre, également, un équilibre qui lui est propre dans la proportionnalité de l'atteinte à la vie privée qui a pu inspirer la jurisprudence du Conseil d'Etat[2512]. Il semble que le juge administratif souhaite offrir à l'Administration une importante liberté dans le recueil de preuves qui affectent la vie privée de l'agent public. Pour l'heure, la juridiction administrative n'a pas posé de bornes claires en la matière. Si elle a jugé admissible la preuve résultant d'une conversation entre des agents d'une même administration sur un réseau de connaissances, une autre solution pose problème. La cour administrative d'appel de Lyon a jugé conforme à l'exigence de loyauté la visite au domicile d'un agent public en son absence – et sans qu'il en ait été préalablement averti – alors que l'agent a été soupçonné de sous-louer une partie de son logement de fonction[2513]. Cette visite, bien qu'opérée au mépris du droit au respect de la vie privée et du droit au domicile n'a pas été jugée déloyale[2514]. Le pragmatisme des juges d'appel apparaît ici

[2510] Cass., 1ère civ., 31 octobre 2012, n°11-17.476 : Bull. civ., I, n°224 ; Communication Commerce électronique 2012, n°12, comm. 137, comm. Agathe LEPAGE.

[2511] Cass. soc., 4 juillet 2012, n°11-30.266 : Bull. civ. V, n°208 : Au visa de l'article 9 du Code de procédure civile, la Chambre sociale de la Cour de cassation déclare déloyale la preuve obtenue par un employeur – qui consistait en l'espèce en des « lettres piégées à l'insu du personnel » – qu'elle qualifie de « dispositif de contrôle clandestin et à ce titre déloyal ».

[2512] La Cour européenne des droits de l'Homme a jugé dans un arrêt de La Flor Cabrera c/ Espagne (CEDH, 27 mai 2014, n°10764/09, de La Flor Cabrera c/ Espagne : JCP G 2014, n°28, doctr. 832, chron. Frédéric SUDRE ; Revue Générale du Droit des Assurances 2014, n°7, pp. 409-412, comm. Romain SCHULZ) que ne constitue pas une ingérence disproportionnée la captation d'images d'un individu dans ses « déplacements sur la voie publique » (§ 38) par un détective privé (§ 39) dès lors que « l'ingérence dans le droit du requérant à sa vie privée n'a pas été disproportionnée à la lumière des exigences de l'article 8 de la Convention » (§ 42). Cette solution s'inscrit dans la jurisprudence antérieure de la Cour européenne des droits de l'Homme qui mesure si l'atteinte à la vie privée constitue ou non une ingérence disproportionnée dans le droit au respect de la vie privée (CEDH, 28 janvier 2003, n°44647/98, Peck c/ Royaume-Uni : JCP G 2003, n°37, doctr. 160, ét. Frédéric SUDRE). Elle exige cependant que la jurisprudence ou la loi encadrent le recours à des telles surveillances pour éviter tout arbitraire (CEDH, 18 octobre 2016, n°61838/10, Vukota-Bojic c/ Suisse, § 74). Elle recherche également si la surveillance n'a pas été trop invasive dans la vie privée de l'individu. En ce sens, elle a pu juger proportionnée une surveillance qui n'avait pas été « totale et exhaustive » (CEDH, 2 septembre 2010, n°35623/05, Uzun c/ Allemagne, § 80).

[2513] CAA de Lyon, 3e ch., 6 janvier 2015, n°13LY02137 : AJFP 2015, p. 268.

[2514] La cour administrative d'appel de Lyon, par un arrêt du 6 janvier 2015 (Cour administrative d'appel de Lyon, 3e ch., 6 janvier 2015, n°13LY02137 : AJFP 2015, p. 268), a jugé de la loyauté d'une preuve retenue dans le cadre d'une procédure disciplinaire. En l'espèce, un agent de la

particulièrement déroutant puisque si l'employeur public peut pénétrer dans le domicile de l'agent public sans heurter aucun principe, il y a lieu de s'interroger – voire de s'inquiéter – sur les conditions requises pour heurter la loyauté à laquelle est tenue l'employeur public. Un éclaircissement du Conseil d'Etat apparaît, en la matière, bien nécessaire afin que des limites claires soient établies dans le recueil d'une preuve dont les conditions heurtent le droit au respect de la vie privée.

743. Enfin, le juge européen garantit également le droit au respect de la vie privée et familiale[2515]. Il a été reconnu comme « l'un des droits fondamentaux protégés par l'ordre juridique communautaire »[2516] et est désormais garanti par l'article 7 de la Charte des droits fondamentaux. Pour mesurer l'atteinte à ce droit, la Cour de justice confère à l'article 7 de la Charte des droits fondamentaux un sens et une portée analogue à celle de l'article 8 de la Convention européenne des droits de l'Homme[2517], comme en dispose l'article 52, 3 de la Charte des droits fondamentaux[2518]. Dans l'affaire

---

gendarmerie nationale, a été sanctionné par un retrait d'emploi pour une durée de douze mois. Il a été établi que cet agent public avait sous-loué une partie du logement de fonction qui lui avait été attribué. Pour établir la preuve de cet agissement, une enquête de commandement a été menée. Or, les faits mentionnés dans cet arrêt révèle que cette enquête a été diligentée à la suite d'une dénonciation anonyme et que son domicile a été visité en l'absence de l'agent. Ce dernier estimait que la preuve ainsi recueillie était déloyale. La cour administrative d'appel de Lyon a rejeté ce moyen en estimant que l'autorité administrative n'a pas manqué à son obligation de loyauté au cours de cette enquête.

[2515] Sur ce point : ANDRIANTSIMBAZONIVA Joël, *Le droit au respect de la vie privée et familiale*, in, LABAYLE Henri et SUDRE Frédéric (dir.), *Réalité et perspectives du droit communautaire des droits fondamentaux*, Bruylant, 2000, pp. 253-293.

[2516] CJCE, 5 octobre 1994, n°C-404/92, X. c/ Commission, pt. 17 : Rec. p. I-4737.

[2517] La Cour de justice juge que l'« article 7 contient des droits correspondant à ceux garantis par l'article 8, paragraphe 1, de la CEDH » (CJUE, 15 novembre 2011, Dereci e.a., n°C-256/11, pt. 70 : Rec. p. I-11315 ; CJUE, 17 décembre 2015, WebMindLicenses, n°C-419/14, pt. 70).

[2518] Sur ce point : BONTINCK Thierry, *L'effectivité des droits fondamentaux dans le traité de Lisbonne*, in, FAVREAU Bertrand et SKOURIS Vassilios (dir.), *La charte des droits fondamentaux de l'Union européenne après le Traité de Lisbonne*, Bruylant, 2010, pp. 101-121 ; BURGORGUE-LARSEN Laurence, LEVADE Anne et PICOD Fabrice, *Traité établissant une Constitution pour l'Europe, Partie II, La Charte des droits fondamentaux de l'Union, Commentaire article par article*, Bruylant, 2005, V° article 52, pp. 658-688 ; FAVREAU Bertrand, *La charte des droits fondamentaux : pourquoi et comment ?*, in, FAVREAU Bertrand et SKOURIS Vassilios (dir.), *La charte des droits fondamentaux de l'Union européenne après le Traité de Lisbonne*, Bruylant, 2010, pp. 3-37 ; SUDRE Frédéric, *La cohérence issue de la jurisprudence européenne des droits de l'homme, L'« équivalence » dans tous ses états*, in, PICHERAL Caroline et COUTRON Laurent (dir.), *Charte des droits fondamentaux de l'Union européenne et Convention européenne des droits de l'homme*, Bruylant, 2012, pp. 45-65 ; TINIERE Romain, *La cohérence assurée par l'article 52§3 de la Charte des droits fondamentaux del'Union, Le principe d'alignement sur le standard conventionnel pour les droits correspondants*, in, PICHERAL Caroline et COUTRON Laurent (dir.), *Charte des droits fondamentaux de l'Union européenne et Convention européenne des droits de l'homme*, Bruylant, 2012, pp. 3-19.

WebMindLicenses[2519], la Cour de justice de l'Union européenne a livré un arrêt riche d'enseignements en matière d'« interceptions de télécommunications et de saisies de courriers électroniques »[2520] dans une affaire relevant des pratiques abusives en matière de taxe sur la valeur ajoutée qui entrent dans le champ du droit de l'Union. Cette affaire conduit donc à l'application des droits de la Charte des droits fondamentaux[2521]. En l'espèce, la Cour de justice juge – à propos de preuves obtenues dans le cadre d'une procédure pénale en matière fiscale dans le cas où cette procédure pénale n'a pas été clôturée – que les procédures de recherche de la preuve mises en œuvre par l'autorité publique qui affectent le droit au respect de la vie privée doivent être « prévues par la loi, [respecter le] principe de proportionnalité, [être] nécessaires et répond[re] effectivement à des objectifs d'intérêt général reconnus par l'Union »[2522] comme en dispose l'article 52, 1 de la Charte des droits fondamentaux. Elle juge ainsi que si les « preuves ont été obtenues dans le cadre de la procédure pénale ou utilisées dans celui de la procédure administrative en violation de l'article 7 de la Charte, [la] juridiction nationale doit écarter ces preuves et annuler ladite décision si celle-ci se trouve, de ce fait, sans fondement »[2523]. Cela signifie que le recueil, par l'autorité publique, d'une preuve qui heurte le droit au respect de la vie privée, en contradiction avec les garanties de la Charte, seront donc inadmissibles[2524]. L'inadmissibilité de la preuve est donc automatiquement attachée à la preuve recueillie dans des conditions contraires au droit au respect de la vie privée.

744. Le droit au respect de la vie privée fonde, une règle d'inadmissibilité de la preuve. Ce mécanisme prévaut également à propos des preuves couvertes par un secret protégé.

B/ L'inadmissibilité de la preuve couverte par un secret

745. La violation d'un secret protégé conduit à écarter la preuve obtenue en violation de ce secret. Cette solution s'explique par le fait que les secrets sont issus « de traditions ancestrales et de convictions politiques, voire philosophiques, très largement partagées »[2525]. En ce sens, nombreux sont les

---

2519 CJUE, 17 décembre 2015, n°C-419/14, WebMindLicenses : ECLI:EU:C:2015:832 ; JCP G 2016, n°1-2, 31, note Dominique BERLIN ; Europe 2016, n°2, comm. 37, note Denys SIMON.
2520 CJUE, 17 décembre 2015, n°C-419/14, WebMindLicenses, pt. 61 : préc.
2521 CJUE, 17 décembre 2015, n°C-419/14, WebMindLicenses, pt. 67 : préc.
2522 CJUE, 17 décembre 2015, n°C-419/14, WebMindLicenses, pt. 73 : préc.
2523 CJUE, 17 décembre 2015, n°C-419/14, WebMindLicenses, pt. 91 : préc.
2524 À l'inverse, une preuve obtenue par un particulier qui heurte les droits fondamentaux reconnus par la Charte pourra être employée si elle a été obtenue légalement par l'autorité publique : cf. infra, n°799.
2525 MIGNON Emmanuelle, *Y a-t-il encore un secret fiscal ?*, RJF 03/99, pp. 178-185, spéc. p. 178.

secrets qui sont protégés[2526] et l'article 226-13 du Code pénal punit la « révélation d'une information à caractère secret par une personne qui en est dépositaire soit par état ou par profession, soit en raison d'une fonction ou d'une mission temporaire ». En cette matière, si le secret professionnel des agents du fisc ne se voit associer aucune règle d'admissibilité de la preuve (1), le secret professionnel des avocats (2) et le secret médical (3) rendent inadmissibles en justice les éléments de preuve couverts par ces secrets.

1/ L'admissibilité de la preuve recueillie en violation du secret professionnel des agents du fisc

746. En matière fiscale[2527] – bien qu'il existe de nombreuses dispositions qui limitent le secret professionnel à l'égard du fisc[2528] – les agents du fisc sont tenus au secret professionnel à l'occasion de leur mission de contrôle fiscal comme

---

2526 Nombreux sont les secrets qui peuvent affecter l'administration de la preuve. Il en va ainsi du secret des affaires (GARINOT Jean-Marie, *Le secret des affaires*, Lexis Nexis, 2013), du secret des sources journalistiques (Art. 2 de la Loi du 29 juillet 1881 sur la liberté de la presse), ou encore le secret bancaire (Art. L. 511-33 du Code monétaire et financier). À cet égard, le secret bancaire n'a pas de réelle existence face au fisc puisque « Le secteur bancaire est devenu une 'maison de verre' face à l'administration fiscale » (FARHAT Raymond, *Le secret bancaire : étude de droit comparé, France, Suisse, Liban*, Thèse de doctorat, Paris, LGDJ, Bibliothèque de science financière, Tome 8, 1970, p. 651).

2527 Sur ce point : AYRAULT Ludovic, *Le contrôle juridictionnel de la régularité de la procédure d'imposition*, Thèse de doctorat, Paris 2, L'Harmattan, 2004, pp. 157-166 ; BERGERES Maurice-Christian, *Le secret professionnel face aux prérogatives du fisc*, D. 1981, p. 81 ; BRARD Yves, *Que reste-t-il du secret professionnel opposable au fisc ?*, Dr. fisc. 1991, n°25, p. 960 ; BRARD Yves, *Secret professionnel*, Jurisclasseur Procédures fiscales, fasc. n°313, Lexis Nexis, 2009 ; BRARD Yves, *Secret professionnel : développements récents et perspectives*, Dr. fisc. 1999, n°46-47, p. 1421 ; DEBOISSY Florence, *Le secret professionnel et l'administration fiscale*, LPA 2005, n°24, pp. 24-40 ; FARHAT Raymond, *Le secret bancaire : étude de droit comparé, France, Suisse, Liban*, Thèse de doctorat, Paris, LGDJ, 1970 ; FERRAND Frédérique, *Preuve*, Répertoire de procédure civile, Dalloz, 2016, n°506-536 ; LABRUNE Nicolas, *L'administration fiscale, le pharmacien et l'ordinateur*, RJF 10/15, pp. 715-719 ; LAMBERT Thierry, *L'administration fiscale et le secret*, BF 06/05, pp. 447-453 ; LARDEUX Gwendoline, *Secrets professionnels et droit à la preuve : de l'opposition déclarée à la conciliation imposée*, D. 2016, p. 96 ; LASSERRE-CAPDEVILLE Jérôme, *Le secret bancaire, étude de droit comparé (France, Suisse, Luxembourg)*, Thèse de doctorat, PUAM, 2006 ; LECLERC Olivier, VERGES Etienne et VIAL Géraldine, *Droit de la preuve*, PUF, Thémis droit, 2015, pp. 397-409 ; MIGNON Emmanuelle, *Y a-t-il encore un secret fiscal ?*, RJF 03/99, pp. 178-185 ; MODERNE Franck, *Le secret médical devant les judictions administratives et fiscales*, AJDA 1973, p. 404 ; PLAGNET Bernard, *Le secret médical devant l'administration fiscale*, in, *Pouvoir et liberté : études offertes à Jacques MOURGEON*, Bruxelles, Bruylant, 1998, pp. 623-632 ; VERCLYTTE Stéphane, *Opposabilité du secret médical aux services fiscaux : évolutions législatives, confirmation jurisprudentielle*, RJF 07/98, p. 535.

2528 Pour une étude exhaustive des dispositions en la matière : CARRASCO-DAERON Marie, *La dissimulation en droit pénal*, Thèse de doctorat dact., Toulouse, 2016, pp. 218-223.

en dispose l'article L. 103 du Livre des procédures fiscales[2529]. La violation de ce secret est pénalement sanctionnée conformément à l'article 226-13 du Code pénal[2530]. En cette matière, le Conseil d'Etat a posé, dans l'avis Duguay[2531], que « Les dispositions législatives protégeant le secret professionnel, telles que l'article L. 103 du livre des procédures fiscales, ou la vie privée peuvent faire obstacle à la communication par l'administration à un contribuable de renseignements concernant un tiers, sauf si le contribuable est débiteur solidaire de l'impôt dû par ce tiers, sans le consentement de celui-ci ou de toute personne habilitée à cet effet »[2532]. À ce titre, le juge de l'impôt veille ainsi à ce que les éléments de comparaison issus de données chiffrées provenant d'autres entreprises assurent le principe du contradictoire – ce qui exige de dévoiler le nom de ces entreprises – mais également le secret professionnel – ce qui exige de ne livrer que des moyennes et non les résultats propres de ces entreprises[2533] ou de ne pas révéler des éléments relatifs à la vie privée de contribuables[2534]. En outre, lorsque l'administration fiscale entend opposer un secret professionnel pour refuser la communication d'un document ayant servi à fonder un redressement, elle doit « apporter des éléments d'information appropriés sur la nature des passages occultés et les raisons de leur occultation »[2535]. Toutefois, le juge administratif de l'impôt juge, avec constance[2536] – sans que le juge civil de l'impôt ne se soit prononcé en la matière – inopérante la violation du secret professionnel par un agent du fisc à l'occasion d'une décision d'imposition. Cette solution repose sur le principe d'indépendance des procédures : le contribuable doit engager une action à l'encontre de l'agent qui a violé le secret professionnel ou à l'encontre de l'Administration[2537]. En somme, le juge de l'impôt ne pose pas de véritable règle d'inadmissibilité de la preuve recueillie en violation du secret professionnel auquel sont tenus les agents du fisc. Cette solution peut apparaître comme critiquable car elle conduit à vider de sa

---

[2529] La constitutionnalité de cette disposition a été affirmée par la Chambre criminelle de la Cour de cassation (Cass. crim., 25 janvier 2017, n°16-90.028, Inédit).

[2530] Cass. crim., 9 décembre 2015, n°14-86.833, Inédit.

[2531] Conseil d'Etat, 8e et 3e s.-s., Avis, 21 décembre 2006, n°293749, Duguay : préc.

[2532] Conseil d'Etat, 8e et 3e s.-s., Avis, 21 décembre 2006, n°293749, Duguay, cons. n°2 : préc.

[2533] Conseil d'Etat, 10e et 9e s.-s., 4 février 2013, n°336592 et 336593, Paulin : Dr. fisc. 2013, n°14, comm. 230 ; RJF 04/13, n°421, concl. Delphine HEDARY, BDCF 04/13, n°46 ; Conseil d'Etat, 10e et 9e s.-s., 27 juillet 2012 n°325436, Catusse : Dr. fisc. 2012, n°51, comm. 571, note Jean-Luc PIERRE ; RJF 11/12, n°1041.

[2534] Cass. com., 20 novembre 2007, n°06-16.393, Inédit.

[2535] Conseil d'Etat, 9e et 10e ch., 30 mai 2018, n°402177, M. et Mme B : Dr. fisc. 2019, n°6, comm. 148, concl. Émilie BOKDAM-TOGNETTI.

[2536] Conseil d'Etat, 8e et 3e s.-s., 14 janvier 2008, n°292379, Mawart : Dr. fisc. 2008, n°16, comm. 280, concl. Laurent OLLEON ; RJF 04/08, n°397, concl. Laurent OLLEON, BDCF 04/08, n°45 ; Conseil d'Etat, Plén., 19 décembre 1975, n°88119 : Dr. fisc. 1976, n°38, comm. 1249, concl. FABRE ; RJF 02/76, n°52.

[2537] MIGNON Emmanuelle, *Y a-t-il encore un secret fiscal ?*, RJF 03/99, pp. 178-185, spéc. p. 183.

substance le secret professionnel auquel sont tenus les agents du fisc. Une solution différente est retenue à l'égard du secret professionnel de l'avocat.

2/ L'inadmissibilité des pièces couvertes par le secret professionnel des avocats

747. Le secret professionnel des avocats est protégé en tant que composante des droits de la défense[2538]. Ce secret est posé par la réglementation de la profession[2539] et fait l'objet d'une protection particulière tant par la Cour européenne des droits de l'Homme[2540] que la Cour de justice de l'Union européenne[2541] qui conduisent – pour cette dernière – à juger inadmissibles[2542] les preuves recueillies en violation du secret professionnel de l'avocat.

748. La nécessité d'écarter des débats les pièces couvertes par le secret professionnel de l'avocat est reconnue par les chambres civiles de la Cour de cassation[2543]. À ce titre, le juge doit écarter la pièce issue de la correspondance

---

[2538] DESPORTES Frédéric et LAZERGES-COUSQUER Laurence, *Traité de procédure pénale*, Economica, 4e éd., 2015, n°588, p. 437.

[2539] L'article 66-5 de la loi n°71-1130 du 31 décembre 1971 portant réforme de certaines professions judiciaires et juridiques (J.O. du 5 janvier 1972, p. 131) qui a été modifié par l'article 4 de la loi n°2011-331 du 28 mars 2011 de modernisation des professions judiciaires ou juridiques et certaines professions réglementées (J.O. du 29 mars 2011, p. 5447) dispose qu'« En toutes matières, que ce soit dans le domaine du conseil ou dans celui de la défense, les consultations adressées par un avocat à son client ou destinées à celui-ci, les correspondances échangées entre le client et son avocat, entre l'avocat et ses confrères à l'exception pour ces dernières de celles portant la mention " officielle ", les notes d'entretien et, plus généralement, toutes les pièces du dossier sont couvertes par le secret professionnel ».

[2540] La Cour européenne des droits de l'Homme garantit le secret professionnel de l'avocat (CEDH, 30 janvier 2007, n°77097/01, Ekinci et Akalın c/ Turquie, § 47 ; CEDH, 16 décembre 1992, n°13710/88, Niemietz c/ Allemagne, § 32 : série A, n°251-B ; CEDH, 25 mars 1992, n°7511/76 et 7743/76, Campbell c/ Royaume-Uni, §§ 46-48 : série A n°233). Elle a toutefois jugé dans l'affaire Michaud c/ France (CEDH, 6 décembre 2012, n°1223/11, Michaud c/ France : JCP 2013, n°187, note Robert ; Procédures 2013, comm. 43, obs. Natalie FRICERO ; JCP 2013, n°64, p. 95, note Frédéric SUDRE) que « l'obligation de déclaration de soupçon ne porte pas une atteinte disproportionnée au secret professionnel des avocats » (§ 131).

[2541] La Cour de Justice protège le secret des communications des avocats de leurs clients. Cette protection est nécessaire pour « sauvegarder le plein exercice des droits de la défense » comme elle l'a jugé en matière concurrentielle (CJCE, 18 mai 1982, n°C-155/79, AM & S c/ Commission, pt. 23 : Rec. p. 1575). Elle a rappelé que cette protection attachée aux communications entre l'avocat et son client ne vaut cependant que pour les avocats indépendants (CJUE, Gde ch., 14 septembre 2010, n°C-550/07, Akzo Nobel Chemicals et Akcros Chemicals / Commission, pt. 40-51 : Rec. p. 8301).

[2542] PAOLO Mengozzi, concl. du 6 novembre 2008 sur CJCE, 9 juillet 2009, Archer Daniels Midland [ADM] c/ Commission des Communautés européennes, n°C-511/06 P, pt. 114 : Rec. p. I-5843.

[2543] Cass. com., 3 mai 2012, n°11-14.008 : Bull. civ. IV, n°87 ; Cass., 1ère civ., 27 septembre 2005, n°03-18.943, Inédit.

entre un client et son avocat que son ex-épouse présente au juge[2544] y compris lorsqu'il s'agit de correspondances échangées entre avocats[2545]. Il a même été jugé que l'obligation au secret professionnel de l'avocat « est générale et absolue »[2546] privant les justiciables d'invoquer le droit à la preuve ou les droits de la défense pour administrer une preuve couverte par le secret professionnel de l'avocat.

749. Une solution analogue est retenue en matière pénale puisque le juge pénal se doit d'écarter les pièces couvertes par ce secret échangées entre le prévenu et son avocat – comme en dispose l'article 432 du Code de procédure pénale[2547]. En outre, la protection du secret de l'avocat fait obstacle à ce qu'un avocat subisse une perquisition selon les procédures de droit commun[2548] et conduit à écarter les pièces protégées par ce secret professionnel[2549] – sauf dans le cas où cette pièce permet d'établir la participation de l'avocat à l'infraction[2550].

750. En matière fiscale, une solution rigoureusement identique est retenue. La Chambre commerciale a jugé, en matière de procédure de visite et de saisie de l'article L. 16 B du Livre des procédures fiscales, « qu'une saisie de pièces [entrant dans le champ du secret professionnel de l'avocat] ne peut être autorisée ou maintenue, à l'occasion d'une visite dans un cabinet d'avocat, qu'à la condition que les documents saisis soient de nature à établir la preuve de la participation de l'avocat à la fraude présumée »[2551]. Le secret professionnel de l'avocat est donc protégé par le juge civil de l'impôt dans un sens parfaitement conforme à celui retenu par la Chambre criminelle.

751. La protection particulière du secret professionnel de l'avocat est également retenue par le juge administratif. Il est interdit au fisc de se fonder sur un document couvert par le secret de l'avocat pour établir une décision d'imposition. Il a été jugé que constitue une irrégularité de la procédure

---

2544 Cass., 1ère civ., 30 janvier 2007, n°03-16.910, Inédit.
2545 Cass., 1ère civ., 7 décembre 2004, n°02-16.562 : Bull. civ. I, n°299.
2546 Cass., 1ère civ., 6 avril 2004, n°00-19.245, Inédit.
2547 L'article 432 du Code de procédure pénale dispose que « La preuve par écrit ne peut résulter de la correspondance échangée entre le prévenu et son avocat ».
2548 L'article 56-1 du Code de procédure pénale encadre les perquisitions réalisées dans le cabinet d'un avocat ou à son domicile.
2549 Cass. crim., 24 avril 2013, n°12-80.331 : Bull. crim, n°102 ; Cass. crim., 13 décembre 2006, n° 06-87.169 : Bull. crim., n°313.
2550 Cass. crim., 1er mars 2006, n°05-87.252 : Bull. crim., n°60 ; Cass. crim., 27 juin 2001, n°01-81.865 : Bull. crim., n°163.
2551 Cass. com., 3 mars 2015, n°13-27.605, Sté Dolphin Business Intelligence Inc. et autres : Dr. fisc. 2015, n°12, act. 179 ; RJF 06/15, n°501 ; Cass. com., 5 mai 1998, n°96-30.116, Sté Value Investing Partners et autres : Bull. civ. IV, n°147 ; Dr. fisc. 1998, n°43, comm. 939, note Raymond MARTIN.

d'imposition le fait d'établir une imposition sur un tel document[2552]. Le Conseil d'Etat est venu préciser les règles applicables en la matière[2553] : tout en rappelant l'impossibilité de se fonder sur un document couvert par le secret des correspondances, il a jugé que le contribuable peut, seul, lever ce secret. De ce fait, sauf dans le cas où un accord préalable du contribuable est établi, le fisc ne pourra, sans vicier la procédure d'imposition, se fonder sur la correspondance échangée entre un contribuable et son avocat. Cette solution permet une protection effective du secret professionnel qui s'impose aux agents du fisc[2554] et qui s'impose également à eux en matière de secret médical.

3/ L'inadmissibilité des pièces couvertes par le secret médical

752. Le secret médical interdit la production en justice d'une pièce recueillie en violation de ce secret. Cette solution est liée à la protection renforcée de ce secret reconnu par le juge judiciaire depuis un arrêt Watelet du 19 décembre 1885[2555] et qui exige d'écarter toute preuve recueillie en violation de ce secret[2556]. L'importance de ce secret est aujourd'hui confirmée par la jurisprudence de la Cour européenne des droits de l'Homme qui lie le secret médical au nécessaire respect de la vie privée[2557] sans avoir posé de règles d'inadmissibilité de la preuve fondée sur la protection du secret médical.

753. Or, ce secret s'impose également en matière fiscale. Le Conseil d'Etat a, très tôt imposé le respect du secret médical au fisc[2558] et a jugé qu'« il incombe au juge de l'impôt, lorsqu'un contribuable astreint au secret professionnel (…) conteste, devant lui, la régularité de la procédure d'imposition suivie à son égard, au motif que celle-ci aurait porté atteinte à ce secret, d'examiner le bien-fondé d'un tel moyen »[2559]. Toutefois, cette protection du secret doit être

---

2552 CAA de Lyon, Plén., 26 juin 2007, n°05LY01861, Godefrin : Procédures 2007, n°11, comm. 271, comm. Jean-Luc PIERRE.

2553 Conseil d'Etat, 3e et 8e ch., 12 décembre 2018, n°414088 : Dr. fisc. 2019, n°14, comm. 221, concl. Vincent DAUMAS.

2554 Conseil d'Etat, 9e et 8e s.-s., 17 juin 1998, n°156532, Chung : Dr. fisc. 1998, n°44, comm. 976, concl. Guillaume GOULARD ; RJF 07/98, n°827, chron.Stéphane VERCLYTTE ; Concl. Guillaume GOULARD, BDCF 04/98, n°86.

2555 Cass. crim., 19 décembre 1885, Watelet : Bull. crim., n°363.

2556 Cass. 1ère civ., 25 novembre 2010, n°09-69.721 : Bull. Civ. I, n°246 ; Cass., 1ère civ., 11 juin 2009, n°08-12.742 : Bull. civ. I, n°128.

2557 En ce sens, le secret médical est une garantie de la vie privée devant la Cour européenne des droits de l'Homme (CEDH, 27 mars 2012, n°20041/10, Eternit c/ France ; CEDH, 27 août 1997, n°20837/92, M.S. c/ Suède, § 41).

2558 Conseil d'Etat, Ass., 20 novembre 1959, n°42560 : Rec. p. 613 ; JCP G 1960, II, 11431, concl. POUSSIERE.

2559 Conseil d'Etat, 9e et 10e s.-s., 24 juin 2015, n°367288, Selas Pharmacie Réveillon : RJF 10/15, n°812, concl. Marie-Astrid NICOLAZO DE BARMON, BDCF 10/15, n°123 ; Conseil d'Etat, 9e et 8e s.-s., 17 juin 1998, n°156532, Chung : Dr. fisc. 1998, n°44, comm. 976, concl.

conciliée avec le nécessaire respect des obligations fiscales et le contrôle fiscal. En ce sens, Ludovic AYRAULT relève « que le droit au secret ne doit pas permettre à un individu d'échapper à ses obligations fiscales »[2560]. En ce sens, en matière médicale, la violation du secret attaché aux données relatives à l'état de santé du patient – qui doit être distinguée de la seule présence de l'identité du patient[2561] – est sanctionnée tant par le juge administratif[2562] que par le juge judiciaire[2563]. Cette solution a été confortée par l'article L. 13-0A du Livre des procédures fiscales qui interdit à une personne dépositaire d'un secret professionnel de demander des renseignements relatifs à la nature de prestations[2564].

754. Or, tant le juge judiciaire[2565] que le juge administratif[2566] ont jugé que la présence de renseignements médicaux liés à des personnes nommées dans les documents comptables ne porte pas atteinte au secret médical dès lors que cette atteinte au secret résulte d'une méconnaissance, par le contribuable, de ses obligations comptables. Le Conseil d'Etat a, par la suite, enrichi son

---

Guillaume GOULARD ; RJF 07/98, n°827, chron.Stéphane VERCLYTTE ; concl. Guillaume GOULARD, BDCF 04/98, n°86.

2560 AYRAULT Ludovic, *Le contrôle juridictionnel de la régularité de la procédure d'imposition*, Thèse de doctorat, Paris 2, L'Harmattan, 2004, p. 159.

2561 En la matière (sur ce point, AYRAULT Ludovic, *Le contrôle juridictionnel de la régularité de la procédure d'imposition*, Thèse de doctorat, Paris 2, L'Harmattan, 2004, pp. 161-165), il y a lieu de distinguer entre la Cour de cassation qui estime que la révélation de l'identité d'un patient n'affecte pas le secret médical (Cass. crim., 8 juin 1966, n°90-067.66 : Bull. crim., n°167) et le Conseil d'Etat qui a jugé que l'identité d'un patient est protégée par le secret médical (Conseil d'Etat, Ass., 12 mars 1982, n°11413, Conseil national de l'ordre des médecins : Rec. p. 109 ; Dr. fisc. 1982, n°3, comm. 1225, concl. Jean-François VERNY). Le législateur a, par la loi de finances pour 1983 (Loi n°82-1126 du 29 décembre 1982, Loi de finances pour 1983) créé un article 1649 quater G au sein du Code général des impôts qui impose aux professionnels qui adhèrent à une association agréée de faire mention de l'identité de leurs clients au sein de leurs comptes. Ce dispositif étant de nature à créer une différence entre les professionnels adhérents à une telle association et les professionnels non-adhérents (Conseil d'Etat, 8e et 9e s.-s., 20 janvier 1999, n°181011, Méas : Dr. fisc. 1999, n°17, comm. 349), le législateur a, par l'article 91 de la loi de finances pour 2000, exigé que l'identité des clients soit présente au sein de la comptabilité des professionnels relevant des bénéfices non commerciaux.

2562 Conseil d'Etat, 9e et 8e s.-s., 17 juin 1998, n°156532, Chung : Dr. fisc. 1998, n°44, comm. 976, concl. Guillaume GOULARD ; RJF 07/98, n°827, chron.Stéphane VERCLYTTE ; concl. Guillaume GOULARD, BDCF 04/98, n°86.

2563 Cass. crim., 29 avril 1996, n°95-82.478, Inédit.

2564 L'article L. 13-0 A du Livre des procédures fiscales est issu de l'article 91 de la loi de finances pour 2000 (Loi n°99-1172 du 30 décembre 1999 : J.O. du 31 décembre 1999, p. 19914).

2565 Cass. crim., 11 février 1960 : D. 1960, p. 258.

2566 Conseil d'Etat, Ass., 21 juillet 1972, n°72508 : Rec. p. 564 ; Dr. fisc. 1973, n°18-19, comm. 721, concl. SCHMELTZ.

analyse, par une décision Chung[2567], en jugeant que la seule communication d'éléments couverts par le secret médical n'est pas de nature à affecter la régularité de la procédure d'imposition si l'administration fiscale les écarte pour établir sa décision d'imposition. Cela signifie que le juge opère une distinction entre l'usage effectif de pièces affectant le secret médical et l'absence d'usage desdites pièces pour fonder le rehaussement d'imposition. Cette solution a été reprise dans une décision Selas Pharmacie Réveillon où le Conseil d'Etat juge « que la révélation d'une information à caractère secret vicie la procédure d'imposition et entraîne la décharge de l'imposition contestée lorsqu'elle a été demandée par le vérificateur, en méconnaissance des dispositions de l'article L. 13-0 A du livre des procédures fiscales, ou que, alors même qu'elle ne serait imputable qu'au seul contribuable, elle fonde tout ou partie de la rectification »[2568]. Cette solution a pour effet de limiter la portée de la violation du secret médical au seul cas où cette violation est le fait direct de l'agent – au mépris des dispositions légales – ou que ce dernier emploie volontairement de tels éléments pour fonder une décision d'imposition. Une telle solution pourrait même être retenue lorsque le contribuable subit une procédure d'imposition d'office[2569], la jurisprudence ayant tendance, devant le juge administratif de l'impôt, à retenir une solution analogue pour la cause juridique du bien-fondé de l'imposition[2570]. De la sorte, le secret n'est pas une arme imparable offerte au contribuable qui pourrait, en invoquant une

---

[2567] Conseil d'Etat, 9e et 8e s.-s., 17 juin 1998, n°156532, Chung : Dr. fisc. 1998, n°44, comm. 976, concl. Guillaume GOULARD ; RJF 07/98, n°827, chron.Stéphane VERCLYTTE ; concl. Guillaume GOULARD, BDCF 04/98, n°86.

[2568] Conseil d'Etat, 9e et 10e s.-s., 24 juin 2015, n°367288, Selas Pharmacie Réveillon : RJF 10/15, n°812, concl. Marie-Astrid NICOLAZO DE BARMON, BDCF 10/15, n°123.

[2569] Cette solution a été retenue par un arrêt isolé de cour administrative d'appel (CAA de Nancy, 28 janvier 1993, n°91-59, Dardenne : Dr. fisc. 1993, n°46, n°2221) où il a été jugé, dans un cas où le contribuable se trouvait dans une situation d'évaluation d'office que « la violation du secret médical par le vérificateur constitue une irrégularité substantielle de la procédure d'imposition de nature à entraîner la décharge des compléments d'impôt sur le revenu contestés ». Une telle solution mériterait une confirmation de la part du Conseil d'Etat car il peut apparaître curieux que la situation d'office ne couvre pas la violation du secret médical.

[2570] La cour administrative d'appel de Lyon a jugé dans un arrêt Vandenbulcke (CAA de Lyon, 14 juin 1994, n°92-739, Vandenbulcke : Dr. fisc. 1994, n°43, comm. 1875, concl. Daniel RICHER) qu'en apportant des « pièces, lesquelles, faisant état de faits couverts par le secret médical, [qui] ne peuvent être prises en compte par la cour, l'Administration ne justifie pas, en l'absence de tout autre élément figurant au dossier, les prémices de la méthode de reconstitution des recettes litigieuses utilisée par le vérificateur ». Bien que le Conseil d'Etat soit revenu sur cette solution (Conseil d'Etat, 8e et 9e s.-s., 12 mai 1997, n°160785 : Dr. fisc. 1997, n°28, comm. 820, concl. Jacques ARRIGHI DE CASANOVA ; RJF 07/97, n°723) en estimant que le moyen soulevé d'office par les juges d'appel n'était pas un moyen d'ordre public.

violation qu'il a lui-même organisé, obtenir automatiquement la décharge de ses propres impositions.

755. Ces solutions indiquent que la violation du secret médical est, à l'instar des autres contentieux, le fondement d'une règle d'inadmissibilité de la preuve. Le document qui est couvert par le secret médical ne peut, par principe, fonder une décision d'imposition.

756. Conclusion de la Sous-Section II. – Les juges de l'impôt attestent – au travers de la permanence de leur identité de juge administratif, civil et pénal – de la construction d'une unité dans l'affirmation de règles d'admissibilité de la preuve. En cette matière, la jurisprudence de la Cour européenne des droits de l'Homme constitue une source d'inspiration de la jurisprudence interne. Bien qu'elle s'en défende, la Cour européenne des droits de l'Homme a posé des règles d'admissibilité de la preuve qui sont le fruit d'une jurisprudence complexe non exempte de méandres et de détours. La clé de compréhension des règles d'admissibilité de la preuve repose sur une gradation de la fondamentalité des droits protégés par la Convention européenne des droits de l'Homme. L'inadmissibilité de la preuve croît ou décroît en fonction de la fondamentalité du droit affecté. En la matière, il faut constater l'existence d'un « noyau dur »[2571] qui est constitué par la protection de la dignité humaine qui contraint d'exclure les preuves recueillies à la faveur d'actes de torture et d'actes incriminants. Par l'affirmation de ces règles d'inadmissibilité de la preuve, la Cour de Strasbourg irradie les juridictions nationales de sa propre conception de la vérité qui *impose la dignité de l'Homme comme une condition d'établissement de la preuve*[2572]. Le procès équitable conduit à forger des règles d'admissibilité de la preuve qui sont reconnus par l'ensemble des juges de la matière fiscale. Peu à peu, le conflit latent qui existe entre la préservation des droits fondamentaux et l'établissement de la réalité sur des preuves recueillies en violation de droits fondamentaux – mais qui disposent d'une force probante indéniable[2573] – tend à privilégier le respect des droits fondamentaux. Le modèle ainsi dessiné par les juges strasbourgeois s'est

---

[2571] CEDH, Gde ch., 11 juillet 2006, Jalloh c/ Allemagne, n°54810/00, § 104.

[2572] La Cour relève ainsi que le droit de se taire et de ne pas contribuer à sa propre incrimination sont destinés « à éviter des erreurs judiciaires » et garantir l'article 6 de la Convention européenne des droits de l'Homme (CEDH, 8 février 1996, John Murray c/ Royaume-Uni, n°18731/91, § 45 ; CEDH, Gde ch., 17 décembre 1996, Saunders c/ Royaume-Uni, n°19187/91, § 68 ; CEDH, 3 mai 2001, n°31827/96, J.B. c/. Suisse, § 64 ; CEDH, Gde ch., 11 juillet 2006, Jalloh c/ Allemagne, n°54810/00, § 100 ; CEDH, 10 mars 2009, Bykov c/ Russie, n°4378/02, § 92).

[2573] En ce sens, l'affaire Khan c/ Royaume-Uni est particulièrement limpide puisque l'unique élément de preuve qui fonde la conviction du juge est une bande magnétique obtenue en violation de l'article 8 de la Convention européenne des droits de l'Homme. La Cour européenne des droits de l'Homme relève qu'elle « constituait un élément de preuve solide [qui] ne prêtait à aucun doute » (CEDH, 12 mai 2000, n°35394/97, Khan c/ Royaume-Uni, § 37).

largement répandu aux juges internes et luxembourgeois : l'admissibilité de la preuve est devenue un modèle commun de protection des droits fondamentaux dans l'établissement de la réalité factuelle où la légalité constitue une clé de voûte. À ce titre, le ralliement du juge administratif par l'affirmation d'exceptions d'inadmissibilité de la preuve atteste d'une unité croissante de l'administration de la preuve encadrant le recueil de la preuve par l'autorité publique.

757. Conclusion de la Section I. – L'autorité publique se voit, de toute part, imposer des conditions de recueil de la preuve qui sont sanctionnées par l'inadmissibilité des preuves recueillies dans des conditions illégales. En cette matière, une distinction forte demeure entre l'illégalité formelle et l'illégalité matérielle. La sanction de l'illégalité formelle par l'inadmissibilité de la preuve constitue un principe dont l'effectivité offre une unité particulièrement renforcée entre les juges de la matière fiscale. En revanche, l'exigence du respect de la légalité matérielle n'est qu'en devenir. Peu ou prou, il émerge une pratique jurisprudentielle qui tend à exclure les preuves recueillies dans des conditions contraires aux droits fondamentaux. Il faut former le vœu que le régime du recueil de la preuve par l'autorité publique en violation de la légalité matérielle s'aligne sur celui de la légalité formelle car il a été démontré que la légalité formelle est étroitement liée à la légalité matérielle. Il est, en effet, inadmissible que la preuve recueillie par l'autorité publique viole les droits fondamentaux. Le respect commun de la dignité humaine dans le recueil d'une preuve atteste qu'une unité peut advenir en la matière. À ce stade, il faut s'interroger sur l'existence d'une unité entre les juges. Alors qu'il a été relevé que le mécanisme de reconnaissance d'un principe de loyauté probatoire est inversé, il apparaît que la reconnaissance d'un principe de légalité probatoire présente une caractéristique similaire. La reconnaissance commune d'une exigence de légalité du processus du recueil de la preuve conduit à l'ériger en principe commun d'administration de la preuve. Or, si l'autorité publique est tenue par le respect de la légalité formelle et matérielle dans le recueil d'une preuve, il apparaît que les parties privées peuvent, dans une certaine mesure, être déliées de toute entrave juridique dans le recueil d'une preuve.

Section II. – L'admissibilité conditionnelle de la preuve illicite recueillie par un particulier

758. L'administration de la preuve par les particuliers relève d'un régime particulier qui tend à devenir un modèle spécifique. Les particuliers se voient offrir – à la différence des agents de l'autorité publique – une liberté dont les limites demeurent à établir. Cette solution s'explique par l'affirmation de la légalité comme fondement de l'admissibilité de la preuve : dès lors que les particuliers ne recueillent pas les preuves qu'ils administrent en vertu de règles légales, les juges – à l'exception du juge civil – estiment que les parties sont libres d'administrer des preuves recueillies dans des conditions illicites. Cette solution se voit offrir un fondement particulièrement protecteur puisque cette liberté d'administrer des preuves est fondée sur les droits de la défense. Si les droits de la défense « joue[nt] un rôle inhibiteur dans la recherche de la vérité »[2574], ils offrent un fondement idoine à l'administration de preuves illicites par les particuliers. En ce sens, il apparaît qu'une preuve illicitement recueillie peut être administrée par un particulier (Sous-Section I), mais elle peut également être transmise légalement à l'autorité publique pour qu'elle soit administrée par cette dernière (Sous-Section II).

Sous-Section I. – L'admissibilité croissante de la preuve illicite administrée par les particuliers

759. Les preuves illicites peuvent être administrées devant le juge pénal (§.1.), cette solution étant, peu à peu retenue par l'ensemble des juges sur le fondement des droits de la défense (§.2.).

§.1. – L'admissibilité de la preuve illicite administrée par les particuliers devant le juge pénal

760. La procédure pénale admet l'administration de la preuve illicite par un particulier (A) sauf lorsque l'autorité publique participe au recueil de cette preuve illicite (B).

A/ L'admissibilité de la preuve illicite recueillie par les particuliers devant le juge pénal : manifestation d'une protection des droits de la défense

761. Devant le juge pénal, les preuves administrées par des particuliers ne sont soumises à aucune condition d'admissibilité[2575]. La Chambre criminelle de la

---

[2574] LECLERC Olivier, VERGES Etienne et VIAL Géraldine, *Droit de la preuve*, PUF, Thémis droit, 2015, n°381, p. 389.

[2575] Sur ce point : BUISSON Jacques, Preuve, *Répertoire de droit pénal et de procédure pénale*, Dalloz, 2016, n°121 ; BUISSON Jacques et GUINCHARD Serge, *Procédure pénale*, Lexis Nexis, 10e éd., 2014, n°569, pp. 508-510 ; CAPDEPON Yannick, *Essai d'une théorie générale des droits de la défense*, Thèse de doctorat, Bordeaux 4, Dalloz, Nouvelle Bibliothèque de Thèses, Tome 122, 2013, pp. 292-294 ; DESPORTES Frédéric et LAZERGES-COUSQUER Laurence, *Traité de procédure pénale*, Economica, 4e éd., 2015, pp. 445-454 ; LASSERRE-CAPDEVILLE Jérôme, *Les droits de la défense : nouvelle cause prétorienne d'irresponsabilité pénale*, RPDP 2006, n°3, p. 537 ; MERLE Roger et VITU André, *Traité de droit criminel, Procédure pénale*, Tome II, Cujas, 5e éd., 2001, n°159, pp. 200-201 ; PRADEL Jean, *Procédure pénale*, Cujas, 18e éd., 2015, n°424, pp. 382-385 ; THELLIER DE PONCHEVILLE Blandine, *La preuve illicite au regard de la Convention européenne des droits de l'homme*, Revue pénitentiaire et de droit pénal 2010, n°3, pp. 537-562, spéc. pp. 537-538.

Cour de cassation juge admissibles les preuves « obtenus de façon illicite »[2576] par des particuliers[2577]. Ces preuves ne constituent pas « un acte ou une pièce de la procédure » au sens de l'article 170 du Code de procédure pénale de simples « moyens de preuve »[2578] soumis à l'échange contradictoire et sont, à ce titre, toujours admis.

762. Le champ de cette liberté dans l'administration de la preuve est vaste puisque toute illicéité est acceptée par la Chambre criminelle[2579]. Elle admet ainsi que des infractions soient commises pour recueillir une preuve comme le vol d'un document professionnel par un salarié qui entend l'opposer lors d'un futur litige avec son employeur[2580]. De même, une preuve recueillie dans des conditions qui portent atteinte aux droits de la défense peut être administrée lors qu'elle a été recueillie par particulier – comme c'est le cas de l'enregistrement de conversations entre un avocat et son client capté à leur insu[2581]. Enfin, les pièces couvertes par le secret de l'instruction peuvent être administrées par un particulier dès lors que cette production est indispensable aux droits de la défense du journaliste poursuivi pour diffamation[2582].

763. Ce principe de libre administration des preuves concerne l'ensemble des parties privées au procès pénal : témoin[2583], partie civile[2584], ou encore tiers à la procédure pénale[2585] peuvent apporter des éléments de preuve sans que les conditions de recueil de cette preuve ne s'érigent en barrière d'admissibilité.

[2576] Cass. crim., 15 juin 1993, n°92-82.509 : Bull. crim., n°210.

[2577] Cass. crim., 7 mars 2012, n°11-88.118 : Bull. crim., n°64 ; Gaz. Pal. 2012, n°210, p. 30, note François FOURMENT ; AJDP 2012, n°6, pp. 346-347, note Lionel ASCENSI ; Revue Procédures 2012, n°5, comm. 157, note Anne-Sophie CHAVENT-LECLERE ; Cass. crim., 6 avril 1994, n°93-82.717 : Bull. crim., n°136 ; Cass. crim., 15 juin 1993, n°92-82.509 : Bull. crim., n°210 ; Cass. crim., 23 juillet 1992, n°92-82.721 : Bull. crim., n°274 : D. 1993, p. 206, obs. Jean PRADEL.

[2578] Cass. crim., 30 mars 1999, n°97-83.464 : Bull. crim., n°59.

[2579] La Cour juge de même en matière de déloyauté. Sur ce point : cf. supra, n°573.

[2580] L'employé peut ainsi photocopier des documents professionnels afin de se préconstituer des preuves lors d'un futur litige prud'homal (Cass. crim., 11 mai 2004, n° 03-85.521 et 03-80.254 : Bull. crim., n°113 et 117 ; D. 2004, p. 2326, note Harold Kobina GABA ; JCP G 2004, II, 10124, note Carole GIRAULT ; Dr. pén. 2004, comm. 122, obs. Michel VERON).

[2581] Cass. crim., 31 janvier 2012, n°11-85.464 : Bull. crim., n°27 ; RSC 2012, p. 401, note Xavier SALVAT ; D. 2012, p. 914, note François FOURMENT ; AJP 2012.224, note Pierre-Philippe BOUTRON-MARMION et Emmanuel DAOUD ; Procédures 2012, n°3, comm. 86, comm. Anne-Sophie CHAVENT-LECLERE ; Gaz. pal. 2012, n°50-52, note Patrick MICHAUD ; JCP G 2012, n°7, 172, Veille Stéphane DETRAZ.

[2582] Cass. crim., 11 février 2003, n°01-86.685 : Bull. crim., n°29 ; RSC 2004, p. 130, obs. Jacques FRANCILLON ; JCP 2003, I, n°6, obs. Michel VERON.

[2583] Cass. crim., 30 mars 1999, n°97-83.464 : Bull. crim., n°59.

[2584] Cass. crim., 19 janvier 1999, n°98-83.787 : Bull. crim., n°9 ; RSC 1999, p. 588, obs. Jean Pierre DELMAS SAINT-HILAIRE.

[2585] Cass. crim., 1er octobre 2003, n°03-84.142 : Bull. crim., n°176 ; D. 2004, p. 1845, note Madeleine SANCHEZ.

Cette solution permet d'administrer lors du procès pénal un grand nombre de preuves illicites. Il a ainsi été jugé que la remise, par le salarié d'une entreprise à des enquêteurs, de factures et de pièces comptables ne heurte aucune règle de la procédure pénale[2586].

764. Si cette liberté est critiquée[2587] – car elle atteste d'une forme de « schizophrénie »[2588] des juridictions pénales qui conduit à accepter ou exclure certaines preuves en raison de l'identité de la personne qui les administre – et connaît de rares tempéraments jurisprudentiels[2589], elle résulte d'une approche rigoureusement conforme à l'exigence de légalité de la preuve qui ne concerne, aux termes du Code de procédure pénale, que les actes de procédure diligentés par les enquêteurs. À ce titre, Jacques BUISSON expose que « l'appréciation de la légalité de la preuve ne pourra être opérée identiquement selon que l'administration est le fait d'un agent de l'autorité publique ou d'un particulier. En effet, si ce dernier est normalement tenu au respect des lois et des principes généraux, il ne saurait avoir pour obligation de se soumettre aux normes régissant particulièrement l'administration de la preuve par des agents publics ou des magistrats qui, à raison de l'intervention de la contrainte

[2586] Cass. crim., 27 janvier 2010, n°09-83.395 : Bull. crim., n°16.

[2587] Philippe CONTE critique cette solution (*La loyauté de la preuve dans la jurisprudence de la chambre criminelle de la Cour de cassation : vers la solution de la quadrature du cercle ?*, Dr. pén. 2009, n°4, ét. 8). Il estime que deux fondements peuvent la justifier. En premier lieu, « l'objectif de découverte de la vérité » peut être invoqué. Or, il rétorque que cette solution ne saurait constituer un juste fondement car « les autorités publiques y contribuent aussi, et bien davantage ». En second lieu, ce particularisme serait fondé sur les droits des particuliers. Or, il expose que « de tels droits n'existent que pour les parties, non pour les témoins ou pour les tiers à la procédure, qui n'en ont aucun ». Toutefois, il faut constater, à la suite de Valérie BOSC, Christine GAVALDA, Philippe RAMON, Didier THOMAS et Aude VAISSIERE (*Les transformations de l'administration de la preuve pénale*, Archives de politique criminelle 2004, n°26, pp. 113-124) que c'est « l'absence de dispositions écrites sur le rôle des parties privées dans la recherche des preuves [qui] a laissé une large marge de manœuvre aux juges qui, dans un souci de répression croissante et 'd'impunité zéro', ont progressivement permis aux parties civiles de produire à l'instance pénale des preuves déloyalement obtenues ». C'est donc le silence des textes relatifs à l'administration de la preuve par les particuliers qui ouvre la voie à la liberté dont elles disposent.

[2588] BOURSIER Marie-Emma, *Le principe de loyauté en droit processuel*, Thèse de doctorat, Paris 2, Dalloz, Nouvelle Bibliothèque de thèses, Tome 23, 2003, n°179, p. 112.

[2589] La Chambre criminelle de la Cour de cassation a ainsi pu juger, sur le fondement de l'article 8 de la Convention européenne des droits de l'homme, qu'une pièce fournie par la partie civile dans un procès qui portait atteinte à un secret médical devait conduire les juges du fond à vérifier « si l'examen public et contradictoire devant la juridiction correctionnelle, à la demande du médecin de l'établissement qui avait pris en charge Jean-Claude Y..., de pièces de son dossier médico-social, couvert par le secret professionnel, constituait une mesure nécessaire et proportionnée à la défense de l'ordre et à la protection des droits de la partie civile au sens de l'article 8 de la Convention européenne des droits de l'homme » (Cass. crim., 24 avril 2007, n°06-88.051 : Bull. crim., n°108).

étatique que l'action de ceux-ci implique, rend nécessaire la protection des particuliers »[2590].

765. En outre, cette solution est justifiée par la difficulté rencontrée par les particuliers dans le recueil des preuves : la protection des droits de la défense des particuliers exige de les délier de toute exigence de licéité dans le recueil des preuves[2591]. En ce sens, Yannick CAPDEPON expose que « le rapport entre une telle solution et les droits de la défense est évident »[2592] et tend à expliquer pourquoi, lorsqu'ils sont victimes d'actes relevant d'une qualification pénale, les enquêteurs peuvent employer de preuves illicites ou déloyales pour en rapporter la preuve : la tentative de corruption d'un enquêteur peut ainsi être prouvée, par ce dernier, à l'aide d'un dispositif clandestin et donc illégal[2593].

766. Cette solution retenue par le juge pénal a même été jugée compatible avec les stipulations de la Convention européenne des droits de l'Homme. Dans l'arrêt Turquin c/ France[2594], la Cour a jugé que l'absence de « réglementation légale »[2595] visant « les actes des particuliers »[2596] qui entraîne l'impossibilité d'annuler – au titre d'un acte de procédure – les moyens de preuve illicites recueillis par ces particuliers ne présente pas « une incompatibilité, en tant que telle, avec les exigences posées à l'article 6 § 1 de la Convention »[2597]. La Cour européenne des droits de l'Homme n'a tempéré cette admissibilité de principe qu'à la condition que le principe du contradictoire soit respecté et que la preuve litigieuse – en l'espèce, un enregistrement réalisé dans des conditions illicites – ait été corroborée par d'autres preuves. L'admissibilité de preuves recueillies, par des particuliers, dans des conditions illicites est donc parfaitement compatible avec les stipulations de cette Convention.

767. La matière pénale fiscale ne fait pas exception à cette règle d'admissibilité des preuves illicites par une partie privée. La Chambre criminelle de la Cour de cassation a ainsi jugé – cette solution ayant été

[2590] BUISSON Jacques, *Preuve*, Répertoire de droit pénal et de procédure pénale, Dalloz, 2016, n°121.

[2591] Cass. crim., 19 janvier 2010, n°09-84.408 : Bull. crim., n°12 ; Communication Commerce électronique 2010, n°5, comm. 52, comm. Agathe LEPAGE ; Cass. crim., 31 janvier 2007, n°06-82.383 : Bull. crim. 2007, n°27 ; Dr. pén. 2007, comm. 98, obs. Michel VERON ; Revue pénitentiaire et de droit pénal 2007, p. 385, obs. Coralie AMBROISE-CASTEROT.

[2592] CAPDEPON Yannick, *Essai d'une théorie générale des droits de la défense*, Thèse de doctorat, Bordeaux 4, Dalloz, Nouvelle Bibliothèque de Thèses, Tome 122, 2013, p. 293.

[2593] Cass. crim., 19 janvier 1999, n°98-83.787 : Bull. crim., n°9.

[2594] CEDH, 24 janvier 2002, n°43467/98, Turquin c/ France.

[2595] CEDH, 24 janvier 2002, n°43467/98, Turquin c/ France.

[2596] CEDH, 24 janvier 2002, n°43467/98, Turquin c/ France.

[2597] CEDH, 24 janvier 2002, n°43467/98, Turquin c/ France.

confirmée depuis[2598] – que des « fichiers informatiques [issus du vol commis par un particulier] contestés ne constituent pas, au sens de l'article 170 du code de procédure pénale, des actes ou pièces de l'information susceptibles d'être annulés, mais des moyens de preuve soumis à discussion contradictoire »[2599]. Bien que cet arrêt ait été critiqué au regard de la qualification de « moyen de preuve »[2600], la solution est le reflet d'une parfaite orthodoxie jurisprudentielle[2601]. Anne-Sophie CHAVENT-LECLERE relève ainsi que « La Cour de cassation reformule ici, sur un double fondement, sa jurisprudence constante selon laquelle le principe de loyauté ne s'applique que si 'l'obtention ou la confection' de la preuve est le fait de la partie publique »[2602].

768. Une exception devrait toutefois, à notre sens, être posée en la matière. Si – comme il a été dit – la preuve recueillie par un particulier dans des conditions qui heurtent les droits de la défense demeure admissible[2603], il ne devrait pas en être de même de celle obtenue par violence par un particulier. Cette violence devrait toujours rendre la preuve inadmissible, peu importe qu'elle ait été recueillie par un particulier ou un agent dépositaire de l'autorité publique. Nous nous rallions ainsi à la position de Frédéric DESPORTES et Laurence LAZERGES-COUSQUER qui exposent qu'« un système judiciaire démocratique ne saurait tirer un quelconque profit d'agissements qu'il a pour principal objet de combattre parce qu'ils sont la négation même de la prééminence du droit »[2604]. Pour l'heure, toutefois, le principe d'admissibilité de la preuve ne se heurte, pour les particuliers, qu'à une seule exception, celle

---

2598 TGI de Paris, 32e ch., 12 mars 2015, n°10341092027 et TGI de Paris, 32e ch., 18 mai 2015, n°11355092014 : Dr. fisc. 2015, n°29, comm. 487, obs. Stéphane DETRAZ. Dans ces deux affaires, le TGI de Paris affirme l'admissibilité de preuves volées par un particulier sans que l'autorité publique n'ait été complice de ce vol.

2599 Cass. crim., 27 novembre 2013, n°13-85.042 : Bull. crim., 2013, n°238 ; Dr. fisc. 2014, n°4, ét. 86 ; RJF 03/14, n°297 ; JCP G 2014, n°5, 139, note Stéphane DETRAZ ; Dalloz actualité du 16 décembre 2013, note Sébastien FUCINI.

2600 Sébastien FUCINI rélève ainsi : « Mais comment peut-on affirmer qu'un moyen de preuve recueilli au cours d'une perquisition ne constitue pas un acte de la procédure ? Il s'agit d'une saisie, effectuée au cours d'une perquisition effectuée dans une autre procédure, dans le cadre d'une entraide judiciaire internationale, à la demande des autorités helvétiques » (*Perquisition : recevabilité de la preuve illicite émanant d'un particulier*, Dalloz actualité, 16 décembre 2013).

2601 DETRAZ Stéphane, *Recevabilité des moyens de preuve issus d'un vol commis par un particulier sans intervention de l'autorité publique*, JCP G 2014, n°5, 139, pp. 201-204 ; FUCINI Sébastien, *Perquisition : recevabilité de la preuve illicite émanant d'un particulier*, Dalloz actualité, 16 décembre 2013.

2602 CHAVENT-LECLÈRE Anne-Sophie, *Les fichiers volés par un salarié constituent une preuve licite*, Procédures 2014, n°1, comm. 25.

2603 Cass. crim., 31 janvier 2012, n°11-85.464 : préc.

2604 DESPORTES Frédéric et LAZERGES-COUSQUER Laurence, *Traité de procédure pénale*, Economica, 4e éd., 2015, n°607, pp. 451-452.

qui consiste, pour l'autorité publique à participer au recueil de la preuve illicite.

B/ L'inadmissibilité de la preuve illicite recueillie par un particulier avec la participation de l'autorité publique

769. Devant le juge pénal, si les parties privées peuvent administrer des preuves recueillies dans des conditions illicites, la participation de l'autorité publique à l'obtention, par une partie privée, d'une preuve illicite rend cette preuve inadmissible[2605]. La Chambre criminelle a ainsi jugé – dans l'affaire du chantage contre le roi du Maroc – que « porte atteinte aux principes du procès équitable et de la loyauté des preuves la participation de l'autorité publique à l'administration d'une preuve obtenue de façon illicite ou déloyale par une partie privée »[2606]. Cette participation de l'autorité publique peut être établie par la « présence constante des enquêteurs »[2607] lors du recueil de la preuve illicite. La participation de l'autorité publique n'est toutefois pas toujours une participation directe au recueil d'une preuve mais peut aussi se limiter à une participation indirecte lorsque l'autorité publique joue le rôle d'instigateur du recueil de la preuve illicite. En ce sens, la Chambre criminelle de la Cour de cassation a jugé – dans l'affaire Bettencourt – qu'une preuve illicite recueillie par un particulier demeure un moyen de preuve dès lors qu'elle ne « procède, dans sa confection, d'aucune intervention, directe ou indirecte, d'une autorité publique »[2608]. La prise en compte de la participation de l'autorité publique dans le recueil ou la confection de la preuve est constante[2609]. La Cour européenne des droits de l'Homme conforte cette analyse en assimilant à l'autorité publique les agissements des particuliers qui ont été réalisés avec l'assistance de l'autorité publique. Elle juge[2610] ainsi que le « concours décisif »[2611] d'un agent de l'autorité publique « dans la conception et l'exécution [d'un] projet d'enregistrement »[2612] conduit cette dernière à être « impliquée à un point tel que la responsabilité de l'État sur le terrain de la Convention était engagée »[2613]. Il existe donc une convergence

---

[2605] *Op. cit.*, pp. 450-454.

[2606] Cass. crim., 20 septembre 2016, n°16-80.820 : Bull. crim. n°244 ; Dalloz actualité 22 septembre 2016, note Sébastien Fucini ; AJ Pénal 2016, p. 600, note Coralie AMBROISE-CASTEROT.

[2607] Cass. crim., 20 septembre 2016, n°16-80.820 : préc.

[2608] Cass. crim., 31 janvier 2012, n°11-85.464 : préc.

[2609] Cass. crim., 30 mars 1999, n°97-83.464 : Bull. crim., n°59 ; Cass. crim., 28 avril 1987, n°86-96.621 : Bull. crim., n°173.

[2610] CEDH, 5 février 2008, n°74420/01, Ramanauskas c/ Lituanie, § 55 ; CEDH, 8 avril 2003, n°39339/98, M. M. c/ Pays-Bas, § 39 ; CEDH, 23 novembre 1993, n°14838/89, A. c/ France, § 36.

[2611] CEDH, 23 novembre 1993, n°14838/89, A c/ France, § 36.

[2612] CEDH, 23 novembre 1993, n°14838/89, A c/ France, § 36.

[2613] CEDH, 23 novembre 1993, n°14838/89, A c/ France, § 36.

dans l'analyse de la Chambre criminelle et de la Cour européenne des droits de l'Homme.

770. Cette solution s'applique également en matière pénale fiscale puisque la Chambre criminelle de la Cour de cassation a pu juger qu'une preuve illicite obtenue par une partie privée – en l'espèce, le vol de données bancaires au sein de la banque suisse HSBC – était admissible devant le juge pénal dès lors « l'autorité publique n'était pas intervenue dans la confection ou l'obtention des pièces litigieuses »[2614]. De même, en matière douanière, la Chambre criminelle a jugé, à vingt-cinq reprises[2615], que le vol de données bancaires au sein de la banque UBS de Lausanne[2616] – par des personnes privées ayant « agi contre la promesse d'une rémunération et à l'instigation des douanes françaises »[2617] et qui ont été condamnées pour vol en Suisse – rend cette preuve recueillie avec la participation indirecte de l'autorité publique inadmissible[2618]. De la sorte, « la Chambre criminelle a condamné l'utilisation d'une preuve obtenue frauduleusement par celui-là même qui l'a obtenue par fraude, mais non son utilisation par des 'mains innocentes' »[2619].

771. À la lumière de la jurisprudence criminelle, se dessine une frontière de l'illicite dont il faut mesurer la portée. La preuve illicite recueillie par un particulier est autorisée alors que la preuve illicite recueillie par l'autorité publique ou avec sa participation est prohibée. Cette solution instaure un équilibre fondé sur les droits de la défense où l'action de l'autorité publique ne doit pas franchir le seuil de l'illicite pour obtenir des preuves. La Chambre criminelle semble se fonder sur une exigence d'équilibre en la matière puisqu'elle juge – dans l'affaire relative aux poursuites douanières – qu'un prévenu ne peut être condamné sur le fondement « de données informatiques dont les supports ont été obtenus par des moyens frauduleux mis en œuvre au préjudice d'une personne privée »[2620]. Or, cette frontière entre la prohibition de la preuve illicite recueillie par l'autorité publique et l'admissibilité des preuves illicites légalement transmises à l'autorité publique constitue, aujourd'hui, le fondement général d'une répartition entre la preuve admissible et de la preuve inadmissible. En dehors de la matière pénale, la protection des

---

[2614] Cass. crim., 27 novembre 2013, n°13-85.042 : préc.
[2615] Le même attendu est repris dans vingt-cinq arrêts : n°90-83.692 à n°90-83.710.
[2616] Cass. crim., 28 octobre 1991, n°90-83.692 : Bull. crim., n°381 p. 952 ; D. 1993, p. 82, note Jean PANNIER ; RJDA 01/92, n°113, obs. anonymes ; Cass. crim., 28 octobre 1991, n°90-83.693, Tournier : JCP G 1992, II, 21952, note Jean PANNIER.
[2617] Cass. crim., 28 octobre 1991, n°90-83.693, Tournier : préc.
[2618] La cour d'appel de Paris avait jugé de manière analogue (CA de Paris, 26 avril 1990 : JCP 1991, II, 21704, note Jean PANNIER).
[2619] Observations anonymes sous Cass. crim., 28 octobre 1991, n°90-83.692, RJDA 01/92, n°113.
[2620] Cass. crim., 28 octobre 1991, n°90-83.692 : préc.

droits de la défense permet à une solution proche à celle qui prévaut devant le juge pénal de s'affirmer.

§.2. – Les droits de la défense : fondement d'une admissibilité conditionnelle des preuves illicites administrées par un particulier

772. L'affirmation des droits de la défense permet, en dehors du droit pénal, d'admettre l'administration de preuves illicites recueillies par des particuliers. En ce sens, si les droits de la défense se manifestent comme un tempérament général à l'inadmissibilité de la preuve illicite (B), le droit à la preuve (A) constitue, devant le juge civil, un principe prétorien spécifique.

A/ Le droit à la preuve : fondement de l'admissibilité de la preuve recueillie dans des conditions contraires au droit au respect de la vie privée

773. Le droit à la preuve[2621] est, à l'origine, une création doctrinale[2622]. Il se définit comme l'ensemble des « moyens (...) accordés au plaideur pour obtenir les preuves qu'il doit rassembler (...) [et qui] seront effectivement soumis à l'appréciation du juge »[2623]. Il s'agit d'un droit subjectif qui est opposable aux tiers et au juge. Il consiste en un « droit d'obtenir des preuves [et en un] droit de produire ses preuves »[2624]. Ce droit est effectivement garanti par les dispositions légales présentes dans l'ordre juridique interne[2625].

774. Toutefois, le droit à la preuve s'est enrichi d'un nouvel aspect. Il pourra être invoqué par le justiciable lorsque la preuve de son allégation ne pourra

---

[2621] Sur ce point : BERGEAUD Aurélie, *Le droit à la preuve*, Thèse de doctorat, Bordeaux 4, LGDJ, Bibliothèque de droit privé, Tome 525, 2010 ; GOUBEAUX Gilles, *Le droit à la preuve*, in PERELMAN Chaïm et FORIERS Paul (dir.), *La preuve en droit*, Bruylant, Bruxelles, 1981, pp. 277-301 ; LARDEUX Gwendoline, *Du droit de la preuve au droit à la preuve*, D. 2012, n°24, pp. 1596-1599 ; LARDEUX Gwendoline, *Le droit à la preuve : tentative de systématisation*, RTD Civ. 2017, n°1, pp. 1-26 ; MEKKI Mustapha, *La fondamentalisation du droit de la preuve : réflexion sur les dangers d'un 'droit à la vérité'*, Revue de droit d'Assas 2015, n°11, pp. 58-71.

[2622] Le droit à la preuve a, antérieurement à Gilles GOUBEAUX, été identifié par François GENY qui l'analysait comme « une faculté en vertu de laquelle chacun recueille et emploie, à sa guise, les moyens que lui offre la vie sociale (notamment les lettre missives) pour la justification et la défense de ses droits » (GENY François, *Des droits sur les lettres missives*, Tome II, Sirey, 1911, p. 106, cité par BERGEAUD Aurélie, *Le droit à la preuve*, Thèse de doctorat, Bordeaux 4, LGDJ, Bibliothèque de droit privé, Tome 525, 2010, p. 6).

[2623] GOUBEAUX Gilles, *Le droit à la preuve*, in PERELMAN Chaïm et FORIERS Paul (dir.), *La preuve en droit*, Bruylant, Bruxelles, 1981, pp. 277-301, spéc. p. 278.

[2624] *Op. cit.*, spéc. p. 281.

[2625] Sur ce point : BERGEAUD Aurélie, *Le droit à la preuve*, Thèse de doctorat, Bordeaux 4, LGDJ, Bibliothèque de droit privé, Tome 525, 2010, p. 131. Pour cet auteur, le droit à la preuve

être administrée qu'au moyen de preuves obtenues dans des conditions illicites et plus spécifiquement, pour l'heure, par des preuves recueillies en violation du droit au respect de la vie privée. Sur le fondement de ce principe, le juge se doit alors de concilier les droits de la défense du justiciable – qui intègrent une faculté d'administrer la preuve d'une allégation[2626] – avec la nécessaire licéité du processus de recueil des moyens de preuve.

775. La Cour européenne des droits de l'Homme[2627] est à l'origine du droit à la preuve qu'elle conçoit comme une limite possible au droit à la vie privée

---

« se distingue d'abord du devoir de coopération à la manifestation de la vérité dont il n'est pas le reflet puisqu'il n'existe aucun rapport juridique direct entre le demandeur à la preuve et le débiteur de l'obligation de coopération. Il se démarque ensuite des exigences classiques du procès équitable eu égard à l'absence d'identification des aspects fonctionnels de chaque principe » (*op. cit.* p. 134). Il existerait ainsi, un droit subjectif à la preuve, entendu comme « un pouvoir attribué par la norme, portant sur un objet spécifique (la preuve) et juridiquement sanctionné » (*op. cit.* p. 137). « Le droit à la preuve a (…) pour finalité la preuve au sens de démonstration et pour objet la preuve au sens d'instrument » (*op. cit.* p. 142). Il se caractérise par « les prérogatives conférées aux plaideurs relativement à l'administration de la preuve » (*op. cit.* p. 185) et se manifeste par le fait que « le système procédural lui garantisse la possibilité de produire la preuve qu'il détient » et lorsqu'il ne la détient pas dans le « pouvoir (…) [d'en] solliciter l'obtention auprès du juge (*op. cit.* p. 185). De la sorte, le droit à la preuve est défini comme « le pouvoir d'exiger du juge qu'il accueille l'offre ou la demande de preuve présentant un caractère licite et pertinent » (*op. cit.* p. 280). En définitive, le droit à la preuve est défini comme « un droit subjectif processuel qui confère à l'auteur d'une offre ou d'une demande de preuve le pouvoir d'exiger du juge l'accomplissement d'une prestation processuelle consistant en une acceptation de l'initiative, pouvoir dont la reconnaissance est conditionnée à l'existence d'un intérêt probatoire légitime et dont la mise en œuvre s'inscrit dans la limite fixée par le respect de l'ordre public ou des droits d'autrui » (*op. cit.*, p. 552). Toutefois, comme le reconnaît cet auteur « cette notion ne fait que rassembler, sous une qualification générale, les prérogatives reconnues aux plaideurs en matière de preuve sans inverser ni bouleverser la logique des rapports processuels » (*op. cit.* p. 283).

[2626] En ce sens, Yannick CAPDEPON relève les liens qui existent entre le droit à la preuve et les droits de la défense en affirmant que « Se défendre, c'est-à-dire l'action de soutenir ou de contester une prétention, revient pour le plaideur à soumettre au juge l'ensemble des éléments qu'il estime de nature à justifier soit sa demande, soit sa défense. Or, pour que cette action soit envisageable, il est, en tout premier lieu, nécessaire que les parties aient le pouvoir de produire des éléments de preuve propres à emporter la conviction du juge sur le bien ou le mal-fondé de la demande » (*Essai d'une théorie générale des droits de la défense*, Thèse de doctorat, Bordeaux 4, Dalloz, Nouvelle Bibliothèque de Thèses, Tome 122, 2013, p. 137).

[2627] La Cour européenne des droits de l'Homme a implicitement fait naître le droit à la preuve dans l'arrêt Dombo Beheer c/ Pays-Bas (CEDH, 27 octobre 1993, n°14448/88, Dombo Beheer c/ Pays-Bas, § 33) puis l'a officiellement consacré dans deux arrêts : L.L. c/ France (CEDH, 10 octobre 2006, n°7508/02, L.L. c/ France : RTD Civ. 2007, p. 95, note Jean HAUSER) et N.N. et T.A. c. Belgique (CEDH, 13 mai 2008, n°65097/01, N. N. et T. A. c/ Belgique : Procédures 2008, n°10, comm. 269, comm. Natalie FRICERO ; RTD Civ. 2008, p. 650, note Jean-Pierre MARGUENAUD ; D. 2009, p. 2714, note Philippe DELEBECQUE, Jean-Daniel BRETZNER et Thomas VASSEUR).

fondée sur l'égalité des armes[2628]. Dans l'affaire L.L. c/ France[2629], la Cour opère une conciliation entre le droit à la preuve et le droit au respect de la vie privée. En l'espèce, le juge français s'est fondé, dans une affaire de divorce, de manière surabondante sur des pièces touchant à la santé du requérant livrant à la publicité du jugement des données privées. Elle fait référence, dans cette espèce au « droit à la preuve du conjoint aux fins de faire triompher ses prétentions »[2630] mais confirme ici la violation du droit au respect de la vie privée en raison du caractère surabondant de la preuve administrée en violation de ce droit[2631]. Elle a réaffirmé ce droit, positivement cette fois, dans un arrêt N.N. et T.A. c/ Belgique[2632] en jugeant que l'emploi, à titre de preuve, d'une lettre de nature à prouver la relation amoureuse entre un époux et un tiers ne porte pas une atteinte disproportionnée au respect de la vie privée par rapport au but poursuivi qui est ici constitué du « droit d'une partie à un procès de se voir offrir une possibilité raisonnable de présenter sa cause, y compris ses preuves »[2633]. À la faveur de ces arrêts, le droit à la preuve est devenu « un droit subjectif processuel qui (…) s'intègre à la notion matricielle de droit au procès équitable »[2634].

776. À la suite de la jurisprudence européenne, la Cour de cassation a expressément consacré le « droit à la preuve »[2635] dans un arrêt du 5 avril 2012 – qui a même été complété par la reconnaissance de « la liberté fondamentale

---

2628 CEDH, 13 mai 2008, n°65097/01, N. N. et T. A. c. Belgique, § 42.

2629 CEDH, 10 octobre 2006, n°7508/02, L.L. c/ France : D. 2006, p. 2692 ; RTD Civ. 2007, p. 95, note Jean HAUSER.

2630 CEDH, 10 octobre 2006, n°7508/02, L.L. c/ France, § 40 : D. 2006, p. 2692 ; RTD Civ. 2007, p. 95, note Jean HAUSER.

2631 En l'espèce, la Cour de Strasbourg juge que « l'admissibilité et l'utilisation par le juge [d'une pièce médicale, ici le compte rendu d'une opération médicale faisant état de son alcoolisme] en tant qu'élément de preuve (…) constitu[e] une ingérence dans le droit au respect de la vie privée » (CEDH, 10 octobre 2006, n°7508/02, L.L. c/ France, § 46 : D. 2006, p. 2692 ; RTD Civ. 2007, p. 95, note Jean HAUSE). Toutefois, la Cour met ici en balance l'ingérence dans le droit au respect de la vie privée avec le droit à la preuve du conjoint. Ici, la Cour estime que l'ingérence n'est pas proportionnée au but recherchée et ne répond donc pas au principe de nécessité requis pour que le droit à la preuve l'emporte sur le nécessaire respect de la vie privée (§ 46).

2632 CEDH, 13 mai 2008, n°65097/01, N. N. et T. A. c/ Belgique : Procédures 2008, n°10, comm. 269, comm. Natalie FRICERO ; RTD Civ. 2008, p. 650, note Jean-Pierre MARGUENAUD ; D. 2009, p. 2714, note Philippe DELEBECQUE, Jean-Daniel BRETZNER et Thomas VASSEUR.

2633 CEDH, 13 mai 2008, n°65097/01, N. N. et T. A. c/ Belgique, § 42 : préc.

2634 SAINT-PAU Jean-Christophe, *Droit à la preuve versus droit au respect de la vie privée*, D. 2016, n°15, pp. 884-887.

2635 Cass., 1ère civ., 5 avril 2012, n°11-14.177 : Bull. civ. I, n°85 ; D. 2012, p. 1596, note Gwendoline LARDEUX ; RTD Civ. 2012, p. 506, note Jean HAUSER ; Lexbase Hebdo du 22 novembre 2012, chr. Etienne VERGES.

de témoigner »[2636]. En l'espèce, dans le cadre d'une succession, un fils cherche à prouver une donation immobilière rapportable en produisant, après la mort de ses parents, une lettre rédigée par le conjoint de sa sœur qui aurait été la bénéficiaire de cette donation et qui a été découverte dans les affaires des défunts. Les juges du fond avaient jugé que la production d'une telle lettre était contraire au droit au respect de la vie privée. La Cour de cassation juge que les juges du fond auraient dû rechercher si la production de cette lettre « n'était pas indispensable à l'exercice d[u] droit à la preuve, et proportionnée aux intérêts antinomiques en présence ». L'intérêt de cette solution est d'opérer une conciliation entre le droit à la preuve et l'exigence de licéité de la preuve fondée, en l'espèce, sur le droit au respect de la vie privée[2637]. À ce titre, les droits de la défense deviennent le fondement indirect[2638] de cette nécessaire conciliation entre droit à la preuve et droit au respect de la vie privée. Il faut, en effet, constater que « le droit à la preuve est rattachable aux droits de la défense »[2639]. Cette jurisprudence – confirmée depuis[2640], y

[2636] Cass. soc., 29 octobre 2013, n°12-22.447 : Bull. civ. V, n°252 ; JCP S 2014, n°6, pp. 28-30, note Bernard BOSSU ; Dr. soc. 2014, n°1, pp. 81-82, note Jean MOULY.

[2637] Etienne VERGES relève ainsi que « la Cour de cassation [a] donn[é] à ces principes [le droit à la preuve et le droit au respect à la vie privée] une position hiérarchique équivalente » (*Chronique de procédure civile — novembre 2012*, Lexbase Hebdo du 22 novembre 2012).

[2638] Par un arrêt du 16 octobre 2006 (Cass., 1ère civ., 16 octobre 2008, n°07-15.778 : Bull. civ. I, n°230 ; D. 2008, p. 2726 et 2009, p. 2714, obs. Thomas VASSEUR ; RTD Civ. 2009, p. 167, obs. Roger PERROT ; Gaz. Pal. 2008, n°335, pp. 33-36, note Nicolas DUPONT) la Cour de cassation avait opéré une conciliation entre l'exigence de licéité de la preuve et la préservation des droits de la défense. Elle a jugé que les juges du fond n'avaient pas « caractéris[é] la nécessité de la production litigieuse quant aux besoins de la défense et sa proportionnalité au but recherché ».

[2639] LECLERC Olivier, VERGES Etienne et VIAL Géraldine, *Droit de la preuve*, PUF, Thémis droit, 2015, n°381, p. 389.

[2640] La première chambre civile de la Cour de cassation a ainsi jugé que le recueil d'une preuve par un procédé clandestin n'est pas contraire au principe de loyauté dès lors que « les atteintes portées à la vie privée de l'assuré, sur la voie publique ou dans des lieux ouverts au public, sans provocation aucune à s'y rendre, et relatives aux seules mobilité et autonomie de l'intéressé, n'étaient pas disproportionnées au regard de la nécessaire et légitime préservation des droits de l'assureur et des intérêts de la collectivité des assurés » (Cass., 1ère civ., 31 octobre 2012, n°11-17.476 : préc.). Une solution analogue a été adoptée dans le cas d'un assureur qui a diligenté une « enquête privée » dont la violation à la vie privée qui en découlait n'était « pas disproportionnée au regard du droit de l'assureur d'établir en justice la nullité du contrat pour le motif retenu » (Cass., 1ère civ., 5 février 2014, n°12-20.206 : D. 2014, p. 856, note Gwendoline LARDEUX ; RTD Civ. 2014, p. 375, obs. Hugo BARBIER). De même, il a été jugé que n'était pas constitutif d'une atteinte disproportionnée au respect de la vie privée l'administration d'une preuve obtenue par un détective privé qui a fait « le simple récit d'activités, observées à partir de la voie publique, notamment en direction du balcon de l'intéressée » (Cass. 1ère civ., 10 septembre 2014, n°13-22.612 : Bull. civ. I, n°143 : Communication Commerce Electronique 2015, n°1, pp. 39-40, note Agathe LEPAGE ; D. 2015, p. 342, obs. Emmanuel DREYER ; RTD Civ. 2014, p. 856, obs. Jean HAUSER).

compris en droit du travail[2641] – atteste d'une prise en compte croissante de la nécessité d'offrir aux parties la faculté d'administrer leur preuve.

777. Toutefois, les termes de la conciliation opérée entre le droit à la preuve et le nécessaire respect du droit au respect à la vie privée conduisent à constater que le droit à la preuve se situe dans une position bien inférieure au droit au respect de la vie privée. Il apparaît même que « le droit à la preuve n'a que le statut d'exception, le respect dû à la vie privée étant le principe »[2642]. La jurisprudence de la Cour de cassation relative au droit à la preuve – bien qu'empreinte d'une certaine casuistique[2643] – démontre que le droit à la preuve n'a vocation qu'à demeurer une exception face au nécessaire respect de la vie privée. Par un arrêt du 25 février 2016[2644], elle a jugé « que le droit à la preuve ne peut justifier la production d'éléments portant atteinte à la vie privée qu'à la condition que cette production soit indispensable à l'exercice de ce droit et que l'atteinte soit proportionnée au but poursuivi »[2645]. En l'espèce, une victime estime avoir subi, suite à un accident, des troubles de la locomotion, dont la fausseté a été établie par le rapport de détectives privés. La Cour de cassation adopte une solution – confirmée depuis[2646] – qui traduit « un véritable durcissement de sa jurisprudence, réalisé aux dépens du droit à la preuve »[2647]. La recherche de la proportionnalité, ici fondée sur la proportionnalité au but poursuivi – c'est-à-dire des conséquences liées à cette production sur les intérêts en présence – aboutit à ne forger qu'une exception face au nécessaire respect de la vie privée. Cette conciliation opérée par la

---

2641 Cass. soc., 9 novembre 2016, n°15-10.203 : D. 2017, p. 37, obs. Gwendoline LARDEUX ; Dr. soc. 2017, p. 89, obs. Jean MOULY ; JCP G 2016, n°48, 1281, zoom par Nathalie DEDESSUS-LE-MOUSTIER.

2642 LARDEUX Gwendoline, *Le coup d'arrêt porté au droit à la preuve par la Cour de cassation*, LPA 2016, n°66, pp. 16-21.

2643 La solution retenue par la première chambre civile (Cass. 1ère civ., 10 septembre 2014, n°13-22.612 : Bull. civ. I, n°143 : préc.) concernant le constat opéré par un détective privé. Ce dernier a constaté l'absence de préjudice oculaire d'un justiciable en prenant des photos de ses déplacements mais aussi du ménage que le justiciable a effectué sur son balcon attestant de l'absence de toute gêne visuelle. La critique de la doctrine a estimé que l'atteinte à la vie privée était, en l'espèce, disproportionné au regard du droit à la preuve. Agathe LEPAGE relève qu'avec cette solution, « la protection de la vie privée s'en trouve relativisée et en vient même par là à être fragilisée si le juge est enclin à se laisser facilement convaincre du caractère proportionné de l'atteinte » (LEPAGE Agathe, *Vie privée vs preuve*, Communication Commerce Électronique 2015, n°1, pp. 39-40).

2644 Cass., 1ère civ., 25 février 2016, n°15-12.403 : Bull. civ. I, n°845 ; D. 2016 p. 884, note Jean-Christophe SAINT-PAU ; LPA 2016, n°66, pp. 16-21, note Gwendoline LARDEUX ; RTD Civ. 2016, p. 320, obs. Jean HAUSER ; RTD Civ. 2016, p. 371, obs. Hugo BARBIER.

2645 Cass., 1ère civ., 25 février 2016, n°15-12.403 : préc.

2646 Cass., 1ère civ., 22 septembre 2016, n°15-24.015 : D. 2017, p. 490, note Bernard BEIGNIER ; Gaz. pal. 2016, n°2, p. 23, note Julie TRAULLE ; JCP G 2016, n°43-44, 1136, note Gwendoline LARDEUX.

2647 LARDEUX Gwendoline, *Le coup d'arrêt porté au droit à la preuve par la Cour de cassation*, LPA 2016, n°66, pp. 16-21.

Cour de cassation en matière civile atteste d'un écart particulièrement grand avec la solution retenue par la Chambre criminelle bien que le fondement de leur jurisprudence demeure le nécessaire respect des droits de la défense.

B/ L'affirmation générale des droits de la défense comme limite à l'inadmissibilité des preuves

778. Les droits de la défense apparaissent comme le fondement commun de l'admissibilité de preuves recueillies dans des conditions illégales. En ce sens, avant de consacrer le droit à la preuve, la Cour de cassation a jugé le 15 mai 2007 « que constitue une atteinte au principe de l'égalité des armes résultant du droit au procès équitable garanti par l'article 6 de la Convention européenne des droits de l'homme le fait d'interdire à une partie de faire la preuve d'un élément de fait essentiel pour le succès de ses prétentions ; que par ailleurs, toute atteinte à la vie privée n'est pas interdite, et qu'une telle atteinte peut être justifiée par l'exigence de la protection d'autres intérêts, dont celle des droits de la défense, si elle reste proportionnée au regard des intérêts antinomiques en présence »[2648]. Cette solution conduit donc à imposer une proportionnalité entre l'inadmissibilité de la preuve heurtant le droit à la vie privée et les droits de la défense. Ces solutions attestent que le droit à la preuve est la manifestation civile de la nécessaire préservation des droits de la défense par l'administration d'une preuve obtenue dans des conditions illégales. Or, la jurisprudence civile est particulièrement empreinte de cette protection des droits de la défense : la Chambre sociale de la Cour de cassation autorise la production de pièces conservées par le salarié après son départ de l'entreprise[2649], cette solution tendant à préserver les droits de la défense du salarié en lui offrant la faculté de rapporter une preuve, même recueillie dans des conditions illicites, qu'il ne pourrait effectivement rapporter autrement. De même, en matière de divorce, il existe un principe de liberté des modes de preuve[2650], sous réserve de l'obtention de la preuve « par violence ou fraude »[2651] et des constats dressés à la faveur d'une « violation de domicile ou [d'une] atteinte illicite à l'intimité de la vie privée »[2652]. En cette matière, les frontières de l'admissible sont ainsi aménagées en raison des spécificités liées aux affaires familiales puisqu'en la matière « poser l'obstacle du droit au

---

2648 Cass. com., 15 mai 2007, n°06-10.606 : Bull. civ. IV, n°130 ; RTD Civ. 2007, p. 637, obs. Roger PERROT et RTD Civ. 2007, p. 753, obs. Jean HAUSER ; D. 2007, p. 2775, obs. Agathe LEPAGE ; Cass., 2e civ., 3 juin 2004, n°02-19.886 : Bull. civ. II, n°273 ; Droit de la famille 2004, n°10, pp. 32-34, note T.V.L. ; RTD Civ. 2004, p. 736, note Jacques MESTRE et Bertrand FAGES ; RTD Civ. 2004, p. 489, note Jean Hauser ; D. 2004, p. 2069, note Jacques RAVANAS.

2649 Cass. soc., 2 décembre 1998, n°96-44.258 : Bull. civ. V, n°535 et Cass. soc., 19 juin 2008, n° 07-40.939 : Bull. civ. V, n°137.

2650 L'article 259 du Code civil pose cette liberté de la preuve en matière de divorce.

2651 Art. 259-1 du Code civil.

2652 Art. 259-2 du Code civil.

respect de la vie privée, à la preuve de la faute conjugale, revient à accorder à l'époux qui en est l'auteur une immunité de fait »[2653]. Les droits de la défense peuvent constituer le principe qui permet de justifier la faculté d'administrer tout moyen de preuve sauf lorsque cette preuve a été obtenue par violence ou fraude[2654].

779. Or, le juge civil n'est pas le seul à concilier la nécessaire légalité du recueil de la preuve avec la nécessaire protection des droits de la défense. En ce sens, la Cour de justice de l'Union européenne a développé, très tôt, une jurisprudence protectrice de la légalité du recueil de la preuve. Elle a veillé à ce que la preuve administrée soit obtenue « par des moyens légitimes »[2655] y compris lorsqu'ils étaient administrés par un particulier. Dans l'affaire Ludwigshafener Walzmühle Erling et autres[2656], la Cour de Luxembourg a pris soin d'écarter « un document interne [à la Commission], qui n'aurait pas été acquis par des voies régulières »[2657] dans un litige relatif à « la fixation du prix de seuil pour le blé dur importé de pays tiers au cours de l'année 1979 »[2658]. Toutefois, cette règle d'admissibilité de la preuve a ensuite été remarquablement tempérée par les juges européens par une « mise en balance des intérêts à protéger »[2659]. Les juges européens ont ainsi veillé à ce que l'inadmissibilité des preuves irrégulièrement obtenues ne prive pas le justiciable de tout moyen de défense[2660]. En somme, la nécessité d'administrer la preuve illicite permet de tempérer l'exigence de licéité de la preuve. Cela revient à concilier les droits de la défense avec l'exigence de légalité de la preuve.

780. À la lumière de cette jurisprudence, il apparaît que les droits de la défense deviennent, peu à peu, une limite à l'admissibilité de la preuve, bien au-delà du nécessaire respect au droit de la vie privée. La matière des secrets protégés est ainsi devenue un terrain d'élection des droits de la défense. S'il apparaît

---

[2653] BERGEAUD Aurélie, *Le droit à la preuve*, Thèse de doctorat, Bordeaux 4, LGDJ, Bibliothèque de droit privé, Tome 525, 2010, p. 580.
[2654] Cass. 1ère civ., 17 juin 2009, n°07-21.796 : Bull. civ. I, n°132 ; Dr. et proc. 2009.344, note Natalie FRICERO.
[2655] CJCE, 17 décembre 1981, n°197 à 200, 243, 245 et 247/80, Ludwigshafener Walzmühle Erling e.a. c/ CEE, pt. 16 : Rec. p. 1041.
[2656] CJCE, 17 décembre 1981, n°197 à 200, 243, 245 et 247/80, Ludwigshafener Walzmühle Erling e.a. c/ CEE : préc..
[2657] CJCE, 17 décembre 1981, n°197 à 200, 243, 245 et 247/80, Ludwigshafener Walzmühle Erling e.a. c/ CEE, pt. 13 : préc..
[2658] CJCE, 17 décembre 1981, n°197 à 200, 243, 245 et 247/80, Ludwigshafener Walzmühle Erling e.a. c/ CEE, pt. 1 : préc.
[2659] TPICE, 8 juillet 2008, n°T-48/05, Yves Franchet et Daniel Byk c/ Commission, pt. 79 : Rec. p. II-1585.
[2660] TPICE, 8 juillet 2008, n°T-48/05, Yves Franchet et Daniel Byk c/ Commission, pts. 80-81 : préc. ; TPICE, 6 mars 2001, n°T-192/99, Dunnett e.a. c/ BEI, pts. 33-35 : Rec. p. II-813.

déjà que « la litanie des secrets a cessé d'être un talisman magique permettant à un défendeur de se retrancher dans une forteresse imprenable »[2661], le secret apparaît désormais tempéré par la nécessité d'administrer des preuves au nom des droits de la défense. Si la remise en cause des secrets professionnels n'est pas à l'ordre du jour – et n'est pas souhaitable – la jurisprudence « établit un équilibre global entre droit à la preuve et protection des secrets professionnels, même si le point d'équilibre n'est pas le même selon les branches du droit »[2662]. Une exigence de proportionnalité tend à s'affirmer en matière de secret puisqu'ils ne peuvent porter une atteinte absolue à la faculté d'administrer la preuve d'une allégation.

781. Pourtant, en cette matière, la Cour de cassation a écarté *le droit à la preuve* comme outil de conciliation des secrets en jugeant que le secret professionnel du notaire ne saurait être tempéré par le droit à la preuve d'une partie qui aurait intérêt à la levée de ce secret[2663]. Elle a, en revanche jugé que l'égalité des armes et la protection des droits de la défense constituent un fondement adéquat à l'administration d'une preuve couverte par le secret médical[2664].

782. En la matière, la Chambre criminelle dispose d'un rôle moteur puisqu'elle a jugé que les droits de la défense constituent un fait justificatif[2665]

2661 PERROT Roger, *Le droit à la preuve et les secrets de la vie privée*, RTD Civ. 2007, p. 637.

2662 LECLERC Olivier, VERGES Etienne et VIAL Géraldine, *Droit de la preuve*, PUF, Thémis droit, 2015, p. 398.

2663 Le droit à la preuve semble, par cet arrêt, être condamné comme outil de conciliation des secrets. La première chambre civile de la Cour de cassation a jugé au regard du secret professionnel du notaire que « le droit à la preuve découlant de l'article 6 de la Convention européenne des droits de l'homme ne peut faire échec à l'intangibilité du secret professionnel du notaire, lequel n'en est délié que par la loi, soit qu'elle impose, soit qu'elle autorise la révélation du secret » (Cass., 1ère civ., 4 juin 2014, n°12-21.244 : Bull. civ. I, n°101 ; JCP N 2015, n°16, 1130, comm. Cristina CORGAS-BERNARD ; JCP N 2014, n°37, 1269, ét. Gilles ROUZET ; Revue des contrats 2014, n°4, p. 756, chron. Cécile PERES ; Gaz. pal. 2014, n°250-252, pp. 24-25, chron. Corinne BLERY ; RTD Civ. 2014, p. 658, chron. Hugo BARBIER).

2664 L'égalité des armes est également un fondement adéquat à la reconnaissance d'une nécessaire proportionnalité dans l'inadmissibilité des preuves couvertes par un secret. Il a été jugé contraire « au principe de l'égalité des armes (...) le fait d'interdire à une partie de faire la preuve d'un élément de fait essentiel pour le succès de ses prétentions » (Cass. com., 15 mai 2007, n°06-10.606 : Bull. civ. IV, n°130 ; RTD Civ. 2007, p. 637, obs. Roger PERROT et RTD Civ. 2007, p. 753, obs. Jean HAUSER ; D. 2007, p. 2775, obs. Agathe LEPAGE ; Cass., 2e civ., 3 juin 2004, n°02-19.886 : Bull. civ. II, n°273 ; Droit de la famille 2004, n°10, pp. 32-34, note T.V.L. ; RTD Civ. 2004, p. 736, note Jacques MESTRE et Bertrand FAGES ; RTD Civ. 2004, p. 489, note Jean Hauser ; D. 2004, p. 2069, note Jacques RAVANAS) dans un cas où il s'agissait de pièces couvertes par le secret médical.

2665 Sur ce point : DE LAMY Bertrand, *Les droits de la défense, cause de justification autonome*, D. 2004, p. 317 ; MAYAUD Yves, *Les droits de la défense, cause d'irresponsabilité pénale*, in, *Mélanges offerts à Raymond GASSIN*, PUAM, 2007, pp. 293-303, spéc. p. 298 ;

qui permet la relaxe du prévenu lorsqu'il administre une preuve couverte par le secret professionnel qui s'avère « strictement nécessaire à l'exercice des droits de sa défense »[2666]. Cette solution – retenue pour le salarié qui commet un vol de documents qui sont la propriété de son employeur afin de disposer de preuves lors de son litige prud'homal – peut constituer le fondement d'une conciliation entre la protection des secrets professionnels et les droits de la défense. Cela signifie que « la violation du secret professionnel trouve une légitimité dépénalisante »[2667] dans la protection des droits de la défense et atteste – à nouveau – de la place déterminante des droits de la défense devant le juge pénal[2668]. Les salariés ne sont pas les seuls à bénéficier de cette solution puisque tout professionnel mis en cause devant une juridiction pénale peut, lorsqu'il doit « répondre de sa gestion ou de son honnêteté »[2669] administrer une preuve couverte par le secret professionnel. À ce titre, un médecin peut administrer des pièces couvertes par le secret médical pour assurer sa défense devant une juridiction pénale[2670] dès lors que la révélation de pièces couvertes par ce secret constitue « une mesure nécessaire et proportionnée à la défense de l'ordre et à la protection des droits de la partie civile »[2671]. De même, un

---

MAYAUD Yves, *Respect de la vie privée, secret professionnel, et droits de la défense*, RSC 2007, p. 815.

2666 Par deux arrêts de principe (Cass. crim., 11 mai 2004, n°03-85.521 : Bull. Crim., n°117 ; Cass. crim., 11 mai 2004, n° 03-80.254 : Bull. crim., n°113 ; D. 2004, p. 2326, note Harold KOBINA GABA ; D. 2004, p. 2759, note Gabriel ROUJOU DE BOUBEE ; Dr. pénal 2004.122, obs. Michel VERON ; RSC 2004, p. 635, obs. Elisabeth FORTIS ; RSC 2004, p. 866, obs. Georges VERMELLE) la Chambre criminelle a jugé que le vol par un salarié de documents de son entreprise en vue d'assurer sa défense devant les juridictions prud'homales lorsque ce vol est « strictement nécessaire à l'exercice des droits de la défense ».

2667 MAYAUD Yves, *Respect de la vie privée, secret professionnel, et droits de la défense*, RSC 2007, p. 815.

2668 Yves MAYAUD relève, à cet égard, que « Les droits de la défense sont donc érigés en motif d'irresponsabilité, ce qui ne saurait être sans une légitimité intrinsèque, tenant à ce qu'ils engagent de référence supérieure » (*Respect de la vie privée, secret professionnel, et droits de la défense*, RSC 2007, p. 815).

2669 MAYAUD Yves, *Respect de la vie privée, secret professionnel, et droits de la défense*, RSC 2007, p. 815.

2670 Cass. crim., 20 décembre 1967, n°66-92.779 : Bull. crim., n°338 ; JCP 1967, II, 15126, note René SAVATIER ; 1968.343, obs. Georges LEVASSEUR (« que si stricte que soit l'obligation qui découle du secret professionnel, elle ne saurait interdire à un médecin que l'on a tenté d'associer à une escroquerie en provoquant de sa part, grâce à une mise en scène trompeuse, la délivrance d'un certificat attestant faussement l'existence de maladies ou infirmités, de justifier de sa bonne foi en témoignant, au cours d'une instance judiciaire relative à cette escroquerie, sur les manoeuvres qui, faussant son examen et prenant, en défaut son jugement, l'ont amené à delivrer ce certificat »).

2671 Cass. crim., 24 avril 2007, n°06-88.051 : Bull. crim., n°108.

avocat peut administrer des pièces couvertes par le secret professionnel pour assurer sa défense devant une juridiction pénale[2672].

783. Cette solution protectrice des droits de la défense a, semble-t-il, influencé les autres chambres de la Cour de cassation qui ont, dans le sillage de la Chambre criminelle, adopté une position analogue conduisant à opérer une conciliation entre la protection du secret professionnel et le nécessaire respect des droits de la défense. La Chambre sociale[2673] dispose également d'une jurisprudence très protectrice du salarié puisqu'elle juge qu'un document dérobé par un salarié peut être administré même lorsque l'employeur invoque un secret professionnel pour exiger que cette preuve soit écartée[2674]. Cette solution a, depuis, été reprise par la Chambre commerciale[2675] la première Chambre civile de la Cour de cassation[2676] et la deuxième Chambre civile de la Cour de cassation[2677].

784. L'ensemble de ces solutions devrait conduire à tempérer – sous l'effet du principe de proportionnalité – l'inadmissibilité qui s'attache aux preuves couvertes par un secret professionnel. Sur cette question, la Cour européenne des droits de l'Homme ne s'est pas, à notre connaissance, prononcée. Dans l'affaire N. N. et T. A. c/ Belgique[2678], elle a jugé que n'était pas contraire au droit au respect de la vie privée de l'article 8 de la Convention européenne des droits de l'Homme la législation nationale qui pose, en matière de divorce, qu'il est possible d'administrer la correspondance de son conjoint si les « pièces ne so[nt] pas couvertes par le secret professionnel »[2679]. Toutefois, la Cour européenne des droits de l'Homme est à l'origine d'une analyse novatrice du secret puisqu'elle rattache la protection du secret médical à la protection des données à caractère personnel qui est requise par le respect de la vie privée de

---

[2672] Cass. crim., 16 mai 2000, n°99-85.304 : Bull. crim., n°192 ; D. 2002, p. 858, obs. Bernard BLANCHARD ; Cass. crim., 29 mai 1989, n°87-82.073 : Bull. crim., n°218.

[2673] Sur ce point : DESPREZ François, *Vol de documents par le salarié : sur le fait justificatif tiré de l'exercice des droits de la défense*, Droit social 2009, pp. 1182-1189 ; DUQUESNE François, *Champ d'application de l'immunité du salarié face à la preuve : nouvelles précisions*, Dr. soc. 2011, n°11, pp. 1039-1042.

[2674] Cass. soc., 12 mai 2017, n°15-28.943 et 15-29.129 : D. 2017, p. 1132 ; Cass. soc., 5 juillet 2011, n°09-42.959, Inédit ; Cass. soc., 30 juin 2004, n° 02-41.720 et 02-41.771 : Bull. civ. V, n°187.

[2675] Cass. com., 19 janvier 2010, n°08-19.761, Société Coppa MG : Bull. civ. IV, n°8 ; JCP E 2011, n°15, p. 26, note Georges DECOCQ.

[2676] Cass. 1ère civ., 28 juin 2012, n°11-14-486 : Bull. civ. I, n°145 ; Cass., 1ère civ., 15 mai 2008, n°06-20.807, Inédit.

[2677] Cass. 2e civ., 8 février 2006, n°05-14.198 : Bull. civ. II, n°44.

[2678] CEDH, 13 mai 2008, n°65097/01, N. N. et T. A. c/ Belgique : Procédures 2008, n°10, comm. 269, comm. Natalie FRICERO ; RTD Civ. 2008, p. 650, note Jean-Pierre MARGUENAUD ; D. 2009, p. 2714, note Philippe DELEBECQUE, Jean-Daniel BRETZNER et Thomas VASSEUR.

[2679] CEDH, 13 mai 2008, n°65097/01, N. N. et T. A. c/ Belgique, § 48 : préc.

l'article 8 de la Convention européenne des droits de l'Homme[2680]. De même, en matière fiscale, elle a pu concilier le respect du secret des données personnelles attachées aux déclarations fiscales avec la liberté de la presse[2681]. Toutefois, elle n'a pas posé de règle générale afférente à la nécessaire conciliation entre le secret professionnel et les droits de la défense.

785. Dans la droite lignée de cette jurisprudence, la Cour de justice de l'Union européenne a eu l'occasion d'accentuer l'empreinte des droits fondamentaux sur les secrets professionnels. À l'instar de la solution retenue par la Cour européenne des droits de l'Homme, le secret professionnel est considéré, par la Cour de justice de l'Union européenne, comme la manifestation d'un droit fondamental, celui de la protection des données à caractère personnel garantie par l'article 8 de la Charte des droits fondamentaux. Le rattachement des secrets à ce droit fondamental conduit le juge européen à le concilier avec les autres droits fondamentaux garantis par la Charte des droits fondamentaux. La Cour juge ainsi qu'il est, en la matière, impératif « d'assurer un juste équilibre entre les différents droits fondamentaux protégés par l'ordre juridique communautaire »[2682]. À ce titre, elle a jugé, dans un arrêt Coty Germany GmbH du 16 juillet 2015[2683] que la réglementation allemande qui permet d'opposer, de manière inconditionnelle et illimitée, le secret bancaire au titulaire du droit de propriété intellectuelle qui souhaite obtenir des renseignements relatifs à un compte ou à des coordonnées bancaires porte atteinte au « droit fondamental à un recours effectif et le droit fondamental de propriété intellectuelle »[2684] dans le cadre de la directive 2004/48/CE du Parlement européen et du Conseil, du 29 avril 2004, relative au respect des droits de propriété intellectuelle. La Cour, après avoir « fondamentalisé »[2685] les droits en cause « privilégie une solution

---

[2680] CEDH, 27 mars 2012, n°20041/10, Eternit c/ France ; CEDH, 27 août 1997, n°20837/92, M.S. c/ Suède, § 41.

[2681] CEDH, Gde ch., 21 janvier 1999, n°29183/95, Fressoz et Roire c/ France : RJF 03/99, n°367 ; D. 1999, p. 272, obs. Natalie FRICERO ; RTD Civ. 1999, p. 359, obs. Jean HAUSER ; JCP 2000, I, 203, chron. Frédéric SUDRE. Dans cet arrêt, la Cour juge la « préservation du secret fiscal légitime » (§ 53) bien qu'elle fasse primer, en l'espèce, la liberté de la presse (§ 56).

[2682] CJCE, 29 janvier 2008, n°C-275/06, Promusicae, pt. 70 : Rec. p. I-271 ; Europe 2008, n°3, Mars, comm. 98, note Elsa BERNARD.

[2683] CJUE, 16 juillet 2015, n°C-580/13, Coty Germany GmbH : ECLI:EU:C:2015:485 ; Europe 2015, n° 10, comm. 389, note Laurence IDOT ; Droit de l'immatériel : informatique, médias, communication 2015, n° 118, pp. 11-16, note Guillaume BUSSEUIL ; D. 2015, p. 2168, note Caroline KLEINER ; AJ pénal 2015, p. 544, note Jérôme LASSERRE CAPDEVILLE ; RTD Civ. 2016, p. 128, note Hugo BARBIER ; D. 2016, p. 96, note Gwendoline LARDEUX ; AJ Contrats d'affaires 2016, n°3, pp. 147-149, obs. Gilbert PARLEANI.

[2684] CJUE, 16 juillet 2015, n°C-580/13, Coty Germany GmbH, pt. 38 : préc.

[2685] KLEINER Caroline, *La CJUE limite le secret bancaire en faveur des droits de propriété intellectuelle et d'accès à la justice : un message pour les juridictions françaises ?*, D. 2015, n°37, pp. 2168-2175.

des conflits de droit en recourant au principe de proportionnalité »[2686]. Or, cette décision revêt une portée générale car, si elle est fondée sur une directive relative à la propriété intellectuelle, elle opère une conciliation générale fondée sur les droits fondamentaux. Elle exige de ménager « un juste équilibre »[2687] entre les droits en cause. Chaque secret professionnel doit donc potentiellement être concilié avec le droit à un recours effectif – protégé par l'article 47 de la Charte des droits fondamentaux. La proportionnalité s'impose donc, également, en matière de secret professionnel et l'inadmissibilité d'une preuve couverte par un secret ne peut revêtir un systématisme absolu. La portée de cette solution est gouvernée par l'article 52,1 de la Charte des droits fondamentaux qui exige de concilier les droits et libertés fondamentaux garantis par cette Charte en respectant « le contenu essentiel desdits droits et libertés ».

786. Or, en matière de preuve, la portée de cette solution est décisive puisqu'elle tend à priver de tout automatisme le secret professionnel[2688]. La conciliation opérée par la Cour de justice de l'Union européenne entre le droit au recours effectif de l'article 47 de la Charte des droits fondamentaux et les secrets professionnels atteste de l'impérieuse nécessité d'opérer une mise en balance des intérêts en présence et de dénier au secret toute fonction de « paravent juridique »[2689].

787. En somme, bien que la jurisprudence de la Cour de justice n'ait de portée que dans le champ du droit de l'Union européenne, elle livre un modèle où le secret professionnel ne peut s'opposer, de manière générale et absolue, à l'administration d'une preuve. La conciliation qui doit s'opérer tend à tempérer les effets du secret professionnel. Or, cette solution retenue par les juges luxembourgeois rejoint la position retenue par le juge judiciaire qui tend à rechercher, *in concreto*, si le secret affecte ou non les droits de la défense du justiciable. Une telle solution doit, à notre sens, conduire le juge interne à tempérer les décisions où le secret est opposé comme un obstacle infranchissable à une partie. Certaines solutions méritent donc d'être relues à l'aune de cette exigence. À ce titre, l'arrêt du 4 juin 2014[2690] qui se fonde sur

---

2686 *Op. cit.*, *loc. cit.*

2687 CJUE, 16 juillet 2015, n°C-580/13, Coty Germany GmbH, pt. 34 : préc.

2688 À cet égard, cette solution dispose d'une portée décisive à l'égard du secret bancaire tel qu'il est interprété par la Cour de cassation. Cette dernière juge, en effet, que « le secret professionnel institué par l'article L. 511-33 du code monétaire et financier constitue un empêchement légitime opposable au juge civil, ensuite, qu'il ne cesse pas du seul fait que l'établissement de crédit est partie au procès, dès lors que son contradicteur n'en est pas le bénéficiaire » (Cass. com., 10 février 2015, n°13-14.779 : Bull. civ. IV, n°20).

2689 BUSSEUIL Guillaume, *Le secret bancaire à l'épreuve du droit d'information en matière de propriété intellectuelle*, Droit de l'immatériel : informatique, médias, communication 2015, n° 118, pp. 11-16.

2690 Cass., 1ère civ., 4 juin 2014, n°12-21.244 : Bull. civ. I, n°101 ; JCP N 2015, n°16, 1130, comm. Cristina CORGAS-BERNARD ; JCP N 2014, n°37, 1269, ét. Gilles ROUZET ; Revue

« l'intangibilité du secret professionnel du notaire, lequel n'en est délié que par la loi »[2691] et refuse de tempérer l'inadmissibilité de pièces couvertes par ce secret au regard des faits de l'espèce contrevient manifestement à la nécessité de proportionner les effets du secret au regard des droits de chaque partie.

788. Or, à la différence des autres juges, le juge administratif est resté à l'écart de cette jurisprudence[2692] en n'introduisant aucun fait justificatif dans la production d'une pièce couverte par le secret. À ce titre, le Conseil d'Etat a affirmé par la décision M. Erden[2693] qu'il incombe au juge administratif « de garantir, selon les modalités propres à chacun d'entre eux, les secrets protégés par la loi »[2694] atteste de la protection rigoureuse dont ils font l'objet. Pourtant, la protection des droits de la défense a pu être soulevée comme un moyen de justifier l'administration d'une preuve couverte par le secret[2695]. Le Conseil d'Etat, a pu reconnaître la nécessité d'administrer une pièce, au nom des droits de la défense. Il exige alors que la partie qui se prévaut d'une telle pièce fasse disparaître les éléments susceptibles d'entraîner la violation du secret : dans une décision du 13 janvier 1999, le Conseil d'Etat estime qu'un médecin aurait dû « occulter préalablement les noms des patients »[2696] présents sur un registre d'interventions en bloc opératoire pour administrer une pièce couverte par le secret médical.

789. En matière fiscale, le juge administratif n'a pas jugé utile de tempérer l'effet du secret médical qui s'impose au contribuable au regard de la nécessité d'administrer une preuve[2697]. La cour administrative d'appel de Nancy a refusé de se fonder sur des cahiers d'un chirurgien-dentiste couverts par le secret

---

des contrats 2014, n°4, p. 756, chron. Cécile PERES ; Gaz. pal. 2014, n°250-252, pp. 24-25, chron. Corinne BLERY ; RTD Civ. 2014, p. 658, chron. Hugo BARBIER.

2691 Cass., 1ère civ., 4 juin 2014, n°12-21.244 : préc.

2692 À l'inverse, le juge administratif a pu, dans la décision M. Ganem prendre en compte la nécessité, pour l'Administration, d'administrer une preuve recueillie dans des conditions illicites. Le juge administratif ménage le cas où « un intérêt public majeur » (Conseil d'Etat, Sect., 16 juillet 2014, n°355201, M. Ganem, cons. n°3 : préc.) justifie l'administration d'une preuve recueillie dans des conditions illicites. Cette solution n'est pas différente de celle retenue par le juge judiciaire qui se fonde sur la nécessité, pour une partie, d'administrer une preuve recueillie dans des conditions illicites. Seule la justification de l'administration d'une telle preuve distingue ces différentes solutions.

2693 Conseil d'Etat, Sect., 1er octobre 2014, n°349560, M. Erden : Rec. p. 288 ; Procédures 2014, n°11, comm. 310, comm. Serge DEYGAS ; AJDA 2014, p. 2185, chron. Jean LESSI et Louis DUTHEILLET DE LAMOTHE ; Droit Administratif 2015, n° 1, comm. 2, comm. Gweltaz EVEILLARD ; JCP A 2015, n° 23, 2172, note Gaëlle MARTI.

2694 Conseil d'Etat, Sect., 1er octobre 2014, n°349560, M. Erden, cons. n°2 : préc.

2695 Conseil d'Etat, 4e et 1ère s.-s., 13 janvier 1999, n°177913 : Rec. T. p. 698 ; Conseil d'Etat, 4e et 1ère s.-s., 23 avril 1997, n°169977, Lévy : Rec. p. 162.

2696 Conseil d'Etat, 4e et 1ère s.-s., 13 janvier 1999, n°177913 : Rec. T. p. 698.

2697 CAA de Nancy, Plén., 5 décembre 1989, n°89103, M. Ledanois : Dr. fisc. 1990, n°45, comm. 2117 ; RJF 04/90, n°464.

médical en estimant que ce refus « ne fait pas obstacle à l'utilisation de tout autre moyen de preuve de son choix, n'est pas, par elle-même, susceptible de le priver du 'droit à ce que sa cause soit entendue équitablement' au sens des dispositions de l'article 6 de la convention européenne des droits de l'Homme »[2698]. Cette solution – si elle présente une solution étonnante relative à l'applicabilité de l'article 6 de la Convention européenne des droits de l'Homme au contentieux individuel de l'impôt – mériterait d'être revue sous l'angle des droits de la défense. Le juge administratif devrait, à notre sens, vérifier, *in concreto*, si cette preuve n'est pas la seule à même d'administrer la preuve litigieuse et que l'administration de cette preuve est proportionnée au but visé par le contribuable. En somme, il conviendrait que le juge administratif tempère les effets du secret par la nécessité, pour le contribuable ou le fisc, d'administrer une preuve nécessaire au succès de sa prétention.

790. Conclusion de la Sous-Section I. – L'admissibilité de la preuve recueillie dans des conditions illégales par une partie privée n'offre pas de solution univoque. L'admissibilité de l'ensemble des moyens de preuve administrés, par les particuliers, qui prévaut devant le juge pénal n'est pas un principe commun à l'ensemble des juges de la matière fiscale. Pourtant, il apparaît que le fondement de cette solution – qui repose sur la nécessaire protection des droits de la défense – offre un terreau favorable à l'émergence d'un principe commun. En effet, chaque juge entrouvre la porte de l'administration d'une preuve recueillie dans des conditions illicites ou couverte par un secret pour offrir à une partie privée la faculté d'administrer une preuve. Cette solution se prolonge même dans la faculté offerte à l'autorité publique d'administrer une preuve illicite recueillie par un particulier mais dont elle dispose régulièrement.

Sous-Section II. – L'admissibilité de la preuve illicite régulièrement transmise à l'autorité publique

791. Les preuves illégalement recueillies par des particuliers mais légalement reçues par l'autorité publique sont admissibles (§.1.), à condition que l'autorité publique fasse un usage proportionné de ces preuves (§.2.).

§.1. – L'admissibilité de la preuve illégalement recueillie par un particulier mais légalement reçue par l'autorité publique

792. La faculté d'administrer des preuves illicites légalement obtenues est offerte aux enquêteurs (A) et est également offerte aux agents du fisc (B).

[2698] CAA de Nancy, Plén., 5 décembre 1989, n°89103, M. Ledanois : préc.

A/ La faculté reconnue aux agents de l'autorité publique d'administrer une preuve illicite légalement obtenue

793. La faculté d'administrer une preuve recueillie dans des conditions illégales mais légalement obtenue par l'autorité publique est, à l'origine, retenue par le juge pénal (1) et constitue, *de lege lata*, un point d'équilibre retenu par les juges constitutionnels et européens (2).

1/ Une solution retenue par le juge pénal

794. Les agents qui sont dépositaires de la force publique – qui peut être définie comme « l'organe étatique qui exerce la contrainte pour assurer la réalisation du droit »[2699] – sont les agents qui exécutent les ordres de l'autorité publique[2700]. Ces agents[2701] – qui sont, en droit pénal général – les officiers et agents de police judiciaire ont pour fonction, aux termes de l'article 14 du Code de procédure pénale « de constater les infractions à la loi pénale, d'en rassembler les preuves et d'en rechercher les auteurs ». À ce titre, l'article 17 du Code de procédure pénale dispose que « Les officiers de police judiciaire (…) reçoivent les plaintes et les dénonciations ». Ces agents disposent – en qualité de détenteur de l'autorité publique – « dans le domaine de la constatation des infractions, [d']une compétence de droit commun »[2702] qui est reconnue par la Chambre criminelle de la Cour de cassation[2703]. En vertu de cette compétence, les agents dépositaires de l'autorité publique ne méconnaissent pas la législation relative au trafic de stupéfiants[2704] en saisissant de la drogue ou ne commettent pas de recel[2705] lorsqu'ils sont les destinataires d'un document volé. Il est ainsi jugé qu'un document volé par un particulier peut être « versé en procédure »[2706] par les enquêteurs sans méconnaître une quelconque règle de procédure. Dès lors qu'ils agissent en qualité d'agent de l'autorité publique, ils disposent de la faculté de se fonder sur des preuves, dont les conditions de recueil ont méconnu des règles de droit, à condition qu'ils respectent l'exigence de légalité. Durant le procès pénal, le juge pénal peut forger son intime conviction sur ces pièces recueillies, par des

---

[2699] BUISSON Jacques, *Force publique*, Répertoire de droit pénal et de procédure pénale, Dalloz, 2009, n°15.
[2700] Cass. crim., 5 janvier 1821, Bernard : S. 1821, I, 358 ; PRADEL Jean et VARINARD André, *Les grands arrêts du droit pénal général*, Dalloz, 9e éd., 2016, n°21.
[2701] Art. 28 à 28-2 du Code de procédure pénale.
[2702] BUISSON Jacques, *Force publique*, Répertoire de droit pénal et de procédure pénale, Dalloz, 2009, n°19.
[2703] Cass. crim., 22 juin 1977, n°76-91.465 : Bull. crim., n°232.
[2704] Art. 222-34 à 222-43-1 du Code pénal.
[2705] Art. 321-1 du Code pénal.
[2706] Cass. crim., 31 janvier 2012, n°11-85.464 : préc.

particuliers, dans des conditions illicites et légalement transmises aux agents de l'autorité publique dès lors que le principe du contradictoire est respecté[2707].

795. Cette solution constitue un point d'équilibre particulièrement intéressant puisqu'il érige le respect, par les agents de l'autorité publique, de la légalité comme un filtre qui permet d'administrer des preuves recueillies par des particuliers dans des conditions contraires aux lois. Or, cette solution est désormais largement retenue par les juges constitutionnel et européen.

2/ Une solution retenue par les juges constitutionnels et européens

796. Jamais, à notre connaissance, le Conseil constitutionnel n'a posé d'exigence constitutionnelle de licéité d'une preuve transmise par un particulier à l'autorité publique. Il n'existe pas de règles ou de principes constitutionnels qui exigent qu'une preuve administrée ait été recueillie, par des particuliers, dans des conditions licites. Bien au contraire, le Conseil constitutionnel a jugé, en matière fiscale, par la décision n°2013-679 DC du 4 décembre 2013[2708], qu'une preuve obtenue dans des conditions illicites peut fonder une décision d'imposition dès lors que la procédure de réception de cette preuve par l'administration fiscale est régulière. Il juge ainsi que si des « documents, pièces ou informations ne peuvent être écartés au seul motif de leur origine, ils doivent toutefois avoir été régulièrement portés à la connaissance des administrations fiscale ou douanière, soit dans le cadre du droit de communication prévu, selon le cas, par le livre des procédures fiscales ou le code des douanes, soit en application des droits de communication prévus par d'autres textes, soit en application des dispositions relatives à l'assistance administrative par les autorités compétentes des États étrangers »[2709]. À la faveur de cette décision, l'article 67 E du Code des douanes et l'article L. 10-0 AA du Livre des procédures fiscales offrent aux administrations fiscale et douanière la faculté de se fonder sur des preuves dont l'origine est illicite lorsqu'elles sont légalement transmises.

797. L'étendue du champ de la communication légale est vaste puisque l'administration fiscale – comme l'administration douanière[2710] – peut

---

[2707] Art. 427 du Code de procédure pénale.

[2708] Cons. const., déc. n°2013-679 DC, 4 décembre 2013, Loi relative à la lutte contre la fraude fiscale et la grande délinquance économique et financière : préc.

[2709] Cons. const., déc. n°2013-679 DC, 4 décembre 2013, Loi relative à la lutte contre la fraude fiscale et la grande délinquance économique et financière, cons. n°33 : préc.

[2710] Pour l'administration douanière, l'article 67 E du Code des douanes pose des règles analogues puisque les agents de police judiciaire (art. 59 quater du Code des douanes), les services et établissements de l'Etat et des autres collectivités publiques (art. 59 quinquies du Code des douanes), les agents de la direction générale des douanes et droits indirects et les agents de la direction générale des entreprises (art. 59 septies du Codes des douanes), les agents de l'Etat ou des organismes de protection sociale en charge de la lutte contre la fraude en matière

recueillir des preuves illicites du ministère public[2711], de l'autorité judiciaire[2712], des collectivités territoriales de la République française relevant d'un régime fiscal spécifique ou d'administrations étrangères[2713] ou encore des administrations des autres Etats membres de l'Union européenne[2714]. L'administration fiscale peut encore recevoir des preuves illicites « en application des droits de communication qui lui sont dévolus par d'autres textes » ce qui constitue une « formule balai »[2715] dont la portée devra être précisée par les juges. Cette formule laisse entendre qu'une personne privée peut apporter au fisc une preuve qu'elle détient de manière illicite lorsqu'une disposition légale prévoit la remise d'une telle preuve[2716].

798. À la faveur de cette décision, la preuve illicite est – à la différence de la preuve illégale[2717] – constitutionnellement admissible. La transmission légale de la preuve illicite la rend ainsi admissible[2718]. S'il est indéniable qu'« Il s'agit (...) d'une extension de la recevabilité des preuves, quelle qu'en soit

---

sociale (art. 59 sexies du Code des douanes), l'autorité judicaire (art. 343 bis du Code des douanes) et l'ensemble des personnes et entités visées par des droits de communication particulier à l'administration des douanes (art. 64 A à 65 ter du Code des douanes) peuvent être soumis au droit de communication.

2711 Art. L. 82 C, al. 1er du Livre des procédures fiscales.

2712 Art. L. 101 du Livre des procédures fiscales.

2713 Art. L. 114 du Livre des procédures fiscales.

2714 Art. L. 114 A du Livre des procédures fiscales.

2715 HATOUX Bernard, *La loi et les preuves illicites ou le glaive et la cuirasse, À propos de la loi 2013-1117 du 6 décembre 2013 de lutte contre la fraude fiscale et la grande délinquance économique et financière Après Cons. const. 4 décembre 2013 n°2013-679 DC*, BF 01/14, pp. 5-14.

2716 Plusieurs dispositions légales autorisent la communication par des particuliers de preuves. À ce titre, l'article 1825 F du Code général des impôts permet la rémunération des indicateurs en matière de contributions indirectes et l'article 109 de la loi n°2016-1917 du 29 décembre 2016 (Loi de finances pour 2017) autorise, à titre expérimental pour une durée de deux ans, la rémunération des indicateurs. De même, l'article L. 10-0 AB du Livre des procédures fiscales – issu de l'article 19 de la loi n°2016-1918 du 29 décembre 2016 (Loi de finances rectificative pour 2016) – offre la faculté aux agents de la direction générale des finances publiques d'entendre des témoins fiscaux susceptibles de livrer des renseignements relatifs aux manquements relatifs « aux règles fixées à l'article 4 B, au 2 bis de l'article 39, aux articles 57,123 bis, 155 A, 209,209 B ou 238 A du code général des impôts ». L'alinéa 4 de l'article L. 10-0 AB du Livre des procédures fiscales dispose que les propos du témoin sont consignés dans un procès-verbal.

2717 Cf. supra, n°677.

2718 Le Conseil constitutionnel juge ainsi que les « documents, pièces ou informations ne peuvent être écartés au seul motif de leur origine, ils doivent toutefois avoir été régulièrement portés à la connaissance des administrations fiscale ou douanière, soit dans le cadre du droit de communication prévu, selon le cas, par le livre des procédures fiscales ou le code des douanes, soit en application des droits de communication prévus par d'autres textes, soit en application des dispositions relatives à l'assistance administrative par les autorités compétentes des États étrangers » (Cons. const., déc. n°2013-679 DC, 4 décembre 2013, Loi relative à la lutte contre la fraude fiscale et la grande délinquance économique et financière, cons. n°33: Rec., p. 1060).

l'origine, sous réserve de leur transmission par une voie légale »[2719], il s'agit, avant tout, pour le législateur, d'écarter la jurisprudence de la Chambre commerciale de la Cour de cassation qui risque d'écarter une preuve dont l'origine est illicite sans que les conditions de sa transmission n'altèrent cette solution. Cette décision renforce l'opposition jurisprudentielle – forgée à l'origine par la Chambre criminelle de la Cour de cassation – entre la faculté, pour l'autorité publique, de bénéficier d'une preuve illicite et l'interdiction corrélative, pour l'autorité publique, de recueillir une preuve dans des conditions illicites.

799. Or, cette solution tend à être retenue dans l'ordre juridique européen : les juges européens ont été conduits à juger d'une preuve légalement recueillie par l'autorité publique mais qui avait été antérieurement recueillie dans des conditions illicites par un particulier. Dans l'affaire Goldfish e.a. c/ Commission[2720], le Tribunal de l'Union européenne a jugé de l'admissibilité d'« enregistrements de conversations téléphoniques entre personnes privées »[2721], qui ont été « recueillis régulièrement par la Commission »[2722] lors d'une visite. Ces enregistrements avaient été obtenus dans des conditions contraires au droit au respect de la vie privée par les salariés d'une entreprise qui a participé à des ententes anti-concurrentielles[2723]. Le Tribunal juge qu'il est possible d'administrer cette preuve qui affecte le droit au respect de la vie privée si « la partie requérante en cause n'a pas été privée d'un procès équitable ni de ses droits de la défense et, d'autre part, [si] cet élément n'a pas constitué le seul moyen de preuve retenu pour motiver la condamnation »[2724]. En somme, le droit au respect de la vie privée de l'article 7 de la Charte des droits fondamentaux n'interdit pas la production d'une preuve illicite dès lors que l'autorité publique l'a légalement recueillie. Le Tribunal de l'Union européenne opère donc une distinction entre les « preuves [qui] ont été recueillies légalement par la Commission »[2725] et celles qui ont été recueillies illégalement par l'autorité publique : la comparaison entre l'affaire Goldfish et l'affaire WebMindLicenses[2726] permet d'entrevoir la distinction entre une

---

[2719] BELFAYOL Eric, *Le contentieux pénal douanier*, Economica, Pratique du droit, 2016, p. 209.

[2720] Trib., 8 septembre 2016, n°T-54/14, Goldfish e.a. / Commission : ECLI:EU:T:2016:455 ; Concurrences 2016, n°4, pp. 161-162, chron. Pascal CARDONNEL ; Revue Lamy de la Concurrence 2016, n°56, pp. 43-49, chron. Julie GRANGEON ; D. 2016, p. 2355, chron. Mustapha MEKKI ; Europe 2016, n°11, pp. 30-31, note Laurence IDOT ; Contrats Concurrence Consommation 2016, n°11, pp. 31-32, note Georges DECOCQ.

[2721] Trib., 8 septembre 2016, n°T-54/14, Goldfish e.a. / Commission, pt. 50.

[2722] Trib., 8 septembre 2016, n°T-54/14, Goldfish e.a. / Commission, pt. 60.

[2723] Trib., 8 septembre 2016, n°T-54/14, Goldfish e.a. / Commission, pt. 73.

[2724] Trib., 8 septembre 2016, n°T-54/14, Goldfish e.a. / Commission, pt. 62.

[2725] Trib., 8 septembre 2016, n°T-54/14, Goldfish e.a. / Commission, pt. 58.

[2726] Dans l'affaire WebMindLicenses (CJUE, 17 décembre 2015, n°C-419/14, WebMindLicenses, pt. 23), les « interceptions de télécommunications » sont jugées

preuve illégalement recueillie par l'autorité publique et la preuve illicite légalement recueillie par cette même autorité publique. Par cet arrêt – unique à notre connaissance – le droit européen atteste de la permanence de la distinction entre le recueil illégal d'une preuve par l'autorité publique – qui entraînera l'inadmissibilité de la preuve ainsi recueillie – et la preuve illicitement obtenue par un particulier mais légalement recueillie par l'autorité publique – qui sera, par principe, admissible.

800. Cette distinction tend également à se manifester dans la jurisprudence de la Cour européenne des droits de l'Homme. Elle a jugé, en matière fiscale, dans l'arrêt K.S. et M.S. c/ Allemagne[2727], compatible avec l'article 8 de la Convention européenne des droits de l'Homme l'exploitation, par l'autorité publique, de preuves illicites – volées par l'ancien employé d'un établissement bancaire du Liechtenstein[2728] – qui ont ensuite été vendues à des agents de l'autorité publique – en l'espèce, des agents des services secrets allemands. Sur la base de ces renseignements, une perquisition fiscale a été menée par les services fiscaux allemands. La Cour européenne juge que l'achat de ces données bancaires volées ne heurte ni l'article 8 de la Convention[2729] ni l'équité du procès garanti par l'article 6 de cette même Convention[2730]. Après avoir estimé que la perquisition disposait d'une base légale[2731] et qu'elle poursuivait un objectif légitime[2732], la Cour juge l'ingérence dans la vie privée nécessaire dans une société démocratique, c'est-à-dire proportionnée à l'objectif poursuivi[2733] au regard de plusieurs indices. En premier lieu, elle estime que la fraude fiscale est une « infraction grave »[2734]. Elle relève ensuite que le document volé est « le seul moyen d'établir si le requérant s'était ou non rendu coupable d'évasion fiscale »[2735]. Puis, elle expose que « rien n'indique que les autorités allemandes ont délibérément et systématiquement

---

inadmissibles si elles sont recueillies, par l'autorité publique, en violation des droits fondamentaux.

2727 CEDH, 6 octobre 2016, n°33696/11, K.S. et M.S. c/ Allemagne : D. 2017, p. 128, chron. Antoine RENUCCI et Jean-François RENUCCI ; Dr. fisc. 2017, n°9, 191, chron. Ludovic AYRAULT.

2728 CEDH, 6 octobre 2016, n°33696/11, K.S. et M.S. c/ Allemagne, § 6.

2729 La Cour européenne se fonde sur la marge d'appréciation des juridictions nationales et du caractère proportionné de l'ingérence dans le droit au domicile. Elle estime donc que l'ingérence était nécessaire dans une société démocratique (CEDH, 6 octobre 2016, K.S. et M.S. c/ Allemagne, n°33696/11, § 57).

2730 CEDH, 6 octobre 2016, n°33696/11, K.S. et M.S. c/ Allemagne, § 62.

2731 CEDH, 6 octobre 2016, n°33696/11, K.S. et M.S. c/ Allemagne, § 35.

2732 CEDH, 6 octobre 2016, n°33696/11, K.S. et M.S. c/ Allemagne, § 36.

2733 CEDH, 6 octobre 2016, n°33696/11, K.S. et M.S. c/ Allemagne, § 42.

2734 CEDH, 6 octobre 2016, n°33696/11, K.S. et M.S. c/ Allemagne, § 48 (« a serious offence »).

2735 CEDH, 6 octobre 2016, n°33696/11, K.S. et M.S. c/ Allemagne, § 49 (« *the Liechtenstein data were the only evidence available at the relevant time that suggested that the applicants might have evaded paying tax* »).

violé le droit allemand et le droit international afin d'obtenir des renseignements utiles à la poursuite des délits fiscaux »[2736] car « les autorités allemandes, en procédant à la perquisition, ne se sont pas fondées sur de véritables preuves obtenues en violation directe à la Convention »[2737] et que l'informateur se devait, en vertu des règles légales, remettre ces renseignements bancaires aux autorités. Enfin, aucune atteinte à la réputation personnelle du requérant n'est identifiable[2738]. À la lumière de ces éléments et en prenant en compte la marge d'appréciation des Etats parties – qui est particulièrement étendue en matière de données bancaires[2739] – la Cour rejette à l'unanimité la violation de l'article 8 de la Convention européenne des droits de l'Homme[2740]. La solution retenue atteste que, par principe, l'autorité publique peut exploiter une preuve illicite recueillie par un particulier dès lors qu'elle n'a pas méconnu, elle-même, la légalité. Or, ce cadre jurisprudentiel s'impose, *de lege lata*, au contentieux individuel de l'impôt.

B/ Une solution imposée au contentieux individuel de l'impôt

801. La faculté d'administrer une preuve recueillie dans des conditions illicites par un particulier mais légalement obtenue par l'autorité publique est

---

2736 CEDH, 6 octobre 2016, n°33696/11, K.S. et M.S. c/ Allemagne, § 52 (« *nothing in the material before the Court indicates that the German authorities, at the relevant time, deliberately and systematically breached domestic and international law in order to obtain information relevant to the prosecution of tax crimes* »).

2737 CEDH, 6 octobre 2016, n°33696/11, K.S. et M.S. c/ Allemagne, § 53 (« *the German authorities, in issuing the search warrant, did not rely on real evidence obtained as a direct result of a breach of one of the core rights of the Convention* »).

2738 CEDH, 6 octobre 2016, n°33696/11, K.S. et M.S. c/ Allemagne, § 56.

2739 La Cour européenne des droits de l'Homme a ainsi jugé dans un arrêt G.S.B. c/ Suisse, à propos la conciliation entre la protection de la vie privée et sa violation au sujet de l'échange de données bancaires relatives à un contribuable américain qu'étaient « seules (…) en question [soit] [d]es données bancaires, soit des informations purement financières ; il ne s'agissait donc nullement de données intimes ou liées étroitement à son identité qui auraient mérité une protection accrue. Il s'ensuit que la marge d'appréciation de la Suisse était ample » (CEDH, 22 décembre 2015, n°28601/11, G.S.B. c/ Suisse, § 93 : D. 2017, p. 128, chron. Antoine RENUCCI et Jean-François RENUCCI). Elle va même affirmer en l'espèce que les données révélées avaient une « nature peu personnelle » (CEDH, 22 décembre 2015, n°28601/11, G.S.B. c/ Suisse, § 97). Cette solution a été affirmée dans une affaire Lundvall c/ Suède (Comm. EDH, 1er décembre 1985, n°10473/83, Lundvall c/ Suède) où il a été jugé que l'enregistrement, à tort, d'un contribuable dans un fichier listant les personnes disposant d'un arriéré d'impôt ayant conduit un établissement bancaire à le classer comme insolvable n'avait porté atteinte que de manière « négligeable » (§ 5) au droit à la vie privée de l'article 8 de la Convention européenne des droits de l'Homme. Les données bancaires et fiscales des contribuables sont donc peu susceptibles, aux yeux des juges strasbourgeois, d'entraîner une violation du droit au respect de la vie privée.

2740 CEDH, 6 octobre 2016, n°33696/11, K.S. et M.S. c/ Allemagne, § 57.

parfaitement soluble dans la jurisprudence du juge administratif de l'impôt (1) bien qu'elle conduise à des résistances de la part du juge civil de l'impôt (2).

1/ L'admissibilité de la preuve illicite recueillie par un particulier devant le juge administratif : une solution envisageable

802. La matière fiscale ne fait pas exception au principe d'admissibilité des preuves illicitement recueillies par un particulier.

803. Pour la cause juridique de la régularité de la procédure d'imposition, le Conseil d'Etat se refuse à considérer la remise, aux agents du fisc, d'une preuve à l'origine illicite comme une cause d'irrégularité. Le Conseil d'Etat juge toujours régulière la procédure d'imposition fondée sur une preuve prétendument illicite obtenue légalement par le fisc[2741] et a toujours rejeté les moyens fondés sur le caractère illicite des preuves qui ont pu éveiller l'attention du fisc sur un contribuable irrespectueux de ses obligations fiscales. Cette solution a même été récemment confirmée sur le fondement de l'article 16 de la Déclaration des droits de l'Homme et du citoyen[2742]. Ainsi, la dénonciation d'un ancien salarié[2743], une dénonciation anonyme[2744] – même si la jurisprudence administrative livre quelques indices d'une force probante atténuée[2745] – des données volées par un salarié au sein d'un établissement

[2741] Conseil d'Etat, 8e s.-s., 18 décembre 1992, n°81659, Manufacture Mézinaise de lièges et bouchons : RJF 02/93, n°244 ; Conseil d'Etat, 7e et 8e s.-s., 13 novembre 1968, n°60843 : Rec. p. 568.

[2742] Conseil d'Etat, 8e et 3e ch., 27 juin 2018, n°411301 : Dr. fisc. 2019, n°16, comm. 243.

[2743] Conseil d'Etat, 8e s.-s., 18 décembre 1992, n°81659 et 84596, Manufacture Mézinaise de lièges et bouchons : RJF 02/93, n°244.

[2744] Conseil d'Etat, 8e et 3e s.-s., 28 mai 2014, n°365208, Hirep : RJF 8-9/14, n°752, concl. Benoît BOHNERT, BDCF 8-9/14 n°76 ; Conseil d'Etat, 8e et 9e s.-s., 3 décembre 1990, n°103101, SA Antipolia : RJF 02/91, n°200, concl. Jacques ARRIGHI DE CASANOVA ; Conseil d'Etat, Plén., 4 juillet 1986, Béolet, n°42001 : Dr. fisc. 1987, n°52, comm. 2352 ; RJF 10/86, n°845, concl. Olivier FOUQUET, p. 528 (En l'espèce, Olivier FOUQUET relève dans ses conclusions que l'Administration a pu procéder à un redressement « À la suite d'une dénonciation, sans doute inspirée par la jalousie »).

[2745] En cas de procédure de visite en matière de contributions indirectes visée par les articles 1855 et suivants du Code général des impôts – instituée par l'ordonnance n°45-1484 du 30 juin 1945 puis abrogée le 9 décembre 1986 par l'article 57 de l'ordonnance n°86-1243 du 1er décembre 1986 (JORF du 9 décembre 1986) – le juge administratif de l'impôt – qui intervenait en qualité de juge de l'autorisation – avait jugé qu'une dénonciation anonyme ne pouvait constituer un « indice sérieux » (Le commissaire du gouvernement GUILLENSCHMIDT dans ses conclusions sur l'affaire M. Bon expose que « Nous pensons qu'à tout le moins l'Administration aurait dû produire l'ordre de visite qui doit, à peine de nullité, comme le prévoit l'article 1858, indiquer sommairement les motifs sur lesquels l'Administration base son soupçon de fraude, étant précisé qu'une dénonciation anonyme ne peut servir de base à un tel soupçon » (concl. sur Conseil d'Etat, Plén., 11 février 1987, n°40565, M. Bon : Dr. fisc. 1987, n°44, comm. 1985)) permettant de mettre en œuvre cette procédure. La cour administrative d'appel de Lyon avait jugé en ce sens (CAA de Lyon, 20 septembre 1993, n°91991 : RJF 12/93, n°1565 : « le

bancaire établi à l'étranger[2746] ou même de documents volés par un ancien salarié et découvert lors d'une procédure pénale[2747] ne sauraient vicier la régularité de la procédure d'imposition. La raison est simple : en qualité de juge de l'impôt, le juge administratif se refuse d'attraire dans le champ de la procédure d'imposition la réception et la possession de preuves – même recueillies par des moyens illicites – qui ont pu ultérieurement motiver l'opération de contrôle fiscal[2748]. Il n'existe donc pas, devant le juge administratif de l'impôt, de « déloyauté originelle qui vicierait le déclenchement du contrôle »[2749]. Cette solution permet donc d'admettre l'admissibilité des preuves recueillies dans des conditions illicites par des particuliers.

804. À l'inverse, sur le fondement sur bien-fondé de l'imposition, la solution pourrait être différente car il existe une déconnection entre la cause juridique

ministre soutient que ces perquisitions faisaient suite à la dénonciation orale 'd'une personne digne de foi' et tendaient à rechercher les preuves d'infractions à la législation économique dans les conditions prévues par l'ordonnance susmentionnée, il ne donne aucune indication devant le juge de l'impôt sur la nature et le sérieux des soupçons d'infraction à cette législation qui auraient été nécessaires pour légitimer une intervention administrative au domicile du contribuable »).

2746 CAA de Lyon, 2e ch., 9 février 1995, n°93LY00749, Coliac : Dr. fisc. 1995, n°47, comm. 2194, concl. Jean COURTIAL ; Conseil d'Etat, (na), 5 juin 1996, n°168556, Coliac : RJF 11/96, n°1265 : En application du principe d'indépendance des procédures, la cour administrative d'appel de Lyon a jugé que les informations obtenues par l'administration des douanes au cours d'une procédure irrégulière, en l'espèce le vol de données bancaires auprès d'un établissement bancaire suisse, n'est pas de nature à affecter la régularité de la procédure fiscale ultérieure qui avait été fondée sur une perquisition régulière. En effet, les données volées avaient conduit à une perquisition régulière qui avait permis d'établir les redressements contestés.

2747 CAA de Nancy, 4 juin 1992, n°90NC00483, M. Michel Byc, Inédit : « la circonstance que les redressements litigieux ont été établis à partir de documents que le comptable avait dérobés à l'entreprise et qui ont été communiqués à l'administration fiscale après avoir été saisis par le service régional de police judiciaire alors qu'une procédure de vérification de comptabilité venait d'être engagée n'est pas, en tout état de cause, de nature à entacher d'irrégularité la procédure d'imposition ».

2748 Conseil d'Etat, 8e et 3e ch., 20 octobre 2016, n°390639, M. Issan : Dr. fisc. 2016, n°44, act. 617 ; RJF 01/17, n°44, concl. Romain VICTOR, n°C 44, chron. Anne ILJIC, p. 7.

2749 VICTOR Romain, concl. sur Conseil d'Etat, 8e et 3e ch., 20 octobre 2016, n°390639 M. Issan, RJF 01/17, n°C 44.

de la régularité de la procédure d'imposition et la cause juridique du bien-fondé de l'imposition[2750].

805. En cette matière, Ludovic AYRAULT[2751] démontre qu'il est nécessaire de se fonder – comme le retiennent les décisions Navon[2752] et Amibu[2753] – sur la connaissance effective de l'irrégularité par l'administration fiscale lors de la réception des documents litigieux. Il n'y aurait pas de différence entre la cause juridique de la régularité de la procédure d'imposition et celle du bien-fondé de l'imposition car, dans les deux cas, « il suffit de vérifier l'état des connaissances des agents au moment où ces derniers agissent »[2754]. Cette logique nous paraît trop empreinte du principe – implicite – d'indépendance des procédures qui prévaut pour la cause juridique de la régularité de la procédure d'imposition. Si ces décisions exposent toutes deux que l'annulation ultérieure – d'une part par le juge pénal[2755], d'autre part par la Cour européenne des droits de l'Homme[2756] – à leur communication au fisc de pièces « n'a pas pour effet de priver l'Administration du droit de s'en prévaloir pour établir les impositions »[2757], elles nous paraissent disposer d'une portée limitée au seul cas où les pièces proviennent d'une procédure jugée irrégulière. Elles offrent tout de même une certitude : la force probante des preuves ne sera pas affectée lorsque la procédure qui encadre le recueil de la preuve est régulière. Ce raisonnement est confirmé par l'arrêt Coliac de la cour administrative d'appel de Lyon[2758] où il est question de la force probante de documents recueillis au cours d'une perquisition régulière alors même que ces documents avaient été, auparavant, transmis par un particulier aux agents des douanes au terme d'une procédure jugée irrégulière par le juge pénal[2759]. Il est

2750 AYRAULT Ludovic, *Le contrôle juridictionnel de la régularité de la procédure d'imposition*, Thèse de doctorat, Paris 2, L'Harmattan, 2004, p. 259.

2751 AYRAULT Ludovic, *Documents volés joints à une requête et communiqués par l'autorité judiciaire*, Procédures 2012, n°4, comm. 137, pp. 33-35 ; AYRAULT Ludovic, *Le contrôle juridictionnel de la régularité de la procédure d'imposition*, Thèse de doctorat, Paris 2, L'Harmattan, 2004, pp. 258-263.

2752 Conseil d'Etat, Sect., 6 décembre 1995, n°90914, Navon : Dr. fisc. 1996, n°7, comm. 203, concl. Gilles BACHELIER.

2753 Conseil d'Etat, 8e et 9e s.-s., 24 novembre 1997, n°171929, Société Amibu inc. : Dr. fisc. 1998, n°8, comm. 128, concl. Gilles BACHELIER.

2754 AYRAULT Ludovic, *Documents volés joints à une requête et communiqués par l'autorité judiciaire*, Procédures 2012, n°4, comm. 137, pp. 33-35.

2755 C'est le cas dans l'affaire Navon (Conseil d'Etat, Sect., 6 décembre 1995, n°90914, Navon : préc.).

2756 C'est le cas dans l'affaire Société Amibu inc. (Conseil d'Etat, 8e et 9e s.-s., 24 novembre 1997, n°171929, Société Amibu inc. : préc.).

2757 Conseil d'Etat, Sect., 6 décembre 1995, n°90914, Navon : préc.

2758 CAA de Lyon, 2e ch., 9 février 1995, n°93LY00749, Coliac : Dr. fisc. 1995, n°47, comm. 2194, concl. Jean COURTIAL ; Conseil d'Etat, (na), 5 juin 1996, n°168556, Coliac : RJF 11/96, n°1265.

2759 Cass. crim., 28 octobre 1991, n°90-83.692 : préc.

ainsi jugé qu'« à la suite d'une perquisition (...) dont l'irrégularité n'est pas alléguée, que la consistance de ces avoirs a été révélée ; qu'ainsi, les conditions dans lesquelles ledit service s'est procuré la liste des détenteurs de comptes dans une banque helvétique sont sans influence sur le caractère probant des éléments constatés lors de cette perquisition »[2760].

806. Cette solution est aujourd'hui désuète puisqu'une preuve recueillie en violation de la légalité formelle ne peut fonder une décision d'imposition.

807. À notre sens, la jurisprudence administrative livre une autre voie au juge administratif qui nous paraît plus conforme à celle retenue en contentieux général. Dans la décision Marie[2761], le juge administratif a exigé – dans un cas où le contribuable se trouvait en situation de taxation d'office – pour juger du bien-fondé de la décision d'imposition, de rechercher si les conditions de recueil de la preuve litigieuse ont ou non affecté la force probante des pièces litigieuses. En l'espèce, il est question d'éléments recueillis lors d'une « enquête irrégulièrement diligentée »[2762] par les agents du fisc dont l'irrégularité a été « sans effet sur leur valeur probante »[2763]. Dans une telle situation le critère de la connaissance de l'irrégularité apparaît impossible à employer – le juge s'est refusé à prendre appui sur la connaissance des agents de l'irrégularité de l'enquête – et le juge se résout à conférer une réelle autonomie au moyen assis sur le bien-fondé en recherchant si les conditions d'obtention des preuves ont pu affecter leur caractère probant. Cette solution a ensuite été retenue à deux reprises[2764]. Le Conseil d'Etat a donc jugé que le défaut de force probante d'un élément de preuve « n'a pas de lien nécessaire avec la régularité »[2765] de la procédure. Cette approche nous paraît plus conforme à la logique du juge administratif qui accepte de se fonder sur tout moyen de preuve sans s'attacher à leur origine mais en ne s'attachant qu'à leur force probante réelle.

808. Toutefois, une telle solution nous paraît trop protectrice de l'administration fiscale et des malfaçons procédurales dont elle pourrait bénéficier. Une autre approche pourrait être retenue. Elle consisterait – sur le modèle de la jurisprudence pénale – à lier la force probante des preuves à

[2760] CAA de Lyon, 2e ch., 9 février 1995, n°93LY00749, Coliac : préc.
[2761] Conseil d'Etat, Plén., 21 juin 1989, n°52385, Marie : Dr. fisc. 1989, n°50, comm. 2372, concl. Maryvonne DE SAINT-PULGENT ; RJF 8-9/89, n°994.
[2762] Conseil d'Etat, Plén., 21 juin 1989, n°52385 à 52388, Marie : préc.
[2763] Conseil d'Etat, Plén., 21 juin 1989, n°52385 à 52388, Marie : préc.
[2764] Conseil d'Etat, 7e et 9e s.-s., 18 juin 1990, n°90501, Burel : RJF 8-9/90, n°1054 ; Conseil d'Etat, 8e et 9e s.-s., 9 mai 1990, n°54394, Charlot : RJF 07/90, n°818.
[2765] DE SAINT-PULGENT Maryvonne, concl. sur Conseil d'Etat, Plén., 21 juin 1989, n°52385, Marie : Dr. fisc. 1989, n°50, comm. 2372.

l'irrégularité de la procédure de recueil de ces preuves[2766] : la preuve ne pourrait fonder une décision d'imposition lorsque l'illicéité a été commise par l'autorité publique mais elle demeurerait admissible dès lors que l'illicéité est le fait d'un particulier.

809. Or, la juridiction administrative n'adopte pas, pour l'heure, une telle position. La cour administrative d'appel de Lyon, par son arrêt SARL O'Palermo[2767], a livré une solution différente. En l'espèce, la société O'Palermo exploite un restaurant dans la ville de Nice. Cette société a fait l'objet d'une perquisition fondée sur l'ordonnance du 30 juin 1945 et les éléments ainsi recueillis ont été régulièrement transmis au fisc. Toutefois, l'essentiel des informations qui fondèrent la décision d'imposition provenait de pièces remises par un ancien salarié au début de la vérification de comptabilité. Il s'agit ici des tickets de caisse qui comportaient la lettre « K » qui n'avaient pas été comptabilisés et de photocopies qui démontraient l'existence d'une comptabilité occulte. Ces pièces avaient été volées par ce salarié à son employeur après son départ de l'entreprise. La cour administrative d'appel de Lyon a jugé que « si l'administration fiscale peut établir des redressements sur la base d'éléments de preuve légalement admissibles de toute nature, elle ne peut, en revanche, valablement s'appuyer sur des pièces qu'elle a obtenues ou qu'elle détient de manière manifestement illicite ». Le commissaire du gouvernement Pierre BONNAUD fonde cette solution sur la connaissance par l'administration fiscale de l'origine illicite des preuves litigieuses et s'insère, en apparence, dans la jurisprudence du Conseil d'Etat[2768].

810. Pourtant, cet arrêt, qui n'a pas été confirmé[2769], est critiquable à plusieurs titres.

[2766] Il s'agit, en somme, de revoir les décisions Navon (Conseil d'Etat, Sect., 6 décembre 1995, n°90914, Navon : préc.) et Amibu (Conseil d'Etat, 8e et 9e s.-s., 24 novembre 1997, n°171929, Société Amibu inc. : préc) au regard de la jurisprudence Société Car Diffusion 78 (Conseil d'Etat, 9e et 10e s.-s., 15 avril 2015, n°373269, Société Car Diffusion 78 : préc.).

[2767] CAA de Lyon, Plén., 5 juillet 1994, n°92LY00392 et n°92LY00619, SARL O'Palermo : Rec. p. 653 ; Dr. fisc. 1994, n°51, comm. 2237 ; RJF 10/94, n°1122, concl. Pierre BONNAUD, BDCF 12/94 p. 118 ; AJDA 1995, p. 192, note Jean COURTIAL.

[2768] Pierre BONNAUD expose ainsi que « le problème essentiel (…) est celui de la régularité de la vérification de comptabilité d'une société fondée sur des renseignements tirés de documents dont l'origine illicite est connue par l'administration fiscale » (BDCF 12/94, p. 118).

[2769] L'affaire O'Palermo a fait l'objet d'un recours devant la Cour européenne des droits de l'Homme (CEDH, 4 janvier 2012, n°32195/08, Marcelle DEBAR e.a. c/ France : RJF 05/12, n°551, §§ 13-14). La Cour ne s'est toutefois pas prononcée sur ce point.

811. En premier lieu, Jean COURTIAL justifie cette solution par « la défiance envers des éléments qui ont été détournés »[2770]. Cet élément nous paraît décisif puisqu'il manifeste une prise en compte de la solution retenue par la décision Marie[2771] qui exige de mesurer les effets de l'acte illicite sur la force probante des éléments recueillis. La solution retenue par la cour administrative d'appel s'éloigne de la solution retenue par le Conseil d'Etat et il conviendrait donc, dans une telle hypothèse, de mesurer l'impact réel de l'illicéité du recueil de ces preuves sur leur force probante. Dans la présente espèce, il faudrait mesurer si la remise a été motivée par une intention de nuire et a conduit à ne livrer que certains éléments conduisant à un redressement. À l'inverse, si les documents ne laissent aucun doute quant à la réalité des manquements, il serait possible de fonder une décision d'imposition sur de telles preuves.

812. En deuxième lieu, cette solution semble avoir été implicitement écartée par la jurisprudence ultérieure du Conseil d'Etat[2772]. Le juge administratif accepte de se fonder sur une preuve recueillie au cours d'un vol car le vol ne saurait conduire à l'inadmissibilité d'une preuve dès lors que la prohibition du vol ne s'impose pas dans le processus de recueil d'une preuve[2773]. En effet, la présence d'un document volé ne saurait poser – aux yeux du Conseil d'Etat – la moindre difficulté car le vol n'est pas reconnu comme une cause d'inadmissibilité de la preuve. En ce sens, le rapporteur public Vincent DAUMAS a, dans la décision M. Ganem[2774], « envisag[é] une application 'dérivée' de ces exigences [de légalité et de loyauté], qui consisterait à interdire à l'administration de se prévaloir des éléments transmis par un tiers lorsqu'il est établi qu'elle ne pouvait ignorer les conditions illégales ou déloyales dans lesquelles ils ont été obtenus – autrement dit, il s'agirait de prévoir une exception lorsque l'illégalité ou la déloyauté est manifeste »[2775]. Or, le rejet, de principe, du Conseil d'Etat de consacrer, au-delà de la légalité, un principe de loyauté tend à confirmer le refus de la Haute juridiction administrative d'interdire l'emploi de preuves dont l'origine illicite est patente.

813. En dernier lieu, Jean COURTIAL évoque également une volonté d'éviter un « détournement de la loi »[2776] en matière de procédure fiscale. Toutefois,

---

2770 COURTIAL Jean, *L'Administration ne peut établir des redressements fiscaux en s'appuyant sur des moyens de preuve illicites*, AJDA 1995, p. 192.
2771 Conseil d'Etat, Plén., 21 juin 1989, n°52385 à 52388, Marie : préc.
2772 PACTEAU Bernard, *Preuve*, Répertoire de contentieux administratif, Dalloz, n°29.
2773 Conseil d'Etat, 5e et 3e s.-s., 8 novembre 1999, n°201966, Elections cantonales de Bruz : préc.
2774 Conseil d'Etat, Sect., 16 juillet 2014, n°355201, M. Ganem : préc.
2775 DAUMAS Vincent, concl. sur Conseil d'Etat, Sect., 16 juillet 2014, n°355201, M. Ganem : Rec. p. 224 ; RFDA 2014, p. 924.
2776 COURTIAL Jean, *L'Administration ne peut établir des redressements fiscaux en s'appuyant sur des moyens de preuve illicites*, AJDA 1995, p. 192.

en l'espèce, le détournement de la loi ne résulte pas de l'action de l'administration mais de l'action d'un tiers à l'administration qui se trouve être un salarié de l'entreprise. À notre sens, il est déterminant que l'administration n'a fait que profiter de l'action illicite commise par un salarié et n'a pas été l'instigatrice du vol[2777]. En cela, le Conseil d'Etat pourrait juger infondé le moyen ainsi développé pour préférer ne condamner que l'irrégularité commise par l'administration elle-même[2778]. Une telle analyse nous paraît constituer une ligne rouge parfaitement adaptée à la jurisprudence administrative : le fisc ne faisant que bénéficier de la preuve volée, il n'y a aucune raison de condamner son usage sauf dans le cas où il apparaît que le recueil est, en lui-même, de nature à affecter radicalement la force probante des preuves litigieuses. À l'inverse, quand la preuve litigieuse a été recueillie par un agent du fisc, cette preuve ne devrait pas servir de fondement à une décision d'imposition[2779].

814. *De lege lata*, cette proposition peut trouver écho dans la lettre de la loi puisque l'article L. 10-0 AA du Livre des procédures fiscales dispose que le fisc ne peut « écart[er] au seul motif de leur origine les documents, pièces ou informations que l'administration utilise et qui sont régulièrement portés à sa connaissance ». Une pièce volée fournie par un ancien salarié est-elle pour autant régulièrement portée à la connaissance du fisc ? Dès lors que la preuve recueillie par un particulier est livrée conformément aux règles légales qui encadrent sa remise au fisc, aucun obstacle n'existe à l'exploitation de ces

---

[2777] Gilles BACHELIER expose une idée analogue en affirmant qu'en l'espèce, « le service n'était pas à l'origine de l'infraction constituée par le détournement de ces pièces. Il en va différemment selon nous dans le cas où il serait établi que l'Administration est l'instigatrice de ce procédé illégitime. Cette situation est finalement proche du cas où pour obtenir des renseignements sur un contribuable, l'Administration diligenterait elle-même des procédures illicites » (concl. sur Conseil d'Etat, 8e et 9e s.-s., Avis, 10 juin 1998, n°194330, de Thoury : Dr. fisc. 1998, n°37, 1998, comm. 777).

[2778] Dans la décision Marcantetti (Conseil d'Etat, 7e et 8e s.-s., 1er juillet 1987, n°54222, M. Marcantetti : Dr fisc. 1987, n°45, comm. 2025 ; RJF 10/87, n°1020, concl. Olivier FOUQUET p. 505 ; GAJF, 5e éd., 2009, n°51), le Conseil d'Etat s'est fondé sur l'irrégularité commise par le fisc lui-même pour juger de l'irrégularité de la procédure d'imposition.

[2779] Dans l'affaire M. Pamuk (CAA de Paris, 5e ch., 20 octobre 2016, n°15PA02520, M. Pamuk : Dr. fisc. 2017, n°7, comm. 158, note Olivier LEMAIRE), certes fondée sur la cause de la régularité de la procédure d'imposition, le recueil de pièces par un agent qui s'est rendu coupable de corruption passive a vicié la procédure. Une telle solution devrait, à notre sens, être retenue pour la cause juridique du bien-fondé de l'imposition.

preuves illicites. Cette solution entre toutefois en conflit avec la jurisprudence du juge civil de l'impôt.

2/ L'opposition du juge civil à l'administration d'une preuve illicite recueillie par un particulier

815. L'exigence de licéité de la preuve est retenue par le juge civil (i) bien que le maintien de cette exigence soit incertain pour le contentieux des actes d'imposition (ii).

i/ L'application effective du principe de licéité de la preuve en matière fiscale

816. Devant le juge civil, l'exigence de licéité de la preuve s'impose à toute partie sans qu'il y ait à distinguer entre les particuliers et les agents de l'autorité publique. Il en va ainsi de la preuve recueillie par l'employeur dans des conditions contraires au droit au respect de la vie privée[2780] – comme l'a posé le juge social dans l'arrêt de principe Nikon[2781] mais il en va ainsi de toute preuve recueillie par une partie privée[2782]. L'inadmissibilité de la preuve s'impose donc à toute partie sans qu'une distinction ne soit opérée en fonction de la personne qui recueille cette preuve. La conception du juge civil de la licéité de la preuve apparaît, en ce sens, parfaitement indépendante des conceptions propres aux juges administratif et pénal[2783].

817. En matière fiscale, l'exigence de licéité de la preuve s'impose aux agents du fisc sans qu'un particularisme quelconque se soit identifiable. Le contrôle de la licéité des preuves s'est manifesté, devant le juge civil de l'impôt, au sein du contentieux spécifique des ordonnances d'autorisation des procédures de visite et de saisie. Ce contrôle, inauguré[2784] par les arrêts Société Jean

[2780] Cass., 2e civ., 17 mars 2016, n°15-11.412, À publier au bulletin ; Cass., Ch. mixte, 18 mai 2007, n°05-40.803 : Bull. Ch. mixte, n°3 ; D. 2007, p. 2137, note Jean MOULY ; JCP E 2007, n°26, 1844, note Catherine PUIGELIER ; Cass. soc., 26 novembre 2002, n°00-42.401 : Bull. civ. V, n°352 ; RTD Civ. 2003, p. 58, note Jean HAUSER ; D. 2003, p. 1305, note Jacques RAVANAS.

[2781] Cass. soc., 2 octobre 2001, n°99-42.942, Nikon : Bull. civ. V, n°291 ; RTD Civ. 2002, p. 72, obs. Jean HAUSER ; Dr. soc. 2001, p. 915, comm. Jean-Emmanuel RAY.

[2782] Cass., 2e civ., 3 juin 2004, n°02-19.886 : préc.

[2783] Ce constat est partagé par Renaud SALOMON qui relève, à propos des arrêts du 31 janvier 2012 (Cass. com., 31 janvier 2012, n°11-13.097 : RJF 04/12, n°381) et 21 février 2012 (Cass. com., 21 février 2012, n°11-15.162 : RJF 05/12, n°484) que « La position prise par la chambre commerciale de la Cour de cassation (…) se distingue ainsi nettement de celle retenue par le juge pénal et par le juge administratif » (*Droit pénal fiscal*, Dr. fisc. 2012, n°16, comm. 262).

[2784] Cet élément ressort des conclusions de l'avocat général Michel JEOL qui expose qu'avant les arrêts Michaut et Entreprise Jean Lefebvre le juge de l'autorisation n'a « jamais eu l'occasion de préciser si l'examen du juge portait seulement sur la pertinence des éléments invoqués, ou

Lefebvre et Michaut du 27 novembre 1991[2785] a été constamment réaffirmé depuis[2786]. À l'origine, il a été fondé sur l'apparence de licéité des pièces et tendait à exiger de l'administration une justification de l'origine des pièces fournis. René TEXIDOR démontre ainsi qu'« En consacrant la nécessité d'un contrôle judiciaire de la détention apparemment licite des documents produits à l'appui de la requête, la Cour de cassation oblige l'administration à dissiper les doutes qui pourraient peser sur leur origine »[2787]. De manière étonnante, l'avocat général Michel JEOL s'est fondé sur la jurisprudence de la Chambre criminelle de la Cour de cassation[2788] qui reflète « l'esprit du droit judiciaire français et (...) celui de la Convention européenne de sauvegarde des droits de l'homme et des libertés fondamentales »[2789] pour forger une telle exigence. Une telle inspiration est paradoxale, puisque le juge civil fonde alors son analyse sur la coloration pénale de la demande d'autorisation[2790] tout en souhaitant imposer le principe *fraus omnia corrumpit* à la procédure d'autorisation[2791]. En outre, le choix de fonder le contrôle sur la seule apparence de la licéité des indices présentés par l'administration fiscale a été justifié par le fait que le juge de l'autorisation est le juge d'une présomption et non le juge du fond[2792]. Il s'agit d'un « un compromis raisonnable entre des

---

s'il s'étendait à la régularité de leur obtention » (concl. sur Cass. com., 27 novembre 1991, Michaut et Entreprise Jean Lefebvre, D. 1992, p. 122).

[2785] Cass. com., 27 novembre 1991, n°90-10.579 et 90-10.580, Sté Jean Lefebvre : Bull. civ. IV, n°366 ; D. 1992, p. 122, concl. Michel JEOL, note René TEXIDOR ; Cass. com. 27 novembre 1991, n°90-10.607, 90-10.608 et 90-11.980, Michaut : Bull. civ. IV, n°363 ; RJF 01/92, n°81 ; D. 1992, p. 122, concl. Michel JEOL, note René TEXIDOR.

[2786] Cass. com., 14 juin 2000, n°98-30.358, Sté Air entreprise : RJF 7-8/00, n°1473 ; Cass. com., 5 juillet 1994, Sté El développement et a. : RJF 12/94, n°1343.

[2787] TEXIDOR René, note sous Cass. com., 27 novembre 1991, Michaut et Entreprise Jean Lefebvre, D. 1992, p. 122.

[2788] Michel JEOL cite un arrêt du 19 juin 1989 où la Chambre criminelle de la Cour de cassation a annulé une pièce de l'instruction d'un enregistrement dès lors « que les conditions exactes de la réalisation et de la remise de l'enregistrement litigieux demeurent imprécises » (Cass. crim., 19 juin 1989, n°89-81.777, Bull. crim., n°261, p. 648).

[2789] Michel JEOL, Conclusions sur Cass. com., 27 novembre 1991, Michaut et Entreprise Jean Lefebvre, D. 1992, p. 122.

[2790] Michel JEOL expose ainsi que « le juge d'instruction, [dispose d'un] rôle (...) tout à fait comparable à celui de juge civil autorisant une visite de locaux » (Conclusions sur Cass. com., 27 nov. 1991, Michaut et Entreprise Jean Lefebvre, D. 1992, p. 122).

[2791] Michel JEOL se prononce en faveur de l'application d'un tel principe pour le juge de l'autorisation : « il s'agirait, non de trancher véritablement un contentieux, mais seulement d'écarter d'office certaines pièces en application du principe général exprimé par l'adage Fraus omnia corrumpit » (Conclusions sur Cass. com., 27 novembre 1991, Michaut et Entreprise Jean Lefebvre, D. 1992, p. 122).

[2792] Michel JEOL l'explique ainsi : « parce qu'il n'a pas à se prononcer sur des preuves destinées à fonder une condamnation, mais sur des indices rendant souhaitable une mesure d'investigation, le magistrat saisi d'une demande de visite administrative doit se montrer moins exigeant que les juridictions de jugement » (Conclusions sur Cass. com., 27 novembre 1991, Michaut et Entreprise Jean Lefebvre, D. 1992, p. 122).

exigences contraires »[2793] créé par le juge civil de l'autorisation. L'équilibre posé par cette solution est favorable à l'Administration puisque toute pièce était alors présumée licite[2794].

818. Cette exigence fondée sur l'apparence de licéité s'est maintenue jusqu'à la loi n°2008-776 du 4 août 2008[2795]. L'arrêt de la Cour européenne des droits de l'homme dans l'affaire Ravon c/ France[2796] a contraint le législateur à modifier la lettre de l'article L. 16B du Livre des procédures fiscales[2797]. Le juge du recours de l'ordonnance autorisant la visite – qui est désormais le premier président de la cour d'appel – se doit désormais de contrôler tant le fait que le droit en matière d'autorisation de la procédure de visite et de saisie. Depuis, la Chambre commerciale de la Cour de cassation a rejeté l'exigence antérieure fondée sur « la seule apparence de la licéité »[2798] dans un arrêt du 7 avril 2010 et juge que le « premier président en vérifiant que les éléments d'information fournis par l'administration fiscale requérante avaient été obtenus par elle de manière licite, a procédé au contrôle qui lui incombait »[2799]. Cette jurisprudence, confirmée depuis[2800], démontre que le juge de l'autorisation opère un contrôle effectif de la licéité des pièces administrées. En effet, la procédure d'appel créée par la loi du 4 août 2008[2801] conduit à créer un contrôle « en fait et en droit », comme en dispose l'article 561 du Code de procédure civile et comme l'exige la Cour européenne des droits de l'Homme[2802] en matière d'autorisation de visite et de saisie.

819. Il apparaît que l'exigence de licéité qui est retenue par le juge civil de l'impôt est analogue à celle retenue en dehors de cette matière. Par un arrêt du

---

2793 JEOL Michel, concl. sur Cass. com., 27 novembre 1991, Michaut et Entreprise Jean Lefebvre, D. 1992, p. 122.

2794 Michel JEOL admet même qu'une telle présomption existe : « toute pièce invoquée par l'administration (…) est présumée avoir été obtenue de manière licite » (Conclusions sur Cass. com., 27 novembre 1991, Michaut et Entreprise Jean Lefebvre, D. 1992, p. 122).

2795 Loi n°2008-776 du 4 août 2008, Loi de modernisation de l'économie, JORF du 5 août 2008 p. 12471.

2796 CEDH, 21 février 2008, n°18497/3, Ravon et a. c/ France : RJF 05/08, n°571 avec étude Bernard HATOUX p. 454 et RJF 06/08, p. 552.

2797 Article 164 de la loi n°2008-776 du 4 août 2008, Loi de modernisation de l'économie, JORF du 5 août 2008 p. 12471 : par cette réforme, le recours contre l'ordonnance d'autorisation est porté devant le premier président de la cour d'appel compétente.

2798 Cass. com., 7 avril 2010, n° 09-15.122, DGFiP c/ C. : RJF 07/10, n°696 ; Dr. fisc. 2010, n°22, comm. 355, note Delphine RAVON.

2799 Cass. com., 7 avril 2010, n° 09-15.122, DGFiP c/ C. : préc.

2800 Cass. com., 29 janvier 2013, n°11-26.682, Inédit.

2801 Loi n°2008-776 du 4 août 2008, Loi de modernisation de l'économie, JORF du 5 août 2008 p. 12471.

2802 CEDH, 21 février 2008, n°18497/3, Ravon et a. c/ France : préc.

31 janvier 2012[2803] – objet de nombreux commentaires[2804] – la Chambre commerciale réaffirme[2805] « l'exigence d'une loyauté dans l'établissement de la preuve »[2806], cette loyauté devant être entendue, ici, comme l'exigence civile de licéité de la preuve administrée. En l'espèce, la Direction nationale d'enquêtes fiscales a reçu de la part d'un salarié de la banque HSBC de Genève une liste de contribuables de nationalité française qui sont susceptibles de se soustraire à l'impôt français. Cette même liste était parallèlement parvenue à l'administration fiscale par la procédure du droit de communication de l'article L. 101 du Livre des procédures fiscales par la voie du Procureur de la République de Nice. L'administration fiscale a alors exploité cette liste et a demandé sur le fondement des informations découvertes l'autorisation du juge des libertés et de la détention (JLD) le droit de réaliser une procédure et de visite et saisie chez un contribuable dont le nom a été révélé par la liste litigieuse. Après que l'autorisation du droit de procéder à la visite a été annulé par la cour d'appel de Paris[2807], la Cour de cassation a confirmé cette solution en jugeant que « c'est à bon droit qu'après avoir constaté que des documents produits par l'Administration au soutien de sa requête avaient une origine illicite, en ce qu'ils provenaient d'un vol, le premier président a annulé les autorisations obtenues sur la foi de ces documents »[2808]. Par cet arrêt, la Cour de cassation dépasse l'exigence d'apparence de licéité de la preuve pour rechercher la licéité réelle des indices livrés par l'administration fiscale[2809]. En cela, la Cour de cassation confirme

---

[2803] Cass. com., 31 janvier 2012, n°11-13.097 et 11-13.098 : Bull. civ. IV, n°22 ; RJF 04/12, n°381.

[2804] AYRAULT Ludovic, *Documents volés joints à une requête et communiqués par l'autorité judiciaire*, Procédures 2012, n°4, comm. 137, pp. 33-35 ; DETRAZ Stéphane, *Visites domiciliaires : irrecevabilité des documents d'origine illicite*, Droit fiscal 2012, n°12, comm. 207, pp. 49-52 ; HATOUX Bernard, *La preuve illicite est irrecevable ou Le vol est un péché capital*, RJF 04/12, pp. 304-312 ; LAMBERT Thierry, *Chronique de procédures fiscales*, Lexbase Hebdo, Edition Fiscale, 2012, n°476 ; LOPEZ Christian, *Les visites domiciliaires à l'épreuve du contrôle de l'origine licite des documents*, Revue des sociétés 2012, n°6, pp. 389-392 ; MARSAUDON Alain et RAVON Delphine, *La fable HSBC et sa morale*, Option Finance 2012, n°1161, pp. 33-34 ; NEAU-LEDUC Philippe, *Bien mal acquis ne profite pas : la parabole du fichier volé*, RTD Com. 2012, n°2, pp. 419-420 ; PIERRE Jean-Luc, *Documents volés : illicéité de la preuve et irrecevabilité*, BGFE 2012, n°3, pp. 18-20 ; SALOMON Renaud, *Droit pénal fiscal*, Droit fiscal 2012, n°16, comm. 262.

[2805] Philippe NEAU-LEDUC affirme ainsi que cette affaire « permet certainement de réaffirmer des principes fondamentaux en matière de preuve » (*Bien mal acquis ne profite pas : la parabole du fichier volé*, RTD Com. 2012, n°2, pp. 419-420).

[2806] AYRAULT Ludovic, *Documents volés joints à une requête et communiqués par l'autorité judiciaire*, Procédures n°4, Avril 2012, comm. 137, pp. 33-35.

[2807] CA de Paris, ord., 8 février 2011, n°10-14.507 : Dr. fisc. 2011, n°12, act. 94, note Delphine RAVON et Alain MARSAUDON.

[2808] Cass. com., 31 janvier 2012, n°11-13.097: préc.

[2809] Ludovic AYRAULT démontre ainsi qu'« Il appartient au premier président de la cour d'appel de rejuger le cas en fait et en droit. La Cour de cassation en a déduit que, lorsque ce point est soulevé, le contrôle devait porter sur l'origine licite - et non pas sur l'origine

l'exigence de licéité de la preuve telle qu'elle prévaut devant les juridictions civiles[2810].

820. L'intérêt de cette décision réside également dans le standard de preuve requis par le juge pour juger l'autorisation irrégulière. En l'espèce, alors même que le caractère illicite des preuves ne faisait aucun doute puisque le vol avait été confirmé par le ministre du budget[2811], « l'infraction d'origine n'est pas établie procéduralement mais résulte des circonstances de la cause »[2812]. Ludovic AYRAULT relève qu'« Il en ressort que des documents dont l'illicéité ne pouvait être ignorée perdent leur force probante »[2813]. Alors que le juge se contentait de la simple apparence de licéité des éléments de preuve rapportés par l'administration fiscale, l'inverse est désormais vrai : l'illicéité apparente d'une preuve conduit à la priver de toute force probante et à rendre la procédure de visite et de saisie irrégulière.

821. La portée de cette solution est renforcée par le fait que la légalité de la transmission ne saurait constituer un effet purificateur rendant la preuve volée par un particulier admissible. Dans l'arrêt du 31 janvier 2012, la Cour de cassation relève « qu'il importait peu que l'administration en ait eu connaissance par la transmission d'un procureur de la République ou antérieurement »[2814]. Par ce biais, la Chambre commerciale de la Cour de cassation se refuse à juger licite la preuve d'origine illicite obtenue, par les

---

apparemment licite - des pièces (...). Si cette évolution ne modifie en rien la situation lorsque l'ordonnance établit, par sa rédaction, l'origine illicite des documents supports de l'autorisation (...), il en va différemment lorsque l'ordonnance relève l'origine apparemment licite des pièces » (*Documents volés joints à une requête et communiqués par l'autorité judiciaire*, Procédures n°4, Avril 2012, comm. 137, pp. 33-35).

2810 DETRAZ Stéphane relève que « cette solution que réaffirme le présent arrêt, (...) ne surprend donc pas. En effet, les visites et saisies domiciliaires fiscales opérées sur le fondement de l'article L. 16 B du Livre des procédures fiscales sont non pas des actes de procédure pénale mais des opérations de procédure fiscale (...) relevant, pour leur contrôle, de la compétence judiciaire. Or, il est fermement acquis en droit judiciaire privé, sur le fondement principal de l'article 6, § 1 de la Convention européenne des droits de l'homme, que les éléments de preuve obtenus ou constitués de manière illicite ou déloyale sont irrecevables » (*Visites domiciliaires : irrecevabilité des documents d'origine illicite*, Droit fiscal 2012, n°12, comm. 207).

2811 La cour d'appel de Paris a relevé « qu'en tout état de cause, il s'agit de données volées, la réalité de la commission de ce vol ayant été confirmée par le ministre du budget » (CA de Paris, pôle 5, ch. 7, 8 février 2011, n°10-14.507 : Dr. fisc. 2011, n°12, act. 94, note Delphine RAVON et Alain MARSAUDON).

2812 PIERRE Jean-Luc, *Documents volés : illicéité de la preuve et irrecevabilité*, Bulletin de Gestion Fiscale des Entreprises (BGFE), 2012, n°3, pp. 18-20.

2813 AYRAULT Ludovic, *Documents volés joints à une requête et communiqués par l'autorité judiciaire*, Procédures n°4, Avril 2012, comm. 137, pp. 33-35.

2814 Cass. com., 31 janvier 2012, n°11-13.097 : préc.

agents du fisc, dans des conditions légales. Par un arrêt du 21 février 2012[2815], la Cour de cassation a jugé de même en affirmant que « la transmission par le procureur de la République, en application de l'article L 101 du LPF, de documents volés ou détournés ou présumés l'être, ne peut rendre licite leur détention et leur production par les agents de l'administration à l'appui d'une demande de visites et saisies domiciliaires ». Cette solution s'explique par le fait que « L'irrégularité découle de la détention illicite des documents par l'administration »[2816] et même « de la seule connaissance par l'administration de l'origine frauduleuse des documents »[2817]. Cela signifie que *la légalité de la réception de la preuve illicite ne couvre pas l'illicéité des conditions de son obtention* dès lors que l'administration connaît l'origine illicite des documents. La Chambre commerciale rejette, à nouveau[2818], la théorie dite de « l'effet purificateur »[2819] du droit de communication puisque « l'illicéité originelle du document continue d'infecter ce dernier »[2820] dès lors que l'administration a connaissance – ou ne peut ignorer – de l'origine illicite de la preuve.

822. Les effets de la production par le fisc d'une preuve illicite sont dévastateurs pour la régularité de la procédure. S'il ne fait aucun doute que l'irrégularité est acquise lorsqu'une ordonnance autorisant des procédures de visite et de saisie est exclusivement fondée sur des pièces obtenues dans des conditions illicites, la question se pose de la régularité de la décision fondée, en partie seulement, sur des pièces d'origine illicite. À cet égard, Bernard HATOUX relève qu'il « suffit que la preuve illicite ait été retenue parmi d'autres pour que la décision soit annulée »[2821] car « il est impossible de préciser quelles preuves ont été déterminantes »[2822]. Tant la Chambre commerciale[2823] que l'Assemblée plénière[2824] de la Cour de cassation tendent à l'indiquer lorsqu'elles ne jugent de la régularité d'une décision qu'au regard d'une preuve déloyale. Cette solution est même confirmée en matière fiscale

---

[2815] Cass. com., 21 février 2012, n°11-15.162 : RJF 05/12, n°484 ; Procédures 2012, n°4, pp. 33-35, note Ludovic AYRAULT ; BGFE 2012, n°3, pp. 18-20, note Jean-Luc PIERRE ; Option Finance 2012, n°1163, p. 33, note Eric GINTER.

[2816] HATOUX Bernard, *La preuve illicite est irrecevable ou Le vol est un péché capital*, RJF 04/12, pp. 304-312.

[2817] *Op. cit.*, n°40.

[2818] Cass. com., 4 février 1997, n°95-30.008, EURL Jacky Chris : RJF 05/97, n°447.

[2819] MARSAUDON Alain et RAVON Delphine, *La fable HSBC et sa morale*, Option Finance 2012, n°1161, pp. 33-34, spéc. p. 34.

[2820] DETRAZ Stéphane, *Visites domiciliaires : irrecevabilité des documents d'origine illicite*, Droit fiscal 2012, n°12, comm. 207, pp. 49-52.

[2821] HATOUX Bernard, *La preuve illicite est irrecevable ou Le vol est un péché capital*, RJF 04/12, pp. 304-312, n°22.

[2822] *Op. cit.*, *loc. cit.*

[2823] Cass. com., 3 juin 2008, n°07-17.147 et 07-17.196 : RJDA 8-9/08, n°951.

[2824] Cass., A.P., 7 janvier 2011, n°09-14.316 : préc.

puisque dans l'arrêt du 31 janvier 2012[2825], il est jugé que l'ordonnance a été autorisée « sur la foi de ces documents ». Bernard HATOUX expose que « L'arrêt n'énonce pas que l'autorisation a été obtenue sur la foi exclusive des pièces litigieuses »[2826] et qu'il n'y a donc pas lieu de rechercher si l'autorisation est en partie fondée sur des preuves licites. La Chambre commerciale de la Cour de cassation accorde donc une importance fondamentale à la licéité de la preuve puisque son illicéité dispose des conséquences analogues à celle d'une fraude qui – comme l'indique l'adage *fraus omnia corrumpit* – vicie l'ensemble de la procédure[2827].

823. Or, une telle solution peut, en théorie, disposer d'une portée radicale si elle est conjuguée avec une jurisprudence antérieure de la Chambre commerciale de la Cour de cassation qui contraint « l'administration fiscale [à] fournir au juge tous les éléments d'information en sa possession de nature à justifier la visite »[2828], le contribuable qui soupçonnerait la présence d'un fichier volé pourrait – théoriquement – voir juger l'irrégularité de la procédure de visite et de saisie, la seule présence d'une preuve illicite affectant la régularité de la procédure.

824. Le maintien d'une telle solution, par le juge civil de l'impôt, n'est pas affecté par l'article L. 10-0 AA du Livre des procédures fiscales et la constitutionnalité de cette disposition[2829] puisque le juge civil fonde l'exigence de licéité de la preuve sur l'article 6 de la Convention européenne des droits de l'Homme qui s'applique à la procédure de visite et de saisie en raison de l'atteinte au domicile qu'elle entraîne[2830]. Or, si l'exigence de licéité de la preuve peut être maintenue pour les procédures de visite et de saisie, le contentieux des actes d'imposition ne pourrait que difficilement maintenir une telle solution.

ii/ L'avenir incertain de l'exigence de licéité de la preuve dans les litiges relatifs aux actes d'imposition

825. La Chambre commerciale de la Cour de cassation n'a pas, pour l'heure, condamné l'usage de preuves illicites au sein du contentieux des actes

---

[2825] Cass. com., 31 janvier 2012, n°11-13.097 : préc. ; Cass. com., 21 février 2012, n°11-15.162 : préc.

[2826] HATOUX Bernard, *La preuve illicite est irrecevable ou Le vol est un péché capital*, RJF 04/12, pp. 304-312, n°38.

[2827] HATOUX Bernard, La preuve illicite est irrecevable ou Le vol est un péché capital, RJF 04/12, pp. 304-312 ; PIERRE Jean-Luc, *Documents volés : illicéité de la preuve et irrecevabilité*, BGFE 2012, n°3, pp. 18-20.

[2828] Cass. com., 24 janvier 1995, n°93-19.701, Mami : Bull. civ. IV, n°24 ; RJF 04/95, n°492.

[2829] Cons. const., déc. n°2013-679 DC, 4 décembre 2013, Loi relative à la lutte contre la fraude fiscale et la grande délinquance économique et financière : préc.

[2830] CEDH, 21 février 2008, n°18497/3, Ravon et a. c/ France, § 24 : préc.

d'imposition. L'entrée en vigueur de l'article L. 10-0 AA du Livre des procédures fiscales – qui fonde l'admissibilité de preuves illicites légalement transmises aux administrations fiscales[2831] – conduit à écarter l'application du principe général du droit de loyauté dans l'administration de la preuve ainsi que l'article 9 du Code de procédure civile qui peut contenir ce principe. Or, Bernard HATOUX a relevé que « les objectifs nouveaux ont un effet, au mieux limité, au pire incertain, voire nul »[2832]. Toutefois, une telle analyse ne nous semble pas reposer sur de solides arguments juridiques puisque, *de lege lata*, seul l'article 6§1 de la Convention européenne des droits de l'Homme peut offrir un fondement à l'exigence de licéité des preuves. Or, le contentieux des actes d'imposition – depuis l'arrêt Consorts Pelat[2833] – ne se voit pas appliquer les garanties du volet civil de l'article 6 de la Convention européenne des droits de l'Homme. De ce fait, les preuves illicites ne devraient être écartées que dans le cas où des pénalités fiscales sont en litige, en raison de leur rattachement au volet pénal de l'article 6 de la Convention européenne des droits de l'Homme.

826. Le contentieux fiscal présente, à cet égard, un particularisme légal qui le distingue du contentieux de la concurrence. Si au sein de ces deux contentieux, la licéité de la preuve est exigée sur le fondement des articles 9 du Code de procédure civile, 6§1 de la Convention européenne des droits de l'Homme et du principe de loyauté dans l'administration de la preuve, il n'existe, en matière concurrentielle, aucune règle légale qui autorise l'administration d'une preuve illicite légalement recueillie par l'Autorité de la concurrence. L'exigence de licéité nous paraît impossible à maintenir pour le contentieux individuel de l'impôt – en dehors de la cause des pénalités fiscales – tant l'exigence de licéité des preuves doit être conjuguée avec celle de légalité. Il faut, à notre sens, considérer que le respect de l'exigence de légalité posée par l'article L. 10-0 AA du Livre des procédures fiscales peut fonder un acte d'imposition.

827. Une telle analyse interroge sur l'avenir de la jurisprudence de la Cour de cassation relative à l'illicéité de la preuve. En matière de procédure de visite et de saisie – comme en droit de la concurrence[2834] – la Cour de cassation se fonde sur l'applicabilité des règles de la procédure civile[2835] pour appliquer le

---

2831 Article 37 de la loi n°2013-1117 du 6 décembre 2013 relative à la lutte contre la fraude fiscale et la grande délinquance économique et financière, JORF du 7 décembre 2013, p. 19941.

2832 HATOUX Bernard, *Le devoir de loyauté de l'administration fiscale ou Légalité et déontologie*, RJF 01/16, pp. 10-14.

2833 Cass. com., 12 juillet 2004, n°01-11.403, Consorts Pelat : Bull. IV, n°153 p. 167 ; RJF 11/04, n°1218 ; RJF 11/04, pp. 804-807, note Bernard HATOUX ; LPA 27 janvier 2005, n°19, pp. 9-13, note Thierry LAMBERT.

2834 Cass, A.P., 7 janvier 2011, n°09-14.316 et n°09-14.667 : préc.

2835 Cass., Ch. mixte, 15 décembre 1988, M. Maène : RJF 03/89, n°328.

principe de licéité de la preuve rattaché à l'article 9 du Code de procédure civile. Cette solution est peu critiquable. S'il a pu être relevé, en matière de procédure de visite et de saisie, que la Cour de cassation pourrait se fonder « l'élasticité de la notion de matière pénale, l'on pourrait imaginer que, dans les matières répressives extra-pénales, la recevabilité des preuves obéît non pas aux principes de la procédure civile ou administrative mais à ceux de la procédure pénale »[2836], une telle solution ne nous paraît pas résister au fait que « Le contentieux fiscal ne comporte aucune exclusion de principe des règles de procédure civile, lorsqu'il relève des tribunaux judiciaires »[2837]. La solution retenue par la Cour de cassation en matière concurrentielle renforce – autant qu'elle confirme – cette analyse : l'application du principe de loyauté dans l'administration de la preuve au sein d'un tel contentieux atteste que les caractéristiques propres de la mission du Conseil de la concurrence – fondée sur un « ordre public économique »[2838] – ne sauraient primer sur l'identité procédurale du juge civil[2839] comme l'avait retenu la cour d'appel de Paris[2840]. Cette solution poursuit donc « une tendance générale qui donne à la procédure, entendue comme manière de faire, une place prépondérante, au détriment de la substance »[2841] et dont la licéité de la preuve n'échappe pas.

[2836] DETRAZ Stéphane, *Visites domiciliaires : irrecevabilité des documents d'origine illicite*, Droit fiscal 2012, n°12, comm. 207, pp. 49-52.

[2837] LAMARQUE Jean, note sous TGI Bordeaux, 29 janvier 1986, D. 1987, p. 60.

[2838] Selon Marie-Emma BOURSIER-MAUDERLY le Conseil de la concurrence se fondait sur les « similitudes du contentieux de la concurrence avec le contentieux pénal, faisant prévaloir au nom de l'ordre public économique le principe de liberté de la preuve sur le principe de loyauté de la preuve » (*Contentieux de la concurrence : le nécessaire respect du principe de loyauté*, D. 2008, p. 2476).

[2839] Philippe THERY liste les raisons qui auraient pu conduire à appliquer la jurisprudence pénale en matière concurrentielle : « la mission répressive du Conseil de la concurrence, la difficulté de prouver des agissements occultes et la nécessité de venir en aide à leurs victimes - et [la nécessité] d'écarter les règles de procédure civile, inappropriées lorsqu'il ne s'agit plus de 'la reconnaissance d'un droit subjectif' » (*Contentieux de la concurrence et procédure civile*, RTD Civ. 2011, n°2, pp. 383-385).

[2840] L'arrêt de la cour d'appel de Paris (CA de Paris, 1ère chambre, 19 juin 2007, n°2006/00628, note PHILIPPE Jérôme et JANSSENS Thomas, Gaz. Pal. 2007, n°234-37, p. 24) présente un intérêt tout particulier dès lors qu'elle retient une solution opposée à celle retenue par l'Assemblée plénière : « c'est à bon droit et par des motifs pertinents que la Cour adopte que le Conseil de la concurrence, qui bénéficie d'une autonomie procédurale tant à l'égard du droit judiciaire privé national qu'à l'égard du droit judiciaire privé national qu'à l'égard du droit communautaire, a retenu, en se fondant sur sa mission de protection de l'ordre public économique, sur le caractère répressif de ces poursuites conduisant au prononcé de sanctions pécuniaires et sur l'efficacité qui en est attendue, que les enregistrements en cause, qui étaient produits par la partie saisissante et non par les enquêteurs ou le rapporteur, ne pouvaient être écartés au seul motif qu'ils avaient été obtenus de façon déloyale, qu'ils étaient recevables dès lors qu'ils avaient été soumis à la contradiction et qu'il lui appartenait seulement d'en apprécier la valeur probante ».

[2841] THERY Philippe, *Contentieux de la concurrence et procédure civile*, RTD Civ. 2011, n°2, pp. 383-385.

828. Or, l'isolement des solutions retenues par la Cour de cassation apparaît désormais au grand jour. L'arrêt Goldfish[2842] du Tribunal de l'Union européenne atteste, qu'en droit de la concurrence, l'exigence de loyauté ne saurait disposer d'une portée aussi forte que celle retenue par l'Assemblée plénière de la Cour de cassation[2843]. Mustapha MEKKI estime justement que la position de la Cour de cassation devrait évoluer « vers l'instauration d'un juste équilibre entre loyauté et efficacité probatoires »[2844]. Cette analyse va dans le sens de la jurisprudence européenne puisque l'application du droit national est jugée compatible avec le droit communautaire « sous réserve cependant que cette mise en œuvre du droit national ne puisse porter préjudice à l'application pleine et uniforme du droit communautaire et à l'effet des actes d'exécution de celui-ci »[2845]. Or, Mustapha MEKKI relève qu'il serait possible de concilier l'exigence de loyauté « avec le droit au procès équitable et le droit à la preuve »[2846]. Une telle solution nous paraît offrir une voie à suivre par la Cour de cassation. Le droit du travail[2847] et le droit de la famille[2848] font l'objet d'un traitement particulier en matière de licéité de la preuve puisque le juge adopte, pour ces contentieux, des solutions particulièrement souples pour accepter l'administration de preuves illicites. Or, rien n'interdit au juge civil de tempérer au sein du contentieux de la concurrence l'exigence de loyauté de la preuve. À notre sens, une telle analyse pourrait également être retenue en matière fiscale pour tempérer les effets de la licéité de la preuve. La prohibition catégorique des preuves illicites pourrait être tempérée – dans la droite lignée du Conseil constitutionnel[2849] – par un droit à la preuve reconnue à l'administration fiscale qui pourrait trouver sa source dans l'objectif constitutionnel de lutte contre la fraude et l'évasion fiscale. Il émergerait, à la faveur d'une telle solution, une véritable proportionnalité de l'emploi de la preuve illicite qui est, déjà, reconnue par les juges européens.

§.2. – L'émergence d'une exigence de proportionnalité de l'emploi d'une preuve illicite légalement recueillie par l'autorité publique

829. Les exigences européennes attestent d'une impérieuse nécessité de proportionner l'usage de la preuve illicite aux seuls cas où cette preuve est

---

2842 Trib., 8 septembre 2016, n°T-54/14, Goldfish e.a. / Commission : préc.

2843 Cass, A.P., 7 janvier 2011, n°09-14.316 et n°09-14.667 : préc.

2844 MEKKI Mustapha, *Le principe de loyauté probatoire a-t-il encore un avenir dans le contentieux de la concurrence ?*, D. 2016, p. 2355.

2845 CJCE, 13 février 1969, n°14-68, Walt Wilhelm et autres c/ Bundeskartellamt, pt. 4 : Rec. p. 1.

2846 MEKKI Mustapha, *Le principe de loyauté probatoire a-t-il encore un avenir dans le contentieux de la concurrence ?*, D. 2016, p. 2355.

2847 Cf. supra, n°776.

2848 Cf. supra, n°778.

2849 Cons. const., déc. n°2013-679 DC, 4 décembre 2013 : préc.

l'unique exploitable (A) et exigent des juges qu'ils corroborent cette preuve illicite à l'aide d'autres preuves régulièrement obtenues (B).

A/ L'affirmation d'un principe de proportionnalité dans l'utilisation d'une preuve illicite par l'autorité publique

830. Le principe de proportionnalité[2850] – qui exige de ménager « une proportion entre les moyens mis en œuvre et l'objectif à atteindre »[2851] – constitue un principe cardinal de la recherche de la preuve par l'autorité publique. En ce sens, les procédures de recherche de la preuve doivent respecter le principe de proportionnalité, c'est-à-dire que l'atteinte portée aux droits fondamentaux doit être la plus restreinte possible. À ce titre, la proportionnalité de l'emploi des procédures pénales est posée par le Code de procédure pénale[2852] et contrôlée par la Chambre criminelle de la Cour de cassation[2853]. Surtout, le respect de cette proportionnalité fait l'objet d'une protection particulière tant de la part du Conseil constitutionnel[2854], de la Cour européenne des droits de l'Homme[2855] que de la Cour de justice de l'Union européenne[2856] sur le fondement de l'article 52,1 de la Charte des droits fondamentaux[2857]. De même, le Conseil d'Etat a reconnu, sur le fondement de l'article 8 de la Convention européenne des droits de l'Homme la nécessité de préserver la proportionnalité des procédures de visite – réalisés par la CNIL –

[2850] Sur ce point : MUZNY Petr, *La technique de proportionnalité et le juge de la Convention européenne des droits de l'homme : essai sur un instrument nécessaire dans une société démocratique*, Thèse de doctorat, Montpellier 1, PUAM, 2004 ; PRADEL Jean, *Procédure pénale*, Cujas, 18e éd., 2015, pp. 370-371.

[2851] PRADEL Jean, *Procédure pénale*, Cujas, 18e éd., 2015, p. 371.

[2852] À ce titre, l'article 94 du Code de procédure pénale dispose que « Les perquisitions sont effectuées dans tous les lieux où peuvent se trouver des objets ou des données informatiques dont la découverte serait utile à la manifestation de la vérité » et l'article 100 du Code de procédure pénale dispose que « le juge d'instruction peut, lorsque les nécessités de l'information l'exigent, prescrire l'interception, l'enregistrement et la transcription de correspondances émises par la voie des communications électroniques ».

[2853] Cass. crim., 27 janvier 1987, n°86-93.278 : Bull. crim., n°41.

[2854] Cons. const., déc. n°2015-506 QPC du 4 décembre 2015, M. Gilbert A. [Respect du secret professionnel et des droits de la défense lors d'une saisie de pièces à l'occasion d'une perquisition], cons. n°15 : J.O. du 6 décembre 2015, p. 22502 ; Cons. const., déc. n°76-75 DC, 12 janvier 1977, Loi autorisant la visite des véhicules en vue de la recherche et de la prévention des infractions pénales, cons. n°5 : Rec. p. 33.

[2855] CEDH, 12 février 2015, n°5678/06, Yuditskaya et autres c/ Russie, § 32 ; CEDH, 25 février 2003, n°51772/99, Roemen et Schmit c/ Luxembourg, §§ 56 et 71.

[2856] CJUE, 17 décembre 2015, n°C-419/14, WebMindLicenses, pt. 73 : préc.

[2857] « Toute limitation de l'exercice des droits et libertés reconnus par la présente Charte doit être prévue par la loi et respecter le contenu essentiel desdits droits et libertés. Dans le respect du principe de proportionnalité, des limitations ne peuvent être apportées que si elles sont nécessaires et répondent effectivement à des objectifs d'intérêt général reconnus par l'Union ou au besoin de protection des droits et libertés d'autrui ».

qui portent atteintes au droit au respect du domicile[2858]. À ce titre, seule la Chambre commerciale apparaît – injustement[2859] – en retrait de cette exigence puisqu'elle refuse de contrôler la proportionnalité de l'atteinte au domicile d'une procédure de visite et de saisie en vérifiant qu'une procédure moins attentatoire serait possible[2860].

831. Or, l'exigence de proportionnalité tend à dépasser le simple emploi des procédures de recherche de la preuve pour s'affirmer comme une condition d'emploi de la preuve illicite recueillie par un particulier. L'exigence de proportionnalité présente à l'article 8 de la Convention européenne des droits de l'Homme permet ainsi de restreindre l'administration de preuves illicites qui contiennent des données personnelles. Cette solution a été retenue par la Cour européenne des droits de l'Homme en droit de la famille puisqu'elle a jugé contraire au droit au respect de la vie privée l'emploi d'une pièce heurtant le secret médical dont l'exploitation par un juge a été « subsidiaire et surabondante »[2861] mais elle a jugé qu'« il n'y a pas eu disproportion dans le refus de la Cour d'écarter les moyens de preuve constitués par les lettres des époux »[2862]. Cela signifie que l'administration d'une preuve par un particulier est possible même lorsque cette preuve est illicite si l'administration de cette preuve respecte une exigence de proportionnalité.

832. Cette exigence est également présente devant les juges de l'Union européenne à propos d'une preuve recueillie dans des conditions illicites par un particulier et recueillie légalement par l'autorité publique. Le Tribunal de l'Union a ainsi jugé admissible la preuve illégalement recueillie par un particulier mais légalement obtenue par l'autorité publique dès lors que « cet

---

[2858] Conseil d'Etat, Sect., 6 novembre 2009, n°304300, SARL Inter Confort et n°304301, Société Pro Décor : Rec. p. 449, concl. Julie BURGUBURU ; AJDA 2010, p. 138, chron. Damien BOTTEGHI et Sophie-Justine LIEBER ; JCP G 2010, n°13, doctr. 365, chron. Benoît PLESSIX ; JCP G 2010, n°4, 98, note Jean-Gabriel SORBARA ; Revue Lamy Droit de l'Immatériel 2010, n°56, pp. 22-23, note Mathieu GAUDEMET.

[2859] Christian LOPEZ relève ainsi que « la visite domiciliaire ne peut être utilisée comme élément de confort à la vérification de comptabilité » et il estime qu'« il appartient (…) au juge (…) d'apprécier spontanément et concrètement au cas par cas, la condition de proportionnalité d'atteinte au domicile » (*Le droit de visite et de saisie, une procédure d'investigation de l'administration fiscale*, Dr. fisc. 2014, n°51-52, 698).

[2860] Cass. com., 21 janvier 2014, n°12-28.696, Association Fac habitat et autres : RJF 05/14, n°466 ; Cass. com., 8 décembre 2009, n°08-21.017, Pétri : RJF 03/10, n°244, étude Bernard HATOUX, FR 51/09, inf. 14, p. 17.

[2861] CEDH, 10 octobre 2006, n°7508/02, L.L. c/ France, § 46 : préc.

[2862] CEDH, 13 mai 2008, n°65097/01, N. N. et T. A. c/ Belgique, § 51 : préc.

élément n'a pas constitué le seul moyen de preuve retenu pour motiver la condamnation »[2863].

833. L'extension du principe de proportionnalité s'impose également en matière fiscale. La Cour européenne des droits de l'Homme a ainsi posé une réserve touchant à la proportionnalité de la preuve volée par un particulier et employée pour justifier la réalisation d'une perquisition fiscale. Elle exige, pour le respect de l'article 8 de la Convention européenne des droits de l'Homme que le document volé ait été « le seul moyen d'établir si le requérant s'était ou non rendu coupable d'évasion fiscale »[2864]. Cette solution atteste que l'exigence de proportionnalité vise également l'emploi, par l'autorité publique, d'une preuve recueillie, dans des conditions illicites, par un particulier.

834. Cette solution conduit à apporter une restriction complémentaire à l'exigence de légalité posée par le Conseil constitutionnel en matière d'administration, par l'autorité publique, d'une preuve illicite recueillie par un particulier – tant en matière fiscale qu'en dehors de cette matière. L'exploitation de preuves illicites doit demeurer l'ultime recours pour l'autorité publique qui ne pourrait ainsi ériger l'achat de données bancaire en un outil commun de lutte contre la fraude et l'évasion fiscales. En arrière-plan, c'est donc une conciliation empreinte de proportionnalité entre l'atteinte à la vie privée et la lutte contre la fraude et l'évasion fiscales qui se trament au travers de l'exploitation de preuves illicites recueillies par un particulier. Or, cette exigence rejoint la nécessité, qui émerge comme un véritable principe d'administration de la preuve, de corroborer toute preuve qui aurait été recueillie – tant par l'autorité publique que par un particulier – dans des conditions illégales.

B/ L'exigence de corroboration de la preuve illicite administrée par des particuliers

835. La corroboration de la preuve illicite transmise à l'autorité publique constitue, à notre sens, un précieux relai à l'exigence de proportionnalité de son emploi. Plusieurs éléments militent en ce sens.

836. En premier lieu, le respect des droits de la défense exige de vérifier si « les circonstances dans lesquelles [l'élément de preuve] a été recueilli font

2863 Trib., 8 septembre 2016, n°T-54/14, Goldfish e.a. / Commission, pt. 62: préc.
2864 CEDH, 6 octobre 2016, n°33696/11, K.S. et M.S. c/ Allemagne, § 49 (« *the Liechtenstein data were the only evidence available at the relevant time that suggested that the applicants might have evaded paying tax* »).

douter de sa fiabilité ou de son exactitude »[2865]. Or, face à un élément transmis par un particulier, dans des conditions illicites, le doute quant aux conditions de recueil de la preuve devrait conduire à exiger qu'elle soit corroborée. Si la Cour européenne n'a pas retenu cette exigence dans l'arrêt K.S. et M.S. c/ Allemagne, c'est, à notre sens, car le document volé était, en l'espèce, « le seul moyen d'établir si le requérant s'était ou non rendu coupable d'évasion fiscale »[2866]. Dans son arrêt Keslassy c/ France[2867], la Cour a jugé conforme aux stipulations de la Convention le déclenchement de la procédure de visite et de saisie sur une dénonciation anonyme qui a été effectivement corroborée par d'autres éléments de preuve. De la sorte, l'exigence de corroboration nous paraît, par principe, nécessaire au respect des droits de la défense.

837. En ce sens, l'exigence de corroboration[2868] a toujours été retenue par la Chambre commerciale en matière de dénonciations anonymes[2869] – mais aussi pour les attestations d'agents du fisc[2870] – le défaut de corroboration d'une dénonciation anonyme ne peut conduire à créer un soupçon de fraude requis pour le déclenchement d'une procédure de visite et de saisie[2871]. Cette solution peut se justifier par la nécessité de protéger les droits de la défense : la pièce ne peut être valablement critiquée et les conditions de son recueil ne permettent pas de s'assurer de sa véracité.

838. De même, la Cour de justice de l'Union européenne dispose d'une jurisprudence analogue relative aux preuves dont l'auteur ou l'identité de la personne l'ayant transmis sont inconnus[2872]. Elle exige – au-delà du nécessaire

---

[2865] CEDH, 10 mars 2009, n°4378/02, Bykov c/ Russie, § 90.

[2866] CEDH, 6 octobre 2016, n°33696/11, K.S. et M.S. c/ Allemagne, § 49.

[2867] CEDH, 8 janvier 2002, n°51578/99, Keslassy c/ France : RJF 05/02, n°597.

[2868] Sur ce point : BRANDEAU Joseph, *La référence aux déclarations anonymes dans l'ordonnance de visite domiciliaire et saisie : le contrôle des conditions permissives par la Cour de cassation*, LPA 1999, n°104, p. 9 ; MICHAUD Patrick, *Le point sur les dénonciations anonymes : l'avocat, le juge et le corbeau*, Gaz. pal. 1999, n°353, pp. 2-17.

[2869] L'exigence de corroboration a d'abord été affirmée sur le fondement de l'ordonnance du 1er décembre 1986 (Cass. com., 26 octobre 1993, SA Trabet et autres : RJF 01/94, n°56) puis sur le fondement de l'article L. 16 B du Livre des procédures fiscales (Cass. com., 4 mai 1999, n°97-30.125 et 97-30.123, Inédit ; Cass. com., 13 janvier 1998, n°96-30.097 : RJF 04/98, n°417). Cette exigence n'a pas été modifiée sous l'empire de la loi du 4 août 2008 (Loi n°2008-776 du 4 août 2008 de modernisation de l'économie, J.O. du 5 août 2008, p. 12471) puisque cette exigence a été maintenue (Cass. com., 1er juin 2010, n° 09-16.127, 09-16.128 et 09-16.129, Sté Inforad Ltd : RJF 12/10, n°1189).

[2870] Cass. com., 19 mai 1998, n°96-30.104, Sfez : RJF 08-09/98, n°960 ; Cass. com., 27 janvier 1998, n°96-30.011, 96-30.013, 96-30.010, 96-30.009 et 96-30.008, Sté Le Queen : RJF 05/98, n°572.

[2871] Cass. com., 15 juin 1999, n°97-30.297, Banque Dumenil-Leblé : RJF 10/99, n°1209.

[2872] CJCE, 25 janvier 2007, n°C-411/04, Salzgitter Mannesmann / Commission, pt. 44 : Rec. p. I-959 ; CJCE, 25 janvier 2007, Dalmine SpA, C-407/04 P, pt. 48 : Rec. p. I-809.

respect du contradictoire[2873] et de la nécessité pour le juge de faire preuve, face à ces pièces, « d'esprit critique »[2874] – que la décision ne soit pas fondée « exclusivement ou essentiellement, [sur] des documents dont la provenance ou les auteurs doivent demeurer inconnus de la partie défenderesse »[2875]. Il faut alors que la preuve litigieuse se soit « qu'un maillon parmi d'autres »[2876].

839. Le principe du contradictoire peut également militer en faveur de cette exigence de corroboration. Le standard de la preuve unique ou déterminante[2877] – qui a été forgée pour édulcorer le poids de la preuve issue de témoignages anonymes[2878] et de ouï dire[2879] qui ne peuvent, par principe, respecter l'exigence du contradictoire exigée par l'article 6§3 d) de la Convention européenne des droits de l'Homme si elles fondent à elles seules une condamnation – atteste que l'exigence de corroboration est une exigence fondamentale. Le principe de « la preuve unique ou déterminante se veut une garantie contre l'injustice »[2880] car, « l'accusé ne doit pas être placé dans une position où il se trouve concrètement privé d'une possibilité réelle de se défendre parce qu'il ne peut pas contester les éléments à charge »[2881]. La Cour européenne des droits de l'Homme a même exigé – dans l'arrêt Al-Khawaja et Tahery c/ Royaume-Uni[2882], qu'il faut « moduler l'application [de ce principe] en l'intégrant dans une approche globale de l'équité du procès »[2883] et que la meilleure garantie du respect de l'équité réside dans l'exigence « d'étayer [le] dossier par des preuves corroborantes »[2884]. Or, la preuve illicite

2873 GEELHOED, concl. sur CJCE, 25 janvier 2007, n°C-411/04, Salzgitter Mannesmann / Commission, pt. 63.
2874 *Op. cit.*, pt. 64.
2875 *Op. cit.*, pt. 65.
2876 Verica TRSTENJAK, concl. sur CJCE, 15 mai 2008, C-510/06 P, Archer Daniels Midland Co. c/ Commission des Communautés européennes.
2877 Sur ce point : MICHIELS Olivier, *Le principe de la preuve unique ou déterminante*, RTDH 2012, pp. 683-711 ; ROETS Damien, *Une ébréchure dans la règle dite 'de la preuve unique ou déterminante'*, RSC 2012, n°1, pp. 245-252.
2878 CEDH, 23 avril 1997, n°21363/93, 21364/93, 21427/93 et 22056/93, Van Mechelen et autres c/ Pays-Bas, §§ 63-65 ; CEDH, 26 mars 1996, n°20524/92, Doorson c/ Pays-Bas, § 76.
2879 CEDH, 15 décembre 2011, n°26766/05 et 22228/06, Al-Khawaja et Tahery c/ Royaume-Uni, § 147.
2880 MICHIELS Olivier, *Le principe de la preuve unique ou déterminante*, RTDH 2012, pp. 683-711, spéc. p. 704.
2881 *Op. cit.*, spéc. p. 705.
2882 CEDH, 15 décembre 2011, n°26766/05 et 22228/06, Al-Khawaja et Tahery c/ Royaume-Uni, § 147.
2883 MICHIELS Olivier, *Le principe de la preuve unique ou déterminante*, RTDH 2012, pp. 683-711, spéc. p. 708-709.
2884 *Op. cit.*, spéc. p. 711.

ne saurait respecter le principe du contradictoire puisque la partie à qui est opposée cette preuve ne connaît pas les conditions de recueil de cette preuve.

840. En définitive, c'est l'exigence d'équité qui commande, selon la Cour européenne des droits de l'Homme, de corroborer les preuves recueillies de manière illicite. En ce sens, il est exigé de corroborer les preuves recueillies en violation de l'article 8 de la Convention sans qu'il y ait à distinguer entre les preuves illicites administrées par des particuliers[2885] et celles recueillies par l'autorité publique[2886]. La nécessité de corroborer ces preuves illicites légalement transmises apparaît comme une exigence fondamentale qui doit, à notre sens, s'appliquer en matière fiscale.

841. En somme, l'usage de la preuve illicite, légalement recueillie, par l'autorité publique fait l'objet d'un contrôle accru qui est requis par le respect des droits fondamentaux que constituent les droits de la défense et l'équité du procès. Deux garanties doivent ainsi être offertes aux justiciables : l'exigence de proportionnalité dans l'emploi d'une preuve illicite – qui doit conduire à ne l'employer qu'en cas de nécessité – qui doit être complétée par une exigence de corroboration de ces preuves.

842. Conclusion de la Sous-Section II. – La matière fiscale n'apparaît pas, une nouvelle fois, offrir de véritable particularisme en matière de preuves illicites régulièrement transmises à l'autorité publique. L'admissibilité de ces preuves apparaît comme un point d'équilibre entre des exigences contradictoires. L'affirmation de cette solution atteste d'une expansion de la jurisprudence pénale à l'ensemble des branches du droit : l'autorité publique doit pouvoir bénéficier – si elle n'est pas complice – de preuves recueillies illicitement par un particulier. Cette solution érige une frontière entre l'autorité publique qui est strictement tenue par la légalité et les particuliers qui peuvent se livrer à des actes illicites pour recueillir des preuves. La rigueur de cette distinction est toutefois limitée par l'interdiction faite à l'autorité publique de prendre part – directement ou indirectement – au recueil d'une preuve dans des conditions illégales. Cette solution repose sur un équilibre qui ne saurait, toutefois, demeurer intangible. La légalité de la transmission d'une

---

[2885] CEDH, 24 janvier 2002, n°43467/98, Turquin c/ France ; CEDH, Plén., 12 juillet 1988, Schenk c/ Suisse, n°10862/84, §§ 48-49 (en l'espèce, « l'enregistrement téléphonique n'a pas constitué le seul moyen de preuve retenu pour motiver la condamnation »).

[2886] CEDH, 31 janvier 2017, n°40233/07, Kalnéniené c/ Belgique, § 16 ; CEDH, Gde Ch., 10 mars 2009, n°4378/02, Bykov c/ Russie, § 103 : JCP G 2009, n°29, comm. 143, note Frédéric SUDRE (en l'espèce, « le tribunal n'a pas considéré l'enregistrement comme un aveu pur et simple ou comme un aveu que le requérant avait connaissance des faits, qui eût pu constituer la base essentielle d'un constat de culpabilité ; cette pièce a revêtu une importance limitée dans un ensemble complexe d'éléments que le tribunal a appréciés ») ; CEDH, 26 avril 2007, n°71525/01, Dumitru Popescu c/ Roumanie (n°2), §§ 109-111.

preuve recueillie dans des conditions illicites par un particulier ne saurait offrir un blanc-seing à l'autorité publique qui ne doit y recourir que lorsque des circonstances particulières l'exigent. La proportionnalité requise par l'usage d'une telle preuve – ainsi que son corollaire, la corroboration – attestent que l'autorité publique ne peut se contenter de telles preuves.

843. Conclusion de la Section II. – La faculté offerte aux particuliers d'administrer des preuves illicites – directement ou par le biais de leur transmission à l'autorité publique – atteste d'une unité partielle des règles d'admissibilité de la preuve. Cette opposition entre le recueil de la preuve par un particulier et le recueil de la preuve par l'autorité publique fait naître un modèle d'administration de la preuve où les droits de la défense occupent une place centrale. À ce titre, s'il a pu être constaté que le juge civil juge inadmissible la preuve illicitement recueillie par un particulier, il n'en tempère pas moins ce principe par l'affirmation d'un *droit à la preuve* qui constitue l'expression des droits de la défense. L'opposition entre les particuliers et l'autorité publique constitue désormais une opposition de principe qui permet d'identifier la preuve admissible par le juge. Cette opposition traduit la diffusion d'un modèle : celui conçu par le juge pénal dont les droits de la défense constituent le fondement principiel. Or, à l'aune de ce modèle, il apparaît une prise en compte croissante des droits fondamentaux dans l'administration de la preuve : la réalité factuelle apparaît de plus en plus liée – et même conditionnée – au respect de ces droits.

844. Conclusion du Chapitre II. – L'exigence fondamentale de légalité du processus de recueil de la preuve se traduit, *de lege lata*, par l'affirmation d'un lien entre la légalité du recueil de la preuve et l'admissibilité de la preuve recueillie au terme de cette procédure. La légalité – tant formelle que matérielle – fait l'objet d'une protection accrue qui affecte considérablement l'établissement de la réalité factuelle. L'admissibilité de la preuve apparaît comme le relai nécessaire de l'exigence de légalité procédurale et atteste de la place croissante des droits fondamentaux dans le droit probatoire.

845. Le droit fiscal atteste des transformations profondes de cette matière : au-delà du maintien des logiques propres à chaque juridiction, il émerge un noyau central fondé sur l'inadmissibilité des preuves recueillies au terme d'une procédure jugée contraire aux droits fondamentaux. En ce sens, l'inadmissibilité de la preuve recueillie au mépris de l'individu – qui se manifeste également par la prohibition de l'auto-incrimination –, du droit au respect de la vie privée ou des secrets professionnels, atteste de l'impact déterminant des droits fondamentaux des individus sur l'établissement de la réalité factuelle. Même le juge administratif a choisi d'admettre l'inadmissibilité de la preuve, tout en préservant, une distance toute symbolique à l'égard de ce principe. L'établissement de la réalité factuelle se trouve ainsi profondément bouleversé et atteste d'une unité entre les juges de la matière fiscale. Cette unité s'opère à la faveur d'une affirmation croissante des droits fondamentaux dans l'établissement de la preuve.

846. Conclusion du Titre I. – L'affirmation d'une *fondamentalité probatoire* est le reflet d'un mouvement global de l'affirmation des droits fondamentaux en matière d'établissement de la preuve. Jean PRADEL exposait, il y a quelques années, que « la preuve rapportée par le poursuivant doit l'être *selon une certaine éthique* »[2887]. Ce constat dressé en matière pénale peut désormais être transposé à l'ensemble des juges de la matière fiscale. En cela, la matière fiscale témoigne de l'unité croissante qui s'empare des règles d'admissibilité de la preuve. Le fondement de cette unité se trouve dans la jurisprudence pénale dont les principes ont été étendus à l'ensemble des procédures en dépit des nécessités variables qui poussent à l'administration de preuves déloyales ou illégales[2888]. Les solutions retenues aujourd'hui en matière de légalité et de loyauté de la preuve attestent de l'instauration d'un équilibre entre légitimité et vérité[2889]. Cet équilibre est fondé sur une vision du procès qui est empreinte d'une éthique fondée sur la protection de l'individu. La réalité factuelle ne peut s'établir à n'importe quel prix : la violation des droits fondamentaux offerts à l'individu constitue un tribut trop lourd pour l'établissement de la réalité factuelle. Si quelques voies soulignent encore que « le principe de loyauté s'oppose en partie à l'établissement de la vérité »[2890], il apparaît que l'affirmation de règles d'admissibilité de la preuve s'impose lors de l'établissement de la vérité. Cette vérité ne saurait donc être fondée sur une preuve obtenue de manière illégale. La seule force probante d'une preuve n'est plus considérée comme un élément suffisant pour établir la réalité factuelle. Le processus d'établissement de cette preuve prend le pas, au travers de

---

[2887] PRADEL Jean, *Vers des principes directeurs communs aux diverses procédures pénales européennes*, in, *Droit pénal – Droit européen, Mélanges offerts à Georges LEVASSEUR*, Litec, 1992, pp. 459-472, spéc. p. 463.

[2888] La « nécessité » de l'administration de certaines preuves est mise en avant par Jean PRADEL qui souligne que « Les enjeux ne sont pas les mêmes en matière pénale [en comparaison du droit civil] où la clandestinité d'un acte est souvent indispensable à l'administration de la preuve » (PRADEL Jean, *Procédure pénale*, Cujas, 18e éd., 2015, n°424, p. 386). La reconnaissance d'une « nécessité » traduit bien la conception de chaque juge du droit et des faits qui prévalent en droit administratif, civil, et pénal sans que cette « nécessité » ne soit – nécessairement – partagée par chaque juge.

[2889] BOURSIER Marie-Emma, *Le principe de loyauté en droit processuel*, Thèse de doctorat, Paris 2, Dalloz, Nouvelle Bibliothèque de thèses, Tome 23, 2003, n°325, p. 192.

[2890] FRYDMAN Patrick et SORIN Julien, *Le principe de loyauté de la preuve devant le juge administratif*, 2015, Procédures n°12, dossier 13, pp. 26-31.

l'admissibilité de la preuve, sur la force probante des éléments de preuve recueillis.

847. L'affirmation de règles d'admissibilité de la preuve traduit également l'affirmation d'un modèle de justice. L'autorité publique se voit, en effet, imposer au travers de l'exigence de légalité et de loyauté – qui ne sont que les deux faces d'une même médaille – une exemplarité dans l'établissement de la réalité factuelle. La sanction effective de la déloyauté et de l'illégalité du recueil de la preuve qui est constituée par l'inadmissibilité de la preuve traduit une conception particulière de l'action de l'autorité publique : le respect de ces principes conditionne l'établissement de la réalité factuelle. À défaut de principe commun de légalité de l'administration de la preuve, il apparaît que les juges accordent, en pratique, leur jurisprudence en exigeant le respect des droits fondamentaux dans le recueil de la preuve. L'entreprise de subsomption que nous avons menée apparaît particulièrement concluante puisqu'elle manifeste une affirmation commune – au-delà de la diversité des procédures – d'un commun principe de légalité de la preuve administrée. Or, l'établissement de la réalité factuelle est également conditionné par l'exigence fondamentale d'*équité* qui se renforce constamment.

Titre II. – L'équité probatoire

« Que Dieu nous garde de l'équité des Parlements ! »[2891]

848. L'équité[2892] s'entend comme un principe qui implique l'« appréciation juste, [le] respect absolu de ce qui est dû à chacun »[2893]. Philosophiquement, l'équité constitue une « condition de réalisation de la justice »[2894]. Il s'agit d'« une espèce de justice qui adapte la justice légale aux circonstances de fait pour la rapprocher de la vraie justice, la justice absolue »[2895]. Le droit procédural est affecté de manière croissante par l'exigence d'équité. Serge GUINCHARD relève ainsi qu'« Un nouveau paysage procédural se dessine, bien au-delà des applications ponctuelles de l'équité. C'est tout notre système procédural qui est en cause, confronté aux idées venues d'ailleurs et à la permanence de ses valeurs et de ses racines »[2896]. Sans doute faut-il y voir l'affirmation de « cette soif intarissable du juste, qui fait se lancer l'individu dans une quête intuitive du bon, vers une source intarissable de justice incarnée depuis l'antiquité dans le vocable d'équité »[2897].

849. L'équité dispose de multiples applications qui peuvent « être à la fois un sentiment de justice individuelle, l'expression d'une conscience collective du

---

[2891] Sur cet adage, V° BOYER Georges, *La notion d'équité et son rôle dans la jurisprudence des Parlements*, in, *Mélanges offerts à Jacques Maury*, tome 2, Dalloz et Sirey, 1960, pp. 257-282.

[2892] Sur ce point : ALBIGES Christophe, *De l'équité en droit privé*, Thèse de doctorat, Montpellier 1, LGDJ, Bibliothèque de droit privé, Tome 329, 1997 ; FOULETIER Marjolaine, *Recherches sur l'équité en droit public français*, Thèse de doctorat, Poitiers, LGDJ, Bibliothèque de droit public, Tome 229, 2003 ; JARROSSON Charles et TESTU François-Xavier, *Equité*, in ALLAND Denis et RIALS Stéphane (dir.), *Dictionnaire de la culture juridique*, PUF, pp. 635-639 ; MALAURIE Philippe et MORVAN Patrick, *Introduction au droit*, 6e éd., 2016, n°42 ; MAUSEN Yves et SIRKS Boudewijn, *Æquitas Équité Equity*, Faculté de droit de science politique de Montpellier, 2015.

[2893] Trésor de la Langue Française informatisé, V° Equité.

[2894] RAYNAUD Philippe, *L'équité dans la philosophie politique*, in, LAMBERT Thierry (dir.), *Egalité et Equité, antagonisme ou complémentarité ?*, Economica, 1999, pp. 3-13, spéc. p. 6.

[2895] MALAURIE Philippe et MORVAN Patrick, *Introduction au droit*, 6e éd., 2016, n°42.

[2896] GUINCHARD Serge, *Droit processuel, Droits fondamentaux du procès*, Dalloz, Précis, 9e éd., 2017, n°537.

[2897] FOULETIER Marjolaine, *Recherches sur l'équité en droit public français*, Thèse de doctorat, Poitiers, LGDJ, Bibliothèque de droit public, Tome 229, 2003, p. 1.

raisonnable, un moyen d'accomplissement du principe d'égalité, ou bien encore un principe de pondération dans le cadre de l'application du droit »[2898]. L'équité peut donc être considérée comme une fin du droit, c'est-à-dire comme une finalité intrinsèque permettant de faire advenir le juste au sein de la sphère juridique. Le juste et le droit se trouvent ainsi subitement rapprochés à la faveur de l'équité qui tend à transformer le droit à la faveur d'un standard de justice[2899]. Dans cette transformation globale du droit, le *procès équitable* apparaît comme l'affirmation de cette empreinte de l'équité sur les procédures juridictionnelles. Le procès équitable peut être défini comme « le procès équilibré entre toutes les parties »[2900] : l'équité devient ainsi l'horizon vers lequel tend toute procédure.

850. L'équité se distingue de l'égalité[2901] – bien qu'il s'agisse des « deux faces d'une même valeur »[2902] – par la hiérarchie qui existe entre ces deux valeurs : « l'équité apporte au juste légal des déterminations plus précises »[2903]. C'est, en effet, au juge qu'il revient de modérer, *in concreto*, l'application de la règle de droit sur le fondement de l'équité. Le juge dispose d'un pouvoir « modulateur, apte, le cas échéant à pratiquer la pondération, voire la balance des intérêts en naturel conflit »[2904] qui caractérise « une montée de la subjectivité, caractéristique de notre temps »[2905]. L'équité manifeste ainsi l'accroissement de la place du juge dans le procès qui a désormais pour tâche de « promouvoir l'idéal de justice »[2906]. L'équité constitue donc un renouvellement de l'égalité par la promotion d'un équilibre. À ce titre, le terme équité doit s'entendre dans le sens du mot anglais *fair*, c'est-à-dire de juste et traduit l'exigence fondamentale de justice[2907]. En ce sens, le terme équitable doit donc s'entendre non pas comme « le dépassement du droit au

---

[2898] *Op. cit.*, p. 30.

[2899] Nous retenons ainsi une définition « objective » de l'équité. Elle se définit comme « un moyen légitime de compléter les règles juridiques, ou de corriger l'application particulière d'une règle » (JARROSSON Charles et TESTU François-Xavier, *Equité*, in ALLAND Denis et RIALS Stéphane (dir.), *Dictionnaire de la culture juridique*, PUF, pp. 635-639, spéc. p. 635).

[2900] GUINCHARD Serge, *Procès équitable*, Répertoire de procédure civile, Dalloz, 2017, n°5.

[2901] Sur ce point : KAYSER Pierre, *La justice selon Aristote*, RRJ 1996, n°2, pp. 313-322 ; LAMBERT Thierry (dir.), *Egalité et équité : antagonisme ou complémentarité ?*, Paris, Economica, 1999 ; NIVET François, *Equité et égalité*, Justice 1998, n°9, pp. 157-193 ; TERRE François, *Réflexions sur un couple instable : égalité et équité*, APD 2008, n°51, pp. 21-27.

[2902] TERRE François, *Réflexions sur un couple instable : égalité et équité*, APD 2008, n°51, pp. 21-27, spéc. p. 27.

[2903] *Op. cit.*, spéc. p. 22.

[2904] *Op. cit.*, spéc. p. 25.

[2905] *Op. cit.*, *loc. cit.*

[2906] GUINCHARD Serge, *Le procès équitable : garantie formelle ou droit substantiel ?*, in, *Mélanges en l'honneur de Gérard FARJAT*, Ed. Frison-Roche, 1999, pp. 139-173, spéc. p. 141.

[2907] *Op. cit.*, spéc. p. 140.

nom de principes supérieurs mais plutôt l'idée d'un équilibre loyal des parties »[2908].

851. L'équité du procès – dont l'origine moderne[2909] se trouve dans l'article 10 de la Déclaration universelle des droits de l'Homme du 10 décembre 1948 repris par l'article 14§1 du Pacte international relatif aux droits civils et politiques du 16 décembre 1966 – est au cœur de la jurisprudence de la Cour européenne des droits de l'Homme qui mesure, à l'aune de ce principe, les procédures des Etats parties à la Convention[2910].

852. S'inspirant directement de la Cour de Strasbourg[2911], le Conseil constitutionnel a découvert le concept de « procédure juste et équitable »[2912] qui constitue une transposition de l'exigence d'équité. Le Conseil constitutionnel a même, à deux reprises, mentionné « le principe du procès

---

[2908] GUINCHARD Serge, *Vers une démocratie procédurale*, Justices, 1999, n°1, pp. 91-130, spéc. p. 103.

[2909] Sur ce point : GUINCHARD Serge, *Le procès équitable : garantie formelle ou droit substantiel ?*, in, *Mélanges en l'honneur de Gérard FARJAT*, Ed. Frison-Roche, 1999, pp. 139-173 ; GUINCHARD Serge et alii, *Droit processuel, Droits fondamentaux du procès*, Dalloz, 9e éd., 2017, pp. 101-104.

[2910] L'exigence d'équité qui découle de l'article 6 de la Convention européenne des droits de l'Homme occupe une place fondamentale dans la jurisprudence de la Cour de Strasbourg qui la conduit à juger « qu'une interprétation restrictive de l'article 6 par. 1 (art. 6-1) ne correspondrait pas au but et à l'objet de cette disposition » (CEDH, 17 janvier 1970, n°2689/65, Delcourt c/ Belgique, § 25). La Cour dispose donc d'une interprétation dite « extensive » de l'article 6 de la Convention européenne des droits de l'Homme (Sur ce point : SICILIANOS Linos-Alexandre, *Conv. EDH, art. 6 : La protection du droit à un procès équitable dans la jurisprudence de la Cour européenne des droits de l'homme*, Répertoire de droit européen, Dalloz, 2016, spéc. n°1). Surtout, l'article 6 de la Convention européenne des droits de l'Homme est la consécration du « principe fondamental de la prééminence du droit » comme l'a jugé à plusieurs reprises la Cour européenne des droits de l'Homme (CEDH, 21 février 1975, Golder c/ Royaume-Uni, série A n°18, § 34 ; CEDH, 26 avril 1979, n°6538/74, Sunday Times c/ Royaume-Uni, § 55).

[2911] Olivier DUTHEILLET DE LAMOTHE a affirmé que « le Conseil constitutionnel se réfère aujourd'hui fréquemment à la nécessité d'une « procédure juste et équitable garantissant l'équilibre des droits des parties » (…), qui s'inspire directement du droit à un procès équitable garanti par l'article 6 de la Convention (…) » (*Le Conseil constitutionnel et le droit européen*, RFDC 2004, n°57, pp. 23-35, spéc. p. 31).

[2912] L'expression de « procédure juste et équitable » est apparue dans la décision n°89-260 DC du Conseil constitutionnel du 28 juillet 1989 (Loi relative à la sécurité et à la transparence du marché financier : Rec. p. 71) et a été constamment reprise (Cons. const., déc. n°2015-727 DC du 21 janvier 2016, Loi de modernisation de notre système de santé : J.O. du 27 janvier 2016, texte n°2). Il est intéressant de relever que l'exigence d'une « procédure juste et équitable » fût d'abord fondée sur le préambule de 1946 alors qu'il est désormais fondé sur l'article 16 de la Déclaration des droits de l'Homme et du Citoyen. Aujourd'hui, pas moins de 39 décisions du Conseil constitutionnel ont fait mention de l'exigence d'une « procédure juste et équitable » ce qui tend à démontrer que l'équité constitue un élément central de la jurisprudence du Conseil constitutionnel.

équitable garanti par l'article 16 de la Déclaration de 1789 »[2913]. Il apparaît donc une conception partagée de l'équité qui est particulièrement propice à son développement. En ce sens, la matière probatoire n'échappe pas à cette exigence croissante d'équité.

853. À notre sens, il émerge une exigence fondamentale *d'équité probatoire* qui n'a pas, à notre connaissance, été consacrée par la doctrine[2914]. Pourtant, l'administration de la preuve est affectée par l'exigence fondamentale d'équité. Elle est, en matière de preuve, un vecteur puissant de rapprochement des règles d'établissement de la preuve. Entendu négativement, elle exige d'éliminer les dispositifs probatoires qui réduisent à néant toute chance d'administrer la preuve d'un fait nécessaire à la reconnaissance d'un droit et donc d'offrir un droit effectif à l'administration de la preuve. Elle prohibe donc toute preuve impossible (Chapitre I). En ce sens, l'équité probatoire participe à l'effectivité des recours et à l'égalité des parties dans la faculté d'administrer une preuve. Toutefois, cette exigence d'équité tend, dans un versant positif, à offrir aux justiciables une faculté de rapporter la preuve des faits qui sont le support de leur prétention. L'équité probatoire tend à offrir aux parties une chance raisonnable d'administrer leurs preuves (Chapitre II). Le procès est conçu comme un espace où la faculté d'établir la preuve fait l'objet d'une attention particulière tant la nécessité de rapporter une preuve conditionne le respect du droit.

2913 Cons. const., déc. n°2007-554 DC, 9 août 2007, Loi renforçant la lutte contre la récidive des majeurs et des mineurs, cons. n°20 : Rec. p. 303.

2914 À notre connaissance, seule Lara KHOURY – Professeur à l'Université McGill de Montréal (Canada) – a employé l'expression d'« équité probatoire » dans son *Commentaire d'arrêt : St-Germain c/ Benhaim – Un jugement audacieux et habile* publié dans la Revue de droit et santé de McGill (2015, Vol. 8, n°1), disponible à l'adresse suivante : https://www.mcgill.ca/law/files/law/2015_khoury_jugement_st-germain_v_benhaim_mjlh_8_1.pdf. Il est très intéressant de relever que le concept « d'équité probatoire » est ici employé au sujet de « la dernière décision majeure de la Cour suprême du Canada portant sur la causalité médicale, Ediger c/ Johnston [où il a été jugé que] : « Pour déterminer si la preuve déposée par le défendeur est suffisante, le juge des faits doit tenir compte de la preuve que chaque partie est en mesure de produire » (Ediger c/ Johnston, 2013 CSC 18 au para 36, [2013] 2 RCS 98, 356 DLR (4e) 575).

Chapitre I. – La prohibition de la preuve impossible

854. Le droit à l'administration de la preuve exige que soit offert à chaque partie la faculté d'administrer une preuve. Il prohibe tout obstacle à la faculté d'administrer une preuve. La preuve impossible – aussi dénommée *probatio diabolica* c'est-à-dire *preuve diabolique* – correspond à une preuve qui ne peut être effectivement administrée par une partie. *A priori*, il peut être tentant d'établir des catégories de preuves impossibles.

855. La preuve *impossible* serait celle qui, en raison des circonstances propres à un litige, affecterait la faculté d'administrer une preuve. L'application des règles de la charge de la preuve ou l'exigence d'un mode de preuve déterminé peut rendre impossible l'administration d'une preuve. Il s'agit du cas où une partie rencontre une difficulté matérielle à l'administration d'une preuve. La preuve impossible renvoie à la définition retenue par Hugo BARBIER de la *probatio diabolica*. Il relève qu'« Une preuve peut donc être diabolique, soit parce que la charge de la preuve a été attribuée à une personne inapte à prouver, soit parce que le mode de preuve imposé est trop sévère, soit, le plus souvent, parce que l'objet sur lequel porte la preuve est improuvable »[2915]. Dans ce cas, la preuve est impossible à rapporter en raison de circonstances de fait. La preuve d'un fait négatif peut ainsi constituer une preuve impossible à rapporter[2916].

856. En second lieu, la preuve peut être *interdite* « lorsque la reconnaissance d'un effet juridique est subordonnée à l'adoption d'une proposition de preuve dont aucune règle de fond (de preuve) ne permet l'établissement »[2917]. Dans ce cas, l'interdiction de prouver résulte d'une disposition textuelle – ou de son silence – relatif à la preuve contraire. Il s'agit donc d'une preuve « que le droit

---

[2915] BARBIER Hugo, *Quelques évolutions contemporaines du droit de la preuve : chasse ou culture de la preuve diabolique*, Revue Lamy Droit Civil, 2010, n°71, pp. 5-11.

[2916] Jean LARGUIER a démontré qu'il est nécessaire de discriminer entre deux types de « faits négatifs ». La « négative génératrice » (*La preuve d'un fait négatif*, RTD Civ. 1953, p. 1) ne conduit pas à une preuve impossible dès lors que cette preuve peut être rapportée par la preuve d'un fait positif. À l'inverse, face à « une proposition négative indéfinie » (*op. cit.*, *loc. cit.*), il est impossible pour le plaideur d'administrer la preuve d'un fait positif afin de prouver un fait négatif.

[2917] LAGARDE Xavier, *Réflexion critique sur le droit de la preuve*, Thèse de doctorat, Paris 1, LGDJ, Bibliothèque de droit privé, Tome 239, 1994, p. 272.

fait défense d'invoquer »[2918]. C'est dans cette catégorie qu'il est possible d'intégrer la présomption irréfragable – c'est-à-dire la présomption qui « ne peut être renversée »[2919]. Face à une telle présomption, l'administration de la preuve contraire est interdite car cette disposition interdit, implicitement ou explicitement, qu'une preuve contraire soit administrée à celle établie par une partie.

857. Toutefois, ces catégories, si séduisantes soient-elles, sont toujours dépassées. L'impossibilité matérielle d'administrer la preuve peut s'assimiler, en raison de ses effets, à l'interdiction formelle d'administrer une preuve. En ce sens, si les présomptions irréfragables sont – justement – critiquées par l'impasse probatoire qu'elles créent, il faut relever que toute preuve peut potentiellement constituer un obstacle à la preuve. La preuve est, en effet, le support d'une démonstration qui repose, par nature, sur un déplacement. Jacques DUPICHOT et Didier GUEVEL relèvent ainsi que « Tout mode de preuve suppose un déplacement de l'objet de la preuve »[2920]. Administrer une preuve c'est, en effet, apporter au juge un élément qui permet d'*établir* l'existence d'un fait et non d'*apporter* ce fait. Dès lors, l'impossibilité d'administrer la preuve peut provenir d'une règle de droit qui empêche l'administration d'une preuve ou de circonstances pratiques qui l'empêchent tout autant.

858. L'équité probatoire doit donc être comprise comme la nécessité d'exclure les impossibilités de prouver qui apparaissent comme autant d'« échec[s] du droit de la preuve »[2921]. Cette exigence d'équité permet d'établir une égalité entre les parties : aucune d'elle ne peut être privée de la faculté d'établir une preuve. Il s'agit, à ce titre, de *la première face de l'équité probatoire* qui exige qu'une partie ne soit pas mise à l'écart dans l'établissement de la preuve. Or, la prohibition de la preuve impossible est renforcée par le fait qu'elle prive le justiciable tant de l'effectivité de ses droits procéduraux que de ses droits substantiels. En ce sens, l'équité probatoire prohibe – tant sur le fondement des droits processuels que sur le fondement des droits substantiels – toute preuve impossible (Section I) bien qu'il demeure dans l'ordre juridique des preuves impossibles (Section II).

[2918] DE LA MARDIERE Christophe, *La preuve en droit fiscal*, Litec, 2009, n°125, p. 48.
[2919] DEBARD Thierry et GUINCHARD Serge, *Lexique des termes juridiques 2017-2018*, V° Présomption irréfragable, Dalloz, 25e éd, 2017.
[2920] DUPICHOT Jacques et GUEVEL Didier, *Contrats et obligations, Présomptions, Notions générales*, JurisClasseur, Lexis Nexis, 2016, n°9.
[2921] BARBIER Hugo, *Quelques évolutions contemporaines du droit de la preuve : chasse ou culture de la preuve diabolique*, Revue Lamy Droit Civil, 2010, n°71, pp. 5-11.

Section I. – La prohibition processuelle et substantielle de la preuve impossible

859. La preuve interdite est la preuve qu'une disposition légale – entendue *lato sensu* – interdit de contredire. Elle suit donc un régime analogue à celui de la présomption irréfragable qui empêche qu'une preuve contraire soit administrée à son encontre. Alors même que l'opposition entre le droit processuel et le droit substantiel se brouille au profit d'une commune garantie du droit à la preuve contraire[2922], il convient de distinguer ces deux fondements distincts de la prohibition de la preuve impossible. *De lege lata*, la prohibition de la preuve impossible est fondée sur le droit processuel qui exige qu'un droit à la preuve contraire soit offert aux justiciables (Sous-Section I). En outre, le droit substantiel ménage la faculté aux justiciables d'administrer certaines preuves contraires (Sous-Section II).

Sous-Section I. – Le droit processuel : fondement général de la prohibition des preuves impossibles

860. Les droits processuels constituent un fondement essentiel (§.1.) de la prohibition des preuves impossibles et des preuves interdites (§.2.).

§.1. – Les droits processuels : fondement essentiel à la prohibition des preuves impossibles

861. Les droits substantiels qui fondent la prohibition des preuves impossibles sont les droits de la défense (A) et le droit à un recours effectif (B).

A/ Les droits de la défense : fondement de la prohibition des preuves impossibles

862. Les droits de la défense constituent un fondement essentiel de la prohibition des preuves impossibles. À ce titre, ces droits – qui découlent, pour certains auteurs[2923], du droit naturel – occupent une place fondamentale dans

---

[2922] Serge GUINCHARD relève ainsi que l'opposition entre droit formel et droit substantiel se brouille dès lors qu'« avoir des droits, c'est disposer des moyens de les faire respecter » (*Vers une démocratie procédurale*, Justices, 1999, n°1, pp. 91-130, spéc. p. 91).

[2923] Bruno OPPETIT relève ainsi que les droits de la défense se situent « dans le champ d'un droit naturel exprimant des règles éternelles et immuables » (OPPETIT Bruno, *Philosophie du droit*, Dalloz, Précis, Droit privé, 1999, p. 117). De même, Henri MOTULSKY expose que les droits de la défense sont « bien (...) une donnée du droit naturel » (MOTULSKY Henri, *Le droit naturel dans la pratique jurisprudentielle : le respect des droits de la défense en procédure civile*, in, *Mélanges Paul ROUBIER*, Dalloz et Sirey, 1961, tome 2, pp. 175-200).
Sur la question du rattachement des droits de la défense au droit naturel : CAPDEPON Yannick, *Essai d'une théorie générale des droits de la défense*, Thèse de doctorat, Bordeaux 4, Dalloz, Nouvelle Bibliothèque de Thèses, Tome 122, 2013, pp. 38-40.

l'équité probatoire. Dans leur acception la plus large les droits de la défense expriment « l'idée qu'il faut assurer et protéger la défense des intérêts des parties »[2924] et exigent d'offrir aux parties des « prérogatives »[2925] qui leur permettent d'assurer une défense effective. En pratique, cette défense passe par la nécessité de ménager aux parties la faculté d'« approuver ou [de] contester une chose, ce qui, en termes juridiques, revient à l'action de soutenir ou de contester »[2926]. Du point de vue de la preuve, les droits de la défense exigent que le justiciable dispose de la faculté de prouver son allégation et de contester celle de son adversaire. En ce sens, Yannick CAPDEPON, dans sa thèse consacrée aux droits de la défense, relève que « Sans droit à la preuve le plaideur n'est pas en mesure de soutenir ou de contester une prétention »[2927]. En d'autres termes, sans droit d'administrer une preuve, le justiciable est irrémédiablement privé du droit de se défendre[2928]. Les droits de la défense s'opposent donc aux situations où le justiciable est privé de la faculté de prouver un fait qui est le soutien de sa prétention.

863. En ce sens, l'importance des droits de la défense est fondamentale en droit de la preuve. Pourtant, à première vue, les droits de la défense sont formellement absents des textes internationaux de référence. La Déclaration universelle des droits de l'Homme, le Pacte international relatif aux droits civils et politiques et la Convention européenne des droits de l'Homme ne contiennent pas l'expression « droits de la défense ». Même l'article 6 de la Convention européenne des droits de l'Homme consacre le « Droit à un procès équitable » sans faire explicitement référence aux droits de la défense. La lecture de l'article 6§1 de la Convention permet de constater l'« absence apparente »[2929] des droits de la défense. Ces droits sont néanmoins explicitement consacrés à l'article 6§3 de la Convention au titre du volet pénal de l'article 6 qui garantit à l'accusé – au point c) de ce même article 6 – le droit de « se défendre lui-même ou avoir l'assistance d'un défenseur de son choix »[2930]. Il faut pourtant se garder d'estimer que la Convention européenne des droits de l'Homme ne garantit les droits de la défense qu'au titre de la

---

[2924] CHAINAIS Cécile, FERRAND Frédérique et GUINCHARD Serge, *Procédure civile*, Dalloz, Hypercours, 4e éd., 2015, n°778, p. 358.
[2925] PRADEL Jean, *Procédure pénale*, Cujas, 13e éd., 2007, p. 387.
[2926] CAPDEPON Yannick, *Essai d'une théorie générale des droits de la défense*, Thèse de doctorat, Bordeaux 4, Dalloz, Nouvelle Bibliothèque de Thèses, Tome 122, 2013, p. 108.
[2927] *Op. cit.*, p. 143.
[2928] BERGERES Maurice-Christian, *Le principe des droits de la défense en droit fiscal*, Thèse de doctorat dact., 1975, pp. 316-326 ; CAPDEPON Yannick, *Essai d'une théorie générale des droits de la défense*, Thèse de doctorat, Bordeaux 4, Dalloz, Nouvelle Bibliothèque de Thèses, Tome 122, 2013, pp. 142-143.
[2929] CAPDEPON Yannick, *Essai d'une théorie générale des droits de la défense*, Thèse de doctorat, Bordeaux 4, Dalloz, Nouvelle Bibliothèque de Thèses, Tome 122, 2013, p. 65.
[2930] L'article 6§3, c) stipule que l'accusé a droit à « se défendre ».

matière pénale[2931] car la Cour de Strasbourg juge que les droits de la défense sont un des « éléments de la notion plus large de procès équitable »[2932]. Or, la Cour européenne des droits de l'Homme a jugé, à plusieurs reprises, en dehors de la sphère pénale, que lorsque les « requérants ont eu la possibilité (...) de présenter les moyens de preuve qu'ils ont estimé nécessaires pour sauvegarder leurs intérêts, (...) les droits de la défense ont été respectés »[2933]. La faculté d'administrer une preuve constitue donc une condition du respect des droits de la défense devant la Cour européenne des droits de l'Homme.

864. Le droit européen présente une remarquable analogie avec le droit de la Convention européenne des droits de l'Homme. La Charte des droits fondamentaux dispose d'un article 48, 2 qui pose que « Le respect des droits de la défense est garanti à tout accusé ». Le défaut de consécration formelle des droits de la défense en dehors du champ pénal ne peut être lu comme un rejet des droits de la défense. À ce titre, le principe des droits de la défense s'applique à l'ensemble des litiges portés devant le juge de l'Union[2934].

865. Dans le même sens, dans l'ordre juridique interne, les droits de la défense ont été érigés par le Conseil constitutionnel[2935] – après avoir été qualifiés de principe fondamental reconnu par les lois de la République[2936] – en principe constitutionnel[2937] dont le fondement est l'article 16 de la Déclaration des droits de l'Homme et du citoyen[2938]. Le principe constitutionnel des droits de la défense s'applique à l'ensemble des procédures juridictionnelles qu'elles soient ou non répressives[2939]. Or, le Conseil constitutionnel lie le respect des

---

[2931] Ce sentiment est accentué par le fait que « c'est en matière pénale que la Cour européenne recours essentiellement aux droits de la défense, l'expression étant très peu présente, voire totalement absente des arrêts relatifs à la matière civile » (CAPDEPON Yannick, *Essai d'une théorie générale des droits de la défense*, Thèse de doctorat, Bordeaux 4, Dalloz, Nouvelle Bibliothèque de Thèses, Tome 122, 2013, p. 65).

[2932] CEDH, 30 octobre 1991, n°12005/86, Borgers c/ Belgique, § 24.

[2933] CEDH, 3 septembre 2013, n°484/08, Radu c/ Roumanie, § 27 ; CEDH, 5 juillet 2001, n°52024/99, Arcuri et autres c/ Italie.

[2934] CJCE, ord., 29 septembre 1983, n°9/81, Cour des comptes c/ Williams : Rec. p. 2859.

[2935] Sur ce point : ROUX Jérôme, *Droit constitutionnel processuel*, JurisClasseur Administratif, Fasc. 1455, Lexis-Nexis, 2016.

[2936] Cons. const., déc. n°76-70 DC, 2 décembre 1976, Loi relative au développement de la prévention des accidents du travail, cons. n°2 : Rec. p. 39.

[2937] Cons. const., déc. n°2002-461 DC, 29 août 2002, Loi d'orientation et de programmation pour la justice, cons. n°23 : Rec. p. 204.

[2938] Cons. const., déc. n°2006-535 DC, 30 mars 2006, Loi pour l'égalité des chances, cons. n°24 : Rec. p. 50.

Le principe fondamental reconnu par les lois de la République garantissant le respect des droits de la défense avait pour fondement le préambule de la Constitution de 1946 (Cons. Const., n°89-260 DC, 28 juillet 1989, Loi relative à la sécurité et à la transparence du marché financier, cons. n°44 : Rec. p. 71).

[2939] Le Conseil constitutionnel a ainsi jugé que le principe des droits de la défense « implique, notamment en matière pénale, l'existence d'une procédure juste et équitable garantissant

droits de la défense à la faculté offerte à chaque partie d'administrer des preuves[2940]. Le principe des droits de la défense est également reconnu par la Cour de cassation qui a jugé que « la défense constitue pour toute personne un droit fondamental à caractère constitutionnel »[2941]. Enfin, le Conseil d'Etat qui a reconnu les droits de la défense sous la forme d'un principe général de procédure[2942] avant de l'ériger en principe général du droit[2943].

866. Les droits de la défense constituent ainsi un fondement général et universellement reconnu de la prohibition des preuves impossibles qui s'impose – sans qu'un quelconque particularisme ne puisse être decelé – en matière fiscale. Or, les droits de la défense ne constituent pas l'unique fondement processuel du droit à la preuve contraire puisque le droit au recours effectif garantit également un tel droit.

B/ Le droit au recours effectif : fondement de la prohibition des preuves impossibles

867. Le droit au recours effectif[2944] – qui assure, notamment[2945], le droit « d'obtenir un jugement sur le fond d'une prétention »[2946] – constitue un fondement idoine à la prohibition des preuves impossibles. Lorsqu'une partie

---

l'équilibre des droits des parties » (Cons. const., déc. n°89-260 DC, 28 juillet 1989, Loi relative à la sécurité et à la transparence du marché financier, consid. 44 : Rec. p. 71).

2940 Cons. const., déc. n°2015-727 DC, 21 janvier 2016, Loi de modernisation de notre système de santé, cons. n°96 : J.O. du 27 janvier 2016, texte n° 2.

2941 Cass., A.P., 30 juin 1995, n°94-20.302 : Bull. A.P., n°4 ; D. 1995, p. 513, concl. Michel JEOL ; D. 1995, p. 513, note Roland DRAGO.

2942 Conseil d'Etat, Ass., 13 décembre 1968, Association syndicale des propriétaires de Champigny-sur-Marne, Comité de défense des intérêts menacés par l'autoroute D6 et Sieur Musso : Rec. p. 645.

2943 Conseil d'Etat, Ass., 31 octobre 1980, Fédération nationale des unions de jeunes avocats et autres : Rec. p. 395 ; RDP 1981, p. 499, concl. Michel FRANC.

2944 Sur ce point : BANDRAC Monique, *L'action en justice, droit fondamental*, in, *Nouveaux juges, nouveaux pouvoirs ?, Mélanges en l'honneur de Roger PERROT*, Dalloz, 1996, pp. 1-17 ; LASCOMBE Michel, VANDENDRIESSCHE Xavier et DE GAUDEMONT Christelle, *Code constitutionnel et des droits fondamentaux 2017*, 6e éd., 2017, p. 278 ; RENOUX Thierry, *Le droit au recours juridictionnel en droit constitutionnel français*, in, *Présence du droit public et des droits de l'homme : mélanges offerts à Jacques VELU*, Bruylant, 1992, pp. 307-324 ; ROUX Jérôme, *Droit constitutionnel processuel*, JurisClasseur Administratif, Lexis Nexis, 2016, n°99.

2945 Le droit au recours effectif exige également « d'obtenir l'exécution des décisions juridictionnelles » (Cons. const., déc. n°2016-741 DC, 8 décembre 2016, Loi relative à la transparence, à la lutte contre la corruption et à la modernisation de la vie économique, cons. n°66 : J.O. du 10 décembre 2016, texte n° 4 ; Cons. const., déc. n°2014-455 QPC, 6 mars 2015, M. Jean de M. [Possibilité de verser une partie de l'astreinte prononcée par le juge administratif au budget de l'État], cons. n°3 : J.O. du 8 mars 2015, p. 4313 ; Constitutions 2015, n°2, pp. 256-259, note Olivier LE BOT).

2946 BANDRAC Monique, *L'action en justice, droit fondamental*, in, *Nouveaux juges, nouveaux pouvoirs ?, Mélanges en l'honneur de Roger PERROT*, Dalloz, 1996, pp. 1-17, spéc. p. 4.

affronte une preuve impossible l'effectivité de son recours est affectée puisqu'elle perd toute faculté de démontrer sa prétention. Dans une telle situation, « le recours offert devient purement théorique »[2947]. En ce sens, il existe une réelle proximité entre le droit au recours effectif et les droits de la défense puisqu'un justiciable qui se voit priver de toute défense est également privé de son droit au recours effectif[2948].

868. Le droit au recours effectif est reconnu en droit de la Convention européenne des droits de l'Homme. La Cour européenne des droits de l'Homme confère au droit au recours effectif[2949] une importance croissante. Ce principe, entendu *lato sensu*, garantit le droit à la justice et peut donc englober certains droits reconnus sur le fondement de l'article 6§1 de la Convention européenne des droits de l'Homme comme le « droit d'accès » à un tribunal[2950] – consacré par l'arrêt Golder c/ Royaume-Uni[2951] – ou le droit à l'exécution des décisions de justice[2952]. Le droit à un recours effectif dispose toutefois d'un fondement spécifique qui se trouve à l'article 13 de la Convention. Il stipule – dans la lignée des articles 8 de la Déclaration

---

[2947] CAIRE Anne-Blandine, *Relecture des présomptions à la lumière du droit européen des droits de l'Homme*, Thèse de doctorat, Limoges, Pedone, 2012, p. 346.

[2948] Cons. const., déc. n°2010-15/23 QPC, 23 juillet 2010, Région Languedoc-Roussillon et autres [Article 575 du code de procédure pénale], cons. n°8 : Rec. p. 161.

[2949] Sur ce point : BANDRAC Monique, *L'action en justice, droit fondamental*, in, *Nouveaux juges, nouveaux pouvoirs ?*, in, *Mélanges en l'honneur de Roger PERROT*, Dalloz, 1996, pp. 1-17 ; COUVEINHES MATSUMOTO Florian, *L'effectivité en droit international*, Thèse de doctorat, Bruylant, 2014, n°203, pp. 206-209 ; DE BRUYN Donatienne, *Le droit à un recours effectif*, in, *Les droits de l'homme au seuil du troisième millénaire : Mélanges en hommage à Pierre LAMBERT*, Bruylant, 2000, pp. 185-205 ; DELAUNAY Benoît, *Le droit au juge et à un recours effectif selon la Convention européenne de sauvegarde des droits de l'Homme et des libertés fondamentales (article 13)*, in, *L'exécution des décisions de l'administration et des juridictions administratives*, Journées juridiques et administratives franco-croates, 8e année, 22 et 23 septembre 2014, disponible à l'adresse suivante : hrcak.srce.hr/file/203569 ; SINKONDO Marcel, *Le fabuleux destin de l'article 13 de la CEDH et les suites heureuses pour les garanties individuelles*, RRJ 2005, n°1, pp. 251-282 ; RENUCCI Jean-François, *Droit européen des droits de l'homme, Droits et libertés fondamentaux garantis par la CEDH*, LGDJ, 7e éd., 2017, pp. 409-414.

[2950] Toutefois, le droit d'accès à un tribunal n'intéresse pas l'impossibilité d'administrer une preuve dès lors qu'une preuve impossible n'entrave pas la faculté offerte au justiciable de saisir effectivement un juge (CAIRE Anne-Blandine, *Relecture des présomptions à la lumière du droit européen des droits de l'Homme*, Thèse de doctorat, Limoges, Pedone, 2012, p. 345).

[2951] CEDH, 21 février 1975, n°4451/70, Golder c/ Royaume-Uni, § 36.

[2952] CEDH, 19 mars 1997, n°18357/91, Hornsby c/ Grèce, § 40 : AJDA 1997, p. 977, chron. Jean-François FLAUSS ; D. 1998, p. 74, note Natalie FRICERO; RTD Civ. 1997, p. 1009, obs. Jean-Pierre MARGUENAUD ; Revue générale de droit international public (RGDIP) 1998.230, obs. Jean-François FLAUSS ; JCP 1997, II, 22949, note Olivier DUGRIP et Frédéric SUDRE.

universelle des droits de l'Homme[2953] et 2, 3, a) à c) du Pacte international relatif aux droits civils et politiques[2954] – que « Toute personne dont les droits et libertés reconnus dans la présente Convention ont été violés, a droit à l'octroi d'un recours effectif devant une instance nationale ». Cette stipulation peut être invoquée dès que le justiciable « allègue une violation de ses droits et libertés protégés par la Convention »[2955] sans qu'il soit nécessaire qu'une violation soit effectivement constatée[2956]. Elle contraint les Etats parties à la Convention à offrir à tout individu s'estimant lésé par une mesure prétendument contraire à la Convention « ait eu la possibilité de faire examiner son grief par une instance nationale et que celle-ci ait été en mesure d'en examiner le bien-fondé »[2957]. Si cette stipulation n'exige « pas qu'un requérant doit avoir obtenu satisfaction »[2958], ce dernier doit disposer d'un recours lui offrant une réelle faculté de présenter sa cause. Or, la Cour de Strasbourg a jugé que l'impossibilité d'établir en justice une prétention méconnaît la garantie offerte par cet article 13 de la Convention[2959].

869. Cette exigence d'effectivité dépasse même le champ de l'article 13 de la Convention européenne des droits de l'Homme. Devant la Cour de Strasbourg, « l'objectif général de l'effet utile ou de l'effectivité des droits garantis dirige de manière systématique l'interprétation de la Convention »[2960]. À ce titre, l'exigence d'effectivité est transversale car ce principe d'effectivité est « inhérent à tout le système de la Convention »[2961]. La Cour a rappelé, sans cesse, qu'elle cherche à protéger des droits non pas théoriques ou illusoires, mais des droits « concrets et effectifs »[2962]. À ce titre, la Cour a pu condamner le défaut d'effectivité d'un recours sur le fondement du 5ème alinéa de l'article 5 de la Convention européenne des droits de l'Homme[2963] ou encore sur le fondement de l'article 3 de cette même

---

[2953] Cet article est ainsi rédigé : « Toute personne a droit à un recours effectif devant les juridictions nationales compétentes contre les actes violant les droits fondamentaux qui lui sont reconnus par la constitution ou par la loi ».

[2954] L'article 2, 3, a) utilise le terme « utile » et non « effectif ». Sur ce fondement, le Comité des droits de l'Homme, dans une affaire Anthony Currie c/ Jamaïque (Comité des droits de l'Homme, 29 mars 1994, n°377/1989, Anthony Currie c/ Jamaïque), a exigé l'effectivité du recours devant une Cour constitutionnelle en matière de droits fondamentaux.

[2955] CEDH, 6 septembre 1978, n°5029/71, Klass et autres c/ Allemagne, § 64.

[2956] GUINCHARD Serge, *Procès équitable*, Répertoire de procédure civile, Dalloz, 2017, n°16.

[2957] RENUCCI Jean-François, *Droit européen des droits de l'homme, Droits et libertés fondamentaux garantis par la CEDH*, LGDJ, 7e éd., 2017, p. 412.

[2958] CEDH, 19 décembre 2006, n°34043/02, Mattei c/ France, § 46.

[2959] CEDH, Gde ch., 10 mai 2001, n°28945/95, T.P. et K.M. c/ Royaume-Uni, § 110 : JCP 2001, I, 342, chron. Frédéric SUDRE.

[2960] COUVEINHES MATSUMOTO Florian, *L'effectivité en droit international*, Thèse de doctorat, Bruylant, Collection Jus Gentium, Bruxelles, 2014, n°203, p. 206.

[2961] CEDH, 17 juin 2004, n°58278/00, Zdanoka c/ Lettonie, § 82.

[2962] CEDH, 9 octobre 1979, n°6289/73, Airey c/ Irlande, § 24.

[2963] CEDH, 2 septembre 2010, n°9411/05, Danev c/ Bulgarie, § 35.

Convention[2964]. Ces stipulations offrent ainsi un relai à l'exigence fondamentale d'effectivité des recours qui est de nature à prohiber les preuves impossibles.

870. Ce droit à l'effectivité des recours est également garanti par le droit européen[2965]. L'article 47 de la Charte des droits fondamentaux garantit un droit au recours effectif à « Toute personne dont les droits et libertés garantis par le droit de l'Union ont été violés »[2966]. Avant l'entrée en vigueur de cette Charte, le principe d'effectivité a été forgé par la Cour de justice qui l'a consacré afin de garantir l'effectivité du « contrôle juridictionnel (…) [qui] est l'expression d'un principe général de droit qui se trouve à la base des traditions constitutionnelles communes aux Etats membres »[2967]. Ce principe – qui constitue une limite à l'autonomie procédurale des Etats membres[2968] – permet d'assurer la primauté du droit européen car il incombe aux juges des Etats membres de « protéger les droits conférés aux particuliers par le droit communautaire »[2969]. À ce titre, le principe d'effectivité des recours juridictionnels vise toute mesure nationale qui rend « en pratique impossible l'exercice de droits que les juridictions nationales ont l'obligation de sauvegarder »[2970]. L'impossibilité d'administrer une preuve heurte ainsi le droit à l'effectivité des recours juridictionnels garanti par le droit de l'Union européenne. Ce droit au recours effectif – constamment réaffirmé par la Cour[2971] – s'impose à l'ensemble des juridictions sans que la matière fiscale ne présente un quelconque particularisme en la matière[2972].

[2964] CEDH, 25 janvier 2011, n°38427/05, Elefteriadis c/ Roumanie, §§ 54-55 : D. 2011, p. 1306, obs. Jean-Paul CERE, Martine HERZOG-EVANS et Eric PECHILLON ; RSC 2011, p. 705, note Jean-Pierre MARGUENAUD ; RFDA 2012, p. 455, chron. Henri LABAYLE, Frédéric SUDRE, Xavier DUPRE DE BOULOIS, Laure MILANO.

[2965] Sur ce point : COUVEINHES MATSUMOTO Florian, *L'effectivité en droit international*, Thèse de doctorat, Paris 2, Bruylant, Collection Jus Gentium, Bruxelles, 2014, pp. 210-212 ; DUTHEIL DE LA ROCHERE Jacqueline, *Droit au juge, accès à la justice européenne*, Pouvoirs 2001, n°96, pp. 123-141 ; FARTUNOVA Maria, *La preuve dans le droit de l'Union européenne*, Thèse de doctorat, Paris 2, Bruylant, 2013, p. 153 ; GIRERD Pascal, *Les principes d'équivalence et d'effectivité : encadrement ou désencadrement de l'autonomie procédurale des Etats membres ?*, RTD Eur. 2002, n°1, pp. 75-102 ; WATHELET Melchior et WILDEMEERSCH Jonathan, *Contentieux européen*, Larcier, Bruxelles, 2014, p. 26.

[2966] Art. 47, al. 1er de la Charte des droits fondamentaux.

[2967] CJCE, 15 mai 1986, n°C-222/84, Johnston, pt. 18 : Rec. p. 1651.

[2968] CJCE, 15 décembre 1971, n°C-51/71, International Fruit Company : Rec. p. 1107. Sur ce point, V° COURONNE Vincent, *L'autonomie procédurale des États membres de l'Union européenne à l'épreuve du temps*, Cahiers de droit européen 2010, n°3/4, pp. 273-309, spéc. pp. 282-283.

[2969] CJCE, 9 mars 1978, n°C-106/77, Simmenthal, pt. 16 : Rec. p. 629.

[2970] CJCE, 16 décembre 1976, n°33/76 et 45/76, Rewe et Comet : Rec p. 1989 et p. 2043.

[2971] CJUE, 14 janvier 2010, n°C-233/08, Kyrian, pt. 62 : Rec. p. I-177 ; CJCE, 27 mars 1980, n°61/79, Denkavit italiana : Rec. p. 1205.

[2972] Conseil d'Etat, 8e et 3e s.-s., 10 décembre 2012, n°317075 : Dr. fisc. 2013, n°1, act. 1, Aperçu rapide par Olivier FOUQUET ; Dr. fisc. 2013, n°10, comm. 184, concl. Nathalie

871. Ce droit au recours effectif présente, dans l'ordre juridique interne, une véritable analogie avec le principe européen d'effectivité. Bien que le droit à un recours effectif ne soit pas directement inscrit dans les normes de valeur constitutionnelle, il a été, après avoir été identifié par la doctrine[2973], consacré par le Conseil constitutionnel sur le fondement de la garantie des droits de l'article 16 de la Déclaration des droits de l'Homme et du citoyen[2974]. Ce droit – également reconnu par le juge administratif[2975] sans que le juge judiciaire n'ait, pour l'heure, consacré un principe en la matière – exige qu'il ne soit pas « porté d'atteintes substantielles au droit des personnes intéressées d'exercer »[2976] un recours. Sur ce fondement, le Conseil constitutionnel s'assure de l'effectivité réelle du recours offert aux justiciables. En ce sens, constitue une atteinte à l'exercice effectif d'un recours le fait, pour le législateur, de ne prévoir aucun recours[2977] ou le fait pour les personnes titulaires d'un recours de ne pas être « effectivement mises à même d'exercer ce recours »[2978] en raison du silence de la loi sur les conditions d'exercice d'un tel recours ou de ne pas être avisée de l'existence même de ce recours[2979]. La matière fiscale ne présente, une nouvelle fois, aucun particularisme, le Conseil constitutionnel ayant jugé que le silence de la loi relatif aux modalités de recouvrement d'une imposition contraire au droit au recours effectif[2980]. À notre sens, la garantie interne du droit au recours effectif est de nature à prohiber une preuve impossible car elle prive irrémédiablement le justiciable du droit de disposer d'un recours effectif.

872. Conclusion du §.1. – Les droits processuels constituent un fondement général à la prohibition des preuves impossibles. Les droits de la défense et le

---

ESCAUT et comm. Jean-Luc PIERRE ; RJF 02/13, n°161, BDCF 02/13 n°161, concl. Nathalie ESCAUT.

2973 FAVOREU Louis, *Résurgence de la notion de déni de justice et droit au juge*, in, *Liber amicorum Jean WALINE*, Dalloz 2012, pp. 513-521.

2974 Cons. const., déc. n°99-416 DC, 23 juillet 1999, Loi portant création d'une couverture maladie universelle, cons. n°38 : Rec. p. 100 ; Cons. const., déc. n°93-325 DC, 13 août 1993, Loi relative à la maîtrise de l'immigration et aux conditions d'entrée, d'accueil et de séjour des étrangers en France, cons. n°3 : Rec. p. 224.

2975 Conseil d'Etat, 10e et 9e s.-s., Avis, 6 mai 2009, n°322713, M. Jafor Khan : Rec. p. 187.

2976 Cons. const., déc. n°99-416 DC, 23 juillet 1999, Loi portant création d'une couverture maladie universelle, cons. n°38 : Rec. p. 100.

2977 Cons. const., déc. n°2011-208 QPC, 13 janvier 2012, Consorts B. [Confiscation de marchandises saisies en douane], cons. n°6 : Rec. p. 75.

2978 Cons. const., déc. n°2012-268 QPC, 27 juillet 2012, Mme Annie M. [Recours contre l'arrêté d'admission en qualité de pupille de l'État], cons. n°9 : Rec. p. 441.

2979 Cons. const., 13 janv. 2012, n°2012-208 QPC, Cts B. [Confiscation de marchandises saisies en douane], cons. n°6 : Rec. p. 75.

2980 Cons. const., déc. n°2012-298 QPC, 28 mars 2013, SARL Majestic Champagne [Taxe additionnelle à la contribution sur la valeur ajoutée des entreprises - Modalités de recouvrement], cons. n°6 : Rec. p. 513 ; Dr. fisc. 2013, n° 22, comm. 302, comm. Christophe DE LA MARDIERE ; Procédures 2013, n° 6, comm. 206, comm. Ludovic AYRAULT.

droit au recours effectif offrent, par leur généralité, un fondement propice à la prohibition des preuves impossibles. Tout justiciable doit pouvoir bénéficier d'une faculté d'administrer une preuve. Ces fondements offrent un moyen efficace de lutter contre l'ensemble des preuves impossibles qui peuvent apparaître au cours d'un litige.

§.2. – Les droits processuels : fondement effectif à la prohibition des preuves impossibles

873. À première vue, rien ne distingue la preuve impossible de la preuve interdite puisqu'en définitive, le justiciable est incapable de rapporter une preuve. Il est pourtant possible de distinguer ces deux concepts. L'interdiction de prouver se limite au cas où une règle légale – entendue lato sensu – prive le justiciable de la faculté d'apporter une preuve. En revanche, l'impossibilité de prouver est plus large : elle englobe la preuve interdite mais s'entend également des cas où le justiciable ne peut pour des raisons matérielles ou en raison de l'attitude du juge apporter une preuve. Dans un tel cas, la preuve n'est pas alors réellement interdite – puisqu'aucune disposition ne s'y oppose – mais elle devient impossible. Or, les droits processuels offrent un fondement effectif à la prohibition des preuves interdites (A) et des preuves impossibles ou excessivement difficiles (B).

A/ La prohibition effective des preuves interdites

874. La prohibition des preuves interdites s'entend des interdictions légales de prouver un fait (1) et des présomptions irréfragables (2).

1/ La prohibition des interdictions de prouver

875. Les droits processuels offrent un fondement à la prohibition des interdictions de prouver. L'existence de ces preuves interdites est difficile à recenser. En droit fiscal[2981], il est possible de relever l'article 168 du Code général des impôts – dans sa version antérieure à la loi de finances pour 1987[2982] – qui interdisait au contribuable de prouver que les revenus forfaitairement évalués proviennent de son capital ou d'emprunts. De même, l'article 180 du Code général des impôts – qui prévoyait la taxation d'office d'après les dépenses ostensibles ou notoires – interdisait – avant son

[2981] Sur ce point : DE LA MARDIERE Christophe, *La preuve en droit fiscal*, Litec, 2009, pp. 52-55.

[2982] L'article 82 de la loi n° 86-1317 du 30 décembre 1986 de finances pour 1987 (J.O. du 31 décembre 1986, p. 15820) a complété l'article 168 du Code général des impôts par la disposition suivante : « Le contribuable peut apporter la preuve que ses revenus ou l'utilisation de son capital ou les emprunts qu'il a contractés lui ont permis d'assurer son train de vie ».

abrogation par la loi de finances pour 1987[2983] – au contribuable de rapporter une preuve contraire. Ces dispositions étaient, à notre sens, contraires aux droits de la défense et au droit au recours effectif. Il demeure toutefois, en droit fiscal, quelques preuves interdites comme l'interdiction de prouver, en matière de taxe d'habitation, son état d'indigence[2984], l'interdiction d'invoquer en réponse à une demande de justifications des opérations portant sur des biens dont l'identité du propriétaire est anonyme[2985]. À notre sens, ces interdictions de prouver devraient être considérées comme contraires aux droits processuels et sont condamnables à ce titre.

876. En ce sens, la matière répressive atteste de la portée particulière des droits processuels face aux preuves interdites. En cette matière, les droits de la défense – dont l'importance est soulignée par une doctrine unanime[2986] – constituent le fondement le plus évoqué de cette prohibition. Toute personne mise en cause doit pouvoir « faire valoir en justice tous les éléments utiles à la reconnaissance de son innocence »[2987]. La faculté d'administrer une preuve contraire constitue donc une garantie essentielle en cette matière[2988]. Toutefois, cette garantie ne présente pas de particularisme puisque le droit d'administrer une preuve n'est pas plus poussé en matière répressive qu'en dehors de ce champ.

877. Seule la gravité de l'enjeu des litiges rend l'interdiction des preuves interdites essentiel. En ce sens, les juridictions internes et européennes attestent d'une attention particulière à la préservation du droit d'administrer

---

2983 L'article 82 de la loi n° 86-1317 du 30 décembre 1986 de finances pour 1987 (J.O. du 31 décembre 1986, p. 15820) a abrogé l'article L. 71 du Livre des procédures fiscales.

2984 Art. 1408, II, 2° du Code général des impôts.

2985 Art. L. 16, al. 3 du Livre des procédures fiscales.

2986 Sur ce point : ALLEHAUT Maurice, *Les droits de la défense*, in, *La Chambre criminelle et sa jurisprudence, Recueil d'études en hommage à la mémoire de Maurice PATIN*, Cujas, 1966, pp. 453-601 ; BOLZE Pierre, *Le droit à la preuve contraire en procédure pénale*, thèse de doctorat dact., Nancy, 2010 ; FOROWICZ Magdalena, LAMBERT ABDELGAWAD Elisabeth et SEVINC Inan (dir.), *La défense des requérants devant la Cour européenne des droits de l'homme*, Nemesis et Anthémis, Bruxelles 2012 ; FRISON-ROCHE Marie-Anne, *Les droits de la défense en matière pénale*, in *Droits et libertés fondamentaux*, Dalloz, 8e éd., 2002, pp. 539-559 ; LUCIANI-MIEN Dominique, *L'effectivité des droits de la défense en procédure pénale*, Thèse de doctorat dact., Paris 2, 2006 ; PIN Xavier, *La défense devant les juridictions de jugement*, in, *La défense pénale*, Actes du XIXème congrès de l'Association Française de Droit Pénal, Revue pénitentiaire et de droit pénal 2010, numéro spécial, pp. 153-164 ; PRADEL Jean, *Défense pénale et régime de procédure*, in, *La défense pénale*, Actes du XIXème congrès de l'Association Française de Droit Pénal, Revue pénitentiaire et de droit pénal 2010, numéro spécial, pp. 31-38 ; SAINT-PIERRE François, *La nature juridique des droits de la défense dans le procès pénal*, D. 2007, pp. 260-266 ; SOURZAT Claire, *Les droits de la défense*, Dr. pén. 2011, n°9, pp. 28-30.

2987 BOLZE Pierre, *Le droit à la preuve contraire en procédure pénale*, Thèse de doctorat dact., Nancy, 2010, p. 196.

2988 *Op. cit.*, p. 359.

une preuve contraire. La qualification pénale de diffamation en livre une intéressante illustration. En cette matière, tant la Cour européenne des droits de l'Homme[2989], que le Conseil constitutionnel[2990] et la Chambre criminelle de la Cour de cassation[2991] exigent que soit ménagée, au profit de l'accusé, la possibilité de rapporter la preuve de l'*exceptio veritatis*[2992]. Il s'agit de ménager un droit à la preuve contraire qui permette d'établir la véracité de propos jugés diffamatoires.

878. En la matière, le droit pénal fiscal ne présente aucun particularisme. Il est ainsi revenu à la Chambre criminelle de la Cour de cassation de juger de la conventionnalité des alinéas 2 et 3 de l'article L. 238 du Livre des procédures fiscales relatifs à la faculté de rapporter la preuve contraire de certains procès-

---

[2989] Par l'arrêt Colombani c/ France (CEDH, 25 juin 2002, n°51279/99, Colombani c/ France : Rec. 2002-V ; LPA 2002, n°223, pp. 13-22, note Emmanuel DERIEUX ; D. 2003, p. 715, note Bernard BEIGNIER et Bertrand DE LAMY ; JCP G 2003, n°36, pp. 1525-1528, note Laurent PECH ; D. 2002, p. 2571, note Jean-François RENUCCI), la Cour européenne des droits de l'Homme a jugé contraire à l'article 10 de la Convention européenne des droits de l'Homme, l'accusation d'offense à un chef d'Etat étranger dans un cas où le prévenu ne pouvait effectivement rapporter la preuve de ses propos qualifiés de diffamatoire. En l'espèce, l'impossibilité de rapporter la preuve de l'*exceptio veritatis* constitue « le point essentiel car il caractérise la disproportion de l'ingérence par rapport au but recherché » (RENUCCI Jean-François, *Primauté de la liberté d'expression par rapport au délit d'offense publique à chef d'Etat étranger*, D. 2002, p. 2571).

[2990] Cons. const., déc. n°2011-131 QPC, 20 mai 2011, Mme Térésa C. et autre : Rec. p. 244 ; D. 2012, p. 771, note Emmanuel DREYER ; RTDH 2012, n°89, pp. 201-214, note Nathalie DROIN ; Revue française de droit constitutionnel, 2012, n°89, pp. 163-165, note Jean-Baptiste PERRIER ; Constitutions 2011, n°3, pp. 388-395, note Diane de BELLESCIZE et Constitutions 2011, n°4, pp. 537-540, note Audrey DARSONVILLE ; Dr. pén. 2011, n°7-8, pp. 47-48, note Michel VERON ; Gaz. Pal. 2011, n°163-167, pp. 12-13, note François FOURMENT ; RSC 2011, n°2, pp. 401-403, note Yves MAYAUD (Décision relative à l'interdiction de prouver la vérité des faits – l'*exceptio veritatis* – opposée aux prévenus poursuivis pour diffamation lorsque les faits diffamatoires sont vieux de dix ans. En l'espèce, le Conseil constitutionnel juge l'interdiction disproportionnée et donc contraire à l'article 11 de la Déclaration des droits de l'Homme et du citoyen) ; Cons. const., déc. n°2013-319 QPC, 7 juin 2013, M. Philippe B. : Rec. p. 814 ; RFDC 2013, n°96, pp. 982-986, note Kelly PICARD ; Revue pénitentiaire et de droit pénal 2013, n°3, pp. 648-650, note Philippe CONTE ; Constitutions 2013, n°2, pp. 248-252, note Diane de BELLESCIZE ; RSC 2013, n°3, pp. 574-576, note Jacques FRANCILLON (Décision relative à l'interdiction de prouver opposée aux prévenus poursuivis pour diffamation lorsque les faits litigieux portent sur « une infraction amnistiée ou prescrite ». Une telle interdiction de prouver est jugée disproportionnée par le Conseil constitutionnel sur le fondement de l'article 11 de la Déclaration des droits de l'Homme et du citoyen).

[2991] Cass. crim., 3 novembre 2015, n°14-83.415 : Dr. pén. 2016, n°1, comm. 8, note Philippe CONTE.

[2992] Depuis ces décisions, l'article 1 de la loi n°2010-1 du 4 janvier 2010 relative à la protection du secret des sources des journalistes a créé, au sein de la loi du 29 juillet 1881 sur la liberté de la presse, un article 35 qui dispose que « Le prévenu peut produire pour les nécessités de sa défense, sans que cette production puisse donner lieu à des poursuites pour recel, des éléments provenant d'une violation du secret de l'enquête ou de l'instruction ou de tout autre secret professionnel s'ils sont de nature à établir sa bonne foi ou la vérité des faits diffamatoires ».

verbaux qui est soumise à l'autorisation du juge. Cette disposition[2993] est issue de l'article 24 de la loi du 30 décembre 1903[2994] qui dispose que « Si le prévenu demande à faire cette preuve, le tribunal renverra la cause à quinzaine au moins ». Or, la version codifiée par décret de ce texte dispose que « Lorsque le tribunal accepte la demande, il reporte l'examen de l'affaire en la renvoyant à au moins quinze jours ». La codification étant irrégulière – une loi ne pouvant être modifiée par un décret – le juge aurait dû appliquer la disposition légale qui ne porte pas, à notre sens, atteinte aux droits de la défense. Toutefois, un justiciable a saisi le Conseil constitutionnel de cette disposition par la voie d'une question prioritaire de constitutionnalité. En raison de la nature réglementaire de la disposition, le Conseil constitutionnel n'a pu en juger[2995]. La Chambre criminelle s'est alors fondée sur le terrain conventionnel et a jugé, par un arrêt du 8 janvier 2014[2996], que les alinéas 2 et 3 de l'article L. 238 du Livre des procédures fiscales « qui subordonnent à une autorisation du juge le droit, pour le prévenu, d'apporter la preuve contraire des faits constatés dans un procès-verbal, méconnaissent le principe du respect des droits de la défense ». Cet arrêt atteste que toute disposition qui interdit au prévenu d'administrer la preuve se heurte aux droits de la défense. La matière fiscale ne présente, en ce sens, aucun particularisme au regard du droit pénal général.

879. En somme, les droits processuels offrent, par leur caractère universel, un fondement propice à la prohibition des preuves interdites. Toute disposition qui interdit à une partie de rapporter la preuve de son allégation le prive de sa défense. La matière répressive ne présente, en la matière, aucun particularisme puisque tant en cette matière qu'en dehors, les preuves interdites sont prohibées. Or, les droits processuels constituent également le fondement d'une prohibition des présomptions irréfragables.

2/ La prohibition des présomptions irréfragables

880. Les présomptions peuvent constituer des preuves interdites lorsqu'elles privent le justiciable d'administrer une preuve contraire. Elles sont nommées *présomptions irréfragables* car elles ne peuvent être effectivement renversées.

2993 Sur ce point : AYRAULT Ludovic, *Droit fiscal européen des droits de l'homme : chronique de l'année 2014*, Dr. fisc. 2015, n°9, 180, spéc. n°5.

2994 Loi du 30 décembre 1903 portant fixation du budget général des dépenses et des recettes de l'exercice 1904 : Rec. Duvergier, p. 516.

2995 Cons. const., déc. n°2011-152 QPC, 22 juillet 2011, M. Claude C. : Rec. p. 381 ; Dr. pén. 2011, n°12, chron. 8, obs. Stéphane DETRAZ.

2996 Cass. crim., 8 janvier 2014, n°12-88.326 : Bull. crim., n°3 ; D. 2014, p. 464, note Stéphane DETRAZ ; Dr. pén. 2014, n°3, comm. 45, comm. Jacques-Henri ROBERT ; Revue pénitentiaire et de droit pénal 2014, n°1, pp. 91-95, note Jacques-Henri ROBERT ; Dr. fisc. 2014, n°19, 297, Et. Renaud SALOMON ; JCP E 2014, n°43, pp. 49-54, note Renaud SALOMON ; D. 2014, p. 407, note Etienne VERGES.

Une présomption doit pouvoir être renversée pour constituer une « présomption équitable »[2997]. La matière répressive atteste – bien que les droits processuels soient garantis à tout justiciable – de la nécessité d'offrir la faculté de renverser les présomptions. En somme, les présomptions de culpabilité sont admises en matière répressive (i), à la condition qu'elles puissent être renversées (ii).

i/ L'admission des présomptions de culpabilité en matière répressive

881. En dépit de l'importance fondamentale de la présomption d'innocence[2998], les présomptions de culpabilité sont largement admises en matière répressive[2999]. Admettre les présomptions en cette matière conduit à faire peser sur l'accusé la preuve de son innocence – à condition que les conditions requises pour présumer de la culpabilité de l'accusé soient réunies. À ce titre, le Conseil constitutionnel juge, en se fondant sur de l'article 9 de la Déclaration des droits de l'Homme et du citoyen, « qu'en principe le législateur ne saurait instituer de présomption de culpabilité en matière répressive »[3000] mais ajoute qu'« à titre exceptionnel, de telles présomptions peuvent être établies, notamment en matière contraventionnelle, dès lors qu'elles ne revêtent pas de caractère irréfragable »[3001]. Cette solution de principe signifie

[2997] CAIRE Anne-Blandine, *Relecture des présomptions à la lumière du droit européen des droits de l'Homme*, Thèse de doctorat, Limoges, Pedone, 2012, p. 352.

[2998] La présomption d'innocence est inscrite à l'article 9 de la Déclaration des droits de l'Homme et du citoyen, à l'article 6§2, de la Convention européenne des droits de l'homme, l'article 48, 1 de la Charte des droits fondamentaux de l'Union européenne, mais aussi de l'article 9-1 du Code civil et enfin de l'article préliminaire (III) du Code de procédure pénale.

[2999] Sur ce point : BUISSON Jacques, *Preuve*, Répertoire de droit pénal et de procédure pénale, Dalloz, 2016, n°26-40 ; CAIRE Anne-Blandine, *Relecture des présomptions à la lumière du droit européen des droits de l'Homme*, Thèse de doctorat, Limoges, Pedone, 2012, pp. 272-287 ; CUYKENS Sophie, HOLZAPFEL Damien et KENNES Laurent, *La preuve en matière pénale*, Larcier, Bruxelles, 2015 ; HECQUET Virginie, *Les présomptions de responsabilité en droit pénal*, Thèse de doctorat micro-fichée, Lille 2, 2006 ; SUDRE Frédéric, *Droit européen et international des droits de l'homme*, PUF, Collection droit fondamental, 13e éd., 2016, p. 626 ; TOURNIER Clara, *L'intime conviction du juge*, Thèse de doctorat, Toulon, PUAM, 2003, pp. 196-197 ; VAN DE KERCHOVE Michel, *La preuve en matière pénale dans la jurisprudence de la Cour et de la Commission européenne des droits de l'homme*, RSC 1992, pp. 1-14.

[3000] Cons. const., déc. n°99-411 DC du 16 juin 1999, Loi portant diverses mesures relatives à la sécurité routière et aux infractions sur les agents des exploitants de réseau de transport public de voyageurs, cons. n°5 : Rec. p. 75 ; D. 1999, n°27, pp. 1-2, note Bertrand MATHIEU ; D. 1999, p. 589, note Yves MAYAUD ; JCP G, 1999, I, pp. 201 et svtes, Etude Bertrand MATHIEU et Michel VERPEAUX ; RFP 1999, n°5, pp. 1283-1298, note François LUCHAIRE ; Revue Française de Droit Constitutionnel 1999, n°39, pp. 587-594, note Stéphan SCIORTINO-BAYART ; AJDA 1999, p. 694, note Jean-Éric SCHOETTL ; Procédures 1999, n°12, pp. 3-4, note Jacques BUISSON ; Revue administrative 2001, n°319, pp. 21-29, note Philippe BLACHER ; Revue administrative 2005, n°343, pp. 44-48, note Véronique GIMENO-CABRERA.

[3001] Cons. const., déc. n°99-411 DC, 16 juin 1999, préc., cons. n°5.

que les présomptions simples – ou réfragables – de culpabilité sont admises en matière pénale sans que l'admission de telles présomptions ne soit limitée à la matière contraventionnelle. En ce sens, il n'est pas rare de trouver, en matière délictuelle, tant au sein du Code pénal que du Code des douanes de telles présomptions. Ces dispositions légales présument tant l'existence de l'élément matériel – comme en cas de saisie dans un rayon douanier de marchandises prohibées sans titre de circulation[3002] – que de l'élément moral de l'infraction – pour les personnes présumées intéressées à la fraude en matière de délit de contrebande ou de délit d'importation ou d'exportation sans déclaration[3003].

882. En cette matière, le droit de la Convention européenne dispose d'une approche analogue à celle retenue par le Conseil constitutionnel. Elle a jugé[3004], dans l'arrêt Salabiaku c/ France, que le principe de présomption d'innocence posé par l'article 6§2 de la Convention européenne des droits de l'Homme « ne se désintéresse (…) pas des présomptions de fait ou de droit qui se rencontrent dans les lois répressives »[3005]. Le contrôle des présomptions pénales est fondé sur un contrôle de la proportionnalité de ces présomptions car « en matière pénale elle oblige les Etats contractants à ne pas dépasser à cet égard un certain seuil »[3006]. En ce sens, les Etats sont tenus d'« enserrer [les présomptions] dans des limites raisonnables prenant en compte la gravité de l'enjeu et préservant les droits de la défense »[3007].

883. Cette position de principe est également reprise par la Chambre criminelle de la Cour de cassation qui, sur le fondement de l'article 6§2 de la Convention européenne des droits de l'Homme, contrôle la conventionnalité des présomptions en matière répressive. Elle s'assure que les présomptions « réservent la possibilité d'une preuve contraire et laissent entiers les droits de la défense »[3008].

884. Seule la Cour de justice de l'Union européenne n'a pas explicitement formulé de principe en la matière. Certains arrêts laissent tout de même entrevoir la solution qui pourrait être retenue par la Cour de Luxembourg. En

---

[3002] Art. 418 du Code des douanes.

[3003] Art. 399 du Code des douanes.

[3004] Cette affaire a été précédée d'arrêts de la Commission européenne des droits de l'Homme qui ont été rendus dans le même sens (Comm. EDH, 5 octobre 1988, n°11941/86, G. c/ France ; Comm. EDH, 19 juillet 1972, n°5124/71, X c/ Royaume-Uni).

[3005] CEDH, 7 octobre 1988, Salabiaku c/ France, n°10519/83, § 28 (Code des douanes) ; CEDH, 25 septembre 1992, Pham Hoang c/ France, n°13191/87, §§32-36 (Code des douanes).

[3006] CEDH, 7 octobre 1988, Salabiaku c/ France, n°10519/83, § 28.

[3007] CEDH, 7 octobre 1988, Salabiaku c/ France, n°10519/83, § 28.

[3008] Un grand nombre d'arrêts de la Chambre criminelle de la Cour de cassation rappelle cette exigence : Cass. crim., 4 octobre 2006, n°05-86.734, Inédit ; Cass. crim., 17 décembre 1990, n°90-83.293 : Dr. pén. 1991, n°145, obs. Jacques-Henri ROBERT.

droit européen[3009], la présomption d'innocence – qui constitue également un principe général de l'Union[3010] – est protégée par l'article 48 de la Charte des droits fondamentaux qui proclame que « Tout accusé est présumé innocent jusqu'à ce que sa culpabilité ait été légalement établie ». Le droit dérivé de l'Union européenne manifeste également une volonté d'harmoniser les règles procédurales relatives à ce principe[3011]. Or, la Cour de justice de l'Union européenne a jugé que la présomption d'innocence n'est pas de nature à écarter une présomption établie par l'autorité publique qui doit être combattue par le justiciable[3012]. Logiquement, une présomption établie par la loi en matière répressive devrait être également admise et il y a fort à parier que la Cour de justice retienne, en la matière, une solution analogue à celle retenue par la Cour européenne des droits de l'Homme en identifiant un droit correspondant comme le prévoit l'article 52,3 de la Charte des droits fondamentaux.

885. Il apparaît, en somme, que les juges admettent, par principe, les présomptions de culpabilité en matière répressive. Le critère de leur admissibilité réside dans la préservation des droits de la défense du justiciable.

ii/ Les droits de la défense : fondement de l'admissibilité des présomptions en matière répressive

886. Le critère d'admissibilité des présomptions répressives réside dans la préservation des droits de la défense. Cela signifie que ces présomptions doivent offrir, à l'accusé, la faculté d'administrer la preuve de son innocence et donc prohibe toute présomption irréfragable. Toutefois, il y a tout lieu d'estimer que le droit au recours effectif garantit également le justiciable contre les présomptions irréfragables puisqu'elles ont pour effet de priver le justiciable d'un véritable recours. En ce sens, le Conseil constitutionnel juge, avec constance[3013], admissibles les présomptions qui respectent les droits de la défense[3014].

3009 LAZERGES Christine, *La présomption d'innocence en Europe*, Archives de politique criminelle 2004, n°26, pp. 125-138.

3010 CJUE, 21 janvier 2016, n°C-74/14, Eturas e.a., pt. 38 : ECLI:EU:C:2016:42.

3011 Une directive n°2016/343 du Parlement européen et du Conseil du 9 mars 2016 portant renforcement de certains aspects de la présomption d'innocence et du droit d'assister à son procès dans le cadre des procédures pénales a été adoptée.

3012 CJUE, 22 novembre 2012, n°C-89/11 P, E.ON Energie c/ Commission, pt. 75 : ECLI:EU:C:2012:738.

3013 Cons. const., déc. n°2011-625 DC du 10 mars 2011, Loi d'orientation et de programmation pour la performance de la sécurité intérieure : Rec. p. 122.

3014 C'est le cas tant en matière contraventionnelle (Cons. const., déc. n°2011-625 DC, 10 mars 2011, Loi d'orientation et de programmation pour la performance de la sécurité intérieure, cons. 38-40 : Rec. p. 122) qu'en matière délictuelle (Cons. const., déc. n°2011-164 QPC, 16

887. En ce sens, il a jugé que le troisième alinéa de l'article 21-2 du Code civil qui pose une présomption relative à la cessation de la vie commune entre un ressortissant français et un étranger désireux d'acquérir la nationalité française. Cette disposition présume que la cessation de la vie commune est antérieure à l'enregistrement de la déclaration de cette communauté de vie lorsqu'il est établi qu'elle a cessé dans un délai de douze mois suivant cette déclaration. Le Conseil constitutionnel estime que cette « présomption simple [qui] peut être combattue par tous moyens (...) en rapportant la preuve contraire (...) ne méconnai[t] pas, en ell[e]-mêm[e], le respect des droits de la défense »[3015].

888. De même, la Cour européenne des droits de l'Homme juge que le fait de pouvoir combattre, par une preuve contraire, la présomption constitue « la principale garantie »[3016] dont le respect est exigé. En ce sens, les présomptions qui peuvent être aisément combattues par l'accusé ne méconnaissent pas la présomption d'innocence[3017]. À l'inverse, les présomptions qui n'offrent pratiquement aucune chance à l'accusé d'apporter une preuve contraire sont jugées contraires à l'article 6§2 de la Convention européenne des droits de l'Homme[3018]. En la matière, la Cour de Strasbourg s'attache moins à la disposition litigieuse qu'à son application effective par les juridictions nationales[3019]. Elle veille donc à la nécessité de ménager aux accusés la faculté effective d'administrer une preuve contraire.

---

septembre 2011, M. Antoine J. [Responsabilité du « producteur » d'un site en ligne] : Rec. p. 448).

3015 Cons. const., déc. n°2012-227 QPC, 30 mars 2012, M. Omar S. [Conditions de contestation par le procureur de la République de l'acquisition de la nationalité par mariage] : Rec. p. 175 ; RTD Civ. 2012, n°2, pp. 294-295, note Jean HAUSER ; RTD Civ. 2013, n°1, p. 93, note Jean HAUSER ; JCP G 2012, n°22, doctr. 654, Chr. Bertrand MATHIEU ; Revue critique de droit international privé 2012, p. 560, note Paul LAGARDE ; D. 2013, n°23, pp. 1584-1593, note Nathalie JACQUINOT et Alexandre MANGIAVILLANO ; AJ Famille 2012 p. 350, note François CHENEDE ; JCP G 2013, n°36, doctr. 926, Chr. Bertrand MATHIEU, Michel VERPEAUX et Ariana MACAYA.

3016 CEDH, 12 décembre 2001, n°41087/98, Phillips c/ Royaume-Uni, § 43.

3017 CEDH, 23 septembre 2008, n°19955/05 et 15085/06, Greyson et Barnham c/ Royaume-Uni, § 45 ; CEDH, 30 mars 2004, n°53984/00, Radio France et autres c/ France, § 24 : D. 2004, p. 2756, obs. Bertrand de LAMY ; D. 2004, p. 1060, obs. Corneliu BÎRSAN ; RSC, 2005, p. 630, obs. Florence MASSIAS ; RTD Civ. 2004, p. 801, obs. Jean-Pierre MARGUENAUD ; AJDA 2004, p. 534, note Jean-François FLAUSS.

3018 CEDH, 30 juin 2011, Klouvi c/ France, n°30754/03, §§ 38-54 : La Cour juge que l'article 226-10 du code pénal qui repose sur deux présomptions en matière de dénonciation calomnieuse qui ne permettent « aucunement de se disculper de l'accusation » (§ 52) méconnaît les exigences de l'article 6§2 de la Convention.

3019 L'affaire Pham Hoang c/ France (CEDH, 25 septembre 1992, n°13191/87, Pham Hoang c/ France) est, à cet égard, révélatrice de la méthode employée par la Cour européenne des droits de l'Homme. Elle s'intéresse moins à la lettre du Code des douanes qu'à l'application effective qui en est faite par les juridictions nationales (§ 22). Elle en conclut alors que « La présomption de "responsabilité" qui pesait sur [le prévenu] ne revêtait pas un caractère irréfragable » (§ 35)

889. En matière fiscale, aucun particularisme ne peut être décelé. Tant en matière pénale fiscale[3020] qu'en matière de sanction administrative[3021], le critère principal d'admissibilité de la présomption demeure la faculté offerte à l'accusé d'administrer la preuve de son innocence.

890. Le respect effectif des droits de la défense constitue ainsi la mesure du respect de la présomption d'innocence par les présomptions répressives. Cela signifie que le caractère réfragable de la présomption constitue une condition *sine qua non* de leur compatibilité avec la présomption d'innocence. L'interdiction de rapporter une preuve contraire apparaît, ici encore, comme la mesure de l'admission de la présomption en matière répressive.

891. Au-delà de cette exigence, l'équilibre probatoire requis en matière de présomption répressive requiert exige la préservation d'une exigence de proportionnalité. En ce sens, la Cour européenne des droits de l'Homme estime que les présomptions établies en matière répressive doivent « être raisonnablement proportionnés au but légitime poursuivi »[3022]. La Cour mesure, dans chaque affaire, si les présomptions de culpabilité ne sont pas de nature à créer un déséquilibre trop attentatoire aux droits de la défense.

892. Ce contrôle atteste d'une véritable souplesse de la part de la Cour européenne des droits de l'Homme. À ce titre, dans l'arrêt Salabiaku, l'élément moral de l'infraction de détention d'un bien en cause étant constitué par la négligence du prévenu, ce dernier devra démontrer « que malgré la diligence et la prudence dont il a fait preuve, il n'a pu l'éviter »[3023]. Cela revient, à exiger de l'accusé qu'il prouve « un événement de force majeure »[3024], ce qui conduit à n'offrir au prévenu qu'une sorte de « réfragabilité de façade »[3025].

893. La matière fiscale apparaît particulièrement affectée par la prise en compte, par la Cour européenne des droits de l'Homme, de la « gravité de

---

et qu'en « Se gardant de tout recours automatique aux présomptions qu'instituent les clauses litigieuses du code des douanes, [le juge national] ne les appliqua pas d'une manière incompatible avec l'article 6 paras. 1 et 2 (art. 6-1, art. 6-2) de la Convention » (§ 36).

[3020] CEDH, 25 septembre 1992, Pham Hoang c/ France, n°13191/87, §§32-36 ; CEDH, 7 octobre 1988, Salabiaku c/ France, n°10519/83, § 28.

[3021] CEDH, 23 juillet 2002, Janosevic c/ Suède, n°34619/97 : JCP G 2003, I, 109, n°13, chron. Frédéric SUDRE.

[3022] CEDH, 23 juillet 2002, Janosevic c/ Suède, n°34619/97, § 101.

[3023] HECQUET Virginie, *Les présomptions de responsabilité en droit pénal*, Thèse de doctorat microfichée, Lille 2, 2006, pp. 124-125.

[3024] *Op. cit.*, *loc. cit.*

[3025] CAIRE Anne-Blandine, *Relecture des présomptions à la lumière du droit européen des droits de l'Homme*, Thèse de doctorat, Limoges, Pedone, 2012, p. 342.

l'enjeu »[3026]. En matière de sanction administrative fiscale, elle a adopté une position défavorable aux contribuables. Dans l'affaire Janosevic c/ Suède[3027], la Cour a jugé, à propos de la législation fiscale suédoise qui pose une présomption de culpabilité qui découle d'inexactitudes déclaratives[3028], que cette présomption n'est pas de nature à méconnaître la présomption d'innocence[3029]. Pour parvenir à cette solution, la Cour européenne prend en compte « l'intérêt financier de l'Etat en matière fiscale »[3030] qui « impose sans nul doute d'appliquer celles-ci selon des règles standardisées »[3031]. Il est donc loisible au législateur de poser, en cette matière, « une présomption difficile à réfuter »[3032] dès lors que le contribuable n'est pas privé de tout moyen de défense[3033]. Cela signifie qu'il est possible d'asseoir, sur des éléments objectifs[3034] – comme le manquement à une obligation déclarative ayant entraîné une minoration de la base imposable[3035] – une présomption de culpabilité qu'il appartient au contribuable de combattre par l'administration d'une preuve contraire. L'efficacité de la répression fiscale est ici reconnue en matière de présomptions répressives[3036]. Dans cette affaire, bien que cette solution n'ait pas fait l'objet d'un accord unanime par des juges[3037], la Cour se fonde sur un contrôle de proportionnalité en estimant que les présomptions de culpabilité ont été « confinées dans des limites raisonnables »[3038].

894. Or, la Cour de Strasbourg précise, en l'espèce, que « les règles applicables en matière de majorations d'impôt prévoient certains moyens de défense fondés sur des éléments subjectifs »[3039]. Cela signifie, à notre sens, que le contribuable doit pouvoir administrer des preuves relevant de sa

---

[3026] CEDH, 7 octobre 1988, n°10519/83, Salabiaku c/ France, § 28.
[3027] CEDH, 23 juillet 2002, Janosevic c/ Suède, n°34619/97 : JCP G, 2003, I, 109, n°13, chron. Frédéric SUDRE.
[3028] CEDH, 23 juillet 2002, Janosevic c/ Suède, n°34619/97, § 100 : préc.
[3029] CEDH, 23 juillet 2002, Janosevic c/ Suède, n°34619/97, § 110 : préc.
[3030] CEDH, 23 juillet 2002, Janosevic c/ Suède, n°34619/97, § 103 : préc.
[3031] CEDH, 23 juillet 2002, Janosevic c/ Suède, n°34619/97, § 103 : préc.
[3032] CEDH, 23 juillet 2002, Janosevic c/ Suède, n°34619/97, § 102 : préc.
[3033] CEDH, 23 juillet 2002, Janosevic c/ Suède, n°34619/97, § 102 : préc.
[3034] CEDH, 23 juillet 2002, Janosevic c/ Suède, n°34619/97, § 100 : préc. (« les Etats contractants peuvent en principe et sous certaines conditions sanctionner au pénal un fait matériel ou objectif considéré en soi, qu'il procède ou non d'une intention délictueuse ou d'une négligence »).
[3035] En l'espèce, il s'agit de « majorations d'impôt (...) [qui] sont proportionnelles au montant de l'impôt auquel on s'est soustrait en fournissant des informations incorrectes ou inadéquates » (CEDH, 23 juillet 2002, n°34619/97, Janosevic c/ Suède, § 69 : préc).
[3036] La Cour relève ainsi que ce « système [est] fondé sur des facteurs objectifs, (...) [et qu'il] répon[d] à la nécessité d'obtenir une plus grande efficacité » (CEDH, 23 juillet 2002, n°34619/97, Janosevic c/ Suède, § 68 : préc.).
[3037] Le juge CASADEVALL critique, dans une opinion dissidente, la solution retenue sur le fondement de l'article 6§2 de la Convention (pt 4).
[3038] CEDH, 23 juillet 2002, n°34619/97, Janosevic c/ Suède, § 104 : préc.
[3039] CEDH, 23 juillet 2002, n°34619/97, Janosevic c/ Suède, § 104 : préc.

situation personnelle ce qui tend à exiger des juges qu'ils admettent – non point un principe général de bonne foi – mais des circonstances propres à l'accusé qui puissent établir son innocence. Or, cette exigence intéresse moins l'équilibre de la présomption répressive que l'équilibre de la dialectique de la preuve lors du litige. Cela signifie qu'il faut reconnaître à l'accusé – même non visé par une présomption de culpabilité – la faculté de présenter des arguments qui lui sont propres qui tendent à le disculper.

895. En ce sens, le contribuable doit pourvoir échapper à la sanction fiscale s'il prouve qu'il n'a qu'involontairement commis les manquements qui lui sont reprochés. La sanction d'activité occulte livre, en la matière d'intéressantes illustrations. Si le caractère « automatique »[3040] de cette sanction apparaît à la lecture de l'article L. 169 du Livre des procédures fiscales, le contribuable peut démontrer, pour des motifs qui lui sont propres, qu'il n'a pas commis volontairement les manquements qui lui sont reprochés. En ce sens, un couple de contribuables a pu échapper – sur le terrain du principe de personnalité des délits – à la majoration relative aux activités occultes infligées au titre du trafic de stupéfiants réalisés par leur fils intégré à leur foyer fiscal dès lors qu'ils « n'avaient manifestement pas connaissance des revenus illicites tirés par leur fils de son trafic de stupéfiants, [et] se trouvaient dans l'impossibilité objective de procéder aux obligations déclaratives »[3041]. De même, en adoptant une position plus générale, le Conseil d'Etat a, par une décision du 7 décembre 2015[3042] rendue en formation de plénière fiscale, jugé que le contribuable qui subit une majoration au titre d'activité occulte dispose de la faculté « d'établir qu'il a commis une erreur justifiant qu'il ne se soit acquitté d'aucune de ces obligations déclaratives »[3043]. Cette erreur sera établie lorsque le contribuable démontre « qu'il a satisfait à l'ensemble de ses obligations fiscales dans un État autre que la France »[3044]. Cette décision, reprise depuis lors[3045], a pour effet de permettre au contribuable d'établir sa bonne foi[3046]. Le Conseil d'Etat instaure ainsi un

---

[3040] COLLET Martin et COLLIN Pierre, *Procédures fiscales*, PUF, 3e éd., 2017, n°252, p. 172.
[3041] TA de Rouen, 11 mai 2010, n°09-907 : RJF 02/11, n°188.
[3042] Conseil d'Etat, Plén., 7 décembre 2015, n°368227, Sté Frutas y Hortalizas Murcia SL : Dr. fisc. 2015, n°51-52, act. 694 ; Dr. fisc. 2016, n°23, comm. 370, comm. André BONNET ; RJF 02/16, n°160, conclusions de Frédéric ALADJIDI et chron. Nicolas LABRUNE ; Lexbase Hebdo 2016, n°639, note Christian LOUIT ; Droit et Patrimoine 2017, n°266, pp. 88-90, chron. Marc BORNHAUSER et Polina KOURALEVA-CAZALS.
[3043] Conseil d'Etat, Plén., 7 décembre 2015, n°368227, Sté Frutas y Hortalizas Murcia SL, cons. n°3, préc.
[3044] Conseil d'Etat, Plén., 7 décembre 2015, n°368227, Sté Frutas y Hortalizas Murcia SL, cons. n°3, préc.
[3045] Conseil d'Etat, 10e et 9e ch., 18 octobre 2018, n°405468, Société Aravis Business Retreats Limited, À publier au Recueil.
[3046] A contrario : Conseil d'Etat, 8e et 3e ch., 20 mai 2016, n°376667, min. c/ SAS DC immobilière : Dr. fisc. 2017, n°13, comm. 226, comm. Régis TORLET et Rita ADADY.

« élément de souplesse venant corriger la rigueur d'une sanction autrement trop mécanique »[3047]. Cette solution nous semble résulter de la nécessité d'offrir au contribuable la faculté d'avancer des « moyens de défense fondés sur des éléments subjectifs »[3048]. La dialectique forgée par le Conseil d'Etat est empreinte de la logique forgée par la Cour européenne des droits de l'Homme : le contribuable doit se voir offrir la faculté de rapporter des éléments de preuve tirés de sa propre situation afin d'échapper à une sanction alors même que le manquement qu'elle vient réprimer est établi par le fisc.

896. En somme, en matière fiscale, comme en dehors de ce champ, la faculté de renverser les présomptions est la condition de l'admissibilité des présomptions en matière répressive. Le contrôle de proportionnalité qui est opéré par la Cour européenne des droits de l'Homme la conduit seulement à accepter un degré plus ou moins élevé de difficulté dans l'administration de la preuve contraire.

897. En définitive, les droits processuels constituent un outil efficace qui permet de lutter contre les preuves interdites. Or, ils apparaissent également comme un rempart contre les preuves impossibles ou même excessivement difficiles.

B/ La prohibition effective des preuves impossibles ou excessivement difficiles

898. La preuve impossible est celle qui, sans nécessairement être interdite par une règle de droit, n'offre, en pratique, aucune chance au justiciable de l'administrer. La preuve impossible englobe et dépasse la preuve interdite puisqu'elle aboutit, en pratique, à un résultat similaire : la privation du droit d'administrer une preuve. Bien que la prise en compte de l'extrême difficulté de prouver soit peu retenue en droit interne (1), elle est effectivement contrôlée dans l'ordre juridique européen (2).

1/ La prise en compte limitée de la difficulté de prouver dans l'ordre juridique interne

899. En dépit de la protection accordée aux droits processuels, le Conseil constitutionnel n'a pas, en matière de preuve, bâti de jurisprudence relative à la preuve impossible. Il semble même que le Conseil constitutionnel refuse de prendre en compte l'extrême difficulté rencontrée par une partie dans la preuve d'un fait.

3047 LABRUNE Nicolas, *Majoration pour activité occulte : le droit fiscal est-il vraiment amoral ?*, RJF 02/16, pp. 129-132.

3048 CEDH, 23 juillet 2002, Janosevic c/ Suède, n°34619/97, § 104 : préc.

900. À ce titre, le Conseil constitutionnel a jugé, par la décision n°98-405 DC[3049], conforme à la Constitution l'article 41 de la loi de finances pour 1999 qui offrait aux sociétés un précompte à hauteur de 45% des sommes versées lorsque l'actionnaire susceptible d'utiliser ce crédit n'est pas une personne physique. Les sénateurs estimaient en l'espèce que cette preuve serait impossible à rapporter pour les sociétés cotées dont l'actionnariat est mouvant. Le Conseil constitutionnel a jugé que « les difficultés pratiques que pourraient connaître ces sociétés pour établir la part de leur actionnariat susceptible d'utiliser l'avoir fiscal au taux de 45 % n'entachent pas d'inconstitutionnalité la disposition déférée »[3050]. En l'espèce, le Conseil constitutionnel estime que dès lors que la société cotée ne se voit pas opposer une interdiction de prouver la nature de son actionnariat, la disposition est conforme à la Constitution. Cela signifie donc, *a contrario*, que le Conseil constitutionnel se désintéresse, en l'espèce, de l'extrême difficulté de la preuve rencontrée par le contribuable.

901. Le Conseil constitutionnel a réitéré cette solution. Par la décision n° 2013-361 QPC[3051], le Conseil constitutionnel a jugé de la conformité à la Constitution d'une preuve qualifiée, par les requérants, d'« impossible à rapporter »[3052]. Le Conseil constitutionnel a répondu au moyen invoqué par les requérants que « le seul fait qu'il appartient à celui qui entend se prévaloir de ces dispositions d'apporter la preuve de la situation de fait permettant d'en bénéficier ne porte pas atteinte aux droits de la défense »[3053]. Si cette solution peut se justifier par la jurisprudence de la Cour de cassation – qui démontre que cette preuve a pu être administrée[3054] – elle atteste d'un refus de prendre en compte l'extrême difficulté rencontrée par une partie dans l'administration d'un fait.

902. À notre sens, les droits processuels pourraient, *de lege ferenda*, constituer un fondement à la prohibition constitutionnelle des preuves impossibles ou extrêmement difficiles[3055].

3049 Cons. const., déc. n° 98-405 DC, 29 décembre 1998, Loi de finances pour 1999 : Rec. p. 326.

3050 Cons. const., déc. n° 98-405 DC, 29 décembre 1998, Loi de finances pour 1999, cons. n°45 : préc.

3051 Cons. const., déc. n° 2013-361 QPC, 28 janvier 2014, Consorts P. de B. : J.O. du 30 janvier 2014, p.1799 ; RJF 04/14, n°369 ; Répertoire du Notariat Defrénois 2014, n°4, pp. 185-190, note Frédéric DROUET ; Droit de la famille 2014, n° 3, comm. 52, note Jean-Didier AZINCOURT ; RTD Civ. 2014, n°2, pp. 356-357, note Jean HAUSER.

3052 Cons. const., déc. n° 2013-361 QPC, 28 janvier 2014, Consorts P. de B., cons. n°14 : préc.

3053 Cons. const., déc. n° 2013-361 QPC, 28 janvier 2014, Consorts P. de B., cons. n°16 : préc.

3054 Cass. com. 14 mars 2006, n°04-11.647 : Bull. n°68, p. 67 ; RJF 07/06, n°964.

3055 À ce titre, il existe, en matière fiscale, des preuves qui sont pratiquement impossibles à rapporter pour le justiciable. Sur ce point : DE LA MARDIERE Christophe, *Sécurité juridique et preuve fiscale*, in, BUISSON Jacques (dir.), *La sécurité fiscale*, L'Harmattan, 2011, pp. 207-219, spéc. p. 215.

903. À ce titre, une décision pourrait être lue comme posant les jalons d'un lien entre l'impossibilité d'administrer une preuve et le droit au recours juridictionnel effectif. Par la décision n°2015-467 QPC, le Conseil constitutionnel a jugé que l'exigence posée par l'article 530 du Code de procédure pénale – en matière de réclamation formée contre un titre exécutoire au titre d'une amende forfaitaire majorée – qui exige d'accompagner le recours juridictionnel contre l'amende de l'avis d'amende forfaitaire majorée au regard du droit au recours juridictionnel effectif. Le contrevenant allègue qu'il n'est pas nécessairement en possession de ce document puisque l'administration expédie ce document en lettre simple, ce qui n'offre aucune certitude quant à sa réception effective par le contrevenant. Face à cette situation, le Conseil constitutionnel établit une réserve d'interprétation qui neutralise l'irrégularité du recours en estimant que le justiciable peut démontrer que « l'avis d'amende forfaitaire majorée ne lui a pas été envoyé, [ou] justifie[r] être dans l'impossibilité de le produire pour des motifs légitimes »[3056]. Par cette décision, l'impossibilité d'administrer une preuve est identifiée comme une entorse au droit au recours juridictionnel effectif. Toutefois, il s'agit ici d'un cas particulier puisque l'envoi de cette pièce constitue une condition de recevabilité du recours posée par le Code de procédure pénale. Il ne s'agit donc pas d'une base solide à l'affirmation d'une prise en compte de l'extrême difficulté d'administrer la preuve par le Conseil constitutionnel.

904. À la lumière de cette décision, le droit au recours effectif pourrait, à l'avenir, offrir, tout comme les droits de la défense, un fondement constitutionnel à la prohibition des preuves impossibles ou extrêmement difficiles qui constituent un obstacle à l'effectivité des recours.

905. À ce titre, la jurisprudence du Conseil d'Etat livre, en matière fiscale, une intéressante illustration de la prise en compte de la preuve extrêmement difficile. Il faut ici souligner l'impact des droits de la défense sur l'interprétation de certaines dispositions du Code général des impôts. La faculté, pour le contribuable de rapporter une preuve contraire fait l'objet d'une attention constante de la part du juge. L'interprétation du « degré de preuve requis » par le juge de l'impôt[3057] constitue un élément central de la préservation des droits de la défense. La question du degré de preuve requis

---

[3056] Cons. const., déc. n°2015-467 QPC, 7 mai 2015, M. Mohamed D. [Réclamation contre l'amende forfaitaire majorée] : J.O. du 10 mai 2015, p. 8061 ; Dr. pén. 2015, n° 6, comm. 85, note Jacques-Henri ROBERT ; Dr. pén. 2015, n° 9, comm. 118, note Virginie PELTIER ; Procédures 2015, n° 7, comm. 244, obs. Jacques BUISSON ; AJ pénal 2015, p. 433, Jean-Paul CERE.

[3057] Sur ce point : CROUZET Philippe, *Administration de la preuve, Critique des méthodes de reconstitution des bases d'imposition par l'administration*, RJF 05/86, pp. 347-350.

se pose en matière de preuve du bien-fondé de l'imposition[3058] où le juge doit résoudre « une question de fait »[3059]. Le degré de preuve requis en matière d'administration de la preuve revêt une importance décisive car elle peut conduire, en pratique, à interdire à une partie d'administrer une preuve. L'issue des litiges relatifs au bien-fondé de l'imposition dépend donc, en grande partie, du degré de preuve requis de l'administration fiscale et du contribuable[3060].

906. Relevons, ici, que devant le juge civil de l'impôt, le degré de preuve requis est rarement explicite bien que la Chambre commerciale ait parfois démontré, sans qu'un nombre suffisant de décisions ne permette de l'affirmer sans réserve, que la charge du contribuable consiste, dans les litiges relatifs au bien-fondé de l'imposition, en une preuve de l'exagération de l'évaluation administrative[3061]. Il en va de même devant le juge pénal fiscal où l'appréciation souveraine des juges du fond fondée sur l'intime conviction du juge ne permet pas de se saisir du standard d'administration de la preuve requis[3062].

907. Devant le juge administratif de l'impôt, il existe, en revanche, une riche jurisprudence qui atteste d'une prise en compte des droits de la défense dans la détermination du degré de preuve requis du contribuable.

908. Il faut avant tout relever que la jurisprudence du juge administratif de l'impôt n'est pas dénuée de zones d'ombre. Le degré de preuve requis de l'administration fiscale en témoigne. Il a pu être affirmé que « l'administration, lorsqu'elle supporte la charge de la preuve, est généralement

---

3058 Le degré de preuve requis « n'offre aucune difficulté lorsqu'il s'agit de démontrer l'irrégularité – ou la régularité – de la procédure d'imposition » (GOUR Claude, MOLINIER Joël et TOURNIE Gérard, *Procédure fiscale*, PUF, Thémis droit, 1982, p. 311).

3059 Le Commissaire du gouvernement LATOURNERIE a justement affirmé que : « L'administration de la preuve de l'exagération de la base d'imposition n'est en effet qu'une question de fait et se résout, en définitive, dans le point de savoir si le faisceau d'indices invoqués par le contribuable emporte ou non l'intime conviction du juge de l'impôt » (concl. sur Conseil d'Etat, Plén., 7 novembre 1975, n°90786, S.A. Dupont et Cie, Dr. fisc. 1976, n° 11, comm. 420).

3060 Il est particulièrement juste de relever que « Le degré de précision que doit revêtir la preuve conditionne en fait la décision de l'autorité contentieuse et, par voie de conséquence, la faculté d'obtenir gain de cause pour les parties en présence » (GOUR Claude, MOLINIER Joël et TOURNIE Gérard, *Procédure fiscale*, PUF, Thémis droit, 1982, p. 311).

3061 L'exigence de prouver l'exagération de l'imposition a été retenue dans certaines affaires – relatives à l'évaluation de biens – par la Cour de cassation (Cass. com., 5 novembre 1991, n°89-17.324, Inédit).

3062 Sans pouvoir prétendre à la moindre exhaustivité : « le moyen, qui (…) se borne (…) à remettre en question l'appréciation souveraine, par les juges du fond, des faits et circonstances de la cause, ainsi que des éléments de preuve contradictoirement débattus, ne saurait être admis » (Cass. crim., 28 janvier 2015, n°13-87.472, Inédit).

soumise à l'obligation d'apporter la preuve du bien-fondé de l'imposition, formule qui revient à exiger d'elle la preuve de l'exactitude des bases imposées »[3063]. Une telle exigence résulterait du fait que l'administration fiscale dispose des moyens nécessaires à la détermination de cette base imposable[3064]. Toutefois, seules deux décisions du Conseil d'Etat ont lié la charge de la preuve reposant sur l'administration avec la nécessité de rapporter l'exactitude de cette preuve[3065]. À l'inverse, le Conseil d'Etat a parfois exigé de l'administration fiscale qu'elle apporte des « justification[s] de nature à confirmer le bien-fondé » de l'imposition[3066]. Surtout, la jurisprudence tend à imposer à l'administration fiscale la preuve de l'absence d'exagération des bases retenues pour son évaluation[3067]. Ces deux exigences jurisprudentielles ne sont pas, à notre sens, inconciliables. En effet, si l'administration doit effectivement défendre l'exactitude des bases retenues par le service, elle y parvient en démontrant le simple défaut d'exagération de son évaluation. Cette solution découle de la logique globale du contentieux individuel de l'impôt : dès lors que le contribuable doit prouver l'exagération de l'évaluation de l'administration, l'administration sera réputée prouver l'exactitude de son évaluation lorsqu'aucune exagération n'est établie.

909. Du côté du contribuable, le juge administratif de l'impôt atteste d'une prise en compte des droits de la défense pour déterminer le degré de preuve requis du contribuable. Au début du XXe siècle, l'administration de la preuve était fondée, en matière fiscale, sur l'exigence d'exactitude de la preuve apportée : le juge ne devait se fonder que sur des preuves de nature à établir une certitude[3068]. Exiger une preuve exacte conduisait à faire jouer un rôle

---

3063 GOUR Claude, MOLINIER Joël et TOURNIE Gérard, *Procédure fiscale*, PUF, Thémis droit, 1982, p. 311.

3064 « Une telle précision de l'objet de la preuve, qui varie cependant selon les espèces, n'est en tout cas pas préjudiciable à l'administration qui dispose, non seulement des moyens matériels, mais aussi des prérogatives nécessaires à la réunion des preuves » (GOUR Claude, MOLINIER Joël et TOURNIE Gérard, *Procédure fiscale*, PUF, Thémis droit, 1982, p. 311).

3065 Par une décision du 27 avril 1988 (Conseil d'Etat, 9e et 7e s.-s., 27 avril 1988, n°57578 et 57579, Inédit) le Conseil d'Etat a jugé, dans le cadre d'une procédure contradictoire, qu'« il incombe à l'administration (...) d'apporter devant le juge de l'impôt la preuve de l'exactitude des bases imposables qu'elle a retenues ».

3066 Conseil d'Etat, 19 mars 1958, n°38576 : Dr. fisc. 1958, n°27 bis, p. 13, concl. MERIC.

3067 Conseil d'Etat, 9e et 10e s.-s., 7 novembre 2012, n°328670, Sté France Immobilier Group : JCP G 2013, n°10-11, 1165, comm. Roland POIRIER ; RJF 02/13, n°189 ; Conseil d'Etat, 9e et 8e s.-s., 20 mars 1996, n°124957 : Dr. fisc. 1996, n°28, comm. 903, concl. Philippe MARTIN ; RJF 05/96, n°584.

3068 L'exactitude de la preuve requise du contribuable ou de l'administration était requise :
- En matière d'impôt général sur le revenu : la loi du 15 juillet 1914 qui a introduit l'impôt général sur le revenu était fondée sur l'exigence d'exactitude des preuves contentieuses. À cet égard, l'article 17 de cette loi impose au contrôleur de vérifier « les déclarations uniquement à l'aide des éléments certains dont il dispose en vertu de ses fonctions ». Corrélativement, le contribuable ne peut obtenir, aux termes de l'article 19 de cette même loi, la décharge ou la réduction de son imposition « qu'en apportant toutes les justifications de nature à faire la preuve

déterminant au mécanisme de dévolution de la charge de la preuve. Face à une telle exigence, les bases imposables présentes dans la déclaration du contribuable ou arrêtées par l'administration fiscale ne pouvaient être renversées que dans le cas où la partie adverse parvenait à rapporter la preuve de l'exactitude de ses allégations. Comme l'a relevé un commentateur de la loi du 15 juillet 1914 relative à l'impôt général sur le revenu, « Le rôle du Tribunal paraît être principalement [face à l'exigence d'exactitude des allégations] de juger si la preuve est bien faite, dans ce cas de fixer les bases d'imposition demandées par l'Administration, et, dans le cas contraire, de les fixer d'après la déclaration du contribuable »[3069]. Dès lors que la preuve exigée doit être exacte, le juge ne peut, à défaut d'une preuve de l'exactitude des allégations, que confirmer les bases fondées sur la déclaration du contribuable ou établies par l'administration fiscale. Un tel degré de preuve exigé du contribuable n'offrait au juge aucune faculté d'établir les bases imposables et l'office du juge était paralysé par ce standard d'exactitude.

910. Les droits de la défense sont particulièrement affectés par une telle disposition. Comment établir la preuve alors même que la preuve requise est, en pratique, impossible à établir ? Conscient de cette difficulté, le juge administratif de l'impôt a précédé le législateur dans l'assouplissement du degré de preuve requis du contribuable.

---

du chiffre exact de son revenu ». Le Conseil d'Etat s'est conformé à cette exigence en exigeant du contribuable qu'il rapporte des « justifications de nature à faire la preuve du chiffre exact de son revenu » (Conseil d'Etat, Sect., 22 décembre 1922, n°69-641, Sieur X : D.P. 1923, III, p. 15).

- En matière d'imposition des bénéfices : l'article 18 du Code général des impôts directs issu de la loi du 19 mars 1928 relatives aux impôts cédulaires et à l'impôt général sur le revenu (cette loi a été abrogée par la loi du 28 décembre 1959) disposait que : « Si cette taxation [imposée par le redressement de l'administration fiscale] est conforme à l'appréciation de la commission, le contribuable ne peut obtenir de réduction par voie de réclamation devant la juridiction contentieuse qu'en apportant la preuve du chiffre exact de ses bénéfices ». Cette disposition a été maintenue par l'article 9 du décret du 9 décembre 1948 (Décret n°48-1986 du 9 décembre 1948 portant réforme fiscale des impôts directs, des impôts indirects, des droits d'enregistrement et des droits de mutation, J.O. du 1er janvier 1949, p. 61). Cette disposition n'a été modifiée qu'à compter du décret n°55-467 du 30 avril 1955 (relatif à la réforme des procédures et des pénales fiscales : J.O. du 3 mai 1955, p. 4378).
- Cette exigence a été maintenue en matière de bénéfice par l'article 16 du décret n°55-467 du 30 avril 1955 (relatif à la réforme des procédures et des pénales fiscales, J.O. du 3 mai 1955, p. 4378) qui disposait que « le redevable ne peut obtenir de réduction par voie de réclamation devant la juridiction contentieuse qu'en apportant la preuve que le chiffre retenu est supérieur au chiffre exact de ses ventes au cours de la période d'imposition ». Cette disposition ne s'applique toutefois qu'en matière de taxe sur le chiffre d'affaires et taxes assimilées lorsque, suite au rejet de la comptabilité du contribuable, le vérificateur a reconstitué le chiffre d'affaires d'office et que la commission départementale s'est prononcée en faveur de ce redressement.

[3069] HARISTOY Just, *L'impôt sur le Revenu, Lois de 1914 et 1915*, Revue de science et législation financières 1916, p. 74.

911. Le juge administratif de l'impôt a jugé que l'article 18 du Code général des impôts – qui imposait aux contribuables de rapporter la preuve « du chiffre exact de ses bénéfices » lorsqu'une commission départementale confirmait les bases imposables retenues par l'administration fiscale – « ne f[aisait] pas obstacle à ce que, dans ce cas, une réduction soit accordée par le juge de l'impôt, si, du moins, les contribuables ont établi avec certitude et précision l'inexactitude de tel ou tel élément du calcul de l'administration et si la démonstration qu'ils ont faite permet, à son tour, de dégager le chiffre exact des nouveaux éléments à prendre en considération pour ledit calcul »[3070]. Le Conseil d'Etat, en acceptant, dans de nombreuses affaires[3071], une « preuve partielle et fragmentaire »[3072], limite ainsi, le poids de la preuve reposant sur le contribuable en interprétant l'article 18 du Code général des impôts comme ne contenant pas une modalité unique d'administration de la preuve. De la sorte, le poids de la preuve qui pèse sur le contribuable est assoupli par l'admission de preuves incomplètes[3073]. L'assouplissement jurisprudentiel des modalités d'administration de la preuve est motivé par la nécessité d'offrir au contribuable la faculté de rapporter la preuve de son allégation[3074]. En ce sens, le Commissaire du gouvernement POUSSIERE expose, dans ses conclusions sur une décision du 19 novembre 1955[3075], qu'exiger du contribuable la seule preuve du chiffre exact de ses bénéfices conduirait « à vider de tout sens la disposition de l'article 18 [du Code général des impôts], qui permet au

---

[3070] Conseil d'Etat, 19 mai 1958, Secrétaire d'Etat au Budget c/ Société X : Rec. p. 281.

[3071] Conseil d'Etat 15 avril 1953 : R.O. p. 239 ; Conseil d'Etat, 26 mars 1953 : R.O. p. 237 ; Conseil d'Etat, 27 octobre 1952 : R.O. p. 107 ; Conseil d'Etat, 12 mars 1943 : R.O. p. 302 ; Conseil d'Etat, 12 octobre 1942 : R.O. p. 178.

[3072] Selon l'expression employée par le Commissaire du gouvernement POUSSIERE dans ses conclusions sur une décision du 8 décembre 1958 (Conseil d'Etat, 8 décembre 1958, n°44559 : Dr. fisc. 1959, n°27).

[3073] Le Conseil d'Etat a ensuite jugé, sur le fondement de l'article 55 du Code général des impôts – qui disposait, dans sa version antérieure au 30 avril 1955, que « le contribuable ne peut obtenir de réduction par voie de réclamation devant la juridiction contentieuse qu'en apportant la preuve du chiffre exact de ses bénéfices » dans le cas où les redressements avaient été confirmées par une commission départementale – que la preuve pouvait être rapportée « en établissant que le montant du bénéfice primitivement accepté par lui et retenu par l'Administration est, en réalité, supérieur au bénéfice imposable effectif réalisé par l'entreprise » (Conseil d'Etat, 6 février 1959, n°44206 : R.O. p. 359). La preuve de la supériorité du bénéfice arrêté par l'Administration fiscale permet donc au contribuable de prouver l'exagération de l'imposition établie par l'Administration.

[3074] Le Commissaire du gouvernement POUSSIERE, dans ses conclusions sur une affaire du 8 décembre 1958 (Conseil d'Etat, 8 décembre 1958, n°44.559, Droit Fiscal 1959, n°27, concl. POUSSIERE) justifie ainsi le choix, dans le silence des textes, d'exiger la preuve de l'exagération d'une imposition dès lors que « le contribuable peut s'acquitter de cette charge en apportant la preuve d'une exagération, [et qu']il est bien évident, par hypothèse même, qu'il n'est pas en mesure d'apporter la preuve du chiffre exact et global de son bénéfice ». Le choix du Conseil d'Etat de la preuve de l'exagération de l'imposition est ainsi notamment fondé sur la faculté dont dispose le contribuable de rapporter une preuve.

[3075] Conseil d'Etat, 19 novembre 1955, n°32903 : Dr. fisc. 1956, n°9, Doctrine.

contribuable de contester encore, devant le juge de l'impôt, l'évaluation retenue par l'Administration après la Commission départementale » dès lors que cela rendrait « quasiment infaillible l'évaluation administrative ». L'interprétation du Conseil d'Etat atteste, par sa souplesse, de la nécessité de préserver les droits de la défense du contribuable en lui offrant la faculté de contester effectivement l'évaluation administrative confirmée par une Commission départementale.

912. Cette solution bienveillante[3076] à l'égard du contribuable[3077] a été confirmée par le législateur qui est intervenu pour assouplir les modalités d'administration de la preuve. Un décret du 30 avril 1955[3078] et une loi du 28 décembre 1959[3079] ont modifié les règles d'administration de la preuve. La loi du 28 décembre 1959 impose ainsi au contribuable « d'apporter tous éléments, comptables et autres, de nature à permettre d'apprécier » ses bases imposables. La nécessité, pour le contribuable, d'apporter des « éléments comptables ou autres » qui permettent au juge d'apprécier le bien-fondé de l'imposition établie par l'administration fiscale[3080] est aujourd'hui maintenue par certaines dispositions du Livre des procédures fiscales. À ce titre, les

---

[3076] Le commissaire du Gouvernement LAVONDES qualifie ainsi la jurisprudence du Conseil d'Etat (LAVONDES, concl. sur Conseil d'Etat, 8 février 1965, n°44356 : Dr. fisc. 1970, n°3 bis, comm. 29, pp. 37-39) : « Votre jurisprudence a toujours interprété de manière bienveillante les dispositions légales relatives à la preuve du chiffre exact ».

[3077] GOUR Claude, MOLINIER Joël et TOURNIE Gérard, *Les grandes décisions de la jurisprudence, droit fiscal*, PUF, Thémis, 1977, p. 91 : « Cette évolution [jurisprudentielle] favorable aux contribuables précède, il faut le remarquer, celle qui a conduit (…) le législateur (…) à alléger de manière identique le fardeau de la preuve du contribuable ».

[3078] Décret n°55-467 du 30 avril 1955, relatif à la réforme des procédures et des pénales fiscales : J.O. du 3 mai 1955, p. 4377. Ce décret modifie les articles 55, 74, 98 et 102 du Code général des impôts en prévoyant, respectivement en matière de bénéfices industriels et commerciaux, de bénéfices agricoles et de bénéfices non commerciaux, lorsque le redressement est conforme à l'appréciation de la commission que « le contribuable ne peut obtenir de réduction par voie de réclamation devant la juridiction contentieuse qu'en apportant la preuve que le chiffre retenu est supérieur au bénéfice qu'il a effectivement réalisé au cours de la période d'imposition ».

[3079] Loi n°59-1472 du 28 décembre 1959 qui institue un impôt annuel unique sur les revenus des personnes physiques (J.O. du 29 décembre 1959, p. 12470). Cette loi modifie les articles 55, 74, 98 et 102 du Code général des impôts en imposant, respectivement en matière de bénéfices industriels et commerciaux, de bénéfices agricoles, de bénéfices non commerciaux et de bénéfices non commerciaux, lorsque le redressement est conforme à l'appréciation de la commission que « le contribuable conserve le droit de présenter une demande en réduction par voie de réclamation devant la juridiction contentieuse, à charge pour lui d'apporter tous éléments, comptables et autres, de nature à permettre d'apprécier le chiffre du bénéfice qu'il a effectivement réalisé au cours de la période d'imposition ».

[3080] Cette exigence probatoire résulte du maintien des termes de la loi n°59-1472 du 28 décembre 1959 (instituant un impôt annuel unique sur les revenus des personnes physiques : J.O. du 29 décembre 1959, pp. 12470-12471) qui imposait déjà au contribuable « d'apporter tous éléments, comptables et autres, de nature à permettre d'apprécier le chiffre du bénéfice qu'il a effectivement réalisé au cours de période d'imposition ».

contribuables soumis à une imposition forfaitaire doivent, lorsqu'ils contestent l'imposition établie selon cette procédure, rapporter « tous éléments, comptables ou autres » de nature à prouver leur allégation comme en dispose l'article R.191-1 du Livre des procédures fiscales[3081]. De même, aux termes de l'ancien article R. 192-1 du Livre des procédures fiscales[3082] il était exigé du contribuable – soumis à une procédure de rectification contradictoire et dont le redressement avait été confirmé par l'avis de la commission départementale – de rapporter des éléments comptables ou extracomptables[3083].

913. Or, les dispositions légales issues de la loi du 28 décembre 1959 – qui exigent du contribuable « d'apporter tous éléments, comptables et autres, de nature à permettre d'apprécier » le bien-fondé des impositions – ont été interprétées comme exigeant du contribuable qu'il rapporte la preuve de l'exagération de l'imposition[3084]. Le commissaire du Gouvernement MEHL a ainsi démontré que « prouver l'exagération [de l'imposition] ou fournir des

---

[3081] L'article R.191-1 du Livre des procédures fiscales exige du contribuable dont l'imposition est établie forfaitairement qu'il fournisse « tous éléments, comptables ou autres » qui permette d'apprécier son imposition. Ces éléments doivent permettre d'apprécier « a) le montant du bénéfice réalisé [en matière de bénéfices non commerciaux], b) l'importance du bénéfice que l'entreprise peut produire [en matière de bénéfice industriel ou commercial] et c) l'importance des opérations que l'entreprise peut réaliser normalement [en matière de taxe sur la valeur ajoutée] ». Cette disposition est issue du décret n°81-860 du 15 septembre 1981 portant codification des textes réglementaires concernant les procédures fiscales (J.O. du 18 septembre 1981, p. 2495). Elle reprend, notamment, l'article 51 du Code général des impôts (issu de la loi du 31 décembre 1935, budget général de l'exercice 1936, J.O. du 1 janvier 1936 page 98) qui disposait que « Le montant du bénéfice forfaitaire est évalué par le service des impôts ; il doit correspondre au bénéfice que l'entreprise peut produire normalement. (…) Le chiffre arrêté par cette commission sert de base à l'imposition. Toutefois, le contribuable peut demander, par la voie contentieuse, après la mise en recouvrement du rôle et dans les délais prévus par l'article 1932, une réduction de la base qui lui a été assignée, en fournissant tous éléments, comptables et autres, de nature à permettre d'apprécier l'importance du bénéfice que son entreprise peut produire normalement, compte tenu de sa situation propre ».

[3082] Cette disposition a connu de nombreuses modifications :
- Devenue sans objet par l'article 10-I de la loi n°87-502 du 8 juillet 1987 ;
- Codifiée par le décret n°81-860 du 15 septembre 1981 à l'article R.191-2 alors que cette disposition était prévue à l'article 1649 quinquies A, 3 du Code général des impôts ;
- Cette disposition était issue de l'article 24 de la loi n°63-1316 du 27 décembre 1963 portant unification ou harmonisation des procédures, délais et pénalités en matière fiscale, (J.O. du 29 décembre 1963, p. 11830).

[3083] Cette disposition imposait au contribuable d'apporter « tous les éléments, comptables ou autres, de nature à permettre d'apprécier le chiffre qui doit effectivement être retenu comme base d'imposition » lorsque la « taxation est effectuée par l'administration est conforme à l'appréciation de la commission compétente » dans le cadre des procédures de rectification contradictoire.

[3084] Conseil d'Etat, 7e et 9e s.-s., 6 novembre 1974, n°91299 : RJF 01/75, n°27 ; Conseil d'Etat, 7e et 8e s-s., 21 février 1973, n°82521 : Dr. fisc. 1973, 1239, concl. MEHL ; Conseil d'Etat, 8e et 9e s.-s., 10 mai 1972, n°81795 : Dr. fisc. 1972, n. 29, comm. 1162 et 1203.

éléments permettant d'apprécier le bénéfice réalisé, c'est (...) faire la même chose »[3085]. Exiger du contribuable qu'il administre la preuve de l'exagération de l'imposition retenue par le fisc permet au contribuable de disposer d'une faculté effective d'administrer la preuve de sa prétention.

914. Fort logiquement, le Conseil d'Etat a maintenu cette interprétation sur le fondement de l'article R. 191-1 du Livre des procédures fiscales[3086] et de l'ancien article R.192-1 du Livre des procédures fiscales[3087]. En outre, depuis que l'article R.192-1 du Livre des procédures fiscales est devenu sans objet, le juge administratif de l'impôt exige, dans le silence des textes, la preuve de l'exagération de l'imposition dans le cas d'une procédure de rectification contradictoire[3088] – ce qui conduit à exiger du fisc qu'il démontre que les bases d'imposition retenues ne sont pas exagérées. La preuve de l'exagération des bases d'imposition constitue donc la « preuve de droit commun »[3089] comme l'a jugé le Conseil d'Etat dès 1958[3090].

915. Enfin, la preuve de l'exagération de l'imposition établie est retenue par les autres dispositions réglementaires relatives à l'administration de la preuve : tant en matière d'imposition d'office[3091], qu'en cas d'accord à la proposition de rectification, d'absence de réponse à la proposition de rectification dans le délai légal ou d'imposition établie d'après les bases

---

[3085] MEHL, concl. sur Conseil d'Etat, 7e et 8e s-s., 21 février 1973, n°82521 : Dr. fisc. 1973, n°1239.

[3086] Conseil d'Etat, 9e et 7e s.-s., 31 juillet 1992, n°93244, Inédit : « l'article R.191-1 (...) [conduit à imposer au contribuable] « d'établir que l'administration a fait une estimation exagérée de l'importance des opérations que son entreprise pouvait normalement réaliser ».

[3087] Conseil d'Etat, 8e et 9e s.-s., 15 février 1999, n°187962, SARL Sporting Plage : Dr. fisc. 1999, n°23, comm. 462 ; RJF 04/99, n°444.

[3088] Conseil d'Etat, 10e s.-s., 16 avril 2012, n°323899, Inédit.

[3089] GOUR Claude, MOLINIER Joël et TOURNIE Gérard, *Procédure fiscale*, PUF, Thémis droit, 1982, p. 312.

[3090] Conseil d'Etat, 8 décembre 1958, n°44559 : Dr. fisc. 1959, n°27, concl. POUSSIERE : « qu'en l'absence de dispositions déterminant expressément, comme le fait l'article 55 du Code général des impôts, applicable dans le cas où la procédure est contradictoire, la nature de la preuve que les contribuable doivent rapporter pour obtenir, devant la juridiction contentieuse, la réduction de leurs impositions, les contribuables dont les bases d'imposition ont été évaluées d'office peuvent légalement se borner à démontrer que le bénéfice retenu par l'administration pour servir de base à l'imposition est exagéré, et à produire toutes les justifications de nature à permettre de déterminer avec plus ou moins de précision le montant de cette exagération ».

[3091] L'article R.193-1 du Livre des procédures fiscales dispose que « Dans le cas prévu à l'article L. 193 le contribuable peut obtenir la décharge ou la réduction de l'imposition mise à sa charge en démontrant son caractère exagéré ». Cette disposition a été codifiée par le Décret n°81-860 du 15 septembre 1981 portant codification des textes réglementaires concernant les procédures fiscales (J.O. du 18 septembre 1981 page 2495). Cette disposition était prévue à l'ancien article 181 B du Code général des impôts (Issu de la loi n°77-1453 du 29 décembre 1977, Accordant des garanties de procédure aux contribuables en matière fiscale et douanière, J.O. du 30 décembre 1977, p. 6279).

indiquées dans la déclaration du contribuable[3092], le contribuable doit, lorsqu'il conteste l'imposition, rapporter la preuve de l'exagération de l'imposition établie d'office.

916. L'instauration d'un tel standard universel de preuve repose, implicitement, sur la nécessaire sauvegarde des droits de la défense puisqu'il permet au contribuable de ne pas affronter une preuve impossible. Une telle solution met également en œuvre le droit au recours effectif en offrant une réelle faculté au contribuable de rapporter la preuve de sa prétention. Le législateur et le juge administratif de l'impôt ont ainsi forgé un équilibre particulier qui tend à neutraliser l'extrême difficulté de prouver un fait. Cette orientation jurisprudentielle atteste d'un activisme du juge administratif qui tend à réduire le risque d'une preuve impossible.

917. Or, une telle approche peut être décelée dans la jurisprudence administrative en contentieux administratif général. La preuve des discriminations livre une illustration de la nécessaire prise en compte de la difficulté de prouver. Le Conseil d'Etat a forgé dans la décision Perreux[3093] un considérant de principe relatif à l'office du juge en matière d'administration de la preuve des discriminations. Il expose que le juge administratif doit tenir « compte des difficultés propres à l'administration de la preuve en ce domaine [celui des discriminations] et des exigences qui s'attachent aux principes à valeur constitutionnelle des droits de la défense et de l'égalité de traitement des personnes »[3094]. Ce considérant, réaffirmé depuis[3095], atteste d'une prise en compte de la difficulté de prouver les faits. En l'espèce, le Conseil d'Etat devait juger d'une discrimination à l'embauche – il s'agissait ici de l'embauche d'un magistrat au poste de chargé de formation à l'Ecole nationale de la Magistrature. Cette preuve est gouvernée par la directive n° 2000/78/CE du 27 novembre 2000 relative à l'« Egalité de traitement en matière d'emploi

---

3092 Cette disposition a été créée par le Décret n°81-860 du 15 septembre 1981 portant codification des textes réglementaires concernant les procédures fiscales (J.O. du 18 septembre 1981, p. 2495).

3093 Conseil d'Etat, Ass., 30 octobre 2009, n°298348, Perreux : Rec. p. 407, concl. Mattias GUYOMAR ; RFDA 2009, p. 1125, concl. Mattias GUYOMAR ; AJDA 2009, p. 2391, note Sophie-Justine LIEBER et Damien BOTTEGHI ; RFDA 2010, p. 126, note Marguerite CANEDO-PARIS ; D. 2010, p. 553, note Gwénaële CALVES ; JCP G 2011, n°4, p.174, note Jean-Gabriel SORBARA ; Dr. fisc. 2010, n° 10, comm. 219, note Michel GUICHARD et GRAU Romain.

3094 Conseil d'Etat, Ass., 28 mai 1954, Barel : Rec. p. 308, concl. Maxime LETOURNEUR ; Sirey 1954, III, 97, note André MATHIOT ; D. 1954, p. 594, note Georges MORANGE ; AJDA 1954, p. 396, note Marceau LONG ; RDP 1954, p. 509, note Marcel WALINE et concl. Maxime LETOURNEUR.

3095 Conseil d'Etat, 6e s.-s., 3 avril 2014, n°355846, Inédit.

et de travail »[3096] dont le délai de transposition expirait – aux termes de l'article 18 de cette directive – le 2 décembre 2003 mais dont l'acte de transposition n'a été effectivement adopté par le législateur français que le 27 mai 2008[3097]. La décision litigieuse a donc été adoptée postérieurement au délai de transposition requis par la directive et antérieurement à l'adoption de l'acte de transposition dans l'ordre juridique interne. Tout en jugeant que les justiciables peuvent se prévaloir des dispositions « précises et inconditionnelles d'une directive » qui n'a pas été transposée dans les délais impartis[3098], le Conseil d'Etat va forger des règles d'administration de la preuve propre à cette matière en forgeant des règles prétoriennes d'administration de la preuve qui serviront de base à l'interprétation de l'acte de transposition[3099].

918. Cette solution se place dans la lignée[3100] de la décision Barel où le Conseil d'Etat avait affirmé des modalités particulières de l'administration de la preuve fondée sur le silence gardé par l'Administration. Toutefois, ces deux décisions ne se placent pas sur un même plan puisque la décision Perreux concerne la répartition de l'administration de la preuve en matière de discrimination alors que la décision Barel concerne l'établissement de la réalité factuelle dans un cas où l'Administration ne fournit par les éléments de preuve nécessaires à la résolution du litige. Le dénominateur commun de ces deux affaires est à rechercher ailleurs. Ce dénominateur commun se trouve dans la recherche commune de l'effectivité du recours contentieux. Déjà, dans ses conclusions prononcées à l'occasion de l'affaire Barel, le commissaire du Gouvernement Maxime LETOURNEUR expose que « dès lors qu'un contrôle existe, il doit pouvoir s'exercer d'une manière effective »[3101]. La recherche d'effectivité du recours pour excès de pouvoir est un élément central qui guide

---

3096 Directive « Égalité de traitement en matière d'emploi et de travail » n°2000/78/CE du 2 décembre 2000, JO L 303 du 2 décembre 2000.

3097 Loi n° 2008-496 du 27 mai 2008 portant diverses dispositions d'adaptation au droit communautaire dans le domaine de la lutte contre les discriminations : J.O. du 28 mai 2008, p. 8801.

3098 Le Conseil d'Etat opère ici un revirement de la jurisprudence Cohn-Bendit (Conseil d'Etat, Ass., 22 décembre 1978, n° 11604, Ministre de l'intérieur c/ Cohn-Bendit : Rec. p. 524).

3099 En ce sens, le communiqué de presse publié sur le site internet du Conseil d'Etat sur la page relative à la décision Perreux affirme que cette solution « a vocation à s'appliquer dans des situations couvertes par la loi du 27 mai 2008 ».

3100 En ce sens, le rapporteur public Mattias GUYOMAR invite le Conseil d'Etat, dans ses conclusions prononcées à l'occasion de la présente décision, « à retenir un mode d'administration de la preuve qui confirme tout en la prolongeant la logique de la jurisprudence Barel » (Rec. p. 407). Marguerite CANEDO-PARIS relève également que « la solution de l'arrêt Mme Perreux en matière de preuve d'une mesure discriminatoire était déjà en germe dans la jurisprudence Barel » (*Le double apport de l'arrêt Mme Perreux : invocabilité des directives, charge de la preuve*, RFDA 2010, p. 126).

3101 LETOURNEUR Maxime, concl. sur Conseil d'Etat, Ass., 28 mai 1954, Barel : Rec. CE 1954, p. 308.

la solution retenue. Lorsque la difficulté de la preuve risque de porter atteinte à l'effectivité du recours, le juge forge des règles probatoires spécifiques qui permettent de le rendre effectif.

919. Ainsi, l'ordre interne présente ainsi un certain paradoxe. Alors que le Conseil constitutionnel se désintéresse de la difficulté de la preuve, le juge administratif atteste d'une véritable prise en compte de la difficulté de la preuve. En ce sens, le juge administratif peut être comparé aux juges européens qui prêtent une attention toute particulière à la preuve impossible ou extrêmement difficile.

2/ Le contrôle effectif de l'impossibilité de prouver dans l'ordre juridique européen

920. Devant les juges européens, l'effectivité des recours est affectée par l'impossibilité de prouver un fait.

921. En ce sens, la Cour de justice de l'Union européenne juge que le principe d'effectivité prohibe « toutes modalités de preuve dont l'effet est de rendre pratiquement impossible ou excessivement difficile »[3102] l'accès à un droit reconnu par l'Union européenne. Une solution analogue est, en pratique, retenue par la Cour européenne des droits de l'Homme. Trois formes de preuves impossibles affectent le droit au recours effectif devant les juges européens.

922. En premier lieu, le principe d'effectivité contraint les juges nationaux à étudier réellement les preuves administrées par les parties. Les juges doivent ainsi « se livrer à un examen effectif des (...) offres de preuve des parties »[3103], c'est-à-dire à ne pas délaisser les preuves administrées par le justiciable[3104]. L'impossibilité de prouver résulte, dans ce cas, de l'attitude du juge qui a écarté d'office les preuves administrées par une partie.

923. En deuxième lieu, les juges ne doivent pas faire peser sur le justiciable un poids excessif qu'il ne peut effectivement supporter. Il en va ainsi lorsque la charge de la preuve repose sur une partie[3105] qui ne peut effectivement

---

[3102] CJCE, 9 novembre 1983, Amministrazione delle finanze dello Stato c/ San Giorgio, n°199/82, pt. 14 : Rec. p. 3595 ; RTD Eur. 1984, pp. 123-168, chron. Dominique BERLIN.
[3103] CEDH, Gde ch., 12 février 2004, n°47287/99, Perez c/ France, § 80.
[3104] CJCE, 21 septembre 2000, n°C-441/98 et C-442/98, Michailidis, pt. 41 : Rec. p. I-7145.
[3105] CJCE, 9 février 1999, n°C-343/96, Dilexport Srl, pt. 48 : Rec. p. I-579 ; CJCE, 25 février 1988, n°331/85, 376/85 et 378/85, Bianco et Girard, pt. 12 : Rec. p. 1099 ; CJCE, 9 novembre 1983, n°199/82, Amministrazione delle finanze dello Stato c/ San Giorgio, pt. 14 : Rec. p. 3595.

rapporter cette preuve[3106]. Il en va ainsi lorsque le justiciable fait face à des « difficultés matérielles et procédurales » qui l'empêchent d'apporter des preuves[3107] ou lorsque le poids d'une enquête préalable rend impossible d'administration d'une preuve contraire[3108]. Dans une telle situation, les juges européens veillent à ce que le poids de la preuve qui pèse sur une partie ne rend pas la charge probatoire qui lui incombe impossible.

924. En troisième lieu, les juges ne doivent pas restreindre les modes de preuves exigés en privant effectivement les justiciables de leur faculté de prouver. Il en va ainsi, devant la Cour de justice de l'Union européenne, lorsque la législation restreint les moyens de preuve invocables[3109]. Devant la Cour européenne des droits de l'Homme, cette exigence se traduit par l'interdiction faite aux juges nationaux d'adopter une *attitude formaliste* en exigeant du justiciable des preuves qu'il ne peut, en pratique, effectivement administrer[3110]. Dans un tel cas, les juges européens condamnent l'attitude trop pointilleuse des juges qui exigent d'une partie une preuve qu'il ne peut, en pratique, effectivement rapporter.

925. Cette prohibition des preuves impossibles fondée sur la protection de l'effectivité du recours ne présente aucun particularisme en matière fiscale. En ce sens, la jurisprudence de la Cour de justice de l'Union européenne a

3106 CJCE, 7 septembre 2006, n°C-526/04, Laboratoires Boiron SA, pt. 57 : Rec. p. I-7529 ; AJDA 2006, p. 1161, chron. Emmanuelle BROUSSY, Francis DONNAT et Christian LAMBERT ; Concurrences 2006, n°4, pp. 104-106, obs. Jean-Yves CHEROT ; Europe 2006, n°11, pp. 25-26, obs. Laurence IDOT.

3107 CEDH, 2 février 2012, n°9152/09, I. M. c/ France, § 154 : RFDA 2013, p. 576, chron. LABAYE et SUDRE ; Dr. adm. 2012.37, note TCHEN ; JCP Adm. 2012, p. 2212, note MARTI.

3108 CEDH, 26 juillet 2007, n°48254/99, Cobzaru c/ Roumanie, §§ 83-84.

3109 CJCE, 9 février 1999, n°C-343/96, Dilexport Srl, pt. 48 : Rec. p. I-579 ; CJCE, 25 février 1988, n°331/85, 376/85 et 378/85, Bianco et Girard, pt 12 : Rec. p. 1099 ; CJCE, 9 novembre 1983, n°199/82, Amministrazione delle finanze dello Stato c/ San Giorgio, pt. 14 : Rec. p. 3595.

3110 En ce sens, le droit au recours est illusoire lorsque les juridictions ont des exigences probatoires trop importantes au regard de la capacité probatoire du justiciable. La Cour a reconnu une violation des articles 3 et 13 face à une exigence de « preuves formelles » d'une juridiction nationale (CEDH, 10 février 2011, n°18382/05, Radkov c/ Bulgarie, § 55). Cette solution est également retenue sur le seul fondement de l'article 3 de la Convention européenne des droits de l'Homme (CEDH, 25 janvier 2011, n°38427/05, Elefteriadis c/ Roumanie, §§ 54-55 : D. 2011, p. 1306, obs. Jean-Paul CERE, Martine HERZOG-EVANS et Eric PECHILLON ; RSC 2011, p. 705, note Jean-Pierre MARGUENAUD ; RFDA 2012, p. 455, chron. Xavier DUPRE DE BOULOIS, Henri LABAYLE, Laure MILANO et Frédéric SUDRE). Il en est de même lorsqu'une juridiction interne exige du justiciable certaines preuves dont il ne dispose pas – ici des témoignages – pour rapporter la preuve de mauvais traitements, ce formalisme probatoire privant le contribuable d'un recours effectif (CEDH, 2 février 2006, n°41211/98, Iovchev c/ Bulgarie, § 146). Cette solution est également retenue sur le seul fondement de l'article 5§5 de la Convention européenne des droits de l'Homme lorsque le juge national fait preuve d'un « formalisme excessif des tribunaux quant à l'établissement du préjudice moral » subi lors d'une détention (CEDH, 2 septembre 2010, n°9411/05, Danev c/ Bulgarie, § 35).

appliqué le principe d'effectivité du droit européen en matière fiscale dans le cas où des contribuables ont exigé la répétition d'une imposition indue. Dans l'arrêt San Giorgio[3111], la Cour de justice des communautés européennes a jugé que la législation fiscale française[3112] méconnaît le principe d'effectivité[3113] dès lors qu'elle exige du contribuable qu'il apporte la preuve – négative – du défaut de répercussion de l'imposition indue sur des tiers. Elle a jugé, comme en d'autres matières, « incompatibles avec le droit communautaire toutes modalités de preuve dont l'effet est de rendre pratiquement impossible ou excessivement difficile l'obtention du remboursement de taxes perçues en violation du droit communautaire »[3114]. Cette solution, constamment réaffirmée en matière fiscale[3115], atteste de l'importance du respect du principe d'effectivité en cette matière.

926. Conclusion du §.2. – En pratique, les droits processuels offrent un fondement efficace à l'élimination des preuves interdites et des preuves impossibles. Le droit fiscal ne présente, en cette matière, aucun particularisme puisqu'il prohibe, sur le fondement des droits de la défense et du droit au recours effectif, les preuves impossibles et les preuves interdites. Il faut toutefois souligner le retrait particulier du Conseil constitutionnel qui ne

---

[3111] CJCE, 9 novembre 1983, n°199/82, Amministrazione delle finanze dello Stato c/ San Giorgio : Rec. p. 3595.

[3112] Il s'agissait alors de l'article 13-V de la loi n°80-1094 du 30 décembre 1980 (JO du 31 décembre 1980, p. 3099) qui disposait que « lorsqu'une personne a indûment acquitté des droits indirects régis par le Code général des impôts ou des droits et taxes nationaux recouvrés selon les procédures du Code des douanes, elle ne peut en obtenir le remboursement, sauf en cas d'erreur matérielle, si elle justifie que ces droits n'ont pas été répercutés sur l'acheteur ». Ces dispositions avaient été codifiées aux articles 1965 FA du Code général des impôts et 352 bis du Code des douanes.

[3113] L'arrêt San Giorgio indique clairement le raisonnement adopté par la Cour de Justice. Elle expose – au point 12 de son arrêt que « le droit d'obtenir le remboursement de taxes perçues par un Etat membre en violation des règles du droit communautaire est la conséquence et le complément des droits conférés aux justiciables par les dispositions communautaires interdisant les taxes d'effet équivalant aux droits de douane ou, selon le cas, l'application discriminatoire de taxes intérieures ». Elle expose – au sein de ce même point 12 – que les recours exercés devant les juridictions nationales « ne sauraient être aménagés de manière à rendre pratiquement impossible l'exercice des droits conférés par l'ordre juridique communautaire ». Ainsi, l'affaire San Giorgio constitue bien une application du principe d'effectivité à la répétition d'une imposition indue.

[3114] CJCE, 9 novembre 1983, n°199/82, Amministrazione delle finanze dello Stato c/ San Giorgio, pt. 14 : Rec. p. 3595 ; RTD Eur. 1984, pp. 123-168, spéc. pp. 139-140 et svtes, chron. Dominique BERLIN.

[3115] CJCE, 9 février 1999, n°C-343/96, Dilexport : Rec. p. 579 ; CJCE, 14 décembre 1995, n°C-312/93, Peterbroeck, pt. 14 : Rec. p. 4599 ; CJCE, 8 février 1996, C-212/94, FMC plc e.a., pt. 52 : Rec. p. 389 ; CJCE, 25 février 1988, C-331/85, Bianco et Girard c/ Directeur général des douanes et droits indirects : Rec. p. 1099 ; CJCE, 10 juillet 1980, n°811/79, Ariete, pt. 12 : Rec. p. 2545 ; CJCE, 27 mars 1980, n°C-61/79, Denkavit italiana, pt. 25 : Rec. p. 1205.

dispose pas – de manière fort critiquable – d'une jurisprudence protectrice de la difficulté de prouver.

927. Conclusion de la Sous-Section I. – Les droits processuels offrent un fondement particulièrement idoine à la prohibition des preuves interdites et les preuves impossibles. Le droit d'administrer la preuve s'érige en un principe essentiel du droit processuel. Les fondements de cette prohibition sont particulièrement généraux puisque les droits de la défense comme le droit au recours effectif sont offerts à l'ensemble des justiciables. À ce titre, les contribuables bénéficient de ces droits sans qu'un quelconque particularisme n'affecte cette matière.

928. L'application de ces principes est de nature à forger une véritable égalité entre les parties au litige. Aucune d'elle ne doit affronter une impossibilité d'administrer la preuve de ses prétentions. Or, cette égalité minimale qui doit exister entre les parties apparaît comme une condition élémentaire de l'équité probatoire. À défaut d'une réelle faculté de prouver, l'équité probatoire qui doit exister dans l'administration de la preuve se trouverait irrémédiablement rompue. Or, l'impossibilité d'administrer une preuve affecte, bien plus généralement, les droits substantiels qui requièrent d'offrir aux justiciables la faculté d'administrer certaines preuves contraires.

Sous-Section II. – Les droits substantiels : fondements spécifiques de la prohibition de la preuve impossible

929. Les droits substantiels offrent aux parties la faculté d'administrer certaines preuves contraires (§.1.) mais également de renverser les présomptions (§.2.).

§.1. – Les droits substantiels : fondements au droit d'administrer certaines preuves contraires

930. L'interdiction d'administrer une preuve est de nature à affecter le droit substantiel dès lors que le justiciable perd le bénéfice du droit dont il entend bénéficier. Les droits substantiels sont le fondement d'un droit à établir certaines preuves contraires (A), l'égalité devant les charges publiques constituant un fondement spécifique aux prélèvements obligatoires (B).

A/ Les droits substantiels : fondements généraux au droit d'administrer certaines preuves contraires

931. La faculté d'administrer une preuve peut être recherchée par le justiciable sur le fondement de la sauvegarde des droits substantiels. L'ensemble des droits fondamentaux qui sont garantis aux justiciables sont aptes à offrir un fondement à l'exigence d'un droit à la preuve contraire dès lors que ce droit serait méconnu si la faculté de rapporter la preuve contraire n'est pas reconnue.

932. En premier lieu, le principe d'égalité constitue un principe fondamental qui est de nature à exiger le droit d'administrer une preuve. La généralité de ce principe offre une intéressante source d'analyse de la portée probatoire de ce droit substantiel[3116].

933. Sur le fondement de l'article 6 de la Déclaration des droits de l'Homme et du citoyen, il a été jugé contraire au principe d'égalité devant la loi, l'interdiction d'établir une preuve pour certains contribuables. Par la décision n°73-51 DC[3117] du 27 décembre 1973, le Conseil constitutionnel a jugé que le législateur « tend à instituer une discrimination entre les citoyens au regard de la possibilité d'apporter une preuve contraire à une décision de taxation d'office de l'administration les concernant »[3118]. L'inégalité ainsi identifiée doit s'entendre, comme l'indiquent Louis FAVOREU et Loïc PHILIP, comme une « inégalité dans l'accès au prétoire »[3119]. Or, l'inégalité qui est ici sanctionnée exige d'offrir au justiciable la faculté de contester l'interdiction qui leur est faite de rapporter une preuve. Cette solution, rendue en matière fiscale, dispose d'une portée plus générale puisqu'elle tend à conférer à l'égalité dans l'administration d'une preuve contraire.

934. Dans le même sens, la Cour de justice condamne les législations internes qui affectent les libertés européennes en « empêch[ant] de manière absolue (…) de fournir des éléments de preuve »[3120] à certains justiciables. Face à de telles législations, la Cour juge que ces restrictions créées par les législations nationales affectent « l'exercice des libertés de circulation

---

[3116] Une pluralité de dispositions garantit l'égalité des droits : l'égalité devant la loi de l'article 6 de la Déclaration des droits de l'Homme et du citoyen, le principe d'égalité des armes qui découle de l'article 6 de la Convention européenne des droits de l'Homme ou encore l'article 20 de la Charte des droits fondamentaux qui pose « l'égalité de droit » entre les personnes.
[3117] Cons. const., déc. n°73-51 DC, 27 décembre 1973, Loi de finances pour 1974 : Rec. p. 25 ; AJDA 1974, p. 236, note Paul-Marie GAUDEMET ; RDP 1974, p. 531, note Loïc PHILIP ; JCP 1974.II.17691, note N'GUYEN QUOC VINH ; D. 1974, p. 83, chron. Léo HAMON.
[3118] Conseil constitutionnel, déc. n°73-51 DC, 27 décembre 1973, Loi de finances pour 1974 : Rec. Cons. const. 1973, p. 25, cons. n°2.
[3119] FAVOREU Louis et PHILIP Loïc, *Les grandes décisions du Conseil Constitutionnel*, Sirey, 1ère éd., 1975, n°28, pp. 339-351, spéc. p. 346 et PHILIP Loïc, *La portée du contrôle exercé par le Conseil constitutionnel – À propos de la décision du 27 décembre 1973*, RDP 1974, pp. 531-544, spéc. p. 538.
[3120] CJUE, 9 octobre 2014, n°C-326/12, Van Caster, pt. 49 : ECLI:EU:C:2014:2269 ; CJCE, 8 juillet 1999, n°C-254/97, Baxter e.a., pts. 19-20 : Rec. p. I-4809 ; CJCE, 16 avril 1991, C-347/89, Eurim-Pharm, pt. 17 : Rec. p. I-1747.

garanties »[3121]. La Cour de justice condamne ainsi les législations nationales qui opèrent une discrimination dans la faculté offerte aux non-nationaux d'administrer des preuves requises pour bénéficier d'un avantage offert aux nationaux[3122]. Les libertés européennes permettent ainsi de fonder une prohibition des discriminations entre les nationaux et les justiciables établis dans d'autres Etats membres de l'Union européenne.

935. Le principe d'égalité constitue enfin, devant la Cour européenne des droits de l'Homme, un fondement au droit d'administrer une preuve contraire sur le fondement de l'article 14 de la Convention européenne des droits de l'Homme. Une solution analogue pourrait même être fondée sur le protocole n°12 que la France n'a toutefois pas ratifié[3123]. Elle a ainsi jugé, dans un arrêt Glor c/ Suisse[3124] que la règle légale visant les personnes souffrant d'un « handicap mineur »[3125] qui interdit à certaines personnes de prouver que leur revenu est « relativement modeste »[3126] constitue une discrimination prohibée par l'article 14 de la Convention. Le droit de la Convention européenne des droits de l'Homme prohibe ainsi les discriminations qui privent certains justiciables de rapporter une preuve.

936. Toutefois, le principe d'égalité est loin d'être le seul fondement susceptible d'offrir un droit à la preuve contraire car tous les droits et principes fondamentaux sont susceptibles de fonder un tel droit. À ce titre, le Conseil constitutionnel a démontré, en matière d'expropriation, par une décision n°2012-236 QPC[3127], que l'article 17 de la Déclaration des droits de l'Homme et du citoyen – garantissant le droit de propriété – est susceptible de fonder un droit à la preuve contraire. En jugeant de la constitutionnalité de l'alinéa 1er de l'article L. 13-17 du code de l'expropriation pour cause d'utilité publique, il estime nécessaire de ménager un droit à la preuve contraire au propriétaire exproprié afin de ne pas priver « l'intéressé de faire la preuve que l'estimation de l'administration ne prend pas correctement en compte l'évolution du marché

3121 CJUE, 9 octobre 2014, n°C-326/12, Van Caster, pt. 46 : préc.

3122 CJUE, 9 octobre 2014, n°C-326/12, Van Caster, pt. 58 : préc. ; CJCE, 8 juillet 1999, n°C-254/97, Baxter e.a., pt. 19 : Rec. p. I-4809 ; CJCE, 16 avril 1991, n°C-347/89, Eurim-Pharm, pt. 17 : Rec. p. I-1747.

3123 Le protocole n°12 à la Convention européenne des droits de l'Homme pose une « Interdiction générale de la discrimination ».

3124 CEDH, 30 avril 2009, n°13444/04, Glor c/ Suisse : AJDA 2009, p. 1936, chron. Jean-François FLAUSS.

3125 CEDH, 30 avril 2009, n°13444/04, Glor c/ Suisse, § 92 : préc.

3126 CEDH, 30 avril 2009, n°13444/04, Glor c/ Suisse, § 92 : préc.

3127 Cons. const., déc. n°2012-236 QPC, 20 avril 2012, Mme Marie-Christine J. : Rec. p. 211 ; JCP G 2012, n°22, pp. 1075-1081, chron. Bertrand MATHIEU ; Revue de droit immobilier 2012, n°6, pp. 336-338, chron. Yves JEGOUZO, François-Guy TREBULLE ; Agathe VAN LANG; Laurent FONBAUSTIER ; AJDA 2012, p. 1517, note Gilbert SIMON ; Droit et Patrimoine 2013, n°225, pp. 68-69, chron. Jean-François DAVIGNON.

de l'immobilier »[3128]. De la sorte, le Conseil constitutionnel exige que le justiciable qui subit l'expropriation soit à même de rapporter la preuve de la valeur réelle de son immeuble.

937. En somme, l'ensemble des droits substantiels sont susceptibles de fonder un droit à la preuve contraire. Les prélèvements obligatoires n'échappent pas à ce principe car l'égalité devant les charges publiques fonde un véritable droit à la preuve contraire.

B/ L'égalité devant les charges publiques : fondement spécifique au droit d'administrer une preuve contraire en matière de prélèvements obligatoires

938. En matière fiscale, le droit à établir une preuve contraire trouve un fondement particulier dans l'égalité devant les charges publiques. Le Conseil constitutionnel a bâti, sur ce fondement, un droit à l'administration de la preuve contraire. La protection de l'égalité devant les charges publiques est ainsi renforcée par l'affirmation d'« un versant procédural »[3129] qui contraint à offrir aux contribuables la faculté d'administrer la preuve contraire. Cette preuve contraire exige qu'il soit offert au contribuable un droit de prouver la réalité de ses facultés contributives. Cela se manifeste par le droit de contredire la preuve établie par l'administration fiscale.

939. Le Conseil constitutionnel a forgé ce droit à la preuve contraire par une décision n°2010-88 QPC[3130] du 21 janvier 2011. Il juge, sur le fondement de l'article 13 de la Déclaration de 1789, nécessaire – lorsque le revenu du contribuable est établi sur les éléments relatifs à son train de vie – que ce même contribuable « puisse être mis à même de prouver que le financement des éléments de patrimoine qu'il détient n'implique pas la possession des revenus définis forfaitairement »[3131]. Par cette décision, le Conseil constitutionnel prolonge l'œuvre du législateur fiscal – qui avait déjà atténué le caractère

---

[3128] Cons. const., déc. n°2012-236 QPC, 20 avril 2012, Mme Marie-Christine J., cons. n°7 : préc.

[3129] PELLETIER Marc, *Inconstitutionnalité partielle des modalités d'évaluation des créances à terme en matière de droits de mutation à titre gratuit et d'ISF*, Dr. fisc. 2015, n° 11, comm. 209, pp. 56-60.

[3130] Cons. const., déc. n°2010-88 QPC, 21 janvier 2011, Mme Boisselier : Rec. p. 74 ; Dr. fisc. 2011, n°7, comm. 219, note Marc PELLETIER ; RJF 01/11, n°83 ; JCP G 2012 n°27, pp. 1344-1351, Chr. Bertrand MATHIEU ; Michel VERPEAUX ; MACAYA Ariana ; Gaz. Pal. 2011, n°238-239, pp. 41-42, chr. Betty TOULEMONT ; Hervé ZAPF ; RFDC 2011, n°87, pp. 627-639, note Eric OLIVA ; RFDC 2011, n°87, pp. 608-610, note Alexis LE QUINIO ; Lexbase Hebdo 2011, n°432, Chr. Thierry LAMBERT.

[3131] Cons. const., déc. n°2010-88 QPC, 21 janvier 2011, Mme Boisselier, cons. n°8 : préc.

irréfragable de cette présomption[3132] – en offrant une preuve contraire de nature à contester la réalité du mécanisme présomptif : le contribuable peut, à la faveur de cette décision, démontrer que les signes extérieurs de richesse dont il dispose ne supposent pas la disposition du revenu évalué sur le fondement de ces indices. Il s'agissait, en l'espèce, d'une veuve qui n'avait pas réduit son train de vie en dépit d'une baisse substantielle de ses revenus[3133]. Il existait ainsi des cas où le train de vie du contribuable n'est pas financé par un quelconque revenu car ce contribuable s'appauvrit. Au-delà de la portée particulière de cette espèce, le Conseil constitutionnel inaugure, par cette décision, un droit à la preuve contraire fondé sur l'égalité devant les charges publiques[3134]. Depuis cette décision, le Conseil d'Etat a reconnu la faculté au contribuable d'administrer une preuve contraire consistant à démontrer que « l'utilisation de son capital ou les emprunts qu'il a contractés lui ont permis d'assurer son train de vie »[3135].

940. À notre sens, ce droit à la preuve contraire doit être constamment reconnu au contribuable qui entend contester l'évaluation de sa matière imposable. En ce sens, le Conseil constitutionnel a confirmé la portée du versant probatoire de l'article 13 de la Déclaration de 1789 par la décision n°2014-436 QPC du 15 janvier 2015[3136]. Il juge contraire à cet article le troisième et dernier alinéa

---

[3132] Avant l'adoption de l'article 82 de la loi n°86-1317 du 30 décembre 1986, la doctrine avait déjà souligné la méconnaissance par cette disposition du principe d'égalité devant l'impôt. Dans sa thèse de doctorat, Jean-Pierre CASIMIR (*Les signes extérieurs de revenus, Le contrôle et la reconstitution du revenu global par l'Administration fiscale*, Thèse de doctorat, Dijon, LGDJ, 1979, pp. 385-396) a démontré que « Le caractère irréfragable de la présomption [de l'article 168 du Code général des impôts] ne permettra (…) pas à l'intéressé de fournir les explications » (*op. cit.*, p. 386) qui lui permettront d'échapper à cette présomption. Il a critiqué ce fait en soulignant que ces dispositions sont « contraires à l'égalité des citoyens devant les charges publiques » (*op. cit.*, pp. 395-396).

[3133] Olivier FOUQUET l'indique ainsi : « L'origine des critiques adressées à l'article 168 vient peut-être de ce que l'Administration n'en a pas toujours fait « une application mesurée ». Ses agents ont eu notamment tort de l'appliquer, malgré les instructions, aux veuves qui ne réduisaient pas suffisamment leur train de vie après le décès de leur mari. « Tueurs de dame » (Ladykillers) est un métier à risque » (*Article 168 du CGI : la preuve contraire, enfin !*, Droit fiscal 2011, n°4, act. 30).

[3134] Le Conseil d'Etat a, depuis la décision du Conseil constitutionnel, fait application de la réserve d'interprétation du Conseil constitutionnel : Conseil d'Etat, 3e et 8e s.-s., 26 mars 2012, n°340466, Mme Dana : Dr. fisc. 2012, n°17, comm. 280, concl. Vincent DAUMAS, note Marc PELLETIER ; RJF 06/12, n°553.

[3135] Conseil d'Etat, 3e et 8e s.-s., 27 octobre 2008, n°294160, M. et Mme Planet, cons. n°3 : Dr. fisc. 2008, n°52, comm. 647, concl. Emmanuel GLASER ; RJF 01/09, n°3 ; BDCF 01/09, n°1, concl. Emmanuel GLASER.

[3136] Cons. const., déc. n°2014-436 QPC du 15 janvier 2015, Mme Roxane S. [Valeur des créances à terme pour la détermination de l'assiette des droits de mutation à titre gratuit et de l'ISF] : J.O. du 17 janvier 2015, p. 805 ; Dr. fisc. 2015, n°11, comm. 209, comm. Marc PELLETIER ; RJF 04/15 n°348 ; LPA 2015, n°22, pp. 4-7, comm. Frédérique PERROTIN ; NCCC 2015, n°48, pp. 221-230, note Stéphane AUSTRY.

de l'article 760 du Code général des impôts qui n'offre pas de droit à la preuve contraire au contribuable. Plus précisément, il estime, en l'espèce, que « le contribuable n'est (...) pas en mesure d'apporter la preuve de ce que la capacité du débiteur de payer une somme excédant la valeur à laquelle la créance avait été évaluée résulte de circonstances postérieures au fait générateur de l'impôt »[3137]. De la sorte, le Conseil constitutionnel condamne l'impossibilité pour le contribuable de contester, par l'administration d'une preuve, l'évaluation de ses capacités contributives.

941. La nécessité d'offrir, sur le fondement de l'égalité devant les charges publiques un droit à la preuve contraire peut trouver sa source dans la jurisprudence antérieure du Conseil d'Etat. Bien que la Haute juridiction administrative n'ait pas explicitement lié l'égalité devant les charges publiques et le droit à la preuve contraire, certaines décisions attestent d'une interprétation propice à l'affirmation d'un tel droit. Il est ainsi parvenu, à plusieurs reprises, à forger, de manière prétorienne, un droit à la preuve contraire pour des dispositifs fiscaux qui n'en offraient aucune. En ce sens, le juge administratif de l'impôt a réalisé une interprétation particulièrement remarquable de l'article 180 du Code général des impôts issu d'une loi du 13 juillet 1925[3138] – supprimé à la suite de la Commission Aicardi[3139]. Cette disposition permettait à l'administration fiscale d'imposer les contribuables en se fondant sur leurs dépenses qu'elle qu'en soit la nature dès lors que les revenus de ces contribuables étaient inférieurs au montant de ses dépenses. En somme, il suffisait à l'administration fiscale de faire la balance des sommes dépensées avec les sommes déclarées pour mettre en œuvre cette disposition. Or, les contribuables ne pouvaient justifier l'utilisation de capitaux pour tenter d'échapper à l'imposition ainsi établie. La décision du Conseil d'Etat, rendue en formation de plénière, Béolet du 4 juillet 1986[3140], a conduit le Conseil d'Etat à adopter une interprétation de l'article 180 du Code général des impôts, *contra legem*, qui offre la faculté au contribuable de faire échec à cette disposition en justifiant l'origine de sommes qui avaient permis de financer les dépenses litigieuses. Antérieurement à cette décision, le Conseil d'Etat avait déjà assoupli le mécanisme de l'article 180 du Code général des impôts en affirmant qu'il était loisible au contribuable de rapporter la preuve que les

---

3137 Cons. cons., déc. n°2014-436 QPC du 15 janvier 2015, Mme Roxane S. [Valeur des créances à terme pour la détermination de l'assiette des droits de mutation à titre gratuit et de l'ISF] : préc.

3138 Pour l'histoire de l'article 180 du Code général des impôts : VERNY Jean-François, *Impôt sur le revenu global. La notion de dépense pour l'application de l'article 180 du CGI, Chron. sur CE 21 novembre 1979, n°10376, Plén.*, RJF 01/80, pp. 3-6.

3139 L'article 180 du Code général des impôts a été supprimé par la loi de finances pour 1987 (n°86-1317 du 30 décembre 1986, J.O. du 31 décembre 1986, p. 15820).

3140 Conseil d'Etat, Plén., 4 juillet 1986, Béolet, n°42001 : Dr. fisc. 1987, n°52, comm. 2352 ; RJF 10/86, n°845, concl. Olivier FOUQUET, p. 528.

dépenses litigieuses étaient justifiées par des emprunts[3141]. De la sorte, le Conseil d'Etat est parvenu à sauvegarder le droit à la preuve contraire des contribuables – qui se manifeste par la faculté de rapporter la preuve du caractère non imposable des sommes litigieuses. Cette interprétation *contra legem* a pu s'inspirer de la nécessité de garantir l'égalité devant les charges publiques.

942. De la sorte, le juge administratif de l'impôt est parvenu, avant le Conseil constitutionnel, à forger, de manière prétorienne, un droit à la preuve contraire en faveur du contribuable. Cette interprétation particulière peut être lue comme une application implicite du principe d'égalité devant les charges publiques puisque le juge forge ainsi un droit d'administrer la preuve contraire afin d'établir la réalité des capacités contributives.

943. En somme, la matière fiscale dispose – à l'instar des autres matières – de fondements spécifiques qui permettent d'établir certaines preuves contraires. Les droits substantiels fondent également un droit à renverser les présomptions.

§.2. – Les droits substantiels : fondements spécifiques au droit de renverser les présomptions

944. Les droits substantiels fondent le droit de renverser les présomptions. Ces droits constituent un fondement au droit de renverser les présomptions irréfragables (1) qui s'impose, sans particularisme, en matière fiscale (2).

A/ Les droits substantiels : fondements généraux au droit de renverser les présomptions

945. Une présomption irréfragable prive le justiciable d'un droit substantiel. De ce fait, le droit substantiel peut fonder indirectement un droit de renverser une présomption. À ce titre, il apparaît que l'ensemble des droits substantiels peuvent potentiellement fonder un droit à renverser les présomptions qui leur sont opposées. La présomption a pour effet de priver définitivement le justiciable de son droit.

946. En ce sens, l'article 1er du premier protocole additionnel à la Convention européenne des droits de l'Homme – qui garantit le droit du respect des biens – constitue un fondement possible au droit de renverser une présomption irréfragable. La Cour européenne des droits de l'Homme a condamné la présomption irréfragable, issue du droit grec, qui consistait, dans le cadre

[3141] Conseil d'Etat, Plén., 9 janvier 1981, n°17580 et 18418 : Dr. fisc. 1981, n°23, comm. 1230 ; RJF 03/81, p. 104, concl. Jean-François VERNY.

d'expropriations pour des travaux d'utilité publique à priver les justiciables d'une indemnité de nature à indemniser la perte de valeur de la partie de la propriété qu'ils conservaient. Ils ne pouvaient obtenir une indemnisation que de la partie de la propriété dont ils avaient été effectivement privés sans qu'il soit possible de faire valoir la perte de valeur d'une partie de la propriété qu'ils conservaient. Les juges grecs estimaient que la plus-value qui résulte de la construction de l'ouvrage public était toujours de nature à indemniser le justiciable. La Cour européenne des droits de l'Homme a constamment jugé[3142] que cette présomption irréfragable « rompt (...) le juste équilibre devant régner entre la sauvegarde du droit au respect des biens et les exigences de l'intérêt général »[3143]. Plus précisément, la Cour estime que « les requérants ont été empêchés de faire valoir devant les juridictions internes leur droit à une indemnisation complète de la perte de leur propriété »[3144]. La présomption irréfragable est contraire au droit aux biens dès lors qu'elle prive les justiciables de la faculté de rapporter la preuve de la perte de la valeur de leur bien immobilier.

947. Cette solution pourrait également être retenue en matière fiscale : une présomption irréfragable qui priverait le contribuable du droit au respect de ses biens serait nécessairement contraire à l'article 1er du premier protocole additionnel à la Convention européenne des droits de l'Homme.

948. De même, la Cour de justice de l'Union européenne a jugé que les présomptions irréfragables entrent en conflit avec les droits fondamentaux garantis par la Charte des droits fondamentaux de l'Union européenne. Dans l'affaire N.S.[3145], elle a jugé que le transfert d'un demandeur d'asile vers l'Etat membre « responsable » au sens du règlement n° 343/2003[3146] ne pouvait être ordonné lorsque le demandeur d'asile court « un risque réel d'être soumis à des traitements inhumains ou dégradants au sens de l'article 4 de la charte »[3147]. De ce fait, les juridictions de l'Etat qui souhaite opérer le transfert du demandeur d'asile ne peuvent poser une « présomption irréfragable [établissant que] les droits fondamentaux du demandeur d'asile seront respectés dans l'État membre normalement compétent pour connaître

---

3142 CEDH, Gde ch., 25 mars 1999, n°31423/96, Papachelas c/ Grèce, § 55 ; CEDH, 15 novembre 1996, n°19385/92, Katikaridis et autres c/ Grèce, § 49 ; CEDH, 15 novembre 1996, n°20680/92, Tsomtsos et autres c/ Grèce, § 42.

3143 CEDH, 15 novembre 1996, n°19385/92, Katikaridis et autres c/ Grèce, § 49.

3144 CEDH, 15 novembre 1996, n°19385/92, Katikaridis et autres c/ Grèce, § 49.

3145 CJUE, Gde ch., 21 décembre 2011, n°C-411/10 et C-493/10, N. S. : Rec. p. I-13905.

3146 Règlement (CE) n° 343/2003 du Conseil du 18 février 2003 établissant les critères et mécanismes de détermination de l'État membre responsable de l'examen d'une demande d'asile présentée dans l'un des États membres par un ressortissant d'un pays tiers : J.O. n° L 050 du 25 février 2003, p. 1.

3147 CJUE, Gde ch., 21 décembre 2011, n°C-411/10 et C-493/10, N. S., pt. 94 : préc.

de sa demande »[3148]. Elle estime que « la présomption (...) doit être considérée comme réfragable »[3149]. Cette solution est de nature à fonder une prohibition générale des présomptions irréfragables qui privent le justiciable d'un droit fondamental.

949. La protection de l'ensemble des droits substantiels est de nature à offrir aux justiciables un droit de renverser les présomptions. La matière fiscale n'offre, en la matière, aucun particularisme.

B/ Les droits substantiels : fondements au droit de renverser les présomptions de fraude et d'évasion fiscales

950. En matière fiscale tant le droit interne[3150] que le droit européen[3151] imposent de ménager aux contribuables des droits à la preuve contraire en matière de présomptions de fraude et d'évasion fiscales. Ces présomptions sont admises (1), à condition de respecter le droit de renverser les présomptions (2).

1/ L'admission des présomptions en matière de fraude et d'évasion fiscales

951. L'admission des présomptions de fraude et d'évasion fiscales doivent être proportionnées (i) et justifiées (ii).

[3148] CJUE, Gde ch., 21 décembre 2011, n°C-411/10 et C-493/10, N. S., pt. 99 : préc.

[3149] CJUE, Gde ch., 21 décembre 2011, n°C-411/10 et C-493/10, N. S., pt. 104 : préc.

[3150] Sur ce point : AUSTRY Stéphane, *Encadrement de la lutte contre la fraude et l'évasion fiscales*, Dr. fisc. 2015, n°39, 582, pp. 22-28 ; AUSTRY Stéphane, *L'interdiction constitutionnelle des présomptions irréfragables et l'article 209 B*, Dr. fisc. 2016, n°21, comm. 342, pp. 54-60 ; GUILLET Pierre-Siffrein, *Les présomptions en droit fiscal*, Thèse de doctorat microfichée, Aix-Marseille 3, 2008 ; KOURALEVA-CAZALS Polina, *Conformité à la Constitution, avec réserve, de l'imposition des plus-values de cession de titres et des dividendes de sociétés implantées dans un ETNC*, Dr. fisc. 2015, n° 12, comm. 223, pp. 38-45 ; PELLETIER Marc, *Droit constitutionnel fiscal : chronique de l'année 2015*, Dr. fisc. 2016, n°10, 208 ; PELLETIER Marc, *Fiscalité internationale - Principe d'égalité devant les charges publiques et article 123 bis du CGI : l'agonie des présomptions irréfragables*, Dr. fisc. 2017, n° 11, act. 165, pp. 3-5 ; TUROT Jérôme, *L'article 209 B est-il soluble dans le droit communautaire ? À propos de l'arrêt CJCE 16 juillet 1998, Imperial Chemical Industries (ICI)*, RJF 12/98, pp. 940-945.

[3151] Sur ce point : SANO Claudia, *Legal Presumptions in National Tax Systems (Italy and Belgium) and in EU Law*, Thèse de doctorat dact., Université de Bologne et d'Antwerpen, 2013 ; SANO Claudia, *National Tax Law Presumptions and EU Law*, EC Tax review 2014-4, pp. 194-206.

i/ La nécessaire proportionnalité des présomptions de fraude et d'évasion fiscales

952. *A priori*, aucun obstacle ne s'oppose à la création de présomptions de fraude ou d'évasion fiscales. Pourtant, ces présomptions doivent respecter une exigence de proportionnalité. Les juges internes et européens veillent à ce qu'elles ne visent que des actes susceptibles d'être frauduleux. En ce sens, la Cour de justice condamne – de jurisprudence constante[3152] – la création par les Etats membres de « présomption[s] générale[s] de pratiques abusives »[3153] ou encore les « présomption[s] générale[s] d'évasion ou de fraude fiscale »[3154]. Elle exige ainsi que les Etats membres se fondent sur des dispositifs « spécifiques » de lutte contre la fraude et l'évasion fiscales[3155]. Les libertés européennes ne peuvent être ainsi affectées par des mécanismes généraux qui reposent sur des présomptions généralisées de fraude ou d'évasion fiscales. En ce sens, les dispositifs anti-abus ne doivent atteindre que certains comportements des contribuables qui ont créé « des montages purement artificiels, dépourvus de réalité économique, dans le but d'éluder l'impôt normalement dû sur les bénéfices générés par des activités réalisées sur le territoire national »[3156]. Cette solution tend à réserver les présomptions de fraude aux cas où des éléments tangibles permettent de s'assurer d'une importante probabilité de l'existence d'une fraude ou d'un abus.

[3152] CJCE, Gde Ch., 12 septembre 2006, n°C-196/04, Cadbury Schweppes plc et Cadbury Schweppes Overseas Ltd c/ Commissioners of Inland Revenue, pt. 50 : Rec. p. I-7995 ; CJCE, 4 mars 2004, Commission/France, C-334/02, pt. 27 : Rec. p. I-2229 ; CJCE, 26 septembre 2000, Commission c/ Belgique, C-478/98, pt. 45 : Rec. p. I-7587.

[3153] CJCE, Gde Ch., 13 mars 2007, n°524/04, Test Claimants in the Thin Cap Group Litigation : RJF 06/07, n°775.

[3154] CJCE, 11 mars 2004, n°C-9/02, de Lasteyrie du Saillant, pt. 51 : Rec. p. I-2409.

[3155] CJUE, Gde Ch., 1er avril 2014, n°C-80/12, Felixstowe Dock and Railway Company e.a. : ECLI:EU:C:2014:200 (En l'espèce, la Cour de justice relève que la législation nationale litigieuse « ne poursuit aucunement un objectif spécifique de lutte contre les montages purement artificiels »).

[3156] La qualification de « montage purement artificiel destiné à contourner la loi fiscale » a été créé par la Cour de justice dans l'arrêt Imperial Chemical Industries Plc (ICI) (CJCE 16 juillet 1998 n°264/96 : RJF 11/98 n°1382 avec chronique Jérôme TUROT, RJF 12/98 p. 940, concl. Guiseppe TESAURO, BDCF 06/98, n°137). Elle a ensuite été constamment réaffirmée par la Cour de justice (CJCE, Gde Ch., 12 septembre 2006, n°C-196/04, Cadbury Schweppes plc et Cadbury Schweppes Overseas Ltd c/ Commissioners of Inland Revenue, pt. 55 : Rec. p. I-7995 ; CJUE, Gde Ch., 1er avril 2014, n°C-80/12, Felixstowe Dock and Railway Company e.a.).

953. En ce sens, l'article 209 B[3157] dispose – depuis sa création[3158] – d'une clause de sauvegarde[3159] qui a été modifiée – afin d'être conforme à la jurisprudence de la Cour de justice de l'Union européenne – à compter du 1er janvier 2006[3160] pour les contribuables qui usent de leur liberté d'établissement au sein de l'Union européenne. L'article 209 B n'est donc pas une présomption irréfragable mais elle constitue, une présomption difficile à renverser en raison de la quasi-automaticité de ses effets[3161]. Le Conseil d'Etat a jugé, après de multiples débats doctrinaux[3162], l'article 209 B partiellement incompatible avec la liberté d'établissement dans sa version antérieure au 1er janvier 2006[3163]. La clause de sauvegarde a été jugée « trop restrictive pour

---

3157 L'article 209 B du Code général des impôts vise les personnes morales qui sont établies en France et qui sont soumises à l'impôt sur les sociétés. Lorsque ces sociétés détiennent, directement ou indirectement, plus de 50% de parts, actions, droits financiers ou droits de vote au sein d'une entité juridique et que cette entité est soumise à un régime fiscal privilégié au sens de l'article 238 A du Code général des impôts, les bénéfices ou revenus positifs de cette entité sont réputés constituer des revenus de capitaux mobiliers imposables pour la personne morale établie en France dans la proportion des participations qu'elle détient au sein de cette entité.

3158 L'article 209 B du Code général des impôts a été créé par l'article 70 de la loi n°80-30 du 18 janvier 1980 (J.O. du 19 janvier 1980, p. 147).

3159 Entre le 18 janvier 1980 et le 1er janvier 2006, la clause de sauvegarde de l'article 209 B était rédigée comme suit : « Les dispositions du I ne s'appliquent pas si l'entreprise établit que les opérations de la société étrangère n'ont pas principalement pour effet de permettre la localisation de bénéfices dans un Etat ou territoire où elle est soumise à un régime fiscal privilégié ».

3160 Depuis le 1er janvier 2006 (issu de l'article 104 de la loi n°2004-1484 du 30 décembre 2004 de finances pour 2005 : J.O. du 31 décembre 2004, p. 22459), la clause de sauvegarde de l'article 209 B est ainsi rédigée : « si l'exploitation de l'entreprise ou la détention des actions, parts, droits financiers ou droits de vote de l'entité juridique par la personne morale passible de l'impôt sur les sociétés ne peut être regardée comme constitutive d'un montage artificiel dont le but serait de contourner la législation fiscale française ».

3161 Marie-Astrid NICOLAZO DE BARMON relève, à cet égard, que bien que l'article 209 B du Code général des impôts établit « une présomption simple, [elle est] tout de même très générale, compte tenu précisément de l'étroitesse de la clause de sauvegarde y faisant automatiquement échec » (Conclusions sur Conseil d'Etat, Plén., 4 juillet 2014, n°357264 et 359924 Sté Bolloré : RJF 10/14, n°880, BDCF 10/14, n°92).

3162 TUROT Jérôme, *L'article 209 B est-il soluble dans le droit communautaire ? À propos de l'arrêt CJCE 16 juillet 1998, Imperial Chemical Industries*, RJF 12/98, pp. 940-945 ; TUROT Jérôme, *Article 209 B et conventions fiscales internationales : après les ténèbres, la lumière*, RJF 10/02, pp. 755-759 ; BOKDAM-TOGNETTI Emilie, *Article 209 B : causeries autour de la clause de sauvegarde*, RJF 02/13, pp. 107-114.

3163 Conseil d'Etat, Plén., 4 juillet 2014, n°357264 et 359924, Sté Bolloré : Dr. fisc. 2014, n°38, comm. 536, concl. Marie-Astrid NICOLAZO DE BARMON, note Jérôme ARDOUIN ; Dr. fisc. 2014, n°38, 528, note Philippe OUDENOT ; RJF 10/14 n°880 ; concl. Marie-Astrid NICOLAZO DE BARMON, BDCF 10/14 n°92. Marie-Astrid NICOLAZO DE BARMON, dans ses conclusions sur cette affaire, juge qu'il est nécessaire de « juger l'article 209 B inconciliable avec la liberté d'établissement en tant seulement qu'il vise les résultats localisés à des fins principalement fiscales dans des sociétés étrangères bénéficiant d'un régime fiscal privilégié sans que ces dernières soient privées de toute substance » mais de « juger l'article 209 B compatible avec la liberté d'établissement dans la mesure où il vise les entités étrangères dépourvues d'implantation réelle dans l'Etat d'accueil et n'y exerçant pas d'activité économique

que le dispositif ne cible que les montages purement artificiels »[3164]. Pour l'application de cette disposition dans sa version antérieure au 1er janvier 2006, le Conseil d'Etat estime qu'il y a lieu de discriminer entre les montages purement artificiels qui peuvent se voir appliquer le mécanisme de l'article 209 B et les montages qui présentent une réalité économique pour lesquels le juge de l'impôt doit écarter l'application de l'article 209 B[3165].

954. Cette exigence de proportionnalité des présomptions de fraude et d'évasion fiscales n'est pas explicitement affirmée par le Conseil constitutionnel. Pourtant, cette exigence est latente. En ce sens, par une décision n°2012-661 DC du 29 décembre 2012[3166], le Conseil constitutionnel a jugé de la présomption irréfragable créée par le législateur en matière de plus-value de cession de valeurs mobilières dans le cadre d'une donation suivie d'une cession par le donataire. Le paragraphe I de l'article 19 de la 3e loi de finances rectificative pour 2012 posait une présomption irréfragable de fraude lorsque des opérations de donation et de cession intervenaient successivement dans un délai de dix-huit mois. Cette disposition a été jugée contraire à la Constitution par le Conseil constitutionnel qui juge que « que le critère de la durée séparant la donation de la cession à titre onéreux des valeurs mobilières est à lui seul insuffisant pour présumer de manière irréfragable que la succession de ces deux opérations est intervenue à la seule fin d'éluder le paiement de l'imposition des plus-values »[3167]. Le Conseil constitutionnel indique ainsi que les présomptions irréfragables doivent être strictement proportionnées à l'objectif qu'elles visent à mettre en œuvre. Il s'agit d'une interdiction des mécanismes trop généraux de lutte contre la fraude et l'évasion fiscales.

---

effective ». Le Conseil d'Etat opère donc une distinction entre les cas où l'article 209 B est appliqué face à des « montages purement artificiels » et les autres cas. Dans ce dernier cas, il revient au juge administratif de l'impôt d'écarter l'application de l'article 209 B en raison de son incompatibilité avec le droit européen.

3164 NICOLAZO DE BARMON Marie-Astrid, Conclusions sur Conseil d'Etat, Plén., 4 juillet 2014, n°357264 et 359924 Sté Bolloré : RJF 10/14 n°880, BDCF 10/14, n°92.

3165 Le rapporteur public NICOLAZO DE BARMON Marie-Astrid estime qu'il y a lieu de « juger l'article 209 B compatible avec la liberté d'établissement dans la mesure où il vise les entités étrangères dépourvues d'implantation réelle dans l'Etat d'accueil et n'y exerçant pas d'activité économique effective » (Conclusions sur Conseil d'Etat, Plén., 4 juillet 2014, n°357264 et 359924 Sté Bolloré : RJF 10/14 n°880, BDCF 10/14, n°92).

3166 Cons. const., déc. n°2012-661 DC du 29 décembre 2012, Loi de finances rectificative pour 2012 (III), cons. n°20 à 25 : Rec. p. 715.

3167 Cons. constit., déc. n°2012-661 DC, 29 décembre 2012, cons. n°24 : préc.

ii/ La nécessaire justification des présomptions de fraude et d'évasion fiscales

955. Le législateur doit, en matière de lutte contre la fraude et l'évasion fiscales, justifier l'emploi de présomptions de fraudes. Devant la Cour de justice de l'Union européenne, les présomptions qui défavorisent le justiciable dans l'usage de ses libertés constituent des entraves prohibées.

956. À ce titre, en matière de libre circulation des marchandises, l'article 34 du Traité sur le fonctionnement de l'Union européenne[3168] prohibe les entraves à cette liberté – peu importe qu'elle altère « directement ou indirectement, actuellement ou potentiellement, le commerce intracommunautaire »[3169]. Peut constituer une entrave prohibée « l'obligation qui pèse sur l'opérateur économique de justifier systématiquement sa situation au regard de la législation nationale dont il est *a priori* exclu et lorsqu'il envisage à faire usage des libertés de circulation sur le territoire de l'Etat membre concerné »[3170]. Ainsi, la Cour de justice a jugé que constitue une entrave « une présomption de conformité des produits de construction portant les marques de conformité nationales »[3171].

957. De même, en matière de libre prestation des services, l'article 56 du Traité sur le fonctionnement de l'Union européenne[3172], a conduit la Cour de justice à juger que le fait, pour la législation française d'obliger un prestataire venant travailler en France[3173] à « prouver qu'ils n'agissent pas dans le cadre d'un travail subordonné, mais, au contraire, à titre indépendant »[3174] constitue « une entrave à la libre prestation de services »[3175]. En l'espèce, cette disposition probatoire constitue pour ces travailleurs « un inconvénient de

---

[3168] Ancien article 28 du TCE dispose que « Les restrictions quantitatives à l'importation ainsi que toutes mesures d'effet équivalent, sont interdites entre les États membres ».

[3169] CJUE, 12 juillet 2012, n°C-171/11, Fra.bo SpA, pt. 22 : ECLI:EU:C:2012:453.

[3170] FARTUNOVA Maria, *La preuve dans le droit de l'Union européenne*, Thèse de doctorat, Bruylant, 2013, p. 150.

[3171] CJCE, 13 mars 2008, n°C-227/06, Commission c/ Belgique, pt. 56 : Rec. p. I-46.

[3172] L'ancien article 49 du TCE dispose que « Dans le cadre des dispositions ci-après, les restrictions à la libre prestation des services à l'intérieur de l'Union sont interdites à l'égard des ressortissants des États membres établis dans un État membre autre que celui du destinataire de la prestation ».

[3173] La portée de cet arrêt est limité : « il convient de préciser que le présent recours se limite aux artistes qui sont reconnus comme prestataires de services établis dans leur État membre d'origine où ils fournissent habituellement des services analogues (…). Il s'agit en outre de personnes qui viennent exercer leur activité en France à titre temporaire et indépendant » (CJCE, 15 juin 2006, n°C-255/04, Commission c/ France, pt. 36).

[3174] CJCE, 15 juin 2006, n°C-255/04, Commission. c/ France, pt. 38 : JCP S 2006, n°30, 1611, comm. Joël CAVALLINI.

[3175] CJCE, 15 juin 2006, n°C-255/04, Commission. c/ France, pt. 38 : préc.

nature à gêner leurs activités en tant que prestataires »[3176]. En ce sens, la législation d'un Etat membre ne peut, par des règles probatoires, entraver l'exercice d'une liberté européenne en imposant, à des ressortissants européens, des preuves qui sont constitutives d'une « gêne », d'un simple « inconvénient » pour le justiciable. L'intérêt de cette jurisprudence, fondée sur les entraves aux libertés européennes, ne prend pas en compte la difficulté de la preuve[3177].

958. À l'inverse, les présomptions établies par le législateur doivent être fondées sur des « raisons » ou des « exigences impérieuses d'intérêt général » qui permettent de limiter l'exercice des libertés européennes. Sont ainsi de nature à justifier une telle entrave à la liberté – à la différence d'autres motifs[3178] – « la préservation de la répartition du pouvoir d'imposition entre les États membres »[3179], « la lutte contre les pratiques abusives »[3180], ou l'objectif de lutte « contre les paradis fiscaux »[3181]. L'établissement de présomptions est, en ce sens, conditionné par la mise en œuvre de ces motifs qui permettent de justifier l'atteinte aux libertés européennes.

959. Dans le même sens, le Conseil constitutionnel vérifie que les dispositifs anti-abus qui reposent sur un mécanisme probatoire soient fondés sur les objectifs de valeur constitutionnelle de lutte contre la fraude fiscale[3182] et contre l'évasion fiscale[3183].

3176 CJCE, 15 juin 2006, n°C-255/04, Commission. c/ France, pt. 38 : préc.

3177 La Cour de justice a ainsi jugé, en matière de libre prestation de services, que « la présomption de salariat en cause constitue, indépendamment de son caractère plus ou moins difficile à réfuter, une entrave à la libre prestation de services au sens de l'article 49 CE » (CJCE, 15 juin 2006, n°C-255/04, Commission c/ France, pt. 38).

3178 Ne constituent pas des motifs aptes à justifier les restrictions aux libertés la réduction de recettes fiscales (CJCE, 11 mars 2004, n°C-9/02, de Lasteyrie du Saillant, pt. 60 : Rec. p. I-2409) ou le choix de s'installer dans un Etat membre pour bénéficier d'un régime fiscal avantageux (CJCE, Gde Ch., 12 septembre 2006, n°C-196/04, Cadbury Schweppes plc et Cadbury Schweppes Overseas Ltd c/ Commissioners of Inland Revenue, pt. 38 : Rec. p. I-7995). L'Etat membre ne peut non plus invoquer un « risque de fraude (…) plus élevé dans certaines situations que dans d'autres » (CJUE, 5 juillet 2012, n°C-318/10, SIAT c/ Belgique, pt. 33 : RJF 11/12, n°1084).

3179 CJCE, 15 mai 2008, n°C-414/06, Lidl Belgium : Rec. p. I-3601 ; CJCE, 13 décembre 2005, n°C-446/03, Marks & Spencer, pt. 45 : Rec. p. I-10837.

3180 CJCE, 13 mars 2007, n°C-524/04, Test Claimants, pt. 80 : Rec. p. I-2107 ; CJCE, 12 septembre 2006, n° C-196/04, Cadbury Schweppes, pt. 55 : Rec. p. I-7995.

3181 CJUE, Gde Ch., 1er avril 2014, n°C-80/12, Felixstowe Dock and Railway Company e.a., pt. 32.

3182 Cons. const., déc. n°99-424 DC, 29 décembre 1999, Loi de finances pour 2000, cons. 52 : Rec. p. 156 ; RJF 02/00, n°248.

3183 Cons. const., déc. n°2010-70 QPC, 26 novembre 2010, M. Moreau, cons. n°4 : Rec. p. 340 ; Dr. fisc. 2011, n°6, comm. 209, note Frédéric DIEU ; Procédures 2011, n°1, comm. 46, comm. Ludovic AYRAULT ; RJF 02/11, n°210 ; Gaz. Pal. 2011, n°58, p. 18, note Emmanuel GLASER ; Constitutions 2011.245, obs. Christophe de LA MARDIERE.

960. En somme, les présomptions établies en matière de lutte contre la fraude et l'évasion fiscales doivent être justifiées par des objectifs qui justifient leur mise en œuvre. Cette exigence de justification des présomptions doit surtout offrir la faculté au contribuable d'administrer une preuve contraire.

2/ La nécessité de préserver le droit d'administrer des preuves contraires

961. La préservation des droits de la défense des contribuables exige de lui offrir la faculté de prouver la réalité économique de son montage (i) attestant du défaut de véritable particularisme des présomptions de fraude et d'évasion fiscales (ii).

i/ L'affirmation d'une pluralité de preuves contraires relatives à la réalité économique d'une opération

962. En premier lieu, à la faveur du droit européen, le contribuable a acquis la faculté de rapporter une preuve contraire : celle de l'absence d'abus dans l'exercice des libertés européennes. En ce sens, la Cour de justice juge que les contribuables doivent être « mis en mesure, sans être soumis à des contraintes administratives excessives, de produire des éléments concernant les éventuelles raisons commerciales pour lesquelles cette transaction a été conclue »[3184]. La Cour exige donc qu'une preuve contraire, aisée à rapporter, soit offerte au contribuable afin qu'il prouve la réalité économique du montage.

963. Cette exigence est également retenue par le Conseil constitutionnel. Il juge que les présomptions de fraude ou d'évasion fiscales doivent offrir au contribuable la faculté de prouver que l'opération visée par le montage « correspond à des opérations réelles qui n'ont ni pour objet ni pour effet de permettre, dans un but de fraude fiscale, la localisation de bénéfices dans un tel État ou territoire »[3185]. À défaut de cette faculté de rapporter une preuve contraire, le législateur a porté « une atteinte disproportionnée au principe d'égalité devant les charges publiques »[3186]. Le Conseil constitutionnel a

---

[3184] CJUE, 3 octobre 2013, n°282/12, Itelcar, pt 37 : RJF 12/13, n°1186 ; CJUE, 5 juillet 2012, n°318/10, SIAT, pt 50-52 : RJF 11/12, n°1084 ; CJCE, Gde Ch., 13 mars 2007, n°524/04, Test Claimants in the Thin Cap Group Litigation, pt. 82 : RJF 06/07, n°775.

[3185] Cons. const., déc. n°2014-437 QPC, 20 janvier 2015, Association française des entreprises privées et autres [Régime fiscal d'opérations réalisées avec des États ou des territoires non coopératifs], cons. n°10 : J.O. du 23 janvier 2015, p. 1025, texte n°81 ; Dr. fisc. 2015, n° 12, comm. 223, note Polina KOURALEVA-CAZALS ; Dr. fisc. 2015, n° 12, act. 169, Aperçu rapide par Franck LAFFAILLE.

[3186] Cons. const., déc. n°2014-437 QPC, 20 janvier 2015, Association française des entreprises privées et autres [Régime fiscal d'opérations réalisées avec des États ou des territoires non coopératifs], cons. n°10 : préc.

renouvelé, à plusieurs reprises, cette exigence tant en matière de lutte contre la fraude fiscale[3187] ou d'évasion[3188] fiscales.

964. L'exigence de rapporter une telle preuve contraire ne présente pas, entre le droit constitutionnel et le droit européen, une réelle identité. Devant le Conseil constitutionnel, il y a « similitude de cette formulation avec les critères d'abus de droit »[3189] sans que cette similitude soit parfaite dès lors que le Conseil constitutionnel estime que le contribuable doit pouvoir prouver que les opérations litigieuses « n'ont ni pour objet ni pour effet » d'échapper à l'imposition. Or, la Cour de justice exige que le contribuable puisse rapporter la preuve des « raisons commerciales »[3190] qui ont justifié l'opération visée par le dispositif anti-abus. La Cour de justice semble ainsi se contenter de la preuve de l'objet de l'opération sans s'intéresser aux effets fiscaux qu'elle peut offrir. La protection européenne peut ainsi paraître plus protectrice du contribuable que celle du droit constitutionnel.

965. Le juge administratif de l'impôt doit, dans un tel cas, se fonder sur le standard le plus protecteur du contribuable pour ne pas méconnaître les libertés européennes. À ce titre, le juge administratif de l'impôt a fait preuve, pour le mécanisme de l'article 209 B du Code général des impôts, d'un

---

[3187] Le Conseil constitutionnel a eu l'occasion d'appliquer cette solution à plusieurs reprises : Cons. const., déc. n°2016-598 QPC, 25 novembre 2016, Société Eurofrance [Retenue à la source de l'impôt sur les revenus appliquée aux produits distribués dans un État ou territoire non coopératif] : J.O. du 27 novembre 2016, texte n° 72 ; Cons. const., déc. n°2014-437 QPC, 20 janvier 2015, Association française des entreprises privées et autres [Régime fiscal d'opérations réalisées avec des États ou des territoires non coopératifs], cons. n°9 : préc.

[3188] Par la décision n°2016-614 QPC du 1er mars 2017 (Cons. const., déc. n°2016-614 QPC, 1er mars 2017, M. Dominique L. [Imposition des revenus réalisés par l'intermédiaire de structures établies hors de France et soumises à un régime fiscal privilégié] : J.O. du 3 mars 2017, texte n° 95 ; Dr. fisc. 2017, n°11, act. 165, Aperçu rapide par Marc PELLETIER), le Conseil constitutionnel a jugé de la conformité à la Constitution de l'article 123 bis du Code général des impôts. Cette disposition prévoit l'imposition d'avoirs détenus à l'étranger par une personne physique domiciliée en France, par l'intermédiaire d'une entité dont les actifs sont principalement financiers et qui est soumise à un régime fiscal privilégié. Dans ce cas, la clause de sauvegarde n'était prévue que pour les entités établies au sein de l'Union européenne. Par cette disposition, le législateur poursuit un but de lutte contre la fraude et l'évasion fiscales.

[3189] KOURALEVA-CAZALS Polina, *Conformité à la Constitution, avec réserve, de l'imposition des plus-values de cession de titres et des dividendes de sociétés implantées dans un ETNC*, Dr. fisc. 2015, n° 12, comm. 223, pp. 38-45.

[3190] CJUE, 3 octobre 2013, n°282/12, Itelcar, pt. 37 : RJF 12/13, n°1186 ; CJUE, 5 juillet 2012, n°318/10, SIAT, pt 50-52 : RJF 11/12, n°1084 ; CJCE, Gde Ch., 13 mars 2007, n°524/04, Test Claimants in the Thin Cap Group Litigation, pt. 82 : RJF 06/07, n°775.

véritable pragmatisme[3191]. Par deux décisions[3192] Sté Paribas International et Sté BNP Paribas, le Conseil d'Etat s'est fondé sur le fait que les opérations litigieuses « n'avaient pas principalement pour objet d'échapper à l'impôt français »[3193]. En se fondant sur le seul *objet* des opérations litigieuses, le Conseil d'Etat refuse de rechercher l'effet fiscal de cette opération. Une telle analyse devrait, à notre sens, être maintenue pour les autres présomptions de fraude et d'évasion fiscales dès lors que ce standard de preuve est le seul qui est compatible avec les libertés européennes.

966. Les juges européens exigent également que le contribuable puisse administrer la preuve d'une justification économique partielle du montage.

967. En second lieu, la proportionnalité exigée par la Cour de justice de l'Union européenne contraint les législations des Etats-membres, qui visent à lutter contre les montages purement artificiels, à ne pas aller pas au-delà de l'objectif qu'elles visent[3194]. Elle juge que la restriction aux libertés qui est mise en œuvre par les mécanismes anti-abus « soit propre à garantir la réalisation de ces objectifs et n'aille pas au-delà de ce qui est nécessaire pour atteindre ceux-ci »[3195]. Cette exigence a conduit la Cour de justice de l'Union européenne à exiger que le contribuable dispose de la faculté de rapporter la preuve du caractère non abusif d'une fraction du montage abusif.

968. Or, l'exigence européenne de ménager une telle preuve contraire n'est pas, pour l'heure, retenue par le Conseil constitutionnel. La nécessité d'offrir au contribuable la faculté d'administrer une preuve contraire a été illustrée par le mécanisme de l'article 155 A du Code général des impôts. S'il est établi que ce dispositif ne peut s'appliquer qu'à des « montages purement

[3191] Nicolas LABRUNE relève ainsi que « Le Conseil d'Etat a donc retenu, (…) une approche pragmatique : si, en matière de clause de sauvegarde, la charge de la preuve pèse sur l'entreprise contribuable, il n'en faut pas beaucoup pour renverser la présomption d'évasion fiscale posée par l'article 209 B. Le Conseil d'Etat, notamment, a admis que l'entreprise puisse se contenter d'avancer, pour justifier le but de son implantation à l'étranger, des éléments assez généraux sur le pays en cause et ses atouts économiques, sans exiger que celle-ci apporte, à l'appui de ses affirmations, des précisions sur sa situation spécifique » (*Article 209 B du CGI : sauvegarde, preuve et pragmatisme*, RJF 03/16, pp. 269-272).

[3192] Conseil d'Etat, 9e et 10e s.-s., 30 décembre 2015, n°372522, min. c/ Sté Paribas International et Conseil d'Etat, 9e et 10e s.-s., 30 décembre 2015, n°372733, min. c/ Sté BNP Paribas : RJF 03/16, c/ 225 et 226, Conclusions Emilie BOKDAM-TOGNETTI ; RJF 03/16, pp. 269-272, Chr. Nicolas LABRUNE.

[3193] Conseil d'Etat, 9e et 10e s.-s., 30 décembre 2015, n°372522, min. c/ Sté Paribas International et Conseil d'Etat, 9e et 10e s.-s., 30 décembre 2015, n°372733, min. c/ Sté BNP Paribas : préc.

[3194] CJCE, 13 mars 2007, n°524/04, Test Claimants in the Thin Cap Group Litigation, § 83 : RJF 06/07, n°775.

[3195] CJUE, 13 novembre 2014, n°C-112/14, Commission c/ Royaume-Uni, pt. 24 : ECLI:EU:C:2014:2369.

artificiels »[3196], la question de l'étendue de la preuve contraire a fait l'objet d'analyses divergentes. Alors que le Conseil constitutionnel a reconnu que ce dispositif pouvait établir une présomption irréfragable[3197], la solution retenue sur le fondement du droit européen est différente. Il est exigé que le contribuable puisse prouver que le montage artificiel dispose d'une réalité économique partielle afin d'échapper en partie à l'imposition établie sur son fondement. Le Conseil d'Etat a ainsi exigé qu'une nouvelle preuve contraire soit offerte au contribuable qui consiste à démontrer que l'entité établie à l'étranger qui perçoit le revenu – contrepartie d'une prestation effectuée en France – participe effectivement à la réalisation de la prestation.

969. Par la décision du Conseil d'Etat du 20 mars 2013, M. et Mme Piazza[3198], le Conseil d'Etat a réalisé une interprétation extrêmement stricte[3199] de l'article 155A du Code général des impôts en exigeant la stricte proportionnalité du dispositif[3200]. Il s'assure que l'imposition en France de l'ensemble du revenu perçu par l'entité étrangère prenne en compte la part effective de l'entité étrangère dans la réalisation de cette prestation. Le Conseil d'Etat ménage donc au contribuable la faculté de démontrer que l'entité qui reçoit la rémunération du service a participé à l'exécution de ce service et ouvre la voie à une exonération partielle de la rémunération de la prestation réalisée en France[3201]. De la sorte, l'article 155A du Code général des impôts vise effectivement les seuls montages purement artificiels pour lesquels l'entité étrangère ne fait que percevoir la rémunération du service réalisé en France[3202].

3196 TA de Paris, 7 juillet 2010, n°06-18227, Laetitia Casta : RJF 01/11, n°1, concl. Katia WEIDENFELD BDCF 01/11, n°1.

3197 Cons. const., déc. n°2010-70 QPC, 26 novembre 2010, M. Moreau : préc.

3198 Conseil d'Etat, 9e et 10e s.-s., 20 mars 2013, n°346642, M. et Mme Piazza : Dr. fisc. 2013, n°20, comm. 282, note Christophe DE LA MARDIERE ; RJF 06/13, n°578 ; BDCF 06/13, n°63, Conclusions Frédéric ALADJIDI ; Droit des sociétés 2013, n°8-9, pp. 41-43, note Jean-Luc PIERRE ; BGFE 2013, n°3, pp. 1-4, note Eric GINTER.

3199 Christophe DE LA MARDIERE critique cette interprétation neutralisante en affirmant que « Cette lecture du texte nous semble aller au-delà des compétences reconnues, en France, aux juridictions : il leur appartient d'appliquer la loi, non d'en modifier la teneur » (*Article 155 A du CGI et droit de l'Union européenne : épilogue ?*, Dr. fisc. 2013, n°20, comm. 282).

3200 Frédéric ALADJIDI relève ainsi que « l'administration n'a jamais intégré le dernier temps du raisonnement de la CJCE qui exige que la législation n'aille, par ailleurs, pas au-delà de ce qui est nécessaire à l'atteinte de cet objectif » (concl. sur Conseil d'Etat, 9e et 10e s.-s., 20 mars 2013, n°346642 et 34663, M. et Mme Piazza : RJF 6/13, n°578, BDCF 06/13, n°63).

3201 Dans l'affaire M. et Mme Piazza, le Conseil d'Etat relève que les contribuables « n'expliquent nullement en quoi le prestataire apparent aurait apporté une quelconque plus-value par rapport aux prestations litigieuses, dont il est constant qu'elles ont été réalisées en France et à propos desquelles il n'est nullement soutenu qu'elles auraient impliqué l'utilisation de matériels ou de techniques relevant de la société » (Conseil d'Etat, 9e et 10e s.-s., 20 mars 2013, n°346642 et 34663, M. et Mme Piazza : RJF 06/13, n°578).

3202 La cour administrative d'appel de Versailles a synthétisé cette solution en jugeant que « les prestations dont la rémunération est ainsi susceptible d'être imposée entre les mains de la

970. Les présomptions de lutte contre la fraude et l'évasion fiscales sont donc de plus en plus contraintes par la nécessité d'administrer certaines preuves contraires. Ces preuves contraires doivent permettre au contribuable de prouver la réalité économique des opérations visées par un mécanisme présomptif. En cela, ces présomptions ne présentent pas de véritable particularisme.

ii/ La faculté de renverser les présomptions : facteur d'admissibilité des présomptions de fraude et d'évasion fiscales

971. La nécessité d'offrir au contribuable la faculté de renverser les présomptions de fraude ou d'évasion fiscales pourrait attester d'un particularisme fiscal. Fondé, dans l'ordre juridique interne, sur l'article 13 de la Déclaration de droits de l'Homme et du citoyen, le droit de renverser les présomptions de fraude ne saurait toutefois constituer un véritable particularisme. À ce titre, il a pu être relevé que le droit constitutionnel garantit au contribuable le droit d'« apporter la preuve de son innocence fiscale »[3203]. Il y a donc tout lieu de rapprocher les présomptions de fraude et d'évasion fiscales des présomptions présentes en matière répressive. À ce titre, il a pu être défendu que les présomptions de fraude et d'évasion fiscales disposent d'un « but répressif »[3204] ou qu'elles seraient même des « présomption[s] de culpabilité »[3205]. Cette proximité est particulièrement vraie en matière probatoire puisque ces présomptions doivent ménager au contribuable un droit à la preuve contraire.

972. À ce titre, l'égalité devant les charges publiques offre une protection analogue aux droits de la défense dans la mesure où le droit de rapporter une preuve contraire doit être garanti au contribuable. En ce sens, l'article 57 du Code général des impôts – qui pose une présomption simple en matière de prix de transfert – a été jugé conforme au principe d'égalité devant les charges

personne qui les a effectuées correspondent à un service rendu pour l'essentiel par elle et pour lequel la facturation par une personne domiciliée ou établie hors de France ne trouve aucune contrepartie réelle dans une intervention propre de cette dernière, permettant de regarder ce service comme ayant été rendu pour son compte » (CAA de Versailles, 3ème ch., 15 septembre 2015, n°14VE01397, Inédit).

3203 LAFFAILLE Franck, *Fraude fiscale et opérations réalisées avec des ETNC, De la présomption (ir)réfragable de culpabilité selon le Conseil constitutionnel*, Dr. fisc. 2015, n° 12, act. 169, pp. 3-5.

3204 KOURALEVA-CAZALS Polina, *Conformité à la Constitution, avec réserve, de l'imposition des plus-values de cession de titres et des dividendes de sociétés implantées dans un ETNC*, Dr. fisc. 2015, n° 12, comm. 223, pp. 38-45.

3205 LAFFAILLE Franck, *Fraude fiscale et opérations réalisées avec des ETNC, De la présomption (ir)réfragable de culpabilité selon le Conseil constitutionnel*, Dr. fisc. 2015, n° 12, act. 169, pp. 3-5.

publiques dès lors qu'il pose une présomption simple[3206]. De même, l'article 209 B du Code général des impôts a été jugé conforme à ce principe dès lors qu'il n'établit pas de présomption irréfragable d'évasion fiscale[3207]. Dans un sens analogue, la Cour de cassation s'est prononcée sur la compatibilité entre une présomption simple et l'article 13 de la Déclaration des droits de l'Homme et du citoyen dans une affaire relative au droit rural[3208]. Elle a jugé que « l'article L. 162-1 du code rural et de la pêche maritime, tel qu'interprété par la jurisprudence constante de la Cour de cassation (…) énonce une présomption simple de propriété (…) qu'il n'en résulte pas de rupture de l'égalité devant les charges publiques »[3209]. À condition que la Chambre commerciale de la Cour de cassation transpose ce raisonnement en matière fiscale, il y a tout lieu de penser qu'une telle analyse, consistant à juger les présomptions simples conformes avec l'égalité devant les charges publiques soit transposable sur le terrain de l'égalité devant l'impôt.

973. En somme, la faculté de renverser la présomption constitue – en matière fiscale comme en dehors de cette matière – la condition d'admissibilité de ce mécanisme. À ce titre, l'assimilation des présomptions de lutte contre la fraude et l'évasion fiscales à des présomptions répressives n'est pas de nature à offrir une protection probatoire supérieure à celle déjà acquise : les droits de la défense constituent, tant en matière répressive qu'en dehors de ce champ, la condition d'admissibilité de ces présomptions.

974. Toutefois, l'identité qui existe entre les présomptions de fraude et d'évasion fiscales et les autres présomptions n'est pas parfaite. En matière de fraude et d'évasion fiscales, il est nécessaire d'offrir la faculté au contribuable d'apporter la preuve de la réalité économique du montage. À ce titre, l'égalité devant les charges publiques et les libertés européennes offrent au contribuable la faculté d'administrer *certaines* preuves contraires et non d'administrer *la* preuve contraire.

[3206] Conseil d'Etat, 3e et 8e s.-s., 2 mars 2011, n°342099, Sté Soutiran et Cie : Dr. fisc. 2011, n°18, comm. 339, concl. Edouard GEFFRAY ; RJF 06/11, n°733 : « qu'il s'agit d'une présomption simple, que la société contribuable peut combattre en apportant la preuve que ces avantages ont été justifiés par l'obtention de contreparties favorables à sa propre exploitation et ne constituent pas un transfert indirect de bénéfices ». Dans ses conclusions, Edouard GEFFRAY relève « qu'une telle présomption n'est ni automatique, ni irréfragable : elle n'est pas automatique, puisqu'elle n'entre en jeu qu'à partir du moment où l'Administration établit à la fois la dépendance et l'octroi d'avantages ; elle n'est pas irréfragable, puisque le contribuable peut toujours la renverser en établissant l'existence d'un intérêt pour l'entreprise ».

[3207] Conseil d'Etat, 9e et 10e s.-s., 2 février 2012, n°351600, Sté Sonepar : Dr. fisc. 2012, n°10, comm. 180 ; RJF 05/12, n°505, concl. Pierre COLLIN, BDCF 05/12, n°63.

[3208] Cass., 3e civ., 14 janvier 2016, n°15-20.286 QPC : Droit rural n°442, Avril 2016, comm. 102, comm. Denis LOCHOUARN.

[3209] Cass., 3e civ., 14 janvier 2016, n°15-20.286 QPC : préc.

975. La cohérence de ces solutions peut être critiquée. L'affirmation d'une pluralité de preuves contraires liées à différents droits substantiels au titre d'une même présomption affecte la clarté jurisprudentielle. Cette pluralité de droits à la preuve contraire brouille, en outre, les frontières entre droit processuel et droit substantiel. À notre sens, les juges devraient se fonder davantage sur les droits de la défense qui confèrent un droit général à établir une preuve contraire.

976. Conclusion de la Sous-Section II. – En matière fiscale, comme en dehors de cette matière, les droits substantiels offrent un fondement particulièrement protecteur du droit à l'administration de la preuve. Toute preuve interdite – qu'il s'agisse d'une interdiction de prouver ou d'une présomption irréfragable – peut être contestée sur le fondement du droit substantiel dont il prive le justiciable. Le droit substantiel apparaît comme un fondement spécifique qui offre à chaque justiciable un fondement particulier au droit d'administrer une preuve contraire.

977. Cette dualité de fondement s'explique par la spécificité du droit de la preuve et non par une quelconque spécificité du droit fiscal. Priver le justiciable de la faculté de prouver un fait affecte le droit substantiel dont la reconnaissance juridictionnelle requiert la preuve du fait.

978. Conclusion de la Section I. – En matière fiscale, comme en dehors de cette matière, la prohibition des preuves interdites et des preuves impossibles constitue le fondement de l'équité probatoire. Cette équité prohibe toute règle – mais aussi toute attitude du juge qui prive le justiciable de la faculté d'administrer une preuve. Ce *droit à l'administration de la preuve* constitue la formulation positive de la prohibition des preuves impossibles. Faut-il pour autant ériger ce droit au rang de principe ? En matière d'administration de la preuve, ce droit constitue effectivement un principe fondamental. Toutefois, ce principe apparaît particulièrement dépendant des droits de la défense qui constitue le *fondement premier* – et donc le véritable fondement principiel – de la prohibition des preuves impossibles.

979. L'effectivité de cette défense conduit à prohiber, tout à la fois, les dispositions qui interdisent de prouver un fait mais également les dispositions qui conduisent, en pratique, à en rendre la preuve impossible. Les présomptions irréfragables suivent, en cela, un régime parfaitement analogue à celui des preuves impossibles. Toutefois, le droit à l'administration de la preuve ne constitue pas seulement la manifestation d'un droit processuel puisque l'impossibilité d'administrer une preuve heurte également la faculté pour le justiciable de bénéficier effectivement d'un droit. Cela s'explique par le fait que priver le justiciable de la faculté de prouver un fait affecte également le droit dont il entend obtenir la reconnaissance. En dépit de l'importance fondamentale de la nécessité de ménager un droit à la preuve contraire au justiciable, les juges maintiennent néanmoins des îlots où la preuve impossible peut prospérer.

Section II. – La preuve impossible : exception à l'équité probatoire

980. Priver le justiciable de la faculté d'administrer une preuve ne saurait heurter l'équité probatoire lorsque la preuve litigieuse n'affecte aucun droit auquel il pourrait prétendre (Sous-Section I). En revanche, une telle impossibilité de prouver heurte l'équité probatoire lorsqu'elle prive le justiciable d'un droit (Sous-Section II).

Sous-Section I. – Le maintien possible de preuves impossibles n'affectant pas un droit du justiciable

981. Le justiciable peut être privé de son droit de prouver lorsque la règle de droit qui s'impose à lui ne peut connaître d'exceptions. Dans un tel cas, l'administration de la preuve contraire ne présente aucun intérêt puisque la règle qui lui est opposée ne peut connaître d'exceptions. Reconnaître un droit à la preuve contraire serait contre-productif car la preuve administrée ne serait pas susceptible de modifier la situation juridique du justiciable.

982. La doctrine a pu affirmer que l'impossibilité d'administrer une preuve contraire fait basculer la règle du champ des règles de preuve à celles du fond du droit. En ce sens, François GENY a relevé que la présomption irréfragable « excède le domaine de la preuve pour régir le fond du droit »[3210]. Cette analyse a été largement reprise. Jean DABIN a également estimé que « les présomptions irréfragables (...) ne règlent pas une question de preuve, puisqu'elles excluent la preuve contraire »[3211]. De même, Anne-Marie LEROYER estime que « Les présomptions irréfragables sont (...) des fictions et se définissent par une méconnaissance de la réalité juridique consistant en l'affirmation ou la négation de l'existence d'éléments de fait »[3212]. La seule différence qui existe entre la fiction et la présomption réside dans le fait « que la présomption a pour objet un fait douteux qui pourrait être vrai, tandis que la fiction a pour objet un fait certainement faux »[3213]. Gérard CORNU estime

---

[3210] GENY François, *Science et technique en droit privé positif, Elaboration technique du droit positif*, tome 3, Sirey, 1919, n°232.

[3211] DABIN Jean, *Théorie générale du droit*, Dalloz, 1969, p. 292, n° 256.

[3212] LEROYER Anne-Marie, *Les fictions juridiques*, Thèse de doctorat dact., Paris 2, 1995, p. 210.

[3213] LEROYER Anne-Marie, *Les fictions juridiques*, Thèse de doctorat dact., Paris 2, 1995, p. 202. Pour une affirmation analogue, V° COSTA Delphine, *Les fictions juridiques en droit administratif*, Thèse de doctorat, Paris 1, LGDJ, Coll. Bibliothèque de droit public, Tome 210, 2000, p. 44.

également que les présomptions irréfragables « confine[nt] à la fiction »[3214]. Pour ces auteurs, il faut exclure du champ de la preuve les présomptions irréfragables – mais également toute règle qui interdit d'administrer une preuve contraire. L'absence de preuve contraire ferait entrer la règle de preuve dans le champ des règles de fond. Cette analyse peut, en pratique, être justifiée par le fait que face à une preuve interdite ou une présomption irréfragable, il est bien difficile « de distinguer clairement les présomptions des règles de fond »[3215].

983. Il est, en effet, tout à fait remarquable de relever que la présomption irréfragable se confond avec la règle de fond qui s'y rattache. Ce flou est encore entretenu par certaines décisions juridictionnelles qui n'offrent que peu de certitudes : une règle de fond peut astucieusement être lue comme une présomption. La porosité entre le fond du droit et la règle de preuve est propice à l'entretien d'une jurisprudence mouvante. L'affaire Glor c/ Suisse[3216] en atteste. Dans cette affaire, la Cour européenne des droits de l'Homme identifie une présomption irréfragable au sein de la loi relative à la taxe d'exemption de l'obligation de servir alors que la disposition litigieuse se borne à lister une liste de personnes aptes à obtenir l'exonération recherchée par l'auteur du recours. Aucune présomption irréfragable n'est posée par la loi : la loi omet seulement d'offrir à certains justiciables la faculté d'obtenir une exonération d'imposition sans pour autant les priver de la faculté d'administrer une preuve contraire. La Cour identifie une présomption irréfragable là où la loi suisse n'établit qu'une règle de fond.

984. À notre sens, la distinction entre règle de fond et règle de preuve doit être maintenue en matière de preuve interdite. À ce titre, le caractère systématique de l'analyse qui tend à assimiler la preuve interdite à une règle de fond nous paraît excessif. Il faut relever qu'une telle analyse pose plus de problèmes qu'elle n'en résout. Pourquoi une règle de preuve perdrait-elle cette nature en présence d'une impossibilité d'administrer une preuve contraire ? Il faut se garder de tout systématisme en ce sens.

985. Cette distinction peut permettre d'établir les conditions dans lesquelles des preuves interdites peuvent prospérer.

986. En premier lieu, une règle de fond peut contenir implicitement une unique règle de preuve qui prohibe l'administration de toute preuve contraire. La

---

[3214] CORNU Gérard, *Droit civil, Introduction au droit*, Montchrestien, 13e éd., 2007, n° 207.
[3215] LECLERC Olivier, VERGES Etienne et VIAL Géraldine, *Droit de la preuve*, PUF, Thémis droit, 2015, p. 254.
[3216] CEDH, 30 avril 2009, n°13444/04, Glor c/ Suisse : AJDA 2009, p. 1936, chron. Jean-François FLAUSS.

règle de fond repose ainsi sur une sorte de « philosophie présomptive »[3217] et contient implicitement une règle de preuve qui prive l'administration de toute preuve contraire. Elle ne saurait – si elle ne méconnaît aucun droit ou liberté – être rejetée.

987. En ce sens, l'article L. 131-82 du Code monétaire et financier[3218] peut livrer une intéressante illustration. Aux termes de cette disposition, « Le tiré doit payer, nonobstant l'absence, l'insuffisance ou l'indisponibilité de provision, tout chèque établi sur une formule délivrée par lui d'un montant égal ou inférieur à 15 euros, le titulaire du compte et le tiré étant en ce cas réputés légalement avoir conclu lors de la délivrance de la formule une convention portant ouverture de crédit irrévocable ». Cette disposition oblige donc la banque à payer les chèques d'un montant inférieur ou égal à 15 euros – parfois nommés « petits chèques »[3219] – alors même que le titulaire du compte ne dispose pas de cette somme. La banque se voit donc opposer une sorte présomption irréfragable « de provision »[3220] qu'elle ne peut écarter contractuellement dès lors que, comme en dispose l'alinéa 3 de l'article L. 131-82 du Code monétaire et financier, cette règle est d'ordre public. Cette disposition pose-t-elle, pour autant, une règle de preuve ? Aucune règle de preuve n'est ici réellement posée par cette disposition. Elle ne fait que poser une fiction juridique puisqu'elle *répute* – sans qu'une autre solution ne soit envisageable – l'existence d'un crédit entre la banque et son client. De fait, la règle de fond prive la banque toute faculté d'administrer la preuve contraire. Cette règle de fond contient donc, implicitement, une règle de preuve qui interdit à la banque d'administrer une preuve contraire. Faut-il, pour autant, estimer que la règle de preuve qui est implicitement contenue dans la règle de fond est une règle de fond ? Il faut, à notre sens, se garder d'un tel constat puisque, bien qu'imbriquées, les règles de preuve et de fond pourront, en pratique, être distinguées.

988. En second lieu, une règle de preuve peut interdire l'administration de toute preuve contraire sans pour autant devenir une règle de fond.

989. En ce sens, l'article 1908 du Code civil dispose que « La quittance du capital donnée sans réserve des intérêts en fait présumer le paiement et en opère la libération ». Cette présomption est irréfragable dès lors que la remise

---

[3217] DUPICHOT Jacques et GUEVEL Didier, *Contrats et obligations, Présomptions, Notions générales*, JurisClasseur, Lexis Nexis, 2016, n°208.
[3218] Pour une analyse de cette disposition : DJOUDI Jamel, *Le règlement des risques de transfert de fonds*, Revue de Droit bancaire et financier 2005, n° 4, ét. 13, pp. 51-72, n°60-61.
[3219] DJOUDI Jamel, *Le règlement des risques de transfert de fonds*, Revue de Droit bancaire et financier 2005, n° 4, ét. 13, pp. 51-72, n°61.
[3220] DUPICHOT Jacques et GUEVEL Didier, *Contrats et obligations, Présomptions, Notions générales*, JurisClasseur, Lexis Nexis, 2016, n°209.

de la quittance au prêteur par l'emprunteur établit définitivement sa libération[3221]. Faut-il pour autant estimer que cette disposition pose une règle de fond ? Il s'agit d'une règle de preuve qui est liée à une règle de fond qui ne saurait connaître d'exception.

990. De même, l'article L. 122-3-1 du Code de travail qui dispose que « Le contrat de travail à durée déterminée doit être établi par écrit et comporter la définition précise de son motif ; à défaut, il est réputé conclu pour une durée indéterminée ». Cette disposition pose une véritable fiction puisqu'elle *répute* – c'est-à-dire qu'elle impose une réalité dont rien n'indique qu'elle est conforme à toute réalité factuelle – que le contrat a été conclu pour une durée indéterminée. Pourtant, l'employeur qui n'a pas pris soin de rédiger un contrat de travail avec son salarié ne peut – à la différence du salarié – « écarter la présomption légale instituée par l'article L. 122-3-1 du Code de travail selon laquelle le contrat doit être réputé conclu pour une durée indéterminée »[3222]. Une fois encore, une règle de preuve établie subsiste – il s'agit d'une présomption irréfragable – alors même qu'elle met en œuvre une unique règle de fond – la fiction de durée indéterminée du contrat.

991. L'impossibilité de renverser une preuve ne saurait, à notre sens, faire basculer la règle de preuve dans le champ des règles de fond. Il peut dès lors prospérer des preuves interdites sans pour autant heurter l'équité probatoire.

992. Il est ainsi possible de distinguer un champ où la preuve interdite – comme la présomption irréfragable – peut prospérer sans pour autant être une règle de fond. Il faut, pour cela, estimer que prouver n'est rien d'autre – selon l'expression d'Henri MOTULSKY[3223] – que la *réalisation* de droits subjectifs. Dans cette optique, *une preuve interdite peut prospérer dès lors qu'elle ne prive le justiciable d'aucun droit*. Il est alors possible d'identifier des preuves interdites qui ne privent le justiciable d'aucun droit – sans pour autant que cette impossibilité de prouver ne fasse basculer cette règle dans le fond du droit. Dans un tel cas, la preuve interdite demeure le support d'une règle de droit mais elle ne saurait se confondre avec elle.

993. En ce sens, le Conseil constitutionnel a, par une décision n°2013-337 QPC[3224] du 1er août 2013, jugé conforme à la Constitution l'article 918 du code

3221 CORNU Gérard, *Droit civil, Introduction au droit*, Montchrestien, 13e éd., 2007, n° 207.

3222 Cass. soc., 10 juillet 2002, n°00-44.534 : Bull. civ. V, n°235.

3223 MOTULSKY Henri, *Principes d'une réalisation méthodique du droit privé, La théorie des éléments générateurs des droits subjectifs*, Thèse de doctorat dact., Lyon, 1948.

3224 Cons. const., déc. n°2013-337 QPC, 1er août 2013 : Rec. p. 924 ; Répertoire du Notariat Defrénois 2014, n°13-14, pp. 759-769, note Annie CHAMOULAUD-TRAPIERS et Bernard VAREILLE.

civil[3225] dans sa version antérieure à la loi n°2006-728 du 23 juin 2006[3226]. Cette disposition pose une présomption irréfragable – comme le juge la Cour de cassation[3227] – dans le calcul des parts reçus par chacun des héritiers. Cet article prévoit que lorsqu'un héritier a acquis un bien « soit à charge de rente viagère, soit à fonds perdu, soit avec réserve d'usufruit »[3228] la valeur qui est retenue pour le calcul des droits revenant à chaque héritier est la valeur de ce bien en pleine propriété et non la somme que cet héritier a effectivement dépensée pour l'acquérir. Cette règle, qui ne peut être combattue, vise à assurer une égalité entre les héritiers au moment du partage de l'actif successoral. Le Conseil constitutionnel juge que cette présomption irréfragable est justifiée par un motif d'intérêt général et qu'elle ne porte « pas une atteinte disproportionnée aux conditions d'exercice du droit de propriété et à la liberté contractuelle »[3229]. En l'espèce, la présomption irréfragable qui est posée par le Code civil ne prive le justiciable d'aucun droit puisque cette interdiction de prouver repose sur une règle de fond qui n'offre aucune alternative dans le calcul de la part successoral. Offrir la faculté d'administrer une telle preuve n'aurait aucun effet sur le calcul de la part reçu par l'héritier.

994. De même, en matière fiscale, le Conseil constitutionnel a jugé « qu'il est loisible au législateur d'instituer une présomption irréfragable de représentation mutuelle entre les personnes soumises à imposition commune pour la procédure de contrôle de l'impôt dû au titre des revenus perçus au cours de la période d'imposition commune »[3230]. Cette présomption irréfragable n'affecte pas le recours effectif des époux[3231] sauf lorsqu'une personne « a informé l'administration fiscale du changement de sa situation matrimoniale, de ses liens au titre d'un pacte civil de solidarité ou de sa résidence et, le cas

---

[3225] L'article 918 du code civil disposait, dans sa rédaction en vigueur avant la loi du 23 juin 2006 que « La valeur en pleine propriété des biens aliénés, soit à charge de rente viagère, soit à fonds perdu, ou avec réserve d'usufruit à l'un des successibles en ligne directe, sera imputée sur la portion disponible ; et l'excédent, s'il y en a, sera rapporté à la masse. Cette imputation et ce rapport ne pourront être demandés par ceux des autres successibles en ligne directe qui auraient consenti à ces aliénations, ni, dans aucun cas, par les successibles en ligne collatérale ».

[3226] Loi n° 2006-728 du 23 juin 2006 portant réforme des successions et des libéralités : J.O. du 24 juin 2006, p. 9513.

[3227] La Cour de cassation a jugé que « la présomption instituée par l'article 918 du code civil (...) présente un caractère irréfragable » (Cass. 1ère civ., 29 janvier 2014, n°12-14509 et 13-16511 : Bull. civ. I, n°16).

[3228] Cons. const., déc. n°2013-337 QPC du 1er août 2013, cons. n°5 : préc.

[3229] Cons. const., déc. n°2013-337 QPC, 1er août 2013, cons. n°9 : préc.

[3230] Cons. const., déc. n°2015-503 QPC, 4 décembre 2015, M. Gabor R. [Effets de la représentation mutuelle des personnes soumises à imposition commune postérieurement à leur séparation], cons. n°14 : J.O. du 7 décembre 2015, p. 22500 ; RJF 02/16, n°174.

[3231] Cons. const., déc. n°2015-503 QPC, 4 décembre 2015, M. Gabor R. [Effets de la représentation mutuelle des personnes soumises à imposition commune postérieurement à leur séparation] : préc.

échéant, de son adresse »[3232]. Cette décision atteste qu'une ligne de démarcation est érigée par le Conseil constitutionnel entre les preuves interdites qui sont compatibles avec les exigences constitutionnelles et celles qui ne le sont pas. Lorsque la présomption irréfragable ne prive le contribuable d'aucun droit, c'est-à-dire qu'elle met en œuvre une unique règle de fond, elle demeure conforme à la Constitution. Il faut donc que la règle de fond soit elle-même conforme à la Constitution. Les contribuables mariés ou pacsés non séparés peuvent ainsi se voir opposer une présomption irréfragable de représentation mutuelle dès lors que cette règle de preuve met en œuvre une règle de fond qui ne connaît aucune exception et qui n'affecte pas leur droit au recours effectif.

995. Il ne s'agit pas d'un exemple unique. L'article L. 219, I-a ter du Code général des impôts a été modifié par la loi de finances rectificatives pour 1995[3233] afin d'instaurer une présomption irréfragable : les titres qui ouvrent droit au régime des sociétés mères bénéficient, sans que la preuve contraire ne puisse être rapportée, de la qualification fiscale de titre de participation. Cette présomption irréfragable – adoptée afin de préserver la sécurité juridique des contribuables[3234] – ne saurait, à notre sens, être jugée contraire à un droit ou principe fondamental assurant ainsi sa conformité avec les droits et principes fondamentaux.

996. Le contentieux fiscal contient également des preuves dont la difficulté est régulièrement soulevée par la doctrine. Il en est ainsi de la preuve qui pèse sur le contribuable sur le fondement de l'article 39-4 du Code général des impôts qui prohibe la déduction des charges somptuaires. Christophe DE LA MARDIERE estime que « La preuve que doit apporter le contribuable en vue de démontrer l'intérêt de telles charges pour l'entreprise tend vers l'impossible »[3235]. À notre sens, cette difficulté de prouver – qui n'est pas absolue comme en témoigne la jurisprudence[3236] – est la conséquence de la lettre même de l'article 39-4 du Code général des impôts. Le juge estime ainsi que les dépenses somptuaires aient été « indispensable[s] à la satisfaction d'un

---

3232 Cons. const., déc. n°2015-503 QPC, 4 décembre 2015, M. Gabor R. [Effets de la représentation mutuelle des personnes soumises à imposition commune postérieurement à leur séparation] : préc.

3233 Loi n° 95-885 du 4 août 1995 de finances rectificative pour 1995 (1) : J.O. du 6 août 1996, p. 11809.

3234 FOUQUET Olivier, *Titres de participation : enjeux et incertitudes du contentieux. Pourquoi autant de contentieux ? Comment les limiter enfin ? L'accès aux comptes consolidés, une nouvelle arme pour l'administration ?*, RJF 11/14, pp. 953-968.

3235 DE LA MARDIERE Christophe, *Sécurité juridique et preuve fiscale*, in, BUISSON Jacques (dir.), *La sécurité fiscale*, L'Harmattan, 2011, pp. 207-219, spéc. p. 215.

3236 Conseil d'Etat, 7e et 8e s.-s., 8 novembre 1978, n°04237 : RJF 12/78, n°521 ; CAA de Marseille, 7e ch., 20 janvier 2015, n°13MA02150, SARL Le chalet des jumeaux : RJF 07/15, n° 565.

besoin spécifique lié à son activité »[3237]. En l'espèce, cette exigence probatoire est le strict reflet de l'exigence légale qui est une règle de fond. À défaut, d'une telle preuve la charge sera considérée comme somptuaire. Cet exemple n'est pas unique : la preuve requise pour démontrer l'existence d'une holding animatrice présente également de grandes difficultés probatoires[3238]. Toutefois, la difficulté de la preuve qui est ici relevée par la doctrine ne heurte pas les exigences constitutionnelles dès lors que la preuve qui est requise des contribuables n'est pas impossible à rapporter.

997. Conclusion de la Sous-Section I. – Le maintien de preuves impossibles ne heurte pas nécessairement les droits des justiciables. Le droit de prouver un fait ne doit leur être reconnu que lorsque ce fait est nécessaire à la reconnaissance d'un droit. Toutefois, il existe des preuves impossibles qui privent effectivement le justiciable d'un droit et qui sont, à ce titre, contraires à l'équité probatoire.

Sous-Section II. – Le maintien critiquable de preuves impossibles privant le justiciable d'un droit

998. En dépit de la diversité des fondements processuel et substantiel qui fondent le droit à la preuve contraire, il apparaît que des preuves impossibles demeurent présentes en droit positif. Ce maintien est critiquable car elle conduit, *in fine*, à priver le justiciable du bénéfice d'un droit.

999. En premier lieu, l'exigence de lutte contre l'évasion fiscale a été jugée comme offrant, au législateur, la faculté de créer une présomption irréfragable. Le Conseil constitutionnel a, dans la décision n°2010-70 QPC[3239] jugé, à la suite de la Chambre criminelle de la Cour de cassation[3240], conforme à la

---

[3237] Conseil d'Etat, 9e et 10e s.-s., 20 novembre 2013, n°338170, SA Immotn : RJF 02/14, n°127, concl. Frédéric ALADJIDI, BDCF 02/14, n° 13.

[3238] La qualification de holding animatrice est également critiquée pour la difficulté de prouver qu'elle impose au contribuable (DEBOISSY Florence, *Société holding animatrice : comment établir la réalité de l'activité d'animation du groupe ?*, Dr. fisc. 2014, n° 13, comm. 244, pp. 51-58 : cet auteur expose que « la preuve de la réalité de la direction de fait des filiales n'est pas impossible à rapporter » mais que les juges opèrent une « appréciation au cas par cas au moyen d'un faisceau d'indices concordants »).

[3239] Cons. const., déc. n°2010-70 QPC, 26 novembre 2010, M. Moreau : Rec. p. 340 ; Dr. fisc. 2011, n°6, comm. 209, note Frédéric DIEU ; Procédures 2011, n°1, comm. 46, comm. Ludovic AYRAULT ; RJF 02/11, n°210 ; Gaz. Pal. 2011, n°58, p. 18, note Emmanuel GLASER ; Constitutions 2011.245, obs. Christophe de LA MARDIERE.

[3240] La Chambre criminelle de la Cour de cassation avait été saisie d'une question prioritaire de constitutionnalité visant l'article 155A du Code général des impôts. Elle avait alors jugé que cette disposition « tend à assurer la nécessaire conciliation entre l'exercice des libertés constitutionnellement garanties et la lutte contre la fraude fiscale qui constitue un objectif de valeur constitutionnelle » (Cass. crim., 18 juin 2010, n°09-86.657 : Dr. fisc. 2010, n°26, act. 248).

Constitution la présomption irréfragable instituée par l'article 155 A du Code général des impôts. Il a jugé que cette présomption irréfragable[3241], est fondée sur des critères suffisamment précis, objectifs et rationnels, pour ne pas heurter les exigences constitutionnelles. Une telle présomption, bien qu'elle prive le contribuable de tout droit à la preuve contraire, est conforme à la Constitution dès lors qu'elle vise à mettre en œuvre la lutte contre la fraude et l'évasion fiscales et qu'elle est strictement circonscrite[3242]. En somme, l'exigence de proportionnalité requise de dispositions légales qui heurtent le principe d'égalité de l'impôt en mettant en œuvre l'objectif de lutte contre l'évasion fiscale est ici respectée. Le Conseil constitutionnel ne tempère qu'un aspect du caractère irréfragable de la présomption de ce dispositif : il ne doit pas conduire à une double imposition[3243], ce qui n'est pas de nature à conférer à cette présomption le caractère de présomption simple. Or, la présomption irréfragable que renferme l'article 155 A du Code général des impôts s'applique dans des cas où il est incertain que le contribuable ait effectivement souhaité échapper à l'imposition en France[3244]. Ce mécanisme présomptif repose donc sur une appréhension grossière de la réalité factuelle puisque la volonté d'éluder l'imposition est induite d'éléments qui ne permettent pas

[3241] L'article 155 A du code général des impôts a été créé par l'article 18 de la loi n°72-1121 du 20 décembre 1972, loi de finances pour 1973 (J.O. du 31 décembre 1972, p. 13221).

[3242] Le Conseil constitutionnel se fonde, pour juger ainsi, sur le caractère limité de la présomption irréfragable (« l'article 155 A précité prévoit, dans des cas limitativement énumérés », cons. n°4) et il ajoute que ce dispositif a été établi afin de lutter contre les montages qui ont été créés « aux fins d'éluder l'imposition, à une personne domiciliée ou établie à l'étranger ; qu'ainsi, le législateur a entendu mettre en œuvre l'objectif constitutionnel de lutte contre l'évasion fiscale » (cons. n°4). Ce double caractère limité et justifié de la mesure a conduit, selon le Conseil constitutionnel, le législateur à se fonder « sur des critères objectifs et rationnels » pour établir cette présomption irréfragable.

[3243] Par la décision n°2010-70 QPC du 26 novembre 2010, le Conseil constitutionnel a jugé que l'article 155 A du Code général des impôts ne portait pas atteinte à l'article 13 de la Déclaration de 1789 en émettant une réserve d'interprétation : cette disposition ne doit entrainer de double imposition lorsque les sommes imposées en vertu de ce dispositif sont rapatriées ensuite en France (Cons. n°4).

[3244] Le caractère grossier du mécanisme présomptif créé par l'article 155 A du Code général des impôts a été souligné par Julien BOUCHER dans ses conclusions sur la décision Moreau (Conseil d'Etat, 10e et 9e s.-s., 24 septembre 2010, n°341573, Moreau : Dr. fisc. 2010, n°48, comm. 577 ; RJF 12/10, n°1218) qui décide le renvoi d'une question prioritaire de constitutionnalité visant cette disposition. Le rapporteur public souligne que « Sans doute peut-on le présumer dans la majeure partie des cas lorsque la personne qui a réalisé la prestation de services contrôle celle qui a perçu la rémunération de ces services - ce qui correspond à la première des trois conditions alternatives d'application de l'article 155 A. En revanche, même si ces circonstances rendent vraisemblable une tentative d'évasion fiscale, le lien est plus ténu lorsque l'article 155 A trouve à s'appliquer, soit au motif qu'il n'est pas établi que la personne à laquelle a été versée la rémunération 'exerce, de manière prépondérante, une activité industrielle ou commerciale, autre que la prestation de services', soit au motif qu'elle est domiciliée dans un paradis fiscal ».

nécessairement de la supposer[3245]. Il a pu être relevé, à cet égard, que cette disposition « manque cruellement de nuances »[3246] ce qui devrait, à notre sens, condamner une telle présomption irréfragable. En outre, ce mécanisme heurte l'égalité devant les charges publiques protégée par l'article 13 de la Déclaration de 1789 en privant le contribuable du droit d'établir la réalité de ses revenus. Un droit à la preuve contraire devrait donc être constitutionnellement reconnu en la matière.

1000. Le droit de l'Union européenne offre également un espace à la preuve interdite. Alors que la Cour de justice de l'Union européenne a jugé que « le droit de l'Union s'oppose à l'application d'une présomption irréfragable »[3247], elle juge que certaines preuves interdites pourront être opposées aux justiciables[3248]. Les entraves à la libre circulation des capitaux en livrent une illustration. En vertu de l'article 63 du Traité sur le fonctionnement de l'Union européenne, la libre circulation des capitaux est protégée tant pour les échanges entre Etats membres que ceux réalisés avec les Etats tiers de l'Union. À ce titre, une entrave fondée sur une présomption irréfragable serait disproportionnée si elle s'impose à un contribuable établi dans un autre Etat membre mais elle peut être conforme au droit européen si elle vise des contribuables établis dans des Etats tiers. À ce titre, dans l'affaire Elisa[3249], la Cour de Justice a jugé une présomption irréfragable – érigée par la France en matière de taxe de 3% – incompatible avec la liberté de circulation des capitaux dès lors qu'elle vise un contribuable établi au sein d'un autre Etat membre de l'Union européenne – en l'espèce, le Luxembourg. Il est ici jugé que dans le cadre juridique de l'Union européenne, si la France peut exiger du contribuable des preuves, elle ne peut, ériger une présomption irréfragable de fraude[3250]. C'est ici le caractère général de cette présomption irréfragable qui est jugé incompatible avec la libre circulation des capitaux.

[3245] À titre d'exemple, le contrôle de l'entité établie à l'étranger par la personne qui réalise le service n'est pas, à notre sens, un critère suffisant pour établir l'existence d'un montage purement artificiel destiné à contourner la loi fiscale lorsque l'entité en cause dispose d'une réelle activité industrielle et commerciale et n'est pas une coquille vide uniquement destinée à recevoir le produit des prestations de services.

[3246] GOUTHIERE Bruno, *Article 155 A du CGI : Compatibilité avec les normes juridiques supérieures ?*, BF 06/11, pp. 469-473.

[3247] CJUE, Gde ch., 21 décembre 2011, n°C-411/10 et C-493/10, N.S., pt. 105 : Rec. p. I-13905.

[3248] Sur ce point : MAITROT DE LA MOTTE Alexandre, *Droit fiscal de l'Union européenne*, Bruylant, 2e éd. 2016, pp. 274-277.

[3249] CJCE, 11 octobre 2007, n°C-451/05, Européenne et Luxembourgeoise d'Investissements SA (Elisa) c/ DGI : Rec. p. I-8251 ; Dr. fisc. 2007, n°50, comm. 1047, note Jean-Luc PIERRE ; Droit des sociétés 2007, comm. 231, note Jean-Luc PIERRE ; Europe 2007, comm. 336, note Laurence IDOT ; RJF 1/2008, n°97 ; L'année fiscale 2008, étude Alexandre MAITROT DE LA MOTTE.

[3250] CJCE, 11 octobre 2007, n°C-451/05, Européenne et Luxembourgeoise d'Investissements SA (Elisa) c/ DGI, pt. 99 : préc.

1001. En revanche, la Cour de justice opère une distinction entre les Etats membres de l'Union et les autres membres de l'Union. Elle a ainsi jugé, en formation de grande chambre dans une affaire concernant la Suède, que « lorsque la réglementation d'un État membre fait dépendre le bénéfice d'un avantage fiscal de la satisfaction de conditions dont le respect ne peut être vérifié qu'en obtenant des renseignements des autorités compétentes d'un pays tiers, il est, en principe, légitime pour cet État membre de refuser l'octroi de cet avantage si, notamment en raison de l'absence d'une obligation conventionnelle de ce pays tiers de fournir des informations, il s'avère impossible d'obtenir ces renseignements dudit pays »[3251]. Cette solution a pour effet d'offrir la faculté aux Etats membres de créer, à l'égard d'actes réalisés au sein d'Etats tiers, des présomptions impossibles à renverser pour les contribuables. La preuve impossible trouve donc droit de cité en droit de l'Union européenne.

1002. Cette solution de principe a été appliquée en droit fiscal français, dans l'arrêt Ets Rimbaud SA[3252]. La Cour de justice de l'Union européenne a opéré, en matière de présomptions irréfragables, une distinction entre les Etats membres de l'Union et les Etats parties à l'Espace économique européen non membres de l'Union européenne. En matière de taxe de 3%, la Cour de Luxembourg a jugé qu'il est possible d'opérer une discrimination entre ces Etats dans le cas où l'Etat partie à l'Espace économique européen n'a pas conclu d'accord relatif à l'échange de renseignements. En l'espèce, il était question du 3° de l'article 990 E du Code général des impôts français qui subordonne l'exonération de cette imposition à la condition que l'entité qui possède l'immeuble soit, notamment, établie dans un Etat ayant conclu une convention d'assistance administrative avec la France. En se fondant sur la lutte contre la fraude fiscale et la nécessité de préserver l'efficacité des contrôles fiscaux[3253], la Cour de justice relève que dans le cas où l'entité se trouve au Liechtenstein, l'administration fiscale française ne dispose d'aucun moyen de contrôler la véracité des éléments de preuve reçus[3254]. La Cour de justice estime qu'il est légitime de priver un contribuable d'un avantage fiscal lorsque l'administration fiscale ne dispose d'aucun moyen fiable de contrôler l'exactitude des renseignements fournis par le contribuable[3255]. Dans ces conditions, la Cour de justice estime que la législation qui prive le contribuable de la faculté d'administrer une preuve contraire est à la fois

---

3251 CJCE, Gde ch., 18 décembre 2007, n°C-101/05, Skatteverket c/ A, pt. 63 : Rec. p. I-11531 ; Dr. fisc. 2007, n° 52, act. 1169 ; RJF 03/08, n°378.

3252 CJUE, 28 octobre 2010, n°C-72/09, Éts Rimbaud SA : Dr. fisc. 2010, n°49, comm. 588, note Edouard DUBOUT et Alexandre MAITROT DE LA MOTTE.

3253 CJUE, 28 octobre 2010, n°C-72/09, Éts Rimbaud SA, pt. 33.

3254 CJUE, 28 octobre 2010, n°C-72/09, Éts Rimbaud SA, pt. 43.

3255 CJUE, 28 octobre 2010, n°C-72/09, Éts Rimbaud SA, pt. 44.

justifiée et proportionnée[3256]. Cette solution a été vivement critiquée car elle conduit à offrir aux Etats membres de l'Union européenne de créer des preuves interdites à l'encontre des Etats parties à l'Espace économique européen, en raison de l'impossibilité de vérifier les éléments de preuve fournis par les contribuables[3257]. Un raisonnement analogue a pu être tenu pour l'article 164 C du Code général des impôts à l'égard de la principauté d'Andorre[3258] qui ne dispose pas de convention fiscale d'assistance en matière d'échange de renseignements.

1003. De la sorte, le droit européen n'exclut pas la faculté pour les Etats de créer des preuves interdites à propos d'opérations juridiques ayant lieu dans des Etats non membres de l'Union européenne pour lesquels l'Etat membre n'a aucun moyen de vérifier la véracité des preuves apportées par le contribuable[3259].

1004. Toutefois, il faut, en la matière, se garder de tout systématisme. La Cour de justice de l'Union européenne n'offre pas un blanc-seing aux Etats membres pour établir des présomptions irréfragables à l'encontre d'Etats non membres de l'Union européenne. Elle a ainsi jugé qu'il faut mesurer si, en pratique, les liens conventionnels qui unissent l'Etat membre à l'Etat tiers ne sont pas de nature à offrir des garanties suffisantes de nature à rendre disproportionnée une législation privant le contribuable du droit d'apporter

---

[3256] Il est jugé qu'« une législation telle que celle en cause dans l'affaire au principal doit être considérée comme justifiée vis-à-vis de l'État partie à l'accord EEE par les raisons impérieuses d'intérêt général tenant à la lutte contre la fraude fiscale et à la nécessité de préserver l'efficacité des contrôles fiscaux et comme propre à garantir la réalisation de l'objectif en cause sans aller au-delà de ce qui est nécessaire pour atteindre cet objectif » (CJUE, 3e ch., 28 octobre 2010, n°C-72/09, Éts Rimbaud SA, pt. 51).

[3257] Alexandre MAITROT DE LA MOTTE et Édouard DUBOUT relèvent ainsi que « des présomptions irréfragables de fraude [peuvent] désormais être légalement instituées par les États lorsque des États tiers sont en cause » (*L'extension de la liberté de circulation des capitaux aux États membres de l'EEE et le principe de proportionnalité*, Dr. fisc. 2010, n°49, comm. 588). Cette solution ressort très clairement dans l'analyse de l'arrêt ELISA qu'opère la Cour de justice dans l'arrêt SA Raimbaud en son point 44 : « Il s'ensuit que, lorsque la réglementation d'un État membre fait dépendre le bénéfice d'un avantage fiscal de la satisfaction de conditions dont le respect ne peut être vérifié qu'en obtenant des renseignements des autorités compétentes d'un État tiers membre de l'EEE, il est, en principe, légitime pour cet État membre de refuser l'octroi de cet avantage si, notamment en raison de l'absence d'une obligation conventionnelle de cet État tiers de fournir des informations, il s'avère impossible d'obtenir ces renseignements de ce dernier » (CJUE, 28 octobre 2010, n°C-72/09, Éts Rimbaud SA, pt. 44).

[3258] CAA de Paris, Plén., 24 juin 2010, n°08PA01624, Mme Rossi Di Montelera : Dr. fisc. 2010, n°41, comm. 525, concl. Serge GOUES.

[3259] Cette solution a été reprise par la suite par la Cour de justice de l'Union européenne : CJUE, 28 février 2013, n°C-544/11, Petersen, pt. 55 : ECLI:EU:C:2013:124 ; CJUE, 10 février 2011, n°C-436/08 et C-437/08, Haribo et a., pt. 67 : Rec. p. I-305.

une preuve contraire[3260] : c'est le cas lorsque l'Etat tiers est lié à l'Etat membre par une convention d'échanges de rensignements qui permet de vérifier la véracité des preuves apportées par le contribuable. Alexandre MAITROT DE LA MOTTE relève, à cet égard, que « si elle devait être confirmée, cette solution conduirait à ne plus opposer les Etats membres et les 'pays tiers', mais les Etats qui respectent un standard élevé en matière de coopération administrative (c'est-à-dire les Etats membres et certains 'pays tiers') et ceux qui ne le respectent pas »[3261].

1005. Ces solutions présentent, à notre sens, un aspect fort critiquable dès lors qu'elles conduisent à priver le justiciable de sa faculté d'établir un fait nécessaire à l'obtention d'un droit. La barrière de la preuve qui s'impose au justiciable heurte l'exigence d'équité probatoire qui doit lui être garantie. En cela, elle doit être combattue sur le fondement des droits de la défense et du droit au recours effectif.

1006. De même, l'équilibre des droits qui découle d'une telle présomption est affecté par le maintien de preuves impossibles. En ce sens, la jurisprudence de la Cour européenne atteste que les présomptions irréfragables ne sauraient valablement prospérer. S'il a pu être défendu que la Cour de Strasbourg opère des « concessions ponctuelles à l'irréfragabilité »[3262], elles s'opèrent toujours à la faveur d'une conciliation entre les droits. En matière de présomption de paternité[3263], la Cour européenne des droits de l'Homme concilie le droit de faire établir la réalité du lien de filiation – qui est garanti par l'article 8 de la Convention – et « le souci de garantir la sécurité juridique et de protéger les intérêts de l'enfant »[3264]. La conciliation opérée par la Cour de Strasbourg atteste que les juges européens ne sont jamais allés jusqu'à admettre une *preuve interdite*. Ils acceptent seulement qu'une présomption réfragable soit opposée à la personne qui prétend être le père de l'enfant et qu'elle ne puisse être renversée que par une « cause solide »[3265]. Cela signifie que la Cour européenne n'admet pas de présomptions irréfragables en la matière qui auraient pour effet de vider de toute substance le droit au respect de la vie privée garanti par l'article 8 de la Convention européenne des droits de l'Homme.

3260 CJUE, 10 avril 2014, n°C-190/12, Emerging Markets Series, pt. 87 : ECLI:EU:C:2014:249 ; CJUE, 19 juillet 2012, n°C-48/11, A, pt. 39 : ECLI:EU:C:2012:485.
3261 MAITROT DE LA MOTTE Alexandre, *Les libertés européennes de circulation et les 'pays tiers'*, Dr. fisc. 2014, n°25, comm. 384, pp. 13-23.
3262 CAIRE Anne-Blandine, *Relecture des présomptions à la lumière du droit européen des droits de l'Homme*, Thèse de doctorat, Limoges, Pedone, 2012, p. 341.
3263 Sur ce point : CAIRE Anne-Blandine, *Relecture des présomptions à la lumière du droit européen des droits de l'Homme*, Thèse de doctorat, Limoges, Pedone, 2012, pp. 337-341.
3264 CEDH, 28 novembre 1984, n°8777/79, Rasmussen c/ Danemark, § 41.
3265 Comm. EDH, 6 avril 1994, n°22920/93, M. B. c/ Royaume-Uni, p. 116.

1007. Ce refus d'accepter de telles présomptions irréfragables est, à notre sens, parfaitement en ligne avec la nécessité de concilier, entre eux, les droits fondamentaux. Admettre une preuve impossible conduit, en réalité, à priver de toute effectivité un droit fondamental et méconnaît le principe de proportionnalité qui gouverne leur conciliation.

1008. Conclusion de la Sous-Section II. – La permanence de preuves impossibles à administrer pour le justiciable atteste du maintien d'entorses à l'équité probatoire. À ce titre, le maintien de preuves impossibles est critiquable dès lors que le justiciable est privé d'un droit processuel et d'un droit substantiel. Pour ce motif, les preuves interdites sont peu nombreuses et demeurent infiniment limitées. À notre sens, le maintien de preuves impossibles qui privent le justiciable de la faculté d'obtenir un droit est le fruit d'une conciliation inéquitable entre des droits opposés. La conciliation entre ces droits devrait toujours offrir la faculté au justiciable d'administrer une preuve contraire. À défaut d'une telle faculté, l'équité probatoire est affectée et avec elle les droits processuels et substantiels du justiciable. Il faut former le vœu que de telles preuves impossibles soient peu à peu écartées du droit positif.

1009. Conclusion de la Section II. – La preuve interdite n'est pas bannie du droit positif. La preuve interdite ou impossible peut même prospérer lorsqu'elle ne prive pas le justiciable d'un droit. Dans un tel cas, la preuve impossible ne saurait être critiquée puisque la privation du droit d'administrer une preuve n'est que le prolongement de la règle de fond qui n'offre aucun droit au justiciable. En revanche, il n'en va pas de même lorsqu'elle a pour effet de le priver d'un droit. Dans ce dernier cas, la permanence de preuves interdites est problématique puisque le justiciable est privé de son droit à l'administration d'une preuve. Il faut former le vœu que le justiciable accède toujours à la faculté effective de prouver les faits qui sont le soutien de leur prétention. L'équité probatoire peut constituer le fondement de cette exigence.

1010. Conclusion du Chapitre I. – En matière fiscale, comme en dehors de ce champ, la preuve interdite et la preuve impossible font l'objet d'une large prohibition. Les juges internes et européens jugent l'impossibilité d'administrer une preuve comme une violation du droit processuel mais aussi du droit substantiel. Toutefois, il demeure certaines preuves impossibles qui portent, dans certains cas, injustement atteintes aux droits processuels et substantiels des justiciables. Ces scories nous semblent condamnables, au nom de l'exigence d'équité probatoire, lorsque ces preuves impossibles privent le justiciable d'un droit.

1011. L'affirmation d'une exigence fondamentale d'équité tend à exiger qu'un droit à l'administration de la preuve soit offert à chaque justiciable. Le droit d'administrer une preuve apparaît comme la première pierre de l'équité probatoire puisqu'à défaut d'un tel droit, le justiciable est privé tant de ses droits processuels que du bénéfice du droit substantiel dont il cherche à établir l'existence. En ce sens, la nécessité d'offrir le droit à la preuve contraire établit une égalité entre les parties dans la faculté d'établir un fait. L'interdiction ou l'impossibilité d'établir un fait affecte l'égalité des parties et exige donc qu'une égalité soit établie entre les parties.

1012. La prohibition des preuves interdites et des preuves impossibles apparaît comme un principe probatoire unanimement partagé. Les principes du droit processuel offrent un fondement commun aux règles de preuve. Seule l'affirmation des droits substantiels comme fondement du droit à l'administration d'une preuve contraire est un facteur – plus apparent que réel – de diversité en la matière. Le droit positif offre ainsi une multitude de preuves contraires qui sont aménagées par les juges. Si le contribuable se voit ainsi reconnaître la faculté d'établir la réalité de ses facultés contributives, il n'en demeure pas moins que l'accusé doit être en mesure de prouver de son innocence, que le père naturel établisse le lien de filiation qui l'unit avec son enfant ou que le justiciable qui subit une expropriation établisse la juste valeur de son immeuble. Ces différentes preuves contraires manifestent, avant tout, la nécessité d'offrir à chaque partie la faculté d'administrer la preuve des faits qui sont le support de leur prétention. Le droit à l'administration de la preuve contraire constitue donc le dénominateur commun de ces droits et établit une nécessaire égalité entre les parties au litige.

1013. Or, si la prohibition des preuves impossibles impose une égalité entre les parties dans l'administration de la preuve, l'équité probatoire tend à offrir aux justiciables un véritable équilibre dans l'administration de la preuve.

Chapitre II. – Le droit à l'équilibre probatoire

1014. Si le procès équitable s'entend comme « le procès équilibré entre toutes les parties »[3266], l'équité probatoire s'entend de la nécessité de ménager un équilibre constant entre les parties dans l'établissement de la preuve. Elle se manifeste par la nécessité d'offrir une chance égale aux parties d'administrer leur preuve (Section I), mais également par l'affirmation croissante de l'exigence de sécurité juridique dans l'établissement de la preuve (Section II).

Section I. – L'exigence d'égalité des parties dans l'administration de la preuve

1015. L'égalité des parties dans l'administration de la preuve repose sur deux principes fondamentaux : l'égalité des armes et le contradictoire. Ces principes – qui participent à l'équité du procès[3267] et qui sont requis au nom

[3266] GUINCHARD Serge, *Vers une démocratie procédurale*, Justices, 1999, n°1, pp. 91-130, spéc. p. 103.

[3267] Il faut ici relever que l'équité du procès requiert le respect de l'égalité des armes et du contradictoire. À titre d'exemple, dans l'affaire Bucur et Toma c/ Roumanie (CEDH, 8 janvier 2013, n°40238/02, Bucur et Toma c/ Roumanie : chron. Emmanuel DREYER, Dr. pén. 2014, n°4, chron. 4), la Cour de Strasbourg a jugé contraire à l'équité du procès une procédure où l'accusé a été privé du contradictoire. En l'espèce le requérant est un citoyen roumain travaillant pour les services secrets de son Etat. À cette occasion, il découvrit que ces services étaient employés à des fins politiques puisque nombre d'enquêtes visaient des personnalités politiques ou des journalistes. Afin de dévoiler ces pratiques au public, le requérant tint, le 13 mai 1996, une conférence de presse visant à dévoiler au grand jour ces pratiques manifestement illégales. À la suite de cette conférence, le requérant fut poursuivi pénalement et condamné à deux ans d'emprisonnement avec sursis en raison de la révélation de données confidentielles. Le requérant allègue, pour sa défense, la violation de l'article 6§1 et 6§3d de la Convention européenne des droits de l'Homme. Il affirme que de nombreux éléments de preuve n'ont pas été communiqués par les autorités roumaines. En effet, il affirme que les preuves sur lesquels il a été condamné étaient classées secret défense (§ 122). Cette allégation intéresse directement l'administration de la preuve puisque le requérant affirme que les autorités nationales ont refusé de présenter certaines preuves et qu'il a été condamné sur des preuves qui n'ont pu être discutées (§ 126). Le principe du contradictoire a donc été affecté. La Cour de Strasbourg juge, en l'espèce, qu'il y a eu violation de l'article 6 en raison de l'iniquité de la procédure en cause dès lors que le juge a refusé de vérifier si les données en cause nécessitaient ou non effectivement le classement de données « ultrasecrètes ». En n'opérant pas cette recherche, les juges internes ont donc compromis l'existence d'une procédure équitable (§§ 131-132).

des droits de la défense – présentent « de nombreuses similitudes »[3268] car l'égalité des armes prohibe toute inégalité des parties dans le droit à la contradiction. Il faut donc se garder d'opposer catégoriquement ces deux principes. Toutefois, en dépit de cette proximité, ces principes disposent d'un champ qui leur est propre et qui tend – tant pour l'égalité des armes (Sous-Section II) que pour le contradictoire (Sous-Section I) – à offrir aux parties une égalité dans la faculté d'établir une preuve.

Sous-Section I. – Le droit à la contradiction de la preuve

1016. Il convient de distinguer les garanties du principe du contradictoire (§.1) de la sanction du contradictoire devant les juges de la matière fiscale (§.2).

§1. – Le principe du contradictoire : garantie commune de l'égalité des plaideurs dans l'administration des critiques à la preuve

1017. Le principe du contradictoire est reconnu par l'ensemble des juridictions (A) et vise à assurer une égalité des parties dans la faculté de critiquer la preuve administrée (B).

A/ Le contradictoire : principe probatoire fondamental

1018. Le principe du contradictoire[3269] – qui a supplanté l'expression « principe de la contradiction »[3270] – est la manifestation de l'adage *audi alteram partem*[3271]. En pratique, ce principe « impose que toute démarche, toute présentation au juge d'une pièce, d'un document, d'une preuve par l'adversaire soit portée à la connaissance de l'autre partie et librement discutée à l'audience »[3272]. En matière de preuve, la contradiction peut donc

[3268] GUINCHARD Serge, *Procès équitable*, Répertoire de procédure civile, Dalloz, 2017, n°386.

[3269] Sur ce point : FRISON-ROCHE Marie-Anne, *Généralités sur le principe du contradictoire, Droit processuel*, Thèse de doctorat dact., Paris 2, 1988 ; GOHIN Olivier, *La contradiction dans la procédure administrative contentieuse*, Thèse de doctorat, Paris 2, LGDJ, Bibliothèque de droit public, Tome 151, 1988 ; GOURDOU Jean, LECUCQ Olivier et MADEC Jean-Yves (dir.), *Le principe du contradictoire dans le procès administratif*, L'Harmattan, Bibliothèques de droit, 2010 ; LAMARQUE Jean, *Le procès du procès*, in, *Etudes offertes à Jean-Marie AUBY*, Dalloz, 1992, pp. 149-180.

[3270] Sur ce point : BON Pierre, *Avant-propos*, in, GOURDOU Jean, LECUCQ Olivier et MADEC Jean-Yves (dir.), *Le principe du contradictoire dans le procès administratif*, L'Harmattan, Bibliothèques de droit, 2010, pp. 14-15.

[3271] « Entends l'autre partie ». Sur cet adage : ROLAND Henri et BOYER Laurent, *Adages du droit français*, Litec, 4e éd., 1999, V° Audi alteram partem, n°27, pp. 39-41.

[3272] DEBARD Thierry et GUINCHARD Serge, Lexique des termes juridiques 2017-2018, V° Contradictoire (Principe du), Dalloz, 25e éd, 2017.

simplement s'entendre comme « la discussion des pièces »[3273] administrées par chacune des parties.

1019. Le caractère fondamental du contradictoire se manifeste, en matière probatoire, par la place essentielle occupée par la contradiction dans l'établissement de la réalité factuelle[3274] : « le contradictoire sert d'abord à établir une vérité juridictionnelle »[3275]. Il apparaît que « La vérité judiciaire est une plante fragile qui se cultive avec soin, grâce à une large information et une libre confrontation des thèses en présence »[3276]. C'est le respect du contradictoire qui conditionne, en quelque sorte, « la qualité de la décision »[3277].

1020. En dépit du caractère fondamental du principe du contradictoire, ce principe n'est pas directement inscrit dans la Déclaration universelle des droits de l'Homme[3278], le Pacte international relatif aux droits civils et politiques[3279], la Charte des droits fondamentaux[3280], ou la Convention européenne des droits de l'Homme[3281].

3273 GOHIN Olivier, *La contradiction dans la procédure administrative contentieuse*, Thèse de doctorat, Paris 2, LGDJ, Bibliothèque de droit public, Tome 151, 1988, p. 22.

3274 Les liens qui existent entre la contradiction et la vérité judiciaire sont largement établis par la doctrine. En ce sens, Marie-Anne FRISON-ROCHE expose que « Pour construire une apparence de réalité la plus proche possible de la réalité elle-même, le juge va de l'une à l'autre thèse, dans un mouvement de confrontation des deux termes qui produit dialectiquement le troisième terme qui est le schéma représentatif des faits conçus par le juge » (FRISON-ROCHE Marie-Anne, *Généralités sur le principe du contradictoire, Droit processuel*, Thèse de doctorat dact., Paris 2, 1988, p. 253). Car, « le contradictoire, en ce qu'il exige la neutralité du juge, rend le dialogue, construction rationnelle, véritable source du jugement, dont le juge doit respecter la rationalité » (*op. cit.*, p. 258).

3275 MELLERAY Fabrice, *Rapport de Synthèse*, in, GOURDOU Jean, LECUCQ Olivier et MADEC Jean-Yves (dir.), *Le principe du contradictoire dans le procès administratif*, L'Harmattan, Bibliothèques de droit, 2010, pp. 177-191, spéc. p. 189.

3276 PERROT Roger, *Le silence en droit judiciaire privé*, in, *Mélanges offerts à Pierre RAYNAUD*, Dalloz, 1985, pp. 627-649, spéc. pp. 628-629.

3277 NIQUEGE Sylvain, *L'absence de contradictoire dans la procédure administrative contentieuse : problématique générale*, in, GOURDOU Jean, LECUCQ Olivier et MADEC Jean-Yves (dir.), *Le principe du contradictoire dans le procès administratif*, L'Harmattan, Bibliothèques de droit, 2010, pp. 22-35, spéc. p. 35.

3278 L'article 10 de la Déclaration universelle des droits de l'Homme ne mentionne pas le principe du contradictoire.

3279 L'article 14 du Pacte international relatif aux droits civils et politiques ne mentionne pas le principe du contradictoire.

3280 L'article 47 de la Charte des droits fondamentaux ne mentionne pas le principe du contradictoire.

3281 L'article 6 de la Convention européenne des droits de l'Homme ne mentionne pas le principe du contradictoire.

1021. Il est revenu aux juges d'en affirmer le caractère fondamental. En ce sens, la Cour européenne des droits de l'Homme[3282] garantit le droit à « un procès équitable contradictoire »[3283] qui doit offrir à chaque partie la « faculté de prendre connaissance des observations ou des pièces produites par l'autre, ainsi que de les discuter »[3284]. À ce titre, le contradictoire est, devant la Cour européenne des droits de l'Homme « l'une des principales garanties d'une procédure judiciaire »[3285] qui s'applique tant au volet civil qu'au volet pénal[3286] de l'article 6 de la Convention[3287]. À l'instar du principe d'égalité des armes, le contradictoire est un principe « fondamental »[3288] – rappelé à de nombreuses reprises[3289] – dont la méconnaissance conduit à affecter l'équité du procès.

1022. La Convention européenne des droits de l'Homme contient tout de même, pour le volet pénal, une exigence spécifique qui relève du principe du contradictoire : l'article 6§3 offre à l'accusé qui intègre aux droits de la défense « le droit d'interroger ou faire interroger les témoins à charge et obtenir la convocation et l'interrogation des témoins à décharge dans les mêmes conditions que les témoins à charge »[3290]. Ce droit – qui est également présent à l'article 14, 3, e du Pacte international relatif aux droits civils et politiques – constitue d'une garantie particulière importance qui est « spécifique à la matière répressive »[3291]. Sur ce fondement, les droits de la

3282 Sur ce point : MILANO Laure, *Le droit à un tribunal au sens de la Convention européenne des droits de l'Homme*, Thèse de doctorat, Montpellier 1, Dalloz, Nouvelle Bibliothèque de Thèses, 2006, pp. 511-530 ; RENUCCI Jean-François, *Droit européen des droits de l'homme, Droits et libertés fondamentaux garantis par la CEDH*, LGDJ, 7e éd., 2017, pp. 477-478 ; COHEN- JEAN-PIERRE Didier et MELIN-SOUCRAMANIEN Ferdinand, *Le principe de l'égalité des armes*, RRJ 1993, n°2, pp. 489-510 ; JONATHAN Gérard, *L'égalité des armes selon la Cour européenne des droits de l'Homme*, LPA 2002, n°238, pp. 21-26.

3283 CEDH, 24 février 1995, n°16424/90, Mc Michael c/ Royaume-Uni, § 80.

3284 CEDH, 23 juin 1993, n°12952/87, Ruiz-Mateos c/ Espagne, § 63 : série A n°262, p. 25.

3285 CEDH, 29 mai 1986, n°8562/79, Feldbrugge c/ Pays-Bas, § 44 *in fine*.

3286 En ce sens, Laurence BURGORGUE-LARSEN relève « que l'accusé, [doit] à un moment ou un autre de la procédure, [avoir] l'opportunité adéquate et suffisante d'interroger ou de faire interroger les témoins afin de pouvoir discuter leurs déclarations qui peuvent être considérées comme des 'preuves' de l'innocence ou de la culpabilité de l'intéressé » (*La Convention européenne des droits de l'homme*, LGDJ, Systèmes, 2e éd., 2015, p. 117).

3287 CEDH, 20 février 1996, n°19075/91, Vermeulen c/ Belgique, § 33 : le droit à une procédure contradictoire « implique en principe la faculté pour les parties à un procès, pénal ou civil, de prendre connaissance de toute pièce ou observation présentée au juge, même par un magistrat indépendant, en vue d'influencer sa décision, et de la discuter ».

3288 CEDH, 18 février 1997, n°18990/91, Nideröst-Huber c/ Suisse, § 30.

3289 CEDH, 11 décembre 2008, n°6293/04, Mirilachvili c/ Russie, § 162 ; CEDH, 15 juin 1992, n°12433/86, Lüdi c/ Suisse, § 50 : Série A, n°238.

3290 DESPORTES Frédéric et LAZERGES-COUSQUER Laurence, *Traité de procédure pénale*, Economica, 4e éd., 2015, n°610, p. 456.

3291 HENNETTE-VAUCHEZ Stéphanie et ROMAN Diane, *Droits de l'Homme et libertés fondamentales*, Dalloz, Coll. HyperCours, 3e éd., 2017, n°368.

défense s'entendent ainsi du droit à la contradiction des preuves administrées lors du procès pénal. Ce droit d'interroger les témoins s'étend au-delà du témoin au sens strict puisque ce droit s'étend à l'expert[3292] ou encore un co-accusé[3293].

1023. Le caractère fondamental du contradictoire[3294] est également reconnu par le juge européen[3295] qui l'a érigé au rang de principe « élémentaire »[3296] – autant que « fondamental »[3297] – et l'a rattaché aux droits de la défense[3298]. Ce principe s'impose à l'ensemble des juridictions communautaires[3299] et doit également être offert aux institutions européennes[3300].

1024. Le caractère fondamental du principe du contradictoire ne fait également aucun doute dans l'ordre juridique interne.

1025. En ce sens, le Conseil constitutionnel, après avoir jugé que le principe du contradictoire est un « corollaire »[3301] des droits de la défense, fonde le principe du contradictoire sur la garantie des droits de l'article 16 de la Déclaration des droits de l'Homme et du citoyen[3302] lui offrant ainsi « un fondement unique et autonome »[3303]. Bien que ce principe ne soit pas absolu[3304], son application doit être effective dans l'ensemble des procédures

---

3292 CEDH, 6 mai 1985, n°8658/79, Bönisch c/ Autriche : RSC 1985, p. 164, obs. Louis-Edmond PETTITI.

3293 CEDH, 27 février 2001, n°33354/96, Lucà c/ Italie, § 42.

3294 Sur ce point : IDOT Laurence, *Les droits de la défense*, in, SUDRE Frédéric et LABAYLE Henri (dir.), *Réalité et perspectives du droit communautaire des droits fondamentaux*, Bruylant, 2000, pp. 213-251.

3295 Ce principe consiste à offrir « le droit pour les parties à un procès de prendre connaissance des preuves et des observations présentées devant le juge et de les discuter » (CJUE, Gde ch., 2 décembre 2009, n°C-89/08 P, Commission c/ Irlande e.a., pt. 52: Rec. p. I-11245).

3296 CJCE, 22 mars 1961, SNUPAT, n°C-42/59, spéc. p. 156 : Rec. p. 101.

3297 CJCE, 2 octobre 2003, n°C-199/99 P, Corus UK c/ Commission, pt. 19 : Rec. p. I-11177.

3298 CJUE, Gde ch., 2 décembre 2009, n°C-89/08 P, Commission c/ Irlande e.a., pt. 50 : préc.

3299 CJUE, Gde ch., 2 décembre 2009, n°C-89/08 P, Commission c/ Irlande e.a., pt. 51 : préc.

3300 CJUE, Gde ch., 2 décembre 2009, n°C-89/08 P, Commission c/ Irlande e.a., pt. 53 : préc.

3301 Cons. const., déc. n°99-416 DC, 23 juillet 1999, Loi portant création d'une couverture maladie universelle, cons. n°42 : Rec. p. 100 ; Cons. const., déc. n°89-268 DC, 29 décembre 1989, Loi de finances pour 1990, cons. n°58 : Rec. p. 110.

3302 Cons. const., déc. n°2016-596 QPC, 18 novembre 2016, Mme Sihame B. [Absence de délai pour statuer sur l'appel interjeté contre une ordonnance de refus de restitution d'un bien saisi], cons. n°6 : J.O. du 20 novembre 2016, texte n°32.

3303 ROUX Jérôme, *Droit constitutionnel processuel*, JurisClasseur Administratif, Lexis Nexis, 2016, n°179.

3304 Cons. const., déc. n°2015-713 DC, 23 juillet 2015, Loi sur le renseignement, cons. n°86 : J.O. du 26 juillet 2015, p. 12751 (« le législateur a opéré une conciliation qui n'est pas manifestement déséquilibrée entre, d'une part, le droit des personnes intéressées à exercer un recours juridictionnel effectif, le droit à un procès équitable et le principe du contradictoire et, d'autre part, les exigences constitutionnelles inhérentes à la sauvegarde des intérêts fondamentaux de la Nation, dont participe le secret de la défense nationale »).

juridictionnelles, y compris en matière fiscale[3305]. Il doit être offert aux parties la faculté de discuter l'ensemble des preuves, y compris les notes blanches qui fondent parfois l'action administrative[3306].

1026. Ce principe s'impose également devant le juge administratif[3307]. Il a été reconnu sous la forme d'une règle générale de procédure – dès le 10 août 1918[3308] – et d'un principe général du droit[3309]. Le « caractère fondamental »[3310] de ce principe est ainsi assuré par le Conseil d'Etat qui en a même imposé l'application au sein du Code de procédure civile[3311]. L'importance de ce principe a été soulignée par Raymond ODENT qui relève que « de toutes les règles de procédure, celle qui impose le caractère contradictoire de la discussion préalable est la plus vénérable et la plus générale »[3312]. Pour l'heure, ce principe n'a pourtant été affirmé qu'à l'article L. 5 du Code de justice administrative pour la seule « instruction des affaires ». La qualité de règle générale de procédure et de principe général du droit du contradictoire permet donc de l'imposer à l'ensemble de la procédure juridictionnelle[3313].

3305 Cons. const., n°89-268 DC, 29 décembre 1989, Loi de finances pour 1990, cons. n°58 : Rec. p. 110.

3306 Cons. const., déc. n°2016-535 QPC, 19 février 2016, Ligue des droits de l'homme [Police des réunions et des lieux publics dans le cadre de l'état d'urgence], cons. n°14 : J.O. du 21 février 2016, texte n°26.

3307 Sur ce point : BROYELLE Camille, *Contentieux administratif*, LGDJ, 5e éd., 2017, pp. 172-179 ; CHAPUS René, *Droit du contentieux administratif*, LGDJ, Montchrestien, 13e éd., 2008, p. 833 ; GOHIN Olivier, *La contradiction dans la procédure administrative contentieuse*, Thèse de doctorat, Paris 2, LGDJ, 1987 ; SCHRAMECK Olivier, *Quelques observations sur le principe du contradictoire*, in, *L'Etat de droit, Mélanges en l'honneur de Guy BRAIBANT*, Dalloz, 1996, pp. 629-640 ; LAMARQUE Jean, *Le procès du procès*, in, *Etudes offertes à Jean-Marie AUBY*, Dalloz, 1992, pp. 149-180 ; GILTARD Daniel, *Procès administratif et droit processuel, À la recherche des principes directeurs*, AJDA 2014, n°8, pp. 1015-1020.

3308 Le Conseil d'Etat a érigé le contradictoire en une « règle générale de procédure » par la décision Villes (Conseil d'Etat, 10 août 1918 : Rec. p. 848). En l'espèce, le Conseil d'Etat juge qu'« Aucun document ne saurait être régulièrement soumis au juge sans que les parties aient été mises à même d'en prendre connaissance ».

3309 Conseil d'Etat, Sect., 12 mai 1961, Société La Huta : Rec. p. 313. La juridiction spéciale en cause « a méconnu le principe général applicable à toutes les juridictions administratives d'après lequel la procédure doit revêtir un caractère contradictoire ».

3310 ARRIGHI DE CASANOVA Jacques, *Libres propos introductifs*, in, GOURDOU Jean, LECUCQ Olivier et MADEC Jean-Yves (dir.), *Le principe du contradictoire dans le procès administratif*, L'Harmattan, Bibliothèques de droit, 2010, pp. 16-20, spéc. p. 17.

3311 Conseil d'Etat, Ass., 12 octobre 1979, n°01875, 01905, 01948 à 01951, Rassemblement des nouveaux avocats de France et autres : D. 1979, p. 606, note Alain BENABENT ; JCP 1980, II, 19288, concl. FRANC ; RTD Civ. 1980, p. 145, obs. Jacques NORMAND.

3312 ODENT Raymond, *Contentieux administratif*, Les cours du droit, 1977-1978, Fasc. n°3, p. 734.

3313 Conseil d'Etat, Ass., 13 décembre 1968, n°71624, Association syndicale des propriétaires de Champigny-sur-Marne, n°71625, Comité de défense des intérêts menacés par l'autoroute D 6 et n°71626, Sieur Musso : Rec. p. 645.

1027. En qualité de gardien du contradictoire, le juge administratif ne peut opposer à une partie des preuves administrées par une autre partie sans qu'elle ait disposé de la faculté de les discuter[3314]. Il y aura exception au principe du contradictoire lorsque le litige porte sur le refus de communiquer un élément de preuve[3315]. Ce principe pourra également être écarté pour certains litiges qui relèvent de la défense nationale[3316].

1028. En matière fiscale[3317], le principe du contradictoire constitue, comme en contentieux général, un « principe général de procédure »[3318] sans qu'un quelconque particularisme n'affecte l'application de ce principe. Le domaine des échanges de renseignements internationaux atteste de l'importance fondamentale du principe du contradictoire. En cette matière, certaines conventions fiscales internationales prévoient une clause de secret qui interdit la communication des renseignements échangés. Cette clause pourrait donc interdire la production en justice d'éléments qui ont fondé une décision d'imposition. En la matière, le Conseil d'Etat impose, sous peine de décharge des impositions litigieuses, la communication des documents obtenus dans le cadre de l'échange bilatéral de renseignements[3319] – même dans le cas où la Convention fiscale internationale interdit que les tribunaux soient les destinataires des informations obtenues dans le cadre de l'échange de renseignements[3320]. Cette solution tend à rappeler l'exigence fondamentale du

---

[3314] Le juge administratif ne peut forger sa conviction sur des éléments de preuve qui n'auraient pas été préalablement communiqués aux parties. Il en va ainsi des éléments protégés par le secret de la défense nationale ou la sécurité publique (Conseil d'Etat, Ass., 6 novembre 2002, n°194295, Moon Sun Myung : Rec. p. 380 ; AJDA 2002, p. 1337, chron. Francis DONNAT et Didier CASAS ; Conseil d'Etat, Ass., 11 mars 1955, Secrétaire d'État à la guerre c/ Coulon : Rec. p. 149).

[3315] Conseil d'Etat, 10e et 9e s.-s., 31 juillet 2009, n°320196, Associations Aides et autres : Rec. p. 117 ; AJDA 2009, p. 2358, note Tatiana GRUNDLER (à propos des recours exercés à l'encontre des décrets qui autorisent la création de fichiers relatifs, notamment, à la défense nationale, qui sont dispensés de toute publication officielle) ; Conseil d'Etat, Sect., 23 décembre 1988, Banque de France c/ Huberschwiller : Rec. p. 469 (à propos des litiges qui portent sur le refus de l'Administration de communiquer un document).

[3316] Art. L. 773-3 du Code de justice administrative issu de l'article 10 de la loi n°2015-912 du 24 juillet 2015 relative en renseignement.

[3317] Sur la place du contradictoire en procédure fiscale contentieuse : LAMBERT-WIBER Sophie, *Contribution du droit civil à une approche renouvelée de la charge de la preuve en droit fiscal*, Thèse de doctorat microfichée, Rouen, 1996, pp. 500-504.

[3318] Conseil d'Etat, 8e et 3e s.-s., 26 janvier 2011, n°311808, Weissenburger : Dr. fisc. 2011, n°18, comm. 343, concl. Nathalie ESCAUT ; RJF 04/11, n°489.

[3319] Conseil d'Etat, 8e et 3e s.-s., 26 janvier 2011, n°311808, Weissenburger : Dr. fisc. 2011, n°18, comm. 343, concl. Nathalie ESCAUT ; RJF 04/11, n°489 ; Conseil d'Etat, 8e et 9e s.-s., 13 octobre 1999, Sté Diebold Courage : Dr. fisc. 1999, n°52, comm. 948, note Gilles BACHLIER, note Claire ACARD, RJF 12/99, n°1492, chron. Emmanuelle MIGNON.

[3320] Comme l'expose Vincent DAUMAS (*Clauses de secret des conventions fiscales internationales : des implications à géométrie variable*, RJF 04/11, p. 355), l'intérêt de la décision Weissenburger (Conseil d'Etat, 8e et 3e s.-s., 26 janvier 2011, n°311808,

contradictoire devant le juge administratif de l'impôt qui prononce systématiquement la décharge de l'imposition dont le fondement repose sur des éléments de preuve qui ne sont pas soumis au débat contradictoire[3321]. Par ces solutions, le juge administratif démontre qu'il accorde une importance fondamentale au principe du contradictoire. Un élément de preuve qui ne serait pas soumis à la contradiction n'accède pas, en réalité, au rang de preuve.

1029. De même, devant le juge pénal, le caractère contradictoire du procès[3322] est un principe fondamental. Comme le relève Jean PRADEL durant le procès pénal, « la communication du dossier (...) est totale »[3323]. Le juge pénal est tenu par ce principe puisqu'il ne peut forger sa conviction, comme en dispose l'article 427 du Code de procédure pénale, que « sur des preuves qui lui sont apportées au cours des débats et contradictoirement discutées devant lui ». La Chambre criminelle de la Cour de cassation veille scrupuleusement au respect du principe du contradictoire[3324], sans que la matière fiscale ne présente un quelconque particularisme en la matière[3325].

1030. Enfin, devant le juge civil, le principe du contradictoire « est l'âme du procès »[3326] civil et découle d'une tradition doctrinale ancienne[3327]. Déjà

Weissenburger : préc.) réside dans le fait que la convention fiscale conclue entre la France et le Danemark le 8 février 1957 n'autorise pas, aux termes de son article 23, l'administration fiscale à transmettre les renseignements obtenus lors d'échanges entre les administrations fiscales aux tribunaux. Or, en suivant les conclusions du rapporteur public Nathalie ESCAUT, le Conseil d'Etat a fait primer le principe du contradictoire en imposant, dans ce cas, le principe du contradictoire. Il est jugé que le contradictoire doit être respecté même dans le cas où les stipulations d'une convention fiscale internationale « mentionnent expressément ou non les tribunaux » comme destinataires possibles des informations obtenues lors de l'échange de renseignements.

3321 Conseil d'Etat, 7e et 9e s.-s., 22 mars 1985, n°37652 : Dr. fisc. 1985, n°26, comm. 1234 ; RJF 06/85, n°953 ; Conseil d'Etat, 7e et 9e s.-s., 11 décembre 1974, n°92758 : RJF 03/75, n°148.

3322 Sur ce point : RIBEYRE Cédric (dir.), *Le contradictoire dans le procès pénal, Nouvelles perspectives*, Actes du colloque organisé le 8 décembre 2011 par l'Institut de Sciences Criminelles de Grenoble (ISCG), Editions Cujas, Collection Actes & Etudes, 2012.

3323 PRADEL Jean, *Rapport de synthèse, Le contradictoire dans la procédure pénale*, in, RIBEYRE Cédric, (dir.), *Le contradictoire dans le procès pénal, Nouvelles perspectives*, Actes du colloque organisé le 8 décembre 2011 par l'Institut de Sciences Criminelles de Grenoble (ISCG), Editions Cujas, Collection Actes & Etudes, 2012, pp. 161-173, spéc. p. 168.

3324 Cass. crim., 13 février 2008, n°07-84.341 : Bull. crim., n°39 ; D. 2008, p. 2757, obs. Jean PRADEL.

3325 Cass. crim., 14 mai 2014, n°13-81.796 : Dr. Pén. 2014, n°7-8, comm. 108, comm. Jacques-Henri ROBERT.

3326 AMRANI-MEKKI Soraya, CADIET Loïc et NORMAND Jacques, *Théorie générale du procès*, PUF, Thémis droit, 2e éd., 2013, n°173, p. 633.

3327 Sur ce point : AMRANI-MEKKI Soraya, CADIET Loïc et NORMAND Jacques, *Théorie générale du procès*, PUF, Thémis droit, 2013, pp. 633-639 ; AMRANI-MEKKI Soraya et STRICKLER Yves, *Procédure civile*, PUF, Thémis droit, 2014, pp. 374-386 ; ASCENSI Lionel, *Du principe de la contradiction*, Thèse de doctorat, Paris 1, LGDJ, Bibliothèque de droit privé, Tome 454, 2006 ; CADIET Loïc et JEULAND Emmanuel, *Droit judiciaire privé*,

AUBRY et RAU exposaient qu'« un fait ne peut (...) être considéré comme établi d'une manière complète, qu'autant que la preuve en a été administrée dans la même instance, contradictoirement avec la partie à laquelle on l'oppose »[3328]. Henri MOTULSKY a affirmé que « l'un des principes directeurs de la procédure française est formé par la nécessité du débat contradictoire »[3329]. Après avoir été érigé en principe par la Cour de cassation[3330], le principe du contradictoire a été formellement consacré par le décret du 9 septembre 1971[3331] qui a désormais intégré la Section VI des Dispositions liminaires du Code de procédure civile qui est composée des articles 14 à 17 du Code de procédure civile.

1031. En matière fiscale, l'article R. 202-2 du Livre des procédures fiscales organise la contradiction devant le juge civil en posant que « L'instruction se fait par simples mémoires respectivement signifiés ». La Chambre commerciale de la Cour de cassation exige des juges du fond qu'ils se fondent effectivement sur les pièces contradictoirement discutées par les parties pour fonder leur décision[3332].

1032. Rares sont donc les exceptions au principe du contradictoire. Or, le fondement de ce principe réside dans la nécessité de garantir une égalité entre les parties au litige dans la critique de la preuve.

B/ Le principe du contradictoire : une protection de l'égalité des parties dans la critique de la preuve

1033. La place fondamentale occupée par le principe du contradictoire, tant devant les juges internes qu'européens, démontre que la contradiction est une exigence commune à l'ensemble des juridictions. Or, si le principe du

---

Lexis Nexis, 8e éd., 2013, pp. 396-405 ; CHAINAIS Cécile, FERRAND Frédérique et GUINCHARD Serge, *Procédure civile*, Dalloz, Hypercours, 4e éd., 2015, pp. 357-360 ; MAGENDIE Jean-Claude, *La contradiction, exigence majeure d'une justice de qualité...*, Gaz. Pal. 2006, n°346, p. 2 ; MINIATO Lionel, *Le « principe du contradictoire » : nouveau principe directeur du procès ?*, D. 2005, n°37, pp. 2537-2538 ; PERROT Roger, *Institutions judiciaires*, Montchrestien, Domat, Droit privé, 15e éd., 2012, pp. 453-461 ; RAYNAUD Pierre, *L'obligation pour le juge de respecter le principe de la contradiction. Les vissicitudes de l'article 16*, in, *Mélanges offerts à Pierre HEBRAUD*, 1981, Université des sciences sociales de Toulouse, pp. 715-733.

3328 AUBRY et RAU, *Cours de droit civil français*, Tome XII, La Preuve, 5e éd., 1922, Revu et mis au courant de la Législation et de la Jurisprudence par Emile BARTIN, p. 98.

3329 MOTULSKY Henri, *Le rôle respectif du juge et des parties dans l'allégation des faits*, in, *Ecrits. Etudes et notes de procédure civile*, Dalloz, 2009, pp. 38-59, spéc. p. 50.

3330 Cass. 2e civ., 13 décembre 1955 : Bull. civ., n°600.

3331 Décret n°71-740 du 9 septembre 1971, instituant de nouvelles règles de procédure destinées à constituer partie d'un nouveau code de procedure civile : J.O. du 11 septembre 1971, p. 9072.

3332 Cass. com., 4 juin 1996, n°94-19.737, Helme : RJF 10/96, n°1240 ; Cass. com., 21 mai 1985, n°83-17.325 : Bull. IV, n°162 ; Dr. fisc. 1985, n°41, comm. 1703.

contradictoire dispose d'un fondement débattu en doctrine[3333], il convient, comme l'a démontré Henri MOTULSKY[3334], de le rattacher aux droits de la défense. Ce principe a également pour effet, comme l'ont souligné de nombreux auteurs[3335], de fonder une égalité entre les parties car il offre une égale faculté de critiquer la preuve à chacune des parties[3336].

1034. L'égalité induite par le principe du contradictoire est encore confirmée en raison des liens étroits qui existent entre ce principe et l'égalité des armes[3337]. Si ce dernier principe permet de sanctionner « le déséquilibre déloyal entre les parties »[3338] au sein d'une procédure, il va parfois permettre de sanctionner la méconnaissance de la contradiction. En ce sens, la distinction entre l'égalité des armes et le principe du contradictoire est parfois malaisée à identifier en raison des « interférences »[3339] qui existent entre ces deux principes[3340]. Une distinction reposant sur « un principe de finalité

[3333] Sur ce point : MELLERAY Fabrice, *Rapport de Synthèse*, in, GOURDOU Jean, LECUCQ Olivier et MADEC Jean-Yves, *Le principe du contradictoire dans le procès administratif*, L'Harmattan, Bibliothèques de droit, 2010, pp. 177-191, spéc. p. 182.

[3334] MOTULSKY Henri, *Le droit naturel dans la pratique jurisprudentielle : le respect des droits de la défense en procédure civile*, in, *Ecrits. Etudes et notes de procédure civile*, Dalloz, Coll. Bibliothèque Dalloz, 2009, pp. 60-84. Pour MOTULSKY, « le principe est celui du respect des droits de la défense, et que la faculté de contradiction n'en est qu'une application » (*op. cit.*, p. 68).

[3335] BROYELLE Camille, *Contentieux administratif*, LGDJ, 2017, 5e éd., n°240, p. 173 ; ROUAULT Marie-Christine, *Contentieux administratif*, Larcier, Coll. Masters droit, 2015, p. 25 ; SCHRAMECK Olivier, *Quelques observations sur le principe du contradictoire*, in, *L'Etat de droit, Mélanges en l'honneur de Guy BRAIBANT*, Dalloz, 1996, pp. 629-640, spéc. p. 631 ; VERPEAUX Michel, *Contentieux constitutionnel*, Dalloz, 2016, p. 140.

[3336] Le Conseil d'Etat a jugé, en ce sens, que « le principe du contradictoire (...) tend à assurer l'égalité des parties devant le juge » (Conseil d'Etat, 5e et 3e s.-s., 29 juillet 1998, n° 179635 et 180208, Mme Esclatine : Rec. p. 320 ; AJDA 1999, p. 69, note Frédéric ROLIN ; D. 1999, p. 85, concl. Didier CHAUVAUX).

[3337] Selon la formule consacrée par la Cour européenne des droits de l'Homme, « Le principe de l'égalité des armes constitue un élément de la notion plus large de procès équitable, qui englobe aussi le droit fondamental au caractère contradictoire de la procédure pénale » (CEDH, 28 août 1991, n°11170/84, 12876/87, 13468/87, Brandstetter c/ Autriche, § 66). En ce sens, la Cour européenne des droits de l'Homme étudie conjointement égalité des armes et principe du contradictoire comme dans l'affaire Bendenous c/ France (CEDH, 24 février 1994, n°12547/86, Bendenoun c/ France, §§ 52-53) où elle a jugé qu'« il ne ressort pas des éléments dont dispose la Cour que la non-communication de pièces ait porté atteinte aux droits de la défense et à l'égalité des armes » (§ 53).

[3338] MILANO Laure, *Le droit à un tribunal au sens de la Convention européenne des droits de l'Homme*, Thèse de doctorat, Montpellier 1, Dalloz, Nouvelle Bibliothèque de Thèses, 2006, p. 515.

[3339] *Op. cit.*, p. 520.

[3340] La Cour européenne des droits de l'Homme ne distingue pas toujours nettement le principe du contradictoire de l'égalité des armes. À ce titre, dans l'arrêt Werner c/ Autriche (CEDH, 24 novembre 1997, n°21835/93, Werner c/ Autriche, §§ 63 à 69), la Cour évoque successivement l'égalité des armes et le contradictoire sans qu'il soit possible d'identifier lequel de ces deux principes conduit effectivement au constat de la violation de l'article 6§1.

»[3341] peut être opérée entre l'égalité des armes et le principe du contradictoire. L'égalité des armes est ainsi mobilisée pour sanctionner le traitement inégalitaire des parties en matière de contradiction[3342]. Toutefois, la commune recherche d'équité qui est au fondement de ces deux principes conduit la Cour à adopter un véritable « pragmatisme »[3343] qui défie tout systématisme. L'intérêt de la jurisprudence de la Cour européenne des droits de l'Homme et de la double assise du principe du contradictoire tend à démontrer que le principe du contradictoire tend, *in fine*, à assurer une véritable égalité entre les plaideurs. Le contradictoire constitue ainsi un élément essentiel de l'équité probatoire entendue comme la nécessité plus générale de préserver l'équilibre entre les parties au procès.

1035. Or, si cette égalité n'est pas respectée, la preuve en devient alors, inadmissible ou ne peut acquérir le rang de preuve pleine et entière.

§2. – Le principe du contradictoire : condition commune d'admissibilité de la preuve

1036. L'irrespect du principe du contradictoire a des impacts particulièrement importants sur la preuve. Jean LARMARQUE relève ainsi que « Le principe de la contradiction s'oppose formellement à ce qu[e le juge] puisse fonder sa décision sur un moyen qui n'a pas été soumis aux débats »[3344]. Il apparaît que la méconnaissance du principe du contradictoire va entraîner l'exclusion de la preuve litigieuse (A) ou, lorsque d'autres droits entrent en conflit avec le principe du contradictoire, la réduction de sa force probante (B).

A/ L'exclusion de la preuve méconnaissant le principe du contradictoire

1037. Le caractère fondamental du principe du contradictoire se manifeste par l'exclusion des éléments de preuve qui ne font pas l'objet d'un échange contradictoire.

[3341] SUDRE Frédérique, *Les exigences de la Convention européenne des droits de l'Homme*, in, PINGEL-LENUZZA Isabelle et SUDRE Frédéric (dir.), *Le ministère public et les exigences du procès équitable*, Bruylant, Nemesis, coll. Droit et justice, 2003, pp. 39-61, spéc. p. 53.

[3342] CEDH, 13 octobre 2005, n°65399/01, Clinique des Acacias c/ France, § 36 (« La Cour n'aperçoit d'abord aucune méconnaissance du principe de l'égalité des armes dès lors qu'aucune des parties au litige n'a eu communication du moyen que la Cour de cassation entendait soulever d'office et n'a pu présenter d'observations »).

[3343] MILANO Laure, *Le droit à un tribunal au sens de la Convention européenne des droits de l'Homme*, Thèse de doctorat, Montpellier 1, Dalloz, Nouvelle Bibliothèque de Thèses, 2006, p. 530.

[3344] LAMARQUE Jean, *Le procès du procès*, in, *Etudes offertes à Jean-Marie AUBY*, Dalloz, 1992, pp. 149-180, spéc. p. 161.

1038. Rares sont pourtant les illustrations de la méconnaissance du principe du contradictoire. À ce titre, l'Assemblée plénière de la Cour de cassation a jugé[3345], au visa de l'article 6§1 de la Convention européenne des droits de l'Homme et de l'article 16 du Code de procédure civile, que la méconnaissance du principe du contradictoire par la Cour nationale de l'incapacité et de la tarification de l'assurance des accidents du travail rend la procédure irrégulière car elle a empêché les parties « de prendre connaissance et de discuter de toute pièce ou observation présentée au juge en vue d'influencer sa décision »[3346]. Elle ne s'attarde toutefois pas sur le sort des preuves non soumises à la contradiction.

1039. De même, devant le juge administratif de l'impôt – sans que le juge civil de l'impôt ne se soit prononcé – qui prononce la décharge de l'imposition en se fondant sur la cause juridique du bien-fondé de l'imposition – lorsque le fisc n'est pas en mesure d'administrer, devant le juge de l'impôt, les éléments de preuve qui justifient sa décision d'imposition[3347].

1040. Il faut alors considérer que la preuve qui n'est pas soumise au principe du contradictoire est – sauf exception légale – dépourvue de toute force probante. Cette solution a été retenu tant par les juges internes[3348] que par les juges européens[3349]. Cela conduit à interdire au juge de se fonder sur des faits dont il aurait eu connaissance de manière personnelle pour établir la réalité factuelle[3350].

[3345] Cass., A.P., 22 décembre 2000, n°99-11.303, 98-21.238, 98-19.376, 99-11.615 et 98-15.567 : Bull. A.P., n°12 ; D. 2001, p. 1652, note Yves SAINT-JOURS ; D. 2001, p. 2454, obs. Xavier PRETOT ; JCP 2001, I, 311, n°3, obs. Loïc CADIET.

[3346] Cass., A.P., 22 décembre 2000, n°98-15.567 : préc.

[3347] Conseil d'Etat, 9e et 7e s.-s., 1er février 1989, n°60988, Trepka : RJF 04/89, n°498 ; Conseil d'Etat, 7e et 8e s.-s., 27 février 1985, n°43471 : Dr. fisc. 1985, n°26, comm. 1234 ; RJF 04/85, n°628 ; LPA 1985, n°62, p. 12, concl. Olivier FOUQUET.

[3348] En ce sens, la Chambre commerciale « a dénié toute valeur probante » (Cass. com., 29 mai 1990, n°88-19.260 : Bull. civ. IV, n°157) à une preuve qui ne peut faire l'objet d'un échange contradictoire.

[3349] CJUE, 12 novembre 2014, n°C-580/12 P, Guardian Industries et Guardian Europe c/ Commission : Revue Lamy de la Concurrence 2015, n°42, pp. 83-84, Gwenaël MUGUET-POULLENNEC (*A contrario*) : La Cour relève que « Ce serait violer ce principe que de fonder une décision juridictionnelle sur des faits et des documents dont les parties elles-mêmes, ou l'une d'entre elles, n'ont pu prendre connaissance et sur lesquels elles n'ont donc pas été en mesure de prendre position » (pt. 30). En l'espèce, toutefois, le principe du contradictoire a été effectivement respecté puisque la lettre litigieuse a été effectivement transmise à la partie (pt. 32). De la sorte, « les droits de la défense ou (…) le principe de l'égalité des armes » n'ont pas été enfreints (pt. 34).

[3350] Toutefois, le juge civil « peut, comme en dispose l'article 7 du Code de procédure civile, prendre en considération même les faits que les parties n'auraient pas spécialement invoqués au soutien de leurs prétentions » car dans ce cas, le principe du contradictoire est respecté.

1041. Toutefois, dans nombre de cas, la preuve qui n'est soumise que partiellement à la contradiction voit sa force probante réduite.

B/ La réduction de la force probante de la preuve altérant le principe du contradictoire

1042. Le principe du contradictoire sera, par exception, tempéré lorsque d'autres intérêts fondamentaux entrent en conflit avec ce principe. En matière pénale, la Cour européenne des droits de l'Homme a été amenée à tempérer le respect du principe du contradictoire avec la nécessité de préserver d'autres intérêts comme « les intérêts des témoins »[3351]. Elle juge ainsi que : « leur vie, (...) leur liberté ou (...) leur sûreté »[3352] doivent impérativement être protégées. Cela conduit donc les juges de Strasbourg à mettre « les intérêts de la défense (...) en balance avec ceux des témoins ou des victimes appelés à déposer »[3353]. La Cour européenne des droits de l'Homme a élaboré une jurisprudence protectrice du principe du contradictoire devant les juridictions pénales en autorisant, sous certaines conditions, d'employer le témoignage anonyme[3354].

1043. Elle juge que la condamnation d'un prévenu sur le fondement de témoignages anonymes heurte les paragraphes 1 et 3 de l'article 6 de la Convention européenne des droits de l'Homme[3355]. L'article 6§3 stipule en effet que l'accusé doit se voir offrir le droit d'« interroger ou faire interroger les témoins à charge et obtenir la convocation et l'interrogation des témoins à décharge dans les mêmes conditions que les témoins à charge ». Toutefois, elle admet que des témoignages anonymes fondent une condamnation pénale lorsqu'ils sont corroborés par d'autres éléments de preuve[3356]. De la sorte, « un témoignage anonyme peut justifier une condamnation s'il est accompagné par

---

3351 CEDH, 26 mars 1996, Doorson c/ Pays-Bas, n°20524/92, § 70 : Rec. 1996-II ; D. 1997, p. 207, obs. Jean-François RENUCCI.

3352 CEDH, 26 mars 1996, Doorson c/ Pays-Bas, n°20524/92, § 70 : préc.

3353 CEDH, 26 mars 1996, Doorson c/ Pays-Bas, n°20524/92, § 70 : préc.

3354 Sur ce point : GOUTTENOIRE Adeline, *Le principe du contradictoire devant la Cour européenne des droits de l'homme*, in, *Le contradictoire dans le procès pénal*, Colloque du 8 décembre 2011, Cujas, 2012, pp. 65-70 ; SAINT-PAU Jean-Christophe, *Les obstacles du contradictoire : L'exemple de l'anonymat des témoins*, in, *Le contradictoire dans le procès pénal*, Cujas, 2012, pp. 123-132.

3355 CEDH, 26 mars 1996, Doorson c/ Pays-Bas, n°20524/92, § 66 : préc.

3356 La Cour européenne déclare contraire aux paragraphes 1 et 3 de l'article 6 de la Convention les condamnations fondées « à un degré déterminant » (CEDH, 20 novembre 1989, n°11454/85, Kostovski c/ Pays-Bas) sur des déclarations anonymes ou *a fortiori* lorsque les « témoignages constitu[ent] (...) la seule base de la condamnation » (CEDH, 20 septembre 1993, n°14647/89, Saïdi c/ France, § 44, *in fine*). En somme, le témoignage anonyme ne doit pas avoir été décisif dans la déclaration de culpabilité du prévenu (« *If this testimony was not in any respect decisive, the defence was handicapped to a much lesser degree* », CEDH, 14 février 2002, n°26668/95, Visser c/ Pays-Bas, § 46).

d'autres éléments susceptibles de forger l'intime conviction du juge »[3357]. Cette solution a même été étendue au cas où l'accusé n'a pas eu la faculté d'interroger ou de faire interroger un témoin[3358]. La méconnaissance du contradictoire affectera l'équité de la procédure lorsque cette méconnaissance affecte une preuve unique ou déterminante en conduisant à la condamnation d'un prévenu sur le fondement d'une preuve qui n'a pas été soumise à la contradiction. Dès lors qu'une sanction pénale ne peut être valablement fondée de manière unique ou déterminante sur une preuve qui n'a pas fait l'objet d'un débat contradictoire privant le prévenu de sa faculté de contester le témoignage à charge[3359], les juges sont conduits à ne conférer qu'une force probante réduite aux éléments de preuve qui ne peuvent être soumis à un véritable débat contradictoire.

1044. Le droit interne a intégré cette solution puisque le Code de procédure pénale dispose, en son article 706-62, qu'« Aucune condamnation ne peut être prononcée sur le seul fondement de déclarations » anonymes. La Chambre criminelle de la Cour de cassation respecte scrupuleusement cette solution en veillant à fonder la culpabilité de l'accusé, de manière déterminante, sur des preuves pour lesquelles le principe du contradictoire peut être effectivement assuré[3360].

1045. Au nom du respect du contradictoire et des droits de la défense, les témoignages anonymes ont donc été élevés au rang de « preuve semi pleine de l'ancien droit n'autorisant pas la condamnation, mais autorisant la preuve complémentaire »[3361]. La comparaison avec les « demi-preuves »[3362] doit toutefois être limitée car elles « ne peuvent être mises en œuvre de façon arithmétique »[3363] : deux demi-preuves ne constituent pas une preuve entière. Le respect du principe du contradictoire conduit donc à forger des règles de

---

[3357] SAINT-PAU Jean-Christophe, *Les obstacles du contradictoire : L'exemple de l'anonymat des témoins*, in, *Le contradictoire dans le procès pénal*, Cujas, 2012, pp. 123-132, spéc. p. 131.
[3358] CEDH, 13 novembre 2003, n°71846/01, Rachad c/ France, § 25 : AJ pénal 2004, pp. 76-77, note Jocelyne LEBLOIS-HAPPE.
[3359] Bien que la Cour se refuse à poser un principe absolu en la matière (CEDH, 15 décembre 2011, n°26766/05 et 22228/06, Al-Khawaja et Tahery c/ Royaume-Uni, §§ 143-147 ; CEDH, 26 mars 1996, Doorson c/ Pays-Bas, n°20524/92, § 72), la Cour de Strasbourg juge contraire au procès équitable les condamnations de prévenus sur le fondement unique ou déterminant de preuves qui n'ont pu être soumis à un débat contradictoire (CEDH, 20 septembre 1993, n°14647/89, Saïdi c/ France, § 44).
[3360] Cass. crim., 18 mai 2010, n°09-83.156 : Bull. crim., n°88 ; D. 2010, p. 1656, chron. Paul CHAUMONT ; D. 2010, p. 2254, chron. Jean PRADEL.
[3361] SAINT-PAU Jean-Christophe, *Les obstacles du contradictoire : L'exemple de l'anonymat des témoins*, in, *Le contradictoire dans le procès pénal*, Cujas, 2012, pp. 123-132, spéc. p. 131.
[3362] Sur ce point : LECLERC Olivier, VERGES Etienne et VIAL Géraldine, *Droit de la preuve*, PUF, Thémis droit, 2015, pp. 425-427.
[3363] LECLERC Olivier, VERGES Etienne et VIAL Géraldine, *Droit de la preuve*, PUF, Thémis droit, 2015, p. 426.

preuve qui tendent à en limiter la force probante. Une preuve qui ne peut être soumise au contradictoire ne peut être admise lors du procès. De même, un témoignage dont l'identité du témoin est cachée ne peut accéder au rang de preuve pleine et entière : la preuve est admise mais sa force probante est affectée en raison du caractère amoindri du contradictoire.

1046. Cette solution n'est toutefois pas limitée à la matière pénale. Le juge civil a adopté une solution analogue en matière d'expertise amiable réalisée par une partie avant le jugement – en méconnaissance du principe du contradictoire. Le juge civil estime qu'une telle expertise est admissible, dès lors qu'elle est soumise, devant le juge, à un débat contradictoire mais qu'une telle preuve ne peut, à elle seule, suffire à forger la conviction du juge[3364]. La Cour de cassation, statuant en Chambre mixte, a ainsi jugé que le juge civil « ne peut se fonder exclusivement sur une expertise réalisée à la demande de l'une des parties »[3365]. Roger PERROT relève que « Les conclusions du rapport amiable, même débattues à l'audience, ne peuvent être considérées que comme un appoint, de nature à n'emporter la conviction du juge que si le dossier révèle d'autres indices concordants dans le même sens »[3366]. Il s'agit pour le juge civil d'affirmer qu'un tel rapport ne peut constituer qu'« un simple indice [qui] devra être étayé par d'autres éléments »[3367]. Cette solution atteste d'une unité d'analyse entre les chambres de la Cour de cassation et la jurisprudence de la Cour européenne des droits de l'Homme. La preuve litigieuse est frappée d'un vice – le défaut de contradictoire dans sa conception – qui l'empêche d'accéder au rang effectif de « preuve ». Cette solution est également retenue, de longue date par le juge civil, face à une expertise qui n'a pas respecté le principe du contradictoire[3368]. L'imperfection qui résulte de l'absence de caractère contradictoire de son élaboration empêche le juge de se fonder exclusivement sur cet élément.

1047. Enfin, devant le juge administratif, la décision Election municipale de Vénissieux, rendue en formation de Section du contentieux, le 4 février 2015[3369] atteste qu'un témoignage anonyme ne saurait fonder, à lui seul, une sanction administrative. Cette solution peut donc être lue comme signifiant

---

[3364] Cass., Ch. mixte, 28 septembre 2012, n°11-18.710 : Bull. Ch. mixte n°2 ; RTD Civ. 2012, p. 769, Chr. Roger PERROT ; JCP 2012. Doctr. 1200, obs. Soraya AMRANI-MEKKI ; Gaz. Pal. 13 nov. 2012, note Guerrero.

[3365] Cass., Ch. mixte, 28 septembre 2012, n°11-18.710 : préc.

[3366] PERROT Roger, *Expertise amiable : son autorité ?*, RTD Civ. 2012, n°4, pp. 769-771.

[3367] AMRANI-MEKKI Soraya, *Expertise et contradictoire, vers une cohérence procédurale ?*, JCP G 2012, n°46, 1200.

[3368] Cass., 1ère civ., 5 décembre 1973, n°72-12.577 : Bull. civ. I, n°341.

[3369] Conseil d'Etat, Sect., 4 février 2015, n°385555, Election municipale de Vénissieux : Rec. p. 43, concl. Vincent DAUMAS ; JCP A 2015, n°35, 2246, chron. Olivier LE BOT ; JCP A 2015, n°8, 2059, comm. Christophe TESTARD ; LPA 2015, n°70, p. 7, chron. Marie-Christine ROUAULT.

qu'une pièce ne saurait fonder, à elle seule, une accusation en matière pénale alors qu'elle heurte le principe du contradictoire. Il s'agit donc d'une application commune du principe du contradictoire qui tend à démontrer l'existence d'une approche analogue des juges de la matière fiscale.

1048. Conclusion de la Sous-Section I. – En matière de contradiction, les juges de la matière fiscale ne présentent aucun particularisme. Ce principe constitue un principe général qui conditionne la reconnaissance d'une pleine force probante à la preuve. Il faut y voir la conséquence du caractère « fondamental »[3370] du contradictoire au sein du procès. Le contradictoire conditionne, en somme, la reconnaissance de la qualité de preuve à un fait.

1049. À ce titre, le contradictoire démontre le renversement qui s'opère dans l'établissement de la réalité juridique : les règles juridiques qui encadrent l'établissement de la réalité factuelle impriment sur la réalité juridictionnelle leur empreinte. Les conditions d'établissement de cette réalité conduisent à écarter, purement et simplement, des éléments de fait qui ne respectent pas les conditions d'établissement de cette réalité. En ce sens, la vision égalitaire de l'établissement de la preuve rejaillit sur la réalité juridictionnelle. C'est la croyance fondamentale[3371] en l'effet bénéfique de l'échange contradictoire qui conduit à contraindre le juge à écarter le fait qui n'est pas apte à être discuté par les parties.

1050. Or, le fondement du principe du contradictoire réside dans une vision profondément égalitaire de l'établissement de la preuve. La rupture de cette égalité dans l'administration de la preuve – ou plutôt dans la faculté de critiquer la preuve adverse – est garantie par l'inadmissibilité ou, à tout le moins, par la réduction de la force probante de la preuve ainsi administrée. Il est, à ce titre, déterminant de relever que les juges rétablissent des *demi-preuves* sur le fondement de l'irrespect du principe du contradictoire. Cette affirmation souligne les liens décisifs qui existent entre l'établissement de la réalité factuelle et la contradiction. Or, l'affirmation d'une nécessaire égalité entre les plaideurs, qui est au fondement du principe du contradictoire, tend à se renforcer, à la faveur du principe d'égalité des armes.

[3370] CADIET Loïc, NORMAND Jacques et AMRANI-MEKKI Soraya, *Théorie générale du procès*, PUF, Thémis droit, 2013, p. 633.

[3371] Olivier GOHIN relève que les racines du contradictoire sont très lointaines car « On retrouve ici, transposé dans la procédure administrative contentieuse, le rôle du dialogue qui a été systématisé dans la pensée occidentale sous la forme du dialogue socratique dont la finalité est la découverte de la vérité et dont le moyen est précisément la contradiction, reposant sur un échange d'arguments libres entre les deux protagonistes et sous-tendue par une conduite morale faite de loyauté » (*La contradiction dans la procédure administrative contentieuse*, Thèse de doctorat, Paris 2, LGDJ, Bibliothèque de droit public, Tome 151, 1988, p. 61).

Sous-Section II. – Le droit à l'égalité des armes : exigence commune d'équilibre dans l'administration de la preuve

1051. Le principe d'égalité des armes constitue un fondement commun à l'équilibre entre les parties dans l'établissement de la preuve (§.1.) et constitue une garantie effective d'équilibre (§.2.).

§.1. – Le principe d'égalité des armes : fondement commun d'un équilibre entre les parties dans l'administration de la preuve

1052. Le principe d'égalité des armes est généralement reconnu (A) bien que le juge civil n'ait pas, pour l'heure, forgé de principe autonome visant à le garantir (B).

A/ L'égalité des armes : un principe généralement reconnu

1053. Le principe d'égalité des armes[3372] consiste à établir « un juste équilibre entre les parties »[3373] lors d'un procès. À l'origine, l'égalité des armes est un principe fondamental reconnu par des textes internationaux. En ce sens, l'article 10 de la Déclaration universelle des droits de l'Homme pose que « Toute personne a droit, en pleine égalité, à ce que sa cause soit entendue équitablement et publiquement par un tribunal indépendant et impartial ». De

[3372] Sur ce point : BETROM Gaëlle, *Le principe d'égalité des armes au sens de la Convention européenne des droits de l'homme*, Thèse de doctorat micro-fichée, Montpellier 1, 2006 ; CHAGNOLLAUD Dominique et DRAGO Guillaume, *Dictionnaire des droits fondamentaux*, Dalloz, 2006, p. 230 ; CLEMENT Stéphane, *Les droits de la défense dans le procès pénal : du principe du contradictoire à l'égalité des armes*, Thèse de doctorat numérique, Nantes, 2007 ; DINTILHAC Jean-Pierre, *L'égalité des armes dans les enceintes judiciaires*, Rapport annuel de la Cour de cassation 2003, L'égalité, La documentation française, 2004, pp. 151-174 ; GUINCHARD Serge, *Procès équitable*, Répertoire de procédure civile, Dalloz, 2017, n°386-434 ; GUINCHARD Serge et alii, *Droit processuel, Droits fondamentaux du procès*, Dalloz, Précis, 9e éd., 2017, pp. 1116-1125 ; JEAN-PIERRE Didier et MELIN-SOUCRAMANIEN Ferdinand, *Le principe de l'égalité des armes*, RRJ 1993, n°2, pp. 489-510 ; MARCUS-HELMONS Silvio, *Quelques aspects de la notion d'égalité des armes – un aperçu de la Cour européenne des droits de l'homme*, in, *Le procès équitable et la protection juridique du citoyen*, Bruylant, Bruxelles, 2001, p. 67-77 ; MASCLET DE BARBARIN Marie, *Du principe de l'égalité des armes à l'égalité des droits des parties en matière fiscale*, RRJ 2005, pp. 1449-1461 ; RENUCCI Jean-François, *Droit européen des droits de l'homme, Droits et libertés fondamentaux garantis par la CEDH*, LGDJ, 7e éd., 2017, pp. 477-487 ; RUIZ FABRI Hélène, *Égalité des armes et procès équitable dans la jurisprudence de la Cour européenne des droits de l'homme*, in, LAMBERT Thierry (dir.), *Egalité et équité : antagonisme ou complémentarité*, Paris, Economica, 1999, pp. 47-64 ; SUDRE Frédéric, *Droit européen et international des droits de l'homme*, PUF, Collection droit fondamental, 13e éd., 2016, pp. 581-584.

[3373] RENUCCI Jean-François, *Droit européen des droits de l'homme, Droits et libertés fondamentaux garantis par la CEDH*, LGDJ, 7e éd., 2017, p. 477.

même, l'égalité des armes est implicitement garantie par l'article 14[3374] du Pacte international relatif aux droits civils et politiques. En ce sens, le Comité des droits de l'Homme a reconnu le principe d'égalité des armes sur ce fondement[3375]. Il faut ici relever qu'en pratique, l'effectivité du Pacte international relatif aux droits civils et politiques demeure faible car bien que ce texte soit auto-exécutoire dans l'ordre juridique interne[3376], les constatations – c'est-à-dire les décisions – du Comité des droits de l'Homme des Nations-Unies sont dépourvues de force juridique contraignante[3377].

1054. En revanche, le principe d'égalité des armes issu de la Convention européenne de sauvegarde des droits de l'Homme et des libertés fondamentales qui a été consacré par la Cour européenne des droits de l'Homme dispose d'une véritable effectivité dans l'ordre juridique interne. Reconnu par la Commission européenne des droits de l'Homme dès le 30 juin 1959[3378], l'égalité des armes a été le premier principe jurisprudentiel rattaché à l'article 6 de la Convention européenne des droits de l'Homme par la Cour de Strasbourg[3379]. Liée à l'équité du procès[3380], l'égalité des armes constitue une véritable « composante autonome »[3381] qui découle de l'article 6 de la Convention. Elle requiert que « Toute partie à une action doit avoir une possibilité raisonnable d'exposer sa cause au tribunal dans des conditions qui ne la désavantagent pas d'une manière appréciable par rapport à la partie adverse »[3382]. L'égalité des armes manifeste donc l'exigence fondamentale

---

[3374] L'article 14 du Pacte international relatif aux droits civils et politiques pose, à propos des justiciables, que « Tous sont égaux devant les tribunaux et les cours de justice ».

[3375] Comité des droits de l'homme, 30 mars 1989, n°223/1987, Frank Robinson c/ Jamaïque, pt. 10.4.

[3376] Les stipulations du Pacte sont donc applicables dans l'ordre juridique interne (Cass. 1ère civ., 13 décembre 1989, n°88-15.655 : Bull. civ. I, n°387).

[3377] Le juge administratif (Conseil d'Etat, ord., 11 octobre 2001, n°238849, Hauchemaille : Rec. p. 460) et la Cour de cassation (Cass., Commission de révision, 10 décembre 2015, n°14REV017 : Bull. crim., n°5) jugent que « les constatations du Comité des droits de l'homme ne revêtent pas de caractère contraignant à l'égard de l'Etat auquel elles sont adressées ».

[3378] Le principe d'égalité des armes a été posé par la Commission européenne des droits de l'homme dans l'affaire Szwabowicz c/ Suède du 30 juin 1959, tant pour les litiges afférents au volet civil qu'au volet pénal, en ces termes : il faut offrir « une possibilité raisonnable d'exposer sa cause au tribunal dans des conditions qui ne la désavantagent pas d'une manière appréciable par rapport à la partie adverse » (Comm. EDH, 30 juin 1959, Szwabowicz c/ Suède, n°434/58 : Annuaire II, p. 535).

[3379] GUINCHARD Serge, *Procès équitable*, Répertoire de procédure civile, Dalloz, 2017, n°388 (« C'est l'expression autonome du procès équitable la plus anciennement mise en valeur par la CEDH »).

[3380] La Cour européenne des droits de l'Homme a exposé en sens que l'égalité des armes « ne constitue qu'un aspect de la notion plus large de procès équitable devant un tribunal indépendant et impartial » (CEDH, 17 janvier 1970, n°2689/65, Delcourt c/ Belgique, § 28).

[3381] GUINCHARD Serge, *Procès équitable*, Répertoire de procédure civile, Dalloz, 2017, n°386.

[3382] Comm. EDH, 30 juin 1959, Szwabowicz c/ Suède, n°434/58 : Annuaire II, p. 535.

d'équilibre qui doit régner entre les parties lors d'un litige : l'idée de justice ne saurait être respectée lorsque les plateaux de la balance qui doit permettre la pesée des prétentions sont déséquilibrés. Sur ce fondement, la Cour européenne des droits de l'Homme passe au crible les dispositions légales et les jurisprudences des Etats parties pour s'assurer qu'elles ne désavantagent pas nettement une partie.

1055. En matière d'égalité des armes, la Cour européenne des droits de l'Homme a bâti un versant probatoire. Par l'arrêt Dombo Beheer B.V. c/ Pays-Bas du 27 octobre 1993, la Cour européenne des droits de l'Homme a posé que « 'l'égalité des armes' implique l'obligation d'offrir à chaque partie une possibilité raisonnable de présenter sa cause – y compris ses preuves – dans des conditions qui ne la placent pas dans une situation de net désavantage par rapport à son adversaire »[3383]. Cette solution, constamment réaffirmée depuis lors[3384], exige que les parties à un litige soient placées, en matière d'administration de la preuve, dans « une situation raisonnablement égalitaire »[3385].

1056. Or, si l'exigence d'égalité des armes s'impose sur le fondement de l'article 6 de la Convention européenne des droits de l'Homme, ce principe s'applique également sur le fondement de l'article premier du premier protocole additionnel à la Convention européenne des droits de l'Homme. L'intérêt de l'application de l'égalité des armes en matière de droit aux biens est de permettre d'appliquer l'égalité des armes au contentieux individuel de l'impôt où l'article 6 de la Convention européenne des droits de l'homme ne trouve généralement pas à s'appliquer[3386]. À première vue, le contentieux fiscal ne peut bénéficier, comme l'ont jugé les juges de l'impôt[3387], que d'une invocabilité « horizontale » de l'article 1er du premier protocole ce qui tendrait à exclure tout « principe d'égalité des armes »[3388] en la matière.

3383 CEDH, 27 octobre 1993, n°14448/88, Dombo Beheer B.V. c/ Pays-Bas, § 33 : JCP G 1994, n°8, I, 3742, note Frédéric SUDRE ; AJDA 1994, p. 16, chron. Jean-François FLAUSS.

3384 CEDH, 6 octobre 2009, n°50812/06, Almeida Santos c/ Portugal, § 38 ; CEDH, 23 octobre 1996, n°17748/91, Ankerl c/ Suisse, § 38.

3385 DINTILHAC Jean-Pierre, *L'égalité des armes dans les enceintes judiciaires*, Rapport annuel de la Cour de cassation 2003, L'égalité, La documentation française, 2004, pp. 151-174.

3386 CEDH, Gde ch., 12 juillet 2001, n°44759/98, Ferrazzini c/ Italie : Rec. CEDH 2001-VII ; Dr. fisc. 2002, n°10, comm. 187 ; JCP G 2002, I, 105 chron. Frédéric SUDRE ; RJF 01/02, n°128, chron. Jean MAÏA, p. 3.

3387 Cass. com., 27 septembre 2005, n°03-15.245, Sté Montroyal : Dr. fisc. 2006, n°12, comm. 275 ; RJF 01/06, n°103 ; Conseil d'Etat, Ass., Avis, 12 avril 2002, n°239693, SA Financière Labeyrie : Dr. fisc. 2002, n°26, comm. 555, concl. François SENERS ; RJF 06/02, n°673, chron. Laurent OLLEON, p. 447.

3388 COLLET Martin, *Les bienfaits du « dialogue des juges », Remarques sur la mise en œuvre par le juge fiscal des articles 14 de la Convention EDH et 1er de son premier protocole additionnel*, Dr. fisc. 2006, n°51, 70, pp. 2179-2189.

1057. Pourtant, il ne serait pas étonnant que la Cour européenne des droits de l'Homme juge que l'article 1er du premier protocole exige l'application, en matière fiscale, du principe d'égalité des armes. Elle a ainsi déjà jugé, sur le fondement de cette stipulation, qu'une présomption légale qui ne peut être renversée que dans des conditions infiniment restrictives[3389] est de nature à affecter « le juste équilibre entre les divers intérêts en cause voulu par l'article 1 du Protocole n°1 »[3390]. Il y a tout lieu de constater que ce juste équilibre s'apparente, en l'espèce, à une exigence d'égalité des armes puisque la présomption litigieuse est de nature à créer un net désavantage pour le requérant. Toutefois, en la matière, la jurisprudence de la Cour ne semble pas très stable. Dans une affaire Kopecký c/ Slovaquie[3391], elle a jugé compatible avec l'article 1er du premier protocole la preuve extrêmement difficile requise d'un justiciable[3392]. L'opinion dissidente des juges éclaire toutefois les perspectives d'évolution qui pourraient advenir en la matière : les juges RESS, STEINER et BORREGO estiment qu'« Une règle de la charge de la preuve qui ignore la circonstance qu'il est *de facto* impossible pour le demandeur d'indiquer où les biens en cause se trouvent (...) ne peut guère passer pour satisfaire au critère d'équité procédurale, qui, dans cette mesure, est également inhérent à l'article 1 du Protocole n°1 ». Cela signifie que l'exigence d'équité procédurale est également présente au sein de cette stipulation.

1058. À l'instar des juges de la Cour européenne des droits de l'Homme, le juge européen reconnaît le principe d'égalité des armes. Si l'article 47 de la Charte des droits fondamentaux ne contient pas expressément le principe d'égalité des armes, la Cour de justice de l'Union européenne a jugé que la protection juridictionnelle effective qui est garantie par cet article exige, notamment, le respect de l'égalité des armes[3393].

3389 CEDH, 9 décembre 1994, n°13092/87 et 13984/88, Les saints monastères c/ Grèce : Rec. série A, n°301-A (En l'espèce, la Cour européenne des droits de l'Homme juge qu'une présomption de propriété créée au profit de l'Etat grec qui impose aux monastères de prouver leur propriété en rapportant « un titre légal dûment enregistré, (...) une disposition législative ou (...) une décision judiciaire définitive » (§ 58) sans que ces derniers ne puissent rapporter « la preuve contraire, [par] tous les modes d'acquisition de propriété prévus par le droit grec (...), notamment l'usucapion et même une décision judiciaire définitive à l'encontre d'un simple particulier » (§ 58) constitue « une ingérence qui s'analyse en une "privation" de propriété au sens de la seconde phrase du premier alinéa de l'article 1 » (§ 66)).

3390 CEDH, 9 décembre 1994, n°13092/87 et 13984/88, Les saints monastères c/ Grèce, § 75 : préc.

3391 CEDH, Gde ch., 28 septembre 2004, n°44912/98, Kopecký c/ Slovaquie.

3392 En l'espèce (CEDH, Gde Ch., 28 septembre 2004, n°44912/98, Kopecký c/ Slovaquie), une preuve extrêmement difficile est exigée du requérant qui doit prouver le lieu de biens confisqués par le régime communiste le 1er avril 1991, date d'entrée en vigueur de la loi visant à la restitution de ces biens. Bien que le requérant ne dispose pas de la faculté de réaliser une recherche de son bien au sein de l'Administration, la Cour juge tout de même que l'égalité des armes a été respectée.

3393 CJUE, Gde ch., 6 novembre 2012, n°C-199/11, Otis e.a., pt. 48 : ECLI:EU:C:2012:684.

1059. Or, avant l'entrée en vigueur de cette Charte, la Cour de justice de l'Union européenne « s'est appropriée [le] principe du procès équitable et en fait application dans les litiges pendants devant elle »[3394]. Rien n'est plus vrai en matière d'égalité des armes dont la Cour de Luxembourg fait une application régulière dans les litiges dont elle a à connaître[3395]. Elle juge ainsi que « le principe de l'égalité des armes, tout comme, notamment, celui du contradictoire, n'est qu'un corollaire de la notion même de procès équitable qui implique l'obligation d'offrir à chaque partie une possibilité raisonnable de présenter sa cause dans des conditions qui ne la placent pas dans une situation de net désavantage par rapport à son adversaire »[3396]. Ainsi, la Cour de justice de l'Union européenne garantit dans une mesure analogue à la Cour européenne des droits de l'Homme l'égalité des armes. Or, devant les juges de Luxembourg, aucune restriction, propre à la matière fiscale, n'existe quant à l'application du principe d'égalité des armes.

1060. En outre, dans l'ordre juridique interne, l'expression « égalité des armes » n'est pas retenue par le Conseil constitutionnel[3397]. Pourtant, sur le fondement des droits de la défense – rattachés à l'article 16 de la Déclaration des droits de l'Homme et des citoyens[3398] – le Conseil constitutionnel exige que le législateur établisse, en toute matière, une « procédure juste et équitable garantissant l'équilibre des droits des parties »[3399] sans que la matière fiscale n'échappe à l'emprise de ce principe[3400]. Par cette exigence, le Conseil

---

[3394] SPITZER Jean-Pierre, *Le procès équitable devant la Cour de justice des Communautés européennes*, in, *Le procès équitable et la protection juridictionnelle du citoyen*, Actes du colloque des 29 et 30 décembre 2000 organisé par l'Institut des droits de l'homme des avocats européens et l'Institut des droits de l'homme du barreau de Bordeaux, Bruxelles, Bruylant, 2002, pp 101-114, spéc. p. 102.

[3395] CJUE, 17 juillet 2014, n°C-169/14, Juan Carlos Sánchez Morcillo e.a., pt. 49 : ECLI:EU:C:2014:2099 ; CJCE, 26 juin 2007, n°C-305/05, Ordre des barreaux francophones et germanophone e.a., pt. 31 : Rec. p. 5305.

[3396] CJUE, 17 juillet 2014, n°C-169/14, Juan Carlos Sánchez Morcillo e.a., pt. 49 : préc.

[3397] Cette expression est toutefois présente dans deux décisions du Conseil constitutionnel mais au sein de considérants qui reprennent les moyens développés par les auteurs de la saisine (Cons. const., déc. n°2002-461 DC du 29 août 2002, cons. n°70 : Rec. p. 204 ; Cons. const., déc. n°2003-467 DC du 13 mars 2003, Loi pour la sécurité intérieure, cons. n°48 : Rec. p. 211).

[3398] L'article 16 de la Déclaration des droits de l'Homme et du citoyen dispose que « Toute Société dans laquelle la garantie des Droits n'est pas assurée, ni la séparation des Pouvoirs déterminée, n'a point de Constitution ».

[3399] Cons. const., n°2015-727 DC, 21 janvier 2016, Loi de modernisation de notre système de santé, cons. n°76 : J.O. du 27 janvier 2016, texte n°2 ; Cons. const., déc. n°95-360 DC, 2 février 1995, Loi relative à l'organisation des juridictions et à la procédure civile, pénale et administrative, cons. n°5 : Rec. p. 195 ; Cons. const., déc. n°89-260 DC, 28 juillet 1989, Loi relative à la sécurité et à la transparence du marché financier, cons. n°44 : Rec. p. 71.

[3400] Le Conseil constitutionnel a reconnu, en matière fiscale, un principe d'égalité des armes dans la décision Imnoma (Cons. const., déc. n°2010-78 QPC, 10 décembre 2010, Sté Imnoma : Rec. p. 387 ; Dr. fisc. 2010, n°51-52, act. 481, note Eric MEIER et Guillaume-Henri BOUCHERON ; Feuillet rapide fiscal social, 14 janvier 2011, n°02/11, note Stéphane

constitutionnel a forgé un principe interne d'égalité des armes. En ce sens, Olivier DUTHEILLET DE LAMOTHE relève que « le Conseil constitutionnel s'est clairement inspiré de la jurisprudence de la [Cour européenne des droits de l'Homme] relative au droit à un procès équitable et à la nécessaire égalité des armes entre les parties qui en découle »[3401]. Toutefois, le Conseil constitutionnel dispose, en la matière, d'un raisonnement différent puisqu'il assure que « c'est la notion de procès équitable qui est un élément des droits de la défense »[3402]. Cette analyse conduit à faire des droits de la défense la clé de voûte des droits processuels dans l'ordre juridique interne dont la contradiction et l'égalité des armes participent. Devant le juge constitutionnel, l'exigence d'« équilibre des droits des parties »[3403] offre un fondement à l'égalité des armes puisqu'il exige qu'une partie ne soit pas placée dans une situation de « net désavantage » par rapport à l'autre partie. En ce sens, toute inégalité flagrante entre les parties au litige est de nature à affecter les droits de la défense[3404] et donc l'exigence interne d'égalité des armes.

AUSTRY ; JCP-E, n°51-52/10, c/ 656, note Philippe DEROUIN ; Constitutions, avril-juin 2011, n°2011-2, pp. 191-198, note Christophe DE LA MARDIERE). En l'espèce, le Conseil constitutionnel sanctionne l'asymétrie de la loi de validation – article 43 de la loi du 30 décembre 2004 (Loi n°2004-1485 du 30 décembre 2004, Loi de finances rectificative pour 2004 : J.O. du 31 décembre 2004 p. 22522) – qui a rétabli le principe d'intangibilité du bilan d'ouverture du premier exercice non prescrit en privant le contribuable – à la différence de l'administration fiscale – du bénéfice de la correction symétrique des bilans offert par la décision SARL Ghesquière Équipement rendue en formation d'Assemblée du contentieux du Conseil d'Etat (Conseil d'Etat, Ass., 7 juillet 2004, n°230169, SARL Ghesquière Équipement : Rec. p. 310 ; Dr. fisc. 2005, n°12, comm. 302, concl. Pierre COLLIN, note Jean-Luc PIERRE ; RJF 10/04, n°1019, chron. Centre de documentation du Conseil d'Etat, p. 719 ; Rev. adm. 5-6/04, n°341, p. 380, obs. Olivier FOUQUET ; BGFE 2004, n°5, p. 14, obs. Noël CHAHID-NOURAÏ). Le Conseil constitutionnel juge que « la validation contestée a pour effet de priver à titre rétroactif le seul contribuable du bénéfice de la jurisprudence précitée ; que l'atteinte ainsi portée à l'équilibre des droits des parties méconnaît les exigences de l'article 16 de la Déclaration de 1789 » (Cons. const., déc. 10 décembre 2010, n°2010-78 QPC, Sté Imnoma, cons. n°7 : Rec. p. 387). Par cette solution, le Conseil constitutionnel impose l'application du principe d'égalité des armes en matière fiscale.

3401 DUTHEILLET DE LAMOTHE Olivier, *Conseil constitutionnel et cour européenne des droits de l'homme : un dialogue sans paroles*, in, *Mélanges en l'honneur du président Bruno GENEVOIS*, Dalloz, 2008, pp. 403-417, spéc. pp. 409-410.

3402 CAPDEPON Yannick, *Essai d'une théorie générale des droits de la défense*, Thèse de doctorat, Bordeaux 4, Dalloz, Nouvelle Bibliothèque de Thèses, 2013, p. 7, note de bas de page n°6.

3403 Cons. const., n°2015-727 DC, 21 janvier 2016, Loi de modernisation de notre système de santé, cons. n°76 : J.O. du 27 janvier 2016, texte n°2 ; Cons. const., déc. n°89-260 DC, 28 juillet 1989, Loi relative à la sécurité et à la transparence du marché financier, cons. n°44 : Rec. p. 71.

3404 En ce sens, par la décision 89-260 DC (Cons. const., déc. n°89-260 DC, 28 juillet 1989, Loi relative à la sécurité et à la transparence du marché financier, cons. n°44 : Rec. p. 71), le Conseil constitutionnel a censuré une procédure sur le fondement des droits de la défense en raison du déséquilibre découlant de la présence de la Commission des opérations de bourse tant durant la procédure administrative que durant la procédure juridictionnelle.

1061. De plus, devant le juge administratif, c'est le principe du contradictoire qui a constitué le fondement de l'affirmation d'un principe d'égalité des armes. Le Conseil d'Etat a ainsi jugé que la contradiction « tend à assurer l'égalité des parties devant le juge »[3405]. L'égalité des armes constitue donc le « prolongement naturel »[3406] du principe du contradictoire. À ce titre, le Conseil d'Etat[3407] a jugé qu'il existe un « principe selon lequel, dans un débat juridictionnel, aucune des parties ne doit être défavorisée par rapport aux autres, [qui est] garanti par les règles générales de la procédure administrative contentieuse et rappelé par l'article 6, § 1 »[3408]. L'égalité des armes a, en ce sens, toujours irrigué la jurisprudence administrative sans pourtant avoir été révélé formellement ou isolé du principe du contradictoire.

1062. Enfin, devant le juge pénal, l'égalité des armes est garantie par le I de l'article préliminaire du Code de procédure pénale qui dispose que « La procédure pénale doit être équitable et contradictoire et préserver l'équilibre des droits des parties ». Ce principe est également appliqué sur le fondement de l'article 6 de la Convention européenne des droits de l'Homme. Si ce principe est applicable tant pour le volet civil que pour le volet pénal de l'article 6 de la Convention européenne des droits de l'Homme[3409], la Cour de Strasbourg affirme, que « les exigences du 'procès équitable' sont plus strictes »[3410] en matière pénale. Le juge pénal est ainsi le garant du principe d'égalité des armes qui est également protégé sur le fondement de l'article 6 de la Convention européenne des droits de l'Homme. Aucune décision rendue en matière fiscale n'a, à notre connaissance, appliquée de manière positive le principe de l'égalité des armes.

1063. La généralité du principe d'égalité des armes peut seulement faire défaut devant le juge civil qui n'a pas posé de principe autonome d'égalité des armes.

[3405] Conseil d'Etat, 5e et 3e s.-s., 29 juillet 1998, n°179635 et 180208, Mme Esclatine : Rec. p. 320 ; concl. Didier CHAUVAUX ; AJDA 1999, p. 85, concl. Didier CHAUVAUX ; AJDA 1999, p. 69, note Frédéric ROLIN.
[3406] GUYOMAR Mattias et SEILLER Bertrand, *Contentieux administratif*, Dalloz, Hypercours, 4e éd., 2017, p. 357.
[3407] Sur ce point : GUYOMAR Mattias et SEILLER Bertrand, *Contentieux administratif*, Dalloz, Hypercours, 4e éd., 2017, pp. 350-360.
[3408] Conseil d'Etat, 6e et 1ère s.-s., 27 juin 2007, n°263937, Inédit ; Conseil d'Etat, 6e et 1ère s.-s., 20 avril 2005, n°261706, Karsenty et Fondation d'Aguesseau : Rec. p. 151 ; AJDA 2005, p. 1732, note Michel LASCOMBE et Xavier VANDENDRIESSCHE ; Rev. Trésor 2006. 31, concl. Mattias GUYOMAR ; Dr. adm. 2005. 105, note Martine LOMBARD.
[3409] Il a été jugé que « l'exigence de "l'égalité des armes", au sens d'un "juste équilibre" entre les parties, vaut en principe aussi bien au civil qu'au pénal » (CEDH, 27 octobre 1993, n°14448/88, Dombo Beheer B.V. c/ Pays-Bas, § 33 : JCP G 1994, n°8, I, 3742, note Frédéric SUDRE ; AJDA 1994, p. 16, chron. Jean-François FLAUSS).
[3410] CEDH, 26 juin 2012, n°15778/05, Ghirea c/ Moldavie, § 34.

B/ L'absence de principe autonome d'égalité des armes devant le juge civil

1064. Devant le juge civil[3411], le principe d'égalité des armes est régulièrement invoqué[3412] et effectivement contrôlé par le juge judiciaire[3413] sans que la matière fiscale ne fasse exception pour les affaires qui relèvent du volet civil ou pénal de l'article 6 de la Convention européenne des droits de l'Homme[3414]. Toutefois, l'application du principe d'égalité des armes est compromise en matière fiscale devant le juge civil. Après avoir affirmé[3415] l'application des garanties de l'article 6 de la Convention, la Cour de cassation s'est rétractée sur l'applicabilité de ces garanties en matière fiscale[3416] et refuse désormais de contrôler le respect du principe d'égalité des armes dans le contentieux individuel de l'impôt[3417].

1065. Toutefois, le principe d'égalité des armes ne doit pas être considéré comme absent de la sphère fiscale qui ne relève pas du volet civil ou pénal de l'article 6 de la Convention européenne des droits de l'Homme. À ce titre, le juge civil pourrait, pour les dispositions réglementaires, se fonder sur un principe général du droit d'égalité des armes – dont l'existence pourrait être affirmée[3418]. Les dispositions légales qui viendraient à méconnaître l'égalité des armes pourraient faire l'objet d'une question prioritaire de constitutionnalité dès lors que les droits de la défense – qui garantissent

---

3411 Sur ce point : DINTILHAC Jean-Pierre, *L'égalité des armes dans les enceintes judiciaires*, Rapport annuel de la Cour de cassation 2003, L'égalité, La documentation française, 2004, pp. 151-174 ; SUDRE Frédéric, *Droit européen et international des droits de l'homme*, PUF, Collection droit fondamental, 13e éd., 2016, spéc. p. 582 ; VUITTON Xavier, *Le procès équitable : L'article 6-1 de la CEDH : état du droit et perspectives*, LGDJ, 2017, n°187-228.

3412 Pour des données statistiques complètes sur l'invocabilité de l'égalité des armes devant la Cour de cassation : DINTILHAC Jean-Pierre, *L'égalité des armes dans les enceintes judiciaires*, Rapport annuel de la Cour de cassation 2003, L'égalité, La documentation française, 2004, pp. 151-174.

3413 Cass., A.P., 5 février 1999, n°97-16.440 : Bull. A.P., n°1 (à propos de l'application du principe d'égalité des armes à la procédure suivie devant la Commission des opérations de bourse).

3414 Cass. com., 2 février 2010, n°09-14.821, Sté France Business Informatique Orléans (FBIO) et a. : Dr. fisc. 2010, n°15, étude 269, Agnès ANGOTTI et Marina RODRIGUES ; Dr. fisc. 2010, n°15, 270, Etude Renaud SALOMON ; Dr. fisc. 2011, n°9, ét. 240, Etude Ludovic AYRAULT.

3415 Cass., A.P., 14 juin 1996, n°93-21.710, Kloeckner : Bull. A.P., n°5 ; Dr. fisc. 1996, n°30, comm. 986 ; RJF 8-9/96, n°1118.

3416 Cass. com., 12 juillet 2004, n°01-11.403, Consorts Pelat : Bull. civ. IV, n°153 ; RJF 11/04, n°1218 ; RJF 11/04, pp. 804-807, note Bernard HATOUX ; LPA 27 janvier 2005, n°19, pp. 9-13, note Thierry LAMBERT.

3417 Cass. com., 31 janvier 2006, n°04-15.259, M. Carité : RJF 05/06, n°616.

3418 Le juge civil a déjà mentionné le « principe de l'égalité des armes » ouvrant la voie à la reconnaissance d'un principe général du droit par le juge civil en la matière (Cass. soc., 28 janvier 2010, n°08-41.959 : Bull. civ. V, n°28).

l'égalité des armes – s'appliquent au contentieux fiscal. L'isolement du contentieux civil de l'impôt à l'égard du principe d'égalité des armes apparaît, sous cet angle, largement théorique.

1066. À la faveur de ce principe, il apparaît que l'égalité des armes constitue un principe commun qui encadre l'administration de la preuve.

§.2. – Le principe d'égalité des armes : fondement effectif d'un équilibre entre les parties dans l'administration de la preuve

1067. L'égalité des armes fonde tout à la fois une exigence fondamentale d'équilibre probatoire (A) et une règle d'admissibilité des preuves qui heurtent ce principe (B).

A/ L'exigence fondamentale d'équilibre probatoire

1068. L'équilibre dans la preuve prohibe les fardeaux probatoires excessifs (1) mais tend à exiger un équilibre dans la faculté offerte aux parties d'établir la preuve (2).

1/ L'égalité des armes : fondement de la prohibition des fardeaux probatoires excessifs

1069. L'égalité des armes exige de tempérer l'application de règles de charge de la preuve qui auraient pour effet de placer un justiciable dans une situation de « net désavantage »[3419] par rapport à la partie adverse. Ce standard du net désavantage n'impose pas une stricte égalité entre les parties mais permet de veiller à ce que les justiciables ne soient pas privés de la faculté d'administrer leur preuve[3420]. L'intérêt de l'égalité des armes est de mesurer, *in concreto*, si le justiciable a été ou non confronté à une charge probatoire excessive.

[3419] Le standard du « net désavantage » a été mis en avant par la Cour européenne des droits de l'Homme dans l'arrêt Dombo Beheer B.V. c/ Pays-Bas (CEDH, 27 octobre 1993, n°14448/88, Dombo Beheer B.V. c/ Pays-Bas : JCP G 1994, n°8, I, 3742, note Frédéric SUDRE ; AJDA 1994, p. 16, chron. Jean-François FLAUSS) puisque « la Cour considère que dans les litiges opposant des intérêts privés, "l'égalité des armes" implique l'obligation d'offrir à chaque partie une possibilité raisonnable de présenter sa cause - y compris ses preuves - dans des conditions qui ne la placent pas dans une situation de net désavantage par rapport à son adversaire » (§ 33).

[3420] CEDH, 16 juin 2005, n°61603/00, Storck c/ Allemagne : JCP A 2005, n°39, 1322, Chr. Olivier DUBOS (En l'espèce, il s'agit de la preuve d'une erreur médicale. La requérante estime que le maintien de la charge de la preuve à sa charge affecte l'égalité des armes. La Cour estime, en l'espèce, que « compte tenu de l'ensemble des preuves dont disposait la cour d'appel, les raisons invoquées par celle-ci pour ne pas s'écarter de la répartition habituelle de la charge de la preuve ne sauraient passer pour arbitraires et n'ont pas conduit à placer la requérante, en l'occurrence la demanderesse, dans une situation de net désavantage » (§162)) ; CEDH, 11

1070. La Cour de Strasbourg a ainsi jugé que l'égalité des armes est affectée lorsque le justiciable supporte un « fardeau [probatoire] excessif »[3421]. Dans l'affaire Matyjek c/ Pologne[3422] la « capacité du requérant à prouver »[3423] que sa collaboration « avec les services secrets de l'époque communiste ne s'analysaient pas en une 'collaboration intentionnelle et secrète' »[3424] « a été considérablement réduite »[3425]. Cet arrêt atteste qu'une preuve excessivement difficile imposée à un justiciable affecte l'égalité des armes. L'égalité des armes impose donc une répartition du poids de la preuve qui n'établit pas un net déséquilibre entre les parties. L'égalité des armes exige donc qu'une certaine souplesse soit établie dans la répartition du poids de la preuve en tempérant l'application d'une règle de preuve qui ferait peser, sur une partie, un fardeau qui serait excessif au regard de sa capacité réelle de l'administrer.

1071. Or, cette exigence d'équilibre dans le poids de la preuve est également requise, devant le Conseil constitutionnel, sur le fondement des droits de la défense.

1072. Il est ainsi revenu au Conseil constitutionnel de contrôler la conformité à la Constitution d'une disposition légale qui fait peser sur le requérant la charge de la preuve de son allégation. Il a jugé par la décision n°2013-361 QPC du 28 janvier 2014[3426] que « le seul fait qu'il appartient à celui qui entend se prévaloir de ces dispositions d'apporter la preuve de la situation de fait permettant d'en bénéficier ne porte pas atteinte aux droits de la défense »[3427]. Cela signifie que l'égalité des armes – fondée sur le respect des droits de la défense – n'est pas affectée par une disposition légale qui fait peser la charge de la preuve sur le demandeur.

1073. Cette solution est également partagée par la Cour de justice de l'Union européenne qui a jugé que « le droit communautaire ne s'oppose pas à

---

janvier 2005, n°58580/00, Blucher c/ République tchèque, § 62 (« la Cour n'est pas convaincue qu'il fût absolument impossible d'apporter une telle preuve, vu notamment le contexte historique de l'après-guerre et l'intérêt que pouvaient avoir des personnes germanophones à affirmer leur loyauté envers l'Etat tchécoslovaque. Par ailleurs, le requérant ne se plaint pas d'avoir été privé de l'accès aux registres pertinents »).

3421 CEDH, 24 avril 2007, n°38184/03, Matyjek c/ Pologne : Journal du droit international (Clunet) 2008, n°3, chron. 5, Chr. Emmanuel DECAUX et Paul TAVERNIER. En l'espèce, « la capacité du requérant à prouver (…) a été considérablement réduite » (§63).

3422 CEDH, 24 avril 2007, n°38184/03, Matyjek c/ Pologne : préc.

3423 CEDH, 24 avril 2007, n°38184/03, Matyjek c/ Pologne : préc.

3424 CEDH, 24 avril 2007, n°38184/03, Matyjek c/ Pologne : préc.

3425 CEDH, 24 avril 2007, n°38184/03, Matyjek c/ Pologne : préc.

3426 Cons. const., déc. n°2013-361 QPC, 28 janvier 2014, Consorts P. de B. : J.O. du 30 janvier 2014, p. 1799 ; RJF 04/14, n°369 ; Répertoire du Notariat Defrénois 2014, n°4, pp. 185-190, note Frédéric DROUET ; Droit de la famille 2014, n°3, comm. 52, note Jean-Didier AZINCOURT ; RTD Civ. 2014, n°2, pp. 356-357, note Jean HAUSER.

3427 Cons. const., déc. n°2013-361 QPC, 28 janvier 2014, Consorts P. de B., cons. n°16 : préc.

l'application de règles du droit national qui subordonnent le remboursement d'une contribution obligatoire (...) à la preuve, incombant à l'auteur de la demande de remboursement »[3428] – sous réserve que cette preuve ne soit pas « en pratique impossible ou excessivement difficile »[3429].

1074. De la sorte, le principe *actori incumbit probatio*, qui tend, en un certain sens, à faire peser la charge de la preuve sur le demandeur à l'action n'est pas, en lui-même, contraire aux droits de la défense. Ainsi, l'équilibre probatoire qui est protégé au travers des droits de la défense – et donc de l'égalité des armes – n'est pas affecté par une disposition qui impose au demandeur de prouver la situation de fait qui est requise pour bénéficier d'un droit. Le Conseil constitutionnel consacre implicitement l'idée, selon laquelle le demandeur trouble l'ordre juridique établi et qu'il serait *naturel* de lui imposer la charge de prouver la réalité de son allégation.

1075. À l'inverse, le Conseil constitutionnel a pu juger contraire aux droits de la défense une disposition légale qui décharge le demandeur de toute charge probatoire.

1076. Il est revenu au Conseil constitutionnel de juger de la conformité à la Constitution d'une disposition légale qui fait exclusivement reposer la charge de la preuve sur le défendeur. Il a été jugé que les droits de la défense seraient méconnus si le demandeur est déchargé de toute charge probatoire et que le défendeur supporte corrélativement une preuve contraire – négative – qui lui sera extrêmement difficile d'administrer[3430]. Cette solution manifeste l'exigence d'égalité des armes qui est requise par les droits de la défense. La préservation de l'égalité des armes exige donc le maintien d'un équilibre probatoire afin d'éviter qu'une partie au litige n'affronte, seule, une preuve extrêmement difficile. Par la décision n°2001-455 DC du 12 janvier 2002, le Conseil constitutionnel a jugé de la constitutionnalité de l'article 152 de la loi de modernisation sociale qui visait à établir un régime de preuve – consistant pour le demandeur à « présente[r] des éléments de fait » – en matière de discrimination en matière de logement ou de harcèlement moral ou sexuel au travail. Le Conseil constitutionnel a jugé cette disposition conforme aux droits

[3428] CJCE, 7 septembre 2006, Laboratoires Boiron SA, n°C-526/04, pt. 56 : Rec. p. I-7529 ; AJDA 2006, p. 1161, chron. Emmanuelle BROUSSY, Francis DONNAT et Christian LAMBERT ; Concurrences 2006, n°4, pp. 104-106, obs. Jean-Yves CHEROT ; Europe 2006, n°11, pp. 25-26, obs. Laurence IDOT.
[3429] Ainsi que le souligne Antonio TIZZANO dans ses conclusions présentées le 30 mars 2006 dans l'affaire Laboratoires Boiron SA (Affaire C-526/04, Laboratoires Boiron SA, pt. 78).
[3430] Cons. const., déc. n°2001-455 DC, 12 janvier 2002, Loi de modernisation sociale : Rec. p. 49 ; LPA 2002, n°15, pp. 5-30, note Jean-Éric SCHOETTL ; D. 2002, p. 1439, note Bertrand MATHIEU.

de la défense en posant une « stricte »[3431] réserve d'interprétation : elle consiste à exiger de la personne qui allègue l'existence d'une telle discrimination « d'établir la matérialité des éléments de fait précis et concordants qu'elle présente au soutien de l'allégation »[3432]. Cette réserve permet donc de préserver un équilibre probatoire car, « à défaut de [cette réserve] les droits de la défense, l'égalité des armes, les exigences du procès équitable, seraient méconnus, le déséquilibre entre l'employeur et son salarié dans l'administration de la preuve étant alors excessif »[3433].

1077. Dans la droite lignée de cette solution[3434], la Chambre sociale exige tant en matière de harcèlement[3435] qu'en matière de discrimination[3436], de préserver un équilibre dans la répartition de la charge probatoire qui repose sur la nécessité pour le salarié d'établir – sans pouvoir seulement alléguer[3437] – ce fait.

1078. Ces solutions conduisent ainsi à préserver un équilibre entre les parties au litige. Les droits de la défense – et l'égalité des armes qui s'y rattachent – exigent que la charge probatoire soit répartie de manière équilibrée entre les parties au litige. De la sorte, il faut, à notre sens, entendre de manière restrictive la décision n°2013-361 QPC du 28 janvier 2014[3438] où le Conseil constitutionnel a jugé que « le seul fait qu'il appartient à celui qui entend se prévaloir de ces dispositions d'apporter la preuve de la situation de fait permettant d'en bénéficier ne porte pas atteinte aux droits de la défense »[3439]. L'emploi de l'expression « le seul fait »[3440] tend à démontrer qu'une charge excessive pesant sur le demandeur serait également de nature à heurter les

---

[3431] Cons. const., déc. n°2001-455 DC, 12 janvier 2002, Loi de modernisation sociale, cons. n°90 : préc.

[3432] Cons. const., déc. n°2001-455 DC, 12 janvier 2002, Loi de modernisation sociale, cons. n°89 : préc.

[3433] CERF-HOLLENDER Agnès, *Les nouveaux salariés à protéger : les témoins et les lanceurs d'alerte*, in, *Mélanges en l'honneur de Christine LAZERGES*, Dalloz, 2014, pp. 515-530, spéc. p. 521.

[3434] Sur ce point : DANIS-FATOME Anne, *Le dispositif propre à la charge de la preuve, frein ou outil de lutte contre les discriminations ?*, La Revue des droits de l'homme 2016, n°9 ; GAMET Laurent, *La preuve en droit du travail. Contestation du licenciement, conviction et doute du juge prud'homal*, in, CADIET Loïc, MEKKI Mustapha, GRIMALDI Cyril, *La preuve : regards croisés*, Dalloz, 2015, pp. 29-50, spéc. pp. 37-40.

[3435] Cass. soc., 25 janvier 2011, n°09-70.992, Inédit.

[3436] Cass. soc., 7 février 2012, n°10-19.505 : Bull. civ. V, n°54.

[3437] Cass. soc., 12 juin 2013, n°11-14.458 : Bull. civ. V, n°156.

[3438] Cons. const., déc. n°2013-361 QPC, 28 janvier 2014, Consorts P. de B. : J.O. du 30 janvier 2014, p. 1799 ; RJF 04/14, n°369 ; Répertoire du Notariat Defrénois 2014, n°4, pp. 185-190, note Frédéric DROUET ; Droit de la famille 2014, n°3, comm. 52, note Jean-Didier AZINCOURT ; RTD Civ. 2014, n°2, pp. 356-357, note Jean HAUSER.

[3439] Cons. const., déc. n°2013-361 QPC, 28 janvier 2014, Consorts P. de B., cons. n°16 : préc.

[3440] Cons. const., déc. n°2013-361 QPC, 28 janvier 2014, Consorts P. de B., cons. n°16 : préc.

droits de la défense. De la sorte, les droits de la défense permettent d'assurer, en matière probatoire, l'égalité des armes qui a, bien avant la jurisprudence constitutionnelle, été imposée par le juge administratif de l'impôt.

1079. En matière fiscale, le juge administratif a réalisé – sans que de semblables illustrations n'aient été identifiées devant le juge civil – des interprétations qui permettent d'assurer le respect effectif de l'égalité des armes en matière d'administration de la preuve. Par une décision, rendue en formation de plénière, le 7 novembre 1975[3441], le Conseil d'Etat a interprété l'article 181 du Code général des impôts alors en vigueur dans un sens analogue à la décision n°2001-455 DC du 12 janvier 2002[3442]. Il est revenu au Conseil d'Etat de juger des conditions d'emploi de demandes de justifications à l'égard de contribuables dont l'imposition est établie forfaitairement. Le commissaire du Gouvernement LOBRY a jugé que l'administration fiscale ne pouvait, pour cela, se contenter de procéder « par simple allégation »[3443] mais « suppose que l'Administration ait apporté elle-même au cours de l'instruction contentieuse un certain nombre de renseignements, d'indices, ou d'éléments de présomption à l'appui de ses affirmations touchant à l'existence d'activités ou de sources de revenus prétendument dissimulées »[3444]. Cette solution, maintenue depuis lors[3445], peut être lue comme la nécessité de préserver un équilibre probatoire dont l'égalité des armes est le fondement implicite. La nécessité pour l'administration fiscale de réunir « des éléments »[3446] de preuve permettant de supposer l'existence de revenus non déclarés permet d'éviter que le contribuable soit placé « dans des cas très voisins de la preuve négative, impossible à apporter, (...) que les principes généraux du droit autant que l'équité condamnent »[3447]. La solution ici retenue – qui découle de la lettre du Livre des procédures fiscales[3448] – est conçue pour éviter que le contribuable ne soit contraint de rapporter une preuve négative alors même que le fisc n'a

---

3441 Conseil d'Etat, Plén., 7 novembre 1975, n°90156 : Dr. fisc. 1976, n°3, comm. 28 ; RJF 12/75, n°569.

3442 Cons. const., déc. n°2001-455 DC, 12 janvier 2002, Loi de modernisation sociale : Rec. p. 49 ; LPA 2002, n°15, pp. 5-30, note Jean-Éric SCHOETTL ; D. 2002, p. 1439, note Bertrand MATHIEU.

3443 LOBRY, conclusions sur Conseil d'Etat, Plén., 7 novembre 1975, n°90156, Dr. fisc. 1976, n°3, comm. 28 ; RJF 12/75, n°569.

3444 LOBRY, conclusions sur Conseil d'Etat, Plén., 7 novembre 1975, n°90156, Dr. fisc. 1976, n°3, comm. 28 ; RJF 12/75, n°569.

3445 Conseil d'Etat, 8e et 3e s.-s., 12 mars 2010, n°313142, M. et Mme Coueste : Dr. fisc. 2010, n°21, comm. 335 ; RJF 05/10, n°522.

3446 Conseil d'Etat, 8e et 3e s.-s., 12 mars 2010, n°313142, M. et Mme Coueste : préc.

3447 LOBRY, conclusions sur Conseil d'Etat, Plén., 7 novembre 1975, n°90156, Dr. fisc. 1976, n°3, comm. 28 ; RJF 12/75, n°569.

3448 *De lege lata*, l'article L. 16, al. 3 du Livre des procédures fiscales dispose que l'administration fiscale peut demander au contribuable « des justifications lorsqu'elle a réuni des éléments permettant d'établir que le contribuable peut avoir des revenus plus importants que ceux qu'il a déclarés ».

invoqué aucun indice justifiant l'emploi d'une demande de justifications. Exiger de l'administration fiscale qu'elle se fonde sur des indices pour exiger des justifications du contribuable va permettre à ce dernier d'« opposer les éléments de la preuve contraire qu'il a la charge d'administrer »[3449]. Un équilibre probatoire est ainsi forgé offrant au contribuable la faculté d'opposer des éléments de preuve à ceux avancés par l'administration fiscale. À notre sens, c'est l'égalité des armes qui est assurée par une telle disposition : le législateur ménage un juste équilibre entre l'administration fiscale et le contribuable en évitant que ne pèse, sur ce dernier, une charge probatoire excessive qui serait de nature à rompre l'équilibre entre les parties au litige.

1080. Une solution analogue a été retenue en matière de taxation d'office. La faculté offerte à l'administration fiscale d'utiliser la demande de justifications pour des éléments de patrimoine a été rejetée par le Conseil d'Etat dans une décision du principe du 4 novembre 1988[3450]. Alors que la jurisprudence antérieure était hésitante[3451], le Conseil d'Etat pose, par cette décision, une incompatibilité entre demande de justifications et possession d'un patrimoine[3452]. De ce fait, la demande de justifications ne peut concerner qu'un revenu et non un élément de patrimoine puisque « le patrimoine se rattache normalement à la notion de stock et non à celle de flux »[3453]. Cette solution permet donc de limiter le champ de la demande de justifications aux seuls éléments de revenu en excluant toute application pour des éléments du patrimoine du contribuable. Cette solution permet de révéler l'équilibre probatoire sur lequel repose la demande de justification. La demande de justifications doit être fondée sur « une sorte de 'commencement de preuve' »[3454] qui permet au juge de contrôler que l'administration a effectivement « réuni des éléments permettant d'établir que le contribuable peut avoir des revenus plus importants que ceux qu'il a déclarés » comme en

---

[3449] LOBRY, conclusions sur Conseil d'Etat, Plén., 7 novembre 1975, n°90156, Dr. fisc. 1976, n°3, comm. 28 ; RJF 12/75, n°569.

[3450] Conseil d'Etat, 7e et 9e s.-s., 4 novembre 1988, n°87594 : RJF 01/89, n°7, chron. Jérôme TUROT, p. 2.

[3451] Sur ce point : TUROT Jérôme, *Taxation d'office pour défaut de réponse à une demande de justifications. Le contribuable est-il tenu de justifier de l'origine de son patrimoine ?*, RJF 02/89, pp. 2-8.

[3452] Le Conseil d'Etat juge qu'« en l'absence de toute recherche par le vérificateur d'un déséquilibre entre les ressources connues et les disponibilités engagées, l'existence, pour le montant susrappelé, de sommes portées au crédit des comptes de M. X... et d'un portefeuille de valeurs mobilières ne permet pas à l'administration de soutenir valablement qu'elle avait réuni des éléments permettant d'établir que le contribuable pouvait avoir disposé de revenus plus importants que ceux qu'il avait déclarés » (Conseil d'Etat, 7e et 9e s.-s., 4 novembre 1988, n°87594 : préc).

[3453] AYRAULT Ludovic, *Le contrôle juridictionnel de la régularité de la procédure d'imposition*, Thèse de doctorat, L'Harmattan, Coll. Finances publiques, 2004, p. 150.

[3454] MARTIN-LAPRADE Bruno, *Contrôle fiscal. Imposition d'office et procédure contradictoire de redressement*, RJF 05/75, p. 163.

dispose l'article L. 16 du Livre des procédures fiscales. Toute solution contraire ferait naître une « présomption de dissimulation » qui méconnaîtrait l'équilibre probatoire de la demande de justifications[3455]. Surtout, le législateur ferait peser sur le contribuable une preuve trop difficile à rapporter[3456]. En somme, ce dispositif repose sur un équilibre probatoire conforme au principe d'égalité des armes. Toute modification de ces dispositions législatives qui feraient peser sur le contribuable un fardeau probatoire excessif pourrait alors être jugé contraire à ce principe.

1081. En somme, il existe une unité entre les solutions retenues par la Cour européenne des droits de l'Homme, le Conseil constitutionnel et le juge administratif. La préservation de l'égalité des armes qui passe, nécessairement, par la neutralisation des déséquilibres probatoires trop flagrants qui pourraient conduire une partie à devoir administrer une preuve excessivement difficile. Le demandeur ne doit pas, en ce sens, être exonéré de toute charge probatoire. Toutefois, le défendeur ne saurait se voir imposer une charge probatoire excessive. Un équilibre probatoire s'impose donc entre les parties. Cette exigence d'équilibre est également requise en matière d'accès à la preuve par les parties.

2/ L'égalité des armes : fondement d'une exigence d'équilibre dans la possibilité d'administrer une preuve

1082. L'égalité des armes sanctionne toute inégalité entre les parties qui affecte la faculté de l'une d'elle d'administrer une preuve. La diversité des situations de déséquilibre permet seulement d'en recenser les manifestations. L'exhaustivité apparaît, en la matière, un vœu pieux tant l'analyse *in concreto* menée par les juges européens enrichit continuellement la liste des inégalités qui sont de nature à rompre l'égalité des armes.

1083. En premier lieu, l'inégalité des parties dans la faculté de présenter une preuve est condamnée sur le fondement du principe d'égalité des armes. En ce sens, l'arrêt Dombo Beheer B.V. c/ Pays-Bas[3457], la Cour européenne des

---

[3455] Conseil d'Etat, 8e et 9e s.-s., 6 novembre 1991, Sétian, n°74495 : RJF 01/92, n°5.
[3456] Jérôme TUROT prend quelques illustrations imagées qui illustrent les incidences probatoires de sa décision : « Mme X devisait gaiement devant le buffet de la fête annuelle de l'association d'entraide paroissiale quand elle sentit sur sa gorge décolletée la brûlure du regard que lui portait un inconnu placé à l'entrée de la salle. Gênée par l'indiscrétion de ce regard, et quoique vaguement flattée, elle se détourna. Le lendemain elle reçut une demande de justification de l'origine de sa rivière de diamants. Elle fut incapable de prouver que ce bijou de famille lui avait été offert par sa grand-mère lors de son mariage vingt ans plus tôt » (*Taxation d'office pour défaut de réponse à une demande de justifications. Le contribuable est-il tenu de justifier de l'origine de son patrimoine ?*, RJF 02/89, p. 2).
[3457] CEDH, 27 octobre 1993, n°14448/88, Dombo Beheer B.V. c/ Pays-Bas, § 33 : JCP G 1994, n°8, I, 3742, note Frédéric SUDRE ; AJDA 1994, p. 16, chron. Jean-François FLAUSS.

droits de l'Homme identifie une rupture dans l'égalité des armes dans un cas où seule une partie a fait valoir un témoignage déterminant pour l'issue du procès. En l'espèce, le directeur d'une société n'a pas été entendu comme témoin où sa société est partie. Cette inégalité dans la faculté d'administrer une preuve est jugée contraire au principe d'égalité des armes. Cette solution a été réitérée dans le cas où seule la partie représentée par un avocat a pu « plaider oralement sa cause et (...) interroger les témoins »[3458] ou lorsqu'il existe une différence de traitement dans l'audition des témoins présentés par les parties[3459].

1084. En deuxième lieu, la Cour européenne des droits de l'Homme veille au respect de l'égalité des armes lors de l'intervention d'experts. Elle veille à ce que les règles procédurales qui encadrent l'intervention d'un expert – alors assimilé à un témoin – ne bouleversent pas l'équilibre probatoire en favorisant une partie dans l'administration de la preuve[3460] comme dans le cas où les parties à un procès ne peuvent effectivement commenter le rapport d'expertise[3461]. Or, l'exigence d'équilibre qui doit prévaloir en matière d'expertise s'étend également à la décision d'ordonner une expertise : l'équilibre du procès ne serait pas respecté si le juge n'a pas fait un bon usage de l'expertise dans la recherche de la réalité factuelle[3462]. En la matière, la jurisprudence de la Cour européenne des droits de l'Homme ne présente aucun particularisme en droit fiscal[3463].

[3458] CEDH, 10 juillet 2007, n°18223/04, Cruz de Carvalho c/ Portugal, § 22. En l'espèce, la Cour européenne des droits de l'Homme juge que le requérant a été « traité de manière nettement désavantageuse par rapport à la partie adverse » (§ 27).

[3459] CEDH, 23 octobre 1996, n°17748/91, Ankerl c/ Suisse, § 38.

[3460] CEDH, 6 mai 1985, n°8658/79, Bönisch c/ Autriche, § 33 : RSC 1985, p. 164, obs. Louis-Edmond PETTITI (A propos de la rupture de l'égalité des armes qui a été entraînée par « la différence entre les places respectives de l'expert désigné par le tribunal et de l'"expert-témoin" de la défense »).

[3461] CEDH, 18 mars 1997, n°21497/93, Mantovanelli c/ France, § 36 : JCP 1998, I, 107, n°24, obs. Frédéric SUDRE ; RTD Civ. 1997, p. 1007, obs. Jean-Pierre MARGUENAUD.

[3462] La Cour européenne des droits de l'Homme recherche si les expertises ordonnées par les juridictions nationales respectent l'exigence d'équité du procès. Dans l'affaire H c/ France (CEDH, 24 octobre 1989, n°10073/82, H c/ France, § 70) elle juge, qu'en l'espèce, le procès n'était pas de nature à exiger une expertise. Toutefois, elle n'exclut pas qu'une expertise soit requise au nom de l'équité du procès. En ce sens, elle a jugé dans une affaire Van Kück c/ Allemagne (CEDH, 12 juin 2003, n°35968/97, Van Kück c/ Allemagne, §§ 62-65 : RTD Civ. 2004, p. 361, note Jean-Pierre MARGUENAUD) que la complexité de l'affaire – relative au transsexualisme – était de nature à contraindre les juges du fond à ordonner une expertise sur les faits litigieux.

[3463] La Cour européenne des droits de l'Homme a pu juger dans l'affaire Versini c/ France (CEDH, 11 mai 2010, n°11898/05, M. Versini c/ France : Dr. fisc. 2010, n°26, comm. 391, note Ludovic AYRAULT ; RJF 8-9/10, n°870) que l'égalité des armes n'est pas affectée par le fait que le juge pénal n'attende pas les résultats d'une expertise ordonnée par le juge administratif de l'impôt pour juger de la culpabilité d'un contribuable.

1085. En troisième lieu, au-delà de l'expert, c'est aussi le juge qui se voit astreint au respect de l'égalité des armes. L'égalité des armes ne serait pas respectée si le juge, par sa propre recherche de la preuve, venait à se créer un net désavantage entre les parties. En ce sens, les mesures d'instruction prononcées par le juge[3464] ne doivent pas heurter l'égalité des armes. Le Conseil d'Etat a récemment jugé en ce sens en jugeant que l'égalité des armes ne serait pas respectée si une mesure d'instruction aurait pour effet de « favoris[er] l'une des parties dans l'administration de la preuve »[3465]. Cette solution, unique à ce jour, dispose d'une portée déterminante car elle intervient dans un litige où les stipulations de l'article 6 de la Convention européenne des droits de l'Homme ne trouvaient pas à s'appliquer[3466]. Le juge doit veiller à ne pas favoriser une partie au litige dans la recherche de la vérité. L'établissement de la réalité factuelle doit donc s'opérer au terme d'une procédure égalitaire où le juge n'altère pas les chances d'une partie d'administrer ses preuves.

1086. En quatrième lieu, l'égalité des armes conduit à condamner le déséquilibre existant entre deux parties dans l'accès aux éléments de preuve. En ce sens, la Cour européenne des droits de l'Homme a jugé qu'une asymétrie dans l'accès à l'information entre les parties au litige est de nature à rompre l'égalité des armes lorsqu'elle conduit à créer un net désavantage entre les parties au litige. Elle a jugé dans l'affaire Yvon c/ France[3467] que le commissaire du Gouvernement – qui n'est autre que le directeur départemental des services fiscaux – bénéficie « d'avantages notables dans l'accès aux informations pertinentes »[3468]. Ces avantages sont de nature à créer « au détriment de l'exproprié, un déséquilibre incompatible avec le principe

[3464] Le Conseil d'Etat a jugé qu'« il appartient au juge administratif, dans l'exercice de ses pouvoirs généraux de direction de la procédure, d'ordonner toutes les mesures d'instruction qu'il estime nécessaires à la solution des litiges (…) il lui incombe, dans la mise en œuvre de ses pouvoirs d'instruction, (…) d'assurer l'égalité des armes entre » les parties au litige (Conseil d'Etat, Sect., 1er octobre 2014, n°349560, M. Erden : Procédures 2014, n°11, comm. 310, comm. Serge DEYGAS ; AJDA 2014, p. 2185, chron. Jean LESSI et Louis DUTHEILLET DE LAMOTHE ; Droit Administratif 2015, n°1, comm. 2, comm. Gweltaz EVEILLARD ; JCP A 2015, n°23, 2172, note Gaëlle MARTI).

[3465] Conseil d'Etat, 3e et 8e s.-s., 13 février 2006, n°279180, Société Fiducial Informatique et autre : RFDA 2006, p. 702, concl. Emmanuel GLASER.

[3466] Le Conseil d'Etat relève, en l'espèce, que « les stipulations ainsi invoquées ne s'appliquent pas à la présente instance, qui, engagée par un tiers qui n'est pas partie à la concentration, n'est pas une contestation portant sur des droits de caractère civil au sens de cette convention » (Conseil d'Etat, 3e et 8e s.-s., 13 février 2006, n°279180, Société Fiducial Informatique et autre : RFDA 2006, p. 702, concl. Emmanuel GLASER).

[3467] CEDH, 24 avril 2003, n°44962/98, Yvon c/ France : JCP A 2003, 1523, obs. Rozen NOGUELLOU ; D. 2003, p. 2456, note René HOSTIOU ; AJDA 2004, p. 1441, note René Hostiou ; Revue de droit immobilier 2003.425, étude Jean-François STRUILLOU.

[3468] CEDH, 24 avril 2003, n°44962/98, Yvon c/ France, préc. § 37.

de l'égalité des armes »[3469]. Il faut donc veiller à ménager aux parties un accès équivalent aux informations susceptibles de fonder leurs allégations. Le législateur – par la modification de l'article L. 135B du Livre des procédures fiscales[3470] – a organisé un « accès balisé »[3471] aux comparables par la transmission à l'exproprié des valeurs foncières de biens comparables. Cette solution a permis de rendre compatible cette procédure avec le principe d'égalité des armes[3472].

1087. En matière fiscale, le maintien de l'égalité des armes est préservé, en matière de comparables afférents aux valeurs locatives cadastrales, par l'obligation faite au fisc de communiquer les éléments de comparaison qui présentent un caractère pertinent pour la défense du contribuable[3473].

1088. Enfin, il faut ici réaffirmer que l'égalité des armes atteste que le procès équitable est un univers en perpétuelle expansion qui impose un équilibre de l'ensemble des étapes du processus d'administration de la preuve. En ce sens, la Cour européenne des droits de l'Homme a jugé que l'absence d'assistance juridique offerte à une partie placée dans un état de faiblesse psychique était de nature à affecter l'égalité des armes car cette partie n'a pu administrer ses preuves sans être placée dans une situation de net désavantage[3474]. De la sorte, il apparaît que l'égalité des armes dispose, en matière probatoire, d'une portée infiniment générale qui exige des Etats parties à la Convention, qu'ils ménagent, en pratique, un véritable équilibre entre les parties dans l'administration de la preuve.

1089. Or, cette égalité des armes se manifeste également par l'inadmissibilité des preuves qui affectent le principe d'égalité des armes.

[3469] CEDH, 24 avril 2003, n°44962/98, Yvon c/ France, préc. § 37.

[3470] Art. 21 de la loi n°2006-872 du 13 juillet 2006 portant engagement national pour le logement : J.O. du 16 juillet 2006, p. 10662.

[3471] CAZET Safia, *Le commissaire du gouvernement dans la phase judiciaire de l'expropriation : une institution à la croisée des chemins*, RFDA 2010, pp. 343-356.

[3472] Cass. 3e civ., 9 avril 2008, n°07-14.411, SCI Saint-Martin-de -Seignanx c/ Commune de Bayonne : Bull. civ. III, n°65.

[3473] Conseil d'Etat, 8e et 3e s.-s., 14 octobre 2015, n°373627, EURL Samficath : RJF 01/16, n°39.

[3474] CEDH, 16 juillet 2009, n°33738/02, Nenov c/ Bulgarie (« La Cour observe en outre que l'ancienne épouse du requérant a bénéficié de l'assistance d'un avocat tout au long de la procédure devant le tribunal de district, lors de laquelle ont été produits les éléments de preuve concernant le litige. Elle considère que, vu les circonstances de l'espèce, cela a placé le requérant dans une situation de net désavantage par rapport à l'autre partie au litige » (§ 51). Plus loin, elle constate l'existence d'une rupture d'égalité des armes : « la Cour est d'avis que le fait de ne pas avoir bénéficié d'une aide judiciaire a privé le requérant de la possibilité de défendre efficacement sa cause et qu'il a entraîné une inégalité des armes inacceptable avec la mère des enfants » (§ 52)).

B/ L'égalité des armes : condition d'admissibilité de la preuve

1090. La nécessité de préserver l'égalité des armes apparaît comme une condition de la préservation de l'équité du procès. Il faut alors s'interroger sur la nécessité pour le juge d'écarter une preuve recueillie en violation de l'égalité des armes. Une preuve qui tend à affecter l'égalité des armes doit, à notre sens, être écartée par le juge. Elle devient alors inadmissible.

1091. La jurisprudence livre des illustrations de cette solution. Devant le juge administratif, la décision Election municipale de Vénissieux, rendue en formation de Section du contentieux, le 4 février 2015[3475] atteste de la nécessité d'écarter une preuve dont l'administration affecte l'égalité des armes. En l'espèce, l'égalité des armes n'a pas été affectée par l'administration de témoignages dont l'identité des auteurs a été anonymisée car les justiciables – qui contestent les sanctions administratives qui leur ont été infligés – ne pouvaient ignorer l'identité des auteurs de ces témoignages. De ce fait, la présence « des procès-verbaux anonymisés, ne peut être regardée comme ayant privé les parties des moyens de contester la fiabilité des preuves ainsi produites et restreint de ce fait leurs droits en méconnaissance du principe d'égalité des armes »[3476]. À l'inverse, le recueil de témoignages anonymes pourraient, devant la juridiction administrative, constituer une atteinte à l'égalité des armes et donc conduire à écarter une telle preuve ou, à tout le moins, à refuser qu'elle fonde de manière unique ou déterminante une preuve.

1092. Cette solution est retenue par le juge civil. La Chambre sociale a jugé, dans le cadre d'un litige relatif à la régularité d'un licenciement, du sort réservé à une pièce recueillie en violation du principe d'égalité des armes[3477]. En l'espèce, un salarié a enregistré ses collègues à leur insu, à l'aide d'un dictaphone. Son employeur a, en découvrant l'appareil, procédé à l'écoute des enregistrements en présence de témoins et a détruit les enregistrements litigieux avant de procéder au licenciement pour faute grave du salarié. La Cour de cassation estime ici que la preuve qui résulte de l'enregistrement – dont l'existence a pu être rapportée par des témoignages de l'employeur et d'autres salariés – est déloyale. Si cette solution peut être liée à l'interdiction

---

[3475] Conseil d'Etat, Sect., 4 février 2015, n°385555, Election municipale de Vénissieux : Rec. p. 43, concl. Vincent DAUMAS ; JCP A 2015, n°35, 2246, chron. Olivier LE BOT ; JCP A 2015, n°8, 2059, comm. Christophe TESTARD ; LPA 2015, n°70, p. 7, chron. Marie-Christine ROUAULT.

[3476] Conseil d'Etat, Sect., 4 février 2015, n°385555, Election municipale de Vénissieux, cons. n°3 : préc.

[3477] Cass. soc., 23 mai 2012, n°10-23.521 : Bull. civ. V, n°156 ; D. 2012, p. 2826, chron. Jean-Daniel BRETZNER ; D. 2013, p. 1026, chron. Jérôme PORTA.

faite à l'employeur de consulter les informations personnelles du salarié[3478], la Chambre sociale relève que « les enregistrements ayant été détruits, la salariée avait été mise dans l'impossibilité d'apporter une preuve contraire aux attestations »[3479] produites par l'employeur. Par cette solution – reprise par un arrêt d'appel[3480] – la Chambre sociale juge, implicitement, qu'une preuve qui affecte l'égalité des armes doit être écartée. En effet, en l'espèce, la destruction des enregistrements qui ont fondé le licenciement du salarié était de nature à rompre l'équilibre des armes qui doit régner entre les parties. Cette solution est parfaitement logique dès lors que l'admissibilité d'une telle preuve heurterait l'équité du procès. Il revenait donc au juge de l'écarter en raison de la méconnaissance du principe d'égalité des armes.

1093. Conclusion de la Sous-section II. – L'égalité des armes occupe une place fondamentale dans l'équité probatoire en ce qu'elle permet d'interdire les nets désavantages entre les parties au litige qui affectent l'établissement de la preuve. L'égalité des armes permet donc de préserver un équilibre de la preuve en offrant à chaque partie une égalité théorique dans la faculté d'administrer une preuve. La généralité de ce principe est portée par la jurisprudence de l'ensemble des juridictions – bien que le juge civil n'ait pas reconnu de principe autonome d'égalité des armes. En dépit de cette exception – qui peut être résolue en raison de la place déterminante occupée par l'égalité des armes devant le Conseil constitutionnel – l'égalité des armes est une exigence générale dans l'établissement de la réalité factuelle. En ce sens, les juges de la matière fiscale présentent une unité dans l'établissement de la réalité factuelle. Cette unité tend à exiger d'offrir aux parties une égalité dans leur chance d'administrer la preuve de leurs allégations. L'égalité des armes atteste ainsi qu'un commun principe d'équité encadre l'établissement de la réalité factuelle.

1094. Conclusion de la Section I. – L'exigence d'équité probatoire revêt un caractère fondamental dès lors qu'elle exige d'offrir à chaque partie une faculté raisonnable d'administrer ses preuves. L'égalité qui doit exister entre les parties apparaît bien comme une clé de voûte de l'administration de la preuve : l'établissement de la réalité factuelle doit être opéré selon un processus égalitaire qui ne défavorise aucune des parties au litige. En ce sens, l'expression d'« équité probatoire » traduit cette emprise de l'équité sur l'établissement de la preuve judiciaire. En premier lieu, l'égalité des armes exige d'offrir à chaque partie une chance raisonnable d'administrer ses preuves. La portée de cette exigence d'égalité des armes conduit à établir un

[3478] Cass. soc., 17 mai 2005, n°03-40.017 : Bull. civ. V, n°165 ; Dr. soc. 2005, p. 789, note Jean-Emmanuel RAY.
[3479] Cass. soc., 23 mai 2012, n°10-23.521 : préc.
[3480] CA de Saint-Denis-de-la-Réunion, ch. sociale, 5 juillet 2013, n°12/01120, Inédit.

équilibre dans la charge probatoire exigée de chaque partie, à limiter l'intervention du juge dans l'administration de la preuve. L'égalité des armes traduit la nécessité fondamentale de ne pas créer de net désavantage entre les parties afin qu'ils soient placés dans des situations sensiblement analogues pour l'administration de leur preuve. En deuxième lieu, le principe du contradictoire manifeste également l'exigence d'égalité qui doit régner entre les parties. Il consiste à offrir aux parties une faculté effective d'apporter une critique des preuves administrées par la partie adverse. Cette nécessité d'assurer la contradiction en matière de preuve se traduit par l'affirmation d'une règle générale d'admissibilité des preuves : à défaut de débat contradictoire, la preuve administrée ne peut accéder au rang de preuve et établir une réalité juridictionnelle.

1095. L'équité probatoire permet d'entrevoir une unité entre les juges de la matière fiscale. Elle constitue un indéniable facteur de rapprochement des modalités d'établissement de la preuve entre les juges de la matière fiscale. Il apparaît que l'établissement de la réalité factuelle est le fruit d'un encadrement commun croissant à la faveur de l'émergence de principes fondamentaux. L'administration de la preuve est marquée par le sceau de l'équité qui exige – au-delà de l'égalité – le maintien d'un constant équilibre entre les parties. Cela démontre que la vérité judiciaire est, avant toute chose, le fruit d'une construction juridique qui est empreinte de certaines valeurs qui peuvent être subsumées sous l'empire de principes. L'équité paraît être la clé de voûte d'un rapprochement des logiques probatoires. Or, il est possible de lier l'équité à une autre valeur fondamentale : la *sécurité probatoire*.

Section II. – L'exigence de sécurité dans l'établissement de la preuve

1096. La sécurité juridique se manifeste dans l'administration de la preuve tant par l'exigence de prévisibilité des faits qui fondent une qualification de droit (Sous-Section I) que par la nécessaire prise en compte de l'éloignement temporel des faits objets de la preuve (Sous-Section II).

Sous-Section I. – L'exigence de prévisibilité des faits fondant une qualification de droit

1097. Pour saisir la place occupée par la sécurité juridique en matière probatoire, il convient, avant tout, de saisir la place occupée par la sécurité juridique en matière de prévisibilité de l'application de la norme légale (§.1.). À la lumière de cette exigence, il est possible d'affirmer qu'une exigence de prévisibilité du fait établi en tant que preuve est requise (§.2.).

§.1. L'exigence générale de prévisibilité de l'application de la norme légale

1098. L'exigence de prévisibilité de la norme juridique est reconnue tant par le juge constitutionnel (A) que par les juges européens (B).

A/ L'exigence constitutionnelle de prévisibilité des normes juridiques

1099. Le Conseil constitutionnel a reconnu dans sa décision n°99-421 DC[3481], la valeur d'objectif de valeur constitutionnelle, de l'accessibilité et de l'intelligibilité de la loi[3482]. Cet objectif est considéré « comme [une] des conditions de l'effectivité »[3483] de l'égalité devant la loi de l'article 6 de la Déclaration de 1789, de la « garantie des droits » de l'article 16 et de l'exercice des droits et libertés protégées par les articles 4 et 5 de cette même déclaration. En érigeant au rang d'objectif de valeur constitutionnelle l'accessibilité – entendue comme « la possibilité de trouver physiquement le droit applicable »[3484] – et l'intelligibilité – désignant la « compréhensibilité relative de la loi »[3485] – le Conseil constitutionnel ne se limite plus – comme sous l'empire du contrôle de la clarté et de la précision de la loi – à contrôler l'épuisement effectif de sa compétence par le législateur[3486]. Le Conseil

---

[3481] Cons. const., déc. n°99-421 DC, 16 décembre 1999, Loi d'habilitation en matière de codification, cons. 13 : Rec. p. 136 ; D. 2000, n°4, p. VII, note Bertrand MATHIEU ; D. 2000, p. 361, note Marie-Anne FRISON-ROCHE et William BARANES ; LPA 2000, pp. 15-18, note Bertrand MATHIEU et Michel VERPEAUX ; RTD Civ. 2000, n°1, pp. 186-194, note Nicolas MOLFESSIS ; D. 2000, p. 425, note Didier RIBES ; AJDA 2000, p. 31, note Jean-Éric SCHOETTL.

[3482] Sur ce point : DE MONTALIVET Pierre, *Les objectifs de valeur constitutionnelle*, Thèse de doctorat, Paris 2, Dalloz, Bibliothèque parlementaire et constitutionnelle, 2006, pp. 85-92 ; DE MONTALIVET Pierre, *La « juridicisation » de la légistique. À propos de l'objectif de valeur constitutionnelle d'accessibilité et d'intelligibilité de la loi*, in, DRAGO Roland (dir.), *La Confection de la loi*, PUF, 2005, pp. 99-136 ; RRAPI Patricia, *L'accessibilité et l'intelligibilité de la loi en droit constitutionnel*, Thèse de doctorat, Aix-Marseille, Dalloz, Nouvelle Bibliothèque de Thèses, Tome 137, 2014.

[3483] AYRAULT Ludovic, LAMARQUE Jean et NEGRIN Olivier, *Droit fiscal général*, 4e éd., 2016, p. 445.

[3484] DE MONTALIVET Pierre, *La « juridicisation » de la légistique. À propos de l'objectif de valeur constitutionnelle d'accessibilité et d'intelligibilité de la loi*, in, DRAGO Roland (dir.), *La Confection de la loi*, PUF, 2005, pp. 99-136, spéc. p. 118 et DE MONTALIVET Pierre, *Les objectifs de valeur constitutionnelle*, Thèse de doctorat, Paris 2, Dalloz, Bibliothèque parlementaire et constitutionnelle, 2006, p. 285.

[3485] DE MONTALIVET Pierre, *La « juridicisation » de la légistique. À propos de l'objectif de valeur constitutionnelle d'accessibilité et d'intelligibilité de la loi*, in, DRAGO Roland (dir.), *La Confection de la loi*, PUF, 2005, pp. 99-136, spéc. p. 123 ; DE MONTALIVET Pierre, *Les objectifs de valeur constitutionnelle*, Thèse de doctorat, Paris 2, Dalloz, Bibliothèque parlementaire et constitutionnelle, 2006, p. 285.

[3486] Sur ce point : DE MONTALIVET Pierre, *La « juridicisation » de la légistique. À propos de l'objectif de valeur constitutionnelle d'accessibilité et d'intelligibilité de la loi*, in, DRAGO Roland (dir.), *La Confection de la loi*, PUF, 2005, pp. 99-136, spéc. p. 123 ; BARANES

constitutionnel recherche, à la faveur de ce contrôle, si la norme légale respecte une certaine prévisibilité aux yeux du destinataire de cette norme : « l'objectif d'intelligibilité implique une compréhensibilité relative de la loi, c'est-à-dire en fonction du destinataire de cette loi »[3487]. Le Conseil constitutionnel consacre ainsi un courant doctrinal – affirmé notamment par Gérard TIMSIT[3488] – qui consiste à affirmer que « le sens d'un texte traduit une relation entre celui qui l'émet et celui qui le reçoit (...) [et donc] si le destinataire ne comprend pas la règle, elle n'est donc pas intelligible »[3489]. Il apparaît ainsi une forme d'« éthique de la réception, à base de confiance partagée, le lecteur coopér[ant] à la régénération de l'œuvre »[3490].

1100. À première vue, l'exigence de clarté et de précision de la loi – qui découle de l'article 34 de la Constitution – et l'objectif de valeur constitutionnelle d'accessibilité et d'intelligibilité de la loi – qui découle des articles 4, 5, 6 et 16 de la Déclaration des droits de l'homme et du citoyen – qui exige que les règles soient établies par des « dispositions suffisamment précises et des formules non équivoques » n'apparaît pas évidente[3491]. C'est, sans doute[3492], pour éviter cette confusion possible entre les exigences de clarté et d'intelligibilité de la loi que le Conseil constitutionnel a fait le choix

---

William et FRISON-ROCHE Marie-Anne, Le principe constitutionnel de l'accessibilité et de l'intelligibilité de la loi, D. 2000, n°23, pp. 361-368 ; SCHOETTL Jean-Eric, *La loi de financement de la sécurité sociale pour 2001*, LPA 2000, n°255, p. 5 ; SCHOETTL Jean-Eric, *La loi de modernisation sociale devant le Conseil constitutionnel*, LPA 2002, n°15, p. 3.

3487 DE MONTALIVET Pierre, *Les objectifs de valeur constitutionnelle*, Thèse de doctorat, Paris 2, Dalloz, Bibliothèque parlementaire et constitutionnelle, 2006, p. 288.
Sur ce point : DE MONTALIVET Pierre, *La « juridicisation » de la légistique. À propos de l'objectif de valeur constitutionnelle d'accessibilité et d'intelligibilité de la loi*, in, DRAGO Roland (dir.), *La Confection de la loi*, PUF, 2005, pp. 99-136, spéc. p. 123.

3488 TIMSIT Gérard, *Les noms de la loi*, PUF, coll. Les voies du droit, 1991. Cet auteur relève que « La juridicité ne résulte pas seulement de ce que Kelsen appelle 'validité', mais aussi de l''effectivité' de la norme et qui ne saurait être entendue autrement que comme le fait pour le récepteur de la norme de participer lui aussi à la détermination du sens de la norme, par la mise en œuvre qu'il en assure, conformément (ou non) à la volonté de son auteur. En somme, toute norme, tout texte, toute œuvre ne peuvent se concevoir que dans ce dialogue de l'auteur et du lecteur, du sujet destinateur et du sujet destinataire de la norme, du texte ou de l'œuvre » (*op. cit.*, p. 109).

3489 BARANES William et FRISON-ROCHE Marie-Anne, *Le principe constitutionnel de l'accessibilité et de l'intelligibilité de la loi*, D. 2000, p. 361.

3490 OST François, *Dire le droit, Faire justice*, Bruylant, 2e éd., 2012, p. 125.

3491 Sur ce point, Pierre DE MONTALIVET relève que « le Conseil, à la suite des requérants, invoque fréquemment les deux normes simultanément, si bien qu'on peut se demander si les deux normes n'en forment parfois qu'une » (*La « juridicisation » de la légistique. À propos de l'objectif de valeur constitutionnelle d'accessibilité et d'intelligibilité de la loi*, in, DRAGO Roland (dir.), *La Confection de la loi*, PUF, 2005, pp. 99-136, spéc. p. 124).

3492 Jean LAMARQUE relève ainsi que le Conseil constitutionnel a ainsi « évité le risque de confusion existant entre les effets produits par le principe de clarté et ceux de l'objectif d'intelligibilité et d'accessibilité » (LAMARQUE Jean, *Contrôle de constitutionnalité de la loi fiscale*, Jurisclasseur Procédures fiscales, Fasc. 110, Lexis Nexis, 2015, n°65).

de délaisser le contrôle de la clarté de la loi au profit du seul contrôle de l'exigence d'accessibilité et d'intelligibilité de la loi[3493]. Ce qui distingue nettement la clarté de l'intelligibilité, outre le degré du contrôle qui a été relevé par la doctrine[3494], c'est la méthode employée pour assurer ce contrôle. Le contrôle de l'intelligibilité de la loi est fondé sur la faculté du destinataire de la loi d'en saisir le sens et la portée. Il est donc nécessaire, pour le Conseil constitutionnel, de prendre en compte le « degré de connaissance juridique et technique »[3495] des destinataires de la loi.

1101. À l'instar des autres branches du droit, le Conseil constitutionnel applique l'exigence de valeur constitutionnelle d'accessibilité et d'intelligibilité de la loi en matière fiscale[3496]. Cette exigence appelle la nécessaire prévisibilité de l'application de la norme fiscale qui impose au législateur « d'adopter des dispositions suffisamment précises et des formules non équivoques »[3497]. Le Conseil constitutionnel a ainsi pu juger que la notion de « manœuvre destinée à égarer l'administration » est intelligible et ne méconnaît donc pas les exigences constitutionnelles[3498]. L'exigence d'intelligibilité de la norme est fondée sur une analyse, *in concreto*, de la compréhension effective des destinataires de la loi fiscale. En ce sens, il a pu être affirmé, en matière de lois de financement de la sécurité sociale, que ses destinataires sont constitués d'« un étroit cénacle de spécialistes aguerris »[3499]. C'est également le cas en matière de loi de finances pour lesquelles la technicité mais encore « la complexité et l'hétérogénéité de ses dispositions

---

3493 Après avoir apposé l'exigence de clarté de la loi à l'objectif d'accessibilité et d'intelligibilité de la loi (Cons. const., déc. n°2004-503 DC, 12 août 2004, Loi relative aux libertés et responsabilités locales, cons. 29), le Conseil constitutionnel ne reprend plus l'exigence de clarté de la loi et ne contrôle que le respect de l'objectif de valeur constitutionnelle d'accessibilité et d'intelligibilité de la loi (Cons. const., déc. n°2006-540 DC, 27 juillet 2006, Loi relative au droit d'auteur, cons. 9).

3494 Pierre DE MONTALIVET expose que « L'exigence de clarté est directement liée à la sanction de l'incompétence négative. Elle se distingue de l'intelligibilité. L'intelligibilité semble exiger davantage que la clarté » (*La « juridicisation » de la légistique. À propos de l'objectif de valeur constitutionnelle d'accessibilité et d'intelligibilité de la loi*, in, DRAGO Roland (dir.), *La Confection de la loi*, PUF, 2005, pp. 99-136, spéc. p. 124).

3495 DE MONTALIVET Pierre, *Les objectifs de valeur constitutionnelle*, Thèse de doctorat, Paris 2, Dalloz, 2006, p. 288.

3496 Sur ce point : DUSSART Vincent, *L'intelligibilité de la loi fiscale un objectif inaccessible ? Brèves réflexions sur la complexité du droit fiscal des affaires*, in, *Ecrits de droit de l'entreprise : mélanges en l'honneur de Patrick SERLOOTEN*, Dalloz, 2015, pp. 627-635 ; PHILIP Loïc, *Droit fiscal constitutionnel, Evolution d'une jurisprudence*, Economica, 2014, p. 43 ; LAMARQUE Jean, *Contrôle de constitutionnalité de la loi fiscale*, Jurisclasseur Procédures fiscales, Fasc. 110, Lexis Nexis, 2015, n°64.

3497 Cons. const., déc. 2012-662 DC, 29 décembre 2012, cons. n°83 : Rec. p. 724.

3498 Cons. const., n°2012-661 DC du 29 décembre 2012, Loi de finances rectificative pour 2012 (III), cons. n°5 à 9 : Rec. p. 715.

3499 SCHOETTL Jean-Eric, *La loi de financement de la sécurité sociale pour 2001*, LPA 2000, n°255, p. 5.

[qui] ne sont donc pas de nature à eux seuls à rendre ces dispositions contraires à l'objectif de valeur constitutionnelle d'intelligibilité et d'accessibilité de la loi »[3500]. Le Conseil constitutionnel est ainsi particulièrement exigeant en matière fiscale pour censurer une disposition dont la complexité est inhérente à cette matière[3501].

1102. Le Conseil constitutionnel a néanmoins forgé un contrôle spécifique à la matière fiscale fondé sur la complexité des normes de cette matière. Le Conseil constitutionnel a enrichi son contrôle de l'intelligibilité de la norme fiscale, par la décision n°2005-530 DC du 29 décembre 2005[3502], en vérifiant si cette disposition ne présente pas une trop grande complexité. La spécificité de ce contrôle repose sur ses fondements : outre l'objectif de valeur constitutionnelle d'accessibilité et d'intelligibilité de la loi[3503], le Conseil constitutionnel s'est fondé sur l'article 14 de la Déclaration des droits de l'homme et du citoyen. En matière fiscale, le juge constitutionnel est conduit à vérifier si la loi n'atteint pas « un niveau de complexité tel qu'elle [en] devien[drai]t inintelligible pour le citoyen »[3504]. Est ainsi consacrée une exigence de sécurité juridique qui exige une certaine intelligibilité de la loi fiscale. Dans cette décision, il ne mentionne pas l'objectif de valeur constitutionnelle de clarté et d'intelligibilité de la loi mais forge un contrôle spécifique à cette matière[3505], la complexité de la loi étant « l'un des aspects de l'objectif constitutionnel »[3506]. L'intérêt de cette décision est d'établir un contrôle fondé sur la prévisibilité de la charge d'impôt : le contribuable doit pouvoir « évaluer avec un degré de prévisibilité raisonnable le montant de son impôt »[3507] dès lors que les destinataires de cette disposition sont les

---

[3500] LAMARQUE Jean, *Contrôle de constitutionnalité de la loi fiscale*, Jurisclasseur Procédures fiscales, Fasc. 110, Lexis Nexis, 2015, n°66.
[3501] Cons. const., déc. n°2009-599 DC, 29 décembre 2009, Loi de finances pour 2010, cons. n°23 : Rec. p. 218 (à propos du « caractère technique » du « dispositif de plafonnement de la contribution économique territoriale à 3 % de la valeur ajoutée des entreprises » qui n'est pas jugé contraire à l'objectif de valeur constitutionnelle d'accessibilité et d'intelligibilité de la loi).
[3502] Cons. const., déc. n°2005-530 DC, 29 décembre 2005, Loi de finances pour 2006 : Rec. p. 168 ; D. 2006, p. 826, note Valérie OGIER-BERNAUD et Caterina SEVERINO ; LPA 2006, pp. 4-7, note Bertrand MATHIEU ; LPA 2006, pp. 4-37, note Jean-Eric SCHOETTL ; Revue administrative 2006, n°350, p. 152-155, note Philippe DURAND ; RFDC 2006, pp. 356-357, note Loïc PHILIP.
[3503] Il s'agit des articles 4, 5, 6 et 16 de la Déclaration des droits de l'homme et du citoyen.
[3504] Cons. const., déc. n°2005-530 DC, 29 décembre 2005, Loi de finances pour 2006, cons. n°78 : préc.
[3505] PHILIP Loïc, *Jurisprudence du Conseil constitutionnel (octobre - décembre 2005)*, Revue française de droit constitutionnel, 2006, pp. 356-367.
[3506] MATHIEU Bertrand, *Les lois de finances au crible de la sécurité juridique (à propos des décisions 2005-530 DC et 2005-531 DC du 29 décembre 2005 du Conseil constitutionnel)*, LPA 2006, n°10, pp. 4-7.
[3507] Cons. const. 2005-530 DC, 29 décembre 2005, Loi de finances pour 2006, cons. n°79 : préc.

contribuables eux-mêmes[3508]. Cela signifie que les contribuables doivent pouvoir « opérer des choix fiscaux de manière éclairée et avec un degré de prévisibilité raisonnable »[3509]. Cette solution a été critiquée par Jean LAMARQUE comme étant le fruit d'« une analyse qui complique inutilement le problème »[3510]. À notre sens, cette solution, si elle présente bien un indéniable paradoxe en ce qu'elle souligne la complexité inutile d'un dispositif inintelligible[3511], offre un outil d'analyse propre au droit fiscal qui est fondé sur la faculté du contribuable de liquider seul son imposition. En ce sens, le Conseil constitutionnel tempère, sur le fondement de l'article 14 de la Déclaration de 1789, les limitations posées, en matière fiscale, à l'objectif de valeur constitutionnelle d'intelligibilité de la norme fondées sur l'identité des destinataires de la norme : cette décision a le mérite de rappeler que le destinataire de la loi fiscale n'est pas « un étroit cénacle de spécialistes aguerris »[3512] mais que la loi fiscale intéresse l'ensemble des citoyens.

1103. Cette exigence de prévisibilité de la norme, qui prend en compte la bonne réception des destinataires de la norme, est également reconnue et garantie dans l'ordre juridique européen.

B/ L'exigence européenne de prévisibilité des normes juridiques

1104. L'exigence de prévisibilité de la norme est requise tant par la Cour européenne des droits de l'Homme (1) que par la Cour de justice de l'Union européenne (2).

1/ L'exigence de prévisibilité de la norme requise par la Cour européenne des droits de l'Homme

1105. La prévisibilité de la norme constitue, devant la Cour européenne des droits de l'homme, une condition *sine qua non* d'existence de la norme juridique. L'exigence de prévisibilité des normes repose sur l'exigence fondamentale de sécurité juridique qui est considérée, depuis l'arrêt Marckx

---

[3508] Cons. const. 2005-530 DC, 29 décembre 2005, Loi de finances pour 2006, cons. n°82 : préc.

[3509] MATHIEU Bertrand, *Les lois de finances au crible de la sécurité juridique (à propos des décisions 2005-530 DC et 2005-531 DC du 29 décembre 2005 du Conseil constitutionnel)*, LPA 2006, n°10, pp. 4-7.

[3510] LAMARQUE Jean, *Contrôle de constitutionnalité de la loi fiscale*, Jurisclasseur Procédures fiscales, Fasc. 110, Lexis Nexis, 2015, n°67.

[3511] Comme le souligne Jean LAMARQUE, en l'espèce, « les dispositions en cause étaient d'une complexité telle qu'elles en étaient véritablement inintelligibles » (*Contrôle de constitutionnalité de la loi fiscale*, Jurisclasseur Procédures fiscales, Fasc. 110, Lexis Nexis, 2015, n°67).

[3512] SCHOETTL Jean-Eric, *La loi de financement de la sécurité sociale pour 2001*, LPA 22 décembre 2000, n°255, p. 5.

c/ Belgique[3513], comme un principe « inhérent au droit de la Convention ». En effet, la sécurité juridique constitue un élément du principe de « prééminence du droit » qui découle du préambule de la Convention, comme a pu le juger la Cour dans l'arrêt Brumarescu c/ Roumanie[3514]. La sécurité juridique exige également une certaine qualité de la loi puisque « la qualité de la loi (...) doit être compatible avec la prééminence du droit »[3515]. La Cour européenne des droits de l'homme impose aux Etats parties à la Convention que les normes juridiques offrent une sécurité juridique aux justiciables qui repose sur la prévisibilité de la norme.

1106. L'exigence de prévisibilité de la norme s'impose aux lois qui restreignent les droits conventionnels[3516]. La Convention européenne des droits de l'Homme pose, en différents articles, « une clause générale autorisant l'Etat à restreindre l'exercice du droit proclamé »[3517]. Cela signifie que les Etats parties à la Convention peuvent, aux termes des paragraphes 2 des articles 8[3518], 9[3519], 10[3520] et 11[3521] de cette convention, apporter des restrictions légales aux droits garantis. Ce principe a été étendu « à toutes les hypothèses où la Convention pose une exigence de légalité »[3522]. De la sorte, les restrictions apportées à ces droits doivent être « prévus par la loi » et « nécessaires dans une société démocratique ». Cette exigence de légalité ne repose pas sur une conception matérielle de la loi mais repose les qualités de cette norme. Une loi respecte la condition de légalité, au sens de la Convention européenne des droits de l'homme, si elle est, tout à la fois « accessible et prévisible »[3523]. Cette exigence résulte de l'arrêt Sunday Times c/ Royaume-

---

[3513] CEDH, 13 juin 1979, n°6833/74, Marckx c/ Belgique, § 58.

[3514] CEDH, 28 octobre 1999, n°28342/95, Brumărescu c/ Roumanie.

[3515] CEDH, 24 avril 1990, n°11801/85, Kruslin c/ France : série A, n°176-A.
Sur la prééminence du droit : WACHSMANN Patrick, *La prééminence du droit dans la jurisprudence de la Cour européenne*, in, *Recueil d'études à la mémoire de Jacques SCHWOB*, Bruylant, 1997, pp. 241-285.

[3516] SUDRE Frédéric, *Droit européen et international des droits de l'homme*, PUF, 13e éd., 2016, n°131.

[3517] SUDRE Frédéric, *Droit européen et international des droits de l'homme*, PUF, 13e éd., 2016, n°131.

[3518] L'article 8 de la Convention européenne des droits de l'Homme proclame le droit de toute personne au respect « de sa vie privée et familiale, de son domicile et de sa correspondance ».

[3519] L'article 9 de la Convention européenne des droits de l'Homme proclame la « Liberté de pensée, de conscience et de religion ».

[3520] L'article 10 de la Convention européenne des droits de l'Homme proclame la « Liberté d'expression ».

[3521] L'article 11 de la Convention européenne des droits de l'Homme proclame la « Liberté de réunion et d'association ».

[3522] SUDRE Frédéric, *Droit européen et international des droits de l'homme*, PUF, 13e éd., 2016, n°132. Comme l'expose cet auteur, seules des lois peuvent poser des règles privatives de liberté.

[3523] GUINCHARD Serge, *Convention européenne des droits de l'homme et procédure civile*, Répertoire de procédure civile, Dalloz, 2012, n°17.

Uni[3524] qui pose que la loi doit être « suffisamment accessible (…) [et] énoncée avec assez de précision pour permettre au citoyen de régler sa conduite ; en s'entourant au besoin de conseils éclairés, [le citoyen] doit être à même de prévoir, à un degré raisonnable dans les circonstances de la cause, les conséquences de nature à dériver d'un acte déterminé »[3525]. Plusieurs éléments sont pris en compte dans ce contrôle de la prévisibilité. La Cour rejette l'exigence d'une « certitude absolue »[3526] de prévisibilité et elle juge que l'interprétation jurisprudentielle doit être prise en compte dans la prévisibilité de la norme[3527] et rappelle que les justiciables ont la faculté d'obtenir des conseils avisés auprès des personnes averties[3528]. Elle impose tout de même une exigence prévisibilité minimale de la norme nationale[3529]. Or, ce contrôle de la prévisibilité prend en compte le « nombre et (…) la qualité [des] destinataires »[3530] de la norme.

1107. Pour les lois pénales, le principe de légalité des délits et des peines posé par l'article 7, 1 de la Convention européenne des droits de l'homme – qui stipule que « Nul ne peut être condamné pour une action ou une omission qui, au moment où elle a été commise, ne constituait pas une infraction d'après le droit national ou international » – a été complété par une exigence de clarté de la norme pénale[3531]. Cette exigence relative au « droit » mentionné à l'article 7, 1 de la Convention européenne des droits de l'Homme reprend les exigences de la Cour relatives au terme « loi » des articles 8, 9, 10 et 11 de cette même convention[3532]. Cette solution a été affirmée dans l'arrêt Kokkinakis c/ Grèce par lequel la Cour a jugé « qu'une infraction doit être clairement définie par la loi. Cette condition se trouve remplie lorsque

---

3524 CEDH, 26 avril 1979, Sunday Times c/ Royaume-Uni.

3525 CEDH, 26 avril 1979, Sunday Times c/ Royaume-Uni, § 49.

3526 CEDH, 26 avril 1979, Sunday Times c/ Royaume-Uni, § 49.

3527 Dans l'arrêt Sunday Times (CEDH, 26 avril 1979, Sunday Times c/ Royaume-Uni, § 54), la Cour relève que « par la force des choses, de formules plus ou moins vagues dont l'interprétation et l'application dépendent de la pratique » ce qui signifie que l'interprétation jurisprudentielle doit pouvoir éclairer le champ d'application des lois.

3528 Dans l'arrêt Sunday Times (CEDH, 26 avril 1979, Sunday Times c/ Royaume-Uni, § 49), la Cour relève que le justiciable doit parfois s'entourer « de conseils éclairés » pour déterminer le champ d'application d'une norme légale.

3529 CEDH, 2 août 1984, n°8691/79, Malone c/ Royaume-Uni, § 66.

3530 CEDH, 28 mars 1990, n°10890/84, Groppera Radio AG et autres c/ Suisse, § 68.

3531 Sur ce point : SUDRE Frédéric, *Droit européen et international des droits de l'homme*, PUF, 13e éd., 2016, p. 659 ; PIN Xavier, *Droit pénal général*, Broché, 8e éd., 2017, p. 47 ; RENUCCI Jean-François, *Droit européen des droits de l'Homme, Droits et libertés fondamentaux garantis par la CEDH*, LGDJ, 7e éd., 2017, p. 352.

3532 Frédéric SUDRE critique cette assimilation de la loi pénale à la loi restreignant les droits de la Convention européenne des droits de l'homme en affirmant que « La notion de 'légalité' de l'article 7 est 'banalisée' par le juge européen qui l'interprète comme synonyme de la notion de 'loi' figurant dans la clause d'ordre public » (*Droit européen et international des droits de l'homme*, PUF, 12e éd., 2015, p. 659 : n°443).

l'individu peut savoir, à partir du libellé de la clause pertinente, et au besoin, à l'aide de son interprétation par les tribunaux, quels actes ou omissions engagent sa responsabilité »[3533]. Cette exigence a été constamment rappelée[3534] et repose sur une exigence de prévisibilité de la norme pénale.

1108. Cette jurisprudence de la Cour européenne des droits de l'Homme s'applique sans qu'un particularisme ne puisse être décelé en matière pénale fiscale. Ainsi, dans l'arrêt Khodorkovskiy & Lebedev c/ Russie[3535], elle a jugé que l'article 7, 1 de la Convention est respectée « lorsque l'individu peut savoir, à partir du libellé de la clause pertinente et, au besoin, à l'aide de son interprétation par les tribunaux, quels actes et omissions engagent sa responsabilité »[3536]. La solution retenue est donc rigoureusement identique en matière pénale fiscale et en matière pénale.

1109. Or, l'exigence de prévisibilité requise par la Cour européenne des droits de l'Homme est partagée par la Cour de justice de l'Union européenne.

2/ L'exigence de prévisibilité de la norme requise par la Cour de justice de l'Union européenne

1110. Dans l'ordre juridique européen, la sécurité juridique est un principe fondamental qui s'impose à l'ensemble des situations juridiques. En ce sens, la Cour de justice de l'Union européenne a reconnu le principe de sécurité juridique[3537] comme une « exigence fondamentale »[3538], « inhérent[e] à l'ordre juridique communautaire »[3539]. Cette exigence de sécurité juridique s'impose aux normes communautaires[3540] qui doivent faire preuve de « clarté et de

---

[3533] CEDH, 25 mai 1993, n°14307/88, Kokkinakis c/ Grèce, § 52.
[3534] CEDH, 10 octobre 2006, n°40403/02, Pessino c/ France, § 28 : « lorsque le justiciable peut savoir, à partir du libellé de la disposition pertinente et au besoin à l'aide de l'interprétation qui en est donnée par les tribunaux, quels actes et omissions engagent sa responsabilité pénale ».
[3535] CEDH, 25 juillet 2013, n°11082/06 et n°13772/05, Khodorkovskiy & Lebedev c/ Russie : Dr. fisc. 2014, n°10, 201, pp. 102-112.
[3536] CEDH, 25 juillet 2013, n°11082/06 et n°13772/05, Khodorkovskiy & Lebedev c/ Russie, § 734 : préc.
[3537] Sur ce point : PUISSOCHET Jean-Pierre et LEGAL Hubert, *Le principe de sécurité juridique dans la jurisprudence de la Cour de justice des Communautés européennes*, Cahiers du Conseil constitutionnel 2001, n°11, pp. 98-111 ; MEHDI Rostane, *Variations sur le principe de sécurité juridique*, in, *Le droit de l'Union européenne, Liber amicorum en l'honneur de Jean RAUX*, Ed. Apogée, 2006, pp. 177-198.
[3538] CJCE, 12 juillet 1972, n°57/69, Azienda Colori Nazionali : Rec. p. 934.
[3539] CJCE, 27 mars 1980, n°61/79, Denkavit Italiana : Rec. p. 1205.
[3540] Sur ce point : VAN MEERBEECK Jérémie, *De la certitude à la confiance, Le principe de sécurité juridique dans la jurisprudence de la Cour de justice de l'Union européenne, De la certitude à la confiance*, Thèse de doctorat, Bruxelles, Belgique, Publications de l'Université Saint-Louis Bruxelles, 2014, p. 139, n°118 ; RRAPI Patricia, *L'accessibilité et l'intelligibilité de la loi en droit constitutionnel, Etude du discours sur la « qualité de la loi »*, Thèse de

précision »[3541]. Cela signifie que les règles européennes doivent permettre aux justiciables de « s'orienter dans des situations et des relations juridiques relevant de l'ordre juridique communautaire »[3542]. Cette exigence de sécurité juridique est imposée en matière pénale pour laquelle la Cour de justice se fonde directement sur la jurisprudence de la Cour européenne des droits de l'homme[3543]. La matière fiscale ne présente aucune exception en la matière puisque l'exigence de sécurité juridique est renforcée devant la Cour de justice lorsque la législation en cause est une « réglementation susceptible de comporter des conséquences financières »[3544]. Dans ce cas, la législation européenne doit « permettre aux intéressés de connaitre avec exactitude l'étendue des obligations qu'elle leur impose »[3545]. Cette exigence est appliquée, avec constance[3546], en matière fiscale où la législation doit faire « connaître [au contribuable] sans ambiguïté ses droits et obligations [afin qu'il puisse] prendre ses dispositions en conséquence »[3547].

1111. Conclusion du §.1. – L'exigence de prévisibilité de la norme est une exigence fondamentale qui est partagée tant par les juridictions internes que les juridictions européennes. Or, en matière de preuve, la prévisibilité affecte le fait qui est susceptible de devenir preuve.

---

doctorat, Aix-Marseille, Dalloz, Nouvelle Bibliothèque de Thèses, 2014, p. 92 ; DE MONTALIVET Pierre, *La « juridicisation » de la légistique. À propos de l'objectif de valeur constitutionnelle d'accessibilité et d'intelligibilité de la loi*, in, DRAGO Roland (dir.), *La Confection de la loi*, PUF, 2005, pp. 99-136, spéc. p. 109.

3541 VAN MEERBEECK Jérémie, *De la certitude à la confiance, Le principe de sécurité juridique dans la jurisprudence de la Cour de justice de l'Union européenne, De la certitude à la confiance*, Thèse de doctorat, 2014, Publications de l'Université Saint-Louis Bruxelles, n°118, p. 139.

3542 CJCE, 7 juin 2007, C-76/06 P, Britannia Alloys, pt. 79 : Rec. p. I-4405. En outre, l'avocat général Juliane KOKOTT a soutenu que « Le principe général de sécurité juridique (…) exige, notamment, qu'une réglementation soit claire et précise, afin que les justiciables puissent connaître sans ambiguïté leurs droits et obligations, et prendre leurs dispositions en conséquence » (KOKOTT Juliane, concl. sur CJUE, 8 juillet 2010, n°C-343/09, Afton Chemical : Rec. p. I-7027).

3543 CJCE, 3 juin 2008, n°C-308/06, Intertanko e.a., pt. 71 : Rec. p. I-4057 (« Le principe de légalité des délits et des peines implique que les règles communautaires définissent clairement les infractions et les peines qui les répriment. Cette condition se trouve remplie lorsque le justiciable peut savoir, à partir du libellé de la disposition pertinente et au besoin à l'aide de l'interprétation qui en est donnée par les tribunaux, quels actes et omissions engagent sa responsabilité pénale »).

3544 CJCE, 15 décembre 1987, n°325/85, Irlande c/ Commission, pt. 18 : Rec. p. 5041.

3545 CJCE, 15 décembre 1987, n°325/85, Irlande c/ Commission, pt. 18 : Rec. p. 5041.

3546 CJCE, 13 février 1996, n°C-143/93, Van Es Douane Agenten, pt. 27 : Rec. p. I-431.

3547 CJCE, 9 juillet 1981, n°169-80, SA Gondrand Frères et SA Garancini, pt. 17 : Rec. p. 1931.

§.2. – L'exigence de prévisibilité du fait apte à devenir preuve

1112. L'exigence de prévisibilité du fait apte à devenir preuve se manifeste à l'égard des standards juridiques (A) tout comme à l'égard de l'ensemble des faits (B).

A/ La nécessaire prévisibilité des standards juridiques : manifestation d'une exigence de prévisibilité des preuves

1113. La prévisibilité des standards est requise tant en matière répressive (1) qu'en dehors de ce champ (2).

1/ L'exigence de prévisibilité de la preuve en matière répressive

1114. Le standard[3548] est une « notion à contenu variable »[3549] qui permet d'offrir de la « souplesse »[3550], « de la flexibilité [au] droit »[3551] qui repose sur une « codétermination »[3552] entre le législateur et le juge. Le standard est un moyen pour le juge « de réserver son pouvoir d'élaboration normative dans la mesure où l'indétermination relative dont est affecté le standard permet au juge d'en préciser la signification au moment où il le met en œuvre »[3553]. Du côté du législateur, « le standard constitue une technique de délégation du pouvoir normatif au profit de l'autorité subordonnée qui, ayant à mettre en œuvre le standard, lui donnera par l'acte qu'elle édictera ou le comportement qu'elle aura, la signification et la portée précises qui lui manquaient »[3554]. Le standard, en offrant une marge d'appréciation discrétionnaire au juge[3555],

---

[3548] Sur ce point : AL-SANHOURY Abd Al-Razzâq, *Le standard juridique*, in, *Recueil d'études sur les sources du droit en l'honneur de François Gény*, tome 2, *Les sources générales des systèmes juridiques actuels*, Sirey, 1934, pp. 144-156 ; EISENMANN Charles, *Cours de droit administratif*, Les cours du droit, 1949-1950 ; RIALS Stéphane, *Le juge administratif français et la technique du standard, Essai sur le traitement juridictionnel de l'idée de normalité*, Thèse de doctorat, Paris 2, LGDJ, Bibliothèque de droit public, 1980 ; TIMSIT Gérard, *Les noms de la loi*, PUF, Coll. Les voies du droit, 1991, pp. 122-128 ; NERON Sylvain, *Le standard, un instrument juridique complexe*, JCP G 2011, n°38, doctr. 1003, pp. 1663-1669.

[3549] RIALS Stéphane, *Les standards, notions critiques du droit*, in, PERELMAN Chaïm, VANDER ELST Raymond (dir.), *Les notions à contenu variable en droit*, Bruylant, Travaux du Centre national de recherches de logique, 1984, pp. 39-53.

[3550] AL-SANHOURY Abd Al-Razzâq, *Le standard juridique*, in, *Recueil d'études sur les sources du droit en l'honneur de François Gény*, tome 2, *Les sources générales des systèmes juridiques actuels*, Sirey, 1934, pp. 144-156, spéc. p. 146.

[3551] NERON Sylvain, *Le standard, un instrument juridique complexe*, JCP G 2011, n°38, doctr. 1003, pp. 1663-1669.

[3552] TIMSIT Gérard, *Les noms de la loi*, PUF, Coll. Les voies du droit, 1991, p. 128.

[3553] *Op. cit., loc. cit.*

[3554] *Op. cit., loc. cit.*

[3555] Nous nous rattachons ainsi à la position retenue par Charles EISENMANN qui considère que le standard ouvre la voie à un pouvoir discrétionnaire (cet auteur affirme que « La source de la discrétionnalité, c'est l'incomplète ou imparfaite détermination de la réglementation »

constitue donc un outil de mise en œuvre d'une codétermination entre le juge et le législateur : il est un partage entre le droit et le fait, entre les autorités chargées de créer le droit et de l'appliquer.

1115. Par la maîtrise dont dispose le juge dans la mise en œuvre du standard, le législateur se départit de la détermination nécessaire des règles juridiques au profit du juge qui, à la faveur de l'application du standard aux faits, donnera progressivement du sens à ce standard. En ce sens, le standard atteste de l'incertitude fondamentale qui entoure la distinction entre le droit et le fait. Cette incertitude affecte la sécurité juridique puisque le standard est, en soi, une indétermination relative de la règle juridique[3556]. Il est juste d'affirmer que « L'inconstance du standard peut aboutir à l'absence de visibilité juridique. (...) Le Droit est alors incertain »[3557]. Pierre DE MONTALIVET a relevé qu'un conflit existe entre l'objectif de valeur constitutionnelle d'accessibilité et d'intelligibilité de la loi et la technique du standard. Tout en excluant l'idée d'une interdiction de principe de cette technique[3558], l'auteur estime qu'il est nécessaire de « trouver un équilibre entre les exigences de précision et de flexibilité »[3559]. Cet équilibre ne peut être trouvé que par *l'instauration de standards offrant un certain degré de prévisibilité aux justiciables*. Dans cette optique, le standard peut devenir un rempart contre l'arbitraire de la subjectivité : il impose une appréciation factuelle reposant sur une proportion particulière qui limite la subjectivité de l'appréciation des juges. Ainsi, la

---

(*Cours de droit administratif*, Les cours du droit, 1949-1950, p. 429)) plutôt qu'à la position de Stéphane RIALS pour qui le standard a pour effet de « lier le pouvoir discrétionnaire de l'administration » (*Le juge administratif français et la technique du standard, Essai sur le traitement juridictionnel de l'idée de normalité*, Thèse de doctorat, Paris 2, LGDJ, Bibliothèque de droit public, 1980, p. 237).

3556 Abd Al-Razzâq AL-SANHOURY relève même que « le standard est un élément de souplesse et d'adaptabilité, [qui] se trouve le mieux approprié dans un domaine où le besoin d'adaptation et d'évolution l'emporte sur le besoin de sécurité » (*Le standard juridique*, in, *Recueil d'études sur les sources du droit en l'honneur de François Gény*, tome 2, *Les sources générales des systèmes juridiques actuels*, Sirey, 1934, p. 144-156, spéc. p. 146).

3557 NERON Sylvain, *Le standard, un instrument juridique complexe*, JCP G 2011, n°38, doctr. 1003, pp. 1663-1669.

3558 Pierre de MONTALIVET relève ainsi que « L'objectif d'intelligibilité de la loi semble donc aller à l'encontre du recours aux standards. Cependant, ceux-ci, par leur indétermination, permettent une application souple de la norme par le juge en fonction de l'évolution de la société. Une relative imprécision de la norme est parfois nécessaire pour que celle-ci puisse s'adapter à la complexité des situations futures. Dans ces conditions, l'interdiction du recours aux standards constituerait un effet pervers de l'objectif d'intelligibilité de la loi » (*La « juridicisation » de la légistique. À propos de l'objectif de valeur constitutionnelle d'accessibilité et d'intelligibilité de la loi*, in, DRAGO Roland (dir.), *La Confection de la loi*, PUF, 2005, pp. 99-136, spéc. pp. 131-132).

3559 DE MONTALIVET Pierre, *La « juridicisation » de la légistique. À propos de l'objectif de valeur constitutionnelle d'accessibilité et d'intelligibilité de la loi*, in, DRAGO Roland (dir.), *La Confection de la loi*, PUF, 2005, pp. 99-136, spéc. p. 132.

codétermination qui est mise en œuvre par le standard peut devenir un facteur de prévisibilité du fait et donc du droit.

1116. Or, le Conseil constitutionnel – sans que les juridictions européennes ne se soient prononcées en la matière – s'est engagé dans le sens d'une exigence de prévisibilité du standard. Par la décision n°2013-685 DC du 29 décembre 2013[3560], il a jugé contraire à la Constitution la qualification de l'abus de droit par fraude à la loi pour des opérations ayant « pour motif principal » d'éluder ou d'atténuer les charges fiscales du contribuable. Le Conseil constitutionnel se fonde, tout à la fois, sur l'objectif de valeur constitutionnelle d'accessibilité et d'intelligibilité de la loi que sur le principe de légalité des délits et des peines – en raison de la sanction de nature pénale qui est attachée à l'abus de droit par le b) de l'article 1729 du Code général des impôts – pour justifier cette censure. Cette décision tend à imposer une sécurité juridique dans l'administration de la preuve dès lors qu'elle condamne l'existence une « vaste marge d'appréciation subjective »[3561] autrement qualifié d'« importante marge d'appréciation subjective »[3562]. L'établissement d'une preuve ne peut, en effet, reposer sur une incertitude radicale, sur une imprévisibilité de la situation juridique visée par la qualification juridique.

1117. Deux enseignements peuvent être tirés de cette décision. Du point de vue du législateur, il indique qu'il ne doit pas offrir au juge, par son imprécision, une marge d'appréciation qui serait subjective. Le juge ne doit pas pallier, par son interprétation, l'insécurité juridique qui résulte de l'imprévisibilité d'un standard adopté par le Parlement[3563]. La codétermination offerte par la figure du standard ne peut conduire à offrir au juge une part essentielle de la détermination d'une qualification. Par ce biais, le Conseil constitutionnel consacre une exigence de prévisibilité des standards juridiques sur le fondement du principe de légalité des délits et des peines et sur l'objectif de valeur constitutionnelle d'accessibilité et d'intelligibilité de la loi. Du point de vue du justiciable, cette décision atteste qu'une qualification

---

3560 Cons. const., déc. n°2013-685 DC, 29 décembre 2013, Loi de finances pour 2014 : Rec. p. 1127 ; Dr. fisc. 2014, n°1-2, act. 3, note Olivier FOUQUET ; RJF 03/14 n°268 ; FR Lefebvre 50/13 inf. 5, note Yann AGUILA, Guillaume FROGER, Julien GAYRAL et Yves RUTSCHMANN.

3561 Cass. crim., 20 février 2001, n°98-84.846 : Dr. pén. 2001, comm. 86, obs. Michel VERON ; D. 2001, p. 3001, note Patrick WACHSMANN ; D. 2002, p. 1793, chron. Bertrand de Lamy ; JCP G 2002, p. 1357, note Céline Ruet.

3562 GUTMANN Daniel, *Réflexions comparatistes sur la constitutionnalité de la répression de l'abus de droit*, FR 56/08, p. 3.

3563 Cette solution est critiquée par Olivier FOUQUET qui relève que « D'une façon générale, les commentateurs s'accordaient à reconnaître que l'intervention du juge assurait la sécurité juridique dans l'application de la loi obscure ou insuffisamment précise » (FOUQUET Olivier, *Abus de droit : la sécurité juridique rédactionnelle. - À propos de la censure des articles 96 et 100 de la loi de finances pour 2014*, Dr. fisc. 2014, n°1-2, act. 3, pp. 8-9).

juridique ne doit pas le confronter à une imprévisibilité radicale du fait apte à intégrer cette qualification. L'exigence de sécurité juridique ne serait pas respectée si le justiciable ne peut raisonnablement prévoir les faits qui sont visés par une qualification juridique.

1118. Le Conseil constitutionnel avait, avant de déclarer contraire à la Constitution le « motif principal »[3564] d'une opération, déjà posé des limites relatives à la précision de dispositions légales. Il avait ainsi jugé suffisamment précis « pour garantir contre le risque d'arbitraire »[3565] le standard reposant sur la « négligence caractérisée »[3566] d'un justiciable. Par la décision n°2009-590 DC, le Conseil constitutionnel a jugé qu'une contravention de cinquième classe pouvait reposer sur ce standard rejetant ainsi « l'imprécision alléguée de la notion »[3567]. Dans la décision n°2013-685 DC, le Conseil constitutionnel s'est fondé sur l'imprécision de la notion de « motif principal » pour estimer que ce standard n'était pas conforme aux exigences constitutionnelles. Le commentaire aux cahiers publié, sous cette décision, expose que le Conseil constitutionnel s'est fondé sur l'existence d'« une importante marge d'appréciation »[3568] offerte à l'administration fiscale par ce standard pour le juger contraire aux exigences constitutionnelles.

1119. Or, la Chambre criminelle de la Cour de cassation a préalablement jugé contraire aux stipulations de la Convention européenne des droits de l'Homme une qualification qui laisse prospérer une « marge d'appréciation subjective »[3569] aux enquêteurs et au juge pénal. Il existe donc une condamnation commune des qualifications – tout comme des standards – qui conduisent à offrir une marge subjective d'appréciation.

1120. Il est toutefois regrettable que le Conseil constitutionnel n'ait pas, dans la décision n°2013-685 DC, clarifié le fondement de sa censure. En jugeant

---

[3564] Cons. const., déc. n°2013-685 DC, 29 décembre 2013, Loi de finances pour 2014 : Rec. p. 1127 ; Dr. fisc. 2014, n°1-2, act. 3, note Olivier FOUQUET ; RJF 03/14, n°268 ; FR Lefebvre 50/13 inf. 5, note Yann AGUILA, Guillaume FROGER, Julien GAYRAL et Yves RUTSCHMANN.

[3565] Cons. const., déc. n°2009-590 DC, 22 octobre 2009, Loi relative à la protection pénale de la propriété littéraire et artistique sur internet, cons. n°29 : Rec. p. 179 ; D. 2010, p. 1508, note Valérie BERNAUD et Laurence GAY ; Revue française de droit constitutionnel 2009, n°82, pp. 373-389, note Marc GUERRINI ; AJDA 2009, p. 2120, note Julien WOLIKOW ; Option finance 2009, n°1042, pp. 29-30, note Aurélie BONNET.

[3566] Cons. const., déc. n°2009-590 DC, 22 octobre 2009, Loi relative à la protection pénale de la propriété littéraire et artistique sur internet, cons. n°29 : préc.

[3567] BERNAUD Valérie et GAY Laurence, *Droit constitutionnel*, D. 2010, p. 1508.

[3568] Commentaire aux cahiers du Conseil constitutionnel sous la décision n°2013-685 DC du 29 décembre 2013, p. 37.

[3569] Cass. crim., 20 février 2001, n°98-84.846 : Dr. pén. 2001, comm. 86, obs. Michel VERON ; D. 2001, p. 3001, note Patrick WACHSMANN ; D. 2002, p. 1793, chron. Bertrand de Lamy ; JCP G 2002, p. 1357, note Céline Ruet.

que « compte tenu des conséquences ainsi attachées à la procédure de l'abus de droit fiscal, le législateur ne pouvait, sans méconnaître les exigences constitutionnelles précitées, retenir que seraient constitutifs d'un abus de droit les actes ayant 'pour motif principal' d'éluder ou d'atténuer les charges fiscales que l'intéressé aurait dû normalement supporter »[3570], le Conseil constitutionnel n'offre pas la faculté à son lecteur d'identifier avec certitude le fondement de sa censure. Il faut se résoudre à considérer qu'il est impossible d'identifier un but principal car une intention ne saurait être quantifiée. Si le fondement le plus sûr est le principe de légalité des délits et des peines qui exige une définition précise des éléments constitutifs d'une infraction, rien n'interdit de penser que le Conseil constitutionnel a forgé, par cette décision, un nouveau contrôle – fondé tant sur la précision de la définition de l'incrimination que sur son intelligibilité – dans l'optique de contrôler la précision du standard et de la marge d'appréciation qu'il offre aux destinataires de ce standard. Si tel est le cas, cette décision constitue la première pierre d'un contrôle visant à limiter la marge d'appréciation offerte aux destinataires de standards.

1121. Toutefois, le Conseil constitutionnel a implicitement précisé la portée de la décision n°2013-685 DC par la décision n°2016-744 DC du 29 décembre 2016[3571]. Dans cette dernière décision, il a jugé conforme aux exigences constitutionnelles la nouvelle rédaction de l'article 885 V bis du code général des impôts qui dispose que « Les revenus distribués à une société passible de l'impôt sur les sociétés contrôlée par le redevable sont réintégrés dans le calcul prévu au premier alinéa du présent I, si l'existence de cette société et le choix d'y recourir ont pour objet principal d'éluder tout ou partie de l'impôt de solidarité sur la fortune ». Le Conseil constitutionnel a donc jugé conforme à la Constitution un standard reposant sur l'« objet principal » d'une société laissant ainsi prospérer dans l'ordre juridique une qualification floue qu'il reviendra au juge de définir. Le juge civil de l'impôt sera chargé de donner un sens à ce texte qui lui offre une marge d'appréciation subjective. Cette solution apparaît justifiée par le fait que cette qualification ne se voit attacher aucune sanction : il s'agit d'une forme de droit de rectification discrétionnaire offert à l'administration fiscale qui n'est que faiblement encadré. Comment définir « l'objet principal » d'une société ? Aucune exégèse ne peut conférer à cette qualification un sens dont la précision est requise pour sa bonne application de cette disposition. Cette qualification juridique nous paraît contraire à l'exigence fondamentale de sécurité juridique qui est exigée dans l'ordre juridique européen.

3570 Conseil constitutionnel, déc. n°2013-685 DC, 29 décembre 2013, Loi de finances pour 2014, cons. n°118 : préc.

3571 Cons. const., déc. n°2016-744 DC, 29 décembre 2016, Loi de finances pour 2017, cons. n°11-26 : J.O. du 30 décembre 2016, texte n°5.

1122. Cette décision atteste que, dans l'ordre juridique interne, l'exigence de prévisibilité des standards est limitée aux seules sanctions. Cette solution est infiniment critiquable car l'exigence de prévisibilité ne saurait être limitée à la seule matière pénale – même entendue *lato sensu*. Dans ce champ, le Conseil constitutionnel parvient à ménager un équilibre entre l'adaptabilité du standard et la nécessaire sécurité juridique qui doit exister en matière d'appréciation des preuves. Cette décision consacre la « stabilité relative »[3572] que permet d'offrir le standard dans l'administration de la preuve. Le juge constitutionnel mesure si le législateur confère au juge une marge d'appréciation subjective qui heurte l'exigence de sécurité juridique dans l'administration de la preuve. De la sorte, le Conseil constitutionnel assure le contrôle d'une exigence de sécurité juridique fondée sur la prévisibilité des standards juridiques qui fondent des sanctions.

1123. Or, le juge pénal aurait pu constituer une source d'inspiration pour le Conseil constitutionnel. La Chambre criminelle s'est déjà illustrée, en se fondant sur l'article 7 de la Convention européenne des droits de l'homme, en la matière. Elle condamne, sur ce fondement, le fait, pour le juge pénal, de disposer d'une marge d'appréciation subjective. L'identification d'une « marge d'appréciation subjective » a été opérée par la Chambre criminelle de la Cour de cassation dans un arrêt du 20 février 2001[3573]. Elle vise l'imprévisibilité fondamentale qui affecte une disposition pénale[3574]. En l'espèce, comme elle déjà pu le faire[3575], la Cour de cassation mesure, ici, si le destinataire de la règle pénale, peut légitimement s'attendre à des poursuites pénales au regard de la précision de la norme litigieuse – il s'agit ici d'une infraction visant la publication de circonstances d'un crime ou d'un délit. Si, comme le relève Daniel GUTMANN, la Cour de cassation se fonde sur le « degré d'incertitude qui entoure la notion »[3576] pour la déclarer inconventionnelle, la Cour tend à exiger une prévisibilité dans l'application

---

[3572] Abd Al-Razzâq AL-SANHOURY avait démontré que le standard est un moyen de parvenir à une stabilité particulière : « La stabilité absolue des relations juridiques est donc un idéal qu'on ne pourra jamais atteindre ; on doit se contenter d'une stabilité relative. Et cette stabilité relative, on pourrait l'obtenir au moyen d'un système de standards et de sous-standards » (*Le standard juridique*, in, *Recueil d'études sur les sources du droit en l'honneur de François Gény*, tome 2, *Les sources générales des systèmes juridiques actuels*, Sirey, 1934, p. 144-156, spéc. p. 155).

[3573] Cass. crim., 20 février 2001, n°98-84.846 : préc.

[3574] La Chambre criminelle de la Cour de cassation juge dans cet arrêt du 20 février 2001, que l'article 38 alinéa 3 de la loi du 29 juillet 1881 – qui vise à interdire la publication de « tout ou partie des circonstances d'un des crimes et délits » – est contraire aux articles 6, 7 et 10 de la convention européenne des droits de l'Homme en raison de l'imprécision qui affecte cette disposition.

[3575] Cass. crim., 1er février 1990, n°89-80.673 : Bull. crim., n°56 ; RSC 1991, p. 555, note André VITU ; RTD com. 1991.330, note Pierre BOUZAT.

[3576] GUTMANN Daniel, *Réflexions comparatistes sur la constitutionnalité de la répression de l'abus de droit*, FR 56/08, p. 3.

de la règle pénale aux faits litigieux. *La prévisibilité du caractère répréhensible des faits devient ainsi la mesure du contrôle de la prévisibilité du droit.* Autrement dit, l'exigence fondamentale de sécurité juridique sera respectée lorsque le justiciable peut valablement prévoir que le fait est susceptible d'entrer dans le champ d'une qualification particulière. De la sorte, le juge ne peut, à la faveur d'une disposition légale, disposer d'une forme de marge subjective d'appréciation pour déterminer si un acte est ou non répréhensible.

1124. Le fait se voit donc, à la lumière de cette exigence, conférer une fonction quelque peu nouvelle. Il n'est plus uniquement considéré – dans la logique révélée par MOTULSKY – comme un moyen d'obtenir la reconnaissance juridictionnelle d'un droit mais devient l'outil d'une bonne application du droit. *Le fait devient, en somme, le vecteur d'une application prévisible du droit.* Ce lien particulier qui unit le droit et le fait doit encore être identifié en matière extra-pénale.

2/ L'exigence de prévisibilité de la preuve extra-pénale

1125. Le juge administratif n'a pas, à notre connaissance, posé de règle générale en matière de prévisibilité de la norme. Pourtant, il apparaît que le Conseil d'Etat pose une exigence de prévisibilité des qualifications jurisprudentielles qu'il forge. La théorie de l'acte anormal de gestion servira ici de fondement à cette démonstration.

1126. L'acte anormal de gestion[3577] est une théorie jurisprudentielle, fondée sur les articles 38 et 39 du Code général des impôts, forgée par le Conseil d'Etat qui a pour but d'écarter les charges anormales qu'un contribuable fait peser sur le résultat de son entreprise – qu'elle soit imposée dans la catégorie des bénéfices industriels et commerciaux (et donc de l'impôt sur les sociétés) que des bénéfices non commerciaux[3578]. Elle consiste à permettre à

[3577] Sur ce point : AYRAULT Ludovic, LAMARQUE Jean et NEGRIN Olivier, *Droit fiscal général*, Lexis-Nexis, 2e éd., 2014, pp. 578-581 ; COLLET Martin, *Droit fiscal*, PUF, Thémis droit, 6e éd., 2017, spéc. pp. 208-214 ; COZIAN Maurice et DEBOISSY Florence, *Précis de fiscalité des entreprises*, 40e éd., 2016-2017, pp. 118-120 ; COZIAN Maurice, *Les grands principes de la fiscalité des entreprises*, Litec, 4e éd., 1999, doc. 6 ; DAVID Cyrille, *L'acte anormal de gestion (comparaison fiscale Allemagne, France et Royaume-Uni)*, in, *Ecrits de fiscalité des entreprises : études à la mémoire du professeur Maurice Cozian*, Litec, 2009, pp. 239-261 ; DAVID Cyrille et alii, *Les grands arrêts de la jurisprudence fiscale*, 5e éd., 2009, n°31, pp. 596-618 ; DEBAT Olivier, *Droit fiscal des affaires*, Montchrestien, 3e éd., 2013, spéc. pp. 128-130 ; GUTMANN Daniel, *Droit fiscal des affaires*, 7e éd., 2016, pp. 383-407 ; LAMBERT Thierry, *Procédures fiscales*, LGDJ, 2e éd., 2015, pp. 313-324.

[3578] Pour une application récente de la théorie de l'acte anormal de gestion en matière de bénéfices non commerciaux relative aux renonciations à percevoir des recettes : Conseil d'Etat, Plén., 23 décembre 2013, n°350511, min. c/ Vidalenc et Conseil d'Etat, Plén., 23 décembre

l'administration fiscale de « refuser la déduction de certaines charges »[3579]. Cette théorie jurisprudentielle permet donc d'assurer – au-delà des intérêts du Trésor – « l'égalité de traitement fiscal des entreprises »[3580] afin d'éviter que certaines d'entre elles ne s'appauvrissent en réduisant, dans le même temps, leur résultat imposable. L'administration de la preuve de l'acte anormal de gestion est fondée sur un standard posé par la jurisprudence. Martin COLLET affirme, à juste titre, que l'administration de la preuve de l'acte anormal de gestion repose sur « Le critère de l'intérêt de l'entreprise [qui] est [un critère] éminemment subjectif »[3581] puisqu'elle est « dans une large mesure axée sur la recherche des intentions »[3582] du contribuable[3583].

1127. Il faut toutefois s'entendre sur l'étendue de la « subjectivité » retenue par la doctrine en matière d'administration de la preuve de l'acte anormal de gestion. Cette subjectivité s'entend ici du fait que la preuve repose sur le choix de gestion opéré par un contribuable. Ce constat ne conduit pas à modifier la nature de la preuve apportée : elle demeure, résolument « objective », c'est-à-dire fondée sur « des données objectives, susceptibles d'être constatées et mesurées, et non à des intentions subjectives, éphémères par leur nature et dont la preuve est toujours contestable »[3584]. Le critère de l'intérêt de l'entreprise permet au juge de l'impôt de prendre en compte le « lien objectif qui doit nécessairement exister entre l'acte de l'entreprise et la recherche du bénéfice »[3585] alors même qu'il vise à mesurer l'intention effective du dirigeant d'entreprise lorsqu'il adopte un acte de gestion.

1128. La définition même de l'acte anormal de gestion est de nature à offrir un cadre dans l'administration de la preuve de l'acte anormal de gestion. Car, si le juge recherche le mobile effectivement poursuivi par le contribuable, son exigence repose sur un standard de preuve élevé. En effet, le standard de preuve retenu par le juge est extrêmement favorable au contribuable puisque

---

2013, n°350075, min. c/ M. Uguen : Dr. fisc. 2014, n°14, comm. 252, concl. Vincent DAUMAS ; Dr. fisc. 2014, n°6, act. 86, note Pierre-Olivier SUR et Jérôme TUROT.

[3579] COLLET Martin, *Droit fiscal*, PUF, Thémis droit, 6e éd., 2017, p. 209.

[3580] *Op. cit.*, p. 208.

[3581] *Op. cit.*, p. 209.

[3582] COTTINI Marc, *La communauté d'intérêts en droit fiscal français, Contribution à l'étude de l'anormalité en matière de preuve fiscale*, Thèse de doctorat microfichée, Aix-Marseille 3, 1998, p. 439.

[3583] La qualification d'acte anormal de gestion requiert ainsi « une volonté délibérée » de la part du contribuable (FOUQUET Olivier, concl. sur Conseil d'Etat, 7e et 9e s.-s., 27 janvier 1989, n°61422 : Dr. fisc. 1989, n°25, comm. 1229).

[3584] LAVONDES, concl. sur Conseil d'Etat, 8e s.-s., 10 février 1965, n°59836, Sté Paris-Lyon-Confections, Dr. fisc. 1970, n°3 bis, comm. 36, pp. 47-48, spéc. p. 48.

[3585] SERLOOTEN Patrick, *Liberté de gestion et droit fiscal : la réalité et le renouvellement de l'encadrement de la liberté*, Droit fiscal 2007, n°12, 301, pp. 6-11.

– renforcé par la liberté des moyens de preuve requis[3586] – il exige que l'acte de gestion offre un avantage « hors de proportion » à un tiers par rapport à l'avantage qui en résulte pour l'entreprise. En ce sens, il ne pas faut que l'acte ait pas été adopté dans l'intérêt déterminant d'un tiers à l'entreprise. En soi, ce standard offre une certaine prévisibilité à la qualification d'acte anormal de gestion bien que tout acte de cette nature soit « nécessairement soumis à une part d'appréciation subjective »[3587].

1129. Sans pour autant exiger que l'acte soit exclusivement profitable au tiers, ce standard rapproche l'acte anormal de gestion de l'abus de droit dans l'exigence d'exclusivité de l'avantage conféré à un tiers[3588]. Ainsi, l'insécurité probatoire résulte moins de la nature subjective des éléments de fait – qui découle de la recherche de l'intention effective du contribuable – que de la prévisibilité de la qualification de l'anormalité et des éléments de faits qui sous-tendent cette qualification. En ce sens, le juge de l'impôt a posé des modalités d'administration de la preuve qui sont de nature à préserver une forme de prévisibilité de la qualification de l'acte anormal de gestion par le standard requis de la preuve qui repose sur une très haute exigence probatoire : l'anormalité ne sera démontrée que dans la mesure où l'avantage offert à un tiers est hors de proportion par rapport à l'avantage offert à l'entreprise[3589]. À

[3586] Les conclusions d'Emmanuel GLASER dans l'affaire Genestar (Conseil d'Etat, 3e et 8e s.-s., 24 mai 2006, n°274471, Genestar : Dr. fisc. 2006, n°43, comm. 688 ; Dr. fisc. 2006, n°48, comm.746, conclusions d'Emmanuel GLASER ; RJF 8-9/06 n°999) atteste ainsi que le contribuable apporte la preuve de l'absence d'acte anormal de gestion, notamment, par un article de presse.

[3587] BURGUBURU Julie, *Acte anormal de gestion : Le juge prend-il trop de risques ?*, RJF 04/08, pp. 331-336. Ce même auteur ajoute, au sein de ce même article que « La définition de l'acte anormal de gestion n'est toutefois pas définitivement réglée par le critère de l'intérêt de l'exploitation, compte tenu de la part de subjectivité qui subsiste dans ce critère ».

[3588] Dans l'affaire Musel SPB et Brunner, le commissaire du gouvernement Olivier FOUQUET a défini l'acte anormal de gestion comme « celui qui est accompli dans l'intérêt d'un tiers par rapport à l'entreprise ou qui n'apporte à cette entreprise qu'un intérêt minime hors de proportion avec l'avantage que le tiers peut en retirer (…) [ainsi,] la simple circonstance qu'une opération effectuée par une entreprise ou une société comporte un avantage même appréciable pour un tiers, ne suffit pas à rendre cette opération anormale » (Dr. fisc. 1993, n°27, comm. 1392 ; RJF 8-9/92, n°1249, concl. p. 673). Cette définition de l'acte anormal de gestion était déjà présente dans les conclusions de Pierre-François RACINE prononcées à l'occasion de la décision SA Renfort-Service : « un acte anormal de gestion est celui qui est accompli dans l'intérêt d'un tiers par rapport à l'entreprise ou qui n'apporte à cette entreprise qu'un intérêt minime hors de proportion avec l'avantage que le tiers peut en retirer » (Dr. fisc. 1985, n°11, comm. 596 ; RJF 10/84, p. 562). Ces définitions s'accordent également avec celle retenue par le commissaire du Gouvernement POUSSIERE qui avait relevé que l'acte anormal de gestion est « celui qui met une dépense ou une perte à la charge de l'entreprise, ou qui prive cette dernière d'une recette, sans que l'acte soit justifié par les intérêts de l'exploitation commerciale » (concl. sur Conseil d'Etat, 5 janvier 1965, n°62099 : Dr. fisc. 1970, n°3 bis, p. 23).

[3589] Les conclusions d'Olivier FOUQUET sur l'affaire Musel SPB et Brunner reflètent, à notre sens, la recherche particulière de sécurité dans l'administration de la preuve de l'intention du contribuable. Dans cette affaire, le Conseil d'Etat doit trancher le cas où l'avantage effectif qui

notre sens, ce standard de preuve exigé par le juge administratif de l'impôt confère, en-soi, une forme de sécurité minimale dans l'administration de la preuve puisque le justiciable se voit offrir l'assurance que le juge ne pourra reconnaître un acte anormal de gestion que dans le cas où la preuve de l'avantage conférée à un tiers est déterminant au regard de l'avantage apportée pour l'exploitation.

1130. Pour renforcer cette exigence de prévisibilité de la qualification d'acte anormal de gestion, Martin COLLET prône un « retour à l'anormal »[3590] qui devrait conduire le juge de l'impôt à se fonder davantage sur les *usages* pour déterminer la normalité d'un acte de gestion[3591]. L'usage permettrait de rendre plus *objectif* l'administration de la preuve de l'acte anormal de gestion[3592]. En effet, l'acte anormal de gestion ne repose plus alors seulement sur l'acte du contribuable mais sur la comparaison de cet acte avec d'autres actes généralement réalisés par d'autres contribuables placés dans une situation analogue. Toutefois, cette solution qui repose sur l'usage comporte

---

résulte du paiement par une société des primes d'une assurance vie dont les bénéficiaires ne sont pas déterminables *a priori*, dès lors que le bénéfice de cette assurance vie peut revenir tant à la banque – qui offre au l'entreprise une ligne de découvert – qu'aux héritiers du gérant de l'entreprise dans le cas où aucun découvert n'est constaté au jour du décès de l'exploitant. Face à cette incertitude, Olivier FOUQUET estime que « Dans l'impossibilité de trouver une solution satisfaisante et alors qu'un tel mécanisme est nécessaire à la vie des entreprises [qu'il est nécessaire] d'admettre la déductibilité de l'intégralité de la prime versée par la société » (FOUQUET Olivier, concl. sur Conseil d'Etat, Sect., 10 juillet 1992, n°110213, Musel SPB : Dr. fisc. 1993, n° 27, comm. 1392, RJF 8-9/92, n°1249, concl. Olivier FOUQUET, p. 673). En l'espèce, l'incertitude quant au destinataire résultant de ce contrat d'assurance vie conduit le Conseil d'Etat à juger que l'incertitude doit profiter au contribuable dans la mesure où le contrat est nécessaire à la survie de l'entreprise. En l'espèce, l'impossibilité de prouver le destinataire effectif d'un contrat conduit à reconnaître que ce contrat a été conclu dans l'intérêt de l'entreprise. Cette solution a été confirmée par la suite sous la forme d'un standard protecteur de l'appréciation de l'avantage offert par un acte de gestion à un tiers : le Conseil d'Etat juge qu'un avantage « même appréciable » peut être offert à un ou plusieurs tiers sans pour autant constituer un acte anormal de gestion.

3590 COLLET Martin, *Contrôle des actes de gestion : pour un retour à l'anormal*, Dr. fisc. 2003, n°14, pp. 536-541.

3591 Martin COLLET propose ainsi de « s'en tenir à l'idée selon laquelle l'acte anormal de gestion peut très bien s'apprécier au regard non pas d'une norme (selon laquelle l'acte de gestion doit être conforme à l'intérêt de l'entreprise) mais par rapport à la normale, c'est-à-dire aux usages de la profession ou aux usages des contribuables placés dans des situations comparables ? » (*Contrôle des actes de gestion : pour un retour à l'anormal*, Dr. fisc. 2003, n°14, p. 536).

3592 Patrick SERLOOTEN relève aussi qu'en se fondant sur le critère de la normalité l'analyse devient « plus objecti[ve] puisqu'il ne s'agit que de comparer des comportements. Celui du contribuable avec le comportement moyen. L'analyse ne porte donc que sur des faits, critère matériel et non sur des intentions, voire sur une appréciation morale. La question n'est plus de savoir si une entreprise a bien ou mal agi mais si le comportement qu'elle a adopté est commun ou non » (*Liberté de gestion et droit fiscal : la réalité et le renouvellement de l'encadrement de la liberté*, Droit fiscal 2007, n°12, 301).

d'importantes limites[3593]. Le standard d'un secteur économique donné ne peut devenir un plancher imposé aux entreprises qui se verraient contraintes de le respecter[3594]. De ce fait, l'usage ne peut disposer que d'une place secondaire en matière d'anormalité de l'acte de gestion en raison de son caractère relatif. En outre, l'usage est de nature à faire naître une véritable incertitude pour les contribuables : comment un contribuable pourrait-il effectivement savoir si l'acte qu'il entreprend est effectivement *normal* au regard des pratiques du secteur économique dans lequel il évolue ? Enfin, l'administration fiscale bénéficierait d'une faculté de modifier, par son contrôle, la normalité d'un secteur économique donné en qualifiant d'anormal les actes de gestion les plus attentatoires aux intérêts du Trésor. Ainsi, la normalité serait à la merci du contrôle – subjectivement choisi – de l'administration fiscale. En définitive, le caractère objectif des usages fait défaut et risquerait d'entraîner une subjectivité plus grande encore dans la qualification de l'acte anormal de gestion.

1131. En revanche, la recherche d'une forme de prévisibilité de la qualification juridique s'est manifestée, chez le juge administratif en matière de risque excessif[3595]. Cette seconde branche de l'acte anormal de gestion – à côté de celle reposant sur l'intérêt de l'entreprise – est fondée sur la prise de risque manifestement excessive d'un contribuable. Cette jurisprudence présente un intérêt particulier du point de vue de l'étude des standards. Il y a lieu de distinguer, en cette matière, deux courants jurisprudentiels, le premier fondé sur la carence manifeste du contrôle et le second fondé sur le risque manifeste. Seul ce dernier courant nous intéresse ici[3596]. Le Conseil d'Etat est,

---

3593 BURGUBURU Julie, *Acte anormal de gestion : Le juge prend-il trop de risques ?*, RJF 04/08, pp. 331-336.

3594 Conseil d'Etat, 9e et 10e s.-s., 23 janvier 2015, n°369214, SAS Rottapharm : Dr. fisc. 2015, n°16, comm. 268, concl. Marie-Astrid NICOLAZO DE BARMON, note Alice DE MASSIAC et Raphaël BAGDASSARIAN ; RJF 04/15, n°300 (Dans cette affaire, l'administration fiscale avait cru bon qualifier d'anormal « la prise en charge par la société des frais de promotion de ce produit pour une part excédant 12 % du chiffre d'affaires imputable à ce médicament, soit le taux moyen des frais de promotion des entreprises du secteur pharmaceutique, ne relevait pas d'une gestion commerciale normale »).

3595 Sur ce point : BURGUBURU Julie, *Acte anormal de gestion : Le juge prend-il trop de risques ?*, RJF 04/08, pp. 331-336 ; FOUQUET Olivier, *Acte anormal de gestion résultant de la prise d'un risque manifestement excessif : quelles limites ?*, FR 2012, inf. 19 ; RAQUIN Cécile, *L'évaluation du risque pris par les entreprises conduit-elle l'administration à s'immiscer dans leur gestion ?*, RJF 07/11, p. 699 ; SERLOOTEN Patrick, *Droit fiscal des affaires*, Dalloz, Précis, 15e éd., 2016/2017, spéc. n°59-61.

3596 La jurisprudence relative à la « carence manifeste du contrôle » repose sur un critère : celui de la négligence coupable du dirigeant d'entreprise qui prend des risques inconsidérés en ne réalisant pas les contrôles de l'activité de ses préposés. Le Conseil d'Etat se fonde ainsi sur le « comportement délibéré ou [la] carence manifeste des dirigeants » (Conseil d'Etat, 8e et 3e s.-s., 5 octobre 2007, n°291049, Sté Alcatel CIT : RJF 12/07, n°1381, concl. Nathalie ESCAUT, BDCF 12/07, n°137 ; Revue administrative 2008, n°361, p. 38, obs. Olivier FOUQUET) dans les contrôles internes de l'entreprise. Le Conseil d'Etat estime que, dans de telles situations, les

dans ce cas, confronté à la nécessité de mesurer la normalité d'une prise de risque d'un dirigeant d'entreprise. À première vue, le Conseil d'Etat fonde uniquement la qualification de risque excessif sur le caractère excessif de l'acte litigieux : cette qualification en devient tautologique puisque le risque excessif n'est identifié que par lui-même, c'est-à-dire par le caractère excessif du risque pris par l'entreprise[3597]. Or, cette recherche entre en conflit avec la nécessité, pour une entreprise, de prendre des risques pour améliorer ses résultats. En ce sens, la prise de risque est inhérente à toute activité entrepreneuriale. La prise de risque excessive constitue donc, à première vue, une limite à la libre gestion contradictoire avec la nature des activités économiques.

1132. Le Conseil d'Etat a fait usage d'un standard reposant sur le risque « manifestement excessif »[3598]. À première vue, cette solution est critiquable en raison de l'absence de véritable critère permettant de délimiter le caractère excessif du risque. Il existe, en effet, une forme de tautologie dans le concept même de risque excessif : le juge interdit le risque qui est trop risqué. Le Conseil d'Etat a tout de même rajouté un garde-fou dans la délimitation du risque excessif. Ce garde-fou réside dans l'affirmation d'un standard : celui du caractère « manifeste » du risque excessif. Un tel standard permet de préserver une forme de prévisibilité de la qualification du risque excessif puisque cette théorie est réservée « à des situations exceptionnelles »[3599] qui « doit quasiment demeurer, dans l'esprit de l'administration, d'un maniement

---

« agissements délictueux ne peuvent être regardés comme ayant été commis à l'insu du dirigeant de l'entreprise » (Conseil d'Etat, 8e et 3e s.-s., 27 avril 2011, n°319472, Ferrand : RJF 07/11, n°806 avec chronique Cécile RAQUIN, p. 699, concl. Laurent OLLEON, BDCF 07/11, n°84) puisque dans ce cas, le Conseil d'Etat estime que les « dirigeants [ont] sciemment accepté une telle prise de risque par une absence totale d'encadrement et de contrôle de l'activité du salarié » (Conseil d'Etat, Avis de la Section des Finances, 24 mai 2011, n°358088 : RJF 8-9/12, n°800, obs. Olivier FOUQUET, FR 31/12, inf. 19).

[3597] Ce caractère tautologique qui s'attache au risque excessif peut être perçu au travers des propos de Cécile RAQUIN qui expose qu'« En vertu de la théorie du risque excessif, chaque fois que l'opération comporte un aléa, l'administration fiscale et le juge des impôts apprécient le risque pris par l'entreprise dans son principe et dans son ampleur pour déterminer s'il est excessif ou normal, le risque étant évidemment inhérent à la vie de l'entreprise » (RAQUIN Cécile, L'évaluation du risque pris par les entreprises conduit-elle l'administration à s'immiscer dans leur gestion ?, RJF 07/11, p. 699). Il découle de ces propos que le risque excessif ne peut être identifié qu'au travers du caractère excessif du risque. Cette identification est donc rendue particulièrement difficile par la définition donnée à ce critère.

[3598] Il est intéressant de relever que ce standard fondé sur le caractère « manifeste » de la prise excessive de risque a été forgée par le Conseil d'Etat dès les premières décisions relatives à cette théorie (Conseil d'Etat, 9e et 8e s.-s., 28 septembre 1983, n°34626 : RJF 11/83, n°1284 ; Conseil d'Etat, 7e et 8e s.-s., 17 octobre 1990, n°83310, Loiseau : préc.).

[3599] DEBOISSY Florence, *Prise de risque excessif et acte anormal de gestion*, Dr. fisc. 2015, n°23, comm. 386, pp. 82-86. Elle poursuit en affirmant que « ce sont les conséquences d'une gestion délibérément kamikaze et suicidaire que les juges entendent sanctionner, et non les conséquences d'une gestion hasardeuse, aventureuse, voire téméraire ».

excessivement risqué »[3600]. Par ce standard le juge a tenté d'offrir une source minimale de prévisibilité à la qualification de risque excessif : il joue le rôle de garde-fou dans l'appréciation des juges du fond en exigeant que le caractère excessif du risque relève de l'évidence[3601]. Les faits qui relèvent du risque excessif se voient ainsi appréhendés sous un prisme particulièrement étroit afin de limiter l'expansion de cette qualification aux cas les plus flagrants. Or, un tel critère est en lui-même tautologique : le Conseil d'Etat prohibe le risque manifestement excessif dans la mesure où il est, lui-même, excessif.

1133. Le Conseil d'Etat a, récemment, condamné la théorie du risque excessif par une décision du 13 juillet 2016[3602]. Le Conseil d'Etat a jugé qu' « Indépendamment du cas de détournements de fonds rendus possibles par le comportement délibéré ou la carence manifeste des dirigeants, il n'appartient pas à l'administration, dans ce cadre, de se prononcer sur l'opportunité des choix de gestion opérés par l'entreprise et notamment pas sur l'ampleur des risques pris par elle pour améliorer ses résultats ». Bien que le Conseil d'Etat n'ait pas ainsi condamné le risque excessif qui découle des détournements de fonds rendus possibles à la faveur de l'inertie d'un contribuable, il est ici condamné l'acte anormal de gestion fondé sur la prise de risque excessive du contribuable. En jugeant ainsi, le Conseil d'Etat condamne, au nom de la sécurité juridique, un standard qui ne peut être fondé que sur une marge d'appréciation subjective. Le défaut absolu de prévisibilité de cette qualification constitue un vice fondamental qui la condamne. En ce sens, il peut apparaître que le juge administratif condamne la marge d'appréciation subjective offerte par cette qualification dont l'application ne peut être que casuistique[3603]. De la sorte, le Conseil d'Etat condamne, implicitement, une jurisprudence qui n'offre pas une garantie suffisante de la prévisibilité de son application. En ce sens, le juge administratif de l'impôt démontre qu'il est également le gardien de la prévisibilité de ses propres interprétations jurisprudentielles.

3600 OLLEON Laurent, concl. sur Conseil d'Etat, 8e et 3e s.-s., 27 avril 2011, n°327764, Sté Legeps, Dr. fisc. 2011, n° 25, comm. 399 ; RJF 07/11, n°783 ; BDCF 07/11, n°81.

3601 Julie BURGUBURU estime que l'adverbe manifestement doit conduire à ne condamner que « certains cas extrêmes » (*Acte anormal de gestion : Le juge prend-il trop de risques ?*, RJF 04/08, pp. 331-336).

3602 Conseil d'Etat, Sect., 13 juillet 2016, n°375801, SA Monte Paschi Banque : Dr. fisc. 2016, n°36, comm. 464, concl. Emilie BOGDAM-TOGNETTI, note Olivier FOUQUET ; Dr. fisc. 2016, n°36, act. 489, Aperçu rapide par Philippe DURAND et Marien SERAILLE ; Dr. fisc. 2016, n°47, 598, ét. Anne-Charlène BEZZINA.

3603 Le rapporteur public Emilie BOKDAM-TOGNETTI souligne ainsi dans ses conclusions que « l'appréciation du caractère trop insuffisant de la contrepartie attendue compte tenu de son incertitude nous semblent un exercice difficile, qui se résout souvent, de manière cachée et non avouée, par le recours très contestable à des constats ex post de l'échec du coup de poker joué » (concl. sur Conseil d'Etat, Sect., 13 juillet 2016, n°375801, SA Monte Paschi Banque, Dr. fisc. 2016, n°36, comm. 464).

1134. Sous ce jour, il apparaît que la prévisibilité de la qualification d'un fait peut devenir un outil d'identification de la prévisibilité de la règle de droit. L'impossibilité, pour un justiciable, de savoir si son comportement contrevient ou non à une règle de droit condamne, *de facto*, cette règle de droit au nom de la sécurité juridique. Or, cette exigence de prévisibilité se manifeste également en matière de preuve.

B/ La nécessaire prévisibilité de la preuve

1135. L'exigence de prévisibilité de la preuve s'explique par le fait que l'établissement d'une preuve ne doit pas avoir pour effet de surprendre le justiciable. Il doit donc exister une prévisibilité entre le fait et la règle de droit. Cela tend à indiquer que la prévisibilité d'une règle se manifeste par la prise en compte de la perception du destinataire de la norme. Cette prise en compte croissante de la perception du droit par les contribuables est perceptible en matière fiscale.

1136. En ce sens, la Cour de justice de l'Union européenne a neutralisé l'effet de normes européennes qui affectent la sécurité juridique en raison de l'imprévisibilité de la règle de droit. Elle juge que les obligations fiscales des contribuables sont neutralisées lorsque les contribuables ne sont pas en mesure de connaître avec exactitude l'étendue de leurs obligations fiscales[3604]. La Cour a, dans sa jurisprudence relative à la matière fiscale, imposé une exigence forte de prévisibilité de la norme fiscale.

1137. La manifestation la plus éclatante de cette exigence de prévisibilité est intervenue dans la jurisprudence de la Cour européenne des droits de l'Homme. L'arrêt Association Les Témoins de Jéhovah c/ France du 30 juin

---

[3604] La Cour de justice des communautés européennes a jugé ainsi en matière douanière. Elle recherche si le droit applicable est suffisamment prévisible pour être appliqué par les contribuables (CJCE, 9 juillet 1981, n°169-80, SA Gondrand Frères et SA Garancini, § 17 : Rec. p. 1931). Elle juge que l'exigence de sécurité juridique est méconnue par une disposition entrée en vigueur postérieurement à l'opération litigieuse (CJCE, 22 février 1989, n°92/87 et 93/87, Commission/France et Royaume-Uni, pt. 22 et 23 : Rec. p. 40) et elle vérifie « si les justiciables [sont] en mesure de connaître avec exactitude leur situation juridique » (CJCE, 22 février 1989, n°92/87 et 93/87, Commission/France et Royaume-Uni, pt. 31 : préc).

2011[3605] est, à cet égard, une illustration de la mutation de la place du fait et de la preuve dans l'exigence de sécurité juridique[3606].

1138. En l'espèce, l'association Les Témoins de Jéhovah est une association qui suit le régime de la loi du 1er juillet 1901. À ce titre, elle perçoit, comme la loi l'y autorise[3607], des dons manuels de la part de ses adeptes. Le régime fiscal des dons manuels est prévu à l'article 757 du Code général des impôts prévoit, notamment, que le don manuel est imposable en cas de révélation du don à l'administration fiscale[3608]. À l'occasion d'un contrôle fiscal de l'Association – diligentée à la suite d'une volonté politique de frapper, par la voie fiscale, les mouvements sectaires[3609] – l'administration fiscale, suivi ensuite par le juge civil de l'impôt[3610], a entendu soumettre aux droits de mutation les dons manuels perçus par l'Association en estimant que la présentation de sa comptabilité par l'association était de nature à créer une révélation du don. Or, comme le relève la Cour de Strasbourg, aucune association n'avait été soumise à cette imposition antérieurement au contrôle et le droit ne prévoyait pas précisément la faculté d'imposer des associations à raison de la perception de dons manuels[3611].

[3605] CEDH, 30 juin 2011, n°8916/05, Association Les Témoins de Jéhovah c/ France : Journal du droit international (Clunet) 2012, n°3, chron. 6, chron. Emmanuel DECAUX ; RTD Civ. 2012, p. 702, note Jean-Pierre MARGUENAUD ; Dr. fisc. 2012, n°51-52, comm. 570, note Florence DEBOISSY et Guillaume WICKER ; JCP G 2011, n°29-34, 873, note Gérard GONZALEZ ; JCP G 2011, n°36, 943, note Gérard GONZALEZ ; RJF 10/11, p. 913, étude Bernard HATOUX ; Dr. fisc. 2011, n°44, comm. 577, note Frédéric DIEU.

[3606] Cette solution a été réitérée par la Cour européenne des droits de l'homme dans trois autres arrêts : CEDH, 31 janvier 2013, n°50471/07, Association Cultuelle du Temple Pyramide c/ France, § 39 ; CEDH, 31 janvier 2013, n°50615/07, Association des Chevaliers du Lotus d'Or c/ France, § 38 ; CEDH, 31 janvier 2013, n°25502/07, Eglise Evangélique Missionnaire et Salaûn c/ France, § 28.

[3607] La loi n°87-571 du 23 juillet 1987 (J.O. du 24 juillet 1987, p. 8255) a modifié l'article 6 de la loi du 1er juillet 1901 qui dispose que « Toute association régulièrement déclarée peut, sans aucune autorisation spéciale, (...) recevoir des dons manuels ».

[3608] Cette règle a été établie par le II de l'article 15 de la loi de finances pour 1992 (J.O. du 31 décembre 1991, p. 17225).

[3609] Au début de son arrêt, la Cour européenne des droits de l'homme prend soin de relever que le contrôle a été mené dans le cadre d'une lutte globale menée à l'encontre des mouvements sectaires (CEDH, 30 juin 2011, n°8916/05, Association Les Témoins de Jéhovah c/ France, §§ 9-10).

[3610] Cass. com., 5 octobre 2004, n°03-15.709, Association Les Témoins de Jéhovah : Bull. civ. IV, n°178 ; Dr. fisc. 2004, n°50, comm. 883 ; RJF 02/05, n°190.

[3611] La Cour estime qu'en l'état du droit français, « il était admis que l'article 757 concernait uniquement les personnes physiques et non les personnes morales telles que les associations » (CEDH, 30 juin 2011, n°8916/05, Association Les Témoins de Jéhovah c/ France, § 38).

1139. La Cour estime, en l'espèce, que l'incertitude qui entourait la faculté d'imposer[3612] et l'affirmation selon laquelle la présentation de la comptabilité par une personne morale constituait la révélation d'un don manuel a privé le contribuable d'une loi au sens de l'article 9,2 de la Convention européenne des droits de l'Homme – qui exige que les limites à la libre manifestation de sa religion soient prévues par la loi[3613]. Elle juge en l'espèce que l'« interprétation de la disposition litigieuse était difficilement prévisible pour l'association requérante dans la mesure où jusqu'alors les dons manuels échappaient à toute obligation de déclaration et n'étaient pas systématiquement soumis aux droits de mutation à titre gratuit (…) [et que] la notion de révélation telle qu'interprétée en l'espèce a fait dépendre la taxation des dons manuels de la réalisation du contrôle fiscal, ce qui implique nécessairement une part d'aléa et donc une imprévisibilité dans l'application de la loi fiscale »[3614]. Ce qui est ici condamné par la Cour européenne des droits de l'homme, c'est l'imprévisibilité des faits de la cause – la présentation de la comptabilité par l'association – au regard de la disposition légale en cause – l'article 757 du Code général des impôts prévoyant la révélation comme un fait générateur de l'imposition. *La proposition de fait avancée par l'administration fiscale ne pouvait constituer une preuve puisque la proposition de fait doit, pour devenir preuve, offrir une prévisibilité de l'applicabilité du droit à cet ensemble de faits.* Or, cette prévisibilité de l'application du droit au fait repose sur une conception subjective du droit car le juge se fonde sur la perception effective des justiciables de la règle de droit[3615]. Dès lors que le contribuable ne pouvait raisonnablement s'attendre à ce que la présentation de sa comptabilité soit considérée comme une révélation au sens de l'article 757, le défaut de prévisibilité de cette interprétation a affecté la garantie de légalité présente à l'article 9 de la Convention européenne des droits de l'Homme.

[3612] Frédéric DIEU relève ainsi que « jusqu'en 1995, l'administration fiscale n'avait jamais clairement manifesté son intention d'appliquer cet article aux associations « loi 1901 » ; en revanche, elle ne l'avait pas non plus clairement exclu » (*L'imprévisibilité de l'application de la loi fiscale sanctionnée par la CEDH, La fin d'une politique fiscale « antisectes » ?,* Droit fiscal 2011, n°44, comm. 577, pp. 66-96).

[3613] L'article 9,2 de la Convention européenne des droits de l'homme dispose que « La liberté de manifester sa religion ou ses convictions ne peut faire l'objet d'autres restrictions que celles qui, prévues par la loi, constituent des mesures nécessaires, dans une société démocratique, à la sécurité publique, à la protection de l'ordre, de la santé ou de la morale publiques, ou à la protection des droits et libertés d'autrui ».

[3614] CEDH, 30 juin 2011, n°8916/05, Association Les Témoins de Jéhovah c/ France, § 70.

[3615] Frédéric DIEU relève, fort justement, que « la conception subjective qui prévalait, tant au sein de la doctrine juridique qu'au sein de la doctrine administrative elle-même, de la notion de « révélation » (…) consistait à ne justifier l'imposition que dans le cas où le donataire avait expressément et spontanément reconnu devant l'administration fiscale la perception d'un don manuel » (*L'imprévisibilité de l'application de la loi fiscale sanctionnée par la CEDH, La fin d'une politique fiscale « antisectes » ?,* Droit fiscal 2011, n°44, comm. 577, pp. 66-96).

1140. En l'espèce, l'exigence de sécurité juridique est mesurée à l'aune de la prévisibilité d'une proposition de preuve – la présentation de sa comptabilité lors d'un contrôle – au regard de la qualification juridique – la révélation d'un don manuel. Dès lors que cette proposition de preuve ne présentait aucune prévisibilité pour le contribuable, car il ne pouvait s'attendre à ce que ces faits constituent une révélation, il n'a pas bénéficié des garanties légales requises par l'article 9 de la Convention européenne des droits de l'homme. Le juge ne pouvait donc, en l'absence de toute prévisibilité de cette preuve, qualifier de révélation la présentation de la comptabilité par le contribuable[3616].

1141. Cette solution peut être étendue en dehors du champ de l'article 9 de la Convention européenne des droits de l'homme garantissant la liberté religieuse qui est très éloigné de la matière fiscale. L'exigence particulière de légalité est, en effet, requise sur le fondement de l'article premier du premier protocole additionnel à la convention européenne des droits de l'homme. En ce sens, les lois fiscales doivent respecter l'exigence de légalité et donc de prévisibilité dans leur application. La Cour européenne des droits de l'homme a jugé, dans une affaire Hentrich c/ France[3617], l'usage du droit de préemption de l'administration fiscale de l'article 668 du Code général des impôts, contraire à la prévisibilité requise par l'article premier du premier protocole additionnel à la Convention européenne des droits de l'homme[3618]. Si cette décision n'offre pas de lien avec la preuve, elle démontre que l'article premier du premier protocole additionnel à la Convention européenne des droits de l'homme est de nature à offrir aux contribuables une sécurité juridique dans les propositions de fait susceptibles de devenir des preuves. Une proposition de fait ne peut constituer, en matière fiscale, une preuve si cette preuve n'était aucunement prévisible pour le contribuable.

1142. En ce sens, l'article 885 V bis du code général des impôts – qui pose la faculté pour le fisc de se fonder sur « l'objet principal » poursuivi par un contribuable – pourrait bien être confronté à l'exigence de sécurité juridique qui est garantie à l'article premier du premier protocole additionnel à la Convention européenne des droits de l'Homme. Le législateur – avec l'appui du Conseil constitutionnel – n'a-t-il pas offert au fisc une *marge*

[3616] La Cour de cassation a, depuis, opéré un revirement de jurisprudence : Cass. com. 15 janvier 2013 n°12-11.642, DSF d'Ille-et-Vilaine c/ Association l'Arche de Marie : RJF 04/13, n°438, concl. Anne-Marie BATUT, BDCF 04/13, n°48.

[3617] CEDH, 22 septembre 1994, n°13616/88, Hentrich c/ France. V° sur cet arrêt : DAVID Cyril, et alii, *Les grands arrêts de la jurisprudence fiscale*, 2009, pp. 102-103.

[3618] CEDH, 22 septembre 1994, n°13616/88, Hentrich c/ France, § 42 : « la mesure de préemption a joué de manière arbitraire, sélective et guère prévisible, et n'a pas offert les garanties procédurales élémentaires : en particulier, tel qu'interprété jusqu'alors par la Cour de cassation et tel qu'appliqué à la requérante, l'article 668 du code général des impôts ne satisfaisait pas suffisamment aux exigences de précision et de prévisibilité qu'implique la notion de loi au sens de la Convention ».

d'appréciation subjective heurtant l'exigence de sécurité juridique ? À notre sens, une telle disposition heurte cette exigence car aucune source consultable par le contribuable ne peut lui permettre de saisir si sa situation de fait entre ou non dans le champ de cette disposition légale.

1143. Conclusion de la Sous-Section I. – À la croisée des jurisprudences internes, européennes et internationales, émerge une exigence de prévisibilité de la norme juridique à une situation de fait. La Cour européenne des droits de l'Homme exige clairement que la norme interne offre la faculté aux justiciables de prévoir l'applicabilité d'une norme à un comportement donné[3619]. Cette exigence conduit à renverser la figure du syllogisme en imposant une prévisibilité du fait qui entre dans le champ d'une qualification donnée. Autrement dit, c'est la prévisibilité d'un fait – susceptible de correspondre à une règle de droit – qui permet de juger du respect par une norme juridique de l'exigence de prévisibilité. Le fait devient ainsi la mesure du droit, l'appréciation prenant le pas sur la qualification, pour s'assurer que la règle de droit respecte l'exigence essentielle de sécurité juridique.

1144. À cet égard, un pénaliste a pu écrire qu'en matière pénale, « la situation concrète n'est infractionnelle, que si elle correspond à une prévision certaine de la règle abstraite »[3620]. Or, une telle exigence apparaît bien plus large tant elle dépasse le champ de la matière pénale. Une telle exigence s'impose, nécessairement, à l'appréciation du juge et à l'administration de la preuve puisqu'elle implique que le processus de sélection des faits – susceptibles de devenir preuves – intègre une logique de prévisibilité pour les destinataires de la norme. En effet, la proposition de preuve – entendue comme une série de faits proposée par une partie pour la démonstration de son allégation – ne peut être retenue par le juge que si cette proposition de preuve respecte une exigence fondamentale de sécurité juridique. Le juge doit veiller, par son appréciation, à ne pas méconnaître la prévisibilité de l'application d'une règle de droit à une situation factuelle qui n'aurait pu être prévue par un justiciable normalement diligent. La preuve établie par un juge ne peut ainsi méconnaître l'exigence fondamentale de prévisibilité qui doit unir le fait et le droit dans l'esprit du justiciable.

[3619] La Cour européenne des droits de l'homme pose, en matière de loi, que le justiciable doit pouvoir « prévoir, à un degré raisonnable dans les circonstances de la cause, les conséquences de nature à dériver d'un acte déterminé » (CEDH, 26 avril 1979, n°6538/74, Sunday Times c/ Royaume-Uni : Série A n°30, § 49) ; elle exige, en matière de « droit » pénal que « l'individu [puisse] savoir, à partir du libellé de la clause pertinente, et au besoin, à l'aide de son interprétation par les tribunaux, quels actes ou omissions engagent sa responsabilité » (CEDH, 25 mai 1993, n°14307/88, Kokkinakis c/ Grèce, § 52 : série A n°260-A, p. 22).

[3620] GIUDICELLI André, *Le principe de la légalité en droit pénal français, Aspects légistiques et jurisprudentiels*, RSC 2007, n°3, pp. 509-525.

1145. Cette exigence de prévisibilité de la norme fiscale conduit à enrichir l'étude des rapports entre le droit et le fait. À la lumière de ces solutions, les bornes entre le fait et le droit, l'interprétation et l'appréciation se brouillent. Il est, en effet, nécessaire que les règles juridiques soient interprétées dans un sens qui permette d'offrir une prévisibilité raisonnable aux justiciables. Une telle nécessité conduit à rendre prévisible l'appréciation tout autant que la qualification : un fait doit être raisonnablement gouverné par une règle de droit dans une optique de prévisibilité de l'application du droit au fait. En somme, la prévisibilité du fait devient la mesure de l'applicabilité du droit : la loi ne sera loi au sens de la Convention européenne que si son application pourra être raisonnablement prévue par un justiciable au regard de sa situation factuelle.

1146. Une nouvelle fonction peut, dès lors, être conférée au fait : celle d'offrir la mesure de l'application de la règle de droit dans le respect du principe de sécurité juridique.

1147. Or, l'exigence de sécurité juridique impose également dans la nécessaire prise en compte de l'éloignement temporel d'un fait dont la preuve est débattue.

Sous-Section II. – La nécessaire prise en compte de l'éloignement temporel de la preuve administrée

1148. Le temps occupe une place particulière en matière de preuve. L'établissement de la réalité factuelle exige d'établir des faits passés dont l'éloignement peut constituer un facteur d'aggravation de la charge probatoire et même un rempart pour l'établissement d'un fait.

1149. À ce titre, la manifestation la plus ordinaire de la prise en compte de l'éloignement temporel des faits est constituée par les règles de prescription[3621]. Elle s'entend en droit fiscal de l'« Extinction du droit d'exiger l'impôt du contribuable après un certain délai »[3622]. Au-delà de cette matière,

---

[3621] Sur ce point : COLLIN Alexis, *Pour une conception renouvelée de la prescription*, Thèse de doctorat, Paris 11, Defrénois, 2008 ; DURAND-GIRARD Valérie, *La prescription en droit civil : essai d'une théorie unitaire*, Thèse de doctorat dact., Versailles-St Quentin en Yvelines, 2008 ; FROGER Charles, *La prescription extinctive des obligations en droit public interne*, Thèse de doctorat, Bordeaux 4, Dalloz, Nouvelle Bibliothèque des Thèses, Tome 145, 2015 ; HAAS Marion et MARON Albert, *Prescription - Quoi ? L'éternité*, Droit pénal 2014, n°12, comm. 151, pp. 31-34.

[3622] Dictionnaire Le Trésor de la Langue Française, V° Prescription.

la prescription est présente dans l'ensemble des branches du droit[3623] et puise ses racines dans des considérations épistémologiques[3624].

1150. Le droit intègre ainsi une nécessaire part d'oubli – qui est alors involontaire[3625] – résultant d'une forme de « sagesse des incertitudes »[3626].

1151. Le droit se refuse à rétablir une situation contraire au droit en préférant maintenir une situation apparente au nom de l'impossibilité de rendre justice. La prescription est donc inhérente à notre système juridique[3627] et a des incidences sur l'établissement de la preuve. Le droit, au nom de la prescription, s'oppose à l'établissement de la réalité factuelle. La prescription prévaut donc, parfois, au nom de la sécurité juridique et conduit donc, à la stabilité des situations acquises. La prescription est un moyen de garantir une forme de sécurité juridique en matière probatoire[3628]. Il faut ici démontrer que le principe de sécurité juridique impose l'existence de règles de prescription mais plus généralement une prise en compte de l'éloignement temporel des faits qui doivent être prouvés.

3623 L'article 6 du Code de procédure pénale dispose que « L'action publique pour l'application de la peine s'éteint par la mort du prévenu, la prescription, l'amnistie, l'abrogation de la loi pénale et la chose jugée » et l'article 2219 du Code civil dispose que « La prescription extinctive est un mode d'extinction d'un droit résultant de l'inaction de son titulaire pendant un certain laps de temps ».

3624 Sur les liens qui existent entre vérité et oubli, Emmanuel JEULAND démontre qu'« Il existe une dialectique entre l'oubli et le souvenir qui est nécessaire pour pouvoir continuer de vivre ». Cette logique s'inscrit dans une logique lévinassienne qui consiste à opérer une sélection des preuves qui peuvent être effectivement administrées. Emmanuel JEULAND relève, dans cette optique, qu'« Administrer la preuve reviendrait donc à faire remonter certains souvenirs (des témoins, des parties, des documents et indices) et à maintenir dans l'oubli d'autres éléments (c'est le principe de la prescription ou de l'autorité de chose jugée) pour dénouer le litige afin que les individus en cause et, à travers eux, la France puissent s'ouvrir vers l'avenir » (JEULAND Emmanuel, *Preuve judiciaire et culture française*, Droit et Cultures 2005, n°50, pp. 149-170).

3625 À l'inverse, il existerait des oublis « volontaires », c'est le cas de l'amnistie qui est définie par le Conseil constitutionnel comme « l'oubli de certains faits et l'effacement de leur caractère répréhensible » (Cons. const., déc. n°88-244 DC, 20 juillet 1988, Loi portant amnistie, cons. n°24 : Rec. p. 119).

3626 CESARO Jean-François, *Avant-propos*, in, *La preuve*, Rapport annuel de la Cour de cassation, La documentation française, 2012, pp. 85-95.

3627 Sur la prescription en droit public : DUTHEILLET DE LAMOTHE Louis et LESSI Jean, *Prescriptions : le droit administratif à l'épreuve du temps*, AJDA 2015, n°4, pp. 215-223 ; FROGER Charles, *La prescription extinctive des obligations en droit public interne*, Thèse de docatorat dact., Bordeaux 4, Dalloz, Nouvelle Bibliothèque des Thèses, Tome 145, 2015.

3628 Il n'est pas inintéressant de relever que la « charge de la preuve » a pu être justifié comme une garantie du maintien de situations acquises : la charge de la preuve incombant au demandeur qui entend bouleverser la situation établie serait également constitutive d'une forme de sécurité juridique.

1152. En matière fiscale, cette exigence se traduit par le fait que l'administration fiscale ne peut prononcer des redressements sur des années ou des exercices anciens bien qu'elle dispose, pour cela, de multiples dérogations[3629] au caractère parfois potestatif[3630].

1153. L'éloignement dans le temps d'un fait objet d'une preuve doit, au-delà des règles de prescription, conduire le juge à préserver l'équilibre entre les parties au litige. À la faveur des jurisprudences européennes, un lien s'affirme entre le principe de sécurité juridique et l'établissement de la preuve dont l'exigence de prescription n'est qu'un aspect. Les règles d'établissement de la preuve doivent – comme elles l'ont toujours fait[3631] – protéger la sécurité juridique. Il faut ici rechercher si le principe de sécurité juridique n'est pas de nature à tempérer les exigences probatoires qui pèsent sur une partie au nom de l'éloignement temporel des preuves.

1154. En ce sens, alors que les juridictions internes se refusent, par principe, à prendre en compte l'éloignement temporel des faits objets de preuve (§.1.), il apparaît qu'un vent nouveau venu des juridictions européennes impose, au nom de l'équité, la prise en compte de l'écoulement du temps dans l'établissement de la preuve (§.2.).

[3629] Sans prétendre à une quelconque exhaustivité, il est possible de citer l'article L. 169, alinéa 5 du Livre des procédures fiscales prévoit un allongement du délai de reprise de dix ans « lorsque l'administration a dressé un procès-verbal de flagrance fiscale », l'article 188A du Livre des procédures fiscales prévoit que lorsque l'administration fiscale réalise une demande de renseignements à un Etat tiers, le délai de reprise est allongé « jusqu'à la fin de l'année qui suit celle de la réception de la réponse et, au plus tard, jusqu'au 31 décembre de la troisième année suivant celle au titre de laquelle le délai initial de reprise est écoulé » ou encore l'article 188B du Livre des procédures fiscales qui dispose que « Lorsque l'administration a, dans le délai de reprise, déposé une plainte ayant abouti à l'ouverture d'une enquête judiciaire pour fraude fiscale (…) les omissions ou insuffisances d'imposition afférentes à la période couverte par le délai de reprise peuvent, même si celui-ci est écoulé, être réparées jusqu'à la fin de l'année qui suit la décision qui met fin à la procédure et, au plus tard, jusqu'à la fin de la dixième année qui suit celle au titre de laquelle l'imposition est due ».

[3630] Jérôme TUROT emploie l'expression de « prescription potestative » (*Indispensable prescription*, Dr. fisc. 2015, n°42, éd. 628, pp. 13-27) à propos de l'article L. 188 C du Livre des procédures fiscales dès lors que sur ce fondement, l'administration fiscale peut invoquer « une procédure judiciaire » qui va permettre un allongement du délai de prescription de dix ans.

[3631] L'adage *actori incumbit probatio* peut être lu comme une protection des situations acquises ou encore un principe de « sécurité statique » (DEMOGUE René, *Les notions fondamentales du droit privé : essai critique pour servir d'introduction à l'étude des obligations*, Ed. Arthur Rousseau, 1911, p. 542).

§.1. – Le refus des juridictions internes de prendre en compte l'éloignement temporel des preuves

1155. Le refus de principe de prendre en compte de l'éloignement temporel de la preuve (A) est tempéré par une prise en compte indirecte de cet éloignement temporel (B).

A/ Le refus de prendre en compte l'éloignement temporel des preuves

1156. Il faut ici déterminer si la Constitution – ou les interprétations authentiques de la norme constitutionnelle – n'imposent pas aux juges de prendre en compte la difficulté de prouver qui résulte de l'éloignement temporel des preuves.

1157. Les liens entre le Conseil constitutionnel et la sécurité juridique sont complexes et nous retiendrons, pour ce propos, qu'en dépit du refus du Conseil constitutionnel de consacrer un principe constitutionnel de sécurité juridique, il a implicitement bâti une jurisprudence garantissant la sécurité juridique[3632]. En dépit de cette garantie implicite, la jurisprudence constitutionnelle n'a pas tissé de liens directs entre la sécurité juridique et la preuve. En ce sens, le Conseil constitutionnel n'a jamais consacré de principe de prescription tant en matière répressive[3633] qu'en dehors de cette matière[3634]. Il a même explicitement affirmé qu'aucun principe fondamental reconnu par les lois de la République n'impose une telle prescription en matière disciplinaire[3635]. Il a confirmé cette solution dans une décision n°2013-354 QPC[3636] en jugeant

---

[3632] Sur ce point : MATHIEU Bertrand et VERPEAUX Michel, *Contentieux constitutionnel des droits fondamentaux*, LGDJ, 2002, pp. 702-728.

[3633] Sur ce point : VARINARD André, *La prescription de l'action publique : une institution à réformer*, in, *Le droit pénal à l'aube du troisième millénaire, Mélanges offerts Jean PRADEL*, 2006, Cujas, pp. 605-631, spéc. p. 629.

[3634] Le Conseil constitutionnel a seulement reconnu le fait que des contribuables puissent « bénéficie[r] d'une prescription légalement acquise » (Cons. const., déc. n°91-298 DC, 24 juillet 1991, Loi portant diverses dispositions d'ordre économique et financier, cons. n°23 : Rec. p. 82). Bertrand MATHIEU et Michel VERPEAUX ont relevé que « Le maintien des prescriptions légalement acquises relève d'une exigence constitutionnelle que l'on peut rattacher à la sécurité juridique » (*Contentieux constitutionnel des droits fondamentaux*, LGDJ, 2002, p. 701).

[3635] Cons. const., déc. n°2018-738 QPC, 11 octobre 2018, M. Pascal D. [Absence de prescription des poursuites disciplinaires contre les avocats], à publier au recueil, cons. 11 ; Cons. const., déc. n°2011-199 QPC, 25 novembre 2011, M. Michel G. (Discipline des vétérinaires), cons. 5 : Rec. p. 555 ; RSC 2012, n°1, pp. 184-185, chron. Jean DANET ; Droit administratif 2012, n°3, pp. 50-52, note Charles FROGER ; Gaz. Pal. 2012, n°162-164, pp. 17-18, chron. Charles-Edouard SENAC : « aucune loi de la République antérieure à la Constitution de 1946 n'a fixé le principe selon lequel les poursuites disciplinaires sont nécessairement soumises à une règle de prescription ».

[3636] Cons. const., déc. n°2013-354 QPC, 22 novembre 2013, Mme Charly K. : J.O. du 24 novembre 2013, p. 19107 ; Revue Lamy Droit Civil 2014, n°111, pp. 46-47, note Karine

« qu'aucun principe, ni aucune règle de valeur constitutionnelle n'impose que l'action en négation de nationalité soit soumise à une règle de prescription »[3637]. Au travers de ces deux décisions, le Conseil constitutionnel se refuse à ériger un principe constitutionnel de prescription de l'action publique – ce refus pouvant être transposé à l'ensemble des contentieux.

1158. Le Conseil constitutionnel adopte une jurisprudence extrêmement protectrice du législateur car ce dernier est libre d'étendre dans le temps l'application des normes répressives[3638]. Le contrôle opéré tend seulement à vérifier si les différences de traitement qui peuvent exister en matière de délai de prescription « ne revêt[ent] pas un caractère disproportionné au regard de l'objectif poursuivi »[3639] et que les droits de la défense ne soient pas affectés[3640]. En outre, si le Conseil constitutionnel a déjà censuré un délai de prescription en présence d'une différence de traitement injustifiée[3641], il préserve la liberté du législateur de consacrer des délais de prescription différents frappant des dispositions pénales de nature différente[3642]. À notre sens, cette solution est critiquable dès lors que l'exigence de prescription assure la préservation de la sécurité juridique. Or, la préservation de la sécurité juridique est un impératif qui mérite d'être protégé.

DUCROCQ-PAUWELS ; Revue Juridique Personnes et Famille 2014, n°1, p. 20, note Emmanuel PUTMAN ; Revue critique de droit international privé 2014, p. 85, note Paul LAGARDE ; NCCC 2014, n°43, note Hélène SURREL.

3637 Cons. const., déc. n°2013-354 QPC, 22 novembre 2013, Mme Charly K., Cons. n°6 : préc.

3638 Le Conseil constitutionnel a ainsi exposé par la voie de son commentaire que « L'allongement de la durée de la prescription est d'ailleurs un moyen pour le législateur de renforcer la sévérité de la répression » (Commentaire aux nouveaux cahiers du Conseil constitutionnel sur la Décision n°2013-302 QPC du 12 avril 2013, M. Laurent A. et autres, p. 14) dont il entend préserver la marge d'appréciation.

3639 Cons. const., déc. n°2013-302 QPC, 12 avril 2013, M. Laurent A. et autres [Délai de prescription d'un an pour les délits de presse à raison de l'origine, l'ethnie, la nation, la race ou la religion], cons. n°6 : Rec. p. 546 ; Procédures 2013, n°6, comm. 198, comm. Anne-Sophie CHAVENT-LECLERE ; D. 2013, p. 1526, note Emmanuel DREYER ; AJDP 2013, n°7, pp. 410-411, note Jean-Baptiste PERRIER ; Revue Française de Droit Constitutionnel 2013, n°95, pp. 713-715, note Sofian ANANE ; RSC 2013, p. 910, chron. Bertrand de LAMY.

3640 Cons. const., déc. n°2013-302 QPC, 12 avril 2013, M. Laurent A. et autres [Délai de prescription d'un an pour les délits de presse à raison de l'origine, l'ethnie, la nation, la race ou la religion], cons. n°6 : préc.

3641 Cons. const., déc. n°2004-496 DC, 10 juin 2004, Loi pour la confiance dans l'économie numérique : Rec. p. 101.

3642 Cons. const., déc. n°2010-612 DC, 5 août 2010, Loi portant adaptation du droit pénal à l'institution de la Cour pénale internationale, cons. n°7 : Rec. p. 198 (« Considérant que les crimes de guerre et les crimes contre l'humanité sont de nature différente ; que, par suite, en portant de dix à trente ans le délai de prescription de l'action publique pour les crimes de guerre, alors que les crimes contre l'humanité sont imprescriptibles en application de l'article 213-5 du code pénal, le législateur n'a pas méconnu le principe d'égalité »).

1159. À ce titre, devant le juge administratif, la sécurité juridique a été érigée en principe général du droit[3643] et le Conseil d'Etat a même estimé que la prescription des crimes est un principe fondamental reconnu par les lois de la République[3644]. Le principe de sécurité juridique est également reconnu par le juge administratif de l'impôt[3645]. Devant ce juge, le principe de sécurité juridique a des incidences sur les règles de prescription. Ainsi, le Conseil d'Etat a jugé, en matière fiscale, dans la décision Polynésie française c/ M. Zannier[3646], que le principe de sécurité juridique exige l'instauration de règles de prescription. En l'espèce, il s'agissait de l'article 184-2 du code des impôts de la Polynésie française qui disposait qu'un crédit d'impôt relatif à la construction immobilière pouvait être remis en cause « nonobstant le cas échéant l'expiration des délais de prescriptions ». Face à une telle disposition tendant à exclure tout délai de prescription le Conseil d'Etat juge que « le pouvoir réglementaire ne saurait, sans méconnaître le principe de sécurité juridique, instituer au profit de l'administration fiscale un droit de reprise excluant l'application de tout délai de prescription ». Cette décision pose un droit à la prescription qui repose sur le principe de sécurité juridique – applicable même en matière de fraude[3647]. Cette exigence de prescription constitue, pour reprendre l'expression d'Emmanuel de CROUY-CHANEL, un « plancher (…) de garantie de sécurité juridique »[3648] qui disposerait, selon Olivier NEGRIN d'une base constitutionnelle implicite[3649]. Cette décision

---

3643 Conseil d'Etat, Ass., 24 mars 2006, n°288460, KPMG et autres : Rec. p. 154 ; AJDA 2006, p. 1028, chron. Claire LANDAIS et Frédéric LENICA.

3644 Conseil d'Etat, Section de l'intérieur, 29 février 1996, n°358597, Avis Cour pénale internationale : « Le Conseil d'Etat considère que l'existence d'une règle de prescription qui est un principe fondamental reconnu par les lois de la République exige que, pour les crimes dont la nature n'est pas d'être imprescriptibles, un délai de prescription soit fixé dans le statut, en fonction de la gravité des crimes commis » (V° GAUDEMET Yves et alii, *Grands avis du Conseil d'Etat*, Dalloz, 3e éd., 2008, n°28).

3645 En matière fiscale, le principe de sécurité juridique permet de fonder la modulation des effets dans le temps des décisions (Conseil d'Etat, Ass., 11 mai 2004, n°255886 à n°255892, Assoc. AC ! et a.,: Rec. p. 197, concl. Christophe DEVYS) et est également reconnu comme étant l'objectif poursuivi par le mécanisme d'opposabilité de la doctrine administrative de l'article L. 80A du Livre des procédures fiscales (Conseil d'Etat, Sect., Avis, 8 mars 2013, n°353782, Monzani : RJF 05/13, n°518, concl. Edouard CREPEY, BDCF 05/13, n°60).

3646 Conseil d'Etat, 9e et 10e s.-s., 23 juin 2014, n°355801, Polynésie française c/ M. Zannier : Dr. fisc. 2014, n°41, comm. 582, concl. Frédéric ALADJIDI et note Stéphane AUSTRY ; RJF 10/14, n°934 ; Procédures 2014, n°8-9, comm. 258, obs. Olivier NEGRIN.

3647 Par cette même décision le Conseil d'Etat juge qu'aucune disposition constitutionnelle et qu'aucun principe général du droit n'exige d'appliquer un principe d'imprescriptibilité dans un cas de fraude du contribuable. Cette affirmation présente un grand intérêt dès lors qu'elle atteste de l'importance fondamentale du principe de sécurité juridique sur la nécessité de poursuivre la fraude.

3648 DE CROUY-CHANEL Emmanuel, *Procédures fiscales : chronique de l'année 2014*, Dr. fisc. 2015, n°9, 179, pp. 106-111.

3649 Olivier NEGRIN relève ainsi que « compte tenu de l'application matérielle qui est faite de ce principe par le Conseil constitutionnel (…), on peut penser que le législateur fiscal ne

exige qu'il existe une prescription en condamnant l'imprescriptible mais n'exige pas une durée minimale de prescription. Cette décision constitue donc, à notre sens, l'affirmation d'un droit subjectif à la prescription qui augure d'applications plus poussées de ce droit en matière de prescription fiscale et même en dehors de la sphère fiscale[3650].

1160. Toutefois, il convient de mesurer l'exacte portée de cette indéniable avancée de la sécurité juridique. Le Conseil d'Etat se fonde sur le principe de sécurité juridique pour exclure tout droit de reprise qui serait institué sans délai en faisant application, en l'espèce, du délai de prescription de droit commun de l'article 451-1 du code des impôts de Polynésie française. Cela signifie que le Conseil d'Etat pose un principe purement négatif qui interdit, au nom de la sécurité juridique, d'instituer un droit de reprise illimité dans le temps. Le Conseil d'Etat reprend ainsi une solution adoptée en matière d'installation classée[3651] où il a pu poser un principe de prescription de trente ans « dont s'inspire l'article 2262 du Code civil »[3652].

1161. La solution retenue par le Conseil d'Etat dans la décision Polynésie française c/ M. Zannier[3653], ne remet pas en cause la jurisprudence classique du Conseil d'Etat qui refuse de prendre en compte la difficulté de la preuve résultant de l'éloignement temporel des preuves à administrer. En effet, l'exigence de prescription affecte le droit de reprise de l'administration fiscale mais n'atténue pas l'obligation qui pèse sur le contribuable de rapporter certaines preuves antérieures à ce délai de prescription. À ce titre, en application de l'article 1649 A du Code général des impôts – qui dispose, en son troisième et dernier alinéa, que « Les sommes, titres ou valeurs transférés à l'étranger ou en provenance de l'étranger par l'intermédiaire de comptes non déclarés dans les conditions prévues au deuxième alinéa constituent, sauf preuve contraire, des revenus imposables » – impose au contribuable de rapporter la preuve que des biens qui sont transférés en France ont effectivement fait l'objet d'une imposition antérieure. Le Conseil d'Etat a jugé dans une décision du 4 février 2015[3654], qu'en application de l'article 1649 A

pourrait – en aucun cas – valablement poser un mécanisme excluant l'application de toute prescription du pouvoir d'imposition de l'Administration » (*L'exercice par l'Administration de son pouvoir d'imposition est nécessairement enfermé dans un délai de prescription*, Procédures 2014, n°8-9, comm. 258, p. 34).

3650 En ce sens, Jérôme TUROT souligne que « Cet arrêt sera publié intégralement au recueil Lebon, honneur rare en contentieux fiscal, et signe que la solution est de principe » (*Indispensable prescription*, Dr. fisc. 2015, n°42, éd. 628, pp. 13-27).

3651 Conseil d'Etat, Ass., 8 juillet 2005, n°247976, Sté Alusuisse-Lonza-France : Rec. p. 311.

3652 Conseil d'Etat, Ass., 8 juillet 2005, n°247976, Sté Alusuisse-Lonza-France : préc.

3653 Conseil d'Etat, 9e et 10e s.-s.-sect., 23 juin 2014, n°355801, Polynésie française c/ M. Zannier : préc.

3654 Conseil d'Etat, 10e et 9e s.-s., 4 février 2015, n°365180, min. c/ M. B : Dr. fisc. 2015, n°17, comm. 288, concl. Aurélie BRETONNEAU ; RJF 04/15, n°294 concl. Aurélie

du Code général des impôts, « le fait générateur de l'imposition est constitué par la constatation du transfert et non par la perception ou par l'origine de ces sommes »[3655] ce qui conduit à exiger du contribuable « de rapporter la preuve que la ou les ressources ayant contribué à constituer ce compte courant créditeur avaient elles-mêmes déjà été imposées ou ne devaient ou ne pouvaient pas l'être »[3656]. Aurélie BRETONNEAU, dans ses conclusions prononcées à l'occasion de cette affaire, relève que « La logique même de cette ultime cession de rattrapage veut donc que l'on s'intéresse non pas à la somme telle qu'elle se présente au moment du transfert pour déterminer si elle est, à ce moment précis, imposable ou non, mais à la source de cette somme, pour déterminer si elle constitue de la matière imposable non encore imposée dans l'absolu »[3657]. Toutefois, cette décision a un impact probatoire déterminant dès lors qu'elle conduit à contraindre le contribuable à rapporter une preuve potentiellement très ancienne dès lors qu'elle conduit à exiger la preuve d'une imposition qui peut être bien antérieure aux délais de prescription les plus longs. Le Conseil d'Etat n'intègre pas, dans cette décision, l'exigence de garantir au contribuable le droit effectif à administrer la preuve qui lui incombe. Dans une même optique, le Conseil d'Etat a pu juger dans une décision Société Steca[3658], au sujet de la réintégration dans les bases imposables de la provision d'une société, que la preuve du risque d'irrécouvrabilité n'était pas apportée car « elle ne disposait plus des éléments justifiant ces créances, au demeurant anciennes, et n'était plus en mesure de procéder à leur recouvrement ». Ainsi, la carence du contribuable dans l'administration de la preuve – même justifiée par des éléments objectifs comme l'ancienneté de l'objet de la preuve – n'est pas de nature à atténuer la preuve que le contribuable peut seul rapporter.

1162. En matière fiscale, la place occupée par la force majeure atteste d'une forme d'orthodoxie jurisprudentielle qui tend à refuser de prendre en compte la difficulté de prouver des faits anciens[3659]. Christophe DE LA MARDIERE relève fort justement que la force majeure est « une notion presque étrangère à la procédure fiscale »[3660]. Cette affirmation doit toutefois être limitée à la

---

BRETONNEAU, BDCF 04/15, n°40 ; Hebdo édition fiscale 2015, n°605, note Christian LOPEZ.

[3655] Conseil d'Etat, 10e et 9e s.-s., 4 février 2015, n°365180, min. c/ M. B, cons. n°7 : préc.

[3656] Conseil d'Etat, 10e et 9e s.-s., 4 février 2015, n°365180, min. c/ M. B, cons. n°6 : préc.

[3657] BRETONNEAU Aurélie, Conclusions sur Conseil d'Etat, 10e et 9e s.-s., 4 février 2015, n°365180, min. c/ M. B : Dr. fisc. 2015, n°17, comm. 288 ; BDCF 04/15, n°40.

[3658] Conseil d'Etat, 3e et 8e s.-s., 7 mai 2008, n°289326, Sté Steca : RJF 8-9/08, n°934.

[3659] Sur ce point : DE LA MARDIERE Christophe, *Droit fiscal et force majeure, à l'impossible, le contribuable, est-il tenu ?*, LPA 1999, n°46, p. 3 ; DE LA MARDIERE Christophe, *La preuve en droit fiscal*, Litec, 2009, n°124, p. 48 ; GOUR Claude, MOLINIER Joël et TOURNIE Gérard, *Procédure fiscale*, PUF, Thémis droit, 1982, p. 310.

[3660] DE LA MARDIERE Christophe, *La preuve en droit fiscal*, Litec, 2009, n°124, p. 48.

seule obligation de payer l'impôt car la force majeure ne peut jamais permettre au contribuable d'échapper à sa contribution à l'impôt[3661].

1163. En dehors de cette obligation, la force majeure apparaît comme une condition implicite d'exonération de certaines obligations fiscales. La force majeure peut donc, par principe[3662], être invoquée par le contribuable pour justifier le retard de sa déclaration. À charge, pour lui, de démontrer qu'il a « été dans l'impossibilité absolue de déclarer ses revenus dans les délais prescrits en raison de circonstances imprévisibles, irrésistibles et indépendantes de sa volonté »[3663].

1164. La force majeure a ainsi été reconnue par le Conseil d'Etat dans des affaires où les documents relatifs à leur imposition ont été saisis lors de perquisitions[3664]. Si, en pratique, la force majeure n'est que très rarement reconnue[3665], elle atteste d'une prise en compte de la situation propre du contribuable qui se trouve dans l'impossibilité de remplir ses obligations déclaratives.

1165. Enfin, un arrêt isolé atteste que le juge pourrait conférer à la force majeure une portée plus importante : la cour administrative d'appel de Lyon a jugé, à propos d'un contribuable ayant été victime d'un événement relevant de la force majeure, il a pu opposer au fisc la présomption de sincérité de ses

---

[3661] Le commissaire du gouvernement VERNY a relevé à cet égard que « la théorie de la force majeure ne peut être invoquée pour faire échec aux règles objectives qui gouvernent l'entrée en application de la loi fiscale », mais elle peut être employée « pour relever de forclusions ou de déchéances, des administrés qu'un cas de force majeure a empêché d'accomplir certaines formalités ou de respecter certains délais » (Conclusions inédites sur Conseil d'Etat, 8e et 9e s.-s., 28 novembre 1980, n°20378 ; RJF 02/81, n°145, cité par Olivier LEMAIRE, dans sa note sur l'arrêt de la cour administrative d'appel de Paris du 9 octobre 2014 (5e ch., 9 octobre 2014, n°12PA03801, M. et Mme Baud : Dr. fisc. 2015, n°3, comm. 55).

[3662] Conseil d'Etat, 9e et 10e ch., 21 septembre 2016, n°386250, M. et Mme Baud : Dr. fisc. 2016, n°50, comm. 644, concl. Emilie BOKDAM-TOGNETTI.

[3663] BOKDAM-TOGNETTI Emilie, Concl. sur Conseil d'Etat, 9e et 10e ch., 21 septembre 2016, n°386250, M. et Mme Baud : Dr. fisc. 2016, n°50, comm. 644.

[3664] Conseil d'Etat, 9e et 10e ch., 21 septembre 2016, n°386250, M. et Mme Baud : Dr. fisc. 2016, n°50, comm. 644 : concl. Emilie BOKDAM-TOGNETTI ; Cour administrative d'appel de Paris, 5e ch., 9 octobre 2014, n°12PA03801, M. et Mme Baud, note Olivier LEMAIRE, Dr. fisc 2015, n°3, comm. 55 (même affaire) ; Conseil d'Etat, 9e et 8e s.-s., 9 mai 1990, n°68329, SA Mobb-Meubles-Pilotes : Dr. fisc. 1991, n° 15, comm. 845 ; RJF 07/90, n°883.

[3665] La jurisprudence a très souvent rejeté la qualification de force majeure. L'état de santé du contribuable n'a pas été considéré comme constitutif d'un cas de force majeure (Conseil d'Etat, 7e et 9e s.-s., 15 avril 1983, n°24167 : RJF 06/83, n°757). De même, l'incarcération du contribuable n'a pas été considérée comme un cas de force majeure (Conseil d'Etat, 8e et 9e s.-s. 28 juillet 1999, n°168924, SARL Carrefour de Canourgues : Dr. fisc. 2000, n°11, comm. 2170 ; RJF 10/99, n°1248). Les destructions accidentelles de la comptabilité ne sont pas non plus considérées comme des cas de force majeure (pour le cas d'un dégât des eaux : Conseil d'Etat, 7e et 9e s.-s., 10 janvier 1990, n°90521, Paul : RJF 03/90, n°319).

déclarations alors même que l'administration fiscale ne disposait d'aucun élément de nature à remettre en cause l'imposition déclarée par le contribuable[3666].

1166. Toutefois, en dépit d'une volonté ponctuelle du juge administratif de poser la force majeure comme une exonération générale, le contribuable fait bien souvent face à de lourdes difficultés pour démontrer la force majeure. Ainsi, le juge de l'impôt ne s'est jamais, à notre connaissance, fondé sur l'éloignement temporel d'une preuve pour décharger le contribuable d'une obligation probatoire. Aucun principe ne tempère ainsi l'obligation d'administrer une preuve éloignée dans le temps.

1167. La rigueur retenue par le juge administratif de l'impôt est partagée par le juge civil de l'impôt qui a pu exiger une preuve matérielle du paiement d'une imposition bien que l'éloignement temporel de ce paiement ait libéré – tant le contribuable que l'administration fiscale – de leur obligation de conservation des preuves[3667]. La Chambre commerciale de la Cour de cassation se refuse, de manière analogue, à prendre en compte la difficulté de la preuve éloignée dans le temps. Pourtant, il apparaît nécessaire de prendre en compte l'éloignement temporel de la preuve. Les juridictions internes ont, en ce sens, pris en compte, *a minima*, ce facteur.

B/ La prise en compte a minima de l'éloignement temporel de la preuve

1168. Le refus de prendre directement en compte l'éloignement temporel de la preuve est tempéré par la possibilité de prendre indirectement en compte ce facteur. À ce titre, le refus du Conseil constitutionnel de poser une quelconque exigence constitutionnelle en matière de délai de prescription est tempéré par la nécessité de protéger les droits de la défense. Sur ce fondement, il va vérifier si les délais de prescription ne sont pas de nature à rompre l'équilibre requis

---

[3666] Cour administrative d'appel de Lyon, 2e ch., 10 mai 2000, n°96LY00908, SARL Faucigny Savoie : Dr. fisc. 2001, n°18, comm. 423 ; RJF 11/00, n°1245 (« dans la mesure où l'Administration, qui a, par ailleurs, admis la régularité de la comptabilité tenue au titre de l'année 1988 postérieur à la catastrophe et qui, hormis le redressement litigieux résultant de la remise en cause des déficits et amortissements différés des exercices antérieurs, n'a procédé qu'à un seul autre redressement mineur au titre de cet exercice, ne fait valoir aucun élément susceptible de jeter un doute sur la sincérité ou l'exactitude des éléments comptables figurant dans les déclarations et pièces annexes régulièrement souscrites par la SARL Faucigny Savoie au titre des exercices antérieurs déficitaires, cette dernière est en droit d'opposer au Service la présomption de sincérité de ses déclarations ; qu'elle doit, par suite, être regardée comme justifiant de l'absence du bien-fondé du redressement en litige »).

[3667] Cass. com., 16 novembre 1999, n°97-17.289, DGI c/ Sté Trouvay Cauvin : RJF 02/00, n°312.

par les droits de la défense. Par une décision n°2012-227 QPC[3668], il lui est revenu de juger de la constitutionnalité de l'article 26-4 du Code civil. Cette disposition – fort éloignée de la matière fiscale – prévoit les conditions dans lesquelles le Ministère public peut contester l'acquisition de la nationalité française à raison du mariage. L'article 21-2 du Code civil dispose que « l'étranger ou apatride qui contracte mariage avec un conjoint de nationalité française peut, après un délai de quatre ans à compter du mariage, acquérir la nationalité française par déclaration à condition qu'à la date de cette déclaration la communauté de vie tant affective que matérielle n'ait pas cessé entre les époux depuis le mariage et que le conjoint français ait conservé sa nationalité ». L'article 26-4 du Code civil dispose, en son deuxième alinéa, que « Dans le délai de deux ans suivant la date à laquelle il a été effectué, l'enregistrement peut être contesté par le ministère public si les conditions légales ne sont pas satisfaites ». Cet alinéa est complété par un troisième alinéa qui dispose que « L'enregistrement peut encore être contesté par le ministère public en cas de mensonge ou de fraude dans le délai de deux ans à compter de leur découverte. La cessation de la communauté de vie entre les époux dans les douze mois suivant l'enregistrement de la déclaration prévue à l'article 21-2 constitue une présomption de fraude ». La QPC n°2012-227 a mis en lumière l'existence d'une preuve imprescriptible à l'encontre de l'étranger ayant acquis la nationalité française à raison du mariage. En effet, la combinaison des deux phrases du troisième alinéa de l'article 26-4 du Code civil pouvait conduire à exiger de la part du justiciable, durant toute sa vie, la preuve de l'existence d'une communauté de vie entre époux[3669]. Le Conseil constitutionnel a neutralisé cette exigence de preuve imprescriptible en se fondant, non sur une exigence constitutionnelle de prescription, mais sur « l'avantage ainsi conféré sans limite de temps au ministère public, (...) dans l'administration de la preuve, [qui] porterait une atteinte excessive aux droits

[3668] Cons. const., déc. n°2012-227 QPC, 30 mars 2012, M. Omar S. [Conditions de contestation par le procureur de la République de l'acquisition de la nationalité par mariage] : Rec. p. 175 ; RTD Civ 2012, n°2, pp. 294-295, note Jean HAUSER ; RTD Civ 2013, n°1, p. 93, note Jean HAUSER ; JCP G 2012, n°22, doctr. 654, Chr. Bertrand MATHIEU ; Revue critique de droit international privé 2012, p. 560, note Paul LAGARDE ; D. 2013, n°23, pp. 1584-1593, note Nathalie JACQUINOT et Alexandre MANGIAVILLANO ; AJ Famille 2012 p. 350, note François CHENEDE ; JCP G 2013, n°36, doctr. 926, Chr. Bertrand MATHIEU, Michel VERPEAUX et Ariana MACAYA.

[3669] Le Conseil constitutionnel le relève ainsi dans le considérant 13 : « l'application combinée des dispositions de la première et de la seconde phrase du troisième alinéa de l'article 26-4 conduirait, du seul fait que la communauté de vie a cessé dans l'année suivant l'enregistrement de la déclaration de nationalité, à établir des règles de preuve ayant pour effet d'imposer à une personne qui a acquis la nationalité française en raison de son mariage d'être en mesure de prouver, sa vie durant, qu'à la date de la déclaration aux fins d'acquisition de la nationalité, la communauté de vie entre les époux, tant matérielle qu'affective, n'avait pas cessé » (Conseil constitutionnel, déc. n°2012-227 QPC, 30 mars 2012, M. Omar S. [Conditions de contestation par le procureur de la République de l'acquisition de la nationalité par mariage] : préc.).

de la défense »[3670]. En jugeant ainsi, le Conseil constitutionnel – bien qu'il crée un nouvel équilibre au sein de l'article 26-4 du Code civil[3671] – manque l'occasion qui lui était offerte de créer une obligation constitutionnelle de prescription. Il préfère sanctionner, ici, l'existence d'une inégalité entre les parties dans l'administration de la preuve. Autrement dit, c'est l'égalité des armes dans l'administration de la preuve qui était ici affectée.

1169. Toutefois, la lecture du Commentaire aux cahiers de la présente décision est de nature à offrir quelques espoirs quant à l'émergence d'une exigence constitutionnelle de prescription. Ce commentaire démontre que cette solution repose sur la nécessité « d'assurer une certaine sécurité à celui qui, ayant acquis la nationalité française, s'est vu délivrer le certificat qui atteste que cette acquisition n'est plus litigieuse »[3672]. Une telle analyse tend à démontrer que l'exigence de prescription peut être fondée sur l'exigence de sécurité juridique des modalités d'administration de la preuve. À notre sens, cette décision pourrait constituer la première pierre d'une jurisprudence protectrice de l'exigence de sécurité juridique dans l'administration de la preuve qui exige d'imposer une prescription afin d'éviter qu'une preuve ne soit requise d'un justiciable durant une trop longue durée. Il serait ainsi nécessaire de forger – sur le fondement de la « garantie des droits » de l'article 16 de la Déclaration de 1789[3673] – un principe de sécurité dans l'administration de la preuve qui tendrait à obvier l'administration d'une preuve dont l'ancienneté rend son apport excessivement difficile.

1170. L'espoir nourri par cette décision a cependant été rapidement déçu. Par la décision n°2013-354 QPC[3674], le Conseil constitutionnel a jugé conforme à

[3670] Conseil constitutionnel, Déc. n°2012-227 QPC, 30 mars 2012, M. Omar S. [Conditions de contestation par le procureur de la République de l'acquisition de la nationalité par mariage], cons. n°13 : préc.

[3671] Comme le relève fort justement Paul LAGARDE « le Conseil constitutionnel requalifie en réalité la contestation fondée sur cette présomption de fraude en une contestation fondée sur la non-satisfaction des conditions légales de la déclaration. Il déplace sans le dire cette contestation de l'alinéa 4 à l'alinéa 3 de l'article 26-4. Dans les deux cas, le délai de la contestation est le même (deux ans depuis la loi du 24 juillet 2006), mais c'est le point de départ qui diffère, le jour de l'enregistrement dans le cas prévu à l'alinéa 3, celui de la découverte du mensonge ou de la fraude pour l'hypothèse prévue à l'alinéa 4 » (*QPC sur les conditions d'acquisition de la nationalité française par l'effet du mariage*, Revue critique de droit international privé 2012, p. 560).

[3672] Commentaire aux cahiers sous la déc. n°2012-227 QPC, 30 mars 2012, M. Omar S.

[3673] Nous faisons nôtre l'analyse développée par Bertrand MATHIEU et Michel VERPEAUX qui exposent que « l'article 16 de la Déclaration de 1789 semble permettre un ancrage solide de la notion de 'sécurité juridique' en droit constitutionnel français » (*Contentieux constitutionnel des droits fondamentaux*, LGDJ, 2002, p. 720).

[3674] Cons. const., déc. n°2013-354 QPC, 22 novembre 2013, Mme Charly K. : J.O. du 24 novembre 2013 page 19107 ; Revue Lamy Droit Civil 2014, n°111, pp. 46-47, note Karine DUCROCQ-PAUWELS ; Revue Juridique Personnes et Famille 2014, n°1, p. 20, note

la Constitution le caractère perpétuel de l'action négatoire de nationalité de l'article 29-3 du Code civil[3675]. Par cette décision, le Conseil constitutionnel estime que l'action perpétuelle d'action négatoire de nationalité n'affecte pas les droits de la défense dès lors que la législation en cause n'a pas « pour effet d'imposer aux personnes intéressées d'être en mesure de prouver, leur vie durant, les éléments leur ayant permis d'acquérir la nationalité française »[3676]. Le Conseil constitutionnel se fonde sur le fait que si l'action est perpétuelle, les justiciables ayant acquis la nationalité française peuvent obtenir la délivrance d'un certificat de nationalité française qui a, aux termes du deuxième alinéa de l'article 30 du Code civil, pour effet de faire peser la charge de la preuve sur le ministère public en cas de contestation de l'acquisition de la nationalité française. Toutefois, cette solution est contradictoire puisque certains justiciables seront amenés à devoir prouver, leur vie durant, la régularité de l'obtention de la nationalité française : c'est le cas pour les justiciables qui n'ont pas pris soin de demander un certificat de nationalité française[3677]. Cette décision – fort critiquable – est toutefois fort logique au regard de la décision n°2012-227 QPC[3678] puisque le Conseil constitutionnel se borne, dans ces deux décisions, à mesurer si l'égalité des armes n'est pas affectée entre les parties en ne sanctionnant que le déséquilibre flagrant entre elles.

1171. Les solutions adoptées par le Conseil constitutionnel attestent donc seulement d'une protection d'un équilibre global entre les parties au litige et non d'une quelconque prise en compte de l'éloignement temporel des faits à prouver. À ce titre, la décision n°2001-455 DC du 12 janvier 2002[3679] offre une clé de compréhension de la position adoptée par le Conseil constitutionnel. Il juge qu'en matière de preuve, les droits de la défense

---

Emmanuel PUTMAN ; Revue critique de droit international privé 2014, p. 85, note Paul LAGARDE ; Nouveaux Cahiers du Conseil constitutionnel 2014, n°43, note Hélène SURREL ; JCP G 2015, n°6, pp. 271-278, Chrn. Bertrand MATHIEU ; Michel VERPEAUX ; Ariana MACAYA.

3675 Pour une application de ce principe d'imprescriptibilité de l'action négatoire de nationalité : Cass. 1ère civ., 6 octobre 2010, n°09-15.792, Inédit.

3676 Cons. const., déc. n°2013-354 QPC, 22 novembre 2013, Mme Charly K., Cons. n°6.

3677 Emmanuel PUTMAN relève ainsi qu'« Il n'en demeure pas moins que les personnes qui ne bénéficient ni d'une possession d'état suffisante, ni d'un certificat de nationalité dûment établi, se trouvent exposées *ad vitam*, et leurs descendants après elles, à une action négatoire exorbitante au regard du droit commun de la prescription, ce qui est peut-être regrettable » (*Une action imprescriptible en matière de nationalité n'est pas contraire à la Constitution*, Revue Juridique Personnes et Famille 2014, n°1, p. 20).

3678 Cons. const., déc. n°2012-227 QPC, 30 mars 2012, M. Omar S. [Conditions de contestation par le procureur de la République de l'acquisition de la nationalité par mariage], cons. n°13 : préc.

3679 Cons. const., déc. n°2001-455 DC, 12 janvier 2002, Loi de modernisation sociale : Rec. p. 49 ; LPA 2002, n°15, pp. 5-30, note Jean-Éric SCHOETTL ; D. 2002, p. 1439, note Bertrand MATHIEU.

exigent de ne pas créer un déséquilibre flagrant entre les parties dans l'administration de la preuve. Seule l'inégalité des armes peut donc conduire à exiger, indirectement, une règle de prescription. Dès lors que cet équilibre n'est pas menacé – et cet équilibre est grossier – le Conseil constitutionnel préserve la liberté du législateur en matière de disposition légale relative à l'administration de la preuve. De ce fait, le Conseil constitutionnel se refuse à autonomiser la sécurité dans l'administration de la preuve au regard des droits de la défense.

1172. À notre sens, cette solution doit évoluer vers l'affirmation d'un principe autonome – c'est-à-dire détaché des droits de la défense – de sécurité dans l'administration de la preuve qui prenne en compte la difficulté dans l'administration d'une preuve ancienne. À ce titre, le maintien, *ad vitam*, d'une action négatoire de nationalité heurte nécessairement la sécurité probatoire puisque même si la charge de la preuve pèse sur l'autorité, la phase d'administration de la preuve conduira nécessairement le justiciable à répondre aux allégations du ministère public. De ce fait, le justiciable est bien contraint, sa vie durant à devoir administrer des preuves de nature à justifier les conditions d'acquisition de sa nationalité. À notre sens, cette solution ne peut être maintenue[3680]. L'affirmation d'un principe autonome de sécurité probatoire – fondé sur la garantie des droits de l'article 16 de la Déclaration des droits de l'Homme et du citoyen – afin de préserver la sécurité juridique en évitant d'exiger d'un justiciable l'administration d'une preuve trop ancienne. À la faveur d'une telle reconnaissance, l'exigence fondamentale de sécurité juridique se verrait ainsi protégée sous un autre de ses aspects. Une telle solution est particulièrement encouragée par les juges européens qui prennent en compte la difficulté de prouver qui résulte de l'éloignement temporel d'un fait.

§.2. – La prise en compte par les juridictions européennes de l'éloignement temporel des preuves

1173. Tant la Cour de justice de l'Union européenne (A) que la Cour européenne des droits de l'Homme (B) prennent en compte l'éloignement temporel de la preuve.

[3680] La jurisprudence de la Cour européenne des droits de l'Homme (CEDH, 9 janvier 2013, n°21722/11, Oleksandr Volkov c/ Ukraine : Journal du droit international (Clunet) 2014, n°3, chron. 6, Chr. Aude BREJON) s'oppose nécessairement à cette solution. Une action négatoire de nationalité extrêmement tardive serait contraire à l'article 6 de la Convention européenne des droits de l'Homme.

A/ La prise en compte de l'éloignement temporel des preuves par la Cour de justice de l'Union européenne

1174. La Cour de justice de l'Union européenne[3681] juge que les délais de prescription sont de nature à protéger la sécurité juridique[3682]. La solution retenue par la Cour de justice n'est pas étrangère à la difficulté de l'administration de la preuve puisqu'elle a jugé dans une affaire relative au droit du travail que « plus il s'écoule de temps après la survenance de l'insolvabilité de l'employeur, plus il devient difficile d'établir l'existence effective de créances salariales, ce qui pourrait nuire à la sécurité juridique »[3683]. Toutefois, la Cour de justice de l'Union européenne condamne, plus généralement, les délais de prescription lorsqu'ils sont de nature à priver les justiciables européens du bénéfice d'un droit offert par l'Union[3684]. Il existe donc, pour la Cour de justice de l'Union européenne, une nécessité de ménager des règles de prescription qui ne soient pas attentatoires à la préservation des droits.

1175. Le droit européen prend ainsi en compte la sécurité juridique. Dans les matières qui intègrent le champ du droit européen, la Cour de justice exige, au nom de ce principe, que les recours soient intentés dans un délai raisonnable[3685]. Cela signifie que, dans ces affaires, la Cour de justice impose,

---

[3681] Sur ce point : WATHELET Melchior et WILDEMEERSCH Jonathan, *Contentieux européen*, Larcier, Bruxelles, 2014, pp. 26-33.

[3682] CJUE, 15 avril 2010, n°C-542/08, Barth : Europe 2010, comm. 192, obs. Denis SIMON ; CJCE, 16 décembre 1976, Comet BV contre Produktschap voor Siergewassen, n°45-76, pts. 17-18 : Rec. p. 2043.

[3683] CJCE, 18 septembre 2003, n°C-125/01, Pflücke, pt. 36.

[3684] Dans l'affaire Pflücke la Cour estime que le délai de prescription ne saurait être accepté si « en pratique, [le justiciable ne parvient pas] à respecter ledit délai et qu'il ne bénéficie donc pas de la protection que la directive 80/987 vise précisément à lui garantir » (CJCE, 18 septembre 2003, n°C-125/01, Pflücke, pt. 37). Cette solution a été réitérée dans l'affaire Visciano où la Cour de justice estime qu'il revient au juge national d'apprécier si un délai de prescription « ne rend pas pratiquement impossible ou excessivement difficile l'exercice des droits reconnus par l'ordre juridique communautaire » (CJCE, 16 juillet 2009, n°C-69/08, Visciano, pt. 50 : Rec. p. 6741). De même, dans une affaire Pelati rendue en matière fiscale, la Cour de justice juge que le délai de prescription ne doit pas, en pratique, empêcher le droit des justiciables « de bénéficier des avantages fiscaux prévus par les dispositions de cette directive » (CJUE, 18 octobre 2012, n°C-603/10, Pelati, pt. 37). De la sorte, l'effectivité du droit offert par la législation européenne permet de mesurer la compatibilité du délai de prescription avec les principes européens.

[3685] Dans plusieurs affaires, les juges européens ont jugé contraire à la sécurité juridique l'absence de délai de prescription. Ils ont estimé qu'en l'absence d'un tel délai, il est nécessaire que le recours soit intenté dans un délai raisonnable. Dans une affaire du 15 septembre 2010 (Trib., 15 septembre 2010, n°T-157/09 P, Marcuccio c/ Commission : ECLI:EU:T:2013:508), il s'agissait, d'« un litige entre un fonctionnaire [européen] et une institution dont il dépend ou dépendait » (pt. 40). Le cadre légal de ce recours ne fixait « aucun délai pour l'introduction d'une demande en réparation d'un dommage » (pt. 41). Face à ce silence des textes, le Tribunal

de manière prétorienne, un délai raisonnable de prescription au nom de l'impératif fondamental de sécurité juridique. Il faut ici relever que le Conseil d'Etat a adopté une solution analogue[3686]. Si cette solution n'est pas directement fondée sur la difficulté de la preuve elle est fondée sur le risque « de mettre en péril la stabilité de situations juridiques acquises »[3687] si un tel délai n'était pas aménagé. Or, il existe un lien particulier entre la stabilité des situations acquises et l'administration de la preuve[3688]. La nécessité de préserver la stabilité des situations acquises intègre la difficulté croissante d'administrer la preuve de faits anciens et exige que les recours soient intentés dans un délai raisonnable. De la sorte, la Cour de Luxembourg tend à démontrer l'ardente nécessité de prévoir, en toute matière, un délai de prescription afin de préserver la sécurité juridique qui protège la stabilité des situations acquises. La nécessité de préserver la stabilité des situations juridiques permet de prendre indirectement en compte la difficulté dans l'administration de la preuve de faits anciens bien que la Cour de justice n'ait

---

juge qu'« une demande en réparation d'un dommage, doit se faire dans le respect des principes généraux de droit de l'Union européenne que sont les principes de sécurité juridique et de protection de la confiance légitime » (pt. 41). Dans cette optique, le Tribunal juge que « dans le silence des textes » ces principes s'opposent « à ce que les institutions et les personnes physiques ou morales puissent agir sans aucune limite de temps, risquant ainsi, notamment, de mettre en péril la stabilité de situations juridiques acquises, et requièrent le respect d'un délai raisonnable » (pt. 42). Il ne s'agit toutefois pas de la première manifestation d'une telle exigence en matière de délai de prescription. Le tribunal de première instance des communautés européennes avait déjà jugé que « Le respect d'un délai raisonnable est requis dans tous les cas où, dans le silence des textes, les principes de sécurité juridique ou de protection de la confiance légitime font obstacle à ce que les institutions communautaires et les personnes physiques ou morales agissent sans aucune limite de temps, risquant ainsi, notamment, de mettre en péril la stabilité de situations juridiques acquises » (Trib., 5 octobre 2004, n°T-144/02, Eagle e.a. c/ Commission, pt. 57 : Rec. p. II-3381). De même, dans une affaire, déjà ancienne, du 14 juillet 1972, la Cour de justice des Communautés européennes avait jugé qu'« en l'absence de texte [en matière de délai de prescription], l'exigence fondamentale de la sécurité juridique s'oppose à ce que la Commission puisse retarder indéfiniment l'exercice de son pouvoir d'infliger des amendes » et avait vérifié que la Commission avait respecté « un délai raisonnable » pour infliger de telles amendes (CJCE, 14 juillet 1972, n°C-52/69, J. R. Geigy AG c/ Commission des Communautés européennes, pt. 21 : Rec. p. 787).

[3686] Cette solution a été retenue en contentieux général (Conseil d'Etat, Ass., 15 juillet 2016, n°387763, Czabaj : Rec. p. 340 ; Dr. admin. 2016, n°12, comm. 63, comm. Gweltaz EVEILLARD ; RFDA 2016, p. 927, concl. Olivier HENRARD ; AJDA 2016, p. 1629, chron. Louis DUTHEILLET DE LAMOTHE et Guillaume ODINET) et en contentieux fiscal (Conseil d'Etat, Sect., 31 mars 2017, n°389842, M. Amar : RJF 06/17, n°616, conclusions Benoît BONHERT ; Procédures 2017, n°6, comm. 146, comm. Ludovic AYRAULT).

[3687] Trib., 5 octobre 2004, n°T-144/02, Eagle e.a. c/ Commission, pt. 57 : Rec. p. II-3381 ; Trib., 15 septembre 2010, n°T-157/09 P, Marcuccio c/ Commission, pt. 41 : préc.

[3688] Paul ESMEIN affirmait déjà que « La première règle de l'article 1315 – 'celui qui réclame l'exécution d'une obligation doit la prouver' – est une application sur le terrain de la faveur faite à la possession et aux situations acquises, une sorte de *principe d'inertie* » (*Le fondement de la responsabilité contractuelle rapprochée de la responsabilité délictuelle*, RTD Civ. 1933, p. 643).

pas pris position sur ce point. Il conviendrait que la Cour de justice de l'Union européenne se prononce sur les liens qui pourraient être noués entre l'exigence fondamentale de sécurité juridique et la preuve de faits anciens.

1176. La matière fiscale n'a pas échappé à l'exigence d'établir des délais raisonnables de prescription. La Cour de justice a posé comme principe que l'action de l'administration fiscale qui ne serait encadré dans aucune limite de « temps irait à l'encontre du principe de sécurité juridique qui exige que la situation fiscale de l'assujetti, eu égard à ses droits et obligations vis-à-vis de l'administration fiscale, ne soit pas indéfiniment susceptible d'être remise en cause »[3689]. La Cour de justice exige donc, en matière fiscale, qu'un délai de prescription soit établi afin que les droits et obligations du contribuable soient cristallisés au terme d'une certaine durée. Une affaire jugée le 10 décembre 2015[3690] en matière de prescription douanière illustre l'attitude particulièrement protectrice de la Cour de justice des délais de prescription. En l'espèce, la Cour de justice opère, dans le silence des textes, une interprétation constructive du code des douanes afin d'assurer l'application du principe de sécurité juridique. Elle juge que, bien qu'en matière de contrôle *a posteriori*, il n'existe pas de délai de prescription, ce contrôle ne peut avoir lieu que dans les limites temporelles prévues pour la communication de nouvelles dettes douanières. Cette interprétation constructive permet donc de sauvegarder la sécurité juridique en imposant un délai de prescription qui n'est pas directement prévu par les textes.

1177. Ainsi, bien que la difficulté de la preuve ne soit pas mise en avant par la Cour de justice de l'Union européenne dans ces affaires, l'exigence de sécurité juridique qui est mise en œuvre par ces solutions font une application – certes implicite – de la nécessité d'obvier d'imposer à une partie une preuve difficile. En cette matière, seule la Cour européenne des droits propose d'intéressants développements qui sont de nature à prohiber – au nom de l'équité – l'exigence relative à l'administration d'une preuve éloignée dans le temps.

B/ La prise en compte de l'éloignement temporel des preuves par la Cour européenne des droits de l'Homme

1178. La Cour européenne des droits de l'Homme opère un lien entre les délais de prescription et la difficulté de l'administration de la preuve de faits anciens.

[3689] CJUE, 12 juillet 2012, n°C-284/11, EMS-Bulgaria Transport, pt. 48 : ECLI:EU:C:2012:458 ; CJUE, 21 juin 2012, n°C-294/11, Elsacom, pt. 29 : ECLI:EU:C:2012:382 ; CJCE, 8 mai 2008, n°C-95/07 et C-96/07, Ecotrade, pt 44 : Rec. p. I-3457.

[3690] CJUE, 10 décembre 2015, n°C-427/14, SIA Veloserviss : ECLI:EU:C:2015:803 ; Europe 2016, n°2, comm. 53, comm. Safia CAZET.

Cela signifie qu'elle juge que les délais de prescription permettent de garantir la sécurité juridique. Cette affirmation a été posée dans un arrêt Stubbings et autres c/ Royaume-Uni[3691] par lequel elle a posé que les délais de prescription « ont plusieurs finalités importantes, à savoir garantir la sécurité juridique en fixant un terme aux actions, mettre les défendeurs potentiels à l'abri de plaintes tardives peut-être difficiles à contrer, et empêcher l'injustice qui pourrait se produire si les tribunaux étaient appelés à se prononcer sur des événements survenus loin dans le passé à partir d'éléments de preuve auxquels on ne pourrait plus ajouter foi et qui seraient incomplets en raison du temps écoulé »[3692]. L'intérêt de cette solution, confirmée depuis[3693], – au-delà du lien nécessaire qu'elle tisse entre le délai de prescription et la sécurité juridique – est qu'elle reconnaît que les délais de prescription permettent d'obvier les difficultés d'administration de la preuve de faits anciens dont la réalité est devenue incertaine. Le dépérissement de la preuve est pris en compte par la Cour de Strasbourg au nom de l'exigence fondamentale de sécurité juridique. Elle souligne ainsi le caractère injuste d'un procès fondé sur des preuves dont l'ancienneté ne permet plus d'accorder une quelconque valeur probante. Le fondement de cette exigence peut poser de légitimes interrogations. La Cour de Strasbourg souligne ainsi qu'une « injustice »[3694] pourrait découler de l'utilisation de preuves anciennes. Cette solution repose sur l'exigence fondamentale de sécurité juridique qui est au cœur de la Convention[3695].

1179. La jurisprudence ultérieure permet de mieux saisir la portée de cette exigence. Par l'arrêt, rendu en formation de Grande chambre, Pye, la Cour européenne des droits de l'Homme a étendu cette exigence de sécurité juridique aux affaires intéressant le droit de propriété protégé par l'article premier du premier protocole additionnel à la Convention[3696]. À la faveur de ce rattachement, le contentieux fiscal se voit offrir les présentes garanties[3697].

[3691] CEDH, 22 octobre 1996, n°22083/93 et 22095/93, Stubbings et autres c/ Royaume-Uni, § 51.

[3692] CEDH, 22 octobre 1996, n°22083/93 et 22095/93, Stubbings et autres c/ Royaume-Uni, § 51.

[3693] CEDH, Gde ch., 30 août 2007, n°44302/02, J.A. Pye (Oxford) LTD et J.A. Pye (Oxford) Land LTD c/ Royaume-Uni : JCP G 2008, n°12, doctr. 127, chr. Hugues PERINET-MARQUET ; JCP N 2008, n°21, 1203, chr. Hugues PERINET-MARQUET ; Revue de Jurisprudence Commerciale 2008, n°4, pp. 271-284, Chr., Jean-François FLAUSS ; RTD Civ. 2008, p. 507, note Thierry REVET.

[3694] CEDH, 22 octobre 1996, n°22083/93 et 22095/93, Stubbings et autres c/ Royaume-Uni, § 51.

[3695] La Cour européenne des droits de l'Homme a ainsi jugé, dans l'arrêt Marckx (CEDH, 13 juin 1979, n°6833/74, Marckx c/ Belgique) que le principe de sécurité juridique est un principe « nécessairement inhérent au droit de la Convention » européenne des droits de l'Homme.

[3696] CEDH, Gde ch., 30 août 2007, n°44302/02, J.A. Pye (Oxford) LTD et J.A. Pye (Oxford) Land LTD c/ Royaume-Uni, § 69 : préc.

[3697] L'article premier du premier protocole additionnel à la Convention européenne des droits de l'Homme est invocable tant devant le juge administratif de l'impôt tant au sein du

Sur le fondement de l'article premier du premier protocole additionnel, la Cour européenne des droits de l'Homme a jugé, de manière fort instructive, que « le principe de la sécurité juridique est implicite dans l'ensemble des articles de la Convention et qu'il constitue l'un des éléments fondamentaux de l'Etat de droit »[3698] et qu'il peut conduire à exiger, au nom de cette sécurité juridique que des règles de prescription soient établies par l'Etat pour protéger, de manière effective, le droit aux biens des justiciables[3699]. En somme, la Cour recherche si un juste équilibre est ménagé par les règles de prescription entre « la protection de la propriété et les exigences de l'intérêt général »[3700].

1180. La Cour européenne a même franchi un pas supplémentaire en jugeant que l'exigence de sécurité juridique exige que les justiciables puissent disposer de délais de prescription. Dans son arrêt Volkov c/ Ukraine[3701], la Cour de Strasbourg a jugé contraire à l'article 6§1 de la Convention européenne des droits de l'Homme la procédure disciplinaire menée contre un magistrat qui portait sur des faits anciens. Elle a relevé que « Le requérant se trouvait (...) placé dans une situation difficile, car il devait monter un dossier de défense à l'égard de faits dont certains étaient survenus dans un passé lointain »[3702]. Cette difficulté dans l'administration de la preuve imposée au requérant viole « l'article 6 § 1 de la Convention en raison de l'atteinte portée au principe de la sécurité juridique par l'absence de délai de prescription »[3703]. Le raisonnement suivi par la Cour de Strasbourg présente un intérêt particulier. En partant du constat d'une difficulté probatoire rencontrée par le requérant – contraint de rapporter la preuve de faits anciens – la Cour reconnaît l'existence d'une atteinte à la sécurité juridique et exige, en dernier lieu, l'instauration de délais de prescription. En d'autres termes, la difficulté probatoire exige de ménager des règles spécifiques de nature à limiter les

---

contentieux de l'assiette (Conseil d'Etat, 7e et 9e s.-s., 16 mai 1990, n°88782-95932, Gouralez de Gaspard : RJF 07/90, n°825) que du recouvrement (Conseil d'Etat, 30 juin 2000, n°181003, Manchec : RJF 9-10/00, n°1171) que devant le juge civil de l'impôt (Cass. com., 27 septembre 2005, n°03-15.245, Sté Montroyal).

3698 CEDH, 29 janvier 2013, n°66610/09, Zolotas c/ Grèce (n°2), § 53.

3699 Dans l'affaire Zolotas c/ Grèce (n°2), la Cour de Strasbourg pose que « l'Etat a l'obligation positive de protéger le citoyen et de prévoir ainsi l'obligation pour les banques, compte tenu des conséquences fâcheuses que peut avoir la prescription, d'informer le titulaire d'un compte inactif de l'approche de la fin du délai de prescription et de lui donner ainsi la possibilité d'interrompre la prescription en effectuant par exemple une opération sur le compte. N'exiger aucune information de ce type risque de rompre le juste équilibre entre les exigences de l'intérêt général de la collectivité et les impératifs de la sauvegarde des droits fondamentaux de l'individu » (§ 53).

3700 CEDH, 3 octobre 2013, n°25816/09, Giavi c/ Grèce, § 53 ; CEDH, 25 juin 2009, n°36963/06, Zouboulidis c/ Grèce, § 37.

3701 CEDH, 9 janvier 2013, n°21722/11, Oleksandr Volkov c/ Ukraine : Journal du droit international (Clunet) 2014, n°3, chron. 6, Chr. Aude BREJON.

3702 CEDH, 9 janvier 2013, n°21722/11, Oleksandr Volkov c/ Ukraine, § 138 : préc.

3703 CEDH, 9 janvier 2013, n°21722/11, Oleksandr Volkov c/ Ukraine, § 140 : préc.

difficultés de prouver des faits anciens. La sécurité juridique tend à exiger des Etats une garantie positive : celle d'un délai de prescription permettant d'éviter à une partie d'administrer une preuve difficile en raison de son ancienneté. De la sorte, *la Cour européenne des droits de l'Homme exige que l'administration de la preuve intègre une logique de sécurité juridique en ne contraignant pas les justiciables à rapporter une preuve trop difficile en raison de l'éloignement temporel des faits litigieux*. L'apport de cette solution est remarquable puisqu'elle impose de prendre en compte la difficulté de la preuve de faits anciens pour exiger l'aménagement de règles de prescription.

1181. Cette affaire pose néanmoins problème quant à son champ d'application. Dès lors que la solution retenue repose sur l'article 6§1 de la Convention européenne des droits de l'Homme, son application est limitée « aux contestations sur ses droits et obligations de caractère civil [et au] bien-fondé de toute accusation en matière pénale » qui constituent le champ d'application de l'article 6 de la Convention européenne des droits de l'Homme. Il serait nécessaire que la Cour européenne des droits de l'Homme reprenne cette position sur le terrain de l'article 1er du premier protocole additionnel à la Convention européenne des droits l'Homme. Or, à notre sens, aucun obstacle ne s'y oppose : l'arrêt Pye[3704] a déjà démontré que l'exigence de sécurité juridique posée – dans l'affaire Stubbings[3705] – en matière pénale devait également s'appliquer sur le fondement de l'article 1er du premier protocole additionnel[3706]. La place éminente occupée par la sécurité juridique exige, à notre sens, de transposer cette solution en dehors de la matière répressive. L'intérêt de cette solution est d'exiger l'instauration de délais de prescription afin d'offrir aux justiciables une sécurité juridique en matière d'administration de la preuve : le justiciable ne doit pas avoir à prouver des faits dont l'ancienneté rend l'administration d'une preuve trop difficile et incertaine. Or, l'incertitude qui s'attache à une preuve ancienne atteste que l'exigence de sécurité juridique qui est posée en matière de preuve intègre l'exigence du procès équitable. Sont ainsi prohibés les fardeaux probatoires relatifs à des faits anciens qui font peser sur une partie une charge excessive.

1182. Conclusion de la Sous-Section II. – Le principe de sécurité juridique exige que l'éloignement dans le temps de preuves soit pris en compte par les juridictions. Le constat d'une importante difficulté de la preuve est de nature

---

3704 CEDH, Gde ch., 30 août 2007, n°44302/02, J.A. Pye (Oxford) LTD et J.A. Pye (Oxford) Land LTD c/ Royaume-Uni : préc.

3705 CEDH, 22 octobre 1996, Stubbings et autres c/ Royaume-Uni, n°22083/93 et 22095/93, § 51.

3706 La Cour européenne des droits de l'Homme a pu l'avoir sous-entendu en affirmant que « Les délais de prescription sont un trait commun aux systèmes juridiques des États contractants en matière d'infractions pénales, disciplinaires et autres » (CEDH, 9 janvier 2013, n°21722/11, Oleksandr Volkov c/ Ukraine, § 137).

à rompre l'équité du litige. Les liens déterminants qui unissent la sécurité juridique au procès équitable attestent qu'exiger d'une partie la preuve d'un fait trop ancien est de nature à rompre l'équité du procès. En outre, il existe une nécessité particulière de ménager des règles de prescription au nom de l'exigence impérieuse de sécurité juridique. Au-delà du droit fondamental à un délai de prescription, c'est donc la prise en compte de la difficulté d'administrer une preuve éloignée dans le temps qui est exigée par ces juridictions.

1183. Conclusion de la Section II. – L'exigence fondamentale de sécurité juridique imprègne, désormais, les rapports du fait et du droit. Le respect, par la norme légale, du principe de sécurité juridique est ainsi mesuré à la lumière de la prévisibilité de la qualification d'une situation de fait. En somme, la prévisibilité du fait devient la mesure du respect, par la norme, de l'exigence fondamentale de sécurité juridique. Cette nécessaire prévisibilité du fait subsumé sous une qualification juridique conduit à intensifier les rapports entre le fait et le droit et donc entre la preuve et le droit. Les juridictions condamnent les marges subjectives d'appréciation qui sont présentes au sein d'une qualification ou d'un standard juridique. En ce sens, les juges doivent veiller à ce que les qualifications – et donc les preuves – respectent une exigence fondamentale de prévisibilité.

1184. Cette exigence de prévisibilité se manifeste également au travers de la prise en compte croissante de l'éloignement temporel des éléments de preuve. La preuve d'un fait ancien présente ainsi une difficulté particulière que la Cour européenne des droits de l'Homme, la Cour de justice de l'Union européenne et le juge de l'impôt prennent en compte. Si l'exigence de sécurité juridique n'affecte, en cette matière, que la matière pénale, il y a tout lieu d'espérer que la Cour européenne des droits de l'Homme prenne en compte de manière croissante l'exigence de sécurité juridique en imposant un assouplissement des règles de preuve face à une difficulté probatoire liée à l'éloignement temporel d'une preuve.

1185. Conclusion du Chapitre II. – L'équité probatoire tend, désormais, à offrir aux justiciables une chance raisonnable d'administrer leurs preuves. Cela signifie que les parties ne doivent pas se trouver dans une situation de net désavantage pour administrer la preuve de leurs allégations. Cette emprise de l'équité sur la phase d'administration de la preuve tend à démontrer qu'un droit probatoire commun est sur le point de se forger dont l'équité est la clé de voûte. Cela signifie que l'établissement de la réalité factuelle est dicté par des réflexes communs qui imprègnent l'établissement de cette réalité. En ce sens, l'égalité des armes irrigue l'administration de la preuve en forgeant une sorte d'harmonisation négative : les nets désavantages qui pèsent sur une partie sont de nature à rompre l'équité dans l'administration de la preuve et menacent *l'établissement équitable de la réalité factuelle.*

1186. À ce titre, la prise en compte croissante de la sécurité juridique dans l'administration de la preuve démontre que l'établissement de la réalité factuelle n'échappe pas à l'affirmation de ce principe : une preuve ne pourra être administrée que si elle respecte une exigence de prévisibilité. Enfin, la prise en compte de l'éloignement de la preuve dans le temps manifeste l'emprise du droit sur l'administration de la preuve. Or, la prise en compte de la *sécurité probatoire* ne saurait être distinguée de l'*équité probatoire* : l'exigence de prévisibilité de la preuve ne s'entend que comme un prolongement de l'exigence d'équilibre probatoire puisque l'administration d'une preuve trop ancienne affecte l'équilibre qui doit régner entre les parties au litige.

1187. Conclusion du Titre II. – La place croissante de l'équité en droit est manifeste en matière d'établissement de la preuve. L'affirmation d'une équité probatoire permet de mieux saisir la place occupée par cette notion au sein du droit de la preuve. L'équité apparaît comme un puissant vecteur d'harmonisation des règles de preuve en imprégnant la recherche de la réalité factuelle d'une empreinte particulière. Cette recherche ne peut se faire sans respecter certains principes qui renvoient, *in fine*, à l'exigence de justice. En ce sens, il doit être offert à chaque partie – justiciable, contribuable, administration – la faculté d'administrer une preuve. Plus encore, c'est l'égale faculté d'administrer une preuve qui est prise en compte par les juges. L'administration de la preuve se manifeste ainsi comme un processus égalitaire où les parties ne doivent pas se trouver dans une situation de net désavantage, l'une par rapport à l'autre, mais doivent disposer d'une possibilité égale d'administrer une preuve. Cette exigence d'équité se manifeste par l'affirmation de principes fondamentaux qui offrent à chaque partie une faculté de présenter mais aussi de discuter les preuves présentes au litige. L'établissement de la réalité factuelle est donc affecté par l'exigence d'équité qui imprègne l'ensemble des juridictions.

1188. Conclusion de la Partie II. – L'administration de la preuve est gouvernée par des principes communs qui encadrent l'établissement de la réalité factuelle. La loyauté et l'équité s'érigent comme des impératifs qui conditionnent l'établissement de la réalité factuelle. Ces deux principes confèrent une véritable assise à l'exigence de « légitimité procédurale »[3707] qui se dessine en droit probatoire contemporain. La loyauté et l'équité probatoires

---

[3707] MEKKI Mustapha, *Preuve et vérité en France*, in, *La preuve*, Journées internationales 2013 d'Amsterdam, Pays-Bas et Liège, Belgique, coll. Travaux Henri Capitant, vol. LXIII, Paris / Bruxelles, LB2V et Bruylant, 2015, n°5.

constituent la traduction, pour l'établissement de la réalité factuelle, des exigences du procès équitable. Ces deux principes trouvent leur racine commune dans l'exigence fondamentale d'équité. En ce sens, Bruno OPPETIT relève que « La référence à l'équité exprime essentiellement le souci d'organisation d'un procès équilibré et loyal »[3708]. La loyauté n'est donc qu'un aspect de l'équité, tout comme l'exigence d'équilibre entre les parties dans l'établissement de la réalité factuelle. Le procès équitable s'impose donc pleinement à l'administration de la preuve dessinant les contours de réflexes communs dans l'établissement de la réalité factuelle.

1189. L'équilibre et la loyauté présentent ainsi une unité particulière : être loyal dans le recueil d'une preuve, c'est ménager un équilibre entre les parties. L'équité constitue donc un ferment d'unité entre les juges de la matière fiscale puisque l'établissement de la réalité factuelle est gouverné par des principes juridiques qui transcendent les particularismes contentieux et qui tendent, dans le même temps, à éloigner le juge – au nom de la justice – de la vérité matérielle qu'ils perçoivent.

[3708] OPPETIT Bruno, *Philosophie du droit*, Dalloz, Précis, Droit privé, 1999, p. 124.

CONCLUSION GÉNÉRALE

1190. Au terme de ce travail, l'administration de la preuve atteste, en matière fiscale, d'une double inclination : l'une vers l'identité de chaque juge – qu'il soit administratif, civil ou pénal – l'autre vers des règles fondamentales qui tendent à rapprocher les modalités d'administration de la preuve entre ces juges.

1191. En ce sens, l'identité probatoire des juges administratif, civil et pénal est le fruit d'un encadrement légal propre à chacun de ces juges qui n'est pas altérée par la présence de dispositions propres au contentieux de l'imposition. Il n'existe donc pas de *matière fiscale probatoire* mais bien davantage une *matière probatoire fiscale* dès lors que le contentieux fiscal présente, en cette matière, moins une construction autonome que la mise en œuvre de règles applicables devant chacun de ses juges. L'identité probatoire de chaque juge est donc maintenue. Il existe ainsi une juxtaposition des juges administratif, civil et pénal qui statuent en matière fiscale et non des juges fiscaux qui établissent une preuve particulière en vertu de règles communes ou encore d'une nature propre au contentieux fiscal.

1192. La permanence de ces identités résulte du défaut de réelle harmonisation des règles de preuve en matière fiscale et de l'application des dispositions propres aux contentieux administratif, civil et pénal. Seule la matière répressive peut disposer d'une forme d'autonomie en matière probatoire, la présomption d'innocence disposant d'une portée transversale tant en matière pénale fiscale que pour la cause juridique des pénalités fiscales. En dehors de ce particularisme, l'identité de chaque juge de l'impôt est le reflet de l'identité de ces juges.

1193. Il faut donc se résoudre à considérer qu'il y a, entre les juges de la matière fiscale, une juxtaposition d'identités particulières. Cela signifie que chaque juge dispose d'un *devoir être* qui imprègne la réalité factuelle d'un *fard vernaculaire*. Etablir un fait, c'est, en somme, construire une réalité dessinée par le juge dont l'office imprègne les contours. Cet office est, comme nous l'avons montré, gouverné par les rapports égalitaires ou inégalitaires qui existent entre les parties. Ces règles sont donc plus *adaptées* qu'*inhérentes* à la réalité juridictionnelle. À ce titre, la réalité est façonnée – mais aussi altérée – par chaque juge qui *croit devoir l'établir* en fonction de paramètres qui sont extérieurs à cette réalité. La preuve n'est jamais révélée par une quelconque transcendance mais (re-)construite à la lumière de conceptions particulières au terme d'une procédure qui dispose d'aspects propres.

1194. Toutefois, l'établissement de la réalité factuelle ne saurait exclure l'existence de principes communs. La vérité juridictionnelle peut ainsi être constituée, tout à la fois, d'un rapport entre le juge et les parties mais également d'un rapport entre le juge et une conception partagée du droit. L'affirmation d'une *fondamentalité probatoire* révèle une attention croissante du juge à l'Homme et de la Justice à l'humanité.

1195. La preuve est ainsi le fruit d'une *procédure juridiquement située* où les principes fondamentaux occupent une place déterminante. Les exigences de loyauté et d'équité bouleversent l'établissement de la réalité factuelle. L'affirmation de règles d'admissibilité de la preuve – dont le caractère allogène a été démontré – atteste de l'empreinte croissante des droits fondamentaux sur l'établissement de la réalité factuelle. Ecarter un fait au nom d'un principe considéré comme fondamental démontre que la vérité juridictionnelle s'écarte – pour mieux protéger certaines valeurs éminentes – de la réalité matérielle. La réalité factuelle s'en trouve altérée au profit d'une reconstruction *artificielle* mais *souhaitée* de cette réalité.

1196. Les conditions d'établissement de la réalité factuelle priment ainsi sur le résultat brut de l'administration de la preuve. Le procès devient un espace où l'équilibre entre les parties constitue une condition de l'établissement de la réalité factuelle. La légitimité procédurale de la preuve devient ainsi l'enjeu central du procès et constitue une exigence commune aux juges fiscaux.

1197. À l'aune de cette démonstration, la réalité juridictionnelle demeure le fruit d'une construction mouvante, toujours en devenir. Elle demeure résolument fondée sur une croyance. À ce titre, Jean-Marc SAUVE a relevé que « Les droits fondamentaux expriment un peu de cette nature de l'homme ; ils sont ce que l'homme 'croit qu'il est' et, par conséquent, ce qu'il convient de protéger »[3709]. La *croyance en un devoir être* qui anime chaque juge dans l'établissement de la réalité factuelle peut donc intégrer une *croyance commune*. Il n'y a donc rien d'étonnant d'entrevoir, dans l'établissement de la réalité factuelle, une expansion de principes fondamentaux qui imprègne cet établissement. Les droits fondamentaux forgent ainsi une « grammaire »[3710] commune à l'établissement de la preuve judiciaire.

[3709] SAUVE Jean-Marc, *Y a-t-il trop de droits fondamentaux ?*, Rentrée solennelle de la faculté de Montpellier, 18 septembre 2012, disponible sur le site internet du Conseil d'Etat.
[3710] FOUCAULT Michel, *Du gouvernement des vivants, Cours au Collège de France (1979-1980), Leçon du 6 février 1980*, EHESS-Gallimard-Seuil, Coll. Hautes Etudes, 2012, p. 96.

1198. Cette démonstration atteste qu'il existe une rétroaction entre les principes juridiques et la réalité factuelle établie devant les juges. Nous croyons ainsi avoir démontré que la matière probatoire peut s'analyser juridiquement car les règles et principes juridiques offrent une inépuisable matière à l'étude de la preuve. Ce constat tend à démontrer les limites d'un rationalisme triomphant – identifié dès la fin du XIXe siècle – qui a pu être conçu comme l'horizon radieux – et unique – de la preuve juridictionnelle. L'affirmation de la science dans le domaine probatoire a pu être conçue comme un vecteur puissant d'objectivisation de la réalité juridictionnelle. Pourtant, la preuve ne saurait, en dépit de l'usage quotidien de techniques scientifiques, dont l'expertise atteste l'importance, s'affranchir de perceptions particulières qui détournent sans cesse la réalité juridictionnelle de la vérité qu'elle croit – et souhaite – établir.

1199. La preuve demeure un trait d'union entre la règle de droit et la réalité factuelle qui ne doit pas entraver la reconnaissance de ce droit. La preuve juridictionnelle reflète donc les transformations du droit puisqu'elle est considérée, à juste titre, comme le relais essentiel, de l'emprise du droit sur les réalités concrètes. Il est donc logique que la preuve juridictionnelle soit imprégnée des *métamorphoses*[3711] de notre système juridique. L'avènement du règne des droits fondamentaux affecte ainsi l'établissement de la réalité factuelle.

1200. En définitive, située à mi-chemin entre le possible et le souhaitable, la preuve juridictionnelle apparaît comme l'expression d'un devoir être empreint des conceptions propres à chaque juge sans pour autant exclure l'affirmation de conceptions communes. Les mutations du droit affectent ainsi la réalité juridictionnelle qui apparaît être le reflet de certitudes relatives – qu'il conviendrait mieux de nommer *savoir* – fixées dans la fugacité du temps.

[3711] PICARD Etienne, *La classification des fonctions administratives : la métamorphose des concepts juridiques*, in, Conférences Vincent WRIGHT, Vol. 2, La documentation française, 2015, pp. 119-148.

BIBLIOGRAPHIE

I. – Thèses et mémoires

ALBIGES Christophe, De l'équité en droit privé, Montpellier 1, LGDJ, Bibliothèque de droit privé, Tome 329, 1997.

AMBROISE-CASTEROT Coralie, De l'accusatoire et de l'inquisitoire dans l'instruction préparatoire, Bordeaux 4, 2000.

ANDRE Georges, Du principe de la neutralité du juge dans l'instruction des affaires civiles, Paris, Jouve et Cie, 1910.

ASCENSI Lionel, Du principe de la contradiction, Paris 1, LGDJ, Coll. Bibliothèque de droit privé, Tome 454, 2006.

AUBIJOUX-IMARD Patricia, Le dialogue dans le procès, Paris 2, 1999.

AYRAULT Ludovic, Le contrôle juridictionnel de la régularité de la procédure d'imposition, Paris 2, L'Harmattan, Coll. Finances publiques, 2004.

BAFFI Albert, La valeur probante de la comptabilité face à l'administration fiscale, Paris 2, 2007.

BAHUET André, Le détournement de pouvoir, Paris, 1912.

BAILLEUL David, L'efficacité comparée des recours pour excès de pouvoir et de plein contentieux objectif en droit public français, Le Havre, LGDJ, Coll. Bibliothèque de droit public, 2002.

BALAT Nicolas, Essai sur le droit commun, Paris 2, LGDJ, Coll. Bibliothèque de droit privé, Tome 571, 2016.

BALDOUS Benjamin, Les pouvoirs du juge de pleine juridiction, Aix-Marseille 3, 1998.

BALME François-Xavier, Contribution théorique et pratique au droit de la preuve, Etude comparative entre les droits français et anglais applique aux transport maritimes, Paris 1, PUAM, Préface de Philippe DELEBECQUE, 2017.

BARRERE Emile, De la charge de la Preuve dans l'assiette et le contentieux des impôts sur les revenus, Toulouse, 1925.

BERGEAUD Aurélie, Le droit à la preuve, Bordeaux 4, LGDJ, Coll. Bibliothèque de droit privé, Tome 525, 2010.

BERGERES Maurice-Christian, Le principe des droits de la défense en droit fiscal, Bordeaux, 1975.

BERN Philippe, La nature juridique du contentieux de l'imposition, Paris, LGDJ, Bibliothèque de droit public, Tome 109, 1972.

BERNABE Boris, La récusation des juges, Etude médiévale, moderne et contemporaine, Toulouse 1, LGDJ, Coll. Bibliothèque de droit privé, Tome 514, 2009.
BETROM Gaëlle, Le principe d'égalité des armes au sens de la Convention européenne des droits de l'homme, Thèse de doctorat micro-fichée, Montpellier 1, 2006.
BIENVENU Jean-Jacques, L'interprétation juridictionnelle des actes administratifs et des lois : sa nature et sa fonction dans l'élaboration du droit administratif, Paris 2, 1979.
BIRKENFELD Wolfram, Beweis und Beweiswürdigung im Steuerrecht, Köln (Cologne), Allemagne, Ed. W. Kleikamp, 1973.
BOLZE Pierre, Le droit à la preuve contraire en procédure pénale, Nancy, Thèse numérique, 2010.
BONNARD Roger, Des contraventions de grande voirie, Bordeaux, 1904.
BOTTON Antoine, Contribution à l'étude de l'autorité de la chose jugée au pénal sur le civil, Toulouse 1, LGDJ, Coll. Bibliothèque des sciences criminelles, Tome 49, 2010.
BOUIFFROR Sofiene, Le pouvoir d'appréciation des juges : le cas de la cour internationale de justice, Thèse de doctorat micro-fichée, Paris 10, 2008.
BOURREL Antoine, Le Conseil d'Etat juge de cassation face au pouvoir d'appréciation des juges du fond, Thèse de doctorat micro-fichée, Pau, 1999.
BOURSIER Marie-Emma, Le principe de loyauté en droit processuel, Paris 2, Dalloz, Coll. Nouvelle Bibliothèque de thèses, Tome 23, 2003.
BOUSTA Rhita, Essai sur la notion de bonne administration en droit public, Paris 1, L'Harmattan, 2010.
BUFFA Stéphane, Le pouvoir discrétionnaire de l'administration fiscale, IRJS, Coll. Bibliothèque de l'Institut de recherche juridique de la Sorbonne - André Tunc, Tome 50, 2014.
CADENE Jean, La preuve en matière pénale, essai d'une théorie générale, Montpellier, 1963.
CAIRE Anne-Blandine, Relecture des présomptions à la lumière du droit européen des droits de l'Homme, Limoges, Pedone, 2012.
CAPDEPON Yannick, Essai d'une théorie générale des droits de la défense, Bordeaux 4, Dalloz, Coll. Nouvelle Bibliothèque de Thèses, Tome 122, 2013.
CARRASCO-DAËRON Marie, La dissimulation en droit pénal, Toulouse 1, Institut Universitaire Varenne, Coll. Thèses, 2015.
CASIMIR Jean-Pierre, Les signes extérieurs de revenus, Le contrôle et la reconstitution du revenu global par l'Administration fiscale, Dijon, LGDJ, 1979.
CASTAGNEDE Bernard, La répartition des compétences juridictionnelles en matière fiscale, Paris 1, 1972.
CESARO Jean-François, Le doute en droit privé, Paris 2, LGDJ, Ed. Panthéon-Assas, 2003.

CHARLES Christopher, Le juge administratif, juge administrateur, Toulouse 1, 2003.
CHAUTARD Agnès, La mutabilité de l'instance fiscale et le droit à un procès équitable, Paris 2, L'Harmattan, Coll. Finances publiques, 2003.
CLEMENT Stéphane, Les droits de la défense dans le procès pénal : du principe du contradictoire à l'égalité des armes, Thèse de doctorat numérique, Nantes, 2007.
COLLIN Alexis, Pour une conception renouvelée de la prescription, Paris 11, Defrénois, 2008.
COLSON Jean-Philippe, L'office du juge et la preuve dans le contentieux administratif, Montpellier, LGDJ, Coll. Bibliothèque de droit public, Tome 101, 1969.
COLSON Renaud, La fonction de juger, étude historique et positive, Nantes, Presses Universitaires de la Faculté de Droit de Clermont-Ferrand Université d'Auvergne, LGDJ, Fondation Varenne, 2006.
CONTE Philippe, L'apparence en matière pénale, Grenoble 2, 1984.
COSTA Delphine, Les fictions juridiques en droit administratif, Paris 1, LGDJ, Coll. Bibliothèque de droit public, Tome 210, 2000.
COTTINI Marc, La communauté d'intérêts en droit fiscal français, contribution à l'étude de l'anormalité en matière de preuve fiscale, Aix Marseille 3, Thèse de doctorat micro-fichée, 1998.
COUPILLAUD Marie-Paule, La preuve en droit du travail, Thèse de doctorat micro-fichée, Bordeaux 4, 2005.
COUVEINHES MATSUMOTO Florian, L'effectivité en droit international, Bruylant, 2014.
CREMERY Raymond, Des pouvoirs du juge dans le contentieux administratif des élections, Paris, F. Loviton, 1936.
CREN Rozen, Poursuites et sanctions en droit pénal douanier, Thèse de doctorat numérique, 2011.
DALBIGNAT-DEHARO Gaëlle, Vérité scientifique et vérité judiciaire en droit privé, Paris 1, LGDJ, Coll. Bibliothèque de l'Institut André Tunc, Tome 2, 2004.
DAVID Cyrille, La loi étrangère devant le juge du fond, Dalloz, Coll. Bibliothèque de droit international privé, Tome 3, 1965.
DE BERARD François, Le devoir de loyauté dans le contentieux privé international, Thèse de doctorat micro-fichée, Paris 10, 2009.
DE GASTINES Louis, Les présomptions en droit administratif, LGDJ, Coll. Bibliothèque de droit public, Tome 163, 1991.
DE LA MARDIERE Christophe, Recours pour excès de pouvoir et contentieux administratif de l'impôt, Thèse de doctorat, Paris 2, LGDJ, Coll. Bibliothèque de science financière, Tome 41, 2002.
DE MONTALIVET Pierre, Les objectifs de valeur constitutionnelle, Paris 2, Dalloz, Coll. Bibliothèque parlementaire et constitutionnelle, 2006.

DE VALKENEER Christian, La tromperie dans l'administration de la preuve pénale, Louvain, Belgique, Larcier, 2000.
DAIGRE Jean-Jacques, La production forcée des pièces dans le procès civil, Poitiers, Publications de la Faculté de droit et des sciences sociales de Poitiers, 1976.
DEBAT Olivier, La rétroactivité et le droit fiscal, Toulouse 1, Defrénois, Coll. Doctorat et notariat, 2006.
DEBBASCH Charles, Procédure administrative contentieuse et procédure civile, Thèse de doctorat, Aix-en-Provence, LGDJ, Coll. Bibliothèque de droit public, Tome 38, 1962.
DECOTTIGNIES Roger, Les présomptions en droit privé, Lille, 1949.
DEDEURWAERDER Gilles, Théorie de l'interprétation et droit fiscal, Paris 2, Dalloz, Coll. Nouvelle bibliothèque de thèses, Tome 94, 2008.
DEGUERGUE Maryse, Jurisprudence et doctrine dans l'élaboration du droit de la responsabilité administrative, Paris 1, LGDJ, Coll. Bibliothèque de droit public, Tome 171, 1994.
DEJEAN DE LA BATIE Noël, Appréciation in abstracto et appréciation in concreto en droit civil français, Paris, LGDJ, Coll. Bibliothèque de droit privé, Tome 57, 1965.
DEMARCHI Jean-Raphaël, Les preuves scientifiques et le procès pénal, Nice, LGDJ, Coll. Bibliothèque des sciences criminelles, Tome 55, 2012.
DENIZART Jean, La charge de la preuve en matière pénale, Lille, 1956.
DERUEL François Patrice, La preuve en matière fiscale, Paris, 1962.
DESGORGES Richard, La bonne foi dans le droit des contrats : rôle actuel et perspectives, Paris 2, 1992.
DESHAYES Fred, Contribution à une théorie de la preuve devant la Cour européenne des droits de l'homme, Montpellier 1, 2002.
DEVEZE Jean, Contribution à l'étude de la charge de la preuve en matière civile, Toulouse 1, 1980.
DEVISMES Robert, De la production et de la force probante des pièces d'une procédure pénale devant les juridictions civiles et commerciales, Paris, Sirey, 1944.
DUEZ Paul, La responsabilité de la puissance publique, Dalloz, Coll. Bibliothèque Dalloz, 2012 (1938).
DURAND-GIRARD Valérie, La prescription en droit civil : essai d'une théorie unitaire, Versailles-St Quentin en Yvelines, 2008.
DUSSART DALBIES Bérangère, La preuve en matière fiscale, Thèse de doctorat micro-fichée, Aix-Marseille 3, 1992.
EBREN Henri, Théorie du détournement de pouvoir, Lyon, 1901.
ESSAID Mohammed-Jalal, La présomption d'innocence, Paris, Ed. La Porte, 1971.
EUDES Marina, La pratique judiciaire interne de la Cour européenne des droits de l'Homme, Paris 10, Pedone, 2005.

FARHAT Raymond, Le secret bancaire : étude de droit comparé, France, Suisse, Liban, Paris, LGDJ, Coll. Bibliothèque de science financière, Tome 8, 1970.

FARTUNOVA Maria, La preuve dans le droit de l'Union européenne, Paris 2, Bruylant, Coll. Droit de l'Union européenne, Tome 36, Bruxelles, 2013.

FAVIER-VERGNE Isabelle, L'impartialité à la lumière de la Convention européenne des droits de l'Homme, Saint Etienne, Thèse de doctorat microfichée, 2003.

FLAMENS Camille, Le serment fiscal en matière d'enregistrement, Toulouse, 1913.

FLANDROIS Cécile, La loyauté dans la concurrence, Thèse de doctorat micro-fichée, Lyon 3, 2002.

FRASHERI Tomi, Droit administratif de la preuve et nouvelles technologies : la preuve et l'office du juge en contentieux administratif face au défi du droit numérique, Paris 2, Mémoire de master 2, 2007.

FOROUTANI Djavad, Le fardeau de la preuve en matière pénale, Essai d'une théorie générale, Paris 2, 1977.

FOULETIER Marjolaine, Recherches sur l'équité en droit public français, Thèse de doctorat, Poitiers, LGDJ, Coll. Bibliothèque de droit public, Tome 229, 2003.

FOULQUIER Caroline, La preuve et la justice administrative française, Toulouse 1, L'Harmattan, Logiques juridiques, 2013.

FOYER Jean, De l'autorité de la chose jugée en matière civile : Essai d'une définition, Paris, 1954.

FRISON-ROCHE Marie-Anne, Généralités sur le principe du contradictoire, Droit processuel, Paris 2, 1988.

FROGER Charles, La prescription extinctive des obligations en droit public interne, Bordeaux 4, Dalloz, Coll. Nouvelle Bibliothèque des Thèses, Tome 145, 2015.

GAMBARAZA Marc, Le statut juridique de la Déclaration universelle des droits de l'Homme, Thèse de doctorat numérique, Paris 2, 2013.

GARRAUD Pierre, La preuve par indices dans le procès pénal, Lyon, 1913.

GAUDEMET Yves, Les méthodes du juge administratif, Paris, LGDJ, Coll. Bibliothèque de droit public, Tome 108, 1972.

GIRARD Fabien, Essai sur la preuve dans son environnement culturel, Grenoble, Presses universitaires d'Aix-Marseille, 2 tomes, 2013.

GIRAUD Marcel, La preuve civile par pièces de procédure pénale, Alger, 1941.

GLOTZ Gustave, L'ordalie dans la Grèce primitive : étude de droit et de mythologie, Paris, Ed. Albert Fontemoing, 1904.

GOHIN Olivier, La contradiction dans la procédure administrative contentieuse, Paris 2, LGDJ, Coll. Bibliothèque de droit public, Tome 151, 1988.

GOLDENBERG Léo, Le Conseil d'Etat juge du fait, Etude de l'administration des juges, Paris, Dalloz, 1932.
GORPHE François, Le principe de la bonne foi, Paris, Dalloz, 1928.
GREVAIN-LEMERCIER Karine, Le devoir de loyauté en droit des sociétés, Rennes 1, Presses universitaires d'Aix-Marseille, 2011.
GROUD Thomas Habu, La preuve en droit international privé français, Paris 10, Presses universitaires d'Aix-Marseille, Coll. Institut de droit des affaires, 2000.
GUILLET Pierre-Siffrein, Les présomptions en droit fiscal, Thèse de doctorat micro-fichée, Aix-Marseille 3, 2008.
HALPERIN Jean-Louis, Le tribunal de cassation et les pouvoirs sous la Révolution (1790-1799), Paris, LGDJ, Bibliothèque d'Histoire du droit et droit romain, Tome 23, 1987.
HEBRAUD Pierre, L'autorité de la chose jugée au criminel sur le civil, Toulouse, 1929.
HECQUET Virginie, Les présomptions de responsabilité en droit pénal, Lille 2, Thèse de doctorat micro-fichée, 2006.
HOFFSCHIR Nicolas, La charge de la preuve en droit civil, Thèse de doctorat, Paris 10, Dalloz, Coll. Nouvelle Bibliothèque de Thèses, Tome 153, 2016.
HOUBRON Héléna Maria, Loyauté et vérité : étude de droit processuel, Reims, Thèse de doctorat micro-fichée, 2004.
HUCHER Gabriel, De l'utilisation devant la juridiction civile d'un dossier pénal, Caen, 1941.
ISSA Ahmad, La responsabilité médicale en droit public, Etude comparée, Grenoble, LGDJ, 2012.
JALUZOT Béatrice, La bonne foi dans les contrats, Etude comparative de droit français, allemand et japonais, Lyon 3, Dalloz, Coll. Nouvelle bibliothèque de thèses, Tome 5, 2001.
JAY Etienne, Les moyens de preuve et de recherche qui appartiennent à l'Administration de l'Enregistrement pour l'exercice de son droit de contrôle, Paris, 1927.
JEANNARD Sébastien, Les transformations de l'ordonnancement juridique douanier en France, Paris 1, LGDJ, Coll. Bibliothèque Finances publiques et fiscalité, Tome 52, 2011.
JEMMAR Soufiane, L'évaluation des biens et services en droit fiscal, L'Harmattan, Logiques juridiques, 2010.
JOSSERAND Sylvie, L'impartialité du magistrat en procédure pénale, Grenoble 2, LGDJ, Coll. Bibliothèque des sciences criminelles, Tome 33, 1998.
JOUSSET Damien, L'emploi des présomptions dans la lutte contre la fraude et l'évasion fiscales internationales, Thèse numérique, Paris 1, 2016.
KAMOUN Fériel, La preuve en droit fiscal, Sfax, Tunisie, Mémoire de recherche numérique, 2002.

KORNPROBST Bruno, La notion de partie et le recours pour excès de pouvoir, Aix-Marseille, LGDJ, Coll. Bibliothèque de droit public, Tome 21, 1959.
KORNPROBST Emmanuel, La notion de bonne foi : application au droit fiscal français, LGDJ, Coll. Bibliothèque de droit privé, Tome 165, 1980.
LA ROSA Anne-Marie, Juridictions pénales internationales, La procédure et la preuve, Genève, Suisse, PUF, 2003.
LAGARDE Xavier, Réflexion critique sur le droit de la preuve, Paris 1, LGDJ, Coll. Bibliothèque de droit privé, Tome 239, 1994.
LAKHOUA Mohamed Hédi, La loyauté dans la recherche des preuves en matière pénale, Paris 2, 1973.
LAMBERT-WIBER Sophie, Contribution du droit civil a une approche renouvelée de la charge de la preuve en droit fiscal, Rouen, Thèse de doctorat micro-fichée, 1996.
LASSERRE-CAPDEVILLE Jérôme, Le secret bancaire, étude de droit comparé (France, Suisse, Luxembourg), Presses universitaires d'Aix-Marseille, 2006.
LAURIE Fréderic, L'appréciation de la faute disciplinaire dans la fonction publique, Thèse de doctorat micro-fichée, Aix-Marseille, 2001.
LAVEISSIERE Caroline, L'impartialité du juge administratif, Thèse de doctorat micro-fichée, Bordeaux 4, 2007.
LE GALL Erwan, Le devoir de collaboration des parties à la manifestation de la vérité dans les litiges privés : Remarques sur l'adage nemo tenetur edere contra se, Paris, 1967.
LE GOFF Peggy, Recherches sur l'impartialité en droit administratif, Thèse micro-fichée, Toulon, 2004.
LECLERC Olivier, Le juge et l'expert, Contribution à l'étude des rapports entre le droit et la science, Paris 10, LGDJ, Coll. Bibliothèque de droit privé, Tome 443, 2005.
LEGEAIS Raymond, Les règles de preuve en droit civil : permanences et transformations, Paris, Sirey, 1955.
LEPETIT-COLLIN Hélène, Recherches sur le plein contentieux objectif, Paris 2, LGDJ, Coll. Bibliothèque de droit public, Tome 269, 2011.
LEROYER Anne-Marie, Les fictions juridiques, Paris 2, 1995.
LEVY Jean-Philippe, La hiérarchie des preuves dans le droit savant du Moyen-Age, Annales de l'Université de Lyon, Mémoire pour le diplôme de Sciences religieuses à l'Ecole des Hautes Etudes, Sirey, 1939.
LLORENS-FRAYSSE Françoise, La présomption de faute dans les contentieux administratif de la responsabilité, LGDJ, Coll. Bibliothèque de droit public, Tome 149, 1985.
LOSAPPIO Philippe, Essai sur les difficultés d'application du droit fiscal français : la vraisemblance et l'équité, Paris 1, LGDJ, Coll. Bibliothèque de science financière, Tome 30, 1994.

LOURD Jean, Les modes de preuve du droit civil devant les juridictions répressives, Montpellier, 1935.
LUCIANI-MIEN Dominique, L'effectivité des droits de la défense en procédure pénale, Paris 2, 2006.
LUKASZEWICZ Jean-Pierre, Nouveaux aperçus sur l'autonomie du droit fiscal, Amiens, 1973.
MALABAT Valerie, Appréciation in abstracto et appréciation in concreto en droit pénal, Bordeaux 4, Thèse de doctorat micro-fichée, 1999.
MARTET Laurent, Essai d'une théorie générale des droits d'une personne privée de liberté, Thèse de doctorat numérique, Nancy, 2014.
MARTINEZ-MEHLINGER José, Le recours pour excès de pouvoir en matière fiscale, L'Harmattan, Coll. Logiques juridiques, 2002.
MASCLET DE BARBARIN Marie, Le contentieux de recouvrement de l'impôt, Aix-Marseille, LGDJ, Coll. Bibliothèque de droit public, Tome 243, 2004.
MAYAUD Yves, Le mensonge en droit pénal : essai d'une théorie générale, Lyon 3, 1976.
MEJEAN Charles, La procédure devant le Conseil de Préfecture, Paris, Dalloz, 1949.
MELLERAY Fabrice, Essai sur la structure du contentieux administratif français, Pour un renouvellement de la classification des principales voies de droit ouvertes devant les juridictions à compétence générale, LGDJ, Coll. Bibliothèque de droit public, Tome 212, 2001.
MERLE Philippe, Les présomptions légales en droit pénal, Nancy, LGDJ, 1970.
MILANO Laure, Le droit à un tribunal au sens de la Convention européenne des droits de l'Homme, Montpellier 1, Dalloz, Coll. Nouvelle Bibliothèque de thèses, Tome 57, 2006.
MILLAN Philippe, Le consentement à l'impôt, Paris 2, 1996.
MOLINA Emmanuel, La liberté de la preuve des infractions en droit français contemporain, Thèse microfichée, Aix-Marseille, Presses universitaires d'Aix-Marseille, 2001.
MOTUKSKY Henri, Principes d'une réalisation méthodique du droit privé, La théorie des éléments générateurs des droits subjectifs, Lyon, Sirey, 1948.
MUZNY Petr, La technique de proportionnalité et le juge de la Convention européenne des droits de l'homme, Essai sur un instrument nécessaire dans une société démocratique, Aix-Marseille 3, Presses universitaires d'Aix-Marseille, 2005.
NAGOUAS-GUERIN Marie-Cécile, Le doute en matière pénale, Bordeaux 4, Dalloz, Coll. Nouvelle Bibliothèque de Thèses, Tome 18, 2002.
NEGRIN Olivier, L'application dans le temps des textes fiscaux, Aix-Marseille 3, Thèse de doctorat micro-fichée, 2002.
NIYUNGEKO Gérard, La preuve devant les juridictions internationales, Belgique, Bruylant, 2005.

NOEL Gilles, La réclamation préalable devant le service des impôts, Orléans, LGDJ, Coll. Bibliothèque de science financière, Tome 21, 1985.
NORMAND Jacques, Le juge et le litige, Lille, LGDJ, Coll. Bibliothèque de droit privé, Tome 65, 1965.
OUATTARA Aboudramane, La preuve électronique : étude de droit comparé Afrique, Europe, Canada, Abidjan-Cocody, Côte d'Ivoire, PUAM, Collection Horizons juridiques africains, 2011.
PACTET Pierre, Essai d'une théorie de la preuve devant la Juridiction Administrative, Paris, Pedone, 1952.
PELLETIER Marc, Les normes du droit fiscal, Paris 1, Dalloz, Coll. Nouvelle bibliothèque de thèses, Tome 78, 2008.
PERUCCA Bruno, L'impartialité du juge pénal, Thèse de doctorat microfichée, Nice, 1997.
PERROUD Thomas, La fonction contentieuse des autorités de régulation en France, Paris 1, Dalloz, Coll. Nouvelle Bibliothèque de Thèses, Tome 127, 2013.
PICHOT-BRAVARD Philippe, Conserver l'ordre constitutionnel (XVIe-XIXe siècle), Les discours, les organes et les procédés juridiques, Paris 2, LGDJ, Coll. Bibliothèque d'Histoire du Droit et Droit Romain, Tome 24, 2011.
PONTES VIERA Iure, La valeur en droit fiscal et douanier, LGDJ, Coll. Bibliothèque finances publiques et fiscalité, Tome 56, 2012.
PUJOL Jean, L'application du droit privé en matière fiscale : recherches sur la véritable place du droit privé dans le système fiscal français, Paris 1, LGDJ, Coll. Bibliothèque de science financière, Tome 25, 1984.
QUETAND-FINET Claire, Les présomptions en droit privé, Paris 1, Bibliothèque de l'Institut de recherche juridique de la SorbonneRJS, Tome 44, 2013.
RAYMOND Josiane, La charge de la preuve en matière de traitement et salaires, Mémoire de recherche, Paris 1, 1981.
RAYNAUD Jean, Le détournement de procédure, Paris, 1950.
RENAHY Marc, Unité et diversité du contentieux fiscal, Paris, 1955.
RENARD Michel, De la nature juridique de la déclaration, Son influence sur la vérification fiscale des comptabilités industrielles et commerciales, Paris, 1952.
RIALS Stéphane, Le juge administratif français et la technique du standard, Essai sur le traitement juridictionnel de l'idée de normalité, Paris 2, LGDJ, Coll. Bibliothèque de droit public, Tome 135, 1980.
ROETS Damien, Impartialité et justice pénale, Poitiers, Cujas, 1997.
RRAPI Patricia, L'accessibilité et l'intelligibilité de la loi en droit constitutionnel, Aix-Marseille, Dalloz, Coll. Nouvelle Bibliothèque de Thèses, Tome 137, 2014.
SALOMON Eva, Le juge pénal et l'émotion, Thèse numérique, Paris 2, 2015.
SANO Claudia, Legal Presumptions in National Tax Systems (Italy and Belgium) and in EU Law, Université de Bologne et d'Antwerpen, 2013.

SELIGMAN Pierre, De la déclaration et de la présomption comme base de l'impôt direct, Paris, Thèse de doctorat, Bruard et Briere, 1913.
SOUVIGNET Xavier, La prééminence du droit dans le droit de la Convention européenne des droits de l'homme, Paris 1, Bruylant, Bruxelles, 2012.
STEINMETZ Benoit, De la présomption de bonne foi : essai critique sur la preuve de la bonne et de la mauvaise foi, Strasbourg 3, Thèse de doctorat micro-fichée, 2002.
TEBOUL Gérard, Usage et coutume dans la jurisprudence administrative, Paris 2, LGDJ, Coll. Bibliothèque de droit public, Tome 153, 1989.
TEISSIER Arnaud, La loyauté dans les relations individuelles de travail, Paris 2, 1997.
TOMASIN Daniel, Essai sur l'autorité de la chose jugée en matière civile, Toulouse, LGDJ, Coll. Bibliothèque de droit privé, Tome 143, 1973.
TOURNIER Clara, L'intime conviction du juge, Toulon, PUAM, 2003.
TOURNYOL DU CLOS Jean, Essai sur le recours pour excès de pouvoir, Paris, 1905.
TRALONGO Nathalie, Essai sur la bonne foi en droit pénal. Contribution à l'étude de la responsabilité pénale, Montpellier, Thèse de doctorat micro-fichée, 2009.
TREUIL Emmanuel, La preuve en droit de l'environnement, Paris 1, Thèse de doctorat micro-fichée, 2002.
VAN MEERBEECK Jérémie, De la certitude à la confiance, Le principe de sécurité juridique dans la jurisprudence de la Cour de justice de l'Union européenne, De la certitude à la confiance, Bruxelles, Belgique, Publications de l'Université Saint-Louis Bruxelles, 2014.
VAUTROT-SCHWARZ Charles, La qualification juridique en droit administratif, Paris 2, LGDJ, Coll. Bibliothèque de droit public, Tome 263, 2009.
VERGES Etienne, Les principes directeurs du procès judiciaire, Etude d'une catégorie juridique, Aix-Marseille 3, 2000.
VERKERK Remme, Fact-Finding in Civil Litigation, A Comparative Perspective, Intersentia, Antwerp- Oxfort - Portland, 2010.
VEZINA Johanne, La preuve technique et scientifique en droit pénal environnemental, Québec, Canada, 2000.
VIAL Géraldine, La preuve en droit extrapatrimonial de la famille, Dalloz, Coll. Nouvelle bibliothèque de thèse, tome 80, 2008.
WELTER Henri, Le contrôle juridictionnel de la moralité administrative, Etude de doctrine et de jurisprudence, Nancy, Sirey, 1929.

II. – Dictionnaires

Dictionnaire le Trésor de la Langue Française informatisé (en ligne à l'adresse suivante : http://atilf.atilf.fr/tlf.htm).

ACOT Pascal et BARTHOLY Marie-Claude, Philosophie, épistémologie, précis de vocabulaire, Editions Magnard, 1975.
ALBERT Jean-Luc, PIERRE Jean-Luc et RICHER Daniel (dir.), Dictionnaire de droit fiscal et douanier, Ellipses, 2007.
ALLAND Denis et RIALS Stéphane (dir.), Dictionnaire de la culture juridique, PUF, 2003.
BLOCH Oscar et VON WARTBURG Walther, Dictionnaire étymologique de la langue française, PUF, Coll. Quadrige dicos poche, 2008.
CADIET Loïc (dir.), Dictionnaire de la Justice, PUF, 2004.
CHAGNOLLAUD Dominique et DRAGO Guillaume, Dictionnaire des droits fondamentaux, Dalloz, 2006.
CORNU Gérard, Vocabulaire juridique, PUF, 11e éd., 2016.
DEBARD Thierry et GUINCHARD Serge, Lexique des termes juridiques 2017-2018, Dalloz, 25e éd, 2017.
GAFFIOT Félix, Dictionnaire latin français, Hachette, 1934.
PHILIP Loïc, Dictionnaire encyclopédique de finances publiques, Economica, 2 Tomes, 1991.
PUIGELIER Catherine, Dictionnaire juridique, Larcier, Paradigme, 2e éd., 2017.
REY Alain (dir.), Dictionnaire historique de la langue française, Le Robert, 2012.

III. – Ouvrages généraux, Traités, Manuels, Actes de colloque

Cour de cassation, La preuve, Rapport annuel 2012 de la Cour de cassation, La Documentation française, 2013.
Le contrôle juridictionnel de l'administration, Bilan critique, Colloque du CERAP, Economica, 1991.
Le rôle du juge et des parties dans l'administration de la preuve, XVIIème Colloque des Instituts d'Etudes Judiciaires, sous l'égide de l'Association Française de Droit judiciaire privé, Grenoble, 19, 20, 21 janvier 1989, Avant propos du Professeur Emérite Pierre Raynaud, Membre de L'institut, 106 pages, IEJ de la Faculté de Droit de Grenoble, 1991.
Les adages en droit public, Colloque du 11 octobre 2013 à la Cour administrative d'appel de Paris, RFDA 2014, p. 216.
Les cinquante livres du digeste ou des pandectes de l'empereur justinien, traduit par Henri HULOT, tome 13, Metz, 1804.
Recueils de la Société Jean Bodin pour l'histoire comparative des institutions, La preuve, Tome XVI, L'antiquité (1965), Tome XVII, Moyen-âge et temps moderne (1965), Tome XVIII, Civilisations archaïques, asiatiques et islamiques (1963) et Tome XIX, Période contemporaine (1963), Editions de la librairie encyclopédique, Bruxelles.
Recueil complet des travaux préparatoires du Code civil, Ed. Ducessois, 1827.

Travaux de l'Association Henri Capitant, L'ordre public, Journées libanaises, Tome XLIX, 1998, LGDJ, 2001.
Travaux de l'Association Henri Capitant, La preuve, Journées Pays-Bas / Belgique d'Amsterdam et Liège, Bruylant, Tome LXIII, 2013.
Travaux de l'Association Henri Capitant, La vérité et le droit, Journées canadiennes de Montréal et Québec, Economica, 1989.
AFSCHRIFT Thierry, Traité de la preuve en droit fiscal, Larcier, Bruxelles, 2e éd., 2004.
AICARDI Maurice, L'amélioration des rapports entre les citoyens et les administrations fiscales et douanières, rapport au ministre d'Etat ministre de l'Economie, des Finances et de la Privatisation, La documentation française, 1986.
AMRANI-MEKKI Soraya, CADIET Loïc et NORMAND Jacques, Théorie générale du procès, PUF, 2e éd., 2013.
AMRANI-MEKKI Soraya et STRICKLER Yves, Procédure civile, PUF, 2014.
ANDREWS John Albert et HIRST Michael, Criminal evidence, Ed. Sweet & Maxwell, Londres, Royaume-Uni, 1992.
ATTEN Michel et PESTRE Dominique, Heinrich Hertz, L'administration de la preuve, PUF, Philosophies, 2002.
AUBERT Jean-Luc et SAVAUX Éric, Introduction au droit et thèmes fondamentaux du droit civil, Dalloz, Coll. Université, 16e éd., 2016.
AUBY Jean-Marie, AUBY Jean-Bernard, BON Pierre et TERNEYRE Philippe, Droit administratif des biens, Dalloz, 2016.
AUBY Jean-Marie et DRAGO Roland, Traité de contentieux administratif, LGDJ, 2 Tomes, 3e éd., 1984.
AUBY Jean-Marie et Roland DRAGO, Traité des recours en matière administrative, Litec, 1992.
AUBRY Charles et RAU Charles-Frédéric, Cours de droit civil français, Ed. Marchal et Billard, 5e éd., 1922, revu et mis au courant de la Législation et de la Jurisprudence par Emile BARTIN.
AYNES Augustin et VUITTON Xavier, Droit de la preuve, Principes et mise en œuvre processuelle, Lexis Nexis, 2013.
AYNES Laurent et MALAURIE Philippe, Introduction au droit, Defrénois, 5e éd., 2015.
AYRAULT Ludovic, LAMARQUE Jean et NEGRIN Olivier, Droit fiscal général, Lexis Nexis, 2e éd., 2011.
AYRAULT Ludovic, LAMARQUE Jean et NEGRIN Olivier, Droit fiscal général, Lexis Nexis, 4e éd., 2016.
AYRAULT Pierre, De l'ordre et instruction judiciaire dont les anciens Grecs et Romains ont usé en accusations publiques, conféré à l'usage de notre France, Jacques du Puys, 1576.
BACHELARD Gaston, La formation de l'esprit scientifique, Vrin, 1938.

BADINTER Robert (dir.), Une autre justice 1789-1799. Contributions à l'histoire de la justice sous la Révolution française, Fayard, 1989.
BALIGAND Florent, La Loyauté de l'administration, Editions universitaires européennes, Allemagne, 2012.
BALME Stéphanie, BIN Li, GARAPON Antoine, LANGLOIS Jean-Louis et SCHIMMEL Daniel, Le procès civil en version originale, Cultures judiciaires comparées : France, Chine, Etats-Unis, Lexis Nexis, 2014.
BARANES William et FRISON-ROCHE Marie-Anne (dir.), La justice, L'obligation impossible, Editions Autrement, Coll. Nos valeurs, Paris, 1994.
BECCARIA Cesare, Des délits et des peines, Ed. Brière, 1822.
BEDERMAN David, Custom as a source of law, Cambridge University Press, 2010.
BELFAYOL Eric, Le contentieux pénal douanier, Economica, Pratique du droit, 2016.
BELIME William, Philosophie du droit ou introduction à la science du droit, Paris, Librairie A. Durant et Pedne-Lauriel, 1869.
BELIVEAU Pierre et VAUCLAIR Martin, Principes de preuve et de procédures pénales, Thémis, Montréal, Canada, 2e éd., 1995.
BELTRAME Pierre, La fiscalité en France, Hachette supérieur, 20e éd., 2014.
BENABENT Alain et MAZEAUD Denis, Les grands articles du Code civil, Dalloz, 3e éd., 2017.
BENTHAM Jeremy, Traité des preuves judiciaires, 2 Tomes, Bossange Frères, Paris, 1823.
BERGE Jean-Sylvestre et ROBIN-OLIVIER Sophie, Droit européen, Union européenne, Conseil de l'Europe, PUF, Thémis droit, 2e éd., 2011.
BERGEAUD-WETTERWALD Aurélie et SAINT-PAU Jean-Christophe (dir.), La preuve pénale, Problèmes contemporains en droit comparé, L'Harmattan, 2013.
BERGSMO Morten, Quality control in fact-finding, Ed. Torkel Opsahl Academic EPublisher, Italie, 2013.
BERNARD François-Charles et PLANTEY Alain, La preuve devant le juge administratif, Economica, 2003.
BERR Claude J. et TREMEAU Henri, Le droit douanier, Economica, 7e éd., 2006.
BETCH Martine et FAVRE Claire, Le juge judiciaire et l'impôt, Litec, 2010.
BIENVENU Jean-Jacques et LAMBERT Thierry, Droit fiscal, PUF, 4e éd., 2010.
BODIGUEL Jean-Luc, Les magistrats, un corps sans âme ?, PUF, 1991.
BONET NAVARRO José, La prueba en el proceso civil : cuestiones fundamentales, Ed. Difusión Jurídica y Temas de Actualidad, Madrid, Espagne, 2009.
BONFILS Philippe et GALLARDO Eudoxie, Droit pénal des affaires, LGDJ, 2016.

BONNIER Edouard, Traité théorique et pratique des preuves en droit civil et en droit criminel, Tome 1, Plon & Maresc Aîné, 4e éd., 1873.
BORGETTO Michel, DUPEYROUX Jean-Jacques et LAFORE Robert, Droit de la sécurité sociale, Dalloz, Précis, 18e éd., 2015.
BORRAS Philippe et GARAY Alain, Le contentieux du recouvrement fiscal, LGDJ, 1993.
BOTTERO Jean, L'Ordalie en Mésopotamie ancienne, Ed. Annali della R. Scuola normale superiore di Pisa, Italie, 1981.
BOULOC Bernard, Procédure pénale, Dalloz, Précis, 25e éd., 2015.
BOUVIER Michel, Introduction au droit fiscal général et à la théorie de l'impôt, LGDJ, 13e éd., 2016.
BOYER Laurent et ROLAND Henri, Adages du droit français, Litec, 4e éd., 1999.
BRAIBANT Guy, DELVOLVE Pierre, GENEVOIS Bruno, LONG Marceau et WEIL Prosper, Les grands arrêts de la jurisprudence administrative, Dalloz, 20e éd., 2015.
BROYELLE Camille, Contentieux administratif, LGDJ, 5e éd., 2017.
BRURON Jacques, Droit pénal fiscal, LGDJ, 1993.
BUISSON Jacques (dir.), Sécurité fiscale, L'Harmattan, 2011.
BUISSON Jacques et GUINCHARD Serge, Procédure pénale, Lexis Nexis, 10e éd., 2014.
BURGORGUE-LARSEN Laurence, La Convention européenne des droits de l'homme, LGDJ, Systèmes, 2e éd., 2015.
BURGORGUE-LARSEN Laurence, LEVADE Anne et PICOD Fabrice, Traité établissant une Constitution pour l'Europe, Partie II, La Charte des droits fondamentaux de l'Union, Commentaire article par article, Bruylant, 2005.
CABRILLAC Rémy, Introduction générale au droit, Dalloz, Coll. Cours, 12e éd., 2017.
CADIET Loïc et LORIFERNE Dominique (dir.), L'autorité de la chose jugée, IRJS Editions, 2012.
CADIET Loïc, GRIMALDI Cyril et MEKKI Mustapha, La preuve : regards croisés, Dalloz, Coll. Thèmes et commentaires, 2015.
CADIET Loïc et JEULAND Emmanuel, Droit judiciaire privé, Litec, 9e éd., 2016.
CAMBY Jean-Pierre, Le Conseil constitutionnel, juge électoral, Dalloz, 6e éd., 2013.
CAPITANT Henri, LEQUETTE Yves et TERRE François, Les grands arrêts de la jurisprudence civile, 2 Tomes, Dalloz, 13e éd., 2015.
CARBONNIER Jean, Droit civil, Introduction, PUF, Thémis, 27e éd., 2002.
CARDASCIA Guillaume, L'Ordalie par le fleuve dans les lois assyriennes, Ed. Wiesbaden, Allemagne, 1967.
CASSESE Antonio, SCALIA Damien et Vanessa THALMANN, Les grands arrêts de droit international pénal, Dalloz, 2010.

CHABAS François, MAZEAUD Henri, MAZEAUD Jean et MAZEAUD Léon, Leçons de droit civil, Introduction à l'étude du droit, Tome 1, 11e éd., 1996.
CHAHID-NOURAÏ Noël et FOUQUET Olivier, Optimisation fiscale et abus de droit, EFE, 1990.
CHAINAIS Cécile, FERRAND Frédérique et GUINCHARD Serge, Procédure civile, Dalloz, Hypercours, 4e éd., 2015.
CHAINAIS Cécile, FERRAND Frédérique et GUINCHARD Serge, Procédure civile, Droit interne et droit de l'Union européenne, Dalloz, Précis, 33e éd., 2016.
CHAPUS René, Droit administratif général, tome 1, Montchrestien, 15e éd., 2001.
CHAPUS René, Droit du contentieux administratif, Montchrestien, 13e éd., 2008.
CHAPUS René, L'administration et son juge, PUF, Coll. Doctrine juridique, 1999.
CHASSIN Catherine-Amélie (dir.), La portée de l'article 3 de la Convention européenne des droits de l'homme, Bruylant, 2007.
CHEVALIER Jean, Cours de droit civil approfondi, La charge de la preuve, Les cours de droit, 1958-1959.
CHEVALIER Jean-Pierre, La relativité de l'autorité de la chose jugée dans le contentieux fiscal, PUF, 1975.
CLERC Edouard, Manuel théorique et pratique, et formulaire général et complet du notariat suivi du Code des notaires expliqué et d'un Traité de la responsabilité des notaires, Cosse, Marchal et Billard, 1872.
COLLET Martin, Droit fiscal, PUF, Thémis droit, 6e éd., 2017.
COLLET Martin et COLLIN Pierre, Procédures fiscales, Contrôle, contentieux et recouvrement de l'impôt, PUF, 3e éd., 2017.
COMBS Nancy Amoury, Fact-finding without facts : the uncertain evidentiary foundations of international criminal convictions, Ed. Cambridge University Press, 2010.
CONTE Mario, Le prove nel processo civile, Ed. Giuffrè, Italie, 2002.
CONTE Philippe et LARGUIER Jean, Procédure pénale, Dalloz, 24e éd., 2016.
CONTE Philippe et MAISTRE DU CHAMBON Patrick, Procédure pénale, Armand Colin, 4e éd., 2002.
CORNU Gérard (dir.), Les rôles respectifs du Juge et du Technicien dans l'Administration de la preuve, Xe Colloque des Instituts d'Etudes Judiciaires des 26 au 28 mai 1975, PUF, 1976.
COUCHEZ Gérard et LAGARDE Xavier, Procédure civile, Sirey, 17e éd., 2014.
COURREGES Anne et DAEL Serge, Contentieux administratif, PUF, Coll. Thémis droit, 4e éd., 2013.

COZIAN Maurice, Les grands principes de la fiscalité des entreprises, Litec, 4e éd., 1999.
COZIAN Maurice et DEBOISSY Florence, Précis de fiscalité des entreprises, Lexis Nexis, 40e éd., 2016/2017.
CUYKENS Sophie, HOLZAPFEL Damien et KENNES Laurent, La preuve en matière pénale, Larcier, Grands arrêts, Bruxelles, Belgique, 2015.
DABIN Jean, Théorie générale du droit, Dalloz, 1969.
DAVID Cyrille, FOUQUET Olivier, PLAGNET Bernard et RACINE Pierre-François, Les grands arrêts de la jurisprudence fiscale, Dalloz, Grands arrêts, 5e éd., 2009.
DARCY Gilles, LABROT Véronique et DOAT Mathieu (dir.), L'office du juge, Colloque du Sénat des 29-30 septembre 2006, disponible sur le site internet du Sénat.
DARWIN Charles, De l'origine des espèces, Ed. John Murray, Londres, Royaume-Uni, 1859.
DE LA MARDIERE Christophe, Droit fiscal général, Flammarion, 2e éd., 2015.
DE LA MARDIERE Christophe, La preuve en droit fiscal, Litec fiscal, Paris, 2009.
DEBAT Olivier, Droit fiscal des affaires, Montchrestien, 3e éd., 2013.
DEBBASCH Charles et RICCI Jean-Claude, Contentieux administratif, Dalloz, Précis, 8e éd., 2001.
DECAUX Emmanuel et DE FROUVILLE Olivier, Droit international public, Dalloz, 10e éd., 2015.
DEGUERGUE Maryse, Procédure administrative contentieuse, Montchrestien, Coll. Focus droit, Paris, 2003.
DELFORGE Catherine (Dir.), La preuve en droit privé : quelques questions spéciales, Larcier, Bruxelles, Belgique, 2017.
DEL VECCHIO Giorgio, La justice-la vérité : essais de philosophie juridique et morale, Dalloz, 1955.
DELMAS-MARTY Mireille (dir.), Procès pénal et droits de l'homme vers une conscience européenne, PUF, Paris, 1992.
DELORT Robert, Introduction aux sciences auxiliaires de l'histoire, Armand Colin, 1969.
DEMOLOMBE Charles, Cours de Code Napoléon, Traité des contrats ou des obligations conventionnelles, Paris, 1879.
DEMOGUE René, Les notions fondamentales du droit privé : essai critique pour servir d'introduction à l'étude des obligations, Paris, Arthur Rousseau, 1911.
DEROUIN Philippe et TIXIER Gilbert, Droit pénal de la fiscalité, Dalloz, 1989.
DESPORTES Frédéric et LAZERGES-COUSQUER Laurence, Traité de procédure pénale, Economica, 4e éd., 2015.
DI MALTA Pierre, Droit fiscal pénal, PUF, 1997.

DOMAT Jean, Les lois civiles dans leur ordre naturel, E. Kleffer, Paris, 1823 (1689).
DONNEDIEU DE VABRES Henri, Traité de droit criminel et de législation pénale comparée, Sirey, 3e éd., 1947.
DOUVILLE Thibault (dir.), La réforme du Droit des contrats, Commentaire article par article, Gualino, 2016.
DUCHARME Léo, Précis de la preuve : en matières civiles et commerciales, Éditions de l'Université d'Ottawa, Canada, 1980.
DUCHARME Léo et PANACCIO Charles-Maxime, L'administration de la preuve, Ed. Wilson et Lafleur, Montréal, Canada, 4e éd., 2010.
DUGUIT Léon, L'Etat, le droit objectif et la loi positive, Dalloz, 2003.
DUGUIT Léon, Traité de droit constitutionnel, 4 tomes, de Boccard, 1921-1925.
DUPIN André, Observation sur plusieurs points importants de notre législation criminelle, Baudouin frères, 1821.
DURAND Bernard, POIRIER Jean et ROYER Jean-Pierre, La douleur et le droit, PUF, 1997.
DURKHEIM Emile, De la division du travail social, PUF, Coll. Quadrige, 2013.
DWORKIN Ronald, Une question de principe, PUF, 1996.
EISENMANN Charles, Cours de droit administratif, Les cours du droit, 1949-1950.
ESMEIN Adhémar, Histoire de la procédure criminelle en France et spécialement de la procédure inquisitoire, depuis le XIIe siècle jusqu'à nos jours, Ed. Larose et Forcel, 1882.
ESMEIN Paul, Cours de droit civil approfondi, Les preuves en droit civil, Les cours de droit, 1955-1956.
FAVOREU Louis, GAÏA Patrick, GHEVONTIAN Richard, MELIN-SOUCRAMANIEN Ferdinand, PENA Annabelle, PFERSMANN Otto, PINI Joseph, ROUX André, SOFFONI Guy et TREMEAU Jérôme, Droit des libertés fondamentales, Dalloz, Précis, 7e éd., 2015.
FOROWICZ Magdalena, LAMBERT ABDELGAWAD Elisabeth et SEVINC Inan (dir.), La défense des requérants devant la Cour européenne des droits de l'homme, Nemesis et Anthémis, Bruxelles, 2012.
FOUCAULT Michel, Du gouvernement des vivants, Cours au Collège de France, 1979-1980, EHESS-Gallimard-Seuil, Coll. Hautes Etudes, 2012.
FOUCAULT Michel, Subjectivité et vérité, cours au Collège de France (1980-1981), EHESS-Gallimard-Seuil, Coll. Hautes Etudes, 2014.
FRISON-ROCHE Marie-Anne et MAZEAUD Denis (dir.), L'expertise, Dalloz, 1995.
GABRIEL Claude-Louis, Essai sur la nature, les différentes espèces, et les divers degrés de force des preuves, A. Bouillon, Paris, 1790.
GARINOT Jean-Marie, Le secret des affaires, Lexis Nexis, 2013.

GASSIN Raymond, Essai de théorie générale de la ruse en criminologie, Presses universitaires d'Aix-Marseille, 2009.
GARAPON Antoine et PAPADOPOULOS Ioannis, Juger en Amérique et en France, Culture juridique française et common law, Odile Jacob, 2003.
GARE Thierry et GINESTET Catherine, Droit pénal, Procédure pénale, Dalloz, 9e éd., 2016.
GARNOT Benoît et WENZEL Eric, La torture judiciaire dans la France de l'Ancien Régime : lumières sur la question, Editions Universitaires de Dijon, 2011.
GAUDEMET Paul-Marie et MOLINIER Joël, Finances publiques (Tome 2), Fiscalité, Montchrestien, 6e éd., 1997.
GAUDEMET Yves, STIRN Bernard, DAL FARRA Thierry, ROLIN Frédéric, Grands avis du Conseil d'Etat, Dalloz, Coll. Grands avis, 3e éd., 2008.
GENY François, Science et technique en droit privé positif, Elaboration technique du droit positif, 4 tomes, Sirey, 1919.
GHESTIN Jacques, GOUBEAUX Gilles et FABRE-MAGNAN Muriel, Traité de droit civil, Introduction générale, LGDJ, 4e éd., 1994.
GIUDICELLI-DELAGE Geneviève (dir.), Les transformations de l'administration de la preuve pénale : perspectives comparées Allemagne, Belgique, Canada, Espagne, Etats-Unis, France, Italie, Portugal, Royaume-Uni, Ed. Société de législation comparée, 2006.
GILARDEAU Eric, Les grands procès criminels de l'Antiquité grecque, L'Harmattan, 2016.
GOHIN Olivier, Contentieux administratif, Lexis Nexis, 8e éd., 2014.
GORPHE François, L'appréciation des preuves en justice, Essai d'une méthode technique, Sirey, 1947.
GOUR Claude, MOLINIER Joël et TOURNIE Gérard, Les grandes décisions de la jurisprudence, droit fiscal, PUF, Thémis, 1977.
GOUR Claude, MOLINIER Joël et TOURNIE Gérard, Procédure fiscale, PUF, Thémis droit, 1982.
GOURDOU Jean, LECUCQ Olivier et MADEC Jean-Yves (dir.), Le principe du contradictoire dans le procès administratif, L'Harmattan, Bibliothèques de droit, 2010.
GRANDO Michelle T, Evidence, proof, and fact-finding in WTO dispute settlement, Ed. Oxford university press, Coll. International economic law series, 2009.
GROSCLAUDE Jacques et MARCHESSOU Philippe, Droit fiscal général, Dalloz, 10e éd., 2015.
GROSCLAUDE Jacques et MARCHESSOU Philippe, Procédures fiscales, Dalloz, 8e éd., 2016.
GROTIUS Hugo, Le droit de la guerre et de la paix, Ed. Pierre de Coup, 1729.
GUILHOT L.-H., Manuel de droit fiscal spécial au notariat, Paris, Ed. Marchel et Billard, 1923.

GUINCHARD Serge et alii, Droit processuel, Droits fondamentaux du procès, Dalloz, Précis, 9e éd., 2017.
GUTMANN Daniel, Droit fiscal des affaires, Montchrestien, 7e éd., 2016.
GUYOMAR Mattias et SEILLER Bertrand, Contentieux administratif, Dalloz, Hypercours, 4e éd., 2017.
HAURIOU Maurice, Précis de droit administratif, 2e éd., 1893.
HAURIOU Maurice, Principes de droit public, Dalloz, Bibliothèque Dalloz, 2010 (1910).
HAUTEBERT Joël et SOLEIL Sylvain (dir.) La procédure et la construction de l'Etat en Europe (XVIe-XIXe siècle), Presses Universitaires de Rennes, 2011.
HELIE Faustin, Traité de l'instruction criminelle, Bruylant, Bruxelles, 1863.
HENNETTE-VAUCHEZ Stéphanie et ROMAN Diane, Droits de l'Homme et libertés fondamentales, Dalloz, Coll. HyperCours, 3e éd., 2017.
HERON Jacques et LE BARS Thierry, Droit judiciaire privé, LGDJ, Domat droit privé, 6e éd., 2015.
HERTZOG Robert (dir.), Le juge fiscal, Economica, 1988.
HOBBES Thomas, Léviathan ou Matière, forme et puissance de l'Etat chrétien et civil, Gallimard, 2000.
HUET André et KOERING-JOULIN Renée, Droit pénal international, PUF, Thémis droit, 3e éd., 2005.
INCHAUSPE Dominique et VENTRE André-Michel, L'erreur judiciaire, PUF, 2010.
IVAINER Théodore, L'interprétation des faits en droit, Essai de mise en perspective cybernétique des "lumières du magistrat", LGDJ, Bibliothèque de philosophie du droit, Tome 30, 1988.
JACKSON John D. et SUMMERS Sarah J., The Internationalisation of Criminal Evidence : Beyond the Common Law and Civil Law Traditions, Cambridge University Press, Law in Context, Cambridge, Royaume-Uni, 2012.
JAGER Eric, Le Dernier Duel : Paris, 29 décembre 1386, Flammarion, 2010.
JEULAND Emmanuel, Droit processuel général, 3e éd., 2014.
JEZE Gaston, Cours élémentaire de science des finances et de législation financière française, Giard et Briere, 5e éd., 1912.
JEZE Gaston, Principes généraux du droit administratif, 2 Tomes, Berger-Levrault, 1904.
JORION Paul, Comment la vérité et la réalité furent inventées, Gallimard, 2009.
JOUSSE Daniel, Traité de la justice criminelle de France, Ed. Debure père, 1771.
KALNOKY Nathalie, KERNEIS Soazick et VERDIER Raymond, Les justices de l'Invisible, Acte du colloque des 2 et 3 décembre 2010, Puissances de la nature, justices de l'invisible, du maléfice à l'ordalie, de la magie à sa sanction, L'Harmattan, Coll. Droits et cultures, 2013.

KOFMEL Sabine, Das Recht auf Beweis im Zivilverfahren, Ed. Stämpfli, Coll. Abhandlungen zum schweizerischen Recht, Bern, Suisse, 1992.
LAFERRIERE Edouard, Traité de la juridiction administrative et des recours contentieux, Berger-Levrault, 2 tomes, 2e éd., 1897.
LAINGUI André et LEBIGRE Arlette, Histoire du droit pénal, 2 Tomes, Cujas, 1979.
LALANDE André, Vocabulaire technique et critique de la philosophie, PUF, 2010.
LAMARQUE Jean, Droit fiscal général, Les cours du droit, 1998.
LAMBERT Thierry, Impôts directs locaux : champs d'application, exonération, contentieux, recouvrement, Economica, Paris, 1983.
LAMBERT Thierry, Procédures fiscales, LGDJ, 2e éd., 2015.
LAMBERT Thierry (dir.), Egalité et équité : antagonisme ou complémentarité ?, Paris, Economica, 1999.
LANNES Jacques, Les contraventions de grande voirie, Editions de l'actualité juridique, 1971.
LANTERO Caroline, Le droit de la responsabilité hospitalière : principes généraux et jurisprudences, Editions du papyrus, 2012.
LAROCHE Josepha (dir.), La loyauté dans les relations internationales, L'Harmattan, 2001.
LASCOMBE Michel, VANDENDRIESSCHE Xavier et DE GAUDEMONT Christelle, Code constitutionnel et des droits fondamentaux 2017, 6e éd., 2017.
LATOUR Bruno, La fabrique du droit, Une ethnographie du Conseil d'Etat, La Découverte, 2002.
LEBRE DE FREITAS José Manuel, The law of evidence in the European Union, Das Beweisrecht in der Europäischen Union, Le droit de la preuve dans l'Union Européenne, Ed. Kluwer law international, 2004.
LECLERC Olivier, VERGES Etienne et VIAL Géraldine, Droit de la preuve, PUF, Thémis droit, 2015.
LEMESLE Bruno (dir.), La Preuve en justice, de l'Antiquité à nos jours, PUR, Coll. Histoire, 2003.
LEVY Jean-Philippe, Autour de la preuve dans les droits de l'Antiquité, Ed. Jovene Editore, 1992.
LEVY-BRUHL Henri, La preuve judiciaire. Etude de sociologie juridique, Librairie Marcel Rivière et Cie, 1964.
LILLICH Richard B, Fact-finding before international tribunals : Eleventh Sokol Colloquium, Ed. Transnational Publishers, Etats-Unis, 1992.
LOISEL Antoine, Institutes coutumières, Ed. Durand, 1758.
LOPEZ Christian, Droit pénal fiscal, LGDJ, 2012.
MAITROT DE LA MOTTE Alexandre, Droit fiscal de l'Union européenne, Bruylant, 2e éd. 2016.
MALAURIE Philippe et MORVAN Patrick, Introduction au droit, 6e éd., 2016.
MALIGNER Bernard, Droit électoral, Ellipses, 2007.

MASTOR Wanda et MINIATO Lionel, Les figures du procès au-delà des frontières, Dalloz, Thèmes et commentaires, 2014.
MAROU Elise, De la certitude, Wittgenstein, Ellipses, Philo-textes, 2006.
MATHIEU Bertrand et VERPEAUX Michel, Contentieux constitutionnel des droits fondamentaux, LGDJ, 2002.
MERLE Roger et VITU André, Traité de droit criminel, Problèmes généraux de la science criminelle, droit pénal général, Tome 1, Cujas, 7e éd., 1997.
MERLE Roger et VITU André, Traité de droit criminel, Procédure pénale, Tome 2, Cujas, 5e éd., 2001.
MOQUET-ANGER Marie-Laure, Droit hospitalier, LGDJ, 4e éd., 2016.
MOTULSKY Henri, Ecrits, Etudes et notes de procédure civile, Dalloz, 2009.
MOTULSKY Henri, Droit processuel, Montchrestien, 1973.
NIETZSCHE Friedrich, Vérité et mensonge au sens extra-moral, Babel, Actes Sud, 1997.
NIQUEGE Sylvain (dir.), Les figures de la loyauté en droit public, Mare & Martin, 2017.
NOEL Gilles (dir.), L'amélioration des rapports entre l'administration fiscale et les contribuables, Actes du colloque de la Société française de droit fiscal. Orléans 15-16 septembre 1988, Paris, PUF, 1989.
ODENT Raymond, Contentieux administratif, Les cours du droit, 1977-1978, fasc. 1 à 5.
OPPETIT Bruno, Philosophie du droit, Dalloz, Précis, Droit privé, 1999.
OST François, Dire le droit, Faire justice, Bruylant, 2e éd., 2012.
PACTEAU Bernard, Contentieux administratif, PUF, 7e éd., 2004.
PACTEAU Bernard, Manuel de contentieux administratif, PUF Droit, 3e éd., 2014.
PACTEAU Bernard, Traité de contentieux administratif, PUF, Droit, 2008.
PASTOREL Jean-Paul, L'expertise dans le contentieux administratif, LGDJ, Droit administratif, 1994.
PEISER Gustave, Contentieux administratif, Mémento Dalloz, 16e éd., 2014.
PERELMAN Chaïm, Logique juridique, Nouvelle rhétorique, Dalloz, 2e éd., 1999.
PERRET Jean-Marie, Les contraventions de grande voirie, PUF, Ed. Que sais-je ?, 1994.
PERROT Roger, Institutions judiciaires, Montchrestien, Domat, Droit privé, 15e éd., 2012.
PETIT Franck (dir.), Droit et loyauté, Dalloz, Thèmes et commentaires, 2015.
PHILIP Loïc, Droit fiscal constitutionnel, Evolution d'une jurisprudence, Economica, 2014.
PIN Xavier, Droit pénal général, Dalloz, 8e éd., 2017.
PIN Xavier, L'erreur judiciaire : apprendre à douter pour lutter contre les erreurs judiciaires, L'Harmattan, 2015.
PLANIOL, Traité élémentaire de droit civil, 11e éd., 1928.

POPPER Karl, Conjectures et réfutations : La croissance du savoir scientifique, Payot, 2006.
PRADEL Jean, Droit pénal comparé, Dalloz, Précis, 4e éd., 2016.
PRADEL Jean, Procédure pénale, Cujas, 18e éd., 2015.
PRADEL Jean et VARINARD André, Les grands arrêts du droit pénal général, Dalloz, 9e éd., 2016.
PUIGELIER Catherine (dir.), La preuve, Economica, 2004.
RAIMBAULT DE FONTAINE Sophie (dir.), Doctrines fiscales : À la redécouverte des grands classiques, L'Harmattan, Paris, 2007.
RASSAT Michèle-Laure, Procédure pénale, Ellipses, 2e éd., 2013.
RENUCCI Jean-François, Droit européen des droits de l'homme, Droits et libertés fondamentaux garantis par la CEDH, LGDJ, 7e éd., 2017.
ROUAULT Marie-Christine, Contentieux administratif, Larcier, Coll. Masters droit, 2015.
RIBEYRE Cédric (dir.), Le contradictoire dans le procès pénal, Nouvelles perspectives, Actes du colloque organisé le 8 décembre 2011 par l'Institut de Sciences Criminelles de Grenoble (ISCG), Editions Cujas, Collection Actes & Etudes, 2012.
RICCI Jean-Claude, Contentieux administratif, 5e éd., Hachette supérieur, 2016.
RICHER Daniel, Les droits du contribuable dans le contentieux fiscal, LGDJ, 1997.
RICOEUR Paul, Temps et récit, 3 Tomes, Seuil, 1983.
RIPERT Georges, Les forces créatrices du droit, LGDJ, 2e éd., 1955.
RIPERT Georges et BOULANGER Jean, Traité de droit civil, D'après le Traité de Planiol, LGDJ, 1956.
ROBERTS Paul et ZUCKERMAN Adrian, Criminal evidence, Oxford University Press, Oxford, Royaume-Uni, 2010.
ROMANET DE VALICOURT Héliane, L'erreur judiciaire, L'Harmattan, 2005.
ROUQUETTE Rémi, Petit traité du procès administratif 2017/18, 7e éd., 2016.
ROUSSEAU Dominique, Droit du contentieux constitutionnel, Montchrestien, 11e éd., 2016.
ROYER Jean-Claude, La preuve civile, Les éditions Yvon Blais Inc., Canada, 2e éd., 1995.
RUIZ FABRI Hélène et SOREL Jean-Marc (dir.), La preuve devant les juridictions internationales, Pedone, Coll. Contentieux international, 2007.
SERLOOTEN Patrick, Droit fiscal des affaires 2017-2018, Dalloz, Précis, 15e éd., 2017.
SICARD Jean, La preuve en justice après la réforme judiciaire, Librairie du journal des notaires et des avocats, Paris, 1960.
SOLEIL Sylvain, L'ordalie : modalités et rationalités d'une épreuve judiciaire, Editions Le Manuscrit, Coll. Passé et présent du droit n°3, 2008.

SUDRE Frédéric, Droit européen et international des droits de l'homme, PUF, Collection droit fondamental, 13e éd., 2016.
SUDRE Frédéric (dir.), Le droit au respect de la vie privée au sens de la Convention européenne des droits de l'homme, Bruylant et Némésis, 2005.
SUDRE Frédéric et alii, Les grands arrêts de la Cour européenne des Droits de l'Homme, PUF, 8e éd., 2017.
TARDE Gabriel, La philosophie pénale, Ed. A. Maloine, 1903.
TAQUET François, Le Contentieux de la sécurité sociale, Litec, 1993.
TERRE François (dir.), Le doute et le droit, Dalloz, 1994.
TERRE François, Introduction générale au droit, Dalloz, Précis, 10e éd., 2015.
THUILLIER Guy, L'art de juger, Economica, Paris, 2001.
TIMSIT Gérard, Les noms de la loi, PUF, coll. Les voies du droit, 1991.
TIXIER Gilbert et ROBERT Jean-Marie, Droit pénal fiscal, Dalloz, 1980.
TONINI Paolo, La prova penale, Ed. CEDAM, Padoue, Italie, 2000.
TURPIN Dominique, Contentieux administratif, Hachette, Les fondamentaux, 5e éd., 2010.
TWINING William, Rethinking Evidence, Exploratory Essays, Northwestern University Press, Evanston, Etats-Unis, 1994.
TWINING William, Theories of Evidence: Bentham & Wigmore, Stanford University Press, Stanford, California, 1985.
VAN RHEE C.H. (dir.), European Traditions in Civil Procedure, Intersentia Antwerpen, Oxford, 2005.
VERHEYDEN-JEANMART Nicole, Droit de la preuve, Larcier, Bruxelles, Belgique, 1991.
VERHOEVEN Joe (dir.), La loyauté, Mélanges offerts à Etienne CEREXHE, Larcier, 1997.
VERKERK Rijk Remme, Fact-Finding in Civil Litigation. A Comparative Perspective, Ed. Antwerp Portland, Coll. Ius commune europaeum, Belgique, 2010.
VERNY Edouard, Procédure pénale, Dalloz, 5e éd., 2016.
VERPEAUX Michel, Contentieux constitutionnel, Dalloz, 2016.
VON SAVIGNY Friedrich Carl, De la vocation de notre temps pour la législation et la science du droit, PUF, Coll. Léviathan, 2015.
VUITTON Xavier, Le procès équitable : L'article 6-1 de la CEDH : état du droit et perspectives, LGDJ, 2017.
WAHL Albert, Etude sur le rôle de la Cour de cassation dans les instances fiscales, Librairie nouvelle de droit et de jurisprudence, Arthur ROUSSEAU, Paris, 1897.
WALINE Jean, Droit administratif, Dalloz, Précis, 26e éd., 2016.
WATHELET Melchior et WILDEMEERSCH Jonathan, Contentieux européen, Larcier, Bruxelles, 2014.
WEBER Max, Sociologie du droit, PUF, 1986.

WIGMORE John Henry, The principles of judicial proof as given by logic, psychology, and general experience, and illustrated in judicial trials, Ed. Little, Brown, and company, 1913.
WIGMORE John Henry, Treatise on the System of Evidence in Trials at Common Law, Little, Brown and Company, Boston, Etats-Unis, 1908.
WITTGENSTEIN Ludwig, De la certitude, Gallimard, 1965.

IV. – Articles, fascicules et chroniques

Mémento pratique Francis Lefebvre, Fiscal, Francis Lefebvre, 2017.
ADER Basile et SUR Pierre-Olivier, La loyauté de la preuve en matière civile et pénale, Le point de vue de l'avocat, Procédures 2015, n°12, dossier 16, pp. 38-40.
AL-SANHOURY Abd Al-Razzâq, Le standard juridique, in, Recueil d'études sur les sources du droit en l'honneur de François GENY, Tome 2, Les sources générales des systèmes juridiques actuels, Sirey, 1934, pp. 144-156.
ALLAIN Emmanuelle, La reine des preuves, AJ pénal 2015, p. 57.
ALLEHAUT Maurice, Les droits de la défense, in, La Chambre criminelle et sa jurisprudence, Recueil d'études en hommage à la mémoire de Maurice PATIN, Cujas, 1966, pp. 453-601.
AMBROISE-CASTEROT Coralie, Aveu, Répertoire de droit pénal et de procédure pénale, Dalloz, 2016.
AMBROISE-CASTEROT Coralie, La preuve : une question de loyauté ?, AJ Pénal 2005, pp. 261-279.
AMBROISE-CASTEROT Coralie, Présomption d'innocence, Répertoire de droit pénal et de procédure pénale, Dalloz, 2013.
AMBROISE-CASTEROT Coralie, Recherche et administration des preuves en procédure pénale : la quête du Graal de la Vérité, AJ pénal 2005, pp. 261-267.
AMEDEE-MANESME Gilles, La charge de la preuve, in, LAMBERT Thierry (dir.), Contentieux fiscal : principes et pratiques, STH, 1989, pp. 117-140.
AMMAR Daniel, Preuve et vraisemblance, Contribution à l'étude de la preuve technologique, RTD Civ. 1993, n°3, pp. 499-533.
AMRANI-MEKKI Soraya, Expertise et contradictoire, vers une cohérence procédurale ?, JCP G 2012, n°46, 1200, pp. 2037-2040.
AMRANI-MEKKI Soraya, Les traditions probatoires en droit processuel (procès civil, pénal et administratif), in, CADIET Loïc, GRIMALDI Cyril et MEKKI Mustapha, La preuve : regards croisés, Dalloz, Thèmes et commentaires, 2015, pp. 111-129.
ANDREAE Norbert et CARREAU Dominique, Droits de l'homme et répression des abus de droit, Droit fiscal 1997, n°11, pp. 396-400.

ANDRIANTSIMBAZOVINA Joël, L'enrichissement mutuel de la protection des droits fondamentaux au niveau européen et au niveau national, RFDA 2002, pp. 124-138.
ANDRIANTSIMBAZONIVA Joël, Le droit au respect de la vie privée et familiale, in, LABAYLE Henri et SUDRE Frédéric (dir.), Réalité et perspectives du droit communautaire des droits fondamentaux, Bruylant, 2000, pp. 253-293.
ANDRIOT-LEBOEUF Nadia, Du principe de l'autorité de chose jugée au pénal sur le civil, RRJ 2000, n°3, pp. 1205-1235.
ARRETO Marie-Caroline, L'utilisation de données d'origine illicite dans la lutte contre la fraude fiscale, Une tolérance 'proportionnelle' du juge constitutionnel allemand, Jurisdoctoria 2011, n°7, pp. 131-150.
ARRIGHI DE CASANOVA Jacques, Libres propos introductifs, in, GOURDOU Jean, LECUCQ Olivier et MADEC Jean-Yves (dir.), Le principe du contradictoire dans le procès administratif, L'Harmattan, Bibliothèques de droit, 2010, pp. 16-20.
ASTAING Antoine, Les douleurs de la question préparatoire et le remède des drogues, in, DURAND Bernard, POIRIER Jean et ROYER Jean-Pierre, La douleur et le droit, PUF, 1997, pp. 277-302.
AUBIN Emmanuel, Pensions civiles et militaires de retraite, JurisClasseur Administratif, Lexis Nexis, 2016.
AUBY Jean-Bernard, La bataille de San Romano, réflexions sur les évolutions récentes du droit administratif, AJDA 2001, pp. 912-926.
AUSTRY Stéphane, Encadrement de la lutte contre la fraude et l'évasion fiscales, Dr. fisc. 2015, n°39, 582, pp. 22-28.
AUSTRY Stéphane, L'interdiction constitutionnelle des présomptions irréfragables et l'article 209 B, Dr. fisc. 2016, n°21, comm. 342, pp. 54-60.
AUVRET Patrick, Le droit au respect de la présomption d'innocence, JCP 1994, I, 3802, pp. 497-506.
AYNES Laurent, L'obligation de loyauté, APD 2000, n°44, pp. 195-204.
AYRAULT Ludovic, Demande de renseignements adressée après la dernière intervention sur place, Procédures 2010, n°4, comm. 167, pp. 70-72.
AYRAULT Ludovic, Documents volés joints à une requête et communiqués par l'autorité judiciaire, Procédures 2012, n°4, comm. 137, pp. 33-35.
AYRAULT Ludovic, Droit fiscal européen des droits de l'homme : chronique de l'année 2016, Dr. fisc. 2017, n°9, 191, pp. 109-120.
AYRAULT Ludovic, Droit fiscal européen des droits de l'homme : chronique de l'année 2015, Dr. fisc. 2016, n°9, 206, pp. 112-120.
AYRAULT Ludovic, Droit fiscal européen des droits de l'homme : chronique de l'année 2014, Dr. fisc. 2015, n°9, 180, pp. 112-120.
AYRAULT Ludovic, Droit fiscal européen des droits de l'homme : chronique de l'année 2013, Dr. fisc. 2014, n°9, 201, pp. 102-112.
AYRAULT Ludovic, Droit fiscal européen des droits de l'homme : chronique de l'année 2012, Dr. fisc. 2013, n°9, 177, pp. 113-124.

AYRAULT Ludovic, Droit fiscal européen des droits de l'homme : chronique de l'année 2011, Dr. fisc. 2012, n°9, 166, pp. 115-124.
AYRAULT Ludovic, Droit fiscal européen des droits de l'homme : chronique de l'année 2010, Dr. fisc. 2011, n°9, 240, pp. 100-108.
AYRAULT Ludovic, Droit fiscal européen des droits de l'homme : chronique de l'année 2009, Dr. fisc. 2010, n°9, 209, pp. 109-120.
AYRAULT Ludovic, L'autonomie de la procédure fiscale contentieuse, in, Justice fiscale : Regards croisés sur le contentieux fiscal, Colloque des 15, 16 et 17 novembre 2007, Sfax, Tunisie, pp. 287-300.
AYRAULT Ludovic, L'indépendance des contentieux pénal et fiscal, Dr. fisc. 2016, n°38, ét. 503, pp. 59-62.
AYRAULT Ludovic, La pénalisation de la lutte contre la fraude fiscale, Revue européenne et internationale de droit fiscal, 2015, n°1, pp. 36-42.
AYRAULT Ludovic, Manquement à l'obligation déclarative, JurisClasseur Procédures fiscales, Fasc. 388, Lexis Nexis, 2016.
AYRAULT Ludovic, Procédure judiciaire d'enquête fiscale, 2011, Procédures n°1, comm. 45, pp. 33-34.
AYRAULT Ludovic, Sanction fiscale, Définition et régime juridique, JurisClasseur Procédures fiscales, Fasc. 385, Lexis Nexis, 2014.
AYRAULT Ludovic, Utilisation des pièces saisies au cours d'une procédure annulée, Procédures 2017, n°1, comm. 25, pp. 36-37.
AYRAULT Ludovic et COLLET Martin, Chronique de droit public financier, RFDA, n°5, pp. 1044-1054.
BACHELET Olivier, La hiérarchie des preuves, in, GIUDICELLI-DELAGE Geneviève (dir.), Les transformations de l'administration de la preuve pénale : perspectives comparées Allemagne, Belgique, Canada, Espagne, Etats-Unis, France, Italie, Portugal, Royaume-Uni, Ed. Société de législation comparée, 2006, pp. 67-80.
BACHELIER Gilles, Voirie, Contraventions de grande voirie, Répertoire de contentieux administratif, Dalloz, 2014.
BALLOUHEY François, L'office du juge en matière de preuve, in, KELLER Marianne (dir.), Procès du travail, travail du procès, LGDJ, Bibliothèque de l'Institut André Tunc, 2008, pp. 271-277.
BALTUS Marc, Morale fiscale et renversement du fardeau de la preuve, in, Réflexions offertes à Paul SIBILLE, Bruylant, Bruxelles, 1981, pp. 127-136.
BANDRAC Monique, L'action en justice, droit fondamental, in, Nouveaux juges, nouveaux pouvoirs ?, Mélanges en l'honneur de Roger PERROT, Dalloz, 1996, pp. 1-17.
BARANES William et FRISON-ROCHE Marie-Anne, Le principe constitutionnel de l'accessibilité et de l'intelligibilité de la loi, D. 2000, n°23, pp. 361-368.
BARANES William, FRISON-ROCHE Marie-Anne et ROBERT Jacques-Henri, Pour le droit processuel, D. 1993, pp. 9-11.

BARANGER Denis, Notes sur l'apparition de la souveraineté (et des droits de l'homme), in, Annuaire de l'Institut Michel VILLEY, 2012, Vol. 4, pp. 259-308.
BARBIER Hugo, Quelques évolutions contemporaines du droit de la preuve : chasse ou culture de la preuve diabolique, Revue Lamy Droit Civil, 2010, n°71, pp. 5-11.
BARBIER DE LA SERRE Eric et SIBONY Anne-Lise, Charge de la preuve et théorie du contrôle en droit communautaire de la concurrence : pour un changement de perspective, RTD Eur. 2007, n°43, pp. 205-252.
BARRUE-BELOU Rémi, L'influence du juge européen sur le juge administratif en matière probatoire, Dr. adm. 2015, n°1, ét. n°1, pp. 9-14.
BATIFFOL Henri, Observations sur la preuve des faits, in, FORIERS Paul et PERELMAN Chaïm (dir.), La preuve en droit, Bruylant, 1981, pp. 303-314.
BEDUSCHI-ORTIZ Ana, La notion de loyauté en droit administratif, AJDA 2011, n°17, pp. 943-951.
BEERNAERT Marie-Aude, La recevabilité des preuves en matière pénale dans la jurisprudence de la Cour européenne des droits de l'Homme, RTDH 2007, n°69, pp. 81-105.
BEIGNIER Bernard, De l'évolution du serment probatoire en droit civil français, in, Le serment, Tome 2, Théories et devenirs, éd. CNRS, 1991, pp. 419-427.
BENOIT Francis-Paul, Notions et concepts, instruments de la connaissance juridique : Les leçons de la philosophie du droit de Hegel, in, Mélanges offerts à Gustave PEISER, PUG, 1995, pp. 23-38.
BERGEAUD-WETTERWALD Aurélie, Du bon usage du principe de loyauté des preuves ? À propos de l'arrêt rendu par la chambre criminelle de la Cour de cassation le 7 janvier 2014, Dr. pén. 2014, n°4, ét. n°7, pp. 12-18.
BERGERES Maurice-Christian, La valeur juridique de la déclaration contrôlée, Gaz. pal. 16-17 mai 1984, pp. 2-6.
BERGERES Maurice-Christian, Le secret professionnel face aux prérogatives du fisc, D. 1981, p. 81.
BERNEMAN Sidney, L'admissibilité de la preuve dans un système continental : le modèle belge, Revue de droit pénal et de criminologie, Bruxelles, 2007, n°4, pp. 298-343.
BERR Claude J., À propos d'un quarantième anniversaire, Réflexions sur la Commission de conciliation et d'expertise douanière, D. 2009, n°9, pp. 828-831.
BERR Claude J., Douanes, Répertoire de droit pénal et de procédure pénale, Dalloz, 2014.
BERTHON Geoffroy, Le rôle du juge administratif dans l'établissement de la vérité, RRJ 2009, n°4, pp. 1999-2024.
BETCH Martine, Contentieux pénal, Procédure, JurisClasseur Procédures fiscales, Lexis Nexis, 2016.

BIBET Fabienne, L'administration de la preuve dans les marchés publics, Revue concurrence et consommation, 1997, n°99, pp. 27-32.
BLONDEL Philippe, Le fait, source de droit, in, Mélanges offerts à Pierre DRAI, Le juge entre deux millénaires, Dalloz, 2000, pp. 203-223.
BOCCON-GIBOT Didier, Sur la loyauté de la preuve pénale, in, Humanisme et Justice, Mélanges en l'honneur de Geneviève GIUDICELLI-DELAGE, Dalloz, 2016, pp. 275-287.
BODIGUEL Jean-Luc, Qui sont les magistrats français ? Esquisse d'une sociologie, Pouvoirs 1981, n°16, pp. 31-42.
BOKDAM-TOGNETTI Emilie, Article 209 B : causeries autour de la clause de sauvegarde, RJF 02/13, pp. 107-114.
BONFILS Philippe, Nul ne peut se constituer une preuve à lui-même, Droit et Patrimoine 2003, n°111, pp. 106-107.
BONGERT Yvonne, Le problème de la preuve chez les peuples de l'ancienne Indochine française, in, Recueils de la Société Jean Bodin pour l'histoire comparative des institutions, La preuve, Tome XVIII, Civilisations archaïques, asiatiques et islamiques, 1963, pp. 419-502.
BONNARD Roger, Le droit des fonctionnaires à la pension de retraite, RDP 1942, p. 376.
BONNEAU Henri, La nature juridique du contentieux des traitements et pensions, RDP 1947, p. 296.
BONNEAU Henri, La nature juridique du contentieux des traitements et pensions, RDP 1947, pp. 297-338.
BONNET André, La charge de la preuve en contentieux fiscal, Dr. fisc. 2013, n°49, 535, pp. 8-11.
BONTINCK Thierry, L'effectivité des droits fondamentaux dans le traité de Lisbonne, in, FAVREAU Bertrand et SKOURIS Vassilios (dir.), La charte des droits fondamentaux de l'Union européenne après le Traité de Lisbonne, Bruylant, 2010, pp. 101-121.
BOSC Valérie, GAVALDA Christine, RAMON Philippe, THOMAS Didier et VAISSIERE Aude, Les transformations de l'administration de la preuve pénale, Archives de politique criminelle 2004, n°26, pp. 113-124.
BOSSU Bernard, Loyauté et contrat de travail, in, PETIT Franck (dir.), Droit et loyauté, Dalloz, 2015, pp. 115-134.
BOULANGER François, Réflexions sur le problème de la charge de la preuve, RTD Civ. 1966, pp. 737-755.
BOULOC Bernard, La preuve en matière pénale, in, PUIGELIER Catherine (dir.), La preuve, Economica, 2004, pp. 43-56.
BOULOC Bernard, Les abus en matière de procédure pénale, RSC 1991, n°2, pp. 221-243.
BOULOUIS Jean, Procès du juge fiscal, RSC 1957, pp. 631-655.
BOURSIER-MAUDERLY Marie-Emma, Contentieux de la concurrence : le nécessaire respect du principe de loyauté, D. 2008, pp. 2476-2479.

BOUZAT Pierre, La loyauté dans la recherche des preuves, in, Problèmes contemporains de procédure pénale : recueil d'études en hommage à M. Louis HUGUENEY, Sirey, 1964, pp. 155-177.
BOYER Georges, La notion d'équité et son rôle dans la jurisprudence des Parlements, in, Mélanges offerts à Jacques Maury, tome 2, Dalloz et Sirey, 1960, pp. 257-282.
BRAIBANT Guy, Des mesures susceptibles d'être ordonnées par le tribunal administratif en matière d'immeubles menaçant ruine, AJDA 1958, p. 68.
BRANDEAU Joseph, La référence aux déclarations anonymes dans l'ordonnance de visite domiciliaire et saisie : le contrôle des conditions permissives par la Cour de cassation, LPA 1999, n°104, pp. 9-12.
BRANDEAU Joseph, Poursuites pour fraude fiscale et détournement de procédure, LPA 2000, n°135, pp. 4-8.
BRARD Yves, Que reste-t-il du secret professionnel opposable au fisc ?, Dr. fisc. 1991, n°25, p. 960.
BRARD Yves, Secret professionnel, Jurisclasseur Procédures fiscales, fasc. n°313, Lexis Nexis, 2009.
BRARD Yves, Secret professionnel : développements récents et perspectives, Dr. fisc. 1999, n°46-47, p. 1421.
BREDIN Jean-Denis, Le doute et l'intime conviction, Droits 1996, n°23, pp. 21-29.
BREEN Emmanuel, L'autorité de la chose jugée au pénal sur l'administratif, RDP 2004, n°6, pp. 1593-1630.
BRETONNEAU Aurélie et DOMINO Xavier, De la loyauté dans le procès administratif, AJDA 2013, pp. 1276-1280.
BRETONNEAU Aurélie et DOMINO Xavier, Miscellanées contentieuses, AJDA 2012, pp. 2373-2382.
BRETONNEAU Aurélie et LESSI Jean, L'employeur public et les détectives privés, AJDA 2014, pp. 1701-1705.
BRETONNEAU Aurélie et LESSI Jean, L'imputabilité au service du suicide d'un fonctionnaire, AJDA 2014, pp. 1706-1710.
BRETZNER Jean-Daniel et AYNES Augustin, Droit de la preuve, juillet 2017 – octobre 2018, D. 2019, n°3, pp. 157-168.
BRETZNER Jean-Daniel et AYNES Augustin, Droit de la preuve, septembre 2016 – janvier 2017, D. 2018, n°5, pp. 259-269.
BRETZNER Jean-Daniel et AYNES Augustin, Droit de la preuve, juin 2015 – juin 2016, D. 2016, n°43, pp. 2535-2544.
BRETZNER Jean-Daniel et AYNES Augustin, Droit de la preuve, septembre 2014 – juin 2015, D. 2016, n°3, pp. 167-177.
BRETZNER Jean-Daniel, AYNES Augustin et DARRET-COURGEON Isabelle, Droit de la preuve, septembre 2013 – juin 2014, D. 2014, n°43, pp. 2478-2487.

BRETZNER Jean-Daniel, DARRET-COURGEON Isabelle, DELEBECQUE Philippe, Droit de la preuve, septembre 2012 - juin 2013, D. 2013, n°42, pp. 2802-2811.
BRETZNER Jean-Daniel, DARRET-COURGEON Isabelle, DELEBECQUE Philippe, Droit de la preuve, octobre 2011 - septembre 2012, D. 2012, n°42, pp. 2826-2835.
BRETZNER Jean-Daniel, DELEBECQUE Philippe, GELBARD-LE DAUPHIN Isabelle, Droit de la preuve, juillet 2010-octobre 2011, D. 2011, n°42, pp. 2891-2899.
BRETZNER Jean-Daniel, DELEBECQUE Philippe, GELBARD-LE DAUPHIN Isabelle, Droit de la preuve juillet, 2009 – juin 2010, D. 2010, n°40, pp. 2671-2681.
BRETZNER Jean-Daniel, DELEBECQUE Philippe, VASSEUR Thomas, Droit de la preuve, juillet 2008 - juin 2009, D. 2009, n°40, pp. 2714-2723.
BRETZNER Jean-Daniel, DELEBECQUE Philippe, VASSEUR Thomas, Droit de la preuve, janvier 2007 - juin 2008, D. 2008, n°40, pp. 2820-2831.
BRISSY Stéphane, Application du Code de procédure civile au contentieux de la sécurité sociale, JCP S 2011, n°25, 1306, p. 32.
BRINKMANN Moritz, The Synthesis of Common and Civil Law Standard of Proof Formulae in the ALI/UNIDROIT Principles of Transnational Civil Procedure, Uniform law review 2004, n°4, pp. 875-891.
BROGGINI Gerardo, La preuve dans l'ancien droit romain, in, Recueils de la Société Jean Bodin pour l'histoire comparative des institutions, La preuve, Tome XVI, Antiquité, 1965, pp. 223-276.
BRONNENKANT Hélène, Le lieu des vérifications de comptabilité et le débat oral et contradictoire, Dr. fisc. 2011, n°50, comm. 622.
BROYELLE Camille, Preuve et pouvoirs exorbitants de la puissance publique en France, in, Travaux de l'Association Henri Capitant, La preuve, Bruylant, Tome LXIII, 2013, pp. 411-418.
BUFFLIER Isabelle, Servitude et grandeur du nouveau procureur de la République financier, Revue internationale de la compliance et de l'éthique des affaires 2014, n°14, pp. 22-24.
BUISSON Jacques, Force publique, Répertoire de droit pénal et de procédure pénale, Dalloz, 2009.
BUISSON Jacques, L'audition sous hypnose est interdite, Procédures 2001, n°3, comm. 70, pp. 16-18.
BUISSON Jacques, Preuve, Répertoire de droit pénal et de procédure pénale, Dalloz, 2016.
BURGELIN Jean-François, Introduction, in, PUIGELIER Catherine (dir.), La preuve, Economica, 2004, pp. 1-3.
BURGORGUE-LARSEN Laurence, Les concepts de liberté publique et de droit fondamental, in, AUBY Jean-Marie (dir.), L'influence du droit européen sur les catégories du droit public, Dalloz, 2010, pp. 389-407.

BURGUBURU Julie, Acte anormal de gestion : Le juge prend-il trop de risques ?, RJF 04/08, pp. 331-336.
CABANNES Xavier, L'administration fiscale et l'obtention de données sur le contribuable à l'ère du numérique, in, GILLES William et BOUHADANA Irène (dir.), Le droit et la gouvernance des données publiques et privées à l'ère du numérique, IMODEV, 2015, pp. 83-101.
CADIET Loïc, La légalité procédurale en matière civile, Bulletin d'information de la Cour de Cassation 2006, n°636, pp. 1-39.
CADIET Loïc, Le principe de loyauté devant le juge civil et le juge commercial, Procédures 2015, n°12, dossier 10, pp. 14-19.
CADIET Loïc, Procès équitable et modes alternatifs de règlement des conflits, in, DELMAS-MARTY Mireille et RUIZ FABRI Hélène (dir.), Variations autour d'un droit commun, Premières rencontres de l'UMR de droit comparé de Paris, Société de législation comparée, pp. 89-109.
CADOUX-TRIAL Christine, La charge de la preuve devant le Conseil d'Etat, EDCE 1953, pp. 85-86.
CAMBY Jean-Pierre, Le contentieux des élections des députés : éléments pour un bilan, Cahiers du Conseil constitutionnel 1998, n°5, pp. 75-87.
CAMUS Geneviève, Réflexions sur le détournement de procédure, RDP 1966, pp. 65-84.
CAPPELLO Aurélie, Question prioritaire de constitutionnalité, Répertoire de droit pénal et de procédure pénale, Dalloz, 2015.
CARDASCIA Guillaume, L'ordalie fluviale dans la Mésopotamie ancienne, Revue historique de droit français et étranger 1993, n°2, pp. 169-184.
CARPENTIER-DAUBRESSE Nil, Pouvoir ou devoir d'instruction du juge administratif ?, AJDA 2014, n°20, pp. 1143-1146.
CASSAN Catherine, Des documents illégalement saisis ne peuvent pas servir à établir une imposition, Dr. fisc. 2015, n°19, act. 286, pp. 6-7.
CASTAGNEDE Bernard, Remarques sur la nature juridique du contentieux fiscal, RSF, 1970, pp. 5-29.
CATELAN Nicolas, Lutte contre la délinquance économique, RSC 2014, pp. 393-399.
CAU Christian, Le rôle du juge et des parties dans l'administration de la preuve en procédure administrative, in, Le rôle du juge et des parties dans l'administration de la preuve, XVIIème Colloque des Instituts d'Etudes Judiciaires, Grenoble, 19-21 janvier 1989, Ed. IEJ de la Faculté de Droit de Grenoble, pp. 70-76.
CAYLA Olivier, La qualification, ou la vérité du droit, in, Droits, Revue française de théorie juridique, 1993, n°18, pp. 3-18.
CAZET Safia, Le commissaire du gouvernement dans la phase judiciaire de l'expropriation : une institution à la croisée des chemins, RFDA 2010, pp. 345-356.

CERF-HOLLENDER Agnès, Les nouveaux salariés à protéger : les témoins et les lanceurs d'alerte, in, Mélanges en l'honneur de Christine LAZERGES, Dalloz, 2014, pp. 515-530.
CESARO Jean-François, Avant-propos, in, La preuve, Rapport annuel de la Cour de cassation, La documentation française, 2012, pp. 85-95.
CHABANOL Daniel, Le contentieux des immeubles en péril, AJPI 1971, p. 117.
CHABANOL Daniel, Sociologie du juge fiscal, in, HERTZOG Robert (dir.), Le juge fiscal, Economica, 1988, pp. 45-50.
CHAMPEIL-DESPLATS Véronique, La notion de droit fondamental et le droit constitutionnel français, D. 1995, pp. 323-329.
CHAPUS René, De l'office du juge : contentieux administratif et nouvelle procédure civile, EDCE, 1977-1978, pp. 13-65.
CHASSAING Jean-François et MAYER Danièle, Y a-t-il une place pour l'hypnose en procédure pénale ?, D. 2001, pp. 1340-1343.
CHAVENT-LECLÈRE Anne-Sophie, Les fichiers volés par un salarié constituent une preuve licite, Procédures 2014, n°1, comm. 25, pp. 24-25.
CHAUVAUD Frédéric, Le sacre de la preuve indiciale. De la preuve orale à la preuve scientifique (XIXe siècle – milieu du XXe siècle), in, LEMESLE Bruno (dir.), La preuve en justice de l'Antiquité à nos jours, PUR, 2003, pp. 221-240.
CHAUVAUX Didier et FORNACCIARI Marc, Exonérations ou atténuations de responsabilité, Répertoire de la responsabilité de la puissance publique, Dalloz, 2017.
CHEMIN Bernard, Le statut de l'oralité, AJDA 2011, n°11, pp. 604-607.
CHEVALIER François, Rapport : Le rôle du juge et des parties dans l'administration de la preuve en procédure administrative, in, Le rôle du juge et des parties dans l'administration de la preuve, XVIIème Colloque des Instituts d'Etudes Judiciaires, Grenoble, 19-21 janvier 1989, Ed. IEJ de la Faculté de Droit de Grenoble, pp. 66-69.
CHEVALIER Jean, Le contrôle de la Cour de cassation sur la pertinence de l'offre de preuve, Dalloz, 1956, pp. 37-40.
CHEVALIER Jean, Remarques sur l'utilisation par le juge de ses informations personnelles, RTD Civ. 1962, pp. 5-19.
CLERMONT Kevin M. & SHERWIN Emily, A Comparative View of Standards of Proof, American Journal of Comparative Law 2002, pp. 243-275.
COCHETEUX Patrick, La police fiscale, LPA 2011, n°159, pp. 7-15.
COHEN-JONATHAN Gérard, L'égalité des armes selon la Cour européenne des droits de l'Homme, LPA 2002, n°238, pp. 21-26.
COLIN Frédéric, L'utilisation d'indices concordants en droit administratif, AJDA 2007, pp. 18-23.
COLLET Martin, Contrôle des actes de gestion : pour un retour à l'anormal, Dr. fisc. 2003, n°14, pp. 536-541.

COLLET Martin, La loyauté : un principe qui nous manque ?, Dr. fisc., 2016, n°42, ét. 554, pp. 22-28.
COLLET Martin, La loyauté en matière fiscale, in, NIQUEGE Sylvain (dir.), Les figures de la loyauté en droit public, Mare & Martin, 2017, pp. 325-341.
COLLET Martin, Les bienfaits du « dialogue des juges », Remarques sur la mise en œuvre par le juge fiscal des articles 14 de la Convention EDH et 1er de son premier protocole additionnel, Dr. fisc. 2006, n°51, 70, pp. 2179-2189.
COLLET Martin et COLLIN Pierre, Le cumul de sanctions pénale et fiscale face aux exigences constitutionnelles et européennes, JCP G 2016, n°29, 847, pp. 1453-1456.
COLLIN Pierre, Procédures fiscales : chronique de l'année 2012, Dr. fisc., n°9, comm. 176, pp. 106-113 ;
COLLIN Pierre, Procédures fiscales : chronique de l'année 2011, Dr. fisc. 2012, n°9, comm. 165, pp. 107-115.
COLLIN Pierre, Procédures fiscales : chronique de l'année 2010, Dr. fisc. 2011, n°9, comm. 239, pp. 92-100.
COLLIN Pierre, Procédures fiscales : chronique de l'année 2009, Droit fiscal n°8-9, n°208, pp. 102-108.
CONTE Philippe, L'instruction : le rôle du Juge et des parties dans l'administration de la preuve, in, Association Française de Droit judiciaire privé, Le rôle du juge et des parties dans l'administration de la preuve, XVIIème Colloque des Instituts d'Etudes Judiciaires des 19, 20, 21 janvier 1989 à Grenoble, Ed. IEJ de la Faculté de Droit de Grenoble, 1991, pp. 34-50.
CONTE Philippe, La loyauté de la preuve dans la jurisprudence de la chambre criminelle de la Cour de cassation : vers la solution de la quadrature du cercle ?, Droit pénal n°4, Avril 2009, ét. 8, pp. 13-15.
CONTE Philippe, La loyauté de la preuve en procédure pénale : fragile essai de synthèse, Procédures 2015, n°12, dossier 12, pp. 22-25.
CORTES Thomas, Les fictions juridiques en droit administratif. Linéaments pour une théorie des formes juridiques, RDP 2014, n°4, pp. 915-944.
CORTINA Adela, Ethique de la discussion et fondation ultime de la raison, in, RENAUT Alain (dir.), Les philosophies politiques contemporaines, Histoire de la philosophie politique, Tome 5, Calmann-Lévy, 1999, pp. 185-229.
COURONNE Vincent, L'autonomie procédurale des États membres de l'Union européenne à l'épreuve du temps, Cahiers de droit européen 2010, n°3/4, pp. 273-309.
COURTIAL Jean, L'Administration ne peut établir des redressements fiscaux en s'appuyant sur des moyens de preuve illicites, AJDA 1995, p. 192.
COURTIAL Jean, Le juge administratif de l'impôt, Dr. fisc. 2016, n°38, 491, pp. 17-18.
COZIAN Maurice, L'opposabilité à l'administration fiscale des actes sous seing privé, Revue de Jurisprudence Fiscale, n°11, pp. 661-665 et BF Lefèbvre, 1994, n°12, pp. 653-658.

COZIAN Maurice, Propos désobligeants sur une « tarte à la crème » : l'autonomie et le réalisme du droit fiscal, Dr. fisc. 1980, n°41, p. 1054.
COZIAN Maurice, Sur l'autonomie et le réalisme du droit fiscal, Revue de la Direction générale des impôts, 1981, n°54, pp. 36-40.
CROUZET Philippe, Administration de la preuve, Critique des méthodes de reconstitution des bases d'imposition par l'administration, RJF 06/86, pp. 347-350.
DANET Jean, Principe de loyauté des preuves et sonorisation de cellules de garde à vue, RSC 2014, pp. 130-136.
DANIS-FATOME Anne, Le dispositif propre à la charge de la preuve, frein ou outil de lutte contre les discriminations ?, La Revue des droits de l'homme 2016, n°9.
DARCY Gilles, La preuve et le juge administratif, in, PUIGELIER Catherine (dir.), La preuve, Economica, 2004, pp. 99-120.
DAUMAS Vincent, Abus de droit : derniers développements jurisprudentiels, RJF 01/11, pp. 5-15.
DAUMAS Vincent, Clauses de secret des conventions fiscales internationales : des implications à géométrie variable, RJF 04/11, pp. 355-361.
DAUMAS Vincent, La loyauté des parties dans le procès. Charge et administration de la preuve, in, NIQUEGE Sylvain (dir.), Les figures de la loyauté en droit public, Mare & Martin, 2017, pp. 425-438.
DAVID Cyrille, L'acte anormal de gestion (comparaison fiscale Allemagne, France et Royaume-Uni), in, Ecrits de fiscalité des entreprises : études à la mémoire du professeur Maurice Cozian, Litec, 2009, pp. 239-261.
DE BRUYN Donatienne, Le droit à un recours effectif, in, Les droits de l'homme au seuil du troisième millénaire : Mélanges en hommage à Pierre LAMBERT, Bruylant, 2000, pp. 185-205.
DE COMBLES DE NAYVES Pierre, À la recherche de la loyauté, AJ pénal 2016, n°3, pp. 115-118.
DE CROUY-CHANEL Emmanuel, Procédures fiscales : chronique de l'année 2016, Dr. fisc. 2017, n°9, 190, pp. 104-108.
DE CROUY-CHANEL Emmanuel, Procédures fiscales : chronique de l'année 2015, Dr. fisc. 2016, n°9, 205, pp. 108-111.
DE CROUY-CHANEL Emmanuel, Procédures fiscales : chronique de l'année 2014, Dr. fisc. 2015, n°9, 179, pp. 106-111.
DE DAVID BEAUREGARD-BERTHIER Odile, La notion de détournement de procédure en droit administratif, Dr. admin. 2006, n°1, ét. 2, pp. 13-17.
DE GAUDEMAR Hervé, La preuve devant le juge administratif, Dr. admin. 2009, n°6, ét. 12, pp. 12-20.
DE GAUDEMAR Hervé, La preuve devant le juge de l'excès de pouvoir, Revue générale du droit 2012, n°1.
DE LA MARDIERE Christophe, Acte anormal de gestion : la charge de la preuve de la minoration du prix de cession d'un actif pèse sur l'Administration, Revue Fiscale du Patrimoine 2011, n°12, pp. 28-31.

DE LA MARDIERE Christophe, Article 155 A du CGI et droit de l'Union européenne : épilogue ?, Dr. fisc. 2013, n°20, comm. 282, pp. 31-38.
DE LA MARDIERE Christophe, Dialectique de la preuve : nouvelles précisions, Dr. fisc. 2008, n°30, pp. 35-39.
DE LA MARDIERE Christophe, Droit fiscal et force majeure, à l'impossible, le contribuable, est-il tenu ?, LPA 1999, n°46, p. 3.
DE LA MARDIERE Christophe, La déclaration fiscale, Revue française de finances publiques, 2000, n°71, pp. 113-144.
DE LA MARDIERE Christophe, La preuve du paiement des charges n'est pas une condition de leur déductibilité, Dr. fisc. 2009, n°44, pp. 31-36.
DE LA MARDIERE Christophe, La preuve en droit fiscal, in, PUIGELIER Catherine (dir.), La preuve, Economica, 2004, pp. 133-139.
DE LA MARDIERE Christophe, La preuve objective dans le contentieux fiscal, Droit fiscal 2006, n°14, pp. 744-748.
DE LA MARDIERE Christophe, Le forfaitaire pris au piège de la preuve, LPA 1998, n°151, p. 6.
DE LA MARDIERE Christophe, Pour tenter d'en finir avec l'autonomie et le réalisme du droit fiscal, in, Ecrits de fiscalité des entreprises, études à la mémoire du professeur Maurice COZIAN, Paris, Lexis Nexis, Litec, 2009, pp. 137-144.
DE LA MARDIERE Christophe, Précisions sur l'obligation de preuve des écritures de charges incombant à l'entreprise, Dr. fisc. 2007, n°46, pp. 44-50.
DE LA MARDIERE Christophe, Sécurité juridique et preuve fiscale, in, BUISSON Jacques (dir.), La sécurité fiscale, L'Harmattan, 2011, pp. 207-219.
DE LAMY Bertrand, De la loyauté en procédure pénale, brèves remarques sur l'application de la chevalerie à la procédure pénale, in, Le droit pénal à l'aube du troisième millénaire : mélanges offerts à Jean PRADEL, Cujas, 2006, pp. 97-108.
DE MALAFOSSE Aymard, L'évolution de l'instruction écrite, AJDA 2011, n°11, pp. 608-611.
DE MONTALIVET Pierre, La « juridicisation » de la légistique. À propos de l'objectif de valeur constitutionnelle d'accessibilité et d'intelligibilité de la loi, in, DRAGO Roland (dir.), La Confection de la loi, PUF, 2005, pp. 99-136.
DE NAUROIS Louis, Le juge en présence d'un doute de fait insoluble en droit français et en droit canonique : jalons pour une recherche, in Mélanges offerts à Pierre Raynaud, Dalloz-Sirey, 1985, pp. 531- 553.
DEBBASCH Charles, La charge de la preuve devant le juge administratif, D. 1983, pp. 43-50.
DEBOISSY Florence, Le secret professionnel et l'administration fiscale, LPA 2005, n°24, pp. 24-40.
DEBOISSY Florence, Prise de risque excessif et acte anormal de gestion, Dr. fisc. 2015, n°23, comm. 386, pp. 82-86.
DEBOISSY Florence, Retour sur un principe controversé : l'indépendance des procédures pénale et fiscale, Dr. fisc. 2014, n°51-52, ét. 692, pp. 9-16.

DEBOISSY Florence, Société holding animatrice : comment établir la réalité de l'activité d'animation du groupe ?, Dr. fisc. 2014, n°13, comm. 244, pp. 51-58.
DELAGE Pierre-Jérôme, Retour sur le principe de la loyauté des preuves, RSC 2015, pp. 117-121.
DELAUNAY Benoît, Le droit au juge et à un recours effectif selon la Convention européenne de sauvegarde des droits de l'Homme et des libertés fondamentales (article 13), in, L'exécution des décisions de l'administration et des juridictions administratives, Journées juridiques et administratives franco-croates, 8e année, 22 et 23 septembre 2014, disponible à l'adresse suivante : hrcak.srce.hr/file/203569.
DELAVENNE Jean-François, Y a-t-il une "autonomie procédurale" des États membres en matière d'attribution de la charge de la preuve ?, Gaz. Pal. 2003, n°176, pp. 21-26.
DELEAGE Elsa, La loyauté de l'administration, Revue générale du droit 2015, n°1.
DELMAS-MARTY Mireille, La marge et l'indérogeable : Rétrospective et prospective, in, Faire des choix ? Les fonctionnaires dans l'Europe des dictatures, 1933-1948, Colloque des 21, 22 et 23 février 2013 organisé par l'EHESS et le Conseil d'Etat, disponible sur le site internet du Conseil d'Etat.
DELMAS-MARTY Mireille, La preuve pénale, Droits 1996, n°23, pp. 53-65.
DELMAS-MARTY Mireille, Le droit au silence en procédure pénale, in, Mélanges dédiés à la mémoire de Jacques TENEUR, Collection des travaux de la Faculté des sciences juridiques, politiques et sociales de Lille, 1977, tome 1, pp. 273-284.
DELMAS-MARTY Mireille, Vers un modèle européen de procès pénal, in, DELMAS-MARTY Mireille (dir.), Procès pénal et droits de l'homme vers une conscience européenne, PUF, Paris, 1992, pp. 291-301.
DELVOLVE Guillaume, Chose jugée, Répertoire de contentieux administratif, Dalloz, 2014.
DELVOLVE Guillaume, Dualité de juridictions et autorité de la chose jugée, RFDA 1990, p. 792.
DELVOLVE Pierre, Le juge et la vérité, aspects de droit public, Annales de l'université des sciences sociales de Toulouse, tome XXVI, 1978, pp. 339-367.
DEMOGUE René, Jurisprudence en matière de droit civil, « La preuve des obligations », RTD Civ. 1917, pp. 146-150.
DENIS Jean-Bernard, Quelques aspects de l'évolution récente du système des preuves en droit civil, RTD Civ. 1977, pp. 671-694.
DENOIX DE SAINT MARC Renaud et LABETOULLE Daniel, Les pouvoirs d'instruction du juge administratif, EDCE 1970, pp. 69-91.
DESPREZ François, Vol de documents par le salarié : sur le fait justificatif tiré de l'exercice des droits de la défense, Dr. soc. 2009, pp. 1182-1189.

DERUEL François-Patrice, Quelques aspects de la preuve en matière fiscale, Dr. fisc. 1962, n°37, pp. 44-47.
DESMONS Eric, La preuve des faits dans la philosophie moderne, Droits 1996, n°23, pp. 13-20.
DESNOS Fabien, Des preuves légales à l'intime conviction : expériences et défenses de la preuve libre à l'époque moderne, in, HERVOUËT Blandine (dir.), L'évolution des modes de preuve, Du duel de Carrouges à nos jours, Presses universitaires de Limoges, 2014, pp. 77-100.
DESPAQUIS Jean-Marc, Mesures d'instruction, Constatations, JurisClasseur Encyclopédie des Huissiers de Justice, Fasc. n°20, 2016.
DETRAZ Stéphane, Douanes, Procédure, JurisClasseur Lois pénales spéciales, Lexis Nexis, 2016.
DETRAZ Stéphane, Impôts, Contributions indirectes, Contentieux, JurisClasseur Lois pénales spéciales, Lexis Nexis, 2016.
DETRAZ Stéphane, La prétendue présomption d'innocence, Dr. pén. 2004, n°3, chron. 3, pp. 4-7.
DETRAZ Stéphane, Présomption de véracité d'un procès-verbal, D. 2014, pp. 464-467.
DETRAZ Stéphane, Recevabilité des moyens de preuve issus d'un vol commis par un particulier sans intervention de l'autorité publique, JCP G 2014, n°5, 139, pp. 201-204.
DETRAZ Stéphane, Sonorisation d'une cellule de garde à vue : un stratagème qui vicie la recherche de la preuve, D. 2014, p. 264.
DETRAZ Stéphane, Un an de droit pénal fiscal et douanier, Dr. pén. 2013, n°10, pp. 23-30.
DETRAZ Stéphane, Une brèche dans l'indépendance des procédures fiscales et pénale, RSC 2016, n°3, pp. 524-528.
DETRAZ Stéphane, Visites domiciliaires : irrecevabilité des documents d'origine illicite, Dr. fisc. 2012, n°12, comm. 207, pp. 49-52.
DIEU Frédéric, L'imprévisibilité de l'application de la loi fiscale sanctionnée par la CEDH, La fin d'une politique fiscale « antisectes » ?, Dr. fisc. 2011, n°44, comm. 577, pp. 66-96.
DINTILHAC Jean-Pierre, L'égalité des armes dans les enceintes judiciaires, Rapport annuel de la Cour de cassation 2003, L'égalité, La documentation française, 2004, pp. 151-174.
DINTILHAC Jean-Pierre, La vérité de la chose jugée, in, Rapport annuel de la Cour de cassation 2004 de la Cour de cassation, La vérité, La documentation française, 2005, pp. 57-66.
DION Nathalie, Le juge et le désir du juste, D. 1999, n°18, pp. 195-199.
DJIGO Alioune, Le procès-verbal de l'assemblée générale des copropriétaires : erreur matérielle et irrégularité de notification, Loyers et Copropriété 2015, n°7-8, ét. 10, pp. 7-10.
DJOUDI Jamel, Le règlement des risques de transfert de fonds, Revue de Droit bancaire et financier 2005, n°4, ét. 13, pp. 51-72.

DOMINO Xavier, Droit au recours et équité du procès devant la justice administrative aujourd'hui, NCCC 2014, n°44, pp. 35-47.
DONNEDIEU DE VABRES-TRANIÉ Loraine, La loyauté dans l'administration de la preuve, Gaz. Pal. 2012 n°145, pp. 44-60.
DORSINFANG-SMETS Annie, Réflexions sur les modes de preuve dans l'action judiciaire des sociétés dites primitives, in, Recueils de la Société Jean Bodin pour l'histoire comparative des institutions, La preuve, Tome XVIII, Civilisations archaïques, asiatiques et islamiques, 1963, pp. 15-35.
DOSSIN Georges, L'ordalie à Mari, Comptes rendus des séances de l'Académie des Inscriptions et Belles-Lettres, 1958, n°4, pp. 387-393.
DOUCHY-OUDOT Mélina, L'obtention des preuves en matière civile et commerciale au sein de l'espace judiciaire européen, in, DOUCHY-OUDOT Mélina (dir.), Le visage inconnu de l'espace judiciaire européen, Editions juridiques et techniques, 2004, pp. 63-77.
DUBOIS Jean-Pierre, Travaux publics : dommages, Répertoire de la responsabilité de la puissance publique, Dalloz, 2016.
DUBOUIS Louis, Les rôles respectifs du juge administratif et du technicien dans l'administration de la preuve, in, CORNU Gérard (dir.), Les rôles respectifs du Juge et du Technicien dans l'Administration de la preuve, Xe Colloque des Instituts d'Etudes Judiciaires, Poitiers 26-28 mai 1975, PUF, 1976, pp. 83-105.
DUPICHOT Jacques et GUEVEL Didier, Contrats et obligations, Présomptions, Notions générales, JurisClasseur, Lexis Nexis, 2016.
DUPRAT Jean-Pierre, L'Etat loyal figure de l'Etat de droit : conclusions provisoires, in, NIQUEGE Sylvain (dir.), Les figures de la loyauté en droit public, Mare & Martin, 2017, pp. 367-371.
DUQUESNE François, Champ d'application de l'immunité du salarié face à la preuve : nouvelles précisions, Dr. soc. 2011, n°11, pp. 1039-1042.
DUSSART Vincent, L'intelligibilité de la loi fiscale un objectif inaccessible ? Brèves réflexions sur la complexité du droit fiscal des affaires, in, Ecrits de droit de l'entreprise : mélanges en l'honneur de Patrick SERLOOTEN, Dalloz, 2015, pp. 627-635.
DUTHEIL DE LA ROCHERE Jacqueline, Droit au juge, accès à la justice européenne, Pouvoirs, 2001, n°96, pp. 123-141.
DUTHEILLET DE LAMOTHE Louis et ODINET Guillaume, La crèche entre dans les Tables, AJDA 2016, n°42, pp. 2376-2380.
DUTHEILLET DE LAMOTHE Louis et LESSI Jean, Prescriptions : le droit administratif à l'épreuve du temps, AJDA 2015, n°4, pp. 215-223.
DUTHEILLET DE LAMOTHE Olivier, Conseil constitutionnel et cour européenne des droits de l'homme : un dialogue sans paroles, in, Mélanges en l'honneur du président Bruno GENEVOIS, Dalloz, 2008, pp. 403-417.
DUTHEILLET DE LAMOTHE Olivier, Le Conseil constitutionnel et le droit européen, RFDC 2004, n°57, pp. 23-35.

ENCINAS DE MUNAGORRI Rafael, Le rôle de l'expert dans la formation de la décision de justice, AJDA 2014, n°24, pp. 1377-1383.
EISSEN Marc-André, La présentation de la preuve dans la jurisprudence et la pratique de la Cour européenne des Droits de l'Homme, in, La présentation de la preuve et la sauvegarde des libertés individuelles, Troisième colloque du département des droits de l'Homme, Université Catholique de Louvain, Bruxelles, Bruylant, 1977, pp. 143-213.
EVEILLARD Gweltaz, L'administration de la preuve devant le juge de l'excès de pouvoir, Dr. admin. 2013, n°2, comm. 14, pp. 29-31.
EVEILLARD Gweltaz, La délimitation du domaine public maritime, AJDA 2011, n°30, pp. 1730-1734.
EVEILLARD Gweltaz, Liberté et loyauté de la preuve devant le juge administratif, Dr. admin. 2014, n°12, comm. 73, pp. 28-32.
FAUCHON Anne, La preuve de l'acte anormal de gestion, in, PUIGELIER Catherine (dir.), La preuve, Economica, 2004, pp. 141-175.
FAVOREU Louis, La jurisprudence du Conseil constitutionnel en 1980, Chroniques constitutionnelles françaises, RDP 1981, p. 621.
FAVOREU Louis, Résurgence de la notion de déni de justice et droit au juge, in, Liber amicorum Jean WALINE, Dalloz 2012, pp. 513-521.
FAVREAU Bertrand, La charte des droits fondamentaux : pourquoi et comment ?, in, FAVREAU Bertrand et SKOURIS Vassilios (dir.), La charte des droits fondamentaux de l'Union européenne après le Traité de Lisbonne, Bruylant, 2010, pp. 3-37.
FEENSTRA Robert, La preuve dans la civilisation romaine, Rapport de synthèse, in, Recueils de la Société Jean Bodin pour l'histoire comparative des institutions, La preuve, Tome XVI, L'antiquité, 1965, pp. 634-661.
FENOUILLET Dominique, Le risque de la preuve en droit extrapatrimonial de la famille. Vers un droit commun ?, in, CADIET Loïc, GRIMALDI Cyril et MEKKI Mustapha (dir.), La preuve : regards croisés, Dalloz, Thèmes et commentaires, 2015, pp. 51-77.
FERNANDEZ-MAUBLANC Lucienne-Victoire, Le prétendu déclin du détournement de pouvoir, in, Mélanges Jean-Marie AUBY, Dalloz, 1992, pp. 239-248.
FERRAND Frédérique, L'influence de la procédure civile allemande sur la doctrine de Henri MOTULSKY, Procédures 2012, n°3, pp. 36-47.
FERRAND Frédérique, Preuve, Répertoire de procédure civile, Dalloz, 2016.
FERRER BELTRÂN Jordi, La preuve est libre, ou presque : une théorie quasi-benthamienne de la preuve, in, BOZZO-REY Malik et TUSSEAU Guillaume (dir.), Bentham juriste, L'utilitarisme juridique en question, Economica, 2011, pp. 329-347.
FINIELZ Robert, Loyauté de la preuve - Incitation ou provocation à la commission de l'infraction, RSC 2008, n°2, pp. 368-369.
FLAICHER-MANEVAL Elisabeth, Moyens de preuve en droit de la concurrence : la loyauté s'impose, Option finance 2011, n°1109, p. 30.

FONTENOT H. W. et LEVASSEUR Alain, Le droit de la preuve aux Etats-Unis, in, CADIET Loïc, MEKKI Mustapha, GRIMALDI Cyril, La preuve : regards croisés, Dalloz, Thèmes et commentaires, 2015, pp. 183-204.

FORIERS Paul, Considérations sur la preuve judiciaire, in, FORIERS Paul et PERELMAN Chaïm (dir.), La preuve en droit, Bruylant, 1981, pp. 315-329.

FORIERS Paul, Introduction au droit de la preuve, in, FORIERS Paul et PERELMAN Chaïm (dir.), La preuve en droit, Bruylant, 1981, pp. 7-26.

FOSSIER Thierry et LEVEQUE François, Le « presque vrai » et le « pas tout à fait faux » : probabilités et décision juridictionnelle, JCP G 2012, n°14, doctr. 427, pp. 686-691.

FOULQUIER Norbert, Le contentieux indemnitaire, instrument de régulation ?, AJDI 2011, n°12, pp. 851-854.

FOUQUET Olivier, Abus de droit : la sécurité juridique rédactionnelle. - À propos de la censure des articles 96 et 100 de la loi de finances pour 2014, Dr. fisc. 2014, n°1-2, act. 3, pp. 8-9.

FOUQUET Olivier, Acte anormal de gestion résultant de la prise d'un risque manifestement excessif : quelles limites ?, FR 31/12, inf. 19.

FOUQUET Olivier, Article 168 du CGI : la preuve contraire, enfin !, Dr. fisc. 2011, n°4, act. 30.

FOUQUET Olivier, Indépendance des procédures et déontologie du juge, Revue administrative 1995, n°288, pp. 590-592.

FOUQUET Olivier, Jusqu'où théoriser la charge de la preuve ?, RJF 07/07, pp. 631-635.

FOUQUET Olivier, L'impartialité des vérificateurs fiscaux, Revue administrative 2009, n°369, pp. 256-258.

FOUQUET Olivier, Le sursis à exécution en matière fiscale, Gaz. Pal. 20-22 décembre 1987, pp. 2-4.

FOUQUET Olivier, Titres de participation : enjeux et incertitudes du contentieux. Pourquoi autant de contentieux ? Comment les limiter enfin ? L'accès aux comptes consolidés, une nouvelle arme pour l'administration ?, RJF 11/14, pp. 953-968.

FOURMENT François, Du principe de loyauté de la preuve et de son application aux matières civile et pénale, D. 2011, n°8, pp. 562-565.

FOYER Jean, L'évolution du droit des preuves en France depuis les codes napoléoniens, in, Recueils de la société Jean Bodin pour l'Histoire Comparative des Institutions, La preuve, Tome XIX, Période contemporaine, Editions de la Librairie Encyclopédique, Bruxelles, 1963, pp. 187-209.

FRICERO Natalie, La recevabilité des preuves 'déloyales' en matière civile, Procédures 2015, n°12, dossier 14, pp. 32-34.

FRIER Pierre-Laurent, Motifs (Contrôle des), Répertoire de contentieux administratif, Dalloz, 2014.

FRISON-ROCHE Marie-Anne, Les offices du juge, in, Ecrits en Hommage à Jean FOYER, Jean FOYER auteur et législateur, Leges tulit, jura docuit, PUF, 1997, pp. 463-476.

FRISON-ROCHE Marie-Anne, La procédure de l'expertise, in, FRISON-ROCHE Marie-Anne et MAZEAUD Denis (dir.), L'expertise, Dalloz, 1995, pp. 87-103.
FRISON-ROCHE Marie-Anne, Les droits de la défense en matière pénale, in Droits et libertés fondamentaux, Dalloz, 8e éd., 2002, pp. 539-559.
FRISON-ROCHE Marie-Anne, « 2 + 1 = la procédure », in, BARANES William et FRISON-ROCHE Marie-Anne, (dir.), La justice, L'obligation impossible, Editions Autrement, Coll. Nos valeurs, Paris, 1994, pp. 193-204.
FROUIN Jean-Yves, La loyauté de la preuve en droit du travail, Procédures 2015, n°12, dossier 23, pp. 55-58.
FRYDMAN Patrick et SORIN Julien, Le principe de loyauté de la preuve devant le juge administratif, Procédures 2015, n°12, dossier 13, pp. 26-31.
FUCINI Sébastien, Perquisition : recevabilité de la preuve illicite émanant d'un particulier, Dalloz actualité, 16 décembre 2013.
FUCINI Sébastien, Principe de loyauté : régularité du stratagème de constatation de la preuve, Dalloz actualité du 12 mai 2014.
FUMENIER Patrick, Dialectique de la charge de la preuve de l'acte anormal de gestion, Dr. fisc. 2011, n°11, comm. 259, pp. 42-46.
GABOLDE Christian, Edifices menaçant ruine, JurisClasseur Administratif, Fasc. 213, Lexis Nexis, 2014.
GABOLDE Christian, Les moyens d'investigation, Dalloz professionnels Pratique du contentieux administratif, Dossier 260, Dalloz, 2016.
GALLANIS Thomas P., La preuve en « Common Law » : Wigmore aujourd'hui, Droits 1996, n°23, pp. 79-90.
GALLOIS Alexandre, Loyauté des preuves pénales : la Cour de cassation est-elle allée trop loin ?, JCP G 2014, n°9, pp. 434-437.
GAMET Laurent, La preuve en droit du travail. Contestation du licenciement, conviction et doute du juge prud'homal, in, CADIET Loïc, GRIMALDI Cyril et MEKKI Mustapha, La preuve : regards croisés, Dalloz, Thèmes et commentaires, 2015, pp. 29-50.
GARAPON Antoine, La culture juridique française au choc de la "mondialisation", in, JACOB Robert (dir.), Le juge et le jugement dans les traditions juridiques européennes, LGDJ, 1996, pp. 379-394.
GARREAU Denis, La loyauté dans la preuve, un principe résiduel, voire inutile ?, Justice et cassation 2014, pp. 41-54.
GARRAUD Pierre, L'utilisation, à titre de preuve, dans un procès civil, de pièces et documents tirés d'une information pénale, JCP G 1943, I, 317.
GAUTIER Pierre-Yves, Loyauté : nouveau standard du Droit, ou bien leurre ?, Justice et cassation 2014, pp. 55-58.
GENEVOIS Bruno, Le nouveau rôle du juge de l'élection, Revue Pouvoirs, 1994, n°70, pp. 69-81.
GENY François, Le particularisme du droit fiscal, RTD Civ. 1931, pp. 797-833.

GIACOPELLI Muriel, Témoin, Répertoire de droit pénal et de procédure pénale, Dalloz, 2014.
GILLIERON Charles, L'évolution de la preuve pénale, Revue pénale suisse 1946, pp. 197-208.
GILTARD Daniel, Procès administratif et droit processuel, À la recherche des principes directeurs, AJDA 2014, n°18, pp. 1015-1020.
GIRERD Pascal, Les principes d'équivalence et d'effectivité : encadrement ou désencadrement de l'autonomie procédurale des Etats membres ?, RTD Eur. 2002, n°1, pp. 75-102.
GIUDICELLI André, Le principe de la légalité en droit pénal français, Aspects légistiques et jurisprudentiels, RSC 2007, n°3, pp. 509-525.
GIUDICELLI André, Principe de l'autorité de la chose jugée au pénal sur le civil, RSC 2003, n°1, pp. 125-126.
GIULIANI Alessandro, Le rôle du « fait » dans la controverse (à propos du binôme « rhétorique-procédure judiciaire »), APD 1994, Tome 39, pp. 229-237.
GODE Pierre, Le mensonge dans le procès civil, in, Mélanges dédiés à Alex WEILL, Dalloz, Litec, 1983, pp. 259-278.
GODON Laurent, La liberté de la preuve en droit commercial : une illusion ?, D. 2015, n°44, pp. 2580-2587.
GOHIN Olivier, Intervention lors du colloque du 13 février 2004, Experts et expertises, exigences communes et spécificités, Perspectives d'évolution conjointe, Experts 2004, n°62, pp. 20-23.
GÖLCÜKLÜ Feyyaz, Le procès équitable et l'administration des preuves dans la jurisprudence de la Cour européenne des droits de l'homme, in, Mélanges offerts à Jacques VELU, Bruylant, 1992, pp. 1361-1377.
GONOD Pascal et FRYDMAN Patrick, Le juge administratif et l'expertise, AJDA 2014, n°24, pp. 1361-1363.
GONOD Pascale et GUYOMAR Mattias, Détournement de pouvoir et de procédure, Répertoire de contentieux administratif, Dalloz, 2010.
GOSSEMENT Arnaud, L'administration de la preuve en situation d'incertitude scientifique : la position attendue de la Cour de cassation dans l'affaire de l'hépatite B (Cass. civ. 1re, 23 septembre 2003), LPA 16 janvier 2004, n°12, pp. 14-18.
GOUBEAUX Gilles, Le droit à la preuve, in PERELMAN Chaïm et FORIERS Paul (dir.), La preuve en droit, Bruylant, Bruxelles, 1981, pp. 277-301.
GOUTHIERE Bruno, Article 155 A du CGI : Compatibilité avec les normes juridiques supérieures ?, BF 06/11, pp. 469-473.
GOUTTENOIRE Adeline, Le principe du contradictoire devant la Cour européenne des droits de l'homme, in, Le contradictoire dans le procès pénal, Colloque du 8 décembre 2011, Cujas, 2012, pp. 65-70.
GOY Raymond, La notion de détournement de pouvoir, Mélanges Charles EISENMAN, Cujas, 1975, pp. 321-338.

GRIMALDI Cyril, La preuve en droit des contrats, in, CADIET Loïc, GRIMALDI Cyril et MEKKI Mustapha (dir.), La preuve : regards croisés, Dalloz, Thèmes et commentaires, 2015, pp. 79-84.
GRIMALDI Cyril, Preuve et droits fondamentaux en France, in, Travaux de l'Association Henri Capitant, La preuve, Bruylant, Tome LXIII, 2013, pp. 161-195.
GROS Manuel, La démonstration, la preuve et la présomption en matière juridictionnelle, LPA 5 novembre 2003, n°221, p. 3.
GRZEGORCZYK Christophe, Le rôle du performatif dans le langage du droit, APD 1974, n°19, pp. 229-241.
GUERIN Didier, La loyauté de la preuve devant le juge pénal, Procédures 2015, n°12, dossier 11, pp. 19-21.
GUERY Christian, Les paliers de la vraisemblance pendant l'instruction préparatoire, JCP 1998, I, 140.
GUERY Christian, Peut-on motiver l'intime conviction ?, JCP G 2011, n°1-2, doctr. 28, pp. 53-59.
GUERY Anne et GUERY Christian, De la difficulté pour le juge pénal d'appeler un chat, un chat (requalification « stricte » ou « élargie » : devoirs et pouvoirs du tribunal correctionnel), Droit pénal 2005, n°4, ét. 6, pp. 6-12.
GUINCHARD Serge, Le procès équitable : garantie formelle ou droit substantiel ?, D. 1999, n°1, pp. 65-70.
GUINCHARD Serge, Procès équitable, Répertoire de procédure civile, Dalloz, 2017.
GUINCHARD Serge, Vers une démocratie procédurale, Justices, 1999, n°1, pp. 91-130.
GUTMANN Daniel, À propos du principe "Nul ne peut se constituer une preuve à lui-même" (Cass. Civ. 2°, 2 avril 1996), LPA 24 janvier 1997, n°11, p. 19-23.
GUTMANN Daniel, La « pénalisation » du droit fiscal : mythe ou réalité ?, Dr. fisc. 2011, n°4, pp. 10-16.
GUTMANN Daniel, La véritable signification de l'indépendance des procédures fiscale et pénale, FR 06/11, p. 29.
GUTMANN Daniel, Réflexions comparatistes sur la constitutionnalité de la répression de l'abus de droit, FR 56/08, p. 3.
GUYOMAR Mattias, La loyauté en droit administratif, in, La loyauté, Justice et cassation 2014, pp. 59-68.
HAAS Marion et MARON Albert, Prescription - Quoi ? L'éternité, Droit pénal 2014, n°12, comm. 151, pp. 31-34.
HAAS Marion et MARON Albert, Un stratagème couvert d'une feuille de vigne, Dr. pén. 2014, n°2, comm. 32, pp. 45-50.
HAAS Thomas, La loyauté en droit du travail, Justice et cassation 2014, pp. 69-90.
HAÏM Victor, Instruction, Répertoire de contentieux administratif, Dalloz, 2015.

HALPERIN Jean-Louis, La preuve judiciaire et la liberté du juge, Communications 2009, n°1, pp. 21-32.
HALPERIN Jean-Louis, Le Tribunal de cassation et la naissance de la jurisprudence moderne, in, BADINTER Robert (dir.), Une autre justice 1789-1799, Paris, Fayard, 1989, pp. 225-241.
HARISTOY Just, L'impôt sur le Revenu, Lois de 1914 et 1915, Revue de science et législation financières 1916, p. 74.
HATOUX Bernard, La loi et les preuves illicites ou le glaive et la cuirasse, À propos de la loi 2013-1117 du 6 décembre 2013 de lutte contre la fraude fiscale et la grande délinquance économique et financière Après Cons. const. 4 décembre 2013 n°2013-679 DC, BF 01/14, pp. 5-14.
HATOUX Bernard, La preuve illicite est irrecevable ou Le vol est un péché capital, RJF 04/12, pp. 304-312.
HATOUX Bernard, Le devoir de loyauté de l'administration fiscale ou Légalité et déontologie, RJF 01/16, pp. 10-14.
HATOUX Bernard, Visites domiciliaires et droits de l'Homme : l'arrêt Ravon, RJF 05/08, pp. 454-463.
HAUSER Jean, Droit au respect de la vie privée et droit de la preuve, RTD Civ. 2013, n°1, pp. 86-87.
HAUTEREAU-BOUTONNET Mathilde, Quelle place pour le « risque de la preuve » en droit de l'environnement ?, in, CADIET Loïc, GRIMALDI Cyril et MEKKI Mustapha (dir.), La preuve : regards croisés, Dalloz, Thèmes et commentaires, 2015, pp. 85-105.
HEBRAUD Pierre, MADRA G., Commentaire de la loi du 15 juillet 1944, Recueil Dalloz, 1945, Législation, pp. 189-197.
HEILBRONNER André, Recours pour excès de pouvoir et recours de plein contentieux, D. 1953, Chronique XXXIV, pp. 183-188.
HENNION-JACQUET Patricia, L'encadrement relatif de la liberté de la preuve par la Convention européenne des droits de l'homme, D. 2005, p. 2575.
HERMITTE Marie-Angèle, L'administration de la preuve scientifique dans les dispositifs scientifiques, in, TRUILHE-MARENGO Eve (dir.), Preuve scientifique, preuve juridique, Larcier, Droit des technologies, 2012, pp. 97-128.
HERON Jacques, Rapport : Le rôle du juge et des parties dans l'administration de la preuve en procédure civile, in, Le rôle du juge et des parties dans l'administration de la preuve, XVIIème Colloque des Instituts d'Etudes Judiciaires, Grenoble, 19-21 janvier 1989, Ed. IEJ de la Faculté de Droit de Grenoble, pp. 10-19.
HEZARD Guillaume, Présentation de la brigade nationale de répression de la délinquance fiscale, Revue européenne et internationale de droit fiscal, 2015, n°1, pp. 61-78.
HUR-VARIO Nelly-Marie, L'administration de la preuve pénale : de l'irrecevabilité à la valeur probatoire, Revue pénitentiaire et de droit pénal, 2012, n°3, pp. 543-556.

IDOT Laurence, Les droits de la défense, in, SUDRE Frédéric et LABAYLE Henri (dir.), Réalité et perspectives du droit communautaire des droits fondamentaux, Bruylant, 2000.
ILJIC Anne, L'administration fiscale peut-elle encore utiliser des preuves illicites ?, RJF 01/17, pp. 7-11.
JACOB Robert, Le jugement de Dieu et la formation de la fonction de juger dans l'histoire européenne, APD 1994, Tome 39, pp. 87-104.
JEANDIDIER Wilfrid, L'élément moral des infractions d'affaires ou l'art de la métamorphose, in, Une certaine idée du droit, Mélanges André DECOCQ, Litec, 2004, pp. 369-383.
JEAN-PIERRE Didier, Le cancer et la « présomption de causalité » au service : le cas des victimes des essais nucléaires, JCP A 2010, n°5, 2051, pp. 36-38.
JEAN-PIERRE Didier et MELIN-SOUCRAMANIEN Ferdinand, Le principe de l'égalité des armes, Revue de la recherche juridique 1993, n°2, pp. 489-510.
JEULAND Emmanuel, Preuve judiciaire et culture française, Droit et cultures 2005, n°50, pp. 149-170.
JEULAND Emmanuel, Rapport introductif, in, CADIET Loïc et LORIFERNE Dominique (dir.), L'autorité de la chose jugée, IRJS Editions, 2012, pp. 15-21.
JEZE Gaston, La jurisprudence du Conseil d'État et le détournement de pouvoir, RDP 1944, pp. 58-63.
JEZE Gaston, Nature et régime juridique de la créance d'impôt, RSC 1936, pp. 15-204.
JONATHAN Gérard, L'égalité des armes selon la Cour européenne des droits de l'Homme, LPA 2002, n°238, pp. 21-26.
JOURDAIN Patrice, Responsabilité d'une clinique à l'occasion d'un accouchement : le recours aux présomptions imposé par la Cour de cassation, RTD Civ. 2013, n°2, pp. 386-389.
KAYSER Pierre, La justice selon Aristote, RRJ 1996, n°2, pp. 313-322.
KERNEIS Soazick, Le chaudron des parjures. Rome, les barbares et l'ordalie, in, LEMESLE Bruno (dir.), La preuve en justice de l'Antiquité à nos jours, PUR, 2003, pp. 23-48.
KHOURY Lara, Commentaire d'arrêt : St-Germain c/ Benhaim – Un jugement audacieux et habile, disponible à l'adresse suivante : https://www.mcgill.ca/law/files/law/2015_khoury_jugement_st-germain_v_benhaim_mjlh_8_1.pdf.
KINSCH Patrick, Entre certitude et vraisemblance, le critère de la preuve en matière civile, in, Mélanges en l'honneur de Georges WIEDERKEHR, Dalloz, 2009, pp. 455-470.
KLEINER Caroline, La CJUE limite le secret bancaire en faveur des droits de propriété intellectuelle et d'accès à la justice : un message pour les juridictions françaises ?, D. 2015, n°37, pp. 2168-2175.

KORNPROBST Emmanuel et NATAF Philippe, L'évolution récente du principe d'indépendance de la procédure fiscale à l'égard de la procédure pénale en matière de fraude fiscale, Revue trimestrielle de Droit Financier 2016, n°3, pp. 134-141.
KOT Jean-Philippe, Les droits de la défense, in, ASCENSIO Hervé, DECAUX Emmanuel et PELLET Alain (dir.), Droit international pénal, Pedone, 2e éd., 2012, pp. 909-925.
KOUBI Geneviève, Le for intérieur du fonctionnaire, Entre conscience du devoir et connaissance du droit, in, Le for intérieur, PUF, 1995, pp. 233-248.
KOURALEVA-CAZALS Polina, Conformité à la Constitution, avec réserve, de l'imposition des plus-values de cession de titres et des dividendes de sociétés implantées dans un ETNC, Dr. fisc. 2015, n°12, comm. 223, pp. 38-45.
KRENK Frédéric, De Schenk à Gäfgen : la preuve inconventionnelle à l'épreuve de l'article 6 de la CEDH, in, AKANDJI-KOMBE Jean-François, Mélanges en hommage au Professeur Paul TAVERNIER, Bruylant, 2013, pp. 781-798.
LA ROSA Anne-Marie, La preuve, in, ASCENSIO Hervé, DECAUX Emmanuel et PELLET Alain (dir.), Droit international pénal, Pedone, 2e éd., 2012, pp. 945-967.
LABRUNE Nicolas, Article 209 B du CGI : sauvegarde, preuve et pragmatisme, RJF 03/16, pp. 269-272.
LABRUNE Nicolas, L'administration fiscale, le pharmacien et l'ordinateur, RJF 10/15, pp. 715-719.
LABRUNE Nicolas, Majoration pour activité occulte : le droit fiscal est-il vraiment amoral ?, RJF 02/16, pp. 129-132.
LACHAUME Jean-François, Droit international et juridiction judiciaire, Répertoire de droit international, Dalloz, 2013.
LACHS Manfred, La preuve et la Cour internationale de Justice, in PERELMAN Chaïm et FORIERS Paul (dir.), La preuve en droit, Bruylant, 1981, pp. 109-123.
LACOMBE Bertrand, Possibilité pour l'Administration d'utiliser des preuves ultérieurement jugées illégales : clap de fin, Les nouvelles fiscales 2015, n°1157, pp. 4-6.
LAFAIX Jean-François, La loyauté des relations contractuelles au regard de la théorie du contrat, in, Mélanges en l'honneur de Laurent RICHER, LGDJ, Lextenso, pp. 365-396.
LAFFAILLE Franck, Fraude fiscale et opérations réalisées avec des ETNC, De la présomption (ir)réfragable de culpabilité selon le Conseil constitutionnel, Dr. fisc. 2015, n°12, act. 169, pp. 3-5.
LAGARDE Xavier, D'une vérité l'autre, Brèves réflexions sur les différentes cultures de la preuve, Gaz. pal. 2010, n°202-203, pp. 6-12.

LAGARDE Xavier, Modulation dans le temps des effets d'un revirement de jurisprudence : l'assemblée plénière de la Cour de cassation confirme, JCP G 2007, n°25, pp. 27-30.
LAGARDE Xavier, Vérité et légitimité dans le droit de la preuve, Droits 1996, n°23, pp. 31-39.
LAMARQUE Jean, À propos de la preuve : trois questions dérangeantes, Dr. fisc. 2007, n°23, comm. 563, pp. 10-15.
LAMARQUE Jean, Contentieux fiscal, Réclamation préalable, Répertoire de contentieux administratif, Dalloz, 1987.
LAMARQUE Jean, Contrôle de constitutionnalité de la loi fiscale, Jurisclasseur Procédures fiscales, Fasc. 110, Lexis Nexis, 2015.
LAMARQUE Jean, Le procès du procès, in, Etudes offertes à Jean-Marie AUBY, Dalloz, 1992, pp. 149-180.
LAMARQUE Jean, Sources du droit fiscal, Jurisclasseur Procédures fiscales, Fasc. 130, Lexis Nexis, 2011.
LAMBERT Thierry, Chronique de procédures fiscales, Lexbase Hebdo, Edition Fiscale (avril 2016-mars 2010).
LAMBERT Thierry, L'autonomie relative de la jurisprudence fiscale, in, LAMBERT Thierry (dir.), Contentieux fiscal : principes et pratiques, STH, 1989, pp. 141-157.
LAMBERT Thierry, L'administration fiscale et le secret, BF 06/05, n°6, pp. 447-453.
LAMBERT Thierry, L'informaticien, la banque et la recevabilité de la preuve illicite dans les procédures fiscales, in, LASSERRE CAPDEVILLE Jérôme, MARCHESSOU Philippe, TRESCHER Bruno, CUTAJAR Chantal (dir.), Fraude et évasions fiscales : état des lieux et moyens de lutte, Lextenso, 2015, pp. 85-97.
LARDEUX Gwendoline, Du droit de la preuve au droit à la preuve, D. 2012, n°24, pp. 1596-1599.
LARDEUX Gwendoline, Le droit à la preuve : tentative de systématisation, RTD Civ. 2017, n°1, pp. 1-26.
LAQUIEZE Alain, Remarques sur une notion multiforme et fonctionnelle : l'indépendance des législations et des procédures dans la jurisprudence administrative, Revue administrative 1999, n°309, pp. 262-272.
LASSERRE CAPDEVILLE Jérôme, L'article 225-3-1 du code pénal, régissant le testing, est conforme aux droits de la défense et au droit à un procès équitable, AJ pénal 2015, n°3, pp. 139-141.
LATOURNERIE Roger, Essai sur les méthodes juridictionnelles du Conseil d'Etat, in, Le Conseil d'État. Livre jubilaire publié pour commémorer son cent-cinquantième anniversaire, 4 nivôse an VIII-24 décembre 1949, Sirey, 1952, pp. 177-276.
LARDEUX Gwendoline, Le coup d'arrêt porté au droit à la preuve par la Cour de cassation, LPA 2016, n°66, pp. 16-21.

LARDEUX Gwendoline, Preuve civile et vérité, in, Le Droit entre autonomie et ouverture, Mélanges en l'honneur de Jean-Louis BERGEL, Bruylant, 2013, pp. 869-910.
LARDEUX Gwendoline, Secrets professionnels et droit à la preuve : de l'opposition déclarée à la conciliation imposée, D. 2016, p. 96.
LARGUIER Jean, La preuve d'un fait négatif, RTD Civ. 1953, p. 1.
LASRY Claude, Une particularité du contentieux fiscal, la charge de la preuve, EDCE 1984-1985, n°36, pp. 71-77.
LASSERRE Bruno, La redécouverte de l'oralité. Propos décousus d'un membre du Conseil d'Etat, Juger l'administration, administrer la justice : mélanges en l'honneur de Daniel LABETOULLE, Dalloz, 2007, pp. 545-558.
LASSERRE-KIESOW Valérie, La vérité en droit civil, D. 2010, n°15, pp. 907-920.
LAVAU Georges, Le prétendu pouvoir d'exclure un candidat d'un concours administratif, JCP 1953, I, 1128.
LAZERGES Christine, La présomption d'innocence en Europe, APC 2004, n°26, pp. 125-138.
LE BARS Thierry, De la théorie des charges de la preuve et de l'allégation à la théorie globale des risques processuels, in, Mélanges en l'honneur du Professeur Gilles GOUBEAUX, LGDJ, 2009, pp. 319-330.
LE MASSON Jean-Marc, La recherche de la vérité dans le procès civil, Droit et Société 1998, n°38, pp. 21-32.
LE ROUX Mylène, Contraventions de voirie, Jurisclasseur administratif, Fasc. 1170, Lexis Nexis, 2010.
LECLERC Henri, L'intime conviction du juge : Norme démocratique de preuve, in, Association française de science politique, Le for intérieur, PUF, 1995, pp. 206-213.
LECLERC Henri, Le doute, devoir du juge, in, Le droit et le droit, Dalloz 1994, pp. 49-56.
LECLERC Henri, Les limites de la liberté de la preuve, Aspects actuels en France, RSC 1992, pp. 15-29.
LECLERC Olivier, La distinction entre la « preuve en droit » et la « preuve en science » est-elle pertinente ?, in, TRUILHE-MARENGO Eve (dir.), Preuve scientifique, preuve juridique, Larcier, Droit des technologies, 2012, pp. 55-77.
LEGEAIS Raymond, Le droit de la preuve à la Cour européenne des droits de l'homme, in, La sanction du droit, Mélanges COUVRAT, PUF, 2001, pp. 255-278.
LEGER Dominique, La preuve devant le juge administratif français, in, La preuve dans la procédure des juridictions administratives, 3e colloque de l'Association des Conseils d'Etat et des juridictions administratives suprêmes de l'Union européenne des 19 au 21 octobre 1972, Bruxelles, disponible sur http://www.juradmin.eu/colloquia/1972/france-1.pdf, pp. 27-45.

LEGROS Robert, La preuve légale en droit pénal, in, FORIERS Paul et PERELMAN Chaïm (dir.), La preuve en droit, Bruylant, 1981, pp. 149-173.
LEMASURIER Jeanne, La preuve dans le détournement de pouvoir, RDP 1959, pp. 36-66.
LEMESLE Bruno, Conclusion, in, LEMESLE Bruno (dir.), La preuve en justice de l'Antiquité à nos jours, PUR, 2003, pp. 265-271.
LEMESLE Bruno, Premiers jalons et mise en place d'une procédure d'enquête dans la région angevine (XIe-XIIIe siècle), in, LEMESLE Bruno (dir.), La preuve en justice de l'Antiquité à nos jours, PUR, Coll. Histoire, 2003, pp. 69-93.
LEMOINE Pascal, La loyauté de la preuve (à travers quelques arrêts récents de la chambre criminelle), in, Rapport annuel 2004 de la Cour de cassation, pp. 165-180.
LENCOU Dominique, L'impartialité de l'expert dans l'administration de la preuve, in Mélanges en l'honneur de Paul LE CANNU, LGDJ, 2014, pp. 51-61.
LEROY Jacques, La garde à vue : des pistes pour une réforme, in, DE LAMY Bertrand, MALABAT Valérie, GIACOPELLI Muriel (dir.), La réforme du Code pénal et du Code de procédure pénale, Opinio doctorum, Dalloz, Coll. Thèmes et commentaires, 2009, pp. 179-192.
LETOURNEUR, L'étendue du contrôle du juge de l'excès de pouvoir, EDCE 1962, pp. 51-62.
LEVASSEUR Georges, Le droit de la preuve en droit pénal français, in, FORIERS Paul et PERELMAN Chaïm (dir.), La preuve en droit, Bruylant, 1981, pp. 175-195.
LEVASSEUR Georges, Opinions hétérodoxcs sur les conflits de lois répressives dans le temps, in, Mélanges en l'honneur de Jean CONSTANT, Ed. Faculté de droit de Liège, 1971, pp. 189-254.
LEVENEUR Laurent, La loyauté de la preuve en matière familiale, Procédures 2015, n°12, dossier 25, pp. 62-65.
LEVY Jean-Philippe, Cicéron et la preuve judiciaire, in, Mélanges Henri LEVY-BRUHL, Droits de l'antiquité et sociologie juridique, Sirey, 1959, pp. 187-197.
LEVY Jean-Philippe, L'apport de l'antiquité au droit de la preuve, Droits 1996, n°23, pp. 3-11.
LEVY Jean-Philippe, Réflexions sur l'importance et l'intérêt des questions de preuves, Travaux juridiques et économiques de l'Université de Rennes 1954, pp. 95-137.
LEVY-BRUHL Henri, La preuve judiciaire chez les « primitifs », Rapport de synthèse, in, Recueils de la Société Jean Bodin pour l'histoire comparative des institutions, La preuve, Tome XVIII, Civilisations archaïques, asiatiques et islamiques, 1963, pp. 5-14.

LIEBERT-CHAMPAGNE Monique, Fiscalité locale. Détermination de la valeur locative des locaux commerciaux et biens divers (CGI art. 1498), RJF 02/87, p. 75.
LIET-VEAUX Georges, La guerre des juges aura-t-elle lieu ?, Revue administrative 1975, n°163, pp. 27-31.
LLORENS François, L'administration fiscale est-elle un tiers ? Remarques sur quelques aspects de l'autonomie du droit fiscal, LPA 1982, n°22, pp. 8-19.
LOCHAK Danièle, Loyal à qui, loyal à quoi ? Les marges de manœuvre du fonctionnaire entre devoir d'obéissance et fidélité à des valeurs, in, NIQUEGE Sylvain (dir.), Les figures de la loyauté en droit public, Mare & Martin, 2017, pp. 487-502.
LOMBARD Martina, La face immergée de la procédure d'instruction devant le Conseil d'Etat statuant au contentieux, in, Mélanges Paul AMSELEK, Bruylant, 2005, pp. 501-515.
LOPEZ Christian, L'instauration d'une 'police fiscale' : contrôle ou investigation ?, Revue européenne et internationale de droit fiscal, 2015, n°1, pp. 50-60.
LOPEZ Christian, Les visites domiciliaires à l'épreuve du contrôle de l'origine licite des documents, Revue des sociétés 2012, n°6, pp. 389-392.
LOUIS-LUCAS Pierre, Vérité matérielle et vérité juridique, in, Mélanges offerts à René SAVATIER, Dalloz, 1965, pp. 583-601.
MADERO Marta, Façons de croire, Les témoins et le juge dans l'œuvre juridique d'Alphonse X le Sage, roi de Castille, in, Annales, Histoire, Sciences Sociales 1999, n°1, pp. 197-218.
MAGENDIE Jean-Claude, Loyauté, dialogue, célérité, Trois principes à inscrire en lettres d'or aux frontons des palais de justice…, in, Justices et droit du procès : du légalisme procédural à l'humanisme processuel, Mélanges en l'honneur de Serge GUINCHARD, Dalloz, 2010, pp. 329-339.
MAGNIER Véronique, La notion de justice impartiale, À la suite de l'arrêt Oury Cass. ass. plén., 5 févr. 1999, JCP G 2000, n°36, I, 252.
MAIA Jean, La charte des droits et obligations du contribuable vérifié, son utilité et son opposabilité, RJF 04/01, pp. 295-303.
MAISTRE DU CHAMBON Patrick, La régularité des provocations policières : l'évolution de la jurisprudence, JCP 1989, I, 3422.
MAITROT DE LA MOTTE Alexandre, Les libertés européennes de circulation et les 'pays tiers', Dr. fisc. 2014, n°25, comm. 384, pp. 13-23.
MALABAT Valérie, Loyauté de la preuve : l'exemple pénal ?, in, NIQUEGE Sylvain (dir.), Les figures de la loyauté en droit public, Mare & Martin, 2017, pp. 313-324.
MALIGNER Bernard, Contentieux des élections parlementaires, Contrôles au fond, JurisClasseur Administratif, Lexis Nexis, 2011.
MALIGNER Bernard, Etendue de l'office du juge de l'élection, AJDA 2009, n°17, pp. 937-939.

MALINGRE Daniel, La détermination du texte applicable dans le temps en droit fiscal, L'application dans le temps des lois relatives à l'assiette de l'impôt, AJDA 1970, pp. 68-74.
MARCUS-HELMONS Silvio, Quelques aspects de la notion d'égalité des armes – un aperçu de la Cour européenne des droits de l'homme, in, Le procès équitable et la protection juridique du citoyen, Bruylant, Bruxelles, 2001, p. 67-77.
MARSAUDON Alain et RAVON Delphine, La fable HSBC et sa morale, Option Finance 2012, n°1161, pp. 33-34.
MARGUENAUD Jean-Pierre, Conv. EDH, art. 8 : Vie privée, Répertoire de droit européen, Dalloz, 2016.
MARIATTE François, Droit à un procès équitable, Europe 2003, n°6, comm. 199, pp. 14-15.
MARTIN Jean-Clément, La démarche historique face à la vérité judiciaire. Juges et historiens, Droit et société 1998, n°1, pp. 13-20.
MARTIN Philippe, Charge de la preuve : gros plan sur la jurisprudence du Conseil d'Etat, LPA 12 novembre 2007, n°226, pp. 3-5.
MARTIN Philippe, L'application dans le temps des règles de procédure fiscale : force reste à la loi, À propos des arrêts du Conseil d'Etat Fourrures Guy et Champagnat du 30 juin 1997, Dr. fisc. 1997, n°45, pp. 1325-1328.
MARTIN Raymond, Un autre procès possible, ou est-il interdit de rêver ? RTD Civ. 1994, pp. 557-562.
MARTIN-LAPRADE Bruno, Contrôle fiscal. Imposition d'office et procédure contradictoire de redressement, RJF 05/75, p. 163.
MÄSCH Gérald, Le droit de la preuve en Allemagne, in, CADIET Loïc, GRIMALDI Cyril et MEKKI Mustapha (dir.), La preuve : regards croisés, Dalloz, Thèmes et commentaires, 2015, pp. 247-253.
MASCLET DE BARBARIN Marie, Du principe de l'égalité des armes à l'égalité des droits des parties en matière fiscale, RRJ 2005, pp. 1449-1461.
MATHIEU Bertrand, Les lois de finances au crible de la sécurité juridique (à propos des décisions 2005-530 DC et 2005-531 DC du 29 décembre 2005 du Conseil constitutionnel), LPA 2006, n°10, pp. 4-7.
MAYAUD Yves, Les droits de la défense, cause d'irresponsabilité pénale, in, Mélanges offerts à Raymond GASSIN, PUAM, 2007, pp. 293-303.
MAYAUD Yves, Respect de la vie privée, secret professionnel, et droits de la défense, RSC 2007, n°4, pp. 815-819.
MAYER Pierre, Réflexions sur l'autorité négative de chose jugée, in, Mélanges dédiés à la mémoire de Jacques HERON, LGDJ, 2009, pp. 331-346.
MAZEAUD Denis, Loyauté, solidarité, fraternité : la nouvelle devise contractuelle ?, in, L'avenir du droit : Mélanges en hommage à François TERRE, Dalloz, 1999, pp. 603-634.
MEHDI Rostane, Variations sur le principe de sécurité juridique, in, Le droit de l'Union européenne, Liber amicorum en l'honneur de Jean RAUX, Ed. Apogée, 2006, pp. 177-198.

MEKKI Mustapha, L'administration de la preuve : les parties et la charge de la preuve, Revue Henri Capitant 2013, n°6.
MEKKI Mustapha, La fondamentalisation du droit de la preuve : réflexion sur les dangers d'un 'droit à la vérité', Revue de droit d'Assas 2015, n°11, pp. 58-71.
MEKKI Mustapha, La gestion contractuelle du risque de la preuve (deuxième partie), Revue des contrats 2009, n°2, pp. 453-469.
MEKKI Mustapha, Le principe de loyauté probatoire a-t-il encore un avenir dans le contentieux de la concurrence ?, D. 2016, p. 2355.
MEKKI Mustapha, Le risque de la preuve. Le point de vue du juriste, in, Daniel Cohen (dir.), Droit et économie du procès civil, LGDJ, 2010, pp. 195-217.
MEKKI Mustapha, Preuve et vérité en France, in, Travaux de l'Association Henri Capitant, La preuve, Bruylant, Tome LXIII, 2013, pp. 813-847.
MEKKI Mustapha, Réflexions sur le risque de la preuve en droit des contrats (première partie), Revue des contrats 2008, n°3, pp. 681-701.
MEKKI Mustapha, Regard substantiel sur le « risque de la preuve ». Essai sur la notion de charge probatoire, in, CADIET Loïc, GRIMALDI Cyril et MEKKI Mustapha (dir.), La preuve : regards croisés, Dalloz, Thèmes et commentaires, 2015, pp. 7-26.
MELLERAY Fabrice, La réforme de l'expertise, AJDA 2014, n°24, pp. 1364-1369.
MELLERAY Fabrice, Léon Duguit et Georges Scelle, Revue d'histoire des Facultés de droit et de la science juridique 2000, n°21, pp. 45-88.
MELLERAY Fabrice, Rapport de Synthèse, in, GOURDOU Jean, LECUCQ Olivier et MADEC Jean-Yves (dir.), Le principe du contradictoire dans le procès administratif, L'Harmattan, Bibliothèques de droit, 2010, pp. 177-191.
MERIC Jean, La détermination du texte applicable dans le temps en droit fiscal, L'application dans le temps des lois de procédure en matière fiscale, AJDA 1970, pp. 132-146.
MESURE Sylvie, Rationalisme et faillibilisme, in, Les philosophies politiques contemporaines, Histoire de la philosophie politique (Tome 5), sous la direction d'Alain Renaut, Calmann-Lévy, 1999, pp.149-194.
MEURISSE R., Le déclin de la preuve par écrit, Gaz. pal. 1951, pp. 50-52.
MICHAUD Patrick, Le point sur les dénonciations anonymes : l'avocat, le juge et le corbeau, Gaz. pal. 1999, n°353, pp. 2-17.
MICHIELS Olivier, Le principe de la preuve unique ou déterminante, RTDH 2012, pp. 683-711.
MIGNON Emmanuelle, La charge de la preuve : peut-on parler d'équité ?, in, Droits du contribuable, Etat des lieux et perspectives, HATOUX Bernard (dir.), Préface d'Alain LAMBERT, Economica, Paris, 2002, pp. 53-65.
MIGNON Emmanuelle, Y a-t-il encore un secret fiscal ?, RJF 03/99, pp. 178-185.

MIGNOT Marc, Commentaire article par article de l'ordonnance du 10 février 2016 portant réforme du droit des contrats, du régime général et de la preuve des obligations (XIII), LPA 2016, n°108, pp. 4-13.
MINIATO Lionel, L'introuvable principe de loyauté en procédure civile, D. 2007, n°15, pp. 1035-1037.
MINIATO Lionel, Le « principe du contradictoire » : nouveau principe directeur du procès ?, D. 2005, n°37, pp. 2537-2538.
MIRABAIL Solange, Le refus de se soumettre à l'expertise biologique en matière de filiation et d'action à fins de subsides, Dr. fam. 2013, n°9, ét. 12.
MODERNE Franck, Le secret médical devant les judictions administratives et fiscales, AJDA 1973, p. 404.
MOLINIER Joël, L'office du juge en contentieux fiscal, in, Le juge fiscal, Robert HERTZOG (dir.), Economica, 1988, pp. 65-84.
MOLINIER Joël, La preuve en droit fiscal français, Revue juridique et politique 1985, n°1, pp. 736-749.
MOLINS François, L'appréciation du principe de loyauté de la preuve : applications pratiques devant le juge pénal, Procédures 2015, n°12, dossier 20, pp. 49-50.
MORAND-DEVILLER Jacqueline, Le contrôle de l'administration : la spécificité des méthodes du juge administratif et du juge judiciaire, in, Le contrôle juridictionnel de l'administration, Bilan critique, Colloque du CERAP, Economica, 1991, pp. 183-201.
MORVAN Patrick, Les principes généraux du droit et la technique des visas de principe dans les arrêts de la Cour de cassation, Droit In-Situ 2006, pp. 1-59.
MOULY-GUILLEMAUD Clémence, La sentence « nul ne peut se constituer de preuve à soi-même » ou le droit de la preuve à l'épreuve de l'unilatéralisme, RTD Civ. 2007, n°2, pp. 253-280.
MOURALIS Jean-Louis, Preuve, Modes de preuve, Répertoire de droit civil, Dalloz, 2016.
MOURALIS Jean-Louis, Preuve, Règles de preuve, Répertoire de droit civil, Dalloz, 2016.
MOURRE Alexis, Réflexions sur le serment décisoire, Gaz. Pal. 1994, n°163, pp. 3-6.
MOTULSKY Henri, La cause de la demande dans la délimitation de l'office du juge, Dalloz, 1964, Œuvres complètes, Tome 1, pp. 101-129.
MOTULSKY Henri, Le droit naturel dans la pratique jurisprudentielle : le respect des droits de la défense en procédure civile, in, Mélanges Paul ROUBIER, Dalloz et Sirey, 1961, tome 2, pp. 175-200.
MOTULSKY Henri, Le rôle respectif du juge et des parties dans l'allégations des faits, in, Ecrits, Etudes et notes de procédure civile, Dalloz, 2009, pp. 38-59.

MOTULSKY Henri, Notions générales, in, L'expertise dans les principaux systèmes juridiques d'Europe, Travaux de recherches de l'Institut de droit comparé de Paris, Editions de l'Epargne, Tome XXXII, 1969, pp. 13-33.

NAGOUAS-GUERIN Marie-Cécile, Mythe et réalité du doute favorable en matière pénale, RSC 2002, n°2, pp. 283-292.

NEAU-LEDUC Philippe, Bien mal acquis ne profite pas : la parabole du fichier volé, RTD Com. 2012, n°2, pp. 419-420.

NEGRIN Olivier, Incidence de l'intervention d'une décision juridictionnelle déclarant illégales les conditions d'obtention de documents antérieurement communiqués par une autorité administrative ou judiciaire à l'administration fiscale, Procédures 2015, n°7, comm. 248, pp. 35-36.

NEGRIN Olivier, L'exercice par l'Administration de son pouvoir d'imposition est nécessairement enfermé dans un délai de prescription, Procédures 2014, n°8-9, comm. 258, p. 34.

NERON Sylvain, Le standard, un instrument juridique complexe, JCP G 2011, n°38, doctr. 1003, pp. 1663-1669.

NIQUEGE Sylvain, L'absence de contradictoire dans la procédure administrative contentieuse : problématique générale, in, GOURDOU Jean, LECUCQ Olivier et MADEC Jean-Yves (dir.), Le principe du contradictoire dans le procès administratif, L'Harmattan, Bibliothèques de droit, 2010, pp. 22-35.

NIVET François, Equité et égalité, Justice 1998, n°9, pp. 157-193.

NOEL Gilles, La loyauté dans le couple « administration fiscale-contribuable », in, Ecrits de fiscalité des entreprises : études à la mémoire du professeur Maurice COZIAN, Litec, 2009, pp. 77-125.

NORMAND Jacques, Remarques sur l'expertise judiciaire au lendemain du Nouveau Code de procédure civile, in, Mélanges dédiés à Jean VINCENT, Dalloz, 1981, pp. 255-272.

ODENT Raymond, De la décision Trompier-Gravier à la décision Garysas, Réflexions sur l'évolution de la jurisprudence, EDCE 1962, pp. 43-49.

PACTEAU Bernard, Preuve, Répertoire de contentieux administratif, Dalloz, 2016.

PANNIER Jean, La preuve en matière douanière, D. 2009, n°23, pp. 1552-1556.

PATARIN Jean, Le particularisme de la théorie des preuves en droit pénal, in, STEFANI Gaston (dir), Quelques aspects de l'autonomie du droit pénal. Études de droit criminel, Dalloz, 1956, p. 7-76.

PECAUT-RIVOLIER Laurence, Le droit de la preuve vu par le juge d'instance, LPA 28 octobre 2004, n°216, pp. 29-31.

PELLETIER Caroline, Loyauté et preuve, Revue des contrats 2008, n°3, pp. 869-875.

PELLETIER Hervé et THIERRY Jean-Baptiste, Tribunal correctionnel, Administration de la preuve, JurisClasseur Procédure pénale, Lexis Nexis, 2015.

PELLETIER Marc, Droit constitutionnel fiscal : chronique de l'année 2016, Dr. fisc. 2017, n°12, 209, pp. 52-73.
PELLETIER Marc, Droit constitutionnel fiscal : chronique de l'année 2015, Dr. fisc. 2016, n°10, 208, pp. 45-62.
PELLETIER Marc, Fiscalité internationale - Principe d'égalité devant les charges publiques et article 123 bis du CGI : l'agonie des présomptions irréfragables, Dr. fisc. 2017, n°11, act. 165, pp. 3-3.
PELLETIER Marc, Inconstitutionnalité partielle des modalités d'évaluation des créances à terme en matière de droits de mutation à titre gratuit et d'ISF, Dr. fisc. 2015, n°11, comm. 209, pp. 56-60.
PERELMAN Chaïm, Essai de synthèse, in, PERELMAN Chaïm et FORIERS Paul (dir.), La preuve en droit, Bruylant, Bruxelles, 1981, pp. 357-364.
PERELMAN Chaïm, La distinction du fait et du droit, Le point de vue du logicien, in, Chaïm PERELMAN (dir.), Ethique et droit, Editions de l'Université de Bruxelles, 2011, pp. 684-694.
PERELMAN Chaïm, La preuve en droit, Essai de synthèse, in, FORIERS Paul et PERELMAN Chaïm (dir.), La preuve en droit, Bruylant, 1981, pp. 357-364.
PERRIN Jean-François, Duguit et la 'science du droit', in, CHAZEL François et COMMAILLE Jacques (dir.), Normes juridiques et régulation sociale, LGDJ, 1991, pp. 87-94.
PERROCHEAU Vanessa, Les fluctuations du principe de loyauté dans la recherche des preuves, LPA 17 mai 2002, n°99, pp. 6-17.
PERROT Roger, Expertise amiable : son autorité ?, RTD Civ. 2012, n°4, pp. 769-771.
PERROT Roger, La loyauté procédurale, RTD Civ. 2006, n°2, pp. 151-152.
PERROT Roger, Le droit à la preuve et les secrets de la vie privée, RTD Civ. 2007, n°1, p. 637.
PERROT Roger, Le silence en droit judiciaire privé, in, Mélanges offerts à Pierre RAYNAUD, Sirey, 1985, pp. 627-649.
PERROT Roger, Liberté de la preuve en matière prud'homale, Procédures 2014, n°1, comm. 4, pp. 12-13.
PESCHAUD Henri, Procès-verbal de contravention et « égalité des armes », LPA 7 juillet 2012, n°114, pp. 4-13.
PETON-PHILIPPOT Nolwenn, Preuve fiscale, Charge et administration de la preuve, Jurisclasseur, Fasc. n°380, Lexis Nexis, 2013.
PHILIP Loïc, Le partage de la loi et du règlement en matière fiscale, Dr. fisc. 1981, n°6, 100006.
PHILIP Patrick, Communication des éléments obtenus auprès de tiers, inopposabilité des documents d'origine illicite ou illégale et devoir de loyauté, LPA 7 mai 2012, n°91, pp. 7-10.
PICARD Etienne, L'émergence des droits fondamentaux en France, AJDA 1998, pp. 6-42.
PICARD Etienne, L'état du droit comparé en France, en 1999, Revue internationale de droit comparé 1999, n°4, pp. 885-915.

PICARD Etienne, Le droit comparé est-il du « droit » ?, L'annuaire de l'Institut Michel Villey 2009, Vol. n°1, pp. 173-251.
PIERRE Jean-Luc, Documents volés : illicéité de la preuve et irrecevabilité, BGFE 2012, n°3, pp. 18-20.
PIMONT Yves, Le fisc, les contribuables et les tiers, in, Etudes de finances publiques, Mélanges en l'honneur de Paul-Marie GAUDEMET, Economica, 1984, pp. 637-656.
PIN Xavier, La défense devant les juridictions de jugement, in, La défense pénale, Actes du XIXème congrès de l'Association Française de Droit Pénal, Revue pénitentiaire et de droit pénal 2010, pp. 153-164.
PINON Stéphane, Le positivisme sociologique : l'itinéraire de Léon Duguit, Revue Interdisciplinaire d'Etudes Juridiques 2011, n°67, pp. 69-95.
PISSALOUX Jean-Luc, Réflexions sur les moyens d'ordre public dans la procédure administrative contentieuse, RDP 1999, n°3, pp. 781-828.
PLAGNET Bernard, Le secret médical devant l'administration fiscale, in, Pouvoir et liberté : études offertes à Jacques MOURGEON, Bruxelles, Bruylant, 1998, pp. 623-632.
PLAGNET Bernard, Paiements à des résidents étrangers soumis à un régime fiscal privilégié, BF 11/88, pp. 543-547.
PLANTEY Alain, La preuve devant le juge administratif, JCP 1986, I, n°3245.
PLANTEY Alain, Préface, in, PUIGELIER Catherine (dir.), La preuve, Economica, 2004, pp. 1-4.
POIRIER Jean, La preuve judiciaire dans les droits coutumiers de l'Afrique noire, in, Recueils de la Société Jean Bodin pour l'histoire comparative des institutions, La preuve, Tome XVIII, Civilisations archaïques, asiatiques et islamiques, 1963, pp. 37-57.
POMART-NOMDEDEO Cathy, Mesures d'instruction et carence dans l'administration de la preuve, Revue juridique de l'océan indien, 2008, n°8, pp. 213-214.
PRADEL Jean, Défense pénale et régime de procédure, in, La défense pénale, Actes du XIXème congrès de l'Association Française de Droit Pénal, Revue pénitentiaire et de droit pénal 2010, pp. 31-38.
PRADEL Jean, La présomption d'innocence : un colosse aux pieds d'argile ? Droits de la France et droits d'ailleurs, in, Mélanges en l'honneur de Jacques-Henri ROBERT, Lexis Nexis, 2012, pp. 605-618.
PRADEL Jean, Rapport de synthèse, Le contradictoire dans la procédure pénale, in, RIBEYRE Cédric, (dir.), Le contradictoire dans le procès pénal, Nouvelles perspectives, Actes du colloque organisé le 8 décembre 2011 par l'Institut de Sciences Criminelles de Grenoble (ISCG), Editions Cujas, Collection Actes & Etudes, 2012, pp. 161-173.
PRADEL Jean, Trafic de drogue, provocation délictueuse des agents de l'autorité et permission de la loi, D. 1992, n°29, pp. 229-279.

PRADEL Jean, Vers des principes directeurs communs aux diverses procédures pénales européennes, in, Droit pénal – Droit européen, Mélanges offerts à Georges LEVASSEUR, Litec, 1992, pp. 459-472.
PRIOL Jean-Marc, Panorama des redressements fiscaux, Compte rendu de la 5e conférence annuelle organisée le 17 juin 2003, Dr. fisc. 2003, n°39, comm. 34.
PROU-GAILLARD Christian, Preuve comptable et preuve extra-comptable, in, LAMBERT Thierry (dir.), Contrôle fiscal, Principes et pratiques, Economica, 1988, pp. 176-188.
PUIGELIER Catherine, De l'impossibilité de se constituer une preuve à soi-même, JCP G 2000, n°10, II, 10269, pp. 431-432.
PUIGELIER Catherine, Vrai, véridique et vraisemblable, in, PUIGELIER Catherine (dir.), La preuve, Economica, 2004, pp. 195-234.
PUISSOCHET Jean-Pierre et LEGAL Hubert, Le principe de sécurité juridique dans la jurisprudence de la Cour de justice des Communautés européennes, Cahiers du Conseil constitutionnel 2001, n°11, pp. 98-111.
PUTMAN Emmanuel, Une action imprescriptible en matière de nationalité n'est pas contraire à la Constitution, Revue Juridique Personnes et Famille 2014, n°1, p. 20.
RABILLER Stéphanie, Droit administratif et convention européenne des droits de l'homme, JurisClasseur Administratif, Fasc. 26, Lexis Nexis, 2016.
RACINE Pierre-François, Bref retour sur la jurisprudence Lemarchand et la théorie de l'apparence, in, Ecrits de fiscalité des entreprises, études à la mémoire du professeur Maurice Cozian, Paris, Lexis Nexis, Litec, 2009, pp. 145-151.
RACINE Pierre-François, Règles communes à divers impôts. Modes de preuve, RJF 02/83, p. 69.
RACT-MADOUX Martine, La loyauté de la preuve en matière pénale : la liberté des preuves, Procédures 2015, n°12, dossier 15, pp. 35-38.
RAIMBAULT DE FONTAINE Sophie, Du principe d'indépendance des contentieux pénal et fiscal à l'unité des procédures fiscales et répressives, RFFP 1995, n°51, pp. 113-132.
RAISON-REBUFAT Laurence, Le principe de loyauté en droit de la preuve, Gaz. Pal. 2002, n°207, pp. 3-9.
RANOUIL Pierre-Charles, L'intime conviction, in, MARTINAGE Renée et ROYER Jean-Pierre (dir.), Les destinées du jury criminel, Lille, L'Espace juridique, 1990, pp. 85-101.
RAQUIN Cécile, L'évaluation du risque pris par les entreprises conduit-elle l'administration à s'immiscer dans leur gestion ?, RJF 07/11, p. 699.
RAYNAUD Philippe, L'équité dans la philosophie politique, in, LAMBERT Thierry (dir.), Egalité et Equité, antagonisme ou complémentarité ?, Economica, 1999, pp. 3-13.

RAYNAUD Pierre, L'obligation pour le juge de respecter le principe de la contradiction. Les vissicitudes de l'article 16, in, Mélanges offerts à Pierre HEBRAUD, 1981, Université des sciences sociales de Toulouse, pp. 715-733.
REDON Michel, Enquête, témoins, attestations, Répertoire de procédure civile, Dalloz, 2016.
REDON Michel, Vérifications personnelles du juge, Répertoire de procédure civile, Dalloz, 2010.
RENOUX Thierry, Le droit au recours juridictionnel en droit constitutionnel français, in, Présence du droit public et des droits de l'homme : mélanges offerts à Jacques VELU, Bruylant, 1992, pp. 307-324.
RENOUX-ZAGAME Marie-France, Domat, le salut et le droit, Revue d'Histoire des Facultés de Droit et de la Science Juridique, 1989, n°8, pp. 69-111.
RENUCCI Jean-François, Le principe de loyauté des preuves, RSC 2006, n°4, pp. 876-880.
RENUCCI Jean-François, Loyauté des preuves et distinction entre « provocation à l'infraction » et « provocation à la preuve », RSC 2014, n°4, pp. 843-847.
RENUCCI Jean-François, Primauté de la liberté d'expression par rapport au délit d'offense publique à chef d'Etat étranger, D. 2002, n°33, p. 2571.
RIALS Stéphane, L'office du juge, Droits 1989, n°9, pp. 3-20.
RIALS Stéphane, Les standards, notions critiques du droit, in, PERELMAN Chaïm, VANDER ELST Raymond (dir.), Les notions à contenu variable en droit, Bruylant, Travaux du Centre national de recherches de logique, 1984, pp. 39-53.
RIBES Didier, Le réalisme en droit constitutionnel, Cahier du Conseil constitutionnel, 2007, n°22, pp. 123-184.
RICARD Thierry, L'originalité de la procédure pénale en matière fiscale, Dr. fisc. 2007, n°3, ét. 57.
RIDEAU VALENTINI Sébastien, Les droits de la défense en matière pénale douanière, AJ pénal 2009, n°5, pp. 206-212.
RIGAUX François, L'opacité du fait face à l'illusoire limpidité du droit, Droit et société 1999, n°1, pp. 85-97.
RIVERO Jean, Fictions et présomptions en droit public français, in, FORIERS Paul et PERELMAN Chaïm (dir)., Les présomptions et les fictions en droit, 1974, pp. 101-113.
ROETS Damien, Une ébréchure dans la règle dite 'de la preuve unique ou déterminante', RSC 2012, n°1, pp. 245-252.
RONTCHEVSKY Nicolas, Création du procureur de la République financier, RTD Com. 2014, n°1, pp. 151-153.
ROUAULT Marie-Christine, Le juge administratif ne saurait exiger que le requérant apporte la preuve des faits qu'il avance, Procédures 2014, n°1, pp. 2-4.

ROUX Jérôme, Droit constitutionnel processuel, JurisClasseur Administratif, Fasc. 1455, Lexis-Nexis, 2016.
RUELLAN François, L'office du juge dans le procès civil, LPA, 12 Juillet 1995, n°83, pp. 23-26.
RUIZ FABRI Hélène, Égalité des armes et procès équitable dans la jurisprudence de la Cour européenne des droits de l'homme, in, LAMBERT Thierry (dir.), Egalité et équité : antagonisme ou complémentarité, Paris, Economica, 1999, pp. 47-64.
SAINT-PAU Jean-Christophe, Droit à la preuve versus droit au respect de la vie privée, D. 2016, n°15, pp. 884-887.
SAINT-PAU Jean-Christophe, L'enregistrement clandestin d'une conversation, Dr. pén. 2008, n°9, ét. 17, pp. 21-26.
SAINT-PAU Jean-Christophe, Les obstacles du contradictoire : L'exemple de l'anonymat des témoins, in, Le contradictoire dans le procès pénal, Cujas, 2012, pp. 123-132.
SAINT-PIERRE François, La nature juridique des droits de la défense dans le procès pénal, D. 2007, pp. 260-266.
SALATI Olivier, Mise en état, Répertoire de procédure civile, Dalloz, 2016.
SALOMON Renaud, Droit pénal fiscal, Dr. fisc. 2015, n°46, 671, pp. 17-22.
SALOMON Renaud, Droit pénal fiscal, Droit fiscal 2012, n°16, comm. 262, pp. 20-26.
SANO Claudia, National Tax Law Presumptions and EU Law, EC Tax review 2014, n°4, pp. 194-206.
SAUTEL Gérard, Les preuves dans le droit grec archaïque, in, Recueils de la Société Jean Bodin pour l'histoire comparative des institutions, La preuve, Tome XVI, Antiquité, Editions de la librairie encyclopédique, Bruxelles, 1965, pp. 117-160.
SAUVE Jean-Marc, La place de l'oralité : support délaissé ou renouvelé dans la juridiction administrative ?, in, Entretiens d'Aguesseau, Limoges, 7 mars 2008, disponible sur le site internet du Conseil d'Etat.
SAUVE Jean-Marc, Le « nouveau procès administratif », in, Le juge administratif et les questions de société, Troisièmes États généraux du droit administratif, 27 septembre 2013, disponible sur le site internet du Conseil d'Etat.
SAUVE Jean-Marc, Un corridor de Vasari au Palais-Royal ou Autoportraits du juge en son office, in, Les figures du juge administratif, Colloque du 28 juin 2013, disponible sur le site internet du Conseil d'Etat.
SCHOETTL Jean-Eric, La loi de financement de la sécurité sociale pour 2001, LPA 22 décembre 2000, n°255, p. 5.
SCHOETTL Jean-Eric, La loi de modernisation sociale devant le Conseil constitutionnel, LPA 21 janvier 2002, n°15, p. 3.
SCHRAMECK Olivier, Quelques observations sur le principe du contradictoire, in, L'Etat de droit, Mélanges en l'honneur de Guy BRAIBANT, Dalloz, 1996, pp. 629-640.

SEILLER Bertrand, La loyauté [hors] des relations contractuelles, in, Mélanges en l'honneur de Laurent RICHER, LGDJ, 2013, pp. 435-450.
SERLOOTEN Patrick, Liberté de gestion et droit fiscal : la réalité et le renouvellement de l'encadrement de la liberté, Droit fiscal 2007, n°12, 301, pp. 6-11.
SESTIER Jean-François, La loyauté dans l'exécution des relations contractuelles : un standard juridique commode ?, in, Mélanges en l'honneur de Laurent RICHER, LGDJ, Lextenso, pp. 451-462.
SEVE René, Douter c'est décider : nature et caractère constructif du coute, in, Le droit et le droit, Dalloz, Philosophie et théorie générale du droit, 1994, pp. 119-124.
SICILIANOS Linos-Alexandre, Conv. EDH, art. 6 : La protection du droit à un procès équitable dans la jurisprudence de la Cour européenne des droits de l'homme, Répertoire de droit européen, Dalloz, 2016.
SINKONDO Marcel, Le fabuleux destin de l'article 13 de la CEDH et les suites heureuses pour les garanties individuelles, RRJ 2005, n°1, pp. 251-282.
SOULEZ-LARIVIERE Daniel, Psychologie du magistrat, institution judiciaire et fantasmes collectifs, Pouvoirs 1995, n°74, pp. 42-55.
SOURZAT Claire, Les droits de la défense, Dr. pén. 2011, n°9, pp. 28-30.
STAHL Jacques-Henri, Les trois messages de l'arrêt Barel, AJDA 2014, n°2, pp. 88-89.
STAHL Jacques-Henri, Recours en cassation, Répertoire de contentieux administratif, Dalloz, 2016.
STIRN Bernard, L'évolution de l'office du juge, regards sur la dernière décennie, Intervention au Colloque de Toulouse pour le 60ème anniversaire des tribunaux administratifs, disponible sur le site internet du Conseil d'Etat.
STRICKLER Yves, La loyauté processuelle, in, Principes de justice : Mélanges en l'honneur de Jean-François BURGELIN, Dalloz, 2008, pp. 355-370.
SUDRE Frédéric, Convention européenne des droits de l'Homme, Droits garantis, Droit au respect de la vie privée et familiale, Principes directeurs, Protection de la vie privée, JurisClasseur Europe Traité, Fasc. 6524, Lexis Nexis, 2016.
SUDRE Frédéric, La cohérence issue de la jurisprudence européenne des droits de l'homme, L'« équivalence » dans tous ses états, in, PICHERAL Caroline et COUTRON Laurent (dir.), Charte des droits fondamentaux de l'Union européenne et Convention européenne des droits de l'homme, Bruylant, 2012, pp. 45-65.
SUDRE Frédérique, Les exigences de la Convention européenne des droits de l'Homme, in, PINGEL-LENUZZA Isabelle et SUDRE Frédéric (dir.), Le ministère public et les exigences du procès équitable, Bruylant, Nemesis, coll. Droit et justice, 2003, pp. 39-61.
SZEKERS C., La psychologie judiciaire et l'intime conviction du juge, Revue internationale de droit pénal 1975, n°1-2, pp. 155-161.

TAILFER Arnaud et TORLET Régis, Documents obtenus irrégulièrement par l'autorité judiciaire : un droit de communication de l'Administration ne remet plus les compteurs à zéro !, Dr. fisc. 2015, n°25, comm. 419 et JCP E, 2015, n°26, pp. 56-58.
TARUFFO Michele, Rethinking the Standards of Proof, American Journal of Comparative Law 2003, pp. 659–677.
TARZIA Giuseppe, Les pouvoirs d'office du juge civil en matière de preuves, in, Nouveaux juges, nouveaux pouvoirs ? Mélanges en l'honneur de Roger Perrot, Dalloz, 1996, pp. 469-475.
TERRE François, Réflexions sur un couple instable : égalité et équité, APD 2008, n°51, pp. 21-27.
TERRE François, Synthèse, in, TERRE François (dir.), Le doute et le droit, Dalloz, 1994, pp. 1-12.
TEYSSIE Bernard, La preuve en droit du travail, in, La preuve, PUIGELIER Catherine (dir.), Economica, 2004, pp. 73-88.
THELLIER DE PONCHEVILLE Blandine, La preuve illicite au regard de la Convention européenne des droits de l'homme, Revue pénitentiaire et de droit pénal 2010, n°3, pp. 537-562.
THERY Jean-François, Contentieux des édifices menaçant ruine, Répertoire de contentieux administratif, Dalloz, 2014.
THERY Philippe, Contentieux de la concurrence et procédure civile, RTD Civ. 2011, n°2, pp. 383-385.
THERY Philippe, Les finalités du droit de la preuve en droit privé, Droits 1996, n°23, pp. 41-52.
THOMAS Didier, Le concept de procès pénal, in, La sanction du droit, Mélanges offerts à Pierre COUVRAT, PUF, 2001, pp. 401-416.
THOMAS Didier (dir.), Les transformations de l'administration de la preuve pénale : Approches et perspectives comparées, Equipe de Recherche sur la Politique Criminelle (ERPC), Université de Montpellier I, Lettre de recherche droit et justice, 2005, n°20, p. 4. (Mission de recherche Droit et Justice / Synthèse 115).
THUILLIER Guy, Probabilisme et art de juger, Droits 2001, n°34, pp. 39-40.
TIGROUDJA Hélène, La preuve devant la Cour européenne des droits de l'homme, in, RUIZ FABRI Hélène et SOREL Jean-Marc (dir.), La preuve devant les juridictions internationales, Editions A. Pedone, Collection Contentieux international, Université Paris 1 Panthéon-Sorbonne, UMR de Droit comparé de Paris et Cerdin, 2007, pp. 115-140.
TINIERE Romain, La cohérence assurée par l'article 52§3 de la Charte des droits fondamentaux del'Union, Le principe d'alignement sur le standard conventionnel pour les droits correspondants, in, PICHERAL Caroline et COUTRON Laurent (dir.), Charte des droits fondamentaux de l'Union européenne et Convention européenne des droits de l'homme, Bruylant, 2012, pp. 3-19.

TISSIER Albert-Anatole, Le centenaire du Code de procédure civile et les projets de réforme, RTD Civ. 1906, pp. 625-660.
TOURNIER Clara, De l'impartialité objective et subjective, RRJ 2005, n°1, pp. 233-247.
TOURNIE Gérard, L'expertise dans le contentieux fiscal soumis au juge administratif, RSF 1969, pp. 313-346.
TRECHSEL Stefan, L'administration de la preuve, Quelques réflexions sur l'article 6, 3°, d) de la Convention européenne des droits de l'Homme, in, Les droits de l'homme au seuil du troisième millénaire : Mélanges en hommage à Pierre LAMBERT, Bruylant, 2000, pp. 907-926.
TRECHSEL Stefan, L'établissement des preuves devant la Commission européenne des Droits de l'Homme, in, La présentation de la preuve et la sauvegarde des libertés individuelles, Troisième colloque du département des droits de l'Homme, Université Catholique de Louvain, Bruxelles, Bruylant, 1977, pp. 121-142.
TROTABAS Louis, Essai sur le droit fiscal, RSF 1928, pp. 201-241.
TROTABAS Louis, La nature juridique du contentieux fiscal en droit français, in, Mélanges Hauriou, Sirey, 1929, p. 709.
TROTABAS Louis, Les rapports du droit fiscal et du droit privé, D. 1926, pp. 29-32.
TRUCHE Pierre, Le doute sur le fait ou le problème de la preuve, in, Le doute et le droit, Dalloz, Philosophie et théorie générale du droit, 1994, pp. 43-48.
TRUILHE-MARENGO Eve, La preuve entre science et droit, in, TRUILHE-MARENGO Eve (dir.), Preuve scientifique, preuve juridique, Larcier, Droit des technologies, 2012, pp. 7-29.
TUROT Jérôme, Article 209 B et conventions fiscales internationales : après les ténèbres, la lumière, RJF 10/02, pp. 755-759.
TUROT Jérôme, Indispensable prescription, Dr. fisc. 2015, n°42, éd. 628, pp. 13-27.
TUROT Jérôme, L'article 209 B est-il soluble dans le droit communautaire ? À propos de l'arrêt CJCE 16 juillet 1998, Imperial Chemical Industries (ICI), RJF 12/98, pp. 940-945.
TUROT Jérôme, Taxation d'office pour défaut de réponse à une demande de justifications. Le contribuable est-il tenu de justifier de l'origine de son patrimoine ?, RJF 02/89, pp. 2-8.
URY Didier, La charge de la preuve en droit fiscal, Les Nouvelles Fiscales 2017, n°1194, pp. 22-30.
URY Didier, La déclinaison en droit fiscal de l'adage "nul n'est censé ignorer la loi" amène à la preuve objective, c'est-à-dire celle qui résulte de l'instruction, BF 2016, n°4, pp. 190-192.
URY Didier, Un double mouvement affecte l'obligation de loyauté du fisc dans l'administration de la preuve de la dissimulation de la matière imposable, BF 03/17, pp. 145-147.

VAN COMPERNOLLE Jacques, Les exigences du procès équitable et l'administration des preuves dans le procès civil, RTDH 2012, n°92, pp. 729-748.
VAN COMPERNOLLE Jacques, Quelques réflexions sur un principe émergent : la loyauté procédurale, in, Justice et droit du procès, Mélanges Serge GUINCHARD, Dalloz, 2010, pp. 413-424.
VAN DE KERCHOVE Michel, La preuve en matière pénale dans la jurisprudence de la Cour et de la Commission européenne des droits de l'homme, RSC 1992, n°1, pp. 1-14.
VAN DE KERCHOVE Michel, La vérité judiciaire : quelle vérité, rien que la vérité, toute la vérité ?, Déviance et société 2000, n°1, pp. 95-101.
VAN NUFFEL Emmanuel, L'appréciation des faits et leur preuve par la Cour européenne des droits de l'homme dans les affaires mettant en cause les forces de sécurité accusées d'homicides et d'actes de torture : le doute raisonnable et l'inhumain, note sous 27 juin 2000, Salman c/ Turquie, RTDH, 2001, pp. 856-885.
VARGA Csaba, La nature de l'établissement judiciaire des faits, APD, 1995, pp. 396-409.
VARINARD André, La prescription de l'action publique : une institution à réformer, in, Le droit pénal à l'aube du troisième millénaire, Mélanges offerts Jean PRADEL, 2006, Cujas, pp. 605-631.
VAUTROT-SCHWARZ Charles, La plénitude de juridiction du juge pénal sur l'interprétation et l'appréciation de la légalité des actes administratifs, in, STASIAK Frédéric (dir.), Histoire et méthodes d'interprétation en droit criminel, pp. 61-78.
VERCLYTTE Stéphane, Application de la loi fiscale dans le temps : une décennie riche d'évolutions, RJF 06/98, pp. 459-470.
VERCLYTTE Stéphane, Opposabilité du secret médical aux services fiscaux : évolutions législatives, confirmation jurisprudentielle, RJF 07/98, pp. 535-541.
VERGES Etienne, Eléments pour un renouvellement de la théorie de la preuve en droit privé, in Mélanges en l'honneur de Jacques-Henri ROBERT, Lexis Nexis, 2012, pp. 853-895.
VERGES Etienne, La réforme du droit de la preuve civile : enjeux et écueils d'une occasion à ne pas manquer, D. 2014, n°10, pp. 617-625.
VERGES Etienne, Loyauté et licéité, deux apports majeurs à la théorie de la preuve pénale, D. 2014, n°6, pp. 407-411.
VERGES Etienne, Provocation policière, loyauté de la preuve et étendue de la nullité procédurale, AJ pénal 2006, n°9, pp. 354-357.
VERGES Etienne, Réforme du droit de la preuve civile. Quelle perspective après l'échec de l'ordonnance du 10 février 2016 ?, JCP G 2017, n°18, pp. 875-882.
VERMEREN Patrice, La preuve philosophique, in, PUIGELIER Catherine (dir.), La preuve, Economica, 2004, pp. 185-194.

VERNY Jean-François, Impôt sur le revenu global. La notion de dépense pour l'application de l'article 180 du CGI, chron. sur CE 21 novembre 1979, n°10376, Plén., RJF 01/80, pp. 3-6.
VIDAL Roger, L'évolution du détournement de pouvoir dans la jurisprudence administrative, RDP 1952, pp. 275-316.
VIENNOT Camille, Actualités et perspectives ouvertes par la jurisprudence récente de la Cour européenne des droits de l'homme en matière d'impartialité, RTDH 2008, n°73, pp. 179-194.
VIER Charles-Louis, La bonne foi dans le contrat administratif, in, Mélanges en l'honneur de Laurent RICHER, LGDJ, Lextenso, pp. 477-492.
VINCENT Jean-Yves, L'obligation de réserve des agents publics, Revue administrative 1973, n°152, pp. 142-150.
VITU André, Les rapports de la procédure pénale et de la procédure civile, in, Mélanges offerts à Monsieur le Professeur Pierre VOIRIN, LGDJ, 1967, pp. 812-828.
VIVIEN Dominique, Essai sur l'art de juger, La Revue administrative, 1999, n°310, pp. 358-368.
VOUIN Robert, La preuve obtenue par des moyens illégaux, Dr. pén. 1955, p. 338.
WACHSMANN Patrick, Convention européenne des droits de l'homme, Droits garantis, Libertés de la personne physique, JurisClasseur Europe Traité, Fasc. n°6520, Lexis Nexis, 2009.
WACHSMANN Patrick, L'importation en France de la notion de droits fondamentaux, RUDH 2004, pp. 40-49.
WACHSMANN Patrick, La prééminence du droit dans la jurisprudence de la Cour européenne, in, Recueil d'études à la mémoire de Jacques SCHWOB, Bruylant, 1997, pp. 241-285.
WAGNER W. J., La preuve dans le droit des Etats-Unis, in, Recueils de la Société Jean Bodin pour l'histoire comparative des institutions, La preuve, Tome XIX, Période contemporaine, Editions de la Librairie Encyclopédique, Bruxelles, 1963, pp. 417-447.
WAHL Albert, Etude sur le rôle de la Cour de cassation dans les instances fiscales, Librairie nouvelle de droit et de jurisprudence, Arthur Rousseau, 1897.
WALINE Marcel, La liberté politique des fonctionnaires, La revue administrative 1958, n°61, pp. 5-8.
WALINE Marcel, La police des immeubles menaçant ruine, RDP 1937, p. 583.
WEIDENFELD Katia, Le licenciement des « salariés protégés » dans l'œil du juge administratif, Droit et société 2003, n°55, pp. 717-741.
WOEHRLING Jean-Marie, Trancher le nœud gordien de la distinction des contentieux, AJDA 2007, n°33, pp. 1777-1779.

WOEHRLING Jean-Marie, Vers la fin du recours pour excès de pouvoir, in L'Etat de droit, Mélanges en l'honneur de Guy BRAIBANT, Dalloz, 1996, pp. 777-791.
ZAKI Magdi Sami, La preuve par le journal intime, RTD Civ. 1980, n°1, pp. 2-38.
ZAQUIN M., La preuve en droit fiscal, Dr. fisc. 1958, n°27 bis, pp. 1-14.
ZOLLINGER Louis, L'intime conviction du juge, in, L'innocence, Travaux de l'Institut de criminologie de Paris, 1977, pp. 33-44.

V. – Rapports et décisions de justice

1. Rapports

VIVIEN Robert-André (dir.), Rapport fait au nom de la commission des finances, de l'économie générale et du plan sur le projet de loi (n°571) modifiant les procédures fiscales et douanières, Assemblée nationale, seconde session ordinaire de 1986-1987.

ZOCCHETTO François, Rapport n°441 (2002-2003) sur le Projet de loi portant adaptation de la justice aux évolutions de la criminalité fait au nom de la Commission des lois, 24 septembre 2003.

2. Tribunal des conflits

TC, 8 février 1873, Blanco : GAJA n°1.
TC, 8 mai 1933, Rosay : Rec. p. 1236.
TC, 14 février 2000, n°2929 : RFDA 2000, p. 1232, note Dominique POUYAUD.
TC, 17 novembre 2001, n°3273 : Rec. p. 757.
TC, 26 juin 2006, n°3499 : Rec. p. 635.
TC, 5 mai 2008, n°3613 : AJDA 2008, p. 1622.
TC, 6 juillet 2009, Mario Bonato c/ APEILOR : RFDA 2009, p. 1229, note D. Pouyaud.
TC, 9 juillet 2012, n°3847 : Lebon T. p. 777.
TC, 16 juin 2014, n°3941 : AJDA 2014, p. 1296, note Marie-Christine DE MONTECLER.

3. Conseil constitutionnel

Cons. const., déc. n°70-66 L, 17 décembre 1970, Nature juridique de certaines dispositions des articles 1073, 1106-7 et 1124 modifiés du code rural relatives à des exonérations de versement de cotisations au titre des prestations sociales agricoles : Rec. p. 47.

Cons. const., déc. n°73-51 DC, 27 décembre 1973, Loi de finances pour 1974 : Rec. p. 25.
Cons. const., déc. n°76-70 DC, 2 décembre 1976, Loi relative au développement de la prévention des accidents du travail : Rec. p. 39.
Cons. const., déc. n°76-75 DC, 12 janvier 1977, Loi autorisant la visite des véhicules en vue de la recherche et de la prévention des infractions pénales : Rec. p. 33.
Cons. const., déc. n°80-116 L, 24 octobre 1980, Nature juridique de diverses dispositions du Code général des impôts relatives à la procédure contentieuse en matière fiscale : Rec. p. 68.
Cons. const., déc. n°80-119L, 2 décembre 1980, Nature juridique de diverses dispositions figurant au Code général des impôts relatives à la procédure contentieuse en matière fiscale : Rec. p. 74.
Conseil constitutionnel, déc. n°80-127 DC, 20 janvier 1981, Loi renforçant la sécurité et protégeant la liberté des personnes : Rec. p. 15.
Cons. constit., déc. n°82-155 DC du 30 décembre 1982, Loi de finances rectificative pour 1982 : Rec. p. 88.
Cons. const., déc. n°84-184 DC, 29 décembre 1984, Loi de finances pour 1985 : Rec. p. 94.
Cons. const., déc. n°88-244 DC, 20 juillet 1988, Loi portant amnistie : Rec. p. 119.
Cons. const., déc. n°89-260 DC, 28 juillet 1989, Loi relative à la sécurité et à la transparence du marché financier : Rec. p. 71.
Cons. const., déc. n°89-268 DC, 29 décembre 1989, Loi de finances pour 1990 : Rec. p. 110.
Cons. const., déc. n°91-298 DC, 24 juillet 1991, Loi portant diverses dispositions d'ordre économique et financier : Rec. p. 82.
Cons. const., déc. n°93-325 DC, 13 août 1993, Loi relative à la maîtrise de l'immigration et aux conditions d'entrée, d'accueil et de séjour des étrangers en France : Rec. p. 224.
Cons. const., déc. n°94-343/344 DC, 27 juillet 1994, Loi relative au respect du corps humain et loi relative au don et à l'utilisation des éléments et produits du corps humain, à l'assistance médicale à la procréation et au diagnostic prénatal : Rec. p. 100.
Cons. const., déc. n°95-360 DC, 2 février 1995, Loi relative à l'organisation des juridictions et à la procédure civile, pénale et administrative : Rec. p. 195.
Cons. const., déc. n°98-405 DC, 29 décembre 1998, Loi de finances pour 1999 : Rec. p. 326.
Cons. const. déc. n°99-411 DC, 16 juin 1999, Loi portant diverses mesures relatives à la sécurité routière et aux infractions sur les agents des exploitants de réseau de transport public de voyageurs : Rec. p. 75.
Cons. const., déc. n°99-416 DC, 23 juillet 1999, Loi portant création d'une couverture maladie universelle : Rec. p. 100.

Cons. const., déc. n°99-421 DC, 16 décembre 1999, Loi d'habilitation en matière de codification : Rec. p. 136.
Cons. const., déc. n°99-424 DC, 29 décembre 1999, Loi de finances pour 2000, cons. 52 : Rec. p. 156.
Cons. const., déc. n°2001-455 DC, 12 janvier 2002, Loi de modernisation sociale : Rec. p. 49.
Cons. const., déc. n°2002-461 DC, 29 août 2002, Loi d'orientation et de programmation pour la justice : Rec. p. 204.
Cons. const., déc. n°2003-467 DC, 13 mars 2003, Loi pour la sécurité intérieure : Rec. p. 211.
Cons. const., déc. n°2003-475 DC, 24 juillet 2003, Loi portant réforme de l'élection des sénateurs : Rec. p. 397.
Cons. const., déc. n°2003-489 DC, 29 décembre 2003, Loi de finances pour 2004 : Rec. p. 487.
Cons. const., déc. n°2004-492 DC, 2 mars 2004, Loi portant adaptation de la justice aux évolutions de la criminalité : Rec. p. 66.
Cons. const., déc. n°2005-530 DC, 29 décembre 2005, Loi de finances pour 2006 : Rec. p. 168.
Cons. const., déc. n°2006-535 DC, 30 mars 2006, Loi pour l'égalité des chances : Rec. p. 50.
Cons. const., déc. n°2007-554 DC, 9 août 2007, Loi renforçant la lutte contre la récidive des majeurs et des mineurs : Rec. p. 303.
Cons. const., déc. n°2007-3907 AN, 29 novembre 2007, Bouches-du-Rhône, 14e circ., R. Chaoul : Rec. p. 419.
Cons. const., déc. n°2009-580 DC, 10 juin 2009, Loi favorisant la diffusion et la protection de la création sur internet : Rec. p. 107.
Cons. const., déc. n°2009-590 DC, 22 octobre 2009, Loi relative à la protection pénale de la propriété littéraire et artistique sur internet : Rec. p. 179.
Cons. const., déc. n°2009-599 DC, 29 décembre 2009, Loi de finances pour 2010 : Rec. p. 218.
Cons. const., déc. n°2010-15/23 QPC, 23 juillet 2010, Région Languedoc-Roussillon et autres [Article 575 du code de procédure pénale] : Rec. p. 161.
Cons. const., déc. n°2010-612 DC, 5 août 2010, Loi portant adaptation du droit pénal à l'institution de la Cour pénale internationale : Rec. p. 198.
Cons. const., déc. n°2010-70 QPC, 26 novembre 2010, M. Moreau : Rec. p. 340.
Cons. const., déc. n°2010-618 DC, 9 décembre 2010, Loi de réforme des collectivités territoriales : Rec. p. 367.
Cons. const., déc. n°2010-78 QPC, 10 décembre 2010, Sté Imnoma : Rec. p. 387.
Cons. const., déc. n°2010-88 QPC, 21 janvier 2011, Mme Boisselier : Rec. p. 74.

Cons. const., déc. n°2011-625 DC, 10 mars 2011, Loi d'orientation et de programmation pour la performance de la sécurité intérieure : Rec. p. 122.
Cons. const., déc. n°2011-131 QPC, 20 mai 2011, Mme Térésa C. et autre : Rec. p. 244.
Cons. const., déc. n°2011-152 QPC, 22 juillet 2011, M. Claude C. : Rec. p. 381.
Cons. const., déc. n°2011-164 QPC, 16 septembre 2011, M. Antoine J. [Responsabilité du « producteur » d'un site en ligne] : Rec. p. 448.
Cons. const., déc. n°2011-191/194/195/196/197 QPC, 18 novembre 2011, Mme Élise A. et autres [Garde à vue II] : Rec. p. 544.
Cons. const., déc. n°2011-199 QPC, 25 novembre 2011, M. Michel G. (Discipline des vétérinaires) : Rec. p. 555.
Cons. const., déc. n°2011-208 QPC, 13 janvier 2012, Consorts B. [Confiscation de marchandises saisies en douane] : Rec. p. 75.
Cons. const., déc. n°2012-227 QPC, 30 mars 2012, M. Omar S. [Conditions de contestation par le procureur de la République de l'acquisition de la nationalité par mariage] : Rec. p. 175.
Cons. const., déc. n°2012-236 QPC, 20 avril 2012, Mme Marie-Christine J. : Rec. p. 211.
Cons. const., déc. n°2012-268 QPC, 27 juillet 2012, Mme Annie M. [Recours contre l'arrêté d'admission en qualité de pupille de l'État] : Rec. p. 441.
Cons. const., déc. n°2012-661 DC du 29 décembre 2012, Loi de finances rectificative pour 2012 (III) : Rec., p. 715.
Cons. const., déc. 2012-662 DC, 29 décembre 2012 : Rec. p. 724.
Cons. const., déc. n°2012-298 QPC, 28 mars 2013, SARL Majestic Champagne [Taxe additionnelle à la contribution sur la valeur ajoutée des entreprises - Modalités de recouvrement] : Rec. p. 513.
Cons. const., déc. n°2013-302 QPC, 12 avril 2013, M. Laurent A. et autres [Délai de prescription d'un an pour les délits de presse à raison de l'origine, l'ethnie, la nation, la race ou la religion] : Rec. p. 546.
Cons. const., déc. n°2013-319 QPC, 7 juin 2013, M. Philippe B. : Rec. p. 814.
Cons. const., déc. n°2013-337 QPC, 1er août 2013 : Rec. p. 924.
Cons. const., déc. n°2013-354 QPC, 22 novembre 2013, Mme Charly K. : J.O. du 24 novembre 2013, p. 19107.
Cons. const., déc. n°2013-679 DC, 4 décembre 2013, Loi relative à la lutte contre la fraude fiscale et la grande délinquance économique et financière : Rec., p. 1060.
Cons. const., déc. n°2013-685 DC, 29 décembre 2013, Loi de finances pour 2014 : Rec. p. 1127.
Cons. const., déc. n°2013-361 QPC, 28 janvier 2014, Consorts P. de B. : J.O. du 30 janvier 2014, p. 1799.
Cons. cons., déc. n°2014-436 QPC du 15 janvier 2015, Mme Roxane S. [Valeur des créances à terme pour la détermination de l'assiette des droits de mutation à titre gratuit et de l'ISF] : J.O. du 17 janvier 2015, p. 805.

Cons. const., déc. n°2014-437 QPC, 20 janvier 2015, Association française des entreprises privées et autres [Régime fiscal d'opérations réalisées avec des États ou des territoires non coopératifs] : J.O. du 23 janvier 2015 page 1025, texte n°81.
Cons. const., déc. n°2014-455 QPC, 6 mars 2015, M. Jean de M. [Possibilité de verser une partie de l'astreinte prononcée par le juge administratif au budget de l'État] : J.O. du 8 mars 2015, p. 4313.
Cons. const., déc. n°2015-467 QPC, 7 mai 2015, M. Mohamed D. [Réclamation contre l'amende forfaitaire majorée] : J.O. du 10 mai 2015, p. 8061.
Cons. const., déc. n°2015-713 DC, 23 juillet 2015, Loi sur le renseignement : J.O. du 26 juillet 2015, p. 12751.
Cons. const., déc. n°2015-717 DC, 6 août 2015, Loi portant nouvelle organisation territoriale de la République : J.O. du 8 août 2015, p. 13777.
Cons. const., déc. n°2015-503 QPC, 4 décembre 2015, M. Gabor R. [Effets de la représentation mutuelle des personnes soumises à imposition commune postérieurement à leur séparation] : J.O. du 7 décembre 2015, p. 22500.
Cons. const., déc. n°2015-506 QPC du 4 décembre 2015, M. Gilbert A. [Respect du secret professionnel et des droits de la défense lors d'une saisie de pièces à l'occasion d'une perquisition] : J.O. du 6 décembre 2015, p. 22502.
Cons. const., déc. n°2015-727 DC du 21 janvier 2016, Loi de modernisation de notre système de santé : J.O. du 27 janvier 2016, texte n°2.
Cons. const., déc. n°2016-535 QPC, 19 février 2016, Ligue des droits de l'homme [Police des réunions et des lieux publics dans le cadre de l'état d'urgence] : J.O. du 21 février 2016, texte n°26.
Cons. const., dćc. n°2016-546 QPC, 24 juin 2016, M. Jérômc C. : J.O. du 30 juin 2016, texte n°111.
Cons. const., déc. n°2016-545 QPC, 24 juin 2016 : J.O. n°0151, 30 juin 2016, texte n°110.
Cons. const., déc. n°2016-567/568 QPC, 23 septembre 2016, M. Georges F. et autre [Perquisitions administratives dans le cadre de l'état d'urgence II] : J.O. du 25 septembre 2016, texte n°28.
Cons. const., déc. n° 2016-594 QPC, 4 novembre 2016, Mme Sylvie T. [Absence de nullité en cas d'audition réalisée sous serment au cours d'une garde à vue] : J.O. du 6 novembre 2016, texte n° 30.
Cons. const., déc. n°2016-596 QPC, 18 novembre 2016, Mme Sihame B. [Absence de délai pour statuer sur l'appel interjeté contre une ordonnance de refus de restitution d'un bien saisi] : J.O. du 20 novembre 2016, texte n°32.
Cons. const., déc. n°2016-598 QPC, 25 novembre 2016, Société Eurofrance [Retenue à la source de l'impôt sur les revenus appliquée aux produits distribués dans un État ou territoire non coopératif] : J.O. du 27 novembre 2016, texte n°72.

Cons. const., déc. n°2016-741 DC, 8 décembre 2016, Loi relative à la transparence, à la lutte contre la corruption et à la modernisation de la vie économique : J.O. du 10 décembre 2016, texte n°4.
Cons. const., déc. n°2016-744 DC, 29 décembre 2016, Loi de finances pour 2017 : J.O. du 30 décembre 2016, texte n°5.
Cons. const., déc. n°2016-614 QPC, 1er mars 2017, M. Dominique L. [Imposition des revenus réalisés par l'intermédiaire de structures établies hors de France et soumises à un régime fiscal privilégié] : J.O. du 3 mars 2017, texte n°95.
Cons. const., déc. n°2018-738 QPC, 11 octobre 2018, M. Pascal D. [Absence de prescription des poursuites disciplinaires contre les avocats], à publier au J.O.

4. Conseil d'Etat

Conseil d'Etat, 29 novembre 1851, Pélissier : Rec. p. 720.
Conseil d'Etat, 24 décembre 1897, Gaupillat : Rec., p. 830.
Conseil d'Etat, 14 février 1902, Lalaque et autres : S. 1903, III, 98, note Maurice HAURIOU.
Conseil d'Etat, 8 mars 1912, Lafage : Rec. p. 348, concl. PICHAT.
Conseil d'Etat, 5 mars 1915, Sieur Boulanger : R.O. 1917, p. 200.
Conseil d'Etat, 14 janvier 1916, Camino : Rec. p. 15 ; S. 1922, 3, 10, concl. CORNEILLE.
Conseil d'Etat, 20 juillet 1917, Ministre des Finances c/ Drzewiecki : R.O., p. 219.
Conseil d'Etat, 10 août 1918 : Rec. p. 848.
Conseil d'Etat, 20 janvier 1922, Trépont : RDP 1922, p. 81, concl. RIVET.
Conseil d'Etat, Sect., 22 décembre 1922, n°69-641, Sieur X : Rec. p. 979 ; D.P. 1923, III, p. 15.
Conseil d'Etat, 26 janvier 1923, n°67041 et 25 mars 1927, n°81448 : R.O., p. 5105.
Conseil d'Etat, 25 mars 1925, Dlle Meslin : Rec. p. 399.
Conseil d'Etat, 4 avril 1925, Cie générale des voitures à Paris : Rec. p. 408.
Conseil d'Etat, 26 décembre 1925, Rodière : Rec. p. 1065 ; RDP 1926, p. 32, concl. CAHEN-SALVADOR.
Conseil d'Etat, Sect., 12 juill. 1929, Vesin : Rec. p. 716, concl. LATOURNERIE.
Conseil d'Etat, Sect., 10 janvier 1930, Préfet Haute-Loire : Rec. p. 46.
Conseil d'Etat, 27 novembre 1931, n°6619 : R.O. p. 5717.
Conseil d'Etat, Sect., 12 juillet 1932, Sieur Montesquiou-Fezensac : Rec. p. 705.
Conseil d'Etat, 27 juillet 1933, Elections au Conseil général du canton de Calenzana : Rec. p. 906.
Conseil d'Etat, 20 février 1935, Baradat et Vulliez : Rec. p. 230.

Conseil d'Etat, 5 février 1936, Pané : Rec. p. 165.
Conseil d'Etat, 29 avril 1936, Bauchereau : Rec. p. 476.
Conseil d'Etat, Sect., 1er mai 1936, Couespel du Mesnil : Rec. p. 485 et 6 novembre 1936 : Rec. p. 965.
Conseil d'Etat, 26 février 1937, Société des ciments Portland de Lorraine : Rec. p. 254.
Conseil d'Etat, 7e s-s., 6 octobre 1941, n°62886 : R.O. p. 268.
Conseil d'Etat, 15 décembre 1941, n°60876 et 64301 : R.O. p. 351.
Conseil d'Etat, 12 octobre 1942 : R.O. p. 178.
Conseil d'Etat, 12 mars 1943 : R.O. p. 302.
Conseil d'Etat, Ass., 28 mars 1945, Devouge : Rec. 64 ; S. 1945.3.45, concl. DETTON.
Conseil d'Etat, 16 octobre 1946, Sieur Epiard : Rec. p. 234.
Conseil d'Etat, 30 juin 1947, n°77965 : R.O. p. 259.
Conseil d'Etat, 14 janvier 1948, Canavaggia : Rec. p. 18.
Conseil d'Etat, 24 janvier 1949, n°99424 : R.O. p. 137.
Conseil d'Etat, Sect., 29 avril 1949, n°82790, Bourdeaux : Rec. p. 188.
Conseil d'Etat, 12 juillet 1949, Koenig de Beillard de Vaubicourt : Rec. p. 348.
Conseil d'Etat, 25 janvier 1950, Oulié : Rec. p. 54.
Conseil d'Etat, 8 février 1950, Département de la Savoie : Rec. p. 89.
Conseil d'Etat, Ass., 22 juin 1951, Préfet de Police c/ Consorts Chevallier-Tedeschi : Rec. p. 363.
Conseil d'Etat, 20 juillet 1951, Sté X : Rec. p. 419.
Conseil d'Etat, 3 mai 1952, Sieur Melnick : Rec. T. p. 679.
Conseil d'Etat, 1er juillet 1952, n°15918, Affaire Société des Grands Magasins Paris : R.O. p. 80.
Conseil d'Etat, 27 octobre 1952 : R.O. p. 107.
Conseil d'Etat, 19 décembre 1952, Bourgoin : Rec. p. 596.
Conseil d'Etat, 26 mars 1953 : R.O. p. 237.
Conseil d'Etat 15 avril 1953 : R.O. p. 239.
Conseil d'Etat, 31 juillet 1953, n°20793 et n°21457 : R.O. p. 320.
Conseil d'Etat, 5 mars 1954, Dlle Soulier : Rec. p. 139.
Conseil d'Etat, Ass., 28 mai 1954, Barel : Rec. p. 308, concl. Maxime LETOURNEUR.
Conseil d'Etat, Ass., 11 mars 1955, Secrétaire d'État à la guerre c/ Coulon : Rec. p. 149.
Conseil d'Etat, 19 novembre 1955, n°32903 : Dr. fisc. 1956, n°9, Doctrine.
Conseil d'Etat, 23 décembre 1955, Sieur Lévy : Rec. p. 608 ; D. 1956, p. 27, concl. Claude LASRY.
Conseil d'Etat, 11 mai 1956, Chomet : Rec. p. 200 ; D. 1956, p. 469 concl. LAURENT.
Conseil d'Etat, Ass., 16 novembre 1956, Union syndicale aéronautiques : Rec. p. 434.

Conseil d'Etat, 19 mars 1958, n°38576 : Dr. fisc. 1958, n°27 bis, p. 13, concl. MERIC.
Conseil d'Etat, Sect., 13 mai 1958, Sieur Barbier : AJDA 1958, p. 291, concl. Guy BRAIBANT.
Conseil d'Etat, 19 mai 1958, Secrétaire d'Etat au Budget c/ Société X : Rec. p. 281.
Conseil d'Etat, 8 décembre 1958, n°44559 : Dr. fisc. 1959, n°27, concl. POUSSIERE.
Conseil d'Etat, Ass., 30 janvier 1959, Grange : Rec. p. 85, concl. Jacques CHARDEAU.
Conseil d'Etat, 6 février 1959, n°44206 : R.O. p. 359.
Conseil d'Etat, Ass., 20 novembre 1959, n°42560 : Rec. p. 613 ; JCP G 1960, II, 11431, concl. POUSSIERE.
Conseil d'Etat, 23 décembre 1959, n°44518, Secrétaire d'Etat au Budget c/ Sté L et Cie : Rec. p. 711.
Conseil d'Etat, Ass., 24 juin 1960, Sté Frampar et Sté France éditions et publications : Rec. p. 412, Concl. HEUMANN, RDP 1960, p. 815.
Conseil d'Etat, 26 octobre 1960, n°42718, Rioux, n°42719, Marthon, n°42720, Berchat, n°42721, Mercier : Rec. p. 558, concl. J. CHARDEAU.
Conseil d'Etat, 21 novembre 1960, n°45859 : R.O. p. 200.
Conseil d'Etat, 21 décembre 1960, Vicat-Blanc : Rec. p. 1022.
Conseil d'Etat, 22 mars 1961, Enard : Rec. p. 202.
Conseil d'Etat, Sect., 12 mai 1961, Société La Huta : Rec. p. 313.
Conseil d'Etat, Sect., 14 juin 1963, Epoux Hébert : Rec. p. 364, concl. MERIC.
Conseil d'Etat, Sect., 11 octobre 1963, Association des amis du site de Clagny : Rec. p. 480 ; AJDA 1964, p. 55, concl. Guy BRAIBANT.
Conseil d'Etat, 5e et 3e s.-s., 4 janvier 1964, n°56786, Charlet et Limonier : Rec. p. 1.
Conseil d'Etat, 3 février 1965, Saboureau : Rec. p. 64.
Conseil d'Etat, 8 février 1965, n°44356 : Dr. fisc. 1970, n°3 bis, comm. 29, pp. 37-39, concl. LAVONDES.
Conseil d'Etat, 8e s.-s., 10 février 1965, n°59836, Sté Paris-Lyon-Confections : Dr. fisc. 1970, n°3 bis, comm. 36, pp. 47-48, concl. LAVONDES.
Conseil d'Etat, 8e s.-s., 28 avril 1965, n°62821 et 62822 : Dr. fisc. 1970, n°3 bis, comm. 88, concl. POUSSIERE.
Conseil d'Etat, Sect., 16 juin 1965, n°62105, Morin : Rec. p. 355.
Conseil d'Etat, 7 juillet 1965, n°61958, Fédération nationale des transporteurs routiers : Rec. p. 413.
Conseil d'Etat, 27 octobre 1965, Min. de l'Education nationale c/ Sudaka et Lamas : Rec. p. 557, D. 1966, p. 145, note Jean-Paul GILLI.
Conseil d'Etat, Sect., 22 avril 1966, M. Tochou et M. Mony : Rec. p. 279 ; RDP 1966, p. 584, concl. Yves GALMOT.

Conseil d'Etat, Sect., 24 novembre 1967, Dlle Labat : Rec. p. 444 ; RDP 1968, p. 648, note WALINE, concl. Baudouin, p. 659.
Conseil d'Etat, 1er décembre 1967, n°70389, Elections municipales complémentaires de Saint-André-de-Cotone (Corse) : Rec. p. 461.
Conseil d'Etat, Ass., 8 décembre 1967, n°67557 et 67558, Sté Ateliers Gœtzmann : Rec. p. 473.
Conseil d'Etat, Sect., 26 janvier 1968, Société Maison Genestal : Rec. p. 62, concl. BERTRAND.
Conseil d'Etat, 3 mai 1968, n°46296, Société des Affineries Havraises : Dr. fisc. 1969, n°40, comm. 1193, concl. MEHL.
Conseil d'Etat, 2e et 4e s.-s., 31 mai 1968, n°72548 : Rec. T. p. 1149.
Conseil d'Etat, 7e et 8e s.-s., 13 novembre 1968, n°60843 : Rec. p. 568.
Conseil d'Etat, Ass., 13 décembre 1968, Association syndicale des propriétaires de Champigny-sur-Marne, Comité de défense des intérêts menacés par l'autoroute D6 et Sieur Musso : Rec. p. 645.
Conseil d'Etat, 1ère et 5e s.-s., 14 février 1969, n°72808, Inédit.
Conseil d'Etat, Sect., 24 octobre 1969, Gougeon : Rec. p. 457.
Conseil d'Etat, 30 janvier 1970, n°73006, Mme veuve Herbe : Rec. p. 73.
Conseil d'Etat, 8e et 9e s.-s., 11 mars 1970, n°69588 : Dupont p. 252.
Conseil d'Etat, Sect., 13 mars 1970, Dame Benoist d'Anthenay : Rec. p. 182.
Conseil d'Etat, 27 mai 1970, Ministre des Finances c/ Sieur Nguyen-Quang : Rec. p. 377.
Conseil d'Etat, 29 mai 1970, C., n°76342 : Rec. p. 378.
Conseil d'Etat, Sect., 6 novembre 1970, SA Touristique et Hôtelière de la vallée du Lautaret : Rec. p. 654, concl. BAUDOUIN.
Conseil d'Etat, Ass., 8 janvier 1971, Dame Desamis : Rec. p. 19 ; AJDA 1971, p. 297, concl. J. THERY.
Conseil d'Etat, 8e et 7e s.-s., 24 mars 1971, n°76695, Inédit.
Conseil d'Etat, 20 juillet 1971, Ville de Sochaux : AJDA 1972, p. 227.
Conseil d'Etat, 8e et 9e s.-s., 10 mai 1972, n°81795 : Dr. fisc. 1972, n. 29, comm. 1162 et 1203.
Conseil d'Etat, Ass., 21 juillet 1972, n°72508 : Dupont, p. 376 ; Dr. fisc. 1973, n°18-19, comm. 721, concl. SCHMELTZ.
Conseil d'Etat, Sect., 6 octobre 1972, Ville de Bourges c/ Mme Plagne, n°80837 : Rec. p. 617.
Conseil d'Etat, Sect., 13 octobre 1972, n°82202 et 82203, Caisse régionale de réassurances mutuelles agricoles de l'Est et Société mutuelle d'assurance L'Auxiliaire : Rec. p. 635.
Conseil d'Etat, 7e et 8e s-s., 21 février 1973, n°82521 : Dr. fisc. 1973, 1239, concl. MEHL.
Conseil d'Etat, Ass., 11 mai 1973, n°79230, Sieur Sanglier : Rec. p. 344, RDP 1973, p. 1747, note Marcel WALINE.
Conseil d'Etat, 8e et 9e s.-s., 18 juillet 1973, n°79340 : Dupont p. 367.

Conseil d'Etat, 8e et 9e s.-s., 18 juillet 1973, n°86354, Dame Pratx : Dr. fisc. 1973, comm. 1063, concl. DESMAS-MARSALET.
Conseil d'Etat, Sect., 5 octobre 1973, n°82836 : Rec., p. 546 ; Dr. fisc. 1974, n°3, comm. 36, concl. Dominique MANDELKERN.
Conseil d'Etat, Sect., 26 octobre 1973, n°83550, Elections municipales de Villeneuve-sur-Lot : Rec. p. 596.
Conseil d'Etat, Plén. 19 décembre 1973, n°87649 : Dr. fisc. 1974, comm. 314, concl. LATOURNERIE.
Conseil d'Etat, 7e et 9e s.-s., 6 novembre 1974, n°91299 : RJF 01/75, n°27.
Conseil d'Etat, 7e et 9e s.-s., 11 décembre 1974, n°92758 : RJF 03/75, n°148.
Conseil d'Etat, 8e et 9e s.-s., 12 février 1975, n°90158 : Dr. fisc. 1975, n°11, comm. 413, concl. FABRE.
Conseil d'Etat, 8e et 9e s.-s, 12 février 1975, n°91295 : RJF 04/75, n°213.
Conseil d'Etat, Plén., 19 décembre 1975, n°88119 : Dr. fisc. 1976, n°38, comm. 1249, concl. FABRE ; RJF 02/76, n°52.
Conseil d'Etat, Plén., 7 novembre 1975, n°90156 : Dr. fisc. 1976, n°3, comm. 28, concl. LOBRY ; RJF 12/75, n°569.
Conseil d'Etat, Plén., 7 novembre 1975, n°90786, S.A. Dupont et Cie : Dr. fisc. 1976, n°11, comm. 420, concl. LATOURNERIE.
Conseil d'Etat, 9e et 7e s.-s., 21 janvier 1976, n°94347 : Leb. T. p. 884.
Conseil d'Etat, 8e et 9e s.-s., n°1390, 23 juillet 1976 : RJF 11/76, n°493.
Conseil d'Etat, Sect., 22 octobre 1976, n°90993 : Rec. p. 437 ; RJF 02/90, n°124.
Conseil d'Etat, Sect., 31 décembre 1976, n°99082 : Rec. p. 581.
Conseil d'Etat, Sect., 31 décembre 1976, Association Les amis de l'Île de Groix : Rec. p. 585.
Conseil d'Etat, 3e et 5e s.-s., 21 décembre 1977, n°08116, commune de Keskastel : Rec. T. p. 837.
Conseil d'Etat, 3e et 5e s.-s., 5 avril 1978, n°07818 : Rec. p. 182.
Conseil d'Etat, 7e et 8e s.-s., 8 novembre 1978, n°04237 : RJF 12/78, n°521.
Conseil d'Etat, Ass., 22 décembre 1978, n°11604, Min. de l'intérieur c/ Cohn-Bendit : Rec. p. 524.
Conseil d'Etat, 6e et 2e s.-s., 18 mai 1979, n°04846, Inédit.
Conseil d'Etat, Plén., 13 juillet 1979, n°13374, SARL Société Hôtelière Castel-Cap : Dr. fisc. 1980, n°4, comm. 19, concl. Bruno MARTIN-LAPRADE.
Conseil d'Etat, Ass., 12 octobre 1979, n°01875, 01905, 01948 à 01951, Rassemblement des nouveaux avocats de France et autres : Rec. p. 371.
Conseil d'Etat, 6e et 2e s.-s., 19 octobre 1979, n°12316 : Rec T. p. 654.
Conseil d'Etat, 6e et 2e s.-s., 23 octobre 1979, n°03437, Colonna : Rec. T. p. 842.
Conseil d'Etat, 8e et 9e s.-s., 21 décembre 1979, n°16329 : RJF 02/80, n°151.
Conseil d'Etat, 8e et 9e s.-s., 12 mars 1980, n°15168 : Dr. fisc. 1980, n°22-23, comm. 1262 ; RJF 05/80, n°440.

Conseil d'Etat, 9e et 8e s.-s., 26 mars 1980 n°12008 : RJF 6/80, n°482.
Conseil d'Etat, 7e et 8e s.-s., 28 mai 1980, n°07533 : RJF 7-8/80, n°596.
Conseil d'Etat, 8e et 9e s.-s., 30 mai 1980, n°5909 : Dr. fisc. 1980, n°41, comm. 1942.
Conseil d'Etat, 10e et 5e s.-s., 22 octobre 1980, n°17062, Mme Laurent : Rec T. p. 631.
Conseil d'Etat, 9e et 7e s.-s., 10 décembre 1980, n°14878 : Dr. fisc. 1981, n°10, comm. 476 ; RJF 02/81, n°137.
Conseil d'Etat, Ass., 31 octobre 1980, Fédération nationale des unions de jeunes avocats et autres : Rec. p. 395 ; RDP 1981, p. 499, concl. Michel FRANC.
Conseil d'Etat, Plén., 9 janvier 1981, n°17580 et 18418 : Dr. fisc. 1981, n°23, comm. 1230 ; RJF 03/81, p. 104, concl. Jean-François VERNY.
Conseil d'Etat, 4 février 1981, Konaté : D. 1981, n°24, pp. 353-355, note Bernard PACTEAU.
Conseil d'Etat, 7e et 9e s-s., 18 mars 1981, n°16881 : RJF 05/81, n°418.
Conseil d'Etat, 8e et 9e s.-s., 27 mars 1981, n°21458 : RJF 06/81, n°634.
Conseil d'Etat, Plén., 10 juin 1981, n°19079 : Dr. fisc. 1981, n°48-49, comm. 2187, concl. LOBRY ; RJF 09/81, n°787.
Conseil d'Etat, 3e et 5e s.-s., 1er juillet 1981, n°20102, Tournet : Rec. T. p. 740.
Conseil d'Etat, 7e et 9e s.-s., 9 octobre 1981, n°19117, SARL Maicen et Cie : Dr. fisc. 1981, n°51, comm. 2311.
Conseil d'Etat, 7e et 8e s.-s., 21 octobre 1981, n°22022, Pantanella : Dr. fisc. 1982, n°14, comm. 784 et 785, concl. Olivier SCHRAMECK ; RJF 12/81, n°1137.
Conseil d'Etat, Ass., 12 mars 1982, n°11413, Conseil national de l'ordre des médecins : Rec. p. 109 ; Dr. fisc. 1982, n°3, comm. 1225, concl. Jean-François VERNY.
Conseil d'Etat, 9e et 7e s.-s., 16 avril 1982, n°17218 : Dr. fisc. 1982, n°31, comm. 1638.
Conseil d'Etat, 7e et 9e s.-s., 28 avril 1982, n°22593 : RJF 06/82, n°620.
Conseil d'Etat, 8e et 9e s.-s., 14 juin 1982, n°34085 : Dr. fisc. 1982, n°42, comm. 1942 ; RJF 8-9/1982, n°868.
Conseil d'Etat, Plén., 14 janvier 1983, n°28077 : Dr. fisc. 1983, n°24, comm. 1315 ; RJF 03/83, n°448.
Conseil d'Etat, 7e et 9e s.-s., 15 avril 1983, n°24167 : RJF 06/83, n°757.
Conseil d'Etat, 7e et 8e s.-s., 8 juin 1983, n°27749 : RJF 8-9/83, n°995.
Conseil d'Etat, 9e et 8e s.-s., 28 septembre 1983, n°34626 : RJF 11/83, n°1284.
Conseil d'Etat, 9e et 8e s.-s., 18 novembre 1983, n°32167 : RJF 01/84, n°34.
Conseil d'Etat, 7e et 9e s.-s., 6 janvier 1984, n°36980, Dr. fisc., 1984, n°17, comm. 880 ; RJF 03/84, n°350.
Conseil d'Etat, 9e et 8e s.-s., 1er février 1984, n°36.508 et 36.509 : Dr. disc., 1984, n°44, comm. 1906, concl. BISSARA.

Conseil d'Etat, Plén., 27 juillet 1984, n°34588, SA Renfort Service : Rec. p. 292 ; Dr. fisc. 1985, n°2 comm. 596 ; RJF 10/84, n°626 et 562, concl. Pierre-François RACINE.
Conseil d'Etat, 7e et 9e s.-s., 10 octobre 1984, n°33355, Blaize : Dr. fisc. 1985, n°6, comm. 253 ; RJF 12/84, n°1503.
Conseil d'Etat, 7e et 9e s.-s., 10 octobre 1984, n°35676 et 35678 : Rec. T., p. 589 ; Dr. fisc. 1985, n°1, comm. 33 ; RJF 12/84, n°1403.
Conseil d'Etat, 7e et 8e s.-s., 19 novembre 1984, n°31492 : RJF 01/85, n°71, concl. Olivier FOUQUET.
Conseil d'Etat, Ass., 23 novembre 1984, n°60106 et a. : Rec. p. 383.
Conseil d'Etat, 6e et 2e s.-s., 7 décembre 1984, n°41017 : LPA 8 novembre 1985, p. 4, concl. Pierre-Alain JEANNENEY.
Conseil d'Etat, 8e et 7e s.-s., 7 janvier 1985, n°54102, M. Daugy : RJF 03/85, n°434.
Conseil d'Etat, 8e et 7e s.-s., 18 février 1985, n°39466 à 39468, Dr. fisc. 1985, comm. 1230, concl. GUILLENSMITH.
Conseil d'Etat, 7e et 8e s.-s., 27 février 1985, n°43471 : Dr. fisc. 1985, n°26, comm. 1234 ; RJF 04/85, n°628 ; LPA 1985, n°62, p. 12, concl. Olivier FOUQUET.
Conseil d'Etat, 7e et 9e s.-s., 22 mars 1985, n°37652 : Dr. fisc. 1985, n°26, comm. 1234 ; RJF 06/85, n°953.
Conseil d'Etat, 7e et 9e s.-s., 29 avril 1985, n°41588 : RJF 06/85, n°902.
Conseil d'Etat, 7e et 9e s.-s, 26 juin 1985, n°39049 et 39805 : RJF 8-9/85, n°1212.
Conseil d'Etat, 7e et 9e s.-s., 1er juillet 1985, n°49711 : RJF 10/85, n°1257.
Conseil d'Etat, 8e et 7e s.-s., 14 octobre 1985, n°39154 : RJF 12/85, p. 845.
Conseil d'Etat, 22 janvier 1986, Dlle Grellier : Rec. T. p. 700.
Conseil d'Etat, 9e et 8e s.-s., 24 janvier 1986, n°46949, Cholley : Dr. fisc. 1986, n°18, comm. 911 ; RJF 03/86, n°310.
Conseil d'Etat, 8e et 7e s.-s., 3 février 1986, n°46805 : RJF 04/86, n°349.
Conseil d'Etat, 7e et 8e s.-s., 7 mai 1986, n°46841, Société d'exploitation commerciale et de distribution : Dr. fisc. 1986, n°42, comm. 1772.
Conseil d'Etat, Plén., 23 juin 1986, n°50487, RJF 8-9/86, n°765.
Conseil d'Etat, 8e et 7e s.-s., 23 juin 1986, n°48465 : RJF 10/86, n°866.
Conseil d'Etat, 7e et 8e s.-s., 2 juillet 1986, n°55961, Mercier, et n°54642, SARL La Poterne 21 : RJF 10/96, n°909, LPA 1986, n°123, p. 7, concl. Olivier FOUQUET.
Conseil d'Etat, Plén., 4 juillet 1986, Béolet, n°42001 : Dr. fisc. 1987, n°52, comm. 2352 ; RJF 10/86, n°845, concl. Olivier FOUQUET, p. 528.
Conseil d'Etat, 9e et 8e s.-s., 3 novembre 1986, n°49763, Nahmias : RJF 01/87, n°73.
Conseil d'Etat, 3e et 5e s.-s., 5 novembre 1986, n°47649, Inédit.
Conseil d'Etat, 9e et 7e s.-s., 7 novembre 1986, n°50981, Sté Autier et Soulard : RJF 01/87, n°67.

Conseil d'Etat, Plén., 11 février 1987, n°40565, Sté de fait Goujon et Vessal : Rec. p. 40 ; Dr. fisc. 1987, n°44, comm. 1985, concl. Michel DE GUILLENSCHMIDT ; RJF 04/87, n°414.
Conseil d'Etat, 4e s.-s., 27 février 1987, n°62341, Inédit.
Conseil d'Etat, 7e et 9e s.-s., 4 mars 1987, n°66841 et n°67874 : RJF 05/87, n°515 et n°573.
Conseil d'Etat, 7e et 9e s.-s., 1er avril 1987, n°50291 et 60420, Cuzzicoli : RJF 05/87, n°541.
Conseil d'Etat, 9e et 8e s.-s., 27 mai 1987, n°55719 : RJF 07/87, n°725.
Conseil d'Etat, 10e et 4e s.-s., 3 juin 1987, n°75883, Garcia Palacios : Rec. p. 191 ; RFDA 1987, p. 629, concl. Olivier VAN RUYNBEKE.
Conseil d'Etat, 7e et 8e s.-s., 1er juillet 1987, n°54222, M. Marcantetti : Dr fisc. 1987, n°45, comm. 2025 ; RJF 10/87, n°1020, concl. Olivier FOUQUET p. 505.
Conseil d'Etat, 9e et 7e s.-s., 16 décembre 1987, n°55790 : RJF 02/88, p. 87, concl. Philippe MARTIN.
Conseil d'Etat, 7e et 8e s.-s., 18 décembre 1987, n°58149 : RJF 02/88, n°227.
Conseil d'Etat, 9e et 7e s.-s., 17 février 1988, n°58493 : RJF 04/88, n°450.
Conseil d'Etat, 9e et 8e s.-s., 26 février 1988, n°57639, David : RJF 05/88, n°610.
Conseil d'Etat, 8e et 7e s.-s, 13 avril 1988, n°66060 : RJF 06/88, n°691.
Conseil d'Etat, 9e et 7e s.-s., 27 avril 1988, n°57578 et 57579, Inédit.
Conseil d'Etat, 8e et 9e s.-s, 27 mai 1988, n°48704 : RJF 07/88, n°921.
Conseil d'Etat, Sect., 27 mai 1988, n°66022, Mugica Garmendia : Rec. p. 219.
Conseil d'Etat, 6e et 2e s.-s., 27 juillet 1988, n°68672, Bellay : Rec. p. 301.
Conseil d'Etat, Plén., 27 juillet 1988, n°50020, SARL Boutique 2 M : RJF 10/88, n°1139, concl. Olivier FOUQUET, p. 577.
Conseil d'Etat, 7e et 9e s.-s., 27 juillet 1988, n°60112, Vinciguerra : Dr. fisc. 1989, n°1, comm. 44 ; LPA 1989, p. 6, concl. Olivier FOUQUET.
Conseil d'Etat, 7e et 9e s.-s., 4 novembre 1988, n°87594 : RJF 01/89, n°7.
Conseil d'Etat, Sect., 23 décembre 1988, Banque de France c/ Huberschwiller : Rec. p. 469.
Conseil d'Etat, 9e et 8e s.-s., 25 janvier 1989, n°44787 : Dr. fisc. 1989, n°11, comm. 527.
Conseil d'Etat, 9e et 7e s.-s., 1er février 1989, n°60988, Trepka : RJF 04/89, n°498.
Conseil d'Etat, 9e et 7e s.-s., 1er février 1989, n°66144, Sté des Grands Hôtels d'Aix-en-Provence : Dr. fisc. 1989, n°20-21, comm. 1028, concl. Monique LIEBERT-CHAMPAGNE ; RJF 04/89, n°460.
Conseil d'Etat, 7e et 8e s.-s., 10 février 1989, n°68731 : Dr. fisc. 1989, n°43, comm. 1961 ; RJF 04/89, n°416.
Conseil d'Etat, 9e et 8e s.-s., 15 février 1989, n°46409, Mareson : RJF 04/89, n°488.

Conseil d'Etat, 9e et 7e s.-s., 19 avril 1989, n°78399, Lacroix : Dr. fisc. 1989, n°30-31, comm. 1536, concl. Monique LIEBERT-CHAMPAGNE.
Conseil d'Etat, 8e et 9e s.-s., 22 mai 1989, n°57832, SCI du Fangeas : RJF 07/89, n°801.
Conseil d'Etat, 6e et 2e s.-s., 12 juin 1989, n°78512 : Rec. T. p. 819.
Conseil d'Etat, Plén., 21 juin 1989, n°52385, Marie : Dr. fisc. 1989, n°50, comm. 2372, concl. Maryvonne DE SAINT-PULGENT ; RJF 8-9/89, n°994.
Conseil d'Etat, 6e et 10e s.-s., 28 juin 1989, n°72586, Inédit.
Conseil d'Etat, 9e et 7e s.-s., 27 septembre 1989, n°62177, Jacob : RJF 11/89, n°1262.
Conseil d'Etat, 7e et 9e s.-s., 29 septembre 1989, n°75304, Venutolo : Dr. fisc. 1990, n°5, comm. 142, RJF 11/89, n°1227, concl. Olivier FOUQUET, p. 614.
Conseil d'Etat, Plén., 22 décembre 1989, n°50674, Société civile de moyens du cabinet médical d'Origny : Dr. fisc. 1990, n°19, comm. 926, concl. Olivier FOUQUET.
Conseil d'Etat, 7e et 9e s.-s., 10 janvier 1990, n°90521, Paul : RJF 03/90, n°319.
Conseil d'Etat, 8e et 7e s.-s., 2 février 1990, n°83047, Saddier : RJF 03/90, n°249.
Conseil d'Etat, Sect., 16 février 1990, n°109253 : RFDA 1991, p. 793, concl. Monique LIEBERT-CHAMPAGNE.
Conseil d'Etat, 7e et 8e s.-s., 25 avril 1990, n°71053, Mme Perroux : Dr. fisc. 1993, n°31, comm. 1562 ; RJF 06/90, n°683.
Conseil d'Etat, 7e s.-s., 2 mai 1990, n°58212 à 58215, Donati : Dr. fisc. 1991, n°12, comm. 644 ; RJF 06/90, n°721.
Conseil d'Etat, 8e et 9e s.-s., 9 mai 1990, n°54394, Charlot : RJF 07/90, n°818.
Conseil d'Etat, 9e et 8e s.-s., 9 mai 1990, n°68329, SA Mobb-Meubles-Pilotes : Dr. fisc. 1991, n°15, comm. 845 ; RJF 07/90, n°883.
Conseil d'Etat, 9e et 8e s.-s., 16 mai 1990, n°90437, Touton : Dr. fisc. 1993, n°6, comm. 263, concl. Monique LIEBERT-CHAMPAGNE ; RJF 07/90, n°784.
Conseil d'Etat, 10 juin 1991, n°103107, Tiesse, Inédit.
Conseil d'Etat, 7e et 9e s.-s., 18 juin 1990, n°90501, Burel : RJF 8-9/90, n°1054.
Conseil d'Etat, 1e et 4e s.-s., 29 juin 1990, n°92272, Mme Courtet : Rec. p. 189.
Conseil d'Etat, Sect., 27 juillet 1990, n°44676, Bourgeois : RJF 8-9/90, n°1102.
Conseil d'Etat, 9e et 7e s.-s., 8 août 1990, n°92997, SA Intertrans : RJF 10/90, n°1252, concl. Philippe MARTIN, p. 661.
Conseil d'Etat, 8e et 9e s.-s., 3 décembre 1990, n°103101, Sté Antipolia : Dr. fisc. 1991, n°7, comm. 259, concl. Jacques ARRIGHI DE CASANOVA.

Conseil d'Etat, 7e et 8e s.-s., 12 décembre 1990, n°61643 et 112316, Dumas : Dr. fisc. 1991, n°27, comm. 1388, concl. Olivier FOUQUET ; RJF 02/91, n°217.
Conseil d'Etat, 13 février 1991, n°69992, Inédit.
Conseil d'Etat, 8e et 7e s.-s., 4 mars 1991, n°82936, Sofia : RJF 04/91, n°496.
Conseil d'Etat, 3e s.-s., 3 avril 1991, Commune de Basse-Pointe, n°82600, Inédit.
Conseil d'Etat, Plén., 8 avril 1991, n°67938, Mlle Pigeon : Dr. fisc. 1993, n°3, comm. 62, concl. Philippe MARTIN ; RJF 05/91, n°652.
Conseil d'Etat, 9e et 8e s.-s., 13 mai 1991, n°74729, Bodnia : Dr. fisc. 1993, n°19, comm. 1017 ; RJF 07/91 n°1006, concl. GAEREMYNCK.
Conseil d'Etat, 8e et 7e s.-s., 19 juin 1991, n°64834, Baleston : Dr. fisc. 1991, n°42, comm. 1973, concl. Jacques ARRIGHI DE CASANOVA ; RJF 8-9/91, n°1113.
Conseil d'Etat, 8e et 9e s.-s., 10 juillet 1991, n°78306, de Ribains : Dr. fisc. 1991, n°48, comm. 2302.
Conseil d'Etat, 3e et 5e s.-s., 20 septembre 1991, n°81431, Inédit.
Conseil d'Etat, 8e et 9e s.-s., 6 novembre 1991, Sétian, n°74495 : RJF 01/92, n°5.
Conseil d'Etat, 8e et 7e s.-s., 9 décembre 1991 n°67055, André : RJF 02/92, n°226.
Conseil d'Etat, Ass., 11 octobre 1991, n°128128, Diouri : Rec. T. p. 939 ; RFDA 1991, p. 978, concl. Maryvonne DE SAINT-PULGENT.
Conseil d'Etat, 8e et 9e s.-s., 29 novembre 1991, n°67075, M. Chêne : Dr. fisc. 1992, n°15, comm. 793, concl. Noël CHAHID-NOURAI.
Conseil d'Etat, 9e et 7e s.-s., 22 janvier 1992, n°68486, Sté Géo : Dr. fisc. 1992, n°45, comm. 2108.
Conseil d'Etat, 9e et 8e s.-s., 13 mai 1992, n°71497, Nouvelles Editions Musicales Caravelle : Dr. fisc. 1994, n°23, comm. 1087 ; RJF 07/92 n°948, concl. Philippe MARTIN.
Conseil d'Etat, Sect., 10 juillet 1992, Musel SBP, et n°110214, M. Brunner : Dr. fisc. 1993, n°27, comm. 1392, RJF 8-9/92, n°1249, concl. Olivier FOUQUET, p. 673.
Conseil d'Etat, 9e et 7e s.-s., 31 juillet 1992, n°93244, Inédit.
Conseil d'Etat, 7e et 8e s.-s., 9 octobre 1992, n°86531, Chollet : RJF 12/92, n°1612.
Conseil d'Etat, Sect., 20 novembre 1992, n°71902, Seigneur : Dr. fisc. 1993, n°11, comm. 567, RJF 01/93, n°143, concl. Jacques ARRIGHI DE CASANOVA, p. 10.
Conseil d'Etat, 8e et 9e s.-s., 23 novembre 1992, n°82623, Inédit.
Conseil d'Etat, Sect., 4 décembre 1992, n°136077 et a. : Rec. p. 437.
Conseil d'Etat, 7e et 9e s.-s., 16 décembre 1992, n°123268, Liviane Anslat : RJF 02/93, n°195.

Conseil d'Etat, 8e s.-s., 18 décembre 1992, n°81659, Manufacture Mézinaise de lièges et bouchons : RJF 02/93, n°244.

Conseil d’Etat, 9e et 8e s.-s., 8 janvier 1993, n°79600 et 79601, Mlle Erbibo : RJF 03/93, n°390.

Conseil d’Etat, 9e et 8e s.-s., 8 janvier 1993, n°87631, Spitaletto : RJF 03/93, n°319, concl. Philippe MARTIN, p. 183.

Conseil d'Etat, 9e et 8e s.-s., 11 janvier 1993, n°78040, Inédit.

Conseil d’Etat, 9e et 8e s.-s., 3 mai 1993, n°116269, M. Cohen : RJF 06/93, n°774.

Conseil d’Etat, 9e et 8e s.-s., 16 juin 1993, n°78950, SARL Copag : RJF 8-9/93 n°1195, concl. François LOLOUM, BDCF 02/93, p. 27.

Conseil d'Etat, 8e et 9e s.-s., 23 juillet 1993, n°89484 et 91574, M. Louvat : Dr. fisc. 1993, n°40, comm. 1855, concl. Jacques ARRIGHI DE CASANOVA.

Conseil d'Etat, 9e et 8e s.-s., 2 mars 1994, n°107821, M. André Chombart : Dr. fisc. 1994, n°27, comm. 1333, concl. François LOLOUM.

Conseil d’Etat, 6e s.-s., 7 mars 1994, n°116932, Dargnat, Inédit.

Conseil d'Etat, Avis, 2e et 6e s.-s., 28 septembre 1994, n°158183, Association Foire internationale de Caen et Avis n°159093, M. Pilotaz : Dr. fisc. 1995, n°7, comm. 310 ; RJF 12/94, n°1364.

Conseil d’Etat, Sect., 29 juillet 1994, n°111884, SA Prodès International : Rec. p. 390 ; Dr. fisc. 1994, n°47, comm. 1987 ; RJF 10/94, p. 587, concl. Jacques ARRIGHI DE CASANOVA.

Conseil d’Etat, 8e et 9e s.-s., 9 novembre 1994, n°129632, SARL Les Peintres de Paris : RJF 01/95, n°18.

Conseil d’Etat, 8e s.-s., 12 décembre 1994, n°134149, SA Halfen, Inédit.

Conseil d’Etat, 1ère et 4e s.-s., 3 mars 1995, n°126013, R. S. : Rec. p. 118.

Conseil d’Etat, 9e et 8e s.-s., 21 juin 1995, n°132531, SA Sofige : Dr. fisc. 1995, n°41, comm. 1902 ; RJF 8-9/95 n°963, concl. Philippe MARTIN, p. 559.

Conseil d’Etat, 8e et 9e s.-s., 13 septembre 1995, n°126830, Simha : Dr. fisc. 1995, n°47, comm. 2204, concl. Jacques ARRIGHI DE CASANOVA ; RJF 11/95, n°1249.

Conseil d’Etat, Sect., 6 décembre 1995, n°126826, SA Samep : Dr. fisc. 1996, n°7, comm. 203, concl. Gilles BACHELIER ; RJF 01/96, n°61, chron. Guillaume GOULARD.

Conseil d’Etat, Sect., 1er mars 1996, n°17245 et n°17246, SARL France Finibéton : Dr. fisc. 1996, n°39, comm. 1153, concl. François LOLOUM ; RJF 04/96, n°462.

Conseil d’Etat, Sect., 1er mars 1996, n°174244, Egot : Dr. fisc. 1996, n°39, comm. 1153, concl. François LOLOUM ; RJF 04/96, n°463.

Conseil d’Etat, 9e et 8e s.-s., 20 mars 1996, n°124957 : Dr. fisc. 1996, n°28, comm. 903, concl. Philippe MARTIN ; RJF 05/96, n°584.

Conseil d’Etat, (na), 5 juin 1996, n°168556, Coliac : RJF 11/96, n°1265.

Conseil d'Etat, 8e et 9e s.-s., 10 juillet 1996, n°139435 et 141702, Sté Le Saint Alexis et Cne de Saint-Paul de la Réunion : Rec. T. p. 703.
Conseil d'Etat, 8e et 9e s.-s., 10 juillet 1996, n°173938, Inédit.
Conseil d'Etat, 9e et 8e s.-s., 8 janvier 1997, n°139711, Fattel : RJF 03/97, n°195.
Conseil d'Etat, 8e et 9e s.-s., 31 janvier 1997, n°165553, Sté Comptoirs modernes Major-Unidis : Rec. T., p. 1108.
Conseil d'Etat, Sect., 14 février 1997, Centre hospitalier régional de Nice c/ Epoux Quarez : Rec. p. 44 ; concl. Valérie PECRESSE, RFDA 1997, pp. 374-381.
Conseil d'Etat, 9e et 8e s.-s., 17 février 1997, n°165573, SARL Paul Brunetti : Dr. fisc. 1997, n°26, comm. 748, concl. François LOLOUM ; RJF 03/97, n°238 ; BDCF 02/97, n°44, concl. François LOLOUM.
Conseil d'Etat, 4e et 1ère s.-s., 23 avril 1997, n°169977, Lévy : Rec. p. 162.
Conseil d'Etat, 5e et 3e s.-s., 23 avril 1997, n°144038 : Rec. T. p. 901.
Conseil d'Etat, Sect., Avis, 23 avril 1997, n°183689, Préfet de la Manche c/ Sté Nouvelle Entreprise Henry: Rec. p. 153.
Conseil d'Etat, 8e et 9e s.-s., 12 mai 1997, n°160785 : Dr. fisc. 1997, n°28, comm. 820, concl. Jacques ARRIGHI DE CASANOVA ; RJF 07/97, n°723.
Conseil d'Etat, 9e et 8e s.-s., 12 mai 1997, n°135294, Franzkowiak : RJF 07/97, n°703, Concl. François LOLOUM, BDCF 04/97 n°85.
Conseil d'Etat, 9e et 8e s.-s., 9 juillet 1997, n°156042, Inrets : RJF 8-9/97, n°797, concl. François LOLOUM, BDCF 04/97, n°81.
Conseil d'Etat, 8e et 9e s.-s., 24 novembre 1997, n°171929, Société Amibu inc. : Dr. fisc. 1998, n°8, comm. 128, concl. Gilles BACHELIER.
Conseil d'Etat, 9e et 8e s.-s., 18 mai 1998, n°159846, ministre c/ SA Yves Saint-Laurent : Dr. fisc. 1998, n°48, comm. 1047 ; RJF 07/98, n°771, conclusions François LOLOUM.
Conseil d'Etat, 8e et 9e s.-s., 20 mai 1998, n°159877, Sté Veticlam : Dr. fisc. 1998, n°44, comm. 979 ; RJF 07/98, n°836 ; BDCF 04/98, n°87.
Conseil d'Etat, 8e et 9e s.-s., Avis, 10 juin 1998, n°194330, de Thoury : Dr. fisc. 1998, n°37, comm. 777, concl. Gilles BACHELIER ; RJF 8-9/98, n°966.
Conseil d'Etat, 9e et 8e s.-s., 17 juin 1998, n°156532, Chung : Dr. fisc. 1998, n°44, comm. 976, concl. Guillaume GOULARD ; RJF 07/98, n°827, concl. Guillaume GOULARD, BDCF 04/98, n°86.
Conseil d'Etat, Sect., 3 juillet 1998, n°158592, Mme Salva-Couderc : Rec. p. 298 ; RFDA 1999, p. 112, concl. Patrick HUBERT.
Conseil d'Etat, 5e et 3e s.-s., 29 juillet 1998, n°179635 et 180208, Mme Esclatine : Rec. p. 320 ; AJDA 1999, p. 69, note Frédéric ROLIN ; D. 1999, p. 85, concl. Didier CHAUVAUX.
Conseil d'Etat, 9e et 8e s.-s., 18 septembre 1998, n°149341, SARL Diva : Dr. fisc. 1999, n°5, comm. 85, concl. Guillaume GOULARD.
Conseil d'Etat, 9e et 8e s.-s., 16 décembre 1998, n°155384, ministre c/ SA Coopere : RJF 02/99, n°166.

Conseil d'Etat, 4e et 1ère s.-s., 13 janvier 1999, n°177913 : Rec. T. p. 698.
Conseil d'Etat, 8e et 9e s.-s., 20 janvier 1999, n°181011, Méas : Dr. fisc. 1999, n°17, comm. 349.
Conseil d'Etat, 8e et 9e s.-s., 15 février 1999, n°176932, M. Gateaud : Dr. fisc. 1999, n°21, comm. 436, concl. Gilles BACHLIER.
Conseil d'Etat, 8e et 9e s.-s., 15 février 1999, n°187962, SARL Sporting Plage : Dr. fisc. 1999, n°23, comm. 462 ; RJF 04/99, n°444.
Conseil d'Etat, 9e et 8e s.-s., 22 mars 1999, n°144530, 144585 et 144619, SA Jean Lemosse : RJF 05/99, n°585, concl. Jean COURTIAL, BDCF 05/99, n°55.
Conseil d'Etat, 8e et 9e s.-s., 10 mai 1999, n°184528, M. Ournier : Dr. fisc. 1999, n°43, comm. 796, concl. Gilles BACHELIER ; RJF 8-9/99, n°1086.
Conseil d'Etat, 6^e et 2^e s.-s., 14 juin 1999, n°196215, 196216, 196217 et 196218, Baumet : Rec. T. pp. 719, 866 et 952.
Conseil d'Etat, 9e et 8e s.-s., 25 juin 1999, n°146800, de Commines : Dr. fisc. 1999, n°46-47, comm. 845, concl. Guillaume GOULARD, RJF 08-09/99, n°1000.
Conseil d'Etat, 9e et 8e s.-s., 25 juin 1999, n°153941, Sté de gestion de services et de commercialisation : RJF 8-9/99, n°976.
Conseil d'Etat, 8e et 9e s.-s. 28 juillet 1999, n°168924, SARL Carrefour de Canourgues : Dr. fisc. 2000, n°11, comm. 2170 ; RJF 10/99, n°1248.
Conseil d'Etat, Sect., 1er octobre 1999, n°170289, Association Jeune France : Dr. fisc. 2000, n°7, comm. 106, concl. Jean COURTIAL ; RJF 11/99, n°1354.
Conseil d'Etat, 8e et 9e s.-s., 13 octobre 1999, Sté Diebold Courage : Dr. fisc. 1999, n°52, comm. 948 ; RJF 12/99, n°1492.
Conseil d'Etat, 9e s.-s., 20 octobre 1999, n°133548, M. Mazzoni, Inédit.
Conseil d'Etat, 5e et 3e s.-s.., 8 novembre 1999, n°201966, Elections cantonales de Bruz : Rec. p. 345.
Conseil d'Etat, 3e et 5e s.-s., 10 novembre 1999, n°179962, Sako, Rec. T. p. 852.
Conseil d'Etat, 8e et 9e s.-s., 9 février 2000, n°192179, SA Secap : Dr. fisc. 2000, n°25. comm. 518 ; RJF 03/00 n°392, concl. Jacques ARRIGHI DE CASANOVA, BDCF 03/00, n°39.
Conseil d'Etat, 9e et 10e s.-s., 19 avril 2000, n°172363, Sté Scame : Dr. fisc. 2000, n°38, comm. 685, concl. Jean COURTIAL ; RJF 05/00, n°629, concl. Jean COURTIAL, BDCF 05/00, n°63.
Conseil d'Etat, 8e et 3e s.-s., 7 juin 2000, n°191828, SA Roulle : Rec. T. p. 1271.
Conseil d'Etat, 8e et 3e s.-s., 23 juin 2000, n°215152, Association locale pour le culte des Témoins de Jehovah de Riom : RJF 9-10/00, n°1099, Concl. Gilles BACHELIER, BDCF 9-10/00, n°110.
Conseil d'Etat, 5e et 7e s.-s., 28 juin 2000, n°222181, Mouvement departementaliste mahorais : Rec. p. 248.

Conseil d'Etat, 9e et 10e s.-s., 30 juin 2000, n°186372 : Dr. fisc. 2001, n°5, comm. 53 ; RJF 9-10/00, n°1086.
Conseil d'Etat, 8e et 3e s.-s., 28 juillet 2000, n°185401, SARL Distel : RJF 11/00, n°1303.
Conseil d'Etat, 3e et 8e s.-s., 28 juillet 2000, n°215312, SA A2C : Dr. fisc. 2001, n°6, comm. 92 ; RJF 11/00, n°1237, concl. Stéphane AUSTRY, BDCF 11/00, n°120.
Conseil d'Etat, 10e et 9e s.-s., 25 octobre 2000, n°212315, Mme Cucicea-Lamblot : Rec. p. 357 ; AJDA 2001, p. 284, concl. Christine MAUGÜE.
Conseil d'Etat, 7e et 5e s.-s., 7 février 2001, n°201993, Adam : Rec. p. 50.
Conseil d'Etat, 9e et 10e s.-s., 21 mars 2001, n°202490, Egot : Dr. fisc. 2001, n°24, comm. 549, concl. Guillaume GOULARD ; RJF 06/01, n°813.
Conseil d'Etat, 9e et 10e s.-s., 27 juillet 2001, n°211314, M. Alain Bancarel : Dr. fisc. 2001, n°50, comm. 1156, concl. Guillaume GOULARD.
Conseil d'Etat, ord., 11 octobre 2001, n°238849, Hauchemaille : Rec. p. 460.
Conseil d'Etat, 3e et 8e s.-s., 26 octobre 2001, n°217228, SA Darty : RJF 01/02, n°77, concl. Stéphane AUSTRY, p. 11.
Conseil d'Etat, 3e et 8e s.-s., 26 octobre 2001, n°219303, Compagnie Parisienne de Réescompte (CPR) : RJF 01/02, p. 11.
Conseil d'Etat, Sect., 23 novembre 2001, n°206145, SA Ferme de Rumont c/ ONILAIT : Dr. fisc. 2002, n°15, comm. 332 ; RJF 02/02, n°180, concl. François SENERS, BDCF 02/02, n°24.
Conseil d'Etat, 10e et 9e s.-s., 28 décembre 2001, n°235318, Inédit.
Conseil d'Etat, 8e et 3e s.-s., 6 mars 2002, n°217646, Mme Triboulet et Mme Brosset-Pospisil : Rec. p. 76.
Conseil d'Etat, Ass., Avis, 12 avril 2002, n°239693, SA Financière Labeyrie : Dr. fisc. 2002, n°26, comm. 555, concl. François SENERS ; RJF 06/02, n°673.
Conseil d'Etat, 8e et 3e s.-s., 22 mai 2002, n°231105, SARL Berre Station : Rec. T. p. 882.
Conseil d'Etat, 9e et 10e s.-s., 27 mai 2002, n°219888, SARL Segeleis : Dr. fisc. 2002, n°36, comm. 668, concl. Guillaume GOULARD ; RJF 8-9/02, n°996.
Conseil d'Etat, 9e et 10e s.-s., 5 juin 2002, n°201066, SARL Link : Dr. fisc. 2002, n°43, comm. 854, concl. Jean COURTIAL.
Conseil d'Etat, 9e et 10e s.-s.., 5 juin 2002, n°219840, Simoens: Dr. fisc. 2002, n°41, comm. 810 ; RJF 8-9/02 n°934, concl. Jean COURTIAL, BDCF 8-9/02 n°113.
Conseil d'Etat, 9e et 10e s.-s., 19 juin 2002, n°194476 et 207414, SA Média Shopping : RJF 10/02, n°1071, concl. Guillaume GOULARD, BDCF 10/02, n°118.
Conseil d'Etat, 10e et 9e s.-s., 2 octobre 2002, n°224716, M. Vial : Dr. fisc. 2002, n°49, comm. 974.

Conseil d'Etat, 8e et 3e s.-s., 23 octobre 2002, n°220725, Claude Picasso : RJF 01/03, n°41.
Conseil d'Etat, Ass., 6 novembre 2002, n°194295, Moon : Rec. p. 380, concl. MAUGUE.
Conseil d'Etat, 9e et 10e s-s., 20 novembre 2002, n°221440, SARL New-Sports : Dr. fisc. 2003, n°9, comm. 174 ; RJF 02/03, n°222.
Conseil d'Etat, 3e et 8e s.-s., 18 décembre 2002, n°238602, Garoff : Dr. fisc. 2003, n°12, comm. 246 ; RJF 03/03, n°343.
Conseil d'Etat, 8e et 3e s.-s., 30 décembre 2002, n°231167 ; SARL Le grand Bazar : Dr. fisc. 2003, n°14, comm. 278.
Conseil d'Etat, 9e et 10e s.-s., 26 février 2003, n°223092 et 223293, Sté Pierre de Reynal et Cie : RJF 5/03, n°69, concl. Guillaume GOULARD, BDCF 05/03, n°69.
Conseil d'Etat, 8e et 3e s.-s., 2 avril 2003, n°237968, Saurin : Rec. T. p. 775.
Conseil d'Etat, 3e et 8e s.-s., 12 mai 2003, n°234811, Arnaudo : Dr. fisc. 2003, n°39, comm. 686, concl. Stéphane AUSTRY ; RJF 8-9/03, n°969.
Conseil d'Etat, Sect., 20 juin 2003, n°232832, Sté Etablissements Lebreton, Comptoir général de peintures et annexes : RJF 10/03, n°1140, concl. Pierre COLLIN, BDCF 10/03, n°125.
Conseil d'Etat, Avis, 8e et 3e s.-s., 30 juillet 2003, n°254824, SCI Villa Amaya : Dr. fisc. 2004, n°6, comm. 233, concl. Pierre COLLIN.
Conseil d'Etat, 8e et 3e s.-s., 24 septembre 2003, n°237990, Sté Paolo Nancéienne : Dr. fisc. 2003, n°51, comm. 926 ; RJF 12/03, n°1393.
Conseil d'Etat, 3e et 8e s.-s., 3 octobre 2003, n°249160, Commune de Levainville : Rec. T. p. 834.
Conseil d'Etat, 3e et 8e s.-s., 10 octobre 2003, n°244445, M. Lascaze : Dr. fisc. 2004, comm. 257, concl. Emmanuel GLASER ; RJF 01/04, n°48 ; BDCF 01/04, n°12, concl. Emmanuel GLASER.
Conseil d'Etat, 5e et 7e s.-s., 10 octobre 2003, n°249416, Mme Tato : Rec. p. 393 ; AJDA 2004, p. 228, concl. Didier CHAUVAUX.
Conseil d'Etat, 10e et 9e s.-s., 4 décembre 2003, n°262009, Feler : Rec. p. 491.
Conseil d'Etat, 9e et 10e s.-s., 12 janvier 2004, n°247753, SA Sogeres : RJF 04/04, n°365, concl. Guillaume GOULARD, BDCF 04/04, n°48.
Conseil d'Etat, 10e et 9e s.-s., 14 janvier 2004, n°249302, Mme Bratti : Dr. fisc. 2004, n°25, comm. 569.
Conseil d'Etat, 8e et 3e s.-s., 18 février 2004, n°248589, Zilber : RJF 05/04, n°505, concl. Pierre COLLIN, BDCF 05/04, n°64.
Conseil d'Etat, Sect., 27 février 2004, n°252988, Préfet des Pyrénées-Orientales c/ Abounkhila : Rec. p. 93.
Conseil d'Etat, Ass., 3 mars 2004, Min. de l'Emploi et de la Solidarité c/ Cts X, n°241151 et 241152 : Rec. p. 125 ; concl. Emmanuelle PRADA-BORDENAVE, RFDA 2004, p. 612.
Conseil d'Etat, 10e et 9e s.-s., 24 mars 2004, n°246955, Mme Lacosta-Puigvert : Dr. fisc. 2004, n°51, comm. 902, concl. Marie-Hélène MITJAVILE.

Conseil d'Etat, 9e et 10e s.-s., 7 avril 2004, n°242965, SARL Leroy Energie : RJF 07/04, n°748.
Conseil d'Etat, 8e et 3e s.-s., 9 avril 2004, n°240857, OPHLM du Tarn : RJF 07/04, n°736.
Conseil d'Etat, Ass., 11 mai 2004, Assoc. AC ! et autres : Rec. p. 197, concl. Christophe DEVYS.
Conseil d'Etat, 8e et 3e s.-s., 15 juillet 2004, n°254485, Dugast : RJF 11/04, n°1085.
Conseil d'Etat, 8e et 3e s.-s., 15 juillet 2004, n°254486, Huybrechts et a. : RJF 11/04, n°1085, concl. Gilles BACHLIER, BDCF 11/04, n°131.
Conseil d'Etat, 9e et 10e s.-s., 15 juillet 2004 n°264494, SA Gemo : RJF 10/04, n°1061, concl. Guillaume GOULARD, BDCF 10/04, n°127.
Conseil d'Etat, 9e et 10e s.-s., 20 octobre 2004, n°255533, Gabet : RJF 01/05, n°62, concl. Laurent VALLEE, BDCF 01/05 n°11.
Conseil d'Etat, 8e et 3e s.-s., 9 février 2005, n°250920, SA Noirot-Manutention : RJF 05/05 n°484, concl. Pierre COLLIN, BDCF 05/05, n°65.
Conseil d'Etat, 3e et 8e s.-s., 16 février 2005, n°266322 : Rec. T. p. 895.
Conseil d'Etat, 6e et 1ère s.-s., 20 avril 2005, n°261706, Karsenty et Fondation d'Aguesseau : Rec. p. 151.
Conseil d'Etat, 8e et 3e s.-s., 18 mai 2005, n°267087, Sté Sagal : Dr. fisc. 2005, n°44-45, comm. 726 ; RJF 8-9/2005, n°910, concl. Pierre COLLIN, BDCF 8-9/05, n°110.
Conseil d'Etat, 10e et 9e s.-s., 27 juin 2005, n°253284, Afériat : RJF 10/05, n°1048, concl. Marie-Hélène MITJAVILE, BDCF 10/05, n°118.
Conseil d'Etat, 4e et 5e s.-s., 28 septembre 2005, n°269784, SA Carto-Rhin et Me Mulhauptaux : Rec. T. p. 1124.
Conseil d'Etat, 8e et 3e s.-s., 29 juin 2005, n°271893, Sté Sud-Ouest Bail : Dr. fisc. 2005, n°44-45, comm. 714, concl. Laurent OLLEON ; RJF 10/05, n°1038, concl. Laurent OLLEON, BDCF 10/05, n°115.
Conseil d'Etat, Ass., 8 juillet 2005, n°247976, Sté Alusuisse-Lonza-France : Rec. p. 311.
Conseil d'Etat, 6e et 1ère s.-s., 27 juillet 2005, n°261819, Balkany : Rec. T. p. 1054.
Conseil d'Etat, 8e et 3e s.-s., 27 juillet 2005, n°273619, Sté Fauba France : Dr. fisc. 2006, n°12, comm. 268, concl. Laurent OLLEON, RJF 11/05, n°1173.
Conseil d'Etat, 8e et 3e s.-s., 30 septembre 2005, n°262953, Jaubert : RJF 12/05, n°1405.
Conseil d'Etat, 5e et 4e s.-s., 10 octobre 2005, n°259205 : Rec. p. 426.
Conseil d'Etat, 9e et 10e s.-s., 16 novembre 2005, n°264077, SARL Sarim : Dr. fisc. 2006, n°27, comm. 490 ; RJF 02/06, n°169, concl. Laurent VALLEE, BDCF 02/06, n°169.
Conseil d'Etat, 9e et 10e s.-s., 16 janvier 2006, n°258277, Lefebvre : RJF 04/06 n°377, concl. Laurent VALLEE, BDCF 04/06, n°46.

Conseil d'Etat, 3e et 8e s.-s., 13 février 2006, n°279180, Société Fiducial Informatique et autre : RFDA 2006, p. 702, concl. Emmanuel GLASER.
Conseil d'Etat, 9e et 10e s.-s., 24 mars 2006, n°257330, SA Martell & Co : Dr. fisc. 2006, n°39, comm. 623, concl. Laurent VALLEE.
Conseil d'Etat, Ass., 24 mars 2006, n°288460, KPMG et autres : Rec. p. 154.
Conseil d'Etat, 3e et 8e s.-s., 24 mai 2006, n°274471, Genestar : Dr. fisc. 2006, n°43, comm. 688 ; Dr. fisc. 2006, n°48, comm. 746, concl. Emmanuel GLASER ; RJF 8-9/06 n°999.
Conseil d'Etat, 3e et 8e s.-s., 2 juin 2006, n°266507, Beuvelet : RJF 8-9/06, n°983, concl. Emmanuel GLASER : BDCF 8-9/06, n°95.
Conseil d'Etat, 3e et 8e s.-s., 12 juin 2006, n°272374, Le Dore : RJF 10/06, n°1163, concl. François SENERS, BDCF 10/06, n°115.
Conseil d'Etat, Sect., 27 septembre 2006, n°260050, Janfin : Dr. fisc. 2006, n°47, comm. 744, concl. Laurent OLLEON ; RJF 21/06, n°1583, concl. Laurent OLLEON, BDCF 12/06, n°156.
Conseil d'Etat, 1ère et 6e s.-s., 6 novembre 2006, n°277829, Association les Amis du château d'Hénonville : Bulletin de jurisprudence de droit de l'urbanisme 2007, n°2, pp. 146-151, concl. Christophe DEVYS.
Conseil d'Etat, 9e et 10e s.-s., 15 novembre 2006, n°289805, min. c/ Fievet : RJF 02/07, n°152, concl. Stéphane VERCLYTTE, BDCF 02/07, n°20.
Conseil d'Etat, 8e et 3e s.-s., Avis, 21 décembre 2006, n°293749, Duguay : Rec. T. p. 810 ; Dr. fisc. 2007, n°40, comm. 895, concl. Pierre COLLIN ; RJF 03/07 n°314, concl. Pierre COLLIN, BDCF 03/07, n°32.
Conseil d'Etat, 6e et 1ère s.-s., 7 février 2007, n°292607 : Rec. p. 46.
Conseil d'Etat, 3e et 8e s.-s., 21 mai 2007, n°284719, Sté Sylvain Joyeux : Dr. fisc., 2007, n°46, comm. 970, concl. Emmanuel GLASER.
Conseil d'Etat, 6e et 1ère s.-s., 27 juin 2007, n°263937, Inédit.
Conseil d'Etat, 5e et 4e s.-s., 13 juillet 2007, n°293196, ONIAM : Rec. p. 347.
Conseil d'Etat, 5e et 4e s.-s., 25 juillet 2007, n°271247, Etablissement français du sang : Rec. T. p. 1063.
Conseil d'Etat, 8e et 3e s.-s., 5 octobre 2007, n°291049, Sté Alcatel CIT : RJF 12/07, n°1381, concl. Nathalie ESCAUT, BDCF 12/07, n°137.
Conseil d'Etat, 8e s.-s., 15 octobre 2007, n°299398, Gœpp : RJF 01/08, n°65.
Conseil d'Etat, 8e s.-s., (na), 12 décembre 2007 n°307970, Sté Abbey National Treasury Services : RJF 03/08 n°365, concl. Laurent OLLEON, BDCF 03/08, n°43.
Conseil d'Etat, 8e et 3e s.-s., 14 janvier 2008, n°292379, Mawart : Dr. fisc. 2008, n°16, comm. 280, concl. Laurent OLLEON ; RJF 04/08, n°397, concl. Laurent OLLEON, BDCF 04/08, n°45.
Conseil d'Etat, 5e et 4e s.-s., 20 février 2008, n°286505, Le Hello c/ Fraboulet : Rec. T., p. 907.
Conseil d'Etat, 9e et 10e s.-s., 23 avril 2008, n°271853, SA Kraft Foods France : Dr. fisc. 2008, n°26, comm. 399, concl. Pierre COLLIN ; RJF 07/08, n°863.

Conseil d'Etat, 3e et 8e s.-s., 7 mai 2008, n°289326, Sté Steca : RJF 8-9/08, n°934.

Conseil d'Etat, 3e et 8e s.-s., 16 mai 2008, n°288101, Sté SELAFA Géomat : Dr. fisc. 2008, n°30-35, comm. 430, concl. François SENERS ; RJF 8-9/08, n°1002, concl. François SENERS, BDCF 8-9/08, n°112.

Conseil d'Etat, 3e et 8e s.-s., 30 juin 2008, n°274512, Thomas : RJF 10/08, n°1042, concl. Emmanuel GLASER, BDCF 10/08, n°116.

Conseil d'Etat, 10e et 9e s.-s., 25 juillet 2008, n°304172, Institut européen d'archéologie sous-marine : Rec. T. p. 802.

Conseil d'Etat, 7e et 2e s.-s., 3 octobre 2008, n°291414 : Rec. T. p. 923.

Conseil d'Etat, 3e et 8e s.-s., 27 octobre 2008, n°294160, M. et Mme Planet : Dr. fisc. 2008, n°52, comm. 647, concl. Emmanuel GLASER ; RJF 01/09, n°3, concl. Emmanuel GLASER, BDCF 01/09, n°1.

Conseil d'Etat, 10e s.-s., 27 octobre 2008, n°280657, Inédit.

Conseil d'Etat, 9e et 10e s.-s., 29 octobre 2008, n°292393, Cheurlin : RJF 01/09, n°51.

Conseil d'Etat, 8e et 3e s.-s., 7 novembre 2008, n°299099, M. Cayrou : Dr. fisc. 2009, n°8, comm. 204, concl. Laurent OLLEON ; RJF 03/09, n°220.

Conseil d'Etat, 9e et 10e s.-s., 1er décembre 2008, n°292166, SCI Strasbourg : Dr. fisc. 2009, n°4, comm. 90, concl. Claire LEGRAS.

Conseil d'Etat, Ass., 16 février 2009, n°274000, Société Atom : Rec. p. 25 ; Dr. fisc. 2009, n°15, comm. 275, concl. Claire LEGRAS ; RJF 05/09, n°470, concl. Claire LEGRAS, BDCF 05/09, n°59.

Conseil d'Etat, 6e et 1ère s.-s., 23 avril 2009, n°316862, M. Guigue : AJDA 2009, p. 1373, concl. Isabelle DE SILVA.

Conseil d'Etat, 10e et 9e s.-s., Avis, 6 mai 2009, n°322713, M. Jafor Khan : Rec. p. 187.

Conseil d'Etat, 8e et 3e s.-s., 24 juin 2009 n°296502, SAS ITW Groupe France : RJF 10/09, n°829, concl. Laurent OLLEON, BDCF 10/09, n°113.

Conseil d'Etat, 9e et 10e s.-s., 1er juillet 2009, n°295689, SARL Alain Palanchon : Dr. fisc. 2009, n°40, comm 490, RJF 10/09 n°822, concl. Pierre COLLIN, BDCF 10/09, n°112.

Conseil d'Etat, 9e et 10e s.-s., 9 juillet 2009, n°296532, Mme Fumet : Rec. T. p. 859.

Conseil d'Etat, 9e et 10e s.-s., 31 juillet 2009, n°298973, Viala : RJF 12/09, n°1165.

Conseil d'Etat, 10e et 9e s.-s., 31 juillet 2009, n°320196, Associations Aides et autres : Rec. p. 117 ; AJDA 2009, p. 2358, note Tatiana GRUNDLER.

Conseil d'Etat, Sect., 12 octobre 2009, n°297075, Mme Chevillard : Rec. p. 387.

Conseil d'Etat, Ass., 30 octobre 2009, n°298348, Perreux : Rec. p. 407 ; RFDA 2009, p. 1125, concl. Mattias GUYOMAR.

Conseil d'Etat, Sect., 6 novembre 2009, n°304300, SARL Inter Confort et n°304301, Société Pro Décor : Rec. p. 449, concl. Julie BURGUBURU.

Conseil d'Etat, 1ère et 6e s.-s., 16 novembre 2009, n°312450, Min. de la défense c/ Mme Gondek : Rec. T. p. 2009.
Conseil d'Etat, 8e et 3e s.-s., 11 décembre 2009, n°332058, Cento : Dr. fisc. 2010, n°7, comm. 191, concl. Laurent OLLEON.
Conseil d'Etat, Ass., 28 décembre 2009, n°304802, Commune de Béziers : Rec. p. 509.
Conseil d'Etat, 1ère et 6e s-.s., 30 décembre 2009, n°314972, Konté: Rec. Tab. p. 897.
Conseil d'Etat, 10e et 9e s.-s., 30 décembre 2009, n°312901, SARL DBI + : Dr. fisc. 2010, n°7, comm. 192, concl. Julie BURGUBURU ; RJF 03/10, n°254.
Conseil d'Etat, 8e et 3e s.-s., 22 janvier 2010, n°314010, Quero : RJF 04/10, n°315.
Conseil d'Etat, 8e et 3e s.-s., 12 mars 2010, n°313142, M. et Mme Coueste : Dr. fisc. 2010, n°21, comm. 335 ; RJF 05/10, n°522.
Conseil d'Etat, 8e et 3e s.-s., 17 mars 2010, n°309197, SARL Café de la paix : Dr. fisc. 2010, n°21, comm. 336, concl. Nathalie ESCAUT ; RJF 06/10, n°653.
Conseil d'Etat, 9e et 10e s.-s., Avis, 1er avril 2010, n°334465, SAS Marsadis : RJF 06/10, n°632, concl. Pierre COLLIN, BDCF 06/10, n°72.
Conseil d'Etat, 8e s.-s., 14 avril 2010, n°306400, Inédit.
Conseil d'Etat, 3e s.-s., 21 mai 2010, n°316088, M. Weygand et autres, Inédit.
Conseil d'Etat, 10e et 9e s.-s., 26 mai 2010, n°296808, Beckman : Dr. fisc. 2010, n°37, comm. 483 ; RJF 8-9/10, n°767, concl. Julien BOUCHER, BDCF 8-9/10, n°83.
Conseil d'Etat, 8e et 3e s.-s., 23 juillet 2010, n°320188, Mme Montravers : RJF 11/10, n°1032.
Conseil d'Etat, 9e et 10e s.-s., 30 juillet 2010, n°316757, Sté Turbo's Hoet Truck Center et M. Hoet : RJF 11/10, n°1010, concl. Pierre COLLIN, BDCF 11/10, n°114.
Conseil d'Etat, 1ère et 6e s.-s., 24 septembre 2010, n°333708, Girot de Langlade, Inédit.
Conseil d'Etat, 10e et 9e s.-s., 24 septembre 2010, n°341573, Moreau : Dr. fisc. 2010, n°48, comm. 577 ; RJF 12/10, n°1218.
Conseil d'Etat, 10e et 9e s.-s., 24 septembre 2010, n°341573 : RJF 12/10, n°1218, concl. Julien BOUCHER, BDCF 12/10, n°134.
Conseil d'Etat, 9e et 10e s-s., 29 septembre 2010, n°341065, Sté Snerr Théâtre de Paris : Dr. fisc. 2010, n°45, comm. 551, concl. Pierre COLLIN.
Conseil d'Etat, 8e et 3e s.-s., 8 octobre 2010, n°325285, Calvo : RJF 02/11, n°2, concl. Laurent OLLEON, BDCF 02/11, n°2.
Conseil d'Etat, 3e et 8e s.-s., 17 novembre 2010, n°314291, min. c/ SCI Ram : Dr. fisc. 2011, n°10, comm. 250, concl. Edouard GEFFRAY ; RJF 02/11, n°206.
Conseil d'Etat, 8e et 3e s.-s., 26 janvier 2011, n°311808, Weissenburger : Dr. fisc. 2011, n°18, comm. 343, concl. Nathalie ESCAUT ; RJF 04/11, n°489.

Conseil d'Etat, 3e et 8e s.-s., 2 mars 2011, n°342099, Sté Soutiran et Cie : Dr. fisc. 2011, n°18, comm. 339, concl. Edouard GEFFRAY ; RJF 06/11, n°733.
Conseil d'Etat, 5e et 4e s.-s., 30 mars 2011, n°342142, Société Betclic Entreprises Limited : Rec. T. p. 828.
Conseil d'Etat, 8e et 3e s.-s., 27 avril 2011, n°319472, Ferrand : RJF 07/11, n°806, concl. Laurent OLLEON, BDCF 07/11, n°84.
Conseil d'Etat, 8e et 3e s.-s., 27 avril 2011, n°327764, Sté Legeps : Dr. fisc. 2011, n°25, comm. 399 ; RJF 07/11, n°783, concl. Laurent OLLEON, BDCF 07/11, n°81.
Conseil d'Etat, 6e et 1e s.-s., 20 mai 2011, n°328338 : Rec. T. p. 850.
Conseil d'Etat, Avis de la Section des Finances, 24 mai 2011, n°358088 : RJF 8-9/12, n°800.
Conseil d'Etat, 3e s.-s., 8 juillet 2011, n°329883, Inédit.
Conseil d'Etat, 8e s.-s., 26 juillet 2011, n°322655 : RJF 02/10, n°118.
Conseil d'État, 8e s.-s., 6 décembre 2011, n°322461, Inédit.
Conseil d'Etat, 9e et 10e s.-s., 2 février 2012, n°351600, Sté Sonepar : Dr. fisc. 2012, n°10, comm. 180 ; RJF 05/12, n°505, concl. Pierre COLLIN, BDCF 05/12, n°63.
Conseil d'Etat, 3e et 8e s.-s., 26 mars 2012, n°340466, Mme Dana : Dr. fisc. 2012, n°17, comm. 280, concl. Vincent DAUMAS ; RJF 06/12, n°553.
Conseil d'Etat, 10e s.-s., 16 avril 2012, n°323899, Inédit.
Conseil d'Etat, Sect., 16 avril 2012, n°320912, Meyer : Dr. fisc. 2012, n°27, comm. 366, concl. Delphine HEDARY ; RJF 07/12, n°679, concl. Delphine HEDARY, BDCF 07/12, n°81.
Conseil d'Etat, 10e et 9e s.-s., 30 mai 2012, Elections cantonales de Conty, n°353896 : Rec. T. p. 774.
Conseil d'Etat, 3e s.-s., 6 juin 2012, n°345180, Inédit.
Conseil d'Etat, 9e et 10e s.-s., 25 juin 2012, n°345043 : RJF 10/12, n°906.
Conseil d'Etat, 6e et 1ère s.-s., 13 juillet 2012, n°342633, Jacob : Rec. T. p. 664.
Conseil d'Etat, 10e et 9e s.-s., 27 juillet 2012 n°325436, Catusse : Dr. fisc. 2012, n°51, comm. 571 ; RJF 11/12, n°1041.
Conseil d'Etat, 8e s.-s., 10 octobre 2012, n°338746, Inédit.
Conseil d'Etat, 3e s.-s., (na), 29 octobre 2012, n°355928 : RJF 02/13, n°194.
Conseil d'Etat, 9e et 10e s.-s., 7 novembre 2012, n°328670, Sté France Immobilier Group : RJF 02/13, n°189.
Conseil d'Etat, 2e et 7e s.-s., 26 novembre 2012, n°354108, Cordière : Rec. p. 394.
Conseil d'Etat, 8e et 3e s.-s., 10 décembre 2012, n°317075 : Dr. fisc. 2013, n°10, comm. 184, concl. Nathalie ESCAUT ; RJF 02/13, n°161, concl. Nathalie ESCAUTn BDCF 02/13, n°161.
Conseil d'Etat, Ass., 21 décembre 2012, n°332607 : RFDA 2013, p. 565, concl. Edouard CREPEY.
Conseil d'Etat, 10e s.-s., 28 décembre 2012, n°334885, Inédit.

Conseil d'Etat, 10e et 9e s.-s., 4 février 2013, n°336592 et 336593, Paulin : Dr. fisc. 2013, n°14, comm. 230 ; RJF 04/13, n°421, concl. Delphine HEDARY, BDCF 04/13, n°46.
Conseil d'Etat, 9e et 10e s.-s., 13 février 2013, n°350936 : Dr. fisc. 2013, n°14, comm. 228 ; RJF 04/12, n°402.
Conseil d'Etat, Sect., Avis, 8 mars 2013, n°353782, Monzani : RJF 05/13, n°518, concl. Edouard CREPEY, BDCF 05/13, n°60.
Conseil d'Etat, 9e et 10e s.-s., 20 mars 2013, n°346642, M. et Mme Piazza : Dr. fisc. 2013, n°20, comm. 282 ; RJF 06/13, n°578, concl. Frédéric ALADJIDI, BDCF 06/13, n°63.
Conseil d'Etat, 2e et 7e s.-s., 8 avril 2013, n°361044, Inédit.
Conseil d'Etat, 3e et 8e s.-s., 3 juillet 2013, n°354423, Commune d'Ozoir-la-Ferrière : Bulletin Juridique des Collectivités Locales 2013, n°9, pp. 561-564, concl. Vincent DAUMAS.
Conseil d'Etat, 9e s.-s., 25 juillet 2013, n°361033, 359654, 351605, Inédit.
Conseil d'Etat, 8e et 3e s.-s., 25 septembre 2013, n°354677, Tomaselli : Rec. T. p. 591.
Conseil d'Etat, 9e et 10e s.-s., 25 septembre 2013, n°336711 et 352133, Sté Banque Française : RJF 12/13, n°1148, concl. Claire LEGRAS, BDCF 12/13, n°130.
Conseil d'Etat, 6e et 1ère s.-s., 29 octobre 2013, n°346569, Vidon : Rec. p. 259.
Conseil d'Etat, 9e et 10e s.-s., 20 novembre 2013, n°338170, SA Immotn : RJF 02/14, n°127, concl. Frédéric ALADJIDI, BDCF 02/14, n°13.
Conseil d'Etat, Plén., 23 décembre 2013, n°350511, min. c/ Vidalenc et Conseil d'Etat, Plén., 23 décembre 2013, n°350075, min. c/ M. Uguen : Dr. fisc. 2014, n°14, comm. 252, concl. Vincent DAUMAS.
Conseil d'Etat, Sect., 17 janvier 2014, n°352710, M. Lançon : Rec. p. 7 ; Bulletin Juridique des Collectivités Locales 2014. 202, concl. Claire LEGRAS.
Conseil d'Etat, 8e et 3e s.-s., 12 mars 2014, n°360299, Société Binsarco International Establishment : Dr. fisc. 2014, n°22, comm. 359 ; RJF 06/14, n°599, concl. Benoît BOHNERT, BDCF 06/14, n°58.
Conseil d'Etat, 6e s.-s., 3 avril 2014, n°355846, Inédit.
Conseil d'Etat, Ass., 4 avril 2014, n°362785, Min. Écologie c/ Lambois et autres : Rec. p. 63.
Conseil d'Etat, 3e et 8e s.-s., 9 avril 2014, n°358279 : RJF 07/14, n°711.
Conseil d'Etat, 9e s.-s., 9 avril 2014, n°352681, Inédit.
Conseil d'Etat, 8e et 3e s.-s., 28 mai 2014, n°365208, Hirep : RJF 8-9/14, n°752, concl. Benoît BOHNERT, BDCF 8-9/14 n°76.
Conseil d'Etat, 3e et 8e s.-s., 11 juin 2014, n°358301, Delarbre : Dr. fisc. 2014, n°26, act. 355 ; RJF 10/14, n°866.
Conseil d'Etat, 9e et 10e s.-s., 23 juin 2014, n°355801, Polynésie française c/ M. Zannier : Dr. fisc. 2014, n°41, comm. 582, concl. Frédéric ALADJIDI ; RJF 10/14, n°934.

Conseil d'Etat, 4e et 5e s.-s., 2 juillet 2014, n°368590, Sté Pace Europe : AJDA 2014, p. 1897, concl. Gaëlle DUMORTIER.

Conseil d'Etat, Sect., 16 juillet 2014, n°361820 : Rec. p. 222 ; RFDA 2014, p. 924, concl. Vincent DAUMAS.

Conseil d'Etat, 7e s.-s., 27 août 2014, n°369520, Inédit.

Conseil d'Etat, Sect., 1er octobre 2014, n°349560, M. Erden : Rec. p. 288.

Conseil d'Etat, 3e et 8e s.-s., 28 mai 2014, n°362174, Sté JFP Gestion : RJF 8-9/14, n°766, concl. Vincent DAUMAS, BDCF 8-9/14, n°79.

Conseil d'Etat, Plén., 4 juillet 2014, n°357264 et 359924 Sté Bolloré : RJF 10/14, n°880, concl. Marie-Astrid NICOLAZO DE BARMON, BDCF 10/14, n°92.

Conseil d'Etat, 9e et 10e s.-s., 16 juillet 2014, n°361570 : RJF 11/14, n°1044.

Conseil d'Etat, Sect., 16 juillet 2014, n°355201, M. Ganem : Rec. p. 224 ; RFDA 2014, p. 924, concl. Vincent DAUMAS.

Conseil d'Etat, 7e s.-s., 27 août 2014, n°369520, M. X. c/ Ministère des finances et des comptes publics, Inédit.

Conseil d'Etat, 6e et 1ère s.-s., 22 septembre 2014, n°366628 : Rec. p. 275, concl. Xavier DE LESQUEN.

Conseil d'Etat, 8e et 3e s.-s., 24 octobre 2014, n°366857, SCI du Château de Festieux : Dr. fisc. 2014, n°50, comm. 677, concl. Nathalie ESCAUT.

Conseil d'Etat, Sect., 5 décembre 2014, n°340943, M. Lassus : Dr. fisc. 2014, act. 617 ; RJF 02/15, n°152 ; RFDA 2015, p. 78, concl. Edouard CREPEY.

Conseil d'Etat, 9e et 10e s.-s., 23 janvier 2015, n°369214, SAS Rottapharm : Dr. fisc. 2015, n°16, comm. 268, concl. Marie-Astrid NICOLAZO DE BARMON ; RJF 04/15, n°300.

Conseil d'Etat, 4e s.-s., 26 janvier 2015, n°382881, Inédit.

Conseil d'Etat, 9e et 10e s.-s., 4 février 2015, n°370525, SA Nexity : Dr. fisc. 2015, n°22, comm. 335, concl. Aurélie BRETONNEAU ; RJF 04/15, n°312.

Conseil d'Etat, 10e et 9e s.-s., 4 février 2015, n°365180, min. c/ M. B : Dr. fisc. 2015, n°17, comm. 288, concl. Aurélie BRETONNEAU ; RJF 04/15, n°294 concl. Aurélie BRETONNEAU, BDCF 04/15, n°40.

Conseil d'Etat, Sect., 4 février 2015, n°385555, Election municipale de Vénissieux : Rec. p. 43, concl. Vincent DAUMAS.

Conseil d'Etat, 4e et 5e s.-s., 11 février 2015, n°369378, Inédit.

Conseil d'Etat, 8e s.-s., 25 février 2015, n°375677, Inédit.

Conseil d'Etat, 9e et 10e s.-s., 15 avril 2015, n°373269, Société Car Diffusion 78 : Dr. fisc. 2015, n°25, comm. 419 ; RJF 07/15, n°613, concl. Frédéric ALADJIDI, BDCF 07/15, n°93.

Conseil d'Etat, 1e et 6e s.-s., 10 juin 2015, n°386121 : Rec. p. 191 ; RFDA 2015, p. 993, concl. Alexandre LALLET.

Conseil d'Etat, 9e et 10e s.-s., 24 juin 2015, n°367288, Selas Pharmacie Réveillon : RJF 10/15, n°812, concl. Marie-Astrid NICOLAZO DE BARMON, BDCF 10/15, n°123.

Conseil d'Etat, 10e et 9e s.-s., 27 juillet 2015, n°367151, Sté Francesco Smalto et Cie : Dr. fisc. 2015, n°43-44, comm. 654, concl. Edouard CREPEY ; RJF 11/15, n°924, concl. Edouard CREPEY, RJF 11/15, n°C. 924.
Conseil d'Etat, Sect., 27 juillet 2015, n°370430 : AJDA 2015, p. 2142, chron. Louis DUTHEILLET DE LAMOTHE et Guillaume ODINET.
Conseil d'Etat, 8e et 3e s.-s., 14 octobre 2015, n°373627, EURL Samficath : RJF 01/16, n°39.
Conseil d'État, 8e et 3e s.-s., 14 octobre 2015, n°391872 : Dr. fisc. 2015, n°45, comm. 667.
Conseil d'Etat, 9e et 10e s.-s., 14 octobre 2015, n°360426, Mme Amos et succession Amos : Dr. fisc. 2015, n°51-52, comm. 744, concl. Emilie BOKDAM-TOGNETTI ; RJF 01/16, n°80.
Conseil d'Etat, 8e et 3e s.-s., 7 décembre 2015, n°362766, Sté CMA CGM : AJDA 2015, p. 2411.
Conseil d'Etat, Plén., 7 décembre 2015, n°368227, Sté Frutas y Hortalizas Murcia SL : Dr. fisc. 2015, n°51-52, act. 694 ; Dr. fisc. 2016, n°23, comm. 370 ; RJF 02/16, n°160, concl. Frédéric ALADJIDI.
Conseil d'Etat, 9e et 10e s.-s., 13 décembre 2015, n°372522, min. c/ Sté BNP Paribas International : Dr. fisc. 2016, n°21, comm. 342, concl. Emilie BOKDAM-TOGNETTI.
Conseil d'Etat, 9e et 10e s.-s., 30 décembre 2015, n°372522, min. c/ Sté Paribas International et Conseil d'Etat, 9e et 10e s.-s., 30 décembre 2015, n°372733, min. c/ Sté BNP Paribas : RJF 03/16, c/ 225 et 226, concl. Emilie BOKDAM-TOGNETTI ; RJF 03/16, pp. 269-272.
Conseil d'Etat, 10e et 9e s.-s., 30 décembre 2015, n°378814, Mme Meier : Dr. fisc. 2016, n°21, comm. 337 ; RJF 03/16, n°243.
Conseil d'Etat, Plén., 9 mars 2016, n°364586 : Dr. fisc. 2016, n°18-19, comm. 316, concl. Edouard CREPEY ; RJF 05/16, n°460, concl. Edouard CREPEY, p. 668.
Conseil d'Etat, 9e et 10e s.-s., 16 mars 2016, n°372372, Sté Amycel France : RJF 06/16, n°514, concl. Frédéric ALADJIDI, RJF 06/16, n°C 514.
Conseil d'Etat, 9e et 10e s.-s., 15 avril 2016, n°375682 : RJF 07/16, n°590.
Conseil d'Etat, 3e et 8e ch., 20 mai 2016, n°387479, M. Devoise : Dr. fisc. 2016, n°36, comm. 472 ; RJF 8-9/16, n°708, concl. Emmanuelle CORTOT-BOUCHER, RJF 8-9/16, n°C 708.
Conseil d'Etat, 8e et 3e ch., 20 mai 2016, n°376667, min. c/ SAS DC immobilière : Dr. fisc. 2017, n°13, comm. 226.
Conseil d'Etat, 3e et 8e ch, 13 juin 2016, n°391240, M. C : Dr. fisc. 2016, n°37, comm. 478, concl. Vincent DAUMAS ; RJF 10/16, n°83.
Conseil d'Etat, 3e et 8e ch., 13 juin 2016, n°391552, M. Huchon : Dr. fisc. 2016, n°39, comm. 523, concl. Vincent DAUMAS ; RJF 10/16, n°861, concl. Vincent DAUMAS, RJF 10/16, n°C 861.
Conseil d'Etat, 3e et 8e ch., 22 juin 2016, n°383246 : Rec. p. 38.

Conseil d'Etat, Sect., 13 juillet 2016, n°375801, SA Monte Paschi Banque : Dr. fisc. 2016, n°36, comm. 464, concl. Emilie BOGDAM-TOGNETTI.
Conseil d'Etat, Ass., 15 juillet 2016, n°387763, Czabaj : Rec. p. 340.
Conseil d'Etat, 8e et 3e ch., 14 septembre 2016, n°400882 : Dr. fisc. 2016, n°42-43, comm. 561, concl. Romain VICTOR ; RJF 12/16, n°1113, concl. Romain VICTOR.
Conseil d'Etat, 9e et 10e ch., 21 septembre 2016, n°383857, M. Guerry : Dr. fisc. 2017, n°2, comm. 56 ; RJF 12/16, n°1102, concl. Emilie BOKDAM-TOGNETTI, RJF 12/16, n°C 1102.
Conseil d'Etat, 9e et 10e ch., 21 septembre 2016, n°386250, M. et Mme Baud : Dr. fisc. 2016, n°50, comm. 644, concl. Emilie BOKDAM-TOGNETTI.
Conseil d'Etat, 10e et 9e ch., 28 septembre 2016, n°390760 : À publier au Recueil.
Conseil d'Etat, 8e et 3e ch., 20 octobre 2016, n°390639, M. Issan : Dr. fisc. 2016, n°44, act. 617 ; RJF 01/17, n°44, concl. Romain VICTOR, n°C 44.
Conseil d'Etat, 8e et 3e ch., 23 novembre 2016, n°387485, M. B. : Dr. fisc. 2017, n°5-6, comm. 153 ; RJF 02/17, n°141, concl. Benoît BOHNERT, RJF 02/17, n°C 141.
Conseil d'Etat, 1ère et 6e ch., 7 décembre 2016, n°388141, Inédit.
Conseil d'Etat, 9e et 10e ch., 23 décembre 2016, n°375746, Sté Cap Gemini : Dr. fisc. 2017, n°15, comm. 243, concl. Marie-Astrid NICOLAZO DE BARMON ; RJF 03/17, n°214, concl. Marie-Astrid NICOLAZO DE BARMON, RJF 03/17, n°C 214.
Conseil d'Etat, Sect., 31 mars 2017, n°389842, M. Amar : À publier au Recueil.
Conseil d'Etat, 3e et 8e ch., 11 mai 2017, n°405313 : À publier au Recueil.
Conseil d'Etat, 8e et 3e ch., 29 mai 2017, n°401491, Inédit.
Conseil d'Etat, 9e et 10e ch., 7 juin 2017, n°383048, À publier au Recueil.
Conseil d'Etat, 4e et 5e ch., 16 octobre 2017, n°383459 : AJDA 2017, p. 2193.
Conseil d'Etat, 9e et 10e ch., 30 mai 2018, n°402177, M. et Mme B : Dr. fisc. 2019, n°6, comm. 148.
Conseil d'Etat, 8e et 3e ch., 27 juin 2018, n°411301 : Dr. fisc. 2019, n°16, comm. 243.
Conseil d'Etat, 3e et 8e ch., 5 juillet 2018, n°401627 : Dr. fisc. 2018, n°28, act. 319.
Conseil d'Etat, 10e et 9e ch., 18 octobre 2018, n°405468, Société Aravis Business Retreats Limited, À publier au Recueil.
CE, 3e et 8e ch., 12 décembre 2018, n°414088 : Dr. fisc. 2019, n°14, comm. 221.

5. Cour administrative d'appel et tribunal administratif

CAA de Nancy, Plén., 5 décembre 1989, n°89103, M. Ledanois : Dr. fisc. 1990, n°45, comm. 2117 ; RJF 04/90, n°464.

CAA de Nantes, 1ère ch., 13 mars 1991, n°801, Stem Turone : RJF 06/91, n°809.
CAA de Paris, 3e ch., 31 décembre 1991, n°89-2241, M. Hersant : Dr. fisc. 1992, n°46, comm. 2174, concl. Michèle DE SEGONZAC.
CAA de Nancy, 4 juin 1992, n°90NC00483, M. Michel Byc, Inédit.
CAA de Nancy, 28 janvier 1993, n°91-59, Dardenne : Dr. fisc. 1993, n°46, n°2221.
CAA de Nancy, 1ère ch., 4 février 1993, n°92-281, Muller : RJF 05/93, n°697.
CAA de Lyon, 4e ch., 25 février 1993, n°92-32, SARL Speed 06 : Dr. fisc. 1994, n°40, comm. 1717.
CAA de Lyon, 20 septembre 1993, n°91991 : RJF 12/93, n°1565.
CAA de Lyon, 14 juin 1994, n°92-739, Vandenbulcke : Dr. fisc. 1994, n°43, comm. 1875, concl. Daniel RICHER.
CAA de Lyon, Plén., 5 juillet 1994, n°92LY00392 et n°92LY00619, SARL O'Palermo : Rec. p. 653 ; Dr. fisc. 1994, n°51, comm. 2237 ; RJF 10/94, n°1122, concl. Pierre BONNAUD, BDCF 12/94 p. 118.
CAA de Lyon, Plén., 5 juillet 1994, n°92-549, SA Volvic : RJF 11/94, n°1232, concl. Pierre BONNAUD, p. 657.
CAA de Lyon, 2e ch., 9 février 1995, n°93LY00749, Coliac : Dr. fisc. 1995, n°47, comm. 2194, concl. Jean COURTIAL.
CAA de Lyon, 17 avril 1996, n°94-979, Mme Dinca et n°94-977, Société Boulangerie auvergnate : Dr. fisc. 1997, n°40, comm. 1034.
TA de Rennes, 2e ch., 4 février 1999, n°94-2682, Houdard : RJF 06/99, n°737.
CAA de Paris, 5e ch., 2 décembre 1999, n°97-1050, SA Mitsukoshi France : Dr. fisc. 2000, n°37, comm. 670.
CAA de Nancy, 2e ch., 28 novembre 2002, n°98-2150, SARL Rieffel-Muller-Hindermeyer : RJF 04/03, n°469.
CAA de Paris, 8 octobre 2004, n°03-3166, Sté Fauba France : RJF 01/05, n°1, concl. BATAILLE, BDCF 01/05, n°5.
CAA Paris, 2e ch. B, 8 avril 2005, n°01-01644, Sté Lynx Optique : RJF 10/05, n°101.
CAA de Lyon, Plén., 26 juin 2007, n°05LY01861, Godefrin : Procédures 2007, n°11, comm. 271, comm. Jean-Luc PIERRE.
CAA de Paris, 5e ch., 27 novembre 2008, n°08PA03668, SARL Structura : Procédures 2009, n°3, comm. 100, comm. Jean-Luc PIERRE.
CAA de Nantes, 1ère ch., 23 mars 2009, n°08NT00336, Inédit.
CAA de Douai, 2e ch., 15 décembre 2009, n°07-1370, SA Eurosurgical : RJF 04/10, n°324.
TA de Cergy-Pontoise, 2e ch., 30 mars 2010 n°07-11.773, Place : RJF 12/10, n°1211.
TA de Rouen, 11 mai 2010, n°09-907 : RJF 02/11, n°188.
CAA de Paris, Plén., 24 juin 2010, n°08PA01624, Mme Rossi Di Montelera : Dr. fisc. 2010, n°41, comm. 525 concl. Serge GOUES.

TA de Paris, 7 juillet 2010, n°06-18227, Laetitia Casta : RJF 01/11, n°1, concl. Katia WEIDENFELD, BDCF 01/11, n°1.
CAA de Versailles, 20 octobre 2011, n°10VE01892 : AJDA 2012, p. 1412, note Stéphane GUERARD.
CAA de Lyon, 57e ch., 17 novembre 2011, n°11LY00868, Menoni : Dr. fisc. 2012, n°7-8, comm. 150 ; RJF 04/12, n°396.
CAA de Paris, 2e ch., 3 avril 2012, n°10PA05655, Inédit.
CAA de Versailles, 3e Ch., 6 novembre 2012, n°11VE00555 et 11VE00480, Inédit.
CAA de Versailles, 4e ch., 18 décembre 2012, n°11VE02712, Inédit.
CAA de Lyon, 6e ch., 4 juillet 2013, n°13LY00633, Inédit.
CAA de Paris, 7e ch., 20 décembre 2013, n°13PA00184, Inédit.
CAA de Nancy, 2e ch., 27 mars 2014, n°12NC01273, Inédit.
CAA de Paris, 10e ch., 29 avril 2014, n°12PA04495, Inédit.
CAA de Nancy, 2e ch., 15 mai 2014, n°12NC02107, Inédit.
CAA de Versailles, 1ère ch., 1er juillet 2014, n°12VE02836, Inédit.
CAA de Lyon, 3e ch., 6 janvier 2015, n°13LY02137, Inédit.
CAA de Marseille, 7e ch., 20 janvier 2015, n°13MA02150, SARL Le chalet des jumeaux : RJF 07/15, n°565.
CAA de Lyon, 6e ch., 5 février 2015, n°13LY02310, Inédit.
CAA de Versailles, 3e ch., 15 septembre 2015, n°14VE01397, Inédit.
CAA de Lyon, 2e ch., 3 novembre 2015, n°14LY00766, Inédit.
CAA de Versailles, 1ère ch., 19 juillet 2016, n°12VE01679, Inédit.
CAA de Lyon, 5e ch., 30 août 2016, n°14LY01821, Inédit.
CAA de Versailles, 3e ch., 11 octobre 2016, n°14VE02651, Inédit.
CAA de Paris, 5e ch., 20 octobre 2016, n°15PA02520, M. Pamuk : Dr. fisc. 2017, n°7, comm. 158.
CAA de Nancy, 2e ch., 2 février 2017, n°15NC00607 : RJF 8-9/17, n° 839.
CAA Nancy, 3e ch., 6 février 2018, n°16NC00727 : AJFP 2018, p. 248.

6. Cour de cassation

Cass. crim., 5 janvier 1821, Bernard : S. 1821, I, 358.
Cass. civ., 3 mars 1846 : S. 1846, 1, 193.
Cass. civ., 7 mars 1855, Quertier : S. 1855, I, 439.
Cass. crim., 19 décembre 1885, Watelet : Bull. crim., n°363.
Cass., ch. réunies, 31 janvier 1888, Wilson : S. 1889, I, 241.
Cass., 20 novembre 1899 : S. 1903, I, 462.
Cass., 26 mai 1913 : S. 1913, I, 565.
Cass. crim., 17 décembre 1921 : DP 1923, I, 178, note A.H.
Cass. crim., 22 décembre 1926 : Bull. crim., n°317.
Cass. crim., 30 juillet 1932 : Bull. crim., n°196.
Cass. crim., 27 avril 1934 : S. 1935, I, 199.
Cass. crim., 11 juin 1936 : Bull. crim., n°67.

Cass. crim. 27 janvier 1944 : Bull. crim, n°31.
Cass. crim., 19 juillet 1945 : RTD Civ. 1946, p. 55, obs. Pierre RAYNAUD.
Cass. crim., 21 février 1952 : Bull. crim., n°50.
Cass. crim., 12 juin 1952, Imbert : JCP G 1952, 11, 7241, note BROUCHOT.
Cass. crim., 20 novembre 1952, Affaire Casal-Bartis : R.O., p. 33.
Cass. crim., 24 novembre 1952, Affaire Cohanier, Groupement d'achats des Hôteliers du Puy-de-Dôme : R.O., p. 34.
Cass. crim., 22 janvier 1953, Isnard : D. 1953, p. 533 ; JCP 1953, II,7456.
Cass. crim., 3 mars 1953, Affaire dame Ferre, R.O., p. 26.
Cass. crim., 18 février 1954 : D. 1954, p. 165.
Cass. crim., 17 novembre 1955 : D. 1956, p. 24.
Cass. 2e civ., 13 décembre 1955 : Bull. civ., n°600.
Cass. crim. 18 avril 1956, Affaire Fore : R.O., p. 325.
Cass. crim., 17 juillet 1958 : Bull. crim., n°554.
Cass. crim., 11 février 1960 : D. 1960, p. 258.
Cass., Soc., 31 janvier 1962 : Bull. civ. IV, n°105.
Cass. crim., 16 janvier 1963, n°62-90.259 : Bull. crim., n°28.
Cass. crim. 8 octobre 1964, Affaire sieur Isnard et autres : Bull. crim., n°261, p. 558, arrêt n°2, R.O., p. 62.
Cass. soc., 15 octobre 1964 : Bull. civ. IV, n°678.
Cass. crim., 3 février 1965 : Bull. crim., n°34.
Cass. crim. 14 octobre 1965, n°65-90.790 : Bull. crim., n°198.
Cass., 2e civ., 4 mai 1966 : Bull. civ. II, n°519.
Cass. crim., 8 juin 1966, n°90-067.66 : Bull. crim., n°167.
Cass. crim., 15 novembre 1966, n°65-93.993 : Bull. crim., n°257.
Cass. crim., 20 décembre 1967, n°66-92.779 : Bull. crim., n°338.
Cass. crim., 7 mai 1968, n°67-92.529 : Bull. crim., n°140.
Cass. soc., 30 janvier 1969 : Bull. civ. V, n°70.
Cass. crim., 9 avril 1970, n°68-93.615 et 68-92.282, Sieur Petit et Sieurs Fournié et autres : Bull. crim., n°113 et n°114.
Cass. crim., 16 avril 1970, n°68-92.344 : Bull. crim., n°132.
Cass. com., 20 avril 1970, n°68-10.784 : Bull. civ. V, n°120.
Cass. crim., 22 avril 1970, n°69-91.705, Inédit.
Cass. crim., 2 mars 1971, n°70-91.810 : Bull. crim., n°71.
Cass. crim., 16 mars 1972, n°71-92.513 : Bull. crim., n°108.
Cass. soc., 23 novembre 1972, n°71-12.032 : Bull. civ. V, n°651.
Cass., 1ère civ., 16 mai 1973, n°72-10.350 : Bull. civ. I, n°170.
Cass. com., 21 mai 1973, n°71-13.727 : Bull. com., n°178.
Cass. crim., 21 juin 1973, n°72-90.994 : Bull. crim., n°292.
Cass., 2e civ., 3 octobre 1973, n°72-13.920 : Bull. civ. II, n°237.
Cass. 3e civ., 13 novembre 1973, n°72-13.028 : Bull. civ. III, n°576.
Cass., 1ère civ., 5 décembre 1973, n°72-12.577 : Bull. civ. I, n°341.
Cass. crim., 20 mars 1974, n°72-92.716 : Bull. crim., n°119.
Cass. crim., 14 mai 1974, n°73-93.329 : Bull. crim., n°172.

Cass., 1ère civ., 3 février 1976, n°74-13.931 : Bull. civ. I, n°48.
Cass. crim., 5 juillet 1976, n°75-93.347 : Bull. crim., n°246.
Cass. crim., 5 octobre 1976, n°75-93.015, Inédit.
Cass. crim., 25 avril 1977, n°77-90.125 : Bull. crim., n°134.
Cass. crim., 9 mai 1977, n°76-92.119 : Bull. crim., n°160.
Cass. crim., 22 juin 1977, n°76-91.465 : Bull. crim., n°232.
Cass. crim., 22 juin 1977, n°76-93.533 : Bull. crim., n°234.
Cass. crim., 12 mars 1979, n°78-91.256 : Bull. crim., n°101.
Cass. crim., 12 mars 1979, n°78-91.823 : Bull. crim., n°102.
Cass. crim., 19 juin 1979 : Bull. crim., n°215.
Cass., 2e civ., 14 mars 1979, n°77-14.466 : Bull. civ. II, n°82.
Cass. 1ère civ., 28 janvier 1981 : Bull. civ. I, n°33.
Cass., 1ère civ., 24 mars 1981, n°79-16.118 : Bull. civ. I, n°98.
Cass., 1ère civ., 6 mai 1981, n°79-15.608 : Bull. civ. I, n°153.
Cass. soc., 12 juin 1981, n°79-16.076 : Bull. civ. V, n°548.
Cass. crim., 21 juillet 1981, n°80-93.335, Inédit.
Cass. crim., 11 avril 1983, n°82-92.468, Inédit.
Cass. crim., 7 novembre 1983, n°83-90.538 : Bull. crim., n°287.
Cass., 1ère civ., 22 mai 1985, n°84-10.572 : Bull. civ. I, n°159.
Cass. com., 21 mai 1985, n°83-17.325 : Bull. IV, n°162.
Cass. crim., 2 octobre 1985, n°82-92.125 : Bull. crim., n°290.
Cass., 1ère civ., 28 avril 1986, n°82-16.347 : Bull. civ. I, n°106, p. 108.
Cass. crim., 2 juin 1986, n°86-90.975 : Bull. crim., n°187.
Cass. com., 22 juillet 1986, n°85-11.604, Sageaux, Inédit.
Cass. com., 22 juillet 1986, n°85-11.605, Inédit.
Cass. crim., 27 janvier 1987, n°86-93.278 : Bull. crim., n°41.
Cass. crim., 28 avril 1987, n°86-96.621 : Bull. crim., n°173.
Cass. crim., 22 juin 1987 : Bull. crim., n°257.
Cass. com., 30 juin 1987, n°85-15.735, Ollier : Bull. IV, n°168.
Cass. 1ère civ., 21 juillet 1987 : Bull. civ. I, n°248.
Cass. com., 5 janvier 1988, n°86-12.749, Evrard : Bull. civ., IV, n°3.
Cass. com., 8 mars 1988, n°85-18.594, Inédit.
Cass., 2e civ., 21 avril 1988, n°88-60.317 : Bull. II, n°97.
Cass. crim., 25 mai 1988, n°87-90.429 : Bull. crim., n°221.
Cass. crim., 6 juillet 1988, n°87-90.240, Inédit.
Cass., ch. mixte, 15 décembre 1988, M. Maène : RJF 03/89, n°328.
Cass. crim., 10 janvier 1989, n°87-80.048 : Bull. crim., n°10.
Cass. com., 7 février 1989, n°87-15.374, Inédit.
Cass. crim., 10 janvier 1989, n°87-80.048 : Bull. crim., n°10.
Cass. crim., 6 mars 1989, n°88-80.177 : Bull. crim., n°104.
Cass., 2e civ., 8 mars 1989, n°89-60.350 : Bull. II, n°65.
Cass. crim., 16 mars 1989, n°88-84.345 : Bull. crim., n°131.
Cass. Crim., 17 avril 1989, n°88-81.189 : Dr. fisc. 1989, n°45, comm. 2122.
Cass. com., 17 mai 1989, n°87-19.016, Inédit.

Cass. crim., 22 mai 1989, n°89-81.397, Inédit.
Cass. crim., 29 mai 1989, n°87-82.073 : Bull. crim., n°218.
Cass. crim., 19 juin 1989, n°89-81.777 : Bull. crim., n°261.
Cass., 2e civ., 18 octobre 1989, n°87-19.781 : Bull. II, n°183.
Cass. com., 7 novembre 1989, n°88-15.282, Mme Verne : Bull. IV, n°281.
Cass. crim., 13 novembre 1989, n°87-82.593 : Bull. crim. n°409, p. 989.
Cass. com., 28 novembre 1989, M. et Mme André : Dr. fisc. 1990, n°7, comm. 321.
Cass. 1ère civ., 13 décembre 1989, n°88-15.655 : Bull. civ. I, n°387.
Cass. crim., 18 décembre 1989, n°89-81.659 : Bull. crim., n°485.
Cass. crim., 1er février 1990, n°89-80.673 : Bull. crim., n°56.
Cass. com., 29 mai 1990, n°88-19.260 : Bull. civ. IV, n°157.
Cass. com., 19 juin 1990, n°89-10.394, M. Fayard : Bull. civ. IV, n°184.
Cass. crim. 11 juillet 1990, n°89-83.695, Inédit.
Cass. crim., 8 août 1990, n°89-86.729 : Bull. crim., n°303.
Cass. com., 4 décembre 1990, n°88-18.566 : Bull. IV, n°307.
Cass. crim., 17 décembre 1990, n°90-83.293, Inédit.
Cass., 1ère civ., 18 décembre 1990, n°89-14.975 : Bull. civ. I, n°296.
Cass. soc., 16 janvier 1991, n°89-41.052 : Bull. civ. V, n°15.
Cass. crim., 4 février 1991, n°90-81.370, Inédit.
Cass., 1ère civ., 5 février 1991, n°89-13.584 : Bull. civ. I, n°48.
Cass. 2e civ., 6 février 1991, n°89-12.326 : Bull. civ. II, n°45.
Cass. crim., 3 avril 1991, n°90-84.090, Inédit.
Cass. crim., 28 mai 1991, Laporte, n°90-82.359 : Bull. crim., n°227.
Cass. crim., 14 octobre 1991, n°90-84.932 : Bull. crim., n°339.
Cass. soc., 20 novembre 1991, n°88-43.120 : Bull. civ. V, n°519.
Cass. crim., 28 octobre 1991, n°90-83.692 : Bull. crim., n°381 p. 952.
Cass. crim., 28 octobre 1991, n°90-83.693, Tournier, Inédit.
Cass. com., 5 novembre 1991, n°89-17.324, Inédit.
Cass. com., 27 novembre 1991, n°90-10.579 et 90-10.580, Sté Jean Lefebvre : Bull. civ. IV, n°366.
Cass. com. 27 novembre 1991, n°90-10.607, 90-10.608 et 90-11.980, Michaut : Bull. civ. IV, n°363.
Cass. com., 3 décembre 1991, n°89-21.490, Sté François Quillien : Dr. fisc. 1992 n°30, comm. 1545 ; RJF 02/92, n°272.
Cass. crim., 30 septembre 1991, n°90-83.579, Gicquel : Bull. crim., n°321, p. 801 ; RJF 01/92, n°88.
Cass. crim., 3 février 1992, n°91-81.426 : Bull. crim., n°47.
Cass. crim., 2 mars 1992, n°90-87.848, Perrini : RJF 11/92, n°1579.
Cass. com., 3 mars 1992, n°89-11.635, Inédit.
Cass. com., 24 mars 1992, n°89-11.447 : Bull. civ. IV, n°136.
Cass. crim., 23 juillet 1992, n°92-82.721 : Bull. crim., n°274.
Cass. crim., 4 août 1992, n°91-82.475, Inédit.
Cass. com., 6 avril 1993, n°91-17.242, Inédit.

Cass. com., 18 mai 1993, n°91-15.463 : Bull. civ. IV n°193 ; RJF 07/93, n°1076.
Cass. 2e civ., 4 juin 1993, n°91-20.428 : Bull. civ. II, n°192.
Cass. 1ère civ., 9 juin 1993, n°91-17.387 : Bull. civ. I, n°209.
Cass. crim., 15 juin 1993, n°92-82.509 : Bull. crim., n°210.
Cass. crim., 27 septembre 1993, n°93-80.687 : RJF 07/95, n°907.
Cass. com., 9 novembre 1993, n°91-18.910, M. Lefebvre : RJF 01/94, n°102.
Cass. crim., 17 janvier 1994, n°93-84 216 : Dr. fisc. 1994, n°27, comm. 1331.
Cass. crim., 6 avril 1994, n°93-82.717 : Bull. crim., n°136.
Cass. crim., 16 mai 1994, n°92-85.626, Inédit.
Cass. com., 5 juillet 1994, Sté El développement et a. : RJF 12/94, n°1343.
Cass. crim., 10 octobre 1994, n°93-85.089, Inédit.
Cass. crim., 11 octobre 1994, n°94-80.312, Inédit.
Cass. crim., 17 octobre 1994, n°94-82.780 : Bull. crim., n°333.
Cass. com., 18 octobre 1994, n°92-15.667, Sté Limagne Sanders : RJF 01/95, n°124.
Cass. crim., 15 novembre 1994, n°93-83.547, Inédit.
Cass. com., 13 décembre 1994, n°93-12.797, Inédit.
Cass. com., 24 janvier 1995, n°93-19.701, Mami : Bull. civ. IV, n°24.
Cass. civ., 15 février 1995, n°93-18.382 : Bull. civ. II, n°54.
Cass. com., 7 mars 1995, n°92-21.466, Inédit.
Cass. crim., 27 mars 1995, n°94-85.074, De Dietrich et autres : Bull. crim., n°127 ; RJF 07/95, p. 478, rapport Brieuc DE MORDANT DE MASSIAC.
Cass. crim., 11 mai 1995, n°94-82.748, Di Beradino, Inédit.
Cass. crim., 28 juin 1995, n°94-84.811 : Bull. crim., n°243 ; RSC 1996, p. 364, note Bernard BOULOC.
Cass., A.P., 30 juin 1995, n°94-20.302 : Bull. A.P., n°4.
Cass. soc., 5 juillet 1995, n°92-40.050 : Bull. civ. V, n°237.
Cass. com., 3 octobre 1995, n°93-21.597, Sté Henri Meunier : RJF 01/96, n°157.
Cass. 3e civ., 14 février 1996, n°94-12.268, Deladrière c/ société Nord Maçonnerie : Bull. civ. III, n°46.
Cass. crim., 27 février 1996, n°95-81.366 : Bull. crim., n°93.
Cass. com., 12 mars 1996, n°94-16.602, Inédit.
Cass. 1ère civ., 2 avril 1996, n°93-17.181 : Bull. I, n°170.
Cass. crim., 29 avril 1996, n°95-82.478, Inédit.
Cass. com., 4 juin 1996, n°93-19.909, Prodhomme : Bull. civ. IV, n°157, p. 137 ; RJF 10/96, n°1173.
Cass. com., 4 juin 1996, n°94-19.737, Helme : RJF 10/96, n°1240.
Cass., A.P., 14 juin 1996, n°93-21.710, Kloeckner : Bull. A.P., n°5 ; Dr. fisc. 1996, n°30, comm. 986 ; RJF 8-9/96, n°1118.
Cass. com. 18 juin 1996, n°94-17.312, M. et Mme Peysselier : Bull. civ. IV, n°182, p. 157 ; RJF 11/96, n°1363.
Cass. com. 2 juillet 1996, n°94-18.015, Borganetti : RJF 12/96, n°1485.

Cass. crim., 10 juillet 1996, n°95-85.785 : Bull. crim., n°289, p. 892.
Cass. crim., 3 octobre 1996, n°95-83.879 : Bull. crim., n°345.
Cass. crim., 13 novembre 1996, n°96-82.087 et 96-83.708 : Bull. crim., n°401.
Cass., 1ère civ., 18 mars 1997, n°94-21.396, Inédit.
Cass. crim., 25 mars 1997, n°96-83.118 : Bull. crim., n°118.
Cass. com., 7 octobre 1997, n°95-13.650, Tiberghien : RJF 03/98, n°340.
Cass. Soc., 5 juin 1997, n°95-17.763 : Bull. civ. V, n°208.
Cass. crim., 5 juin 1997, n°96-83.341 : Bull. crim., n°226.
Cass. com., 8 juillet 1997, n°95-17.353, Inédit.
Cass. crim., 16 décembre 1997, n°96-85.589 : Bull. crim., n°427.
Cass. com., 13 janvier 1998, n°96-30.097 : RJF 04/98, n°417.
Cass. com., 13 janvier 1998, n°96-10.156, Lagasse : RJF 04/98, n°487.
Cass. com., 27 janvier 1998, n°96-11.941, Lacaille : Dr. fisc. 1998, n°23, comm. 511 ; RJF 05/98, n°622.
Cass. com., 27 janvier 1998, n°96-30.011, 96-30.013, 96-30.010, 96-30.009 et 96-30.008, Sté Le Queen : RJF 05/98, n°572.
Cass. soc., 4 février 1998, n°95-43.421 : Bull. civ. V, n°64, p. 47.
Cass. com., 10 février 1998, n°96-12.582, Genin : RJF 05/98, n°625.
Cass. com., 10 février 1998, n°96-12.941, SARL Brand Immobilier : Dr. fisc. 1998, n°41, 888 ; RJF 8-9/98, n°633.
Cass. com., 24 mars 1998, n°94-21.076, Inédit.
Cass. com., 5 mai 1998, n°96-30.116, Sté Value Investing Partners et autres : Bull. civ. IV, n°147.
Cass. com., 19 mai 1998, n°96-30.104, Sfez : RJF 08-09/98, n°960.
Cass. com., 16 juin 1998, n°96-30.135, Sté Médiatime France e.a. : RJF 07-08/98, n°962.
Cass. com., 30 juin 1998, n°96-20.536, Chevalier : RJF 11/98, n°1367.
Cass. soc., 2 décembre 1998, n°96-44.258 : Bull. civ. V, n°535.
Cass. com., 15 décembre 1998, n°97-30.122, Garcia : RJF 07/99, n°879.
Cass. crim., 19 janvier 1999, n°98-83.787 : Bull. crim., n°9.
Cass., A.P., 5 février 1999, n°97-16.440 : Bull. A.P., n°1.
Cass. com., 23 février 1999, n°96-16.212, Mme Schebat : RJF 05/99, n°651.
Cass. com., 23 février 1999, n°97-30.032, SCAITP Diamant Beach Club : RJF 05/99, n°586.
Cass. crim., 30 mars 1999, n°97-83.464 : Bull. crim., n°59.
Cass. soc., 1er avril 1999, n°97-11.141, Inédit.
Cass. com., 6 avril 1999, n°96-21.702, Duchez : Dr. fisc. 1999, n°52, comm. 947 ; RJF 07/99, n°939.
Cass. com., 4 mai 1999, n°97-30.125 et 97-30.123, Inédit.
Cass. crim., 5 mai 1999, n°97-83.117 : Bull. crim., n°87.
Cass. com., 1er juin 1999, n°97-14.021, Decaux : RJF 8-9/99, n°1100.
Cass. com., 15 juin 1999, n°97-30.297, Banque Dumenil-Leblé : RJF 10/99, n°1209.
Cass. crim., 29 septembre 1999, n°98-80.618, Inédit.

Cass. com., 5 octobre 1999, n°97-16.341, Mme Prins : RJF 12/99, n°1620.
Cass. com., 16 novembre 1999, n°97-17.289, DGI c/ Sté Trouvay Cauvin : RJF 02/00, n°312.
Crim. 24 novembre 1999, n°98-85.327 : Bull. crim., n°275.
Cass. com. 14 décembre 1999, n°97-17.308, Abella : RJF 04/00, n°569.
Cass. crim., 19 janvier 2000, n°98-86.728, Chevallier : RJF 06/00, n°855.
Cass. com., 25 janvier 2000, n°97-18.843, CRAMA Rhône Alpes : RJF 05/00, n°724.
Cass. com., 22 février 2000, n°98-30.234, Cozma e. a. : RJF 05/00, n°640.
Cass. crim., 27 avril 2000, n°99-81.415 : Bull. crim., n°173.
Cass. com., 22 février 2000, n°97-17.828, Dufort : RJF 05/00, n°720.
Cass. crim., 15 mars 2000, n°99-81.268, Inédit.
Cass. crim., 27 avril 2000, n°99-81.415 : Bull. crim., n°173, p. 504.
Cass. crim., 16 mai 2000, n°99-85.304 : Bull. crim., n°192.
Cass. com., 30 mai 2000, n°98-30.177, Inédit.
Cass. com., 14 juin 2000, n°98-30.358, Sté Air entreprise : RJF 7-8/00, n°1473.
Cass. com., 10 octobre 2000, n°97-22.399, Inédit.
Cass. crim., 12 décembre 2000, n°00-83.852 : Bull. crim., n°369.
Cass., A.P., 22 décembre 2000, n°99-11.303, 98-21.238, 98-19.376, 99-11.615 et 98-15.567 : Bull. A.P., n°12.
Cass. crim., 7 février 2001, n°00-84.520 : Bull. crim., n°39.
Cass. crim., 11 janvier 2001, n°00-83.022, Inédit.
Cass. crim., 7 février 2001, n°00-81.445, Inédit.
Cass. crim., 20 février 2001, n°98-84.846, Inédit.
Cass. crim., 16 mai 2001, n°00-82.649 : Bull. crim., n°126.
Cass. soc., 17 mai 2001, n°99-19.522, Inédit.
Cass. crim., 14 juin 2001, n°99-30.320, SARL Arthur et Nathalie : RJF 11/01, n°1401.
Cass. crim., 27 juin 2001, n°01-81.865 : Bull. crim., n°163.
Cass. soc., 28 juin 2001, n°99-17.594, Inédit.
Cass. soc., 2 octobre 2001, n°99-42.942, Nikon : Bull. civ. V, n°291.
Cass. crim., 7 novembre 2001, n°00-30.142 et n°00-30.129, Inédit.
Cass. crim., 21 novembre 2001, n°01-80.116, Inédit.
Cass. crim., 28 novembre 2001, n°01-86.467 : Bull. crim., n°248.
Cass. com., 15 janvier 2002, n°98-15.144, Vatat, Inédit.
Cass. soc., 23 janvier 2002, n°99-44.356, Inédit.
Cass., 3e civ., 6 mars 2002, n°00-18.811 : Bull. civ. III, n°57.
Cass., 2e civ., 28 mars 2002, n°02-60.123 : Bull. civ. II, n°60.
Cass. crim., 10 avril 2002, n°00-30.297 : RJF 11/02, n°1127.
Cass. crim., 10 avril 2002, n°01-84.590, Inédit.
Cass. crim., 11 juin 2002, n°01-85.559 : Bull. crim., n°131.
Cass. soc., 10 juillet 2002, n°00-44.534 : Bull. civ. V, n°235.

Cass. com., 24 septembre 2002, n°00-16.242, Sté GPK Finance et a. : RJF 01/03, n°45.
Cass. soc., 26 novembre 2002, n°00-42.401 : Bull. civ. V, n°352.
Cass. crim., 11 février 2003, n°01-86.685 : Bull. crim., n°29.
Cass. crim., 18 février 2003, n°02-81.883, Inédit.
Cass. com., 11 mars 2003, n°00-19.154, Sté Jurispharma : Bull. IV, n°40 ; RJF 06/03, n°779.
Cass. crim., 19 mars 2003, n°02-82.553, Inédit.
Cass. com., 6 mai 2003, n°00-17.887 : RJF 7-8/03, n°1057.
Cass. crim., 25 juin 2003, n°02-83.290, Inédit.
Cass. crim., 25 juin 2003, n°02-83.342, Inédit.
Cass., 1ère civ., 1er juillet 2003, n°01-11.419, Inédit.
Cass. com., 8 juillet 2003, n°00-16.916, Sokolowsky : RJF 12/03, n°1459.
Cass., 1ère civ., 17 septembre 2003, n°01-13.856, Inédit.
Cass. crim., 1er octobre 2003, n°03-84.142 : Bull. crim., n°176.
Cass. soc., 25 février 2004, n°01-45.441 : Bull. civ. IV, n°62.
Cass., 1ère civ., 6 avril 2004, n°00-19.245, Inédit.
Cass. crim., 5 mai 2004, n°03-85.103, Inédit.
Cass. crim., 11 mai 2004, n°03-85.521 et 03-80.254 : Bull. crim., n°113 et 117.
Cass., 2e civ., 3 juin 2004, n°02-19.886 : Bull. civ. II, n°273.
Cass. soc., 30 juin 2004, n°02-41.720 et 02-41.771 : Bull. civ. V, n°187.
Cass. com., 12 juillet 2004, n°01-11.403, Consorts Pelat : Bull. civ. IV, n°153.
Cass. crim., 22 septembre 2004, n°03-83.943, Inédit.
Cass. com., 5 octobre 2004, n°02-10.960, Buisson : RJF 02/05, n°193.
Cass. com., 5 octobre 2004, n°03-15.709, Association Les Témoins de Jéhovah : Bull. civ. IV, n°178 ; Dr. fisc. 2004, n°50, comm. 883 ; RJF 02/05, n°190.
Cass. 2e civ., 7 octobre 2004, n°03-12.65 : Bull. civ. II, n°447.
Cass. crim., 13 octobre 2004, n°03-81.763, 00-86.727, 00-86.726, 01-83.943, 01-83.945 et 01-83.944 : Bull. crim., n°243.
Cass. crim., 17 novembre 2004, n°03-86.272, 03-86.273 et 03-86.275, Inédit.
Cass., 1ère civ., 7 décembre 2004, n°02-16.562 : Bull. civ. I, n°299.
Cass. com., 22 février 2005, n°03-20.928, Inédit.
Cass. soc., 17 mai 2005, n°03-40.017 : Bull. civ. V, n°165.
Cass., 2e civ., 2 juin 2005, n°03-20.011, Société La Médicale de France : Bull. civ. II, n°146.
Cass. crim., 21 septembre 2005, n°04-87.701, Inédit.
Cass. com., 27 septembre 2005, n°03-15.245, Sté Montroyal : Dr. fisc. 2006, n°12, comm. 275 ; RJF 01/06, n°103.
Cass., 1ère civ., 27 septembre 2005, n°03-18.943, Inédit.
Cass. com., 17 janvier 2006, n°03-18.951 : RJF 05/06, n°612.
Cass. com., 31 janvier 2006, n°04-15.259, M. Carité : RJF 05/06, n°616.
Cass. crim., 31 janvier 2006, n°05-80.640 : Bull. crim., n°30.

Cass. 2e civ., 8 février 2006, n°05-14.198 : Bull. civ. II, n°44.
Cass. crim., 1er mars 2006, n°05-87.251 : Bull. crim., n°59.
Cass. crim., 1er mars 2006, n°05-87.252 : Bull. crim., n°60.
Cass. com., 14 mars 2006, n°03-10.945, Joly : RJF 07/06, n°962.
Cass. com. 14 mars 2006, n°04-11.647 : Bull. n°68, p. 67 ; RJF 07/06, n°964.
Cass. com., 4 juillet 2006, n°03-15.627, Morgaine : Bull. civ. V, n°162 ; RJF 11/06, n°1476.
Cass. crim., 9 août 2006, n°06-83.219 : Bull. crim., n°202.
Cass., 2e civ., 14 septembre 2006, n°05-11.061, Inédit.
Cass. com., 19 septembre 2006, n°03-16.962, Inédit.
Cass. com., 19 septembre 2006, n°04-18.423, Thenaut : RJF 01/07, n°105.
Cass. crim., 4 octobre 2006, n°05-86.734, Inédit.
Cass. crim., 25 octobre 2006, n°05-86.557 : Bull. crim., n°256.
Cass. crim., 13 décembre 2006, n°06-87.169 : Bull. crim., n°313.
Cass. crim., 7 février 2007, n°06-87.753 : Bull. crim., n°37.
Cass. com., 23 janvier 2007, n°05-13.088, Inédit.
Cass., 1ère civ., 30 janvier 2007, n°03-16.910, Inédit.
Cass. crim., 31 janvier 2007, n°06-82.383 : Bull. crim. 2007, n°27.
Cass., 1ère civ, 13 février 2007, n°05-12.016 : Bull. civ. I, n°60.
Cass. crim., 21 mars 2007, n°06-89.444 : Bull. crim., n°89.
Cass. crim., 3 avril 2007, n°07-80.807 : Bull. crim., n°102.
Cass. crim., 24 avril 2007, n°06-88.051 : Bull. crim., n°108.
Cass. 1ère civ., 10 mai 2007, n°05-12.140 : Bull. civ. I, n°181.
Cass. com., 15 mai 2007, n°06-10.606 : Bull. civ. IV, n°130.
Cass., ch. mixte, 18 mai 2007, n°05-40.803 : Bull. ch. mixte, n°3.
Cass. soc., 23 mai 2007, n°06-43.209 : Bull. civ. V, n°85.
Cass. com., 6 novembre 2007, n°06-16.510, Sté Sathel : RJF 02/08, n°232.
Cass. com., 20 novembre 2007, n°06-16.393, Inédit.
Cass. crim., 13 février 2008, n°07-84.341 : Bull. crim., n°39.
Cass. crim., 20 février 2008, n°07-82.977 : Bull. crim., n°43.
Cass. 3e civ., 9 avril 2008, n°07-14.411, SCI Saint-Martin-de -Seignanx c/ Commune de Bayonne : Bull. civ. III, n°65.
Cass. crim., 14 mai 2008, n°08-80.483 : Bull. crim., n°115.
Cass., 1ère civ., 15 mai 2008, n°06-20.807, Inédit.
Cass. com., 3 juin 2008, n°07-17.147 : Bull. civ. IV, n°112.
Cass. crim., 4 juin 2008, n°08-81.045 : Bull. crim., n°141.
Cass. soc., 19 juin 2008, n°07-40.939 : Bull. civ. V, n°137.
Cass. crim., 10 septembre 2008, n°07-88.433, Inédit.
Cass. com., 23 septembre 2008, n°07-17.065, Lebourgeois : RJF 01/09, n°82.
Cass. com., 23 septembre 2008, n°07-17.787, Inédit.
Cass. crim., 8 octobre 2008, n°08-81.099 : Bull. crim., n°205.
Cass., ch. mixte, 10 octobre 2008, n°04-16.174 : Bull. ch. mixte n°2.
Cass., 1ère civ., 16 octobre 2008, n°07-15.778 : Bull. civ. I, n°230.
Cass. crim., 11 février 2009, n°07-87.489, Inédit.

Cass. crim., 20 mai 2009, n°08-83.936, Inédit.
Cass., 1ère civ., 11 juin 2009, n°08-12.742 : Bull. civ. I, n°128.
Cass. 1ère civ., 17 juin 2009, n°07-21.796 : Bull. civ. I, n°132.
Cass. 2e civ., 23 septembre 2009, n°09-66.812, Inédit
Cass. com., 13 octobre 2009, n°08-19.525, Inédit.
Cass. crim., 21 octobre 2009, n°08-83.723, Inédit.
Cass. com., 8 décembre 2009, n°08-21.017, Pétri : RJF 03/10, n°244.
Cass. crim., 16 décembre 2009, n°09-80.125, Inédit.
Cass. com., 19 janvier 2010, n°08-19.761, Société Coppa MG : Bull. civ. IV, n°8.
Cass. crim., 19 janvier 2010, n°09-84.408 : Bull. crim., n°12.
Cass. crim., 27 janvier 2010, n°09-83.395 : Bull. crim., n°16.
Cass. soc., 28 janvier 2010, n°08-41.959 : Bull. civ. V, n°28.
Cass. com., 2 février 2010, n°09-14.821, Sté France Business Informatique Orléans (FBIO) et a. : Bull. civ. V, n°27.
Cass. crim., 24 février 2010, n°09-82.810 : Bull. crim., n°39.
Cass. com., 9 mars 2010, n°09-13.829 : RJF 06/10, n°604.
Cass. com., 7 avril 2010, n°09-15.122, DGFiP c/ C. : RJF 07/10, n°696 ; Dr. fisc. 2010, n°22, comm. 355.
Cass. crim., 18 mai 2010, n°09-83.156 : Bull. crim., n°88.
Cass. com., 1er juin 2010, n°09-16.127, 09-16.128 et 09-16.129, Sté Inforad Ltd : RJF 12/10, n°1189.
Cass. crim., 11 juin 2010, n°09-85.874, Inédit.
Cass. crim., 18 juin 2010, n°09-86.657 : Dr. fisc. 2010, n°26, act. 248.
Cass. 1ère civ., 8 juillet 2010, n°09-65.172, Inédit.
Cass. 2e civ., 7 octobre 2010, n°09-70.611, Roux c/ CMSA Alpes-Vaucluse : Bull. civ. II, n°163.
Cass. com., 12 octobre 2010, n°09-70.590 et 09-70.592 : RJF 02/11, n°180.
Cass. com., 12 octobre 2010 n°09-68.401, Wierzbinski : RJF 02/11, n°244.
Cass. com., 26 octobre 2010, n°09-70.927, Mme Alves : Dr. fisc. 2011, n°3, comm. 116 ; RJF 02/11, n°245.
Cass. crim., 4 novembre 2010, n°10-81.233 : Dr. fisc. 2011, n°3, 111 ; RJF 04/11 n°513.
Cass. 1ère civ., 25 novembre 2010, n°09-69.721 : Bull. Civ. I, n°246.
Cass., A.P., 7 janvier 2011, n°09-14.316 et 09-14.667 : Bulletin 2011, A.P., n°1.
Cass. crim., 12 janvier 2011, n°10-81.151 : Bull. crim., n°6.
Cass. soc., 25 janvier 2011, n°09-70.992, Inédit.
Cass. crim., QPC, 9 février 2011, n°10-80.895 : Bull. crim. n°52.
Cass. 1ère civ., 9 février 2011, n°10-14.144, Inédit.
Cass. soc., 9 mars 2011, n°09-43.136, Inédit.
Cass. crim., 11 mai 2011, n°10-84.251 : Bull. crim., n°97.
Cass. crim., 31 mai 2011, n°11-80.034 : Bull. crim., n°113.
Cass. 1ère civ. 16 juin 2011, n°10-30.689 : Bull. civ. I, n°112.

Cass. com., 21 juin 2011, n°10-19.770, M. et Mme Bernard : Dr. fisc. 2012, n°5, comm. 124 ; RJF 11/11, n°1241.
Cass. soc., 5 juillet 2011, n°09-42.959, Inédit.
Cass., 3e civ., 6 septembre 2011, n°10-21.244, Inédit.
Cass. crim., 6 septembre 2011, n°10-10.217, Inédit.
Cass. crim., 21 septembre 2011, n°11-81.535, Inédit.
Cass. com., 17 janvier 2012, n°10-27.185, Inédit.
Cass. com., 31 janvier 2012, n°11-13.097 et 11-13.098 : Bull. civ. IV, n°22 ; RJF 04/12, n°381.
Cass. crim., 31 janvier 2012, n°11-85.464 : Bull. crim., n°27.
Cass. soc., 7 février 2012, n°10-19.505 : Bull. civ. V, n°54.
Cass. com., 21 février 2012, n°11-15.162 : RJF 05/12, n°484.
Cass. crim., 7 mars 2012, n°11-88.118 : Bull. crim., n°64.
Cass. crim., 20 mars 2012, n°11-83.638, Inédit.
Cass., 1ère civ., 5 avril 2012, n°11-14.177 : Bull. civ. I, n°85.
Cass. crim., 11 avril 2012, n°11-83.816 : Bull. crim., n°95.
Cass. crim., 12 avril 2012, n°11-85.703, Inédit.
Cass. com., 3 mai 2012, n°11-14.008 : Bull. civ. IV, n°87.
Cass. crim., 16 mai 2012, n°11-83.602 : Bull. crim., n°126, RJF 04/13, n°432.
Cass. soc., 23 mai 2012, n°10-23.521 : Bull. civ. V, n°156.
Cass. crim., 13 juin 2012, n°11-84.092 : Dr. fisc. 2012, n°42, comm. 488.
Cass. com., 26 juin 2012, n°11-21.160 : Bull. civ. IV, n°135, Dr. fisc. 2012, n°28, act. 302 ; RJF 10/12, n°959.
Cass. 1ère civ., 28 juin 2012, n°11-14-486 : Bull. civ. I, n°145.
Cass., soc., 4 juillet 2012, n°11-30.266 : Bull. civ. V, n°208.
Cass., ch. mixte, 28 septembre 2012, n°11-18.710 : Bull. ch. mixte n°2.
Cass., 1ère civ., 24 octobre 2012, n°11-20.442 : Bull. civ. I, n°209.
Cass., 1ère civ., 31 octobre 2012, n°11-17.476 : Bull. civ., I, n°224.
Cass. com., 4 décembre 2012, n°11-27.691 : RJF 03/13, n°317.
Cass., 1ère civ., 13 décembre 2012, n°11-27.347 : Bull. civ. I, n°261.
Cass. com. 15 janvier 2013 n°12-11.642, DSF d'Ille-et-Vilaine c/ Association l'Arche de Marie : RJF 04/13, n°438, concl. Anne-Marie BATUT, BDCF 04/13, n°48.
Cass. com., 29 janvier 2013, n°11-26.682, Inédit.
Cass. soc., 6 février 2013, n°11-23.738 : Bull. civ. V, n°31.
Cass. crim., 5 mars 2013, n°12-87.087 : Bull. crim., n°56.
Cass. soc., 19 mars 2013, n°11-28.845 : Bull. civ. V, n°75.
Cass. soc., 19 mars 2013, n°12-11.690 : Bull. civ. V, n°76.
Cass. crim., 3 avril 2013, n°12-88.428 : Bull. crim., n°74.
Cass., Avis, 8 avril 2013, n°13-70.002 : Bull. Avis, n°7.
Cass., 3e civ., 23 avril 2013, n°11-26.889, Inédit.
Cass. crim., 24 avril 2013, n°12-80.331 : Bull. crim, n°102.
Cass. soc., 12 juin 2013, n°11-14.458 : Bull. civ. V, n°156.
Cass. soc., 29 octobre 2013, n°12-22.447 : Bull. civ. V, n°252.

Cass., 1ère civ., 5 février 2014, n°12-20.206, Inédit.
Cass. crim., 30 avril 2014, n°13-88.162 : Bull. crim., n°119.
Cass. com., 9 juillet 2013, n°12-21.836, Roussel : RJF 11/13, n°1090.
Cass. com. 8 octobre 2013 n°12-20.432, Epton : RJF 01/14, n°98.
Cass. crim., 27 novembre 2013, n°13-85.042 : Bull. crim., 2013, n°238.
Cass., crim., 7 janvier 2014, n°13-85.246 : Bull. crim., n°1.
Cass. com., 21 janvier 2014, n°12-28.696, Association Fac habitat et autres : RJF 05/14, n°466.
Cass. 1ère civ., 29 janvier 2014, n°12-14509 et 13-16511 : Bull. civ. I, n°16.
Cass. crim. 5 février 2014, n°12-80.154 : Bull. crim., n°35.
Cass. 1ère civ., 9 avril 2014, n°13-14.964, Inédit.
Cass. crim., 14 mai 2014, n°13-81.796, Inédit.
Cass. com., 3 juin 2014, n° 13-17.316, M. Pigeault : Dr. fisc. 2014, n°50, comm. 685 ; RJF 10/14, n°952.
Cass., 1ère civ., 4 juin 2014, n°12-21.244 : Bull. civ. I, n°101.
Cass., A.P., 25 juin 2014, n°13-28.369 : Bull. A.P. n°1
Cass. crim., 8 janvier 2014, n°12-88.326 : Bull. crim., n°3.
Cass. 1ère civ., 10 septembre 2014, n°13-22.612 : Bull. civ. I, n°143.
Cass. soc., 19 novembre 2014, n°13-18.749, Inédit.
Cass. 1ère civ., 17 décembre 2014, n°13-21.365 et n°13-24.295 : Bull. civ. I, n°211.
Cass. crim., 28 janvier 2015, n°13-87.472, Inédit.
Cass. com., 10 février 2015, n°12-28.770, DGDDI c/ Sté française de transports Gondrand frères : RJF 05/15, n°394.
Cass. com., 10 février 2015, n°13-14.779 : Bull. civ. IV, n°20.
Cass., 3e civ., 18 février 2015, n°12-21.927 : Bull. civ. III, n°25.
Cass. com., 3 mars 2015, n°13-27.605, Sté Dolphin Business Intelligence Inc. et autres : Dr. fisc. 2015, n°12, act. 179 ; RJF 06/15, n°501.
Cass., A.P., 6 mars 2015, n°14-84.339 : Bull. A.P., n°2.
Cass. crim., 17 mars 2015, n°14-88.351 : Bull. crim., n°54.
Cass. soc., 31 mars 2015, n°13-24.410 : Bull. civ. V, n°68.
Cass. crim., 31 mars 2015, n°14-86.913, Inédit.
Cass. crim., 9 avril 2015, n°14-87.660 : Bull. crim., n°76.
Cass. crim., 14 avril 2015, n°14-87.914 : Bull. crim., n°87.
Cass. crim., 2 juin 2015, n°14-85.130 : Bull. crim. n°136.
Cass. com., 7 juillet 2015, n°14-15.965 : Dr. fisc. 2015, n°46, 671 ; RJF 11/15, n°925.
Cass. crim., 13 octobre 2015, n°14-82.272 : Bull. crim., n°220.
Cass., 1ère civ., 28 octobre 2015, n°14-24.351, Inédit.
Cass. crim., 3 novembre 2015, n°14-83.415, Inédit.
Cass. crim., 9 décembre 2015, n°14-86.833, Inédit.
Cass. crim., 13 janvier 2016, n°14-86.720, Inédit.
Cass., 3e civ., 14 janvier 2016, n°15-20.286 QPC : À publier au bulletin.
Cass., 1ère civ., 25 février 2016, n°15-12.403 : Bull. civ. I, n°845.

Cass., 2e civ., 17 mars 2016, n°15-11.412, À publier au bulletin.
Cass., 1ère civ., 11 mai 2016, n°15-16.410, Inédit.
Cass. crim., 19 mai 2016, n°15-84.526, M. Sauvaire : Dr. fisc. 2016, n°23, act. 368.
Cass. com. 20 septembre 2016, n°14-30.065 : RJF 01/17, n°55.
Cass. crim., 20 septembre 2016, n°16-80.820 : Bull. crim. n°244.
Cass., 1ère civ., 22 septembre 2016, n°15-24.015 : D. 2017, p. 490.
Cass. soc., 9 novembre 2016, n°15-10.203 : D. 2017, p. 37.
Cass. com., 6 décembre 2016, n°15-18.088, Inédit.
Cass. crim., 14 décembre 2016, n°16-81.105, D. 2017, p .8.
Cass. crim., 25 janvier 2017, n°16-90.028, Inédit.
Cass. crim., 22 février 2017, n°16-82.412, D. 2017, p. 453.
Cass. soc., 12 mai 2017, n°15-28.943 et 15-29.129, D. 2017, p. 1132.
Cass. soc., 18 octobre 2017, n°16-16.462, Inédit.

7. Cour d'appel

CA d'Aix-en-Provence, 8 mars 1961 : Revue de la sûreté nationale, 1961, p. 48.
CA de Paris, 26 avril 1990 : JCP 1991, II, 21704, note Jean PANNIER.
CA d'Agen, 2 mai 2007, n°06/820, Inédit.
CA de Paris, 1ère chambre, 19 juin 2007, n°2006/00628, Inédit.
CA d'Orléans, 24 janvier 2008, n°07/00625, Inédit.
CA de Reims, 4 février 2008, n°06/03243 et 06/03242 et 06/03244 et 06/3240, Inédit.
CA de Dijon, 24 juin 2008, n°07/00107, Inédit.
CA de Montpellier, 2 juillet 2009, n°08/4053, Inédit.
CA de Paris, ord., 8 février 2011, n°10-14.507 : Dr. fisc. 2011, n°12, act. 94.
TGI de Paris, 32e ch., 12 mars 2015, n°10341092027 : Dr. fisc. 2015, n°29, comm. 487.
TGI de Paris, 32e ch., 18 mai 2015, n°11355092014 : Dr. fisc. 2015, n°29, comm. 487.
CA de Saint-Denis-de-la-Réunion, ch. sociale, 5 juillet 2013, n°12/01120, Inédit.

8. Cour européenne des droits de l'Homme et Commission européenne des droits de l'Homme

Comm. EDH, 30 juin 1959, Szwabowicz c/ Suède, n°434/58 : Ann. Conv. EDH, p. 535.
CEDH, 17 janvier 1970, n°2689/65, Delcourt c/ Belgique.
Comm. EDH, 19 juillet 1972, n°5124/71, X c/ Royaume-Uni.
Comm. EDH, 4-5 octobre 1974, Herbert Huber c/ Autriche : Ann. Conv. EDH, p. 331.

CEDH, 21 février 1975, Golder c/ Royaume-Uni.
CEDH, 18 janvier 1978, n°5310/71, Irlande c/ Royaume-Uni.
CEDH, 6 septembre 1978, n°5029/71, Klass et autres c/ Allemagne.
CEDH, 26 avril 1979, n°6538/74, Sunday Times c/ Royaume-Uni.
CEDH, 13 juin 1979, n°6833/74, Marckx c/ Belgique.
CEDH, 9 octobre 1979, n°6289/73, Airey c/ Irlande.
CEDH, 1er octobre 1982, n°8692/79 Piersack c/ Belgique.
Comm. EDH., 6 octobre 1982, n°9295/81, X c/ Autriche.
CEDH, 10 février 1983, n°7299/75, Albert et Le Compte c/ Belgique.
CEDH, 25 mars 1983, n°8660/79, Minelli c/ Suisse.
CEDH, 28 novembre 1984, n°8777/79, Rasmussen c/ Danemark.
CEDH, 2 août 1984, n°8691/79, Malone c/ Royaume-Uni.
CEDH, 6 mai 1985, n°8658/79, Bönisch c/ Autriche.
Comm. EDH, 1er décembre 1985, n°10473/83, Lundvall c/ Suède.
CEDH, 24 novembre 1986, n°9120/80, Unterpertinger c/ Autriche.
CEDH, 29 mai 1986, n°8562/79, Feldbrugge c/ Pays-Bas.
CEDH, 18 décembre 1986, n°9990/82, Bozano c/ France.
Comm. EDH, 7 octobre 1987, n°11882/85, C. c/ Royaume-Uni.
CEDH, 29 février 1988, n°9106/80, Bouamar c/ Belgique.
CEDH, Plén., 12 juillet 1988, n°10862/84, Schenk c/ Suisse : Rec. série A n°140, p. 29.
Comm. EDH, 5 octobre 1988, n°11941/86, G. c/ France.
CEDH, 7 octobre 1988, n°10519/83, Salabiaku c/ France.
CEDH, 24 octobre 1989, n°10073/82, H. c/ France.
CEDH, 20 novembre 1989, n°11454/85, Kostovski c/ Pays-Bas.
CEDH, 21 février 1990, n°11855/85, Håkansson et Sturesson c/ Suède.
CEDH, 28 mars 1990, n°10890/84, Groppera Radio AG et a. c/ Suisse.
CEDH, 24 avril 1990, Huvig c/ France, n°11105/84.
CEDH, 24 avril 1990, Kruslin c/ France, n°11801/85.
CEDH, 24 avril 1990, n°11801/85, Kruslin c/ France : série A, n°176-A.
CEDH, 19 décembre 1990, n°11444/85, Delta c/ France.
CEDH, 28 août 1991, n°11170/84, 12876/87, 13468/87, Brandstetter c/ Autriche.
CEDH, 30 octobre 1991, n°12005/86, Borgers c/ Belgique.
CEDH, 25 mars 1992, n°7511/76 et 7743/76, Campbell c/ Royaume-Uni : série A n°233.
CEDH, 15 juin 1992, n°12433/86, Lüdi c/ Suisse.
CEDH, 27 août 1992, n°12850/87, Tomasi c/ France.
CEDH, 25 septembre 1992, n°13191/87, Pham Hoang c/ France.
CEDH, 16 décembre 1992, n°13710/88, Niemietz c/ Allemagne : série A, n°251-B.
CEDH, 25 février 1993, n°82/1991/334/407, Funke c/ France.
CEDH, 25 mai 1993, n°14307/88, Kokkinakis c/ Grèce.

CEDH, 23 juin 1993, n°12952/87, Ruiz-Mateos c/ Espagne : Rec. série A n°262.
CEDH, 24 juin 1993, n°14518/89, Schuler-Zgraggen c/ Suisse.
CEDH, 25 août 1993, n°13126/87, Sekanina c/ Autriche.
CEDH, 20 septembre 1993, n°14647/89, Saïdi c/ France.
CEDH, 21 septembre 1993, n°12235/86, Zumbotel c/ Autriche.
CEDH, 27 octobre 1993, n°14448/88, Dombo Beheer c/ Pays-Bas.
CEDH, 23 novembre 1993, n°14838/89, A c/ France.
CEDH, 24 février 1994, n°12547/86, Bendenoun c/ France.
Comm. EDH, 6 avril 1994, n°22920/93, M. B. c/ Royaume-Uni.
CEDH, 26 avril 1994, n°22121/93, Vallée c/ France.
CEDH, 22 septembre 1994, n°13616/88, Hentrich c/ France.
CEDH, 9 décembre 1994, n°13092/87 et 13984/88, Les saints monastères c/ Grèce : Rec. série A, n°301-A.
CEDH, 10 février 1995, n°15175/89, Allenet de Ribemont c/ France.
CEDH, 24 février 1995, n°16424/90, Mc Michael c/ Royaume-Uni.
CEDH, 22 novembre 1995, n°19178/91, Bryan c/ Royaume-Uni.
CEDH, 8 février 1996, n°18731/91, John Murray c/ Royaume-Uni : Rec. 1996-I, p. 49, GACEDH, n°34.
CEDH, 20 février 1996, n°19075/91, Vermeulen c/ Belgique.
CEDH, 26 mars 1996, n°20524/92, Doorson c/ Pays-Bas.
CEDH, 22 octobre 1996, n°22083/93 et 22095/93, Stubbings et autres c/ Royaume-Uni.
CEDH, 23 octobre 1996, n°17748/91, Ankerl c/ Suisse.
CEDH, 15 novembre 1996, n°19385/92, Katikaridis et autres c/ Grèce.
CEDH, 15 novembre 1996, n°20680/92, Tsomtsos et autres c/ Grèce.
CEDH, 17 décembre 1996, n°20641/92, Terra Woningen B.V. c/ Pays-Bas.
CEDH, Gde ch., 17 décembre 1996, n°19187/91, Saunders c/ Royaume-Uni.
CEDH, 18 février 1997, n°18990/91, Nideröst-Huber c/ Suisse.
CEDH, 25 février 1997, n°22107/93, Findlay c/ Royaume-Uni.
CEDH, 18 mars 1997, n°21497/93, Mantovanelli c/ France.
CEDH, 19 mars 1997, n°18357/91, Hornsby c/ Grèce.
CEDH, 23 avril 1997, n°21363/93 et a., Van Mechelen et autres c/ Pays-Bas.
CEDH, 27 août 1997, n°20837/92, M.S. c/ Suède.
CEDH, 29 août 1997, n°19958/92, A.P., M.P. et T.P. c/ Suisse.
CEDH, 29 août 1997, n°20919/92, E.L., R.L. ET J.O.-L. c/ Suisse.
CEDH, 24 novembre 1997, n°21835/93, Werner c/ Autriche.
CEDH, 9 juin 1998, n°25829/94, Teixeira de Castro c/ Portugal : Rec. 1998-IV, p. 1462.
CEDH, Gde ch., 21 janvier 1999, n°29183/95, Fressoz et Roire c/ France.
CEDH, 21 janvier 1999, n°30544/96, Garcia Ruiz c/ Espagne.
CEDH, Gde ch., 25 mars 1999, n°31423/96, Papachelas c/ Grèce.
CEDH, Gde Ch., 25 mars 1999, n°25444/94, Pélissier et Sassi c/ France.
CEDH, 8 juillet 1999, n°23763/94, Tanrikulu c/ Turquie.

CEDH, 28 juillet 1999, n°25803/94, Selmouni c/ France.
CEDH, 14 septembre 1999, n°36855/97, Ponsetti c/ France et n°41731/98, Chesnel c/ France.
CEDH, Gde ch., 28 octobre 1999, n°28342/95, Brumărescu c/ Roumanie.
CEDH, 11 janvier 2000, n°41544/98, Le Meignen c/ France.
CEDH, 14 janvier 2000, n°29889/04, Vanjak c/ Croatie.
CEDH, 21 mars 2000, n°28389/95, Rushiti c/ Autriche.
CEDH, Gde ch., 6 avril 2000, n°26772/95, Labita c/ Italie.
CEDH, 12 mai 2000, n°35394/97, Khan c/ Royaume-Uni.
CEDH, 6 juin 2000, n°36408/97, Averill c/ Royaume-Uni.
CEDH, 13 juin 2000, n°23531/94, Timurtas c/ Turquie.
CEDH, 21 décembre 2000, n°34720/97, Heaney et Mcguinness c/ Irlande.
CEDH, 27 février 2001, n°33354/96, Lucà c/ Italie.
CEDH, 20 mars 2001, n°33501/96, Telfner c/ Autriche.
CEDH, 3 mai 2001, n°31827/96, J.B. c/ Suisse.
CEDH, Gde ch., 10 mai 2001, n°28945/95, T.P. et K.M. c/ Royaume-Uni.
CEDH, 5 juillet 2001, n°52024/99, Arcuri et autres c/ Italie.
CEDH, Gde ch., 12 juillet 2001, n°44759/98, Ferrazzini c/ Italie : Rec. CEDH 2001-VII.
CEDH, 25 septembre 2001, n°44787/98, P.G. et J.H. c/ Royaume-Uni : Rec. CEDH 2001-IX.
CEDH, 12 décembre 2001, n°41087/98, Phillips c/ Royaume-Uni.
CEDH, 8 janvier 2002, n°51578/99, Keslassy c/ France.
CEDH, 24 janvier 2002, n°43467/98, Turquin c/ France.
CEDH, 5 février 2002, n°51564/99, Conka c/ Belgique.
CEDH, 14 février 2002, n°26668/95, Visser c/ Pays-Bas.
CEDH, 21 mars 2002, n°59895/00, Calabro c/ Italie.
CEDH, 26 mars 2002, n°27521/04, Moullet c/ France.
CEDH, 25 juin 2002, n°51279/99, Colombani c/ France : Rec. 2002-V.
CEDH, Gde ch., 11 juillet 2002, n°36590/97, Göç c/ Turquie.
CEDH, 23 juillet 2002, n°34619/97, Janosevic c/ Suède.
CEDH, 5 novembre 2002, n°48539/99, Allan c/ Royaume-Uni : Rec. CEDH 2002-IX.
CEDH, 12 novembre 2002, n°28394/95, Döry c/ Suède.
CEDH, 12 novembre 2002, n°38629/97, Lundevall c/ Suède.
CEDH, 12 novembre 2002, n°38978/97, Salomonsson c/ Suède.
CEDH, 28 janvier 2003, n°44647/98, Peck c/ Royaume-Uni.
CEDH, 11 février 2003, n°34964/97, Ringvold c/ Norvège.
CEDH, 11 février 2003, n°56568/00, Y. c/ Norvège.
CEDH, Gde ch., 12 février 2004, n°47287/99, Perez c/ France.
CEDH, 13 février 2003, n°49636/99, Chevrol c/ France.
CEDH, 25 février 2003, n°51772/99, Roemen et Schmit c/ Luxembourg.
CEDH, 8 avril 2003, n°39339/98, M. M. c/ Pays-Bas.
CEDH, 24 avril 2003, n°44962/98, Yvon c/ France.

CEDH, 12 juin 2003, n°35968/97, Van Kück c/ Allemagne.
CEDH, 22 juillet 2003, n°39647/98, Edwards et Lewis c/ Royaume-Uni.
CEDH, 24 juillet 2003, n°52854/99, Riabykh c/ Russie.
CEDH, 13 novembre 2003, n°48518/99, Lundkvist c/ Suède.
CEDH, 13 novembre 2003, n°71846/01, Rachad c/ France.
CEDH, 27 janvier 2004, n°54445/00, Verhoek c/ Pays-Bas.
CEDH, 27 janvier 2004, n°44484/98, Lorsé c/ Pays-Bas.
CEDH, 30 mars 2004, n°53984/00, Radio France et autres c/ France.
CEDH, 1er avril 2004, n°59584/00, Rivas c/ France.
CEDH, 18 mai 2004, n°56651/00, Destrehem c/ France.
CEDH, 25 mai 2004, n°994/03, Cornelis c/ Pays-Bas.
CEDH, 17 juin 2004, n°58278/00, Zdanoka c/ Lettonie.
CEDH, Gde ch., 28 septembre 2004, n°44912/98, Kopecký c/ Slovaquie.
CEDH, Gde ch., 27 octobre 2004, n°33647/98 et 40461/98, Edward et Lewis c/ Royaume-Uni.
CEDH, 11 janvier 2005, n°58580/00, Blucher c/ République tchèque.
CEDH, 24 février 2005, n°57942/00 et 57945/00, Khachiev et Akaieva c/ Russie.
CEDH, 16 juin 2005, n°61603/00, Storck c/ Allemagne.
CEDH, Gde Ch., 6 juillet 2005, n°43577/98 et 43579/98, Natchova et autres c/ Bulgarie.
CEDH, 29 septembre 2005, n°24919/03, Mathew c/ Pays-Bas.
CEDH, 13 octobre 2005, n°65399/01, Clinique des Acacias c/ France.
CEDH, 13 décembre 2005, n°55762/00 et 55974/00, Timichev c/ Russie.
CEDH, 15 décembre 2005, n°53203/99, Vanian c/ Russie.
CEDH, 12 janvier 2006, n°47797/99 et 68698/01, Kehaya et autres c/ Bulgarie.
CEDH, 2 février 2006, n°41211/98, Iovchev c/ Bulgarie.
CEDH, Gde ch., 11 juillet 2006, n°54810/00, Jalloh c/ Allemagne.
CEDH, 27 juillet 2006, n°71867/01, 71869/01, 73319/01 et 74858/01, Gök et autres c/ Turquie.
CEDH, 10 octobre 2006, n°40403/02, Pessino c/ France.
CEDH, 10 octobre 2006, n°7508/02, L.L. c/ France.
CEDH, 17 octobre 2006, n°72000/01, Göçmen c/ Turquie.
CEDH, 14 novembre 2006, n°60860/00, Tsfayo c/ Royaume-Uni.
CEDH, 23 novembre 2006, n°73053/01, Jussila c/ Finlande.
CEDH, 5 décembre 2006, n°10039/03, Vos c/ France.
CEDH, 19 décembre 2006, n°34043/02, Mattei c/ France.
CEDH, 30 janvier 2007, n°77097/01, Ekinci et Akalın c/ Turquie.
CEDH, 26 avril 2007, n°71525/01, Dumitru Popescu c/ Roumanie (n°2).
CEDH, Gde ch., 29 juin 2007, n°15809/02 et 25624/02, O'Halloran et Francis c/ Royaume-Uni.
CEDH, 10 juillet 2007, n°18223/04, Cruz de Carvalho c/ Portugal.
CEDH, 26 juillet 2007, n°48254/99, Cobzaru c/ Roumanie.

CEDH, Gde ch., 30 août 2007, n°44302/02, J.A. Pye (Oxford) LTD et J.A. Pye (Oxford) Land LTD c/ Royaume-Uni.
CEDH, 27 septembre 2007, n°35522/04, Vassilios Stavropoulos c/ Grèce.
CEDH, 13 novembre 2007, n°57325/00, D.H. et autres c/ République Tchèque.
CEDH, 24 janvier 2008, n°48804/99, Osmanoğlu c/ Turquie.
CEDH, Gde ch., 29 janvier 2008, n°13229/03, Saadi c/ Royaume-Uni.
CEDH, 5 février 2008, n°74420/01, Ramanauskas c/ Lituanie.
CEDH, 21 février 2008, n°18497/3, Ravon et a. c/ France.
CEDH, 29 avril 2008, n°32030/02, Spînu c/ Roumanie.
CEDH, 13 mai 2008, n°65097/01, N. N. et T. A. c/ Belgique.
CEDH, 24 juin 2008, n°64536/01, Iambor c/ Roumanie.
CEDH, Gde ch., 8 juillet 2008, n°10226/03, Yumak et Sadak c/ Turquie.
CEDH, 23 septembre 2008, n°19955/05 et 15085/06, Greyson et Barnham c/ Royaume-Uni.
CEDH, 21 octobre 2008, n°51210/99, Nehyet Günay et autres c/ Turquie.
CEDH, Gde Ch., 27 novembre 2008, n°36391/02, Salduz c/ Turquie.
CEDH, 11 décembre 2008, n°6293/04, Mirilachvili c/ Russie.
CEDH, 16 décembre 2008, n°58478/00, Rupa c/ Roumanie (N°1).
CEDH, 3 mars 2009, n°4411/04, Bacanu et SC "R" SA c/ Roumanie.
CEDH, Gde ch., 10 mars 2009, n°4378/02, Bykov c/ Russie.
CEDH, 30 avril 2009, n°13444/04, Glor c/ Suisse.
CEDH, 25 juin 2009, n°36963/06, Zouboulidis c/ Grèce.
CEDH, 16 juillet 2009, n°33738/02, Nenov c/ Bulgarie.
CEDH, 28 juillet 2009, n°18704/05, Lee Davies c/ Belgique.
CEDH, 6 octobre 2009, n°50812/06, Almeida Santos c/ Portugal.
CEDH, 14 janvier 2010, n°29889/04, Vanjak c/ Croatie.
CEDH, 16 février 2010, n°7078/02, V.D. c/. Roumanie.
CEDH, 11 mai 2010, n°11898/05, Versini c/ France.
CEDH, Gde Ch., 1er juin 2010, n°22978/05, Gäfgen c/ Allemagne.
CEDH, 2 septembre 2010, n°35623/05, Uzun c/ Allemagne.
CEDH, 2 septembre 2010, n°9411/05, Danev c/ Bulgarie.
CEDH, 4 novembre 2010, n°18757/06, Bannikova c/ Russie.
CEDH, 4 novembre 2010, n°34588/07, Darraj c/ France.
CEDH, 25 janvier 2011, n°38427/05, Elefteriadis c/ Roumanie.
CEDH, 10 février 2011, n°18382/05, Radkov c/ Bulgarie.
CEDH, 22 février 2011, n°24329/02, Soare et autres c/ Roumanie.
CEDH, 1er mars 2011, n°27335/04, Nevruz Bozkurt c/ Turquie.
CEDH, 24 mars 2011, n°23458/02,Giuliani et Gaggio c/ Italie.
CEDH, 5 avril 2011, n°8687/08, Rahimi c/ Grèce.
CEDH, 24 mai 2011, n°53466/07, Konstas c/ Grèce.
CEDH, 30 juin 2011, Klouvi c/ France, n°30754/03.
CEDH, 30 juin 2011, n°8916/05, Association Les Témoins de Jéhovah c/ France.

CEDH, 21 juillet 2011, n°32181/04 et 35122/05, Sigma Radio Television Ltd c/ Chypre.
CEDH, 23 août 2011, n°53372/07, Vagenas c/ Grèce.
CEDH, 27 septembre 2011, n°23272/07, Hrdalo c/ Croatie.
CEDH, 15 décembre 2011, n°26766/05 et 22228/06, Al-Khawaja et Tahery c/ Royaume-Uni.
CEDH, 4 janvier 2012, n°32195/08, Marcelle DEBAR e.a. c/ France.
CEDH, 2 février 2012, n°9152/09, I. M. c/ France.
CEDH, 23 février 2012, n°29226/03, Creangă c/ Roumanie.
CEDH, 27 mars 2012, n°20041/10, Eternit c/ France.
CEDH, 5 avril 2012, n°11663/04, Chambaz c/ Suisse.
CEDH, 31 mai 2012, n°50208/06, Esertas c/ Lituanie.
CEDH, 12 juin 2012, n°60593/10, Ortesis c/ Grèce.
CEDH, 26 juin 2012, n°15778/05, Ghirea c/ Moldavie.
CEDH, 18 septembre 2012, n°25119/09, 57715/09 et 57877/09, James, Wells et Lee c/ Royaume-Uni.
CEDH, 25 septembre 2012, n°649/08, El Haski c/ Belgique.
CEDH, 6 décembre 2012, n°1223/11, Michaud c/ France.
CEDH, 13 décembre 2012, n°39630/09, El-Masri c/ « L'ex-République Yougoslave de Macédoine ».
CEDH, 8 janvier 2013, n°40238/02, Bucur et Toma c/ Roumanie.
CEDH, 9 janvier 2013, n°21722/11, Oleksandr Volkov c/ Ukraine.
CEDH, 29 janvier 2013, n°66610/09, Zolotas c/ Grèce (n°2).
CEDH, 12 mars 2013, n°16281/10, Aydan c/ Turquie.
CEDH, 26 mars 2013, n°5393/04, Niculescu-Dellakeza c/ Roumanie.
CEDH, 16 avril 2013, n°23456/04, Siegle c/ Roumanie.
CEDH, 25 avril 2013, n°71386/10, Savriddin Dzhurayev c/ Russie.
CEDH, Gde ch., 12 juillet 2013, n°25424/09, Allen c/ Royaume-Uni.
CEDH, 25 juillet 2013, n°11082/06 et n°13772/05, Khodorkovskiy & Lebedev c/ Russie.
CEDH, 3 septembre 2013, n°484/08, Radu c/ Roumanie.
CEDH, 3 octobre 2013, n°25816/09, Giavi c/ Grèce.
CEDH, 24 juillet 2014, n°28761/11, Al Nashiri c/ Pologne.
CEDH, 12 décembre 2013, n°77658/11, Latipov c/ Russie.
CEDH, 27 mai 2014, n°10764/09, de La Flor Cabrera c/ Espagne.
CEDH, 8 juillet 2014, n°22965/10, Yurtsever et Autres c/ Turquie.
CEDH, 16 septembre 2014, n°19037/07, Rozalia Avram c/ Roumanie.
CEDH, 16 septembre 2014, n°29750/09, Hassan c/ Royaume-Uni.
CEDH, 2 octobre 2014, n°97/11, Delta Pekárny A.S. c/ République Tchèque.
CEDH, 21 octobre 2014, n°25129/06, Lungu et a. c/ Roumanie.
CEDH, 23 octobre 2014, n°27785/10, Melo Tadeu c/ Portugal.
CEDH, 23 octobre 2014, n°54648/09, Furcht c/ Allemagne.
CEDH, 6 novembre 2014, n°67522/09, Ereren c/ Allemagne.
CEDH, 12 février 2015, n°5678/06, Yuditskaya et autres c/ Russie.

CEDH, 17 mars 2015, n°4100/10, Sükrü Yildiz c/ Turquie.
CEDH, 19 mars 2015, n°7494/11, n°7493/11 et 7989/11, Corbet et autres c/ France.
CEDH, 30 avril 2015, n°13810/04, Shamardakov c/ Russie.
CEDH, 30 avril 2015, n°3453/12, n°42941/12 et n°9028/13, Kapetanios et a. c/ Grèce.
CEDH, 2 juin 2015, n°12512/07, Shiman c/ Roumanie.
CEDH, 15 septembre 2015, n°16903/12, Moinescu c/ Roumanie.
CEDH, 29 octobre 2015, n°37537/07, Hajrulahu c/ L'ancienne République yougoslave de Macédoine.
CEDH, 22 décembre 2015, n°28601/11, G.S.B. c/ Suisse.
CEDH, Gde Ch., 23 mars 2016, n°47152/06, Blokhin c/ Russie.
CEDH, 6 octobre 2016, n°33696/11, K.S. et M.S. c/ Allemagne.
CEDH, 31 janvier 2017, n°40233/07, Kalnéniené c/ Belgique.
CEDH, 17 janvier 2017, n°43000/11 et 49380/11, Habran et Dalem c/ Belgique.
CEDH, 2 février 2017, n°44921/13, Ait Abbou c/ France.
CEDH, 4 mai 2017, n°15485/09, Chap LTD c/ Arménie.
CEDH, 5 septembre 2017, n°61496/08, Bărbulescu c/ Roumanie.
CEDH, 16 novembre 2017, n°919/15, Ilgar Mammadov c/ Azerbaïdjan (N° 2).

9. Comité des droits de l'Homme

Comité des droits de l'homme, 30 mars 1989, n°223/1987, Frank Robinson c/ Jamaïque.
Comité des droits de l'Homme, 29 mars 1994, n°377/1989, Anthony Currie c/ Jamaïque.

10. Cour de justice de l'Union européenne, Cour de justice des Communautés européennes, Tribunal de l'Union européenne et Tribunal de première instance des Communautés européennes

CJCE, 22 mars 1961, SNUPAT, n°C-42/59 : Rec. p. 101.
CJCE, 13 février 1969, n°14-68, Walt Wilhelm et autres c/ Bundeskartellamt : Rec. p. 1.
CJCE, 15 décembre 1971, n°C-51/71, International Fruit Company : Rec. p. 1107.
CJCE, 12 juillet 1972, n°57/69, Azienda Colori Nazionali : Rec. p. 934.
CJCE, 14 juillet 1972, n°C-52/69, J. R. Geigy AG c/ Commission des Communautés européennes : Rec. p. 787.
CJCE, 16 décembre 1976, n°33/76 et 45/76, Rewe et Comet : Rec p. 1989 et p. 2043.
CJCE, 9 mars 1978, n°C-106/77, Simmenthal : Rec. p. 629.

CJCE, 27 mars 1980, n°61/79, Denkavit italiana : Rec. p. 1205.
CJCE, 10 juillet 1980, n°811/79, Ariete : Rec. p. 2545.
CJCE, 9 juillet 1981, n°169-80, SA Gondrand Frères et SA Garancini : Rec. p. 1931.
CJCE, 17 décembre 1981, n°197 à 200, 243, 245 et 247/80, Ludwigshafener Walzmühle Erling e.a. c/ CEE : Rec. p. 1041.
CJCE, 18 mai 1982, n°C-155/79, AM & S c/ Commission : Rec. p. 1575.
CJCE, ord., 29 septembre 1983, n°9/81, Cour des comptes c/ Williams : Rec. p. 2859.
CJCE, 9 novembre 1983, Amministrazione delle finanze dello Stato c/ San Giorgio, n°199/82 : Rec. p. 3595.
CJCE, 11 juillet 1985, n°60/84 et 61/84, Cinéthèque : Rec. p. 2605.
CJCE, 15 mai 1986, n°C-222/84, Johnston : Rec. p. 1651.
CJCE, 26 mars 1987, n°46/87 R, Hoechst c/ Commission : Rec. p. 1549.
CJCE, 15 décembre 1987, n°325/85, Irlande c/ Commission : Rec. p. 5041.
CJCE, 25 février 1988, n°331/85, 376/85 et 378/85, Bianco et Girard : Rec. p. 1099.
CJCE, 22 février 1989, n°92/87 et 93/87, Commission/France et Royaume-Uni : Rec. p. 40.
CJCE, 18 octobre 1989, n°374/87, Orkem c/ Commission : Rec. p. 3283.
CJCE, 22 mars 1990, n°C-83/89, Openbaar Ministerie et Minister van Financïen contre Vincent Houben : Rec. p. I-1161.
CJCE, 16 avril 1991, C-347/89, Eurim-Pharm : Rec. p. I-1747.
CJCE, 18 juin 1991, n°C-260/89, ERT : Rec. p. I-2925.
CJCE, 10 novembre 1993, n°C-60/92, Otto c/ Commission : Rec. p. I-5683.
CJCE, 2 juin 1994, n°C-326/91 P, Henri de Compte contre Parlement européen : Rec. p. I-02091.
CJCE, 5 octobre 1994, n°C-404/92, X. c/ Commission : Rec. p. I-4737.
CJCE, 14 décembre 1995, n°C-312/93, Peterbroeck : Rec. p. 4599.
CJCE, 8 février 1996, C-212/94, FMC plc e.a. : Rec. p. 389.
CJCE, 13 février 1996, n°C-143/93, Van Es Douane Agenten : Rec. p. I-431.
CJCE, 17 juillet 1997, n°C-28/95, Leur-Bloem contre Inspecteur der Belastingdienst c/ Ondernemingen Amsterdam 2 : Rec. p. I-4161.
CJCE, 16 juillet 1998, n°264/96, Imperial Chemical Industries Plc (ICI) : Rec. p. I-4695.
CJCE, 9 février 1999, n°C-343/96, Dilexport Srl : Rec. p. I-579.
CJCE, 8 juillet 1999, n°C-254/97, Baxter e.a : Rec. p. I-4809.
CJCE, 23 mars 2000, n°C-310/98 et C-406/98, Met-Trans et Sagpol : Rec. p. I-1797.
CJCE, 26 septembre 2000, Commission c/ Belgique, C-478/98 : Rec. p. I-7587.
CJCE, 21 septembre 2000, n°C-441/98 et C-442/98, Michailidis : Rec. p. I-7145.

TPICE, 20 février 2001, n°T-112/98, Mannesmannröhren-Werke / Commission : Rec. p. II-729.
CJCE, 6 mars 2001, n°C-273/99 et C-274/99 : Rec. p. I-1611.
TPICE, 6 mars 2001, n°T-192/99, Dunnett e.a. c/ BEI : Rec. p. II-813.
CJUE, 18 octobre 2012, n°C-603/10, Pelati.
CJCE, 22 octobre 2002, n°C-94/00, Roquette Frères : Rec. p. I-9011.
CJCE, 10 avril 2003, n°C-276/01, Steffensen : Rec. p. I-3735.
CJCE, 18 septembre 2003, n°C-125/01, Pflücke.
CJCE, 2 octobre 2003, n°C-147/01, Weber's Wine World e.a. : Rec. p. I-11365.
CJCE, 2 octobre 2003, n°C-199/99 P, Corus UK c/ Commission : Rec. p. I-11177.
TPICE, 11 décembre 2003, n°T-59/99, Ventouris c/ Commission.
CJCE, 4 mars 2004, Commission/France, C-334/02 : Rec. p. I-2229.
CJCE, 11 mars 2004, n°C-9/02, de Lasteyrie du Saillant : Rec. p. I-2409.
Trib., 5 octobre 2004, n°T-144/02, Eagle e.a. c/ Commission : Rec. p. II-3381.
CJCE, 13 décembre 2005, n°C-446/03, Marks & Spencer : Rec. p. I-10837.
CJCE, 15 juin 2006, n°C-255/04, Commission. c/ France.
CJCE, 7 septembre 2006, n°C-526/04, Laboratoires Boiron SA : Rec. p. I-7529.
CJCE, Gde Ch., 12 septembre 2006, n°C-196/04, Cadbury Schweppes plc et Cadbury Schweppes Overseas Ltd c/ Commissioners of Inland Revenue : Rec. p. I-7995.
CJCE, 25 janvier 2007, n°C-407/04 P, Dalmine SpA : Rec. p. I-829.
CJCE, 25 janvier 2007, n°C-411/04, Salzgitter Mannesmann / Commission : Rec. p. I-959.
CJCE, Gde Ch., 13 mars 2007, n°524/04, Test Claimants in the Thin Cap Group Litigation : Rec. p. I-2107.
CJCE, 7 juin 2007, n°C-76/06 P, Britannia Alloys : Rec. p. I-4405.
CJCE, 26 juin 2007, n°C-305/05, Ordre des barreaux francophones et germanophone e.a. : Rec. p. 5305.
CJCE, 27 septembre 2007, n°C-409/04, Teleos e.a. : Rec. p. I-7797.
CJCE, 11 octobre 2007, n°C-451/05, Européenne et Luxembourgeoise d'Investissements SA (Elisa) c/ DGI : Rec. p. I-8251.
CJCE, Gde ch., 18 décembre 2007, n°C-101/05, Skatteverket c/ A : Rec. p. I-11531.
CJCE, 29 janvier 2008, n°C-275/06, Promusicae : Rec. p. I-271.
CJCE, 13 mars 2008, n°C-227/06, Commission c/ Belgique : Rec. p. I-46.
CJCE, 15 mai 2008, n°C-414/06, Lidl Belgium : Rec. p. I-3601.
CJCE, 3 juin 2008, n°C-308/06, Intertanko e.a. : Rec. p. I-4057.
CJCE, 8 mai 2008, n°C-95/07 et C-96/07, Ecotrade : Rec. p. I-3457.

TPICE, 8 juillet 2008, n°T-48/05, Yves Franchet et Daniel Byk c/ Commission : Rec. p. II-1585.
CJUE, 9 juillet 2009, n°C-511/06 P, Archer Daniels Midland [ADM] c/ Commission des Communautés européennes : Rec. p. I-5843.
CJCE, 16 juillet 2009, n°C-69/08, Visciano : Rec. p. 6741.
CJUE, Gde ch., 2 décembre 2009, n°C-89/08 P, Commission c/ Irlande e.a : Rec. p. I-11245.
CJUE, 14 janvier 2010, n°C-233/08, Kyrian : Rec. p. I-177.
CJUE, 15 avril 2010, n°C-542/08, Barth : Rec. p. I-3189.
CJUE, 8 juillet 2010, n°C-343/09, Afton Chemical : Rec. p. I-7027.
CJUE, Gde ch., 14 septembre 2010, n°C-550/07, Akzo Nobel Chemicals et Akcros Chemicals c/ Commission : Rec. p. 8301.
Trib., 15 septembre 2010, n°T-157/09 P, Marcuccio c/ Commission : ECLI:EU:T:2013:508.
CJUE, 28 octobre 2010, n°C-72/09, Éts Rimbaud SA : Rec. p. I-10659.
CJUE, 10 février 2011, n°C-436/08 et C-437/08, Haribo et a. : Rec. p. I-305.
CJUE, 15 novembre 2011, n°C-256/11, Dereci e.a.. : Rec. p. I-11315.
CJUE, Gde ch., 21 décembre 2011, n°C-411/10 et C-493/10, N. S. : Rec. p. I-13905.
CJUE, 21 juin 2012, n°C-294/11, Elsacom : ECLI:EU:C:2012:382.
CJUE, 5 juillet 2012, n°C-318/10, SIAT c/ Belgique : RJF 11/12, n°1084.
CJUE, 12 juillet 2012, n°C-284/11, EMS-Bulgaria Transport : ECLI:EU:C:2012:458.
CJUE, 19 juillet 2012, n°C-48/11, A : ECLI:EU:C:2012:485.
CJUE, 12 juillet 2012, n°C-171/11, Fra.bo SpA : ECLI:EU:C:2012:453.
CJUE, Gde ch., 6 novembre 2012, n°C-199/11, Otis e.a. : ECLI:EU:C:2012:684.
CJUE, 22 novembre 2012, n°C-89/11 P, E.ON Energie / Commission : ECLI:EU:C:2012:738.
Trib., 12 décembre 2012, T-410/09, Almamet/Commission : ECLI:EU:T:2012:676.
CJUE, Gde ch., 26 février 2013, n°C-617/10, Åkerberg Fransson : ECLI:EU:C:2013:280.
CJUE, 28 février 2013, n°C-544/11, Petersen : ECLI:EU:C:2013:124.
CJUE, 3 octobre 2013, n°282/12, Itelcar : RJF 12/13, n°1186.
CJUE, 19 décembre 2013, n°C-239/11 P, Siemens c/ Commission : ECLI:EU:C:2013:866.
CJUE, Gde Ch., 1er avril 2014, n°C-80/12, Felixstowe Dock and Railway Company e.a. : ECLI:EU:C:2014:200.
CJUE, 10 avril 2014, n°C-190/12, Emerging Markets Series : ECLI:EU:C:2014:249.

CJUE, 17 juillet 2014, n°C-169/14, Juan Carlos Sánchez Morcillo e.a. : ECLI:EU:C:2014:2099.
CJUE, 9 octobre 2014, n°C-326/12, Van Caster : ECLI:EU:C:2014:2269.
CJUE, 12 novembre 2014, n°C-580/12 P, Guardian Industries et Guardian Europe c/ Commission : ECLI:EU:C:2014:2363.
CJUE, 13 novembre 2014, n°C-112/14, Commission c/ Royaume-Uni : ECLI:EU:C:2014:2369.
Trib, 16 juin 2015, n°T-655/11, FSL e.a. / Commission : ECLI:EU:T:2015:383.
CJUE, 18 juin 2015, n°C-583/13 P, Deutsche Bahn e.a. c/ Commission : ECLI:EU:C:2015:404.
CJUE, 16 juillet 2015, n°C-580/13, Coty Germany GmbH : ECLI:EU:C:2015:485.
CJUE, 10 décembre 2015, n°C-427/14, SIA Veloserviss : ECLI:EU:C:2015:803.
CJUE, 17 décembre 2015, n°C-419/14, WebMindLicenses : ECLI:EU:C:2015:832.
CJUE, 21 janvier 2016, n°C-74/14, Eturas e.a. : ECLI:EU:C:2016:42.
Trib., 8 septembre 2016, n°T-54/14, Goldfish e.a. / Commission : ECLI:EU:T:2016:455.

11. Juridictions spéciales

Commission spéciale de cassation des pensions, 13 décembre 1950, Ministre des Anciens combattants c/ Olivier : Rec. T. p. 827.
Comm. révision des condamnations pénales, 14 mai 2012, n°11REV103, M. R : Dr. fisc. 2012, n°25, comm. 344.
Cass., Commission de révision, 10 décembre 2015, n°14REV017 : Bull. crim., n°5.

12. Juridictions étrangères

Tribunal fédéral suisse, 17 mars 2017, n°2C_1000/2015, Administration fédérale des contributions c/ A et B.
Tribunal fédéral suisse, 16 février 2017, n°2C_893/2015, Administration fédérale des contributions c/ A.
Tribunal administratif fédéral de Saint-Gall, 15 septembre 2015 (n°A-6843/2014, Administration fédérale des contributions c/ A.
Cour constitutionnelle allemande, 9 novembre 2010, BVerfG, 2 BvR 2101/09.

INDEX[3712]

[3712] Les numéros renvoient aux numéros de paragraphe et non aux numéros de page.

TABLE DES MATIÈRES

DROIT PUBLIC
AUX ÉDITIONS L'HARMATTAN

Dernières parutions

LA DÉCENTRALISATION DANS LES PAYS FRANCOPHONES D'AFRIQUE DE L'OUEST

Jean-Luc Pissaloux

Cet ouvrage, constitué de contributions écrites par des universitaires, des experts et/ou des hauts fonctionnaires, démontre parfaitement combien la décentralisation est encore une sorte d'idéal-type à atteindre, et qu'elle est loin d'être une pratique effective, efficiente et efficace dans les pays francophones d'Afrique de l'ouest.

(Coll. Droits Publics, 390 p., 38,5 euros)

ISBN : 978-2-343-18272-8, EAN EBOOK : 9782140131653

LES MUTATIONS CONSTITUTIONNELLES EN AFRIQUE NOIRE FRANCOPHONE
à partir des exemples du Congo, du Bénin et du Sénégal

Aimé Ange Wilfrid Bininga

Préface de Frédéric Joël Aïvo - Avant-propos de Babacar Gueye

Ce livre traite des mutations constitutionnelles dans les États d'Afrique noire francophone depuis le renouveau démocratique des années 1990. Ces mutations se manifestent au moyen de la révision constitutionnelle, des lois et règlements infra-constitutionnels, de l'interprétation des normes, de la pratique des acteurs de la vie politique et institutionnelle, de la suspension et de l'abrogation des constitutions. D'une part, elles favorisent le reflux des promesses démocratiques du début des années 1990 et d'autre part, à contresens de cette tendance, les mutations constitutionnelles participent à l'affirmation de l'irréversibilité de la dynamique démocratique.

(Coll. Harmattan Congo-Brazzaville, 360 p., 37 euros)

ISBN : 978-2-343-18410-4, EAN EBOOK : 9782140129926

LES COLLECTIVITÉS TERRITORIALES À L'ÈRE DU NUMÉRIQUE

Sous la direction de Carole Chevilley-Hiver, Matthieu Houser et Anne Marceau

Les collectivités territoriales doivent faire face à une mutation profonde de l'action administrative et politique. Elles n'ont plus seulement vocation à accompagner ces évolutions mais également à les générer. Dès lors de nombreuses interrogations apparaissent. Comment les personnes publiques locales s'inscrivent-elles dans l'économie du numérique ? Quels sont leurs nouvelles compétences, la nouvelle relation avec l'administré, mais aussi les risques existants ? Le présent ouvrage rassemble les actes d'un colloque qui s'est tenu à Besançon les 14 et 15 novembre 2018.

(Coll. Droit des collectivités territoriales, 264 p., 27 euros)

ISBN : 978-2-343-17865-3, EAN EBOOK : 9782140125843

LA FONCTION PRÉSIDENTIELLE AU CAMEROUN

Patrick E. Abane Engolo, Jean-Paul Markus

Cet ouvrage présente le Président de la République dans l'étendue de ses attributions constitutionnelles. En effet, ce dispositif constitutionnel lui confère des pouvoirs importants. Élu de la nation tout entière, sa représentativité conditionne son autorité. Le Président de la République dirige la politique de la nation, il est le chef des armées et, en tant qu'arbitre, il contribue à la garantie de la séparation verticale et horizontale des pouvoirs.

(474 p., 39 euros)

ISBN : 978-2-343-17145-6, EAN EBOOK : 9782140123641

CONSTITUTIONNALISME ET MÉTISSAGE CULTUREL AU-DELÀ DES DROITS DE L'HOMME

Salvatore Bonfiglio

Les sociétés multiculturelles demandent une réinterprétation des principes constitutionnels, capable de favoriser la cohésion sociale, notamment par l'extension des droits fondamentaux aux « non-citoyens ». Il s'agit de reconnaître à l'individu en tant que tel un statut de droits fondamentaux, pour affirmer ainsi le caractère à la fois moral et juridique de la dignité de la personne.

(Coll. Harmattan Italia, 208 p., 26 euros)

ISBN : 978-2-336-31233-0, EAN EBOOK : 9782140103193

LA CONSTITUTION HAÏTIENNE DE 1987 EST-ELLE UN PRODUIT IMPORTÉ ?

Essai sur le folklorisme médiatique

Luné Roc Pierre Louis

Faire-voir, faire-entendre, faire-croire et faire-rêver sont des marqueurs symptomatiques du jeu des médias. Aussi le présent ouvrage scrute-t-il le folklorisme médiatique à travers la déchéance et le mal-être que véhiculent les indigénistes haïtiens à l'encontre de la Constitution de 1987, amendée par le biais du double préjugé où cette constitution serait à la fois un produit importé d'un Autre et une invention sans précédent dans l'histoire de la formation sociale haïtienne. Pourtant, les présentes sédimentations révèlent que rarissimes sont les dispositions de la Constitution de 1987 amendée qui ne proviennent de l'une ou l'autre de ses 21 prédécesseurs.

(210 p., 21,5 euros)

ISBN : 978-2-343-15533-3, EAN EBOOK : 9782140100550

LA COUR CONSTITUTIONNELLE ET LE PEUPLE AU BÉNIN

D'un juge constitutionnel institué à un procureur suzerain

Oladé Okunlola Moïse Laleye

Préface de Pierre E. Ehoumi - Postface de l'abbé Arnaud Eric Aguénounon

L'institution d'un nouveau juge constitutionnel après la longue nuit du régime révolutionnaire totalitaire au Bénin de 1972 à 1989 s'illustre comme l'achèvement de la lutte du peuple pour la démocratie, les libertés de l'Etat de droit depuis les origines précoloniales du pays. Après un quart de siècle d'exercice de son office, la cour constitutionnelle pèche irrésistiblement par la qualité de sa productivité jurisprudentielle. Cet ouvrage propose d'ouvrir un débat sur la cour constitutionnelle au regard d'une évaluation objective de sa production juridictionnelle, voire institutionnelle. Ainsi la justice constitutionnelle retrouvera son sens et sa mission républicaine.

(Coll. Études africaines, 686 p., 49 euros)

ISBN : 978-2-343-14822-9, EAN EBOOK : 9782140095801

L'ÉVOLUTION CONSTITUTIONNELLE ET JURIDICTIONNELLE DE LA RÉPUBLIQUE CENTRAFRICAINE À TRAVERS LES TEXTES

Danièle Darlan

Préface de Jean-Dominique Penel

Ce livre offre une synthèse claire et indispensable à toute personne qui veut comprendre comment se sont élaborées et modifiées les sept institutions successives de la République centrafricaine depuis l'indépendance en 1960 jusqu'en 2017 et comment, dans le même temps, les institutions judiciaires se sont façonnées et enrichies, du moins au niveau des textes, car l'application, pourtant logiquement nécessaire, de la Justice pose encore bien des problèmes.

(Coll. Études africaines, 174 p., 18,5 euros)

ISBN : 978-2-343-15418-3, EAN EBOOK : 9782140096358

LES FINANCES LOCALES SÉNÉGALAISES

Abdourahmane Dioukhané

L'étude des finances publiques locales du Sénégal, pays membre de l'UEMOA, s'appuie à la fois sur la règlementation édictée au plan communautaire et sur les textes internes régissant la matière. Après avoir présenté le périmètre des finances locales et abordé la question de leur autonomie, l'auteur analyse, successivement, les questions relatives au cadre budgétaire et comptable des budgets locaux, à leur financement, à leur élaboration, à leur exécution et au contrôle de cette exécution.

(Coll. Finances publiques, 236 p., 25 euros)

ISBN : 978-2-343-15088-8, EAN EBOOK : 9782140094101

LE DROIT DE L'ENVIRONNEMENT : DE L'INITIATION AU MÛRISSEMENT

Contribution d'une juriste sénégalaise

Mariane Seck

Préface du pr Babacar Gueye

La protection juridique de l'environnement semble s'être amorcée au niveau local dans la globalité des pays riches ou pauvres. Bien que ces derniers soient à la traîne de par leur capacité à mettre en pratique leur arsenal juridique naissant, il n'en demeure pas moins que l'élan intentionnel international emportera tous les pays dans la vague protectionniste.

(Coll. Harmattan Sénégal, 236 p., 22,5 euros)

ISBN : 978-2-343-14673-7, EAN EBOOK : 9782140090820

VERROUS ET CONTRÔLES CONSTITUTIONNELS EN AFRIQUE

Pour des mécanismes efficients

Claude Kayembe-Mbayi

Préface d'Etienne Tshisekedi Wa Mulumba

Cet ouvrage nous plonge dans la réalité peu reluisante des révisions constitutionnelles intempestives en Afrique. Qu'est-ce qui ne va pas décidément en Afrique ? Ce continent est-il à jamais condamné à jouer le parent pauvre de la démocratie ? Ce système de gestion des Etats lui convient-il ? La pratique électorale lui est-elle adaptée ? Existe-t-il une démocratie propre à l'Afrique ?

(Coll. Études africaines, 466 p., 44 euros)

ISBN : 978-2-343-11187-2, EAN EBOOK : 9782140090547

LA CONSTITUTION CONGOLAISE DU 25 OCTOBRE 2015

interprétée article par article

Lovane Lhakhy-Tsamhy

La constitution est la loi suprême d'un État. Lorsqu'elle n'est ni lue, ni comprise, chaque citoyen peut y aller de son interprétation. C'est pourquoi cet ouvrage, à caractère pédagogique, vise à éluder les avis juridiques partisans ou fantaisistes de certains individus.

(Coll. Harmattan Congo-Brazzaville, 200 p., 20,5 euros)

ISBN : 978-2-343-13141-2, EAN EBOOK : 9782140054617

PRÉCIS DE CONTENTIEUX DES CONTRATS PUBLICS AU CAMEROUN

Jacques Biakan

Préface de Alain Ondoua

L'étude met en exergue les caractéristiques particulières du contentieux des contrats publics. Elle rend visible les sources du contentieux des contrats publics et développe d'abord les mécanismes ou instruments "d'évitement du contentieux" et ensuite les techniques "d'accomplissement du contentieux". Ce livre est une source profonde de connaissances scientifiques, techniques et procédurales en matière de contentieux des contrats au Cameroun et, à titre d'exemple comparatif, en France.

(162 p., 17,5 euros)

ISBN : 978-2-343-13541-0, EAN EBOOK : 9782140053139

LA SOUVERAINETÉ DE LA COPRINCIPAUTÉ D'ANDORRE

Diesteffany Gil Machado Leão Torres

Fruit d'une sentence arbitrale entre la France et l'évêque d'Urgel, l'Andorre se présente comme un modèle de souveraineté sui generis grâce ou à cause de l'indivisibilité de sa souveraineté entre le coprince épiscopal et le coprince président de la République française. Cela lui a permis de se construire et de se développer grâce aux soutiens français et espagnol. Mais l'appui des coprinces semble s'affaiblir, et d'autres partenaires, comme le Conseil de l'Europe, voire l'Union européenne, prennent une importance grandissante.

(Coll. Droit comparé, 294 p., 30 euros)

ISBN : 978-2-343-13170-2, EAN EBOOK : 9782140049064

LA RÉFORME CONSTITUTIONNELLE DU 20 MARS 2016 AU SÉNÉGAL

La révision consolidante record

Ismaïla Madior Fall

L'objectif de cet essai est de présenter la vision, la philosophie, les objectifs et le modus operandi de la réforme constitutionnelle du 20 mars 2016 dont l'histoire révélera l'étendue de la richesse et qui est, sans nul doute, en dehors de celle de 1976 ayant fait passer le pays du parti unique au multipartisme, la plus marquante de l'évolution démocratique du Sénégal.

(Coll. Harmattan Sénégal, 200 p., 20,5 euros)

ISBN : 978-2-343-06449-9, EAN EBOOK : 9782140045417

LE SERVICE PUBLIC MARCHAND EN AFRIQUE ET DANS LE MONDE

Rigobert Akoulabo

Le service public marchand a été longtemps le pilier de l'économie de tout État, de l'Occident à l'Afrique. Du fait qu'il soit marchand, le service public est soumis aux règles de la concurrence, soumises elles-mêmes à certaines dérogations. Le système d'arbitrage opte pour une certaine harmonisation des systèmes juridiques en Europe et en Afrique.

(Coll. Harmattan Congo-Brazzaville, 130 p., 14,5 euros)

ISBN : 978-2-343-10354-9, EAN EBOOK : 9782140043437

REPÈRES DE FISCALITÉ DES PROFESSIONNELS ET DES PARTICULIERS

Rock Dieudonné Landze Mbere

La fiscalité est un système de collecte et de redistribution de richesses fondée sur la contribution des ménages, des professionnels et des entreprises. Pour mieux jouer leur partition et s'orienter dans les affaires, le citoyen et le manager ont besoin des repères de fiscalité. Car, en raison de la contrainte financière, le contentieux fiscal au Congo va progressivement s'intensifier.

(320 p., 33 euros)

ISBN : 978-2-343-18620-7, EAN EBOOK : 9782140131783

L'APPLICATION DU DROIT D'AUTEUR AUX HYPERLIENS

Analyse de droit français et de droit américain

Mickaël Le Borloch

Cet ouvrage propose un travail de fond sur les droits français et américain concernant une problématique peu traitée malgré son importance pour le développement de l'internet et la protection des auteurs : l'application du droit d'auteur aux hyperliens.

(Coll. Le Droit aujourd'hui, 632 p., 49 euros)

ISBN : 978-2-343-16341-3, EAN EBOOK : 9782140131660

LES DYNAMIQUES D'INTÉGRATION EN ZONE FRANC EN LIEN AVEC LA ZONE EURO TOME II

Les nouvelles régulations économiques et/ou l'économie de l'intégration

Thimoté Dongotou

Ce deuxième tome fait des propositions sur les nouvelles dynamiques d'intégration en Afrique. Ainsi la prise en compte des partenariats public-privé (PPP) et des dimensions institutionnelles, sociales et anthropologiques est considérée comme de nouvelles régulations économiques et monétaires en Zone Franc Africaine et en zone euro. L'auteur aborde entre autres les grandes familles institutionnelles en économie ou la macroéconomie historique du courant européen contemporain

(Coll. Études africaines, 348 p., 36 euros)

ISBN : 978-2-343-13844-2, EAN EBOOK : 9782140130915

Structures éditoriales du groupe L'Harmattan

L'Harmattan Italie
Via degli Artisti, 15
10124 Torino
harmattan.italia@gmail.com

L'Harmattan Hongrie
Kossuth l. u. 14-16.
1053 Budapest
harmattan@harmattan.hu

L'Harmattan Sénégal
10 VDN en face Mermoz
BP 45034 Dakar-Fann
senharmattan@gmail.com

L'Harmattan Cameroun
TSINGA/FECAFOOT
BP 11486 Yaoundé
inkoukam@gmail.com

L'Harmattan Burkina Faso
Achille Somé – tengnule@hotmail.fr

L'Harmattan Guinée
Almamya, rue KA 028 OKB Agency
BP 3470 Conakry
harmattanguinee@yahoo.fr

L'Harmattan RDC
185, avenue Nyangwe
Commune de Lingwala – Kinshasa
matangilamusadila@yahoo.fr

L'Harmattan Congo
67, boulevard Denis-Sassou-N'Guesso
BP 2874 Brazzaville
harmattan.congo@yahoo.fr

L'Harmattan Mali
Sirakoro-Meguetana V31
Bamako
syllaka@yahoo.fr

L'Harmattan Togo
Djidjole – Lomé
Maison Amela
face EPP BATOME
ddamela@aol.com

L'Harmattan Côte d'Ivoire
Résidence Karl – Cité des Arts
Abidjan-Cocody
03 BP 1588 Abidjan
espace_harmattan.ci@hotmail.fr

L'Harmattan Algérie
22, rue Moulay-Mohamed
31000 Oran
info2@harmattan-algerie.com

L'Harmattan Maroc
5, rue Ferrane-Kouicha, Talaâ-Elkbira
Chrableyine, Fès-Médine
30000 Fès
harmattan.maroc@gmail.com

Nos librairies en France

Librairie internationale
16, rue des Écoles – 75005 Paris
librairie.internationale@harmattan.fr
01 40 46 79 11
www.librairieharmattan.com

Lib. sciences humaines & histoire
21, rue des Écoles – 75005 Paris
librairie.sh@harmattan.fr
01 46 34 13 71
www.librairieharmattansh.com

Librairie l'Espace Harmattan
21 bis, rue des Écoles – 75005 Paris
librairie.espace@harmattan.fr
01 43 29 49 42

Lib. Méditerranée & Moyen-Orient
7, rue des Carmes – 75005 Paris
librairie.mediterranee@harmattan.fr
01 43 29 71 15

Librairie Le Lucernaire
53, rue Notre-Dame-des-Champs – 75006 Paris
librairie@lucernaire.fr
01 42 22 67 13

www.ingramcontent.com/pod-product-compliance
Lightning Source LLC
LaVergne TN
LVHW011212061026
849535LV00001BA/5
* 9 7 8 2 3 4 3 1 8 6 7 2 6 *